献礼改革开放四十周年

中国企业改革发展优秀成果

2018（第二届）

——下卷——

中国企业改革与发展研究会◎编

图书在版编目（CIP）数据

中国企业改革发展成果优秀成果（第二届）· 全 2 卷 / 中国企业改革与发展研究会编．
—北京：中国经济出版社，2018.12

ISBN 978-7-5136-5462-3

Ⅰ．①中… Ⅱ．①中… Ⅲ．①企业管理—经济体制改革—研究—中国
Ⅳ．① F279.21

中国版本图书馆 CIP 数据核字（2018）第 270372 号

责任编辑　丁　楠
责任印制　马小宾
封面设计　河北环能文化传媒有限公司

出版发行　中国经济出版社
印 刷 者　北京世纪恒宇印刷有限公司
经 销 者　各地新华书店
开　　本　889mm × 1194mm　1/16
印　　张　50.25
字　　数　1186 千字
版　　次　2018 年 12 月第 1 版
印　　次　2018 年 12 月第 1 次
定　　价　398.00 元（上下卷）
广告经营许可证　京西工商广字第 8179 号

中国经济出版社　**网址** www.economyph.com　**社址** 北京市西城区百万庄北街 3 号　**邮编** 100037
本版图书如存在印装质量问题，请与本社发行中心联系调换（联系电话：010-68330607）

财务、法务管理与风险控制

全球能源互联网法治体系研究报告

国家电网有限公司

前言

2015 年 9 月 26 日，中国国家主席习近平在联合国发展峰会上首次提出倡议，探讨构建全球能源互联网，推动以清洁和绿色方式满足全球电力需求，这是中国政府为积极应对气候变化、 推动全球能源革命而贡献的“中国方案”。在党的十九大报告中， 党中央再次倡导构建人类命运共同体，促进全球治理体系变革， 而建设全球能源互联网正是实现这一目标的重要载体和现实路径。

全球能源互联网，是以特高压电网为骨干网架、全球互联的坚强智能电网，是清洁能源在全球范围大规模开发、输送、使用的基础平台。全球能源互联网的发展，将是对传统国际能源治理格局的重组，也是对国际能源法治体系的再构，必须通过法治体系建设，推动开放合作、平等协商、互惠共赢、持久发展的合作机制的建立，最终形成全球能源治理的新格局和新秩序。

一、全球能源互联网概述

（一）全球能源互联网的内涵

全球能源互联网，是以特高压电网为骨干网架、全球互联的坚强智能电网，是清洁能源在全球范围大规模开发、输送、使用的基础平台，其实质就是“智能电网+特高压电网+清洁能源”，其中智能电网是基础，特高压电网是关键，清洁能源是根本。通过构建全球能源互联网，实施清洁替代和电能替代，将形成清洁主导、电为中心、全球配置的能源新格局，实现世界范围内从化石能源为主向清洁能源为主转变的能源革命。

全球能源互联网有四个基本要素：互联互通、特高压、智能电网、清洁能源。

1.互联互通。互联互通是全球能源互联网的基本特征，通过电力基础设施与输电通道一体化建设，开展区域电网升级改造合作，推动跨境电力交易，为全球能源互联网的建设奠定坚实的基础。

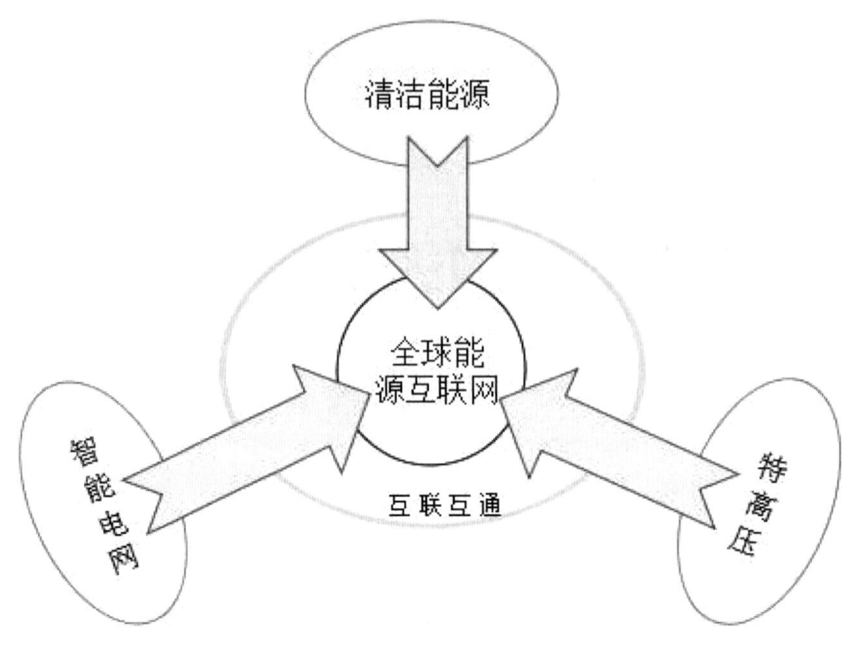

图1 全球能源互联网基本框架

2.特高压。特高压电网是构建全球能源互联网的骨干网架，是清洁能源远距离输送和优化配置的载体，我国定义的特高压是指±800千伏及以上的直流电和1000千伏及以上的交流电。

3.智能电网。智能电网是以物理电网为基础，将现代先进的传感测量技术、通信技术、信息技术、计算机技术和控制技 术与物理电网高度集成而形成的新型电网。

4.清洁能源。清洁能源主要是指水电、风电、太阳能等可再生能源，其发展前景尤以风电、太阳能为重点。清洁能源替代战略就是以清洁能源替代化石能源，走绿色低碳道路，逐步实现从化石能源为主、清洁能源为辅向清洁能源为主、化石能源为辅转变。

（二）全球能源互联网的发展

全球能源互联网的发展呈现出良好势头，主要体现为两点：

1.区域性实践发展迅速。区域性能源互联实践逐步扩大与深入，相应的合作机制和示范项目也逐步成熟。

2.国际合作不断扩大。全球能源互联网的理念得到了普 遍认同与支持，并不断被纳入重要国际会议的议题中：

（1）2015 年通过的联合国《2030 年可持续发展议程》，将“确保人人获得负担得起的、可靠和可持续的现代能源”作为 17 项可持续发展目标之一。

（2）2015 年巴黎气候变化大会上，人人享有可持续能源组织与国际可再生能源署共同发起了“非洲可再生能源倡议”。

（3）2016 年二十国集团通过了《二十国集团增长蓝图》和《二十国集团落实 2030 年可持续发展议程行动计划》，并核准《全球基础设施互联互通联盟倡议》，以加强基础设施互联互通项目 的整体协调与合作。

（4）2017 年举行的一带一路会议上，中国提出维护和发展开放型世界经济，共同创造有利于开放发展的环境，推动构建公正、合理、透明的国际经贸投资规则体系，促进生产要素有序流动、资源高效配置、市场深度融合，这些都为全球能源互联网的发展奠定了坚实的国际合作基础。

（5）2017 年 11 月 1 日，全球能源互联网发展合作组织在纽约联合国总部发布了《全球能源互联网落实联合国 2030 年可持续发展议程行动计划》，提出全球能源互联网落实“2030议程”的十大行动和五大机制，即理念传播、清洁发展、消除无电、电网互联、电能替代、智能电网、能效提升、创新驱动、能力建设、政策保障十大行动，以及全球电力规划、跨国工程建设、全球电力贸易、互联电网协调和技术标准协同五大合作机制。

二、全球能源互联网的治理命题

（一）国际能源治理概况

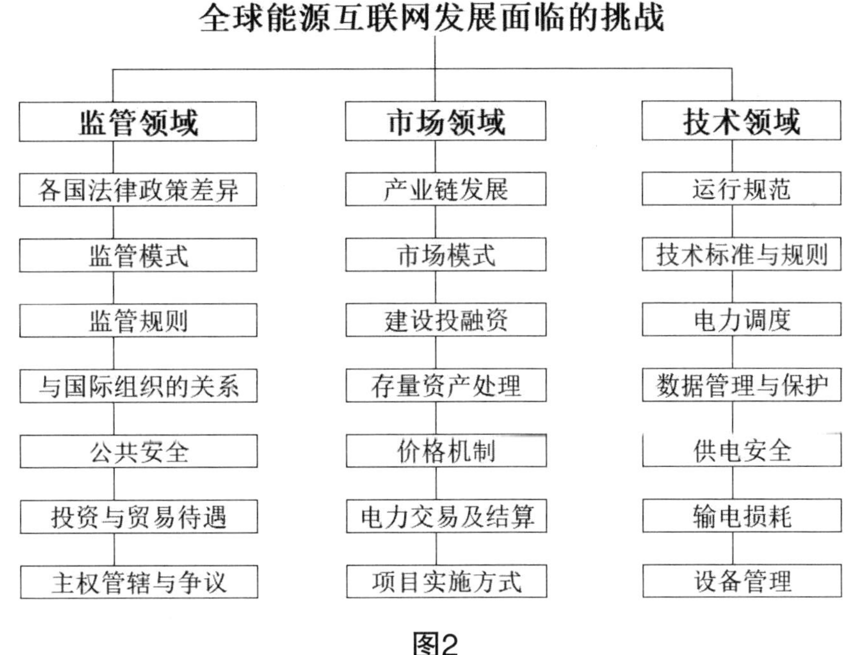

图2

国际能源治理，是通过建立多元对话、协同保障机制，解决国际能源供给、消费问题，共同应对全球能源安全和可持续 发展而建立的一系列规则、机制、方法和活动。传统国际能源治理体系在其发挥重要作用的同时，也存在着很大的局限性：1.无法有效体现新兴国家和发展中国家的利益诉求，无法应对能源供应多极化带来的风险，面对诸多现代能源议题缺乏必要的应对能力；2.尚未形成全球性、综合性的能源治理体系，现有国际能源组织机构各自为政，缺乏必要的协调性。

（二）全球能源互联网治理及挑战

从构建新的治理体系的角度，我们对全球能源互联网发展过程中将要面临的挑战，按照监管领域、市场领域和技术领域三个方面进行阐述。

1.监管领域

（1）各国法律及政策差异

各国/地区在能源投资、电力运营的市场准入、价格监管、过网费约定与支付、反垄断调查、进出口管制、关税政策、资产征收、智能电网发展标准等方面，存在一定程度的法律/政策差异，要推进以电网互联互通为主的全球能源互联网建设，就要求同存异，在避免冲突的同时形成有效监管。

（2）监管机制

针对全球能源互联网发展规划、项目实施、运行维护、技术标准管理等方面的问题，建立监管机制势在必行。根据各国及地区的实践看，政监分离和监管机构的独立性是总体方向，而将电力、天然气以及其他能源进行合并监管也符合全球能源互联网发展的趋势。

（3）监管规则

全球能源互联网的未来发展，需要统一的监管规则，并且要根据所要调整的对象和内容，搭建合适的规则体系，可以借鉴欧盟的经验。

（4）与国际组织的关系

全球能源互联网的发展与合作离不开与现有国际机构的密切合作，例如国际能源署（IEA）、国际电工委员会（IEC）、国际标准化组织（ISO）。

（5）公共安全

全球能源互联网的发展中，从地理空间到网络空间，均存在诸多不安全因素，如何确保跨境电网的公共安全是一个极其巨大的挑战。

（6）投资与贸易待遇

全球能源互联网国际规则中，涉及东道国给予投资者何种待遇，以及如何降低贸易壁垒和出口管制等问题。

（7）主权管辖与争议

全球能源互联网发展中，由于清洁能源分布的自然属性和主权归属的国际法属性，不可避免出现主权管辖和争议的问题，例如北极主权管辖问题和国际河流治理问题。

2.市场领域

（1）产业链发展

全球能源互联网的发展将带动上下游各端的产业链的发展，如何督促各国制定并推进合理的产业政策至关重要。

（2）市场模式

全球能源互联网的发展也将对传统的电力生产、电力传输、电力消费模式带来变化，应在全球能源互联网建设与运行的相关规则中予以体现。

（3）建设投融资

全球能源互联网在规划选址、投资模式、融资模式方面需要建立顺畅的法律和政策保障。

（4）存量资产处理

全球能源互联网还需要考虑在全球发展不均衡状况下，对现有存量资产的处理和经济成本问题。

（5）项目实施方式

全球能源互联网建设分为新建项目和既有项目，需要考虑各国的制度安排以确定合理的实施方式。

（6）电力交易及结算

跨境及未来洲际电力交易过程中，需要建立安全高效的交易平台和交易机制，以有效降低交易成本和交易风险，并保障各方的合法权益。

（7）价格机制

价格机制中需要考虑三个问题：竞价模式、清洁能源的定价机制和波动补偿机制、调峰调节问题。

3.技术领域

（1）技术标准与规则

建立国际标准并获得广泛的认同是全球能源互联网得以真正建设与运行的保障。

（2）运行规范

在全球能源互联网的运行中，需要明确、统一具体的运行模式和规范。

（3）电力调度

跨境互联互通调度至关重要，需要借鉴境内电网调度和交易的特点，建立有效的调度机制。

（4）设备管理

在全球能源互联网的项目实施过程中，涉及设备的管理问题，需要在未来的合作框架中进行必要的制度安排。

（5）输电损耗

跨境电力输送的输电损耗，可以根据不同情形确立分摊平衡规则。

（6）数据管理与保护

全球能源互联网的数据保护、交互和透明至关重要，需要建立数据使用、传输和管理的规则、程序等。

（7）供电安全

供电安全是各国电力能源监管的重要内容，在全球能源互联网未来的建设和运行中，应注意防范网架薄弱与运行控制能力不足可能对电网安全的影响。

（三）构建全球能源互联网法治体系的必要性

构建全球能源互联网法治体系，是有效应对上述挑战以及构建全球能源互联网治理体系的必然选择，其必要性可以从以下两个方面论述：

1.推动外部发展与合作的必要。主要体现为构建新型能源

治理格局的必要、保障全球能源互联网战略目标实现的必要和应对全球能源互联网重大问题的必要。

2.满足内在法治需求的必要。主要体现为统一能源互联网规则体系的必要和调整全球能源互联网法律关系的必要。

在三网融合（信息、交通、能源）的发展趋势下，全球信息网、交通网都已经有了成熟的国际法治体系，因此，全球能源互联网也应围绕发展与合作两大主题，从法治体系构建入手，积极推进其法治化进程，这已经成为全球能源互联网发展中一项刻不容缓的重要历史使命。

三、全球能源互联网法治体系的概念

（一）国际法治体系概述

国际法治体系是指适用于主权国家之间以及其他具有国际人格的主体之间法律治理体系的总称，是全球治理中的一个重要组成部分，包括了原则、规范、标准、政策、协议、程序等内容。从国际法治体系的目标来说，包括两种内在要求，即“国际良法”和“全球善治”。

1.国际立法。国际法治体系中最核心的内容就是国际立法，根据《国际法院规约》，国际法律规则的形成方式主要有条约、公约、国际习惯法和各国承认的一般法律原则。

从国际立法的内容看，包括国际公法和国际私法两个层面，国际公法主要是调整国家之间的相关法律关系，国际私法主要是调整国际间的民商事法律关系。从国际立法的实践来看，主要包括以下几种形式：国际条约、总文件（或最后文件）、宣言、换文、谅解备忘录、国际习惯、单边法律行为、国际组织的决议、示范法等。

2.国际执法。广义的国际执法，包括两个层面，一是国际机构对于国际条约的执行、监督以及其他国际事务的处理，二是主权国家对于国际条约中义务和承诺的履行、监管、协调与合作等。狭义的国际执法，是指根据本国法律或者参加的国际条约，针对惩治国际性犯罪、维护国际社会秩序的一种执法行为。本课题的研究目标主要是广义的国际执法。

3.国际司法。国际司法是以国际公约及双边、多边条约为基础，以国际法庭和仲裁机构为主要载体，旨在解决国际公法和私法领域的争端，充当协调、裁判、缓和冲突与矛盾的作用。

（二）全球能源互联网法治体系

所谓全球能源互联网法治体系，是指围绕全球能源互联网的发展与合作，在国际间所形成的 套立法、执法和司法体系的总称。

1.法治体系构建模型

全球能源互联网法治体系的基本模型应包括五个部分：治理模式、国际公约、规则标准、执行监管、争端解决五个部分，按照上述 GCRSD 框架模型，重点围绕以《全球能源互联国际公约》为核心的立法体系，以全球能源互联网执行监管机制为核心的执法体系，以全球能源互联网争端解决机制为核心的司法体系进行体系构建。

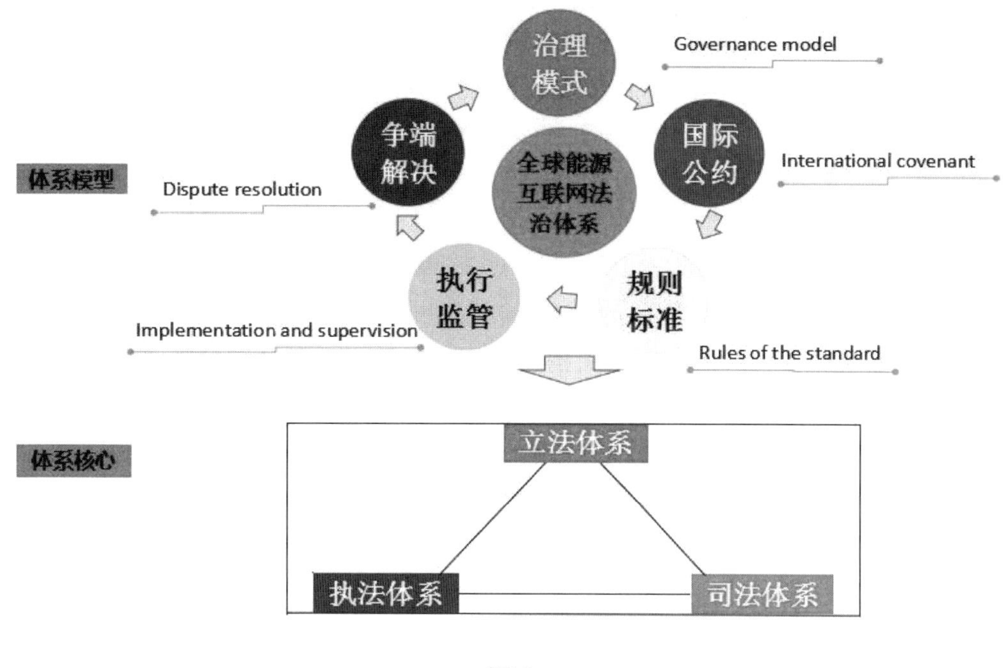

图3

治理模式。全球能源互联网的治理模式，通过统一共识、统一规划、统一目标、统一标准的一致行动，从政治、经济、文化、科技、法律等多方面，综合推进全球能源互联网的发展与合作。

国际公约。推动在联合国经社理事会下设全球能源互联国际组织，并推动各国协商制定《全球能源互联国际公约》，确定上述组织公约机构的法律地位，明确工作职能。

规则标准。确定全球能源互联网发展中不同层级、主体的活动规则，此外，还包括电力建设、运营、调度、交易过程中的一系列操作性规则、规程和技术标准等。

执行监管。动员相关国家、地区政府组织和国际机构开展国际协作与监管，维护全球能源互联网安全、稳定发展与运行，处理突发事件，必要时采取一致行动，保障相关方正当合法权益。建立有效的法律和监管框架，激励投资、促进创新，推动灵活、高效和良性的发展，创建公平的市场环境。

争端解决。针对全球能源互联网发展过程中发生的争端，包括国与国之间、东道国与投资者之间、投资者与实施者之间以及投资者相互之间的国际公法与国际私法争端，应建立相应的争端解决机制。

2.法治体系构建方法

援引。对于现有国际法治体系已经做出规定或者纳入规则范围的事项，例如一般的国际法原则、环境保护、海外投资、国际工程领域普遍遵守的国际条约的处理规则，可以直接援引采用；

吸收。对于区域性能源互联网条约或跨境能源互联实践中采用的规则、标准和协作机制，采取吸收的方式确定为全球能源互联网的规则范围；

借鉴。对于公约制定、公约机构设立、争端解决机制、与国际组织的关系等事项，借鉴国际电信、国际航空等领域的国际法治实践经验；

创新。对于全球能源互联网发展中面临的清洁能源开发利用、互联互通规则统一、公共安全、监管机制等问题， 需要根据全球能源互联网的发展特点和区域立法实践进行创造性的设计。

四、对国际法治实践的借鉴

为了推动全球能源互联网法治体系的构建，需要对当前国际法治体系的成功实践进行借鉴与参考，这里选取国际电信、国际航空和区域性能源国际法治实践进行介绍。

（一）国际电信领域法治实践

1.立法实践

行业性专门立法。《国际电信公约》是电联的基本组织法，也是国际电信领域的主要立法，《无线电规则》《电报规 则》和《电话规则》则是指导电联工作的具体法规；

世贸组织立法。1997 年 2 月 15 日，WTO 日内瓦谈判达成《基础电信协议》，并于 1998 年 1 月 1 日生效。

2.执法实践

国际公约组织的职责。国际电联是联合国15个专门机构之一，它有权修改《国际电联组织法》和《国际电联公约》，有责任对频谱和频率指配，以及卫星轨道位置和其他参数进行分配和登记，以避免不同国家间的无线电台出现有害干扰；

各国对于电信领域的管制。区域性国际电信组织在处理区域电信事务中也发挥了重要作用，而各国对于公约的执行和电信业务的监管，一般有三种层次：最高政府决策管理、准政府管理、民间管理。

3.司法实践

《国际电信公约》及《国际电信联盟组织法》中对于争端 解决提供了多种选择，鼓励成员国通过双边或多边条约下的约定来解决基于公约的争议问题，同时公约也提供了解决争端的一般程序和任选议定书所规定的程序规则。世贸组织也有权对成员国之间关于电信贸易的争端进行裁决。

（二）国际航空领域法治实践

1.立法实践

国际公法性质的《芝加哥公约》包括《国际航空过境协议》《国际民用航空公约》和《国际航空运输协议》这 3 项适用于国际定期航班的特殊协议；

国际刑法性质的《东京公约》《海牙公约》和《蒙特 利尔公约》；

国际私法性质的《海牙议定书》《华沙公约》和《蒙 特利尔公约》。

2.执法实践

国际公约组织的职责。国际民用航空组织属于联合国专门机构，有着独立的法律地位，其内部设立大会、理事会 、秘书处三级框架。

各国对于航空公约的执行与监管。国际航空相关公约的基石是领空主权原则，各主权国家对其领空享有排他的支配权已经成为国际共识，同时在公约基础上各国可以通过区域航空组织、多边和双边体制进行合作。

3.司法实践

国际航空的司法实践主要是争端解决机制的建设，如诉讼、仲裁、调解、调停、“最终报价”等。《芝加哥公约》和《蒙特利尔公约》都对争端、违约等处理机制进行了详细规定。

（三）区域能源互联网法治实践

1.立法实践

《能源宪章条约》（ECT）。这是目前重要的国际能源多边条约，从《能源宪章条约》的法律体系来看，是以《能源宪章条约》为主，包括贸易修正案、投资补充条约、能源效率议定书和能源运输议定书在内的综合法律体系，其主要内容包括能源投资、能源贸易、能源过境、能源环境和争端解决。

从目前区域能源互联网立法的实践看，东亚地区，虽然有经济伙伴协定、自由贸易协定、跨太平洋伙伴关系，但电力交易成员国之间没有或只有极少量的支持跨境电力交易的技术协议；中东地区，交易成员国之间签订了支持长期双边合同为主的跨境电力交易技术协议；北美地区设有区域输电组织/ 独立系统运营商，具有本区域市场内的电网运营规程，区域电 力市场之间有相应的电力交易调度协作协议；欧洲地区交易成员国建立了统一的电力市场，有统一的电网接入规程、市场运营规程、电网运行规程。

2.执法实践

对于区域性能源互联网条约的实施与运行的监管，存在不同的形式，一种是成立区域性监管机构，一种是通过条约或契约进行监管。

欧盟的实践。欧盟对于电网的监管总的可以分为政府管理、行业管理和监管机制；

东盟的实践。东盟国家范围内有两个主要的电力合作机制，一个是覆盖整个东盟国家范围的东盟国家电力企业/机 构领导小组和前者建立的东盟国家电网咨询委员会；另一个是 大湄公河次区域经济合作机制下的区域电力交易协调委员会。

3.司法实践

目前尚缺乏专门针对能源互联互通方面的专门争端解决机 制，在《能源宪章条约》《华盛顿公约》《汉城公约》，以及部　分双边投资条约（BITs）以及区域自由贸易协定中，确定了诸如国际投资争端解决中心等仲裁机构，在投资以外的贸易、工程则由传统的国际仲裁机构根据相关国际条约进行处理。

（四）比较与借鉴

1.与国际电信、国际航空领域的比较借鉴

差别比较。全球能源互联网的发展与国际电信、国际航空具有不同的特点，主要体现在：在国际发展与合作方面 的广度不同，全球能源互联网的发展体现了全球性和创新性， 发展所面临的国际法律环境不同；借鉴参考。国际电信领域和国际航空领域的法治体系建设，从机构的设立、公约的制定、成员的组成、在联合国 经社理事会下统筹协调开展工作等方面，可以提供有益的借鉴。

2.与区域能源互联网的比较借鉴

差别比较。全球能源互联网与区域能源互联网在合作基础、合作范围、关注重点、立法难易等方面有很大区别；

借鉴参考。区域能源互联网的实践是全球能源互联网的前奏，其在法治建设方面的一些成果，为全球能源互联网 法治体系的建设提供了有益的启示。

五、全球能源互联网法治体系的建设

（一）全球能源互联网法治体系建设思路

因此，全球能源互联网法治体系建设，应进行顶层设计，明确构建法治体系的目标、原则和规划。

1.目标。全球能源互联网法治体系建设应充分结合自身发 展特点，力求实现以下三个方面的目标：一是加强电力等能源的跨境、洲内、洲际互联互通；二是形成全球能源互联网的多层次的规范体系和技术标准，完善协调和监管机制，建立争端

解决机制；三是加强能源领域的国际合作。

2.原则。全球能源互联网法治体系的构建应遵循以下基本 原则：顺应全球能源互联网的发展规律、鼓励科技创新和产业创新、体现全球共同利益、加强国际合作、科学务实、遵循国际法治原则。

3.规划。从全球能源互联网法治体系的具体构建规划来说，可以分为四个大的阶段：第一阶段，调研、交流、推广、合作；第二阶段，将全球能源互联网纳入联合国框架中；第三阶段，推动联合国经社理事会牵头制定《全球能源互联国际公约》，并以此为基础成立正式的全球能源互联网政府间国际组织；第四阶段，以全球能源互联网官方组织为主，加强国际合作，完善规范体系。

（二）立法体系

全球能源互联网的立法体系，将按照国际公约、规则指引、标准规范三个层次，针对互联互通、电力建设、电力输送、电力交易、电力调度、电力使用、技术标准等一系列内容，调整国家与国家之间、东道国与投资者之间、投资者与实施者之间的权利义务关系。

1.互联互通

全球能源互联网的核心是实现以电力能源为主的电网跨境 互联互通，公约签署国对于互联互通应给予法律和政策保护。

2.电力投资

全球能源互联网的建设与发展需要建立有效的投融资机制，各缔约国在各自现有法律环境的基础上，应当进一步完善相应政策。

3.电力输送

应完善电力输送的具体规则，保障输送安全、高效、便捷。

4.电力交易

电力交易应确定监管机制、交易模式、交易平台的具体规则。

5.电力调度

针对跨境电力交易、清洁能源利用存在的灵活和不确定因素，建立跨国跨洲联合调度机制，形成全球联合调度体系，明确规则，建立协作机制和信息沟通机制。

6.技术标准

应加强技术标准的管理，完善技术创新保护机制。

（三）执法体系

全球能源互联网的执法体系，应包括三个方面，①在未来全球能源互联网国际组织的领导下，针对全球能源互联网的发展与合作中的具体事务开展各项工作；②各国在落实相关公约规定的基础上，开展能源互联互通工作的具体执行、监管工作；③各国间对于全球能源互联网共同事务的处理、协作机制。

（四）司法体系

全球能源互联网的司法体系，将主要围绕争端解决机制而建立。从全球能源互联网未来的争端形式看，主要包括国家间的争端、东道国与投资者之间的争端，投资者、实施者等商事主体之间的纠纷，其争端的事由可包括合同条款下的纠纷、政府征收纠纷、歧视性政策纠纷、能源仲裁的程序性纠纷等，在公约框架下，将建立如下争端解决机制：

1.磋商机制

全球能源互联网合作中发生的国家之间的争端，将首先通过磋商机制解决，磋商可以在政府间不同层级开展。

2.争端解决中心

建议设立全球能源互联网争端解决中心，解决国家之间、国家与能源提供者之间、能源提供者相互之间发生的争端。

六、全球能源互联国际公约

（一）《全球能源互联国际公约》简述

公约属于公法性质，主要是调整国家之间在全球能源互联网发展过程中的权利义务和责任。公约内容分为七个部分：组成、适用范围及宗旨，一般义务，互联义务，监管机构及职责， 全球能源互联国际组织，争端解决，最后条款。

（二）《全球能源互联国际公约》解读

1.公约的宗旨

《全球能源互联国际公约》从国际法渊源上讲，是对现有全球化价值、国际法基本原则和国际共识的继承和发展，具体体现在公约有效地延续了联合国《2030可持续发展议程》《联合国气候框架公约》及《巴黎协定》的基本精神和总体目标。

2.公约的核心内容

确立了有效的激励政策。为了推动、鼓励全球能源互联网在世界各地的发展，公约确立了最惠国待遇原则，充分利用了当前区域能源互联网发展的实践成果，对于投资者将提供有效的法律上和经济上的保障；同时，也确定了鼓励与扶持发展中国家发展能源互联网的政策；

确定了推进互联的基本原则。公约确定了互联推进的基本原则，包括承认现有单边、双边和多边法律、协议中关于互联互通的基本规定，确定以公约为框架统一规则体系的目标和承诺，确定缔约国在互联推进中完善和加强各自法律体系、政策措施、司法程序、技术标准、市场服务、公共安全、信息保护、授权许可等方面的基本义务；

明确了互联义务。互联义务中确定了平等参与互联互通权、互联运行主体的独立性、互联运行规则的平等和透明、建立互联容量分配和调度机制、确定互联交易的模式等；

要求设立监管机构。公约中要求缔约国应建立监管 机构，明确规定了监管机构的 10 项基本职责。

3.公约组织

公约中提出设立全球能源互联国际组织，并将其作为联合 国经社理事会下属专门机构。

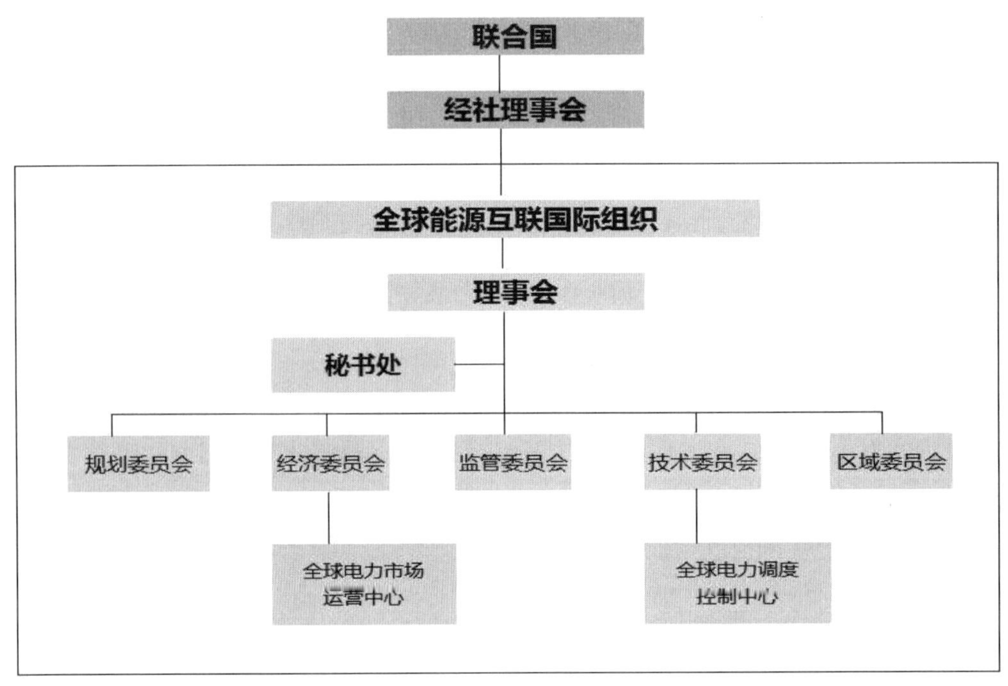

图4

全球能源互联组织由各缔约国组成，并对非缔约国开放，目前成员限定为国家主体，下设能联大会、理事会、秘书处。其中：①能联大会是最高权力机构，由各成员国派员参加，每五年举行一次会议；②理事会是管理机构，由能联大会选举会员产生。下设五个专门机构：规划委员会、经济委员会、监管委员会、技术委员会和区域委员会；③秘书处是日常事务性机构。

4.争端解决

围绕争端解决，公约做出了磋商和争端解决两种机制，对于争端解决机制中调解委员会和仲裁庭的机构设置和工作程序进行了规定。同时，尊重各成员国基于双边和多边条约对于争端解决机制的选择权利。

（三）公约建议稿的立法推动

1.公约立法推动建议

为了尽快推动全球能源互联网国际立法，建议由全球能源互联网发展与合作组织积极谋求与联合国经社理事会的合作，在条件成熟的基础上，成立公约工作组，对各国在公约理解与适用方面进行积极的沟通、讨论、解释，完善现有公约建议稿的框架和内容。

2.对我国的启示

在推动国际公约立法工作的同时，建议中国从两个方面积 极采取行动：

（1）中国在现有国际能源议题中的地位积极推动全球能源互联网理念和实践的推广普及；

（2）进一步加强对全球能源互联网法治体系的专项研究，并积极开展国内相关领域法律、政策研究，推进相关立法和体制改革。

结语

中国提出了全球能源互联网这一引领二十一世纪全球能源 革命的伟大构想，是中国基于建设人类命运共同体的呼吁下向世界贡献的中国理念、中国智慧、中国方案。全球能源互联网的建设，任重道远，而法治体系的建设则属于全球能源互联网顶层设计中的重要一环，良好的法治体系可以促进全球能源互联网的发展，保障新的全球能源治理结构的建立和完善，我们也希望以本研究报告为契机，持续推动全球能源互联网领域的全球治理工作，为实现全球能源互联网的最终目标贡献力量。

成果创造人：欧阳昌裕、李瑞庆、高 璐、叶小忠、郭国川、董春江、许石慧、朱奕博、孙新宇、石长清、王兴雷、刘 进、孔志明、唐明毅

2017中国企业信用500强分析研究

国信联合（北京）认证中心

中国企业信用500强分析研究工作，旨在从企业的信用环境、信用能力、信用行为三个方面对中国企业信用发展状况进行客观评价，同时为政府、行业、企业和社会提供参考依据。

中国企业信用500强评价模型不是以某单一指标为评价依据，而是以企业的信用环境、信用能力、信用行为三个方面，综合企业的收益性、流动性、安全性、成长性等各项指标，采取以定量评价为主导、定量与定性评价相结合、以效益为核心的多维度、趋势性分析研究，是企业综合信用状况和经营实力的客观体现。

2017年中国企业信用500强入围门槛为：企业综合信用指数90分以上，且2016年利润总额13900万元以上。

一、2017中国企业信用500强分布特征

（一）2017中国企业信用500强行业分布特征

2017中国企业信用500强的行业分布，包括了生产业、制造业、服务业三个大类共58个细分行业。其中，生产业有6个行业，制造业有25个行业，服务业有27个行业。

2017中国企业信用500强行业分布见表1。

在生产业6个行业中共有43家企业入围。其中，建筑业企业有20家；电力生产业企业有12家；其他采选业各有4家；煤炭采掘及采选业企业，农业、渔业、畜牧业及林业企业有3家；石油、天然气开采及生产业企业有1家。

生产业入围的43家企业占比8.60%，较上年的27家增加了16家，入围的行业由5个增加到6个。

在制造业25个行业中共有331家企业入围。其中，医药、生物制药、医疗设备制造业企业有44家；电力、电气等设备、机械、元器件及光伏、电池、线缆制造业企业有35家；汽车及零配件制造业企业有32家；黑色冶金及压延加工业企业，通用机械设备和专用机械设备及零配件制造业各有26家；工程机械、设备和特种装备（含电梯、仓储设备）及零配件制造业有21家；化学原料及化学制品（含精细化工、日化、肥料等）制造业有20家；家用电器及零配件制造业有18家；食品（含饮料、乳制品、肉食品等）加工制造业，建筑材料及玻璃等制造业及非金属矿物质各有13家；电子元器件与仪器仪表、自动化控制设备制造业，计算机、通信器材、办公、影像等设备及零部件制造业各有12家；酿酒制造业有11家；金属制品、加工工具、工业辅助产品加工制造业有9家；纺织、印染业有8家；橡胶、塑料制品业有7家；动力、电力生产等装备、设备制造业有6家；农副食品及农产品加工业，黄金冶炼及压延加工业各有4家；船舶、

轨道交通设备及零部件制造业有3家；纺织品、服装、鞋帽、服饰加工业，航空航天及国防军工业各有2家；生活用品（含文体、玩具、工艺品、珠宝）等轻工产品加工制造业，化学纤维制造业，综合制造业（以制造业为主，含有服务业）各有1家企业入围。

表1　2017中国企业信用500强行业分布

序号	行　　业	入围企业数量(家)
	生产业	43
1	农业、渔业、畜牧业及林业	3
2	煤炭采掘及采选业	3
3	石油、天然气开采及生产业	1
4	建筑业	20
5	电力生产业	12
6	其他采选业	4
	制造业	331
7	农副食品及农产品加工业	4
8	食品(含饮料、乳制品、肉食品等)加工制造业	13
9	酿酒制造业	11
10	纺织、印染业	8
11	纺织品、服装、鞋帽、服饰加工业	2
12	生活用品(含文体、玩具、工艺品、珠宝)等轻工产品加工制造业	1
13	化学原料及化学制品(含精细化工、日化、肥料等)制造业	20
14	医药、生物制药、医疗设备制造业	44
15	化学纤维制造业	1
16	橡胶、塑料制品业	7
17	建筑材料及玻璃等制造业及非金属矿物质	13
18	黑色冶金及压延加工业	26
19	黄金冶炼及压延加工业	4
20	金属制品、加工工具、工业辅助产品加工制造业	9
21	工程机械、设备和特种装备(含电梯、仓储设备)及零配件制造业	21
22	通用机械设备和专用机械设备及零配件制造业	26
23	电力、电气等设备、机械、元器件及光伏、电池、线缆制造业	35
24	船舶、轨道交通设备及零部件制造业	3
25	家用电器及零配件制造业	18
26	电子元器件与仪器仪表、自动化控制设备制造业	12
27	动力、电力生产等装备、设备制造业	6
28	计算机、通讯器材、办公、影像等设备及零部件制造业	12
29	汽车及零配件制造业	32
30	航空航天及国防军工业	2
31	综合制造业(以制造业为主,含有服务业)	1

32	能源(电、热、燃气等)供应、开发、减排及再循环服务业	6
33	陆路运输、城市公交、道路及交通辅助等服务业	5
34	水上运输业	1
35	港口服务业	3
36	航空运输及相关服务业	5
37	航空港及相关服务业	2
38	电信、邮寄、速递等服务业	1
39	软件、程序、计算机应用、网络工程等计算机、微电子服务业	9
40	粮油食品及农林、土畜、果蔬、水产品等内外贸批发、零售业	2
41	生产资料内外贸批发、零售业	4
42	金属内外贸易及加工、配送、批发零售业	2
43	综合性内外商贸及批发、零售业	7
44	汽车和摩托车商贸、维修保养及租赁业	1
45	电器商贸批发、零售业	1
46	医药专营批发、零售业及医疗服务业	2
47	商业零售业及连锁超市	5
48	银行业	26
49	保险业	3
50	多元化投资控股、商务服务业	8
51	房地产开发与经营、物业及房屋装饰、修缮、管理等服务业	1
52	旅游、旅馆及娱乐服务业	5
53	公用事业、市政、水务、航道等公共设施投资、经营与管理业	8
54	人力资源、会展博览、国内外经合作等社会综合服务业	2
55	科技研发、推广及地勘、规划、设计、评估、咨询、认证等承包服务业	2
56	文化产业(书刊出版、印刷、发行与销售及影视、音像、文体、演艺等)	1
57	信息、传媒、电子商务、网购、娱乐等互联网服务业	3
58	综合服务业(以服务业为主，含有制造业)	11
合　　计		500

制造业入围的331家企业占比66.2%，较上年的277家增加了54家，入围的行业由上年的31个减少到25个。

在服务业27个行业中共有126家企业入围。其中，银行业企业有26家；综合服务业（以服务业为主、含有制造业）有11家；软件、程序、计算机应用、网络工程等计算机、微电子服务业企业有9家；多元化投资控股、商务服务业，公用事业、市政、水务、航道等公共设施投资、经营与管理业企业各有8家；综合性内外商贸及批发、零售业有7家；能源（电、热、燃气等）供应、开发、减排及再循环服务业有6家；陆路运输、城市公交、道路及交通辅助等服务业，航空运输及相关服务业，商业零售业及连锁超市，旅游、旅馆及娱乐服务业各有5家；生产资料内外贸批发、零售业有4家；港口服务业，保险业，信息、传媒、电子商务、网购、娱乐等互联网服务业各有3家；航空港及相关服务业，粮油食品及农林、土畜、果蔬、水产品等内外贸批发、零售业，金属内外贸易及加工、配送、批发零售业，医药专营批发、零售业及医疗服务业，人力资源、会展博览、国内外经合作等社会综合服务业，科技研发、推广及地勘、规划、设计、评估、咨询、认证等承包服务业各有2家；水上运输业，电信、邮寄、速递等服务业，汽车和摩托车商贸、维修保养及租赁业，电器商贸批发、零售业，房地产开发与经营、物业及房屋装饰、修缮、管理等服务业，文化产业（书刊出版、印刷、发行与销售及影视、音像、文体、演艺等）企业各有1家入围。

服务业入围的126家企业占比25.20%，较上年的196家减少了70家，入围的行业与上年的27个相同。

（二）2017中国企业信用500强地区分布特征

从2017中国企业信用500强入围企业的地区分布情况看，涵盖了29个省、自治区、直辖市。

2017中国企业信用500强地区分布见表2。

东部及沿海地区11个省（直辖市）共381家企业入围。其中，浙江78家、北京65家、广东64家、江苏41家、上海39家、山东36家、河北24家、福建15家、天津10家、辽宁7家、海南2家。

中部地区8个省共62家企业入围。其中，河南14家、安徽、湖北各13家、江西9家、湖南6家、吉林4家、黑龙江2家、山西1家。

西部地区10个省（自治区、直辖市）共有57家企业入围。其中，四川22家、内蒙古9家、广西、新疆各5家、陕西、重庆各4家、贵州、云南、西藏各2家、甘肃1家。

表2　2017中国企业信用500强地区分布

区域	地区	入围企业数(家)		区域	省份	入围企业数(家)		区域	地区	入围企业数(家)	
		2017年	2016年			2017年	2016年			2017年	2016年
东部地区	北京	65	89	中部地区	安徽	13	16	西部地区	甘肃	1	3
	广东	64	73		河南	14	9		广西	5	4
	河北	24	18		湖北	13	13		贵州	2	2
	江苏	41	37		湖南	6	8		内蒙古	9	2
	山东	36	38		吉林	4	7		宁夏		
	上海	39	41		黑龙江	2	3		四川	23	14
	天津	10	11		江西	9	5		新疆	5	6
	浙江	78	62		山西	1	2		云南	2	5
	辽宁	7	5						重庆	4	13
	福建	15	10						陕西	4	4
	海南	2							青海		
									西藏	2	
合计		381	384	合计		62	63	合计		57	53

按入围企业数量从高到低排序分别为：浙江78家、北京67家、广东63家、江苏41家、上海39家、山东36家、河北24家、四川21家、福建15家、河南、湖北各14家、安徽13家、天津10家、江西、内蒙古各9家、辽宁7家、湖南6家、广西、新疆各5家、吉林、陕西、重庆各4家、海南、黑龙江、云南、西藏各2家、山西、甘肃各1家。

从地区分布上看，东部地区入围的企业数量占总数的76.20%，中部地区占12.40%，西部地区占11.40%。与上年相比，东部地区减少3个席位，但仍占有明显优势；中部地区减少1个席位；西部地区增加4个席位。

二、2017中国企业信用500强总体评价与分析

（一）2017中国企业信用500强信用环境评价与分析

2017中国企业信用500强2016年的景气指数为137.57点，较2015年的155.33点下降了17.76点；盈利指数为124.24点，较2015年的140.71点下降了16.47点；效益指数为110.68点，较2015年的111.45点下降了0.77点。

2017中国企业信用500强总体信用环境分析见图1。

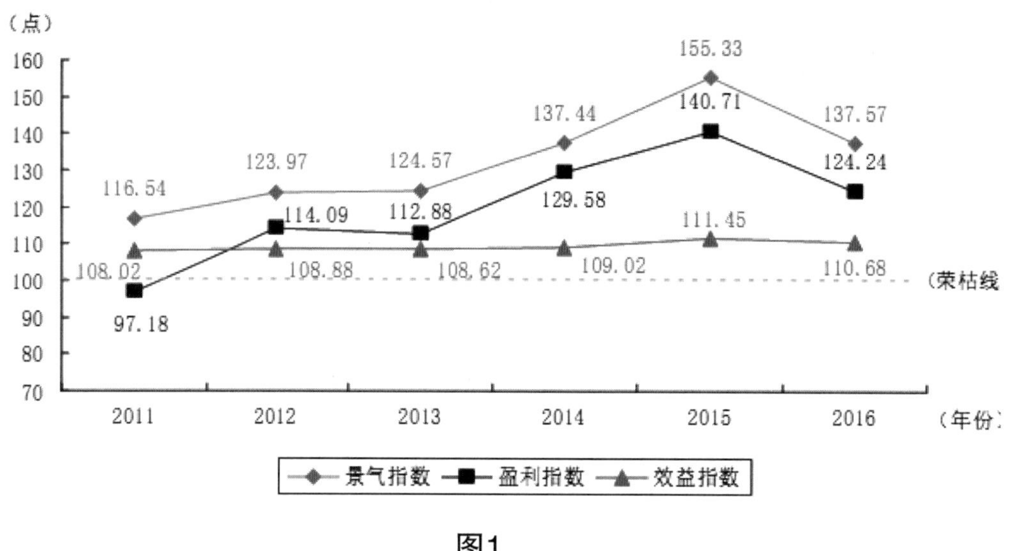

图1

从图1中可以看出，2017中国企业信用500强的三项指数均有较大幅度的下降，但此次回落是基于2015年的高基点之上，故属于正常范围的波动。总体分析，2017中国企业信用500强三项指数仍然保持了较高的增速。

数据库样本企业的三项平均指数分别为：景气指数111.92点、盈利指数104.47点、效益指数106.20点。2017中国企业信用500强比样本企业的三项指数分别高出25.65点、19.77点、4.48点。由此可见，2017中国企业信用500强的三项指数要远好于样本企业的平均水平，具有十分明显的优势。

（二）2017中国企业信用500强总量评价与分析

1.营业收入总量分析

2017中国企业信用500强2016年的营业收入总额为349406亿元，占全部样本企业营业收入总额940045亿元的37.17%，较上年的40.97%下降了3.80个百分点；相当于2016年国内生产总值（GDP）744127亿元的46.96%，较上年的50.71%下降了3.75个百分点。

2017中国企业信用500强营业收入总量分析见图2。

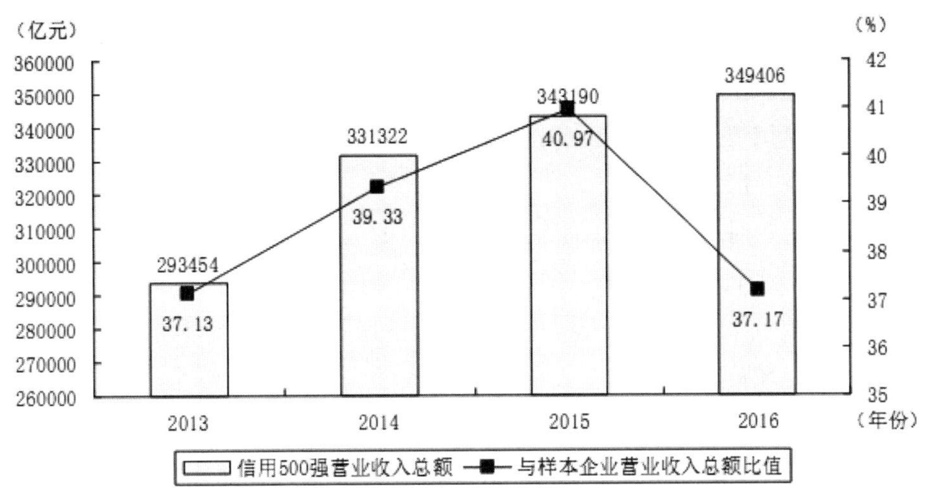

图2 2017中国企业信用500强营业收入总量分析

2017中国企业信用500强2016年的营业收入总额较上年增长了为1.78%，较上年的3.46%回落了1.68个百分点。

2.净利润总量分析

2017中国企业信用500强2016年的净利润总额为26845亿元，占全部样本企业净利润总额46373亿元的57.89%，较上年的69.11%下降了11.22个百分点。

2017中国企业信用500强2016年的净利润总额较2016中国企业信用500强2015年的净利润总额下降了3.77%。需要说明的是，该指标取值与入围企业的变动有关，如果按2017中国企业信用500强2014—2016年利润总额统计分别为2337亿元、24812亿元、26845亿元，增长幅度分别为5.79%和7.57%。

2017中国企业信用500强净利润总量分析见图3。

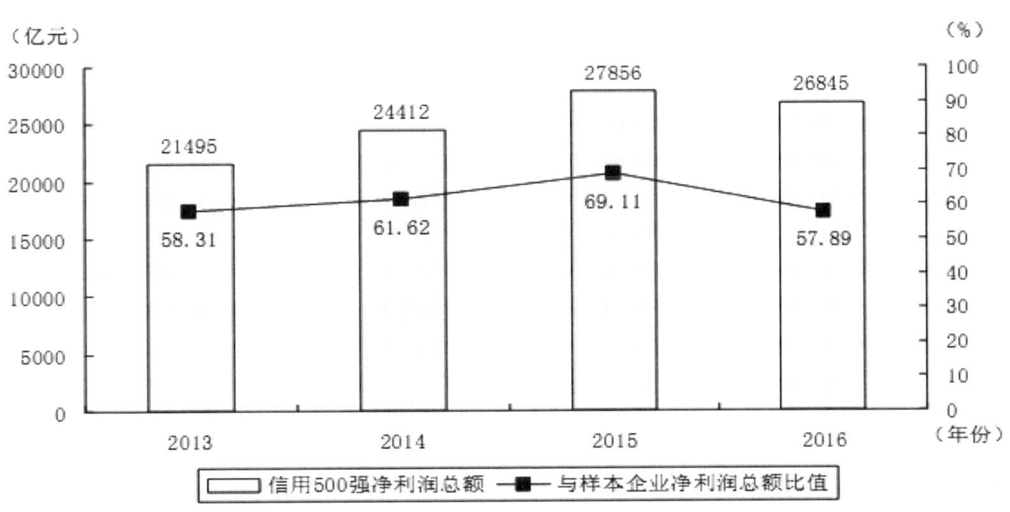

图3 2017中国企业信用500强净利润总量分析

三、2017中国企业信用500强经济效益变化及趋势分析

（一）2017中国企业信用500强收益性指标变化及趋势分析

1.营收利润率变化趋势及对比分析

第一，从营收利润率变化分析。2017中国企业信用500强2016年的平均营收利润率为11.90%，较上年的13.13%下降了1.23个百分点。

第二，与样本企业对比分析。信用500强企业2016年的平均营收利润率为11.90%，比样本企业的7.03%高出4.87个百分点。

第三，综合营收利润率指标分析，信用500强企业的平均营收利润率水平2016年虽有回落，但总体水平相对较高。而样本企业的平均营收利润率水平总体呈现下降的态势，且这种差距也并没有明显缩小。2013年信用500强企业的平均营收利润率水平比样本企业的平均营收利润率水平高出3.31个百分点，2014年高出4.22个百分点，2015年两者的差距为7.09个百分点，2016年两者的差距为4.87个百分点。由此可见，2017中国企业信用500强具有较强的盈利能力和竞争优势。

2017中国企业信用500强营收利润率变化趋势及对比分析见图4。

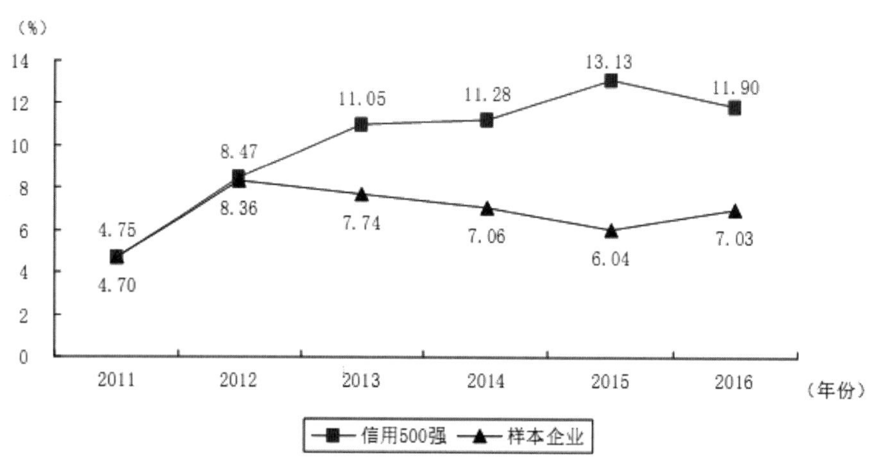

图4　2017中国企业信用500强营收利润率变化趋势及对比分析

2.资产利润率变化趋势及对比分析

第一，从资产利润率变化分析。2017中国企业信用500强2016年的平均资产利润率为6.85%，较上年的6.24%提高了0.61个百分点。

第二，与样本企业对比分析。信用500强企业的平均资产利润率为6.85%，比样本企业的3.79%高出3.06个百分点。

第三，综合资产利润率指标分析，信用500强企业的平均资产利润率水平呈现稳定提高的态势，而样本企业的平均资产利润率水平则出现波动，总体也处于相对较低水平，且这种差距也没有明显缩小。由此可见，信用500强企业资产运营效益和运营质量也要好于样本企业。

2017中国企业信用500强资产利润率变化趋势及对比分析见图5。

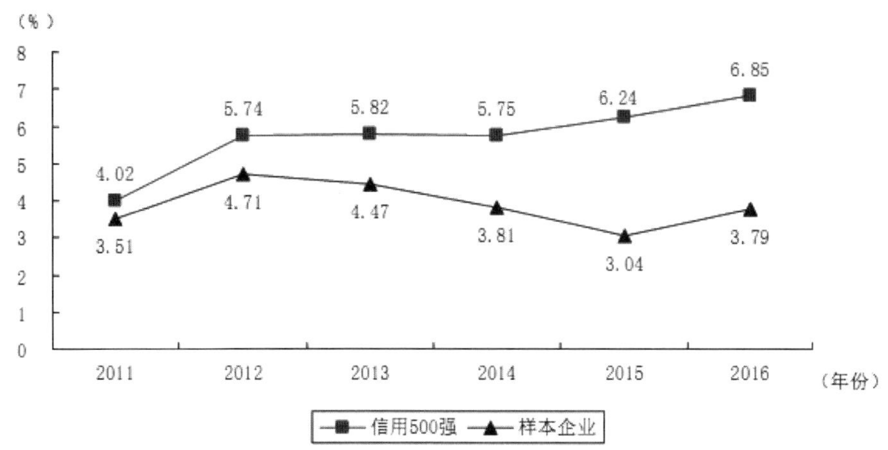

图5　2017中国企业信用500强资产利润率变化趋势及对比分析

3.所有者权益报酬率变化趋势及对比分析

第一，从所有者权益报酬率变化分析。2017中国企业信用500强2016年的平均所有者权益报酬率为13.30%，较上年的14.97%下降了1.67个百分点。

第二，与样本企业对比分析。信用500强企业的平均所有者权益报酬率为13.30%，比样本企业的7.19%高出6.11个百分点。

第三，综合所有者权益报酬率指标分析，信用500强企业2016年的平均所有者权益报酬率有所下降，而样本企业的平均所有者权益报酬率则有所提高，两者的差距有所缩小。

2017中国企业信用500强所有者权益报酬率变化趋势及对比分析见图6。

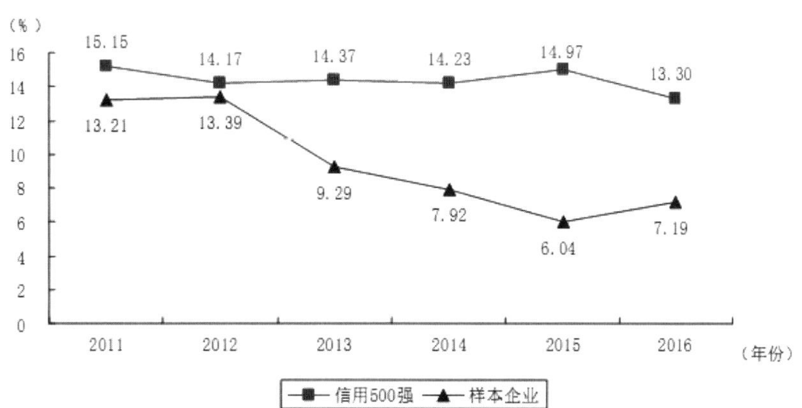

图6　2017中国企业信用500强所有者权益报酬率变化趋势及对比分析

（二）2017中国企业信用500强流动性和安全性指标变化及趋势分析

1.资产周转率变化趋势及对比分析

第一，从资产周转率变化分析。2017中国企业信用500强2016年的平均资产周转率为0.76次/年，较上年的0.88次/年下降了0.12次/年。

第二，与样本企业对比分析。信用500强企业的平均资产周转率为0.76次/年，比样本企业的0.64次/年高出0.12次/年。

第三，综合资产周转率指标分析，信用500强企业的平均资产周转率水平与样本企业有着相同的走势，均呈现逐年下行的基本态势，但两者的差距也有所扩大。由此可见，企业的流动性均有所放缓。

2017中国企业信用500强资产周转率变化趋势及对比分析见图7。

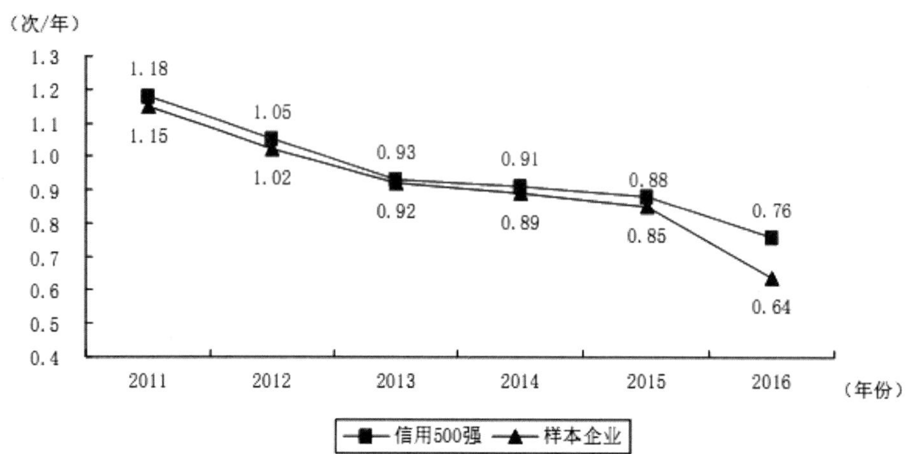

图7　2017中国企业信用500强资产周转率变化趋势及对比分析

2.所有者权益比率变化趋势及对比分析

2017中国企业信用500强所有者权益比率变化趋势及对比分析见图8。

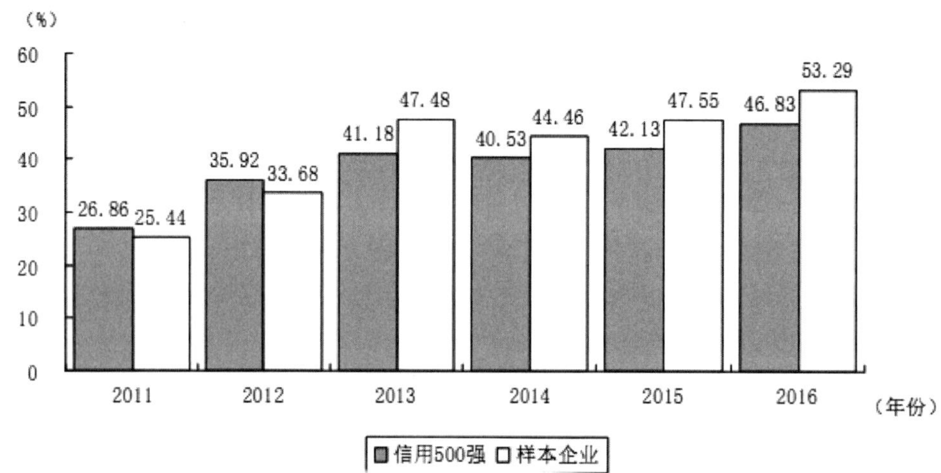

图8　2017中国企业信用500强所有者权益比率变化趋势及对比分析

第一，从所有者权益比率变化分析。2017中国企业信用500强2016年的平均所有者权益比率为46.83%，较上年的42.13%提高了4.70个百分点；理论负债率53.17%，较上年的57.87%下降了4.70个百分点。

第二，与样本企业对比分析。信用500强企业的平均所有者权益比率为46.83%，比样本企业的53.29%低6.46个百分点。

第三，综合所有者权益比率指标分析，信用500强企业的平均所有者权益比率水平与样本企业基本走势相似，均呈现逐年上升的基本态势。但是，样本企业的平均负债率水平却要比信用500强企业明显偏低。我国企业负债率水平普遍下降和偏低，一方面受到宏观金融政策的影响；另一方面企业普遍采取减贷降本措施，以减轻金融成本和债务负担。这种情况虽然可提高企业的安全性，降低和防范系统性信用风险，但同时也造成企业流动逐年放缓，不利于企业的长远发展。

3.资本保值增值率变化趋势及对比分析

第一，从资本保值增值率变化分析。2017中国企业信用500强2016年的资本保值增值率为119.32%，较上年的124.30%下降了4.98个百分点。

2017中国企业信用500强资本保值增值率变化趋势及对比分析见图9。

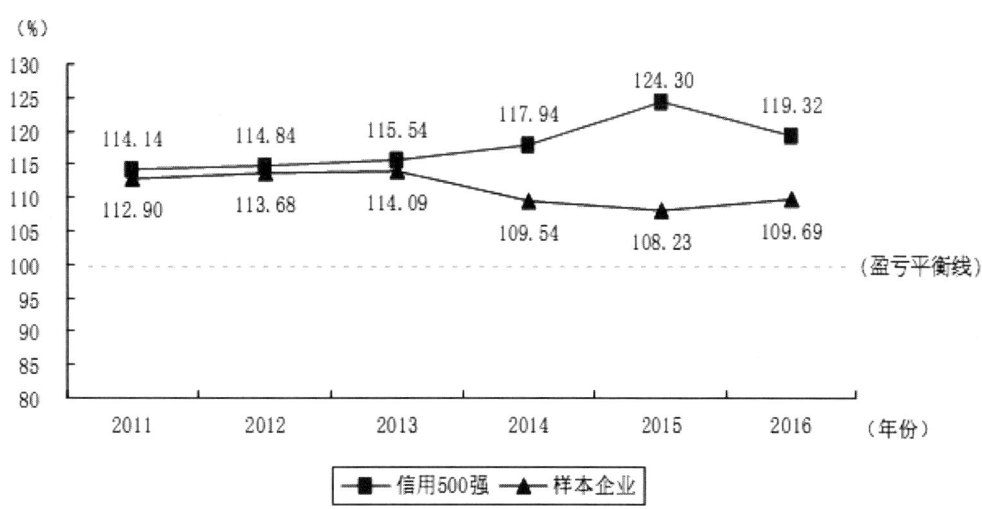

图9　2017中国企业信用500强资本保值增值率变化趋势及对比分析

第二，与样本企业对比分析。信用500强企业的平均资本保值增值率为119.32%，比样本企业的109.69%高出9.63个百分点；样本企业的资本保值增值率比上年提高了1.46个百分点。

第三，综合资本保值增值率指标分析，信用500强企业与样本企业的资本保值增值率虽有下降，但仍然保持相对较高水平。而样本企业的资本保值增值率虽有所提高，但两者之间的差距并没有明显缩小。

（三）2017中国企业信用500强成长性指标变化及趋势分析

1.营收增长率变化趋势及对比分析

第一，从营收增长率变化分析。2017中国企业信用500强2016年的平均营收增长率为27.80%，较上年的23.26%提高了4.54个百分点。

第二，与样本企业对比分析。信用500强企业的平均营收增长率为27.80%，比样本企业的15.40%高出12.40个百分点。

第三，综合营收增长率指标分析，信用500强企业的平均营收增长率呈现稳定增长的态势，自2013年以后增速明显加快。而样本企业则是在2013年以后连续两年下滑，2016年虽有所回升，但两者的差距也没有明显缩小。由此可见，信用500强企业的营业收入增速要明显高于样本企业，具有明显的竞争优势。

2017中国企业信用500强营收增长率变化趋势及对比分析见图10。

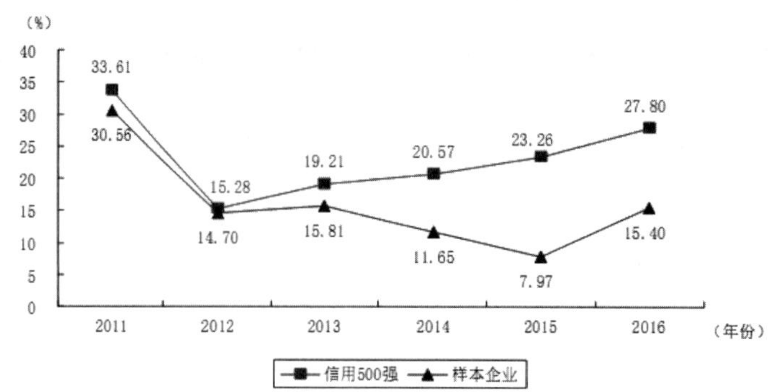

图10　2017中国企业信用500强营收增长率变化趋势及对比分析

2.利润增长率变化趋势及对比分析

第一，从营收增长率变化分析。2017中国企业信用500强2016年的平均营收增长率为47.35%，较上年的41.90%提高了5.45个百分点。

第二，与样本企业对比分析。信用500强企业的平均营收增长率保持较高水平，而样本企业在2016年则从2015年负增长转为正增长，但仍然处于低位运行。

第三，综合营收增长率指标分析，信用500强企业的平均营收增长率且具有稳固提高的态势，样本企业的利润水平波动较大，且相对处于较低水平。由此可见，信用500强的抗风险及抗干扰能力相对也要高一些。

2017中国企业信用500强利润增长率变化趋势及对比分析见图11。

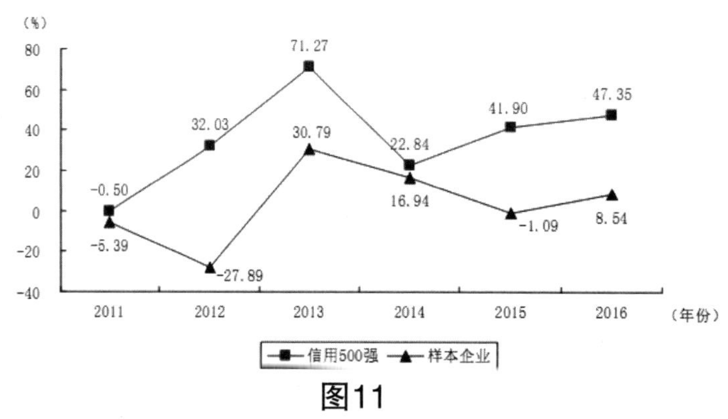

图11

3.资产增长率变化趋势及对比分析

第一，从资产增长率变化分析。2017中国企业信用500强2016年的平均资产增长率为31.97%，较上年的29.72%提高了2.25个百分点。

第二，与样本企业对比分析。信用500强企业的平均资产增长率为31.97%，比样本企业的20.43%高出11.54个百分点。

第三，综合资产增长率指标分析，信用500强企业的平均资产增长率基本走势与样本企业具有趋同性。但信用500强企业资产规模增速要高于样本企业。

2017中国企业信用500强资产增长率变化趋势及对比分析见图12。

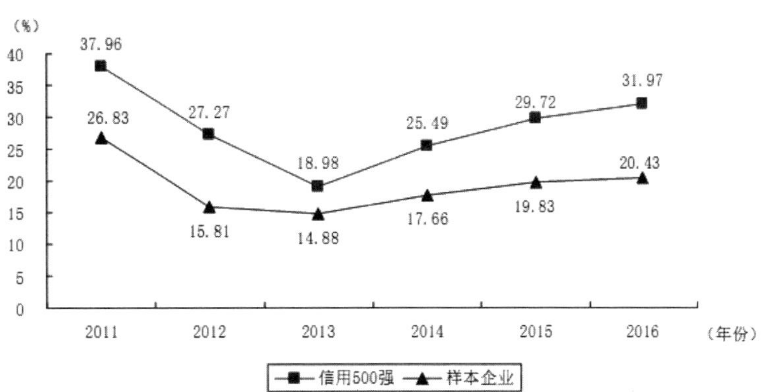

图12　2017中国企业信用500强资产增长率变化趋势及对比分析

4.资本积累率变化趋势及对比分析

第一，从资本积累率变化分析。2017中国企业信用500强2016年的平均资本积累率为38.79%，较上年的37.98%提高了0.81个百分点。

第二，与样本企业对比分析。信用500强企业的平均资本积累率为38.79%，比样本企业的20.45%高出18.34个百分点。

第三，综合资本积累率指标分析，信用500强企业的净资产持续保持较高增速，样本企业与信用500强相比有明显差距，且这种差距也有进一步扩大的趋势。

2017中国企业信用500强资本积累率变化趋势及对比分析见图13。

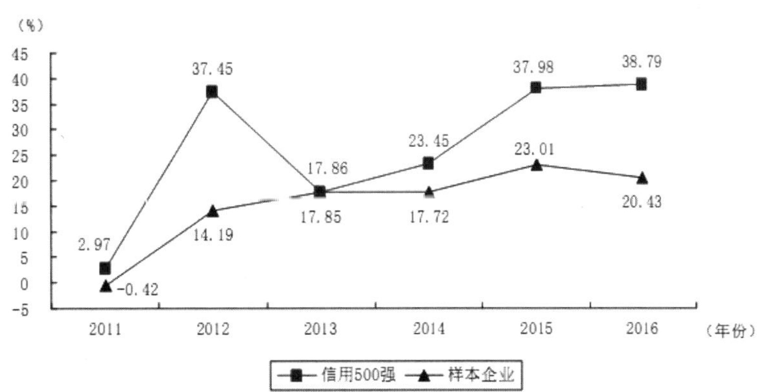

图13　2017中国企业信用500强资本积累率变化趋势及对比分析

5.人员增长率变化趋势及对比分析

第一，从人员增长率变化分析。2017中国企业信用500强2016年的平均人员增长率为12.69%，较上年的15.78%下降了3.09个百分点。

第二，与样本企业对比分析。信用500强企业的平均人员增长为12.69%，比样本企业的6.87%高出5.82个百分点。

第三，综合人员增长率指标分析，信用500强企业与样本企业的人员增长也具有趋同性，近两年增速均有所提高。

2017中国企业信用500强人员增长率变化趋势及对比分析见图14。

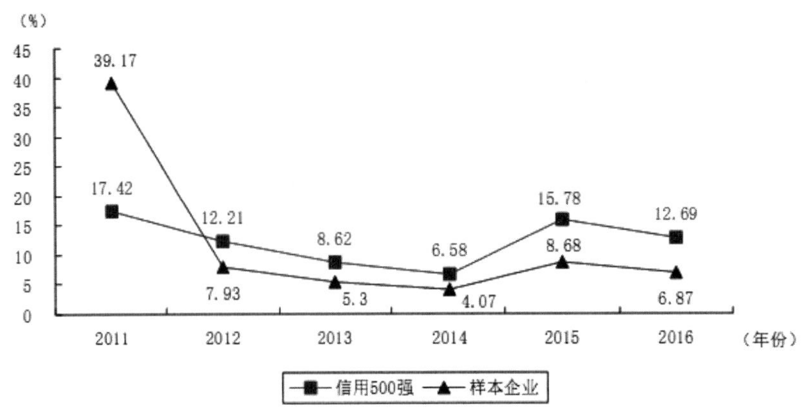

图14　2017中国企业信用500强人员增长率变化趋势及对比分析

6.人均营收额变化趋势及对比分析

第一，从人均营收额变化分析。2017中国企业信用500强2015年的人均营收额为202.72万元，较上年的184.14万元下降了18.58万元。

第二，与样本企业对比分析。信用500强企业的人均营收额为202.72万元，比样本企业的175.16万元高出27.56万元。

第三，综合人均营收额指标分析，信用500强企业的人均营收额与样本企业的差距继续呈现不断扩大的态势：2013年相差7.87万元，2014年相差9.08万元，2015年相差12.32万元，2016年进一步扩大到27.56万元。表明2017中国企业信用500强的劳动效率水平较高，具有十分明显的竞争优势。

2017中国企业信用500强人均营收额变化趋势及对比分析见图15。

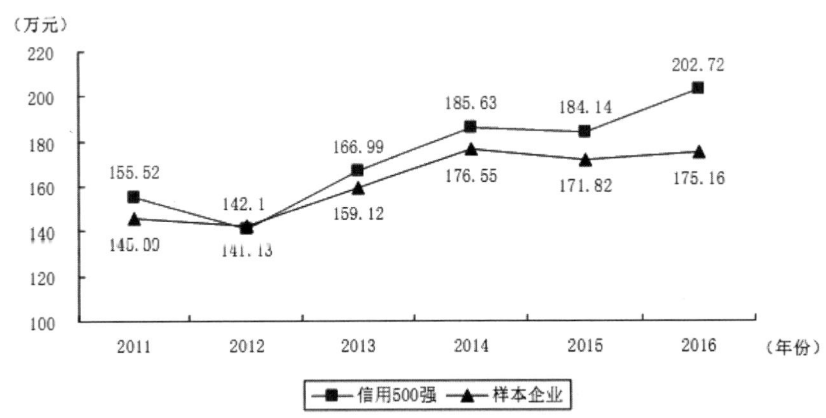

图15　2017中国企业信用500强人均营收额变化趋势及对比分析

7.人均利润额变化趋势及对比分析

第一，从人均利润额变化分析。2017中国企业信用500强2016年的人均利润额为15.57万元，较上年的14.95万元提高了0.62万元。

第二，与样本企业对比分析。信用500强企业的人均利润额为15.57万元，比样本企业的8.66万元高出6.91万元。

第三，综合人均利润额指标分析，信用500强企业的人均利润额与样本企业的差距也在不断扩大，2013年相差1.86万元，2014年相差5.38万元，2015年相差6.62万元，2015年进一步扩大到6.91万元。表明2017中国企业信用500强的劳动效益水平也较高。

2017中国企业信用500强人均利润额变化趋势及对比分析见图16。

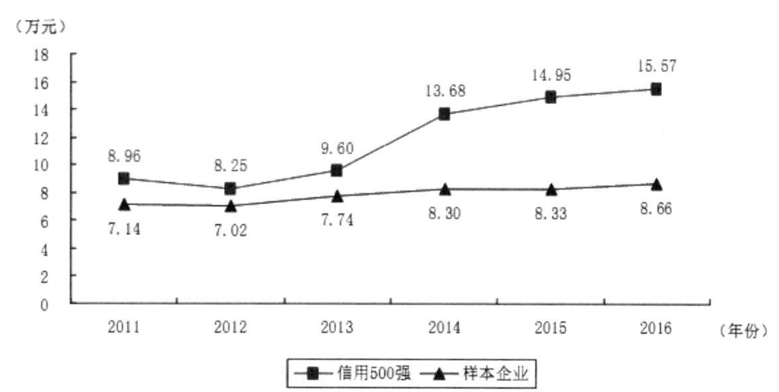

图16　2017中国企业信用500强人均利润额变化趋势及对比分析

四、2017中国企业信用500强面对的挑战及若干建议

通过对2017中国企业信用500强和制造业各行业经济运行状态及变化趋势分析，2016年的整体经营形势持续向好，各项效益指标均保持较高的增长幅度，但仍然面临着诸多新挑战，需要引起信用500强企业的高度关注。

（一）2017中国企业信用500强面对的主要挑战

1.信用500强企业的贡献率有所下降且下行压力仍然存在

2017中国企业信用500强的各项指标总体要高于样本企业，但通过分析也发现其2016年的贡献率要低于2015年。据统计分析，2017中国企业信用500强营业收入占样本企业的比值由2015年的40.97%下降至2016年的37.17%；利润占样本企业的比值由2015年的69.11%下降至2016年的57.89%。在2017中国企业信用500强中营收利润率处于负增长企业占32.00%；资产利润率处于负增长占45.40%，所有者权益报酬率处于负增长的占47.80%；营业收入处于负增长的占7.39%；利润处于负增长的占7.00%；资产负增长的占5.60%；资本积累率负增长的占2.59%；人员负增长的占32.40%。这种情况表明，即使是整体效益较好、盈利水平较高的信用500强企业，仍然存在着下行压力。

2.研发投入强度偏低，创新动力不足

据统计，2014—2016年2017中国企业信用500强平均研发投入经费占营收总额的比率分别为3.78%、4.14%、3.87%；样本企业分别为4.50%、4.62%、4.77%。信用500强企业与样本企业相比，分别低出0.72个百分点、0.48个百分点、0.9个百分点。而且，样本企业呈现逐年提高的态势，而信用500强企业则呈现波动下行的态势。由此可见，信用500强企业的研发投入强度仍然偏低，且有下降的态势。

与此对应的是资产规模的调整增长。2014—2016年2017中国企业信用500强的资产增速分别为25.49%、29.72%、31.97%，样本企业的资产增速分别为17.66%、19.83%、20.43%，信用500强企业与样本企业相比，分别高出7.86个百分点、9.89个百分点、11.54个百分点。

由此可见，企业规模扩张型的粗放式发展的惯性思维仍然存在，增长方式并未得到切实转变。如果新增的产能规模不是投向新兴产业和创新型产品，那么其结果只能加剧产能过剩矛盾，加剧低层次、同质化的市场竞争，进一步削弱企业的盈利能力。

3.资产运营效益和效率偏低，经营质量有待提高

2017中国企业信用500强与样本企业存在的一个共性问题是，企业的资产经营效率水平普遍偏低，且持续下降。突出表现为资产周转率明显下降，2014—2016年样本企业分别为0.89次/年、0.85次/年、0.64次/年；信用500强企业分别为0.91次/年、0.88次/年、0.76次/年，均呈现下降的态势，且幅度较大。据此分析，信用500强企业和样本企业同样存在着资产经营效率低下、资产经营效益和质量不高的突出问题。

4.行业、地区之间发展不平衡的问题突出

2017中国企业信用500强制造业入围的 331 家企业占比 66.2%，较上年的 277 家增加了 54 家，入围的行业由上年的31个减少到25个。

从利润分析看，2017中国企业信用500强利润排序前10位企业中服务业占9家，其中银行业占了7家，生产业占1家，而无一制造业。利润排序前20位企业中，制造业也仅为3家，分别为上海汽车集团股份有限公司、华为技术有限公司和中国第一汽车集团公司，而服务业占到16家，其中银行业及相关金融服务业占到12家。

从地区分布上看，2017中国企业信用500强利润排序前20位企业中主要集中在北上广地区，占到17家，福建、吉林和浙江各有一家企业入围。

综上，我国企业也存在行业和地区之间发展平衡问题，且表现十分明显。

（二）促进中国企业信用500强信用发展的若干建议

1.贯彻新发展理念，进一步深化供给侧结构性改革

党的十九大报告指出，建设现代化经济体系，必须把发展经济的着力点放在实体经济上，把提高供给体系质量作为主攻方向，显著增强我国经济质量优势。“我国经济已由高速增长阶段转向高质量发展阶段”，是中央经济工作会议把党的十九大报告做出的这一重大判断进一步明确为新时代我国经济发展的基本特征，进而做出了推动高质量发展的重大部署，对于引领我国经济向高质量发展阶段迈进具有重大现实意义和深远历史意义。

中央经济工作会议强调：“推动高质量发展，是保持经济持续健康发展的必然要求，是适应我国社会主要矛盾变化和全面建成小康社会、全面建设社会主义现代化国家的必然要求，是遵循经济规律发展的必然要求。”高质量发展，就是能够很好满足人民日益增长的美好生活需要的发展，是体现新发展理念的发展，是创新成为第一动力、协调成为内生特点、绿色成为普遍形态、开放成为必由之路、共享成为根本目的的发展。“供给侧结构改革”的核心是淘汰落后产能，坚持去产能、去库存、去杠杆、降成本、补短板，优化存量资源配置，扩大优质增量供给，实现供需动态平衡。企业应对产业规模、产业布局进行再调整、再平衡，对资产效

益低、产能过剩严重、资源环境压力大的产能，要坚决淘汰。同时，以产业升级来满足消费升级、带动总体消费水平。因此，企业要集中企业的优势资源，培育优势产业，适时进入一些新兴产业、高技术产业、高附加值产业，向产业链的高端和产品的中高档发展，寻求新的增长动力，打造新的增长点，开拓新的市场领域。

2.加大科技创新，着力培育新增长点、形成新动能

党的十九大报告指出要加快建设创新型国家。加快建设制造强国，加快发展先进制造业，推动互联网、大数据、人工智能和实体经济深度融合，在中高端消费、创新引领、绿色低碳、共享经济、现代供应链、人力资本服务等领域培育新增长点、形成新动能。要解决好我国企业普遍存在的附加值不高、处在价值链低端的现状，最根本的途径是解决创新力不足、突破发展的技术瓶颈。创新是引领发展的第一动力，是建设现代化经济体系的战略支撑。要瞄准世界科技前沿，强化基础研究，实现前瞻性基础研究、引领性原创成果重大突破。加强应用基础研究，拓展实施国家重大科技项目，突出关键共性技术、前沿引领技术、现代工程技术、颠覆性技术创新，为建设科技强国、质量强国、航天强国、网络强国、交通强国、数字中国、智慧社会提供有力支撑。

企业是市场的主体也是科技创新的主体，建立以企业为主体、市场为导向、产学研深度融合的技术创新体系，加强对中小企业创新的支持，促进科技成果转化。只有掌握了高端核心技术，才能掌控整个价值链。同时，在企业内部要形成浓厚的创新文化，强化知识产权创造、保护、运用；培养造就一大批具有国际水平的战略科技人才、科技领军人才、青年科技人才和高水平创新团队。

现代制造业来说，信息技术已经深深嵌入到了制造业从设计、生产、装配到服务的各个环节。制造业是国民经济的主体，是科技创新的主战场，是立国之本、兴国之器、强国之基。2015年出台的“中国制造2025”为中国制造业发展和产业升级指明了道路和方向。如今，新一轮科技和产业革命加速兴起，信息网络、生物科技、新材料与先进制造等孕育了一批颠覆性技术，工业互联网、物联网、车联网等新型网络形态不断涌现，大数据、云计算、人工智能等应用技术拓展升级.业内人士普遍认为，“中国制造2025”将助力中国加强制造业创新，促进产业转型升级，成为“高科技天堂”。

当前，全球贸易体系发生深刻演变，我国外贸发展同样面临着新的机遇。要推动外贸从数量的扩张向质量提升转变；要从以货物贸易为主，向货物和服务贸易转变；从依靠模仿向依靠创新创造转变；从大进大出向优进优出转变；从主要依靠传统优势的产品向更多发挥综合优势转变；从国际产业低端向中高端不断提升。

3.加强企业信用管理，有效控制重大信用风险

现在，我国正处于转变发展方式的关键阶段，同时也是各种失信行为的高发期，也潜藏着系统性和各种重大信用风险。2016年5国务院印发《关于建立完善守信联合激励和失信联合惩戒制度加快推进社会诚信建设的指导意见》（国发〔2016〕33号）指出，守信联合激励和失信联合惩戒是构建以信用为核心的新型市场监管体制的重要内容。要进一步加快推进社会信用体系建设，加强信用信息公开和共享，依法依规运用信用激励和约束手段，构建政府、社会共

同参与的跨地区、跨部门、跨领域的守信联合激励和失信联合惩戒机制，促进市场主体依法诚信经营，维护市场正常秩序，营造诚信社会环境。企业诚信管理体系着重以企业的自身诚信水平提升为关注焦点，通过引导企业增强社会责任感，在生产经营活动各环节中识别诚信要素，强化诚信自律，不断提高满足顾客及其他利益相关方要求的能力，来获得企业持续健康发展，进而达到持续提高企业的诚信管理水平的目的。

在新时代条件下，企业要全面推进企业诚信管理建设，进一步倡导诚信文化，强化社会责任意识，坚守道德底线，有效控制已经存在或可能存在的信用风险，尤其是控制系统性风险的发生，以避免产生不可控制的严重后果。

成果创造人：刘栋栋、于学敏、李　龙、刘文书、刘　东

实现海外投资税收筹划的中间控股平台设立及风险防控体系建设

中国电建集团海外投资有限公司课题组

中国电建集团海外投资有限公司（简称“电建海投公司”）是中国电力建设集团有限公司主要子企业中国电力建设股份有限公司的重要骨干控股子公司，是从事海外投资业务的法人主体。公司于2012年7月1日成立，截至目前注册资本金为54.1亿元。

电建海投公司经营范围涵盖电力、石油、有色金属等矿产资源的特许经营和房地产、环境保护、重要基础设施项目的投资，以及工程技术与咨询服务、进出口贸易、海外工程承包等。截至2017年末，电建海投公司资产总额为346.48亿元，实现营业收入80.28亿人民币，利润总额6.21亿人民币。

目前，电建海投公司已在老挝、柬埔寨、尼泊尔、巴基斯坦、印尼、刚果（金）、孟加拉和澳大利亚等10多个国家拥有8个投产项目、3个在建项目和10多个前期项目，在建及运营电力项目总装机300万千瓦。在境外投资规模不断扩大情况下，合理合规的海外投资税收筹划及税务风险管控将有助于实现海外投资项目经济化效益和社会化效益的双赢。

一、中间控股平台设立及风险防控体系建设的实施背景

2013年，习近平主席在访问中亚及东南亚期间，提出携手共建“新丝绸之路经济带”和“21世纪海上丝绸之路”倡议，得到国际社会高度关注。伴随着“一带一路”战略的不断深入，中国海外投资企业将创造史无前例的投资规模。在国际税务管控趋严及纳税数据逐步实现全球自动交换的背景下，中国企业海外投资税务管理是决定投资项目成败的关键因素。合理合规的海外投资税收筹划及税务风险管控将有助于实现海外投资项目经济化效益和社会化效益的双赢。通常情况下，海外投资税收筹划的实现可基于中间控股平台的设立及风险防控体系建设，即在海外投资企业所在国和投资项目所在国之间设立一层或多层的中间控股公司，使其在风险防范、税收效率和资本运营等方面发挥效益优势。

（一）降低投资项目整体税务成本的经济效益需求

海外投资企业在境外项目投资过程中如若均采用直接投资的方式，可能会由于中国与投资项目所在国未签订税收协定而在股息汇回阶段产生高昂的股息预提税，增加项目整体的税收成本，降低项目的投资效率效果。因此，从税收的角度考虑，设立中间控股平台，既可以增强项目投资时的可选择性和投资架构的灵活性，又可通过充分利用税收协定及其他税收优惠合理地降低投资项目整体税务成本。

（二）设置公司风险防火墙的风险防范需求

海外投资业务开展过程中，在投资项目所在国面临着各种复杂的经营风险和法律风险。如单个投资项目在项目所在国出现经营风险或者法律、税务风险或纠纷时，通过中间控股公司的股权转让，可以实现相关资产从海外投资企业的二级子公司迅速剥离和退出，对海外投资企业起到“防火墙”的作用，减少对电建海投公司影响。

（三）项目开发过程中实现放大效应的资源利用需求

设置中间控股公司，将便于在不同层次引入财务和战略投资者，在控制项目开发核心风险和保持对各层级中间控股公司的控制的同时，放大公司所拥有的资源。在很多项目投资中，海外投资企业可引入中国的基金、其他国家的主权基金、所在国电力公司、所在国有实力的合作伙伴和项目建设主要施工承包商等不同的利益主体，实现开发过程中的融资。

（四）项目运营后实现新资本运作的资本管理需求

随着投资运营项目不断增加，海外投资企业可将项目按照不同产业板块（火电、水电、风电、电网等）、不同国别（受制裁、不受制裁等）进行整合，便于上市、引入新投资者、资产证券化等资本运作的安排。在有中间控股公司的情况下，同样是以上整合和资本运作的安排，通过利用中间控股公司的隔离作用，使得中国对海外投资项目直接投资下的股权变动，转换为通过中间控股公司的间接股权变动，进行项目整合并产生协同效应的便利性得到了重大改善。

（五）高效开展资金的调度与使用的资金安排需求

海外投资企业在项目开发、建设和运营过程中，通常会受到项目融资银行、合作股东、所在国外汇监管等多方面的资金使用限制。通过中间控股公司的设置，改变资金的投入路径和方式，充分利用中间控股公司进行资金调度和外汇资金安排，合理配置全球资金资源，满足各类投资业务资金需求。

二、中间控股平台设立及风险防控体系建设的内涵和主要做法

中间控股平台设立及风险防控体系建设，是以在税收负担较低、税制简单清晰、税务管理规范的国家或地区设立的控股平台公司为税收筹划依托，积极利用各种新型税务管理方法，通过中间控股地点和层级的设计和安排，充分利用税收协定网络降低项目整体的税务成本，并在实施过程中控制税务管理风险，确保税收筹划成果落地，从而实现企业税收管理效益最大化。中间控股平台设立及风险防控体系是一个从设立、运营、风险防范、反馈及经验总结的闭环管理体系，通过不断的总结与经验应用，通过量的累积，达到促进海外投资企业整体税务管理水平提升的质变效果。

中间控股平台管理按照项目周期可以分为两个阶段，第一阶段为设立阶段，通过充分利用国家或地区间的税收协定及税收优惠政策，综合考虑股息汇回和投资退出的税务成本和效率效果，设计合理的投资架构以实现投资项目整体税收效益的优化；第二阶段为设立后运营阶段，通过加强中间控股公司的税务管理，增强其商业实质性，防范由中间控股公司商业实质不

足引发相应的税务风险，避免出现由税务风险导致前期税收筹划成果无法落地的可能性。

（一）建立常用中间控股平台所在地备选库

中间控股平台公司一般需要选择设立在税负较低且税法清晰、税收协定网络较多的国家或地区，根据中国海外投资企业投资项目所在国的集中情况，香港、新加坡、迪拜是最常见的中间控股平台选择地。海外投资企业可根据项目的情况，建立常用的中间控股平台备选库，对备选库内的国家或地区政治经济情况、法律法规要求、公司设立所需流程等宏观、微观层面进行充分调研，根据项目具体情况，在备选库内进行各投资项目中间控股公司的选择。

1.香港

香港是全球经济最开放和最外向型的地区之一。全面开放的企业制度、自由的贸易、金融和资本市场是其经济发展的基石。健全的金融体系和稳健的经济基础是香港经济的重要支柱。香港政府只对少量个别产品征收进出口关税，不征收流转税及销售税，作为免税港，企业进口机器和原料无须缴纳关税并且进出口手续及其简便。香港特殊的地理位置及金融和税收环境使其成为内地企业理想的贸易、投资平台及上市集资地。

2.新加坡

新加坡地理位置优越，是亚洲重要的国际商贸中心，也是一个绝佳的供应链管理枢纽。新加坡政治经济环境稳定，政治体系良好，是全世界最具竞争力的国家以及世界最佳投资地点之一，深受广大投资者欢迎。新加坡政府推出了若干税收优惠，其中，新加坡国际企业发展局为持续推动和促进国际贸易活动，于2001年6月正式推出了“环球贸易商”计划，不断提高新加坡对跨国企业的吸引力。

3.迪拜

迪拜是阿拉伯联合酋长国人口最多的酋长国，也是中东地区的经济和金融中心。迪拜实行自有和稳定的经济政策，在各国之间以及国际工商界赢得良好的声誉，鼓励本国资本和外国资本投资于商业、工业和服务业等各个经济领域。迪拜的市场没有外汇管制，仅针对石油和天然气公司以及外国银行的分支机构征收企业所得税，对其他公司不征税，且拥有带50年税收减免期的数个自有贸易区。迪拜自由贸易区的运行环境和政策较为稳定，给予区内企业的各项优惠政策的实施延续性较好。

（二）建立股息汇回降本增效机制

为充分发挥中间控股平台的经济效益，需要综合考虑投资时企业所得税、股息预提所得税及中国境外税收抵免政策等多方面因素，降低项目运营期股息汇回成本，增强投资项目投资回报。

1.股息预提税的影响

中间控股平台作为投资主体，最主要的收益来源为股息收入，因此股息汇回的税务效率是优先考虑的因素。股息汇回税务效率，需考虑投资项目所在国股息预提税影响、中间控股平台公司对于股息收入的缴税要求以及中间控股平台再分配股息的税务影响。

首先从投资项目所在国角度考虑，一般情况下，许多国家税法都会规定向境外投资者支付股息、利息和特许权使用费等需要缴纳一定比例的预提所得税。预提所得税仍归属于所得税性质，其以境外企业股息分红金额为计税基础征收，已缴纳的股息预提所得税可以在海外投资企业汇算清缴时抵免。在国际税收实践中，许多国家之间都签订了包含预提所得税优惠条款在内的税收协定，以起到鼓励资本相互流动与投资的目的。中间控股平台的选择首要出发点就是要降低中间控股平台以及项目所在国之间的股息预提所得税；其次从中间控股平台对股息收入的缴税要求角度考虑，中间控股平台的选择应位于资本利得税负轻的国家，即对股息收入免征所得税或者所得税率非常低；最后从中间控股平台公司分配股息角度考虑，中间控股平台对于股息汇出免征预提所得税或者预提所得税率非常低。综合考虑上述三种税务影响，充分利用税收协定网络和中间控股平台公司低税负特点使得投资架构整体股息汇回税务成本最低。

举例来说，如果投资蒙古国某项目，根据蒙古国内税法的规定，蒙古公司向境外股东分配利息需要缴纳20%的蒙古股息预提税，但是通过适用新加坡–蒙古税收协定，蒙古公司向新加坡控股公司分配股息的蒙古股息预提税税率可降至5%。同时，根据新加坡税法的规定，当满足分配股息所在国的最高法定税率超过15%（蒙古的企业所得税税率最高为25%）、股息已在被投资国征税、新加坡税局认为此海外股息免税对新加坡公司有利等三个条件时，新加坡控股公司收到的境外股息可以在新加坡免税。此外，新加坡公司向中国分配股息时无预提所得税影响。因此，通过在新加坡设立中间控股平台公司，可以降低整体的股息汇回相关税负。

同时，可以考虑利用中间控股平台进行再投资的商业需求，将利润从中间控股平台流向其他新的投资项目，也减少了中国企业所得税的影响。

2.中国境外已纳税款抵免的影响

根据中国企业所得税法第23条规定，企业取得的下列所得已在境外缴纳的所得税税额，可以从其当期应纳税额中抵免，抵免限额为该项所得依照企业所得税法规定计算的应纳税额；超过抵免限额的部分，可以在以后五个年度以内，用每年度抵免限额抵免当年应抵税额后的余额进行抵补。

3.居民企业来源于中国境外的应税所得

非居民企业在中国境内设立机构、场所，取得发生在中国境外但与该机构、场所有实际联系的应税所得。

居民企业从其直接或其间接控制的外国企业分得地来源于中国境外的股息、红利等权益性投资收益，外国企业在境外实际缴纳的所得税税额中属于该项所得负担的部分，可以作为该居民企业的可抵免境外所得税税额，在企业所得税法第二十三条规定的抵免限额内抵免。其取得的境外投资收益实际间接负担的税额，是指根据直接或者间接持股方式合计持股20%以上（含20%）的规定层级的外国企业股份，由此应分得的股息、红利等权益性投资收益中，从最低一层外国企业起逐层计算的属于由上一层企业负担的税额。由居民企业直接或者间接持有20%以上股份的外国企业，限于符合以下持股方式的三层外国企业：

第一层:单一居民企业直接持有20%以上股份的外国企业；

第二层:单一第一层外国企业直接持有20%以上股份，且由单一居民企业直接持有或通过一个或多个符合本条规定持股条件的外国企业间接持有总和达到20%以上股份的外国企业；

第三层:单一第二层外国企业直接持有20%以上股份，且由单一居民企业直接持有或通过一个或多个符合本条规定持股条件的外国企业间接持有总和达到20%以上股份的外国企业。

2017年，财政部、税务总局联合印发《关于完善企业境外所得税收抵免政策问题的通知》（财税［2017］84号），对境外税收抵免，从三层抵免扩大到五层抵免，为海外投资企业投资架构搭建提供了更大的灵活性。

因此，在设计投资架构、选择中间控股平台时需注意，中间控股平台公司不应超过四个，应将项目公司控制在五层之内，以便可以享受中国境外所得税抵免政策。

（三）规划灵活便利的投资退出路径

在设计中间控股架构时，应结合拟定的投资目标和商业规划，提高不同方式投资退出或重组的灵活性，并尽可能降低投资退出时的税务负担。

1.投资退出的税务影响

在投资退出时，一般有直接转让项目公司股权和通过转让中间控股平台股权从而间接处置项目公司两种方式。若直接转让目标公司，可能会在目标公司所在国产生较高的股权和资产转让时的税负，可能涉及的税种包括：

（1）资本利得税：根据转让股权或资产的转让价值与其账面价值的差额乘以一定税率征收；

（2）不动产税：以不动产转让价值或不动产的市场公允价值为计税基础乘以一定的税率征收；

（3）印花税：部分国家会对股权转让行为征收印花税。

通常情况下，选择间接转让方式可以在目标公司所在国规避转让环节税负，投资税务效率更高。如上述蒙古的架构方案，若转让蒙古公司股权，可能会按照股权转让利得缴纳20%税费。因为本身该交易并未影响蒙古的项目任何正常经营，所以可以通过转让中间控股平台公司即新加坡公司股权来实现该业务，也可以有效规避20%的蒙古国转让环节税费。

2.规避法律风险，减少投资退出时的不确定性

采用间接转让的方式，相关的股权变动不会造成目标公司直接股东的变化，也可以减少目标公司所在国的审批环节，而通常选择的中间控股公司所在国家或地区在商业安排上具有较大的灵活性和便利性，有利于降低公司股东变更带来的投资所在国政府审批上的不确定性，降低投资退出风险。

（四）中间控股平台搭建实施应用

以中国海外投资企业拟投资孟加拉国某项目为例，为更好地控制风险并降低税负，海外投资企业应以“从业务源头开展税收筹划”为原则导向，在该项目可研阶段，对该项目的控股架构设计思路如下述所示。

1.直接投资或间接投资的选择

直接投资并转让孟加拉国燃煤电站项目股权，投资退出效率较低，灵活性较差，且可能存在孟加拉国资本利得税或不动产税的影响。因此，从税务成本和投资退出时的效率考虑，选择由投资主体间接投资孟加拉国燃煤电站项目。

2.第二层中间控股公司的选择

在选择第二层中间控股公司的设立地点时，需要考虑的主要税务因素包括股息分配的税收负担和未来投资退出的税收负担。根据各个国家和地区与孟加拉国签订税收协定的情况，共对比分析了包括中国香港、新加坡、迪拜等三个国家或地区。具体税负情况如表1：

表1

项目	香港	新加坡	迪拜
孟加拉国股息预提税	20%	15%	5%
投资退出-资本利得税： （间接退出，转让第二层中间控股公司）	0	0	0

在孟加拉国项目公司向外汇出股息时，中间控股公司设立在迪拜税负较轻、设立在新加坡税负次之、设立在香港整体税负最重。

若在迪拜设立第二层中间控股公司，则迪拜公司需向孟加拉国税务局提交迪拜税务居民身份证明，才可申请享受迪拜与孟加拉国的税收协定，从而享受5%股息预提税的优惠政策。要取得迪拜税务居民身份证明，需要迪拜公司的实际管理机构位于迪拜并在迪拜从事积极商业或运营，公司需投入一定的迪拜公司设立和运营维护成本。

在采用间接退出方式的情况下，即通过转让第二层中间控股公司实现投资退出，在上述三个国家均无资本利得税的影响。

综合以上分析，最终选择迪拜作为第二层中间控股公司直接投资孟加拉项目。

投资主体的选择

海外投资企业应根据其香港、新加坡等国家或地区的控股平台建设情况，结合项目所在国企业所得税政策及股息预提税可享有的优惠，灵活选择投资主体。根据孟加拉国税收优惠政策，发电企业在满足条件的情况下可适用相关税收优惠政策，即发电业务从投产开始15个年度内产生的利润享受企业所得税免税。

选择香港公司作为投资主体：香港对股息收入免除利得税，收到股息无所得税影响。且股息资金可以适当留存在香港公司，以做再投资使用。

选择新加坡公司作为投资主体：根据新加坡税法规定，当新加坡公司收到股息的总体税负不低于15%时可申请免税。由于孟加拉项目前15年可申请免企业所得税，项目整体税负较低，不符合新加坡股息免税规定，故应在新加坡就来源于阿联酋控股公司的股息收入缴纳17%企业所得税。

选择中国总部作为投资主体：根据中国企业所得税法规定，取得非居民企业股息收入应缴纳25%的企业所得税，但孟加拉项目在孟加拉国已缴纳的所得税可以适用境外所得税三层抵免政策。值得注意的是，在不超过五层的情况下，如果选择香港或新加坡作为投资主体，在股息层层汇回中国时，孟加拉国已缴纳的所得税均可适用境外所得税抵免政策。

综合以上分析，最终选择香港公司作为投资主体进行孟加拉国项目投资。

孟加拉国项目控股架构设计成果

综合股息汇回成本、投资退出效率等多方面因素考虑，最终孟加拉国项目控股架构如图1

所示：

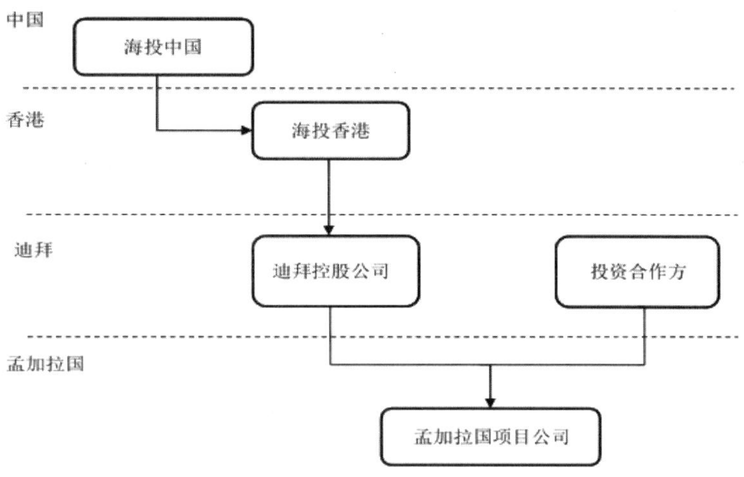

图1

如图1所示，当有合作方共同参与投资时，可以从迪拜层面进入，中间控股公司（迪拜）也可很好地起到防火墙的效果。

（五）建立中间控股平台风险防控体系

1.中间控股平台的风险因素分析

（1）设立地商业实质性风险或非受益所有人风险

一般情况下，中间控股平台通常会选择税负较低的国际避税港地区，为防范空壳公司，这些国家或地区税局通常会要求对中间控股平台的商业实质进行适当的管理和维持。在税务实践中，为避免税收协定的滥用，各国对受益所有人的审核越来越严格，中间控股平台公司面临的商业实质要求越来越高，无实质业务的中间控股平台被判定为非受益所有人的风险越来越大。一旦被认定为非受益所有人，则中间控股平台公司无法享受相关税收协定中的优惠待遇，从而直接影响项目整体税收筹划的效果。

如我国国税函［2009］601号文规定，受益所有人是指对所得或所得据以产生的权利或财产具有所有权和支配权的人。该文件进一步提到，受益所有人一般从事实质性的经营活动，可以是个人、公司或其他任何团体，代理人或导管公司不属于受益所有人，因此不得享受税收协定待遇。 其中导管公司是指通常以逃避或减少税收、转移或累积利润等为目的而设立的公司。另外，这类公司仅在所在国登记注册，以满足法律所要求的组织形式，而不从事制造、经销、管理等实质性经营活动。

如印度尼西亚目前要求境外公司为享受其所在国与印尼税收协定中的优惠待遇，通常需要满足“受益所有人”的规定和条件，通常情况下会要求公司的设立或交易的进行并非以享受税收协定优惠为目的、从事实质经营活动等内容。

（2）认定为中国居民纳税人的风险

2009年4月22日，国家税务总局颁布了《关于境外注册中资控股企业依据实际管理机构标准认定为居民企业有关问题的通知》（国税发[2009]82 号，简称“82 号文”），文中规定，“

境外中资控股企业”是指由中国境内的企业或企业集团作为主要控股投资者，在境外依据外国（地区）法律注册成立的企业。该文件列举了构成境外中资控股企业的实际管理机构在中国境内的四个主要判定因素，该文件同时强调，对于实际管理机构的判断，应当遵循实质重于形式的原则。

海外投资企业在境外设立中间控股平台，通常是出于整体税收筹划的角度，对中间控股平台的设立和维护投入成本较低，导致中间控股平台的组织机构设置、人员配置及行政管理等方面存在众多薄弱环节，存在被认定为中国居民纳税人风险，一旦中间控股平台被认定为中国居民纳税人，则中间控股平台形成的利润将视同中国居民企业所得，按照中国企业所得税率25%在当年度缴纳中国企业所得税。

（3）认定在华构成常设机构的风险

“常设机构”的概念来源于对外签订的避免双重税收的协定。税收协定中使用“常设机构”这一特定用语，其目的是用以解决对营业利润在来源地的征税问题，即以是否构成常设机构来确定对营业利润能否在来源地国家征税。在税收协定中。对缔约国另一方企业在中国设立的机构、场所，只有在符合“常设机构”的标准时，中国才有权对该常设机构来源于中国境内的所得，以及发生在中国境外但与该常设机构有实际联系的所得，在中国按照25%的税率征收企业所得税。

由于中间控股平台公司机构设置和人员安排有限，有可能存在海外投资企业总部代中间控股平台公司履行相关职责的情况，如果总部有关人员在境内履行境外中间控股平台公司的管理职责，如代表中间控股平台公司进行商务谈判，签署有关业务合同等，将可能导致其被认定为中间控股平台公司的管理机构或非独立代理人，形成中间控股平台公司在华的常设机构，从而就其所设机构、场所取得的来源于中国境内的所得，以及发生在中国境外但与其所设机构、场所有实际联系的所得，缴纳企业所得税。

（4）认定为受控外国企业的风险

2008 年1 月1 日开始施行的《企业所得税法》及其后续法规引入了“受控外国公司”的概念，防止中国公司通过在低税率地区或避税地设立公司，将利润滞留于境外，从而减少、递延或规避中国纳税义务。根据《中华人民共和国企业所得税法》和《国家税务总局关于印发<特别纳税调整实施办法（试行）>的通知》的规定，中国居民股东在纳税年度任何 天单层直接或多层间接单一持有外国企业10%以上有表决权股份，且共同持有该外国企业50%以上股份，被投资方设立在实际税负低于法定水平50%的国家（地区）且并非出于合理经营需要对利润不作分配或减少分配的，可能会被国家税务总局认定为受控外国企业，从而将中间控股平台公司利润中的部分或全部，计入其母公司（中国居民企业）而缴纳中国企业所得税。

在海外投资企业投资实践中，如果仅为了递延中国企业所得税而选择将利润停留在中间控股平台，将增加被认定为受控外国企业的风险。海投公司结合投资所处的阶段，为大量的再投资需求，确实存在利润不分配或少分配的情况，属于正常情况，积极地向税务机关进行汇报、沟通和解释。

2.中间控股平台的风险规避

为有效控制中间控股平台的上述税务风险，海外投资企业可通过对上述税务风险点的研究并结合目前公司管理实际，从短期和长期两个角度加强税务管理。

（1）短期风险规避措施

①定期召开董事会并充实境外董事人数

根据《关于境外注册中资控股企业依据实际管理机构标准认定为居民企业有关问题的通知》（国税发［2009］82号，以下简称“国税发82号文”）的要求，非常重要的一点是中间控股平台公司的决策应避免在中国境内完成。因此电建海投公司安排每年在中间控股平台公司所在地如香港或新加坡召开一次以上董事会议，并保留公司董事及高管人员的出入境记录，董事会会议纪要也应保留在中间控股平台公司。董事会一般在年度财务报告确定后召开，董事会议题包括应不限于审议年度财务报告、资金预算、利润分配、审计师聘任等内容。

如果无法做到全部或大部分董事会在境外召开，则选择以电话会议的方式召开董事会，但需要由境外一方发起电话会议，并且，在记录董事会议程和决议的文件中注明电话会议的发起和召开这一动作是由哪一方做出的，以及做出这一动作的地点。

同时，应尽量减少常驻中国境内的董事人数，增加境外任职董事人数的比例，以符合中间控股平台公司所在地及中国税法规定的形式要件。

②做好中间控股平台公司档案留存及管理工作

为加强及证实中间控股平台公司商业实质，足够的经营档案的留存和保管是必要环节。决策层面，包括董事会会议纪要、董事出入境证明材料、董事履职信息等相关资料都应妥善保管；经营活动层面，包括财务资料、审批文件、合同文件等相关记录均存放于中间控股平台公司以增加中间控股平台公司经济实质。

③在中间控股平台所在国积极缴纳应税业务的税金

“受控外国企业”风险很重要的一个因素即实际税负低于法定税率的50%（中国法定所得税税率为25%，即12.5%）。如果中间控股平台在当地缴纳一定的所得税，使其实际税务提高到12.5%以上，可以在一定程度上降低“受控外国企业”风险。

海外投资企业应详细分析其中间控股平台所在国税制及所涉及的业务性质，对除股息收入外的业务进一步细分，针对细分后的部分业务，在当地缴纳所得税，适当提高中间控股平台的税负。

④按照公平交易原则，总部向中间控股公司收取提供服务的费用

公司总部在投资的过程中，对中间控股平台公司提出多种的服务和支持，包括投资考察、开发、谈判等业务的支持、联络等工作。当总部为中间控股平台提供的对于中间控股平台具有显著的经济价值以及提高经营管理效率的实际作用的业务，同时公司总部的相关部门和人员为提供这些服务确实发生了成本费用，可以向中间控股平台收取提供服务的费用。

具体来说，海外投资企业可就其协助中间控股平台开展相关业务的各项服务进行分类，对服务的定价规则进行细化，根据业务类型与中间控股平台签订服务协议，并定期进行结算。同时，由于中国母公司和中间控股平台之间的服务协议属于内部关联交易，应符合公平交易原则，因此服务协议经过充分的可比分析，满足关联企业转让定价的公允要求，同时准备好提供

各类服务和支持的充分资料。

⑤制定恰当的分红政策

中间控股平台公司应制订适当的分红政策，一方面不影响境外控股平台资金运作及再投资需求，另一方面对获得利润进行合理分红，满足中国母公司投资的合理回报需求和正常运营需求。如果中间控股平台确需留存较大利润用于生产经营和投资而不作分配，则准备充分的书面材料，通过股东会决议做出决策，说明留存利润具有合理的商业需要，从而在面临税务机关的检查或质疑时从容应对。

（2）长期风险规避战略

①完善组织机构设置，用好中间控股平台

在长期范围内，应逐步建立组织机构、充实中间控股平台的管理和经营团队，形成责、权、利统一的经营实体，规范各项业务流程和决策程序的部门设置、岗位职责、程序要求、各部门人员的履职地点、完善日常经营管理的内控制度和规范，从而加强商业实质并有助于进行有效管理。

②购买房产，开展实体化经营

中间控股平台公司在运营初期一般通过租赁房产的方式开展经营业务活动，随着业务的不断拓展，结合公司整体的海外发展战略，可以考虑在境外购买房产，作为开展实体化经营的基础和增强中间控股平台公司商业实质最有利的依据。

③实现属地化经营

为加强中间控股平台公司商业实质，除采用总部外派增加人员等简单的方式外，应逐步规划实现属地化经营，主要考虑以下两个阶段：

属地化运营早期，管理岗位由总部派驻，在中间控股平台公司所在国招聘基础的文职及业务人员，既满足属地化管理述求，又避免薪酬差异造成对员工的负激励；

属地化运营进入成熟期后，考虑公司除董事及高管由跨国企业总部派驻外，包括公司岗位设置，人员招聘及薪酬水平，均按照属地化经营进行市场化，加强公司的竞争力。

④在中国境内设立代表处

在一定时期内，考虑属地化经营成本问题，作为替代方案，可考虑在中国境内设立一家代表处，作为中间控股平台公司常驻代表机构，安排相关工作人员，将需要在总部开展的工作转移到代表处进行，从而解决依靠跨国企业总部机构进行运营管理的问题，降低大陆居民纳税人认定的风险。

（六）完善中间控股平台税务管理制度及流程规范

随着海外业务的不断扩大和各项经营管理职能的增加，为尽量确保各项税收筹划成果及税务风险管控措施的落实，也为了能够更好地应对未来税务机关可能的质询或检查，应按照合法性、效益性、前瞻性、持续性、可行性等管理原则，建立“统一领导、分级管理、各负其责”的中间控股平台国际业务税收管理制度，规范各项业务流程和决策程序的岗位职责、程序要求、履职地点，完善税务管理的内部控制举措。具体来说，海外投资企业总部为国际业务税务管理的统一领导及指导单位，各中间控股公司是国际业务管理的具体责任单位，总部做好各中间控股公司税收管理的指导协调、监督检查工作，各中间控股公司具体负责各自税收筹划措施落地、合法纳税申报、税收风险评估及检查等工作，并定期向总部汇报，共同做好海外投资项目税收管理工作，助力实现海外投资项目经济效益和风险控制的平衡。

三、中间控股平台设立及风险防控体系建设的实施效果

电建海投公司作为中国电力建设股份有限公司的重要骨干控股子公司，是从事海外投资业务的法人主体，近年来海外投资成果丰硕，截至2017年末，公司注册资本总额54.1亿元，实现资产总额346.48亿人民币，实现营业收入80.28亿人民币，利润总额6.21亿人民币。电建海投公司已在孟加拉、澳大利亚、柬埔寨、老挝、巴基斯坦、印度尼西亚、尼泊尔、刚果金等多个国家投资建设水电站、火电站、水泥厂、钾盐矿、铜钴矿等项目，建成后总投资超过100亿美元。其中柬埔寨甘再水电站、尼泊尔上马相迪A水电站、老挝南俄5水电站、老挝南欧江水电站一期、老挝水泥厂项目、老挝钾盐矿项目和刚果金铜钴矿项目一期已建成投产。

电建海投公司在海外投资过程中重视各投资项目中间控股平台的选择和投资架构的搭建，通过上述一系列举措，目前已形成相对完善的中间控股平台税务管理体系，已取得较好的初步效果，主要体现在以下方面：

（一）发展实质化的投资平台公司，积极争取税收优惠

电建海投公司已设立海投香港及海投新加坡两个平台公司，随着海外投资项目的逐步增多，海投香港已逐步成长为电建海投公司成熟的且具有实质经营效果的战略平台公司。为巩固税收筹划成果，有助于获取更多税收优惠，海投香港持续推进实体化运作，在实质经营方面已取得香港税局的认可，获得了香港特别行政区税务主管当局出具的《香港特别行政区居民身份证明书》，实现双边税收协定下享受预提税等税项税率减半甚至豁免等多项优惠待遇的先决条件。根据香港税务局近四年的评税结果，海投香港已基本实现海投公司利用香港作为平台公司进行税收筹划的效果。

合理搭建投资架构，有效降低投资项目税收成本

以前述孟加拉投资项目架构为例，根据目前搭建的“中国–香港–迪拜–孟加拉”架构，在运营期前15年项目整体所得税率最多可降低20个百分点，具体如表2所示（假设营业利润为100）：

表2

	香港间接投资	新加坡间接投资	中国直接投资
（1）孟加拉合资公司的营业利润	100	100	100
（2）孟加拉合资公司缴纳的孟加拉国企业所得税	0	0	0
（3）税后利润（假设不考虑股权比例，所有利润均通过股息形式汇回）	100	100	100
（4）孟加拉国预提税	–5	–5	–10
（5）迪拜控股公司的企业所得税	0	0	不适用
（6）阿联酋控股公司利润	95	95	不适用
（7）迪拜控股公司的预提税	0	0	不适用

（8）中水电香港/中国电建新加坡的利润	95	95	不适用
（9）中水电香港/中国电建新加坡/电建海投总部的企业所得税	0	−12	−15
（10）股息停留在中水电香港/中国电建新加坡/电建海投层面的总体税负	−5	−17	−25
（11）项目整体税负率（假设利润留存在中间控股平台做再投资使用）	5%	17%	25%

因公司需要开展持续的境外投资开发和建设，项目利润需要大部分继续使用，中间控股公司无须将利润全额分红。根据上表可以看到，设立中间控股平台公司并搭建间接控股架构可以有效降低项目税收成本。

（二）持续增强平台公司商业实质，有效控制税务风险

电建海投公司积极跟进最新的国际税收监管动向，并通过定期的中间控股平台公司税务风险评估提前预判风险，完善薄弱环节。目前，海投香港作为海投公司重要的投资平台，其商业实质已通过完善董事会制度、规范档案管理、定期结算总部服务费、合理分红、增派人员、购买办公房产等方式得到切实加强，其中国居民纳税人风险、在华构成常设机构风险及受控外国企业风险也随之有效降低，以上举措已得到中介机构的充分认可，在海外投资同业对比中，海投香港已具备较强的商业实质，税务风险相对较低。

（三）提升财务管理价值，推动财务转型

在财政部积极推行管理会计、推动财务转型升级的大背景下，电建海投公司财务管理部紧紧结合公司实际，充分发挥专业职能，在项目投资初期积极参与，从税务管理角度建议设立项目投资架构，有效降低了项目整体税收负担，合理控制了税务风险，实现了财务与业务的紧密融合，体现了财务价值创造的意义，推动了电建海投公司财务从传统会计向管理会计的逐步转型。

成果创造人：李　铮、石　嵩、袁子丽、徐　莉、熊　兰、王家琨

强化风险防范管控 构建安全监督体系

赵德忠　赵旭东　王　芳等

牢固树立安全发展理念，提高政治站位，全面强化责任担当，就需要不断改进工作方法，建立健全具有本企业特色的安全生产体系，才能更好地发挥安全管理监督作用，当好责任人，筑牢安全线，才能使安全保障措施和安全管理机制得到有效发挥，进一步强化监督管理作用，狠抓企业主体责任，建立标准化管理模式，打造本质安全型企业，实现安全发展、和谐发展，推动企业基础管理等方面做了有益探索。

在新的形势下，随着经济社会的快速发展，特别是工业化、信息化和城镇化的全面推进，也给安全生产提出了更高的要求，同样给安全生产管理带来了困难和挑战。从2009年开始，中国兵器内蒙古一机集团率先提出多元化子集团安全管理，建立起了一套程序化、规范化、系统化、现代化、常态化的安全管理机制，逐步形成了集团化安全管理新体系，使集团化安全管理工作水平得到稳步提升，公司先后六次荣获全国“五一劳动奖章”并荣获党中央、国务院、中央军委“某工程重点贡献奖”等多项荣誉称号。实现了跨地区、跨地域、股权多元、以军为本、以车为主、军民协调发展的国内领先的特种车辆研发制造集团，为推动地方经济建设社会发展和国防建设发挥了积极作用。

一、背景

国家安全生产形势的现状

中国现阶段不仅处于一个全面而深刻经济转型与社会变革时期，同时也正处于大规模工业化、城市化进程之中，经济改革与社会转型、工业化与城市化进程加快，劳动和社会保障制度尚在重新组建中，不仅表现在具有迟发性的各种职业病方面，加之隐瞒不报或漏报等现象，造成现阶段安全生产形势十分严峻。特别是从2003年以来，虽然事故总量同比继续下降，但重特大事故没有从根本上得到有效遏制，但重大、特大事故依然严峻。特别是在10人以上的特别重大事故频繁发生，全国每年发生一次死亡10人以上事故100余起，一次死亡3人以上事故每天时有发生。在新的历史发展时期，发展决不能以牺牲人的生命做代价，要始终把人民生命安全放在首位，以对党和人民高度负责的精神，完善制度、强化责任、加强管理、严格监管，把安全生产责任制落到实处。目前，国家在安全生产方面，明确要求企业要履行好主体责任意识，这就要求进一步强化责任，建立健全和完善安全思想教育工作体系和运行机制，切实防范重特大安全事故的发生，这是党的十九大以来习近平总书记对安全生产提出的新要求，也是积极构建和谐社会，实现和谐发展的新举措。建立健全具有本企业特色的安全生产体系，激发员工“

关注安全、关爱生命”的本能意识，进一步提高安全管理的监督作用，才能使安全保障措施和安全管理机制得到有效发挥，才能实现企业根本性的安全生产。

一机集团安全生产管控模式如图所示：

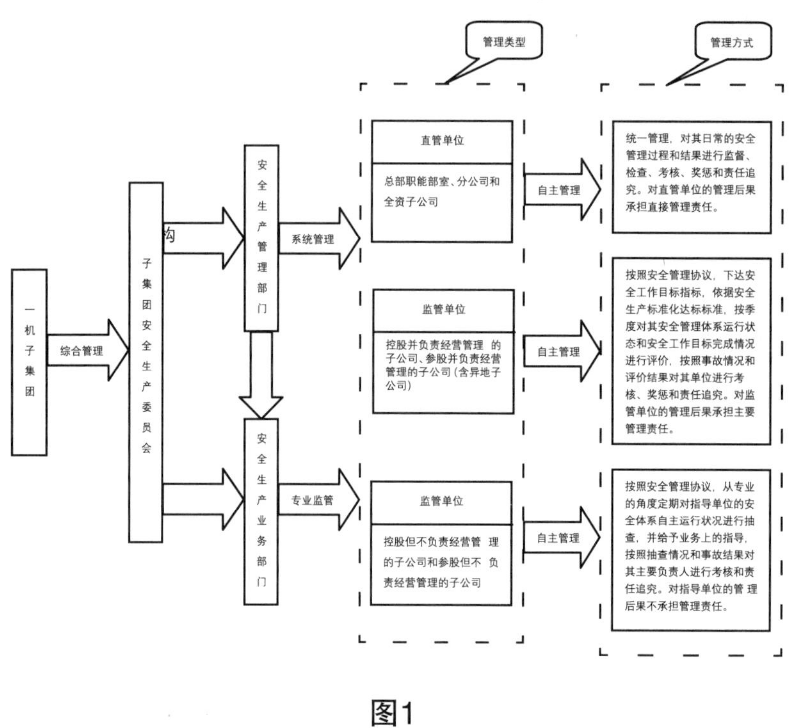

图1

主要经验做法包括：

（一）探索分层、分级落实责任，健全网络基础管理

早在2009年，作为军工企业的中国兵器内蒙古一机集团，围绕生产经营抓好安全生产的同时，全面推行了“分子公司自主管理、业务部门专业监管、综合管控”职责明确、层次清晰的集团化安全管理新模式。建立健全了安全生产组织、责任、制度、教育、技术保障、应急救援和考核评价等七大安全生产体系，保障了分子公司的安全生产主体责任的落实；同时严格按照“一岗双责”和“业务谁主管、安全谁负责”的要求，结合自身实际进行专业监管，基本实现了生产经营的全过程专业化安全管理，为生产经营起到了强有力的保驾护航作用。经过几年的探索、实践和努力，一机集团的安全生产管理在以董事长为主任委员的安全生产委员会的领导下，由一名副总经理具体分管安全工作，其他副职领导在各自分管业务领域范围内实施专业安全监管工作，安全管理部门负责日常的综合安全管理，相关业务部门在各自主管的业务范围内，对安全工作实施专业监管。按照“业务谁主管、安全谁负责”、“分级管理、分线负责”和“一岗双责”的原则，横向建立了综合管理、人力资源、设备、能源、消防、交通、工具吊具、危险化学品、建筑施工、职业健康等涉及十大安全业务领域，八个单位组成的安全业务部门，纵向建立了“一机集团总部——分子公司——车间——班组”四级管理层级，形成了“十横四纵”相互交叉的系统安全管理网络。

依据国家、行业和地方安全生产法律法规和一机集团安全生产规章制度，“统一领导、落实责任、分级管理、分类指导、全员参与”和“责任明确、层次清晰、风险受控、持续改进”的原则，母集团与各层级分子公司分别签订安全管理协议，层层签订安全生产承诺书，进一步细化集团与三类层级单位的目标、责任、权利和义务，对直管、监管和指导类单位实施分层分级管理，切实履行出资方、实际管理方或相关方的安全生产职责。为保证异地子公司的安全管理处于受控状态，专门下发文件，明确对异地子公司的管理层级和权责，除对其日常的安全管理和事故情况进行监管外，定期选派安全专家对异地子公司的安全管理情况进行评估，根据评估结果，对异地子公司的主要负责人进行考核和责任追究。

图2

图3

（二）实施构建七大安全管控体系

一机集团在总部和分子公司（含异地子公司）开展“安全生产组织体系、制度体系、责任体系、教育培训体系、技术保障体系、应急救援体系、考核评价体系”等七大体系建设，建立起以安全体系为支撑的、具有一机文化特色的、集团化安全管理体系和自我约束、持续改进的安全生产长效机制。

表1 一机集团安全生产管控体系的构成

一机集团安全生产管理体系	
	安全生产组织体系
	安全生产制度体系
	安全生产责任体系
	安全生产教育培训体系
	安全生产技术保障体系
	安全生产应急救援体系
	安全生产考核评价体系

1.健全安全生产组织体系。整顿安全机构设置和安全管理人员的配备，提升安全管理人员的权利、待遇和素质，为安全管理工作有序开展奠定基础。

2.健全安全生产责任体系。有效提升领导干部和员工对安全责任的认识水平和对安全工作的履职水平。

3.健全安全生产制度体系。完善形成了以“安全生产责任制”为核心的56个安全生产规章制度，明确了管理职责，理顺了管理程序，做到有计划、有布置、有检查、有总结、有评比、有考核。

4.健全安全生产教育培训体系。以形式多样的培训方式、严格的监督检查、完善的培训设施（硬件、软件），保证培训效果，提升职工安全知识水平和安全技能。

5.健全安全生产技术保障体系。组建安全专家组，并与外部监管、技术服务机构构建安全技术信息共享平台，为成员单位提供安全技术服务保障，不断提高安全管理水平。

6.健全安全生产应急救援体系。健全完善与社会应急救援体系相协同互动机制，及时修订完善综合预案等应急救援预案和现场处置方案，长期开展培训和演练，提高应急响应能力。

7.健全安全生产考核评价体系。从“基础管理、科学管理和文化管理”，从“制度制定、过程管控、监督、考核和管理效果”，强化对分子公司自主管理能力和业务部门专业监管作用的考核和责任追究，切实落实安全责任。

（三）突出管控重点，实施个性化管理

运用科技和信息手段，建立健全安全生产隐患排查治理体系，强化监测监控、预报预警，严格按照《安全生产事故隐患排查治理管理办法》，通过开展日常检查、专项检查、专家检查、综合检查等方式，进行安全风险检查评估分析，切实防范和治理思想认识隐患、作业行为隐患、设备设施隐患、工艺技术隐患以及管理隐患，在注重源头治理、科学治理、主动治理、抓好落实的同时。高度关注安全隐患的一些新变化、新动向，特别是对以下几个重点环节，实施个性化管理。

1.对重点单位、重点部位和重点设备，加强监控

对国家某重点工程涉及单位、涉及危险化学品、建筑施工、冶炼锻造、大型装配等重点单位，特别是对易燃易爆、危险作业场所、站（库）区等重点部位，对起重设备及吊索具、锅炉压力容器、冲剪压、关重设备、电气设备设施等重点设备，结合产品结构调整、重组以及工艺的改变等因素，及时调整完善管理内容，开展高频次、深层次飞行检查，对检查出的问题和安全管理中存在的不足，做到“五落实”即：落实整改措施、责任、资金、实现和预案，并将检查结果纳入过程管理和考核，使工作效果有了质的提升。

2.对重点群体，加强垂直监控管理

针对临时用工人员素质参差不齐，安全意识不强的特点，专门制订了两个文件，从外包单位资质审查、劳务派遣公司的选择、安全协议、安全合同的签订、安全教育培训、安全交底等方面，规范临时用工的安全管理，同时对各单位临时用工情况进行重点摸底调查和监督检查，对不符合规定的现象及时进行整顿和清理。

3.对重点时段，加大重督查管控力度

针对夜间、周六日、节假日生产作业员工休息时间不规律，情绪波动变化大，注意力不集中，容易发生事故的特点，做到只要有加班，必须有措施，领导必须跟班，同时对这一时段的生产检修、重点设备、重点人群、分子公司领导带班、车间安全跟班、生产现场违章隐患以及运行岗位值班等情况，进行跟踪巡回检查，保证在重点时段的生产，始终处与受控状态之中。

（四）强化过程考核，实现管理提升消除各类隐患

为保障安全管理的有效性，依据国家、兵器工业集团有关要求，结合实际，公司在注重过程管控的同时，将成员单位发生的事故、考核打分、亮牌、安全生产标准化达标等结果，与各层级分子公司的负责人和各业务部门主要领导的经营业绩挂钩，奖优罚劣，严格兑现奖惩，切实落实安全责任。

全面落实安全责任意识　　做到全员参与抓安全。关键在于强化企业安全生产主体责任意识。这是解决当前安全生产中的突出问题，只要通过严格管理、严明纪律、严格考核培养员工对安全管理制度的敬畏，加强对安全管理制度的执行力，才能确保安全职责的全面落实；只要认真履行安全职责，落实各级安全生产责任，才能保证安全生产工作认识到位、安全制度执行到位、安全措施落实到位；只要坚持把人放在企业中心地位，在管理中尊重人、理解人、关心人、爱护人，树立职工主人翁地位，使之积极参与企业管理，才能理顺企业管理和企业文化之间的关系，充分发挥团队作用。

——在管理层面，企业班组管理的核心问题是如何调动全员的积极性和主动性，共同搞好安全生产。作为装甲车辆大型结构件焊接基地的一机集团大成装备公司在各基层班组强积极推行安全“红线”考核、网上积分兑奖、规范佩戴安全帽、新员工重点监护和“手指口述安全确认”等管理方法，将每位员工的工作热情和奋斗目标引入到班组建设中，进一步规范了班组安全管理的形式和内容，有效促进企业的健康有序发展。将三个融入实现落地：

——在融入经营。充分发挥集团化安全管理模式的网络化优势，不断加大考核力度，公司从安全文化建设的调研、规划、宣贯、实施、考核、固化推广到各个环节，围绕生产经营实际。在全公司范围内开展排查隐患活动中，基本形成了纵横交错、上下联动的工作机制，有效解决了以往重生产、轻安全的思想偏差和传统安全管理方法和难以适应公司快速发展的问题，为确保经营任务完成奠定了强有力的安全保障。

——在融入实际。学习借鉴国内外安全文化建设先进经验的基础上，深入挖掘和总结公司多年来积累的安全管理资源和底蕴，结合集团公司实际和中长期发展规划，开展“安全互联互保”活动产生效益。所谓“安全互联互保”就是让两名或者三名工种相同、工作场所相邻的职工成为安全伙伴，互相监督、督促提醒，共同承担一方发生事故或违章受到的处罚，共同分享由于受到奖励带来的喜悦，活动开展以来，有效解决了脱离生产、个别部门独立搞安全文化建设的不良局面。

——在融入员工。坚持以先进的安全理念文化为氛围，构建了包括诚信文化、安全物质文化和安全行为文化在内的特色安全文化体系，覆盖生产经营全过程的58个安全生产规章制度和13类186个操作岗位的安全操作规程，做到了岗位有职责、操作有规程、行为有规范、工作有流程、检查有标准、考核有指标、奖惩有措施，使文化渗透到每一项规章制度、工作规范及标准要求中，同时结合 “安康杯”竞赛、危险预知训练（KYT）、安全合理化建议征集、安全演讲等群众性宣传教育活动，在全体员工中唱响“安全发展”的主旋律，形成员工自觉遵守的良好机制。

1.建立风险抵押制度，治理风险隐患盲区

按照LEC风险评估分析法，依据分子公司危险性大小（事故发生的概率、作业人员暴露频率、事故严重程度）、作业特性、设备设施本质安全、经营业务规模以及员工总量等因素，收取安全风险抵押金，专门用于支付安全罚款，并全部用于奖励在安全方面表现突出的分子公司、业务部门（专业公司）和个人，做到奖罚并举。

表2 实施安全风险抵押金制度管理效果对照表

实施前	实施后
对本单位存在的风险辨识不客观，认知程度不高	根据风险大小缴纳风险抵押金，客观地认识本单位的风险，预先风险责任意识增强
只罚不奖，没有形成有效激励机制	奖罚并举，谁管理，谁收益，管理好的单位除不罚款，还能得到奖励
对问题的处理受人情、时效的影响很大，管理效果不好	即时处理问题，管理效率得到提高

2.瞄准安全重点 强化过程标准化安全管控

按照不同时期各单位生产任务情况，找出安全管控的重点单位和各单位的重点部位，积极推进安全生产标准化与国家的安全生产标准化对标、靠标，以精益生产、精细管理、合理化建议活动为抓手，持续推进技术标准化、工艺标准化、作业标准化、管理标准化建设，将各项安全管理举措始终贯穿于生产经营和科研的各个方面及其全部过程，通过各种安全检查，强化现场监管力度，狠抓隐患和违章的整治力度，减少人的不安全行为、设备设施不安全状态和作业环境的不安全条件。依据检查、评价结果以及事故情况，对成员单位的安全管理状况和管理趋势给予评估，对存在的事故隐患整改不及时、安全管理状态下滑、体系运行不畅或存在危及职工生命和公司财产安全的重大事故隐患的单位亮白牌（警示处于临界状态）、黄牌（局部停产）、红牌（全面停产），给予警示、警告和停产整顿的处理，并且对季度考核打分排名后两位且分数低于95分的各层级单位亮白牌警示。

3.严格安全生产评价考核，让安全有章可循

2018年，集团围绕安全文化建设为中心，按照国家企业安全文化建设导则（AQT—90042008）和安全文化建设示范企业评价标准等法规、标准要求，以集团安全管理顶层为基础，以实现“零事故”为目标。通过理念宣贯培塑、全员安全承诺、细化规章制度、强化教育培训，提升本质安全、狠抓行为规范等措施，构建起了“文化引领、制度规范、科技支撑、素质提升”的安全管理长效机制。认真总结分析多年形成的企业文化底蕴的基础上，提炼总结出“我要安全是觉悟，要我安全是爱护”、“安全是生产力、健康是大福利”等职工易于理解且认同的安全理念，持续开展全民安全知识和法律法规制度的普及教育活动，通过标语、挂图、视频等多种形

式，营造了浓厚的安全氛围。

进一步加大红线考核和风险预控。细化分解九条红线具体情形，组织、指导分公司梳理和修订83个岗位工种安全操作规程，将各岗位提供的229条红线，自觉增加到相应的考核范围之中。通过作业现场双监督，有效提升岗位标准化和现场规范化管控模式，认真梳理在生产经营中存在各类隐患，先后出台“安全生产风险分析报告”、“危险源管理制度”，专门为各岗位制定危险源图表警示，实现了风险预控闭合管理。对涉及老旧厂房、老设备、危险工艺预防不到位、工具工装不适用等盲点、缝隙进行及时整改，形成“查、看、评、报、处”5种方式，有效解决在生产过程中出现的疑难问题，为生产平稳高效运行，编制了一道无形的安全网。

（1）强化安全制度文化建设。公司目前已编制形成了以《安全生产责任制》为核心、覆盖生产经营全过程的65个安全管理制度和12大类124个岗位的技术安全操作规程，安全管理实现了有法可依、有章可循；同时重点突出制度执行力建设，对主要制度进行了流程化和表单化梳理；实现了日常管理照单履职、发现问题照单问责。

（2）强化安全教育文化建设。长期聘请行业、地方安全专家来厂进行不间断安全教育培训，广泛开展危险预知训（KYT），实现了教师资源的优势互补，以理论讲解和实际操作相结合的方式为广大员工授课，使其学在现场、用在现场；依托内部局域网、电视台、报纸、广播等媒体，广泛宣传安全生产方针政策、法律法规知识，有效促进员工安全意识的提升。

（3）强化安全物本文化建设。从2013年以来，一机集团累计投入4100余万元，通过危险有害因素辨识和风险评估、制定科研方案，对全部危险点安装了视频监控系统并将建立总控中心进行统一调控管理；通过改变工艺取缔了剧毒品库和液化石油气站（唯一的重大危险源），有效消除了各类较大事故隐患，降低了生产经营过程中的安全风险。

（4）强化安全行为文化建设。注重转变员工的思想认识和行为习惯，把安全文化和日常的生产作业有机结合起来：一是实施属地责任区管理，将岗位作业区域和相关设备设施的关键标准要求做成卡片进行目视化管理，并指定具体的责任人，把安全责任细化分解并落实到了每个岗位员工；二是建立安全积分兑奖制度，针对起重、装配、电焊等关重岗位和危险作业，分别编制了“手指口述”标准卡，并要求岗位员工在现场以检查、指认的形式对作业过程中的安全条件进行确认，有效控制了人的不安全行为和物的不安全状态这两方面事故诱发因素，为加强现场管理提供了便利条件。

（5）利用微信二维码扫描进行设备点检。公司对吊车、大型机械加工设备、工业炉窑、配电箱柜等危险性较大的设备设施设计制作了设备点检二维码，明确设备责任人员、点检内容、周期及检查标准。各层级设备管理人员按照检查标准逐项进行核查确认，通过这种方式将设备设施的安全管理责任切实落到了每一位员工，确保了设备设施运行状态始终受控。

（6）通过微信平台进行隐患提案。该公司利用网络通信技术促进隐患排查与治理工作，员工在工作中如发现安全隐患，可立即在手机微信平台上输入具体内容，主管人员接到隐患通知后，按照规定流程进行处理有效调动员工自主排查、治理安全隐患问题的积极性，有效解决现场存在的隐患问题，杜绝了各类事故的发生。

公司始终把安全生产标准化作为规范管理程序、提升本质安全水平的重要工作进行部署。根据兵器行业机械光电企业安全生产标准化考评标准，细化分解责任部门，特别是在2017年对异地所属企业247厂和5402厂也通过一级企业验收，自上而下形成了闭环管理、持续改进的长效管理机制，提升了本质安全度，实现了安全管理平稳高效运行。

4.强化车间班组考核，筑牢安全发展基础

从车间、班组的基本状况、安全检查、安全教育、安全工作“五同时”、班组基础管理、安全生产标准化、安全合理化建议、岗位工种安全操作规程、危险有害因素辨识和KYT（危险预知训练）等方面，加强对车间班组的管理和考核力度；从“基础管理、安全教育、安全活动、遵章守纪、隐患整改和文明生产”六个方面，严格对班组安全达标活动进行验收。充分调动全员管安全、查安全、保安全的主动性，把“要我安全”变为“我要安全”，不断提高车间、班组管理的有效性，实现管理重心下移，为提升公司整体安全管理水平打下坚实的基础。

（五）实施科技兴安战略，建立安全投入长效机制

按照“科技兴安”发展战略，建立安全投入长效机制，将安措技改项目纳入到年度预算和中长期规划中，对影响和制约本单位安全生产的技术难题开展科研攻关，进行技术革新，加大安全投入力度，及时淘汰安全性能低下或危及安全生产的落后技术、工艺和装备，推广应用安全性能可靠的新技术、新工艺、新材料、新设备，把安全生产建立在依靠科技进步的可靠基础上，逐步改进和提高设备设施和作业环境的本质安全。例如：集团先后实施了新型工业燃气火鸟王替代乙炔气取缔乙炔站、引进天然气取缔煤气站、新建柴油库拆除不符合标准的旧油库、引进无氰镀锌技术、引进新工艺新技术减少甲醇丙烷用量拆除甲醇丙烷站等项目，对冲剪压设备安装光电保护装置、对危险性较大库区加装红外报警视频监控等安防技防措施，有效改善、提高了设备设施的本质安全度和作业环境的安全条件。

进一步加大红线考核和风险预控力度。细化分解九条红线，组织、指导分公司梳理和修订83个岗位工种安全操作规程，将各岗位的229条红线，自觉增加到相应的考核范围之中。通过作业现场双监管，有效提升岗位标准化和现场规范化管控模式，认真梳理在生产经营中存在各类隐患，先后出台“安全生产风险分析报告”、“危险源管理制度”，专门为各岗位制定危险源图表警示，实现了风险预控闭合管理。对涉及老旧厂房、老设备、危险工艺预防不到位、工具工装不适用等盲点、缝隙进行及时整改，形成“查、看、评、报、处”5种方式，有效解决在生产过程中出现的疑难问题，为生产平稳高效运行，编制了一道无形的安全网。

（六）构建具有本土特色安全文化建设，推行全员参与

创新管理机制，建设本质安全型企业。安全生产必须进行机制创新，科学管理，及时知晓自己所处的安全环境所发生的变化，从而调整和规范自己的安全行为，才是实现安全生产长治久安的动力源泉。公司按照“分级管理、分线负责”的原则，纵向建立集团、分子公司、车间班组，四级管理层次，横向建立了安全、设备、能源、消防、交通、工具、建筑、职业卫生等八大专业的安全管理业务交流，形成较为严密的相互交叉系统管理安全网络，不仅杜绝了事故的发生，也使安全生产与经济效益、发展规模企业我完善、持续改进的安全管理运行机制得到了同步发展。打造具有特色的本质安全文化体系，忠实履行企业安全生产主体责任，最终实现“零事故、零容忍”目标。从安全理念、安全制度、安全物质和安全行为等方面，提出构建安全文化的具体要求和系统部署，形成了全体员工的安全文化素养、业务技能和行为意识、自主管理水平稳步提升，业务部门的专业监管能力和效果有了长足的进步，综合管控水平也有了明显的提高，更好地实现了企业安全发展、长治久安。

安全生产作为企业发展的重要生产力。从生产力的要素来看，即体现在作为劳动者的安全生产素质上。因为，安全素质是提高劳动生产力的关键，它不仅体现在生产资料中，还体现在企业的管理中。一个企业的安全状况如何，它直接体现生产力水平的重要指标。面对安全生产要求越来越严、标准越来越高的严峻形势，必须始终坚持一流导向管理，不断实践机制创新和管理创新，牢固树立安全发展，以建立安全价值观、安全责任观、安全预防观、安全行为观为重点，将安全文化理念点滴渗透、层层深入，长期在职工中培育先进的安全文化理念，牢固树立共同的价值观和行为准则，通过安全文化建设引领企业安全生产，为生产经营持续、稳健、快速发展，提供了有力的安全保障。同时要做到“三个全程、三个结合”三个全程：一是主动介入；二是全程掌控；三是全程跟进。即：一是做到教育与施教相结合；二是理论培训与技能培训相结合；三是奖励与处罚措施相结合，只有把有效的制度落实到位，企业的安全生产才能更好地落实到企业的生产管理行为之中，才能最大限度地消除安全隐患，确保安全生产，具体要求为：

1.树立以人为本观念。从员工的需求出发，把关心、理解、尊重、爱护员工作为安全文化建设工作的基本出发点，通过舆论宣传、各种教育培训和安全活动，不断提高全员的安全文化素质，强化群体安全意识，增强广大干部职工的归属感和凝聚力，形成安全管理“命运共同体”，推动企业安全文化的改善和提高。

2.以安全合理化建设为平台。促进全体员工参与到安全管理中，充分调动和发挥广大员工的安全工作积极性；以“三不伤害”为目的，自上而下层层承诺，实施操作员工之间的自保、互保和联保制度，最大限度地降低安全事故的发生率；以作业行为规范和安全操作规程为标准，规范操作行为，把有效的工作方法贯穿到生产经营的全过程；以全方位安全管理为手段，形成党、政、工、团等各部门齐抓共管的格局。实现全员、全过程、全方位的安全管理。

3.坚持“违章行为视同事故处罚”的原则。在公司范围内旗帜鲜明的反“三违”，全力营造安全生产舆论环境，培育“零事故、零隐患、零容忍”的安全文化理念，使安全文化深入人心，真正实现以文化促管理、以管理促安全、以安全促发展，打造本质安全型企业，实现安全发展、和谐发展，争创安全一流的现代化企业迈进，实现健康有序快速发展。

二、取得的成效

集团化安全管理新模式在集团已实施了近十年的时间，通过借鉴国内外先进的安全管理理念、技术和手段，不断探索和实践，积极引进台塑虚惊事件经验，进一步明确了母子公司安全生产管理模式，集团业务部门和分子公司在安全管理方面的责任、权利和义务更加清晰，业务部门专业监管和分子公司自主管理的能力建设更加完善，已经建立起了一套程序化、规范化、系统化、现代化、常态化的安全管理机制，改变了传统的工厂式管理方式，实现了向现代化管理的转变，即适应了国家安全生产的总体要求，也解决了制约公司安全持续发展的难题，使得综合安全管理得到了有效提升，为打造中国第一、国际一流的军民结合车辆集团的宏伟目标，提供了坚强保障和可借鉴的安全管理新模式。

（一）规范母子公司综合安全水平，培育自主管理管控能力

安全系统充分发挥综合监管的核心作用，安全生产标准化业务部门专业监管水平有了质的飞跃，分子公司自主管理能力得到明显提升，设备设施和作业条件的本质安全度得到提升，广大干部职工的安全意识和安全素质显著提高，特色安全文化逐步形成。

（二）社会效益

通过集团化安全管理的全面实施，使职工安全意识、安全操作技能和防范事故的能力有了明显的提高，设备设施和作业环境的本质安全度得到了进一步的提升，有效遏制了各类事故的发生，从2011年以来事故起数和严重程度创历史最低，不仅保护了广大职工的安全健康，有效地提升了职工及家庭的安全幸福度，切实履行了社会责任，而且也保护了母子公司的财产安全，减少了事故的经济损失。

今后，集团公司将继续创新和实践先进的、现代的安全管理，进一步深入、扎实、有效开展各项安全管理工作，抓牢抓实安全生产营造安全良好环境，为集团协调稳健发展和生产经营目标的顺利实现提供强有力的安全保障。为努力打造高层次具有本企业特色的安全文化，对进一步提升整体安全有着不可估量的作用。同时，也为企业又好又快发展提供强有力的安全保障。

成果创造人：赵德忠、赵旭东、王　芳、王　丽、钟　迪、付　超、贾颖洁

中国兵器内蒙古一机集团

关于“大数据时代下”以纳税风险管理为核心的财税通会员的转型探索

山西航天信息有限公司

山西航天信息有限公司（以下简称山西航信）是航天信息股份有限公司（股票代码：600271）所属的控股子公司，是隶属于中国航天科工集团公司的三级服务单位，成立于2008年，是山西省最具价值的财税及IT专业服务商。

山西航信作为国家“三金工程”在山西的推广及技术服务单位，始终保持着市场引领地位，拥有专业认证高级工程师、资深财税专家顾问、技术服务团队700余人，建立了覆盖全省119个市、区、县的“本地化服务网络”，设有全国统一服务热线95113.会员专享VIP热线96501.“95113网络服务平台”及会员专属“财税云平台”，为全省数十万企业用户提供全方位、精准化技术支持与服务，形成集咨询、培训、研发、维护、服务于一体的财税立体化服务体系。

一、背景

（一）财税通会员转型背景

1.金税三期将税务风险管理带入新时代

金税三期的推广和应用，一个全新的税务大数据时代已经到来，纳税人所产生的数据会慢慢被监管部门利用起来，多部门共同使用数据将进一步加快大数据时代和信息化税务征管手段的应用，势必将对企业税务风险管理带来更大压力。金税三期优化系统的实施和大数据技术的崛起将税务稽查带入了新的时代。

2.税收政策变化及征管体制改革，强化税务风险管理

近年来，“随着“营改增”全面推行，税收政策的不断变化及征管体制改革，带给企业的不仅仅是税种和税率的变化，它对企业税负、会计核算、税收筹划、财务管理也产生了较大的影响。税务稽查和纳税评估的重点转向增值税发票虚开、虚抵和增值税、企业所得税等的专项评估检查，如果企业对评估和稽查的应对不足，就将受到税局的严重处罚。这就使得税务风险与税务筹划成为企业财务管理的重要组成部分。

3.大数据应用促进税务安全管理

山西航信成立十余年来，防伪税控业务一直是公司的核心业务，拥有着全省的防伪税控用户资源；为拓展市场化业务，公司一直深耕企业涉税领域服务，已形成税务分析大数据。如何利用大数据为企业提供纳税评估、税务稽查为重点的税务风险管理已成为推动山西航信业务

发展的关键，以“纳税风险管理”为核心的财税通会员转型已成为公司转型发展的重要方向。

（二）以纳税风险管理为核心的财税通会员的产生

为满足客户不断提高的财税需求，结合国家政策变化，针对防伪税控新形势，帮助企业规避新形势下的涉税风险，构建安全税务管理体系，山西航信建立了以纳税风险管理为核心的财税通会员体系，并将其定位为公司的战略发展方向。

财税通会员业务围绕税收执法力度的加强与企业客户财税知识需求的不断提升，把握“互联网+”税务发展趋势，不断研发新的财税通产品及新的涉税服务内容，增强客户的财税服务体验，提升客户满意度。同时，山西航信通过丰富服务手段和内容，借助互联网等技术手段，建立了线上、线下服务相结合的立体化服务网，形成了集风险检测软件、财税咨询、财税培训三位一体的纳税风险管理体系，为企业客户提供财税一站式服务，不断满足基数庞大的客户需求。

二、财税通会员概述

（一）以纳税风险管理为核心的财税通会员服务内容介绍

大数据信息技术让税务风险管控不再停留在纸上谈兵的状态，税务违规成本逐年增大，让企业不容小觑，企业将税务风险管控作为管理的重点，对纳税评估、纳税稽查为核心的风险管理市场需求越来越旺盛。山西航信积极组织专业人员进行市场需求调研和服务项目开发,将纳税风险检测软件、财税咨询、财税培训三位一体，融合成以纳税风险管理为核心的财税通会员业务。

1.纳税风险检测

纳税风险检测软件运用纳税评估指标体系和税务稽查方法，站在企业自查角度，通过对企业增值税、企业所得税以及对企业财务报表、申报表、发票的相关数据进行比对，第一时间发现纳税风险隐患。纳税风险检测软件的主要功能还包括各税种及跨税种风险检测、金税三期重点指标的检测、智能风险识别、分行业风险检测，通过将企业财务和税务报表数据导入到纳税风险检测软件中、进行风险检测、出具风险检测报告，并根据检测报告提供财税咨询和技能提升服务，为企业提供以风险检测为核心的一站式风险管理服务。

2.财税咨询服务

财税咨询服务，通过提供网络平台实时解答疑难问题、建立会员服务专线及个性化咨询服务方案的财税咨询服务，来切实满足不同企业客户的需求。山西航信的网络服务平台有“95113网络服务平台”、会员专属“财税云平台”及95113掌税通APP。通过建立网络服务平台建立了会员客户快速服务通道，技术问题、涉税软件问题、财税问题均可一站式解答。且山西航信专家团队会根据不同客户的实际需求，出具切实解决客户问题的财税方案。

3.财税培训服务

财税培训服务，针对税务新政热点、难点及企业痛点，山西航信推出高端培训讲座，通过线下培训、线上互动、同步实训的方式来提升企业应对财税问题的能力。为便于企业掌握学习内容，山西航信采用多种培训相结合的方式来开展财税培训课程，包括高峰论坛、高端讲座、案例评估、老板课程等。

（二）财税通会员类型介绍

针对不同行业、不同规模企业对财税服务的不同需求，山西航信将财税通会员服务分为银卡会员、金卡会员、钻石卡及以上会员三种不同类型，以适应企业的财税需求。

1.银卡会员

银卡会员可享受通过纳税风险检测软件对增值税、企业所得税及发票进行风险检测，从企业的角度对税局关注的风险点进行全面的评估，对发现的风险点提供财税专家咨询答疑，向客户提供专业的财税支持服务，对有提高财税技能及风险防范能力需求的客户，提供高端培训等服务。

2.金卡会员

金卡会员在银卡会员服务内容基础上，增加了对客户的财税门诊服务，可以针对会员使用财税通软件检测出的异常指标，对企业账务进行一年一次的全面账务诊断，解读异常指标、问题出处，对潜在的涉税风险提出合理建议并出具企业管理建议书，助企业轻松应对纳税评估。

3.钻石卡会员

钻石卡及以上会员根据客户的具体需求提供集上门咨询、一对一咨询、管理意见书、税收筹划为一体的专属定制服务。上门咨询通过对企业实际情况的了解，结合经营项目，针对企业的业务情况和问题出具具体咨询方案；一对一咨询定期提供风险检测，一对一的指导日常的会计核算工作使企业的财务工作规范化；管理意见书出具管理建议书及时提出合理化的建议，促进企业管理水平的提高，使企业的经济效益最大化；税收筹划通过对涉税业务进行策划，制作一整套完整的纳税操作方案。

三、财税通会员转型发展措施

一直以来，山西航信秉承“协同创新、高效人本”的经营理念，以技术创新、商业模式创新、管理创新为抓手，形成了一套以创新促转型的发展模式。自2012年创立财税通会员以来，针对财税通会员项目运行过程中出现的服务单一、运营成本高、运营效率低、客户服务感受不好等问题，山西航信不断创新项目管理措施，及时对财税通会员业务的运营模式、营销模式、业务模式进行了创新升级，以适应大数据时代的企业发展需求。截至2018年7月，累计推广财税通会员18890户，占防伪税控一般纳税人用户的52%以上，为促进公司发展起到的引领性作用。

（一）“全过程闭环管理”运营模式，提升财税通会员续费率

1.建立会员服务平台，提升覆盖率

经过多年的探索，山西航信形成了集PC端、手机端、服务热线为一体的会员服务平台。PC端包含95113服务网、会员服务助手及会员专属财税云平台；手机端95113掌税通包含

问吧、学堂、听税、申报等服务；服务热线在全国热线95113的基础上，设有96501会员服务专线。山西航信通过建立多渠道会员服务平台，来满足不同习惯企业客户的财税需求。企业客户任意选取其中一条服务通道，便可获取风险检测、咨询答疑、培训学习等服务，提高了会员服务的覆盖率。

数据显示，近三个月平台日均浏览量31950次，访问20290次，平台精品微课的平均课程浏览量约7000次，问吧咨询的单条平均浏览量约9000次，达到了省内客户覆盖率100%，使用率87%。

2.强化会员服务落地，提升会员服务满意度

为强化会员客户服务的落实，从客户体验角度出发，避免因人为操作造成的服务延误，山西航信实现了从风险检测、会员培训到会员咨询的全过程信息化管理，持续提升会员客户的服务满意度。

在风险检测服务落地方面，在会员客户入会后，服务后台会根据会员类型自动开通会员助手功能，会员登录服务助手可便捷、快速享受风险检测、风险咨询、财税门诊等服务。在会员培训服务落地方面，山西航信已实现对课程更新、培训通知、培训签到、培训统计进行培训全过程闭环管理，确保客户可及时、充分享受到培训服务；同时，通过现场二维码签到并进入系统登记，并在课程后期进行满意度回访评价，根据建议反馈及时改进优化，持续提升会员满意度。在会员咨询服务落地方面，客户入会后，系统根据客户信息自动及时开通服务，客户可通过专属热线、95113服务网、会员服务助手、掌税通享受咨询服务，对于高级会员，由会员顾问邀请入会员专属QQ群或微信群，及时满足客户的咨询需求。

3.加强会员服务全过程管理

建立会员服务规范，从会员开通、会员使用、会员回访、促进续费和会员续费进行全过程标准化管理。同时，为确保会员服务规范的落实，由服务监督部专项负责，按照会员服务规范要求从服务覆盖率、时效性、满意度等方面，对会员进行100%监督回访，并将回访结果记录备案，作为各项指标负责人考核的依据。

4.会员服务内容优化改进

根据回访调查、用户意见反馈、热点汇总分析、课程收看量等会员反馈，按照PDCA方法，发现问题、打造新服务、持续优化改进会员服务内容，确保会员服务的有效性和适应性。

5.成立专职部门，保障运营资源

组建会员运营部，负责会员续费任务、会员服务打造优化及新会员推广，下设会员顾问岗、培训讲师岗。会员顾问主要负责对会员客户的课程组织、课程通知、信息推送、杂志的邮寄、数据分析以及会员所享受服务的落实工作，定期反馈会员服务热点问题及改进建议等会员运营工作。培训讲师负责近期财税热点收集、财税热线的答疑、新课程的研发讲授等工作，并将课程推广、收看效果与讲师挂钩，做到职责到人、分解到位、细化考核激励。

（二）转变财税通会员营销策略，提升成交率

1.点对点营销，为客户提供量身定制的会员服务

山西航信自成立以来一直从事防伪税控业务，掌握着全省防伪税控用户资源，且经过多

年来深耕企业涉税领域业务，山西航信已形成了财税服务的大数据。面对企业提出的所有难点、热点，山西航信可第一时间给客户专业权威的反馈。同时山西航信可及时对目标客户的财税数据进行筛选，针对每一个企业客户的难点、痛点进行分析，提供量身定做的解决方案。

2.战队打造，训练培养有经验的推广型客户经理

以“战训结合”的方式来培养、强化客户经理队伍，提升个人及团队的整体作战能力，完善销售队伍建设，提升团队整体营销作战水平。以完任务为核心，全面开展“销售实战演练”，通过晨会、周会等方式，由经理牵头，按销售实战要求，强化销售和业务技能的演练，由“先进带后进、师傅带徒弟”等方式，做到“为战而训、训后即战、持续改进”。

打通客户经理与会员客户的服务通道，使客户经理可利用网络服务平台主动为客户推送热点专题、共性问题、办税提醒等信息，通过将客户经理服务与网络平台服务的有效结合，促进会员业务推广。

3.将产品销售模式转向按年付费使用模式

山西航信财税通会员着眼于市场，紧跟市场发展需求，围绕客户需求，细分客户类型，整合产品线，并将原来以产品销售为主的营销模式转化为按年付费的使用模式，将业务重点转向为企业客户提供可持续的业务服务，不仅提升了客户服务体验和满意度，还增强了企业盈利能力。

（三）丰富服务产品，不断提高财税通会员市场竞争力

1.与时代接轨，发展财税云服务会员

伴随着云计算在各个行业的应用，税务行业也逐步进入以大数据驱动的智慧税务时代，税务业务模式正从产品模式向云服务模式转变。航天信息积极响应国家税务总局“免费化、电子化、简易化、安全化”的四化要求，着力解决纳税人实际开票、扫描、勾选难题，推出“云开票”和“云查证”业务。山西航信积极引入云产品服务，并将其纳入财税通会员体系，丰富会员业务产品线。

“云开票”运用物联网技术，解决原有税控设备不能独立接入互联网问题，纳税人通过航天信息51盒子与金税盘或税控盒子绑定，连接手机下载APP，即可访问互联网，实现手机开具增值税电子普通发票。发票开具完成后，开票方可通过微信、支付宝、短信、QQ、邮件等多种方式将电子发票传递给消费者，消费者下载打印即可完成整个发票开具过程。电子发票开具平台支持全天候24小时发票开具、查询、作废、红冲及自动抄报税等功能，极大便利了开票企业和受票方。在便捷的同时，“云开票”还能保证系统的安全性：数据传输全部采用加密方式，数据防泄漏、防篡改，安全稳定，让企业放心开出每一张发票。“云开票”系统打破传统开票方式，是一次利用新科技，在纳税人开票方面的新革命，不仅能为税务机关提升开票率，有力保障国家税收，同时也为中小企业经营者提升开票效率，减少管理成本，提高了企业的开票体验感。

“云查证”核心功能模块包括扫描认证、勾选认证双通道的认证模式。扫描认证是将网上认证企业端系统通过功能梳理、界面优化改版更新而成。勾选认证是为方便纳税人勾选用于抵扣的增值税发票所设计，帮助企业通过扫描枪等设备优化勾选体验，权衡各种因素合理进行

税负筹划，减轻企业负担。

2.研发会员服务产品，拓宽会员服务领域

为有效提升财税通会员服务对企业财税管理的能力，山西航信利用自身服务优势及大数据资源，研发出以涉税实操为主体的企业税务实训系统，作为财税通会员服务的新内容，将客户对财税培训的认识提到了全新的高度。传统的讲座式培训缺乏实践机会，企业接受的是“一人在上，万人在下”的填鸭式的培训，虽然有资深专家的讲解，却缺乏实操机会。随着时间的推移，错过了巩固知识的黄金时期。课上内容真正消化率不足30%。面对不断新推的税务政策，传统的课堂培训很难做到与时俱进。全新设计的企业税务实训系统，作为“财税通”会员财税培训版块的革命性突破，集成了培训、实操、认证、就业四大板块。旨在为会计从业人员提供涉税实操能力的持续教育培训，为会计人员就业、晋升及职业生涯发展提供一站式服务。

四位一体的全新企业实操培训，不仅丰富了“财税通”会员的服务内容，更提升了山西航信在企业心中的地位。把航天信息体系现有的两大核心客户资源——企业与会计，通过实训系统进行有效整合，创造出更适应市场的产品与服务新模式。

（四）创新服务方式，确保服务质量

随着财税通会员群体的扩大，会员大型活动的举办频次越来越高，运营人员的工作压力越来越大。面对数以百计的培训学员，一个简单的课程预约和培训签到，对于人工压力和现场的控制都非常烦琐和困难。山西航信应用网络、数字化技术手段，将原来的人工预约和纸质签到，升级为网络预约和扫码签到。每月财税课程表发布后，客户可通过微信公众号、95113掌税通、财税云平台进行现场面授课程预约，预约成功后会自动生成二维码，开课时只需扫描约课二维码即可确定参加课程培训。

为了有效落实课程满意度，山西航信进一步细化培训，在现场课程培训结束前，采用扫码进行满意度调查，客户通过对课程的满意度填写后，后台自动生成满意度调查统计分析。通过对培训课程环节的优化，提升了学员的满意度。

为了提升会员服务享受，山西航信建立了财税云平台，详细介绍财税通会员体系、会员服务套餐和会员专属服务通道等，为不同类型客户需求提供不同的解决方案。同时开通了会员中心，会员用户登录后，实现了会员卡的电子生成，可查看所属会员顾问、所属客户经理、会员等级及可享受会员特权。提高了财税通会员的忠诚度，为会员续费夯实了基础。

为应对日益增多的客户，明确客户的服务享受，确保客户权益，山西航信对现有的客户管理系统进行了改造，针对客户信息变更、服务通知、服务享受记录、满意度调查记录等都进行信息化管理，使每位财税通会员客户的服务落实情况通过系统一目了然，便于针对性地进行客户管理。山西航信通过创新服务方式，提升服务效率、降低服务成本，同时有效提升了会员的覆盖率，完善了会员全过程闭环管理。

四、财税通会员推广成效

（一）经济效益

以纳税风险管理为核心的财税通会员通过将大数据分析与纳税评估的有效结合，逐步解决了项目推进过程中服务内容及措施与客户日益增长的需求和服务感受之间的矛盾，紧紧抓住了客户财税领域的难点与痛点，增强了客户在财税领域对山西航信的黏性需求；通过6年的不懈努力，目前财税通会员的运营管理模式已经成熟，项目的规模化经营、收入与利润均呈现稳步增长态势。2012年财税通高级会员收入为212万元，到2017年全年收入达到1414万元，收入累计增长567%，并实现良性发展。

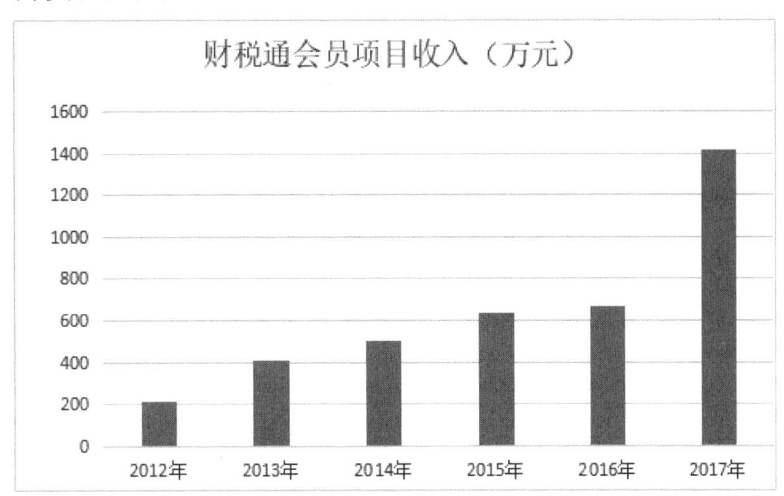

图1　山西航信财税通会员业务收入发展趋势图

趋势图显示，经过2016年–2017年将大数据应用与以纳税风险管理为核心的财税通会员业务相结合进行财税通会员的转型，极大地促进了财税通会员业务的发展。

（二）社会效益

1.财税通会员服务深入人心，获得市场积极评价

通过财税通会员业务模式、推广模式、服务模式的不断转型创新，山西航信以纳税风险管理为核心的财税通会员服务已形成一套完整的、良性运行的业务管理体系。通过持续落实财税通会员服务，倾听客户反馈，不断优化会员服务内容，山西航信以纳税风险管理为核心的财税通会员项目已经打造出一系列深受客户好评的精品课程，2016年全年开课36场，培训学员7920人次，覆盖率达到87.29%，客户满意度85.88%；2017年全年开课48场，培训学员8560人次；2018年1–6月面授开课20场，培训学员达4296人，综合满意度98.54%。

在受到山西省财税客户赞誉的同时，通过财税高端培训提高了纳税人的税法遵从度的专业服务，也得到山西省税局工作人员的高度赞誉，财税通会员品牌在山西市场成了财税咨询培训领域的示范与标杆。

2.帮助企业构建风险防控体系，为企业正常运营保驾护航

山西航信通过线上线下的培训、多渠道的财税答疑咨询服务，致力于为企业提供更专业、更高效、更实用的涉税风险防控体系，帮助企业了解纳税评估、自查税务风险、规避税务隐患、规范经营行为、提升企业风险防控能力，形成适应企业发展的税务风险管理模式，提升企业风险控制水平和经营管理能力。同时，通过培训学习，提高财务人员的涉税、涉财实际技能水平，为企业在纳税评估的浪潮中保驾护航。

3.规范企业涉税行为，提升税法遵从度

紧跟国家最新政策，结合财税热点问题，推出优质财税课程，通过线上、线下相结合的培训方式，通过大范围的财税知识讲解、培训，及时向企业客户宣贯最新税务法律和税收政策，确保纳税人全面掌握税务法律法规，并了解遵从税务法律的重要性，极大的了提升了税法的遵从度。

未来，在大数据、云时代的发展背景下，山西航信以纳税风险管理为核心的财税通会员将面临越来越多的机遇和挑战。山西航信要时刻保持以创新促发展的经营理念，积极探索将大数据、云计算与财税通会员相结合的发展方向，合理利用自身资源优势，对企业客户在工作过程中存在的财税风险进行分析，从而进行有效控制，确保企业客户税务工作的安全，满足企业纳税人的财税需求。

成果创造人：张益明、巩　雷、李丽芳、杨晓霞

基于服务主业的“产融结合”创新实践

中铝资本控股有限公司

中铝资本控股有限公司成立于2015年，承载了中铝集团产融结合的责任和使命，是集团产业金融的投资、管理、监督和服务机构，统一规划产业金融发展，统一管理产业金融投资，统一协调产业金融间业务合作，统一配置产业金融资源，涵盖保险经纪、融资租赁、基金、期货、商业保理等业务领域，截止2017年末管理资产总额达到935亿元，员工200余人，综合创效21.96亿元，利税13.16亿元。

一、实施背景

（一）产融结合是优化社会资源配置的有效途径

产融结合，即产业资本和金融资本的结合，起源于英美等发达国家，指的是实业和金融业为了共同的发展目标和整体效益，通过参股、持股、控股和人事参与等方式，进行的内在结合或融合。发达国家市场经济发展的实践表明，产业资本和金融资本必然会有一个融合的过程，这是社会资源达到最有效配置的客观要求。这种融合，宏观上有利于优化国家金融政策的调控效果，微观层面有利于产业资本的快速流动，提高资本配置的效率。从国际国内经验看，只要风险控制得当，产融结合是企业实现跨越式发展、迅速做大做强的一个重要途径。据统计，世界500强企业中，有80%以上都成功地进行了产业资本与金融资本结合的经营行为，产业资本与金融资本融合是世界经济发展的趋势和潮流。

（二）产融结合是落实全面深化国有企业的迫切要求

随着我国经济进入新常态，我国迎来了产业发展与经济转型的关键时期，而产融结合的兴起对现阶段我国经济结构的战略性调整产生了重大而深远的影响。产融结合的现实意义就在于助力国有企业改革，完善以管资本为主的国有资产管理体制。《中共中央关于全面深化改革若干重大问题的决定》（下称《决定》）提出推动国有企业完善现代企业制度，组建若干国有资本运营公司，其核心诉求是实现资本来源渠道的多元化和运作管理的市场化，以市场化国有资本投资公司为方向，通过产融结合，有效推进产业结构调整和转型升级，增强产业竞争优势，实现改革发展。

产融结合在宏观上有利于优化国家金融政策的调控效果，微观上有利于产业资本的快速流动。近年来，中央企业在产融结合、以融促产等方面也做出了积极努力，取得了积极成效，有力推动了中央企业主业和实体经济的发展。以国务院国资委监管的中央企业产业布局为例，其业务主要涉及电网电力、煤炭、钢铁、石油石化、军工、电信、航空运输、航运等行业，均是重要行业和关键领域的龙头企业，产业资本雄厚，有条件有能力投资金融业，发挥产业资本和金融资本的协同优势。

（三）产融结合顺应中铝集团转型升级的现实需求

随着我国经济进入新常态，深化供给侧结构性改革，中铝集团扭亏脱困转型升级的过程中，更面临着去产能、去库存、去杠杆、降成本、补短板等多方面压力和挑战。

一是集团主业是周期性行业。由于主业相对单一，宏观经济形势发生重大变化时，主营产品价格波动剧烈，经营状况随之大幅波动，整体经营抗风险能力不强，没有其他产业板块带来稳定利润，对传统主业进行有效补充，平滑企业效益波动，难以有效缓释经济周期的影响。

二是集团负债规模大，财务杠杆高。金融危机以后，由主业多年连续亏损，集团负债规模和资产负债率连续攀升，债务规模快速上升，面临较大的债务压力，财务和经营风险不断攀升。2008~2014年集团总负债分别为2628.27亿元、2792.8亿元、2979.96亿元、3186.89亿元、3142.13亿元、3434.07亿元、4308.55亿元，资产负债率75.83%、78.7%、79.63%、80.35%、83.25%、84.94%、88.57%。

三是集团负债结构不合理，融资渠道单一。近年来，公司债务规模快速上升，债务结构不合理，短期债务规模增加较快，而且新投资项目的融资渠道主要依靠银行，项目投资多数没有通过股权等多元化融资方式，面临较大的筹融资和债务压力。

四是集团资金集中度低、使用效率不高。自2011设立财务公司，资金集中度长期低于10%，2011年~2014年，集团资金集中规模为23亿元、31亿元、35亿元、52亿元，资金集中度分别为8%、10%、10%、12%。由于资金分散，没有形成规模效应，不能对资金和债务的集中统一管理，无法实现资源高效配置和风险管控，导致了整体资源配置效率低，难以满足集团抗风险和资金链安全的需求。

五是实体企业面临融资难、融资慢。有色行业企业在筹融资过程中，外部金融机构给予的评级不高，限制条件较多。此外，受国家去产能等宏观调控影响，普遍面临着不少融资难题。

六是集团新兴产业培育慢。受限于传统产业思维，集团在培育新兴产业和创新成果产业化进展慢，没有灵活有效和市场化的模式，满足不同发展阶段中所需的不同性质的金融需求。

二、内涵

围绕深化产融结合，发展特色产业金融的思路，中铝资本全面深入贯彻落实党中央、国务院和金融监管机构要求，本着立足集团主业，服务实体企业的理念，充分发挥央企品牌和业务资源优势，坚持战略引领，打造产融结合开放共享平台，坚守产融结合航道，以服务、人才、党建、创新四轮驱动，创新管控治理模式，严守风险合规底线，成了央企深化产融结合，发展产业金融的“领先者”，探索出了立足中铝、面向行业，以产带融、以融促产，做精有色产业金融，构建产融结合开放共享平台，打造产融结合价值共同体，致力于提供产业金融整体解决方案的“产融结合”创新实践。

三、主要做法

（一）坚持战略引领，强化顶层设计

在中铝集团处于向产业链前端和价值高端实施结构调整、转型升级的战略转型的大背景下，集团党组提出了“要做好产融结合乘法，将产业金融作为战略新兴产业加快发展”的战略决策。在集团“十三五”战略规划调整优化过程中，将产业金融确立为中铝集团转型升级“3+3+N”战略核心产业之一，作为中铝集团向世界一流公司转型的重要有机组成部分。在产融结合实践过程中，结合内外部形势变化，中铝资本持续优化和不断完善顶层设计。

1.科学制定产融结合战略目标。在集团整体战略牵引下，通过综合分析研判内外部形势和发展现状，科学制订了产融结合的战略目标，就是打造服务集团战略的国际产业金融服务集团，着力建设风险控制一流、金融创新一流、专业能力一流、经营业绩一流、品牌形象一流的产业金融优秀企业，提供产业金融整体解决方案，为集团扭亏脱困转型升级提供金融支撑、服务保障和效益贡献，努力成为实现集团“世界一流企业”战略目标的新元素、新动能，成为有色行业金融专家，做行业客户发展的新纽带、新伙伴，发挥好集团公司作为行业龙头的影响力、带动力和控制力。

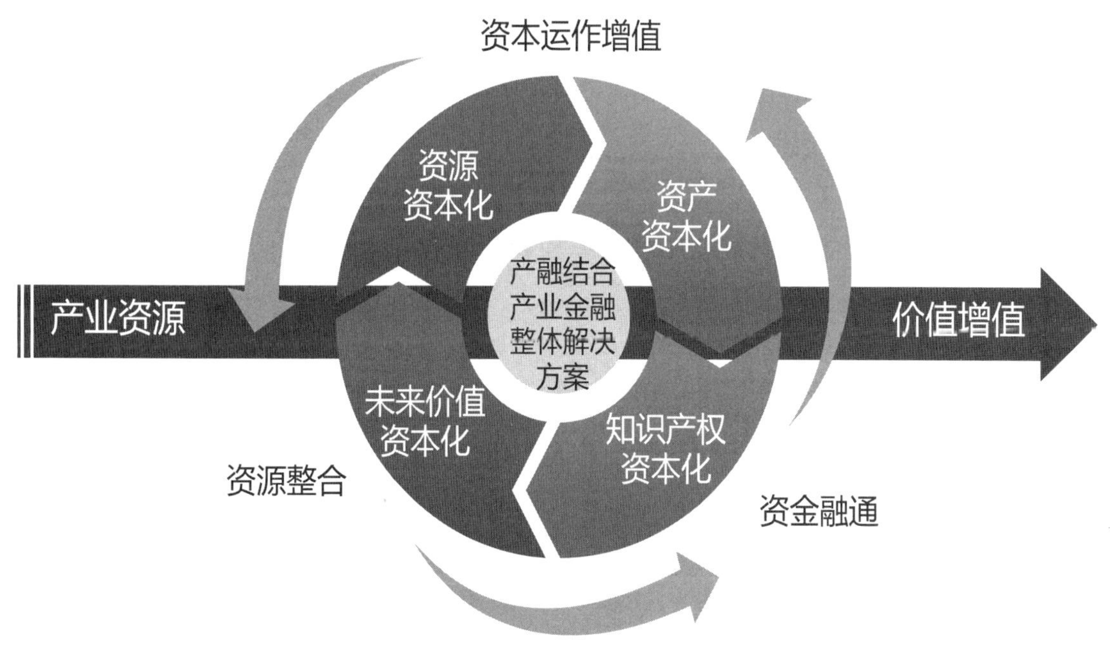

图1

2.完善产融结合战略构图。在战略目标的指引下，细化了产融结合的战略构图，就是通过以开放、创新、科技、共享为发展理念，依托五大业务方向（财资管理、产业链金融、风险管理、资本运作、国际化），高效发挥“金融+”功能，服务集团优化产业布局，培育新增长点，形成哑铃型的产业结构，助力集团向产业链前端和铝铜精深加工等价值链高端转型，形成产融结合价值共同体，提升产融协同力、价值提升力、核心竞争力。

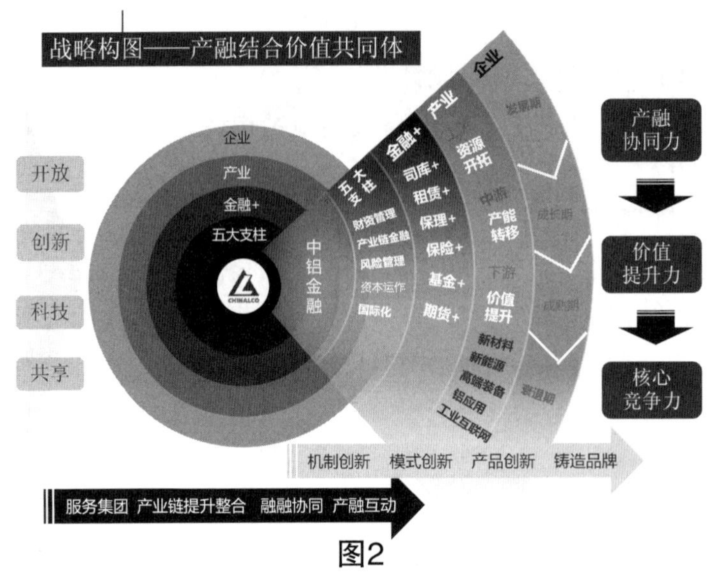

图2

3.明晰产融结合发展路径。在整合集团内外金融资源的基础上，实确定了“1+3+5”的产融结合路径，“1”是指打造中铝产融结合开放共享平台，“3”是指依靠综合金融（经营性金融），资本金融，国际化金融三个增长阶梯，“5”是按照财资管理（大司库）、产业链金融（租赁、保理）、风险管理（保险经纪、期货）、投资投行（金融牌照、产业基金、资本市场）、国际化（资产及风险管理、产业链转型升级管理）五大条线进行业务布局。

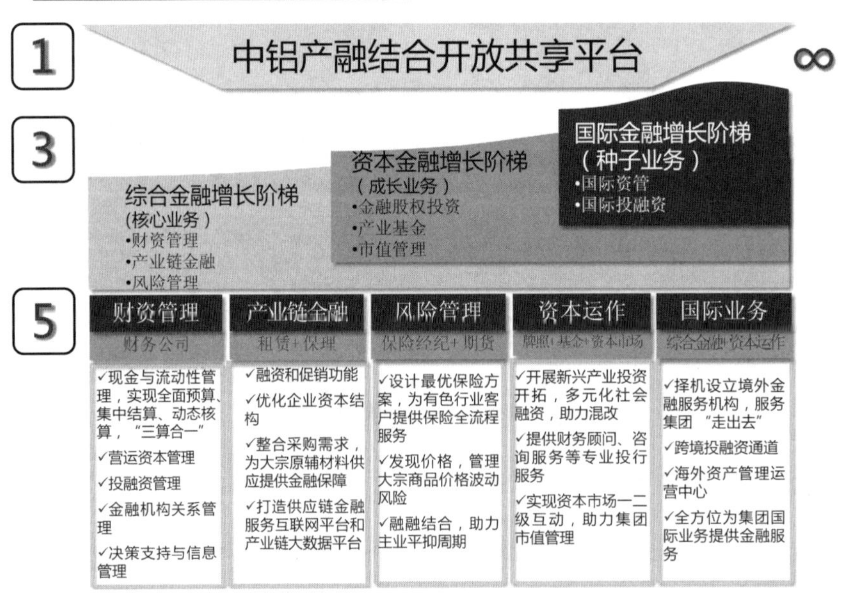

图3

（二）坚持党建统领，夯实发展根基

以习近平总书记系列讲话精神为指引，始终以党建统领板块发展全局，创新性探索了金

融国企的特色路径，切实从党的政治领导、思想领导、组织领导三个维度有机统一，实现了加强国有企业党的领导，夯实了发展根基。

一是将党的领导与公司管控治理实现“三个融入”，把党的领导融入公司治理、融入公司架构、融入企业决策，达到在战略决策上，党委统领全局与董事会战略决策有机融合，在监督保障上，党委把关定向与监事会独立监督有机融合，在经营管理上，党委推进深化改革与管理团队授权经营有机融合。

二是发挥党组织对选人用人的领导和把关作用，以“四个从严”：选拔标准从严、选用程序从严、培养教育从严、考核管理从严，保证党对干部人事工作的领导权和对重要干部的管理权，着力培养了一支高素质干部人才队伍，凝聚起攻坚克难、创新发展的强大力量。

三是建强基层组织，发挥党支部的战斗堡垒作用，以基层组织、基层队伍、基本制度建设为重点，树立党的一切工作到支部的鲜明导向，积极创新党组织建设，把思想政治工作落到支部，把从严教育管理党员落到支部，把群众工作落到支部，让支部在基层工作中唱主角，围绕“业务链”和“职能线”建支部，一个支部一面旗，找准了基层组织建设与金融业务发展的融合创新路径。创新推出“党员积分制”，在各支部建立党员成长树，鲜活记录党员成长轨迹。

四是强化党委班子整体功能，把方向、管大局、保落实，着力建设学习型、创新型、实干型、廉洁型领导班子，严格落实党建责任制，“一岗双责”，全面提升了党委班子抓党建、带队伍的能力，切实保证党委班子在发挥总揽全局、协调各方的领导核心作用，更好地肩负起对经营发展全面领导的责任和对党的建设全面负责的责任。

（三）坚持稳健发展，守正产融航道

在产融结合实施路径和发展策略上，主要遵循了以下基本原则：一是坚持专业化管理、市场化运作、特色化服务、协同化发展的方针，围绕集团主业的全产业链、全生命周期构建金融服务体系。二是立足集团、服务主业、提升价值的理念，充分发挥金融业务整合平台、金融股权投资平台、金融资产监管平台和金融风险管控平台的职能，全力推进产品、渠道、客户、服务等资源共享。三是以需求为导向，着力在服务品质、质量、能力上下功夫，创新金融服务和金融产品体系，推进产融结合、融融协同，融入集团生产经营、技术研发、管理提升和商业模式当中。

面对国家经济大势和行业变化趋势，2015年集团设立了中铝资本控股有限公司，作为中铝的金融股权投资管理平台。沿着集团产业链，根据价值关联度来选择布局，有所为有所不为，通过划转、协议转让、托管等方式集中现有金融股权资产，加强对现有金融企业管理，投资进入新的金融领域，拓展了融资租赁、商业保理、期货、基金、保险经纪等，初步构建了以中铝财务公司为基础，以中铝资本为投资载体，参控中铝保险经纪、中铝租赁、中铝商业保理、中铝建信基金、中铝创投、云晨期货、农银汇理等9个实体企业，搭建完成了集团产融结合运营平台，实现了产业金融集群式发展，具备了为集团主业提供金融集成解决方案和综合服务的能力。

（四）坚持服务为本，发挥功能支撑

精准服务集团主业需求，依托财务司库、租赁、保理、基金、期货、保险经纪等金融牌照，始终在服务广度、深度和精度上下功夫，开发了多样化的金融产品，提供综合性金融服

务，将金融资源配置到最急需的企业和集团战略项目上。

打造特色产业金融工具箱，围绕产业需求，依托财务司库、租赁、保理、基金、期货、保险经纪等金融牌照，着力打造涵盖“采-选-冶-加”的产业链金融工具包，开发围绕主业“产-供-销-运”的供应链金融产品体系，构建涵盖集团各业务板块的“结算-存款-贷款-投资-保险”全流程的金融服务。构建“四优”金融服务体系，针对集团板块和实体企业融资难、融资慢和融资贵等难点痛点，“业务品种、产品价格、办理效率、服务理念”显著优于社会金融机构，“急企业之所急，超企业之所想”，开通“融资绿色通道”、“7*24”服务响应机制、缩短办理时间、紧急指令一跟到底等举措，为主业提供全方位贴身，更有获得感的金融服务，高效发挥了功能支撑和风险防控作用。

（五）坚持创新驱动，提升创效水平

着力提升商业模式创新能力、产品服务创新能力，主动融入主业的生产经营、技术研发、管理提升和商业模式中，加强与主业的协同融合，创新组合运用多种工具，全面拓展“金融+”功能，开展“财务公司+租赁+基金”“承兑+再贴现”“租赁+票据”等，充分满足了实体企业金融需求。

做优特色司库型服务。建设资金管控平台，实现全面预算、集中结算、动态核算，“三算合一”，与集团财务系统实时交互和信息共享，积极发挥持牌机构优势，持续扩大金融同业“朋友圈”，获得外部机构授信，多渠道融入资金，为集团整体提供流动性支持，促进集团整体风险防控；推广“中铝商票”应用，助力内部账款结算清收，构建中铝信用体系；探索建立“票据池”，实现“现金池、票据池、跨境池”三池联动，全面提升“融资、投资、结算、风控”为一体的司库服务能力。

做精做深产业链金融。租赁公司积极开展直租、委托租赁等新业务，助力重大结构调整项目和铝模板、铝挂车等铝产品营销。保理公司依托集团营销、贸易、物流和工程的核心企业，积极拓展供应链上下游业务，提供供方融资、买方融资、存货质押融资、票据融资、票据托管等服务，凸显了供应链金融服务能力。

综合创新运用基金、期货公司、保险经纪等牌照，为集团提供资本运作、结构调整、价格管理、风险管理服务，在保险经纪、期货经纪、财务顾问、基金业务等高效发挥作用。做优创投服务，依托中铝创新股权投资基金管理平台，围绕新材料、轻量化、军民融合等重点领域研究，助力集团向产业链前端和价值链高端布局和跨越式发展。打造产权经纪和保险经纪平台，助力集团瘦身健体，为境外资产提供避险服务，助力中铝“走出去”战略。做专大宗商品金融，依托云晨期货，成立风险子公司，开展合作套保、仓单业务、基差交易等创新业务，充分发挥规避风险、价格发现、资产配置的功能。

（六）坚持人才兴企，激发创业动能

人才是金融业的关键要素。中铝资本高度重视干部人才队伍建设，通过建立“一个人才库”、开展“两个试点”、突出“三个特色”，构建“四个体系”，市场化探索，高标准选拔，高要求使用，高质量培养，合理化激励，着力打造了一支政治过硬、忠诚担当、业务精通、勇于创新、充满活力、具有职业精神、懂产业通金融、善学善思、善作善成的人才队伍，为产融结合储备了坚实的人才要素。

一是加强理想信念教育。始终坚持以产业金融梦凝聚人，以中铝家国情怀感召人，贯彻落实国企好干部标准，严把政治关、廉洁关、形象关，以党性修养和廉洁教育为先导，有力加强了子公司领导班子建设，加强了本部及子公司两级中层干部队伍建设。

二是持续完善薪酬激励和人才发展体系。创新实施宽带岗级、薪酬激励约束机制，出台了50余项制度和方案，初步建成了人力资源管控机制，建立岗位、薪酬、绩效和职业发展体系，发挥了人才、机制要素的产出效应。

三是有序推进“市场化、契约化”改革，在投资投行业务领域进行了激励改革试点；组建完成了中铝租赁职业经理人团队，形成了中铝金融特色的职业经理人管理体系，职业经理人试点改革平稳落地。

四是着力培育复合型人才。通过内培外招，做好选育用留，用准用活人才，加强对80后、90后后备干部的针对性培养和定制化培养，开展多序列金融人才库建设，坚持让专业的人干专业的事，人尽其才，才尽其用。

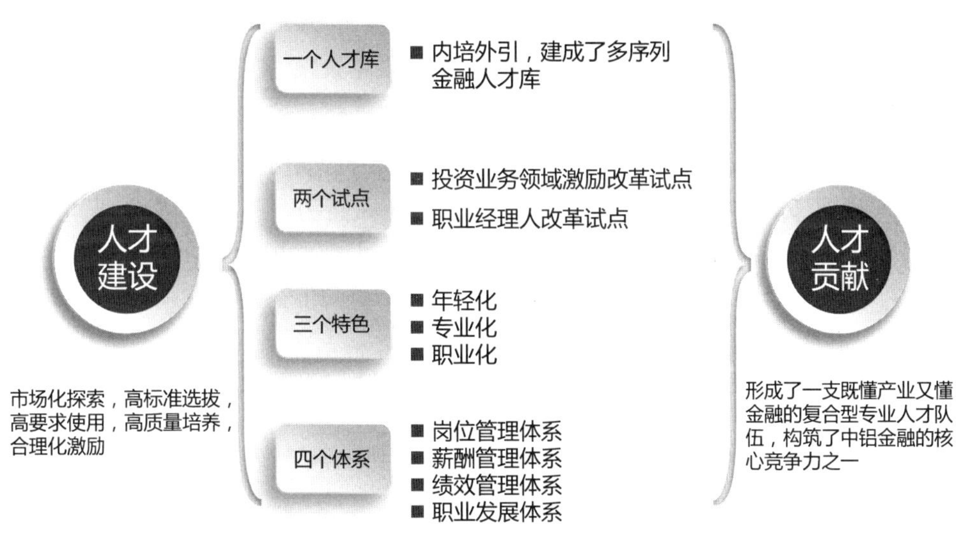

图4

（七）创新管控治理，释放组织活力

创新机制体制建设，积极探索建设了符合阶段实际的法人治理机制、市场化用人和激励约束机制、融融协同运行机制、风险防控监督机制，旗帜鲜明地为干事创业者“撑腰鼓劲”，为干事创业者“保驾护航”。

创新管控模式，形成了分业经营、协同发展、集中管控、资源共享的矩阵型组织体系。集中中后台资源，建设了行政、财务、信息和风控四个共享职能中心，创建了精简高效、管控服务到位的两级职能管控模式，形成了中后台服务前台、前台服务客户的服务链，建立有效地覆盖母子公司两级的柔性管控运营架构。

积极培育金融智库能力，成立了中铝金融创新委员会，提高科学决策治理水平；刊印《中铝金融资讯》，创立《产业金融研究》，科学研判金融市场动态；服务集团金融需求，完成了多项资本运作咨询和专项研究。

高度重视企业文化建设，用优秀的文化凝聚人，努力营造了干事创业的发展氛围。以集团“励精图治、创新求强”理念作为立心方向，以忠诚干净、守正担当作为铸魂之本，以善学善思、善作善成作为笃行准则，以锐意进取、追求卓越引领行稳致远。特色企业文化激发了正能量，凝聚了向上力，激发了广大干部员工“撸起袖子加油干”的激情，干事创业成了最强音。

（八）严守风险底线，筑牢安全屏障

金融业面临的市场环境复杂多变，需要更加专业的风险驾驭和管控能力。从“六个全面”出发严守产融结合风险底线，实施“全员、全额、全程、全域、全新、全覆盖”的全面风险管理体系，加强了两级风险统理能力建设，筑牢了三道风险防线，率先在业内建设了集风险管理、法务合规、审计稽核和纪检监察等职能为一体的风险管理中心，形成了融合式的集中风险管理格局。

强化风险防控和内控体系。一是构建全面风险管理体系。严格控制风险，坚持“审贷分离、审投分离”原则，强化风险责任制，做实职能部门的单一风险管理职责和风险管理部门的统筹风险管理职责。加强对风险的动态、持续、跟踪管理，建立新业务、新产品的风险评价机制，坚持把所有产品、所有业务纳入风控体系。高度关注授信客户资产质量状况，探索建立统一授信管理制度，深入落实风险提示和稽核机制，提高整体资产质量。二是完善内控合规体系建设。建立健全公司管理制度体系建设，对公司治理、综合管理、资产管理、人力资源、财务管理、投资管理、风险管理、法务合规、稽核管理等9方面的制度进行了梳理，形成了具有中铝金融行业特色的制度集。按照管理制度化、制度流程化、流程信息化的要求，梳理内部矩阵和工作流程图，识别内部控制要素和关键控制点，健全规范内控管理。

构建了全面风险管控架构，中铝资本成立业务审查委员会，加大风险管理对信贷、租赁、保理等业务条线重点环节的介入力度，做到工作、业务、产品坚决不触及法律、法规、监管规定的红线。根据金融行业需要，中铝金融创造性地将风险管理、审计稽核、法律合规、纪检监察等工作有机衔接，风险法务等防控工作与纪检、审计等监督工作同安排、同部署、同检查、同考核、同促进，构建了大融合、大监督的体系格局，做到了成果相互共享、成效相互巩固。坚持合规刚性要求，严格执行“三重一大”决策事项，推动健全完善法人治理结构，强化“三会”管理，使集团战略意图有效贯彻到各单位重要决策和经营活动中。

建立健全思想道德教育的长效机制、反腐倡廉的制度体系和权力运行的监督体制，充分发挥党委主体责任和纪委监督责任的立体监督体系，通过针对领导岗位和高风险领域《权力清单和责任清单》的试点工作，有效促进了党风廉政建设和反腐败工作各项任务的分解落实，着力建设两个体系（廉洁风险防控体系和内控体系）、实施两个清单（权力清单和责任清单）试点。建设廉洁风险防控体系，识别出96个廉洁风险点，对其中投资、租赁项目方案制定、尽调、审查与审批，保理项目立项、尽调、审批等12个高风险点制作了关键控制表，细化了控制措施。建设了一支忠诚、干净、担当的纪检监察队伍，为产融结合提供了坚强有力的政治和纪

律保障。

四、实施效果

回顾产融结合实践历程，中铝资本始终坚持产融结合战略目标不动摇，创新实施产融结合的路径和发展模式，立足集团，服务主业和实体企业，以产带融、以融促产，形成了具有中铝特色、门类齐全、层次分明的产融结合经营格局、业务模式和产品服务体系，打响了特色产业金融品牌，取得了丰硕的产融结合成果。

（一）形成了良好的产融结合机制

经过三年的产融结合创新实践，中铝资本打通了金融服务实体经济血脉，形成了专业程度高、服务质量优、业务覆盖广、发展能力强、深度与广度兼具的产融结合机制，让金融“活水”滋润集团主业，不但满足了主业金融服务需要，而且实现了战略协同发展，与主业同频共振，使实体产业和金融资本相互促进、同生共长，良性互动，做到了产业为本，金融为用，立足主业、以产带融，服务实体、以融促产，大大降低了集团交易成本，将外部财务成本内部效益化，对集团产生了新的作用、创造了新的价值。

经过三年的产融结合创新实践，中铝资本深入做好“产融结合”乘法，将集中的金融资源进行了科学错配，调剂余缺，高效助力集团降本增效，协助集团积极推行资金集中管理，强化集团财务风险管控，2018年一季度全口径资金集中度达到48%；国际业务涵盖外部存款、跨境结算、跨境外币资金池等，成为连接境内外资金的桥梁和纽带；积极利用表内外信贷产品提供表内外信贷支持1550亿元，助力集团降低债务规模；提供租赁、保理等产业链金融服务96亿元，帮助优化企业财务结构；积极发挥持牌机构优势，融入外部同业资金，为集团整体提供流动性支持，获得外部机构授信333亿，多渠道累计融入资金5217亿；运用六大流动性管理工具，提升短期资金运营效率，累计开展资金运营2595亿，高效发挥了功能支撑和风险防控作用。

（二）创造了良好的产融结合经营业绩

经过三年的产融结合创新实践，中铝资本搭建完成了“小而美”的特色产业金融平台，打造了丰富的产业金融工具箱，构建了具有有色金属行业特色的金融服务体系和产品服务线，拥有4大领域15大类62项金融产品，能够高效满足集团主业和板块企业等不同阶段、时点的金融产品需求，在集团资金管控、存贷结、项目融资、金融资产管理、风险管理、财务顾问、股权投资等方面提供特色金融服务，能够为集团主业以及有色行业提供一站式的产业金融服务解决方案。

经过三年产融结合创新实践，中铝资本圆满完成了党组下达的各项创新发展任务，依托产融协同价值链发挥了效益贡献，管理资产总额近千亿元，综合创效21.96亿元，利润总额11.96亿元，直接降低了集团财务成本；通过资本运作实现金融股权增值2.8亿元。为总部及板块减费让利节约财务费用、保费开支、节免税收7.2亿元。双向结算量突破2万亿，提供表内外信贷超1500亿元，产业链金融服务近百亿，获得外部机构授信突破330亿，人均利润是行业平均水平4倍，管理资产总额、营业收入、利润等主要经营指标的复合增长率超过40%，中铝资本连续三年获得集团总经理特别奖。

（三）锻造了突出的产融结合运营能力

经过三年产融结合创新实践，中铝资本拥有的金融牌照协同化效应将进一步显现，各业务线实现了客户共享、交叉销售，优化了资源使用效率，协同发展；通过资源在不同子公司的有效配置，经营风险能够得到合理分散。

一是形成了科学完备的风控管控能力。建立健全了完善的风控体系，业务、风控和审计等领域的风险管理“三道防线”运转平稳，金融业务实现了矩阵式风险管理，建立有效的风险管理日常运行机制和风险管控机制，在经济下行压力加大、金融风险高发的背景下，公司及下属金融企业资产质量稳健、信用风险可控，拥有较强的抗风险能力。

二是具备了特色专业的业务发展能力。坚持专业化管理、市场化运作、特色化服务、质量优先为发展方向，聚焦增强核心竞争力和可持续发展能力，通过规范公司治理、市场化人才激励约束等多种途径大大提升了市场化专业化经营水平，释放了国有企业改革潜能，激发了资本、牌照、人才、机制的四要素活力。

三是拥有了素质优异的人才队伍。产业背景员工占比达30%，金融从业年限3年以上的达到了64%，拥有各种金融从业资格117人次。着力打造了一支政治过硬、忠诚干净、守正担当，善学善思、善作善成，锐意进取、追求卓越，具有职业精神、懂产业通金融的人才队伍，为做好产融结合乘法打下坚实人才储备。

四是筑牢了企业发展的“根”和“魂”。中铝资本党委探索出金融国企的特色路径，把党的领导融入公司治理、融入公司架构、融入企业决策，发挥好了党的领导核心和政治核心作用，基层组织更有活力、创业氛围风清气正，全面从严管党治党责任有效落地荣获集团直属党委颁发的2015年度“先进基层党组织”荣誉称号，并获得集团2017年度党建考评好成绩。

成果创造人：蔡安辉、葛小雷、于红卫、黄　薇、杜纪福、杨　静、张翔宇、廉志伟、周　阳、余永洲

试论现代国有企业依法治企的基本思路和重点任务

国网上海市电力公司　唐明毅

引言

党的十九大做出了“中国特色社会主义进入新时代”的重大判断，提出了“四个全面”的战略布局，明确“全面推进依法治国总目标是建设中国特色社会主义法治体系、建设社会主义法治国家”[1]。在十九大报告中，54次提到“法治”，明确“全面依法治国是中国特色社会主义本质要求和重要保障。必须把党的领导贯彻落实到依法治国全过程和各方面”[2]。“坚持全面依法治国”被明确作为新时代坚持和发展中国特色社会主义的基本方略之一。

依法治国在企业层面的要求就是依法治企。现代国有企业是国民经济发展的中坚力量，是中国特色社会主义的支柱，应该在落实全面依法治国中做表率。近几年，国务院国资委高度重视国有企业法治建设，印发《关于全面推进法治央企建设的意见》（以下简称《意见》），提出要建设治理完善、经营合规、管理规范、守法诚信的法治央企。[3]面对市场化、法制化、国际化的新形势，国有企业法治工作依然存在短板和问题，亟待巩固和提升。将法治工作全面提升到法治企业建设的高度，是现代国有企业法治工作向更高层次迈进的必由之路，也是国有企业法治建设进程中必须实现的一次新的飞跃。

一、法治应成为现代国有企业的基本管理方式

（一）法治已成为治国理政的基本方略

习近平总书记指出，全面推进依法治国，是国家治理领域的一场广泛而深刻的革命。随着社会的发展进步，法律的体系逐步完善，法治的功能逐步强化，法治的权威逐步确立，法治在治理中的地位作用愈益上升，已经成为治理文明的显著标志。法治的本质，正如十八届四中全会《中共中央关于全面推进依法治国若干重大问题的决定》（以下简称《决定》）所言，“任何组织和个人都必须尊重宪法法律权威，都必须在宪法法律范围内活动，都必须依照宪法法律行使权力或权利、履行职责或义务，都不得有超越宪法法律的特权。”[4]简而言之，就是人服从法、权从属法、行受制法，就是依法治国。推动法治普遍化、深入化、实践化，是经济、政治、文化、社会发展的内在趋势，是人民群众争取和维护自身权益的迫切要求，是先进政党引领社会历史发展潮流的法治自觉。

改革开放以来，我们党一贯高度重视法治。习近平总书记强调，依法治国是党领导人民治理国家的基本方式，是中国特色社会主义的本质要求和重要保障。[5]依法治国是实现国家治理体系和治理能力现代化的必然要求，事关我们党执政兴国，事关人民幸福安康，事关党和国家长治久安。全面建成小康社会、实现中华民族伟大复兴的中国梦，全面深化改革、完善和发展中国特色社会主义制度，必须全面推进依法治国。法治已成为治国理政的基本方略，是人类政治文明包括治理文明发展的必然趋势。[6]

（二）法治是建立社会主义市场经济的基石

法治作为治国理政的基本方式不是任意选择的结果，是基于经济运行的基本方式，基于社会运行的基本规律。我国实行社会主义市场经济，是现代经济发展资源配置效率的内在要求。《决定》指出，社会主义市场经济本质上是法治经济，使市场在资源配置中起决定性作用，更好发挥政府作用，必须以保护产权、维护契约、统一市场、平等交换、公平竞争、有效监管为基本导向，完善社会主义市场经济法律制度。可以说，没有法治就没有社会主义市场经济，法治是社会主义市场经济的基石。经济关系是社会主体的基本关系，决定了法治方式是社会运行的基本保障。倘若没有法治作为保障，那么从根本上讲产权是不安全的，企业不可能真正独立自主，市场不可能形成竞争环境并高效率运转，经济的发展也不会具有可持续性。只有依靠法治才能解决市场经济活动的秩序问题，只有建立完备而合理的法治体系，市场经济才能发挥其有效配置资源的功能。

（三）法治是国有企业持续健康发展的基本保障

近十几年来，国有企业经过跨越式发展，资产规模不断扩大，经营指标大幅攀升，经济效益显著增加。而国内外大企业经验教训表明，企业越大，其经营发展就越依赖法治。正如目前正在蔓延发酵的“中兴”事件，由于企业缺乏合规管理、一再违反美国出口管制法案而再次被美国商务部处罚，事件对中兴通讯公司本身及行业都带来诸多影响，对其他国有企业也必然带来系列影响。

企业就像一艘巨轮在大海航行，法治就是压舱石。如果离开了法治的保障，很可能带来巨轮倾覆的大风险。未来一个时期，国有企业结构调整、转型升级的任务很重，提质增效和保增长的压力也不小。面对宏观经济下行、市场需求不足、产能过剩以及融资成本偏高等不利因素，企业平衡短期增长与长期发展的难度将进一步加大。[7]此外，内外部法律环境的日益严苛必将给国有企业带来更加巨大的挑战。从国际经济贸易规则来看，对国有企业的特殊约束正在逐渐加大。在国内市场监管方面，公平竞争、市场准入更加统一、更加规范、更加严格。面对这些挑战，现代国有企业应当把法治作为企业的基本管理方式，坚持依法治企，尊法、学法、守法、用法，才能保持平稳、持续、健康发展，在全球竞争中保持不败。

二、现代国有企业法治建设的本质内涵

国有企业是中国特色社会主义的重要物质基础和政治基础，是我党执政兴国的重要支柱和依靠力量。习近平总书记强调，坚持党对国有企业的领导是重大政治原则，必须一以

贯之[8]；建立现代企业制度是国有企业改革的方向，也必须一以贯之。[8]两个“一以贯之”，不仅为国有企业在全面深化改革中坚定不移地做强做优做大指明了方向，同时也是现代国有企业法治建设的基本遵循。建设法治企业，要把党的领导和依法治企有机统一起来，要把法治要求融入新时代中国特色现代国有企业制度，把法治理念融入公司经营管理的各个环节。

（一）建设法治企业必须坚持党的领导

党的十九大指出，“必须把党的领导贯彻落实到依法治国全过程和各方面，坚定不移走中国特色社会主义法治道路”。[9]《决定》同时指出：“党的领导与社会主义法治是一致的。社会主义法治必须坚持党的领导，党的领导必须依靠社会主义法治。”党的领导是中国特色社会主义最本质的特征。坚持党的领导，是社会主义法治的根本要求，是党和国家的根本所在、命脉所在，是全国各族人民的利益所系、幸福所系。[10]只有在党的领导下依法治国、厉行法治，人民当家做主才能充分实现，国家和社会生活法治化才能有序推进。事实证明，党的领导是社会主义法治最根本的保证，把依法治国方略落到实处须臾离不开党的领导。

习近平总书记强调，国有企业是党领导的国家治理体系的重要组成部分，要落实党组织在公司法人治理结构中的法定地位，就是推动从严治党制度化、程序化、规范化。法治企业建设是全面从严治党的题中之意和重要体现。纪严于法，纪在法前，就是要做到既不能碰触纪律红线，也不能逾越法律底线，这是全面从严治党新形势对法治工作提出的新要求。全面从严治党与依法从严治企是一致的，全面从严治党对依法从严治企必然提出更高的要求，也更加有利于依法从严治企。

（二）建设法治企业必须建立现代企业制度

现代企业制度是指适应现代社会化大生产和市场经济体制要求的一种企业制度，也是具有中国特色的一种企业制度，是以市场经济为基础，以企业法人制度为主体，以公司制度为核心，以产权清晰、权责明确、政企分开、管理科学为条件的新型企业制度。中国特色现代国有企业制度，“特”就特在把党的领导融入公司治理各环节，把企业党组织内嵌到公司治理结构之中，明确和落实党组织在公司法人治理结构中的法定地位，做到组织落实、干部到位、职责明确、监督严格。[11]

实行公司制，完成公司制改制，是国有企业的改革方向，是现代企业制度的重大理论创新和实践创新，对于深化国有企业改革、建立中国特色现代国有企业制度、转换国有企业经营机制具有重要意义。通过公司制改制，企业的股权关系将更加明确，政府以出资人身份监管企业，有利于落实以“管资本”为主的国资监管改革，实现出资人所有权和企业法人财产权分离，赋予企业独立的法人财产权，能够促使国有企业真正成为依法自主经营、自负盈亏、自担风险、自我约束、自我发展的独立市场主体，从而激发企业内生活力，深入转换经营机制，实现更好更快的发展。同时，可以优化国企股权结构，推进股权多元化改革，解决“一股独大”问题。

（三）建设法治企业必须坚持党的领导与建立现代企业制度有机统一

必须坚持党对国有企业的领导，这是由我国国有企业的性质、功能决定的，是一个重大政治原则；必须建立现代企业制度，这是我国社会主义市场经济发展的必然要求，是国有企业改革的根本方向。这是习近平总书记强调的两个“一以贯之”。

两个“一以贯之”相互联系、相辅相成，是一个有机统一的整体。在实践中，我们要把加强党的领导和完善公司治理统一起来，要明确党组织在决策、执行、监督各环节的权责和工作方式，使党组织发挥作用组织化、制度化、具体化。[12]要处理好党组织和其他治理主体的关系，明确权责边界，做到无缝衔接，形成各司其职、各负其责、协调运转、有效制衡的公司治理机制。要通过深化国企改革为加强党的建设创造良好条件，坚持深化国企改革与加强党的建设同步推进。这样，国有企业才能筑牢“根”和“魂”，确保党组织在国有企业中把方向、管大局、保落实，充分发挥领导核心和政治核心作用，才能把党的政治优势、组织优势、群众工作优势转化为企业的创新优势、发展优势、竞争优势。党的领导与现代企业制度，在我国的国企改革中是有机统一的，只要做好融合衔接工作，就可以形成推动国有企业发展的强大合力。

三、当前国有企业法治建设的现状和问题

（一）当前国有企业法治建设的现状

近年来，国有企业深入推进法治建设，依法经营管理水平不断提升，依法治企能力明显增强，为改革发展提供了重要支撑和保障。一是企业法治工作重视程度明显增强，依法治企合力初步形成。国有企业领导普遍加大了对法治工作的重视和支持力度，将落实法治企业建设作为运用法治思维和法治方式实施有效经营管理的重要实践。二是企业法律工作体系更加系统规范，法律管理与经营管理实现深度融合。国有企业法治工作围绕经营战略和管理业务，有效发挥支撑保障作用，法律与经营“两张皮”问题得到了初步解决。三是企业法律风险防范机制逐步健全完善，价值创造作用进一步显现，不仅筑牢了企业权益保护的最后一道防线，而且维护了国有企业的品牌、信誉和形象，避免和挽回大量经济损失。但与此同时，国有企业法治工作与全面依法治国的要求相比还有不小差距。

（二）当前国有企业法治建设存在的问题

1.从全民所有制企业改制为公司的思想认识转变不到位

从产权制度入手的公司制改革，是多年来国企改革迈出的最大一步。虽然在法律层面依据《公司法》完成企业工商登记是公司制改革基本完成的一个标志，但这一改革显然不是追求形式上由“企业”变成“有限责任公司”，推进公司制改革是为了使国有企业成为适应社会主义市场经济和现代企业制度要求的独立市场主体。从全民所有制企业改为公司制，不仅仅是翻个牌子的变化，核心内容是转换体制机制，根本目的在于激发企业创新发展的动力和活力。改制后国有企业首先面临的问题是观念和思想认识的转变，管理者和员工的观念还更多地停留在原来计划经济体制下的理解和认识。一些领导干部还存在着计划经济时代的惯性思维，以法律思维和法治方式解决问题的本领缺乏；一些领导干部受传统“官本位”和“权力本位”思想的影响，处理问题按照权力而不是按照法律，法治观念淡漠，法治意识不强。员工对体制机制建设等改革举措，思想上也还没有完全理解和接受，习惯吃老本，安于现状，不能够积极地学习新知识、锻炼新技能，打造高端、开拓市场的积极性不够。公司制改革后的企业思想认识转变

不到位，法人治理结构未能得到有效落实，使改制工作仅停留在表面。

2.公司加强党的建设不到位

习近平总书记强调，加强党的建设是党对国有企业领导的重大政治原则，必须坚持建立现代企业制度是国有企业改革的一贯方向。2017年，国务院办公厅发布《进一步完善国有企业法人治理结构的指导意见》，规划了国企公司制改制与加强党建工作的时间表。因此，准确把握国有企业法人治理结构与党建工作的关系，对完善中国特色社会主义现代国有企业制度具有重要的意义。目前，党组织在企业法人治理结构中没有直接的职责定位，在实际中通常采用“双向进入、交叉任职”的方式参与企业决策，但发挥什么作用、如何发挥作用没有具体明确。具体表现为：

一是企业章程没有明确党组织的法定地位。有些企业尚未把党委（组）会的职责权限、机构设置、运行机制、基础保障等写入公司章程，使得党委（组）会不能充分发挥领导作用，党的领导、党的建设在国有企业改革发展中没有得到进一步加强。二是党委（组）会和“三会一层”（股东会、董事会、监事会、经理层）的权责关系还未厘清。党委会、股东会、董事会、经理层的决策范围在事实上不清晰、不明确，导致决策效率不高、重复开会和记录等情况。有的企业重大事项决策以党委（组）会为主，董事会、经理层办事程序均未界定清晰，没有发挥主导日常经营管理的作用。同时，党委书记、董事长实行“一肩挑”，使得主要负责人权力更加集中，存在党内监督不好落实，监事会监督难以操作的问题。三是运行机制不畅。有的国有企业改制后的管理流程和决策程序没有及时按《公司法》调整，或沿用原来全民所有制企业的流程、程序，或各自理解摸索，影响公司效率，甚至可能产生风险。有的分支机构，其总经理（企业负责人）、党委书记分设，使党委的领导地位与经理的经营责任没有明确，导致分支机构党委书记与总经理权责不够明晰，甚至引发个别单位党政之间产生不必要的矛盾。

3.公司治理结构尚未完善、运行不顺畅

一些国有公司在法人治理上还存在着一定问题。一是改制后的公司法人治理结构仍然是按照旧模式、老办法建立的，企业管理者经营者的“官员”身份始终未能真正转变。二是改制后公司的股东会、董事会、监事会、经理层，本来应该是权责十分明确，通过股东会选择董事、监事并管理董事会、监事会，董事会选择经理层，经理层向董事会负责，经理层行使企业内部选人用人权和管理权，监事会监督董事会和经理层行使权力，形成既相互制衡又互相协调的权利运行机制，并各负其责地工作。可是在企业制改制过程，这种机制并未有效落实。股东管理越位、缺位。董事会虽然成立，但是外部董事偏少，特别是懂经营、会管理的董事更少。董事会的运行缺乏规范，有的外部董事对公司的经营业务不了解，对公司经营情况不关心，董事会形同虚设。董事长履行职责越位，总经理履行职责缺位，未能依法履行职责的现象依然存在。监事会运行不畅，有的监事既不懂业务又不会经营，既没有对公司履行监督的能力，更谈不上依法对公司履行监督职责。公司治理的制衡机制尚不能真正建立。三是改制后激励机制难以推行。现代企业制度对经理层有一套包括工资、股权、期权、奖金等在内的成熟的激励机制，但在一些国有公司中推行受阻。

4.企业合规管理不到位

合规管理，旨在告诉企业在具体的操作过程当中应当怎么合理地做，合规地做，合法地做。有效的合规管理有助于企业应对不确定性、风险和机会，有助于保护和增加股东价值，降低未来预期损失和声誉损失的可能性。随着经济全球化迅速发展，传统跨国公司成长为全球型公司，企业竞争从过去单个企业间的竞争上升到全球价值链的竞争，企业竞争方式发生了重大变化。与此同时，面对各国政府监管加强和国际组织的推动，越来越多的企业强化合规管理。

和跨国企业相比，中国企业在合规问题上比较落后，一是合规意识有待进一步提高。合规理念尚未全面融入领导及经营管理人员的思维意识，未有效植根于干部员工的行为，未充分融入统一的企业文化。有些干部员工合规意识不强，依照法律和公司制度办事的规矩意识不强。二是合规制度缺乏系统性设计。合规管理缺乏主动融入专业管理的机制设计，专业管理与合规管理协同度、融合度不够，尚未形成横向到边、纵向到底的合规制度体系。三是制度、流程和管理措施需要进一步完善。合规管理要求的严度、力度、深度还不够，制度、流程和管理措施越位、缺项的问题依然存在，企业法律风险隐患未全面识别并有效防范。

四、现代国有企业依法治企的基本思路和重点任务

依法治企应成为现代国有企业的重要软实力，成为企业的核心理念和全体员工的自觉遵循，法治思维和法治方式应覆盖企业治理、经营、管理各领域，依法管控要求应贯穿于企业决策、执行、监督各环节。

（一）坚持以服务企业中心工作为宗旨

2016年，国务院国资委印发《关于全面推进法治央企建设的意见》，为中央企业“十三五”期间的法治工作指明了方向，是国有企业法治建设的指南。《意见》指出，推进法治企业建设，必须坚持“两个融合”，即法治工作与企业中心工作深度融合，法律管理与企业经营管理深度融合。

法治工作与企业中心工作深度融合，就是法治建设要全面支撑服务企业改革发展中心工作，紧紧围绕企业改革发展重点任务统筹谋划、同步推进，推动法治建设从专项向全局性、战略性工作升级；法律管理要与企业经营管理深度融合，就是法治建设要全面覆盖，法律工作要发挥全面服务、保障、支撑的作用，把法律、法规、制度、规则和社会责任贯彻落实到各层级、各专业。将重点建设与全面推进相结合，确保法治建设不留盲区、不留死角。法律管理要发挥服务保障、规范管理和价值创造作用，实现从风险防范为主转向全员普法、风险防范、合规管理、法律监督和依法维权“五位一体”协调推进。[13]强化法治理念与企业文化建设有机结合，教育引导每一位干部员工自觉把法律法规和规章制度的要求，融入本职工作的各个方面，将依法合规理念牢固植根于企业文化，培育现代企业法治文化，努力营造企业尊法学法守法用法的良好法治氛围。

（二）妥善处理法治与企业改革发展的关系

国有企业改革是中央实施做强做大国有企业方针的重大战略部署，推进国有企业改革，有利于国有资本保值增值，有利于提高国有经济竞争力，有利于放大国有资本功能。改革与法

治是一个硬币的两面，二者相伴而生、相辅相成，要全面深化改革创新，法治是前提，更是保障。

面对艰巨的改革发展任务，各种新情况、新问题、新矛盾层出不穷。在复杂的形势面前，不能简单片面地把法治和制度理解为束缚改革创新的条条框框，要重视法治对改革的引领、推动作用，善于运用法治思维和法治方式引领、规范改革；更不能将法治停留在口头上，靠打擦边球、踩法律红线创造奇迹，从而埋下风险隐患。这就需要在实际工作中，准确认识和把握改革与法治的关系。改革是破、法治是立，改革是进、法治是守，改革更多强调冲破现有不合理的体制机制制度的束缚，法治则更加重视维护现行法律权威和经济社会秩序的稳定，二者之间存在一定的张力，处理不好会相互掣肘，处理好了才会相辅相成。改革离不开法治的引领和保障，否则就可能带来风险；法治必须紧跟改革的进程和步伐，否则就可能被虚置。[14]目前，国有企业在产业布局、体制机制、内部管理等方面，正在推进一系列改革举措，这就需要树立法治既是效益，也是稳定的观念，改革应当在法治之下有序、渐进、稳步推进，以最大限度用法治凝聚改革共识、完善改革决策、规范改革行为、推动改革进程、固定改革成果，保证改革始终在法治的轨道上全面推进和不断深化，只有这样，才能确保改革有章法、有秩序、行稳致远，取得实实在在的成效。

（三）以“关键少数”为抓手推动依法治企

习近平总书记在系列讲话中多次强调要抓住“关键少数”。2017年7月，国资委印发《中央企业主要负责人履行推进法治建设第一责任人职责规定》，明确了党委(组)书记、董事长、总经理在推进法治建设中应当履行的职责，以强化中央企业主要负责人的责任意识和担当精神，推动法治央企建设目标的落实落地，示范带动全体员工依法合规经营管理。

唯物辩证法的矛盾观认为，主要矛盾在事物发展过程中处于支配地位，对事物发展起决定作用，办事情要善于抓重点、抓关键、抓中心。抓“关键少数”就是抓主要矛盾。法治企业建设必须牢牢抓住领导干部这个“关键少数”，通过抓住这个主要矛盾来推动全面依法治企进程。十九大报告也要求各级党组织和全体党员要带头尊法学法守法用法。为此，各级领导干部，特别是党委（组）书记要切实提升法治素养，自觉尊法学法守法用法，自觉把权利关进制度的笼子，做到在法治之下、而不是法治之外、更不是法治之上想问题、作决策、办事情。国有企业领导人员肩负着经营管理国有资产、实现保值增值的重要责任。能否实现依法治企、建设法治企业的目标，党政一把手是否真心实意推进法治建设是关键。[15]一个企业，能否真正实行法治，能否不断推进法治建设，能否将法治的要求落实到各项具体的事业和工作中，关键在于该企业的党政一把手是否有真正实行法治的意愿，是否真心实意推进法治建设。企业党委（组）书记、主要负责人只有切实承担起推进法治建设第一责任人职责，才能有力推进企业依法经营、规范管理，实现持续健康发展，促进国有资产保值增值。

（四）“三重一大”决策制度化

建立“三重一大”决策制度，健全集体议事规则、决策程序和配套保障制度，严格行权，不越位，不缺位，禁止以权代法和决策程序倒置。对涉及企业改制、增减资本、重大投融资、产权（股权）变动、对外担保、知识产权保护等对企业生存发展有重大影响的经营决策，必须经过法律审核，明确否决性条件，杜绝违法决策，避免因论证不力导致的决策风险事件。

（五）充分发挥党组织的领导作用

在全国国有企业改革座谈会上，习近平总书记强调，要坚持党要管党、从严治党，加强和改进党对国有企业的领导，充分发挥党组织的领导作用。企业党组织的领导作用，是《党章》赋予基层党组织的重要职责，是中国特色国有企业治理的独特优势，但是这一独特优势并非自然天成，需要把党的领导和企业治理深度融合，健全促进党组织发挥作用的体制机制，真正把党的政治优势、组织优势厚植为国有企业的竞争优势、发展优势。要从法律和制度层面，明确党委（组）会在企业法人治理结构中的法定地位，把完善企业依法治理、依法经营和加强党的领导统一起来。一是鲜明确立党组织在企业治理中的法定地位。坚持把党建工作总体要求纳入企业章程，从制度层面使党组织的领导作用得到充分发挥，为做强做大国有企业提供坚强的政治保证。二是健全党组织发挥作用的体制机制。坚持和完善“双向进入、交叉任职”的领导体制，推动国有企业党组织发挥作用组织化、具体化、制度化，保证党和国家的路线方针政策以及法律法规得到贯彻落实。三要明确党组织在企业治理各环节的职责。科学处理党组织和其他治理主体的关系，健全国有企业党组织参与重大问题决策工作机制，正确区分党委（组）会和董事会职权，支持董事会、监事会、经理层依法行使职权。

（六）规范董事会建设，充分发挥决策职能

董事会在公司法人治理结构中处于核心地位。[16]一方面，董事会是国有企业出资人的代表，承担着资产保值增值的重要责任；另一方面，董事会负责企业的重大决策，是推动公司内部加强管理、深化改革、提高效益的有力保障。因此，建立健全董事会是建立现代国有企业制度，健全现代国有企业法人治理结构的关键任务。一是要充分发挥董事会的决策作用，发挥董事会议大事、把控公司发展战略的作用。二是要制定董事会和董事评价办法，科学制定董事约束和激励机制，特别是针对外部董事的约束和激励机制，强化对董事的考核评价和管理，对重大决策失误负有直接责任的要及时调整，并依法追究责任。三是精心研究董事会成员配置。董事长、党委（组）书记作为企业法定代表人，对企业改革发展和党风廉政建设负首要责任，有利于实现国企的战略。加大外部董事比例、充分发挥外部董事独立性，有利于客观科学决策。四是研究制定更加严谨、更加细致、更加清晰的董事长职责定位。董事长要切实组织好董事会的运作，充分发挥全体董事尤其是外部董事的作用，要及时向董事会和国有股东报告重大经营问题和经营风险。总经理依法行使生产经营管理、组织实施董事会决议等职责，要对董事会负责，除定期向董事会报告工作外，可根据工作需要向董事长、党委（组）书记报告工作。

（七）有效发挥监事会职能，提高监督成效

《公司法》第五十三条、第五十四条明确了监事会的职责和职能，赋予监事会行使检查公司财务；对董事、高级管理人员执行公司职务的行为进行监督，对违反法律、行政法规、公司章程或者股东会决议的董事、高级管理人员提出罢免的建议；当董事、高级管理人员的行为损害公司的利益时，要求董事、高级管理人员予以纠正；对董事、高级管理人员提起诉讼；对董事会决议事项提出质询或者建议；发现公司经营情况异常，可以进行调查等职权。国有企业应高度重视监事会，让监事会真正代表股东发挥实际监督的作用。一是完善监事会设置，强化监事会的独立性。要选择有履职能力的人担任监事，制定规范的监事会规则，做到有法可依。二是强化监事会作用，发挥好监事会对企业重大决策和关键环节以及董事会、经理层履职情况的监督作用，发表监督意见，履行监督行为。三是健全完善科学有效的监督体系和监督机制。充分发挥监事会作为企业监督主体的功能，创新监督方法和方式，统一调度监督资源和协调监督事项，提升监督质效。

（八）着力强化依法合规经营

良法才能善治，健全的制度是合规管理的前提和基础。根据法律法规和国有资产监管体制的变化，调整企业各项规章制度，提高规章制度的科学性和有效性。进一步加大对制度执行情况的检查力度，针对政府监管重点、社会监督焦点、舆论关注热点和企业管理薄弱点，重点检查由于制度不健全、执行不到位、监督不严格及受市场环境影响可能导致以权谋私和腐败行为等领域的风险，增强刚性约束。

坚持合规制度高于业务制度的原则，将合规制度作为业务管理、监督检查和业绩考核的重要依据，充分发挥合规制度在企业依法决策、依法经营和依法治理中的地位和作用。增设合规审查流程，补充完善物资采购、工程建设、市场准入、招投标、合同管理等现行规章制度，促使依法合规贯彻落实到生产建设和经营管理全过程。持续完善合规管理办法，明确合规审查、合规评价、检查监督等合规管理各环节内容、程序，合理界定合规管理相关部门的职责权限，努力实现合规管理的科学化、规范化。

成果创造人：唐明毅 国网上海市电力公司

【注释】

[1]习近平：《决胜全面建成小康社会夺取新时代中国特色社会主义伟大胜利》，2017年10月18日。

[2]习近平：《决胜全面建成小康社会夺取新时代中国特色社会主义伟大胜利》，2017年10月18日。

[3]《国务院国资委关于印发<关于全面推进法治央企建设的意见>的通知》，http://www.sasac.gov.cn，2016年1月13日。

[4]新华社：《中共中央关于全面推进依法治国若干重大问题的决定》，2014年10月28日。

[5]《在中共十八届四中全会第一次全体会议上关于中央政治局工作的报告》，2014年10月20日。

[6]《推动法治成为治国理政的基本方式——访国防大学马克思主义研究所研究员颜晓峰》，《解放军报》2014年12月02日。

[7]黄淑和：《深入贯彻落实十八届四中全会精神继续推动中央企业法制工作再创新辉煌》，2014年11月4日。

[8]尔令奇：《落实好两个"一以贯之"》，光明日报2016年10月19日。

[9]习近平：《决胜全面建成小康社会夺取新时代中国特色社会主义伟大胜利》，2017年10月18日。

[10]《关于<中共中央关于全面推进依法治国若干重大问题的决定>的说明》，2014年10月20日。

[11]王志刚、董贵成：《中国特色现代国有企业制度"特"在哪里》，《光明日报》2017年08月28日。

[12]戚义明：《牢牢把握党领导国有企业的重大政治原则》，《学习时报》2016年11月17日。

[13]刘亮：《法治企业建设"再出发"》，《中国电力企业管理》2017年6月10日。

[14]张毅：《让法治为企业改革创新保驾护航》，《经营战略》2017年3月25日。

[15]姜明安：《党政一把手为什么是法治建设"第一责任人"》，《人民论坛》2017年2月5日。

[16]彭宁：《国企全资子公司法人治理结构的规范和完善探析》，《企业战略》2018年2月。

【参考文献】

[1]钟宪章：《新时期国有企业党建工作怎么做？》，中共党史出版社2017年版.

[2]《中办国办印发<党政主要负责人履行推进法治建设第一责任人职责规定>》，《光明日报》，2016年12月15日.

[3]《温故知新2016国企国资十大关键词之三：法治央企》，《国资报告》，2017（2）.

[4]王辉：依法治企与企业法律文化培育[J].吉林工商学院学报，2015（10）.

[5]张爱珍：企业领导干部的法律意识及其现代化分析[J].中国商论，2016（35）.

[6]刘远计：论依法治企的重要性[J].住宅与房地产，2016（12）.

[7]张印祥：加强法治文化建设促进企业健康发展[J].国防科技工业，2015（4）.

[8]《国务院国资委关于印发<关于全面推进法治央企建设的意见>的通知》，http://www.sasac.gov.cn，2016年1月13日.

[9]朱珊珊：论国企法人治理结构的完善[J].江苏商论，2009（12）.

[10]陈茹冰：建立法人治理结构，提高决策效率，应对行业转型升级[J].武汉勘察设计，2017（2）.

[11]习近平：《决胜全面建成小康社会夺取新时代中国特色社会主义伟大胜利》，2017年10月18日.

[12]新华社：《中共中央关于全面推进依法治国若干重大问题的决定》，2014年10月28日.

[13]《在中共十八届四中全会第一次全体会议上关于中央政治局工作的报告》，2014年10月20日.

[14]《推动法治成为治国理政的基本方式——访国防大学马克思主义研究所研究员颜晓峰》，《解放军报》2014年12月02日.

[15]黄淑和：《深入贯彻落实十八届四中全会精神继续推动中央企业法制工作再创新辉煌》，2014年11月4日.

[16]尔令奇：《落实好两个“一以贯之”》，光明日报2016年10月19日.

[17]《关于<中共中央关于全面推进依法治国若干重大问题的决定>的说明》，2014年10月20日.

[18]王志刚、董贵成：《中国特色现代国有企业制度“特”在哪里》，《光明日报》2017年08月28日.

[19]戚义明：《牢牢把握党领导国有企业的重大政治原则》，《学习时报》2016年11月17日.

[20]刘亮：《法治企业建设“再出发”》，《中国电力企业管理》2017年6月10日.

[21]张毅：《让法治为企业改革创新保驾护航》，《经营战略》2017年3月25日.

[22]姜明安：《党政一把手为什么是法治建设“第一责任人”》，《人民论坛》2017年2月5日.

[23]彭宁：《国企全资子公司法人治理结构的规范和完善探析》，《企业战略》2018年2月.

[24]王波、张锦涛、文豪：《关于加强合规管理的思考》，《北京石油管理干部学院学报》2015年6月25日.

基于财务质量分析的境外投资财务尽职调查体系构建与实施

中国电建集团海外投资有限公司

中国电建集团海外投资有限公司（简称“电建海投公司”）是中国电力建设集团有限公司主要子企业中国电力建设股份有限公司的重要骨干控股子公司，是从事海外投资业务的法人主体。公司于2012年7月1日成立，截至目前注册资本金为54.1亿元。

电建海投公司经营范围涵盖电力、石油、有色金属等矿产资源的特许经营和房地产、环境保护、重要基础设施项目的投资，以及工程技术与咨询服务、进出口贸易、海外工程承包等。截至2017年末，电建海投公司资产总额为346.48亿元，实现营业收入80.28亿人民币，利润总额6.21亿人民币。

目前，电建海投公司已在老挝、柬埔寨、尼泊尔、巴基斯坦、印尼、刚果（金）、孟加拉和澳大利亚等10多个国家拥有8个投产项目、3个在建项目和10多个前期项目，在建及运营电力项目总装机300万千瓦。随着投资开发的卡西姆、南欧江等一批国际影响大、产业带动强的标志性项目相继建成投产，公司已成为中资企业参与“一带一路”建设的标杆。在电建海投公司境外投资项目开发前期，开展财务尽职调查工作是进行投资决策的重要前提。在多年的投资开发实践中，电建海投公司尤其重视基于财务质量分析的境外投资财务尽职调查。

一、基于财务质量分析的境外投资财务尽职调查实施背景

（一）提升国有资本服务于“一带一路”“走出去”等国家战略的能力的需要

2013年9月和10月，中国国家主席习近平在出访中亚和东南亚国家期间，先后提出共建“丝绸之路经济带”和“21世纪海上丝绸之路”的重大倡议。“一带一路”相关国家和地区近60个，从东向西横贯亚洲、中东欧和北非，大多是新兴经济体和发展中国家，具有广阔的互利合作前景，这也为中国企业“走出去”提供了广阔的舞台。

国有企业作为境外投资的排头兵和主力军，走出去步伐不断加快，投资规模持续扩大，在保障国家安全、拓展海外市场、获取先进技术和管理经验等方面取得了较好成效。特别是近年来，随着“走出去”战略和“一带一路”倡议的实施推进，国有企业境外投资呈现多元化和高端化态势，从原来单一的矿产能源行业逐渐向科技电信、汽车运输、工程施工、基础设施等行业拓展，投资额逐年攀升。

从国有企业在中国海外投资中的占比来看，2006年以前，国有企业在我国海外投资存量

中的占比在八成以上；近年来比重虽有所下降，但目前国有企业在我国海外投资存量的占比仍在五成左右。总体来看，国有企业在海外直接投资中的占比仍较高，在以对外直接投资存量或境外资产总额进行排序的中国非金融类跨国公司中，前10名均为国有企业。

（二）加强国有企业境外投资财务管理，防范境外投资财务风险的需要

根据数据统计，近年来虽然国有企业的境外投资业务发展迅猛，但部分项目盈利能力弱、资产状况不佳、投资回报率低，而企业财务管理能力和水平与业务发展不相适应是造成以上问题的重要原因。

为加强国有企业境外投资财务管理，防范境外投资财务风险，财政部于2017年6月12日制定并印发了《国有企业境外投资财务管理办法》（财资〔2017〕24号，以下简称《办法》），从2017年8月1日起正式施行。《办法》专章对境外投资事前决策的财务管理提出了要求，“以并购、合营、参股方式投资境外目标企业（项目），投资方要组建包括行业、财务、税收、法律、国际政治等领域专家在内的团队，或者委托具有能力并与委托方无利害关系的中介机构开展尽职调查，形成书面报告。其中，财务尽职调查重点关注目标企业（项目）所在国的宏观经济风险和目标自身的财务风险。”

（三）提高企业境外投资收益，提升企业国际竞争力的需要

企业开展境外投资主要目的是让企业“走出去”，应首先明确“走出去”的目的。一些企业片面地认为，面向“一带一路”“走出去”就是要获取能源资源、占有更多的市场份额和输出过剩产品，这种错误认知会使企业在“一带一路”建设中南辕北辙，甚至导致那些率先“走出去”的中国企业“先锋”铩羽而归。

就“一带一路”建设而言，需要企业加快“走出去”步伐，目的是增强企业国际化经营能力，能够有效整合与转化全球资源，不断提升中国企业的学习能力和适应能力，真正培育一批具有世界水平的跨国公司。只有扎扎实实做好财务尽职调查，全面了解目标企业和合作企业的财务能力和财务风险，才能为提升中国企业投资收益和国际竞争力打下坚实的基础。

二、基于财务质量分析的境外投资财务尽职调查内涵

电建海投公司全面落实国家“走出去”战略，在境外投资过程中注重事前规范、事中监控、事后问责的全过程监管，建立全面风险管理内控体系，强化决策风险控制、建设运营风险管控，提升海外投资风险管控能力。基于财务质量分析的境外投资财务尽职调查是全面风险管控体系的重要组成部分，是事前控制风险的重要举措。

（一）财务质量分析内涵

财务质量分析是以企业财务报告及其他相关资料为主要依据，对企业的财务状况、经营成果及现金流量进行的质量评价和剖析，反映企业在运营过程中的利弊得失、财务状况及发展趋势，从而为企业在改进财务管理工作和优化经济决策的过程中提供重要的财务信息。财务分析既是已完成的财务活动的总结，又是财务预测的前提，在财务管理的循环中起着承上启下的作用。

企业财务状况质量分析的基本内容包括资产质量分析、资本结构质量分析、利润质量分析、现金流量质量分析和财务信息质量分析。

（二）财务尽职调查内涵

尽职调查（Due Diligence Investigation）又称为谨慎性调查，是指投资人与目标企业达成初步合作意向并经双方协商后由投资人或其委托代理人对目标企业以及本次投资相关事项进行的一系列资料分析、现场调查等活动。

财务尽职调查作为尽职调查体系的重要组成部分，是指由专业的财务或审计人员根据投资目标以及范围，针对被投资企业与投资有关的财务状况，采取文件审阅、实地和书面调查、比较分析等手段，发现“积极”以及“消极”两方面内容，揭示和报告目标企业的一般投资价值和财务风险的工作过程。

（三）财务质量分析在财务尽职调查中的重要作用

财务尽职调查是整个尽职调查体系中最为重要的环节之一，求真务实的财务尽职调查，不仅能够透视企业所提供的财务数字背后的经营状况，更能够对企业的管理质量、战略实施的成效进行判断，并对企业的发展前景进行有效预测。尽管企业财务报表可以通过常规的比率分析法进行分析，但仍不足以对企业的财务状况整体做出全面评价，因为其自身有许多无法回避的局限性，比如比率分析只能对财务数据今昔比较，对财务数据以外的信息没有考虑，这可能造成对实际情况的误解。

为了达到某种目的，企业可以人为的粉饰财务比率，造成对财务信息的歪曲，误导投资者。而财务质量分析在对各种比率分析的基础上，结合非财务因素进行适当的定性分析，使得传统意义上的财务尽职调查更加深透和务实。财务质量分析在尽职调查实践中，不仅关注对企业财务质量现状的客观分析，还能够透视企业的利润结构和盈利模式，从而更加有效的预测企业的经营前景。因此，财务质量分析对于尽职调查的实践不仅提供了行之有效的财务状况分析方法，还有着更为重要的指导意义。

三、基于财务质量分析的境外投资财务尽职调查主要做法

（一）重视财务尽职调查，提高境外投资决策的科学性与准确性

虽然中国企业频繁“走出去”，但部分企业管理层没有改变固有的投资决策思维习惯，往往不以尽职调查提供的信息作为并购决策的依据，反而是在已经做出投资决策并且决定投资交易之时，用尽职调查的程序强化已经做出的决策。此时的尽职调查已经丧失其最珍贵的功能，自然被管理层认为其可有可无，因而不会受到重视。

2017年财政部资产管理司有关负责人就印发《国有企业境外投资财务管理办法》答记者问时就明确指出：“调研发现，事前决策不科学、不履行必要程序是造成投资失利的重要原因。特别是部分企业管理层对财务可行性论证和财务风险预判重视不足，个别企业甚至在财务部门提出反对意见的情况下仍决定开展境外投资。如果财务不能在前期决策发挥应有作用，事中和事后财务管理得再好，也只能是亡羊补牢，效果有限。”

电建海投公司在多年的境外投资实践中形成了“五大坚持”的管理理念，即坚持战略引领、坚持问题导向、坚持底线思维、坚持复盘理念、坚持管理创新。在这“五大坚持”理念的指引下，电建海投公司在境外投资过程中以战略目标为导向，按照专业领域和区域布局，有计划地开展国别市场研究，明确重点国别和重要区域，重点推进“一带一路”、中蒙印缅经济走廊、湄公河流域等项目。建立海外投资项目储备、优选、评审和决策机制，从源头上把好海外投资的质量关和风险关，增强市场开发工作的主动性、计划性和系统性。

上述最重要的表现就是电建海投公司高度重视财务尽职调查工作，对于任何一个境外投资项目，都会安排专门的部门或团队开展详尽、全方位的尽职调查，形成详细的尽职调查报告；就尽职报告中提到的风险问题再组织专业的团队进行讨论和论证，以达到充分认识风险、控制风险，以提高境外投资决策的科学性与准确性，确保合理的境外投资回报。

（二）借助外力，用专业的人做专业的事

鉴于财务尽职调查需要对境外投资项目或目标企业开展详尽深入的调查，通常国有企业进行境外并购时都会聘请委托具有能力并与其自身无利害关系的中介机构即通常所说的会计师事务所或咨询公司对境外投资项目或目标企业开展财务尽职调查工作。

在实际情况中，中介机构的财务尽调人员素质往往参差不齐，国内的一些中介结构在履行尽职调查时，往往表现不出良好的素养，以至于调查的信息和提供的决策得不到委托人的认可和信任。

电建海投公司为打造坚强有力的领导班子，培育专业高端人才队伍，大力倡导“专业的人做专业的事”。电建海投公司董事长盛玉明经常强调：“不管是尽职调查报告也好，还是项目实施也好，项目运营管理，一定要体现出专业的人做专业的事。”

电建海投公司同国际四大财税咨询机构德勤、毕马威、普华永道和安永，以及国内知名财税咨询机构建立了长期稳定的合作关系，在合作前期对咨询机构配备的团队人员进行资格初审，确保咨询机构配备的团队成员能够满足具体投资项目的工作要求。

（三）捋顺流程，建立标准化工作程序

电建海投公司历来重视工作流程的优化和工作的标准化，在公司内部坚持推进以“职能制度化、业务流程化、工作标准化、管理信息化、创新价值化”的“五化建设”，为管理提升立柱架梁。

经过多个投资项目的总结和优化，电建海投公司将境外投资项目的财务尽职调查工作划分为四个阶段，包括准备阶段、计划阶段、实施阶段和完成阶段。

1.准备阶段

一方面电建海投公司通常会根据自身内控体系要求，通过公开招标或询价的方式确定具备条件的中介机构，同时通过签署保密协议等方式就招标或询价文件中牵涉到的境外投资项目信息对中介机构进行约束和限定。

另一方面电建海投公司会要求中介机构在承接上述业务前，通过对招标或询价文件的审阅、与招标或询价方联系人沟通等方式，先开展初步业务活动了解项目信息，通过考虑比对境外投资项目的实际要求和自身机构和人员的专业能力、业务经验、知识和技能以决定是否接受委托，如确定可以接收委托则要求其配备能力、资格、经验相匹配的人员。

2.项目计划阶段

（1）前期准备工作

前期准备工作中电建海投公司主要负责与中介机构沟通，确定、审核其工作时间安排和团队人员组成；安排其团队人员的赴境外的签证、航班等协调、沟通性工作。

前期准备工作中中介机构首先应编制和发放调查资料清单等；其次，中介机构应通过多方渠道收集资料，研究目标企业的历史沿革、组织架构、股权结构和投资结构、主营业务范围和未来发展趋势等内容；此外，还应对业务复杂程度、企业规模等问题进行估计，以便更好地确定重点工作内容以及工作进程。

（2）编制调查计划

上述前期准备工作一结束，中介机构应开始着手编制项目总体工作计划以及组织修订详细调查程序表。工作计划往往包括目标、人员组成、时间地点安排、调查程序以及重点调查内容等。

电建海投公司通常会对中介机构的上述工作进行全面审核和参与，避免全部交由中介机构操作，过度依赖中介机构，从而导致信息不对称及工作链条断裂。

3.项目实施阶段

项目实施阶段通常在被投资企业所在国，由电建海投公司的责任部门带领中介机构团队在境外开展执行，财务尽职调查具体执行过程中，通常会着重以下两个方面：

（1）调查工作的重心

持续经营：因为会计利润能够被人为操作，而目标企业持续经营状况能够通过经营性现金流较为理想地体现出来，因此其能较为真实反映目标企业的生存状况。还可以了解目标企业在持续经营中所遇到的困难，考察目标企业接受投资或并购的动机。

内部控制：研究目标企业的内控文件，通过穿行测试等方法，评价其内控设计是否合理、执行是否有效。

财务状况：了解并研究目标企业的会计政策、财务结构、资产质量和盈利能力等情况。且对目标企业现有财务资料的可信度应视内控状况而定，同时落实对重要项目的调查程序。

税务问题：了解并研究目标企业当前税收待遇、税负构成以及纳税和扣缴义务的履行情况，全面评析税务风险。

财务预测：预测一般包括收入、资金需要、投资规模和重大会计政策变动等内容，最终体现在盈利能力和现金流量的预测上。受托方应在政策导向、行业前景、汇率和利率、税制变化等宏观经济趋势下进行预测。

（2）调查工作的内容

总体财务信息：了解目标企业的基本财务情况是进行财务尽职调查的初步工作。通过取得目标企业的营业执照、组织架构图、章程和验资报告，了解并研究目标企业成立时间、注册资本、投入资本形式、历史沿革、股东、企业性质和主营业务等各项内容；除了目标企业外，还应包括其及所有具有控制权的公司。此外，还应了解目标企业的税费政策。

具体财务状况：财务尽职调查结果的可靠性往往部分取决于目标企业财务报表的可靠性，而后者则取决于企业自身内控程序。因此有必要考虑企业内控情况，详细调查其盈利能力和财务状况。

特殊事项：对目标企业开展财务尽职调查工作时应对或有负债、财务承诺、关联方交易、资产负债表日后事项、未决法院诉讼以及账外资产负债等内容予以重视。受托方应索取详细的原始资料，先判断其是否合法再于报告中视重要性程度而予以披露。

4.项目完成阶段

该阶段的主要工作内容即由中介机构编制底稿和编写财务尽职调查报告。底稿往往难以达到财务报表审计底稿的标准，这是由项目的特殊性和资料取得的不确定性而导致的，因此编制底稿要求执业人员具备较强的专业判断和个人能力。

电建海投公司历来要求财务尽职调查报告应侧重表述发现的内容，披露目标企业在财务、税务、合同、内控等方面的风险。在阐述调查结论时，要求中介机构应首先总体评价项目，主要概述企业的投资价值；其次对项目风险水平进行总体估计，重点关注投资风险（尤其是财务风险）；最后不仅应给出投资步骤方面的建议，还应提出具体的避险措施等。

（四）借助财务质量分析，提升财务尽调质量

电建海投公司在财务尽职调查整个实施过程中重点按照财务质量分析的要素和架构去执行和推进工作。

财务质量分析定性描述了高质量的财务状况特征，在财务尽职调查中起到有据可依和有准可循的重要作用，在描述企业财务现状的过程中起到了至关重要的理论依据。根据财务质量分析理论，高质量的财务状况基本具有以下特征：

第一，企业具有一定的盈利能力，利润结构基本合理。主要表现为利润结构在内在质量、资产增值质量以及现金获取质量等三方面是否表现出较为合理、均衡的状态；企业的费用在年度之间有没有出现不合理的下降等。

第二，企业各类活动的现金流量周转正常。主要表现为企业经营活动现金净流量是否对企业的利润有足够的支付能力；投资活动的现金流量是否体现了企业长期发展的要求；筹资活动的现金流量是否适应企业经营活动现金流量、投资活动现金流量周转的状况等。

第三，资产质量较好，企业的资产结构能够满足企业短期和长期发展以及偿还债务的需要。主要表现为经营性流动资产是否有适当的流动资产周转率，以及较强的偿还短期债务的能力；增值能力较强的企业对外投资；与生产能力相匹配的固定资产和无形资产等。

第四，资本结构较为合理，资本结构质量较高。主要关注点在企业资金成本的水平与企业资产报酬率的对比关系；企业资金来源的期限构成与企业资产结构的适应性；企业的财务杠杆状况与企业财务风险、企业未来融资要求以及企业未来发展的适应性；企业所有者权益内部的股东持股构成状况与企业未来发展的适应性。

在财务尽职调查过程，通过对企业财务状况的初步了解，可以判断出企业主要的盈利模式是以何种方式为主导，进而判断这种盈利模式是否可以稳定而持续的满足企业经营活动中所需要的现金流，进而可以预测出企业未来的经营前景。高质量的利润结构意味着良好的发展态势，反之，利润结构的不合理由往往预示了企业自身发展的瓶颈。在财务尽职调查过程中，如果目标企业经营活动的盈利能力较强，使得企业经营活动所产生的现金净流最对企业的利润有足够的支付能力；同时，投资活动所产生的投资收益也能够产生适当的现金流量，体现了企业长期发展的要求，而筹资活动的现金流量也完全地适应了企业经营活动现金流量和投资活动现金流量周转的状况，这个企业便具备了较为合理且质量较高的利润结构，其发展前景也较为乐观，反之，则需要了解企业利润结构不合理、盈利模式存在隐患的根源，通过分析和判断后再预测其经营前景。

四、基于财务质量分析的境外投资财务尽职调查实施效果

（一）去除信息不对称，披露投资风险

正如《办法》中所要求："财务尽职调查重点关注目标企业（项目）所在国的宏观经济风险和目标自身的财务风险。"

在境外投资过程中，投资企业主要面临着以下各方面的风险。

一是道德风险，目标企业出于自身的利益动机，夸大自身业绩、粉饰财务数据、隐瞒重要信息等现象屡见不鲜；

二是财务风险，如目标企业经营管理不善，高负债，不良资产过多等；

三是法律风险，境外投资过程中常会涉及环保、知识产权、劳动者权益等法律问题，容易法律风险；

四是经营风险，如销售渠道不善、生产技术落后等。作为一个理性的"经济人"，目标企业有着足够的利益动机来提升自己的表面价值，以获取更大的收益。目标企业最常用的手段便是粉饰财务报表，让自身的财务状况得到表面上的改善，夸大自身经营业绩，以诱使投资方高估目标企业的市场价值。

由于双方信息不对称，投资方在对目标企业的了解上，处于信息劣势。因而，如何识别其中的投资风险，了解目标企业的真实状况，成为投资方面临的难题。

电建海投公司在境外投资过程中能够深刻体会到专业的财务尽职调查人员和机构可以对目标企业的财务数据进行科学分析，判断其财务数据的真实性、公允性和合规性，并合理预测目标企业的盈利趋势和成长能力。执行财务尽职调查工作，可以充分降低交易双方的信息不对称，有助于投资企业有效防范投资活动中的各类风险，尤其有助于揭示目标企业的财务风险和其他危机，更能帮助投资企业准确评估目标企业的真实价值，便于成功实施整个投资活动和投资后的整合方案设计。

（二）发现投资价值，助力资产评估

目标企业的真实内在价值是投资方十分关注的内容，因为这关系到投资方究竟应该支付多少对价去投资目标企业，这也是交易双方在交易谈判时不可回避的问题。目标企业内在价值同时取决于当前财务账面价值以及企业未来的发展收益，境外投资项目成功的关键在于发现目标企业的内在价值，财务尽职调查通过对被投资方的财务状况、内部控制体系、经营管理等方面的全面调查，对其盈利能力、现金流进行分析，以预测目标企业的未来发展前景，从而为投

资方确定投资的价格和条件提供依据。

根据我国现行国有资产管理办法的规定，国有企业在进行境外产权投资或合作时，应当依照《企业国有资产评估管理暂行办法》等相关规定，聘请具有相应资质的境内评估机构对标的物进行评估，并办理评估备案或者核准，常见的企业价值评估方法主要有成本法、市场法、收益现值法、折现现金流量法等。无论采取哪种方法都必须依托财务尽职调查过程中揭示的企业真实的财务状况和经营预测，因此可靠、翔实、完整的财务尽职调查将为目标企业价值评估提供科学的决策依据。

电建海投公司在确定目标企业投资价值时就充分整合资产评估机构、财务尽职调查中介机构的优势，分别从定量、定性两个维度来度量目标企业价值，从而为投资决策提供依据。

（三）提高境外投资收益，增强企业国际竞争力

境外投资活动作为一项复杂的系统工程，投资结束不过是初步完成投资方案，而投资后的整合工作则是项目的成败关键，这一切问题的前提条件就是如何如实、准确的获得目标企业的真实信息，而财务尽职调查将会为合理设计投资方案和构建整合方案提供充足的决策前提信息。

合格的财务尽职调查，有助于投资企业对目标企业的企业文化、内控体系、管理制度、财务状况、经营状况等方面信息进行充分了解，为后期的整合方案设计和实现提供重要依据，使得投资双方能实现有机融合，充分发挥协同效应，实现投资目标。投资活动完成后，财务尽职调查人员可以继续为企业提供增值服务，协助投资双方在财务和会计方面实现融合，如财务政策管理整合、企业税收政策的管理整合和会计政策管理整合。

财务尽职调查，有利于揭示目标企业的财务风险，评估目标企业价值，使投资方更加了解目标企业的真实情况，是投资方案的重要基础。投资完成后，交易双方的快速高效融合成为整合方案的重点，而合理整合方案的设计和执行的前提是前期尽职调查结果的全面性和准确性。在投资过程中，根据财务尽职调查的结果，约定交易双方的权利和义务，调整投资整合的手段，对于合理构建整合方案至关重要。

电建海投公司在境外投资过程中通过构建基于财务质量分析的财务尽职调查体系，稳健推进境外投资，做到了持续提升公司海外投资能力、海外融资能力、建设管理能力、运营管理能力、资源整合能力和风险管控能力，进而更好地适应国际市场，提升国际竞争力，增强企业的控制力、影响力和抗风险能力，以实现海外国有资产的保值增值。

成果创造人：李　铮、袁子丽、石　嵩、户宝磊、张海涛

大型企业集团合规管理体系建设与实施

北京汽车集团有限公司

北京汽车集团有限公司（简称“北汽集团”），成立于1958年，是中国主要的汽车集团之一，目前已发展成为涵盖整车（包括新能源汽车）研发与制造、通用航空产业、汽车零部件制造、汽车服务贸易、汽车金融、投融资等业务的国有大型汽车企业集团。

自1958年北京汽车制造厂生产出北京第一辆轿车以来，北汽集团先后自主研制生产了中国第一代轻型越野车和第一代轻型载货车，建立了中国汽车工业第一家整车制造合资企业，收购了瑞典萨博汽车相关知识产权等，创造了中国汽车工业的多个第一。

经过50多年的发展，北汽集团已拥有“北京”、“绅宝”、“昌河”、“福田”等自主品牌，先后引进“现代”、“梅赛德斯·奔驰”、“铃木”等国际品牌。成立了包括乘用车、越野车、商用车、新能源汽车和动力总成技术的专业研发机构，建立了涵盖汽车零部件、汽车服务贸易、进出口和汽车金融的完整产业链，实现了产业向通用航空等领域的战略延伸。北汽集团以北京为中心，建立了分布全国十余省市的八大乘用车、九大商用车生产基地，并在全球二十多个国家建立了整车工厂。

北汽集团连续四年名列美国《财富》杂志全球企业500强，2018年位列第124位。2017年，全集团共完成整车产销251万辆，实现营业收入4703亿元、利润总额280亿元。北汽集团秉承“行有道·达天下”的品牌理念，走规模化、高端化、服务化、国际化、低碳化的可持续发展之路，努力建设制造服务型企业和创新型企业，把北汽集团打造成为一个具有国际竞争力的汽车制造商和服务提供商，为追求幸福出行与高效运输的人们提供科技、安全、品质、环保的全方位解决方案，成为高品质美好出行生活的引领者。

自2015年开始，北汽集团根据党和国家以及北京市的有关要求，通过对标戴姆勒、西门子等先进跨国企业在北京市属国有企业中率先开展了合规体系建设工作。梳理了集团及下属企业合规管理体系，制定了《北汽集团合规体系建设方案及实施计划》。同年，还制定了《合规管理办法（暂行）》《合规举报管理办法（暂行）》以及《行为准则》等合规基本管理制度。明确了合规委员会、首席合规官、合规部门及其他相关部门的职责，并确定了集团公司对下属公司实行以直接管理和派出管理为主、报备管理为辅的合规事务管理模式。

2016年，北汽集团按照上述管理模式及相应的实施方案及管理制度全面开展合规管理各项工作，并在实践中对标经济合作与发展组织（OECD）《内控、道德与合规的良好做法指引》与国际标准化委员会《ISO19600合规管理体系—指南》等合规领域的重要参考文件，进一步细化了多项具体工作流程，丰富了多种管理手段，形成了一套符合国有企业特点，又具有一定国际先进性的合规管理体系。

一、大型企业集团合规管理体系建设与实施的背景

（一）适应党和国家政策的要求

党的十八届四中全会做出了《全面推进依法治国若干重大问题的决定》，中共中央、国务院在2015年9月印发的《关于深化国有企业改革的指导意见》中指出，要“推进企业依法经营、合规管理”。国务院国资委在2016年1月印发了《关于全面推进法治央企建设的意见》，同年7月，北京市国资委发布了《关于全面推进市属国企法治建设的意见》，均对国有企业推进法治建设、强化依法合规经营工作从指导思想、基本原则、总体目标等方面做了总体要求和重要部署。上述意见明确提出国有企业应“加快提升合规管理能力，建立由总法律顾问领导，法律事务机构牵头，相关部门共同参与，齐抓共管的合规管理工作体系，研究制定统一有效、全面覆盖、内容明确的合规制度准则，加强合规教育培训，努力形成全员合规的良性机制”。北汽集团要紧紧围绕企业改革发展的中心任务，以“法治国企”建设为总抓手，进一步提升公司依法合规运营的能力。

（二）北汽集团适应国际化发展的需要

从20世纪70年代起，企业道德的话题逐步被企业界和公众广泛关注。行贿行为的盛行以及一系列因公司或公司职员违反商业道德而导致公司崩溃破产的案例，使立法部门和监管机构越来越意识到企业道德与合规的重要性，一系列法律和监管措施应运而生。此后的几十年间，众多跨国公司如戴姆勒、西门子、大众等企业均因为不合规行为受到过巨额罚款，在经济上和企业声誉上受到了巨大损失。

开放发展是北汽集团建设世界级汽车企业的必由之路。北汽集团已把国际化作为领先发展的新抓手，新亮点，并积极响应国家“走出去”“一带一路”等政策。国际化发展，北汽集团须遵守所在国家或地区的法律法规以及商业道德，了解境外法律环境，这要求北汽集团必须根据自身情况建立适合的合规管理体系，从而避免因不合规行为而给企业带来的负面影响。

二、大型企业集团合规管理体系建设与实施的内涵

通过合规管理体系建设与实施，北汽集团已初步建立了全集团统一适用的，具有一定国际先进性的合规管理体系。体系确定了合规管理的组织架构及合规委员会、相关部门的职责，集团公司对下属公司实行以直接管理和派出管理为主、报备管理为辅的合规事务管理模式，并以3项基本制度、3项主要流程、18项流程表单、3项信息化工具为支撑，涉及12个管理领域。通过上述措施，有效控制了公司研发、采购、生产、投资、招聘等环节的合规风险，并对外部供应商、经销商、投资伙伴等实现了有效的合规监控。有效减少了因内外部的不合规行为给公司发展带来的负面影响。

此外，该体系还在保障北汽集团依法合规运营的同时，为国有企业如何开展合规管理工

作探索出一条可借鉴的道路。

三、大型企业集团合规管理体系建设与实施的主要措施

大型跨国企业均有数量庞大的合规人员作为支撑，以北汽集团的合作伙伴戴姆勒集团为例，全球共有超过160人从事合规管理工作。2014年开始，北汽集团明确由法律与合规部承担合规职责，在北汽集团法律人员比例与国际先进水平和中央企业仍存在较大差距的背景下，又承担起合规体系建设的重任要求北汽集团必须创新合规管理模式,并充分挖掘和利用现有资源提升管理水平和效率。在此背景下，北汽集团采用以直接管理、派出管理（包括工作组、区域平台中心）为主，以报备管理为辅的模式，统一推进合规管理体系建设。在集团本部法律与合规部设立合规管理中心，对全集团重大合规事务牵头统一处理，并在纪检监察部、审计部、企业发展部、组织部、人力资源管理部、财务部、证券与金融管理部、战略规划部以及其他有关部门的全面参与下，有效利用现有资源开展了合规管理工作。

北汽集团根据公司业务实际以及通行合规实践，将公平竞争与反垄断、利益冲突、反舞弊与反腐败、公司资产利用、产品质量责任、职业道德、员工健康安全、信息管理、企业社会责任、反洗钱、环境保护、记录与报告等12个方面作为合规管控领域，并区分重点给予适当的控制。通过针对供应商、经销商、投资伙伴、工程供应商、高管及关键岗位人员制定的侧重点不同的共计21项合规筛查流程与表单，使合规各重点领域均以合规筛查为载体，通过合规自查、业务部门审查、法律与合规部（合规管理中心）评分、筛查意见会签的方式使合规管理的流程清晰具体，利于操作。上述筛查流程与表单亦可以在北汽集团及各下属企业统一推广，使公司做到对合规管控领域的全面监控。

为提高合规管理效率，北汽集团及各下属公司通过建设统一的合规信息化管理体系，实现日常合规管理工作系统化，并实现集团公司对于下属公司直接管理、派出管理及报备管理等管理需求，及时掌握北汽集团各项重大合规风险。为提高商业伙伴合规筛查工作的有效性，北汽集团开发商业伙伴合规筛查信息工具及制裁清单筛查工具，作为合规管理信息系统的组成模块，实现对境内外各类商业伙伴合规风险筛查的网络化。

（一）集团化的管控模式，做到“十个统一”

北汽集团采用以直接管理、派出管理（包括工作组、区域或平台中心）为主、以报备管理为辅的模式，统一推进合规管理体系建设。

直接管理，是指北汽集团法律与合规部（合规管理中心）将直接处理北汽集团的分公司或事业部及部分全资子公司、控股子公司的全部合规事务。该等下属公司、分公司或事业部将不再设立合规事务机构、亦无须招聘合规人员，其合规事务均由北汽集团法律与合规部（合规管理中心）指定专门的人员处理。

派出管理，是指对于北汽集团未对其合规事务实行直接管理的全资子公司、控股子公司，北汽集团将依据《派出法律人员管理办法》等制度向其派出首席合规官、合规机构负责人等，对其合规事务进行管理。派出合规人员负责派入企业日常合规事务的管理，其中的重大合

规事务将提交北汽集团法律与合规部（合规管理中心）进行处理。

报备管理，是指对于不能或不适于参照全资子公司、控股子公司进行管理的其他下属公司的合规事务，北汽集团实行重大合规事务的报备管理，并对其日常合规事务进行指导、协调、监督和检查。

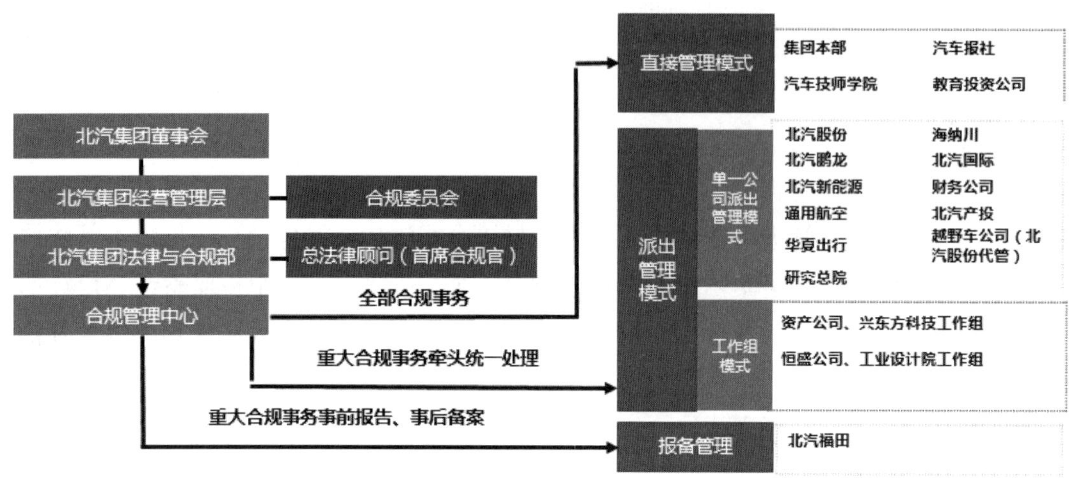

图1　合规工作集团管控模式

在此基础上，北汽集团成立合规委员会，由集团公司董事长、总经理、党委副书记、纪委书记、主管财务的副总经理、主管合规的副总经理、总法律顾问（兼首席合规官）、纪委副书记组成，合规委员会主任由董事长担任。合规委员会下设合规办公室，合规办公室主任由首席合规官担任，办公室成员由法律与合规部（合规管理中心）人员兼任。同时，全集团的合规管理应做到“十个统一”即：

1.统一的管控文化

北汽集团加强合规管理的文化管控，提出并践行了“尚法、崇德、博学、敬业”文化精神，作为每个合规管理人员的座右铭。

2.统一的管理规划与计划

北汽集团重视合规管理的顶层设计，结合不同阶段合规管理所需，出台了各类管理规划与计划。同时，下属公司的该等计划需由集团法律与合规部进行审核、备案。

3.统一的管理模式与管理理念

集团对所属单位与所属单位对其下属企业的合规事务管理模式统一：以直接管理和派出管理为主、报备管理为辅。

4.统一的人员引进和培养

统一进行合规人员队伍的建设和管理；统一进行全集团合规人员的招聘、培养和培训。

5.统一的管理职能和职责

集团与所属单位的合规管理机构的基本管理职能统一，派出合规人员的职责由于集团本部法律与合规部制定下发，所属单位合规机构的职责以集团法律与合规部的职责为范本，由集团法律与合规部协助统一制定。

6.统一的制度、流程及工作模板

集团出台的合规制度、流程与表单是所属单位制定相应制度及流程、表单的模板；集团与下属公司相关合规工作指引与工作模板统一制定。

7.统一的管理信息化系统

集团与所属单位的合规事务统一开发系统进行操作，包括统一的合规筛查系统、合规管理系统等。

8.统一的专业研究小组

集团及所属单位合规人员统一进行专业理论研究，形成专业小组。疑难复杂合规问题的统一解决方案的制订和共享等，统一培养集团系统内的合规专业带头人。

9.统一的合规宣传与培训

统一进行集团及所属单位的合规宣传与培训工作，统一的专业知识、经验交流微信共享平台。

10.统一的外部资源管理

集团及所属单位建立统一的合规管理的外部中介机构数据库，统一参加外部专业委员会、机构、企业间的培训与交流。

（二）确定具体的合规管理领域及管理内容

根据公司业务实际以及通行合规实践，北汽集团确定12个方面作为合规管控领域，并区分重点给予适当的控制。适当的控制并不意味着需要撇开公司已有的、较为成熟的管理体系，建立“独立”的合规控制体系，而是应当使合规要求在公司各管理体系中得到反映，充分利用公司已有管理体系，节约管理资源。

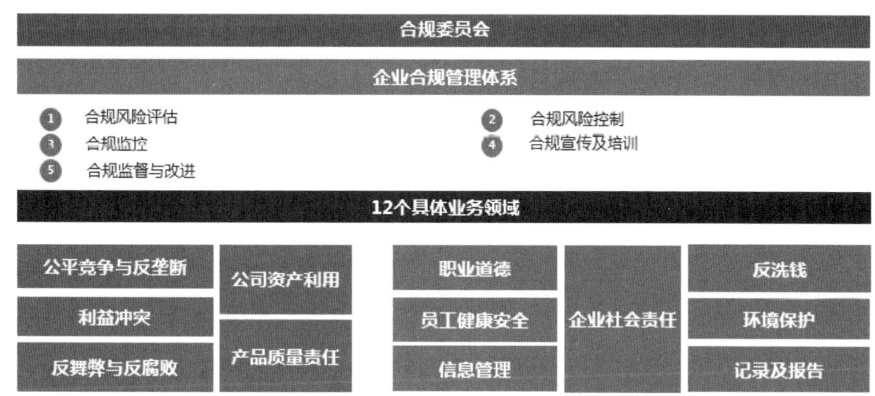

图2　合规管理体系及重点领域

1.公平竞争与反垄断

要求公司防止在经营中违反《反垄断法》和《反不正当竞争法》，公司在竞争过程中不得通过垄断行为和不正当竞争行为，损害消费者和其他竞争者合法权益，扰乱社会经济秩序。

2.利益冲突

要求公司设置机制，防止出现为谋取个人利益而滥用职务权力使企业管理人员违背忠实义务、损害公司利益的行为。

3.反舞弊与反腐败

要求公司防止内部人员采用欺骗等违法违规手段，谋取个人不正当利益，损害公司正当经济利益的行为；或谋取不当的公司经济利益，同时可能为个人或他人带来不正当利益的行为。

4.产品质量责任

要求公司建立产品质量管理体系，避免产品质量不符合国家法规、质量标准以及合同要求。产品生产者和经销者将承担相应的民事责任，既包括违反合同的民事责任，也包括因产品质量问题而引起的损害赔偿责任。

5.公司资产利用

要求公司以国有资产保值增值、防止流失为目标，切实强化国有企业内部监督、出资人监督和审计、纪检监察、巡视监督以及社会监督，严格责任追究，促进企业管理人员及员工合理使用公司资产，维护公司利益。

6.职业道德

要求公司和员工在职业活动中应遵循基本道德，即一般社会道德在职业生活中的具体体现，是职业品德、职业纪律、专业胜任能力及职业责任等的总称，属于自律范围，它通过公约、守则等对职业生活中的某些方面加以规范。

7.企业社会责任

要求公司在创造利润、对股东承担法律责任的同时，还要承担对员工、消费者、社区和环境的责任。企业的社会责任要求企业必须超越把利润作为唯一目标的传统理念，强调要在生产过程中对人的价值的关注，强调对环境、消费者、对社会的贡献。

8.环境保护

要求公司为解决现实或潜在的环境问题，协调人类与环境的关系，保护人类的生存环境、保障经济社会的可持续发展，采取行动防止环境的污染和破坏。

9.员工健康安全

要求公司建立“职业健康安全管理”的专业管理体系，用科学有效的管理手段提高职业健康安全管理水平，推动职业健康安全法规和制度贯彻执行，为公司树立良好的品牌和形象。

10.反洗钱

要求公司采取预防及控制措施，防止毒品犯罪、黑社会性质的组织犯罪、恐怖活动犯罪、走私犯罪、贪污贿赂犯罪、破坏金融管理秩序犯罪、金融诈骗犯罪等犯罪所得及其收益利用监管漏洞成为“合法”收入。

11.信息管理

要求公司采用技术的、经济的、政策的、法律的和人文的方法和手段以便对信息流(包括非正规信息流和正规信息流)进行控制，以提高信息利用效率、维护信息安全、最大限度地实现信息效用价值的一种活动。

12.记录与报告

要求公司做好记录与报告。记录是指在日常工作中将所见所闻通过一定手段真实、完整、有效的保留下来，并用于流传；报告是指客观、真实反映公司财务状况和经营成果的书面文件。公司应保障各类业务、财务记录的真实性、完整性、准确性，并按照法规要求及时报送客观反映公司管理情况的内、外部报告。

（三）明确各机构及各部门的职责

1.合规委员会

合规委员会的主要职责包括：①制定公司中长期合规战略与规划；②审议并批准年度合规评估报告与合规计划；③批准公司合规管理制度；④批准公司重大合规事件的处理方案；⑤监督集团业务及运营的合规状况及其他重大合规工作。

2.法律与合规部（合规管理中心）

法律与合规部（合规管理中心）是负责公司合规工作的主管部门，负责处理公司的全部合规事务，主要职责包括：

①负责合规管理制度、业务审批流程与表单的制订及修订；②参与起草、审核重要规章制度，审核各类合同及其他法律文件，保障合规性；③负责组织开展合规风险评估与监控工作，对公司各类流程进行合规梳理；④负责管理公司合规举报电话与信件，对合规案件的调查与处理；⑤负责对合规事务的培训与宣传，监督、检查业务部门的合规事务管理工作，对合规事务提供咨询；⑥牵头统一处理下属公司重大合规事务。

3.纪检监察部

纪检监察部负责对党员及领导干部违反党规党纪问题的调查处理，涉及反腐败及利益冲突的合规事项，与法律与合规部（合规管理中心）协同开展合规工作：

（1）合规筛查环节：涉及反腐败及利益冲突的筛查，调查结果中有涉及纪检内容的，报纪检处理；

（2）合规举报环节：涉及纪检的，报纪检处理；纪检监察部有权调查其他认为需有由其进行调查的问题或事件；其他合规工作：如重点风险领域培训及年度合规检查等，与法律与合规部（合规管理中心）联合推进。

4.审计部

负责根据合规工作所需，开展必要的审计工作，推进内控及风险管理工作；与法律与合规部（合规管理中心）等部门进行信息沟通与措施联动。

5.组织部与人力资源管理部

根据部门职责推进高管及关键岗位人员的合规筛查，法律与合规部（合规管理中心）提供支持。

6.财务部

收付款时对商业合作伙伴按照公司财务管理制度进行合规审查，负责反洗钱相关工作。

7.证券与金融管理部

对北汽集团本部及各下属公司，涉及公开市场交易的交易报告及披露等相关领域的合规要求进行落实与监督，保障相关业务的合规性。

8.战略规划部、投资与资产管理部

在进行合资合作及投资时，应落实对商业伙伴进行合规筛查，并审查反不正当竞争及反垄断相关要求。

9.采购部门

采购部门指承担采购职能的管理部门，具体负责落实对供应商进行合规筛查。

10.其他各部门

各部门应对本部门业务活动的合规性进行审查，各部门负责人是本部门合规风险管理第一责任人，应对本部门关键合规风险进行监控。

（四）制定日常闭环管理流程

合规日常闭环管理流程旨在保障体系的持续运行和定期更新，不断优化合规管理体系管理手段。各下属公司和各部门在全集团的统一管理、指导、监督下负责执行本单位或本单位下属公司的合规日常闭环管理工作，保证合规管理工作切实开展。包括以下内容：

1.合规风险评估

每年就公司运营所涉及业务实施综合性的合规风险评估；当部门、单位业务、外部监管要求发生重大变化时，各部门、各单位应及时评估合规风险的变化情况，并将相关信息报送法律与合规部（合规管理中心）。

2.合规风险控制

包括对合规制度进行持续的修订完善；对合规重点管理领域开展制度合规审查；通过合规筛查流程对商业伙伴进行合规风险控制；制定合同合规条款。

3.合规监控

按照合规工作管理需要，法律与合规部（合规管理中心）对各单位合规管理情况进行审查，对公司合规管理工作的有效性进行评价，必要时，法律与合规部（合规管理中心）可会同审计部对各单位的合规工作进行联合审计。此外，还可通过合规举报管理流程开展监控。

4.合规宣传及培训

持续开展合规宣传及培训，包括对内部员工开展合规管理模式、合规管理要求、咨询与举报流程等方面的培训；对商业伙伴或第三方开展企业价值观和期望、与合作关系相关的合规问题、咨询和举报的处理流程等方面的培训；以及长期开展合规咨询。并拟通过与高等院校合作等方式，加强对合规人员的业务培训，持续提升现有合规人员的专业能力。

5.合规监督与改进

对公司合规管理情况进行总结、分析，并确定下一年的重点工作内容，将相关内容形成年度合规评估报告向合规委员会进行汇报；对在合规管理工作中做出突出成绩者及避免或挽回经济损失者予以表彰和奖励；对违反合规管理要求的行为，依法及公司相关规定追究责任。

（五）开展全面合规筛查

1.业务为先

合规筛查工作涉及采购供应商、工程供应商、经销商及投资伙伴以及高管及关键岗位人员，法律与合规部（合规管理中心）在设计流程时未照搬跨国公司合规实践，而是根据公司发展阶段，设计了以风险防范为主的筛查体系，实现风险防范与业务发展需求相适应；对于不同种类商业伙伴，区分业务风险点，在共性要素之上对特定类别有针对性的审查，如关注供应商的履约保证，经销商的二网销售模式以及投资新设企业及收购已有企业不同等。根据国内外业务的不同，区分国内、国际业务，针对外资企业与主要在境外提供产品和服务的企业，结合国际合规法律的管辖范围，增设了单独的筛查选项，例如政府关系、制裁名单等，以适应国际化合规需求。

2.量化评价

合规风险涉及种类较多，为减少人为判断对风险的夸大或忽视，对于各类合规风险，设置不同的权重，根据搜集及查证到的材料，进行客观、公开评分，以总得分的分值区间，确定高、中、低风险等级；根据业务不同，明确商业伙伴合规风险的衡量指标，对于公司最为关心的风险预警指标，如商业伙伴出现一项异常即进入高风险区域，这类指标均经法律与合规部（合规管理中心）门与业务部门进行研讨确定，其他一般风险指标如累积多项，也可能达到高风险的标准；评分标准的透明化对于商业伙伴也是将具有非常重要的意义，商业伙伴将明确公司对于风险的关注方向，并努力优化自身行为以适合公司的要求，以此逐步培养一批更为注重合规、自律性更强的供应商、经销商队伍。

3.重在措施

对于在审查中发现的合规风险，法律与合规部（合规管理中心）经与业务部门充分沟通后，将协同进行征询，必要时由法律与合规部（合规管理中心）按流程开展专项或全面尽职调查。根据调查情况将要求对方给出合理说明及解决措施，对于持续性的合规风险，法律与合规部（合规管理中心）除建议公司在具体合作模式上对此做出响应，提前预防风险可能给公司造成的影响，同时，也将借助工具对风险点进行持续监控，定期监控将根据风险等级周期开展；在相关法律关系确定之前，合规筛查可拦截不合规的行为或企业；在合同履行中，可通过合同中的合规条款随时保留因合规事项解除合同的权利。但考虑到业务运行的效率，在业务部门不同意法律与合规部（合规管理中心）的否定意见时，业务部门可将结果上报至其主管副总经理、首席合规官乃至总经理做决定。

4.重视国际化业务

北汽集团充分考虑国际化业务的发展需求，在合规体系建设时重点关注了国际业务的合规风险情况。针对“走出去”企业所面临的普遍风险，法律与合规部（合规管理中心）在设计合规筛查表单时将反海外腐败、国际制裁因素纳入审查要素，明确了涉及国际业务的商业伙伴的特殊审查要求，并探索开发国际制裁筛查工具。国际化业务中的其他合规事项需要相关单位根据实际情况进一步研究、完善。

5.流程与表单明确、清晰，易于操作

合规筛查分为五类筛查对象，包括供应商、经销商、投资伙伴、工程供应商、高管及关键岗位人员。根据对象所涉内容不同，分别制定相应的流程与表单。

以供应商为例，流程与表单包括：

（1）合规风险自查表，由供应商填写，包括单位基本信息、诚信情况、合规情况、合规承诺等内容。

表1　供应商合规风险自查表

一、单位基本信息				
单位名称及供应商代码			法定代表人/负责人	
通信地址			联系人及联系方式	
主要管理人员姓名（如没有则不填）	董事长		总经理/总裁	
	财务负责人			
单位类型（勾选 √）（可多选，并请提供营业执照或其他主体证明文件。）	政府部门		上市公司	
	国有企业		民营企业	
	外资企业		事业单位	
	其他组织		不详	
存续时间（以年计算）				
控股股东名称或姓名				
实际控制人名称或姓名				
银行开户证明	注：请提供证明文件			
上一年度经审计或由负责人签字的财务报表	注：请提供文件			
与XX公司的业务占上年单位业务收入的比例（勾选 √）	30% 以下		30% ~50%	
	50% -80%		80% 以上	
二、单位诚信合规情况				
1、诚信（以下内容指不履行生效法律文书，如司法文书、仲裁文书等情形；填写 是"或 否"，如 是"请说明）				
单位是否为失信主体				
单位控股股东或实际控制人是否为失信主体				
单位主要管理人员是否为失信主体				

2、合规		
单位有否影响合作关系的违法行为 说明：影响合作关系指影响产品质量和交付、影响权益归属（所有权、知识产权等）、影响社会责任履行（反垄断、安全、环境、职工权益等）。如没有请填 无"		
单位有否影响合作关系的行政处罚行为（说明同上）		
单位及其员工有否有行贿受贿行为（如有请说明，如没有请填 无"）		
与公司合作历史（勾选 √）	无合作	
	有合作，无违约情形	
	有合作，发生过违约情形	
单位是否建立并落实合规管理制度（勾选 √）	尚未建立	
	建立中	
	已建立并落实	
如果单位为境外主体或在境外为公司提供产品或服务，请回答下列问题：		
单位是否属于政府体系的法人实体或政府控制之下的企业	是	
	否	
单位是否与政府存在业务关系	是	
	否	
单位/人承诺	本单位/本人承诺：提供的上述信息真实、有效、完整，并同意本自查表作为相关合同有效组成部分，若因本单位/本人提供信息虚假、有误或不完整造成重大影响，XX公司有权暂停或终止合作关系。本若上述信息有变更的，本单位/本人应在五个工作日内书面通知XX公司。	
单位盖章或法定代表人（负责人）签字	日期：	
业务部门经办人员签字：	日期：	

（2）供应商合规风险审查表，由业务部门填写。

表2　供应商合规风险审查表

由业务部门填写	商业伙伴名称	
	商业伙伴业务类型	
风险评估指标	风险状况	勾选√
与本公司的业务占上年单位业务收入的比例（勾选√）	30% 以下	
	30%~50%（含30%）	
	50%~80%（含50%）	
	80% 以上（含80%）	
商业伙伴与本公司（与本部门业务相关的）历史合作情况	无合作，且未发现商业伙伴此前存在违规行为或受到处罚	
	无合作，但发现商业伙伴此前存在违规行为或受到处罚	
	有合作，且未发现商业伙伴此前存在违规行为或受到处罚	
	有合作，但发现商业伙伴此前存在违规行为或受到处罚	
单位是否建立并落实合规管理制度（勾选√）	尚未建立	
	建立中	
	已建立并落实	
采购方式	公开招标	
	邀请招标、竞争性谈判	
	单一来源	
商业伙伴是否具有履行合同义务所需的资质	尚未获取或办理中	
	基本满足所需	
	拥有资质完全覆盖所需	
合同主体工作是否由商业伙伴亲自完成	是	
	否，但商业伙伴与二级供应商有稳定的合同关系及管理制度	
	否，且二级供应商并非商业伙伴的稳定合作伙伴	
商业伙伴是否有与业务规模相适应的财务能力，包括资产负债情况、现金流情况	稍有欠缺或不详	
	基本满足	
	完全满足	
商业伙伴是否有与业务需要相适应的人员、场地、研发能力、制造能力	稍有欠缺或不详	
	基本满足	
	完全满足	
业务部门对供应商合规风险自查表的意见：		
业务部门经办人员签字：	日期：	
业务部门负责人签字：	日期：	

（3）供应商合规风险评分表，由法律与合规部（合规管理中心）填写。分为业务合规风险评估与合规预警评估两部分。

表3 供应商合规风险评分表

一、供应商合规风险预警（如下列查证内容有一项出现异常情况，则该供应商即为"高风险"供应商）		
查证内容	查证方法	查证结果
1、营业执照	资质文件和网站信息是否相符	
2、近5年行政处罚信息	该企业是否受到行政处罚	
3、近5年经营异常信息	该企业是否存在经营异常	
4、近5年严重违法信息	该 企业是否存在严重违法行为	
5、组织机构代码	资质文件和网站信息是否相符	
6、银行开户证明	开户名与投资伙伴名称是否相符	
7、近5年腐败、行贿、假冒伪劣、侵害知识产权、反垄断、洗钱信息	以商务伙伴名称和腐败、违规、处罚等作为组合关键字在必应或雅虎中查询有否相关信息	
8、近5年司法判决	以投资伙伴名称、其股东、其高管为关键字搜索是否有涉嫌违规的司法判决	
9、近5年被执行信息	以投资伙伴名称、其控股股东、其主要管理人员为关键字搜索是否存在被人民法院要求执行的情况	
10、近5年失信被执行人信息	以投资伙伴名称、其股东、其高管为关键字搜索是否为失信被执行人	

二、供应商业务合规风险评估		
风险评估指标	风险状况	评估结果
商业合作伙伴存续时间		
与XX公司的业务占商业合作伙伴上一年业务收入的比例		
公司是否已建立执行或正在建立相关合规管理制度		
是否曾与XX公司合作过及合作情况		
商业合作伙伴的法律形式/企业类型		
采购方式		
是否具有履行合同义务所需的资质		
合同主体工作是否由供应商亲自完成		
商业伙伴是否有与业务规模相适应的财务能力，包括资产负债情况、现金流情况		
商业伙伴是否有与业务需要相适应的人员、场地、研发能力、制造能力		
单位为境外主体或在境外为XX公司提供产品或服务的，单位是否属于政府体系的法人实体或政府控制之下的企业		
单位为境外主体或在境外为XX公司提供产品或服务的，单位是否与政府存在业务关系		
风险评估总得分	0	
风险等级（出现风险预警或风险评估总得分高于70为高风险，70-50为中风险，50以下为低风险）	低风险	

（4）商业伙伴合规审查会签单

法律与合规部（合规管理中心）在此前的核查中发现合规风险，采取必要的沟通及核对后，由法律与合规部（合规管理中心）根据查证结果签署意见。法律与合规部（合规管理中心）的意见分为同意、附条件同意和不同意。法律与合规部（合规管理中心）出具意见后，由业务部门对此进行确认。

表4 商业伙伴合规审查会签单

北汽集团 BAIC GROUP	商业伙伴合规审查会签单		表号 生效日期 顺序号	
经办业务部门填写	商业伙伴名称		业务类型：	
	经办业务部门		经办人：	
合规部门意见	商业伙伴风险等级	低、中、高		
	合规部门意见	通过，附条件通过，不通过，当合规部门出具 附条件通过 或"不通过"时，需要填写附加条件或者不予通过的原因		
首席合规官意见				
业务部门意见				
业务部门主管副总裁意见	当合规部门出具 不通过"意见而业务部门不同意合规部门意见时，应请业务部门主管副总裁审批			
总裁意见	当合规部门出具 不通过"意见，而业务部门主管副总裁不同意合规部门意见时，应报请总裁审批			
填表说明	1、经办业务部门填写商业伙伴的名称、类型及经办部门、经办人信息后，提交合规部门出具意见。合规部门根据合规评分表判定的风险等级，结合审查结果出具意见。意见类型包括 通过，附条件通过，不通过" 2、若合规部门出具"附条件通过 或 不通过"，应详细记录附条件事项及不予通过的原因和风险点。 3、业务部门根据合规部门意见，做出相应决定。 4、合规部门出具 不通过"意见时，业务部门不同意合规部门意见，应报业务部门主管副总裁审批。			

（六）设置合规举报流程

举报程序在设计上要求必须严谨，从记录到汇报，到调查与处理，均按规范流程推进，确保重大合规问题均经相关部门及公司领导审查，并形成一体化的风险防控惩处体系。

1.接收举报

法律与合规部（合规管理中心）负责收取电子信箱、举报信箱和邮寄的举报信息，接听举报电话；法律与合规部（合规管理中心）建立台账，记录接收到的举报信息，记录内容应当包括举报时间、举报方式、举报来源，举报内容等。

2.举报信息与预评估

接到举报信息后一到三个工作日内，法律与合规部（合规管理中心）将指派两人对举报信息进行分类和预评估；纪检监察部负责对党员及领导干部违反党规党纪问题的调查处理；有权调查其他纪检监察部认为需有由其进行调查的问题或事件；分类是属于纪检举报的，移交纪检监察部进行调查处理；完成预评估后，法律与合规部（合规管理中心）将填写合规举报初步分析意见。

3.合规调查及处理

根据公司规定，具体调查部门或第三方（独立中介机构）将按照调查计划开展调查工作并最终出具调查报告。

4.调查报告与审批

经法律与合规部（合规管理中心）负责人审查后，提报首席合规官进行审批；重要事项提报总经理进行审批；特别重大事件提报合规委员会进行审批。

5.后续处理

审批完成后，公司将按调查结论根据公司的相关制度交由法律与合规部（合规管理中心）及相关部门进行处理，最终的处理结果将视情形通知举报人。

6.合规举报流程表单

合规流程与表单用于规范合规记录、移交、预评估的审批及调查报告的审批流程，重要事项经首席合规官审批后，提报总经理审批，特别重大事项提报合规委员会审批。

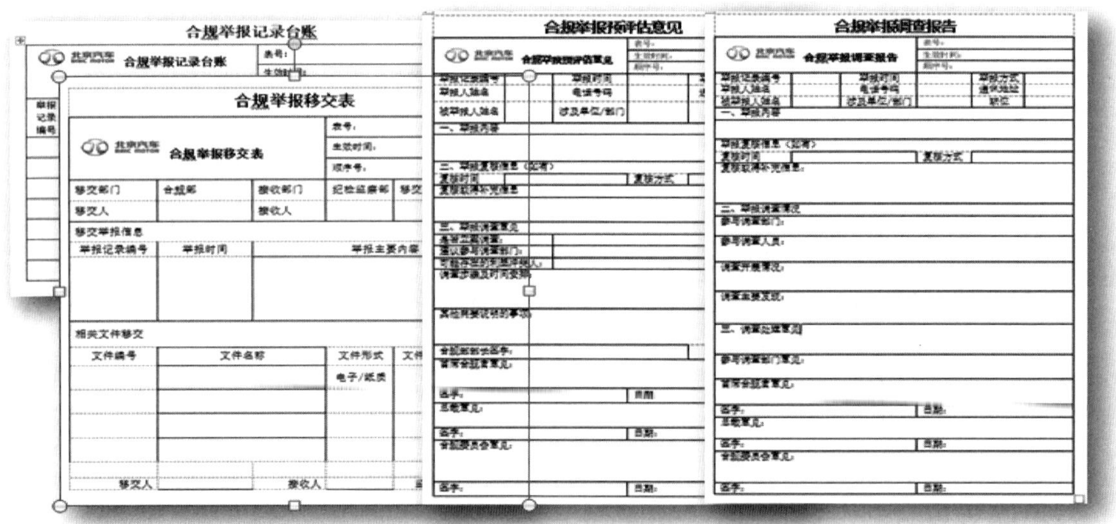

图3　合规举报流程表单

（七）合规信息化管理

为提高合规管理效率，北汽集团及各下属公司将建设统一的合规信息化管理体系，实现日常合规管理工作系统化，并实现北汽集团对于下属公司直接管理、派出管理及报备管理等管理需求，及时掌握北汽集团各项重大的合规风险。为提高商业伙伴合规筛查工作的有效性，北汽集团开发商业伙伴合规筛查信息工具及制裁清单筛查工具，作为合规管理信息系统的组成模块，实现对境内外各类商业伙伴的合规风险筛查。

1.合规管理信息化系统

通过合规信息化管理系统，实现日常合规管理工作系统化，并实现北汽集团对于下属公司直接管理、派出管理及报备管理等管理需求，及时掌握北汽集团各项重大的合规风险，采取有效应对措施。

2.合规筛查信息系统

此工具能够按照事先设定的合规筛查字段对商业伙伴相关信息进行综合查找，并可通过即时报送与定期报送功能，自动由工具通过信息系统接口向合规部门发送商业伙伴合规预警；借助此工具能够对不同风险水平的商业伙伴进行频率不同的持续监控。

3.制裁清单筛查工具

信息化手段，通过信息系统接入实时更新的制裁清单数据库，获取对商业伙伴受制裁情况的最新信息；通过相关国内外制裁清单查询商业合作伙伴（境内外），信息范围包括但不限于全球新闻、法律、国家、公司、高管、公开记录、黑名单、政要名单，通过调查降低和控制运营、财务、法律、声誉等风险；清单范围包括：国际或国家制裁或禁运名单（通常称为“制裁名单”），执法清单，监管类名单，国外政治敏感人物等。

四、大型企业集团合规管理体系建设与实施的实施效果

（一）管理方面

1.为北汽集团做好全面合规管理的顶层设计　　，合规风险得到有效控制

通过合规管理体系的建设与实施，为北汽集团依法合规运营做好了顶层设计。北汽集团在合规管理体系建设与实施以来，国际化战略实施过程中的海外建厂和境外并购重组、国内战略布局的并购重组、公司上市、重大投融资、破产退出等重大经济活动未发生一起重大合规风险，合规管理体系的建设发挥了巨大贡献。

2.为企业培养了一批专业的合规人才

通过合规管理体系建设与实施，为企业培养了一批专业的合规人员，在一定程度上打破了外资企业和外部咨询机构对合规人才的垄断。通过合规体系建设与实施使现有的法律人员的知识结构得到了扩展,提升了法律人员合规专业的研究能力；通过合规相关培训交流，增强了法律与合规人员业务水平的同时也增强了法律与合规人员的自我认同感。

（二）经济方面

通过合规管理体系建设与实施，能够在企业各项经营活动中通过筛查、监控等手段，及时有效的发现合规风险并及时阻止，减少因不合规行为导致的各类经济损失。同时，在北汽集团“走出去”的过程中，能够在一定程度上减少公司在境外经营活动中，受到境外法律对不合规商业活动的高额罚款的可能性，保障了公司在境内外投资经营的经济利益。

（三）社会方面

1.树立企业良好形象

依法办企、依法管企、依法治企是北汽集团发展的重要保障。通过合规管理体系建设与实施，树立了北汽集团依法合规运营的良好社会形象。

2.为国有企业合规体系建设进行了有益探索

目前，国有企业的合规管理工作尚处于起步阶段，北汽集团率先建设合规管理体系，是在党和国家有关政策的指导下，结合了对跨国企业及国际组织相关文件的对标成果以及本企业实践形成的，为其他国有企业建设合规管理体系起到了良好示范作用。

成果创造人：孙彦臣、张祖原、王学权、曾　妮、张　弛、刘玮玮

优化风险防控“三道防线”，促进合规全流程管理

中国航发西安航空发动机有限公司

X公司（以下简称“公司”）始建于1958年，是中国大中型军民用航空发动机研制生产重要基地，大型舰船用燃气轮机动力装置生产修理基地，国内领先、国际一流的高技术加工制造中心，国家1000家大型企业集团之一。多年来，公司坚持以军为本、军民融合，承担了多个国家重点型号研制任务，与RR、GE、SNECMA等10余家国际著名航空发动机制造企业建立了长期稳固的战略合作关系，形成了军品、外贸、非航“一核两翼”的产业格局，并成为中国航空动力装置首家整体上市企业。

一、实施背景

国内外企业经营管理实践表明，合规管理工作的完善程度直接反映了企业管理水平的高低，合规管理体系建设也是提升管理水平的有效手段。自上市以来，公司基于自身管理提升需求及各方监管要求，着力推进合规体系与能力建设，取得了一定的成绩，但随着内外部环境变化，过去的管理模式已不适应新的发展要求，因此，提升合规管理效率和效果成为管理提升重要课题之一。

（一）开展立体式合规管理的必要性分析

1.依法依规管理是国家的宏观要求

国家长期重视全面依法治国，十九大以来党中央把法治中国提升到前所未有的高度，依法依规管理成为现代企业经营的鲜明特征。随着国家经济的高速发展，以及社会主义法治体系不断健全，企业经营所面临的监管要求持续增强，公司充分认识到这一长期态势，将合规管理明确为成为公司的重要战略之一。

2.依法依规管理是航空发动机制造企业的内在需求

与国外相比，我国航空发动机行业处于相对落后状态，为此国家组建中国航空发动机集团公司（以下简称“集团公司”）。集团公司自成立伊始，就背负着研制先进航空发动机、根除飞机“心脏病”的历史使命。然而，航空发动机的研究、制造是一项极端复杂、精密的系统工程，需要各子系统的高度协调，因此完善的合规管理机制及有效落实尤其重要。因此集团公司积极贯彻和落实国务院国资委发布的《关于全面推进法治央企建设的意见》中探索建立法律、合规、风险、内控一体化管理平台、不断提高风险管控能力的要求，起草并下发《中国航空发动机集团风险防控“十三五”规划》，要求加强三道防线建设，优化风险管理、内部控制、法律事务等工作流程及管理方法，推进完善合规管理体系。

3.依法依规管理是公司经营管理的战略目标

近年来，随着我国经济的快速发展，国际、国内市场竞争进一步加剧，公司外贸、非航空产业受到较为严重的冲击，核心产品优势减少，收入利润不断下滑，甚至发生较为严重的诉讼事项，给公司造成经济损失和声誉影响。通过分析风险事件，发现公司对下属子公司管控不到位、子公司经营管理不合规原因较多。因此公司提出建设合规管理体系的战略目标，创新合规管理方法、机制，提升管理水平，防范经营风险。

（二）开展立体式合规管理的可行性分析

1.公司合规管理存在的不足

一是合规管理顶层规划不足。在在经营管理层面，未明确合规管理体系，未明确相关管理部门的具体职责，其工作内容散布于审计、纪检、人事、财务等部门，职能界限不清晰。

二是合规系统化管理机制未建立。合规管理工作计划性、系统性欠缺，未形成覆盖经营管理的各领域和各层级的管理要求，未明确合规管理的原则、内容、体系标准，缺乏有效载体，针对性和实效性不强。

2.立体式合规管理的可行性分析

作为国有大型航空发动机制造企业，公司在过去的经营管理过程中，基本形成一套完整的、符合公司管理实际的制度和制度体系，并结合经营管理需求，建立相对完善的组织机构，具备开展合规管理的制度和组织基础。同时，公司围绕上市公司监管要求，持续推进风险与内部控制体系建设，多渠道进行合规培训和宣贯，增强法治和风险意识，营造良好的合规氛围，有条件探索和研究立体化合规管理体系。

二、成果内涵

本项目通过明确合规管理内容、管理重点及相关标准，从合规管理的各阶段、各角度、各层次出发，发挥“三道防线”协同管理作用，探索以“三道防线”为基础的立体式合规管理框架模型。

本项目通过明确合规管理内容、管理重点及相关标准，从合规管理的各阶段、各角度、各层次出发，发挥“三道防线”协同管理作用，探索以“三道防线”为基础的立体式合规管理框架模型。

在立体式合规框架下，纵向按组织层级分层落实责任，决策层负责制定战略、提出要求，执行层负责组织实施、考核闭环，两个管理层级分工明确、责任清晰，并在管理职责上实现PDCA循环，持续改进；横向按业务流程分步履行职责，“三道防线”各负其责，连续跟踪管控，逐层过滤风险，并在每道“防线”内打破部门职能壁垒，建立协同机制，最终在业务流程上实现PDCA循环，系统提升合规管理能力，兼顾运营过程的合规性与流程执行效率的平衡，形成西航特色的立体式合规管理体系框架模型。

三、项目实施中的主要做法

要建立合规管理体系框架模型，首先要确定合规管理的整体原则，做好顶层规划，明确合规管理体系；其次明确合规载体，建立以“三道防线”为基础的立体式合规管理框架模型。最后做到与业务深度融合，实践合规全流程管理。

（一）合规管理工作的基本原则、管理内容及组织体系

1.合规管理工作基本原则

合规管理基本原则：统一有效、全面覆盖、内容明确、重点突出、闭环管理。一是统一有效，做好顶层规划，明确统一领导，形成自上而下的合规管理体系；二是全面覆盖，覆盖广泛的生产经营管理领域，全员参与，全面推行；三是内容明确，内容清晰，明确合规管理的内容和载体；四是重点突出，找准企业自身的合规风险，抓住“关键少数”和重点岗位人员的合规意识和合规管理能力提升；五是闭环管理，组织主责部门对合规管理过程中发现的问题进行不断整改与纠偏并考核，形成持续改进的合规闭环管理。

2.合规的管理内容

合规管理的内容主要有：制度建设、合规咨询、合规运营、合规审查、合规检查、合规监测、合规报告、投诉举报处理、合规考核、合规问责、合规文化等。合规管理以公司分厂、中心、法律事务、风险防控、内部审计、纪检监察等单位的生产运营工作为载体，从全过程管理的角度监督，通过定期分析运营环境、客户性质、适用法律、行业标准的变化，不断更新合规管理的内容。

3.合规管理组织体系

由公司董事长担任主任、总经理担任副主任的内控风险管理委员会作为合规管理工作领导机构，下设内控风险管理办公室负责合规管理各项具体工作。各业务部、分厂（中心）、下属子公司由一把手作为合规第一责任人，确定联络员并组建内控风险管理领导小组作为合规管理的基层工作机构。各职能部门各负其责，纪检、审计、内控风险、法律事务、安全保密、人力资源、财务、质量、技术等职能部门各自承担相应的合规管理职能，分别负责业务范围内的合规管理工作，属于合规职能的协同部门。

（二）基于PDCA的公司合规管理体系框架模型实施具体做法

1.PDCA循环和全流程管理思想指导下的合规管理工作重点

在合规管理的三道防线基础上，以PDCA循环和全流程管理为指导，确定了三道防线在合规管理各个阶段的工作重点。（见图1）

2.P阶段：三道防线协同贯穿，做好合规管理顶层设计与规划

在合规管理工作中，以体系建设与职责分工为基础，以内控风险管理、法律事务管理为抓手，第一、二、三道防线协同贯穿，做好合规管理顶层规划与设计。

（1）以公司组织优化为契机，明确职责分工

合规管理项目团队以公司组织优化管理变革为契机，与公司组织优化实施团队进行充分

交流与沟通，通过对组织架构、业务模块、业务域、业务单元等方面的重构，进一步明晰部门权责边界及有效链接，构建完成基于业务模块、业务域和业务单元主业务流程的组织架构，21项业务模块中，首次将合规管理作为一项独立的业务模块，为构建西航特色的合规管理体系提供顶层支撑。合规业务模块分为四项业务域二十五个业务单元，即审计、风险内控、法律事务、纪检监察业务域，三项业务域审计、风险内控、法律事务归口管理部门为审计与法务部。机构调整后进行部门职责修订及岗位职责修订，明确合规管理的业务流程及业务范围，修行合规管理相关的各项制度，确定合规管理体系。（见表1）

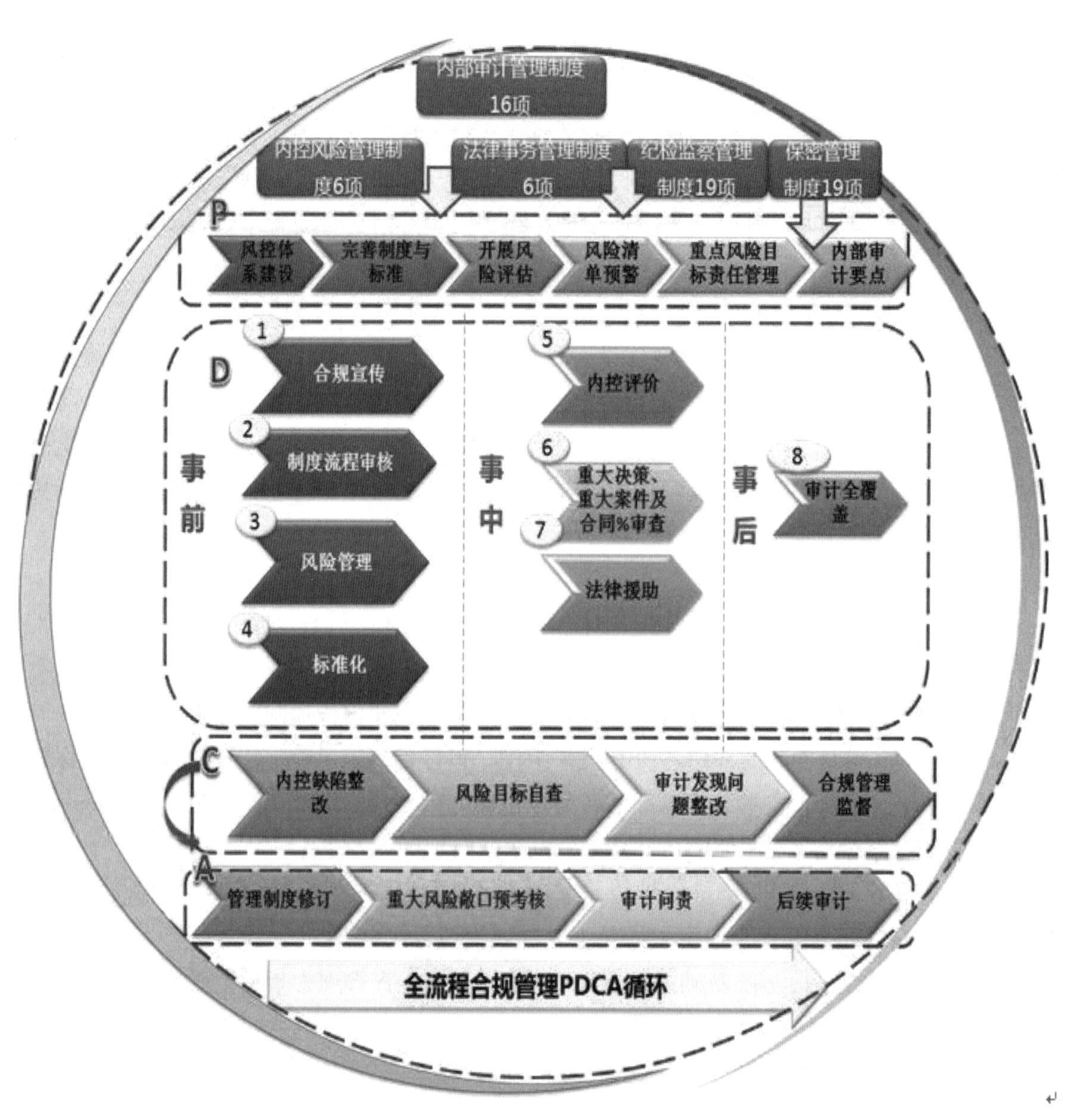

图1　全流程合规管理PDCA循环

表1　X公司合规管理体系

<table>
<tr><th>L1-业务模块</th><th colspan="2">L2-业务域</th><th colspan="2">L3-业务单元</th><th>业务部门</th></tr>
<tr><td rowspan="14">合规管理</td><td rowspan="4">17.1</td><td rowspan="4">审计</td><td>17.1.1</td><td>审计管理体系建设</td><td rowspan="14">审计与法务部</td></tr>
<tr><td>17.1.2</td><td>内部审计</td></tr>
<tr><td>17.1.3</td><td>外部审计</td></tr>
<tr><td>17.1.4</td><td>对接外部审计</td></tr>
<tr><td rowspan="2">17.2</td><td rowspan="2">风险内控</td><td>17.2.1</td><td>风险内控体系建设</td></tr>
<tr><td>17.2.2</td><td>风险内控日常管理</td></tr>
<tr><td rowspan="8">17.3</td><td rowspan="8">法律事务</td><td>17.3.1</td><td>法律风险体系管理</td></tr>
<tr><td>17.3.2</td><td>法律风险控制</td></tr>
<tr><td>17.3.3</td><td>法人授权委托</td></tr>
<tr><td>17.3.4</td><td>法律纠纷管理</td></tr>
<tr><td>17.3.5</td><td>法律咨询服务</td></tr>
<tr><td>17.3.6</td><td>工商事务管理</td></tr>
<tr><td>17.3.7</td><td>供应商资质管理</td></tr>
<tr><td>17.3.8</td><td>合同管理</td></tr>
</table>

效果：通过对组织架构和流程架构的调整，明确合规管理体系，明确业务职责，加强了合规管理顶层架构，形成合规管理的推进基础。

（2）一、二道防线协同配合，完善风控体系与制度标准

①内控风险三级组织机构、职责及管理体系建设

建立“委员会—办公室—领导小组”三级组织机构，并明确了内控风险三级管理体系的分工。

②完善内控风险管理制度和工作标准

对公司内部控制工作的总体目标、方法、程序以及所遵循的原则进行规范，制定并下发管理制度，建立工作标准，不断完善工作流程。

效果：内控风险工作标准不断细化完善，统一规划、分步推进，与企业生产经营深度融合，为合规管理提供了有效支撑。

（3）第一、二道防线协同，推动公司各单位开展风险评估识别及事前预防

①开展年度风险评估、重点风险评估。公司根据国家及航发集团对发展战略、人力资源、社会责任、资金活动、资产管理的相关要求，对公司生产经营管理所面临风险全面进行辨识、分析。

②编制风险清单，明确各单位年度合规管理防范目标。对分厂、中心、子公司和业务部门涉及的风险做进一步的梳理、分析，涵盖公司全管理链条、全管理层级，针对各所属单位的业务职能，形成“个性化”的风险清单，向领导干部进行风险提示与预警，并督促其采取切实有效的风险管理措施，有效防范风险事件的发生。

效果：将审计、内部控制评价等工作成果有机融合，应用在干部考评、调整过程中，实现重点岗位风险预警，为合规管理奠定了基础。

③开展重大风险目标责任管理，量化指标并监控考核。运用任务分解法组织对各项重大风险的成因进行深入分析，将一级、二级、三级风险，逐层分解并落实责任单位。确定重点风险监控指标并量化，设定计算规则，并确定目标值、风险容忍度、数据收集频率及管控执行部门。形成自上而下的风险目标管理模式，量化风险，实现管理形式和内容上的较大转变。2017年形成84项指标，132项控制措施，并进行过程监控与考核。

效果：将管理风险量化为具体监控指标，落实到内部控制措施并监控执行，把管理逐步落到了实处。

④第三道防线：明确合规审计要点。了解关键环节或重要控制点，运用访谈法、流程图法、实物抽查等方法，进行合规性审计。对关键控制点进行实质测试，评价其是否发挥了应有的控制作用，管理效果是否得以显现。并提出改进措施。

效果：通过对合规性的审核，评价风险控制系统在实际业务活动中的执行情况，审查管理制度在执行中的使用情况，形成内部风险控制与审计的管理闭环。

3.D阶段：在三道防线的基础上，探索多角度开展合规管理

在三道防线的基础上，从内控风险、法律事务、审计多个角度出发，在事前预防、事中控制、事后监督的合流程管理思想指导下，针对重点的高风险业务域如合同管理、采购管理、供应商管理、用工理等，在8个控制点开展合规管理，逐步形成监督合力，力争做到规范化、标准化、流程化，不断提高企业合规管理水平。

（1）事前预防：合规宣传，多管齐下开展，营造氛围

多部门联动，分层宣教，打造立体合规宣传新格局。按照“分层实施、逐级开展、全面覆盖”的原则，开展两级中心组“央企法治工作会”专题内容学习，法律风险专项培训；派遣员工参加合规管理培训，合同管理员上岗培训，举办《合规管理体系建设知识培训》，培训人员覆盖公司副处以上领导干部及子公司高管。

拓展合规宣传内容和载体。利用内网、电视、广播、报刊、文化展板、知识竞赛、主题征文等各种媒体资源和宣传形式，开展丰富多彩的专题法制宣教活动，如在公司内网设文明法治-普法园地专栏上传最新国家出台的法律规定、法制文件及与广大职工切身利益相关的案例等。

效果：加大合规宣传，提升领导干部合规管理及依法依规办事的法治意识，拓展合规宣

传工作的外延与内涵，提高合规管理意识。

（2）事前预防：规章制度合法合规性审查，将合法合规要求嵌入管理制度与流程中

以公司生产运营规章制度重新修订为基础，与人力资源部充分沟通、大力协同，在制度审签环节中将合规性审核列为必经程序。审计与法务部对公司规章制度开展百分百的合法合规性审核，将风险及内控点、法律风险防范要求全面嵌入公司现行有效的管理制度与流程中，涉及公司生产经营、技术管理、党建管理、安全防卫等所有业务域，使合规性审核与公司制度体系建设紧密融合。

编制管理制度合规审核流程及审核要求，关注管理制度的总体结构和文件描述，尤其关注制度是否涉及侵犯个人利益易形成法律纠纷的点、各业务部门职责分工是否清晰、控制点是否明确，及时控制环节是否明确说明，控制点是否可操作及可量化等方面，形成《公司管理制度合规审核流程及审核标准》。在公司一级制度《法律事务管理制度》中明确公司规章制度合法合规性审核要求。

先后对《固定资产投资及服务维修项目采购管理办法》《设备备件采购管理办法》等348项制度进行合规性审核，编制《管理制度会签登记表》。提出意见及建议618条，全部被采纳，记录审核意见，形成《制度合规性审核意见》。通过信息积累，选取重点业务领域，结合风险提示，系统梳理相关单位重点岗位的业务流程，规范关键流程节点法律风险控制措施，落实相应的岗位责任、任职资格、工作标重点岗位法律风险管理、便于操作的风险应对方案和提示，建立岗位合规和风险控制的双保险，实现法律风险管理的动态管控，推动法律风险管理体系与业务的深度融合。

（3）事前预防：风险管理

①内控风险–法律风险融入重点岗位。选取重点业务领域，结合公司业务板块和法律风险信息库中的风险提示等，系统梳理相关单位重点岗位的业务流程，规范关键流程节点法律风险控制措施，落实相应的岗位责任、任职资格、工作标准等，编制关键岗位法律风险防控信息卡或责任书，形成《岗位法律风险管理手册》。

效果：通过手册的试点编制，强化了重点岗位法律风险管理、便于操作的风险应对方案和提示，建立岗位合规和风险控制的双保险，实现法律风险管理的动态管控，推动法律风险管理体系与业务的深度融合。

②分工合作、上下联动，探索母子公司法律风险一体化管控模式。针对子公司法律机构建设薄弱、法律事务管理和操作上存在缺失的现状，从合同管理、规章制度、重大经营决策、工商事务、知识产权、法人授权委托管理等方面，系统指导和规范子公司的法律事务管理工作；定期对子公司体系建设情况开展检查和指导，密切关注、充分暴露工作中存在的问题，努力推进“一个升级、两个融合、三个转变”，实现“五个突破”，巩固子公司法律风险防范体系建设工作取得的各项成果。

效果：提高了子公司法律风险管理能力，减少了公司法律事项发生的隐患和概率。

（4）事前预防：合同文本标准化

①制定标准合同文本13项，法律条款完备，具有较高的辨识度。全体法律顾问及部分合

同承办部门相关人员共同参与讨论、制定、建立公司合同标准文本，制定《标准件采购框架协议标准文本》，标准合同文本1项，制定《中航动力及西航公司合同标准文本》，含标准合同文本12项，分西航公司、航空动力两模块，编制修理、承揽收入、承揽支出等合同标准文本各6类，规范合同文本条款内容，面向公司合同承办部门推广使用。法律顾问审核采用公司标准合同文本的合同时，关注商务条款是否完备、合同条款内容是否完整等形式性审核即可，无须再对法律条款具体内容进行逐条审核；合同承办人员仅需填写物资名称、数量、价款等商务条款内容即可。

效果：提高合同法律审核质量与效率，有效避免合同文本核心条款缺失，有效规避公司法律合同签订风险。

②编制各类劳动合同标准文本，规避劳动用工风险。一方面，加强员工管理人员法律培训，提升法治意识；另一方面，法律人员与人力资源管理人员协同组织相关业务部门与外聘专业律师对公司168项涉及用工管理的制度进行梳理，找出70处劳动用工法律风险隐患，覆盖从劳动者录用直至劳动合同中止、解除或终止的劳动用工管理全过程，并制订劳动合同、协商解除劳动合同协议书等标准文本，拟订劳动用工制度公示管理办法草案、职工离职办理工作指引草案等。

效果：梳理评估公司用工管理制度法律风险隐患点并拟定防范方案，有效规避用工法律风险。

③法人授权委托标准化管理。结合公司实际，制定《法人授权委托管理办法》，对法人授权委托实施标准化管理，逐步完善法人授权事项事前审核、事中监督和事后反馈的全过程控制机制。

实施被授权人培训、授权业务考核上岗及授权到期复审制度；实施分层分级授权，规范授权范围及程序，明确授权内容、期限及失效条件；实施大批量合同年度职务授权、零星合同一事一授的授权制度；对授权到期、变更以及失效等情况，及时收回授权委托书；授权情况发生变化，依法告知交易相对方；截至10月31日，审核办理法人授权委托书95份，其中西航公司42份，航发动力53份。

效果：完善公司法人治理结构，规范公司及法定代表人授权委托行为，保障公司及相关当事人的合法权益。

（5）事中控制：内控评价

开展专项评估，防范经营风险。以风险为导向，结合公司管理难点，组织审计、风控、法律等不同专业人员协同实施专项内部控制评价，开展供应商管专项内控评价、采购管理专项内控评价、招投标管理专项内控评价等业务领域评价问题并提出改进建议，不断提高合规管理的风险防范与控制能力。

效果：针对公司重难点管理问题、高风险领域开展的专项内控评价，提高评价的针对性，1+N评价解决评价深度问题，为公司领导决策提供依据。

（6）事中控制：重大事项、案件及合同100%审查

①法律事务-重大事项合法合规性审查。完善公司《“三重一大”决策管理办法》中重

大经营决策等的法律审核制度，严格执行程序要求。依法规范投资清理、对外担保、产权流转、物资采购、招标投标等重点领域和关键环节的法律审核。明确公司有关部门或单位在重大经营决策方案提交决策前的管理责任，明确法律顾问重大经营决策法律审核方式及出具法律意见书的内容。

总法律顾问全程出席公司党政联席会等决策会议，审议各类重大经营决策事项，对重大经营决策事项进行法律风险把控，全程参与公司重大经济合同的谈判、起草、签约、履约及备案等工作，并对涉及法律事项的重大经营决策出具法律意见，将关键业务法律风险提示与业务融合，做到重大决策法律风险100%把控。

效果：有效防范因决策内容违法、决策程序违法等引发的严重法律风险事件的发生。

②强化公司对重大法律纠纷案件的管理。持续跟踪子公司重大诉讼案件处理进程；积极参与案情研讨、应诉策略筹备、庭审等，充分利用内部资源调配优势，配合外聘律师妥善处理子公司涉诉纠纷；要求子公司对重大诉讼案件进展情况进行定期报告，对新发生的案件及时进行报备；公司就重大案件进展情况定期向集团公司进行报告。编制《法律纠纷管理办法》，对管理行为予以规范，促进合规运营。

效果：公司本部在完善的法律风险管控体系下，没有发生重大法律纠纷案件。

③合同全过程管理。通过挖掘合同大数据，揭示合同全过程管理中存在的独家采购比例偏高、同种物资反复签订采购合同等风险，提出控制措施，形成《合同管理月报》《合同管理分析报告》，报送公司管理层决策、并抄送各单位。开展对一次性采购生产企业、一次性供应商、非金属类合同后续评价，从合同主体、对方履约能力等方面对供应商管理方面进行剖析，特别针对不诚信的供应商提出处理建议，由合同承办部门纳入不良供应商，为后续供应链管理奠定基础。

效果：监控合同管理的全过程，对问题频发点提出管理建议，规避合同签订中的法律风险，保护公司利益，在合规管理的事前、事中、事后管理中起到重要作用。

（7）事中控制：法律援助

①建立诉讼案件法律援助团队，开启子公司法律援助主动模式。制定《子公司法律援助方案》，一是为各子公司配备2名法律顾问，“点对点”为子公司提供法律咨询服务；二是根据各子公司生产经营的差异化特点，从重大经营决策管理、合同管理、挂靠清理、法律人才队伍建设、规范法人治理结构、工商事务、劳务（劳动）纠纷管理等方面制定个性化管控和帮扶方案，做好《子公司法律援助记录》；三是编制《子公司法律事务管理工作指引》，督促其加强案件管理，妥善处理涉诉纠纷；四是制定《子公司重大合同备案方案》，明确重大合同的范围、备案的资料与流程，审核的内容与资料、后期跟踪、监督与考核等管理要求，促进子公司加强法律风险防范融合工作。

效果：发挥法律援助职能，提升子公司合法合规经营管理能力。

②落实责任，确保投资清理、破产清算工作顺利开展。全程参与机电石化破产程序，与破产代理律师实时沟通破产方案，了解破产工作的最新进展、涉诉案件等情况，督促推进破产工作进程，向公司汇报机电石化破产工作动态。机电石化是集团公司首家投资清理的子公司，

由法院立案进入破产程序，得到集团公司的认可和表扬。

效果：通过全程参与“投资清理、破产清算”等工作，严格按照法律规定履行相应程序，确保公司投资有效性。

（8）事后监督：审计全覆盖

①内部审计-应用1+N模式协同开展管理审计。应用“多个项目一次进场、多个专业共同实施、多份报告同时出具”的1+N模式，组织开展多项管理审计项目，促进管理资源的最大化利用，提高工作效率和审计质量。

按照“审计、内控人员为主、法律人员提供法律支持”的人员组成模式，根据公司现有供应商管理及涉及的主要业务部门情况，对供应商准入、选择、培养、评价、退出等环节的管理情况开展审计，进行全业务流审计，效果较好。

效果：审计、内控、法律专业人员发挥各自优势，多样性的视角与专业结构对项目的开展起到积极促进作用，提高了审计质量。

②实现审计范围全覆盖。根据“离任必审，任期满三年至少审一次”的原则，将对近两年未接受审计的5716厂及任期满三年未接受审计的燃机中心、冲焊厂开展年度财务决算及经营业绩审计、任中经济责任审计，摸清各家财务状况及经营现状，查找运营中存在的管理问题和重大风险隐患，从风险防范的角度，促进管理人员依法、依规履职。

效果：实现了公司内部审计范围的全覆盖，消灭三年内未接受规范内部审计的下属子公司和分支机构，促进合规管理的事后监督。

4.C阶段：对三道防线齐抓共管情况进行监督与检查，促进合规管理工作落到实处

（1）全面落实外部审计发现问题整改，组织完成巡视自查自纠

根据集团公司《关于在直属单位深入开展自查自纠，不断深化巡视整改工作的通知》精神及集团第一批、第二批巡视反馈的共性问题及要求，对“落实审计整改不力”（如：对历年上级审计发现问题整改不彻底，未采取有效措施督促有问题整改归零）共性问题进行自查，梳理公司2015-2017年外部审计发现问题，并组织整改，明确整改措施、时间节点。

效果：全面梳理落实外部监管部门及上级机关对我公司的各项整改要求，对未完成的问题持续跟踪，确保归零，不断提高公司合规管理水平。

（2）狠抓内部审计发现问题整改，在改进中促进合规管理成效

持续开展审计发现问题整改专项检查工作，对业务部门、分厂（中心）、子公司接受的各类内、外部审计中提出问题整改情况进行全面核实，并对2015年之前审计发现问题现管理情况进行抽查。专项检查分两个阶段，首先是由各责任单位开展自查；其次是由审计人员进行现场测试、检查，重点关注整改不到位、虚报整改以及屡查屡犯的情况。对整改不彻底的问题纳入计划再回访，形成持续改进闭环，减少外部审计的应对风险，实现审计增值。定期发布《审计与内控工作简报》，对各单位问题整改情况进行排名，对后期整改工作提出要求。

效果：促进各责任单位主动开展自查自纠，及时完成整改；专项检查的结果作为后续考核问责的重要依据。

（3）组织内控缺陷整改并考核，确保管理闭环

修订《风险管理与内部控制考核办法》，对各项考核指标进行量化分解，明确各单位内控管理要求，对各单位内控风险管理进行综合考评。建立“内控缺陷整改回访日历”，对整改情况进行可视化统筹管理。分“已整改（安全）、已整改仍需后续关注（提示风险）或未整改到位”（预警）三种情况，进行可视化统筹管理，并通过《审计与内控工作简报》进行通报。

效果：促进内控缺陷回访，编制考核办法，形成管理闭环。

5.A阶段：通过建章立制，巩固三道防线，促进公司合规管理规范化、制度化、标准化

修订公司内控风险管理、法律事务制度及审计相关制度，对处于第一道防线的公司各生产单位及相应的业务部在内控风险管理工作中的职责和工作内容、具体管理要求进一步明确，对内控风险、法律事务、审计等可量化的控制环节予以量化，提高管理制度的可操作性，促进合规管理第一道防线事前预警。

修订完善内控风险管理制度，编制《风险敞口预考核管理细则》，出具《风险敞口预考核意见书（风预［2017］01号）》，针对尚未确定损失的风险事件对现任及时任主要领导的考核管理进行详细要求，激励领导干部及时采取措施关闭风险敞口，防止风险事件损失扩大，加强合规管理第二道防线事前管理。

制定完善问责考核制度《审计问责管理制度》，从管理机构及职责、问责的情形方式及适用标准、问责工作程序等方面，促进公司经营管理规范化，加强合规管理第三道防线事后监督，同时，形成合规管理闭环与合力，逐步提高公司合规管理水平。

四、实施效果

通过项目开展，明确合规管理内容、管理重点及相关标准，首次开展管理制度合规性审查等工作，从合规管理的各阶段、各角度、各层次出发，充分发挥三道防线合规管理作用，促使法律事务、内控风险及内部审计各项工作围绕合规管理拓展及深化合规管理业务，促进企业合规管理水平稳步提升。首次形成合规管理体系框架模型，开展84项重点风险指标监控，修订完善公司级合规管理制度66项，完成公司348项管理制度的合规性审核，完成标准合同文本及框架协议13类，更新1540家合格供应商资质信息，审核资质通过14家新增供应商，通过一次性新增供应商资质394家，本年度公司本部未发生法律诉讼案件。经统计认定，为公司避免损失3778.26万元，其中法律事务的债权申报和内部审计及整改共避免损失1097.67万元。

（一）经济效益

（1）通过开展合同全流程合规管理,截至2017年10月底，审核合同3032份，涉及合同金额41.41亿元。妥善处理法律纠纷案件，维护公司合法权益。对涉诉金额33835.891万元进行法律援助；针对已发生的案件，积极应诉、搜寻证据材料主动维权，最终获得破产管理人认可申报的31.36万元债权，维护公司的正当权益。上海山晟案件中，经与陕西省高院沟通退回两起案件的诉讼保全担保金2680.59万元及提供担保的土地使用权证原件事宜上，法律顾问与律师、法官积极配合，促使诉讼保全担保金2680.59万元及提供担保的土地使用权证原件

法院已经返回给公司。

（2）开展审计项目128项。其中：完成财务审计项目14项，共发现问题39项，涉及金额3309.21万元,正在组织被审单位制定整改措施；完成工程审计项目114项，为公司减少资金损失198.10万元。另外，针对前期审计发现问题组织整改回访，2017年度已收回货币资金共计1066.31万元。

（二）管理效益

1.结合公司管理实际，明确三道防线及合规管理体系，将合规管理与具体业务紧密融合并实践，以规范化、流程化、标准化为目标，形成在PDCA方法及全流程管理理念指导下，以内控风险、法律事务、内部审计为载体，贯穿事前预防、事中控制、事后管理，形成具有公司特色的合规全流程管理框架模型，建立公司级合规管理制度28项，促进公司合规管理水平稳步上升。

2.完成348项制度的合规性审核，提出并达成一致的管理制度及流程主要修改意见及建议618条，已全部贯彻修订到管理制度及流程中，确保了内部控制设计的有效性与可操作性，实现了事前管理。

3.完成标准合同文本及框架协议共13类，不断加强企业依法制企的能力。审核办理法人授权委托书95份，其中西航公司42份，航发动力53份。

4.合同管理。更新1540家合格供应商相关资质文件信息，审核通过14家新增供应商资质，通过一次性新增供应商资质394家；出具公开招标、竞争性谈判供应商资质清单239份；参加废料、废煤招标销售会议11次。对合同信息系统账户权限进行了重新分配，清理长期不使用、不在岗人员的账户，通过调整，系统内有效人数434人，减少用户72人。

成果创造人：蒲秋洪、雷卫龙、华广周、张　彤、张海荣、程　曦、陈燕阳、

肖　欢、王　瑶、沈　芸、赵小瑞

实施“一带一路”战略廉洁风险国别研究（赞比亚篇）

一带一路廉洁风险国别研究课题组

近年来，全球经济格局发生重大调整和变化，世界各国都处在经济转型与发展的关键时期，我国经济也逐步进入中高速增长的新常态。为促进全球经济的可持续发展，需进一步找准发力点和合作平台。在此背景下，我国提出“一带一路”倡议，是主动应对全球政治、经济形势变化，统筹国内、国际两个大局做出的重大战略部署。 “一带一路”战略的提出和落实，不仅从政治、经济、文化等领域为解决区域发展问题提供了新的思路，还成为我国新时期经济转型、企业“走出去”的重要引擎，为我国企业“走出去”面向国际市场、参与国际竞争提供了难得的契机。

同时，我们也应注意到，“一带一路”战略涉及国家众多，政治、经济发展水平各异，历史、文化背景不同，且所涉国家多属于经济发展水平较低的发展中国家，发展和社会投资环境与国内存在较大差异，特别是处于发展初期的资源型国家，政治局势往往不太稳定，法律、金融、国际贸易、市场管理等方面面临着风险，尤其是社会腐败问题严重，对我国企业“走出去”在当地开展投资建设会形成巨大的风险隐患。

在“走出去”的过程中，中央企业是实施“一带一路”战略的主力军，是拓展对外开放空间的“国家队”，肩负着国有资产保值增值的重要责任。因此，需要在“走出去”面对国际市场、国际竞争的过程中，对目标区域的廉洁风险状况进行细致、全面的了解，在此基础上根据自身特点，进一步增强企业境外廉洁风险防控的意识，建立完善相应的体制机制，确保企业“走得出去、活得下来、行得长远”。

近年来，中国建材集团认真贯彻落实党中央决策部署，坚持走出国门、布局海外，先后在赞比亚、埃塞、埃及、蒙古以及德国等国家区域投资多个项目。在这些国家投资建设的过程中，我们牢记责任、因地制宜，不断强化风险管控意识，组织有关企业从所在国政治环境、商业环境、市场规则、政策制度、宗教文化、对境外投资企业的监管等方面，分国别对企业投资运营面临的各类廉洁风险进行系统梳理和研究，提出了有针对性的廉洁风险防范措施和手段，保障了企业的健康稳定发展，在实现国有企业参与“一带一路”建设、资产保值增值目标的同时，也在所在国树立了我国企业的良好形象。

由于“一带一路”涉及国家众多，发展状况各异，经济、社会情况千差万别，因此廉洁风险研究采用了分国别的形式开展，有利于提高研究工作的针对性和实用性。本研究报告涉及主要内容为赞比亚廉洁风险相关情况以及中国建材集团在赞比亚投资建设过程中廉洁风险防控工作的一些措施和建议。

一、赞比亚概况及企业投资基本情况

（一）赞比亚概况

赞比亚共和国（The Republic of Zambia），是位于非洲中南部的内陆国家，国土面积75.26万平方公里，周围与纳米比亚（西南非洲）、博茨瓦纳、津巴布韦、莫桑比克、马拉维、坦桑尼亚、扎伊尔和安哥拉为邻。赞比亚拥有人口1621.1万（2015年）。首都：卢萨卡，主要城市：恩多拉、卡布韦、基特韦。

赞比亚境内河流众多，水网稠密，水力资源丰富，主要河流有赞比西河，为非洲第四大河，长2660公里，流经西部和南部。赞比亚自然资源丰富，以铜为主，境内已探明铜矿石储量12亿吨，平均品位为2.5%，素有“铜矿之国”之称。赞比亚是撒哈拉南部城市化程度较高的国家，一千六百万人口中约有一半的人口居住在城市内。相比周围各国，赞比亚有良好的基础设施和交通。2014年人类发展指数报告中，赞比亚的人类发展指数已达“中”水平，意味着赞比亚已由不发达国家发展成一个发展中国家。2016年赞比亚GDP为195.51亿美元，人均GDP为1178美元。

（二）企业投资基本情况

2014年底，中国建材集团所属中材水泥实施“走出去”战略，全面开展国际化发展工作，其中由中材水泥承建的“中国建材赞比亚工业园”项目进展最为顺利。半年内，完成“中国—香港—毛里求斯—赞比亚”投资路径的设立，取得了项目环评批复，获得了矿权和土地许可。

中国建材赞比亚工业园项目总投资2.03亿美元，主要包括：年产100万吨水泥生产线、年产6000万块烧结砖生产线、年产70万吨骨料生产线及年产20万方商品混凝土生产线。其中：水泥生产线项目于2016年9月正式开工建设，项目进展顺利，于2018年4月前后建成投产，比原定工期（2018年8月）提前4个月。这也将创造集团海外工程项目同等规模生产线建设的纪录。同时，建材工业园的其他项目也在紧张推进中，其中：

年产20万方商品混凝土生产线已于2016年11月份投产；

年产70万吨骨料生产线和与其配套的机制砂、石粉生产线于2017年12月份完成主体工程建设，并进入调试期；

年产6000万块烧结砖项目于2017年7月初开工建设；

硅酸钙板项目将在水泥生产线投产后择机进行。

中材赞比亚建材工业园项目先后获得中材股份3400万美元及国开行1.6亿美元项目借款，基本保障了项目所需资金。项目累计完成投资超过8000万美元。目前项目现场雇佣当地员工超过700余人，累计已创造就业机会超过1000个。

二、赞比亚投资面临的主要廉洁风险及现状分析

（一）赞比亚政治、经济现状

现代赞比亚国家脱胎于英国殖民地北罗德西亚，继承并模仿了英国的一些法律体系和制度传统。自1990年12月恢复多党制以来，在经历了执政党的更迭、政变未遂、选举争议和议会格局变迁的磨合后，赞比亚的宪政体制和选举制度已经较为成熟，是撒哈拉以南地区民主政治较完善，稳定性较高的国家，发生政变以及相关事件的政治风险低。赞比亚是一个多党民主国家，目前有29个合法政党。执政党为爱国阵线，于2001年成立。主要在野党为国家发展联合党、多党民主运动。多党民主运动于1990年12月成立，国家发展联合党于1998年12月成立，在南方省和西方省影响较大。

赞比亚目前的国家政治生态与泰国、秘鲁等国家有共通之处：社会利益较为多元化，国家政治已形成了受多数人遵守的选举制度；可以通过这样的制度容纳权力和平转移，达到定期消减社会矛盾的目的；同时总统任期受限制，选举较有秩序、社会各阶层尊重一定的权力规则以及选举结果。尽管在临近总统、议会选举可能引发政治、安全形势的短暂波动。不过，无论是多民运或者爱国阵线赢得大选，赞比亚政府都不大可能从根本上改变现有的实用主义经济发展方针，包括加强与巴西、俄罗斯、印度、中国等金砖国家的经济合作，进一步拓宽双边和多边合作伙伴关系，推动技术转让和本国工业发展等政策不会有改变。预计未来赞比亚能够维持其政治稳定，国家安全和其投资环境不会有大的波动。加上赞比亚是非洲少数在政局上一直保持和平稳定的国家之一，不存在显著的外部威胁，其政治安全风险在撒哈拉以南非洲相对较低。

近年来，赞比亚经济保持较快增长，财政收支状况持续好转，同时在IMF约束下改善财政管理，国内税收稳步增加，改变了以往过多依赖国际援助的局面。由于经济表现良好，自主发展能力增强，未来援助逐渐减少甚至取消的可能性增大，赞比亚将更多地依赖商业贷款补足资金缺口。赞比亚目前外债水平较低，2011年国际信用评级机构调高了其主权信用评级，更为赞比亚增加国外商业贷款铺平了道路。但国际援助的逐渐减少将使其财政更多地转向非优惠贷款，外债风险将有所提高。此外，赞比亚为发展经济，改善基础设施状况，采取扩张性财政政策应对危机，大幅增加投资和政府公共支出，导致财政赤字持续扩大，财政压力不断加大。而赞比亚外汇储备基础不够牢固，非优惠贷款的增加将加大其外债风险，特别是中长期的外债可持续性问题应引起关注。

（二）赞比亚投资面临的主要廉洁风险

赞比亚具有相对完备的法律体系，稳定的政策环境。但是因赞比亚依然是欠发达国家，经济发展落后。腐败现象同非洲其他国家一样，存在于政府和社会的各个方面，但是从金额和恶劣程度看，相比其他非洲国家廉洁风险还是比较低的。随着近几年赞比亚审计部门查处的包括国家农民联盟等在内的政府和民间机构贪污国际援助款事件，给赞比亚的廉政形象产生极大的负面影响，导致其国际援助金额停滞和延缓，而且其公共机构侵吞、非法占用资金的

趋势不断上升，使得赞比亚的国家清廉指数不断下滑。根据透明国际发布的《2016全球清廉指数报告》，在176个国家的腐败程度排名中，赞比亚位列第87位，得分为38分，处于中等偏下位置。根据世界银行发布的2016年世界治理指数，赞比亚在廉洁风险控制方面的得分为-0.40分，在214个国家和地区中位列第126位。根据中国出口信用保险公司2017年国家风险分析报告，赞比亚的国家风险评级为6（6/9）级，国家风险水平中等偏高，未来风险展望为稳定；主权信用风险评级为CCC（7/9），主权信用风险水平较高，未来风险展望为正面。同时报告显示赞比亚腐败显现较为严重，政府缺乏有效监管机制，民众对政府反腐败满意度不高。总体来说，根据以上情况综合评价，赞比亚属于廉洁风险较为严重的国家，其廉洁风险表现在以下几个方面：

一是政府机构的廉洁风险现状。赞比亚两任前总统班达、奇卢巴在卸任以后，均查出其本人及家人存在腐败行为。前信息与广播部、国家农民联盟等机构高官的腐败事件更是给赞比亚的国家形象带来负面影响。同时，在涉及政府的审批、监管等各个方面，政府机构和行政人员的贪腐行为较为普遍，只是由于受赞比亚的经济发展水平和法律约束影响，贪腐的金额和程度不是太严重。

二是非政府机构的廉洁风险现状。受经济发展落后，政府普遍的腐败行为以及相对宽松的监管环境等多种因素影响，赞比亚的非政府机构及民间的腐败形势也不乐观。尤其是涉及项目建设过程中的征地、路权等与民众息息相关的利益。包括各个部落、民间团体以及居民个人都存在一定的贪腐行为，每一方都努力争取利益的最大化，想方设法从企业索要更多的利益，吃、拿、卡、要的现象比较普遍。

三是涉及企业相关的水电劳务物资等供应商的廉洁风险。由于赞比亚的各方面发展较为落后，基础设施、劳务和各方面所需的物资相对匮乏。在赞比亚投资所需的水、电、网络、劳务、物资等供应，多数是由发达国家企业或在赞中资企业尤其是央企或华为等知名企业提供。一般来说，这些供应商的内部管理规范，注重维护自身的形象，会主动规避产生贪腐的关键节点。而且多数的供应商选择和谈判在投资主体所在国内进行，国内相关部门全程参与监督，产生廉洁问题的风险较低。但是其他涉及与赞比亚当地企业进行交易的买卖行为，还是存在一定的廉洁风险。

四是涉及企业相关的日常运营监管的廉洁风险。赞比亚的文化、习俗与国内有较大差异，而且其法制、财务、税务等方面机制体制相对不够健全。境外企业日常的运营监管还是存在一定的廉洁风险。主要由以下两方面：一方面是境外企业要应对当地政府机构在税务、工商、安全、环保方面的检查，检查人员向境外企业索贿、贪腐的现象时有发生。另一方面，赞比亚对外资企业雇佣当地劳工比例是有要求的。境外企业对有贪腐行为的中方员工可以按照国内的党纪国法进行严格处罚，可是对于当地员工，只能按照赞比亚的法律进行管理和约束。有些贪腐行为可能尚未达到赞比亚法律处罚的底线或法律没有明文规定，对企业来说预防这部分的廉洁风险是需要进一步研究和强化的。

根据其他中资在赞企业评价认为，赞比亚廉洁风险较为严重。在涉及政府审批、监管等方面，政府机构和行政人员的贪腐较为常见，只是由于赞比亚的经济发展水平和法律约束影响，贪腐的金额和程度不太严重。具体来说当地官员和执法人员索贿现象突出，小自警察、海关官员，大到政府高层官员，都有一定的索贿或敲诈现象。有我国企业和商人反映，当地各种政府机构动不动就会来中资企业检查，每次都需要缴纳“罚款”或者“小费”才能继续经营。赞比亚非政府机构和民间的腐败形势也不容乐观，尤其是涉及项目建设过程的征地、路权等环节。

（三）赞比亚投资过程中面临的多方利益问题

中赞两国长期友好，经贸合作发展很快，未来有很大发展空间。双边贸易中，我国长期逆差且不断扩大。赞比亚宏观经济稳定增长，基础设施建设快速发展，中赞双边投资合作日益深入，有望带动更多我国商品进入赞比亚，特别是成套设备、工程机械、钢材等产品。目前中国是赞比亚最大的投资来源，赞比亚经济多元化政策为中赞经贸合作提供了新的合作契机，在农业、加工业、旅游业等领域孕育着巨大的合作潜力。同时，双边经贸合作也可从目前的货物贸易、投资、承包工程为主，向服务贸易、技术转让等新的合作方式拓展。

赞比亚虽然是非洲国家，但却有区别于刚果金、尼日利亚等类似政治体的独特性：赞比亚拥有一个相对其经济发展水平并不匹配的、多元化程度较高的社会政治生态。赞国内存在多元化的利益集团，活跃的反对党团和发展程度较高的选举机制，因而建议在赞中资企业进行商业活动时，应当要像在波兰、泰国这样的中等发达程度国家那样，积极考虑和处理各阶层，各利益集团的诉求和主张。单纯的“上层路线”，即只与官员、中央政府打交道，而忽视劳工、工会和地方民众的诉求，这样的行事方式可能容易在赞比亚引发不必要的事端。在赞中资企业应注重安全生产和环境保护，积极履行企业社会责任，加强与当地商协会、工会和雇员沟通，实现和谐发展、互利共赢。

（四）赞比亚政府廉洁风险防控情况

赞比亚官方的反腐倡廉机构主要是赞比亚反腐败委员会（ACC），该机构成立于1980年，主要负责公共及私营机构的反腐败调查、监控以及相关的公众教育，在全国设有8个办公室。2003年赞比亚签署了《联合国反腐败公约》，并于2007年12月7日批准了该公约在国内生效。赞比亚也是《非洲联盟预防和打击腐败公约》和《南部非洲共同体反腐败议定书》的签约国。2010年，赞比亚颁布了《反腐败法案》，并于2012年修订。该法案规定，任何公职人员或私营企业工作人员利用任职机构的职务便利索取或接受任何回报均构成腐败行为或腐败交易，而任何人员对公职人员或私营企业工作人员行贿同样构成犯罪。

近年来，赞比亚在加强其国内廉洁风险控制方面的主要工作包括，一是加强反腐败教育，在社区和易发生贪腐的政府机构举行宣传教育警示活动，在年轻人特别是学校开展一些廉洁活动。二是调查处理腐败现象，赞比亚反腐败局开设更多的地方性办公室接受举报，介入调查。三是改进反腐败技术手段，与其他国家合作，学习反腐败技能。政府逐步开始实行电子政府采购系统，以改变以往政府采购人工操作过程中可能存在的腐败行为。

尽管政府采取了以上廉洁风险防范和打击腐败行为的措施，但目前赞比亚总体廉洁形势依然严峻，民众对政府的反腐败满意度不高。

三、中央企业在赞投资廉洁风险防控主要措施

根据中国建材集团所属企业在赞比亚经营过程中的一些体会，中央企业在境外投资建设过程中具有独特的优势，一是政治优势，中央企业作为国家队，在对外投资建设等经济活动中具有先天优势，往往能够受到所在国政府的重点关注和帮助，在一定程度上减少腐败风险；二是规模优势，中央企业往往承担着"一带一路"国家重要工程、重点项目建设任务，社会舆论、关注度高，有利于合规合法开展生产建设；三是体制机制优势，中央企业自身建设相对完善，包括三重一大决策、人才选拔任用、企业管理、风险防控等体制机制建设方面相对成熟，能够确保企业在境外经营过程中合规、合法。因此，我们在赞比亚的投资建设过程中，在防控廉洁风险方面也采取了一些措施、做出了如下尝试，取得了一定效果。

（一）强化党的组织建设，是预防腐败风险的关键。

发挥党组织在境外项目建设运营的战斗堡垒和核心作用，将党风廉政建设教育工作贯穿到境外投资运营管理的全过程，是预防境外腐败的关键举措。

首先，在境外项目部建立党组织。由于项目建设前期，企业派驻到当地的员工基本上是国内优秀的业务骨干，而且大部分是共产党员，及时建立党组织有利于充分发挥党员的先锋模范作用。建设学习型海外支部组织，时刻保持党组织的战斗力和共产党员的先进性，在岗位上起好先锋模范带头作用。二是坚持民主集中制原则，境外投资主体的领导班子基本都是共产党员，领导班子间既分工明确又团结协作，重大事情集体讨论决定，小事及时沟通，工作中做到了互相理解、互相支持、互相尊重，充分发挥整体作用，使班子的凝聚力和向心力进一步增强，真正起到了党的领导核心作用，推动了项目整体工作的开展。

其次，加强党风廉政的教育工作。由于海外项目员工来自不同地方，不同文化背景、政治信仰、思维方式和生活习惯给管理增大了难度。项目的每一个管理人员既是管理者又是具体实施者，现场的每一个环节都需要亲自监督完成，共同努力。此外，项目部人员与当地村民沟通过程中，存在语言沟通不畅，文化和价值观的差异，再加上项目部人员多远离国内的亲友。所以海外员工的工作压力和思想压力远远大于国内。因此，加强思想政治工作，关注职工心理健康显得尤为重要。海外项目党支部把对在海外工作的党员干部进行党性教育、对全体员工进行形势任务教育、所在国法律法规与宗教习俗及外事纪律教育等各项主题教育，作为加强海外项目党的建设的一项经常性工作来抓，紧密与在建项目相结合，与提高在海外党员干部整体素质相结合，从而能够培养一支精干高效、富有海外经验、具有创新和奉献精神，特别能战斗的队伍。

（二）通过积极阳光的方式，加强与赞比亚政府、当地居民的沟通联系。

由于赞比亚经济发展落后，当地居民生活处在贫困阶段，必然存在政府的部分官员尤其是基层官员对企业进行索贿的行为发生。

面对这种情况，境外投资管理人员在保持自身廉洁作风的前提下，遵循"亲近政府，贴近居民，远离腐败"的原则，积极支持当地文化、教育、医疗等方面的建设，通过捐助建设医

院、学校等方面，取得了政府和居民的支持，同时也能够避免用贿赂当地官员和行政人员方式取得当地政府支持。

中国建材赞比亚工业园正是通过在当地捐助、援助居民建设医院、小学、清真寺、民居等设施，获得了当地政府和居民的大力支持，才使得项目的征地等工作迅速推进。同时，为了进一步获得当地部落、居民、政府的支持，在节假日和平常的生活中，项目部的人员均组织一些慰问活动来拉近与当地居民的关系，对于居民、政府、部落提出的合理要求，项目部也都积极予以了帮助。

（三）掌握赞比亚的政治经济走向，保障国有资产的安全。

境外的政治、经济形式有其独特性，尤其是赞比亚属于欠发达地区，虽然当地的政治、经济形势较非洲其他国家为稳定，但也极为复杂。由于赞比亚整体居民政治素质和国家经济管理能力相比西方发达国家仍有差距，突发事件时有发生，近几年就出现了绑架我国驻赞工人、货币迅速贬值、部分官员严重腐败的案件。而且，在项目建设过程中，也出现当地居民未经许可擅自闯入项目部的事件。

面对上述问题，只有通过及早关注赞比亚政治、经济走向，积极与赞比亚相关政府部门、我国驻赞比亚大使馆沟通联系获得重要信息，出现突发情况及时反映。同时，通过及时与当地业主方保持密切沟通，雇佣当地的保安公司，以及在相对安全、公众视野关注度相对较高的地区选址设立办事处或建厂来保障项目建设运营的秩序、人员的安全。

（四）充分利用投资优惠政策，同时做好风险管控工作。

为落实国家“一带一路”发展策略，同时享受国家“一带一路”战略给企业带来的优惠政策。中材水泥充分利用国内外的优惠政策，保证项目的顺利实施。在国内，通过向国开行等政策性银行获得低息美元贷款，扩大企业的产能规模，实现由国内的水泥企业迈向国际化企业的跨越。在境外，充分利用赞比亚给予水泥制造业一般税收优惠政策和工业园区建设投资不低于50万美元，首次分红、投产5年内免征红利和利润所得税的政策，建设工业园区项目，不仅扩大了央企在赞比亚的影响力，树立了良好的企业形象，而且实现了企业利润的最大化。

在利用优惠政策的同时，中材水泥注重对项目风险的管控。中国建材赞比亚工业园项目目前处于项目建设期，主要风险是资金的拨付方面。在资金管理方面，项目总包和前期矿山勘察等工作都是由国内公司承接办理，需支付给国内部分的项目款项均由中材水泥总部代境外公司在境内支付，同时中材水泥总部与境外公司挂往来借款。在银行项目贷款未到位前，赞比亚当地支出按需求分期由中材总部通过中材香港汇往赞比亚境外公司，在当地按相关制度支付使用。项目贷款放款，由国开行按经审批的贷款用途，分批放款，受托支付至各收款方，境内与境外公司均不接触贷款的发放，很好的确保资金安全，同时杜绝在资金管理方面的廉洁风险。

（五）注重国内监管与境外投资机构内部控制相互结合

在境内外监管和自控方面，除了中材水泥总部做好资金监管外，同时对于项目易发生腐败的项目招投标管理、境外采购管理，也严格按照国内“阳光”采购的原则，依据中材水泥相关制度规定进行严格管理。

招投标管理。由中材水泥技术中心根据招投标管理的相关制度执行。在重要项目的招投标工作中，技术中心均派人全程参与监督。合同签订过程中，法律、投资等相关部门也进行监督管理，避免出现违规招投标等事件。

境外采购管理。目前，项目还处在建设期，只有一些外驻人员日常生活和办公用品的购买，对于今后生产运营期间的采购工作，境外公司正在组织研究制定相关制度进行管理。

（六）重视监督管理，强化执纪监督问责，建立境外“不能腐”的体制机制

2016年，在公司党委的要求下，赞比亚公司成立了临时党支部。今年5月，临时党支部又增设了纪律检查委员和宣传委员。目前，在公司总部党委的要求下，境外赞比亚临时党支部正在报批成立正式党支部。党的组织建设与项目建设同步推进。今年赞比亚党支部在对境外的党风廉政教育工作、党的组织建设工作要向国内企业看齐。同时，将结合境外企业的实际情况逐步建立健全纪检监察等相关制度和机构，强化境外企业自身的执纪监督问责，做好境外人员的日常监督管理工作，在境外实践好“四种形态”，为国有资产的保值增值、境外人员的政治生命安全提供有力保障。

综上所述，在境外投资也需要通过严格控制采购、资金等易发生腐败的环节，才能建立境外投资运营机构“不能腐”的体制机制；通过强化组织建设、思想建设，　才能逐步形成“不想腐”的政治氛围。今后，随着项目的不断推进，中材水泥将继续督促赞比亚公司建立健全内控机制，进一步降低境外发生腐败案件的风险，保障境外国有资产的保值增值，确保境外投资机构运营的廉洁规范。

四、工作建议

中国建材集团坚定践行“一带一路”发展战略，在“走出去”过程中认真分析研判不同国家、不同区域的廉洁风险情况并制定切实可行的防范措施，最大可能的规避境外投资经营中廉洁风险，确保国有资产的保值增值，为我国经济不断拓展对外开放空间做出了积极的努力，取得了一定成效。这个过程中我们也感受到，“走出去”的过程异常艰辛，面临的境外不同国家廉洁风险问题千差万别，很多还夹杂交织着政治、文化、民族等不同矛盾问题。在今后的工作中，应进一步加强对境外工程项目和驻外机构的廉洁风险防范，着力在以下几个方面多做文章：

一要健全覆盖全面的廉洁风险防范责任体系。企业应将廉洁风险防范责任建设向驻外机构和建设项目延伸，逐层逐级明确并签订目标责任，不留死角。同时，要将境外廉洁风险防控作为项目执行过程中各相关单位、部门综合考核评价的重要内容和人员业绩评定、培养的重要参考，定期进行考核评价，以考核促进责任落实。

二要进一步健全境外廉洁风险防范制度体系。结合实际，及时、动态的修订完善可操作性强、分层分级的境外廉洁风险管理规章制度。紧盯重要节点、关键岗位，设立相应的廉洁风险控制机构或岗位，建立健全必要的权利制约机制，固化管理流程和工作方法，　并严格检查对规章制度的贯彻落实力度，切实从体制机制上保障驻外机构、项目的廉洁风险可控。

三要健全科学规范的廉洁风险评估、评价体系。应制定廉洁风险评估管理办法，加强对驻外机构及工程建设项目廉洁风险事前评估和事后评价管理。项目决策过程中，对境外所在国廉洁风险进行综合评估，作为项目决策的重要内容，编制风险防控措施。项目执行后，在后评价过程中认真总结廉洁风险防控的经验、效果，查找管理短板、督促整改进一步完善管理制度形成闭环，不断提升廉洁风险防范水平。

四要加强监督检查和责任追究，持续强化涉外人员廉洁风险意识。反腐无禁区，廉洁风险防范不应只局限在国内，应加大对境外机构和工程项目的现场检查督查，使责任和压力能够传导延伸，让大家觉得监督无处不在。同时，教育千次不如问责一次，还要加大对违纪违规行为的调查处理力度，以强有力的执纪问责形成震慑，进一步强化涉外人员的红线和底线意识。

同时，国内不同企业应通过一定渠道建立关于廉洁风险防范的沟通交流平台，分享各自在不同国家、不同领域“走出去”探索过程中取得的廉洁风险防范的宝贵经验和教训，以利于大家能够提前预判，少走弯路、少交学费，共同提高在所在国的廉洁风险防范水平，为我国广大企业早日成功实现“一带一路”倡议，推动我国经济转型升级做出更大的贡献。

成果创造人：许　楷、崔云龙、徐　谦、史　历、路　曈

两化融合、智能制造与技术进步

大型家电制造业零部件质量集成化管理创新与实践

珠海格力电器股份有限公司

一、企业简介

珠海格力电器股份有限公司（以下简称格力电器）是一家多元化的全球型工业集团，主营家用空调、中央空调、智能装备、生活电器、空气能热水器、手机、冰箱等产品。

格力电器在全球建有珠海、重庆、合肥、郑州、武汉、石家庄、芜湖、长沙、杭州、巴西、巴基斯坦等11大生产基地，下辖凌达压缩机、格力电工、凯邦电机、新元电子、智能装备、精密模具等6大子公司，覆盖了从上游零部件生产到下游废弃产品回收的全产业链条。

格力电器建有2个国家级技术研究中心、1个国家级工业设计中心、1个机器人工程技术研究开发中心，制冷技术研究院、机电技术研究院、家电技术研究院、智能装备技术研究院、新能源环境技术研究院、健康技术研究院、通信技术研究院、机器人研究院、数控机床研究院、物联网研究院、电机系统技术研究院、装备动力技术研究院等12个研究院、72个研究所、727个先进实验室、10000多名科研人员，拥有24项“国际领先”级技术，累计申请专利38925项，获得授权专利22975项，生产出20个大类、400个系列、12700多种规格的产品，远销160多个国家和地区，用户超过4亿。

2017年格力电器实现营业总收入1500.2亿元，净利润224.02亿元，纳税149.39亿元，连续16年位居中国家电行业纳税第一，累计纳税达到963.53亿元。2018年，格力电器位列“福布斯全球上市公司2000强”榜单第294位。

√自2005年至今，
连续13年空调产销量位居世界第一

√格力通透连续七年蝉联顾客满意度第一

在“顾客满意度”、“忠诚度”、
“整体品牌形象”、“行业感知质量”
等细分维度上都稳居行业第一。

注：中国标准化院顾客满意度测评中心数据

图1　客户满意度排名前列

二、大型家电制造业零部件质量集成化管理创新与实践的背景

（一）质量工作是兴国之道、强国之策，格力率先提出“让世界爱上中国造”

《中国制造2025》提出要坚持走“质量为先”道路，实现从制造大国向制造强国转变。要想提升质量，企业必须掌握核心科技，实现现代化的质量管理。格力电器从一个年产值不到2000万的小厂到全球最大的专业化空调企业，二十多年间，完成了一个国际化家电企业的成长蜕变。作为一家具有高度社会责任感、民族荣誉感的企业，缔造全球领先的空调企业，成就格力百年的世界品牌，让世界爱上中国造，是格力电器的愿景和使命。

（二）大型家电制造业集团化生产经营，零部件质量集成化管理势在必行

格力电器董事长董明珠对质量管理的重要论述：质量关乎两个生命，一是消费者的生命，一是企业的生命。为确保零部件质量的有效管控，格力电器于1995年成立了筛选分厂，是行业内独一无二的创举，其对所有外协外购件的质量进行把关，具有如下的核心特点：100%物料检验控制；建立基于试验和数据的零部件研究分析中心；持续开展基于零部件失效分析的标准研究与制定，并向供应商输出研究成果；研发、设计、制造质量检验检测设备，并向上游供应链输出，以达成有效的预防控制。

随着格力电器的飞速发展，国内已建成珠海、重庆、合肥、郑州、武汉、石家庄、芜湖、长沙等八大空调生产基地。同时，格力电器多元化发展涉足的领域涵盖：压缩机、电工、电机、电子、智能装备、精密模具、手机、芯片等。在这种形势下，零部件质量管理的幅度、广度和难度越来越大，对质量管理的效率和结果的要求也越来越高。为进一步提升对空调零部件质量的管控，急需对八大空调生产基地使用的零部件质量管理方式进行探索研究，保障零部件质量的可靠性，为格力电器的发展保驾护航。

（三）大型家电制造业零部件质量集成化管理具有重要的战略意义

1.质量集成化管理是防范质量事故风险的重要举措

为满足客户需求，格力电器推陈出新，产品涵盖20个大类、400个系列、12700多种规格，随之匹配的零部件规格成千上万。八大空调生产基地涉及的零部件，存在多个供应商供应同类物料，同一个供应商供应多个基地的现象。零部件检验分析控制人员分布各基地，受资源、能力等方面影响，极难做到对同类物料同类供应商执行统一的标准、统一的判定结论，存在质量风险。在此背景下，急需进行八大空调生产基地零部件质量集成化管理。

2.质量信息平台的搭建是适应集成化管理的重要手段

零部件质量管理涉及成千上万类物料，需要大量的人力进行检验和信息传递交流。如质量数据编写：每周有40份质量周报要编辑传递，且要做到精确无遗漏，数据收集编写消耗大量人力。在此背景下，零部件质量信息统一难度大，急需进行八大空调生产基地零部件质量信息平台开发，以适应零部件质量集成化管理。

3.检验资源集成管理是提质增效的重要保障

格力电器有八大空调生产基地，零部件检验人力资源、设备实验资源广泛分布。结合各

基地地理位置差异，人力资源和设备资源等存在忙闲不均现象，无法实现资源最大化应用，存在不同程度的资源浪费、资源相对紧张现象。在此背景下，零部件检验板块的资源利用率最大化整合提升就显得极为重要，检验资源集成管理势在必行。

4.质量体系集成化管理是公司规范化、标准化运作的重要支柱

八大空调生产基地对零部件检验体系受基地实际状况影响，对入厂检验、形式实验、生产异常、售后故障异常处理等方面存在一定的本地属性特色。具体区别点在某种程度上对格力电器零部件质量管理存在一定的风险，不利于统筹管理。在此背景下，急需对各基地零部件检验的各环节进行体系流程对标，实现质量体系集成化管理。

三、大型家电制造业零部件质量集成化管理创新与实践的内涵和主要做法

（一）零部件质量集成化管理的创新理念

结合八大空调生产基地零部件质量管理的现状，格力电器提出了大型家电制业零部件质量集成化管理的创新理念，并明确该创新理念三大基本要求：质量标准方法集成化管理、质量要求执行集成化管理、质量结果保证集成化管理。为实现八大空调生产基地对零部件质量集成化管理创新的三大基本要求，格力电器提出以“组织、制度、资源、系统、体系”五位一体作为创新理念的基石，以支撑三大基本集成化要求，从而实现大型家电制造业零部件质量集成化管理理念。该创新理论的模型见下：

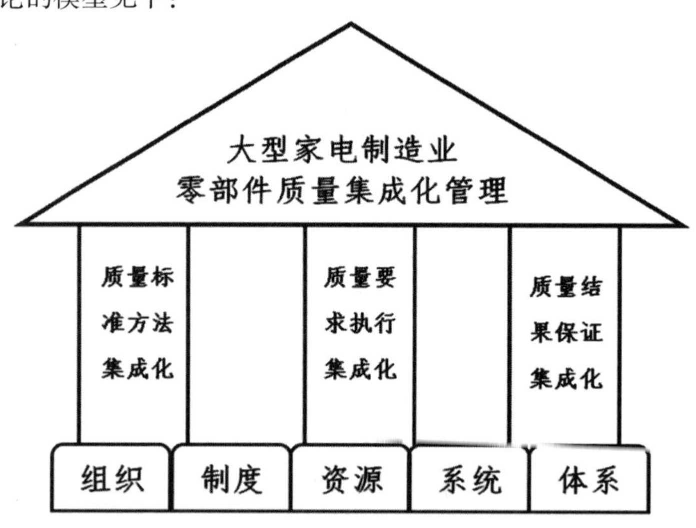

图2 集成化管理模型图

该创新理念主要宗旨是八大空调生产基地零部件质量管理通过“组织、制度、资源、系统、体系”五位一体作为创新理念的基石，以支撑三大基本集成化要求：质量标准方法集成化管理、质量要求执行集成化管理、质量结果保证集成化管理，从而实现大型家电制造业零部件质量集成化管理理念。

该理念的具体做法主要包含：通过对零部件质量检验板块建立集成化的组织、制订集成化的全流程管理制度、整合创新检验资源、开发信息化检验系统、建立检验质量体系，从而实

现八大空调生产基地零部件集成化管理。

（二）零部件质量集成化管理具有行业先进性

格力电器自主研究探索创新，充分发挥总部与子分公司的资源优势，创新性提出的零部件质量集成化管理具有行业先进性，可以规避制造业企业质量管理现状的不足之处。如下表：

表1　集成化管理的先进性

序号	制造业企业质量管理目前现状	格力电器零部件质量集成化管理先进性
1	质量理念企业内基本普及，尚未形成有效质量经营，如：高层领导主动渗入质量改进工作少	格力电器董事长亲自参与质量管理工作并制订了相关质量工作禁令与要求，明确了以“零售后”为追求目标，致力于逐年降低售后故障率，提高消费者满意度
2	零部件质量管理工作未有专项系统性地管控。	成立了同行业中独一无二的零部件质量管控单位“筛选分厂”，专项负责来料质量把关及质量预防管理工作
3	质量培训工作普遍开展，培训力度和效果仍待提高，如：质量培训投入不足、员工覆盖率低	格力电器倡导；人人均是质检员的良好质量工作氛围。零部件质量集成化管理明确质量培训三大基本要求：全员化、多元化、专业化。制订详细的年度、季度、月度培训计划
4	产品标准体系普遍建立，与世界水平尚有差距，如：企业产品标准与国际领先标准水平差距较大	零部件质量集成化管理明确执行：国标标准和国家标准为能用性技术规范是基础的技术要求，以顾客需求设定更高的质量标准，满足消费者要求的标准才是最合适的标准
5	员工参与质量改进不充分，解决问题精细化程度不高，如：员工参与质量改进不充分	零部件质量集成化管理针对质量改进开展全员参与模式，组建了QC小组、精益团队、六西格玛团队等，覆盖所有群体所有领域，并开发系统进行全方位跟踪落地执行
6	质量信息化初具基础，大数据应用和智能化程度低，如：质量信息化的系统化与全局性不足，质量管控智能化水平低	零部件质量集成化管理明确质量信息系统集成化，实现质量分析、质量管控的有效性。如：实验状态集成监控系统，实现电子化全面智能化管理：在线设备管理利用率、不合格闭环控制、设备在线监控
7	客户关系管理体系初步建立，仍需加强对标和改善，如主动了解和服务顾客的客户体验活动普遍不足	零部件质量集成化管理指挥中心开发了售后故障复核信息集成系统平台，对每一单售后故障进行复核分析，并定期回访顾客实际体验效果及收集改善建议。
8	质量管理体系普遍建立，夯实与优化成为运行主线，如质量管理体系运行有效性长期中低位徘徊	格力电器董事长董明珠对质量管理的重要论述：质量关乎两个生命，一是消费者的生命，一是企业的生命。质量绩效考核指标覆盖各部门，质量主体责任企业内部全面落实，全流程、全方位实施质量管控

（三）零部件质量集成化管理创新具体做法

1.集成化组织：建立总部统一指挥与基地互动的运行组织

格力电器成立了零部件质量集成化管理指挥中心，明确了总部的战略决策、资源配置、管理指挥中心的地位。划分了3个板块：质量检验指挥中心、质量分析指挥中心、质量管理指挥中心，共9小组进行零部件质量管理的集成化创新与实践。同步依据格力电器董事长的质量管理10项要求进行分工，明确要求各基地零部件质量集成化管理由各基地总经理亲自牵头负责。

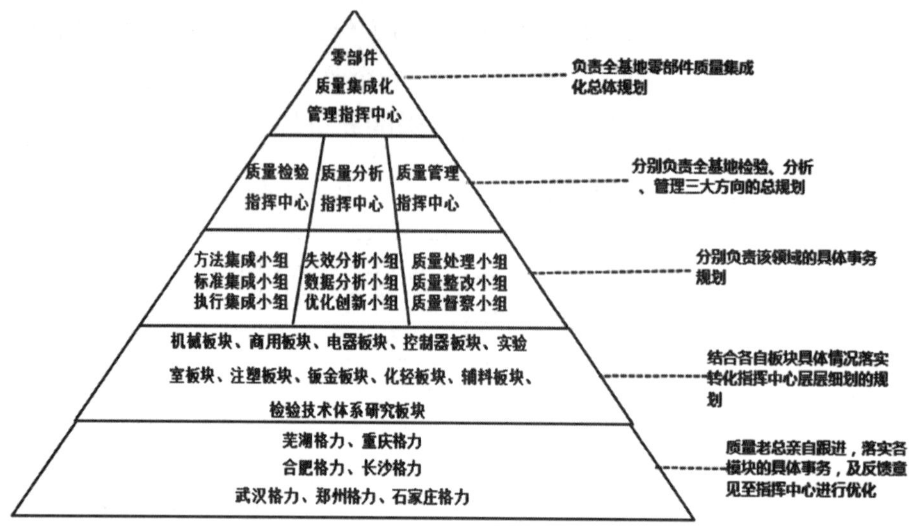

图3 集成化管理组织架构

2.集成化制度：建立零部件质量检验环节全流程管理制度，保障令行禁止

为确保零部件质量管理各项工作有章可循、有据可依、良性运作，格力电器建立了零部件质量检验全流程的管理制度，各项制度集成化管理，总部统一受控下发，八大空调生产基地严格执行。

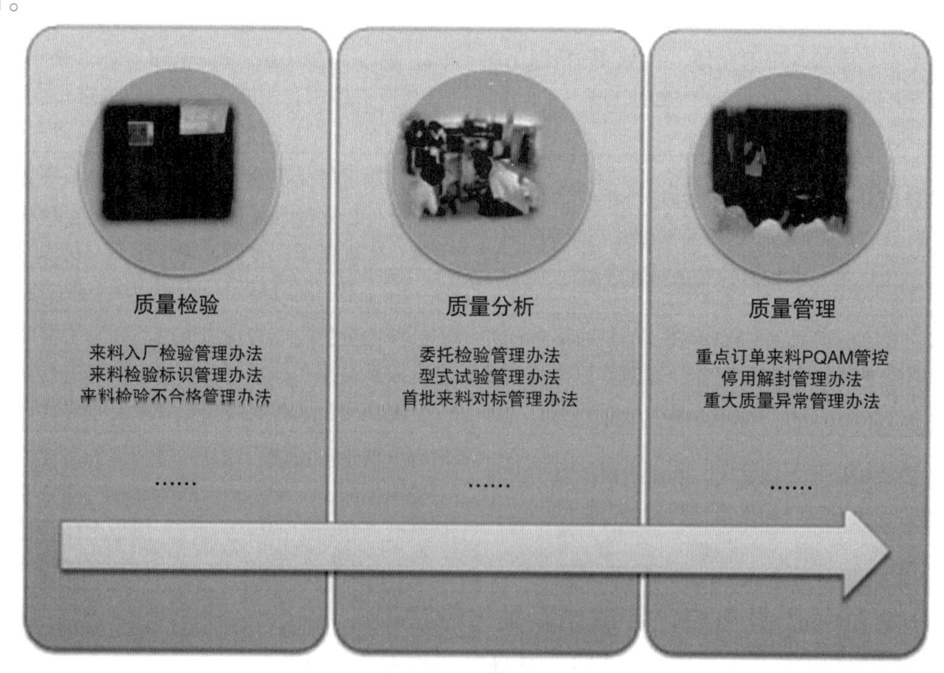

图4 集成化管理制度

3.集成化资源：统筹各基地检验分析资源，实现效益最大化

为实现各基地资源最大化利用，全面策划了资源集成创新的实质内容：6大质量管理集成措施、6大质量分析集成措施。

图5 集成化资源创新概述

（1）资源布局集成化：各项质量控制计划统一部署，集成管理

八大空调生产基地受生产机型、物料特点、供方特点等方面的影响，各不相同、各有特色，对各项质量控制计划在资源配置和关注点上存在差异。如：在物料入厂检验和型式试验控制项目上存在区别，易产生同类物料、同类项目关注管控点不一致现象。为解决此现象，格力电器组织专家小组统筹制订周密的关键物料控制计划，八大空调生产基地统一执行。

表2 关键物料控制计划项目表

（机械室）关键物料控制计划							
序号	物料名称	涉及厂家	故障隐患点	关键控制项目	试验频次	输出形式	抽样数
1	螺钉	海门正大，晋亿	断裂	破坏扭矩、硬度、金相组织	（10.9级）每批来货测试破坏扭矩、硬度； 金相测试每个厂家每月一批	破坏扭矩、硬度要求高强度螺栓均要测试，以测试平台数据为准。金相测试以专项型式试验报告为准	3
2	自攻螺钉(久美特涂层)	海门正大 珠海华飙 珠海金盈利	生锈	中性盐雾	每个厂家每2个月1次，每次1个编码，不同月份取不同编码，全部覆盖再循环	专项型式试验报告	20
3	自攻螺钉(锌镍合金)	海门正大 珠海华飙 珠海金盈利	生锈	中性盐雾	每个厂家每2个月1次，每次1个编码，不同月份取不同编码，全部覆盖再循环	专项型式试验报告	20

（2）实验资源整合集成：统筹实验设备资源，确保各类设备利用率最大化

八大空调生产基地实验设备种类多，实验需求不同，存在有的基地实验设备闲置，有的实验设备满负荷运转仍不能满足使用。为此格力电器统筹制订了全基地设备的最大工作能力值，通过对全基地待测项目集中分析，根据结果统一调配全基地的实验设备资源，确保各类设备利用率最大化。如可程式实验设备（含潮态设备）资源的调配：对部分特殊少有物料试验条件值进行集中统一安排，提高此类试验设备的利用率；根据各基地现有设备情况，对各基地除固定常设条件以外的可协调机动设备进行分工调配。

气相色谱/质谱联用仪	紫外线老化箱	X射线荧光光谱仪	红外光谱仪	热重分析仪
电感耦合等离子体光谱仪	差示扫描量热仪	气相色谱/质谱联用仪（顶空）	液相色谱/质谱联用仪	氙灯人工气候老化箱

图6　实验设备资源集锦

（3）检验模式集成化创新：开展一站式集中检验，优化提升人力资源

零部件每日来料众多，物料分布不同区域和不同楼层，检验员受物料分布范围广影响，导致人员分布广泛，对检验人力存在浪费。格力电器创新性地提出了一站式集中检验模式，依据大数据监控厂家来料时间、物料实时分布点，对检验点进行集中整合，培养多能手适应各类物料的检验。从而实现来料检验合格入库，集中检验集中处理，减少人员跑动浪费，减少不合格品的存放和退料。

图7　一站式集中检验示意图

（4）资源信息集成共享：创办技术及管理创新案例集锦，创新成果快速转化应用

一个正确的有价值的信息在各行各业都是至关重要的，在质量管理方面尤为突出。八大空调生产基地在零部件质量管理过程中，开展了一系列的质量检验、质量分析、质量管理的创新研究。但是存在单兵作战、各自为营的现象，导致好的创意停留在基地内部没有全面推广应用。为此，格力电器按季度对各基地质量检验、质量分析、质量管理的创新研究成果进行提炼，全基地推广应用，实现创新成果快速全面应用。

IQC 技术及管理创新案例集锦

（2016 年第一季）

编制：曾启明

审核：余 辉

批准：黄才笋

2016-4-7

珠海格力电器股份有限公司

目录

图8 创新案例集锦

（5）信息资源集成传递创新：录制重点控制项目视频作业指导书

零部件种类成千上万，格力电器对每一物料各类项目都有明确的操作要求。受不同员工理解能力、操作文字说明的局限性影响，部分关键操作要点无法准确传递和执行，从而产生检验偏差。为此，格力电器针对关键物料关键项目的操作难点及易错点录制成视频，形象生动的体现关键要点，避免理解偏差造成检验失效，避免批质量事故的发生。

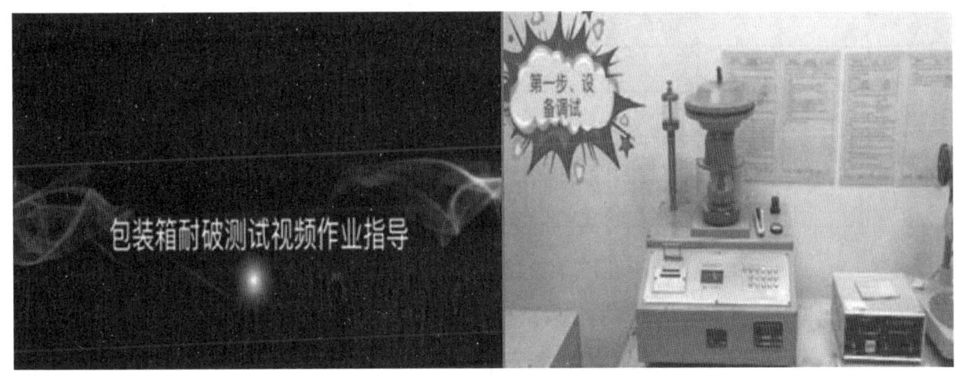

图9 视频作业指导书

（6）人力资源价值提升保障：开展人员技能自上而下全面统一集训

为确保八大空调生产基地零部件质量检验分析技能的专业水准，格力电器针对八大空调生产基地外检板块所有层面人员制订了统一的集训验收方案。明确规定八大空调生产基地质控部长、室主任、分析员、检验员在基地正式上岗前务必参与总部集训合格方可参与实际的检验分析整改工作。

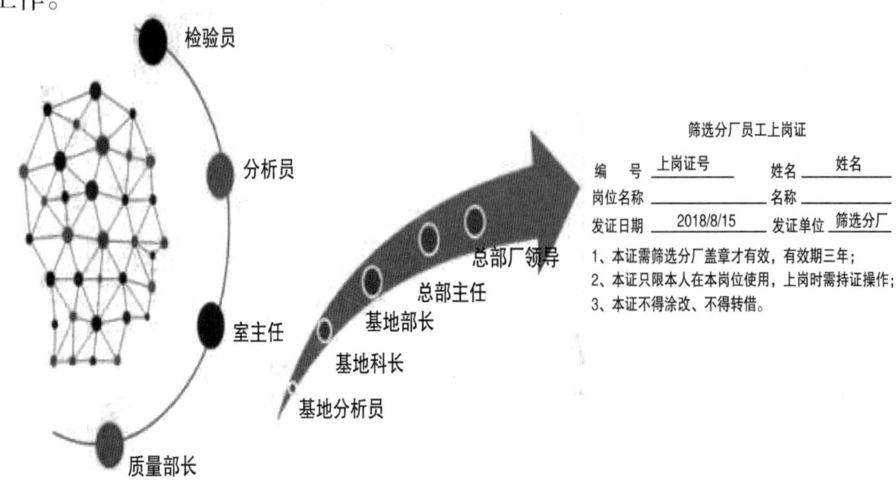

图10　全员技能总部集训

（7）自主研发创新：大力开展自动化创新研究以实现提质增效

组织八大空调生产基地各板块专家群策群力，大力开展全集团零部件质量管理自动化项目，实现提质增效。2016年至2017年4月25日，实现全集团人力资源提质增效201人，其中自主研发工装和自动化项接近150人。如筛选自主研发的螺钉自动筛选机，实现螺钉上线全检，并全基地和供方源头应用。

项目类型	项目总数	项目减员人数
设备自动化	95	123.8
简易工装	25	24.7
管理创新	18	24.5
信息化	6	8
岗位优化	3	4
设备改造	3	5
设备引进	3	5
工序前移/外移	2	6
总计	155	201

图11　自主创新设备

（8）专利技术创新：建立完整的技术沉淀机制

零部件质量集成化管理过程中，格力电器建立了一套完整的技术沉淀机制，八大空调生产基地外检板块人员不断创新、不断突破、不断总结，2012年至今，共申请专利268项，其中发明专利24单，实用新型专利244单。比如判定电加热管发热均匀性的检测系统及检测方法在行业内属于首创。

表3 部分专利情况

专利名称	授权日期	证书编号	专利类别	证书
判定电加热管发热均匀性的检测系统及检测方法	2017.2.2	ZL 2014 1 0380653.7	发明专利	
冲压管件及其设计方法	2017.1.18	ZL 2013 1 0501212.3	发明专利	
空调四通阀启动值的获取方法及获取装置	2017.3.8	ZL 2013 1 0205489.1	发明专利	
管接头装置	2016.7.6	ZL 2013 1 0441692.9	发明专利	

（9）检验方法创新：开展检验方法创新，高效利用资源

以检验创新驱动检验质量和检验效率。在零部件质量集成化管理创新实践中，格力电器进行了大量的检验方法创新。如有毒有害物质测试方法的研究，研究前测试零件的有害物质需逐个测试，效率低下，通过机理分析、准确度分析，格力电器建立了样本混合测试方法，提高了测试效率。

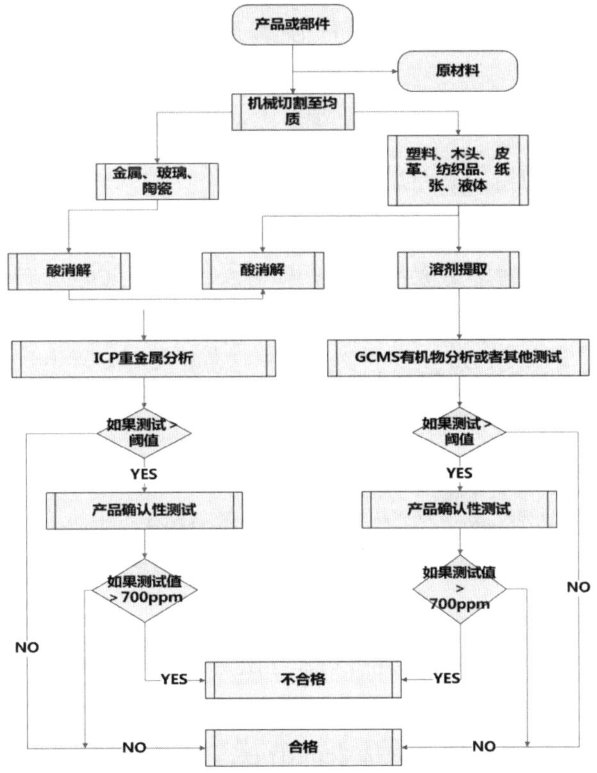

图12 有毒有害物质测试方法研究

（10）快测研究创新：开展型式试验等效入厂快测研究创新

为适应格力电器精品战略的推行，零部件质量先行，格力电器组织开展了型式试验等效

入厂快测的研究创新。入厂快测即通过探索研究对常规测试方法进行加速调整以达到相同的测试效果。入厂快测的开展流程图见下：

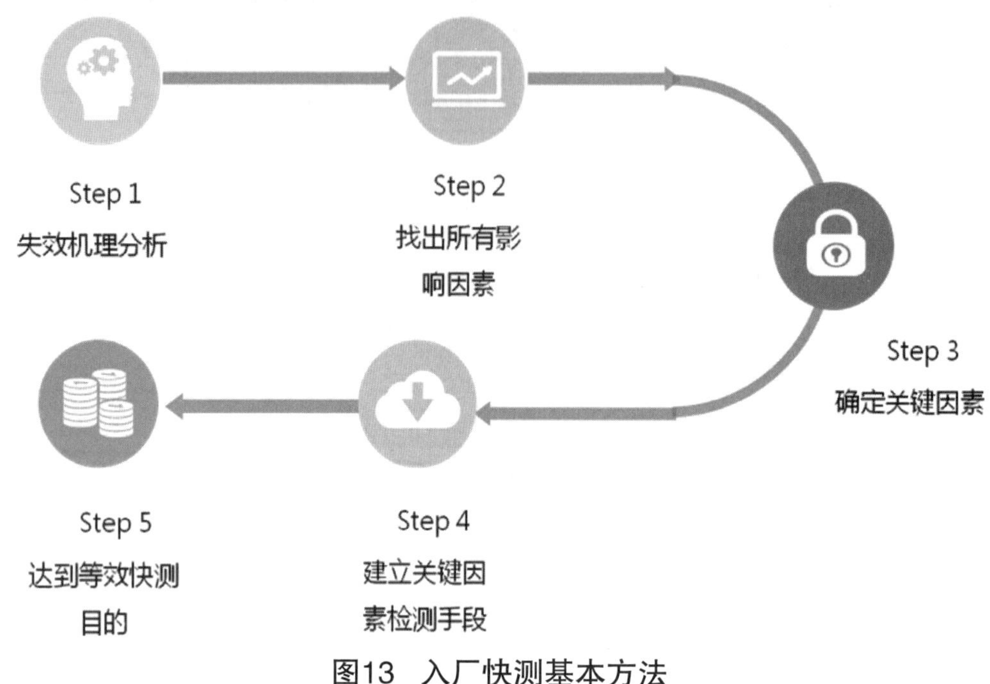

图13　入厂快测基本方法

典型案例：

电容加速寿命试验研究，格力电器通过相应加速寿命研究，将电容寿命试验由过去的2000h缩短至536h。随着格力电器快速发展，现有536h时间太长，保障不了格力电器生产的需求，为此，通过DOE试验设计，研究了一套快速等效评估电容器质量的检验方法，将实验时间等效缩短到4小时，不仅将检验鉴定成本降低95%，还使得按批进行耐久性实验成为可能。

图14　电容快测方法研究思路图

（11）重大质量问题整改1000项

零部件的每一个质量问题都是一笔宝贵的财富。格力电器组织策划了“消灭重大质量隐患1000项”的专题活动，收集了零部件在客户使用过程中的各类反馈信息，进行了专项整改，为格力电器产品质量保驾护航。

表4　重大质量问题整改1000项指标分布

生产基地	2017年工作目标						
	一季度	二季度	上半年 总计	三季度	四季度	下半年	全年 总计
珠海	60	60	120	35	35	70	190
重庆	40	40	80	30	30	60	140
合肥	40	40	80	30	30	60	140
武汉	40	40	80	25	25	50	130
郑州	30	30	60	20	20	40	100
石家庄	30	30	60	20	20	40	100
芜湖	30	30	60	20	20	40	100
长沙	30	30	60	20	20	40	100
总计	300	300	600	200	200	400	1000

如水箱安全阀防腐结构优化与应用:在水质较差的地区，安全阀内部密封凸台的黄铜基材受介质影响加速腐蚀，腐蚀后安全阀提前开启或在正常自来水压力作用下出现漏水。

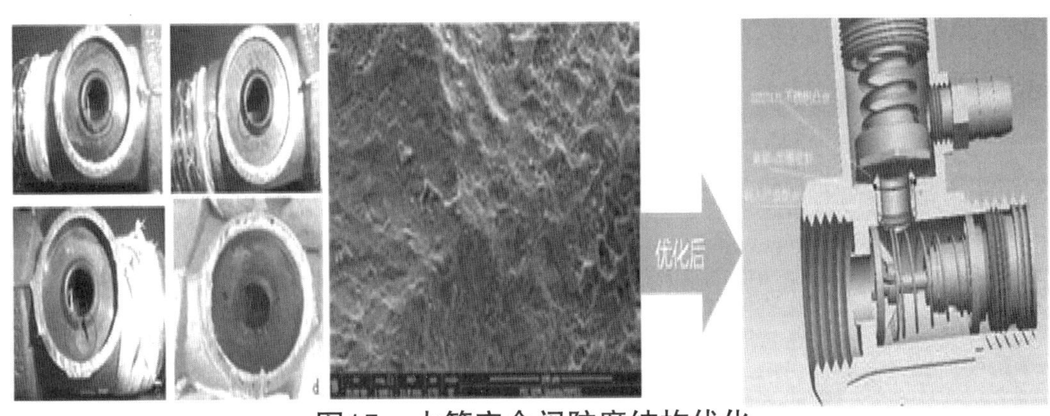

图15　水箱安全阀防腐结构优化

针对该新型防腐结构，自主完成了3个专利申报，同时独立研发安全阀压力测试自动检测设备，在此基础上，经与相关供方进行技术交流后，推动供方成功开发自动调试、数控伺服电机精准控制压力的检测设备，该设备的推广应用，不仅提高了产品质量的一致性，同时提高了生产效率，降低了产品成本，双方实现共赢。

（12）研究成果集成：编制元器件总结，进一步指导质量检验

元器件总结是对过去经验的回顾、总结和积累，是重要技术成果是零部件质量集成化管理的重要技术成果。为更好地总结过去，进一步指导后续质量检验把关工作，格力电器组织专业人员完成了共计约125万字的元器件总结，内容全面涉及物料的设计选型标准、生产制造工艺、失效分析、关键控制点。分厂科技专家主编《空调常用金属材料选型及失效研究手册》和《空调零部件精密测量技术基础》等书籍。

图16 元器件总结

4.集成化系统：质量信息系统集成化，实现质量分析、质量管控的有效性

为实现八大空调生产基地系统集成统一，全面调研策划了系统集成创新的实质内容：4大检验系统集成措施、5大管控系统集成措施，实现质量分析、质量管控的有效性。

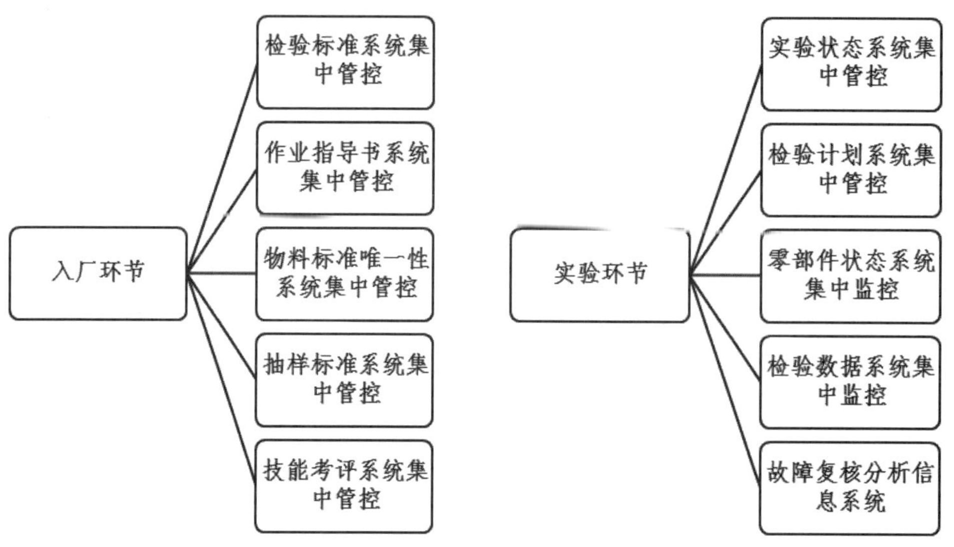

图17 集成化系统概况

（1）检验数据集成系统：开发八大检验数据系统

未开展零部件质量集成化管理前，八大空调生产基地检验数据人工统计汇总定期发总部，耗费大量人力。如需分析某个物料或者某个厂家的检验质量数据，需要八大空调生产基地进行人工统计分类，耗费了大量的人力。为此，格力电器开发检验数据集成系统，该系统功能强大且操作简单。检验数据系统一站式集成管理，可以实时进行监控任意厂家任意物料的检验情况，一键导出、生成质量分析报告，快速预测质量趋势，以便调整检验控制方向及供方整改方向。

检验明细 按供应商物料汇总 按供应商汇总

物料组： 不合格类别：不限 检验结论：不限 物料批号：

物料编码： 检验种类：不限 基地：不限 供应商代码：

检验员代码： 检验日期：2018-06-02 00:00:00 ------- 2018-06-08 23:59:59 查询

大于三天的明细数据，建议到此路径下载：http://10.1.1.115/QcDataDownload/

八地检验数据明细表 导出当前数据

基地	物料组	物料编码	物料名称	供应商代码	供应商名称	物料批号	不合格类别	检验种类	状态	检验结论	检验员	检验日期

图18 检验数据集成系统

（2）零部件状态集成监控系统：开发入厂检验全流程监控系统

未开展零部件质量集成化管理前，出现质量异常问题需对物料进行监控追溯十分困难，需通过纸质单号，联合不同部门人员进行核对，耗时费力且准确度有待评估。为实现零部件状态全流程系统受控，联合计算机中心、采购中心、物流中心开发零部件状态监控集成系统。该系统实现了所有零部件收货、检验、出库全流程监控，且可以自动控制该物料的型式试验项目、首批来货，确保检验不漏项。

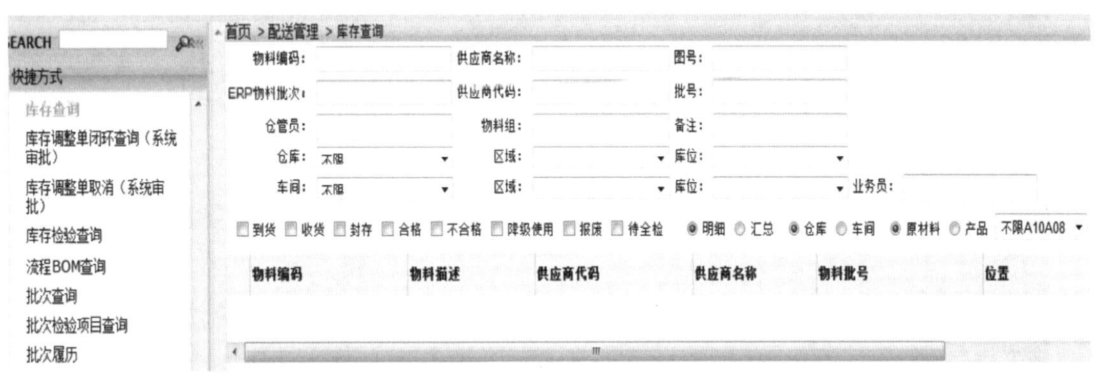

图19 零部件状态集成监控系统

（3）实验状态集成监控系统：开发实验跟踪系统全集团统一

未开展零部件质量集成化管理前，在对试验监控上存在着诸多不便，比如一个设备每两个小时点检一次，需查看设备参数是否异常，短时间试验要实验员人工计时去查看是否完成，效率低下。为此，格力电器开发了实验状态集成监控系统，实现电子化、智能化管理：实现委托条码化、在线设备管理利用率实时监控、不合格跟进反馈回复（闭环控制）。通过后台，实验员可以完成全部监控，一旦实验参数异常电脑平台自动报警。

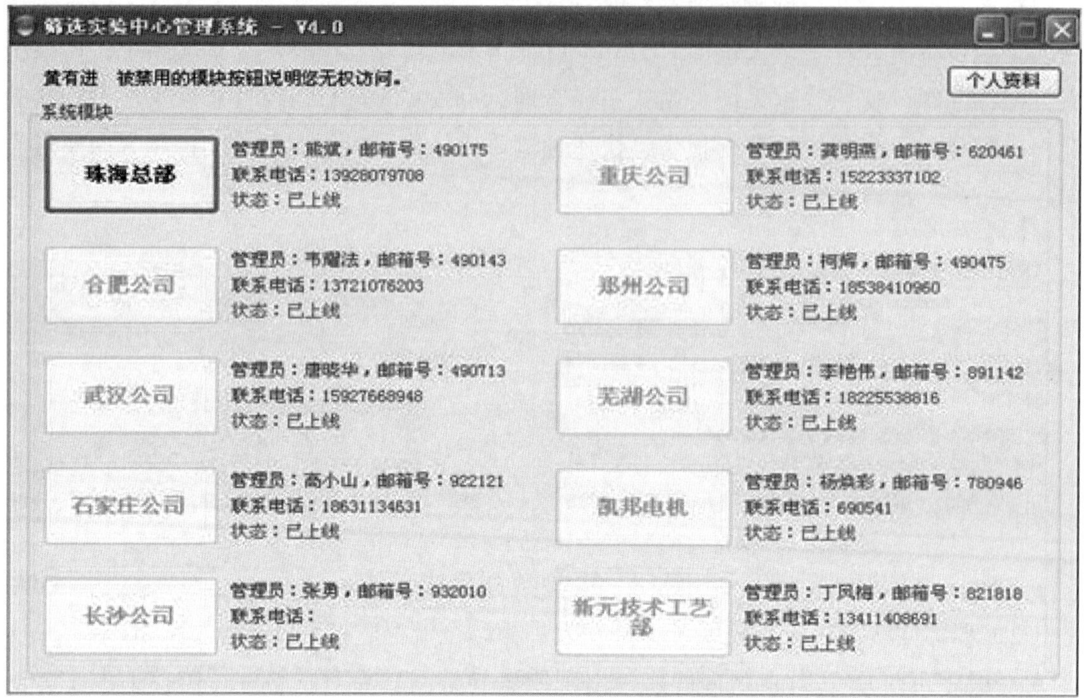

图20　实验状态集成监控系统

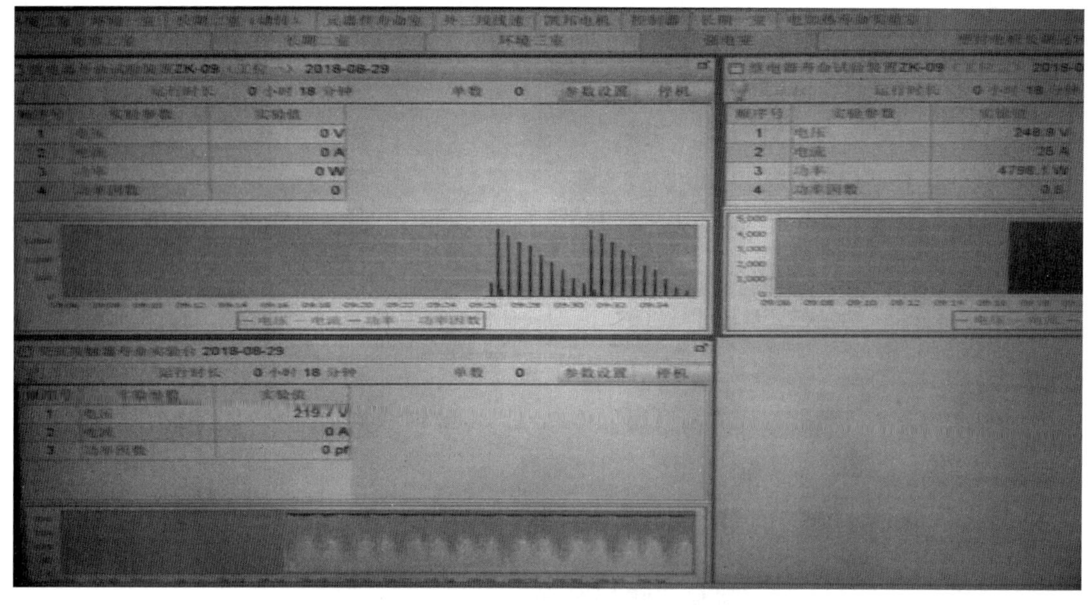

图21　实验状态集成监控图

（4）检验计划集成系统：开发全集团共用检验报告系统

全基地检验计划统一受控下发，但是实际执行过程中不同基地、不同人员对计划的执行存在一定的偏差，易造成不同程度的质量事故。比如：要求5个项目只进行了4个项目、检验标准引用错误等。为此，格力电器组织开发了全集团共用检验报告系统，所有检验计划统一在系统上发布，系统实现自动闭环功能：自动生成检验项目、自动引用最新标准、自动提示完成情况。漏项、标准错误等报告无法完成上传，未完成的计划系统一直提醒并反馈后台总部跟进处理。

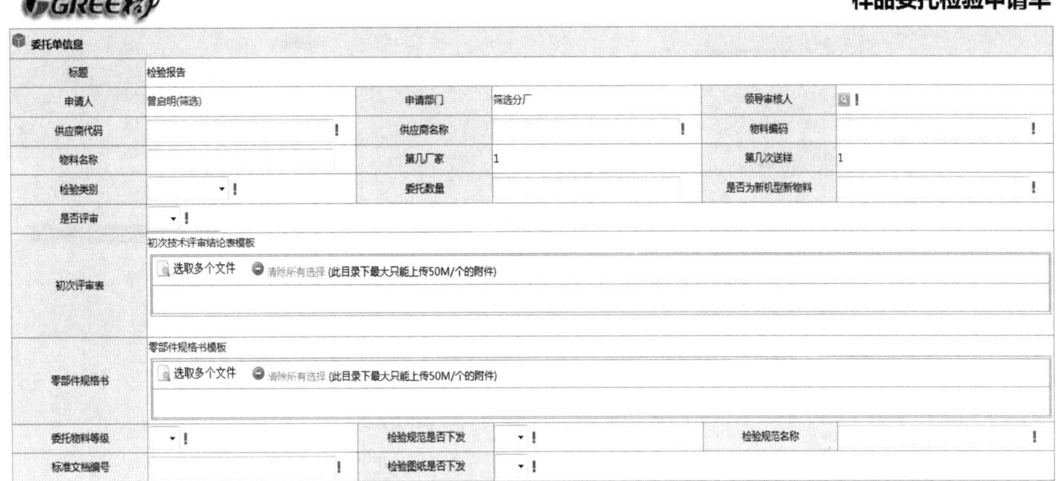

GREE格力 样品委托检验申请单

委托单信息

标题	检验报告				
申请人	曾启明(筛选)	申请部门	筛选分厂	领导审核人	!
供应商代码	!	供应商名称	!	物料编码	!
物料名称		第几厂家	1	第几次送样	1
检验类别	!	委托数量		是否为新机型新物料	!
是否评审	!				
初次评审表	初次技术评审结论表模板 选取多个文件 清除所有选择 (此目录下最大只能上传50M/个的附件)				
零部件规格书	零部件规格书模板 选取多个文件 清除所有选择 (此目录下最大只能上传50M/个的附件)				
委托物料等级	!	检验规范是否下发	!	检验规范名称	!
标准文档编号	!	检验图纸是否下发	!		

图22　检验计划集成系统

（5）开发售后故障复核信息集成系统

售后质量问题的整改和数据的利用至关重要，目前通过人工录入系统，存在录入错误、录入缺少等问题，不利于质量分析整改，且浪费人力物力。为此格力电器开发了售后故障复核信息集成系统平台，通过条码扫描，所有信息自动录入电脑，确保准确无误，且可快速生成报表并进行大数据分析，将分析结果反馈设计源头优化。

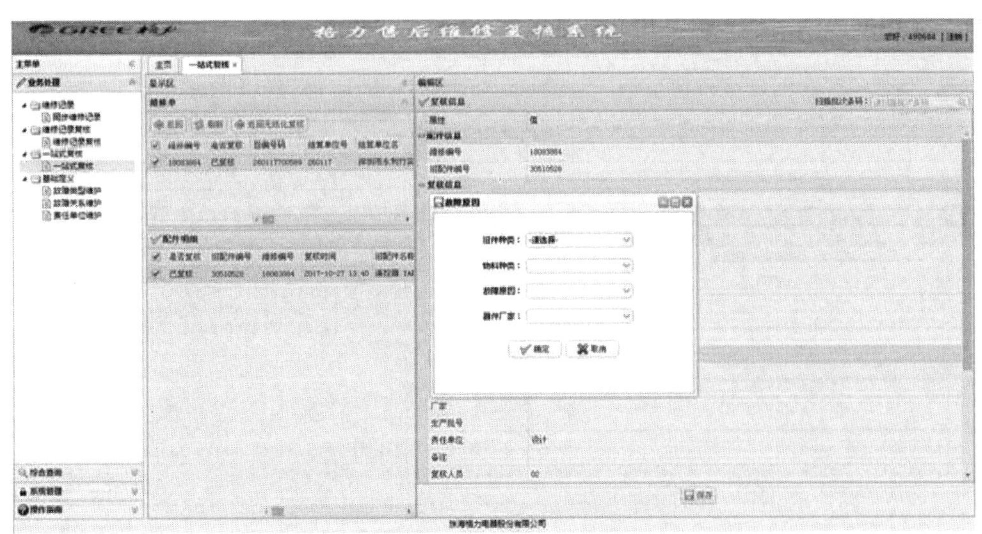

图23　售后故障复核信息集成系统

（6）抽样标准信息集成：开发检测通用平台自动匹配检验标准

零部件种类成千上万种，不同的来货数，不同的检验标准，对应不同的抽样方案，检验员在抽样过程中容易选错抽样方案，造成异常品流入生产和售后，存在质量风险。为此，格力电器开发检测通用平台自动匹配系统，将所有抽样方案录入系统后台，通过数学逻辑自动根据来料数据生产抽样数据，员工按提示的抽样数据进行抽样即可，且系统有自动防护，少于抽样数据不能维护系统。

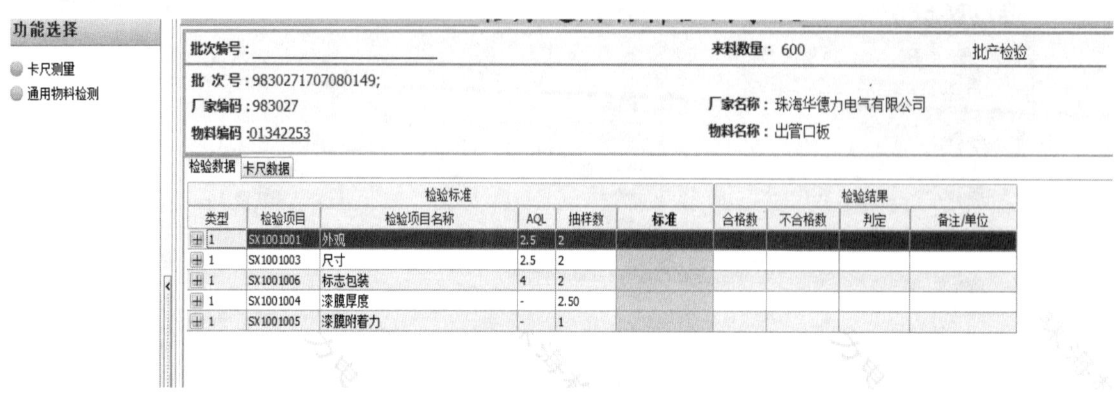

图24 抽样标准信息集成系统

（7）检验标准集成管理系统：开发信息系统平台管理全集团检验标准

检验标准的唯一性是保证检验质量一致性的基础，未开展零部件质量集成化管理前，八大空调生产基地存在检验标准执行不统一的现象，由于八大空调生产基地均有各自的系统平台存放检验标准，可以自行修订标准，从而导致各基地对同一物料可能执行不一样的标准。为此格力电器开发了检验标准集成管理系统，录入所有零部件检验标准，明确检验标准修改权限仅限于总部。八大空调生产基地人员可以通过系统查看检验标准信息，确保标准执行的唯一性。

标准信息查询

注意事项1：QJ种类的标准已转由PDM系统自动下载内容，打开链接后输入PDM的帐号与密码。基础文档系统只提供QJ标准清单查询，请优先在PDM系统查询标准，如没有PDM帐号请向科管部申请，如有疑问请与标管部陈(辉彬)工(150060)联系。

注意事项2：按公司领导要求屏蔽外部标准，请根据相关查询方法到PDM上查询，如有疑问请与谭(中华)工(150362)联系!!

外部标准查询方法： PDM主界面右上方：点击下拉菜单勾选“设计技术标准”类型------快速搜索栏：输入关键字两边加*号，进行模糊搜索

输入以下一个或多个任意条件后，点击 查询 重置 导数据

查询条件：	日期：	从 至	名称：		经办人：	
	图文号：		更改号：	种类：	包括历史	
	借阅人：		是否外发：		标准专业：	
	排序方式：	日期 图文号 名称				

查看	状态	种类	图文号	名称	更改号	标准专业	经办人	日期	备注	流程
	受控	QJ	QJ/XGD 13.00.003	生活电器螺钉及塑胶原料设计选型规范	BG00856884		13刘旭	20170707	〈B.5酷点发布成功〉	QianShenJiLuQJ_XGD13_00_003B5.html
	受控	QJ	QJ/XGD 12.03.005	生活电器用印刷品设计选型规范	BG00857547		13罗合伟	20170707	〈I.5酷点发布成功〉	QianShenJiLuQJ_XGD12_03_005I5.html
	受控	QJ	QJ/GD 92.00.001	产品中有害物质控制管理规定	BG00858266		13肖鹏	20170707	本部分适用于格力全部产品包括散件中的所有原料、生产辅料和包装材料等。 本标准适用于格力产品中所使用的所有原料、生产过程用料和包装材料等。〈AI.5酷点发布成功〉	QianShenJiLuQJ_GD92_00_001AAI5.html
	受控	QJ	QJ/GD 12.00.009	压缩机选型设计规范	BG00851992		13郭建超	20170707	压缩机的通用原则、名称规范、外形结构、配件的技术要求，新开发产品的设计选型要求、使用及装配要求、包装储运要求等。本标准适用于家用及商用空调、除湿机等产品用压缩机的设计选型。〈Q.11酷点发布成功〉	QianShenJiLuQJ_GD12_00_009Q11.html
	受控	QJ	QJ/XGD 41.05.002	空气净化器用倍压模块检验规范	BG00857834		13刘常昱	20170704	〈C.4酷点发布成功〉	QianShenJiLuQJ_XGD41_05_002C4.html
	受控	QJ	QJ/XGD 41.10.004	生活电器用刷卡机检验规范	BG00857842		13刘常昱	20170704	〈D.4酷点发布成功〉	QianShenJiLuQJ_XGD41_10_004D4.html
	受控	QJ	QJ/XGD 41.05.014	生活电器用LED冷光灯检验规范	BG00857846		13刘常昱	20170704	〈F.4酷点发布成功〉	QianShenJiLuQJ_XGD41_05_014F4.html
	受控	QJ	QJ/GD 41.08.010	GPRS模块检验规范	BG00857854		13刘常昱	20170704	〈H.5酷点发布成功〉	QianShenJiLuQJ_GD41_08_010H5.html
	受控	QJ	QJ/GD 41.13.052	散热硅蜡检验规范	BG00855964		13方莹	20170704	本标准仅适用于外盘管水箱用散热硅蜡的检验。物料分类码：811078。〈E.5酷点发布成功〉	QianShenJiLuQJ_GD41_13_052E5.html
	受控	QJ	QJ/GD 12.01.011	蒸发器部件设计规范	BG00850874		13张清祥	20170704	本规范适用于挂壁机和柜机蒸发器部件设计〈K.7酷点发布成功〉	QianShenJiLuQJ_GD12_01_011K7.html

第1页/共993页 共9927条记录 上一页 下一页

图25 检验标准集成管理系统

（8）作业指导书系统集成：开发模块录入系统全集团集中管理

联合计算机中心开发了零部件检验作业指导书管理系统，该系统涵盖所有零部件检验操作要求，所有作业指导书由总部审批下发。八大空调生产基地人员可以通过系统查看零部件检验作业标准要求，确保检验操作方法统一。

查看	版本	图文号	更改号	名称	经办人	日期	相似物料	发往单位	种类	状态	制品	编码	物料组	备注	制品跟进
	受控	J41.10.817		35018000041触摸屏电压检测的作业指导书	49徐建波	20170629		重庆		XZ				〈A.2酷点发布成功〉	
	受控	J41.13.547		J41.13.547防爆继电器全检作业指导书	49吴敏	20170629		重庆		XZ				〈A.1酷点发布成功〉	
	受控	J41.00.269	BG00853625	离心制冷压缩机用三相异步电机检验作业指导书	49谢永泰	20170629		重庆		HZ	否			离心制冷压缩机用三相异步电机检验作业指导书〈B.2酷点发布成功〉	

图26　作业指导书系统集成

（9）技能考评系统集成：开发全集团技能考评系统

八大空调生产基地员工技能集训合格，总部受控下发上岗证，为实现对员工技能的实时监控，格力电器开发全集团技能考评系统，组织各板块负责人编写制订了所有零部件检验技能考评题库，开发自动考试系统，定期对员工进行专业技能考评。测试系统见下：

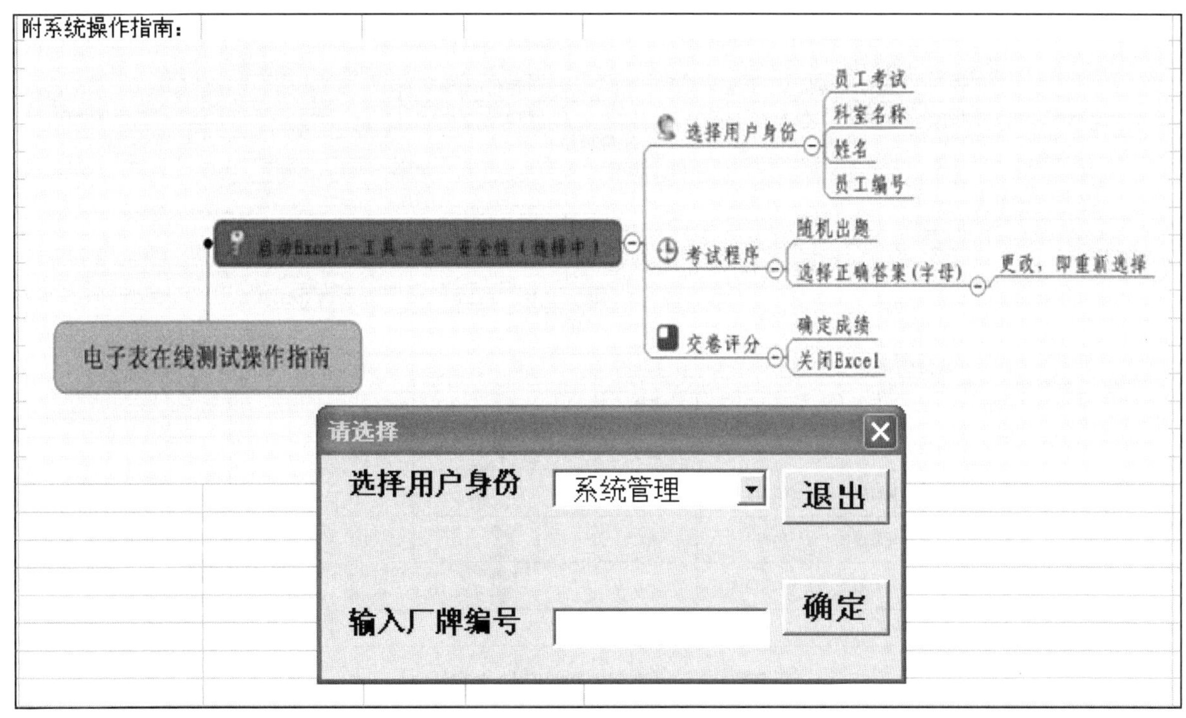

图27　技能考评系统集成

5.体系流程集成化：制订统一的检验体系，确保全基地执行相同体系运营

为实现八大空调生产基地系统集成统一，全面调研策划了体系流程集成创新的实质内容：4大管理流程集成措施、5大检验流程集成措施，从而实现资源集成效益的最大化利用。

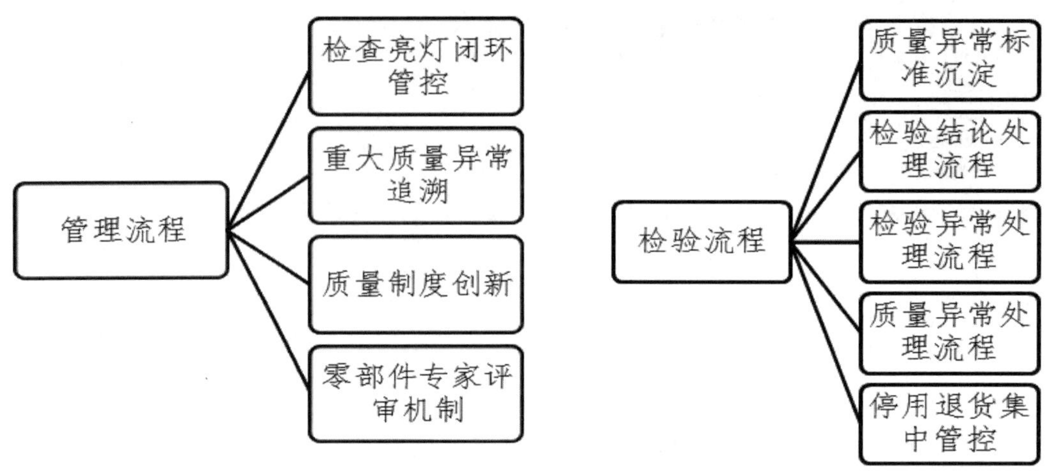

图28 体系流程集成化主要内容

（1）建立检查亮灯闭环管控机制

为了解各基地的对集成化管理的实际执行情况，格力电器建立了专家组巡查机制。定期派专家组对基地检查评分，根据检验结果进行亮灯，明确异常完善节点，由各基地总经理亲自落实督办，并二次验收，确保所有问题落地执行。

被评价单位		评价时间	
质量负责人		公司第一领导	
评价项目			
项目名称	检查状况	实得分	
		不合格项总计：()项	综合得分：()
综合诊断结论		亮灯等级	
亮灯情况说明：			

优秀（91 分以上）	绿灯	
继续努力（61～90 分）	蓝灯	
黄灯警告（51～60 分）	黄灯	
橙灯警告（41～50 分）	橙灯	
红灯警告（40 分以下）	红灯	

整改要求

图28 体系监测评价报告

（2）建立重大质量异常追溯机制

针对出现的重大质量异常进行全流程追溯，从物流库存、筛选仓库、总装线体、成品库通过系统全流程追溯，确保发现问题、解决问题、关闭问题，杜绝隐患流入客户。

表五　质量异常召回相关环节核实确定表

<table>
<tr><td colspan="19"></td></tr>
<tr><td rowspan="2">厂家</td><td rowspan="2">物料名称</td><td rowspan="2">物料代码</td><td rowspan="2">物料批号</td><td rowspan="2">来料数</td><td colspan="3">物流中心库存</td><td colspan="3">筛选分厂检验库存</td><td rowspan="2">生产领用单位（举例）</td><td colspan="4">生产线库存</td><td colspan="3">成品库库存</td></tr>
<tr><td>系统数</td><td>实盘数</td><td>核实人签名</td><td>领料数</td><td>实盘数</td><td>核实人签名</td><td>生产线上未装配制品</td><td>已上线或装机制品</td><td>领用数</td><td>核实人签名</td><td>入库数</td><td>发运数</td><td>核实人签名</td></tr>
<tr><td rowspan="3"></td><td rowspan="3"></td><td rowspan="3"></td><td rowspan="3"></td><td rowspan="3"></td><td rowspan="3"></td><td rowspan="3"></td><td rowspan="3"></td><td rowspan="3"></td><td rowspan="3"></td><td rowspan="3"></td><td>K1</td><td></td><td></td><td></td><td></td><td></td><td></td><td></td></tr>
<tr><td>K2</td><td></td><td></td><td></td><td></td><td></td><td></td><td></td></tr>
<tr><td>K3</td><td></td><td></td><td></td><td></td><td></td><td></td><td></td></tr>
<tr><td colspan="19">注意：举一反三其他厂家与物料要同步列明</td></tr>
<tr><td colspan="12">来料数与库存数及使用数的清单情况：</td><td colspan="7">业务室主任签名确认：　　时间：</td></tr>
<tr><td colspan="12">该表提交综合室存档</td><td colspan="7"></td></tr>
</table>

（3）质量制度集成创新

结合零部件质量特性及供方特性，制订了质量一把手周管控例会机制、重大质量违约问责机制、供方质量红黄牌预警机制。均由八大空调生产基地发起后报格力电器受控审批执行处理。

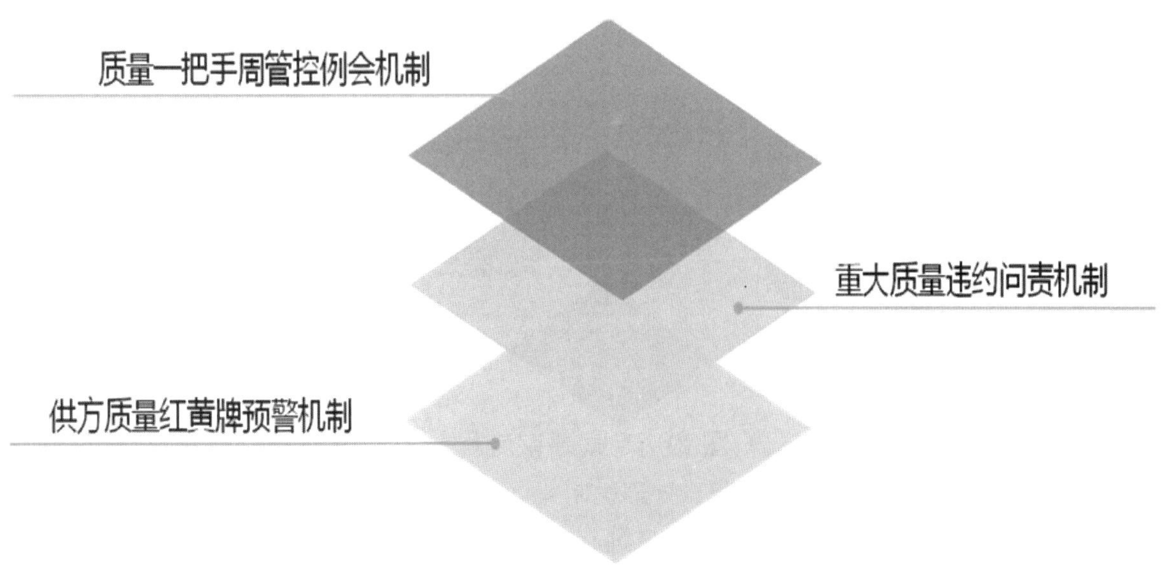

图29　质量制度集成创新

建立质量一把手周管控例会机制：各基地总经理每周至少组织一次零部件的重大质量问题（入厂检验、生产异常、形式实验、售后异常等）专项会议，从厂家产生原因、流出原因及检验失控原因（针对流入生产、售后问题）进行深入分析，并针对性制定措施，立项整改。

建立重大质量违约问责机制："重大质量违约"是指：厂家擅改工艺、擅改材料、擅改产地，不合格品、停用封存物料擅自送货，缺斤少两等问题。一经发现，立即进行深入调查，并形成周报，全集团借鉴。

建立供方质量红黄牌预警机制：在大数据基础上制定了定期提炼数据分布趋势的计划，通过数据分析提炼供方的隐患点，按质量风险度下发红黄牌等预警信息。从而启动不同程度的管控处理，避免质量恶化。

（4）建立零部件专家评审流程创新机制

随着格力电器多元化发展，越来越多的新技术、新工艺、新材料引入使用，为提前识别新物料的质量风险，格力电器建立了专家评审机制，该评审是由跨专业的专家从多维度进行评审，确保使用可靠性。

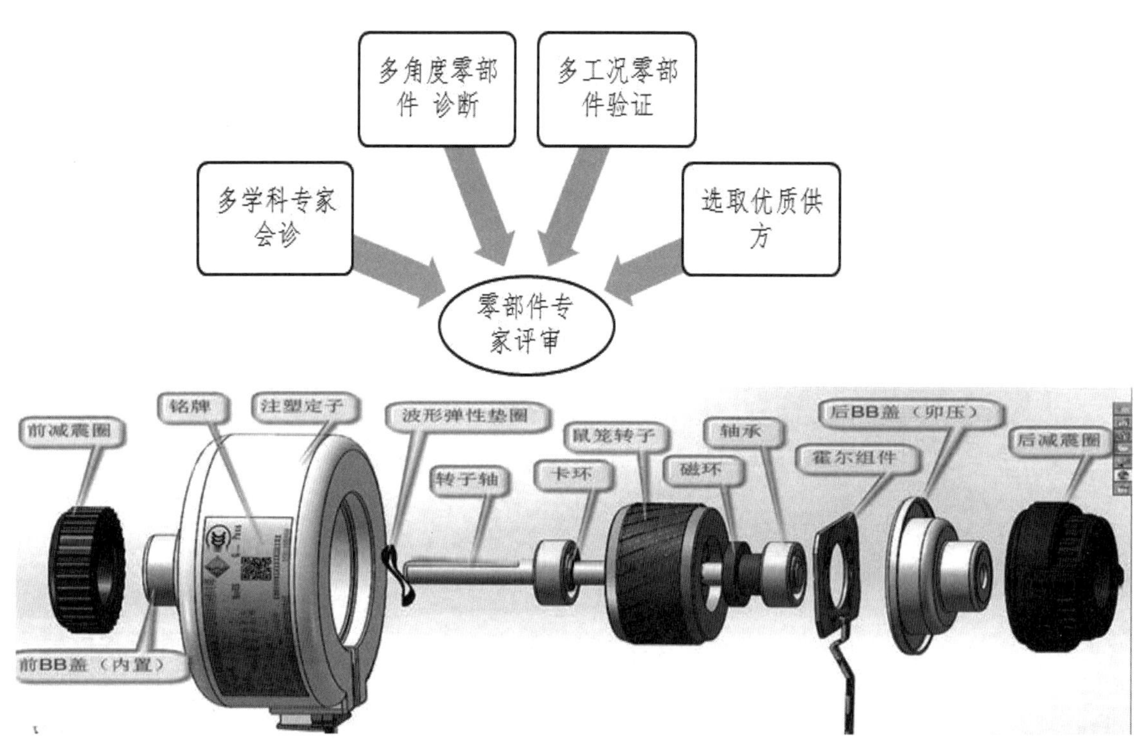

图30 专家评审流程

（5）建立零部件异常停用退货集成处理机制

未开展零部件质量集成化管理前，各基地存在异常物料A基地停用、退货，而其他基地因时间差或信息传递滞后，导致异常品未及时处理，存在严重的质量隐患。为此格力电器建立零部件异常停用退货集成处理机制，异常品处理意见通过系统由总部审批、总部统一维护，确保质量信息受控、各基地质量异常处理一致。

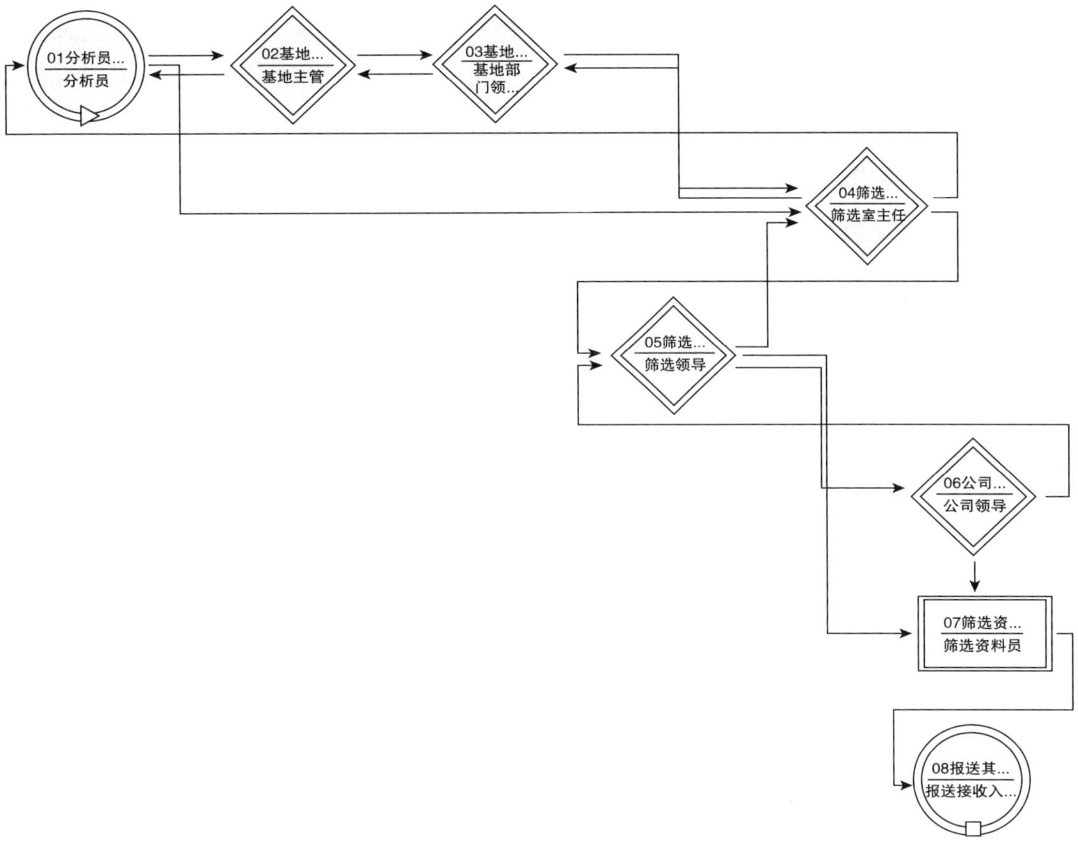

01分析员...
分析员
02基地...
基地主管
03基地...
基地部门领...
04筛选...
筛选室主任
05筛选...
筛选领导
06公司...
公司领导
07筛选资...
筛选资料员
08报送其...
报送接收入...

图31　停用退货集成处理

（6）建立质量异常标准沉淀统一归口机制

重大质量异常一旦发生，为确保重大质量异常的闭环管理，格力电器建立质量异常标准沉淀统一归口机制，通过整改措施标准化跟进系统，问题的整改遵循双归零理念，从管理和技术两方面进行问题归零，杜绝重复发生。

图32　质量异常标准沉淀统一归口

（7）建立检验结论自动判定流程机制

未开展零部件质量集成化管理前，受零部件种类众多影响，检验员每天检验大量物料，易产生检验判定错误的现象。为确保检验结论准确性，格力电器建立检验结论自动判定流程机制，通过检验结论自动判定系统，检验员完成测试后结果可自动录入，系统自动根据测试结果匹配标准、自动给出检验结论、自动生成检验记录。

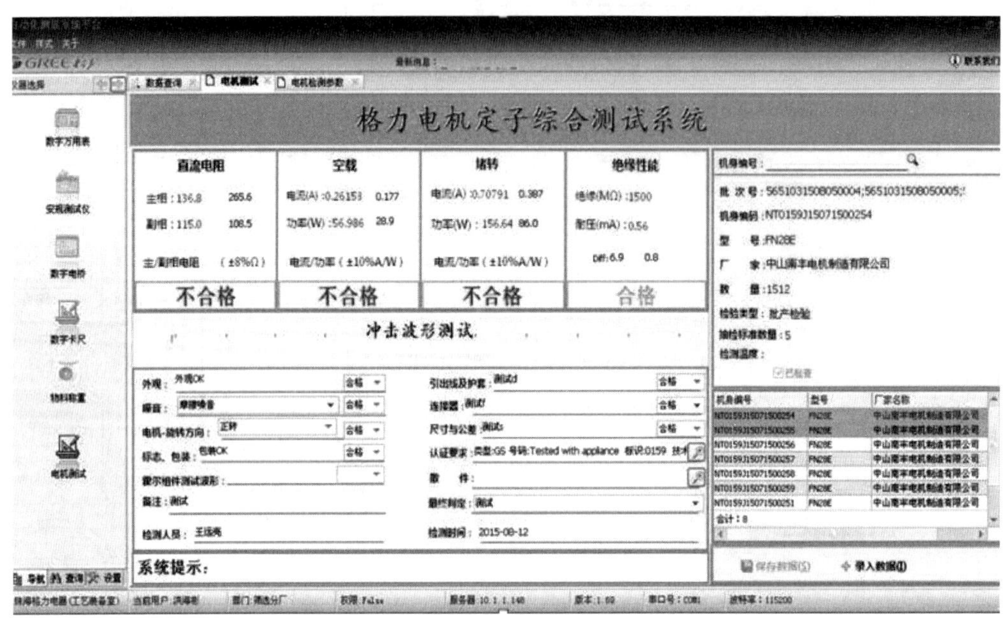

图33　检验结论自动判定

（8）建立检验异常处理流程机制

未开展零部件质量集成化管理前，检验员判定物料不合格流程存在大量的人力浪费和纸张浪费。检验员发现不合格问题后，需打印纸质信息报室主任审批，而后由厂领导批准，最后将结果给到输单员进行系统处理。为优化不合格判定流程，格力电器建立了检验异常处理流程机制。通过检验异常处理系统，员工只需在系统上录入不合格原因，相关人员在系统上自动完成签审。

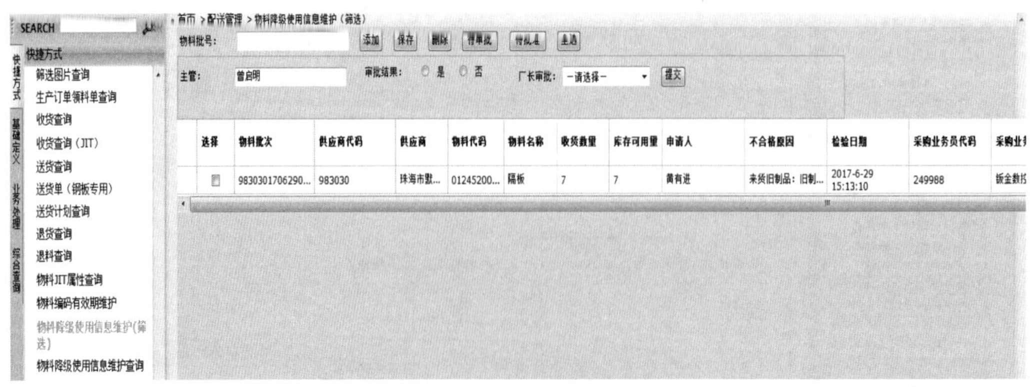

图34　检验异常处理

（9）建立质量异常处理流程机制

质量异常数据传递和存档在未开展零部件质量集成化管理前，均是通过邮件传递，不具可追溯性，不利于数据分析，不利于闭环管理。为此，格力电器建立质量异常处理流程机制，通过质量信息跟踪处理系统，实现质量异常的闭环管理。录入质量异常后，指派整改跟进人，定期返回整改结果，评估整改有效性方可关闭。同步实现全基地人员可以查询历史异常，实时利用质量数据进行整改分析。

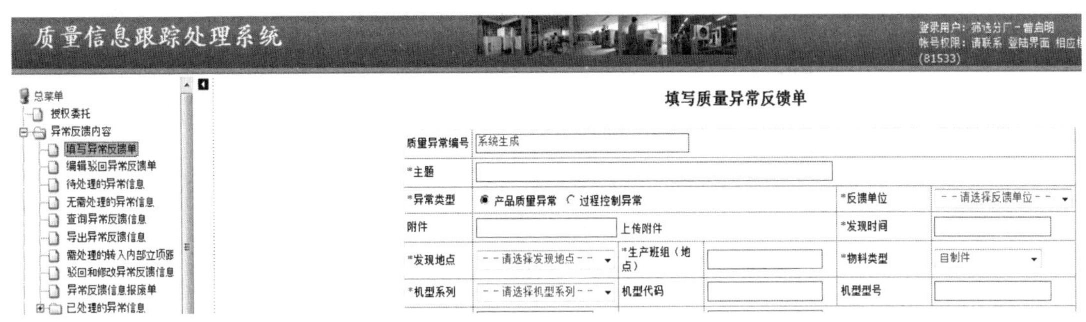

图35　质量异常处理

四、集成化管理的应用效果

大型家电制造业零部件质量集成化管理创新与实践在开展过程中具备创新性、实践性、效益性。

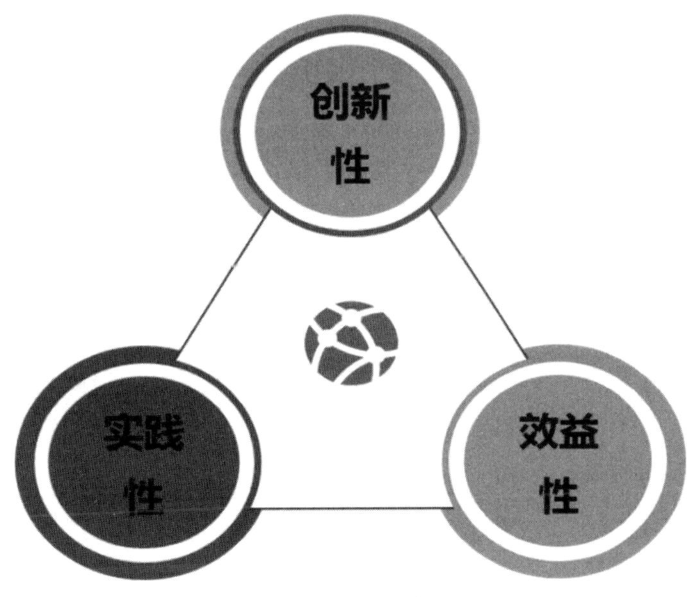

图36　应用效果

（一）创新性

格力电器创新性提出了大型家电制业零部件质量集成化的管理理念，并明确该创新理念三大基本要求：质量标准方法集成化管理、质量要求执行集成化管理、质量结果保证集成化管理。为实现八大空调生产基地对零部件质量集成化管理创新的三大基本要求，格力电器提出以“组织、制度、资源、系统、体系”五位一体作为创新理念的基石，以支撑三大基本集成化要求，从而实现大型家电制造业零部件质量集成化管理理念。该创新理论的模型见下：

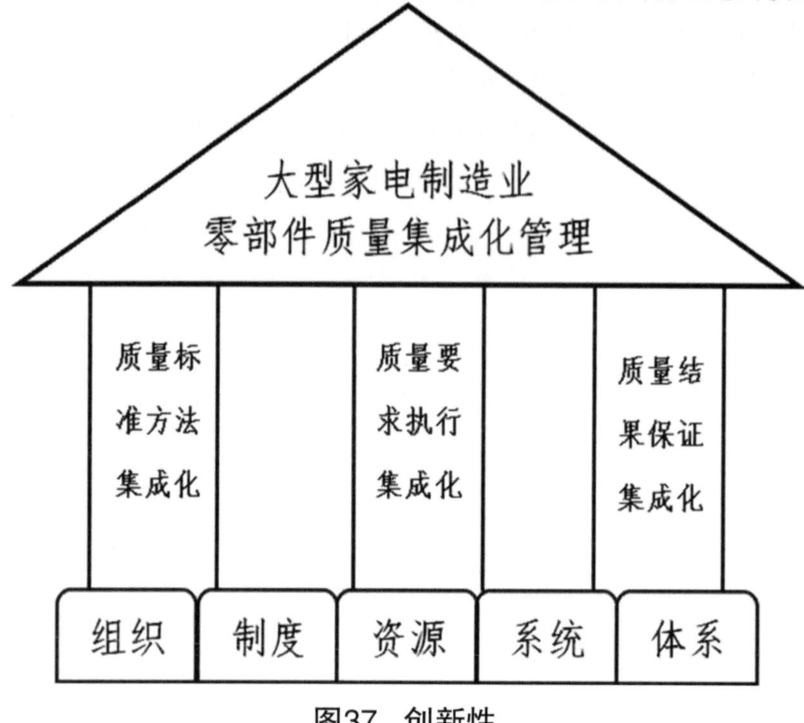

图37　创新性

（二）实践性

2012年8月至今，在大型家电制造业零部件质量集成化管理创新与实践下，输出了大量的创新成果，得到了各类质量机构的高度认可，有良好的实践性。如：《格力零部件检验技术创新平台及家用空调器压缩机可靠性技术的研究与应用》获得2017年中国质量协会质量技术奖一等奖。

获奖时间	项目名称	奖项类别
2013年	空调四通阀液击问题研究及成果应用	中国质量协会质量技术奖三等奖
2014年	空调用冲压类管路件结构优化及应用	中国质量协会质量技术奖优秀奖
2015年	深化半导体元器件失效分析提升控制器可靠性水平项目	格力电器科技进步奖
2016年	格力空调零部件硫化失效可靠性研究及应用	中国质量协会质量技术奖可靠性管理优秀项目
2017年	格力零部件检验技术创新平台及家用空调器压缩机可靠性技术的研究与应用	中国质量协会质量技术奖一等奖

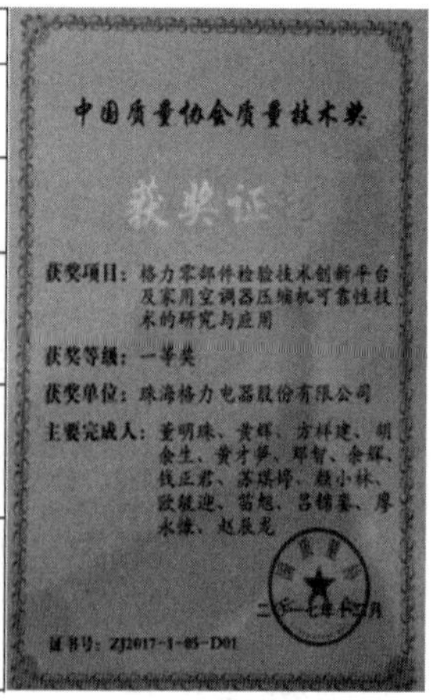

图38　实践性

（三）效益性

零部件质量集成化管理创新与实践的应用效果主要表现为零部件质量检验、质量分析、质量管理的提质增效，具体体现在质量和经济效益的提升：

1.质量效益

格力电器统计了2012年至2017年零部件的售后故障率，整体下降幅度达72.69%，2017年售后维护费用相对2012年节省约1.12亿元。

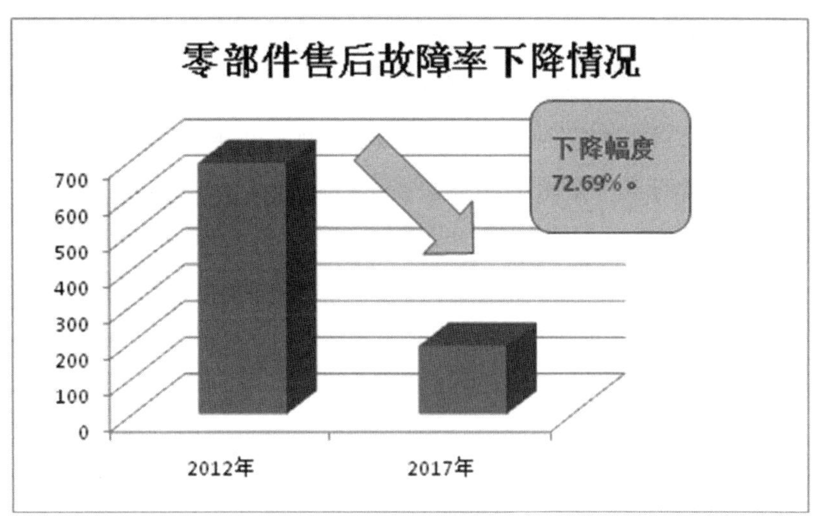

图39　故障率下降情况

2.经济效益

为提升零部件检验效率，格力电器进行了大量的自动化检测设备研发和管理创新。据统计，2012年至2017年实现提质增效，整合人力资源，使得检验人员减少42.65%，节省8712.0256万元人力成本支出。

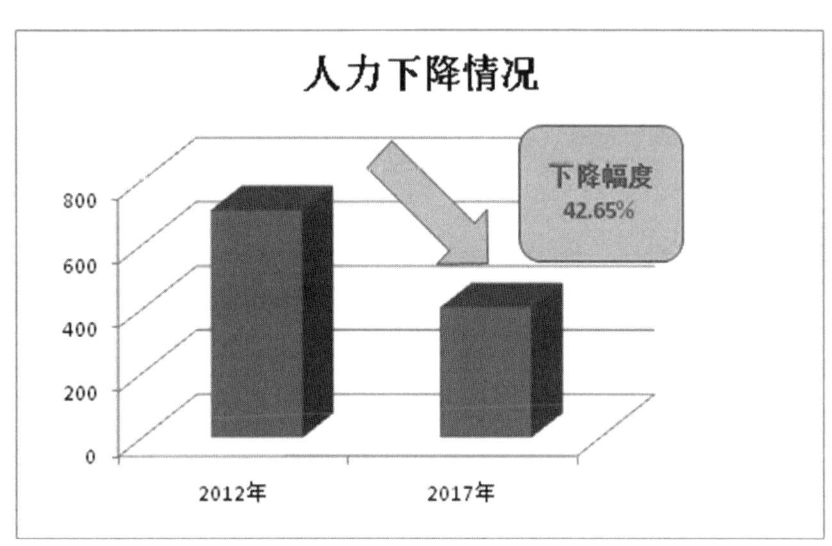

图40　人力下降情况

3.品牌效益

通过开展零部件质量集成化管理创新与实践，不仅产生了明显的质量效益和经济效益，同时也产生了明显的品牌效益。格力电器在中国标准化院顾客满意度测评中心数据，连续七年蝉联顾客满意度第一。在“顾客满意度”“忠诚度”“整体品牌形象”“行业感知质量”等细分维度上都稳居行业第一。

五、展望未来

“质量强国”需要万众一心，成为经济发展的一面旗帜，成为国家繁荣昌盛的强大动力，只有全党、全社会、全民族都能够统一思想，形成共识，为质量而战，才能在不久的将来使中国经济、中国产品、中国制造、中国品牌以其独特的美丽身姿矗立于世界民族之林。

格力电器创新性提出的“大型家电制造业零部件质量集成化管理”，以“组织、制度、资源、系统、体系”五位一体作为创新理念的基石，支撑三大基本集成化要求。该创新管理理念已初具规模，格力电器将不断完善不断创新，提升中国制造质量的可靠性、先进性，让世界爱上中国造，实现从制造大国向制造强国转变。

成果创造人：董明珠、方祥建、邓　智、黄才笋、吕锦銮、欧毓迎、余　辉、曾启明、苗　旭、陈　奋

价值魔方——互联网与e立方经济

中华人民共和国科学技术部　尉迟坚

最近，在报纸和网上，经常会看到对中国经济结构在做调整的描述，提到了中国经济结构的占比正在逐步地从制造业向服务业的方向调整。大方向毋庸置疑，但其关键并不在于服务业，而在于制造业。如果在经济结构中，大幅度地提高了服务业的比重，让制造业的比重降低，我们就能简单、快速地把经济结构问题调整好、解决好，就会非常容易地迈过"中等收入陷阱"，真是如此简单？那么，我们就会上了西方宣传的当，受了人家的骗。笔者认为中国经济结构调整的核心和关键，是国家经济的根本，即制造业的产业发展模式要适应互联网经济发展的新时代要求，我们的制造企业要从以产品为中心转向以服务为中心，同时要提高效率，降低成本，大幅度地提高自身的竞争力，最重要的是我们设计、生产、制造的产品要质量好、价格低、服务好，能够在激烈的市场竞争中取胜，满足市场的需要、需求，从而让我们的服务业更多地卖自己的产品，而不是人家的东西。只有调整好这样的制造业与服务业的关系，才能真正地解决中国经济的结构问题。

其实，美国、德国等西方国家的经济、产业和企业之所以强，在于其实体经济的根本，即制造业通过不断创新，掌控了产业的核心技术，实现了产业的核心价值，始终把控着产业的新发展模式。它们看似没有或有少量的制造业，实则处于制造业价值链的高端，在紧紧地控制着全球制造业及其关联的服务业、金融投资业的市场。因此，中国经济、产业结构调整的真正出路，其关键并不在于简单地提高服务业在国民经济中的比重，而在于对制造业核心技术的创新与掌控，在于通过互联网、软件、大数据等信息技术的强力支撑与产业融合，对传统制造企业自身，特别是其产业发展模式进行脱胎换骨的改变与调整。中国经济的根本，即制造业调整好了，其身后关联的服务业、金融投资业和股票市场等就会自然归正。

一、中国制造业与经济走了怎样的"辛"路历程

从封建经济走向初期资本主义经济的阶段。20世纪初，清王朝结束，中国的封建社会终结，也就是说一百年前，中国才开始了从封建经济进入所谓的资本主义经济的进程。在其后的四十年，直到1949年新中国成立，我们国家经历的是军阀混战、抗日战争、解放战争。其结果是国家满目疮痍，百姓民不聊生、血泪斑斑，经济崩溃，更谈不上有什么产业和工业体系。

从1949年到1978年，计划经济与工业化的发展阶段。1949年新中国成立，百废待兴、百业待兴，面临的却是朝鲜战争和以美国为首的西方国家对中国的长期经济封锁，国家的发展和百姓的生活需求，面临着极大的困难和考验。随后，从"一五"开始，及其后的多个国家五年

经济发展计划，中国的经济发展模式采用了苏联的计划经济体制。在苏联的指导和援助下，一大批重工业、轻工业、商业、银行等国有大企业、集体中小企业由国家和地方政府直接创立而产生。应该说，在当时国家困难的经济和外部环境压力下，计划经济体制对解决国家各行各业的发展需要，缓解百姓生活需求的压力，起到了至关重要的作用。这期间，我们还经历了“文化大革命”，积聚人才的高考终止，经济走向了崩溃的边缘，难以为继，国家的外汇储备在1976年仅够买上几架波音飞机。

分析这段辛酸、痛苦的中国近现代史和经济发展史是想告诉大家，其实中国的现代工业史、经济史是从1949年新中国成立才刚刚开始的，走的是苏联的计划经济体制。计划经济在当时国家的内部和外部环境下，在相当程度上满足了国家的经济发展需求和百姓的生活需要，并助力中国初步地形成了自己的工业体系和基础。应该说，在当时国际政治、经济的大背景下，实行苏联的计划经济体制是中国经济只能接受的选择。计划经济的优势是国家可以集中力量办大事，可以在短时间内快速地解决国家的重大需求和百姓的基本需要，但其缺点是产业、企业的效率低，社会成本高，与西方发达国家实行市场经济的规律相比，国家的经济、产业、企业做大容易，而做强不易。几十年来实行的计划经济体制，与我们国家后来的走有中国特色的市场经济的道路与机制，两者之间必然会产生相对矛盾，需要国家去不断地进行调整，通过不断的改革来实现。

在这个时期，由于长期受到西方国家的经济封锁，国家需要的重大产品，能干出来就是胜利；百姓需要的必需品，能够实现配给、提供就是幸福。因此，难免会缺少竞争意识，缺少成本的概念，缺少服务意识，必然会导致生产企业的管理偏弱，商业企业、银行的服务差。制造企业与银行间难以形成正常的业务关系，一切靠国家的行政指挥。企业大而全，企业就是社会，无所不包。一个企业的生产活动，从小到大，从头到尾，无所不能，无所不管，产品缺少质量、价格、服务的概念。也没有企业家的概念，其实企业家就是政府委派的。因此，在计划经济的体制下，与新中国成立初期相比，尽管经济、产业、企业取得了长足的进步，尽管初步地形成了中国自己的工业体系，但国家的经济并没有形成市场经济意义下的社会化分工、专业化发展、充分竞争的现代经济发展形态。经济的概念过于简单，因此，中国经济的结构问题必然有其历史的发展原因。

从1978年到今天，国家的经济逐步开始走向了有中国特色的社会主义市场经济的阶段。1978年，国家开始改革开放，迎来了经济发展的春天，科学的春天也随之到来。农村实行了承包制，鼓励在农村发展乡镇企业，鼓励村镇发展集体经济，允许个体户经营，在浙江开展了私营企业、私营经济的试点。在这一思想的指引下，时至今日，培养了一大批成功的企业家，成了国家今天经济发展的栋梁。1977年，国家恢复了高考。从较易发展的轻工、纺织行业切入，解决中国大量的人口劳动力就业问题，增加出口创汇，解决百姓需求，振兴轻纺工业，改革轻纺工业体制。20世纪80年代，学习西方国家的先进技术和经济发展经验，举国家之力，引进日本钢铁生产线，创建了现代化的宝山钢铁公司，吹响了对外开放的号角。20世纪80年代末，开始引进日本、德国等发达国家的家电生产线，满足了人们日益增长的生活需要。当时日本、美国、德国等发达国家及其企业、金融业，给予了我们非常大的帮助和支持。后来，一大批出口加工区、经济技术开发区出现，出现了一大批合资、合作及外商独资企业。

在以后的多年，伴随着激烈的市场竞争，中国的一部分企业逐步进入市场经济的正轨，相当一部分企业开始承接外包制造与服务，进入了全球产业供应链，逐渐成为国际产业供应链的关键一环。一大批骨干企业，如海尔、美的电器、华为、中兴通讯、三一、中联重科、联想、浪潮、中车、中船、中航等不断创新，逐渐发展成为国际性的大企业。同时，还出现了一批高新技术产业开发区，国家鼓励自主创新，开始了高技术企业的创业和发展。应该说，从20世纪90年代初到今天，中国的制造业在逐步地进入市场经济的轨道，发展越来越健康，市场竞争力越来越强。一路走来，今天中国已成为全球首屈一指的制造大国，国内生产总值已超过10万亿美元，仅次于美国。

总结新中国成立以来，特别是改革开放这30多年来，中国经济、制造业的发展历程，应该说，成效显著，取得了令世人瞩目的成就。如果从1949年算起到今天，中国用60多年的时间，快步走完了西方发达国家300多年的工业化进程。其实，实行计划经济，功不可没；如果从1978年改革开放算起到今天，中国仅仅用30多年的时间，用智慧和努力逐步走上了西方发达国家300多年来实行的市场经济的发展道路。然而，需要指出的是，正因为中国走市场经济的时间非常短，而且受长期实行计划经济的影响，因此，必然会有相当多的经济、产业、企业的发展因素，与今天实行市场经济的普遍规律相抵触，成为中国经济发展中的矛盾和问题，需要通过不断改革来进行调整。

展望未来，中国的经济、产业、企业要想由大转强，从参与国际市场竞争大循环的高要求，从国际经济、产业格局变化的大视野，从今天美国、德国等西方经济强国及其龙头企业已经开始快步走向“轻资产”的互联网经济发展的新产业模式三方面着眼，我们就必须要深刻地讨论和认识当前中国经济、产业中依然存在的结构问题和矛盾，需要加快改革和解决这些问题的步伐，以迎接全球互联网经济带来的新挑战。

二、究竟，什么是中国经济、产业的结构问题

虽然历经几次的改革和调整，但我国的大部分国企、央企仍然是结构上大而全，倾向于走内循环、小循环的“重资产”产业发展模式。与西方企业相比，竞争力差，大而不强。仔细分析，可以发现一些蛛丝马迹。我们把国企、央企经常出现的一些问题和不良现象，作一个概括性的分析。需要指出的是，并不是说每个企业都会有这么多的问题，而国家层面一直在不断出台政策和措施对这些问题进行改革和调整，期望这些企业能尽快做出结构调整并转型升级。

大而垄断。目前，中国的一些行业对社会和民企开放程度低，相当一部分国企、央企主要还是靠垄断资源吃饭，长期生活在国家的保温箱里，缺少市场经济下的竞争意识。在全球经济一体化的今天，这些企业需要提升竞争力，真正地承担市场经济主体的重任，承担参与国际竞争的大任。

大而乏治。我们的国有企业来自计划经济，由国家派生，相当一批企业家出身于政府机构，或者说，企业家与政府官员相互熟知，或者在国有企业内经常轮岗。因此，国有企业与政

府之间，国有企业与国有企业之间，容易形成固有思维，缺乏新鲜血液及先进的管理经验，从而在客观上难以进行结构性改革。

国有企业的所有权方，目前仍对主体意识有模糊认识，到底由谁来代表国家，谁是股东，企业向谁负责？国家行使真正的所有权方责任不完全到位、缺失。在这种管理模式下，庞大的国家资产、国家资源，庞大的企业人员，依靠的往往是几个国有企业经营者的自律、良心，缺少制度和机制的监督与保障，极易产生腐败，而导致国家承受损失。长此以往，如果经济形势处于增长期，经济形势好，一切矛盾可以掩盖，看似一切正常；一旦经济下行，经济形势不好，企业经营遇到困难，处于困境，那么一切矛盾和问题就会暴露。同时，如果所有权部门对企业经营方年初定下的经济指标不能完成或形成亏损，所有权方和企业经营管理者就会以宏观经济形势不好为理由，得到解脱。这种状况不断重复，需要对这些模糊认识和问题进行纠正。

在企业经营管理上，管理层次多，造成低效率、高成本运营；对股东缺乏责任心，决策不明晰，责任不清晰。在民营企业，工人、管理者与雇主是合同制关系，人员进入和退出，依法按劳动合同办理。相比于民营企业，国有企业的工人和干部经常认为自己是国家的人，企业经营管理者减人难、减干部难；干部有级别、追求级别，按级别划分，企业经营管理者难以管理，导致企业管理成本高位运行。

企业经营管理者有任期，因此，必然会注重短期成效，短期行为多，缺少长远规划与考虑，导致企业不注重创新，忽视长远行为，长此以往，会缺少市场核心竞争力。2014年，民营企业华为公司的研发投入高达65亿美元，占当年销售收入的14.2%，比A股近400家企业的研发投入的总和还要多。

大而全。相当一批企业的生产活动从小到大，从头到尾，从易到难，绝大部分都在一个企业集团内完成，走小循环、内循环。这种模式导致企业在资产投入上，过度投资生产设备、设施、场地、人员，形成“重资产”，看似气势壮观，实则企业资产负债率高，设备折旧率高，人员负担重，没有形成集全国、全球的优势资源进行配置，企业缺乏竞争力。因此，企业只能事事自担风险，无法将自身的风险向社会及全球转移、转嫁。这样的产业发展模式，导致企业成本始终高昂，经济形势好的时候，形势一派大好；一旦经济形势下行，大量设备、设施、厂房及人员闲置，社会又无法使用，企业可能面临负债累累、困难重重。

大而杂。相当一批企业战线过长，什么都做，操的心太多，导致企业精力分散，缺乏专业性和精细化，从而分散了企业对本行业业务核心价值高端制造的注意力和宝贵的财力。长此以往，企业将自身优势弱化，从而难以长期立足于高端制造的市场。

大而乱。还有些企业，其非主营业务比例高，如扩张土地、经营房地产等，长期依赖这些非主营业务收益，一旦资本市场或土地等政策波动，也会间接影响主营业务的发展。

下面用典型的东北地区的央企、国企所面临的困境，作为案例进行分析。通过研究东北三省在全国省份中GDP增速排序，我们可以看到，东北三省GDP的增速在全国的范围内处于靠后的位次，令人担忧。

按说，相比于广东、福建、浙江、山东等省份，东北三省的工业、交通、能源、港口、地理位置、人力资源等基础、设施和条件不是很好、很强吗？关键问题出在了东北三省“大而全”的产业结构和相关制造企业的转型升级上。东北三省的经济、产业结构长期主要围绕和依赖的就是大型制造企业。因此，每当长春一汽的产值、产品市场下滑，吉林省的经济就会感冒、发烧；每当大庆油田、哈电公司的产值、产品市场下滑，黑龙江省的经济就会感冒、发烧；每当辽宁的机电与制造企业产值、产品市场下滑，辽宁省的经济就会出问题。仔细研究、分析东北三省经济所依赖的这些大型制造企业，就会立即发现这些企业是以国企、央企为主体，而且是以“重资产”的制造企业为主体，形成了浓厚的传统制造文化，形成了多个所谓的大院式文化与发展模式。这些企业尽管进行了一些必要的改革，但长期走的是大而全、小循环、内循环、“重资产”投入的产业发展模式，低质、低效。当经济发展处于上行的发展阶段，由于市场需求大，产品卖得出，企业体制、机制的问题就会得到掩盖，矛盾就不会突出；而每当经济下行和出现问题时，企业体制、机制和产业发展模式的问题就会反复出现，矛盾就会变得突出，影响东北三省经济和百姓的民生、就业，成为社会和各级政府的问题。由于近期宏观经济形势严峻，经济增速放缓，经济下行的压力加大，我们可以看到，东北三省经济的各项指标相比于其他省市，处于不利的局面。我们可以试想，东北三省的各级政府，特别是这些制造大企业一定盼望和期待的就是国家宏观经济形势在不久的将来能够向好、向上，以期挺过、熬过这段艰苦的时间。然而，即便将来国家宏观经济的形势好了起来，东北三省的经济和制造企业还会迎来春天吗？看看世界经济的变化，在互联网这一经济的新学说、新产业模式下，经济和产业的价值观发生了巨变，“去工业化”“轻资产”，经济、产业和企业的核心价值正在不断地流向互联网业、工业互联网业和金融业，越来越远离传统的制造业、制造企业。而制造业、制造企业越来越成为互联网业、工业互联网业和金融业的加工业和附庸，制造业、制造企业的利润和股值因此会不断降低。因此，东北三省的经济和产业需要尽快进行结构调整，其制造业要逐渐向“轻资产”的工业互联网业的方向转型升级。责任和压力重于泰山，东北三省的各级政府，特别是这些制造大企业必须深刻领会国家对于产业转型升级及经济增长新产业模式方针的精髓，自醒自立，发愤图强，转型再生。其实，我们不得不说，东北三省的经济和制造企业面临的结构和转型升级问题，也是全国国企、央企面临的问题，在全球互联网经济的大潮和挑战下，今天已经没有什么企业可以置身事外、排除在外。

从中国100强企业排行榜中，我们可以清晰地看到，中国的前100强企业是以国有、传统的“重资产”制造企业、传统的银行、保险公司和房地产业为主体的结构，这就是我们国家经济、产业当前的基本现实。这一现实告诉我们，我们国家的经济、产业要想转型走上互联网经济的发展道路，还有相当长的路要走，我们对已经取得的成绩还不能沾沾自喜，故步自封。

从深层次看，中国相当一大批国有企业“大而全”，至今还没有全面完成工业化的基本进程，更没有完成信息化这一企业发展的关键进程，企业也缺少核心技术，缺少有竞争力的高端制造产品，更少见“轻资产”的工业互联网这种新产业发展模式的企业，没有形成行业龙头企业领头、大企业与广大专业化中小企业分工明确，相互协同、相互支撑、共担风险的格局，没有形成雁阵式飞翔的宽模式。经脉没有完全打通，或者说，路径并不宽广、通畅，这种窄模式制约和阻碍了中国快速向市场经济过渡和迈进的速度与步伐。

改革开放30多年来，中国经济、产业和企业的起点虽然低，但由于国家大、人口多，市场巨大，需求巨大，所以经济、产业和企业的发展始终处于上行态势，会感觉经济形势始终向好，东方不亮西方亮，从而掩盖了国家经济和产业结构不合理的矛盾，特别是掩盖了对各行各业“重资产”投资所带来的风险。因此，忽视了经济发展的另一个关键层面，即当经济增长放缓或处于下行通道时，产业、企业和社会对把控投资风险方法学的研究。

其实，现代企业的核心价值，已不在于企业大、产值大、销售额大，而在于利润高、股值高、市值大，股东获益大，经营者和劳动者收入好，客户满意度高，企业核心竞争力强，具有可持续的发展能力。更进一步地说，企业的核心价值，早已不在于大而全，而在于强而精。强在于对产业标准的把控，在于对产业技术体系的把控，在于对产业生态链的把控，在于对全球优势资源配置的把控，在于通过数据、大数据分析对管理决策的把控；精在于对产业核心技术的把控，在于对核心价值高端制造的把控，在于对投资风险的把控。为此，国家可以考虑通过大力发展“轻资产”的工业互联网企业，即通过互联网、软件、大数据等信息技术的支撑，促进制造业、服务业、金融投资业与软件业、互联网业的深度融合，并推进龙头企业走“轻资产”的产业发展模式，与“重资产”的专业化中小配套企业形成产业新生态，来促进产业结构的调整，来分散投资的风险，实现保护投资。其实，这就是解决经济增速放缓和经济下行压力的方法学。

综上所述，与西方经济发达国家相比，中国经济的结构问题，就在于长期受计划经济的影响，一是国家经济的整体布局以国有企业为主体，国有企业在国民经济中的占比偏重，经济发展的红利和风险没有同时向全社会、全球分散和分担；二是国家的产业结构以传统制造业为主体，制造业偏重、太重，国家和社会层面严重依赖制造业的发展，形成了浓重的“传统制造”文化，经济、产业的结构还没有在服务业、软件业、互联网业、金融投资业等业态方向得到充分延展；三是庞大的传统制造业还处于“重资产”、低效能的发展模式状态，相当一批国有制造企业其内结构仍然是“大而全”的状态，从根本上说，抵御经济减速和下行的能力差，防范企业经营风险的能力弱。

万水千山，千沟万壑，中国经济、产业、企业各个层面改革的脚步绝不能停歇，我们必须走出一条中国人自己的康庄大道。历史的使命感与责任感驱使我们必须要找到发展经济、产业的新方法、新方式、新理论。

三、重新审视与深刻认识互联网、大数据技术的快速发展，其背后的真正含义，其对国家、经济、产业、企业发展各个层面的战略意义

中国的经济结构问题尚处在一个不断调整与改革的过程中，而有中国特色的社会主义市场经济的体制建设还处在一个持续发展的阶段。在这样一个艰难的、摧枯拉朽的改革进程远未完成之时，从全球经济发展的格局与大趋势看，今天中国的经济、产业又开始面临新一轮互联网与大数据经济大潮的强力冲击与挑战。在目前经济改革面临多重挑战、压力的关键时刻，一方面，我们需要清醒地对我国的国情及经济发展的基础、产业与企业发展的现状做出正确的评估与判断；另一方面，我们需要冷静、认真地思考，虽然互联网与大数据经济必然会给中国经济、产业带来极大挑战，但如果我们应对得当、勇于向前，这一挑战其实极有可能成为中国

经济、产业、企业实现跨越式发展的一次难得的历史机遇。例如，阿里巴巴、腾讯、百度、小米、顺丰快递等一批互联网、工业互联网公司在短时间内可以在资本和股票市场上取得如此大的成功，就让我们看到了实现“跨越”的希望。因此，重新审视与深刻认识互联网、大数据技术的快速发展，其背后的真正含义，其对国家、经济、产业、企业发展各个层面的战略意义，其对生产关系、生产方式、产业模式、经济基础与上层建筑的影响与改变，是摆在国家宏观决策者及广大实施者、操作者面前的一个重大、关键难题。这将会深刻影响中国未来三十年经济、产业、企业发展的走向、规划和大局。

其一，互联网、大数据到底是什么“魔方”，是哪路“神仙”？以软件、互联网、大数据为代表的信息技术到底改变了什么，其是怎样改变生产关系、生产方式、产业发展模式的？而中国推动互联网新经济是否可以实现经济的跨越式发展？

对于制造业而言，传统上来讲，企业是以产品为中心的。近年来通过各类工业软件的不断应用，即制造企业通过实施信息化，大幅提高了企业的效率、降低了企业的成本，开始形成制造业与工业软件的深度融合。简单地说，在企业信息化时代，以软件为代表的信息技术总体上是以生产工具、生产力的角色出现的；而在企业互联网时代，企业纷纷转向以服务为中心，来快速响应和灵活实现客户和市场对个性化服务、定制化批量生产、产品全生命周期服务的需求，这其实是一种更高级的服务与难度更高的制造目标。为此，制造业的设计、制造、管理、服务四个主要环节就需要通过与软件、互联网、大数据等信息技术的高度融合，即通过对制造企业的微内结构和外部关系进行不断优化、改进与创新来实现。在这一过程中，需要企业在“硬件”设施与“软件”开发两个方面投入巨额资金，这也必然会成为企业发展的不可承受之重。按制造业传统的“事事”靠自身“重资产”投入的产业发展模式，企业就必然会存在巨额的投资风险。面临这样的巨大投资压力，就必然会倒逼和驱使企业积极探索和发展一种基于互联网、大数据的企业、产业间新的协作、合作方式，即通过生产关系、生产方式与产业发展模式的创新，形成一种产业的新生态来分担巨额投资与经营的风险，从而实现共赢、共同发展的新方式、新模式。在探寻这一关键的生产力提升、生产关系与生产方式转变的新经济理论与产业发展新方法学的进程中，由乔布斯所领导的美国苹果公司所创新性实施的“零制造”、间接制造的生产方式，以经营产业生态核心价值为目标的“轻资产”的新产业发展模式的成功实践，为全球经济界、产业界、金融投资界、企业家、宏观决策者对这场生产方式与产业发展模式的转变与变革进行了系统诠释与解读。显然，这就是这场基于互联网、大数据的工业革命的起点与初衷。对此，我们在第一章进行了详细的分析。苹果公司实施的新生产方式与新产业发展模式其实告诉了大家一个深刻的道理，即互联网已经不仅仅是一个技术的概念，随着标准、软件、互联网、大数据在制造业的深度应用与融合创新，不仅提升了生产效率、生产力，还革命性地改变了生产关系、生产方式与产业发展模式。因此，今天“互联网”已经成为一个关键的经济概念，成为发展经济的新方法学。由此为起点、转折，随着这一发展经济新方法学的应用与普及，全球经济将进入一个效率更高的互联网经济时代，从而进入了更高级的市场经济阶段与形态。或者说，互联网经济其实是市场经济的一种高级表现形式。而如果我们能够认识到这些变化与变革，不畏艰难，迎难而上，全力推进制造业与软件、互联网、大数据为代表的信息技术的应用与深度融合，从技术创新走向生产关系创新、生产方式创新、产业发展模式创新，直接迈入这一高门槛，那么中国的产业、企业就会实现跨越式发展，而中国的经济就可能直接迈入这个更高级的市场经济发展阶段，实现企强民强国强的中国梦。

其二，互联网经济下所展示的业态到底是怎样的业态？互联网经济到底是市场经济，还是计划经济，或者是计划经济与市场经济高度复合、融合的经济形态？未来的经济是怎样的结构？产业间是谁与谁的竞争？未来的金融业态又是怎样的形态？互联网经济为什么对经济基础与上层建筑会产生革命性的影响？

从我们所熟悉、熟知的传统经济、产业的基本概念、规律与管理的角度看，产业的形态大概是这样的：制造业是制造业，服务业是服务业，软件业是软件业，金融业是金融业，保险业是保险业，电信业是电信业，等等，其产业间分割得非常清晰，相对独立。比如，海尔、美的家电产品与三一重工、中联重科的工程机械产品是典型的制造业态；沃尔玛、家乐福、电信服务、交通运输是典型的服务业态；用友、浪潮、金碟等软件公司是典型的软件业态；中国电信、中国移动、中国联通是典型的电信业态；中国银行、中国工商银行、中国建设银行等是典型的金融业态；中国保险（控股）有限公司、中国太平洋保险（集团）股份有限公司等是典型的保险业态。可见，每家企业的业务均处于相对独立的业态之中，一般不被允许经营其他业态的业务。按中国现行的经济管理政策，如果想在上述的一个企业内实现电信、金融、保险等多业态业务的复合发展，一般不会得到政府政策的许可与批准。而中央政府和各级地方政府也愿意接受这样明晰的产业分工，以易于实现政府的行业管理、数据统计与专项服务。

前述，我们谈到苹果公司以服务为中心，创新性地实施了以经营产业生态核心价值为目标的“轻资产”新产业发展模式。那么，由此引发的这一产业新生态到底是怎样的形态呢？以苹果公司大卖、热卖的智能手机产品为案例进行分析，我们会看到苹果公司当然属于制造业态，因为其智能手机产品是苹果公司设计的且是苹果公司组织成千上万家产业生态内的企业为其加工、制造的；苹果公司是服务业态，因为其智能手机产品是苹果公司自己营销的；苹果公司是高端芯片业态，因为其内置的核心芯片是苹果公司自己设计、委托产业生态内其他核心企业加工、制造的；苹果公司又是软件业态，因为在其大卖、热卖的智能手机产品及其生产过程中，苹果公司开发、使用和安装了庞大的基础软件、应用服务软件、工业软件；苹果公司当然也是互联网业态，因为该公司向全球用户提供了典型的互联网服务；更重要的，苹果公司还属于金融业态，其金融业态的属性最终让苹果公司站上了“金融”这个产业生态价值链的顶端。在此点上，需要大家关注的是，由于苹果公司掌控了本产业生态内成千上万家配套企业的设计、制造、经营、管理、服务数据的全集，即该产业生态的“大数据”，相比于其他传统的金融投资企业，当该公司向本产业生态内的优势、优质企业直接或间接投资时，由于被投资企业的数据始终透明化，苹果公司对其知根知底，所以投资效率会更高、投资成功率会更高、投资风险会更低。毋庸置疑，苹果公司所代表的新金融业态必然会具有强大的生命力与市场竞争力，其代表着金融投资业态未来的发展方向。综上所述，苹果公司的发展战略、业务、生产关系、产业模式其实覆盖、横跨了制造业、服务业、核心芯片业、基础软件业、应用软件业、工业软件业、互联网业、金融投资业等多维的产业业态，这是一个多么庞大的产业生态与产业生态圈，这是一个多么高度复合的产业业态，有如此众多的产业生态核心价值可以被苹果公司所获取！而这又是一个我们多么不熟悉的产业业态，其与我们所熟悉的传统的单一制造业态、软件业态或金融业态等有着天壤之别！

近期在中国的资本、股票市场上，大家经常谈论“二马”现象，即阿里巴巴的马云和腾讯的马化腾在其各自的产业生态圈内进行大量投资。而在其投资效率越来越高、投资成功率越来越高、投资风险越来越低、投资生态圈越做越大之时，我们应该已经感悟到，这两家互联网企业从服务切入，一旦掌控了本产业生态圈的大数据，其展现的将是超凡的金融投资属性和强大的金融竞争力。支付宝、微信支付所代表的这种新的效率更高的互联网金融业态已出现，而其何止是表象上的一个电商平台、即时聊天平台与应用软件App那么简单。而阿里巴巴和腾讯两家互联网公司各自所展现的又是一个多产业融合的复合经济业态。

看来，具有复合业态的企业未来必将会革了传统单一业态企业的命。这也告诉大家，一个企业、一个产业仅仅凭技术创新是远远不够的，还必须进行更深刻的生产关系、生产方式与产业发展模式的多维创新，与时俱进，与软件、互联网、大数据拥抱得更紧，才可能在激烈的市场竞争中得以生存、发展，才会具有强大的竞争力。否则，就会付出代价，甚至被革命，走向没落。这将是互联网、大数据经济时代的脉搏、心声与宿命。

从以上分析可知，苹果、阿里巴巴、腾讯、小米这些互联网、工业互联网企业展现的都是一个新的多业态复合的产业业态与庞大的新产业生态圈。这一不可阻挡的新方式、新模式、新经济必将会颠覆传统的服务业态、制造业态、软件业态、电信业态，还必将会改变传统金融业、资本业、保险业的优势地位，最终也将会颠覆传统的金融业态。产业的业态在变革，新的工业革命已经开始，一个新经济的形态——互联网经济、大数据经济正快速向我们走来。那么互联网经济到底是什么经济？是市场经济，是计划经济，还是其他形式的经济？

对于一个由互联网或工业互联网企业所构建的庞大的跨产业业态的生态圈，从微观上看，主导性龙头企业对其配套的加工、制造、装配、服务的各类企业实行的应该是一个“强”计划下的进度、交货期、物流、指标、性能、质量控制、成本、标准、规范、管理、服务的要求与安排，整个产业生态必须是一个基于标准、软件、互联网、大数据平台下的精细、精益的管理与服务，因为任何一个环节出现问题或偏差，就会影响整体、全局。因此，对于这样的产业生态圈内的每一个企业、企业与企业间、不同产业业态间，其管理与服务需要做到高度的可协作化、对称透明化、标准化、网络化、全数据化。因此，可以推定，产业生态圈实行的必然是其龙头企业所主导的“高度计划经济”和“强”计划经济，这是一个结论；而对于产业生态圈中的每一个企业，特别是处于主导、龙头地位的互联网或工业互联网企业，由于其需要巨量的资金投入，因此，它们必然是高度资本运作化、股份化、必须上市化的。所以这些企业又必然是高度市场经济化的，这又是一个结论。我们还可以预见，未来的广大中小企业必然是高度专业化、社会化、软件化、信息化、数据化、互联网化、服务化的，它们既可能处于某一产业生态圈内，也可能为同质竞争的不同产业生态圈服务，从而最大限度地实现其自身价值。从宏观上看，未来的经济社会必然是产业生态圈间的高度竞争，不会有很多企业有能力构建这样强大的产业生态圈，而这又是高度市场经济化的，这也是一个结论。显然，对国家未来的经济而言，就是由一些这样的产业生态圈，或者说由少量的互联网或工业互联网企业所把持、主导，经济与产业会高度集中化，这将是互联网经济下的新经济结构。当然，这种新经济结构势必会引起国家的经济基础与上层建筑的变革。此时，由于国家对经济的管理主要是通过网络与数据对这些强大的产业生态圈，或者说对一些较强的互联网或工业互联网企业进行管理与服务，并通过大数据对这些企业的经济活动进行统计、判断、决策，因此，国家对经济的管理会变得越来越简单化、产业融合化、高度扁平化、高效化、标准化、互联网化、大数据化、科学化、精确化，所以我们会感到国家在实行理想的、基于大数据的高度计划经济下的管理变得更加可行，而这样的经济管理其实是通过这些具有强大竞争力的互联网和工业互联网企业来间接完成和实现的。同时，由这些具有强大市场竞争力、创新能力的互联网和工业互联网企业去执行一些国家计划下确定的大目标、大任务，应该会更易完成和实现，这还是一个结论。企强国会强，国强企更强。因此，互联网、工业互联网企业及其所构建的新产业生态圈，其实是一个高度计划经济与高度市场经济辩证统一的经济体，这是互联网经济形态的本质。这或许也会成为未来大家讨论的新经济哲学，在此点上，笔者愿意与读者进行更深层次的学术性研究与探讨。

看来，人类社会已从基于个体能力的自给自足、量入为出的农耕经济，走向基于群体能力的依靠能源与机械为工具的工业大经济，而今天正在走向基于全球互联互通的信息经济，即“脑”经济与智慧经济的时代。这样的人类经济社会发展的脉络已变得越来越清晰。

其三，前面谈了互联网、工业互联网及其背后的内涵与意义，现在我们返回来再谈谈传统制造业。制造业本身的核心价值到底是什么？制造业的核心技术与价值如何来实现？为什么说工业互联网会成为中国制造业、产业、经济实现跨越式发展的一次难得的历史机遇？而所谓的“虚拟经济”是不是一个伪概念？

对于制造业而言，我们不妨简单地将其分为一般性的零部件和整机壳体的设计、加工、制造、装配与高端核心部件的研发两个大的部分。我们可以让零部件、整机壳体的设计、加工、制造、装配这部分庞大的制造业交给广大的专业化、社会化的中小企业去完成，这部分工作虽然技术含量偏低、利润偏小，但体量大，会创造大量的就业机会。而中国又有近十四亿的庞大人口，因此，这一庞大的市场既是制造业的基础，又是高端制造业的支撑，也是国家与社会稳定的基石，我们永远都不能放弃，必须牢牢地抓在手里。那么制造业的利润与核心价值到底在哪里呢？当然是在高端核心部件这个部分。这部分制造业虽然体量上看似不大，却创造着惊人的利润，越来越成为制造业实现价值的核心，历来也是各国企业、产业与经济争夺的制高点。以三一重工、中联重科的高端工程机械产品为例，这些产品中高端核心部件实现的利润高达80%左右，而这部分利润往往被西方垄断企业拿走；再如，对于一架飞机来说，制造业的最大利润部分在高性能发动机上，而发动机中技术最难、价值最高的部分又在热部件的叶片、单晶叶片及其加工装备与工艺上，而这个方面一直是我国航空工业的“痛点”与瓶颈。其实这样的案例在中国的制造业中比比皆是，让人痛心疾首。中国制造业大而不强的现状必须做出改变。中国的企业曾数次在高端核心部件领域发起冲击，大都成效不大，甚至铩羽而归。痛定思痛，我们意识到德国、美国、日本等发达国家企业在百余年的工业化进程中，投入了数十亿美元的资金与大量的人力等资源，经过数次的激烈竞争，大浪淘沙，最终在各个产业、行业的高端核心部件领域，已经形成了相对稳定的垄断地位与态势。中国企业要挤入这一利润丰厚的市场着实不易。现实上，我们放眼看看当前中国的龙头制造企业，从其利润、股值、市值、市场的潜力与融资能力等这些可信的财力角度看，要让它们在短时间内投入数亿、数十亿美元的研发资金去跨越高端核心部件产业技术的高门槛，似乎并不现实。看来，我们必须另辟蹊径，才可能成功。

近年来，以阿里巴巴、腾讯、百度、小米等为代表的互联网、工业互联网企业的不断创新和快速发展，让我们看到了中国制造业未来在高端核心部件这个核心产业技术方向实现“跨越”的希望。一方面，这些企业通过实施“大数据”战略，在不断地向信息技术领域更深层次的人工智能方向迈进，并不断取得成果与突破，让互联网服务与感受越来越好。另一方面，这些企业通过实施“互联网+”的产业发展模式和战略，它们在不断地进入实体经济、传统制造业与传统信息产业的领地，并开始进入汽车行业、机器人行业、医疗器械与健康行业、核心芯片业、白色家电与信息家电业、交通运输业等产业、行业，不断地取得进展，为实体经济、传统制造业与传统信息产业的“改天换地”带来希望和机会。小米公司在投入10亿元的研发资金后，经过两年多艰苦卓绝的努力，2017年2月底对外宣布面向智能手机的“松果”芯片已经开发完成，这个高端核心部件的成功研发取得了令国人振奋的业绩。而以“松果”核心芯片所形成的技术开发平台为基础，假以时日，我们有理由和信心去期待小米公司会开发出更多面向不同家电产品的核心芯片，从而站上家电行业价值链的高端，为小米的家庭“互联网+电”产品与服务插上“天使”的翅膀，助力小米快速促进其产业生态圈的构建与可持续发展。上述我们提到，要掌控制造业的高端核心部件，去跨越这一产业技术的高门槛，企业往往需要投入数亿、数十亿元，甚至更多的资金进行研发与创新，而庞大的资金缺口与压力往往会挡住企业前行的脚步。但我们看到，阿里巴巴、腾讯、百度、小米等这些互联网、工业互联网企业一经上市，最终都会从资本和股票市场上获取少则几百亿元、多则几千亿元的巨量资金，从而它们也会拥有巨额的投资能力。那么，只要制造业的高端核心部件具有超高的利润与投资回报，我们当然可以期待这些互联网、工业互联网企业会有可能依照“互联网+”的产业发展模式和战略顺势而为、投入巨资，去逐步争夺制造业的高端核心部件这个利润丰厚的“蛋糕”与市场，从而为中国高端制造业的突破与发展闯出一条新路。

现在，让我们再来回顾一下第三章中“德国工业4.0”的目标与战略。传统制造业的龙头企业通过应用标准、软件、互联网、大数据等，并将其与企业的发展战略、业务、流程、管理、服务等深度融合，即通过实施“+互联网”的产业发展模式，可以实现企业与产品的标准化、软件化、信息化、互联网化、大数据化、服务化，最终可以转型成为以经营产业生态核心价值为目标的“轻资产”型工业互联网企业。而一旦制造企业转型成为面向本产业的互联网企业，也将成为资本市场和股票市场所追求的目标，也必然会获得市场和社会的巨量资金。此时，这些企业就会有底气和财力再进入高端核心部件的市场，与西方垄断企业展开竞争或进行并购，就会有胜出的希望与机会。其实对于中国现今的龙头制造企业而言，有一个难得的历史机遇已经摆在面前。由于中国自身市场大、内需大，同时中国今天已成为全球制造业供应链中最庞大、最核心的环节，外供亦“大”，现实告诉我们，相当一大批处于各行业、产业的中国龙头制造企业往往在“线下”就是全球最大的制造与整机装配企业，其现有的供应链、服务链、生态链也是全球最大的。如果这一大批龙头企业能通过深度研究与理解德国工业4.0的核心理念，实施“+互联网”的产业发展模式与战略，即通过深度应用标准、软件、互联网、大数据，并与企业的发展战略、业务、流程、管理、服务与产业模式深度融合，最终实现“线下”与“线上”的高度融合，也就是创新性地应用和实现新的生产关系、生产方式与产业发展模式，那么这一大批中国的龙头制造企业就必然会转型、转身成为全球此类行业、产业排名第一或靠前的工业互联网企业，就会获得全球资本市场和股票市场的追捧，从而实现企业最大的价值。而从全球范围来看，这是当前任何一个国家的企业所做不到、实现不了的。因此，这也是中国制造企业由大转强的一次千载难逢的历史机遇，我们应该排除万难去争取。机不可失，中国庞大的龙头制造企业、企业家与宏观决策者们该觉醒了；而一些中国传统制造业的企业家、所谓的“大佬”所说的“虚拟经济”当然是伪概念，他们不进行创新，不懂得用互联网、大数据去改变落后的生产关系、生产方式与产业发展模式，不跟上互联网与大数据经济的大潮，就会继续被他人盘剥、欺凌。

笔者认为，不管互联网、工业互联网与大数据的“价值魔方”如何变化、变幻，制造业与实体经济永远都是必争之地。原因很简单，制造业与实体经济所代表的是人类生存、美好生活所必需的衣、食、住、用、行与工作的刚需，谁也离不开、离不了它们。然而，笔者还要辩证地指出，从政治经济学的角度和观点看，由于“互联网”与“大数据”的出现与发展，其带来的不仅仅是生产效率、生产力的变化与提升，还带来了生产关系、生产方式、产业发展模式的重大改变。更进一步地说，由于引领全球、中国经济与产业的龙头企业，当前与未来经营的很可能是覆盖、横跨制造业、服务业、芯片业、软件业、互联网业、金融业等多重复合的产业业态，获取的是其中多业态的若干核心价值，而不仅仅是制造业态的局部价值，因此，对制造业及各个产业、行业业态的革命其实已经开始了。互联网、工业互联网企业当前仅仅是把制造业当成了其实现价值的一个载体，经济、产业的价值观已经发生了巨变，经济发展的哲学也必然会随之发生变化。因此，今天不管你把制造业做得多么好、多么强大、多么智能，从全球经济、产业的新价值观来看，你都会是“高级工人”“高级打工者”，而不是经济、产业、企业的主宰者、主导者，而这个主宰者、主导者已经历史性地转移到了互联网、工业互联网企业的身上。对于“智能制造”而言，互联网、大数据的新经济与产业的价值观还告诉我们，不管你把制造设备做得多么智能化，让企业花费上百万元去购买这类的智能装备，花费上亿元去建立所谓气势磅礴的无人车间、无人工厂，当市场上出现因“产品”过度竞争、产大于求时，都无法解决产能过剩问题，都无法解决企业的经营和巨量投资的风险问题。因此，新经济与产业的价值观更告诉我们，今天的制造业、产业追求的不仅仅是“智能制造”，而是对“市场”的深度理解，是“服务制造”，一切都要以服务为中心，一切都要面向市场与客户的“服务”。如今这一互联网新经济学的大道理、新经济与产业的价值观，促使我们中国人必须认清、认识到位。所以，我们绝不能懈怠、必须迎难而上，去培育和发展我们中国人自己面向服务的互联网、工业互联网企业，这样才能站上世界的新经济之巅，实现国强、企强、民强的中国梦。这也将成为中国实现经济结构改革、产业与企业转型升级、供给侧改革和实现互联网新经济的最终战略、规划与蓝图。

其四，在互联网、大数据的经济大潮下，中国经济未来的变量是什么？美国对全球经济、产业、技术布局的既定经济政策是什么？如何看待美国经济的变量，即美国总统特朗普强力推进的“美国优先”与美国“制造业回归”？

中国国有企业的发展与改革，在本章的前两节已有较为详细地分析与讨论；而中国互联网业的发展，由于需要大量的资本投入，从一开始就是高度股份化、市场化的，同时又是高度互联网化、大数据化、面向服务化的，前面章节也对其进行了大量的讨论。对中国的国有经济体和互联网业这一新经济体的发展与变化本节便不再做复述。

现在，我们来简要地讨论和关心一下当前中国经济中最为庞大、极富有活力、最具发展前途的经济体——民营经济与民营企业、乡镇企业。应该说，从1978年改革开放至今，经济、产业发展的大潮潮起潮落、大浪淘沙，现如今一大批民营企业、乡镇企业已经脱颖而出，逐渐成为中国实体经济和制造业中不可或缺的中坚力量和基本力量。这其中离不开一大批民营企业、乡镇企业家兢兢业业、勤奋努力的工作，特别是他们不畏艰辛、不屈不挠的创业精神非常值得大家的尊重。在这些民营、乡镇企业中又有相当高比例的企业是家族性企业，伴随着近二三十年企业快速发展的黄金时期，时至今日，这一大批企业家的年龄很多已超过六七十岁，企业发展逐渐面临“换代”的历史性挑战。而这些民营企业、乡镇企业家基本上靠事事亲力亲为与亲身实践来创业、发展，一般缺少企业管理理论的系统知识和缺少对现代企业制度的深刻理解与把握，难免更相信自己的经验与实践，当今天面对新技术、新生产方式、新产业模式、新经济的冲击时，他们往往会对新生事物趋于保守，从而影响企业转型升级时机的把握，进而阻碍企业的进一步发展、壮大。一方面，纵观日本、韩国和东南亚等国家的东方文化企业的发展历程，家族企业在发展壮大的同时，往往会在面临企业家“换代”这个关键环节的挑战时应对不力，容易陷入不可摆脱的困局，甚至导致企业的“裂解”，走向衰败。显然，中国的民营企业、乡镇企业迟早也会走到这样相同的时刻。而其正确的解决之道就在于要充分理解和借鉴美国等西方企业采用的法人治理结构、职业经理人等现代企业制度。另一方面，由于我国的民营企业、乡镇企业家对于所从事的实体经济和制造业相关业务非常熟悉，而对软件、互联网、大数据等信息技术的应用与掌握还相对生疏，当面临互联网、大数据经济一浪高过一浪的冲击之时，也就是当他们面临再一次的创业挑战时，此时年龄已然偏大，体力、精力有所不济，难免会有畏难之心或力不从心，从而贻误企业转型升级、做大做强的战机，在激烈的市场竞争中很有可能会落下阵来。其实，在迎接互联网、大数据经济的新挑战时，中国民营企业、乡镇企业的发展模式更需要的是通过互联网、大数据对生产关系、生产方式、产业模式的调整与改变，建立以本企业、本“航母”为核心的“联合舰队”，而不是各自为战的“松散船队”，只有这样才会有战斗力、市场竞争力。其原因很简单，因为当下正处于一个企业、产业生态数据大集中的时代，即大数据的时代。

笔者认为，市场与经济处于风云变幻之中，中国民营企业、乡镇企业如何应对企业家“换代”与互联网、大数据经济时代的双重挑战，将会成为未来一个时期中国经济中的一个变量、一道门槛，需要政府和社会高度关注。中国的民营企业、乡镇企业要居安思危、与时俱进，才能可持续发展，才能撑住中国经济、产业发展的半壁江山。

接下来我们再谈谈美国经济的变量。谈到美国的经济政策，笔者认为，美国其实有两个维度的经济政策。一个维度是美国联邦政府执行的经济政策，而另一个维度是美国纽约华尔街金融巨头与产业界、硅谷高科技界达成共识的经济政策。这一点我们经常混淆，必须理清。按美国的宪法构架，美国其实是一个小政府、大社会，实行高度竞争的市场经济体制，其核心是华尔街对美国与全球金融、产业、核心技术的高度把控。换句话说，美国联邦政府主要靠财政、税收等政策来调控市场与经济，其财政政策影响有限，而税收政策影响相对较大，总体而言，美国联邦政府经济政策的调控能力是有限度的；而美国经济政策的执行及对全球的影响，其实主要是通过华尔街金融巨头来完成和实现的。因此，美国联邦政府与华尔街金融巨头在经济、产业政策上如果能够协调一致，则对美国与全球经济影响巨大；反之，即便美国联邦政府单方面强力推行某项经济、产业政策，如果得不到华尔街金融巨头的支持，也很难对美国与全球的经济、产业形成较大影响。近三十年来，美国一直引领着全球的计算机、通讯、核心芯片、软件、互联网、大数据、人工智能等信息技术，现在又开始引领全球的互联网、大数据经济与新产业模式，通过华尔街金融的把控及在全球大力发展“轻资产”的互联网、工业互联网业，来支撑其金融业、互联网业、制造业、服务业等实现高额利润、高股值、高市值，并始终站在全球产业价值链的高端位置。应该说，美国联邦政府与华尔街金融巨头、硅谷高科技精英、各产业界早已形成了一个共识，即在美国对全球的经济、产业、技术的未来规划与布局中，美国是“大脑、神经及心脏”，德国、日本及其他西方国家是“心脏、肝、脾、肺和胃”，而中国、印度等发展中国家则是“躯干与四肢”，这就是美国所说的全球工业革命。换句话说，由美国来做全球产业、技术价值链的高端，通过华尔街金融、产业标准、知识产权和硅谷的软件、互联网、大数据、人工智能等来实现对全球产业、实体经济和市场的控制；由德国、日本及其他西方国家来做全球产业、技术的中、高端；而由中国、印度等发展中国家来做中、低端产业与服务。这当然引起了德国、日本及其他西方国家的担忧与不安，因此德国力图通过实施“工业4.0”战略来加以应对。因而当美国前任总统奥巴马为了解决大量的失业、就业问题，提出美国的“再制造”经济政策时，其实并没有得到华尔街金融巨头、硅谷高科技精英、各产业界的积极响应，在全球的经济、产业中也基本上没有带来一点涟漪。那么，当今天美国总统特朗普提出“美国优先”和美国“制造业回归”的经济政策时，华尔街金融巨头、硅谷高科技精英层、产业界三方依然不一定买账，也不一定会给予实际的支持。如果特朗普总统去强力推动这一经济、产业新政策，就势必会产生美国联邦政府与华尔街金融巨头、硅谷高科技精英、产业界的矛盾。当美国这两个维度的经济政策相冲突或相互不协调一致时，且美国总统的任期只有四年，就势必会造成美国经济价值观的混乱，就必然会造成美国经济、产业政策的混乱，就必然会导致美国和全球经济、产业的混乱，其结果必然会造成美国金融、经济、产业、企业的效率下降、成本上升、全球市场竞争力下降。显然，这是美国未来经济的变量。而对中国而言，如果我们能在这个关键的时期有定力、稳得住，那当然就是一次难得的赶超机会。

当然，今天无论是美国，还是中国，乃至全球，最大的经济变量就是互联网、工业互联网。对国家、经济、产业、企业，乃至个人，互联网、工业互联网、大数据都是最核心的价值。

四、实现发展互联网新经济的大计，有三个战略基点应该讨论和把控

综上所述，基于对互联网、大数据技术发展及其背后的真正含义与意义的再认识，基于对经济发展哲学与产业价值观的重新认识，笔者认为，正确解决中国经济结构调整、供给侧改革、产业转型升级的问题，实现发展互联网新经济的大计，当前有三个战略基点应该讨论和把控。

战略基点一，要充分认识和理解中国的国情，继续发挥我国体制中的优势，即政府可以集中力量办大事的计划优势。这一点其实是计划经济带来的。中国的高铁、动车、高速公路、特大桥梁、电动汽车、大飞机、卫星、运载火箭、船舶、盾构机、特高压电网、超超临界机组发电、超级计算机、移动通讯等重大国民经济的基础设施、产业和产品之所以能在如此短的时间内从国际市场激烈的竞争中赶超上来，并取得这么大的成功和成就，离不开国家正确的决策与政策指导，离不开国家强有力的规划、计划的管理和集中支持，更离不开一大批国有骨干企业的坚持和努力。对于我国这样一个发展市场经济仅仅30余年历史、尚处于初级阶段的国家，面对西方经济强国及其企业通过上百年来发展市场经济所形成的优势及其带来的压力，三十年比三百年，仅仅凭我国企业的一己之力在市场上自由竞争、自然发展来实现赶超，是不现实、不可行的。因此，我国现有体制中可以集中力量办大事的优势必须要保持住，这是基点，是老传统，不能随意丢弃。

中国的高铁、动车之所以能在激烈的国际市场竞争中快速赶超上来，让全国人民享受到交通出行的极大便利，盘活了区域经济，现在又开始为国家的“一带一路”战略大计服务，应该归功于国家、铁道部及相关政府管理部门强有力的规划、计划与政策支持，归功于广大科研工作者、中车集团各企业职工的拼搏与奉献。试想，如果按市场经济的发展规律，由民营企业一步步地通过资金、技术、能力的逐步积累，老百姓要等上多么久的时间才能享受到高铁、动车带来的便利，国家又要等上多么久才能让这个产业发展成为核心产业。中国高铁、动车的技术原本与日本、法国、德国等相差半个世纪之多，而对高铁、动车的产业、技术、服务体系投入动辄又高达上千亿元、万亿元之巨，因此，考虑到中国的国情、产情、企情，这样浩大、艰巨的工作显然必须由国家“强”计划来主导和实施。其实，面对西方发达国家及其产业巨头百余年来通过技术积累与产业发展所形成的强大市场竞争优势，诸如此类的中国核心产业、高端产品要想脱颖而出、做大做强，就必然离不开国家“强”计划的支持与支撑。不可否认，这样的情况在我国是普遍存在的现实。

当前国内的一些经济学者对于中国曾经实施的计划经济体制耿耿于怀，甚至深恶痛绝。他们认为这样的经济体制由于缺少市场竞争，与国际经济的发展趋势和价值观不相一致，国家经济、产业、企业的质量、创新力、竞争力会受到影响，中国经济的结构问题也由此产生。这样的观点和想法是应该被理解的。然而，经济的价值观与管理也是“变”与“不变”的辩证统一体，经济中的“计划”要素却是永远的核心价值，而一成不变的经济体制才是僵化的、不灵活的、不可持续发展的，因为市场也会有失效的时候。我们来看看欧洲国家成立欧盟的初衷

与意义。西欧国家实行的都是市场经济体制，鼓励自由竞争，起初他们都是各自为战、自行发展。然而，从人口、市场、经济、产业、资源、技术等多角度看，西欧国家大都体量比较小、能力相对弱，当市场竞争出现变量、变化之时，即面临美国、日本及其企业的强大竞争压力与挑战越来越加剧时，这些西欧国家及其企业都会感到力不从心，在市场上节节败退。痛定思痛，它们开始被迫地探寻新的生产关系、生产方式、产业模式，构建新的经济基础与上层建筑，自发地组织起来成立欧盟、欧洲议会等统一的机构。欧盟成员国都要按明确计划的刚性比例向欧盟上缴财政预算，而由欧盟制定统一的市场规则、法律、政策和各类严密的如科研创新等计划，在欧盟中的国与国、产业与产业、企业与企业、人力资源与人力资源之间，通过“抱团取暖”来实现市场、金融、技术、资源等的共享，从而大幅降低每个国家、企业的成本，大幅提高生产效率，最终实现和提高对外部的竞争力。而这其中一个突出的特点就是强调了欧盟的统一计划与可实现性。看来即使在欧洲国家这么发达的市场，计划的因素也是不可或缺的。所以辩证地说，计划从来都是一个好东西，计划与市场是一个辩证的统一体，要依据国情与现实来制定，在经济体制中计划的要素不能随意丢弃。

战略基点二，要处理好国有企业、民营企业、外资企业在国民经济中的关系，充分体现市场在经济中的主体地位，充分发挥市场经济的力量，鼓励竞争发展，并通过竞争来净化市场秩序。对于关乎国家核心、安全的技术与产业，其控股权应该以国有龙头企业为主体，必要时吸引一部分民营企业和社会资本进入，释放一部分改革的红利，同时融入民营企业的市场活力，运用民营企业和社会的监督机制，来积极影响这些国有龙头企业按照市场经济的法则来健康发展，最终形成以国有控股为主体，与民营、社会资本共存，来促进企业发展的混合所有制机制，同时企业管理上可考虑引入职业经理人这样的法人治理结构，用现代企业制度来保障国有资产的不断增值和股东的权益，这对于现有国有龙头企业的结构改革不失为一个上策。而对于属于市场充分竞争范畴的产业、行业，国家应该有序地放开，国有企业应该逐步地退出，将经济发展和改革的红利及投资风险同时向全社会、全球释放、分散和分担，以充分发挥市场的力量，充分利用社会资本和国际资本，集全社会、全球的力量来最大限度地发展中国的经济、产业和企业。对于外资企业，我们应该创造良好的政策与市场环境，鼓励它们进入中国市场投资置业，公平竞争，共同发展。如果这些外资企业在中国市场发展得好、得到了实惠，那么对于我国来说，一方面，可以让中国的企业在竞争中看到自身的问题、差距与不足，从而成为它们改革、发展和创新的动力；另一方面，可以让这些外资企业身后的国家逐渐成为我国在国际舞台上合作共赢的朋友、“盟友”，而我国“一带一路”的大战略正需要这样的气度与胸怀。中国未来要想发展与强大，必须是高度开放并尊重多元化的国度，而全球更需要共同发展、共创辉煌。

近期，在国内经济学“大佬”间，关于充分市场化与政府计划适度干预的讨论众说纷纭，笔者愿在此评说几句闲言。让我们来看看香港曾经遭遇的“97金融危机”，当强大的西方金融大鳄利用市场经济政策的管理漏洞发动金融风暴攻击时，在面临进一步巨额损失的关头，香港特区政府依靠中央政府的强力支撑，果断出手，成功地击退了西方金融大鳄的一轮轮冲击，保护了香港金融市场的稳定，由政府直接出面应对了这场金融危机。此时，如果香港强调的是充分市场，而不是强调政府“计划”的适度干预、强力干预，那么香港金融市场及其经济、产业和个人将面临的是一个多么痛苦的局面，付出的将是多么惨重的代价！当看到市场机制已经完全失效时，还死抱着市场机制的“干尸”去祈祷明天，那这个政府还有什么存在的理由与必要呢？看来，市场与市场经济也并不总是一副解决经济、产业发展问题的万能“良药”。

让我们再来看2008年由美国华尔街雷曼兄弟公司申请破产引发的那场严重的全球金融危机。雷曼兄弟公司倒下了，引发的是其身后投资人、债券持有人的危机，引发的是此类金融杠杆极度失衡的其他金融投资公司的危机，引发的是美国房地美、房利美等大型房地产公司的危机，引发的是美国经济的命脉华尔街广大金融机构及地方银行的危机，而一旦危机泛滥成灾，引发的还将是美国的产业、服务业等行业的危机，其实当时的危机已经波及美国的一大批大型产业公司，有些公司已在寻求政府的破产保护。原因很简单，因为当时大家伙手里都没有钱，没有现金流了，市场的作用已完全失效。此时，我们看到美国这个全球最大、最发达的自由市场经济体，再也不去指责香港政府当年为应对金融危机而采取的直接出手干预了，而是由美国联邦政府与央行直接出面、出手，通过大量发行国债、印制钞票，再转借贷给美国的银行和金融投资公司，化解了潜在更严重的美国和全球的金融危机、产业危机。这是一个典型的在所谓的高度自由经济体发生的政府“强”计划干预市场的案例。由于美国当初为应对2008年金融危机发行了巨量的国债、美钞，而为了消化这些额外的巨量国债、美钞在市场上所产生的巨大负面作用，我们可以判断，美国联邦政府与央行又肯定需要制定一个中长期的“计划”来妥善地处理好这个大难题，而这其中甚至还有像美国通用汽车公司、福特汽车公司这样的产业巨头公司国有股权退出的处理问题。如此来看，美国联邦政府在这样的情况下、在这样相当长的一段时期内，实行的究竟是市场经济，还是计划经济？金融始终是美国经济的“头”，当其发生金融重大危机、出现市场失效时，由美国政府出面直接干预，而又有哪个国家、国际组织指责美国联邦政府当初处理金融危机的方法与方式呢？我们再来回顾20世纪30年代美国爆发的严重经济危机，当时也是由美国联邦政府直接出面，通过政府计划下的大规模基础设施建设，以及出台一系列鼓励社会资本积极参与基础设施建设的政策、措施，帮扶了一大批美国的企业，解决了大量的失业与就业，最终得以度过这场经济危机，并为其后美国经济、产业的大发展奠定了基础。其实，当遇到重大危机时，能活下来、生存下来，再图发展，对国家、经济、产业、企业、人而言就是最大的道理与哲学。

我们再回头来看看1978年中国的改革开放对汽车工业实行国际市场开放影响。中国的汽车工业原本就发展晚、底子薄、技术差、能力弱，国际市场开放后，日本、德国、美国等汽车生产巨头蜂拥而至，我们原本期望用市场换技术，结果技术没换来、学来多少，反而市场的绝大部分份额和利润被西方汽车业巨头所瓜分和获取，即使是中外汽车合资企业中中方的利润也始终微薄，并处处受制于人。今天，走在中国的大街小巷，满眼看到的大都是外国品牌的汽车，中国完全自主的汽车企业及产品至今仍然在市场上苦苦挣扎，能生存下来已很不易，还远远谈不上发展。而目前中国社会所面临的后果却是无尽的城市拥堵和汽车尾气排放带来的环境污染。这样的局面始料不及，已成为国家、产业难以收拾的残局，不易找到良药来“医治”，让很多人诟病。市场经济虽然是发展经济的一副“良药”，但如果一个国家的经济、产业的技术、能力控制不了这个市场，让这个所谓的市场成了脱缰的“野马”，那市场经济就会变成一副冠冕堂皇的“苦药”。

不管是市场经济，还是计划经济，经济学与经济理论的发展与运用不可以迂腐，需要因势利导。当然，“计划”干预市场的情况当前在我国地方政府的经济管理层面难免会经常出现，对其平衡点的把握将始终是一个大学问、大课题，同时更需要法律、法规、制度、政策的保障与约束。

战略基点三，今天不论是从全球还是从中国经济发展的趋势看，不论是从传统制造业、服务业还是从金融业等业态变化的角度看，不论是从企业的技术创新还是从企业的生产关系、生产方式、产业模式创新的发展看，都面临着互联网、工业互联网、大数据快速发展大潮的冲击，市场与经济的风云也在变幻万千。

在当前经济、产业不断快速变化、变革发展的新经济时代，在宏观上，要审时度势，高度关注互联网、大数据对经济理论、经济发展方法学带来的变化与影响，高度关注互联网经济对全球和中国传统的制造业、服务业、金融业等业态带来的巨大挑战，从而以更好应对这场新经济带来的企业形态、产业业态、经济结构、经济基础、经济发展方式及上层建筑的变化、变革与革命。我们需要树立正确的新经济价值观，重新审视与深刻认识互联网、大数据技术的快速发展及其背后的真正含义，以及对国家、经济、产业、企业发展各个层面的战略意义，并结合中国国情及产业、企业的基础，研究、制定出切实可行的发展中国未来经济的战略大计与路线图。因此，我们需要树立正确的新产业价值观，结合互联网、大数据经济发展的新思想、新理论，研究、发展出中国自己的产业发展方法学，要重新认识、研究、界定产业的业态，通过对基于互联网、大数据的生产关系、生产方式的不断调整、创新，以及“+互联网”与“互联网+”两种新产业发展模式的并行推动，以改变我国现有的支持相对独立的单一产业业态发展的生产方式与管理体制，鼓励企业发展覆盖制造业、服务业、核心芯片业、基础软件业、应用软件业、工业软件业、互联网业、金融投资业等多维的新产业业态，即大力发展以经营多维产业业态核心价值为目标的互联网和工业互联网产业，未来要更多地依靠这些具有强大市场竞争力、创新能力的互联网和工业互联网企业去执行一些国家计划下确定的大目标、大任务、大创新。为此，中央及各级政府要与企业家、创新实践者、经济学者等保持高度的协同，通过对经济基础与上层建筑的相应调整、变革，通过不断探索来改进、改革阻碍互联网经济发展的法律、规章、制度、政策、环境等。在互联网、大数据经济下，可以预见，未来国家经济的管理会变得越来越产业融合化、高度扁平化、高效化、低成本化、标准化、互联网化、大数据化、精确化、科学化，而互联网、大数据经济又同时拥有高度市场经济与高度计划经济的特征与属性，是计划与市场的高度辩证统一体，因此，我国经济的管理要实现市场与计划的高度辩证统一，该管的要管，该放的要放，该协调的要协调，该竞争的要竞争，该改革的要改革。通过艰苦努力、改革创新及互联网、大数据经济的推动与发展，来实现中国经济结构的调整、产业与企业的转型升级、供给侧的改革，从而实现经济、产业、企业的跨越式发展，并最终实现中华民族复兴的中国梦。

在当今基于互联网、大数据驱动产业、企业不断快速发展、变革的时代，在微观上，要实现企业、产业以产品为中心向以服务为中心的根本转变，来快速响应和灵活实现市场与客户对个性化服务、定制化批量生产、产品全生命周期服务的更高需求，大力推进软件、互联网、大数据为代表的信息技术与产业、企业的深度融合，从而推进产业、企业从技术创新走向生产关系、生产方式、产业发展模式的创新，最终形成产业、企业面向服务发展的新生态。

要借鉴美国第三次工业革命的做法与实践，制定新的经济、产业政策，加快开放传统处于单一业态发展方式的各产业、行业，通过“互联网+”的实施与推动，鼓励互联网企业不断进入实体经济、传统制造业、服务业、金融业等的市场，让其发展成为以经营多维产业业态核心价值为目标的“轻资产”工业互联网企业，用新的生产关系、生产方式来改革和创新实体经济与传统产业的发展方式，来大幅提高经济、产业、企业的质量与效率与大幅降低经济、产业、企业和社会的成本，最终提高中国经济、产业、企业的全球竞争力。

要借鉴德国工业4.0的做法与实践，鼓励和大力推动传统制造业、服务业、金融业等与软件、互联网、大数据等信息技术的深度融合，通过“+互联网”的实施，让传统制造业、服务业、金融业等的龙头企业也发展成为以经营多维产业业态核心价值为目标的“轻资产”工业互联网企业，通过对原有生产关系、生产方式、产业发展模式的改革、创新，来大幅提高产业、企业的质量与效率与大幅降低产业、企业的成本，最终实现以产品为中心向以服务为中心的转变。为此，中国的国有龙头企业应该考虑“裂解”策略，其大量的生产、加工车间、服务机构等应该逐步从“母体”中脱胎出来，形成与“母体”相互参股、合作等多种形式的高度专业化且面向全行业、全球服务的独立企业，也就是将绝大部分的加工、制造工作和低价值服务，即非核心的技术与业务逐步交给社会化、专业化的广大中小企业来做，通过分利来大幅提高企业的效率、降低企业的成本及分担巨额投资与经营的风险，从而实现共赢、共同发展的新方式、新模式。国有龙头企业自身则要关注产业核心技术的研发与创新，关注高端制造业，关注产业标准、数字标准的建立，关注互联网、软件、大数据等信息技术与企业战略、业务、发展模式变革的深度融合和以自身为核心的产业技术体系及基于全球、全国优势资源配置的产业供应链、服务链，并与专业化的广大“重资产”中小企业形成新的产业生态、产业生态圈，从而逐渐转型为本行业、本产业的高端制造企业、核心技术企业、标准企业、软件企业、大数据企业、互联网企业、咨询服务企业、金融服务企业、管理企业，即转型升级为以追求本行业、本产业生态核心价值为目标的“轻资产”工业互联网企业，并始终处于本产业价值链的上端，实现产业价值观的转变，从而以跟上互联网经济新生产方式、新产业模式的步伐。

简而言之，面临全球互联网、大数据经济发展的大形势，如今中国经济、产业、企业的挑战与机遇并存，关键在于态度、决心与行动。中国经济、产业、企业的结构调整和产业与企业的转型升级及供给侧的改革，以及实现经济、产业、企业的跨越式发展与由大转强的梦想，在此一战！

谁也改变不了中国经济改革的雄心壮志，互联网与e立方经济发展理论必将成为改变中国经济的力量。

基于上述对互联网、大数据技术发展和经济、产业价值观变革的再认识，如果对以上三个标定于计划经济、市场经济、互联网经济发展的战略基点的每一个基点取其长，避其短，也就是说在中国未来经济中，如果我们能够创造性地充分发挥计划经济、市场经济、互联网经济中的优势要素，尽可能地处理好它们的劣势与弊端，通过我们自己的经济改革与实践，从而有别于西方发达国家的经济，最终创造性地形成一种基于上述三种经济形态优势要素融合发展的经济体制、结构与发展模式。由于西方发达国家并没有实行计划经济的实践，那么这一思想和战略未来就会引导中国的经济、产业、企业攻无不克，战无不胜，防而有序，我们的国家就将会走向强大。笔者将这一经济思想与战略大胆地定义为中国经济发展的e立方理论。其“e”字来自于英文economy（经济）的第一个字母，而“立方”二字是表示计划经济、市场经济、互联网经济三者优势要素的乘积，或者取“e立方”的中文谐音，称这一经济理论为“亿立方”理论，隐喻中国的经济未来财源滚滚而来。

为了实施好“e立方经济”的宏伟战略，跟上和引领全球互联网、大数据经济的大潮，笔者认为，我们需要在以下几个方面做好工作和准备。

其一，经济基础与上层建筑其法律环境的调整与改革。需要制定与“e立方经济”相适应的法律体系、法律规定和制度，通过深度应用互联网、大数据，创造有利于上层建筑、经济基础、生产关系、生产方式、产业发展模式改变、改革的法律环境。

其二，上层建筑与国家行政管理体制的调整与改革。由于有了互联网、大数据的支撑，未来中央政府与地方政府之间将会是高度扁平化、可管理化的关系。换句话说，未来中央和国家的行政管理可以大幅压缩地方政府的中间层次，因此需要树立一个“强”计划的中央政府与可靠、坚实的基层地方政府的行政管理结构与体制，从而大幅压缩国家的行政管理成本与大幅提高政府的管理效率，实现更加透明化、数据化、科学化的宏观管理与服务。为此，未来需要国家建设高度统一的国民经济和社会发展的“标准、数字标准”这一宏大工程。在此基础上，基于高速宽带网络，各行政管理部门，跨各省、市、县、乡、村，由中央政府直接投资在全国各地建设统一的纵向、横向相结合矩阵式的“国家行政管理与服务大数据中心”，并由国家直接垂直管理，实现可点对点、端对端的直接管理与服务，同时彻底改变国家原有的由各部门、各级地方诸多政府自行建设网络与信息系统的传统做法与管理体制，从而大幅降低国家行政管理与运行的成本及大幅提升国家行政管理的效率，以及大幅提高国家“大数据”的透明度和对称性、精确性。例如，国家的统计工作从现行的由各级地方政府报送统计数据的方式应转变为基于“国家行政管理与服务大数据中心”的实时数据管理方式，以大幅提高国家对经济、产业、企业与社会的管理与服务的精确性、科学性，从而大幅提高国家的宏观决策能力及对“事件”的反应能力和可预测性；再如，医疗、医药、医保“三医”等关乎国家民生与国民服务的行行业业都应该基于“国家行政管理与服务大数据中心”的实时数据管理方式，对内对外实现互联网化、大数据化的管理与服务，最终实现数据管理与服务的双向透明化，以大幅提高国家行政管理效率与大幅降低国家的管理成本和百姓的生活成本，来大幅提升国民对关乎民生各行各业的管理与服务的感受，让百姓的生活变得更舒心、更幸福。其实，诸如此类的“大数据”，哪些必须保护，哪些可以公开，既关乎国家的经济安全，又涉及百姓的隐私，其本质是一个国家和民族生存、发展的命脉、财富和核心价值，必须由国家意志和国民来共同管理、维护。显然，网络与信息、数据的“安全”未来必然会成为国家需要关注的头等大事。

其三，国家经济、产业管理体制与政策的调整与改革。未来经济、产业活动的核心是互联网业、工业互联网业，网络服务必须是低成本的，网络的成本就是企业的成本、产业的成本、国家经济的成本、全社会的成本。而互联网、工业互联网企业又高度覆盖、复合制造业、服务业、软件业、金融业、保险业、交通运输业等多业态，因此，要改变、改革现有的行业、产业管理部门单一业态管控的行政体制，需要建立金融、保险、股票、证券、电信、服务等各行业、各产业统一联合、联席的经济与产业的管理体系与制度，同时需要控制好电信业提供的网络成本，国家要鼓励基于标准、软件、互联网、大数据的生产关系、生产方式的创新活动，要并行推动“+互联网”与“互联网+”两种新产业模式来大力发展以经营多产业生态核心价值为目标的“轻资产”的工业互联网、产业互联网企业，以应对美国等西方互联网巨头、产业巨头的竞争与挑战。不论是国际市场，还是国内市场，未来的竞争都会是产业生态圈之间的竞争，代表的是企业能力、产业能力、金融能力与国力的竞争，大家要在竞争中求生存、图发展、促合作。经济政策的计划与市场两大因素需要依靠国家目标、任务与企业发展的实际需要来实现高度的辩证统一。

其四，国企、央企的调整与改革。多少年来，国企、央企始终是我国制造业、工业的基础与能力的代表，是中国经济、产业核心价值的体现。今天，在全球互联网、大数据经济的大潮下，国企、央企如果不能实现改革与改变，就有可能在未来沦落为互联网、工业互联网企业的加工业、装配业和低端服务业，不仅不能实现国有资产的不断增值，还可能成为国家经济、产业发展的拖累。因此，中国的龙头国企、央企需要通过艰苦卓绝的努力，通过基于互联网、大数据对生产关系、生产方式的创新，尽快转型发展成为以经营多产业生态核心价值为目标的“轻资产”的工业互联网、产业互联网企业，来大幅提高市场的竞争力和创新能力，以跟上互联网经济时代的脉搏和要求。在现有国企、央企的管理体制下，企业的经营管理者有级别、有任期，其必然倾向于短期业绩、短期行为，难以激励其制定企业的长远发展规划和实施中长期的创新活动。而国企、央企转型发展成为工业互联网、产业互联网企业往往又需要五年、十年，甚至更长时间的发展过程，并需要投入巨额的资金才可能实现，且风险性也相对较大。因此，国企、央企这次摧枯拉朽、脱胎换骨的改革与转型，仅仅依靠企业经营管理者自身的胆量与努力是很难实现和完成的，必须由国家的意志与中央政府的亲自决策和行动才可能完成。对于关乎国家核心、安全的技术与产业，其控股权应该以国有龙头企业为主体，同时要指导其按照市场经济的法则来健康发展，最终形成以国有控股为主体，与民有、社会资本共存，来促进企业发展的混合所有制机制。在企业管理上，可考虑引入职业经理人这样的法人治理结构，用现代企业制度保障国有资产的不断增值和各方股东的权益。

其五，国家教育、科技体制的调整与改革。未来国家、经济、产业、企业竞争的本质是高度的人力资源竞争，需要进行根本性的教育体制改革，在培养“专才”的同时，要更多地培养跨多业态知识的复合人才；未来国家、经济、产业、企业竞争的核心是创新，需要进行根本性的科技体制改革，需要特别关注的是，技术发展引领的将不仅仅是技术的创新，而是生产关系、生产方式、产业模式和体系、机制的创新。国家的科技投入更应该关注基础科学的创新及核心技术的创新，而产业目标明确的创新要更多地依靠和鼓励企业来实现，对产业、企业需要国家政策支持的关键技术创新活动应目标性强、针对性强。

总而言之，一切工作都需要考虑互联网、大数据因素的支撑与深度应用，“线下”的业务与“线上”的管理与服务需要高度融合与统一。

未来，一旦有了上述的良好基础，无论是制造企业与软件企业、互联网企业相融合，实施“+互联网”模式，即让软件企业、互联网企业“嫁”给制造企业；还是软件企业、互联网企业与制造企业相融合，实施“互联网+”模式，即由软件企业、互联网企业“娶”了制造企业；都会让中国的核心、龙头企业发展成为在全球有影响力、有竞争力的工业互联网、产业互联网企业。此时此刻，无论怎样的经济、产业结构调整与改革，国家都会得心应手，中国未来经济、产业结构调整与改革的余地和裕度都会比较大。从产业形态看，今天是企业间的竞争；而未来则是以互联网、工业互联网企业为核心，是产业生态圈与产业生态圈之间的竞争。

更进一步地说，中国制造业的结构、基础和能力调整好了、归正了，在这样坚实的基础之上，自然而然地就能大幅提升服务业的比重，依托服务业尽可能多地销售中国自己的产品和服务，那么中国的经济结构就会大幅延展开来、可持续地健康成长，中国的经济和产业就会越做越大，越做越强，对世界的影响就会越大。在这一进程中，伴随着制造业、服务业发展的金融投资业，也会随之提升并健康发展，越做越强。金融业随之会代替制造业，走上中国经济的主体地位，其地位会变得越来越清晰，让我国逐步转型成为发达国家。与此同时，像支付宝、微信支付、小米支付这类基于大数据的效率更高的互联网金融业态的“概念”，就会逐步变为中国经济主体的现实，成为我国未来经济的主宰。

谁也改变不了中国经济改革的雄心壮志，互联网与e立方经济发展理论必将成为改变中国经济的力量。

责任重于泰山，压力必须转成动力。跨过经济结构改革与调整的沟壑，攀越经济结构改革与调整的高峰，中国未来产业、企业的转型升级之路可能会充满艰辛，但会充满了希望。

成果创造人：尉迟坚　中华人民共和国科学技术部

电力服务商构建“互联网+营销服务”机制探索与实践

国家电网有限公司

一、前言

近年来，中国经济逐渐步入新常态，电力体制改革加速、能源互联网发展以及新一代信息技术兴起等外部环境的巨大变化对于长期垄断的电力行业提出了重大挑战，公司传统营销服务模式难以适应新形势，转型势在必行。“互联网+营销服务”是互联网技术与传统营销服务的深度融合，它利用互联网技术来消除市场需求与营销服务之间的信息不对称，将售电侧改革带来的市场格局和客户需求变化有效传导到企业价值链，从而改善客户服务体验，倒逼企业体制机制优化。

舒印彪董事长在2016年第24次国网公司党组会议上评价“互联网+营销服务”是一项重大经营模式创新和盈利模式创新，并提出用互联网技术改造并提升传统营销手段和方式，提升服务水平、提高效率、降本增效。营销部制定了加快推进“互联网+营销服务”应用工作方案，通过深入剖析互联网与传统行业融合的作用机理，提出了“互联网+营销服务”机制建设的三阶段理论，从应用建设、流程优化、组织变革三个方面开展工作，并且不断循环迭代。计划到2020年全面构建“互联网+”服务渠道，实现“掌上电力”手机APP、“电e宝”、95598网站、车联网全覆盖和融合应用，实现全业务线上办理、全环节互联互动、全过程精益管控，全面开展数字化运营，拓展增值服务，实现精准营销。

两年来，公司各单位积极适应售电侧改革和“互联网+”技术发展新形势，已经完成了“互联网+营销服务”机制建设的1.0、2.0和3.0的初级阶段，全面建设公司自有线上渠道，优化线上线下一体化流程，变革营销服务组织机构，基本实现营销服务线上化、数字化、互动化，树立了国家电网公司“办电更便捷、用电更智慧、服务更贴心”的服务形象。

二、实施背景

（一）外部市场变化带来的挑战与机遇

我国经济进入新常态，供给侧改革促进社会经济结构优化转型，行业用电结构、客户需求正在发生快速变化。电力体制改革后市场放开，导致公司面临优质客户流失、市场份额下降等风险。互联网、通讯、电商等行业客户服务水平上升较快，客户对服务体验要求急速上升。

能源体制改革激活能源领域发展活力，综合能源服务需求旺盛。电网企业正面临前所有未有的挑战与机遇。

（二）面对市场变化公司面临的困难

随着售电侧改革推进，公司将在市场上面临价格、服务等多重竞争压力。然而，由于电网企业长期处在非市场经济环境，公司整体文化、组织结构、人才配备上均以面向非市场化业务为主，垄断行业背景下总体求稳的意识较浓，员工市场观念、主动服务意识不足，组织机制不灵活难以快速应对市场变化，服务模式较为单一难以满足差异化、个性化需求，行为惯性大导致业务创新落地阻力大。这些都给公司应对市场变化带来了较大的困难。

（三）"互联网+"给应对挑战带来的新思路

在2015年十二届全国人大三次会议上，李克强总理提出"互联网+"行动计划，要利用信息通信技术以及互联网平台，将互联网与传统行业进行深度融合，创造新的发展生态。"互联网+营销服务"建设，旨在遵循电力市场化改革方向，借鉴互联网理念和技术，以创新的思路、方法和举措转变传统的运营模式，建立适应市场竞争、政府监管、能承揽更大公共服务责任的"智能互动、开放友好"的营销服务体系，以进一步提升运营效率，提升优质服务水平，满足多变的市场需求，更好地为各类市场主体和广大客户服务，提升市场竞争能力。

三、成果内涵

围绕"以客户为中心"的服务理念，以互联网新技术应用为手段，改造传统营销服务方式和模式，提升营销能力、加强服务水平、促进降本增效，实现从客户需求侧"倒逼"企业供给侧改革，推动企业核心资源与流程的重组和管理机制体制变革。"互联网+营销服务"机制主要包含应用建设、流程优化、组织变革三个方面的内涵：

应用建设：通过信息化技术手段，打造全天候立体化服务网络，客户信息统一汇集公开并集中调度管控，构建客户画像开展大数据分析挖掘，实现企业内外部客户信息的全面贯通与充分利用。

流程优化：整合线上线下，与客户开展主动互动，实现服务流程闭环管理。通过专业协同和末端融合，精简服务流程。通过产品开发全生命周期建设，实现"小步快跑，循环迭代"的互联网产品开发运营。

组织变革：以流程优化为契机，从局部试点，到全局推广，逐步设立服务调度机构、渠道运营机构、"一型三化"客户体验型营业厅、园区供电服务机构等创新型组织，提升公司快速应变能力，适应新常态和新形势。

四、主要做法

面对创新落地阻力大的局面，在由下而上发起的同时，在高层得到国家政策、企业领导呼应，最终形成合力。从局部的"点"开始，延伸到"线"，进一步拓展到"面"，实现迭代式、增量渐进式发展，最终实现系统性变革。构建"互联网+营销服务"机制，主要分为三个阶段：1.0阶段是融合线上线下，实现"一站式服务"，定位客户反应强烈、影响面广的简单业务，通过新技术应用快速出成效，建立示范作用；2.0阶段是优化全服务链，实现“最多跑一次”，紧紧围绕政府“简政放权、放管结合、优化服务”要求，通过办电做减法、服务做加法，进一步对服务链的流程优化和专业协同，强化业务内部管控；3.0阶段是开展数据运营，实现数据增值，通过大数据分析建立客户标签，开展精准营销，拓展增值服务，实现数据变现。

（一）机制建设1.0阶段：融合线上线下，实现“一站式服务”

该阶段主要以掌上电力的低压新装线上受理应用上线为标志，从单点开始突破，实现传统线下模式向线上的迁移，改变工作模式，触发机制变革。

1.应用建设：建设电子渠道，打造立体网络

在传统营业厅线下服务渠道的基础上，全面开展线上渠道建设，使客户可以根据个性习惯自主选择服务渠道和产品获得所需服务，依托互联网扩大客户服务入口和服务方式、增加服务产品和内容、提升服务智能化水平，形成全天候立体化服务网络。依托互联网服务入口和服务方式，自主开发国内领先的“掌上电力”手机APP、“电e宝”、分布式光伏云网、95598网站、车联网等互联网营销服务平台，全面开展公司自有线上渠道建设。截至2017年9月底，各类自有电子渠道累计注册用户达2.37亿户，累计交费4.26亿笔，累计交费金额达664.54亿余元，线上办电业务累计受理567.1万件，形成了全天候立体化服务网络。

线上办理，“掌上电力”手机APP拓展在线办电功能和上门预约服务，基本实现了线上全业务、全天候集中受理客户业务需求，线下第一时间与客户预约上门服务时间，应用移动作业终端实施现场服务，实现客户“动动手指，一站办电”。今年以来，“掌上电力”月均客户访问流量达1692万次，月均业务量达251万笔，占总业务量的60%，有效减轻了实体营业厅业务量的压力。

线上支付，“电e宝”推出了扫码支付功能，通过扫描电费账单二维码实现电费支付，丰富多场景交费方式，为居民提供更加便捷的电力服务。截至9月底，“电e宝”累计注册用户达2亿，月均客户访问流量900万次，交易规模300亿元，年增速在40倍以上。

电子账单，2017年上半年线上订阅用户量突破150万，引导向电子方式转变，丰富客户服务体验的同时，有效降低服务成本。

分布式光伏云网整合光伏全产业链资源，经过短短一年的建设已成为全国最大的“科技+服务+金融”光伏服务云平台，为客户提供一键开通光伏服务，实现5大板块、16项功能全网全覆盖、全流程贯通。建设国家光伏扶贫专区，实现村级电站远程在线监测，助力国家阳光扶贫、精准扶贫。今年以来已累计接入分布式光伏用户47.5万户，装机容量2415万千瓦，吸引入驻光伏产业链上下游知名商户共计255家，在线咨询光伏业务319项，交易金额4.5亿元。

车联网平台加快市场化商业运作，通过2年的创新建设，已成为全球接入设备最多、技术水平最高、服务质量最优的智慧车联网平台，实现财务收费、客户管理、设施监控、运维检修、充电服务、电动汽车租赁服务等全业务线上运行。今年前三季度接入充电桩16.85万个，占全国公共充电桩的87%，完成电动汽车充换电719万次，日充换电量超过100万千瓦时，e车城私人订制业务累计成交电动汽车1.6万辆，e约车已成为山东省各级政府公务出行首选。

2.流程优化：开展主动互动，实现服务闭环

服务流程形成闭环，始于客户需求，终于客户评价，“客户”成为最重要的参与者、操作者。一是开展上门服务预约。与客户预约上门时间，工作时间30分钟内完成第一次预约，并同步触发短信告知客户及现场作业人员预约信息。对二次预约失败的，通过营销系统触发短信提醒客户回拨电话与座席人员主动预约。二是关键环节主动告知。对高频度业务，及时、主动和客户有效互动，通过APP、电话、短信等渠道主动告知客户业务处理进度、服务预约、查询渠道和计划停电主动通知信息业务，在业扩报装、电力报修等业务的关键环节，建立与客户互动的实时连接和回访评价，更有效的改进客户体验。如客户在办理峰谷业务后会收到业务办理确认短信，明确告知处理进度、服务预约和查询渠道。深度理解客户需求，分析客户体验频率、感知延续时间以及客户满意度、忠诚度等指标，改进客户体验。如计划停电主动通知业务，通过差异化渠道响应不同客户对停电信息的需求。三是服务评价。为满足客户快捷、流畅、愉悦的深度诉求，建立与客户主动互动的广泛动态实时连接，以数据分析和标签应用实现便捷的客户普遍服务与个性化主动服务。

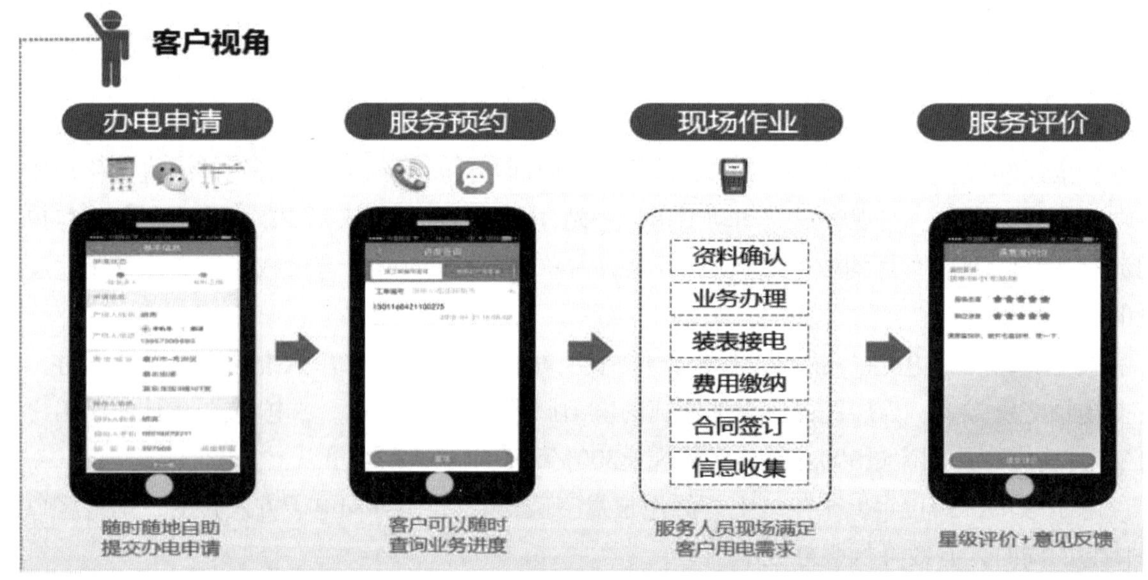

图1 “互联网+”办电服务

以可视化报修业务为例，通过掌上电力APP、95598网站等电子渠道，实现基于地理位置的故障自助报修服务，实现报修地点精确定位和抢修过程智能互动应用。利用智能手机移动应用实时采集对故障在途抢修车辆位置，客户可通过手机实时查看报修业务的全过程，拉近与抢修人员的距离，形成良好互动。抢修人员在系统中实名登记，服务质量直接接受客户考评，评价结果与抢修人员个人、施工单位绩效直接挂钩。自2016年4月起，公司运检部、营销部在北京、天津、山东等8家单位试点开展移动报修，截至目前受理工单中附带坐标值共10.4万张，其中电话10.05万张，掌上电力3327张，网站106张。录入标准地址故障工单共8.53万张，占总故障工单的8.34%。

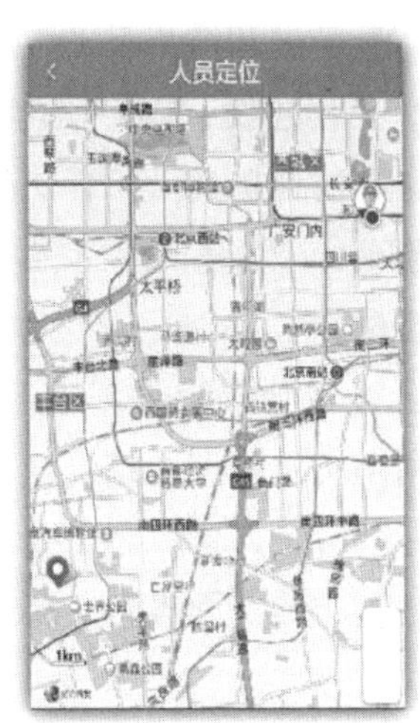

图2 可视化报修

3.组织变革：设立服务调度机构，衔接线上线下

随着电子渠道业务的快速增长，客户线上办电跨地域、非接触的特点使得线上办电需求无法自动对接属地供电服务资源，组织机构严重滞后于业务的发展，无法确保线上线下业务的同质化管控等，服务质量难以得到保障。在市县两级设立服务调度机构，构建全服务链条中承接前端线上服务渠道接入与后端线下服务资源调配的核心纽带，快速响应客户需求，快速协同内部资源，确保线上线下同质、即时服务。将客户需求集中对接、服务资源集中调度、现场作业集中管控、线上办电集中受理，加强业务融合，实现服务资源统一调度、服务诉求统一处理、服务过程统一管控。完成低压居民新装、低压非居民新装、低压居民增容、低压非居民增容、申请校验5大类业务流程的服务接入，开展主动预约、协调指挥、跟踪督办、审核反馈、数据校核、流程管控与客户回访，实现服务资源统一调度、服务诉求统一处理、服务过程统一管控。自有渠道线上线下办电申请、外部市长热线、公安、城管等转派工单、国网客户中心95598工单，统一汇集到服务调度中心，由服务调度人员进行研判，并与客户联系确认预约，发起相关系统流程，向属地站所派单。对集中管控的业务，建立承载力日清单，根据客户需求，采用“约时、约日、约期”三种现场服务方式。对服务需求与承载力开展预警协调，确保承诺兑现。

（二）机制建设2.0阶段：优化全服务链，实现“最多跑一次”

该阶段主要以全流程信息公开与实时管控平台的上线为标志，以营配调融合为支撑，从前端单点突破开始向后全线延伸，带动全服务链的工作模式变化，实现更大范围的机制变革。

1.应用建设：建立管控机制，加强流程管控

建立业扩全流程信息公开与实时管控工作机制，供电方案编制，通过企业门户完成供电方案备案及协同部门会签。电网配套工程，由营销系统在供电方案编制后自动触发，实施配套项目可研及批复、ERP建项、设计施工等环节全过程管理，并按照专业部门职责分工，由发展、基建、运检、物资等部门根据项目进程录入关键环节节点信息。客户受电工程，实施设计、物资供应、施工关键时间节点等信息管理。业扩停（送）电计划，通过企业门户开展意向

接电时间等信息推送和结果反馈。实施业扩全流程实时预警和评价，高压业扩按照供电方案答复、电网配套工程建设、客户受电工程建设、装表接电4个环节设置22项预警指标，依托市、县两级电子座席对业扩环节工作进度实时预警催办。建立业扩报装总体效率、营销环节工作效率、协同环节工作效率等四大主题33项评价指标，依托运营监控中心开展监测分析，评价专业协同效率和质量。

在配网全容量开放管理基础上，建立负面清单闭环管控流程。对主变、间隔、线路、配变四类设备利用历史数据，结合业扩项目预期增加容量，按照“预警级、警告级和限制级”三类开展设备受限综合评价，将警告级和限制级设备纳入负面清单并定期发布。实施负面清单销号管理，对已发布的负面设备，明确责任部门和处理时限，由运营监控中心开展督促并评价整改情况。

2.流程优化：改造业务流程，提升服务效率

紧紧围绕政府“简政放权、放管结合、优化服务”要求，根据客户痛点和服务难点，融合“互联网+”理念、依托公司营配调贯通成果，通过办电做减法、服务做加法，进一步简化办电手续，推动业务流程和相关表单从“以专业管理为导向”向“以客户业务办理场景为导向”转变。按照“低压重简化、高压强互动”的思路，整合分裂的专业流程，精简冗长的流程环节，简化烦琐的收资和归档要求，实现公司内部业务的高效流转，使营销业务逐步满足线上办电的需求。低压业扩推行“低压客户经理+外协施工队伍”的“一岗制”作业，现场作业人员根据与客户预约时间，携带接户线、表箱、表计等必备材料进行现场勘查，当场答复供电方案、当场收集缺件资料、对于具备直接装表条件的，当场完成装表接电。优化高压常用业务及低压全业务共计15个典型业务流程，流程总环节从115步下降到39步，缩短66.1%，其中，在办理所有居民和企事业单位日常用电等16类业务实现了“一次都不跑”，高压新装及增容等企事业单位相对复杂的5类办电业务实现“最多跑一次”。浙江、江苏、山东、福建等省公司作为“放管服”典型经验，得到当地政府充分肯定。

原有故障报修流程从国网客服中心下发后，需要流经省（市）客户服务中心远程工作站、市（县）供电公司调控中心，受限于当前各地区电信落地码定位精准度差异，部分省、市无法准确定位到县、区，无法依靠落地码进行区域定位，容易造成工单错发至交叉相邻单位，影响故障报修工作效率。依托营配调贯通“线–变–户”关联关系及标准地址库信息，结合客户来电落地码所对应行政区域以及报修地址，客户来电后可通过落地码、客户历史信息、报修地址等获取报修客户对应市（县）单位，直接向市（县）调控中心派发工单，不用再经过省（市）营销部门，缩短报修业务流转时长，减少中间流转环节，提高故障抢修效率。通过优化业务流程，开展抢修进程数据实时在线监测和过程管理，全程跟踪、督办抢修进程，故障响应时间明显缩短，抢修服务效率大幅提高。目前公司16家单位已实现故障工单直派市县，累计派发工单701.73万张，工单下派时长累计减少23.39万个小时，故障派单及时率99.9%以上。

3.组织变革：建立渠道运营体系，支撑渠道运营

建设省市县三级渠道运营支持机构，前端支撑线上渠道运营和客户服务需求接入，后端强化现场作业协同及管控，加强前端与后端衔接。一是省客服中心成立在线渠道运营机构和全

渠道监督管控机构，统筹负责电子渠道的运营管理，负责省级电子渠道受理的客户申请及其他诉求，管理统一电子座席服务、地市公司的运营活动及全渠道全业务的监督管控等。二是地市公司成立渠道运营室作为渠道协同运营的属地业务支撑。该机构负责市本级线上办电业务的受理；负责客户业务申请的预约派单、服务资源调度、现场作业管控及客户回访；负责业扩全流程实时管控和流程审计；负责营销业务精益化管控、投诉、不满意工单等现场调查；协助省客户服务中心开展电子渠道运营。三是县公司成立渠道运营室，负责线上办电业务的受理、客户业务申请的预约派单、服务资源调度、现场作业管控及客户回访；负责业扩全流程实时管控和流程审计；负责投诉、不满意工单等现场调查；协助省客户服务中心开展电子渠道运营。

（三）机制建设3.0阶段：开展数字化运营，实现数据增值

该阶段主要以客户标签库的上线为标志，将业扩全流程的经验进一步向更多业务领域拓展，实现从“线”到“面”，全面启动“互联网+营销服务”建设，促进企业更好地响应市场变化和客户需求。

1.应用建设：绘制客户画像，实现精准营销

社会属性：中高收入人群、公众人士、出租、特殊人群、VIP客户、手机APP未绑定、短信未订阅、……

用电行为：电量激增、无电量、电量周期波动型、潜在分时电价、窃电、违约用电、……

交费行为：习惯性逾期交费、营业厅偏好、充值卡偏好、工作日缴费、现金缴费偏好、纸质通知单偏好、……

关联行为：停产、半停产、抵押、非政策支持行业、用工数量减少、……

风险评估：潜在高风险、潜在中风险、潜在低风险、风险稳定、风险增大、风险突增、……

信用评价：4A级信用、2A级信用、A级信用、B级信用、D级信用、信用突降

标签名称	标签定义
习惯性逾期交费	近12个月发生2次及以上的违约金非0
App未绑定	系统内无App绑定信息
工作日交费	近3个月都是在工作日缴费
出租户	通过走访记录客户信息
纸质账单偏好	通过走访、客户反馈记录客户信息
风险评估	通过产生违约金次数、平均回款时长、月末交费次数、首期结算逾期的次数、等9个指标，利用**逻辑回归算法**预测客户欠费概率，目前非居用户次月欠费预测准确率达**80%**以上。
信用评价	通过信息质量、交费行为、用电行为3个维度24个评价指标，利用**AHP层次分析法**进行综合评分，确定4A-D的7个信用客户信用等级。目前已试点上线。

图3　电力客户标签示例

一是开展客户画像管理，对客户基础数据、服务触点、用电行为、用户体验等客户具体信息的数据价值提炼，通过画像中的客户标签形象直观的表达客户特性，较以往更有利于把握客户需求。利用数据挖掘对客户进行碎片化信息具象重分类，形成数字化、动态化的电力客户画像。二是根据不同的客户细分，配置针对性的业务策略，形成通用业务策略库，支撑基于大数据的市场化精确营销。2016年，通过客户细分建模的积累和梳理，将有价值的客户细分过程和结果标签化，形成社会属性、交费行为、用电行为、信用评价、风险评估和关联行为等维度输出标签300个，覆盖公司所有客户。电费风险防控是通过标签构建客户信用，匹配差异化

的告知书、催费短信、催费通知单、欠费停电功能等不同策略，实现基于客户信用评价的差异化催收。2016年，浙江公司高压客户欠费预测准确率达86.7%，低压非居客户欠费预测准确率81.9%。共计识别高风险客户1.95万户，失信客户38.3万户，结合“一户（类）一策”的欠费风险防控措施，成功有效控制电费欠费发生用户数量。

2.流程优化：制定开发流程，支撑数据运营

将服务产品全周期的管理理念和方法逐步导入到现有营销服务体系中，满足“小步快跑，循环迭代”的互联网产品技术创新策略和产品体验要求。一是建立完整的数据产品设计管理方法，制定“互联网+营销服务”智能互动服务体系建设产品开发流程，提出服务产品化的通用解决方案，实现产品从需求、设计、开发、评估、固化、营销策略制定、产品推广及迭代更新等全生命周期管理。二是坚持PDCA管理原则，以典型业务模型设计为轴心，加强项目计划管控，建立项目风险与问题的闭环管理机制和监督反馈机制，严格执行成效评评和总结等管理工作，全面开展项目全过程质量管理工作，确保“互联网+营销服务”项目建设达成预期目标。

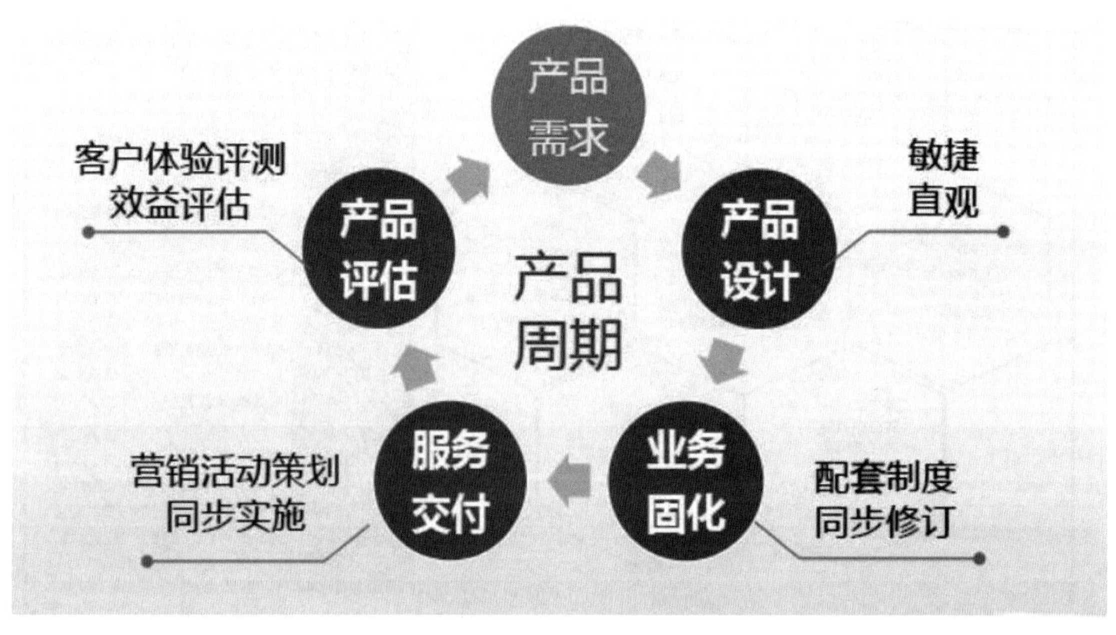

图4 服务产品开发全周期管理

3.组织变革：建立营销创新基地，实体机构转型

建立“互联网+营销服务”创新基地。探索适用于电网企业的“互联网+”营销服务转型发展的新路子、新方法，提出公司“互联网+”营销服务应用建设的顶层设计、目标蓝图和实现路径，实现从创意到创新、示范试点到推广应用的转化。收集行业信息，研究前沿发展，开展市场竞争战略与专项课题研究，以打造电力营销智库为目标，为电力营销发展提供思路建议，为产品孵化做好顶层设计。基于公司整体战略，整合内外部专家力量，面向公司内部与面向电力用户多维度，打造产品孵化平台，助推创新产品孵化落地。以战略规划、产品孵

化、人才培养产出成果为核心支撑，结合“线上+线下”双重传播渠道，传播“互联网+营销服务”前沿理念与核心技术，促进电力营销模式转型。建立常态化的营销服务人才培养机制，通过理论培训及项目实践等，培养一批懂业务、懂数据、懂IT的复合型人才，为“互联网+营销服务”储备人才。在国网浙江电力建立“互联网+营销服务”基地，研究提出新的服务产品需求、开展产品测试及交付前验证上线、流程制度制定等工作。浙江互联网基地通过整合内外部专家力量，围绕“产品规划与孵化”和“人才培养、理念传播、示范应用”定位，创新打造了“掌上电力4.0”、“电魔方”、“能量豆”、“电力管家”产品孵化平台，承担公司系统骨干培训交流800余人次，开展跨行业技术发展交流30余次，建立了常态化的“互联网+营销服务”人才培养机制。

创新实体服务机构，优化线下服务。一是全面应用互联网思维方法和技术手段，打造客户体验型营业厅，实现实体营业厅“一型三化”转型升级。从功能分区、硬件配置、业务构成、服务理念等方面优化营业厅功能设置、改造营业厅硬件设备设施、完善营业厅业务渠道、提升业务人员市场竞争意识，提高营业厅智能化管理水平等，全方位打破传统营业厅服务和业务模式，实现供电营业厅由“人工化、同质化、业务化”向“智能型、市场型、体验型、线上线下一体化”转变，从形象展示窗口向市场拓展平台转变，使其作为线上服务的线下体验和补充，成为供电企业吸引客户、抢占市场的前沿阵地。二是紧跟增量配电市场和售电市场的改革变化，因地制宜快速布局园区供电服务机构。设置与园区相匹配的供电服务机构，聚焦电量大、增速快、符合经济转型要求的优质客户，重点将线下优质服务资源向优质客户倾斜，加快适应电力体制改革要求，进一步稳固存量市场、竞争增量市场、抢占新兴市场，实现公司健康持续发展。

五、实施效果

（一）管理效益

1.促进企业运行机制变革

从专业条块纵向分割转向末端融合；从各部门割裂转变为横向协同，“一口对外”，从传统固定部门配置到创建虚拟组织。低压居民业扩报装平均时长从3.94天，减少到2.58天，较原来压缩比例达到34.52%；低压非居民业扩报装平均时长从7.97天，减少到5.18天，较原来压缩比例达35.01%；高压单电源业扩报装平均时长从38.55天，减少到23.21天，较原来压缩比例达到39.79%；高压双电源业扩报装平均时长从55.94天，减少到38.06天，较原来压缩比例达到31.96%。

2.推动企业服务模式转变

从单一渠道到多种渠道；从被动服务到主动服务；从固定式服务到灵活服务，从普遍服务到个性化、差异化服务。全面拓展在线办电、线上支付功能和上门预约服务，基本实现了线上全业务、全天候集中受理客户业务需求，线下第一时间与客户预约上门服务时间，应用移动作业终端实施现场服务，实现客户“动动手指，一站办电”，引导客户服务向电子方式转变，丰富客户服务体验的同时，有效降低服务成本，缓解营业厅等线下业务压力，推动企业服务模式转型。

3.促进企业市场开拓转型

以价值、信用为驱动，实现市场资源差异化配置，精准定位潜在目标客户，提高营销效率，构建多种能源互联网服务产品，“电网连万家、共享电气化”主题活动推广家电804万台，增加用电负荷潜力1500万千瓦，电e宝建成与银行、电信、民航等23余家单位跨行业积分互兑平台，激活全国积分活力，改善用户体验和服务质量。

（二）经济效益

在降低成本方面，一是通过用“电e宝”替换银行及第三方支付渠道，截至2017年10月，累计交费4.26亿笔，节约电费代收手续费1.7亿元（银行及第三方支付渠道平均每笔手续费0.4元）。二是通过全面拓展线上业务，优化线下实体营业厅服务等，实体营业厅从22647个缩减至22356个，减少了291个实体营业厅，年平均节约售电成本约6.22亿元。三是全面采用现场移动作业模式，有效减少办公费用和往返现场交通费用，截至2017年10月，线上办电业务累计受理567.1万件，降低公司运营成本1.7亿元（每笔业务等现场业务节约成本30元）。

在增加收益方面，通过公司自有第三方支付平台，加快资金入账，加大预存资金规模，到2020年预计收益可达到5.7亿元（按年度日均资金沉淀规模142.5亿元、年化收益4%计算）。

（三）社会效益

1.开展线上办电提升客户便捷

通过提供灵活多样的服务渠道入口，为客户在办电、电费支付、信息查询、营销活动参与等方面提供更加快速便捷个性化的服务，降低客户往返营业厅次数，在办理所有居民和企事业单位日常用电等16类业务实现了“一次都不跑”，高压新装及增容等企事业单位相对复杂的5类办电业务实现“最多跑一次”。客户满意率由99.35%提高至99.46%。

2.推广绿色环保消费方式

通过大数据分析识别潜在电能替代客户，推动完成电能替代项目2073个，减排二氧化碳、二氧化硫、氮氧化物等污染物排放。在公司范围内推广电子账单并实现全覆盖，倡导低碳环保绿色消费方式。

3.推动社会信用体系建设

公司率先在公共服务行业建立信用管理体系，与央行、政府等征信机构开展征信信息的共建共享合作，填补了电网公司信用管理空白，助推社会信用体系建设。

（四）成果奖励

开展构建“互联网+营销服务”机制探索与实践工作以来，在政务服务、科技创新、项目孵化等方面均取得了丰硕成果。公司编制的《推动建立高效共享、智能互动的新型供电服务模式》入选国家发改委公布的《中国“互联网+”行动百佳实践》；《“互联网+”电力营销服务关键技术与工程应用》项目荣获国家电网公司科技进步奖二等奖；国网浙江省电力公司荣获“2016年中国省级电网公司公众透明度——公众透明度典范奖”，国网浙江电力微信公众号荣获“2016年浙江政务新媒体最佳创新奖”；举办首届“互联网+供电服务”创新创意大赛，共孵化108个项目，推进24个项目落地实施；申请发明专利51项、实用新型专利2项、外观设计专利2项、软件著作权17项、已发表或录用论文49。

成果创造人：姜雪明、谢永胜、沈建新、吴国诚、唐文升、方学民、郭　朋、王锦志、张　燕、裘华东、涂　莹、曹　晶

中国兵器工业集团有限公司
工业互联云平台的建设实践与展望

中国兵工物资集团有限公司

一、工业互联云平台建设背景

近年来全球制造业悄然发生着变革，传感器、嵌入式终端系统、智能控制系统、通信设施等组成的信息物理系统（CPS）开始应用于生产制造。物理世界与虚拟信息世界的界限越来越模糊，现实中的工业系统与虚拟的通信传感系统、大数据计算分析逐渐融合。网络资源、信息数据、生产资料和人之间实现物联网和服务互联网的对接，价值链、产业链、供应链重建重组结合成多种全新的行业领域，由自动化转向智能化的第四次工业革命已经到来。

十八大以来，我国就将建设“制造强国”作为国家发展战略重要组成部分，十九大更是明确指出“加快建设制造强国，加快发展先进制造业，推动互联网、大数据、人工智能和实体经济深度融合”。而随着数字经济的蓬勃发展，信息技术的不断突破创新，也驱动传统产业加速变革。

中国兵器工业集团有限公司（以下简称“兵器集团”）作为国防军工的战略性团队，正在加快建设国际一流防务集团，全面推行全价值链体系化精益管理战略，提升供应链管理水平。中国兵工物资集团有限公司（以下简称“物资集团”）作为兵器集团采购集中管理专业支撑和具体实施单位，全面落实兵器集团党组指示精神，按照“统计汇总、上网比较、分析选优、评价集聚”的十六字方针要求，投资建设了一个规范、阳光的“交易市场”和综合性的服务平台。平台以采购交易的电子化、平台化作为切入点，着力推动企业采购行为的合理化，实现全流程可追溯，助力企业供应链精益管理有效落地。

二、工业互联云平台内涵

（一）工业互联云平台概述

工业互联云平台是基于兵器工业电子商务平台，按照“万物互联、感知变化、精益协同、智能制造”的建设目标，向基于互联、物联技术的智能化平台转型，全面推动采购和售后保障的平台化管控和平台化服务。以电子商务平台为节点，以集中采购交易为切入点，将供应链管理触角逐渐向需求端和供应端延伸，打通与全价值链上关键节点间，包括制造（上下游制造企业间）、服务（金融、物流等服务企业）、终端（军方及社会客户）节点企业的信息通道，构建一个互通互联的虚拟产业互联平台，逐步实现跨企业供应链条上的信息互通、信息共享，降低信息不对称形成的产业链无形成本，提升上下游企业间协同效率，着力建设兵器集团现代智能供应链体系和工业互联云平台，助力兵器智造的实现。

（二）工业互联云平台的创新性

1.技术创新方面

兵器工业电子商务平台（互联云平台）自2013年启动建设开始，经过5年多的建设发展，已经形成了较为成熟的软件技术架构，并伴随业务快速发展进行不断的创新架构应用，以适应更加快速的功能迭代，满足不同类型用户的个性化部署需求。

（1）云平台微服务技术架构应用

兵器工业电子商务平台（互联云平台）的技术底层架构逐步优化升级，实现架构模块化（微服务），以微服务化的方式满足业务需求的快速迭代；提升系统的高可用性；实现实时服务器状态监控，提前预警；实现自动化运维，应对随时发生的高并发，实现服务器水平扩容。

（2）PaaS平台部署方案落地

兵器工业电子商务平台（互联云平台）的PaaS平台保障基础主数据的统一，实现标准化API的信息交互，并通过数据加工实现大数据的管理，为企业管理决策提供实时有效的参考依据。各个系统通过集群负载支撑高并发性能，并通过PaaS平台与第三方平台和企业内部ERP实现信息交互。公共应用通过PaaS平台实现与各系统的互联互通。

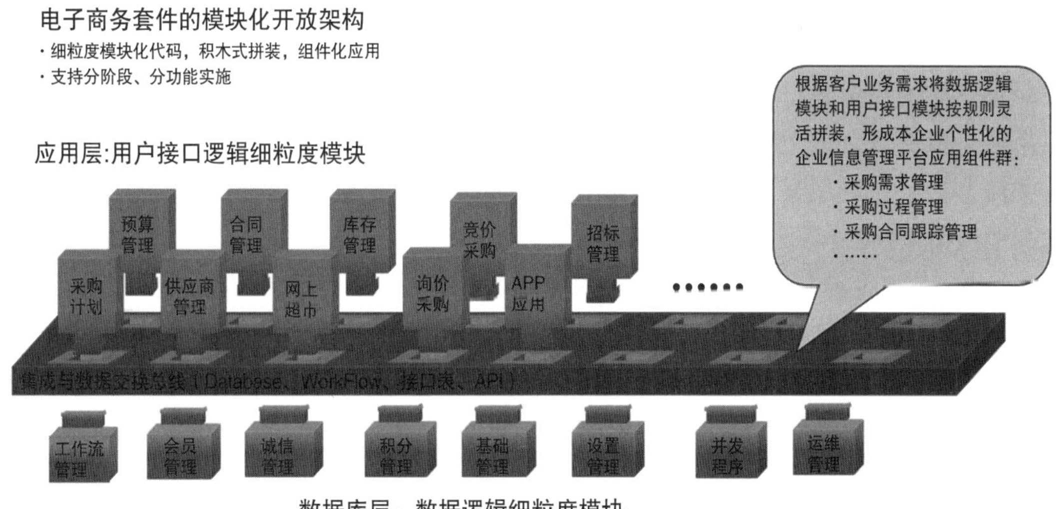

图1

（3）平台标准接口技术应用

兵器工业电子商务平台（互联云平台）要实现对供应链全要素、全过程的信息交互和跟踪，需具备完整的对外数据交互的接口方案，以便与供应商、服务商、物流商等系统的快速对接与数据交换。

目前应用的是EDI接口中心作为标准化数据交换中心其作用应满足业务数据的认证、传输、监控及预警；接口中心包含后台应用管理和事务服务两部分组成，后台应用程序主要完成应用系统接入配置、仓库系统接口标准、交易系统接口标准、接入系统地址配置等其他基础应用的设定；事务服务完成对各业务系统的数据交互服务，包括基础物资信息、往来单位、主业务单据、库存等信息的数据交互；事务服务应包括对仓库系统、交易平台、客户企业ERP系统、银行融资平台等多套系统接口事务服务。

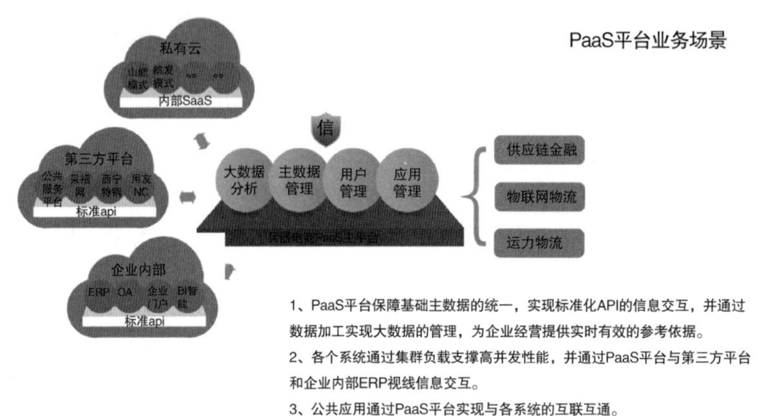

图2

（4）物流监控及北斗定位技术应用

建设物流监控与管理平台，与工业互联平台对接，对合同执行过程中物流环节的产品质量进行实时跟踪，监控产品交付过程中的质量控制，实现供应商产品交付过程的全流程可监控、可追溯。同时向国家重点重大项目建设过程监控应用延伸，运用物联、定位、遥感等技术，对国家重大投资建设项目的推进过程、建设进度、问题发现与处理等进行实时监控与反馈，为国家相关监管部门提供有效监控工具。

物流监控平台利用兵器集团的北斗卫星定位、通信技术，并与电子数据交换技术、传感技术、地理信息技术、无线射频技术等相结合，通过连接北斗服务器及VPN专线服务器，与北斗卫星、北斗地面控制中心、物流工作站等组合形成一个物流信息传输的卫星通信体系。物流监控平台将主要实现位置服务、状态监控管理、车辆查找、地图服务、大数据分析、报警处理、系统管理、指挥调度等功能。

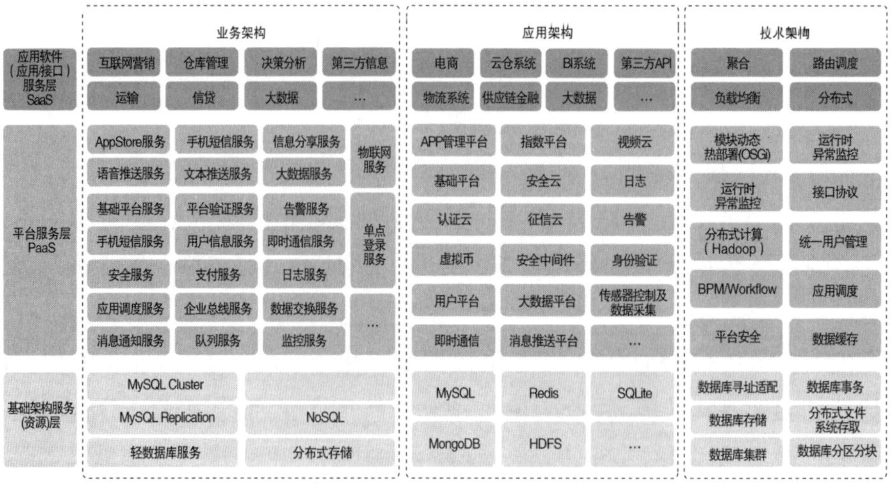

	业务架构	应用架构	技术架构
应用软件（应用/接口）服务层 SaaS	互联网营销、仓库管理、决策分析、第三方信息、运输、信贷、大数据、…	电商、云仓系统、BI系统、第三方API、物流系统、供应链金融、大数据、…	聚合、路由调度、负载均衡、分布式
平台服务层 PaaS	AppStore服务、手机短信服务、信息分享服务、语音推送服务、文本推送服务、大数据服务、基础平台服务、平台验证服务、告警服务、手机短信服务、用户信息服务、即时通信服务、安全服务、支付服务、日志服务、应用调度服务、企业总线服务、数据交换服务、消息通知服务、队列服务、监控服务、物联网服务、单点登录服务、…	APP管理平台、指数平台、视频云、基础平台、安全云、日志、认证云、征信云、告警、虚拟币、安全中间件、身份验证、用户平台、大数据平台、传感器控制及数据采集、即时通信、消息推送平台、…	模块动态热部署(OSGi)、运行时异常监控、运行时异常监控、接口协议、分布式计算（Hadoop）、统一用户管理、BPM/Workflow、应用调度、平台安全、数据缓存
基础架构服务(资源)层	MySQL Cluster、MySQL Replication、NoSQL、轻数据库服务、分布式存储	MySQL、Redis、SQLite、MongoDB、HDFS、…	数据库寻址适配、数据库事务、数据库存储、分布式文件系统存取、数据库集群、数据库分区分块

图3

（5）涉密网与互联网信息交互技术应用

建设兵器集团商密网，主要解决军工涉密企业与外部供应商的供应链信息、质量要素的传递、交互问题。在IaaS基础架构私有云平台，全面考虑云平台基础设施和环境的安全（场地、制冷、网络接入等等）、物理设备的安全（服务器、存储、网络的管理和安全维护）、运行的业务系统以及数据等方面安全。同时商密网机房建设满足业务需求并保证未来5-10年能满足业务扩容需求，符合国家《信息系统安全等级保护基本要求》的三级防护规定。

EDI接口中心功能图示

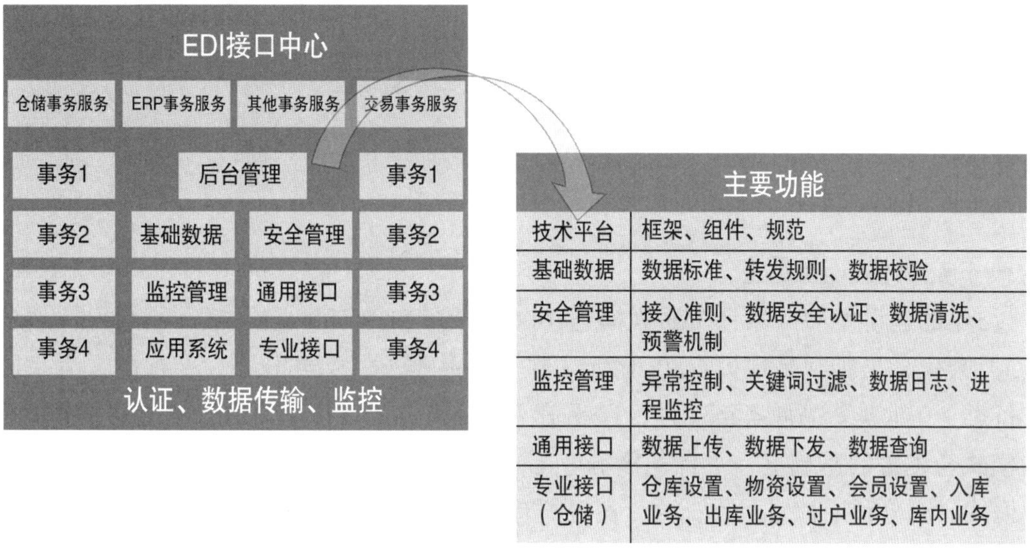

EDI接口中心
仓储事务服务　ERP事务服务　其他事务服务　交易事务服务
事务1　后台管理　事务1
事务2　基础数据　安全管理　事务2
事务3　监控管理　通用接口　事务3
事务4　应用系统　专业接口　事务4
认证、数据传输、监控

主要功能	
技术平台	框架、组件、规范
基础数据	数据标准、转发规则、数据校验
安全管理	接入准则、数据安全认证、数据清洗、预警机制
监控管理	异常控制、关键词过滤、数据日志、进程监控
通用接口	数据上传、数据下发、数据查询
专业接口（仓储）	仓库设置、物资设置、会员设置、入库业务、出库业务、过户业务、库内业务

图4

2.模式创新方面

兵器工业电子商务平台（互联云平台）围绕工业企业生产组织和采购管理体制特点，大胆创新，创造出许多兵器集团独有的商务模式和支撑服务机制，如：

超市化挂牌交易的再议价机制；对标进行动态价格管理机制；平台化“大比质比价”机制；以提升整体议价协调能力为目标的平台价格异议处理机制；以需求拉动支撑平台品类丰富为特色的“商品寻源”服务机制；以共同压缩中间环节降低供应链成本为目标的平台化产业直连合作机制；基于制造企业授权的代理商准入和质量管理机制；支持B2B模式的第三方转移支付诚信保障机制；线上票据支付机制；线上线下相结合的平台售前售后服务保障机制；中介服务网上交易机制；以投资项目管理为牵引的招投标线上闭环管理机制；平台化的在线监察管控机制；与上游企业数据联通合同执行监控机制，等等。这些创新服务功能和集约化运作机制，具有鲜明的市场服务特点，第三方的平台运作机制有效支撑了“帮助客户成功”的服务宗旨，“服务促进集聚，集聚创造增值，增值必须分享”的平台价值追求也逐渐被上下游用户所感知和认可。

（三）工业互联云平台的可推广性

基于兵器工业电子商务平台（互联云平台）前述的技术创新与模式创新，目前平台的技术架构能够按照企业用户的个性化需求提供多种形式的服务，包括直接使用的资源共享模式，基于PaaS-SaaS架构的云服务模式，标准接口连接的平台服务模式，以及功能模块化组合的独立部署模式。

兵器集团作为国有大型制造企业集团，组织管理高度规范，同时具有组织架构复杂，层级多、行业跨度大（涉及重型装备制造、石油化工、电子、零备件、科研等等），企业管理特点不一等特点。兵器工业电子商务平台（互联云平台）的技术架构和业务模式设计，不仅满足了兵器集团总部对各个子集团的统一管理要求，还满足了每一个子集团个性化管理特点，平台的系统架构柔性化，业务模式设计同时兼顾行业业务特点，能够满足不同企业管理和交易的个性化要求，并且已经得到各方企业用户的认可，已经开展合作的国央企集团有：航天科技集团、湘电集团、山东能源集团、五矿有色集团湖南公司，正在接洽的包括中船重工集团、江铜集团等等。

三、工业互联云平台实施效果

（一）交易模式全覆盖

经过5年的建设发展，累计交易规模近1000亿元。2018年截至5月底，平台已注册各类企业会员5万余家，当年交易规模近300亿元。在交易品类上，除办公类、劳保类、大宗原材料类、设备类、工业类等货物类商品外，还涵盖了法律事务、审计、评估、物流等服务类采购；在采购模式全覆盖的基础上，平台积极响应国家绿色发展理念，拓展了废旧物资网上竞价/拍卖销售模式，充分利用社会回收资源，实现国有资产保值增值，也为规避国有资产流失提供了有效手段。平台累计处置废旧物资12.5亿元，为相关企业实现增值溢价近2亿元。同时规范竞价交易行为，处置竞价违约场次，扣缴违约买方保证金并全部转给了卖方企业，有效保障了工业企业的正当权益。

（二）交易过程规范

平台是由兵器集团自主设计研发的第三方交易平台，平台建设严格按照国家法律法规，以及兵器集团管理规定要求，对交易过程进行统一规范，保证平台交易流程的诚信、合规、可控。其中：电子招标投标交易平台严格按照国家《电子招标投标办法》《电子招投标系统技术规范》《电子招投标系统检测管理办法》等相关法律法规，并一次性通过了国家一类证书权威检测，实现了与国家招标投标公共服务平台的对接。2017年4月取得国家电子招标投标系统认证证书，成为全国首批十家认证平台之一，2018年顺利通过年度复审。目前已运行项目2300余个，定标交易金额40余亿元。非招标类还有网上超市、询价交易以及废旧物资处置等交易模式，全部按照兵器集团的相关管理规定和统一的流程规范，进行设计和运营管理，非招标交易模块总体实现交易规模700多亿元。兵器集团已经进入“全线上”采购新时代。

（三）管理效率提升

兵器工业电子商务平台（互联云平台）不仅是工业企业阳光采购、规范交易的平台，还为企业内部采购管理提供了有效支撑工具，推动企业采购管理工作模式、工作方式和工作流程的变革。一方面，平台运营团队结合兵器集团内各子集团的采购实际和个性化需求，为企业量身搭建个性化子超市，办公用品、劳保用品、耗材、配件及内部奖品采购等均通过网上超市实现了线上采购。另一方面，平台具备需求测算管理、需求计划管理、合同管理、供应商管理、在线委托物流等功能模块，能够支持企业实现从采购计划申报到采购过程实现，再到废旧物资处置循环利用的产品全生命周期全过程的在线管控，为企业精益采购落地提供有效管理工具。

（四）模式机制创新

平台设计策划出很多兵器集团独有的商务模式和支撑服务机制，例如：超市化挂牌交易的再议价机制；对标进行动态价格管理机制；以提升整体议价协调能力为目标的平台价格异议处理机制；基于制造企业授权的代理商准入和质量管理机制；支持B2B模式的第三方转移支付诚信保障机制；线上线下相结合的平台售前售后服务保障机制，票据在线支付系统；与外部资源的全线上互动；等等。同时，平台还积极推动与上游企业的产业直连，利用信息化手段，实现了兵器集团内企业与西宁特钢集团在订单、排产、在制、仓储、发货等方面信息的互联共享，让企业能够实时掌握采购订单执行情况，为企业下一步降低两金占用、推动供应商管理库存模式等内部管理提升进行了有益尝试，并会在未来不断推进完善，搭建起兵器企业与上游供应商的信息化沟通桥梁。

另外，平台还专门设计建设平台在线管理中心，根据不同管理岗位要求，设置了不同权限的监察、审计和采购管理端口，为不同岗位的监察、审计及管理人员提供全线上、全过程的管控平台。监察管理人员可以在线实时查看每一个正在平台上进行的交易细节，以及供应商、废旧物资买家、中介机构等各类会员的资质，发现违法违规或异常情况可直接终止交易，在线进行问询督查，实现对采购交易、执行过程的有效管理和全流程可追溯，使监督管理融入到了企业采购的各个环节，也为采购管理的“事前控制，事中监控，事后考核”提供了信息化管控工具，从而有效减少人为因素对决策过程的干扰和影响。

四、工业互联云平台未来发展

（一）下一步建设的主要内容和实施计划

未来平台将重点面向国防科技工业及国内大型制造企业，致力于构建连接产业各方（上游资源、下游客户，以及金融、物流、科研、企业相关服务等）的工业互联云平台。运用物联网、云计算、大数据、区块链、人工智能、北斗定位等新技术，创新服务机制和商业模式，使平台真正服务于兵器智造和国内制造业转型升级，力争成为服务国防科技工业及社会经济发展的一流管理支撑平台，成为互联网+智能制造、工业互联共享经济生态圈的引领者和开拓者。

1.深入推进与供应链关键节点企业间的系统互联，以及相关方的平台互通，实现信息的及时交互与响应。从在线订单响应、在线生成合同，到合同执行跟踪的全过程全线上，并适时向企业使用信息延伸（到货、验收、库存、质量等情况），实现上下游信息的实时互通共享，并适时向其他关键节点和重要环节企业延伸。

未来将搭建一个工业企业、上游供应商、利益相关方之间的互联平台，将制造端与服务端的距离无限拉近。届时，企业可通过平台将采购需求、库存、使用情况等数据信息通过平台传递给上游供应商；上游供应商根据数据信息进行生产排产；企业根据上游排产情况，合理安排自身产品生产。通过上下游的信息实时共享，共同降低供应链上的库存、资金占用、交付风险等各种成本，推动整个供应链的协同优化、效率提升。平台还将推动与企业经营相关的各种外部资源、利益相关方的平台互联，例如国家征信平台、金融机构、公共数据信息服务平台、北斗定位系统等等，打造企业连接各方的信息平台，在线提供更多金融、征信、信息等增值服务。

2.建设物流云服务体系，感知供应链上各个生产要素的变化，促进上下游精益协同。物流云服务体系包括在线云仓、物流监控、特种物流等线上线下结合的新型物流服务体系，打通在线交易、线下执行跟踪、交易结果评价与反馈的全流程全方位的服务体系。平台将通过线上看板管理和云仓智能货柜，创新需求感知模式，推动供应商与企业共同管理库存，JIT准时制供应等模式的实现。

看板管理是以兵器企业为试点，研究设计了适合企业外协、外购件线上采购交易模式。通过对外协（外购）件供应商合同备案，将长协商品上架到超市，各单位发生实际需求时下单执行，实现企业外协长单的在线看板采购。在新一阶段，看板管理将深入企业内部管理，通过采购数据与库存数据，以及使用数据的收集整理，实现企业与供应商在线共同管理库存，企业与供应商约定安全库存量，根据低于安全库存的数量生成采购订单，供应商通过看板及时了解企业使用及库存情况，可以提前备货，保证供应的及时准确。通过平台化的方式，推进供应商管理库存模式的实现，有效降低企业库存，降低资金占用，也为企业采购决策和采购管理提升提供支撑。

平台云仓智能货柜则为企业提供了另一种感知采购需求变化的方式。云仓储管理将企业库存管理场景前置到生产现场，通过在车间放置的智能货柜，工人刷卡随时领取生产所需工具及消耗配件，工厂可实时统计员工使用的物料信息。通过货柜设置的安全库存量和精准的使用数据记录，以及与平台的数据连接，在线自动计算生成采购订单，供应商自动补货，推动企业零库存生产成为现实。云仓智能货柜一方面让企业可以实时掌握车间工具及备件的消耗品类、数量，帮助企业提升生产消耗类（MRO）工业产品的管理效率，实现工业品的按需、随时取用，杜绝浪费，节约采购和管理成本。

看板管理和平台云仓储管理可以根据企业的历史交易数据、企业内部库存数据，以及供应商生产库存数据，为企业决策提供依据，同时向企业提供采购解决方案，将企业内部物资调配、供应商配送与采购方案进行整合，减少因信息不对称造成的过程冗余的库存浪费，提高采购效率，实现精益采购。同时推动供应商共享库存、联合管理库存等理论落地，促进上下游产业精益协同。

3.打造智能物流系统，推进国防军工物流管理与安保中心项目建设。将通过平台化的运作方式，充分整合、盘活线下军工企业及社会优质的仓储、运输、安保等资源，自主研发建设一个独立部署的基于北斗网络的集“资源管理中心+指挥调度中心+北斗监控中心+数据管理中心”为一体的物流信息化中心，实现对关键重要物资运输过程的物流资源配备、指挥调度、安保保障、过程监控、应急处理等重点重要环节的在线管控及全流程追溯，为归口管理部门提供管理抓手及监控工具，为各企业提供专业、安全、保密的军工物流整合服务。在兵器系统内试运行成熟后，推广至整个国防军工体系，提供专业化的物流解决方案与信息服务，提升专项物资物流运作的安全性与保密性。

军民融合维修保障服务平台是兵器集团面向部队的一站式维修保障服务窗口，以“1+N”方式，通过一个平台在部队与集团公司企业、社会服务资源间建立连接，快速感知部队需求，及时提供备件供应及维修服务。未来还将利用传感器、自动感知技术等，及时感应装备使用情况，结合智能物流系统，提供战场精准配送和后勤保障服务。

平台还将建立集团内部交易平台，汇集、整合、共享集团内部的生产能力、产品物资、智力资源，促进集团内部生产制造环节的互联互通、精益协同、智能创新。同时平台通过建立生产指挥调度系统，将集团企业的生产进度相关数据进行处理，通过分析、判断、审核后转化为可视化信息，为归口管理部门和指挥人员提供决策和管理依据，生成可执行的指令，有效协调集团内部资源，保障集团产品有效生产、及时交付。

4.围绕助力智能制造，平台向智能化方向迈进。基于大数据分析与应用，开发在线机器人辅助工作助手，将平台操作视角由企业视角转向岗位视角，为不同岗位工作人员定制在线工作平台及业务场景应用。智能助手可以帮助工作人员整理案头工作，提醒待办事项，关注处理重点业务及异常事项，以及个人工作数据的统计分析，提高工作效率；同时为管理人员提供辅助决策、重点异常事项干预等智能推送，满足不同岗位的个性化服务需求。

平台还将推进建设产品及数据中心，将平台通过连接获取的大数据服务于兵器集团的研发设计、生产制造等领域，共同构建兵器云，实现研发设计、生产制造、供应链协同等云应用的互通互联，共同促进企业在技术研发、产品设计、发展模式、组织方式，乃至产业链的全面创新。

5.与金融机构开展合作，探索线上金融增值服务模式，实现场景化、订单化在线金融服务。同时结合云仓、智能仓储、物联监控等技术手段，推动在线供应链金融服务融入交易过程的各个环节，提高金融风险防范效率，同时提升供应链过程中的产品流转效率与效益，创新在线金融模式。

（二）发展预期目标

1.兵器集团建立起适应自身需求的工业互联生态圈，以“万物互联，感知变化，精益协同，智能制造”为行动引领，通过阶段性实践，实现采购交易的全流程线上管理；通过价值链关键节点系统对接，建立起内外部信息资源互联的模式；在实现产业上下游互联互通、信息整合、实现产业协同、降本增效的同时，建立供应链智能管理模式。

2.兵器集团作为国防工业的重要组成部分，在平台建设时紧密围绕工业企业发展，以建立上下游企业合作共赢的供应链协同发展模式为目标，加强与产业链重要节点和核心企业的互联互通、有效对接，更加敏捷的获取供应链相关信息，更加迅速感知生产要素的变化，打破信息不对称带来的采购、物流等流通环节中的成本虚高和浪费，提升供应链上下游企业的产业协同效率，推动供需精准匹配的实现，逐步构建大数据支撑、网络化共享、智能化协作的智慧供应链体系。

3.探索并实践建立一个贯穿涉密网、商密网、互联网的工业互联生态圈，实现内外部信息的互联共享、产业链生产要素变化感应同步，以工业互联网为载体，实现兵器集团智力资源、制造能力的广泛汇聚，促进从封闭式创新到开放式创新的转变，实现产业链上下游的精益协同，助力兵器智造升级。同时，也为国防军工领域其他制造企业集团提供供应链质量管理整体解决方案，将经实践检验过的有益经验与行业企业分享，共同推进国防军工的智能化升级，为国家国防安全贡献自己的力量。

4.搭建国家层面第三方智能供应链管理服务云平台，将兵器内部已经实践检验有效的管理模式、商业模式、现代供应链管理手段、技术应用等，向其他央企、国企输出及分享，共享技术创新、商业模式创新的成果，助力制造行业的现代化、智能化水平提升，共同为国家经济发展、为中国制造2025做出贡献。

（三）效益分析

万物互联帮助企业、决策者、供应链各节点的人员能够更及时、更具象、更数据化地感知万物的变化，从而去分析、预测、行动，让世界更快捷、更安全、更清洁、更经济。工业互联网通过构建连接机器、物料、人、信息系统的基础网络，实现工业数据的全面感知、动态传输、实时分析，形成科学决策与智能控制，提高制造资源配置效率。工业互联云平台对于兵器集团自身，乃至整个国防军工领域在供应链精益管理提升、助力传统制造企业向先进制造业转型方面具有实践和借鉴意义。

（四）风险分析

1.数据安全问题

鉴于创新的供应链质量管理模式是基于网络互联环境下的，未来要实现涉密网、商密网和互联网之间的数据传递，在此三种网络间传递数据的安全性是必须要考虑的重中之重。一是数据本身的安全性，另一个是传递过程中的安全性，还包括接收终端的安全性。

2.终端问题

工业互联下包括互联、物联、大数据、云计算、区块链等系列相关技术的应用，也包括兵器集团、供应商、金融机构、服务商等相关参与方，终端包括各参与方的终端设备，还包括物联设备、物流监控设备等，因此终端除了具有各自的功能外，还要具备与其他终端、传感器和网络的接入功能，且不同的行业千差万别，如何满足终端产品的多样化需求，对研究者和运营者都是一个巨大挑战。

3.技术风险

技术风险的种类很多，其主要类型是技术不足风险、技术开发风险、技术保护风险、技术使用风险、技术取得和转让风险。技术风险可依据项目风险定义进行等级区分。通常分为低、中、高风险三个等级。低风险是指可辨识且可监控其对项目目标影响的风险；中等风险是指可辨识的，对工程系统的技术性能、费用或进度将产生较大影响的风险，这类风险发生的可能性相当高，是有条件接受的事件，需要对其进行严密监控。高风险是指发生的可能性很高，不可接受的事件，其后果将对项目有极大影响的风险。

云平台建设将坚持技术适用性原则，即建设时并非一定要使用当前的最前沿技术，而是结合实际需要，评估已有技术的先进性和适用性，以及新技术的成熟度、安全性和可用性，制定适宜的技术解决方案，保持一定的技术领先，避免因技术应用设计不当而导致项目失败。技术的发展永无止境，可根据未来发展实际，不断更新迭代，系统运行的有效、稳定、可靠是平台发展建设的根本。

（五）成长性分析

当前，全球领先企业工业互联网平台正处于规模化扩张的关键期，而我国工业互联网建设仍处于起步阶段，发展基础和能力薄弱，跨行业、跨领域的综合性平台尚未形成，面向特定行业特定领域的企业级平台影响力不强，亟须加强统筹协调，如何充分发挥政府、企业、研究机构等各方合力，把握全球工业互联网平台市场格局、技术标准未定的战略窗口期， 抢占基于工业互联网平台的制造业生态发展主动权和话语权。同时，兵器集团能够利用新技术，融入新业态，创新供应链管理新模式，推动产品质量全生命周期管理，为我国装备制造业的转型升级提供有益实践，成熟模式复制推广，以提升国防工业整体供应链管理质量，增强保军保供能力，有力捍卫国防安全。

成果创造人：白长治、温燕朝、刘雨辰、贺　蕾、茶国吉、刘美琪、刘泰伟

【注释】

1.国有独资公司和国有金融机构的外派监事会不同于一般企业的普通监事会。

2.参见《国有企业监事会暂行条例（2000）》第7条；《国有重点金融机构监事会暂行条例（2000）》第8条。

3.高明华、王延明：《政府规制与国有垄断企业公司治理》，中国出版集团东方出版中心2016年版，第115页。

4.高明华：《国企改革负面清单如何有效》，《中国党政干部论坛》2016年第9期。

5.高明华：《关于建立国有资产运营体系的构想》，《南开学报》1994年第3期。

6.高明华：《权利配置与企业效率》，中国经济出版社1998年版，第264页。

7.樊纲、高明华：《国有资产形态转化与监管体制》，《开放导报》2005年第2期。

8.高明华：《国企改革的“容错”如何避免“踩红线”》，《国资报告》2016年第6期。

大型流域水电公司基于自主创新的智慧企业管理模式探索与实践

国电大渡河流域水电开发有限公司

国电大渡河流域水电开发有限公司（以下简称大渡河公司）是集水电开发建设与运营管理于一体的大型流域水电开发公司，是世界500强企业中国国电集团公司的特一类企业，其主要使命就是将大渡河丰富的水能资源转化为绿色清洁电力，拥有大渡河干流、支流以及西藏帕隆藏布流域水电资源约3000万千瓦。公司股东分别为中国国电集团公司系统占90%（其国电总部占21%、国电电力占69%），四川川投能源股份有限公司占10%。截至目前，公司资产总额近1000亿元，投产总装机近1200万千瓦，基层单位22家，职工人数约2100人，电站运维人员主要分布在四川境内约600公里的大渡河沿岸。

近年来，国电大渡河公司面对新的机遇和挑战，积极创新理念和思路，将先进信息技术、工业技术和管理技术深度融合，开展基于技术创新和管理创新的智慧企业建设，经过不断的探索和实践，取得了系列成效：管理体系获得国资委、中企联和中电联等相关部门和机构的高度认可，工程建设体系达到国际领先水平，全国首创EDC大型流域调度技术实现经济效益最优化，电厂数字管控模式成为四川省示范标杆，机组检修实现大数据模块分析。未来，国电大渡河公司将始终以“数据驱动企业管理”为指导，努力打造智慧企业，建设国际一流水电企业。

一、项目实施背景

物联网、大数据和人工智能为代表的先进生产力已完全改变社会生活的组织规律。在新的时代背景下，大渡河公司作为传统大型国有企业积极面对由此带来的新挑战、新格局和新机遇，探索基于自主创新的智慧企业建设。其实施背景主要包含以下三方面：

（一）抓住新工业革命历史机遇，引领水电行业发展的需要

以“互联网+”为代表的管理创新模式，引发原有社会生产模式由大批量集中式向智能化、网络化、个性化发展，由生产型制造向服务型制造转变，并全方位改变社会经济活动。面对新工业革命的兴起，水电行业的发展和经营管理也面临新机遇和新挑战，大渡河公司作为大型流域水电公司意识到只有敏锐把握科技创新发展趋势，加强管理创新与自身革新，引入新的技术知识与管理方式，才能提高自身可持续发展能力。因此，大渡河公司提出基于自主创新的

智慧企业管理模式，将先进信息技术、工业技术和管理技术深度融合，扎实推进从基建生产型向经营型转变，从行政管理模式向智慧企业管理转变，明确打造“幸福大渡河、智慧大渡河，建设国际一流水电企业”的战略目标，着力通过运用云计算、大数据、物联网以及人工智能等先进智能分析手段，确保大渡河公司智慧企业战略的有效实施，引领现代水电行业发展。

（二）顺应电力体制改革，培育企业竞争优势的需要

近年来，我国经济发展进入新常态，电力行业面对产能过剩，竞争日趋激烈，发电市场进入“双降双低”的局面，过去的工业化生产、规模化效益的线性利益增长思维已不能为发电企业带来新的效益增长，传统的发展方式遇到了瓶颈。而大渡河公司所面对的消费市场也已随着“互联网+”的技术革命即将发生巨大的变革，整个电力行业“发、输、配、售”模式的切割呈现，将发电企业直接推向了整个消费市场，公司需要对未来潜在消费群体有前瞻性的洞察力和战略性的分析能力，确保对公司盈利空间的牢牢把控。与此同时，大渡河流域的水文、水情、气象资源也需要和流域梯级电站群进行运筹学机理整合，通过梯级调度实现大渡河流域水能资源利用率的最大化，满足企业经济效益的稳定增长。大渡河公司提出的智慧企业管理模式，就是主动适应经济发展新常态和电力体制改革新要求，创新优化公司内部管理体系，培育敏锐市场洞察力和感知力，构筑公司未来发展的竞争优势。

（三）转变水电行业传统发展方式，激发企业创新创效活力的需要

水电行业由于其特殊性，电厂选址普遍处于大山深处，远离社会发展的城市群主体，加之传统施工环境、电厂设备和管理模式等均需要耗费大量的人、财、物来维持其正常的工作状态，迫使水电企业的大批员工必须长期坚守在远离家人、远离城市的工作现场，条件十分艰苦，但随着社会发展，员工个性化、多元化需求日益增多，对改善工作生活条件的期盼越来越高。同时从大型流域水电公司的安全管控角度来讲，流域沿岸地质脆弱，重大高危边坡遍布全流域各个角落，传统流域公司的工作模式——现场工作、人工巡检、人工排查，对员工的安全生产因不可预见要素而难以有效控制，挑战着公司安全管控的“三零”红线。大渡河公司提出的智慧企业管理模式，就是用物联网、大数据和人工智能等先进技术实现“人、机、物、环、管”的全面感知和全面物联，转变传统发展方式，激发企业内部潜在的创新创效活力，构筑柔性化、人性化和智能化的新型管理模式，将职工从艰苦、繁重和危险的作业环境中解放出来，提高工作效率和职工幸福指数。

二、项目内涵和主要做法

大渡河公司紧紧围绕以“智慧企业”为核心的战略发展目标，把提升员工的幸福指数和企业安全、管理、效益的数字转变作为智慧企业建设的出发点，确立“业务量化、集成集中、统一平台、智能协同”的关键建设路径，并以此强化物联网建设、深化大数据挖掘、推进管理变革创新，将先进信息技术、工业技术和管理技术深度融合，转变传统水电行业生产关系，构建智慧企业管理组织形态，实现企业全要素的数字化感知、网络化传输、大数据处理和智能化应用，使企业呈现出风险识别自动化、决策管理智能化、纠偏升级自主化的柔性组织形态和新型

管理模式。2014年以来，大渡河公司加强顶层设计，强化组织领导，抓实基础建设，推进项目落地，实现了企业基本要素的数字化感知、网络化传输、大数据处理和智能化应用，企业形态正在发生转变。其主要做法如下：

（一）加强组织领导，为智慧企业建设提供了重要支撑

1.坚持文化引领，营造创新氛围

大渡河公司大力培植创新文化理念，将创新文化全面融入企业整体战略，与企业管理实践紧密结合。强化思想引导，选派6批次干部职工前往华为公司、浙大网新、南瑞自动等领先企业学习，开阔员工视野。成立了智慧企业宣讲团队，公司主要领导先后7次宣讲授课，抽调各专业技术骨干与专家队伍广泛宣传和讲解智慧企业，增强干部职工参与智慧企业建设的工作热情。积极打造创新工作平台，设立了青年创新工作站，通过项目自主申报、专家组评审等环节，引导青年职工提出好课题、好项目，孵化创新成果。坚持每周举办智慧企业沙龙，全面搭建知识共享平台和创新孵化体系。选树先进典型，每年评选“科技之星”、选聘“智慧专家”，发挥专家技术团队的创新引领作用，让创新人员在实践中有荣誉感和获得感，充分激发员工创新创造的活力，营造浓厚的创新氛围。

2.加强顶层设计，制定战略规划

大渡河公司成立了由总经理、党委书记负责的智慧企业建设领导小组，组建了以原中国工程院常务副院长潘云鹤院士为总顾问，浙江大学计算机学院院长陈纯院士、天津大学校长钟登华院士、清华大学管理技术创新中心主任陈劲教授等一批国内知名专家学者为主的顾问团队，开展智慧大渡河战略规划研究。经过反复论证，历时1年时间编制完成《智慧大渡河战略研究与总体规划报告》。经国内20多名院士专家审定，于2015年发布了业内首份智慧企业建设总体规划，为智慧企业建设全面推进提供了战略指引。

3.整合内外资源，推动协同创新

大渡河公司充分利用内外部优质资源，在优势技术领域加强自主创新，在创新薄弱环节加大协同创新力度。开展校企合作，广泛引进清华大学、浙江大学、天津大学、复旦大学等高校资源力量，充实智慧企业建设专家团队，加强重点领域与重大技术难题攻关。开展企企合作，与华为集团、南瑞集团等行业优秀企业开展战略合作，有效发挥各自专业领域的技术专长，共同推进智慧企业建设有效落地。开展政企合作，与国家信息中心开展技术交流，重点推进在自动化、信息化以及网络安全等领域合作，不断积累智慧企业建设有效成果与经验。分步分类推进，强化重点突破。

4.紧密结合实际，分步分类推进

大渡河公司将智慧企业理论成果运用到重大工程建设、重点生产项目以及重要技改课题中，确保智慧企业创新成果稳步、有效、精准应用。以双江口、沙坪二级等在建工程为突破口，在项目建设初期的规划、设计以及设备选型阶段，超前部署指挥企业在工程建设领域的创新课题，避免了资源重复投入，提高了综合效益，形成了一批推动智慧企业建设的关键技术；以瀑布沟、大岗山等自动化程度高、专业力量充足的投产电站为着力点，有序推进智慧企业

重点项目研究；安排龚嘴电厂等投产时间较早的发电企业，根据自身实际情况，开展阶段性优化，实现了智慧企业建设先行先试、重点突破和分步实施。

5.注重总结改进，实现动态提升

大渡河公司注重智慧企业建设过程的总结与改进，每周召开智慧企业沙龙，召开科技创新大会、智慧企业创新论坛和智慧企业创新成果展等，及时发布智慧企业最新成果，评价规划实施和项目推进情况，探讨国家最新创新战略与政策方针，推动专业标准制定以及专利奖项申报，加强知识产权保护管理，及时锁定智慧企业建设成果。针对外部环境以及工作要求变化，及时调整优化智慧企业建设总体方案，总结存在的问题与不足，完善工作规划和措施，形成了动态优化、持续提升的建设格局。

（二）搭建基础设施平台，为智慧企业建设打下基础

1.推进标准化建设，打造数据“大感知”网络

标准化建设是提升大数据感知能力的基础，只有形成统一的标准、固化的流程，才能确保大数据的准确采集挖掘。一是提升电厂运行设备状态感知能力。推进检修作业标准化，制定《水轮发电机组智慧检修标准》白皮书，采集了7000余个状态监测量，及时掌握设备健康运行状况水平。二是提升缺陷管理感知能力。收录标准缺陷2000余条，开展了公司设备编码和物资编码标准化，形成了五段码8万余条的水电物资编码，六段码26万余条的设备编码。三是提升水情气象感知能力。建设105个水情自动测报点，形成了覆盖全大渡河流域的高精度水情测报系统，每5分钟滚动采集水情雨情信息，灵敏感知各区域降雨及来水分布情况。四是提升库坝安全感知能力。在流域电站大坝及周边山体中安装了1.9万余个自动化监测点，解决了以往大部分测点依靠人工测报且数据量收集相对较少的弊端。

2.推进网络化构建，提高数据“大传输”效率

先进的数据传输技术直接影响着信息交换与决策反馈效率，是开展大数据后续挖掘与运用的重要支撑。公司全面构建了由局域网、广域网、卫星网、移动网组成的四大数据传输通道，确保前端采集的数据资源与后台反馈的信息指令及时传输交换。一是建立了万兆骨干、千兆到桌面的局域网，有力支撑了生产管理中大量数据、图像、视频等信息传输，为设备在线监测、技术故障诊断以及专家远程会诊提供了技术保障；二是建立了与8M运营商专线、2.5G电力光纤专网相连接的广域网，确保基层专业数据与公司大数据后台实时对接；三是建立了覆盖流域生产区域的移动网，保证了智能安全帽、巡检预警机器人等现场移动智能设备的数据实时上传、信息及时反馈；四是建立了承担突发情况下应急通信的卫星网，增强了对紧急事件的应急响应能力。

3.推进互通化建设，构建数据“大存储”平台

公司建立了大数据中心，集中整合全流域网络信息资源，推进基层专业数据信息统一存储，提升了数据运用效率。从存储构架来看，通过信息平台互通化构建，确保大量专业数据在统一的存储平台上集中共享，避免传统信息化建设过程中，出现分类建设、重复建设和条块分割、数据孤岛等现象。从存储范围来看，公司将数据存储平台划分为设备域、安全域、物资域等11大主题域，横向拓展至生产、工程、合同、财务、人资等各大业务领域，纵向覆

盖从工程规划、设计、施工、运行以及检修改造等各环节信息，实现水电工程建设及生产数据全过程可追溯。从存储安全来看，采用了集中+分布式的混合存储模式，承载了具有高可靠性的“N+1”负载均衡模式，建立了以全网态势感知为核心的信息安全监管平台，实时监测网络内外数据流，动态感知各类安全风险，实现量化提示和自动预警，确保数据存储安全可靠。

4.推进集中化整合，提升数据“大计算”能力

企业大数据的计算能力，直接影响着企业对市场环境变化、经营决策调整以及内外风险管控的响应效率和管控能力。公司建立了云计算中心，构建了服务器虚拟化的云计算构架，通过资源集中化整合，将企业各类大数据集中迁移上云，实现统一计算、统一处理。借助于高效的计算能力，有力支撑了企业生产经营工作。一是实现水情信息精准预报。运用先进的WRF中尺度气象预报模式和本地混合同化技术，每天开展10G容量的气象大数据计算分析，以细分网格量化全流域降雨情况，准确掌握区域来水与降雨分布，公司水情日预报精度达到95.1%，远高于行业内80.2%的平均水平。二是实现发电负荷科学分配。建成了基于大数据的梯级电站联合调度决策支持系统，根据上下游多个电站的水头水位、发电耗水、市场电价以及机组工况等要素，自动计算各个电站、各台机组、在各个时点的最优负荷分配方式，实现了经济效益最大化。三是实现防洪调度有效控制。创新流域梯级电站闸门自动调度及远程控制技术，根据上游来水实时流量、历史流量以及自身泄洪能力，滚动计算各电站运行水位、泄洪流量等运行指标，自动推演未来24小时调度过程和闸门开度策略，确保在防洪安全的情况下，最大限度避免弃水损失。

5.推进智能化运用，提升数据“大分析”水平

公司注重大数据成果运用，加强采集数据研究分析，为企业生产管理与风险防控提供有力支撑。一是提升故障排查后台分析能力。公司所研发的巡检预警机器人，不仅具备在前端开展分析处理的能力，同时依托于实时联通的网络数据后台，将前端采集的各类图像、温度、震动、气体等异常情况信息，传输至数据后台开展运算分析，大幅提升了应急事件的分析处理能力与效率。二是提升设备运行趋势分析能力。采用超球建模专利技术的机器学习引擎，挖掘机组29个关键指标的历史数据，建立机组设备健康状态感知模型，实现设备健康度和发展趋势的数字化评价，科学判断发电机组健康趋势，为优化设备检修方案与策略，提供了技术支持。三是提升安防系统联动分析能力。开展多系统联动平台建设，改变以往单系统之间或者部分系统之间的联动，实现电厂中监控、励磁、消防等10余个子系统间有机关联，增强生产现场应急处理能力。四是提升工程数据综合分析能力。建立了工程数据中心，同步跟踪监测多个施工单位、多个承包标段的施工过程信息，强化了工程建设安全风险管控、质量实时监控、进度仿真分析、投资决策预警、环保在线监测，提升了工程建设“五控制”管控能力。

（三）推进智慧项目落地，构建数据驱动的智慧企业管理模式

大渡河公司通过核心业务的数字化改造和业务管控模块的重塑，统筹推进智慧项目落地，经过4年的探索实践，已建成了智慧企业初级管理模型（智慧企业模型一），形成了“一中枢、多中心、四单元”的顶层设计架构和数据驱动管理的管理模式。

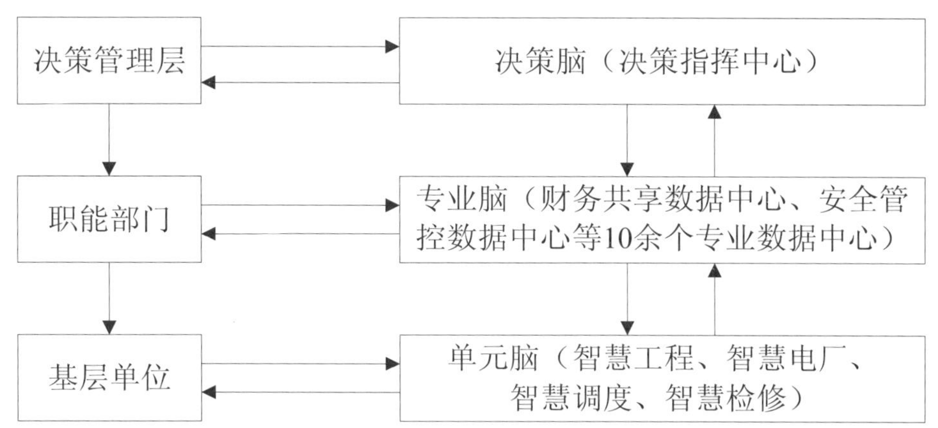

图1　大渡河公司智慧企业建设初期管理模式

1.建成决策指挥中心，提高企业整体决策管控能力

决策指挥中心是智慧企业的关键依靠，大渡河公司已按照风险自动识别和预警、“三重一大”过程管控、应急情况下的指挥决策、基层业务的监管和追溯查询等职能完成该中心组建。其直接数据连接各类职能专业脑和业务单元脑，对公司的规划、生产、经营、管理进行整体管控，以公司规章制度、企业文化、战略规划为“本—构”红线，运用大数据分析处理技术挖掘数据包络曲线，对企业各类风险进行全过程识别、判定、并自主预警。

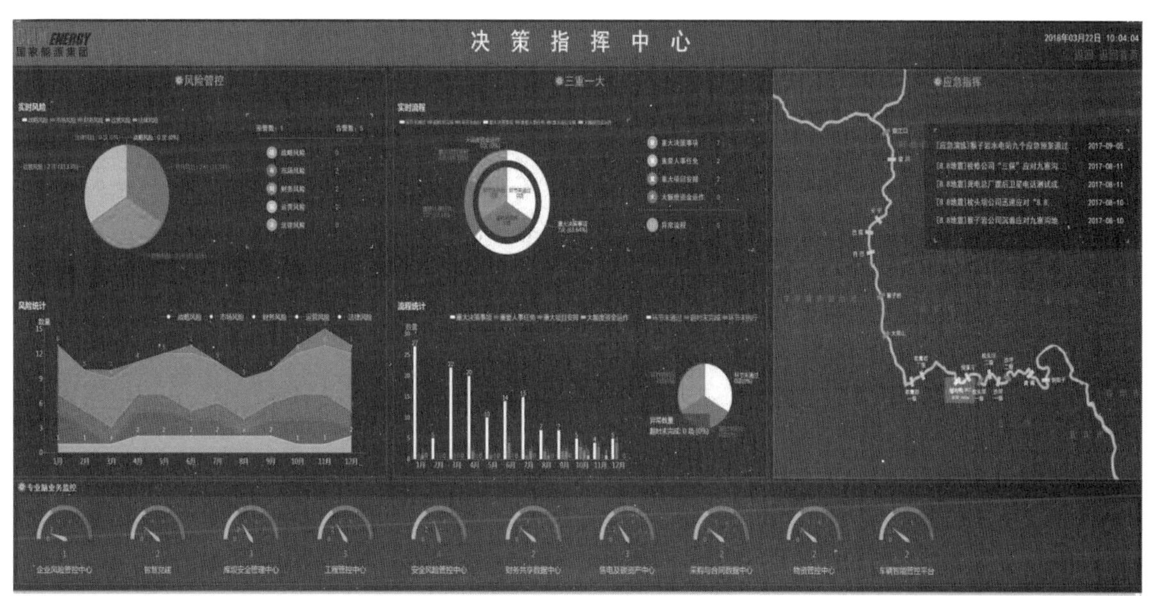

图2　大渡河公司决策指挥中心

2.建成多个专业数据中心，打通企业全方位专业化管理链条

按照“数据驱动企业管理”的发展主线，大渡河公司推进职能部门管理模式再造和体制机制创新，公司本部核心职能部门完成专业脑（专业数据中心）的组建工作，依靠专业数据中心开展职能管控，先后成立财务共享中心、采购与合同数据中心等10余个专业化数据中心，强化专业归口管理和职能集中管控，提高了专业覆盖深度，优化人力资源配置和数据管控力度，

提高工作效率和挖掘经济效益。

下面主要介绍采购与合同数据中心。

采购与合同数据中心按照“基层集成数据，数据驱动决策”的总体思路，作为公司四大业务管理的数据枢纽和统一的业务平台，形成以“数据中心智能管控”为横向主线，以“决策层”+“专业部门”+“基层保障单元”为纵向主线的一横一纵“1+1>2”的创新管理模式。改变以往采购与合同业务管理由经验决策的模式，实现真正由数据进行决策的转变。

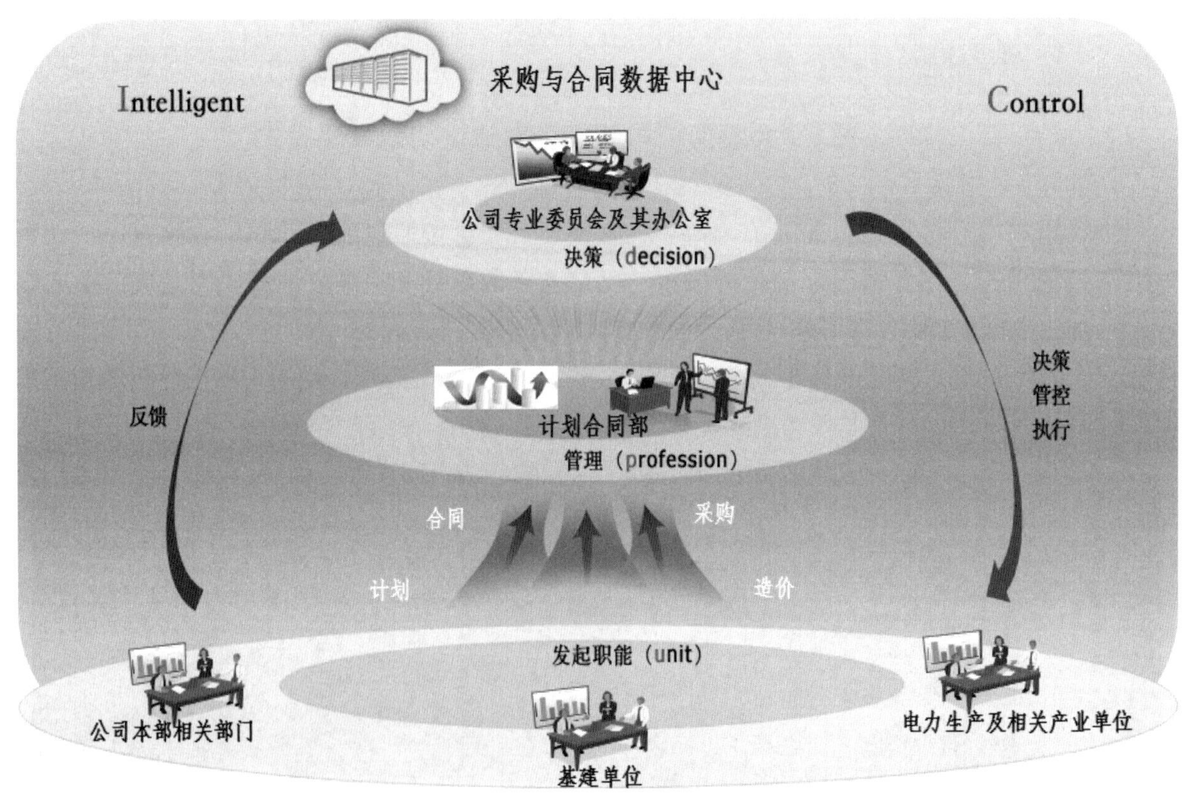

图3　采购与合同数据中心

采购与合同数据中心通过搭建采购与合同管理统一的信息管理平台，实现综合计划管理、采购管理、合同管理、造价管理四大业务板块数据集成集中，并形成PDCA循环管控，建立一系列专题库帮助提高决策能力，应用模型实现采购与合同业务的智能化。

形成业务循环。智能运行成果概括为“一目标、两能力、三循环”。“一目标”是指以采购风险防范、造价全程受控为目标；“两能力”是指实现风险自动预判、管理自主决策的职能专业脑智慧能力；“三循环”是指综合计划、采购管理、合同管理、造价管理要形成控制→反馈→纠偏→提高的正、反循环，采购管理要形成计划→确定→实施，合同管理要形成签订→执行→评价的内循环。四个业务板块实现智能闭环运行，形成PDCA循环管控。

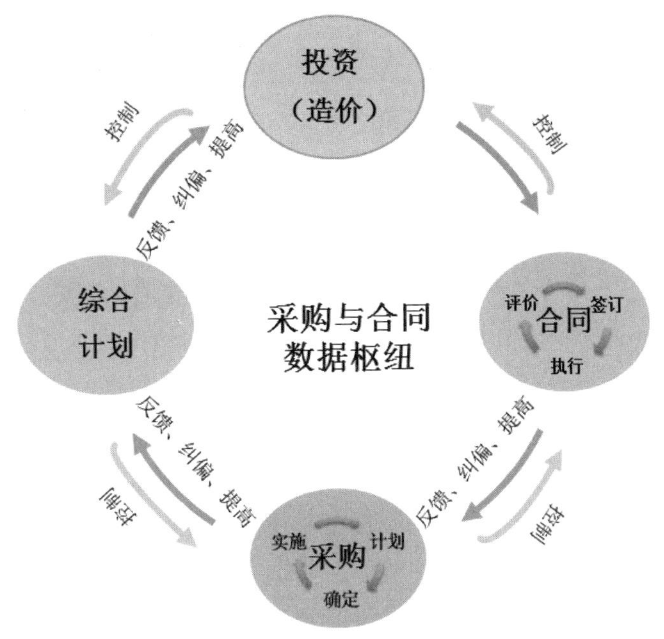

图4　采购与合同数据中心业务循环示意图

发挥专题库作用。依托先进的跨媒体数据融合技术，建立一系列覆盖结构化数据、半结构化数据、非结构化数据的专题库（如廉洁风险库、制度库、采购文件范本库、资质库、单一来源项目库、中标人信息库、定额库、价格信息库、合同履约信息库等），大大拓展中心数据基础，大幅提高公司的决策能力。

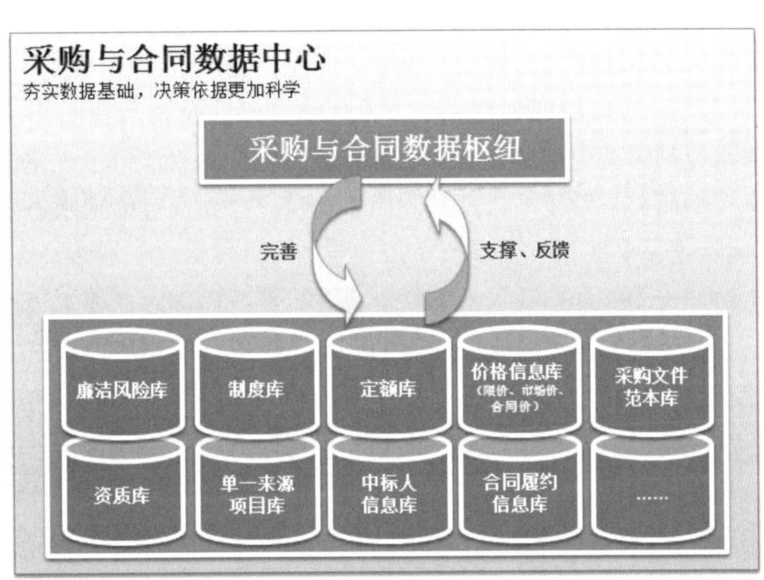

图5　采购与合同数据中心专题库

管控模型应用。利用先进的信息技术，深入挖掘数据与数据之间的关系，形成多个辅助智能决策模型（如流程管控模型、合同变更原因分析模型等），实现采购与合同业务的智能化，做到业务可视化、对象可视化和数据可视化。

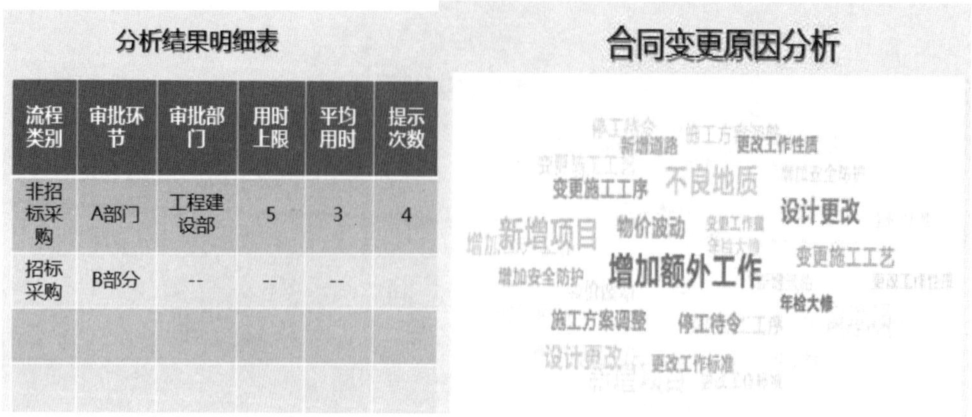
分析结果明细表
流程类别
审批环节
审批部门
用时上限
平均用时
提示次数
非招标采购
A部门
工程建设部
5
3
4
招标采购
B部分
--
--
--
合同变更原因分析
新增道路
更改工作性质
变更施工工序
不良地质
设计更改
新增项目
物价波动
增加额外工作
变更施工工艺
增加安全防护
年检大修
施工方案调整
停工待令
设计更改
更改工作标准

图6　采购与合同数据中心管控模型应用

采购与合同数据中心由数据来源层、数据基础层、数据分析层和数据应用层组成。业务整合成为一张清晰的神经网络，各节点各司其职，集成集中资源共享，从技术上保障采购与合同业务实现“事前智能预测、事中智能控制、事后智能分析”，能力智能演进的智慧企业业务专业脑能力要求。一是通过业务全过程监控，实时预警、及时纠偏，落实阳光采购、造价目标全面受控。二是通过多维度、多层次、多渠道数据和业务的深度融合，实现采购与合同的风险自动识别和业务关键环节自动预警，形成采购、合同、廉洁从业三大防控体系。三是通过统一平台，达到投资的合理确定和采购风险的有效控制，提升投资决策管控水平。

建成基层四大业务单元，构筑企业智慧化管理基础

大渡河公司所属22个基层企业按专业领域划分为智慧工程、智慧电厂、指挥调度、智慧检修四大业务单元，完成了基层单位的物联网改造。

智慧工程——按照全生命周期管理、全方位风险预判、全要素智能调控要求建设。目前已在所属沙坪二级水电站进行先期试点，并在世界最高坝——双江口工程建设中全面推进，其中《智慧工程管理模型研究与管控平台开发应用》项目研究，通过中国水力发电协会的科技鉴定，3项成果达到国际领先水平。

智慧电厂——按照设备智能巡检、故障精准排查、系统协同联动要求建设。通过智能安全帽、预警机器人、智能钥匙和多系统联动程序的研发，已逐步实现智慧电厂安风管控智能化和无人巡视的建设成果，优化了电厂员工的巡检工作体制，提高设备故障的精准排查率，减少电站安全风险，为“无人值班、少人值守”运行模式奠定基础。其部分研发成果已可投入市场销售。

指挥调度——按照实时感知、精准预测、智能调控要求建设。目前，公司在国内首创的梯级水电站群经济调度控制技术（一键调技术）已经成功应用于大渡河中下游流域电站，实现梯级电站站间负荷的实时、智能分配，这也是国内首次应用。

智慧检修——按照同步监控、动态分析、智能诊断要求建设。目前，已建成中国工业设备管理平台，将全流域的重要设备进行数据采集，开展大数据治理和挖掘的二次开发，有效测评设备运行的健康评价度及趋势预警，实现提前3～6个月预知设备运行状态。

下面以智慧电厂为例来介绍。

智慧电厂以自动控制为基础，以数据管理为核心，整合运行管理历史和人工经验，引导管理系统自主管理、自我演进，谋求设备控制更加自主、生产管理更加智能、风险决策更加科学的全新电力生产组织形态与管理模式。

（1）开发投入智能装备与产品，提升电厂设备智能化

智能安全帽：智能安全帽是一项国内创新探索，这种安全帽在具备传统安全帽安全防护作用的同时，兼顾静电报警、行走定位、视图拍摄、小组通话、灯光照明等功能，可以使佩带者的视觉、听觉、嗅觉等感官能力大幅提升，提供安全警示和轨迹追溯等功能，并可实现视野实时共享、虚拟场景模拟等功能，为安全运维和技术作业提供有力保障。智能安全帽已经过多个版本的完善升级，生产出了适用于水电站基建和生产不同工种管理要求的多种定型产品，计划于今年在大渡河系统正式投入使用。目前，正在着力提升量产能力，为满足集团系统内外用户需求提供有力保障。

图7　智能安全帽图解

智能巡检机器人：充分利用现有的机器人自动化控制技术、通信技术、定位技术、传感器技术及云大物移技术，建设机器人智能巡回系统，包括前端机器人设备、后端计算大脑系统，模拟人的眼、耳、鼻、身功能，感受水电站厂房环境的变化，通过后端大脑的计算，自动分析现场情况并得出结论，并实现自动预警报警功能，人机和谐、人机互动；同时结合流域大数据、云计算平台进行自我进化与演进，不断提高智能化水平，远期根据可替代值班人员在现场巡回，促成值守模式的变革。

图8　智能巡检机器人图解

智能钥匙：智能钥匙作为微机防误系统的延伸，在微机防误系统的基础上进行系统的重新规划、后台的重新设计，将电站涉及机械钥匙的屏柜、端子箱、门等锁具全部更换为智能锁

具，实现全部钥匙电子化、数据化管理，目前已形成定型技术方案，已在瀑布沟电厂进行应用实施。

传统钥匙管理　　　　智能钥匙

图9　智能钥匙应用

（2）推进智慧基础平台建设，打造流域综合决策平台

智慧基础平台包括流域运行监测预警平台、智能电站多系统联动平台。由下图知晓，电力生产是电厂运转的核心业务，主要关注于设备和调度，设备检修需要设备和检修平台，设备运行与控制需要流域运行监测预警平台，设备联动需要智能电站多系统联动平台，发电调度和防洪调度则需要调度平台，智慧电厂还需要数据中心进行电厂数据的统一存储与统一上送大渡河公司本部。

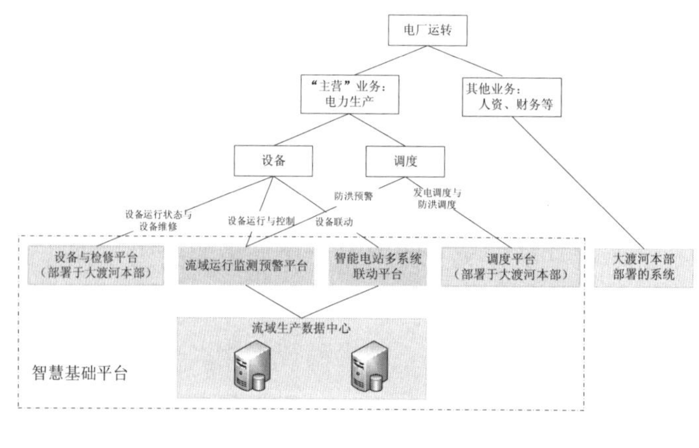

图10　智慧基础平台示意图

流域生产数据中心：智慧电厂建立自己的流域生产数据中心（厂级数据中心），进行全厂数据有效汇聚、短期存储，集中上送，并在厂级数据中心的基础上实现多系统联动功能，实现各电厂分散建设期的智能电站建设的多系统联动需求，同时将多系统联动标准化，未来大渡河

所有新建电厂只需要复制该流域生产数据中心与多系统联动标准。

流域运行监测预警平台：智慧电厂通过流域运行监测预警平台将全流域的流、库坝、厂设备等物实现数字化，同时也将智慧电厂的设备模型、检修模型、调度模型、安全模型、运行模型通过系统和智能物联网设备实现数字化，为流域生产数据中心源源不断提供智慧电厂监测、预警和运行数据。具体如下所示，包含监测单元、预警单元和运行单元。

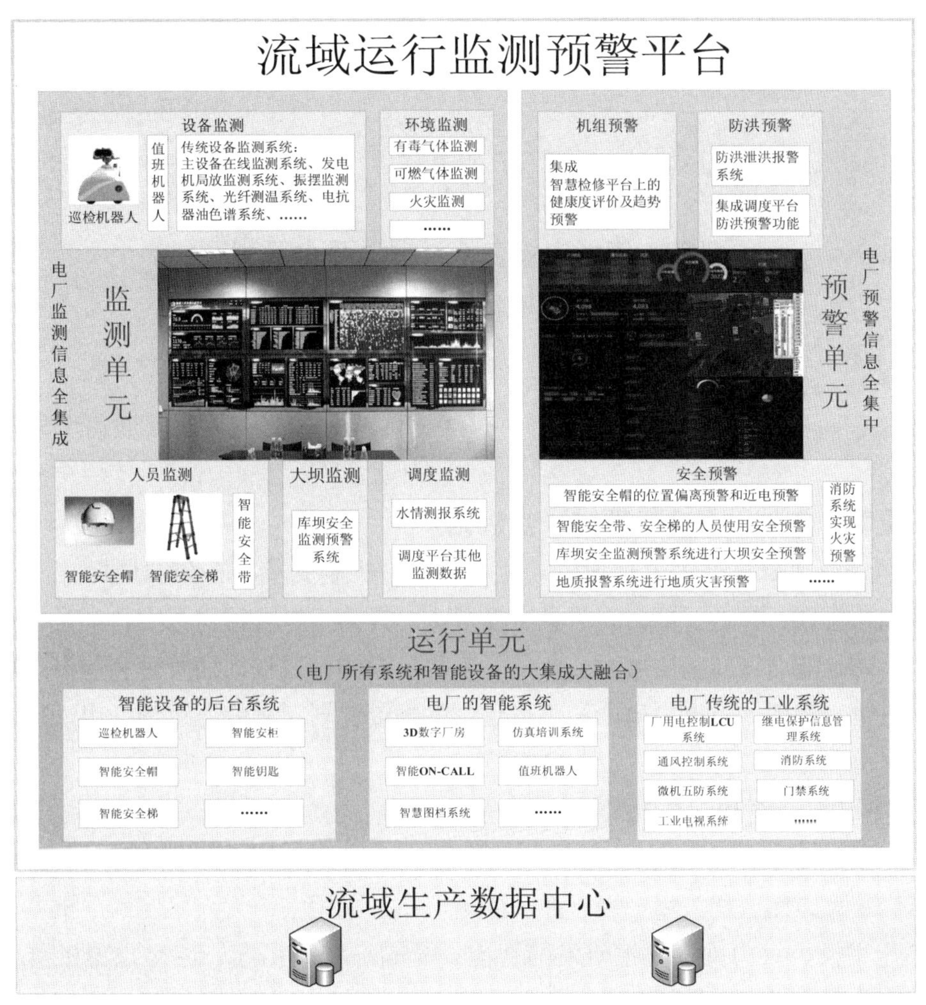

图11　流域运行监测预警平台示意图

智能电厂多系统联动平台：该平台用于实现对电厂的安全Ⅰ、Ⅱ、Ⅲ区系统的自动控制，将彻底消除各个电力生产、管理应用系统相互独立、数据规范不同、且互相之间无法互联互通互操作的困境。平台建设的前提是流域生产数据中心统一数据标准与规范。通过智能电站多系统联动平台能实现微机五防系统、通风控制系统、门禁系统、工业电视系统、消防系统等的联动功能。

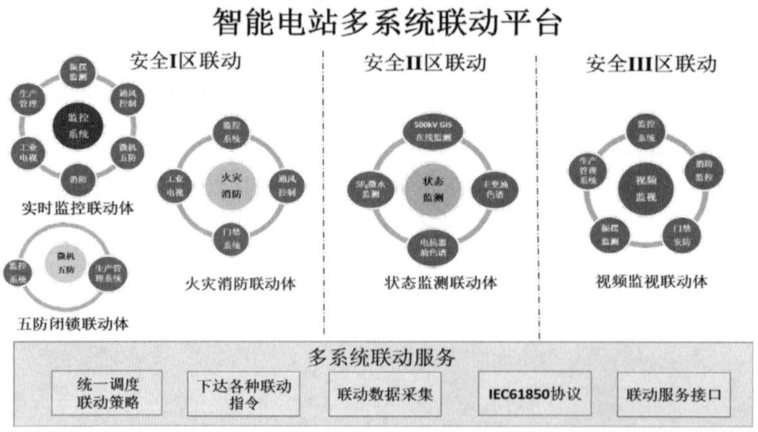

图12　智能电站多系统联动平台示意图

三、项目取得的效果

四年多来，随着智慧企业建设深入推进，大渡河公司智慧企业实践取得了丰富成果和显著效益。

(一)注重管理变革，企业管理进一步规范。

通过智慧企业建设，推进了管理模式优化和体制机制变革。在公司层面，专业数据中心变革传统部门制管理，打通了部门间信息交换壁垒，提高了专业覆盖深度，提升了企业规范管理水平与风险防控能力；在基层层面，实现了工程建设的全过程周期管理和建设过程风险预警预判及智能决策，实现了对电力生产和工程建设的物资计划、采购、运输、出入库、核销等全过程信息化、可溯化。

（二）注重创新运用，管控效能进一步提升。

在双江口、沙坪二级等在建项目中，创新运用了大坝智能温控、碾压无人驾驶等智能系统；在瀑布沟、大岗山、枕头坝一级、猴子岩等电站，采用空中无人机、水下机器人以及智能无人船等技术手段，大力推广自主研发的智能安全帽、智能钥匙、巡检预警机器人等智能产品，利用智能化系统进行大数据精准计算分析和管理决策。采用智慧党建云系统，实现党员日常教育管理工作网络化，在试点单位较好解决了党员分散广、组织生活集中开展难、监督考核不便的问题。员工的工作重心逐渐向专业数据维护应用以及创新产品研发转变，有效推动了机构编制进一步压缩，职工队伍进一步精简。在2014年至2017年间，公司投产装机容量实现了翻番，而总体人数始终保持在2000人左右。

（三）注重数据管理，决策水平进一步提升。

按照现代企业制度建设要求，公司充分运用大数据分析处理技术，着力提升企业科学管理水平。建成了覆盖电力生产全过程的大型流域梯级电站预报调控一体化平台，在国内首创应用多项智能调度决策支持技术；研发了瀑布沟、深溪沟、枕头坝一级梯级电站经济调度控制（EDC）技术，首次实现了大型流域调度由单机组直调向多电站一键调的转变，有效发挥了梯级电站联合调度优势；建立了设备在线状态检测平台，深入开展设备运行大数据分析，促使检修管理模式由计划性检修、事后检修逐步向状态检修、改进型检修转变。2017年，通过分析铜街子电站检修前状态数据，简化相关检修项目，13号机组检修工期由20天缩短为5天，大大缩短了检修工期，节约了检修费用。

（四）注重安全防控，风险管理进一步强化。

建立了安全风险分级预警模型及决策知识库，动态感知大坝及山体边坡变形风险，确保了风险预警及时准确、安全隐患及时治理。2016年4月30日通过大数据监测分析，提前4小时成功预警了位于大岗山电站库区的当时主要的川藏通道省道S211郑家坪道路边坡出现大规模垮塌风险；建立了国内首个电力设备健康诊断物联网平台，成功预测了龚嘴电站7F机组固定导叶裂纹等设备重大安全隐患，同时根据设备状态数据分析结果，开展了流域电站设备状态检测试点及推广工作。充分运用高精度水情气象测报手段，自动推演洪水调度过程，为防洪调度提供决策依据。2017年6月，成功应对了大渡河流域丹巴地区70年一遇大洪水。近年来，通过调节拦蓄洪水，成功应对了10余次丹巴、尼日河特大暴雨汛情，确保了下游沿河两岸地方防汛安全。

（五）注重降本增效，经济效益进一步凸显。

通过云计算与大数据中心建设，整合全系统网络信息资源，大幅减少设备及人力资源投入，节约设备投入、机房建设成本、电费成本以及运维费用超过1亿元。通过智慧工程建设，在沙坪二级水电站产生直接综合效益4500余万元。在电力生产现场，运用巡检预警机器人取代人工作业，每年减少人工成本、管理成本400万元；运用基于IEC61850全建模的智能水电站技术，每年节约费用400万元。通过指挥调度建设，实施定量降水预报、洪水资源化利用、智能调度决策支持等先进研究成果的应用，累计增发电量35亿kWh，减少电煤消耗110余万吨，减排二氧化碳290万吨。通过智慧检修建设，超前预警预知运行状态趋势，优化设备检修策略，每年可节约检修费超过1000万元。

（六）注重成果转换，创新活力进一步增强

成立了中国工业设备管理平台，为全国各地发电企业提供状态诊断与趋势分析等增值服务，接入业内设备30万个，用户240余家，形成了全新的商业模式。积极拓展水电上下游相关产业，形成了物联网技术运用、智能产品推广、低碳减排服务以及智慧企业咨询等新的产业链条，创造了经济效益预期增长点。公司创新成果大量涌现，2014年以来新增知识产权128项，4项科技创新成果获得2018年度国家科技进步奖提名。公司还获得第二十四届全国管理现代化创新一等奖1项，中国电力创新奖一、二等奖各1项，四川省企业管理创新成果一等奖1项，水力发电科学技术奖一等奖2项，中国电力科学技术奖二等奖1 项，中国施工企业管理协会科学技术奖特等奖、一等奖各1项，中国土木工程詹天佑奖1项，集团公司科技进步奖一等奖3项、二等奖7项。获奖数量及奖励等别均高于往年。

（七）注重经验推广，社会影响进一步扩大

大渡河公司承办了首届智慧企业创新发展峰会和2017年智慧企业创新发展论坛，承办了“十九大精神进央企”智慧企业成果发布会，得到了国资委新闻中心、人民日报、光明日报等20余家主流媒体的相继报道。大渡河智慧企业建设获得了业界“三个首次”的高度评价。清华大学和四川省企业联合会分别授予公司“管理创新实践基地”和“智慧企业示范基地”称号。编著出版《智慧企业——框架与实践》，智慧企业建设经验在亚欧数字互联互通高级别论坛、四川省国资委智慧企业现场会上作专题交流，并入选清华大学商学院授课案例。2017年底，中国企业联合会组织“大渡河公司智慧企业理论研究与应用实践”成果鉴定，潘云鹤院士、钮新强院士、王光谦院士等鉴定专家一致认为研究成果达到国际领先水平。

四、总结与展望

大渡河公司努力践行新发展理念，依托云计算、大数据、物联网、人工智能等先进技术，结合水电企业生产建设、经营管理等改革发展实际，创立了基于大数据和人工智能的智慧企业业务架构、技术架构，创建了互联互通的大渡河流域大数据中心，开发了基于大数据的大型流域智能决策管控关键技术，研发了智能安全帽、智能巡检机器人和智能钥匙等基于人工智能成套的电站和安全管控产品，成为较早一批开始进行智慧化转型的央企，也是第一家拥有智慧企业知识产权的中国企业。下阶段，大渡河公司将按照智慧企业战略规划和实施计划，持续推进智慧企业建设，力争早日实现智慧企业无层级纯数据驱动的管控模式，达到自动预判、自主决策、自我演进的智慧企业建设目标。

大渡河公司的智慧企业建设，推动了传统电力企业管理方式的革命性变革，为能源企业转型升级和发展开创了新的管理和商业模式，也为践行能源革命和电力体制改革提供了新的视角与思路。这一做法不仅体现了时代所向、发展所需，也为其他企业创新发展、高质量发展提供了学习和借鉴。

智慧企业建设永远在路上。大渡河公司的智慧企业建设虽然在这几年的实践中取得了一些成绩，但离国家创新发展战略要求、离数字中国、智慧社会的要求还有很长的路要走，在今后的工作中，大渡河公司将以十九大精神为指引，高举新时代旗帜，在通往数字中国、智慧社会的道路上创新探索，为全面建设智慧企业而努力奋斗。

成果创造人：涂扬举、何仲辉

特定市场结构下政府补助对企业技术创新影响研究

——以风电产业为例

中国矿业大学

一、绪论

（一）选题背景

1. 现实背景

随着能源危机的日益加重以及低碳经济的飞速发展，人类越发意识到清洁能源在经济社会可持续发展中的重要作用，世界各国纷纷将清洁能源的发展规划纳入国家长远布局[1]。其中，风电凭借强劲的资源禀赋、气候条件和地理优势成为当前技术发展最为成熟、市场化程度最高的清洁能源[2]。

我国风电的发展离不开政策的扶持，尤其是风电技术创新对资金的需求，风电电价的政策补贴及风场建设等问题都需要政府政策的支持[3]。随着国产风机设备的自主制造能力不断加强，国家的政策支持力度也越来越大，政府补助成为推动我国风电产业发展的重要动力[4]。政府补助的目的是鼓励和引导企业从事研究和开发活动，激发企业创新的积极性，从而带动产业的持续、健康发展。为了发展我国风电产业，促进企业的技术创新，我国政府先后出台了一系列财政和金融政策。2006年，国家发展改革委发布了《促进风电产业发展的实施意见》，计划择优培育若干风电机组整机制造企业和零部件企业，对拥有自主知识产权和品牌的兆瓦级以上风电企业予以适当的资金补助。2008年，我国财政部公布实施了《风力发电设备产业化专项资金管理暂行办法》，在遵循市场主导、政府推动、集中资金、扶持重点的原则下，对关乎风电产业发展的重大关键技术突破进行重点支持。2009年，国家税务总局发布《关于实施重点扶持的公共基础设施项目企业所得税优惠问题的通知》，提出风电企业享受企业所得税三免三减半的优惠，自项目取得生产经营收入的第一个纳税年度起，前三年免征企业所得税，第四年至第六年减半征收企业所得税。2015年，国家税务总局公布《关于风力发电增值税政策的通知》，对风电电力行业销售自己生产的利用风力生产的电力产品，实行增值税即征即退50%的政策。这些政策目的是鼓励和引导企业从事研究和开发活动，激发企业创新的积极性，从而带动产业的持续、健康发展。

然而，在政府补助规模不断放大的同时，我国风电企业技术创新仍然处于较低水平，表现为风电设备关键技术缺乏，核心技术对外依赖程度较高，风电设备制造商对产品质量控制力低下等问题[5]。现实证明政府补助并没有带来风电企业技术创新的显著提高，仅依靠加大政府补助的投入来促进风电企业的技术创新是行不通的，还必须有效的发挥政府补助的引导作用。政府补助对企业技术创新的作用效果受到政府补助方式、市场结构和企业特征的影响，其中市场结构是影响政府补助对企业技术创新的作用效果的关键因素。

2.理论背景

由于知识溢出等市场失灵现象的存在，企业在创新活动中的支出往往是次优的结论已经得到了多数学者的认同[6][7][8]。单纯的市场制度不太可能自动诱发企业的创新活动，这就意味着依靠市场机制产生的制度供应将难以达到社会最优安排。为了解决这一问题，实现资源的最优化配置和创新水平的不断提升，各国政府开始通过运用研发资金补贴、税收优惠等政府补助方式进行干预。这些政府补助的主要目的是为了减少研发实际成本、诱导企业研发支出，并最终提企业技术创新水平[9][10][11]。

然而，在强调政府补助对技术创新活动有效性的同时，Mankiw指出了其可能存在的局限性，认为“市场失灵”和“政府失灵”同时存在。单独的市场机制和政府补助都难以达到预期效果，两者需互相合作、互为补充。一方面，由于市场竞争的不完全、市场主体信息不对称等因素，单靠市场配置难以达到最优，此时则需要政府的强制力和约束力对其进行纠正，保证经济发展过程中的效率与公平；另一方面，在政府对创新活动进行补助时，还受到市场结构的作用，市场的开放水平、竞争程度以及企业的市场地位均对政府补助效果造成影响。

学术界对于政府补助能否激励企业技术创新未能达成一致结论，Blank&Stigler（1957）[12]最早研究了政府补助对企业技术创新的影响，发现政府补助既可以激励企业技术创新，也可以削弱企业技术创新。对于政府补助对企业技术创新的影响，以往研究只是简单的验证了政府补助对企业技术创新的促进和抑制作用，忽视了政府补助对企业技术创新的作用过程以及市场结构在政府补助对技术创新影响过程中的关键作用。在这种背景下，研究特定市场结构下，政府补助对企业技术创新的作用过程、作用效果具有重要理论意义。

3.问题的提出

我国风电产业政策补助不断增加，与产业规模扩张速度形成鲜明对比的是企业技术创新低下。现有研究对政府补助对企业技术创新的影响未能达成一致结论，政府补助对企业技术创新影响的理论框架尚未形成。通常来说，政府补助有财政补贴和税收优惠两种方式，不同的政府补助方式可能对企业技术创新产生不同的影响，同时政府补助对企业技术创新的作用效果受到特定市场结构的影响，如何有效地利用创新资源，发挥政策补助效果，提高企业技术创新水平，本成果认为需要考虑以下三个问题：

（1）在特定市场结构下，政府补助对风电企业技术创新的作用机理是什么？

（2）两种政府补助方式对风电企业技术创新产生何种影响？

（3）在上述问题的基础上，考察特定市场结构作用下，政府补助对企业技术创新影响的变化？

（二）研究意义

1.理论意义

（1）现有研究对于政府补助对企业技术创新的影响未形成一致的结论。风电产业的发展依赖于政策的扶持，以往研究主要考虑了政府补助对企业技术创新的影响，忽略了市场结构在政府补助对技术创新影响过程中的关键作用，因此本成果将政府补助分为财政补贴和税收优惠两种方式，考察两种补贴方式对技术创新的影响，并在此基础上纳入市场结构因素，探究特定市场结构下政府补助对企业技术创新影响的变化，对现有研究进行验证和补充。

（2）有助于构建政府补助对企业技术创新影响的理论分析框架，从理论上分析特定市场结构作用下，两种政府补助方式对技术创新的作用机理，进一步整合和拓展了政府补助对企业技术创新影响的研究，对政府补助对企业技术创新影响的作用机理和实施效果进行更加深入、系统和细致地分析。

2.现实意义

（1）对风电产业政策制定者提供现实参考依据。通过已有样本成果了财政补贴、税收优惠两种政策补助方式对企业技术创新的影响，并考虑特定市场结构下，政府补助对企业技术创新影响的变化，从而为优化产业政策补贴方式的使用，科学制定风电政策提供借鉴意义。

（2）对风电产业而言，通过对风电企业技术创新的研究，从政府补助方式的选择和市场结构影响两个层面分析企业技术创新不理想的原因，有利于风电企业对创新资源进行合理规划，提高企业技术创新水平，从而对整个风电产业健康持续发展具有一定现实意义。

（三）研究方法和技术路线

1.研究方法

在理论建模方面，在创新竞赛模型的基础上，纳入政府补助变量，构建了特定市场结构下政府补助对企业技术创新影响的理论模型，并采用Matlab模拟仿真了两种政府补助方式对企业技术创新的影响，同时改变市场结构的各个参数，考察市场势力、市场竞争强度和市场开放水平作用下，政府补助对企业技术创新影响的变化，对本成果机理分析部分提出假设进行验证。

在实证分析方面，以技术创新效率衡量产业的技术创新水平，通过DEA模型对风电企业技术创新效率进行测算。在此基础上，为了验证政府补助对企业技术创新的影响，及特定市场结构下政府补助对企业技术创新影响的变化，利用系统GMM动态面板模型进行回归分析，在建模仿真的基础之上，实证验证了机理分析提出的关键假设。

2.技术路线（见图1）

二、特定市场结构下政府补助对企业技术创新影响的机理分析

（一）我国风电企业政府补助现状

我国风电企业技术创新离不开政府的补助，从政策补助内容来看，为促进我国风电企业技术创新，政府出台了大量的财政和税收政策，整理如表2-1所示。

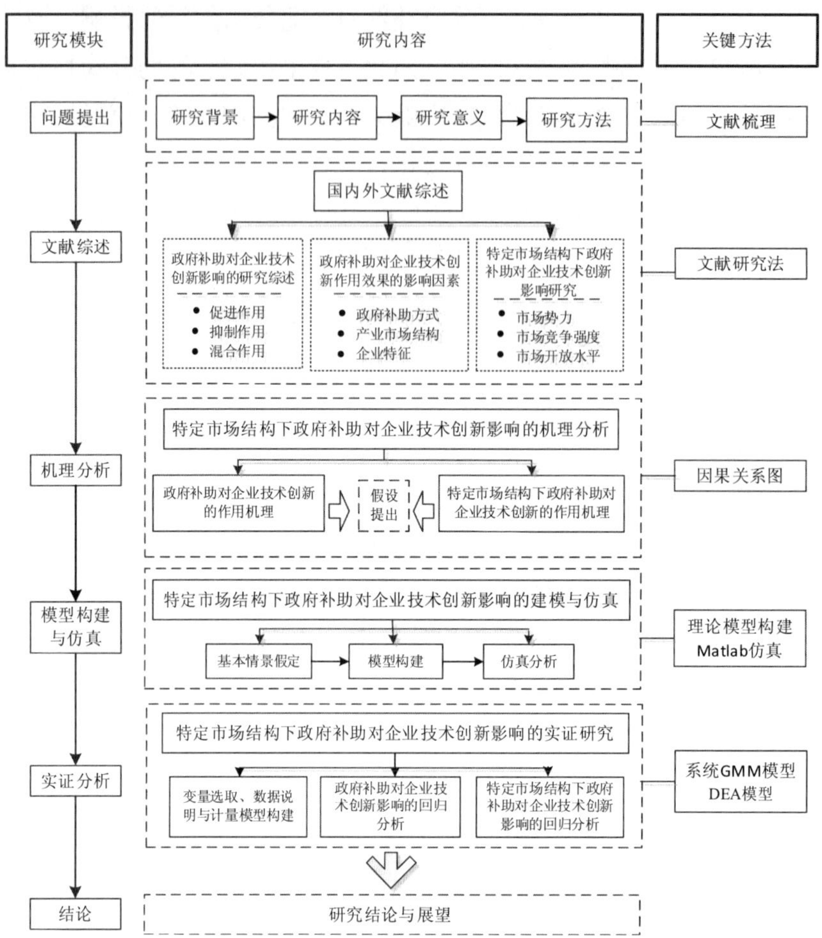

图1 技术路线图

表1 我国风电产业主要财政和税收政策

发布日期	政策内容
2006年	《促进风电产业发展的实施意见》 择优培育风电机组整机制造企业，重点给拥有自主知识产权和品牌的兆瓦级以上风电企业的新产品研发、工艺改进和试验示范以适当的资金补助
2007年	《当前优先发展的高技术产业化重点领域指南(2007年度)》 把风电列入重点领域，支持研制开发兆瓦级以上风电机组及关键零部件
2008年	《风力发电设备产业化专项资金管理暂行办法》 采取以奖代补方式支持风电设备产业化，产业化资金支持对象为中国境内从事风力发电设备（包括整机和叶片、齿轮箱、发电机、变流器及轴承等零部件）生产制造的中资及中资控股企业
2008年	《关于资源综合利用及其他产品增值税政策的通知》 风电电力行业销售自己生产的利用风力生产的电力产品，实行增值税即征即退50%的政策
2008年	《关于调整大功率风力发电机组及其关键零部件、原材料进口税收政策的通知》 自2008年1月1日起，对国内企业为开发、制造大功率风力发电机组而进口的关键零部件、原材料所缴纳的进口关税和进口环节增值税实行先征后退。自2008年5月1日以后批准的风电项目，额定功率在2.5MW以下（包括2.5MW）的风力发电机组，一律停止执行进口免税政策。该新出台的税收政策表明了国家对于国产风电企业的扶持态度

2009年	《关于实施重点扶持的公共基础设施项目企业所得税优惠问题的通知》 风电企业享受企业所得税三免三减半的优惠，自项目取得生产经营收入的第一个纳税年度起，前三年免征企业所得税，第四年至第六年减半征收企业所得税
2011年	《关于西部大开发税收优惠政策问题的通知》 2011年至2020年期间，凡企业经营项目属于在西部地区的鼓励项目的（含风电产业），按15%的税率缴纳企业所得税
2013年	《关于调整重大技术装备进口税收政策有关目录的通知》 规定自2013年4月1日起，除部分太阳能电池备品备件外，其他新能源免税政策不再执行，标志着风电产业免征关税的时代已经远去
2015年	《关于风力发电增值税政策的通知》 风电电力行业销售自己生产的利用风力生产的电力产品，依旧实行增值税即征即退50%的政策

从政府补助金额来看，以风电主要整机和零部件企业为研究样本，汇总得到风电企业政府补助情况，如下图2-1所示。政府补助和财政补贴的趋势一致，均呈现先上升后下降的倒U型结构，而税收优惠一直呈现上升趋势。从政府补助曲线来看，风电产业政府补助呈现倒U型结构，从2007年的145452万元快速上升，在2012年达到政府补助的最大金额503662万元，随后四年缓慢下降，并维持在45亿元到50亿元之间。从财政补贴曲线来看，政府对风电产业的财政补贴呈现先上升后下降的趋势，在2011年达到财政补贴的最大金额，为312363万元，而后财政补贴金额一致下降。就税收优惠而言，税收优惠曲线一直呈现上升趋势，从2007年的47866万元一直上升到2016年的291991万元。对比财政补贴和税收优惠两条曲线，在2013年之前，财政补贴曲线保持在税收优惠之上，2013年之后，税收优惠曲线超过财政补贴曲线，说明在2013年之前，政府主要以财政补贴的方式对风电产业进行补贴，而在2013年之后，政府对风电产业的补助方式以税收优惠为主。

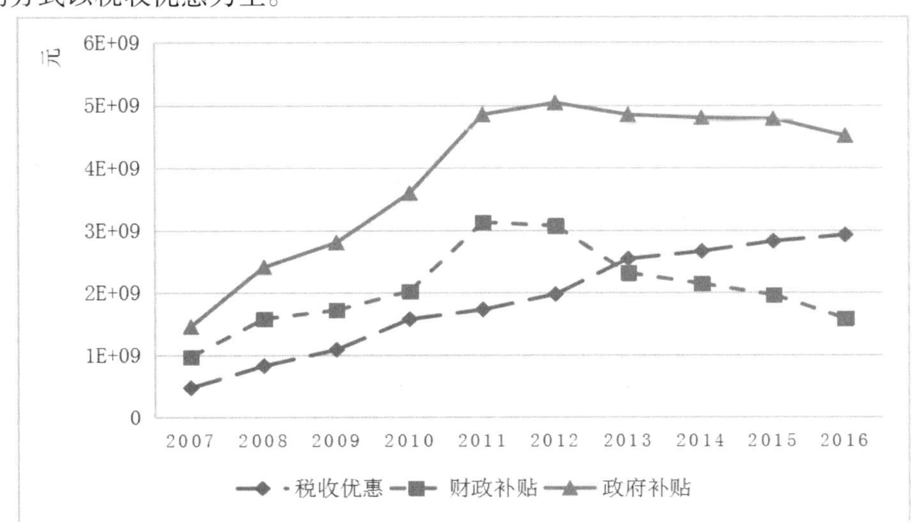

图2 我国风电产业政府补助现状

（二）企业技术创新的界定

1.企业技术创新阶段划分

企业技术创新活动是一个动态的过程，可分为线性模型、链环模型、网络模型等，在企业内部的技术创新大多遵循线性模型，线性模型是指技术创新由前一阶段依次向后一阶段推进的过程[97]，总体上是投入、转化、产出三个阶段的依次递进。为与政府补助在技术创新过程中的作用相联系，本成果根据前述学者的研究，按照线性模型将企业技术创新整个过程分为三个阶段，如图2–2所示。

第一阶段为创新投入阶段，人、财、物是企业重要的创新资源，企业创新投入主要包括研发人员、研发资金和研发设备。这一阶段是企业技术创新的起始阶段，主要为技术创新活动筹集投入要素。

第二阶段为创新转化阶段，这一阶段是对第一阶段创新投入资源的整合和利用，受到企业研发能力、技术水平的影响。

第三阶段是创新产出阶段，本阶段完成了研发工作，有相应的创新产出。企业的创新产出主要分为科技产出和经济产出两大类，其中科技产出主要包括专利和新产品，经济产出表现为创新给企业带来的收入增长和利润提高。

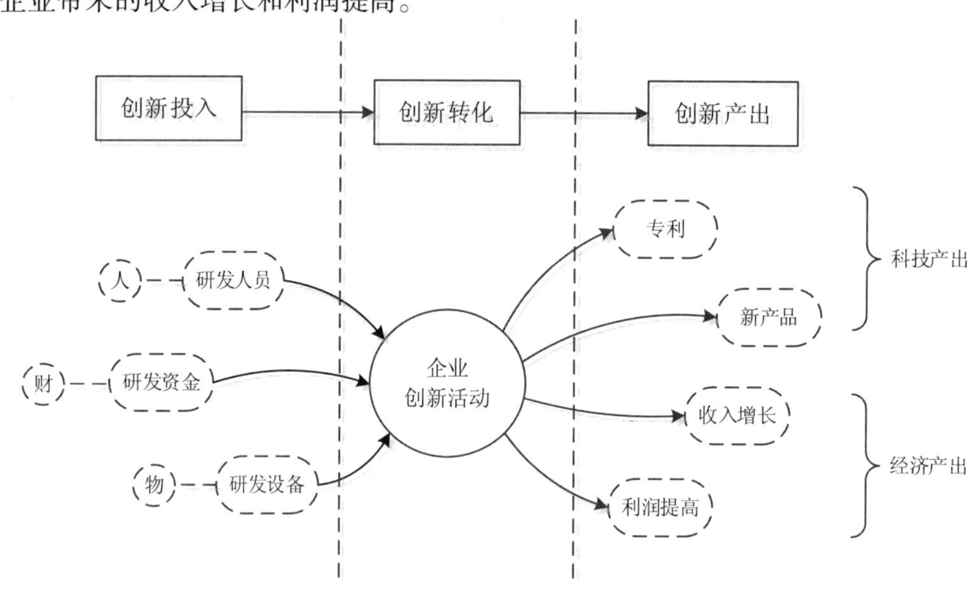

图3 企业技术创新的过程

2.我国风电产业技术创新现状

（1）风电产业技术创新投入情况

从研发资金和研发人员两个方面分析风电产业的创新投入情况。由图2–3可知，我国风电产业2007–2016年，研发支出和研发人员投入总体上呈现上升趋势。从研发支出来看，我国风电产业研发支出总量由2007年的267812万元上升到2016年的741931万元，总体上升了177%。在对比上年的投入量时发现，增速先是上升后下降，在2007年至2010年间，研发支出相对于上年的增速处于递增阶段，研发支出增速在2010年达到最高，为25%。随后研发支出增速开始处于递减阶段，2012年后研发支出增速维持在7%左右。从研发人员投入程度来看，我国风电产业研发人员投入总量由2007年的22365人每年上升到2016年的45420人每年，总体上升了103%。对比上年的投入量发现，研发人员投入增速呈现上下波动的特征，最高点为2016年的21%，

最低点为2011年的0.6%。

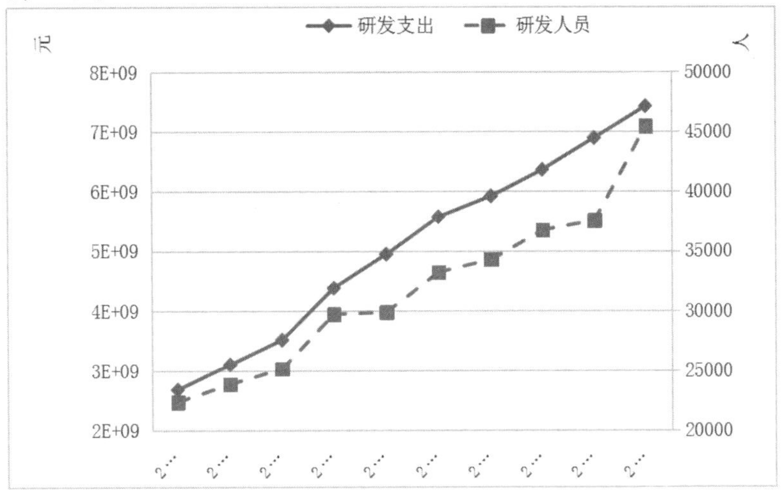

图4 风电产业研发支出和研发人员投入情况

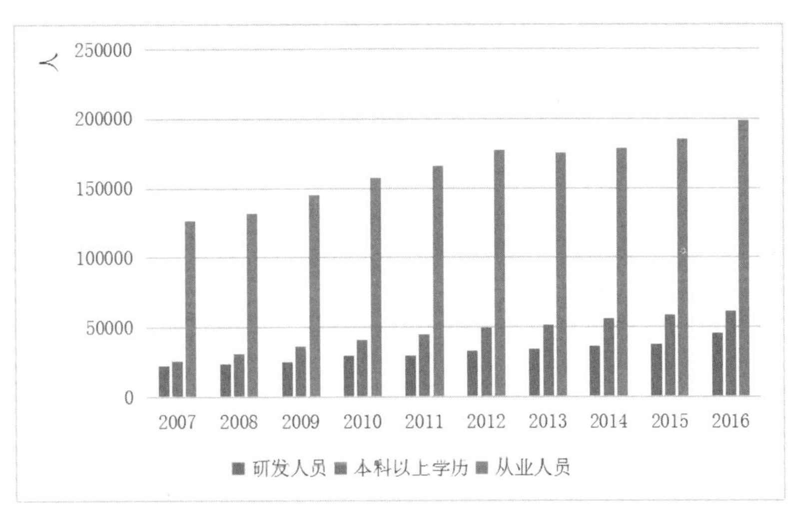

图5　风电产业研发人员、从业人员及本科以上学历从业人员情况

为了进一步分析风电产业研发人员投入情况，将风电产业研发人员、从业人员数以及从业人员数中本科以上学历的人员数进行对比，结果见图3–4。如图所示，风电产业从业人员数呈现先上升后下降再上升的特征，由2007年的126512人每年一直上升到2012年的177406人每年，再下降到2013年的175294人每年，再上升到2016年的198262人每年。相比与产业从业人员数的波动，研发人员数和本科以上学历人数一直呈现上升的趋势，说明风电产业对于研发人才以及从业人员素质十分看重。比较三个数据发现，在从业人员数中，研发人员数和本科以上学历人员数都仅占很小一部分，维持在15%到30%的区间，产业的研发人员投入、从业人员素质均有待加强。

（2）风电产业技术创新产出情况

以专利授权数量衡量风电产业产出情况，如图6。由图可知，在2007–2016年之间，风电产业专利授权数量呈现先上升后下降的趋势，从2007年的397件上升到2014年的1762件，随后下降到2016年的1350件。与风电产业的投入相比，专利产出从2014年开始下降，说明2014年后的投入未能有效激发创新产出。

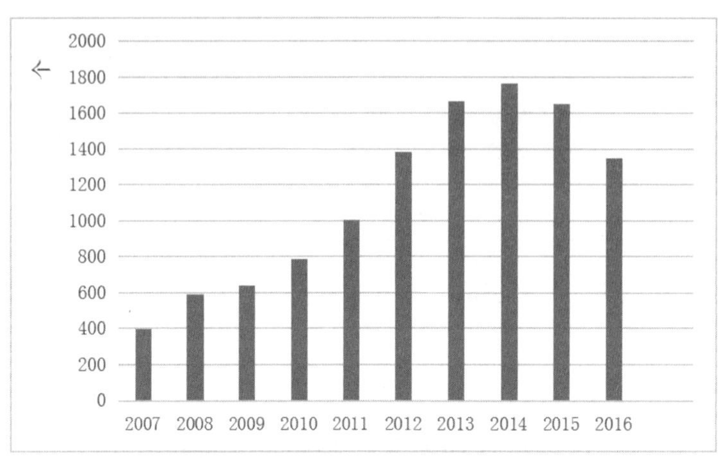

图6 风电产业专利产出情况

（三）政府补助对企业技术创新的作用过程与效果

1.政府补助对企业技术创新的作用过程

如果将企业创新活动细分为创新投入、创新转化和创新产出三个阶段，两种政府补助方式作用于不同阶段。财政补贴是针对企业创新行为的补贴，是最直接、有效地提高企业技术创新积极性的补贴方式，而税收优惠是针对企业创新结果的补贴，是产品创新成功后给予的补贴方式。

财政补贴指政府直接向企业拨付财政支持资金款项，属于事前支持，主要作用企业技术创新的投入阶段，可对技术创新活动的资金进行补充，降低了企业研发成本，对企业的资金投入发挥示范作用，即通过促进企业研发投入来推动企业创新。税收优惠则通过优惠税率、税收抵免和税收返还等方式对企业进行补贴，属于事后支持，发生在企业技术创新产出阶段，企业只有获取技术创新的成功才能享受政府的税收优惠，大大增强了企业的技术创新意愿，此时企业获得政府资金既对前期研发投入形成补偿，又为后期的创新成果商品化提供资金支持，提高了企业利润预期，促使企业进行研发成果的商品化并实现市场价值。

2.政府补助对企业技术创新的作用效果

财政补贴和税收优惠分别作用于技术创新的不同阶段，对企业技术创新产生不同的作用效果。由于财政补贴主要作用于企业技术创新投入阶段，属于一种事前支持，即在企业实际的技术创新活动之前先给予补贴，此种情况下，政府的信息是不充分的，企业获得补贴之后是否按照原计划投入到原来的项目政府无法完全掌握，因此对企业创新投入会出现促进和抑制两种可能。一方面，财政补贴对企业研发活动提供资金支持，分担企业研发风险，对企业技术创新具有促进作用。同时，财政补贴通过信号效应可以吸引银行和其他社会资本的投入，有利于促进企业的创新行为，对企业技术创新表现为促进作用。另一方面，由于边际效应的存在，企业的技术创新所产生的效益逐渐降低，财政补贴可能挤占企业自身的创新投入产生替代效应从而扭曲资源配置。此外，随着财政补贴的增加，企业通过高额的财政补贴就能获得稳定的外部收入时，将助长企业对于补贴的依赖，企业高管将缺乏的足够动力从事较高风险的技术创新活动，表现为对技术创新的抑制作用。由此认为，财政补贴对技术创新的影响存在一种倒U型的关系，即在一定补贴金额之下，企业技术创新随补贴金额的增大而增大，而超过这一限度后，技术创新随着补贴金额的增大而减小。由此提出本成果假设1：财政补贴对企业技术创新的影响呈现出的倒U型曲线关系，即当补贴低于某一临界值时，财政补贴促进了企业技术创新，当补贴激励超过临界值时，财政补贴对企业技术创新的抑制效应开始显现。

企业获得的税收优惠来源于企业获得的优惠税率、税收抵免和税收返还，这部分税收优惠一般发生在企业创新产出阶段，是创新活动的事后支持，即税收优惠属于对企业技术创新活动后的补偿，企业只有存在创新产出且产生收益才会获得这部分补贴，企业的创新产出越多，企业获得的补贴力度越大。此时企业获得的税收优惠既对前期创新活动进行补偿，又为后期的创新成果商品化提供资金支持，提高了企业利润预期。企业想要获得税收优惠的动机拉动企业不断进行技术创新，增强了企业的技术创新意愿。同时，税收优惠政策通过信号传递同样可以吸引社会资本的投入，有利于促进企业的创新行为。因此税收优惠政策主要发挥激励效果，对企业技术创新具有促进作用。由此提出本成果假设2：税收优惠对企业技术创新具有正向激励作用。

由此得到政府补助对技术创新的作用机理如图7所示。

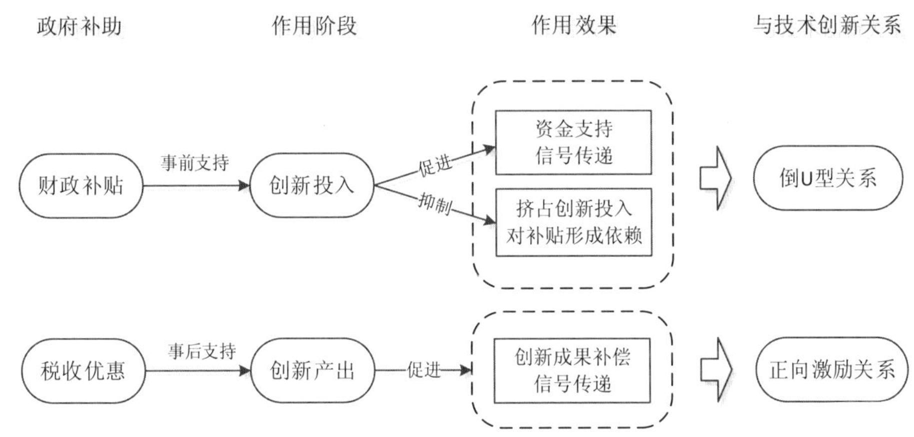

图7　政府补助对企业技术创新的机理图

（四）特定市场结构下政府补助对企业技术创新的作用效果

企业创新活动是个复杂的过程，存在高投资、高风险的特征，企业如何利用政府补助进行技术创新受到特定市场结构的影响，是将政府补助投入技术创新，还是用于生产经营，或是弥补亏损，直接影响企业技术创新水平。本成果认为市场主体地位、市场竞争关系和市场的开放程度是构成产业特定市场结构的关键因素，并选取市场势力、市场竞争强度和市场开放水平作为衡量这三个因素的指标，分析特定市场结构下政府补助对企业技术创新的作用机理。其中，市场势力反映了市场主体在市场中的地位，市场竞争强度衡量了企业内企业之间的竞争关系，市场开放水平反映了市场内企业广泛紧密的联系。

1.市场势力作用下政府补助对企业技术创新的影响

市场势力是指企业利用各种手段如提升技术能力、降低生产投入或者采用一定的营销手段将价格维持在竞争性水平之上的能力，以期可以获取更多的经营利润。市场势力是对市场结构微观层面的衡量，体现了产业内企业的市场地位。

创新活动需要投入很多前期成本，且其产出具有高度的不确定性，因此，只有大规模的企业才能够承担这些沉没成本。本成果认为市场势力高的企业一方面资金充足，财务风险低；另一方面研发基础好，企业研发水平高，研发人员多，企业为了巩固现有的市场地位，会不断地进行新产品开发与技术创新，以获得市场势力扩张的机会。如果政府给予企业补贴，企业会毫不犹豫地投入到创新活动中，跟随政府的引导之手，加大对创新的投入，获得技术创新优势。相反，市场势力低的企业具有资金短缺，财务风险高的特点，企业研发基础查，企业主要以保持现有市场和维持日常经营为目的，此时，企业创新意愿较低，如果进行政府补助，可能导致企业挪用补贴用于日常生产或弥补亏损，进而降低政府补助效果。

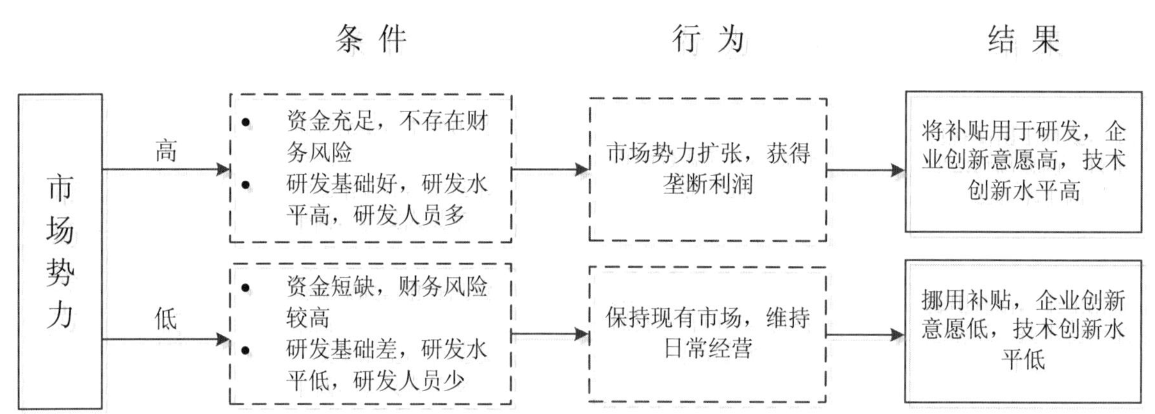

图8　市场势力作用下政府补助对企业技术创新的影响

2.市场竞争强度作用下政府补助对企业技术创新的影响

市场竞争指的是企业之间为了争取各自的经济利益所采取的相互抗衡、较量、各尽所能的行为和过程。市场竞争包括竞争强度和竞争策略等方面，而在实证研究中市场竞争主要指的是市场竞争强度。市场竞争强度是对市场结构中观层面的衡量，体现了产业内企业之间的竞争关系。

随着产业市场竞争程度的减弱，企业创新的风险和成本的可控程度加强，企业创新的动力和意愿也随之增强，此时，企业愿意进行自主创新来获取竞争优势，且政府补助会强化这种动机和意愿，促使企业增加创新的投入，使企业能够获得更多的创新产出。同时，由于市场中的竞争对手不多，企业在所处行业具有一定的垄断性，新产品投入市场后获得成功的概率较大，更加激发企业的研发积极性。相反，产品市场竞争程度越强，企业间相互竞争的程度也越激烈，迫使很多企业采用剽窃和模仿竞争对手等手段，创新机会随时可能被其他企业抢占先机，企业缺乏了创新的动力和意愿，此时企业更愿意以模仿的形式获取技术以减小创新带来的风险和成本，政府补助很有可能被挪为他用，进而影响补贴效果。

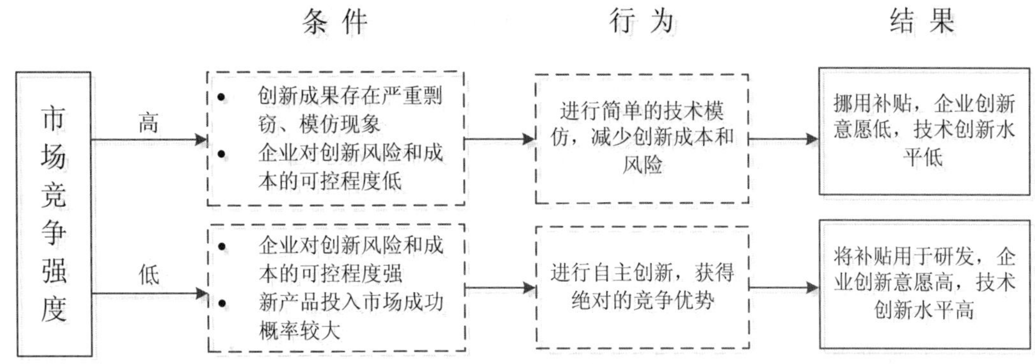

图9　市场竞争强度作用下政府补助对企业技术创新的影响

3.市场开放水平作用下政府补助对企业技术创新的影响

市场开放水平是企业技术创新的重要影响因素，市场开放水平越高，市场内企业技术和知识的可获得性就更容易，市场交易成本就会越低，企业间的技术合作越频繁和紧密，此时企业会更有动力加大技术创新。

本成果认为在市场开放水平较高的产业，产品市场和要素市场得到很好的发育，能够有效地促进技术信息的传递和扩散，为企业技术创新提供良好的创新环境，进一步优化创新要素的协同，此时企业更愿意利用现有的市场优势和资源进行技术创新。如果政府给予企业补贴，企业会主动地加大投入进行创新，不断地开发出市场需要的新产品，使其在激烈的市场竞争中立于不败之地。相反，一些市场开放水平较低的行业，市场对外开放程度低，无法实现技术信息的传递和扩散，企业缺少技术创新资源，只能依靠自己的技术独立地进行研发，而创新活动高风险、高成本的特征导致企业创新意愿降低。此时企业更愿意保持现有的竞争优势，降低生产成本，维持现有经营。若获得了政府补助，就会想办法挪作他用此来获取利润，从而弱化政府补助对技术创新的促进作用。

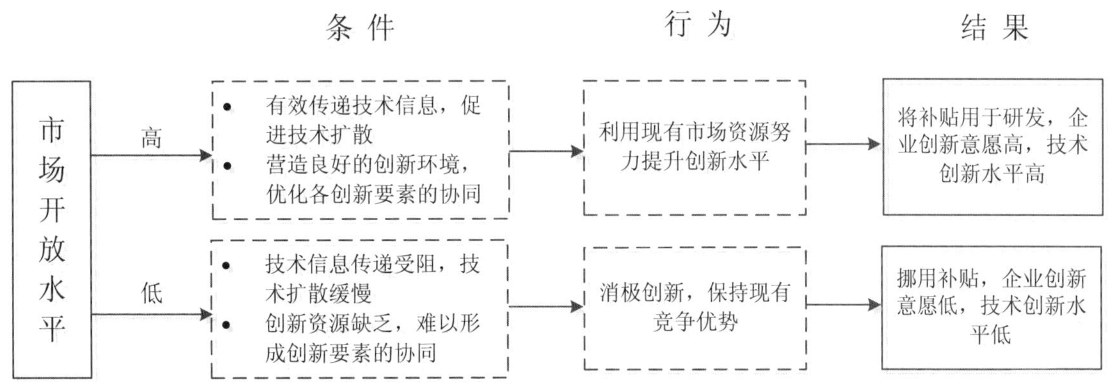

图10　市场开放水平作用下政府补助对企业技术创新的影响

（五）研究假设

基于以上对特定市场结构下政府补助对企业技术创新影响的机理分析，本成果提出以下假设：

假设1：财政补贴对企业技术创新的影响呈现出的倒U型曲线关系，即当补贴低于某一临界值时，财政补贴促进了企业技术创新，当补贴激励超过临界值时，财政补贴对企业技术创新的抑制效应开始显现。

假设2：风电产业税收优惠政策对企业技术创新具有正向激励作用。

假设3：市场势力对政府补助对企业技术创新的影响具有正向作用，即企业市场势力越强时，财政补贴对企业技术创新影响的倒U型曲线的变化幅度显著增大，同时税收优惠对企业技术创新的激励作用明显增强。

假设4：市场竞争强度对政府补助对企业技术创新的影响产生负向作用，即随着市场竞争强度的降低，财政补贴对企业技术创新影响的倒U型曲线的变化幅度逐渐增大，与此同时税收优惠对企业技术创新的激励效果显著提高。

假设5：市场开放水平对政府补助对企业技术创新的影响具有正向作用，即市场开放水平越高时，财政补贴对企业技术创新影响的倒U型曲线的变化幅度显著增大，同时税收优惠对企业技术创新的激励作用明显增强。

三、特定市场结构下政府补助对企业技术创新影响的建模与仿真

（一）基本情景假定

假设一：企业的创新投入都是期初一次性投入。创新竞赛模型认为企业技术创新投入是初始的一次性投资，其结果是赢者通吃，得到全部创新收益，而失败者损失全部的创新投入，因此本成果假设企业的创新投入都是期初一次性投入。

假设二：企业的技术创新活动是相互独立的。企业通过各种方式搜寻信息，企业对信息进行加工，并投入资金购买研发设备，在内部组建研发团队提高创新能力，最终以自主创新的方式产生技术。

假设三：新产品对老产品具有替代效应。基于Shaked&Sutton（1990）提出的多产品模型，本成果假设新产品对老产品具有替代效应，用δ衡量新产品对老产品的替代程度，δ=0表明新产品完全替代了老产品，0<δ<1表示新产品是老产品的不完全替代品，δ越大替代程度越低，若δ=1，则两种产品没有关系，若δ>1，则新产品是原产品的互补品，会扩大原产品的市场容量。

（二）模型构建

基于以上假设，在创新竞赛模型基础上，本成果引入政府补助变量，考虑政府补助两种方式对技术创新的影响，并分析特定市场结构下，政府补助对企业技术创新影响的变化。

假设存在这样一个产业，产业中共有n个企业，一般认为n值越大，产业内的企业数量越多，产业市场竞争越激烈，因此采用企业数量n用于市场竞争强度的衡量。

若是整个产业市场利润的总额，那么单个企业每一期的潜在利润为：

$$\pi_i = \frac{A}{n} \quad (3-1)$$

当这些企业进行技术创新，首先需要有创新投入，设企业每期的创新投入为x_i，由于创新具有不确定性，但是创新投入越多，创新成功的可能性就越大，其完成的时间也会越早，这里假设企业i完成创新的概率分布为：

$$P(t_i \leqslant t) = 1 - e^{-x_i^{\beta t}} \quad (3-2)$$

其中，t为企业完成创新的时间，x_i为创新投入。β为企业创新投入效应，用于衡量市场开放水平。市场开放水平越高，能为企业技术创新提供良好的创新环境，实现创新要素之间的协同，进而促进企业的技术创新投入。

那么相比市场内其他企业，企业i优先完成创新的概率分布为：

$$P(t_i \leqslant t,\ t_i > t) = \left(1 - e^{-x_i^{\beta t}}\right) e^{-\sum_{j\neq i} x_j^{\beta t}} \quad (3-3)$$

如果企业i率先完成了创新，那么它可以对这一创新申请专利保护，为简化分析这里假设专利为无限期的，那么企业i每年可获得利润为B（不考虑创新成本），若市场贴现率为r，那么企业i在新产品上的期望利润的现值为：

$$E(\pi_i^n) = \int_0^{+\infty} B\left(1 - e^{-x_i^{\beta t}}\right) e^{-\sum_{j\neq i} x_j^{\beta t}} e^{-rt}\, dt$$
$$= B\left(\frac{1}{r + \sum_{j\neq i} x_i^{\beta}} - \frac{1}{r + \sum x_i^{\beta}}\right) \quad (3-4)$$

新产品对原产品市场是有影响的，创新完成后，企业i原产品市场的每期利润为：

$$\pi_i^0 = \frac{\delta A}{n} \quad (\delta \geq 0) \quad (3-5)$$

δ衡量新产品对老产品的替代程度，在第t期，企业i的利润有两种可能，一种是市场上已经有了创新产品，一种是没有创新产品，那么企业i在原市场的期望利润（不考虑创新成本）的现值为：

$$E(\pi_i^0) = \int_0^{+\infty} \frac{\delta A}{n}\left(1 - e^{-\sum x_i^{\beta t}}\right) e^{-rt} dt + \int_0^{+\infty} \frac{A}{n} e^{-\sum x_i^{\beta t}} e^{-rt}\, dt$$
$$= \frac{\delta A}{n}\left(\frac{1}{r} - \frac{1}{r + \sum x_i^{\beta}}\right) + \frac{A}{n}\frac{1}{r + \sum x_i^{\beta}} \quad (3-6)$$

在综合考虑企业创新投入成本x_i，以及在各个市场的利润后，企业i总的期望利润的现值为：

$$E(\pi_i) = B\left(\frac{1}{r + \sum_{j\neq i} x_i^{\beta}} - \frac{1}{r + \sum x_i^{\beta}}\right) + \frac{\delta A}{n}\left(\frac{1}{r} - \frac{1}{r + \sum x_i^{\beta}}\right)$$
$$+ \frac{A}{n}\frac{1}{r + \sum x_i^{\beta}} - x_i \quad (3-7)$$

技术创新是一个从投入到产出的过程，创新投入越多，创新成功的可能性就越大，创新产出越多，创新效率越高，假设创新投入到创新产出的转化率为α，用于衡量企业的市场势力，企业市场势力越大，企业研发基础越强，创新投入到创新产出的转化率越高。由此认为企业创新投入和创新效率之间存在以下关系：

$y_i = \alpha x_i$ (3-8)

将式（8）带入（7）得到：

$$E(\pi_i) = B\left(\frac{1}{r+\sum_{j\neq i}\left(\frac{y_i}{\alpha}\right)^{\beta}} - \frac{1}{r+\sum\left(\frac{y_i}{\alpha}\right)^{\beta}}\right) + \frac{\delta A}{n}\left(\frac{1}{r} - \frac{1}{r+\sum\left(\frac{y_i}{\alpha}\right)^{\beta}}\right) + \frac{A}{n}\frac{1}{r+\sum\left(\frac{y_i}{\alpha}\right)^{\beta}} - \frac{y_i}{\alpha} \quad (3-9)$$

1.特定市场结构下财政补贴对企业技术创新影响的模型

政府补助有财政补贴和税收优惠两种方式，财政补贴是指政府对企业直接的财政投入，补贴效果表现为增加企业的创新投入；税收优惠指企业享有的一些税收优惠政策，主要以税收返还的形式进行补贴，补贴效果表现为增加企业的潜在收入。假设企业i的财政补贴为ϕ_i，税收优惠为ψ_i，财政补贴和税费返还可计算为：

$$\Phi_i = x_i * \mu = \frac{y_i}{\alpha}\mu \quad (3-10)$$

$$\Psi_i = B * T * \nu \quad (3-11)$$

其中，μ是财政补贴率，T是企业所得税率，v是税收返还率。

当政府以财务补贴方式进行补助时，财政补贴会减少企业的创新成本，此时企业的创新成本为$\frac{y_i}{\alpha} - \frac{y_i}{\alpha}\mu$，企业i总的期望利润的现值为：

$$E(\pi_i) = B\left(\frac{1}{r+\sum_{j\neq i}\left(\frac{y_i}{\alpha}\right)^{\beta}} - \frac{1}{r+\sum\left(\frac{y_i}{\alpha}\right)^{\beta}}\right) + \frac{\delta A}{n} + \frac{A}{n}\frac{1}{r+\sum\left(\frac{y_i}{\alpha}\right)^{\beta}} - \frac{y_i}{\alpha}(1-\mu) \quad (3-12)$$

企业i的目标就是最大化其期望利润，其一阶条件为：

$$\frac{B\beta\left(\frac{y_i}{\alpha}\right)^{\beta-1}}{\left(r+\sum\left(\frac{y_i}{\alpha}\right)^{\beta}\right)^2} + \frac{\delta A\beta\left(\frac{y_i}{\alpha}\right)^{\beta-1}}{n\left(r+\sum\left(\frac{y_i}{\alpha}\right)^{\beta}\right)^2} - \frac{A\beta\left(\frac{y_i}{\alpha}\right)^{\beta-1}}{n\left(r+\sum\left(\frac{y_i}{\alpha}\right)^{\beta}\right)^2} - \frac{(1-\mu)}{\alpha} = 0 \quad (3-13)$$

Nash均衡后各企业有相同的创新效率，用y表示，那么这一投入应满足：

$$\frac{B\beta\left(\frac{y}{\alpha}\right)^{\beta-1}}{\left(r+\sum\left(\frac{y}{\alpha}\right)^{\beta}\right)^2} + \frac{\delta A\beta\left(\frac{y}{\alpha}\right)^{\beta-1}}{n\left(r+\sum\left(\frac{y}{\alpha}\right)^{\beta}\right)^2} - \frac{A\beta\left(\frac{y}{\alpha}\right)^{\beta-1}}{n\left(r+\sum\left(\frac{y}{\alpha}\right)^{\beta}\right)^2} - \frac{(1-\mu)}{\alpha} = 0 \quad (3-14)$$

化简得均衡方程为：

$$\frac{\beta\left(\frac{y}{\alpha}\right)^{\beta-1}}{\left(r+n\left(\frac{y}{\alpha}\right)^{\beta}\right)^{2}}\left(B-\frac{A(1-\delta)}{n}\right)-\frac{(1-\mu)}{\alpha}=0 \quad (3-15)$$

2.特点市场结构下税收优惠对企业技术创新影响的模型

当企业以税收优惠方式进行政府补助时，企业收到的税收返还实际上增加了企业每年的潜在收入，此时企业i每年可获得的总收入变成$\mathrm{B}+\Psi_i=\mathrm{B}(1+T\nu)$，综合考虑了企业的创新成本后，企业i的创新产出的期望利润的现值为：

$$\mathrm{E}(\pi_i)=\mathrm{B}(1+T\nu)\left(\frac{1}{r+\sum_{j\neq i}\left(\frac{y_i}{\alpha}\right)^{\beta}}-\frac{1}{r+\sum\left(\frac{y_i}{\alpha}\right)^{\beta}}\right)+\frac{\delta A}{n}+\frac{A}{n}\frac{1}{r+\sum\left(\frac{y_i}{\alpha}\right)^{\beta}}-\frac{y_i}{\alpha} \quad (3-16)$$

企业i的目标就是最大化其期望利润，其一阶条件为：

$$\frac{\mathrm{B}(1+T\nu)\beta\left(\frac{y_i}{\alpha}\right)^{\beta-1}}{\left(r+\sum\left(\frac{y_i}{\alpha}\right)^{\beta}\right)^{2}}+\frac{\delta A\beta\left(\frac{y_i}{\alpha}\right)^{\beta-1}}{n\left(r+\sum\left(\frac{y_i}{\alpha}\right)^{\beta}\right)^{2}}-\frac{A\beta\left(\frac{y_i}{\alpha}\right)^{\beta-1}}{n\left(r+\sum\left(\frac{y_i}{\alpha}\right)^{\beta}\right)^{2}}-\frac{1}{\alpha}=0 \quad (3-17)$$

Nash均衡后各企业有相同的创新效率，用y表示，那么这一投入应满足：

$$\frac{\mathrm{B}(1+T\nu)\beta\left(\frac{y}{\alpha}\right)^{\beta-1}}{\left(r+\sum\left(\frac{y}{\alpha}\right)^{\beta}\right)^{2}}+\frac{\delta A\beta\left(\frac{y}{\alpha}\right)^{\beta-1}}{n\left(r+\sum\left(\frac{y}{\alpha}\right)^{\beta}\right)^{2}}-\frac{A\beta\left(\frac{y}{\alpha}\right)^{\beta-1}}{n\left(r+\sum\left(\frac{y}{\alpha}\right)^{\beta}\right)^{2}}-\frac{1}{\alpha}=0 \quad (3-18)$$

化解得均衡方程为：

$$\frac{\beta\left(\frac{y}{\alpha}\right)^{\beta-1}}{\left(r+n\left(\frac{y}{\alpha}\right)^{\beta}\right)^{2}}\left(\mathrm{B}(1+T\nu)-\frac{A(1-\delta)}{n}\right)-\frac{1}{\alpha}=0 \quad (3-19)$$

（三）模型仿真

以上分析得到了两种政府补助方式企业利润最大时的均衡公式，由于模型结构较为复杂，无法确定政府补助对技术创新的作用关系，由此采用Matlab对政府补助对企业技术创新影响进行仿真分析。

1.政府补助对企业技术创新影响的模型仿真

（1）财政补贴对企业技术创新影响的模型仿真

在财政补贴对技术创新影响模型的均衡方程中，对其他参数给予一定的赋值：分别取 α =0.5， β =0.5，r=0.5，A=5，B=1， δ =0.4，N=20，在此基础上，数值模拟财政补贴对技术创新的影响，结果见图3-1。

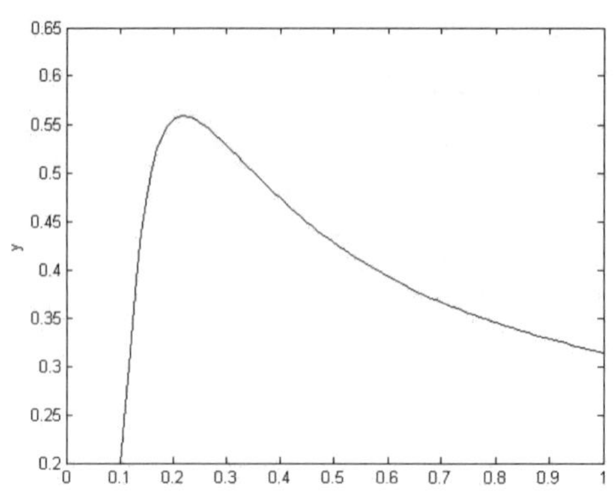

图11 财政补贴对企业技术创新影响的仿真结果

图3-1显示了财政补贴对技术创新之间的影响，从结果上来看财政补贴对技术创新的影响存在一种倒U型曲线关系，即随着财政补贴数额的增加，技术创新呈现先上升后下降的特征，验证了本成果机理分析提出假设1：风电企业财政补贴对技术创新的影响呈现倒U型曲线关系，即当补贴低于某一临界值时，财政补贴促进了企业技术创新，当补贴激励超过临界值时，财政补贴对企业技术创新的抑制效应开始显现。财务补贴给企业提供了充足的技术创新资金，从而带动企业技术创新的投入，促进企业创新效率，提高企业技术创新水平，而随着补贴力度的加大，财政补贴可能挤占企业的创新投入，使企业对补贴形成依赖，导致企业不思进取，不图上进，进而导致企业技术创新水平。

（2）税收优惠对企业技术创新影响的模型仿真

对税收优惠对技术创新影响的仿真分析，同理取α=0.5，β=0.5，R=0.05，A=5，B=1，δ=0.4，n=20，T=25%，得到税收优惠对技术创新影响的仿真图，如图4-2所示税收优惠对企业技术创新具有正向促进作用，即随着税收优惠的增加，企业技术创新水平不断提高，由此验证本成果假设2：风电产业税收优惠政策对企业技术创新具有正向激励作用。政府通过对企业实施税收优惠政策来鼓励企业不断地进行技术创新活动，相比与财政补贴，税收优惠对企业技术创新的补助更具有针对性，政府只对企业技术创新产出进行税收补贴，因此，企业会不断地进行技术创新来获得更多的税收优惠。

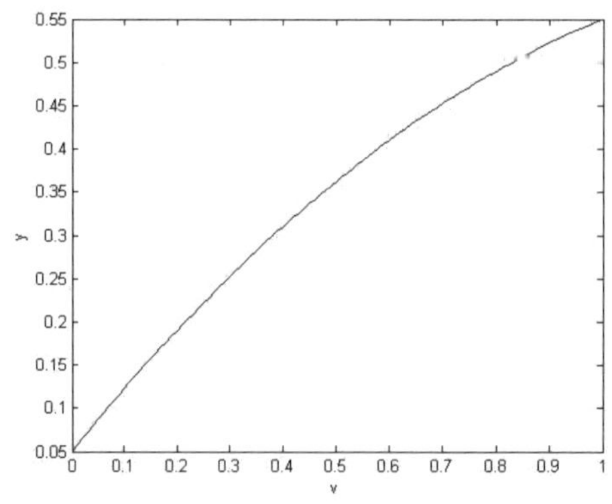

图12 税收优惠对企业技术创新影响的仿真结果

2.政府补助对企业技术创新影响的模型仿真

以上结论表明，在各参数给定的条件下，财政补贴对企业技术创新的影响表现为倒U型曲线，税收优惠对企业技术创新的影响表现为正向激励作用。通过前文的理论分析可知，政府补助对技术创新的作用效果还受到特定市场结构的影响，本成果选取市场势力（α）、市场竞争强度（n）和市场开放水平（β）三个指标对市场结构进行衡量，将特定市场结构下政府补助对企业技术创新影响研究进行仿真分析。

（1）市场势力作用下政府补助对企业技术创新影响的模型仿真

对于市场势力作用下政府补助对企业技术创新影响的仿真分析，只需要调整市场势力（α）这一参数，图3-3为市场势力对财政补贴对技术创新作用效果影响的数值模拟结果。图3-3中其他参数与图3-1的参数一致，只针对α的值进行了调整。图中从下到上三条倒U型曲线的α值分别是0.3.0.5.0.8，这实质上表示了企业不同的市场势力，从下到上企业市场势力逐渐增强。从图中结果可以观测到，随着市场势力的增强，财政补贴对企业技术创新影响的倒U型曲线的变化幅度逐渐增大。由此可得市场势力对财政补贴对企业技术创新的影响具有正向作用，即企业市场势力越强时，财政补贴对企业技术创新影响的倒U型曲线的变化幅度显著增大。

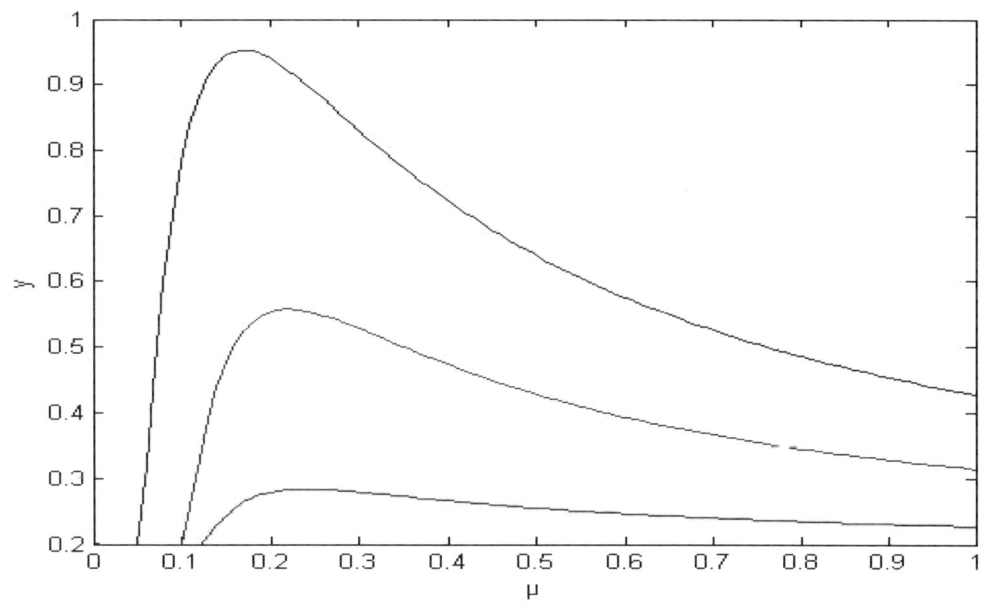

图13 市场势力作用下财政补贴对企业技术创新影响的仿真结果

图14为市场势力对税收优惠对技术创新作用效果影响的数值模拟结果。同理，从下到上三条曲线的α值分别是0.3.0.5.0.8，从图中结果可以观测到，随着企业市场势力的增强，税收优惠对企业技术创新的促进作用逐渐增大，由此认为市场势力对财政补贴对企业技术创新的影响具有正向作用，即企业市场势力越强时，税收优惠对企业技术创新的激励作用明显增强，对本成果假设3进行了验证。

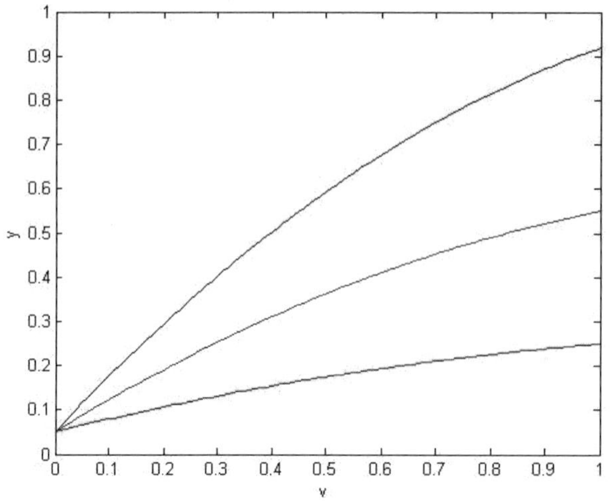

图14 市场势力作用下税收优惠对技术创新影响的仿真结果

（2）市场竞争强度作用下政府补助对企业技术创新影响的模型仿真

对于市场竞争强度作用下政府补助对技术创新影响的仿真分析，只需要调整市场竞争强度（n）这一参数。

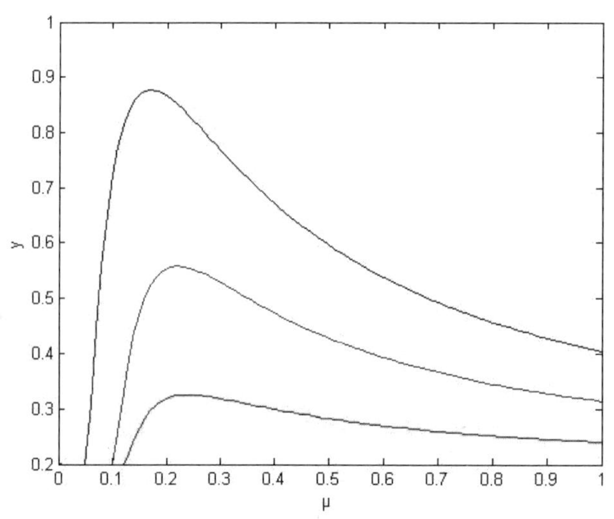

图15 市场竞争强度作用下财政补贴对企业技术创新影响的仿真结果

图15为市场竞争强度对财政补贴对技术创新作用效果影响的数值模拟结果。图3-5中其他参数与图3-1的参数一致，只针对n的值进行了调整。图中从上到下三条倒U型曲线的n值分别是15.20、25，这实质上表示了市场的不同竞争强度，从上到下市场竞争程度渐增强。从图中结果可以观测到，随着市场竞争强度的增强，财政补贴对企业技术创新影响的倒U型曲线的变化幅度逐渐减小，由此可得市场竞争强度对财政补贴对企业技术创新的影响产生负向作用，即随着市场竞争强度的降低，财政补贴对企业技术创新影响的倒U型曲线的变化幅度逐渐增大。

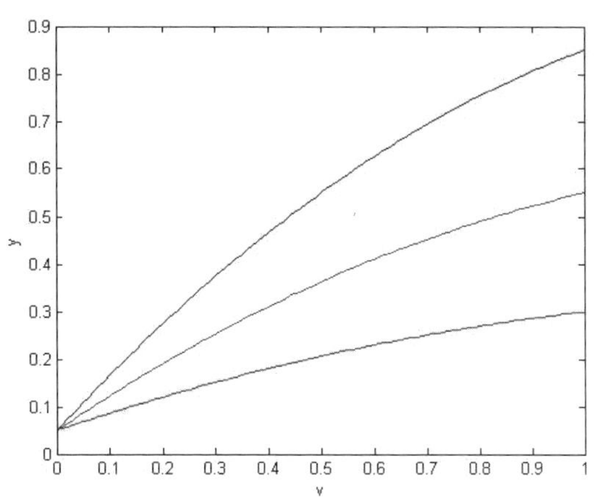

图16 市场竞争强度作用下税收优惠对企业技术创新影响的仿真结果

图16为市场竞争强度作用下税收优惠对技术创新影响的数值模拟结果。同理，从上到下三条曲线的n值分别是15.20、25，从图中结果可以观测到，随着市场竞争强度的增大，税收优惠对企业技术创新的促进作用逐渐减小，由此认为市场竞争强度对税收优惠对企业技术创新的影响产生负向作用，即随着市场竞争强度的降低，税收优惠对企业技术创新的激励效果显著提高，对本成果假设4进行了验证。

（3）市场开放水平作用下政府补助对企业技术创新影响的模型仿真

对于市场开放水平作用下政府补助对技术创新影响的仿真分析，只需要调整市场开放水平（β）这一参数，图17为市场开放水平对财政补贴对技术创新作用效果影响的数值模拟结果。图17中其他参数与图3-1的参数一致，只针对β的值进行了调整。图中从下到上三条倒U型曲线的β值分别是0.3.0.5.0.8，这实质上表示了不同的市场开放水平，从下到上市场开放水平逐渐升高。从图中结果可以观测到，随着市场开放水平的升高，财政补贴对企业技术创新影响的倒U型曲线的变化幅度逐渐增大，由此可得市场开放水平对财政补贴对企业技术创新的影响具有正向作用，即市场开放水平较高时，财政补贴对企业技术创新影响的倒U型曲线的变化幅度显著增大。

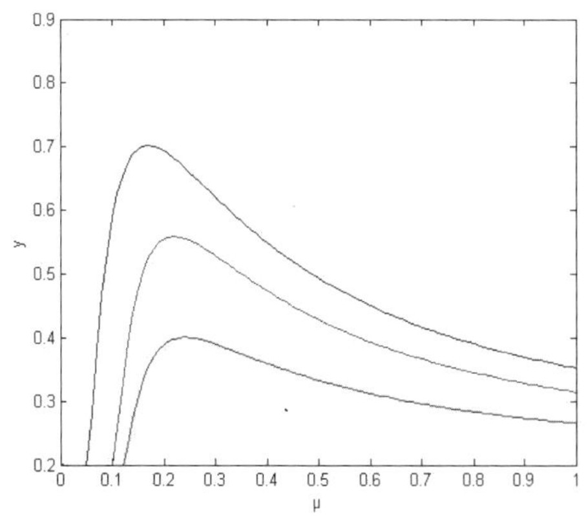

图17 市场开放水平作用下财政补贴对企业技术创新影响的仿真结果

图18为市场开放水平作用下税收优惠对技术创新影响的数值模拟结果。同理，从下到上三条曲线的β值分别是0.3.0.5.0.8，从图中结果可以观测到，随着市场开放水平的升高，税收优惠对企业技术创新的激励作用逐渐增强，由此认为市场开放水平对税收优惠对企业技术创新的影响具有正向作用，即市场开放水平较高时，税收优惠对企业技术创新的激励作用明显增强，对本成果假设5进行了验证。

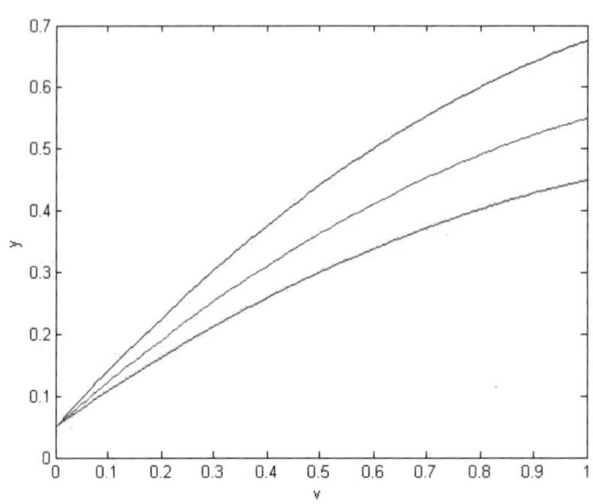

图18 市场开放水平作用下税收优惠对企业技术创新影响的仿真结果

四、特定市场结构下政府补助对企业技术创新影响的实证研究

（一）变量选取和数据说明

风电产业属于新能源产业，没有专门的统计年鉴，为了使数据更加可信，本成果选择风电上市公司的公开数据为原始数据，以企业的数据来反映整个产业的发展情况。基于风电产业链的角度选择风电整机、叶片、发电机、轴承、电控系统的上市企业，通过对企业主营业务的分析考察，剔除上游原材料供应企业和下游电网企业、营业收入中风电相关业务比重低于5%以及存在严重数据缺损的企业，最后选取金风科技、东方电气、华仪电气等27家风电上市企业作为原始数据样本。2005年《可再生能源法》颁布以来，我国风电企技术创新得到飞速发展，而政策补助存在一定的时滞，因此本成果选取2007–2016年作为本成果的样本时间段。本成果数据主要通过CCER数据库以及各上市公司的年报中手抄获得。由于各变量存在不同的量纲，本成果将所有变量进行标准化处理，排除变量因量纲不同带来的误差。本成果变量汇总如下表2所示。

表2 变量汇总表

变量名	符号表示	解释
研发经费支出	RDS	永续盘存法下的研发经费支出存量
研发人员比重	RDM	研发人员数/企业从业人数
专利价值	PV	无形资产中专利权的价值

营业收入增长率	IG	（本期营业收入-上年营业收入）/上年营业收入
企业技术创新	TE	企业技术创新效率衡量
财政补贴	Fund	政府专项资金补贴
税收优惠	Tax	企业税收返还额
市场势力	Pow	企业利润率/总资产
市场竞争强度	Comp	赫芬达尔指数（HHI指数）
市场开放水平	Open	市场内企业交易频数
企业偿债能力	Debt	企业偿债能力，企业总资产/企业总负债
企业经营能力	Oper	企业运营能力，营业收入/企业总资产
企业上市年限	Age	截止到研究年度企业的上市年限

1.企业技术创新的度量

现有文献主要从技术创新投入、产出和效率三个方面选取指标对企业技术创新进行衡量。企业技术创新效率综合了创新投入和创新产出两个层面的数据，精确地测量了创新投入与创新产出之间的转换关系，因此本成果以技术创新效率衡量产业的技术创新水平，通过DEA模型对风电企业技术创新效率进行测算。技术创新效率测算主要包括创新产出和创新投入两个变量。在进行效率评价的时候，选择投入和产出的相关变量首先要满足可获得性，既要客观地反映决策单位的基本特征，同时还要满足模型的应用条件。不同的指标选取会导致不同的评价结果，进而影响评价的有效性。因此，选择相关变量要遵循真实性、简洁性、逻辑性和科学可操作性的原则。

①投入变量。人员和经费是重要的创新资源，也是创新活动直观的投入要素，本成果将创新投入分为创新人力投入和创新资金投入两个方面。创新人员的数量和质量是影响创新产出的重要因素，人力投入主要以R&D人员全时当量、科技活动人员数量、研发人员比重、科技活动中科学家与工程师数量来反映其强度。风电产业企业规模各不相同，研发人员比重克服了因为企业规模不同的影响，因此本成果将企研发人员比重作为人力投入指标，计算公式为：研发人员比重=研发人员数/企业从业人数。

资金是完成科技创新的核心条件，财力投入是影响一个企业技术创新效率的关键因素。研发经费投入能够反映企业重视技术创新的程度，本成果采用研发经费投入作为经费投入衡量指标。研发经费支出具有累积的特点，创新产出同时受到本期和前期研发经费支出的影响，因此研发经费支出应采用存量指标，本成果参考Griliches（1990）[98]的方法计算研发经费支出存量，计算公式如下：

$$RDS_{i,t}=(1-\lambda)RDS_{i,t-1}+S_{i,t-1} \quad (5\text{-}1)$$

$RDS_{i,t}$、$RDS_{i,t-1}$分别表示第i家企业在第t和t-1年研发经费支出存量；$S_{i,t-1}$表示第t-1年研发经费支出流量；λ为资本折旧率，借鉴Griliches的研究将折旧率定为15%。式中后一年研发经费支出存量的计算是以前一年研发经费支出存量作为依据，因此需要对初期经费支出存量$RDS_{i,0}$进行计算，公式如下：

$$RDS_{i,0} = \frac{S_{i,0}}{(g+\lambda)} \quad (5\text{-}2)$$

$RDS_{i,0}$、$S_{i,0}$ 分别代表第i家企业初始年份研发经费支出的存量和流量，g表示研发经费支出的年增长比率，λ 为资本折旧率，在计算出研发经费支出初始年份存量的基础上，后续年份采用永续盘存法进行计算。

（2）产出变量。创新产出分为科技产出和经济产出两大类。科技产出指创新活动直接的科技成果，目前将专利数作为科技产出应用较为普遍[99]，但也有一些学者也提出质疑，部分专利并没有成功进行商业化而给企业带来收益，而且在不同产业间专利的申请情况差异较大，专利的质量也参次不齐，不能真实体现出科技成果的价值[100]。企业无形资产一般包括专利权、商标权、商誉等，本成果采用无形资产明细中专利权的价值来衡量企业科技产出，克服了专利质量参次不齐带来的测算偏差。

企业创新的经济产出指科技成果商业化给企业带来的经济价值，通常表现为企业营业收入的增长，由此采用营业收入增长率来衡量经济产出，计算公式为：本期营业收入增长率=（本期营业收入-上期营业收入）/上期营业收入。

2.政府补助的度量

（1）财政补贴。财政补贴是指政府在一定时期内根据国家相关政策，对特定企业或企业特定项目给予一定数额的资金资助，它是政府无偿拨付给企业的资金，为实现资金补贴专款专用的目的，对于所补贴项通常会限定其资金用途。财政补贴是政府补助的直接方式，主要指政府对企业直接的财政投入，本成果采用企业各年年报中政府补贴来衡量。

（2）税收优惠。税收优惠作为政府补助的另一种方式，与政府的财政补贴不同，税收优惠是对企业创新的一种间接的补贴，主要指企业享受的一些税收优惠政策，本成果选取上市企业收到返还的各种税费返还作为税收优惠的衡量指标。

3.市场结构的量度

（1）市场势力。市场势力是指企业利用各种手段诸如提升技术能力、降低生产投入或者采用一定的营销手段将价格维持在竞争性水平之上的能力，以期可以获取更多的经营利润。如果企业具有很强的市场势力，企业就可以凭借其优势和地位来提高价格，市场势力越大，企业影响价格的能力越强，也就越能持续的摄取高额的利润，因此本成果采用企业资本利润率作为衡量企业市场势力的指标，计算公式为税后资本利润率=（税前利润额-税收总额）/企业总资产。

（2）市场竞争强度。市场竞争就是在同行业内，竞争对手的集聚程度和竞争状况。梳理现有相关文献发现，产业的市场集中度比率、赫芬达尔指数以及交叉价格弹性等指标常用来反映市场竞争强度的指标。由于市场集中度比率很难反映企业与企业之间的影响程度，在衡量企业之间的竞争强度时不够准确；全体企业的定价资料很难获取，交叉价格弹性的度量也很困难。因此本成果选取赫芬达尔指数（Herfindahl-Hirschman Index，下称HHI指数）测度市场竞争强度。本成果采用营业收入为基础数据计算产业的赫芬达尔指数，由于要构成面板数据，本成果设定每个企业每年的赫芬达尔指数相同。

（3）市场开放水平。市场开放水平是企业技术创新的重要影响因素，市场开放水平越高，市场内企业技术和知识的可获得性就更容易，市场交易成本就会越低，企业间的技术合作越频繁和紧密，市场内企业交易频数很好的衡量了企业间这种广泛而又紧密的合作和联系，因此本成果以样本企业中相互间交易次数加总数衡量市场开放水平。

4.控制变量

（1）企业偿债能力。在企业的资本构成中，若是企业的负债水平较高，那么企业的现金多会流向其承担的财务费用，企业负债水平越高，偿债能力越差，企业可能无法偿还到期债务，从而引起企业的财务风险。因此在某种程度上企业的偿债能力会影响到企业的技术创新活动。对于企业偿债能力的计算方法是企业的总资产与总负债的比例。

（2）企业经营能力。企业的经营能力越强表明企业资产的利用率就越高，因而保障了企业的债务偿还的能力以及经营效益，从而保障了企业创新活动的资金来源。企业的资本密集度是体现企业经营能力的一个重要指标，因而本成果选取企业的资本密集度作为企业经营能力的衡量指标，并用总资产与营业收入的比值来衡量。

（3）企业上市年限。企业上市的年限越长可能掌握的创新知识越全面，而上市年限较短的企业由于缺乏研发有关的基础知识，只能通过大量的投入研发资金和人力资本来提高创新产出。故本成果选取到所研究的年份止，企业上市的时间作为控制变量。

（二）计量模型构建

有关政府补助对企业技术创新影响的实证研究，应当考虑内生性问题。古典线性回归模型需要满足线性假定、满秩$(rank(X_{n\times k}) = K)$、严格外生性$(E(\varepsilon_i|X) = 0)$、同方差$(Var(\varepsilon|X) = \sigma^2)$等诸多假定。但在现实条件下，由于遗漏变量、度量误差和联立性等，很难满足严格外生性的假定，因而无法实现一致性的无偏估计。即使在控制部分影响偏好的因素后，仍然可能存在遗漏变量的可能，从而使模型存在内生性问题。目前，解决内生性问题的方法主要有工具变量法、自然试验法和动态面板等，主要的计量方法可以考虑广义矩估计等。有效的工具变量需要满足与内生解释变量相关和与扰动项不相关的两个条件，寻找满足条件的有效工具变量并非易事。根据以往研究经验，构建动态面板模型采用广义估计方法是解决内生性问题的合适选择。

对动态面板模型的估计方法主要有差分GMM、水平GMM和系统GMM。考虑一般的动态面板模型：$Y_{it} = qY_{i,t-1} + pX'_{it} + z_i + \varepsilon_{it}$，将该公式一阶差分消除个体效应后，可得：$\triangle Y_{it} = \triangle qY_{i,t-1} + \Delta pX'_{it} + \varepsilon_{it}$，式中$\Delta Y_{i,t-1} = Y_{i,t-1} - Y_{i,t-2}$与$\Delta \varepsilon_{it} = \varepsilon_{it} - \varepsilon_{i,t-1}$相关，因此$\Delta Y_{i,t-1}$仍为内生变量，需要寻找适当的工具变量以得到一致估计。Anderson&Hsia（1981）提出使用$Y_{i,t-2}$作为$Y_{i,t-1}$的工具变量，然后进两阶段最小二乘估计，该估计方法称为“Anderson–Hsiao估计量”。之后Arellano&Bond（1991）提出用所有可能的滞后变量作用工具变量进行广义矩估计的思路，即“Arellano–Bond估计量”，也被称为差分GMM估计。为

解决差分GMM估计弱工具变量的可能问题，Arellano&Bove（1995）重新考虑差分前的水平方程，使用 $\{\Delta Y_{i,t-1}, \Delta Y_{i,t-2},\ldots\ldots\}$ 作为的 $\Delta Y_{i,t-1}$ 工具变量。Blundell&Bond（1998）将差分GMM和水平GMM的方法相结合，提出系统GMM估计。

系统GMM估计可以消除固定效应的影响，避免小样本的偏差问题，估计时用滞后自变量作为工具变量，可以放宽随机误差项必须服从动态分布的限定，无须考虑异方差和序列相关问题，因而所得到的参数估计量更为有效和可靠。由此本成果采用系统GMM动态面板数据模型进行回归分析，本成果将财政补贴和税收优惠看作内生变量，设定所有的控制变量为严格外生变量，构建如下计量模型：

$$TE_{it} = q_0 + q_1TE_{i,t-1} + q_2Fund_{it} + q_3M'_{it} + \varepsilon_{it} \qquad (5-3)$$

$$TE_{it} = q_0 + q_1TE_{i,t-1} + q_2Fund_{it} + q_3Fund_{it} * Fund_{it} + q_4 + \varepsilon_{it} \quad (5-4)$$

$$TE_{it} = q_0 + q_1TE_{i,t-1} + q_2Tax_{it} + q_3M'_{it} + \varepsilon_{it} \qquad (5-5)$$

$$TE_{it} = q_0 + q_1TE_{i,t-1} + q_2Tax_{it} + q_3Tax_{it} * Tax_{it} + q_4M'_{it} + \varepsilon_{it} \quad (5-6)$$

式中各变量含义分别为：TE为被解释变量，表示企业的技术创新，$TE_{i,t-1}$为技术创新的滞后项。Fund表示企业直接获得的财政补贴，Fund*Fund为财政补贴的平方项。Tax表示企业通过政策获得的税收优惠，Tax*Tax为税收优惠的平方项。M表示系列的控制变量，包括企业的偿债能力（Debt），经营能力（Oper）和企业上市的年限（Age），ε_{it}为误差项。

为考察市场结构在政府补助对技术创新影响中的关键作用，在以上模型中分别加入市场结构变量、市场结构和政府补助的交互项，构建如下计量模型：

$$TE_{it} = q_0 + q_1TE_{i,t-1} + q_2Fund_{it} + q_3Fund_{it} * Fund_{it} + q_4N'_{it} + q_5Fund_{it} * N'_{it} + q_6Fund_{it} * Fund_{it} * N'_{it} + q_7M'_{it} + \varepsilon_{it} \quad (5-7)$$

$$TE_{it} = q_0 + q_1TE_{i,t-1} + q_2Tax_{it} + q_3N'_{it} + q_4Tax_{it} * N'_{it} + q_5M'_{it} + \varepsilon_{it} \quad (5-8)$$

上式中，TE为企业的技术创新，$TE_{i,t-1}$为技术创新的滞后项。Fund为财政补贴，Fund*Fund为财政补贴的平方项，Tax为税收优惠。M表示系列的控制变量。N为市场结构变量，具体包括市场势力（Pow）、市场竞争强度（Comp）和市场开放水平（Open）。$Fund * N'$、$Fund * Fund * N'$、$Tax * N'$分别为财政补贴与市场结构、财政补贴平方项与市场结构和税收优惠与市场结构变量的交互项，ε_{it}为误差项。

（三）政府补助对企业技术创新影响的回归分析

1.变量平稳性检验

本成果所使用数据为风电27家企业2007-2016的面板数据，虽然时间跨度不大，但仍有数据存在时间趋势而带来伪回归的可能。因此，在回归估计之前，本成果首先对各变量数据的平稳性进行检验。本成果主要运用ADF-Fisher方法对数据进行单位根检验，以保证检验结果的可靠性，平稳性检验结果如表4-2所示。通过下表可知所有变量均为一阶单整，即满足平稳性要求，可进行下一步回归分析。

表3 变量平稳性检验结果

变量	水平值	一阶差分值	检验结果
TE	49.6719	320.833***	平稳
Fund	42.5552	110.633***	平稳
Tax	39.1880	153.750***	平稳

2.财政补贴对企业技术创新影响的回归分析

财政补贴对企业技术创新影响的回归结果如表3所示。为了确保系统GMM估计结果的有效性，采用Arellano&Bover（1995）提出的两种检验方法对工具变量和估计结果的有效性进行鉴别。一是二阶序列相关检验AR（2），该检验主要用于判断系统GMM估计的残差是否存在序列相关，当二阶段自回归不存在序列相关时，该方程的估计结果是有效的；二是过度识别约束检验，该检验主要是判断系统GMM估计中所采用的工具变量是否整体有效，实证中采用Sargan检验进行判定。如表所示，系统GMM模型的二阶序列相关检验结果AR（2）统计量的P值分别为0.117和0.118，均大于0.1，支持回归方程不存在二阶序列相关的假设，并且Sargan检验的P值分别为0.988和0.997，过度识别的检验结果显示不能拒绝工具变量有效性的零假设，因此，整个模型的设定是合理的并且工具变量也是有效的。

由模型一的检验结果可知，财政补贴对企业技术创新的回归系数为0.833，且在1%的置信水平上显著，表明财政补贴激励了风电企业的技术创新。在模型二中加入了财政补贴的平方项，模型二中财政补贴一次项回归系数为1.710，二次项回归系数为-0.692，且均处于显著水平，说明财政补贴对技术创新的影响呈现倒U型曲线关系，即政府的财政补贴存在一个临界值，当财政补贴低于这个临界值时，财政补贴显著促进了企业技术创新，当财政补贴超过这个临界值时，财政补贴对企业技术创新的抑制效应开始显现，假设1得到验证。财政补贴主要作用于企业技术创新投入阶段，能为企业创新活动提供资金支持，分担企业研发风险，对企业技术创具有促进作用，而随着财政补贴额的增加，企业通过高额的财政补贴就能获得稳定的外部收入时，将助长企业对于补贴的依赖，表现为对技术创新的抑制作用。此外，在系统GMM模型中，滞后一期的技术创新均对本期技术创新在1%的水平上有显著的激励作用，表明上期技术创新有助于鼓励企业进一步进行研发活动，从而促进本期的技术创新效率。

控制变量中，企业偿债能力与企业技术创新的回归系数为正，但不显著，表明企业偿债能力对企业技术创新不具有显著的正向影响；企业运营能力与技术创新的回归系数始终为正且显著，说明企业运营能力是影响企业技术创新的一个重要因素；企业的上市年限与企业技术创新的回归系数为正且在统计上显著，表明企业的上市年限越长，掌握的研发技术越娴熟，越有技术创新水平的提升。

表4 财政补贴对企业技术创新影响的回归结果

变量	模型一	模型二
TE（-1）	0.327*** （18.71）	0.303*** （18.43）
Fund	0.833*** （21.23）	1.710*** （6.25）
Fund*Fund		-0.692*** （-3.07）
Debt	0.002 （0.26）	0.004 （0.46）
Oper	0.020** （2.12）	0.040*** （3.36）
Age	0.257*** （4.36）	0.421*** （4.35）
AR（2）	0.117	0.118
Sargan	0.988	0.997

注：*表示P<0.1，**表示P<0.05，***表示P<0.01。

3.税收优惠对企业技术创新影响的回归分析

表4展示了税收优惠对技术创新影响的回归结果。模型三和模型四的Arellano-Bond检验结果AR（2）统计量的P值均大于0.1，接受残差项二阶训练无关的原假设，并且Sargan过度识别的检验结果也显示，不能拒绝工具变量有效性的零假设，因此，整个模型的设定是合理的并且工具变量也是有效的。

模型四中税收优惠对企业技术创新的回归系数为正，且在1%的置信水平上显著，表明税收优惠显著地促进了产业的技术创新。在模型四中加入了税收优惠的平方项，税收优惠一次项回归系数为正且显著，二次项回归系数为正但不显著，说明税收优惠对技术创新的影响不存在非线性关系，税收优惠对企业技术创新具有正向激励作用，假设2得到验证。政府的税收优惠政策一般发生在企业创新产出阶段，是一种对企业技术创新活动的补偿，企业只有存在创新产出且产生收益才会获得这部分补贴，企业的创新产出越多，企业获得的补贴力度越大，因此企业要想获得税收优惠，只能不断进行技术创新。两个模型中，滞后一期的技术创新均对本期技术创新在1%的水平上有显著的激励作用，表明上期技术创新有助于鼓励企业进一步进行研发活动，显著促进了本期技术创新的提高。

控制变量中，企业偿债能力、企业经营能力和上市年限对技术创新均表现出显著的正向作用关系，说明在该模型中企业的资产负债率越低，经营效益越好，上市年限越久，越能带来企业技术创新的提升。

表5 税收优惠对企业技术创新影响的回归结果

变量	模型三	模型四
$TE_{(-1)}$	0.373*** （36.72）	0.365*** （29.79）
Tax	0.362*** （76.57）	0.354*** （28.08）
Tax*Tax		0.059 （1.38）
Debt	0.053*** （5.24）	0.055*** （5.28）
Oper	0.016*** （3.03）	0.012* （1.72）
Age	0.094** （2.01）	0.011** （2.37）
AR（2）	0.106	0.109
Sargan	0.977	0.979

注：*表示P<0.1，**表示P<0.05，***表示P<0.01。

（四）特定市场结构下政府补助对技术创新影响的回归分析

1.市场势力作用下政府补助对企业技术创新影响的回归分析

市场势力作用下政府补助对企业技术创新影响的回归结果如表6所示。模型五和模型六中，回归模型的二阶序列相关检验结果AR（2）统计量的P值分别为0.124和0.117，接受了回归方程不存在二阶序列相关的假设，并且Sargan过度识别的检验结果也接受了工具变量有效性的零假设，说明整个模型的设定是合理的并且工具变量也是有效的。

表6 市场势力作用下政府补助对企业技术创新影响的回归结果

变量	模型五	模型六
TE（-1）	0.224*** （5.20）	0.291*** （12.26）
Fund	3.971*** （3.94）	
Fund*Fund	-2.164*** （-3.31）	
Tax		0.609*** （5.82）

Pow	2.148*** （2.64）	0.431*** （3.09）
Fund*Pow	4.103** （2.48）	
Fund*Fund*Pow	-5.888** （-2.49）	
Tax*Pow		0.437*** （2.58）
Debt	0.012* （1.64）	0.050*** （2.67）
Oper	0.075*** （3.89）	0.009 （1.00）
Age	0.555*** （5.64）	0.205*** （2.88）
AR（2）	0.124	0.117
Sargan	0.999	0.996

注：*表示P<0.1，**表示P<0.05，***表示P<0.01。

2.市场竞争强度作用下政府补助对企业技术创新影响的回归分析

市场竞争强度作用下政府补助对技术创新影响的回归结果如表7所示。模型七和模型八中，回归模型的二阶序列相关检验结果AR（2）统计量的P值分别为0.127和0.119，均大于0.1，支持回归方程不存在二阶序列相关的假设，并且Sargan过度识别的检验结果不能拒绝工具变量有效性的零假设，说明整个模型的设定是合理的并且工具变量也是有效的。

表7 市场竞争强度作用下政府补助对企业技术创新影响的回归结果

变量	模型七	模型八
TE（-1）	0.280*** （10.88）	0.414*** （7.74）
Fund	0.532 （0.66）	
Fund*Fund	-1.231** （-2.06）	
Tax		0.287*** （10.19）
Comp	1.258** （2.26）	0.148 （0.81）
Fund*Comp	5.294*** （3.09）	
Fund*Fund*Comp	4.625*** （4.05）	

Tax*Comp		−0.101*** （−4.38）
Debt	0.001 （0.12）	0.053*** （3.31）
Oper	0.101*** （5.18）	0.004 （0.46）
Age	0.148 （1.31）	0.741 （1.05）
AR（2）	0.127	0.119
Sargan	0.999	0.991

注：*表示P<0.1，**表示P<0.05，***表示P<0.01。

模型七回归分析了市场竞争强度作用下财政补贴对企业技术创新的影响，结果显示，市场竞争强度和财政补贴平方的交互项与技术创新具有显著的正向作用关系，说明财政补贴对技术创新影响的倒U型曲线受到市场竞争强度的负向作用，即产业所处的市场竞争强度越弱，财政补贴与企业技术创新的倒U型曲线的变化幅度越大。模型八考察了市场竞争强度作用下税收优惠对企业技术创新的影响，市场竞争强度和税收优惠的交互项与技术创新的回归系数在1%的水平上显著且为负，表明产业所处的市场竞争强度越弱，税收优惠对技术创新的促进作用越强。由此对本成果假设4进行了实证验证。垄断的市场结构中，企业对创新的风险和成本的可控程度加强，此时企业愿意进行自主创新来获取竞争优势，政府补助会强化这种动机和意愿，促使企业增加创新的投入，使企业能够获得更多的创新产出。在系统GMM模型中，滞后一期的技术创新均与本期技术创新在1%的水平上有显著的正向作用，说明前一期的技术创新结果会显著的激励本期技术创新水平的提升。

3.市场开放水平作用下政府补助对企业技术创新影响的回归分析

市场开放水平作用下政府补助对技术创新影响的回归结果如表4–7所示。模型九和模型十的二阶序列相关检验结果AR（2）统计量的P值均大于0.1，支持回归方程不存在二阶序列相关的假设，并且Sargan过度识别的检验结果不能拒绝工具变量有效性的零假设，说明整个模型的设定是合理的并且工具变量也是有效的。

模型九考察了市场开放水平作用下财政补贴对企业技术创新的影响，结果显示，市场开放水平和财政补贴平方的交互项与技术创新之间存在显著的负向作用关系，说明市场开放水平越高，财政补贴对企业技术创新影响的倒U型曲线的变化幅度越大。模型十验证了市场开放水平作用下税收优惠对企业技术创新的影响，结果显示，市场开放水平和税收优惠的交互项与技术创新存在显著的正向关系，表明市场开放水平越高，税收优惠对技术创新的激励效果越强。综上所述，对本成果假设5进行了验证。市场开放水平较高的产业，市场内技术信息能够有效的传递和扩散，为企业研发提供良好的创新环境，此时企业更愿意利用政府补助进行技术创新，使其在激烈的市场竞争中立于不败之地。在系统GMM模型中，滞后一期的技术创新均与本期技术创新在1%的水平上有显著的正向作用，说明前一期的技术创新结果会显著的激励本期技术创新水平的提升。

表8 市场开放水平作用下政府补助对企业技术创新影响的回归结果

变量	模型九	模型十
TE（-1）	0.273*** （5.70）	0.383*** （22.53）
Fund	3.858** （2.41）	
Fund*Fund	-2.421* （-1.93）	
Tax		0.229*** （5.26）
Open	0.931** （2.01）	0.006 （0.18）
Fund*Open	3.180* （1.84）	
Fund*Fund*Open	-2.459* （-1.76）	
Tax*Open		0.191*** （2.57）
Debt	0.012 （0.90）	0.070*** （5.95）
Oper	0.068*** （3.45）	0.029** （2.27）
Age	0.606 （1.64）	0.041 （0.54）
AR（2）	0.102	0.117
Sargan	0.998	0.989

注：*表示P<0.1，**表示P<0.05，***表示P<0.01。

五、研究结论与政策建议

（一）研究结论

本成果通过机理分析全面分析了特定市场结构下，两种政府补助方式对企业技术创新的影响过程与效果，为本成果提出关键假设。再通过构建经济学模型和实证研究对假设进行验证。数理建模方面，在创新竞赛模型基础上，加入政府补助变量，构建并仿真分析了特定市场结构下政府补助对企业技术创新影响；实证研究方面，利用风电企业上市公司的数据，在对我国风电企业技术创新效率测算的基础上，采用系统GMM动态面板数据模型进行回归分析，对本成果假设进行逐一实证验证。本成果主要结论有：

1.风电企业财政补贴对企业技术创新的影响呈现倒U型曲线关系，即财政补贴对企业技术创新的促进作用存在一个临界值，当财政补贴小于这个临界值时，对企业技术创新表现为促进作用，当财政补贴超过这个临界值则表现为对企业技术创新的抑制作用。

2.风电产业税收优惠政策对企业技术创新具有正向激励作用，即政府给企业的税收优惠力度越大，企业技术创新水平越高。

3.政府补助对企业技术创新的作用效果受到特定市场结构的影响，市场势力对政府补助对企业技术创新的影响具有正向作用，即企业市场势力越强时，财政补贴对企业技术创新影响的倒U型曲线的变化幅度显著增大，税收优惠对企业技术创新的激励作用明显增强。

4.市场竞争强度对政府补助对企业技术创新的影响产生负向作用，即随着市场竞争强度的降低，财政补贴对企业技术创新影响的倒U型曲线的变化幅度逐渐增大，税收优惠对企业技术创新的激励效果显著提高。

5.市场开放水平对政府补助对企业技术创新的影响具有正向作用，即市场开放水平越高时，财政补贴对企业技术创新影响的倒U型曲线的变化幅度显著增大，税收优惠对企业技术创新的激励作用明显增强。

（二）政策建议

参照本成果研究结论，结合我国风电产业的实际情况，对我国风电企业技术创新活动提出如下几点建议：

首先，财政补贴对风电企业技术创新的影响呈现倒U型关系，只有适度的财政补贴才能有效地激励企业进行技术创新，而高额的补贴容易助长企业对补贴形成依赖，进而削弱甚至抑制企业技术创新的积极性，因此政府对企业补贴时设定适度的补贴区间显得尤为重要。具体而言，政府在补贴之前要对风电企业的整体状况进行科学评估，应当科学制定补贴政策，避免出现企业对补贴政策的依赖，防止出现“错补”“滥补”等现象，提升财政补贴政策执行的有效性。

其次，税收优惠是政府激励企业进行创新活动的重要手段，相比与财政补贴这种直接的补助方式，税收优惠更具有公平性和普惠性。研究结果表明税收优惠政策能够显著促进风电企业技术创新的提高，因此适当扩大风电企业税收优惠的范围和强度是必要的。我国应该加快建立健全支持企业技术创新的税收优惠政策体系，加大对企业技术创新成果的补偿，通过调节企业技术创新的收益预期，进一步加大对企业技术创新产生正面激励作用。

再次，不论是财政补贴还是税收优惠政策，政府的目的是为了提高企业的技术创新，从而实现风电企业技术创新水平的提升。因此政府对企业进行补贴时应该加强对企业补贴运用的监管，对企业的绩效进行考察，建立合理的绩效考核标准并对其发放给企业研发经费进行监督管理，不能盲补、滥补，这样会造成有补助需求的企业与补助的企业不匹配的现象，以至于达不到预期的结果，同时有可能对需要长期进行研发补助的大项目造成资金短缺。故政府建立合理的考核标准，加强对企业研发经费的监管是十分有必要的。

最后，通过市场结构对政策补贴效果的研究结论，本成果认为应该推动产业的市场开放水平，实现技术信息在市场内的传递和扩散，为企业技术创新提供良好的创新环境，进一步促进企业间的紧密联系和技术合作。通过兼并重组等手段，实现创新要素的整合，提高风电产业的行业集中度，降低产业市场竞争强度，发挥政府补助对风电企业技术创新的促进效果。此外，政府应细化其补贴的对象，有针对性的加大补助的力度。研究结果表明市场势力较大的企业更能有效地利用补贴，加大技术创新投入，提高企业技术创新水平。因此，政府应该针对不同市场势力的企业予以不同的补贴政策，优先补贴市场势力强的企业，通过这些企业的技术创新带动整个产业创新水平提升。

（三）创新点

1.理论方面，在政府补助对企业技术创新影响的现有研究基础上，纳入市场结构因素，考虑特定市场结构下政府补助对企业技术创新影响的变化，丰富了政府补助对企业技术创新影响的理论研究。

2.方法方面，采用数理建模和实证研究对本成果机理分析提出的关键假设进行了验证，数理建模方面在创新竞赛模型基础上纳入政府补助变量进行建模和仿真，实证研究方面，利用系统GMM动态面板数值模型进行回归分析，对本成果假设进行验证。

3.实践方面，本成果表明在特定市场结构下，政府补助对企业技术创新的影响会产生相应的变化，因此政府在制定补助政策时应该充分考虑市场结构的作用，以便充分发挥政策补助效果，提高企业技术创新水平。

成果创造人：高　伟、乔光辉、胡潇月、赵静怡、战一滨、张凯琪

建设“智慧食药监综合监管大数据服务平台”的实践与思考

航天信息股份有限公司

一、背景

（一）公司简介

航天信息股份有限公司（以下简称航天信息）是由中国航天科工集团有限公司（以下简称集团公司）控股、以信息安全为核心技术的IT行业高新技术国有上市公司，于2000年11月1日成立，2003年7月11日在A股市场成功挂牌上市（SHA：600271），是中国IT行业最具影响力的上市公司之一。

面对国家信息化建设的发展机遇，航天信息积极贯彻集团公司“大防务、大安全”的发展理念，依托航天的技术优势、人才优势和组织大型工程的丰富经验，重点聚焦IT民用领域，业务领域涉及政府及行业信息化，重点发展税务、政务、公安、交通、金融、广电、教育等行业的信息化市场，并积极拓展企业的信息化市场。

经过十余年的发展，航天信息已建立了覆盖全国的销售渠道和服务体系，在全国31个省、市、自治区和5个计划单列市建立了近40家省级服务单位、200余家地市级服务单位、400余家基层服务网点。航天信息拥有自己的核心技术和创新团队，设立了信息安全、智能商务和RFID等博士后工作站。航天信息通过了ISO9000质量管理体系认证、ISO14000环境体系认证、CMMI5级评估等，具备计算机系统集成一级资质、安全技术防范一级资质、专项工程设计甲级资质以及国家密码产品开发生产许可资质等，承担了“金税工程”“金盾工程”“金卡工程”等国家重点工程，是国家大型信息化工程和电子政务领域的主力军。

（二）成果背景

1.食品药品安全关乎国计民生，食品药品监管责任重如泰山

民以食为天，食品药品安全是社会稳定的重要保障之一。食品药品的安全，关乎国计民生，关系着国家的现在与未来，是国民健康的根基。随着科技和经济的快速发展，食品药品种类日益多样化，消费渠道日趋多元化，加之食品、药品以及化工等相关行业研发、生产水平不断提升，这种改变极大丰富了人民群众的物质生活，但在一定程度上也增加了食品药品安全风险。为了避免由此而来的风险问题，食品药品监管工作就变得尤为重要。食药监工作，责任重如泰山，是构建和谐社会，完成中华民族伟大复兴的重要基石。

2.大数据是未来生产力的重要组成部分

当代社会，正由IT时代进入DT时代。由于信息化水平不断提高，传统行业借助各类信息

化平台将会产生海量数据，数据处理技术显得尤为重要。行业大数据的深度挖掘，合理应用会对行业本身生产和经营活动产生深远的影响，会形成新的生产模式和商业模式，这种改变会促进生产力不断提升。人类日益增长的生产力水平会越发依赖大数据的发展，换言之，大数据代表着人类未来生产力发展方向，是未来生产力的重要组成部分。

3.食药监大数据是大数据应用发展趋势之一

2014年以来，大数据产业已进入高速发展期，新产品和新服务的不断出现，导致市场走向差异化。

食药监业务作为大健康领域的一部分，势必是大数据产业重点发展方向之一。食药监大数据产品及服务关系到国计民生，关系到人民生活最根本问题，因此其必然会在整个大数据产业中极具竞争力，对推动大数据发展具有良好的示范性效应。

4.“互联网+”政务服务是食药监大数据产业的驱动力

2016年是我国“十三五”规划开局之年，是实现我国经济持续稳定增长及产业结构优化，奠定创新驱动发展战略极为重要的一年。2016年，李克强总理政府报告中再次精炼提出的“互联网+”政务服务，推动简政放权、放管结合、优化服务改革向纵深发展。作为政务信息化方向之一的食药监信息化的逐步完善，会对食药监大数据产业发展带来极大推动作用。为食药监大数据采集带来更为广泛的手段与渠道，为数据应用提供了坚实的基础。国家层面的指示精神，使信息化建设这一先导任务，势必会极大推动大数据产业的蓬勃发展。

5.食药监大数据产业发展会促进食品药品安全

食药监大数据产业的发展，可从多个方面促进食品药品安全。

首先，国务院《促进大数据发展行动纲要》中指出，民生保障领域的政府数据应向公众开放。在对食药监大数据边界明晰的前提下，政府可将食品药品数据以全产业链追溯信息，企业信用等级信息或通过政府门户网站等多种方式向公众开放，一方面倒逼食品药品行业每个环节企业及个人自律，另一方面也可以帮助消费者更方便快捷的识别所购买食品药品的真实性，最终实现食品药品安全大环境。

其次，食药监大数据的深度应用，可改善企业生产经营管理模式，为了更好地利用大数据所带来的行业分析，指导企业的生产经营工作，企业需对自身行为自律，使自身活动及产生的相关数据符合一般行业性数据规律，才可充分利用大数据应用带来的预测性分析。

最后，食药监大数据的深度应用，可形成各类行业性服务平台，在此基础上企业之间，尤其是上下游企业间会在一定程度上实现数据开放共享，使产业链内企业更加紧密联系在一起，企业为了自身利益，会对上下游进行监督，进一步降低了食品药品安全风险。

（三）成果的产生

为了完善食品药品安全监管模式，从根本上扭转食品药品市场秩序混乱的局面，加强对从业人员上岗资格管理以及经营企业监管力度，航天信息凭借强大的技术优势、遍布全国的服务网络优势，丰富的行业应用经验，研发了一系列食品药品监督管相关的解决方案以及配套产品。

航天信息智慧食药监综合监管服务系统通过协助食药监部门建立健全食品药品标准规范体

系，构建食品药品大数据中心和食品药品标准规范体系，并在此基础上建立了综合业务平台、智能监管平台、应急指挥平台、决策支持平台、协同办公平台、“互联网+”综合服务平台。系统涵盖数据中心、相对人管理、行政许可审批、相关企业信用评级、网格化日常监管、食品药品企业稽查执法、部门协同管理、食品药品追溯、应急指挥及决策支持等三十余类业务及办公系统。

二、内涵和主要做法

（一）成果内涵

通过本成果建设，可实现航天信息在食药监领域两次身份转变。而两次身份的转变，代表着转型过程中商业模式的转化。

1. 由建设信息化系统，向提供数据服务转变

智慧食药监综合监管服务平台和食品安全追溯平台为食药监大数据产业提供了量好的信息化基础。在此基础上，成果应积极向数据服务方向转变，利用已有业务平台和服务平台建立更切合实际的大数据模型，形成更完善的大数据增值服务。

2. 由提供数据服务，向提供平台服务转变

作为国家级食药监大数据中心，必然拥有海量的食药监数据与丰富的数据应用，然而作为一个企业难以独自支撑国家级数据中心的建设，同时封闭式的发展也有悖于国家推动数据开放共享的目标。因此在实现食药监大数据应用的基础上，应积极完善平台功能，兼容并包，整合更多食药监信息化系统，聚合所有优质食药监大数据应用，最终实现由数据服务商向平台服务商的身份转变，建设真正具有国家体量的食药监大数据中心。

（二）主要做法

1.成果建设目标

创建食药监领域全国性大数据中心，实现食药监业务全面信息化；

统一食药监行业标准，推动食药监数据互联互通；

促进食药监数据开放共享，深度挖掘数据应用；

2.设计理念

航天信息采用开放的先进技术架构，做到“高起点、高标准、高要求”，系统设计上，在满足用户当前需求的同时，充分考虑用户业务的变化和社会的发展、第三方系统对接，基于此，智慧食药监综合监管服务系统将依托“云开放平台”+“业务应用”的方式，打造一个“百花齐放”的业务应用开发生态圈，为食药监用户带来持续价值。

信息资源是各级监管部门进行业务规划、监管和服务的根本，航天信息智慧食药监综合监管服务系统基于先进的大数据采集、存储和分析技术，构建大数据平台，对食品药品监管工作中产生的各类型数据进行采集、存储、分析、服务等一体化管理。

智慧食药监综合监管服务系统将互联网平台与传统政务服务深度融合，创造新的政务服务生态，重构行政服务格局。从行政服务链条的角度，通过云数据与云计算，打通各部门之间

的壁垒，突破空间限制；从领导监督的角度，让监督者拥有整个体系的高级权限，可以随时进入各个环节抽查监督，完全实现监督“透明化”；从政务服务角度，将提供政务资源的智慧化配置，使更多的政务资源和服务充分和企业、社会公众和电商互动，让服务“随手可得”。

3.建设原则

（1）统筹规划、突出重点

统筹规划和合理部署，在目前食药监管理系统基础上进行规划，立足现状，考虑长远，站在战略的高度，构建基于大数据的食药监监管平台的总体框架与运行模式。确保建设的整体性和协调性，在建设过程中，突出重点，分步实施，注重实效，以保证系统建设的顺利进行。

（2）统一标准、信息共享

按照统一的标准，科学、规范地开展系统建设，促进食药监部门各级系统建设的上下一致和系统之间的互联互通。在统一标准的基础上，开展信息的集成与整合，优化和合理配置各类信息资源，形成有机统一的体系。

（3）需求主导、重在应用

食药监大数据管理和应用平台的主要相关对象是食药监部门、卫生部门、农业部门、公安部门、省市政府、相关的企业用户及社会大众，因此必须要有明确的应用目标和预期效果，同时边建设边应用，在应用中加以完善、提高。通过应用拉动对平台的需求，以需求进一步推动平台的应用，保证其建设的投资见成效。

（4）安全可靠、稳定运行

基于大数据的食药监大数据平台的建设以食品药品安全风险预警和分级管理为核心，在成果设计和建设实施中采用国际先进成熟的技术和手段，做到适度超前、国际先进、国内领先，以保障系统具有高效、全面和稳定等良好品质。成果建设采用先进的设计思想和开放的体系结构，确保做到技术先进，系统开放。

本成果的建设要坚持安全可靠原则，建立和完善可靠的安全运行机制，在制度上和技术上采取有效措施，保证系统在运营过程中信息传输的安全，保证系统与其他相关系统信息交换过程的安全；保证系统业务管理体系的安全，对系统的操作需严格按照操作权限进行，并对每项操作留下完整的日志记录备查。

4.总体框架

航天信息对于食药监大数据成果的建设思路为“一网、一库、一中心、一平台、一门户”。通过建设大数据采集网全面感知、汇聚食品、药品、保健食品、化妆品、医疗器械、食用农产品的生产、流通、销售、监督管理大数据，规划食药监大数据库，建设大数据中心。通过大数据技术支撑平台的建设，完善食药监门户网站应用功能，全面支撑大数据应用场景的开发，基于业务框架及数据模型建立食药监大数据系列指数。

（1）一网，食药监数据采集网

建立食药监数据采集一张网，通过对各省局现有业务系统的升级改造，打通各省食品药品监管信息化平台、省政府系统，以及相关政府部门多个平台的信息孤岛基础通道，为建设统一大数据中心做基础。数据来源包括食药监部门、卫生部门、公安部门、工商部门、农业部门、食品药品相关企业，以及互联网和移动互联网产生的数据。鉴于数据来源渠道丰富，数据结构差异较大，有必要建立数据采集标准、数据资源交换目录等。

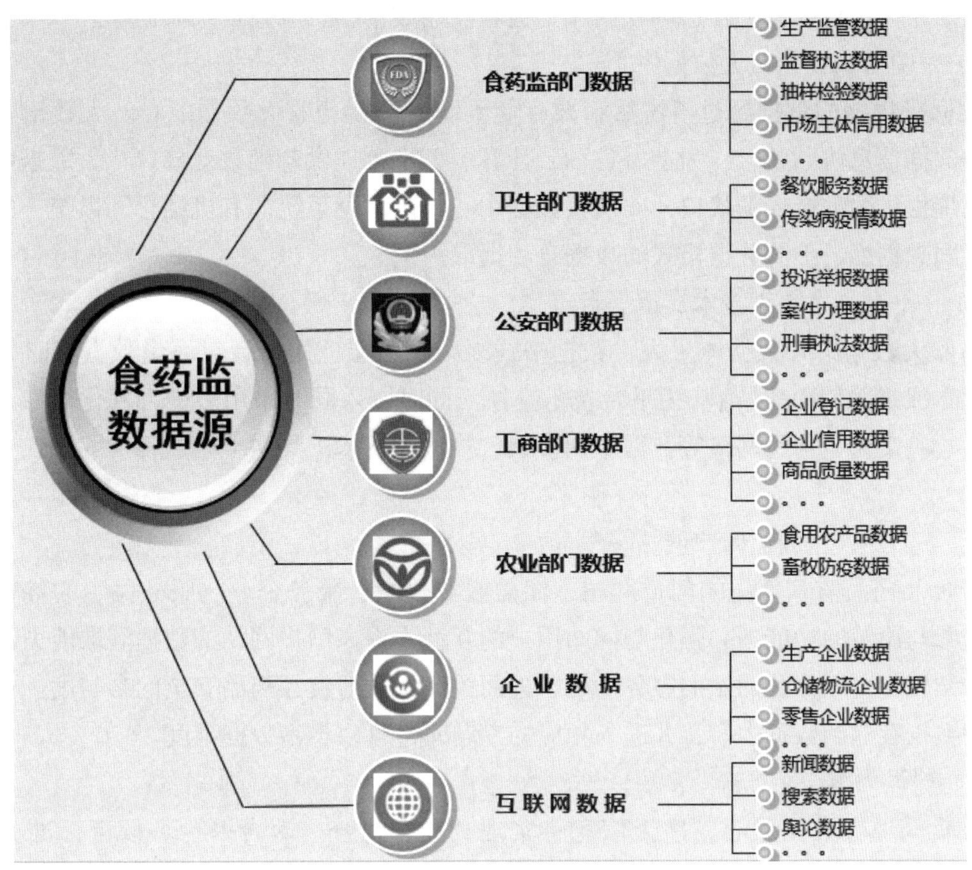

图1　食药监大数据采集网

表1　食药监数据资源表

数据名称	数据说明	数据来源
食药监数据	行政许可数据、日常监管数据、行政执法数据、企业信用数据、检验监测数据、舆情分析数据等	食药监局
卫生部门数据	食品污染物及有毒物质监测数据、餐饮服务数据、传染病疫情数据、药品不良反应数据等	卫生计生委
公安部门数据	投诉举报数据、案件办理数据、刑事执法数据等	公安局
工商部门数据	企业登记数据、企业信用数据、商品质量数据等	工商局
农业部门数据	食用农产品数据、畜牧防疫数据	农业局
企业数据	生产企业数据、仓储物流企业数据、零售企业数据	相关企业
质监部门数据	“三品一械”产品质量数据	质量技术监督局
税务部门数据	企业纳税数据、企业信用数据	税务局
医疗机构数据	药品不良反应数据、传染病疫情数据、食源性疾病监测数据，药品进销存数据等	医疗机构
互联网数据	包括互联网公开发布的食品药品安全事件、舆情数据等。	互联网

（2）一库，食药监数据库

对采集网的海量数据进行清洗后，结合食药监大数据应用需求，依据食品药品监管信息数据标准和规范，分维度、分主题建立食药监数据库。统一大数据可以分成相对人基础库、监管执法数据库，舆情数据库、追溯数据库、检验监测数据库、应急资源数据库。

（3）一中心，食药监大数据中心

大数据采集网的数据经过清洗后，要存储到统一的食药监大数据中心。大数据中心将分布的各类数据信息协同整合，为上层各种云计算服务平台提供基础数据接口。大数据中心将为各部门系统提供数据接入的接口，实现大数据中心与各信息系统的有机结合，以统一的接口规范实现不同数据库、不同数据格式的数据自动提取。

（4）一平台，大数据技术支撑平台

食药监大数据中心数据体量大，数据格式复杂，上层应用平台对海量数据实时处理要求高。因此本成果采用Hadoop+作为平台技术支撑，同时嵌入同时采用多种可视化插件，并采用人工智能、决策树、神经网络等数据挖掘模型、算法。技术工具主要以插件形式嵌入，做到可扩展。

（5）一门户，食药监门户网站

完善食品药品监管部门的门户网站，涵盖服务政府、服务企业、服务民生的各项功能。增加民众参与决策的功能，并强化与网站用户的互动，提高门户网站的数据获取能力。基于数据分析的结果，可以优化网站的服务功能，进而提高群众对食品药品安全的参与度。将门户网站采集的数据存储到数据中心，并进入相应的专题库，可以丰富数据维度。

5.核心建设内容

围绕食药监大数据中心，航天信息将实现“整合系统、聚合平台、规范标准、联通三维”的目标。

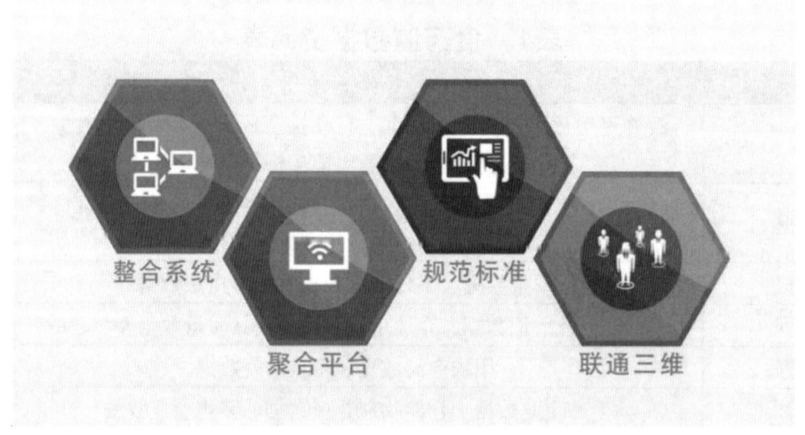

图2 “整合系统、聚合平台、规范标准、联通三维”目标

（1）整合分散系统，打造全国食药监大数据中心

为响应《国务院关于印发促进大数据发展行动纲要的通知》，航天信息将建设多个省级食药监信息化平台，并在此基础上完成国家食药监大数据中心的建设。在此过程中，航天信息将探索食药监领域信息化布局模式，除新建省级食药监信息化平台外，亦将各地原有分散独立

系统通过食药监信息化支撑平台统一到国家食药监大数据中心，形成多系统集成的开放式食药监管理云平台，使食药监全国信息化体系的建设更好地为我国食药监事业服务，更好的解决目前食药监部门存在问题。

（2）完善标准体系，建立三维联通系统

图3　数据、业务、接口三重标准统一

在建设全国食药监数据中心过程中，航天信息将综合现有国家及个地方食药监标准，最终实现数据、业务、接口三重标准统一。通过统一标准的建立及食药监大数据中心与智慧食药监综合监管大数据服务平台，实现三维数据联通系统。第一维，实现食药监与相关联部门数据联通，通过建立全产业链食品追溯平台、行政执法与刑事司法衔接平台、食安委信息共享平台等多部门联合平台，实现跨部门，跨领域信息共享。第二维，实现食药监系统内部，由国家食药监总局到省、市、县、乡五级食药监部门的信息化联通，基层食药监信息可实时垂直上传至国家，国家也可随时掌握各地方食药监最新动态，对全国食药监工作做出精确部署。第三维，实现食药监部门、企业、消费者信息联通。食药监部门时刻掌握被监管企业动态信息，可及时向消费者提供食品药品安全信息；消费者能够通过多种方式获取所购买产品详细信息，也能够多种渠道向监管部门进行投诉举报；企业可以充分利用食药监大数据获取行业最新动态，及时了解消费者对产品的反馈。

（3）开放数据共享，形成多平台聚合模式

在三维联通系统建设过程中，航天信息将逐步完成食药监大数据中心的多平台聚合模式，完善智慧食药监综合监管大数据服务平台功能。以数据互联互通为纽带，建设面向各类群体的服务性平台。对于食药监部门，建立综合业务平台，智能监管平台，应急指挥平台，决策支持平台，实现食药监部门全业务领域信息化；对于食药监及相关联部门，建设多类型信息共享平台，如两法平台，食安委信息共享平台，加强跨部门业务与信息联通；对于普通民众，建立“互联网+”综合服务平台，通过微博、微信、轻应用等多种手段建立公众端信息化通路，使公众可随时获取与发布食品药品相关信息，进行信息共享交换；对于食品药品企业，建立基于大数据深度应用的企业信息共享平台，如企业撮合平台，食药电商平台等，使企业充分获取食药监大数据带来的信息化便利。

多平台聚合模式，可将分散部署的多平台系统整合在统一数据中心下，食药监大数据中心以食药监支撑平台为依托，对多平台进行系统集成，数据统一管理，形成“一中心，多平台”的布局模式。

6.技术创新

（1）数据存储方式创新

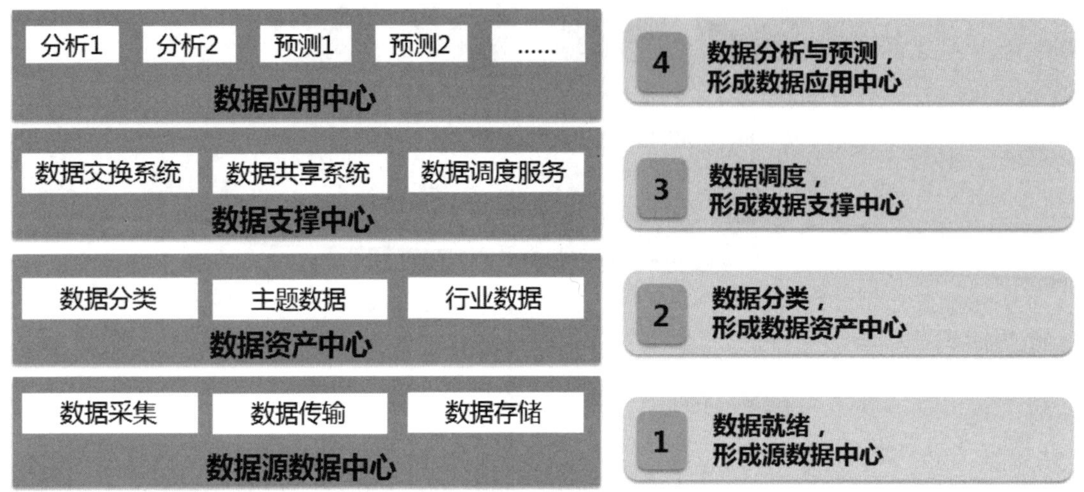

图4 数据存储方式创新

数据中心：具备结构化、非结构化、半结构化海量数据处理、高并发访问的能力。

a数据资源中心

b数据资产中心

c数据支撑中心

d数据应用中心

（2）数据交换共享能力创新

数据交换与共享集群：创建交换共享集群，生成数据分中心，建立交换共享数据目录、服务清单。

a数据分发

b数据采集

c数据资产化管理

d数据服务管理

（3）数据分发方式创新

数据分发集群：数据供给侧改革的最佳实践。

a数据接入服务

b数据缓存服务

c数据分发服务

（4）数据采集方式创新

智能采集系统：引入智能采集系统，创新数据录入。

7.成果发展路径

航天信息在三年内，即到2018年完成多个省级智慧食药监综合监管大数据服务平台的建设与部署实施，并在充分吸收各省级食药监平台经验的基础上，依托各省食药监数据库，为国家食药监总局建设国家级食药监大数据中心，形成全国高度信息化的食药监系统，同时为国家其他相关部委输出有用食品药品大数据信息。

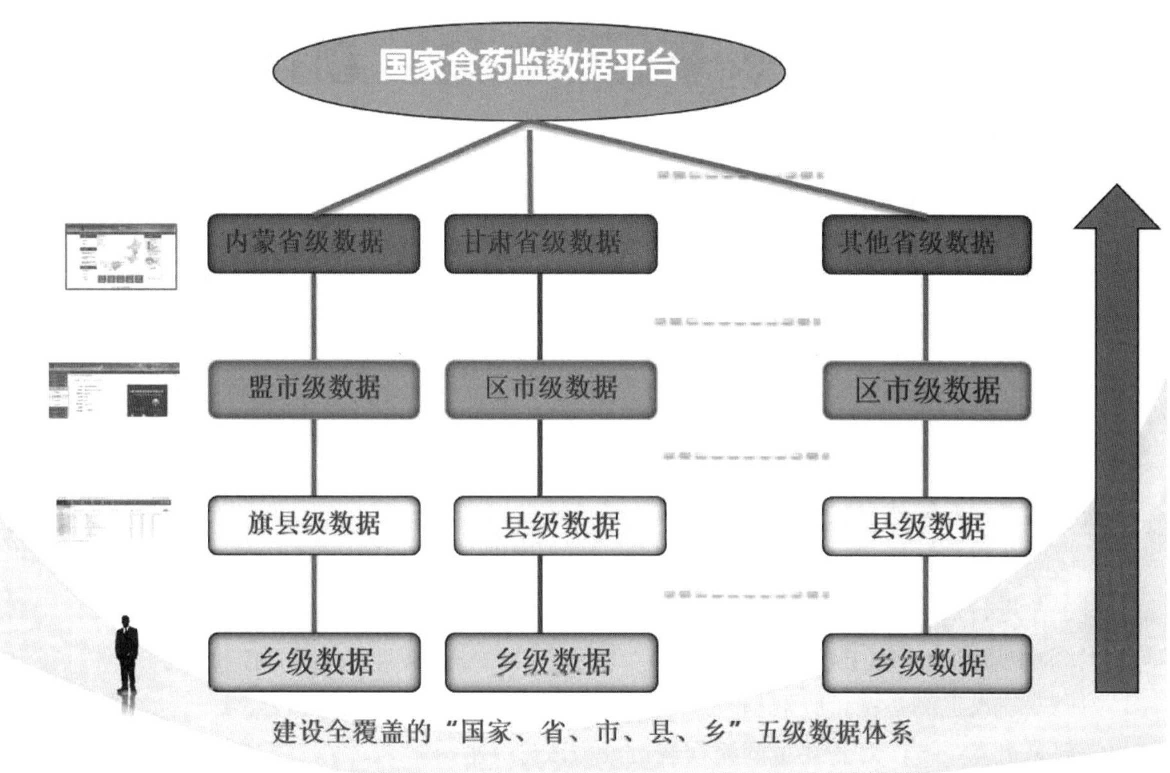

图5　建设全覆盖的五级数据体系

与此同时，随着食药监大数据的积累，航天信息也将完善各应用系统及平台功能。例如，建立包含多品类食品的追溯平台，可实现从田间地头到餐桌的跨区域、跨部门全产业链追溯，同时实现以食品追溯为中心的ERP、MES、SCM、CRM多系统集成，实现行业内生产过程管理全信息化；建立企业撮合平台，依托食药监信用评级系统，帮助企业建立良好的上下游渠道；建立食药监部门认证食品药品电商平台，将产品的追溯信息、检验检测报告、企业信用评级等信息充分整合至电商平台，形成食品药品安全可靠消费渠道。诸如此类平台的建设与完善，将深化大数据应用与食药监及食品药品行业的融合，实现食药监大数据成果对全国大数据战略的有效推动。

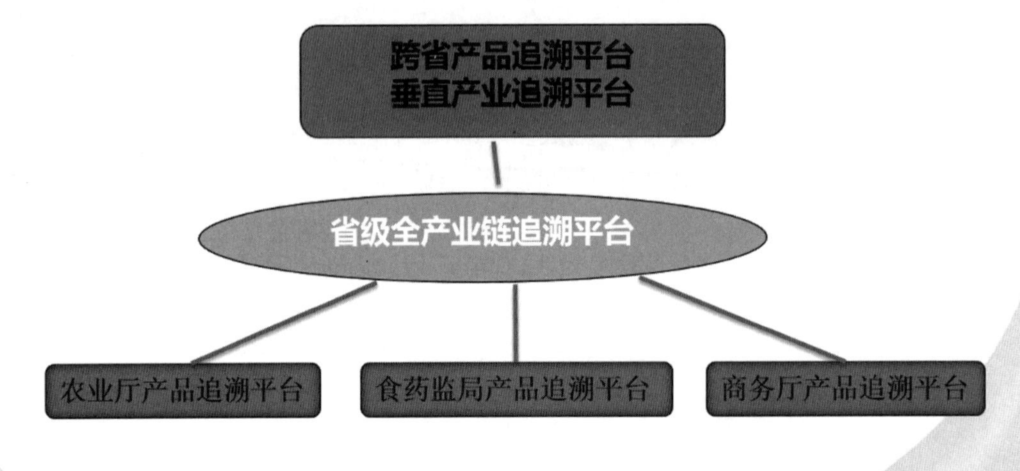

图6　建设全产业链产品追溯数据平台

8.商业模式

（1）监管信息化平台

通过信息化系统建设收取系统建设费及系统运营服务费；

为保障信息化系统正常运行，需要研发配套硬件设备提供给政府和企业，实现盈利；

对企业进行数字认证，收取CA服务费；

（2）食品安全追溯平台

为企业建设追溯系统，收取系统建设费及运营维护费；

为部署追溯系统，对企业生产流程进行升级改造，收取相关费用；

依托追溯系统，参与企业运营，获得企业盈利分成；

（3）大数据增值服务

为政府部门提供大数据增值服务，申请相关课题获得国拨资金支持；

基于行业大数据为企业提供行业调研、行业分析报告，获得收益；

为保险行业、银行业提供企业数据分析报告，获得收益；

基于追溯系统，为企业建立数字化管理系统，智能商业系统，获得收益；

为企业提供其他各类大数据增值服务，获得收益；

（4）服务型平台服务

建立基于企业征信数据和监管数据的食品药品安全电商平台，获取平台服务收益；

建立企业撮合平台，构建企业供应链网络，获取平台服务收益；

丰富平台应用，获取更多平台服务收益。

三、成果效果

（一）经济效益

根据现有分析报告，截至2020年年底，大数据产业国内整体市场可达650亿元人民币规模。2020年整体成果已建设完成，依托国家级食药监大数据中心丰富的数据应用，大数据服务市场占有率可达2%，仅此一项可实现年营业收入13亿元。服务型平台年营业收入同样可达亿元量级。

（二）社会效益

1.转变工作方式，提高监管效率

食药监大数据中心及智慧食药监综合监管大数据服务平台可以促进食药监部门监管手段的科学化，监管方式的合理化，监管结果的信息化。将各业务部门之间的壁垒打通，使业务信息与监管数据在各部门之间进行数据共享。将突发事件应急式监管转变为生产、经营过程实时监控，把可能出现的重大安全问题及时扼杀在襁褓之中。将传统的拉网式低效率监管转变为有针对性的高效监管，将以往的部门内责权不清、职权不明，转变为权责分明、可追责的信息化管理体系。食药监大数据中心及综合监管服务平台将改变相关人员的工作方式，提高工作效率，使各级食药监部门能够更加充分的履行自己的职责，服务于民。

2.简化审批流程，反哺企业经营

食药监大数据中心及智慧食药监综合监管大数据服务平台也实现了利用信息化手段服务于“四品一械”相关企业。简便企业审批流程，节约企业时间。食药监大数据分析处理结果，能够更好地指导企业生产经营活动，让企业在充分获取行业信息的情况下，更加科学合理的反哺企业经营。

3.完善产品信息，改善公众服务

食药监大数据中心及智慧食药监综合监管大数据服务平台将为公众提供更加丰富多样的食品药品查询信息，努力优化消费环境，大力改善公众服务。通过推广微博、微信、APP、二维码、RFID标签的相互配合使用，完善全流程追溯信息，以及不同使用方式，努力降低食品药品安全事故的发生风险，为社会的长治久安，公众的食品药品安全提供有力支持。

4.谏言宏观调控，提供数据支撑

食药监大数据中心对海量数据进行筛选区分，深入分析，可以充分了解当前食药监领域现状。客观分析相关数据，并进行合理预测，对当前经济形式、潜在风险进行判断，为“四品一械”的发展，国家宏观调控作数据支撑。为守卫舌尖上的安全，和谐社会的发展，做出更大贡献！

四、思考和建议

通过对食药监大数据的深度挖掘与综合应用，可考虑将其与公益诉讼领域相结合，发挥更大的社会价值。

公益诉讼案源信息主要包括三部分：一是来自两法衔接平台和检察院内部业务系统的数据资源，二是行政机关网站的信息，主要包括法律法规、权利清单、处罚文书、裁判文书等资源，三是来自互联网的信息，覆盖公开的舆论、新闻、贴吧、微博等资源。

智慧食药监综合监管大数据服务平台可通过人工智能的方式处理两法衔接平台业务系统的食药大数据信息，分析行政公益诉讼案件线索，判断其与违法事实、行政主体行为、侵害后果等因素具有相关性。根据案件线索的数据来源、获取渠道、获取机制、线索属性等特征，构建案件线索可信性评估模型，并根据可信线索计算案件线索成案的可能性，为检察官推送案件线索预警信息。

在公益保护方面，2015年全国检察院系统进行了包括食品药品安全方面的四大重点领域的公益诉讼试点工作。在食品药品安全方面，诉讼分析有毒食药的毒理作用反应特征（中毒症状、临床表现等），对有毒食药及相关中毒表现之间的相关关系进行分析，建立有毒食药与中毒表现之间的相关性；采集食药类标准，并对其分析，通过文本分析技术自动处理为食药法律法规库；研究可利用的外部数据资源，采集企业信息建立食药侵权损害源头企业的企业族谱、供应链族谱，对企业生产的有害食药产品及销售区域范围之间的相关关系进行分析，建立有害食药与影响范围之间的相关性；利用大数据技术对采集上来的各类数据进行清洗、分析、建模，将企业信息、问题食药、可能造成的危害之间的关联关系进行分析，构建食药领域损害后果关联分析模型，服务于公益诉讼领域检察证据取证。以上食药领域数据源和建模，均可以考虑从智慧食药监综合监管大数据服务平台中得到。

成果创造人：马振洲、武　健、张立岩、朱翔森、龚乐天、邵　宇

风电叶片互联网化精益制造及管控实践与研究

连云港中复连众复合材料集团有限公司

连云港中复连众复合材料集团有限公司（以下简称“中复连众”），成立于1989年，注册资本2.61亿元，是集复合材料产品开发、生产、销售、安装与技术咨询、技术服务于一体，以风力发电机叶片、玻璃钢管罐、贮罐、烟囱、高压管道为主打产品的国家高新技术企业。

公司总部位于江苏省连云港市，在德国图林根州建有SINOI研发中心，在国内沈阳、包头、酒泉、哈密、贵州威宁、云南玉溪、安阳等多地建有叶片生产基地。经过20多年的努力，中复连众已发展成为亚洲规模最大、产品种类最全的复合材料生产基地，国内市场占有率20%左右，是中国最大批量出口的叶片制造商。

中复连众致力于贯彻、落实两化融合思想，2015年获国家两化融合贯标试点企业，并通过两化融合贯标认证；2016年获江苏省信息基础设施建设示范企业；　2017获江苏省两化融合信息安全示范企业；2018年入选制造业与互联网融合发展试点示范企业。这些荣誉即是对中复连众在两化融合相关工作上的肯定，同时也大大增强了中复连众在风电叶片行业的影响力。

一、实施背景

（一）中复连众面临的问题和困难分析

随着市场竞争的加剧，客户对交货期，产品质量提出了更高的要求，过去中复连众粗放式的生产过程管理，使得整体生产效率不高，准时交付率，客户一次交验合格率都亟待提高。并且随着风力资源的不断开发，优质的风场资源越来越少，整体厂商对叶片提出了更长更轻的需求。新叶型的不断增多，对工艺的质量跟踪和生产投料量的方法有了更高的要求。而由于产品销售价格的不断降低，减少因质量缺陷带来的损失成了企业保证利润的重要工作。

当前市场中复连众累计销售叶片已经超过四万五千支叶片，为了更好地提升叶片精益制造水平，借助信息系统数据建立叶片全生命周期追溯机制迫在眉睫。同时，公司提出的提质增效、精细管理的战略，也需要进一步提升一体化的精益管控优势和成本管控优势。

（二）中复连众开展管理创新的内外部环境分析

1.中复连众开展管理创新的内部环境分析

中复连众在重点发展“三新产业”中新能源、新材料产业的同时，加快具有国际竞争力的风力机叶片、水务工程等产业发展，目标成为中国民用复合材料行业的领导者，以实现企业发展战略转型。20多年的复合材料研发和制造经验，是中复连众不断发展的源泉和根基，但是来自市场、财务、运营等方面的风险竞争日趋激烈，同时，技术的创新导致经营管理人才力量略显薄弱，需要通过加强公司内部人才建设来应对所面临的困难和挑战。

随着企业的高速发展，公司规模及产量的日益扩大，原有的管理方法已经落后，现有的信息化系统也已不能满足公司经营活动的需求。为了实现精细化管理，提高工作效率和产品质量，实现信息化与工业化的深度融合，急需引入现代化管理理论和技术手段。

2.中复连众开展管理创新的外部环境分析

近几年国家倡导环保概念，加大对新能源、环保的政策扶持，互联网“+”理念的发展，都给中复连众的发展带来了前所未有的机遇和活力。机会与挑战是并行的，互联网时代的到来，在带来信息高度发达、信息融合、实现信息快速接轨的同时，既缩小了国内外产品技术与质量的差距，也使更多的国内同行有机会与国外企业合作，国外的企业也进军中国，挤占市场份额，也冲击着公司的经营与市场扩展。

全球经济下行、需求降低等因素致使综合盈利能力降低，只有不断进行管理创新，实行变革，通过战略转型、业务升级才能在市场的激流中奋勇而上。

（三）中复连众开展管理创新的迫切要求

中国建材集团公司明确要求各级企业要结合互联网时代的九大战略方向，积极推进“双+”战略，即“实体+互联网”和“产品+服务”的战略转型。完成集团管控一体化平台、决策支持一体化平台、综合服务一体化平台和装备制造一体化平台的建设，中复连众需要在信息化建设方面紧跟集团建设步伐。

未来三年，中复连众将重点发展陆地5MW、海上6MW以上超大型风力机组叶片业务板块。同时，将把碳纤维复合芯导线、水处理产业定位为公司新的战略性产业，以海水淡化、工业废水处理作为市场切入点，在国内开展水务项目的股权投资和运营管理业务。公司要跨业务平台、跨地域的运作，产业转型升级，如何及时有效的提升管理并及时传递信息和数据，对信息化建设提出更高的要求。如何利用信息化手段进行有效推动，成为中复连众集团十三五战略规划不可缺少的部分。

在当前形式下，要抓住国家提出的“中国制造2025”智能工业的机遇，以推进“两化”深度融合为抓手，大力推动传统工业向智能工业转型；要以智能技术开发为动力，推动工业化和信息化深度融合，着力提升工业智能化水平；要主动适应生产方式变革，围绕提升产品附加值，推进制造业的服务化。通过信息化系统的实施与使用，加强对公司人员基本信息的及培训、绩效、人员胜任力方面的管理，提高人员素质和整体管理水平。

二、内涵和主要做法

（一）成果内涵

中复连众的两化融合的风电叶片互联网化精益制造管控成果是引入精益制造的理念，运用先进的IT技术、工业技术、通信技术，对风轮叶片生产制造过程进行有效管控，实现透明化生产全程受控；敏捷性生产快速响应、合理调度；通过信息系统进行单元成本测算，形成成本分析报告；产品质量实时采集、有效控制与分析；实现完整的生产数据档案，全面可追溯；强化绩效分析不断改善生产过程，提高生产效率与效益和产品交付能力。

主要内容为利用MES、SAP、OA等信息系统及现场精益6S管理和高清网络监控平台，打造业务审批、合同管控、生产计划排程、生产执行、物料管理、质量管理、工艺文件管理、售后服务管理、工艺管理、叶片生产信息追溯管理等几大核心系统功能；基于SAP-HANA大数据平台实现了叶片全生命周期数据追溯。

（二）主要做法

1.项目的整体思路

为了确保本次管理创新项目的正常开展，在项目启动初期变通过调研、分析、讨论确定了主要内容和实施计划。

（1）主要内容

图1　新型能力体系优势一览图

图1中新型能力体系体现了中复连众整个管理创新内容实施过程的优势，围绕着精益制造管控能力是利用MES信息系统及现场精益6S管理，实现对生产制造过程有效管控，实现透明化生产全程受控。通过对产品质量数据实时采集、有效控制与分析，实现对产程产品质量的跟踪。通过建立完整的生产数据档案，实现全面可追溯管理目的。同时，在强化绩效分析不断改善生产过程，提高生产效率与效益和交付能力。

（2）总体架构

项目的总体功能架构如图2。共分2个部分设计依次为：

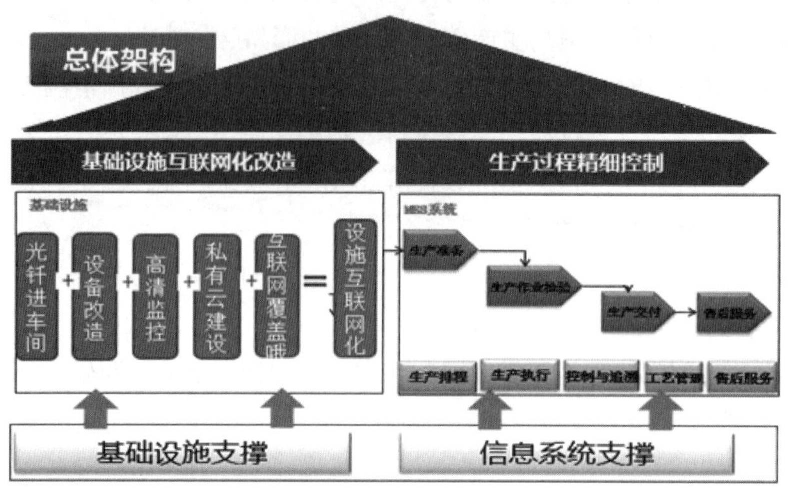

图2 项目总体架构

①基础设施互联网化改造

服务器应用层基本实现基于X86架构的服务器虚拟化，目前共有11台机架式服务器，累计提供了300多台虚拟机服务。共建设有云桌面和业务系统两套虚拟化平台，MES、OA、MAIL、云桌面等相关应用在虚拟化平台上运行良好，SAP数据库运行于3台HANA一体机，未加入虚拟化平台，但也基于双机集群的技术进行了系统业务连续性的保障，在底层存储方面，中复连众在2014年实施了数据容灾备份项目，打造了基于EMC VPLEX的双活存储系统，采用备份一体机对核心数据进行备份，切实的保证业务数据的安全性。

工厂区域互联网化水平较低，通过进行基础设施改造，实现光纤进车间，在车间部署MES工控机实现生产制造过程数据的开工完工，在车间部署高清网络监控实现对生产过程的远程检查指导，为质检人员配备平板电脑实现质量检验数据的实时录入。

②信息系统支撑

中复连众现已建立了统一的ERP、OA、即时通讯、邮件、网络监控平台及财务平台。其中OA、ERP系统实现了全集团生产经营业务单元的互联网化覆盖，通过实施MES（制造执行系统）在连云港叶片工厂和玉溪叶片工厂的覆盖运用。推进风力发电叶片全生命周期信息化管理，通过HANA大数据平台对ERP、MES系统的开发运用，实现对叶片生产、制造、销售全过程追溯，产品质量利用数据分析不断提高、生产成本持续降低；通过部署OA、阿里钉钉、邮件等系统，实现了经营管理的数字化的转型升级，业务沟通审批绿色化、网络化；通过构建中复连众私有云平台，推进数据中心云化、虚拟化，成功实现云桌面远程办公、云网盘交互研发核心数据、云计算支撑产品研发。数据中心在实现虚拟化容灾备份的基础上，全面配备虚拟化杀毒软件，在企业的网络出口部署了下一代防火墙和上网行为管理设备，依托VPN和数据专线保障跨省分子机构接入安全，对于核心数据采用加密软件进行信息防泄漏保护。

2.项目的必要性

中复连众在公司管理和运营中一直不断改进，引入信息化管理手段，公司已使用了

ERP、OA等信息系统，对企业的管理提升起到很大的作用，ERP系统已使用生产计划管理和质量管理模块，但程度相对比较浅。ERP与产品研发设计、生产制造执行的关联度不大，没有实现研发项目进度、文件的管理，生产过程管控数据采集、质量管控的精细度不够，所有生产、质量、售后服务控制记录均依靠人工做纸质记录。纸质记录中，存在因员工质量意识不强、客观困难等造成产品事后补单、数据不实的情况；叶片每道生产工序的开始和结束时间不容易监控，ERP系统报工不够及时；每一支叶片的全生命周期数据无法实时跟踪监控。每月计划部手工排产，由于各种设备、人、工艺等原因无法按期完成，车间在制周期有延期现象，计划管理相对较弱。虽然实现互联网进入企业、工厂的部署，但是还没有实现网络进入生产车间生产线的目标。生产和质量的管控度不足，生产现场的可视化监控程度不够，无法监督生产现场的工艺执行情况已对中复连众产生很大的制约，风力发电机叶片生产制造执行管控互联网化成为不可阻挡的趋势。

3.项目的目标

明确项目目标，可以在项目总结时实现对标分析，因而，中复连众列出以下下11项目标。

（1）建立数字化、透明化现场管理和监控体系，优化和规范工厂业务流程；

（2）建立以叶片产品信息为纽带，监控作业现场的详细过程，建立相关业务单元有效协作的信息平台；

（3）分解细化SAP系统的MRP数据，自定义生产计划管理机制，最优化处理生产计划；

（4）通过多种采集手段实现对产品、物料的定位，统计实际生产成本，实现生产过程精细化控制；

（5）实时采集生产过程质量数据，工序质量等级的判定，建立完善的产品追溯链和信息档案库，满足质量追溯管理要求；

（6）建立生产、质量等异常情况预警机制，提高问题处理效率和准确率，降低生产成本；

（7）监控现场业务操作，引入防呆机制，帮助操作人员减少操作失误；

（8）实时获取各项业务绩效指标，为高层决策提供全面及时的第一手数据；

（9）与SAP系统、生产设备集成，代替部分人工录入，提高系统的处理效率和准确率。

（10）通过MES系统，建立设备、模具等生产设备的保养机制，确定叶片生产完工多少片的情况下，能够自动触发设备检查、保养需求给相关部门。

（11）通过电子看板能够实时监控当天叶片生产在制状态、入库信息、物料库存信息等

4.项目的实施过程

中复连众管理创新能力的打造，与两化融合贯标体系是同步进行的。为了更好地开展工作，在符合公司的战略规划及信息化和工业化的深度融合的要求下，公司高层领导高度重视并支持两化融合贯标工作。成立以公司总经理为组长、分管信息化副总为副组长(管理者代表)、其他高层领导、管理专家为成员的两化融合小组；成立以信息管理部为归口部门，生产、研发、质量、财务等业务部门深度参与的两化融合工作组，明确了人员及部门的职责和权限。为更好的落实推进工作，2015年8月通过招标确定与南京慧德咨询共同协作贯标。如下：

（1）贯标启动、调研、体系诊断

2015年10月召开了贯标启动大会。在南京慧德管理咨询有限公司的指导下，进行高层访谈，业务部门现场调研，企业在两化融合服务平台上进行自评估工作。形成中复连众评估诊断报告，明确中复连众当前处于单向应用阶段。

（2）体系策划、文件编制与发布

2015年12月，对公司两化融合管理体系贯标进行总体策划，并按照要求开始进行文件的编制工作，2016年2月进行文件评审、发布。

（3）战略优势能力策划、体系试运行

2016年2月份，结合公司十三五战略及企业内外部环境的变化，识别和确定可持续竞争优势的需求，明确企业十三五期间需打造的新型能力集，形成中复连众战略优势能力策划报告。同时对公司正在打造(拟评定的)新型能力“风电叶片精益制造管控能力”，结合管理体系的要求分析原有做法的差距与不足，进行两化融合实施方案的编写、能力打造过程的完善，严格按体系要求进行运行，加强对流程、组织、技术和数据四要素的互动创新和持续优化，实现能力目标。

（4）内部审核

2016年5月下旬开展两化融合管理体系内审工作，并对审核过程中开出的不合格项进行整改、完善。

（5）管理评审

2016年7月中旬开展管理评审公司，验证公司两化融合体系是符合的、适宜的、有效的。

（6）认证申请

2016年9月进行认证申请。

（7）取证时间

2017年2月获得新型能力证书。

5.项目经验

主要经验就是一定要注重发挥最高管理者的领导作用，其次是要做好体系内部的宣贯和两化融合意识培训工作。

两化融合管理体系为中复连众在信息化和工业化融合建设过程中指明方向，成为两化融合项目的方向指南。体系的建立帮助企业在两化融合建设过程中少走弯路，实现良性、可持续发展。在企业管理变革和流程优化过程中明确了从目标的制定、策划到过程方案的实施、执行、监督和控制的全链条管理细则，在技术实现时明确了各主体及相关方的责任和权限，并按照规定的程序确认、执行技术方案，并得到业务主体的确认，确保了两化融合与业务的匹配性。

在风电叶片制造精细化管理的能力建设过程中，中复连众按照两化融合管理体系的要求对项目进行管控。对存在的问题按照标准要求进行完善。项目组非常关注项目建设过程中的管理变革、技术创新和数据开发利用。实现叶片的自动排产、风电叶片智能配套和配重等功能，彻底抛弃纸质的记录和领料申请降低成本，利用报表开发能够对数据的及时查询、分析，实现了唯一序列号的输入即可快速查找到叶片对应的生产、质量、工艺和售后服务的数据。同时，中复连众在风电叶片事业部启动现场精益6s管理项目，使厂区面貌发生巨大的变化，人员精神状态和责任心得到很大的提升。

6.项目的组织和支撑保障

（1）组织架构

中复连众为适应组织的发展环境、适应现有规模和业务特点、适应两化融合管理体系的要求，优化组织架构和业务流程，按目标一致、分工协作、统一指挥、精干高效、执行与监督分设、责权利结合、有效管理幅度、高授权及强支撑的原则。设立九个职能部门、两个事业部，实现总部–事业部管控模式，强化了职能部门的服务指导功能，事业部运营专业化及强化异地公司操作型管控，减少管控层级、避免了多头指挥。（调整后的架构见图3）

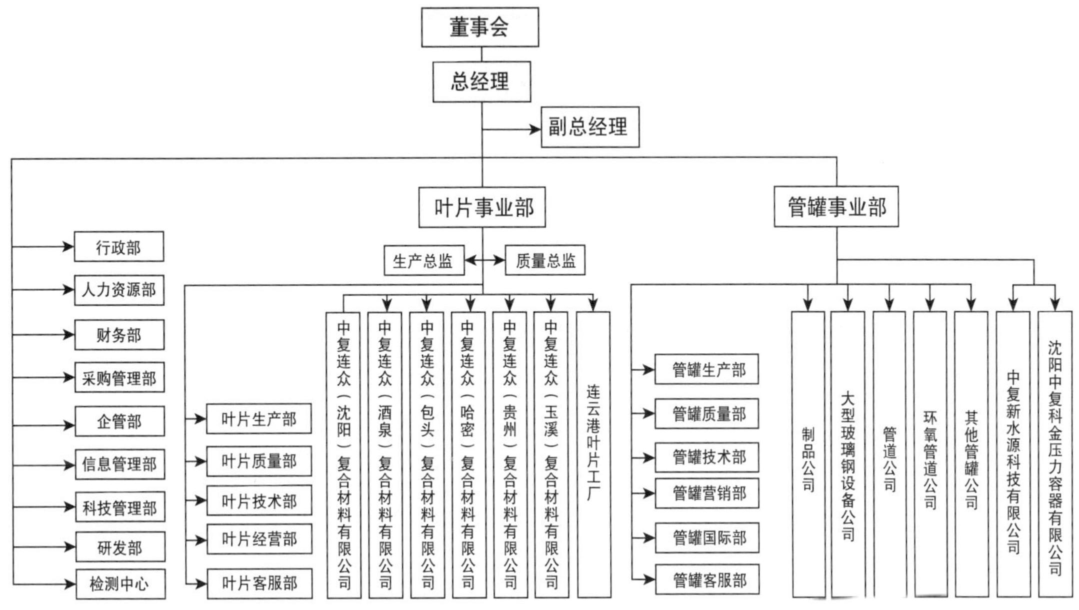

图3　中复连众变革后的组织架构

（2）主要职责

表1

组织	职责
最高管理者	向全员传达本企业推进两化融合以打造信息化环境下新型能力的重要性和必要性；在企业战略层面统筹推进两化融合，制定两化融合方针和目标；任命两化融合管理者代表；建立健全两化融合的职责与协调机制；组织两化融合管理评审；确保基础条件和资源保障到位。
管理者代表	向最高管理者提出本企业两化融合相关的决策建议，报告两化融合管理体系的绩效和改进需求，调动资源确保两化融合管理体系得以建立、实施、保持和改进；提升企业全员对打造信息化环境下新型能力的意识；应用信息技术推动技术、业务流程、组织结构的优化、创新和变革，持续提升数据的开发利用能力。
信息管理部	负责公司两化融合的建设、开发、运用、维护和员工培训等具体工作； 负责IT设备设施，信息资源，信息安全的建设及运行维护。 负责牵头业务流程与组织结构优化，负责信息化相关的KPI指标提供。 负责两化融合管理体系的建立和运行、持续改进。

企管部	负责质量体系的建立、实施、优化、持续改进。 负责两化融合管理体系内审和管理评审的组织，文件和记录的管理。 负责企业流程优化工作。
叶片生产部	推动MES系统在风电叶片工厂的执行,生产计划的调度、协调。 生产制造设备的管理、维护。 促进智能车间改造工作的完成
人力资源部	负责两化融合人才保障，人才招聘、培训与评价，建立人才激励制度，确保人力资源能满足所从事的两化融合工作对能力的要求。负责对信息化相关的KPI指标结果的考核。
财务部	负责两化融合资金的保障，对资金预算、使用等进行监督检查。
各业务部门	负责围绕两化融合的方针和目标，对各自业务领域的流程、岗位进行梳理与优化；参与具体两化融合项目的调研，进行需求分析、解决方案研讨、上线应用、持续改进等。
两化融合项目组	负责具体新型能力打造项目，并进行需求分析、解决方案研讨、上线应用、持续改进等。

7.项目创新点

中复连众集团在打造两化融合管理体系新型能力的过程中，不断引入新技术，推进企业私有云的落地，完成了虚拟化、桌面云、移动设备管控、SAP HANA大数据分析等新型技术在企业的不断落地。本次项目的创新点主要有以下几个方面：

（1）实现现代化网络、信息、管理技术的融合。

抓住国家两化融合管理体系贯标的契机，本质贯标，以两化融合管理体系为指导，精益生产理论结合现代信息技术制造执行系统（MES）为主题，以生产管控中的痛点为突破口，打造了风电叶片精益制造管控能力，通过了两化融合贯标。

（2）完成叶片制造质量信息化追溯。

中复连众的风电制造技术最早从德国引进，整个行业的现场检验均呈现出人工检验、纸质记录的特点，数据量庞大无法分析。中复连众率先在行业内实现了由系统维护检验模版自动推送检验任务，实现了叶片质量检验核心数据全部信息化。为工艺改进、质量检测提供了有效的数据支撑，不断打造产品质量新高地。

（3）推进数字化管理横向整合、纵向集成。

中复连众自2010年发展信息化以来，始终坚持以现代化管理为目标，信息化工具为抓手，先后完成了SAP ERP、OA、MES系统的集团化实施，在项目实施过程中做到应用层横向扩展，三大核心业务系统基本实现了管控一体化，覆盖“人、才、物、产、供、销”；数据流纵向集成，销售合同自OA评审，数据接口传递销售订单至SAP触发需求计划，MES同步SAP需求管控生产执行，最终SAP完成所有财务核算；关注流程绩效与数据分析，通过信息系统每月开展关键指标分析，持续优化流程改善经营指标。业务经营全面实现数字化、网络化、高效化。

（4）虚拟桌面的创新点

2015年启动了企业私有云平台建设的项目，建立公司云桌面办公平台、企业云盘、移动设备管控平台、云计算平台。采用基于VMWARE服务器虚拟化技术搭建私有云平台，借助公司现有的3台大型服务器运算资源为目前35台虚拟服务器资源提供服务，打破传统每一个业务系统提供1–2台硬件服务器，达到了10比1的投入，节省了约40%的服务器建设费用。携手

VMWARE共打造103个云桌面平台，依托云桌面技术，员工可通过电脑、平板、手机等多种手段进行办公，既打破传统8小时办公的概念、破除传统办公场所的限制，也简化了IT办公系统的管理工作，一个人便能为整个集团的办公人员提供系统维护服务。

中复连众是目前连云港首家采用全闪存阵列存储实现云桌面系统建设的企业，采用了全新EMC Xtrem IO 全闪存建设的云桌面平台，打破传统架构下云桌面平台存在启动风暴、建设投资大的弊端，引入全新的数据重删与数据压缩技术。该平台为研发部提供并行运算的支持，采用虚拟化服务器并行计算技术后运算时间为790.8S，而原先需要2316S，虚拟化技术后时间只需原先的三分之一，大大提高了工作效率。

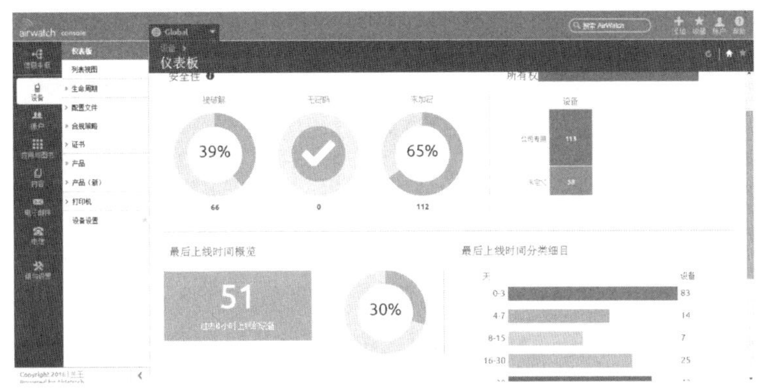

图4 Airwatch管理界面

在深化传统电脑和电脑操作系统管理运营的同时，信息管理部加强对其他移动设备（手机、平板）等企业终端的管控能力，MES项目中，为车间发放100台平板电脑，依托Airwatch公司的安全桌面技术，对所有平板的系统桌面进行统一管理、个性化定制，做到只允许员工访问我们授权的应用及功能，为公司移动设备的管理及使用提供了信息化的解决手段。

（5）MES项目创新点

①强化了生产部计划管理的职能，通过“排产易”软件与MES\SAP系统集成做数据同步，实现计划自动排程和自动给出叶片编号的功能，并及时调整计划，保持计划和实际进度一致。解决以往纸质生产计划只能管控前几天的状态。

②丢掉纸质的单据，通过系统进行数据录入。节约成本，节能减排，信息及时，便于追溯。

③信息查询便捷快速，对生产在制状态、质量检验状态、产品入库周期等信息能够时时掌控。

④MES系统中管控物料的发料并上传SAP系统，操作功能更方便快捷。

⑤报工、发料及时。

⑥车间班长MES做半成品工序报工即完成入库，提高报工及时率，减轻核算员的工作量，解放出来做单元叶片成本的检查、分析。

⑦通过全时“蜜蜂”系统触发检验通知，使质检和自检之间确保良好沟通，快速响应。

⑧增加对售后服务的管控，售后服务人员可在维修现场通过手机登录、完成维修记录的填

写，并做好上下班打卡、定位工作。实现对现场维修人员状态的跟踪。

⑨实现对叶片全生命周期的追溯功能。通过叶片唯一“生产系列号”作为身份识别码，可查看叶片每道工序生产情况、生产质检人员信息、发料、完工入库、检验、维修、入库及发货、售后服务维修所有信息。

⑩网络监控视频到每个车间、工位，便于跟踪员工作业状态，对多条生产线的巡检，增加员工的作业规范性，提高产品质量。

MES系统的操作，利用虚拟化云桌面技术，PC\平板电脑的统一部署管控员工电脑桌面，避免员工上班期间做与工作无关的事情。

（6）SAP SOP HANA创新点

中复连众公司是连云港首家成功完成ERP系统带数据迁移至HANA平台的企业，实现SAP ERP系统现有业务功能平滑过渡到ERP on HANA业务支撑平台；实现SAP ERP系统各功能模块整体运行速度的提升5倍；实现SAP　ERP系统财务月结周期从48小时缩短至8小时左右；实现SAP　ERP系统数据库规模缩小4倍；HANA建模开发，BO展现叶片生命周期报表和叶片完工及时率报表；实现了SAP PI与OA、MES的ERP RFC接口开发、PI与MSSQL JDBC接口开发。

三、实施效果

（一）优化组织架构和业务管控流程

组织架构角度：1.公司层面上，进行组织架构的重新划分，以提高工作效率；2.部门层面上，调整各部门权限，更好的保障和支撑集团各体系的内外部审核和运行监督工作。3.岗位层面上，借鉴连云港工厂MES系统成功实施运用的经验，在集团所有叶片工厂增加了车间的现场仓库、裁剪现场仓库以加强库存管理细度，增加了PQI岗位加强产品质量过程管控。

业务流程角度：项目组对业务流程进行了梳理，组织相关业务部门进行三十多次的调研和专题讨论，根据现状梳理出计划排产、物料管理、质量检验、售后服务等8个现状大流程，涉及生产、质量、客服等方面38个存在的问题。经过分析讨论，基于精益的需要，流程变更为17个，从而进一步规范管理、缩减流程。

生产组织角度，根据优化后的流程，编制《中复连众生产组织机构优化方案》，并进行了评审、调整。

（二）提高生产效率和经济效益

受国家政策影响，风电行业在2016年和2017年出现量价齐跌，并且随着2020年风火同价，风电补贴逐渐减少，2017年叶片的整体销售价格下降了5%，但中复连众公司因实行管理创新，毛利率下降的幅度并不大，盈利能力有一定保证。期间，中复连众MES项目一期，二期、SAP SOH升级迁移项目成功上线运行，使生产管理、质量和售后服务管控能力得到提高，并得到金风科技、上海电气、远景能源等客户的青睐，目前在他们的供应商中推广中复连众模式。基于叶片质量信任，客户追加订单，在此基础上中复连众还成功获得了和上海电气、西门子等企业合资项目的机会，从而增强了企业的竞争能力，使中复连众始终处于行业的前列。

通过MES系统和SAP HANA建模平台持续对生产制造数据开发利用。生产和工艺部门运用信息系统数据设置各项考核指标，具体详见下表：

表2 量化指标表2016~2017

量化指标	指标解释	计算公式	2017年指标目标值	2017年指标实际值	2016年指标实际值	指标计算单位
叶片毛利率	毛利是收入和与收入相对应的营业成本之间的差额	毛利率=销售收入–营业成本/营业成本*100%	≥25%	26.2%	28.95%	%
月度生产计划完成率	衡量企业是否能够按照生产部制定的生产计划有序安排生产，当月的生产计划是否达标。值越高越好。	月度生产计划完成率=生产入库数量/当月计划完成数量	≥90%	91.2%	87.8%	%
客户一次交检合格率	叶片客户在中复连众生产现场进行监造，该指标反映出产品的质量能否一次达到客户的验收标准，一次交检率越高说明企业的产品质量越好，客户的认可程度越高。	客户一次交检合格率=（1–客户未放行叶片数量/当月入库产品数量）*100%	≥98%	98.9%	97.3%	%
产品交付及时率	该指标反映出客户对产品及时到货的满意度，交货越及时，客户满意度越高。	交付及时率=当月实际及时交付的数量/计划交付数*100%	≥86%	97.33%	87.6%	%
叶片投料成本节约金额	该指标衡量生产部门抓取信息系统生产投料数据进行分析，促进工艺改良，实现成本持续降低	节约金额=BOM理论投料金额–当月信息系统实际发料金额	1000	1427	未开展活动	万元

分析表1可以得到：2017年虽然风电行业整体业绩萎缩，但通过“风电叶片互联网化精益制造及管控实践与研究”，企业月度生产计划完成率、产品交付及时率和客户一次交检合格率均高于2016年；投料成本节约了1427万，大大高于当年目标值。

另外，通过对车间工艺执行状态和质量检验状态进行远程管控，预计每年减少500万以上内外部质量损失、节省5万元老旧监控设备维护费用；通过信息化系统和互联网化的管控实践，取消大量纸质单据和文件，2015年较2014年累计节约各类打印纸张约30万元，截至2017年底累计节约48万元左右。

（三）强化社会效益

中复连众在2015~2017年项目实施过程中，依托MES系统打造了《风电叶片精益制造管控两化融合新型能力》，目前已经成功通过国家两化融合管理体系贯标认证。期间累计获得信息化相关政策资金补贴约200万元，大大提升了企业管理层推进信息化发展信心。

由于强化生产和质量管理，目前连云港已新增PQI（车间自检员）和QC人员80名，酒泉、包头、贵州、哈密预估共需要100名，公司新增了叶片生产总监和质量总监两个总监岗位，产能增加需要增加新工人800名左右，总体新增1000人的就业机会。

我国将促进海上风电规模化发展，同时，中东部和南方地区的低风速分散式风电的开发成为“十三五”时期产业发展的重头戏。金风科技、上海电气、远景能源、湘电风能等主机商纷纷开启海上及低风速风电规模化开发项目，中复连众也相继与上述公司达成了销售意向。为了更好地满足客户需要，中复连众拟建设《年产200套海上及低风速风电叶片》项目，项目规划用地面积25.2公顷，位于连云港大浦工业区，预计总投资3.5亿元。建成后预计每年将带来5.5亿元的营业收入，利润约6500万每年，发挥连云港在叶片生产制造基地的核心地位。

（四）提升生态效益

中复连众在发展新材料的同时，不断地开发新的产业，围绕着节能绿色能源研发出“海上及低风速风电大型叶片研发及产业化”、“高能纤维增强塑料双壁储油罐关键技术研发及产业化”等新型成果。

公司目前主要有4大产品系列，风电叶片产业主要是应用于风力发电的绿色能源领域；水务产业，主要业务是围绕污水处理、海水淡化而做的项目，通过水处理为地球水资源做贡献；管罐、双壁罐产品则是为了防止土壤被石油污染而研发生产的产品；还有脱硫设备，可以减轻对土地的污染，为保护环境保驾护航。

其中，中复连众现有14个系列60+个叶型的兆瓦级叶片产品，共销售4.5万支叶片，国内市场占有额约20%，为绿色电力发展行业添砖加瓦。2017年，风电行业新增并网风电装机1503万千瓦，累计并网装机容量达到1.64亿千瓦，占全部发电装机容量的9.2%。风电年发电量3057亿千瓦时，占全部发电量的4.8%，比重比2016年提高0.7个百分点。2017年，全国风电平均利用小时数1948小时，同比增加203小时。全年弃风电量419亿千瓦时，同比减少78亿千瓦时。

总之，中复连众通过实施“风电叶片互联网化精益制造及管控实践与研究”，在管理体制、产品研发和生产方式等方面引发了互联网化变革，在跨业务平台、跨地域的运作中，利用信息化手段及时传递信息和数据，强化了一体化的精益管控优势和成本管控优势，实现了高效管理，给企业带来良好的经济效益和社会效益。通过信息化建设，企业提高了竞争能力，中复连众在风电领域始终处于行业的前列。

成果创造人：乔光辉、刘卫生、梁　颖、杨懿忠、张哲宁、黄艳玲、杨　婷、

胡同波、院秀芝、仲晓红

大型产业集团基于创新链的科技项目管理体系建设研究

郅　晓等

随着国家科技体制改革的不断深入，国家科技创新战略的不断推进，大型产业集团承担的科技项目呈现出的技术链、产业链、资金链“三链”融合问题越来越突出。中国建材集团紧密结合国家创新发展战略、科技体制改革需求，紧扣集团科技发展规划与产业发展，重点梳理总结了近年来在国家科技项目管理体系方面的创新性经验和成效，并对下一步科技项目管理进行了思考，以期为大型产业集团建设创新型企业提供借鉴。

一、成果背景

十九大报告指出，中国特色社会主义进入新时代。报告中提出要建设创新型国家，创新是引领发展的第一动力，是建设现代化经济体系的战略支撑。要加强应用基础研究，拓展实施国家重大科技项目，突出关键共性技术、前沿引领技术、现代工程技术、颠覆性技术创新，为建设科技强国、质量强国、航天强国、网络强国、交通强国、数字中国、智慧社会提供有力支撑。“十三五”时期是我国新材料核心技术科技发展的关键时期，而国家科技项目是新材料产业发展的重要支撑。深入创新科技项目管理方法是增强新材料核心创新力的重要保障，而强化企业创新主体建设是促进项目成果转化的重要举措。

（一）国家对企业创新主体及科技体制改革的需求

中共中央办公厅、国务院办公厅为形成系统、全面、可持续的改革部署和工作格局，打通科技创新与经济社会发展通道，2015年印发了《深化科技体制改革实施方案》（以下简称《方案》），在建立技术创新市场导向机制方面，提出了重点实施建立企业主导的产业技术创新机制、完善对中小微企业创新的支持方式、健全产学研用协同创新机制3项改革举措，促进企业成为技术创新主体，使创新转化为实实在在的产业活动。该《方案》打出“组合拳”强化企业的技术创新主体地位，提出分类改革激发科研院所活力，分类评价、提高待遇激发科技人员积极性。指出要建立高层次、常态化的企业技术创新对话、咨询制度，发挥企业和企业家在国家创新决策中的重要作用。《方案》强调了科技创新应以企业为主体的战略方向，整合优化原有项目及平台种类，形成更加高效的科技创新体系，为今后的科技项目立项提出了指导性意见。

（二）集团发展科技创新战略的需求

我国建材行业正处于重要的转折期、结构调整的转型期、新的发展方向的选择期、推进供给侧结构性改革的关键期。中国建材集团多年来将科技创新作为发展的重要战略之一，致力于打造具有全球竞争力的世界一流建材企业。“十三五”期间，集团结合国内外行业发展趋势，将科技工作的总体目标制定为：大力实施创新驱动发展战略，以创新驱动为首要引擎，以技术创新、管理创新和体制创新为支撑，切实加强技术创新体系建设。开展产业协同创新，积极融入全球创新网络；开展“融合创新”，推进各种创新资源的充分融合和有效利用，形成企业内外的创新合力。全面提升自主创新能力，实现集团在国际建材创新链中从中高端向高端迈进；科技创新支撑引领作用显著增强，形成一批能引领行业发展并为集团持续发展提供支撑的关键技术或产品；加快培养和引进科技领军型研发团队带头人，推进科技创新团队建设。通过实施创新驱动战略，使集团拥有一批标志性的重大科技成果。科技创新支撑产业快速发展、转型升级的作用大幅提升，也为建材行业的结构调整、科技进步和国民经济建设、前沿科技发展做出重要贡献。

（三）科技项目管理方法创新的必要性

当前建材行业需求结构明显发生改变，先进建筑材料、先进无机非金属材料发展迅速，高科技类、高附加值类产品需求将不断增加，而且新需求的走向已跨越行业界限，这对科技项目管理工作提出了更高的要求。科技体制改革以来，为有效促进关键技术突破及科技成果转化，国家重点科技项目在设计上针对性更强，在先进建筑材料、先进无机非金属材料领域设立了多个代表行业发展方向的项目，每个项目从基础研究、关键技术研究及产业化示范全链条设计，充分强调以企业为创新主体，高度重视成果产业化及工程应用。科技体制的改革对科技项目管理提出了更高挑战：1.全链条设计，项目执行时间短、任务重，要求项目牵头单位具有引领行业水平的能力，协同国内优势单位，站在技术的高点组织实施项目；2.强调以企业为创新主体，但多数企业缺乏项目管理经验。国内有些民营企业掌握世界领先技术，本着开放、协同创新的目的，项目实施过程中要吸纳这些企业，而大部分民营企业缺乏经验，增加了项目协调及管理难度。3.项目由专业机构进行管理，新的管理办法给科技人员更加宽松的科研环境，但同时也强调了法人责任制，项目承担单位、课题承担单位要更加重视项目过程管理，完善各项管理制度，保证经费合理使用、技术指标按时完成。中国建材集团科技管理部根据多年项目管理的经验，顺应新形势，深入细化项目管理方法，创新产学研深度融合体系，充分发挥企业在科技创新中的引领作用。

二、成果内涵与实施方法

近年来，中国建材集团科技管理部以国家、行业目标为导向，加强顶层战略设计，针对项目研究方向高度定位，突出企业创新主体地位有效组织，严控项目过程管理，从而实现科技成果高效转化。

（一）加强顶层战略设计 促进集团科技创新与国家产业政策高度融合

中国建材集团科技管理部紧密结合建材行业国内外发展趋势，始终站在促进国家、行业及集团自身发展的角度，积极参与国家科技部、工信部、发改委等多个部门的发展规划、产业政策、实施方案制定，实现了对建材行业的科技引领，成了能够代表和带领建材行业发展的一支集团军。编制了科技部国家重点研发计划《绿色建材及建筑工业化》《重点基础材料技术提升与产业化》专项中绿色建材、建筑材料工业技术提升与产业升级、节能环保非金属矿物功能材料等方向实施方案、概算及指南；加入国家新材料产业发展专家咨询委员会，参与编制工信部工业强基、智能制造、绿色制造、重点新产品目录等工业转型升级指南和国家新材料测试评价平台建设方案，编写《中国新材料产业发展年度报告（2017）》，实现集团科技发展重点与国家、行业相关产业政策的深度融合，提高了集团在国家和行业层面的科技占位。

（二）结合国家及行业发展战略 统筹组织项目研究内容

中国建材集团科技管理部通过深入解读项目指南，紧密结合基础研究、应用研究、产业化应用、产品测试评价等创新链条环节，以市场需求为牵引导向，高度结合国家政策方针，确定具体项目的研究内容及产业化方向。基础研究方面，强化标准制定引领；应用研究方面，紧密结合国家产业政策和发展战略需求，强化产业化应用；产品测试评价方面，打造无机非金属新材料测试评价行业中心，完善新材料测试评价方法及标准，全面提升我国新材料测试评价水平。

1.紧密结合国家产业政策

“十三五”以来，国家陆续发布了《关于促进建材工业稳增长调结构增效益的指导意见》《新材料产业发展指南》《建材工业发展规划（2016-2020年）》等规划、指南，将功能玻璃、特种玻璃、先进陶瓷、人工晶体、矿物功能材料等新材料列为“十三五”的重点发展方向，同时，对建材工业的转型升级、技术提升提出了意见及要求。中国建材集团以国家重大工程和战略性新兴产业发展需求为牵引，紧密结合先进无机非金属材料发展方向，牵头承担了《智能玻璃与高安全功能玻璃关键技术开发》《高世代电子玻璃基板和盖板核心技术开发及产业化示范》《透明、闪烁陶瓷材料制备关键技术》《节能非金属矿物功能材料制备技术及应用研究》《环保非金属矿物功能材料制备技术及应用研究》《环境友好非金属矿物功能材料制备技术及应用研究》等国家“十三五”重点研发计划项目，以及《高效电池组及高密度储能元器件用高分子薄膜》《特种玻纤高效湿法膜材料制品生产线及下游产品开发》《超细电子级玻璃纤维纱及超薄电子布》等工业强基及新材料技改项目，并组织企业申报工信部产业技术基础公共服务能力提升和行业质量共性技术推广项目《陶瓷涂层及类涂层材料表面与界面性能测试能力建设》，实现从基础研究、关键技术及成果产业化的全链条设计，项目将在电子玻璃、光电节能玻璃、防火玻璃、特种功能晶体/陶瓷、高效能锂离子电池隔膜等方面取得突破性技术，开发出一批适用于无机非金属矿物材料功能性制备技术，形成一批新装备，完善标准体系。通过项目的研究，将有效提升基础材料产业科技创新能力和整体竞争力，解决重点基础材料产业面临的产品同质化、低值化，环境负荷重、能源效率低、资源瓶颈制约等共性问题，推进建材基础性原材料重点产业的结构调整与产业升级。

2.紧密结合国家发展战略需求

海洋强国战略。党的十八大提出“提高海洋资源开发能力，坚定保护国度海洋权利，建立海洋强国”的战略，十九大进一步明确提出“坚持陆海统筹，加快建设海洋强国”，充分体现了党中央对海洋事业建设发展的新要求，为海洋事业建设发展指明了前进方向，国家海洋工程建设将进入一个新时代。近年来，国家已规划和建设了大量的人工岛、海底隧道、海洋钻井平台、离岸国防工程等海洋工程，取得了阶段性的成果。中国建材集团在海洋建设用工程材料方面自20世纪80年代即开展了相关的研究，“十二五”期间，牵头承担了《岛礁工程快速构筑材料、构件研究与应用示范》项目，针对适用于岛礁建设用的特种水泥、新型墙体材料、新型结构材料及模块化构件的预制与装配技术展开了研究，突破了相关材料的关键技术，珊瑚礁砂混凝土、海工硫铝酸盐水泥、环保防污涂料、轻质吸波墙体材料等新材料、新产品在美济礁、赤瓜礁等岛礁及沿海工程中进行工程示范应用，并建立了海洋工程材料环境腐蚀老化评价方法及多因素耦合加速老化试验方法，对典型功能材料在岛礁自然环境下的性能进行评价。在总结项目研究成果基础上，结合目前国内外的最新研究进展，总结凝练并主持编著了《海洋工程建筑材料》一书。“十三五”期间，再次牵头承担了《海洋工程高抗蚀水泥基材料关键技术》项目，重点开展复杂海洋环境下特种功能水泥基础理论研究，“高抗蚀、低收缩、早强快硬”硅酸盐、硫铝酸盐及铝酸盐等水泥基材料制备技术研究，满足我国海洋工程建设的迫切需要，服务国家“海洋强国”发展战略。

绿色发展战略。当前，“绿水青山就是金山银山”发展理念已深入人心，绿色发展方式展已成为推动我国经济结构调整的重要举措。中国建材集团紧密结合新型城镇化、绿色城市和宜居村镇、城市地下综合管廊等海绵城市建设要求，大力推动绿色建材和绿色产品开发，如《工业及城市大宗固废制备绿色建材关键技术研究与应用》重点研发计划项目针对锂渣、钼尾矿等国家战略性新兴产业发展过程中产生的工业固废展开资源化综合利用研究，利用固废制备新型保温墙体材料、透水材料、蓄水材料等；《地域性天然原料制备建筑材料的关键技术研究与应用》项目则针对国家海绵城市建设开展了风积砂天热原材料制备透水砖的研究。同时积极推动企业大力实施绿色制造，巨石九江《高性能玻璃纤维生产绿色关键工艺开发与系统集成》获批2017年工信部绿色制造系统集成项目，打造玻纤绿色产业基地。

智能制造强国战略。《中国制造2025》明确提出，要以新一代信息技术与制造业深度融合为主线，以推进智能制造为主攻方向，实现制造业由大变强的历时跨越。“十三五”以来，结合集团“四化”之一——智能化，大力实施智能制造，积极推动企业智能化发展，打造行业“智慧工厂”，如《巨石集团年产三十六万吨玻璃纤维智能制造》《巨石九江高强度高模量玻纤材料智能制造新模式应用》《泰山玻纤大型玻璃纤维生产线智能制造》《中复神鹰千吨级碳纤维智能制造》和《中材电瓷大规模超特高压用绝缘子生产线智能制造》五个项目获批工信部智能制造新模式项目，并带动巨石集团启动桐乡新材料智能制造基地建设，项目将打造我国玻纤产业智能制造基地、高性能碳纤维智能工厂等，进一步提升我国建材行业智能制造水平。

科技精准扶贫战略。党的十九大提出，“坚决打赢脱贫攻坚战，坚持精准脱贫、精准扶贫”，确保2020年贫困地区和贫困群众同全国一道进入全面小康社会。中国建材集团充分发挥企业技术创新优势，加强利用偏远地区地域性天然原材料研发制备生产绿色建材技术支撑体系和产品开发，全方位地规划和设计绿色建材产品，不断扩大产业间链接。如《地域性天然原料制备建筑材料的关键技术研究与应用》项目选择的地域性天然原料多处于边远偏僻或经济相对落后地区，建材工业基础相对较弱，通过开展地域性天然原料的开发，实施科技精准扶贫，同时在项目组织过程中，将示范线及示范工程重点布局在一带一路地区、国家可持续发展实验区、拥有丰富矿产资源及天然地域原材料的贫困地区等，真正通过科技创新创业达到“以能人示范带动实用技术推广，以实用技术致富一方百姓”的科技扶贫目的。

科技与金融融合发展。2016年8月国务院印发的《“十三五”国家科技创新规划》，提出“促进科技金融产品和服务创新，完善科技和金融结合机制，促进科技金融产品和服务创新，建立从实验研究、中试到生产的全过程、多元化和差异性的科技创新融资模式，鼓励和引导金融机构参与产学研合作创新”，将金融科技提升到国家战略层面。为了突破我国新材料应用的初期市场瓶颈“有材不好用、好材不敢用”，生产与应用脱节、创新产品推广应用困难等问题，激活下游行业对新材料产品的有效需求，中国建材集团积极参与《重点新材料首批次应用示范指导目录》编制，碳纤维、碳芯电缆、无碱玻璃基板、高铝盖板玻璃等一批重点先进无机非金属材料入选，进一步加快我国新材料创新成果的转化和应用，促进传统材料工业供给侧结构性改革。

同时，根据国家新材料产业发展领导小组总体部署和工信部、财政部《国家新材料测试评价平台建设方案》提出的进一步加快国家新材测试评价平台建设，和“主中心＋行业中心＋区域中心”测试评价体系部署，组织国检集团申报《先进无机非金属材料测试评价行业中心建设》，围绕特种水泥、特种玻璃、先进陶瓷、人工晶体、矿物功能材料等先进无机非金属材料，完善相关材料组分、理化指标、物质结构、服役性能等测试评价方法及标准体系，建立先进无机非金属材料测试评价数据库，为先进无机非金属材料产业快速发展提供技术服务和支撑。

（三）突出企业创新主体地位 创建产学研用深度融合体系

中国建材集团科技管理部在项目组织申报过程中，充分发挥领军企业作用，分析创新型中小企业优势，集结行业内优势企业、科研院所及高校组成代表行业发展的研发团队，创建产学研用深度融合体系。“十三五”项目研发团队中包括北新集团建材股份有限公司、中冶建筑研究总院有限公司、中国建材检验认证集团股份有限公司、天津水泥工业设计研究院有限公司、苏州中材非金属矿工业设计研究院、咸阳非金属矿研究设计院有限公司、北京中材人工晶体研究院有限公司、江苏苏博特新材料股份有限公司、北京仁创科技集团有限公司等掌握核心技术并具有产业化能力的优势企业，充分利用企业的应用示范能力，实现科技成果的高效转化。

通过对项目团队的组建，建立了集团内以企业为主体、市场为导向、产学研深度融合的技术创新体系，促进了国家科技政策对中小企业创新的支持，形成一批核心技术能力突出、集成创新能力强、引领重要产业发展的创新型企业。

（四）严控项目过程管理 确保项目高质量验收

“十三五”以来，国家科技部陆续对项目的管理办法及经费管理办法进行修订，加强对法人责任制、关键节点、项目示范应用等方面的管理，与此同时，简化了项目变更事项、经费调整手续，将部分权利释放到项目及题课承担单位，为科技人员减压，但作为项目管理单位的责任则更加严峻。中国建材集团科技管理部为保证项目顺利完成，并产出创新性成果，在项目的过程管理中实行了“六位一体”的闭环管理方法。

1.强化法人、项目负责人责任制。承担单位是科研项目实施和科研经费管理使用的责任主体。在项目实施过程中，项目承担单位要认真落实国家有关政策规定，按照权责一致的要求，强化自我约束和自我规范，在实施过程中要着力加强科技成果转化与推广应用，严格要求承担单位按照相关国家科技计划经费管理办法的要求,建立健全单位内部经费管理制度,有责任对本单位使用、外拨项目(课题)经费情况实行有效的监督，同时强调承担单位要为科研人员提供有关经费使用必要的政策咨询，在项目的管理及验收过程中充分强化法人责任制，对成果产出及推广负责，对经费合理使用负责。

项目负责人是项目实施及管理过程中的关键核心，承担着项目内及与上级主管单位的组织协调，在实施过程中密切关注项目进展，及时发现问题并解决问题，对项目进行监督与检查，保证项目任务指标的顺利完成。中国建材集团在项目组织初期，对项目负责人进行严格考察，要具有战略性的组织愿景和极强的创造价值能力，具有无私奉献的精神，在实施过程中要高效协调沟通，躬身而为，履行承诺，将项目组织管理作为工作中的一项重要任务。经过两年的项目实施可见，“十三五”期间，项目负责人普遍面临着责任大、任务重的局面，但集团牵头的各项目负责人均能做到认真负责、积极协调，多次到课题单位听取汇报，检查任务完成情况及经费使用情况，协助课题单位解决实施过程中遇到的问题。

2.核定硬性指标，严控时间节点。在项目申报阶段，各参与单位认领任务指标。项目获得批复后，通过编写项目实施方案，建立完整技术指标体系，明确核心指标；拟定项目详细的技术路线及实施方案，制定合理的进度计划，设置关键节点；结合标志性成果，确定阶段考核的主要方式、方法。在项目实施过程中，编制考核指标完成情况对照表，随着任务的完成，项目及课题更新并完善相关佐证材料，随时梳理任务指标实施过程中存在的问题及可能出现的风险。严控时间节点，项目单位把控年度检查、中期检查及验收环节，在各关键节点对课题的技术完成情况及财务执行情况进行检查，查缺补漏，把问题消化在实施过程中。

3.设立“三组一办”，明确项目管理机制。项目管理机制是保证项目顺利开展的必要环节。项目获得批复之初，成立咨询专家组、执行中心组、财务管理组及管理办公室。以法人责任制为基础，按照矩阵式自上而下分层管理，各层级各司其职，充分发挥权限内的管理作用，不越权、不越位。实行定期检查及节点管理制、示范线及示范工程考察制、重大事项报批制、重大问题追踪制、简报制、会议纪要制、联络人制、课题负责人出席制、科研成果认定制等，通过管理机制的制定规范化项目管理。

4.建立多方式沟通交流渠道。充分利用现代化的信息沟通手段，如微信、邮箱、QQ等多渠道沟通，确保信息传递及时、文件处理及时、报告提交及时。

5.加强项目创新性成果产出与鉴定。项目负责人及课题负责人在项目执行过程中，时刻关注国内外本领域先进技术进展，通过调整研究方法、技术路线，在保证完成指标的同时，产出能够代表国际水平的创新性成果，通过系统化总结，对成果进行鉴定及报奖工作。

6.总结项目成果及经验，做好下一个五年计划。项目完成验收后，项目及各课题要认真总结成果，提交创新性成果报告。同时要深刻总结项目组织实施管理过程中的优秀做法和存在问题，优化技术创新团队，根据国内外发展趋势，积极准备下一个五年计划。

通过以上“六位一体”管理方法，在项目的实施过程中实现闭环管理，保证项目顺利完成的同时，强化原始创新，增强源头供给，重点形成能够引领行业进步的创新性成果并进行产业化，推动产业技术体系创新，创造发展的新优势。

三、实施效果

（一）集团一大批重点科技项目落地实施

“两材”重组开展以来，集团充分发挥科技创新引领综合发展优势，大力推进科技创新融合，突出新材料产业发展。高性能纤维、锂电池隔膜、功能陶瓷、新能源材料、高性能结构材料、非金属矿、固体废弃物等一批研发重点技术列入国家“十三五”重点研发计划、智能制造、绿色制造、增强制造业核心竞争力、技改专项和新材料首批次目录，先进无机非金属材料测试评价行业中心列入《国家新材料测试评价平台建设方案》。同时组织建材总院、凯盛科技、中国非矿、北新建材、中材科技、中材高新、国检集团、天津水泥院、苏州非矿院、咸阳非矿院、巨石集团、中复神鹰、南京玻纤院、泰山玻纤、中材江西电瓷等牵头承担重点基础材料、绿色建筑专项、材料基因组专项、大气污染物专项等“十三五”国家重点研发计划项目及智能制造、绿色集成制造、工业强基等国家项目24项，共落实中央财政资金近6.5亿元。研究包括电致/热致变色玻璃、防火玻璃、电子玻璃、先进陶瓷材料、矿物功能材料、高性能纤维、锂电池隔膜等行业顶尖技术方向，也包括满足国家战略需求的海洋工程用特种水泥，同时还涉及关乎民生的重点行业大气治理项目，通过项目的研发，将突破一批关键装备的智能化、国产化，提升集团新材料产业发展，促进传统建材工业转型升级。

（二）集团自主创新能力和核心竞争力显著提升

“十三五”以来，集团通过实施创新驱动战略，承担国家科技项目，取得一批重大原始创新成果和核心技术，突破一批“卡脖子”关键技术，国家级材料科研先发优势日益显现，自主创新能力和核心竞争力显著提升，并引领了无机非金属材料发展，为集团创新转型和高质量发展提供了强有力技术支撑。

近年来，集团新材料产业异军突起，创新发展了高档碳纤维、超薄电子玻璃、铜铟镓硒和碲化镉薄膜太阳能电池、锂电池隔膜、高精工业陶瓷等一批量产化新材料，并在2017年10月举办的央企创新成就展上全面展示高性能纤维、先进复合材料、高分子膜材料、光电玻璃、高端工业陶瓷、特种功能玻等新材料方面所取得的成就，受到了国务院副总理马凯、国务委员王勇的高度肯定。一大批新材料成功应用在天舟一号、天宫二号、长征五号、北斗导航卫星、风云系列卫星、国产航母等国家重大工程。

取得一批重大科技创新成果，其中《干喷湿纺千吨级高强/百吨级中模碳纤维产业化关键技术及应用》荣获2017年国家科技进步一等奖，也是时隔12年后再次获得国家科技进步一等奖；《高性能玻璃纤维低成本大规模生产技术与成套装备开发》和《超薄信息显示玻璃工业化制备关键技术及成套装备开发》荣获2016年国家科技进步二等奖，《建筑玻璃服役风险检测和可靠性评价关键技术与设备及应用》荣获2017年国家科技进步二等奖；巨石集团、蚌埠院《

超薄触控玻璃关键技术与成套装备开发及产业化》分别进入第五届中国工业大奖企业和项目公示。制定发布国际标准7项，其中ISO国际标准5项、IEC国际标准2项。截至2017年底，集团累计有效专利突破10000项，其中发明专利2400多项；年申请专利超过2000多项，其中发明专利占比50%，进一步巩固了集团在中央企业中专利优势地位；同时培育了高性能碳纤维、E7和E8玻纤、锂电池隔膜、高性能氮化硅陶瓷、信息显示玻璃基板、薄膜电池光伏组件、高压电瓷等一批高价值专利。

（三）企业创新主体地位不断加强

企业作为科技创新的主体和成果转化的实施者，通过国家重点研发计划项目产学研用体系的深度融合和技术创新、产业化生产及工程应用全链条衔接，进一步构建了集团内部产研协同创新体系，有效促进产业集聚区的形成，并带动了行业发展。在“十三五”重点研发计划启动的15个项目中，全部由集团内的行业领军企业牵头承担，充分体现了企业创新主体地位。

2016年北新建材牵头承担的《功能型装饰装修材料的关键技术研究与应用》项目，参与单位共27家，企业17家，包括中国建筑发展有限公司、中国建材研究总院、中国建筑科学研究院、山东亿康环保科技有限公司、机械科学研究总院等既拥有核心技术又拥有产业化生产能力的企业。目前已形成了净化功能材料规模化制备及应用技术、常温相变材料及制品规模化制备及应用技术、装配式部品及一体化集成技术等重要科技成果。净化功能材料规模化制备及应用技术针对净化材料净化效率低、净化性能不稳定、未形成规模化生产及应用等问题，实现了高效净化材料在纸面石膏板、无机壁材、矿棉板等典型装饰装修材料上的应用，其中净化功能无机涂覆壁材24h甲醛净化性能达到90%，净化持久性≥75%，24h苯系物净化率≥50%；装配式部品及一体化集成技术解决了装饰装修材料功能单一、现场施工工序繁杂、工业化水平低等技术问题，将有效改善工人工作环境、降低劳动强度，具有显著的经济及社会效益。同时，充分发挥北新建材在成果转化方面的企业创新主体作用，实现了净醛功能纸面石膏板的规模化生产，并在东北、华东、西南、华中等不同气候区域完成了60余万平方米示范工程建设，包括北京城市副中心工程18万平方米净醛纸面石膏板、北京未来科学城5000平方米相变储热石膏板、解放军306医院等。该项目的完成，对装饰材料的功能化和转型升级、改善建筑人居环境健康的意义重大，具有显著的社会价值。

中国建材检验认证集团股份有限公司牵头的《建筑室内材料和物品VOCs、SVOCs污染源散发机理及控制技术》重点研发计划项目通过两年的努力，开发了室内材料和物品VOCs、SVOCs散发特性预测和调控技术、室内VOCs和气味污染源快速识别技术及装置等重要成果。成果建立了基于逸出因子、阻隔因子的散发速率预测模型，实现对室内建筑材料的快速准确预测，提高测试效率；VOCs快速检测和在线监测技术及装置能快速识别室内污染源，为室内污染治理的精准化奠定了基础，不仅大幅提高治理效率，还极大的降低治理成本，可以用于建材产品释放污染物的快速检测。该成果对于建筑材料生产者可以快速进行产品环保品质的监测，保证产品质量；对于工程施工方可以极大地提高材料复验和抽检的效率，既可降低材料送检成本又能保证施工进度；对于普通消费者,可以实时监测室内空气质量，与空气净化系统的进行联动，实现智能控制室内空气质量。项目开发的气味定量检测技术及其装置对室内空气质量引入感官评价方法体系，弥补了现有化学浓度评价体系的不足,进一步完善了室内空气质量评价方法和技术，将室内空气质量标准提高到一个全新的高度，为人体健康提供更好的保障。成果在2017年厦门金砖会晤主场馆建设工程、2017年北京城市副中心建设工程和2018年上合组织青岛峰会主场馆改造工程中进行了应用，对我国室内空气质量控制具有重大意义。

四、下一步工作的思考

（一）强化科技项目技术成果的效益产出

技术创新的价值最终要透过产业应用来实现，并进一步创造出更大的经济效益，下一步在项目管理过程中将进一步强化科技项目技术成果的产出导向，加强顶层设计，通过技术提升突破与示范应用，着力推动技术产品化、产品市场化、市场效益化，如国产C919尾翼碳纤维复合材料、航空发动机叶片及机匣用复合材料、汽车轻量化复合材料制品等先进复合材料的市场化应用，进而提升企业的经济效益与核心竞争力。

（二）加强科技项目技术产品标准制定

技术标准在推动科技创新产业化、市场化过程中发挥着越来越重要的作用，下一步在项目管理过程中将进一步突出科技成果转化为创新型的技术标准、产品标准，培育形成一批技术领先的团体标准，如组织巨石集团、泰山玻纤等优势企业围绕风电用玻纤、电子级玻纤布等制定技术领先的企业标准，进而上升为中国材料与试验团体标准，通过标准体系的建立淘汰落后产能，规范行业发展，使产品价格有理性、质量有保障，引领行业供给侧结构性改革和高质量发展。

（三）加快核心技术成果国际化

习近平总书记在2017年“一带一路”国际合作高峰论坛上提出，启动“一带一路”科技创新行动计划，开展科技人文交流、共建联合实验室、科技园区合作、技术转移4项行动，建设50家联合实验室。在项目管理过程中要进一步拓展合作思路，创新合作方式，建设联合实验室，延伸产业链，由单一EPC合作向先进技术成果在当地的生根开花转变，如围绕新型建材、节能墙材、高性能纤维、风电叶片等新材料产业实现核心技术成果的输出、转化和再创新，进而促进新材料产业人才团队、技术资本、标准专利等交流合作，推动“一带一路”沿线国家的工业整体发展水平。

成果创作人：郅　晓、邓　嫔、王茂生、阎　宏、邹宇知、祝伟丽、赵海红、

张　昕、蒋鞠慧　中国建材集团有限公司科技管理部

万物智联：大数据重塑制造业

国务院发展研究中心新经济研究室　朱　敏

作为全球制造业大国，中国正面临来自国内和国际的双重挑战。从国内来看，人口红利消失、劳动力成本上涨，主要依靠资源要素投入、规模扩张的粗放发展模式已经难以为继，产业结构亟待转型；从国际来看，以德国、美国等为代表的欧美发达国家相继推出工业4.0和工业互联网计划，全世界的制造业强国正在开启“第四次工业革命”。

挑战也是机遇。“第四次工业革命”以物联网、大数据、人工智能、新能源、3D打印、区块链、生物技术等为驱动，正在以难以置信的速度改造世界。其中，尤以大数据为代表的新技术应用对整个社会影响显著而深刻。凭借大数据，用户需求与资源供给被更加有效率地匹配，互联网和服务业等行业也经历了一个高速发展阶段。随着5G时代逐渐到来，互联网将进化为智联网，而网络升维之后的新形态，可称之为“万物智联”（朱敏，2017）。麦肯锡报告《大数据：下一个创新、竞争和生产力的前沿》显示，制造业产生的数据量远远超过其他行业，且可被接入的设备数量也远超移动互联网，加之工业大数据刚刚起步，其应用远不及在社交网络、医疗和商务等方面那样普及和深入，所蕴含的价值还有待于充分挖掘，从而拥有巨大的机会与潜力。

进入“万物智联”的数字经济时代，变革和创新成为制造业的中心词。变革体现在产业的全生命周期，创新贯穿于设计、生产、供应链、研发、营销、服务等各个环节。与传统生产要素相比，大数据是未来制造业举足轻重的新生产要素，从大规模定制到智能化服务，其应用及影响无远弗届。抓住这轮新机遇，中国制造业将大有可为。

一、设计环节：大规模定制

1970年，美国未来学家阿尔文·托夫(Alvin Toffler)在《Future Shock》一书中最早畅想人规模定制这种全新生产方式：“以类似于标准化和大规模生产的成本和时间，提供客户特定需求的产品和服务”；1987年，斯坦·戴维斯(Start Davis)在《Future Perfect》一书中首次将这种全新生产方式命名为“大规模定制”；而在众多学者中，对于大规模定制的含义理解较为全面和准确的学者是B·约瑟夫·派恩(B·Joseph Pine II)，他认为大规模定制的核心是产品品种的多样化和定制化急剧增加，而不相应增加成本，其最大优点是提供战略优势和经济价值。

大规模定制的基本思想在于通过对产品结构和制造流程的重新构建，运用现代化的技术手段，以大规模生产的成本和速度，为单个客户或小批量多品种市场定制任意数量的产品。由此可见，大规模定制不仅追求低成本、高效率，还要兼顾高质量和个性化，这在传统工业社会是难以想象的。大规模定制的要义在于，以满足客户需求为核心，创造出一系列运作模式、技术支持、销售方式、反应机制。这将会给企业的组织和运营带来冲击与困扰，企业生产、服务和销售环节都需要随之进行转变。如果说在工业化条件下，大规模定制的思想对绝大多数企业而言都无以落地，那么在大数据条件下，“一切皆有可能”就有了现实基础。

大数据是制造业大规模定制的关键，其应用包括数据采集、数据管理、订单管理、智能化制造、定制平台等。当定制数据达到一定量级，通过对这些数据的挖掘、分析，能够实现精准匹配、营销推送、流行预测等更高级的功能，可以帮助制造企业降低物流和库存成本、增加产品的用户匹配度，减少生产资源投入的风险。

案例1

青岛酷特：大数据驱动的个性化大规模定制模式

在大数据时代，大规模定制正悄然改变着整个行业。在2015年，中国的纺织服装出口行业压力巨大，出口额2837.8亿美元，同比下降4.9%，而在服装行业普遍寒冬的大背景下，位于青岛的一家纺织服装企业却在2012年至2015年连续四年增长100%以上，利润率达到25%，它的名字是酷特集团（原红领集团）。经过13年的内部流程改造，从过去传统的规模量产模式，转变为现在更加聚焦消费者的C2M（客户对工厂）模式，成为中国制造业转型的一个典范。

酷特集团自主研发了电子商务定制平台——C2M平台，消费者可以在线定制，选择自己喜欢的款型和板式，最后订单直接提交给工厂，订单数据会进入酷特自主研发的板型数据库、工艺数据库、款式数据库和原料数据库进行自动匹配。这其中没有中间商赚取差价、没有原材料和产成品挤压，从下单、支付到产品制造的全过程都是数字化和网络化运作，这种“按需生产”的零库存模式一方面让企业生产成本大大降低，另一方面也使消费者不必承担传统零售模式下的流通、店面、人工和库存等成本，直接提高了消费者剩余，达到了双赢的局面。

除了成本优势之外，C2M模式在大数据的助力下也大大提高了生产效率。在过去传统的制造模式下，定制成本居高不下，而且生产过程往往超过一个月，难以量产。而酷特集团通过C2M平台，打破了消费者和生产者、设计者之间的藩篱，让需求能以最快的速度直达工厂，与传统服装定制相比，酷特集团已将定制生产周期降到7个工作日以内。

酷特集团打造的大数据平台促进企业向高端制造转型，不仅让企业利润倍增，也让消费者享受到制造升级红利，个性需求得到满足。

资料来源：根据调研及公开信息整理。

案例2

英沃电梯：C2M电梯个性化定制智能平台

英沃电梯有限公司是一家集电梯、自动扶梯及关键零部件的设计、研发、制造、销售、安装、维保为一体的现代化专业电梯企业。随着行业竞争的不断加剧，电梯市场不断走向客户定制化、交货期短及产品多样化的柔性生产模式，管理难度大。

英沃C2M电梯个性化定制智能平台，采用流量分成模式、云计算和物联网方法，实现从报价、设计、制造、服务全流程的智能化、自动化、数据化、网络化的处理，完成面向电梯终端客户的个性化定制生产和服务。引入数字化工厂智能制造的解决方案，借助于信息化和数字化技术，利用集成、仿真、分析、控制等手段，通过ERP系统与二维和三维仿真系统、PLM系统、MES系统、SCM系统、数控加工中心等系统的集成，推动实现制造过程的自动化和智能化。

C2M电梯个性化定制智能平台通过持续的数据积累，形成研发、生产、质量、服务、运营大数据，构建电梯行业数据中心，最终实现企业研发设计协同化、生产管控集成化、购销经营平台化、制造服务网络化。

资料来源：根据公开信息整理。

当前，包括青岛酷特集团、英沃电梯公司在内发众多企业，正在积极谋求智能化转型和升级，拥抱如潮而至的大数据时代，而这对传统制造业提出了更高要求。制造企业满足消费者个性化需求，一方面，在生产端，要提高供给能力，提供多样性的产品或服务满足消费者个性偏好；另一方面，在需求端，要通过互联网了解消费者个性化定制需求。由于消费者众多，需求各不相同，而需求又处于无时无刻地变化中，由此构成了产品需求的大数据。制造企业对这些数据进行处理，进而传递给智能设备，完成数据挖掘、设备调整、原材料准备等步骤，最终生产出符合个性化需求的定制产品。

二、生产环节：智能制造

智能制造是“中国制造2025”最重要的目标之一，其实现基础是大数据，实现途径是CPS系统。CPS（信息物理系统）的概念最早在美国被提出，被视为新一代技术革命的突破点。与此同时，德国工业4.0也将CPS作为生产系统中的核心技术。

CPS不是一个简单的技术，而是一个架构和流程清晰的技术体系。其主要应用过程包括数据的搜集、汇总、分析、预测、决策和信息发送，能够让制造业数据像流水线一般的处理、分析，并在这个过程中充分考虑机理逻辑、流程关系、活动目标、商业活动等特征和要求。作为工业大数据分析中智能制造的重中之重，CPS系统让制造业融入互联网之中，包含两个层面：一是将产品通过硬件设备（如智能家居设备、智能制造设备等）接入互联网，在互联网上传输数据，实现产品生产的智慧化；二是将企业接入互联网，加速企业的网络化、智能化改造进程。

目前，大数据已经成为智慧制造云或智能制造系统建设和运营的战略资源，也是智慧制造云实现智慧化的重要基础。从技术来看，基于大数据的智慧制造系统具备多元复合模态，拥有高度实时性和不确定性等特征；从应用来看，智慧制造云大数据的价值在于：通过采集管理分析服务，能够精准、高效、智能地促进云制造的智慧化，实现以“产品+服务”为主导、随时随地随需的个性化和社会化制造，进而提升企业竞争力。

案例3

北科亿力：大数据助力智能炼钢

钢铁是国家战略性支柱行业，连续多年占全国GDP总值的10%以上，在去产能背景下其体量依然巨大。作为占据钢铁企业约70%的成本和能耗的炼铁厂，2016年中国铁水产量约7亿吨，产值约1.5万亿，其生产过程的数字化和智能化水平相比于钢轧工序依然较低。

北科亿力作为由国内知名大学专家和钢铁企业专业人才组建的企业，一直致力于炼铁数字化及智能化技术的研发，已获得炼铁大数据及数字化监测方面的软件著作权21项、专利11项，其最新的研究成果是炼铁大数据互联平台：将无线传输、三维激光雷达、热成像技术应用于高炉“自感知”工业传感及物联网开发；建立了数据源、整合、传输、管理、持久、分析、接口、应用的大数据处理中心；开发高炉专家系统实现自诊断和自决策；建立行业级炼铁大数据平台实现企业端和行业端数据互联互通及智能对标；开发云平台实现移动终端服务。广泛应用于河钢、首钢、中信特钢、沙钢、山钢、酒钢等中国近百家和海外伊朗、越南、印尼等200多座高炉，在实际应用中对炼铁长寿、高效、优质、低耗、清洁生产起到了至关重要的作用。

通过炼铁大数据平台和智能化系统的建设，降低炼铁异常工况及燃料消耗，不但能为炼铁厂带来巨大的经济效益，还可以直接降低炼铁燃耗及CO_2排放，实现节能减排和绿色冶金。

资料来源：根据《工业大数据技术与应用白皮书》及公开信息整理。

三、供应链环节：优化与提速

随着供应链复杂程度的不断提高，企业对于更有效率的供应链管理方式的需求也随之增长。而大数据的出现，则使供应链全局优化成为可能。

大数据优化供应链的核心，在于精准的需求预测。作为整个供应链循环的第一步，需求预测的准确与否直接关系到库存策略、生产安排是否成功，预测一旦失准，将会导致产品的缺货或脱销，二者都将使企业蒙受巨大损失。但在大数据的支持下，通过对供应链上的海量数据进行搜集、分析，不仅可以勾勒出包括消费者的消费习惯、消费能力等维度的用户画像，反映出市场的真实需求，又能够使物流企业依据数据分析结果，了解到供应链每个环节的运作情况，从而找出业务赢利点或低效率的地方，然后有针对性地进行业务调整，优化资源配置，以提升供应链的协同效应，实现效率和利润的最大化。

大数据在供应链环节的应用，通常表现在供应链配送体系优化、用户需求快速响应等两个方面。

供应链配送体系优化。主要是通过RFID等产品电子标签技术、物联网技术以及移动互联网技术，帮助制造企业获得完整的产品供应链的大数据。利用销售数据、产品的传感器数据和出自供应商数据库的数据，制造企业可准确地分析和预测全球不同区域的需求，从而提高配送和仓储效能；利用产品中传感器所产生的数据，分析产品故障部分，确认配件需求，可预测何处以及何时需要零配件。这将极大地提高产品的时效性，减少库存，优化供应链。

用户需求快速响应。主要是利用先进的数据分析和预测工具，预测与分析实时需求，增强商业运营及用户体验。例如，京东运用大数据提前分析和预测各地商品需求量，从而提前配货，提高配送、仓储和投递效能，保证了到货及时的用户体验。

案例4

McKesson：动态供应链

美国最大的医药贸易商McKesson公司将先进的分析能力融合到每天处理200万个订单的供应链业务中，并且监督超过80亿美元的存货。对于在途存货的管理，McKesson开发了一种供应链模型，它根据产品线、运输费用甚至碳排放量而提供了极为准确的维护成本视图。这些详细信息使公司能够更加真实地了解任意时间点的运营情况。McKesson利用先进分析技术的另一个领域是对配送中心内的物理存货配置进行模拟和自动化处理。评估政策和供应链变化的能力帮助公司增强了对客户的响应能力，同时减少了流动资金。供应链转型使McKesson公司节省了超过1亿美元的流动资金。

资料来源：根据公开信息整理。

四、研发环节：协同创新

除了设计、生产、供应链环节，大数据及其相关应用的触角同样也延伸到了企业的研发环节。

以制药企业为例，麦肯锡全球研究院估计，在美国医疗保健系统中，应用大数据服务战略决策制定将能产生多达每年1000亿美元的价值。通过优化创新，提高研究和临床试验效率，给医生、患者、保险和监管者提供新工具，以实现更个性化治疗方式。

以飞机制造业为例，可建立针对产品或工艺的数字化模型，用于产品、工艺的设计和优化。数字化模型作为量化、可计算的知识载体，可提高企业的知识复用水平并促进其持续优化。将大数据技术与数字化建模相结合，可以提供更好的设计工具，缩短产品交付周期。例如，波音公司通过大数据技术优化设计模型，将机翼的风洞实验次数从2005年的11次缩减至2014年的1次；玛莎拉蒂通过数字化工具加速产品设计，开发效率提高30%。

大数据助力研发环节实现协同创新，从应用场景来看主要通过以下三种方式：

一是数据整合。海量数据是建立高附加值数据分析能力的基础，大数据技术使端对端数据整合更有效，并精确关联性质完全不同的数据，包括内部数据、外部数据、公开数据和自有数据。

二是内外协作。许多制造企业的研发部门保持高度的封闭性，而大数据打破了企业内部各职能部门之间的信息壁垒，并加强了企业跟外部合作伙伴的协作。

三是决策支持。大数据可以代替人进行较为复杂的决策，如项目的分析、商业开发机会、预测等相关决策都可以借助大数据快速做出。

案例5

同方知网：大数据知识管理创新

同方知网一直专注于知识资源的大规模集成整合和增值利用服务，在大数据知识管理和创新服务方面积累了较为丰富的经验。

2015年，基于自身海量的知识资源优势和全国各行各业创新发展的知识需求，同方知网积极探索协同创新的新体制、新机制、新模式，提出了面向各行业创新服务的“机构知识管理与协同创新平台整体解决方案”（OKMS）。OKMS利用大数据、云计算等先进技术，围绕机构决策与创新业务全流程，提供更加符合各级领导、科研专家以及机构个人实际业务需求与工作应用的知识服务和战略决策服务，并通过机构知识管理系统规划与设计的整个过程。目前，OKMS已成功应用于京津冀大数据产业协同创新平台前期筹建工作，有效解决了京津冀协同发展的时空限制，助推了三地协同工作的高效运转。

OKMS协同创新平台重点包含“协同研究”与“协同创作”两大模块，主要是面向管理人员、研究人员以及工程技术人员提供计算机辅助创新工具和基于网络的文档协同编辑创作系统。平台目前已经在交通、旅游、环保、建材、通信、能源等多个领域应用，打造了“互联网+大数据”的全新行业生态，为各行业的创新发展提供了决策支撑和关键信息服务。

资料来源：根据调研及公开信息整理。

五、营销环节：精准推送

营销无疑是受大数据潮流中影响最大的行业之一。美国著名公司Adobe对1000名营销从业者的调研显示，2010年以来，短短几年的变化要比过去50年还大。最近几年，搜索营销、程序化购买等技术已经渗透到互联网生活的每一个角落，其发展速度之快令人咂舌。

案例6

今日头条：精准营销的逻辑

自2013年世界大数据元年开启以来，各类信息实现爆炸式增长，并且随着人们生活水平的提高，消费者的需求目前已呈现出多样化、碎片化的特点。在这样的时代背景下，各个企业都面临着如何对庞大数据加以利用从而满足消费者需求的严峻挑战。今日头条是基于数据挖掘的推荐引擎产品，主要推荐对客户有价值的新闻、电影、购物等信息，于2016年末完成D轮融资，投后估值110亿美元，成为移动互联网领域的独角兽。

今日头条迅速成为移动互联新贵的重要原因之一，在于精准营销。具体而言，今日头条实践的正是“现代营销学之父”菲利普·科特勒的这一理论：精准营销（precision marketing）使得营销沟通更加精确、可衡量以及较高的投资回报，重点强调精准营销需要借助信息技术，对顾客采取有针对性的信息传递。其基本流程是这样的：首先，获取消费者的基本信息、社交行为等信息，通过数据挖掘技术寻找出消费者的兴趣爱好；然后将基本信息、兴趣爱好相似的那些消费者归为一类，总结出每类消费者的特点，为这些用户绘制“画像”；最后结合每类用户的特点以及兴趣爱好为这些用户进行新闻、购物等信息以及广告的精准推荐。

基于数据挖掘技术，对用户的兴趣爱好进行分析，最终将那些与消费者兴趣相匹配的信息推荐给相应的用户，今日头条正是凭借大数据实施精准营销，取得了可观的商业回报。

资料来源：根据公开信息整理。

在制造业领域，利用大数据，可以实现分区域对市场波动、宏观经济、气象条件、营销活动、季节周期等多种数据进行融合分析，对产品需求、产品价格等进行定量预测。同时，可结合用户当前对产品使用的工况数据，对零部件坏损程度进行预判，进而对零部件库存进行准确调整。此外，通过对智能产品和互联网数据的采集，针对用户使用行为、偏好、负面评价进行精准分析，有助于对客户群体进行分类画像，可在营销策略、渠道选择等环节提高产品的渗透率。更重要的是，可结合用户分群实现产品的个性化设计与精准定位，即针对不同群体，通过对用户精准画像、精准推送等，实现产品从设计到交易的完整营销环节精准化。

案例7

海尔：大数据营销

2012年，海尔推出帝樽空调。因其外形由方到圆的颠覆性创新，被ICEC评为“影响世界的十大创意产品”。同时帝樽空调有很多特点：健康，除PM2.5；舒适，3D立体送风；智能，Smart风随人动。已被数以万计的用户所选购。

为了精准地预测还有哪些用户可能选购以及得以及时提供个性化的服务方案，2013年4月，海尔通过SCRM会员大数据平台，提取数以万计的海尔帝樽用户数据，与中国邮政的名址数据库匹配，建立“look-alike”模型。

这个模型可以将已经购买帝樽空调的几万名用户所在的小区分成几类，并打上标签。再把这些数据标签映射回中国邮政的名址数据库，找到有相似特点的所有小区。这类小区在北京就有65处，其中就包含接下来将要提到的北京景泰西里小区。

与此同时，海尔SCRM会员平台同几家旅游、健康类杂志合作，不仅可以为北京地区杂志订户提供购买帝樽空调的优惠，实现双赢，还可以通过用户订阅的杂志类型，来判断其特点，并以此来进行精确营销。

通过这种方法，海尔找到了陈然，一位订阅旅游杂志的北京景泰西里小区住户。显然，他是对环境、自然感兴趣的。海尔SCRM会员大数据平台由此预测：陈然极有可能对帝樽空调除PM2.5感兴趣。几天后，陈然收到了海尔投递的一封直邮单页，除了送去公益环保知识之外，重点介绍了帝樽空调的除PM2.5功能。假期，陈然带着收到的直邮单页，来到北京杨桥国美店。现场体验海尔帝樽空调后，付款购买了一套。

显然，通过海尔的精准营销，陈然享受到了个性化服务。

资料来源：根据公开信息整理。

六、服务环节：运维与预测

运维服务是提升用户体验的关键环节，也是制造业产业链中高附加值的环节，对制造业升级转型同样至关重要。

目前大部分运维工具仅能呈现故障，并不能有效找出和分析原因，或者只能提供单个子系统的解决建议，真正排除故障需要人工参与。而借助大数据，一方面，可利用海量数据库对信息、数据、资源、终端进行关联分析，包括触发智能终端进行数据搜集、自动查找故障根节点；另一方面，还可以对问题分类统计，为运维人员和客户中心提供及时的分析数据。

除了更实用的智能分析，借助于大数据的机器学习技术，通过从数据中梳理出具有规律性的事件模型，进而对未来不确定性事件进行有效预测。

此外，大数据可以实现主动运维。通过数据深度挖掘和离线分析，运维由传统事件驱动向业务质量驱动转变，最终实现自动的自我修复、优化配置，解决潜在的网络故障，保障基础设施的健康与质量。

案例8

中兴通讯：大数据运维支撑平台

中兴通讯是全球领先的综合通信解决方案提供商，中国最大的通信设备上市公司。多年来积极面对技术变革带来的挑战，尝试各种路线的转型。在这一过程中，中兴通讯推出了智能运营解决方案，其自主研发的NetNumen OSS运维支撑平台，实现了数据共享、融合创新。

中兴通讯基于先进的运维模式，通过自研、与业界一流厂家联合开发的方式打造出全网络全业务运营支撑系统。NetNumen OSS面向运维未来需求，通过最佳运维实践、胶囊原型组件、云环境部署，充分发挥BI的数据关联和分析能力，并能根据运营商实际运营场景需求定制最佳解决方案，标准化原型让零代码开发进入实用阶段，打造易用、智能、开放的可视化运营支持系统。

中兴通讯的整体工具方案NetNumen OSS套件由各工具模块组成，覆盖管理服务的全过程：AOS提供统一访问门户，FMS提供全面告警监控，PMS提供性能管理，eFlow（包括SPM、WFM等模块）撑起完整电子运维流程，SLM完成服务质量管理，NIM和ITNMS等提供完善的网络资产管理及IT网元综合管理。在挖掘运维数据的活动中，NetNumen OSS各工具模块共同发挥作用，通过这些套件的协同工作，运营商能在运维过程中把握全局，运筹帷幄。

中兴通讯服务工具平台为故障处理提供更高效的数据支撑，具备基于业务级和用户级的端到端实时多维视图和分析能力，采用导向式的查询及挖掘视图帮助运维人员快速获取数据、保障业务、决策支撑，深度挖掘的运维数据将真正成为运营商发展的新引擎。

资料来源：根据调研及公开信息整理。

七、结论与启示

第一，大数据成为未来制造业不可或缺的新生产要素。目前实体经济之所以利润薄、效率低，一方面，很大程度上是由于制造业传统生产要素（劳动力、资金、土地、能源原材料、物流等）供应增长受限导致成本居高不下；另一方面，整体营商环境等外部交易成本较高也强化了传统动能减弱趋势，迫切要求生产要素升级与革新。对企业而言，大规模运用大数据，能极大地放大生产力乘数，加速流程再造、降低运营成本、提升生产效率；对政府而言，运用大数据构建信息共享和信用体系可望改善营商环境，帮助企业进一步实现降本增效和效率提升。在实践中，不少企业已建立起融合于各个应用环节的大数据平台，并不同程度地快速形成了对其中所产生海量数据的挖掘能力、计算能力和分析能力，率先分享到了大数据等新生产要素带来的红利。

第二，大数据为发展新经济培育新动能提供基础性应用。《中国制造2025》明确提出，工业大数据是我国制造业转型升级的重要战略资源。随着制造强国战略的全面推进实施，工业大数据、云平台、移动互联网和物联网在技术、产品和商业模式方面不断探索，制造企业智能化服务发展已逐渐从概念萌发向实际应用期过渡。基于大数据应用，以智能生产、智慧服务等为特色的智能化制造服务企业脱颖而出，制造业与服务业融合步伐不断加快：一是以工业大数据技术体系开发为龙头的生产性服务带动制造业发展；二是以工业大数据的智能化服务延伸企业价值链，提升市场竞争力；三是以工业大数据等信息服务为代表的制造企业转型升级成效显著，加速“制造+服务”融合趋势。这些积极因素都在助推新旧动能传导转换，进而有力促进新经济发展。

第三，大数据提高产业链协同效率并催生组织变革。从微观视角看，大数据实现供需匹配，打通生产与服务全流程，提高产业链协同效率，催生内部生产组织和外部产业组织变革。传统的大规模生产模式已不适应当今的个性化制造，粗放型决策和撒网式营销等传统运行模式也已不适应新经济环境下的企业发展，如何通过大数据等新一代信息技术的融合创新促进企业转型，实现个性化定制、智能决策、精准营销和全业务流程协同，成为企业面临的全新课题和必然选择。随着大数据应用的日益深入，智能化生产、网络协同、个性化定制等多种服务化延伸模式日渐清晰，呈现研发设计协同化、生产管控集成化、购销经营平台化、制造服务网络化等态势，带动制造业技术进步、效率提升与组织变革，加快产业迭代兴替。

第四，大数据成为引领高质量发展和创新驱动的新兴力量。进入新时代，中国经济由高速增长转向高质量发展，必须抢抓新一轮科技革命和产业变革的难得机遇，以供给侧结构性改革为主线，推动互联网、大数据、人工智能与实体经济深度融合，通过“大数据+智能制造”“大数据+智能终端”“大数据+现代物流”等新业态、新模式，助推产业、产品向价值链中高端跃升。加强大数据在重点行业和领域的应用，促进大数据引领的智能产业发展，打造具有竞争力的产业集群，推动智能技术转化应用和产品创新，加速制造业向数字化、网络化、智能化发展，提高全要素生产率、产品附加值和市场占有率。此外，在“万物智联”的数字经济时代，强化大数据在政务体系的应用，推进跨领域、跨平台、跨部门的数据共享，提升政府决策科学化、公共服务高效化、治理能力现代化水平，进一步改善营商环境及生态环境，更好地服务民生和社会事业。

成果创造人：朱　敏　国务院发展研究中心新经济研究室

可视化监视系统在化工企业特殊作业场所的应用

神华榆林能源化工有限公司

神华榆林能源化工有限公司（以下简称“榆林公司”）位于陕西省榆林市神府经济开发区榆神工业区清水煤化学工业园区，成立于2012年3月，隶属于国家能源投资集团有限责任公司（原神华集团有限责任公司），厂区占地面积约165公顷，项目设计总投资113.49亿元，于2015年12月25日投料试车一次成功。榆林公司采用世界最先进的甲醇制烯烃工艺，以甲醇为原料，通过甲醇转化制烯烃、烯烃聚合工艺，生产聚乙烯、聚丙烯以及其它化工产品，是目前世界上居于领先地位的现代化大型化工工业生产企业。主要生产装置包括：60万吨/年甲醇制烯烃装置、60万吨/年烯烃分离装置、30万吨/年低密度聚乙烯装置、30万吨/年聚丙烯装置、35000Nm3/h高纯氮气空分装置、动力装置、公用工程及配套辅助设施。

榆林公司自成立以来，始终认真贯彻落实《安全生产法》《危险化学品安全管理条例》《化学品生产单位特殊作业安全规范》（GB30871）等国家有关危险化学品安全生产法律法规、标准和规范，以及应急管理部（原国家安监总局）、各级地方政府和集团公司、煤制油化工公司安全生产工作要求，全面落实企业安全生产主体责任，严格现场监督监察，积极推进过程安全管理、安全标准化建设达标和安全风险预控管理体系建设与运行，严格生产现场特殊作业安全监管，致力于研究、探索促进企业安全生产的新思路、新方法和新举措，在提升企业经营能力和安全管理水平方面先行先试，有力地保障了公司的安全、平稳和高效运行。本文将以受限空间作业为例，详细介绍可视化监视系统在榆林公司特殊作业场所的实际应用与管理情况，并阐述公司在探索、开发、实施、优化和管理等方面的经验做法和思考，以及该系统在保障作业人员的生命安全和企业财产安全方面发挥的重要作用。

实施背景

2016年12月18日，中共中央国务院印发了《关于推进安全生产领域改革发展的意见》，就企业如何推进安全生产领域改革发展提出指导意见。《意见》指出，企业要坚持推进安全科技创新，提升信息化管理水平。不断推进安全生产理论创新、制度创新、体制机制创新、科技创新和文化创新，增强企业内生动力，激发全社会创新活力，破解安全生产难题，推动安全生产与经济社会协调发展；《意见》同时指出，鼓励各生产经营企业建立安全科技支撑体系，推动工业机器人、智能装备在危险工序和环节广泛应用。加强安全生产理论和政策研究，运用大数据技术开展安全生产规律性、关联性特征分析，提高安全生产决策科学化水平。随着科技及工业化进程的发展，各类石油、石化、化工企业的装置向大型化、复杂化发展。在提高生产力的同时，随之而来的是企业的安全风险系数在加大，企业面临各种不确定性风险，一旦管理不慎或者疏忽，很可能就会导致严重的安全生产事故，给员工、企业、社会、国家造成巨大的损失。

近年来，有关统计数据显示，发生在危险化学品生产、使用和存储企业现场动火作业、受限空间作业、高处作业、吊装作业和临时用电作业等特殊作业的事故占事故总数的90%，违章作业仍然是发生事故的主要原因。从相关事故案例和违章行为的分析结果来看，企业员工安全意识淡薄，安全技术水平达不到要求仍是制约安全生产的瓶颈。企业在装置检修期，以及新、改、扩建工程中，甚至日常检查、维护、操作过程中，都会涉及大量的特殊作业活动。特殊作业（special work）是指化学品生产单位设备检修过程中可能涉及的动火、进入受限空间、盲板抽堵、高处作业、吊装、临时用电、动土、断路等，对操作者本人、他人及周围建（构）筑物、设备、设施的安全可能造成危害的作业。各类作业活动中由于长期缺乏必要、有效的监督、监测和监管手段，致使作业人时常存在侥幸心理违章冒险作业，监护人员不认真履行监护职责的情况也时有发生，并面临着作业环境存在的潜在风险外部人员无法及时获取等问题，为安全生产带来了隐患；甚至事故发生后，由于缺乏可追溯的影像资料导致事故调查陷入僵局......

2016年，国内各级地方政府相继出台了关于危险化学品特殊作业安全动态管控的要求和制度，要求各级化工、危险化学品企业进一步加强特殊作业安全管控工作，推行特殊作业全程图像监视监测制度，强化对特殊作业的过程控制，严防事故发生；同年，为防范受限空间作业事故、确保受限空间作业安全，原神华集团有限责任公司（现国家能源集团）提出了进入受限空间作业“八个必须、八个严禁”要求，指出：“必须对高风险作业场所安装安全视频监视系统和危险气体实时监测系统，严禁在无监视监测的情况下进行作业。”2017年5月，神华榆林能源化工有限公司积极响应国家及地方政策号召，认真贯彻落实陕西省榆林市《关于印发<榆林市危险化学品特殊作业安全动态管控制度>的通知》（榆政安监发〔2016〕90号）文件要求，立足企业安全生产实际，开启了针对特殊作业场所实现实时监视、监测、监督和风险预警的便携式可视化监视系统的探索与寻求之路，以实现作业过程声音、影像和气体浓度监控采集，达到减少“三违”行为发生、避免安全生产事故的目的。

一、内涵和主要做法

（一）成果内涵

榆林公司特殊作业可视化监视系统是基于物联网技术、移动互联网技术、GPS位置定位技术、大数据计算技术为一体的可视化集群平台，通过软硬件结合来实现对现场特殊作业实施可视化监控管理的多功能预警系统。即：通过便携式监视监测设备对作业现场的声音、图像和作业环境有害气体浓度进行实时采集，经4G通信网络上传至远程服务器上，厂内监视中心、办公电脑及其他智能终端（智能手机、Pad等）可通过互联网实时访问服务器，获取作业现场的音频、视频信息和“四合一”监测数据，并对采集数据进行存储，从而达到实时远程监视监控作业现场的目的。该系统的主要功能和特点包括：

每套便携式监视监测设备可同时实现受限空间内部（作业场所）和受限空间外部（监护现场）两个地点的实时监视，以及作业场所氧气、可燃气、H_2S和CO四种气体浓度数据（以下简称“四合一”检测仪）的实时采集与远传，监护人可通过手持防爆手机，随时获取受限空间内部的作业画面和“四合一”监测数据，在受限空间外部进行监视和督导。

当作业场所有害气体浓度超标时，将直接向厂内监视中心和所有在线的监视终端发出声光预警，现场监护人和监视中心人员可第一时间停止作业或采取有效的控制措施，避免危害或危险的发生。

当作业人员违章冒险作业时，监护人和监视中心人员可及时拨打作业人防爆手机，联系作业人员并纠正其违章行为。

当作业监护人未认真履行监护职责或盲目施救时，监视中心人员可及时拨打监护人防爆手机，联系监护人员并纠正其违章行为。

该系统可以对作业人、监护人起到很好的震慑作用，对预防“三违”行为的发生发挥积极作用，从而降低了事故发生的概率。

当发生事故时，可供事故调查人员查询和追溯作业过程，为事故定性为提供第一手宝贵资料。

系统组成及设备拓扑关系如下：

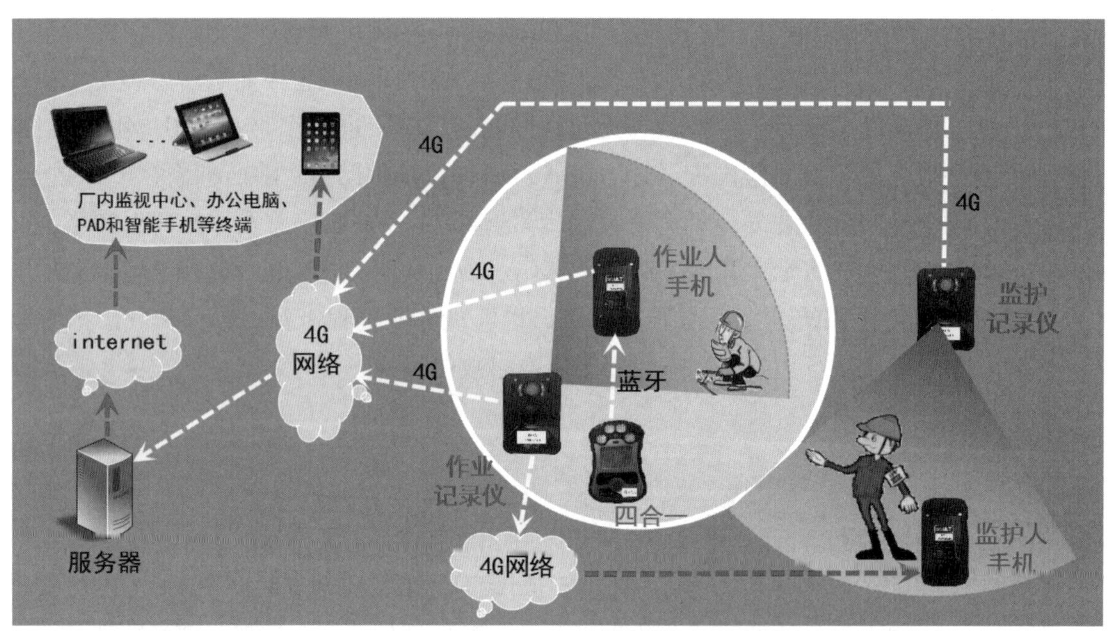

图1 榆林公司可视化监视系统拓扑关系图（通讯原理图）

（二）主要做法

1.可视化监视系统的由来

近年来，危险化学品生产、使用和存储企业因现场动火作业、受限空间作业、高处作业、吊装作业和临时用电作业等特殊作业导致事故发生的比例高居不下。随着科技、通信技术、互联网技术和智能终端技术（手机、Pad等）的快速发展和日渐成熟，通过现代化科技手段实现对特殊作业的全过程监督管理，逐步受到石油化工、危险化学品生产、使用和存储企业的青睐。一方面，它对现场作业人、监护人可以起到很好的震慑作用，更重要的是，它在预防“三违”行为发生、预警作业环境危险气体浓度超标、监督纠正不安全行为和追溯作业过程中违规行为等方面将起到十分积极的作用。2017年5月，榆林公司启动了特殊作业可视化监视项目，经过前期大量的调研、考察和技术交流，于2017年7月确定了技术路线与解决方案，2017年9月完成了八套可视化监视设备采购与安装，又经过近2个月的调试和优化改进，于2017年11月初完成设备验收，并投入试用。目前，该系统应用情况整体较好。

2.可视化监视系统的组成及主要设备

榆林公司特殊作业可视化监视系统包括硬件设备和系统软件两大部分。硬件设备由三个部分组成：现场便携式监视监测设备（5个）、远程服务器（由设备供应商提供）1台和厂内监视中心（3处）；每套便携式监视设备包括：防爆音像记录仪2台、防爆智能手机2台和防爆“四合一”检测仪1台。系统软件包括：可视化讯对讲系统、受限空间作业预警系统、复合气体检测预警系统（ProRAE Guardian）。

图2 榆林公司可视化监视系统硬件、软件构成图

（1）便携式监视监测设备（8套）

榆林公司目前有8套便携式监视监测设备，每套便携式监视监测设备可同时实现受限空间内部（作业场所）和受限空间外部（监护现场）两个地点的实时监视，以及作业场所“四合一”监测数据的实时采集与远传，监护人可通过手持防爆手机，随时获取受限空间内部的作业

画面和“四合一”监测数据，在受限空间外部进行监视和督导。

（2）远程服务器（1台）

服务器主要用于音频、视频和“四合一”监测数据的接收与转发，保证公司3处监视中心、办公电脑和其他移动终端（如：智能手机、Pad等）可随时随地调取作业现场的音频、视频信息和“四合一”监测数据，从而达到实时远程监视监控作业现场的目的。

（3）厂内监视中心（3处）

榆林公司在检维修调度室、消防气防大队接警室和中央控制室生产调度室，设有三处特殊作业监视中心，具体负责公司特殊作业可视化系统日常使用的监视管理，并负责对作业场所“四合一”监测报警信息进行响应处理。

3. 可视化监视系统的主要功能及特点

（1）作业场所音像采集：对作业现场的声音、图像进行全程采集并回传、记录。一方面，对现场作业人员的行为和物的状态起到监督、取证的作用；另一方面，对作业人员有一定的震慑作用，在预防“三违”行为发生、提升现场标准化作业水平方面有着十分积极的作用。

（2）作业场所“四合一”气体浓度采集：对作业场所氧气、可燃气、H2S和CO四种气体浓度进行实时监测并回传、记录。当作业场所危险气体浓度超标时，监视中心将按照公司规定的响应流程，及时与作业现场的监护人或项目负责人取得联系，确认报警原因，并采取进一步措施妥善处理。

（3）监护现场音像采集：对监护现场的声音、图像进行全程采集并回传、记录。对监护人的行为和现场物的状态进行监督、取证，以此督促监护人认真履行监护职责。

（4）远程实时监控：通过公司3处监视中心、办公电脑和其他移动终端（如：智能手机、Pad等），可随时随地调取作业现场的音像数据和监测数据，即便管理人员在外地出差，亦可轻松调取现场作业画面，达到远程监视、监控的目的。

（5）数据信息远传存储：现场采集到的音像数据和监测数据，将实时转存到公司消防气防大队监视中心的硬盘上，而不是将数据存储在现场的记录仪或手机中，大大提高了数据保存的可靠性和安全性。

4. 可视化监视系统在受限空间作业中的应用

（1）受限空间是指进出口受限，通风不良，可能存在易燃易爆、有毒有害物质或缺氧，对进入人员的身体健康和生命安全构成威胁的封闭、半封闭设施及场所，如反应器、塔、釜、槽、罐、炉膛、锅筒、管道以及地下室、窨井、坑　（池）、下水道或其他封闭、半封闭场所；受限空间作业是指人员进入或探入受限空间进行的作业，如探头检查、伸手取物、全身而入等。

（2）进入受限空间作业实施可视化监督管理的必要性

进入受限空间作业作为高风险作业，近些年因为主观操作、管理疏忽发生过一系列恶性事件。国家应急管理部（原国家安全生产监督管理总局）高度重视，曾经在 2013年2月18日发布《工贸企业有限空间作业安全管理与监督暂行规定》；2014年 9月25日发布《有限空间安全作业五条规定》；对行业的安全管理起到了一定的促进作用。但由于受限空间作业自身的特点，其作业空间密闭、作业场所隐蔽，作业人员发生中毒、窒息后不易及时发现，有时甚至因为监护人员盲目施救导致次生危害的发生。为有效预防类似事故的发生，进一步采用有效手段加强对作业人员违章冒险作业行为、监护人员擅离职守或盲目施救行为的监控与监管，已迫在眉睫。

（3）可视化监视系统在受限空间作业中的应用

①应用原理

设定图3（见下页）中圆形区域为受限空间内部，圆形以外区域为受限空间的外部。5台便携式监视监测设备在使用前已分别进行编号，下面以编号为“6”的设备为例进行说明：

作业前，作业人员将编号为“作业六”的防爆记录仪架设在受限空间内部；

作业期间，作业人随身携带“作业六”防爆手机和“作业六”四合一检测仪，并在“作业六”防爆记录仪的监视范围内实施作业；

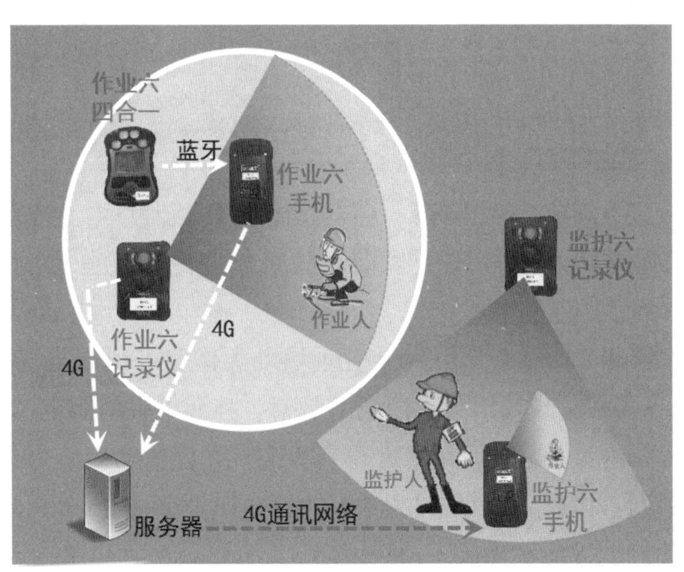

图3 可视化监视系统在受限空间作业中应用原理图

作业期间，监护人手持“监护六”防爆手机，守在受限空间外部，通过手机实时调阅受限空间内部的作业画面和“四合一”监测数据，并在“监护六”防爆记录仪的监视范围内实施监护；

通讯原理：“四合一”检测仪通过“蓝牙”与“作业六”防爆手机建立连接并实现数据通信，“作业六”防爆记录仪和“监护六”防爆记录仪通过4G通信网络将现场采集的声音、图像数据实时上传至远程服务器，“监护六”防爆手机再通过4G通信网络在远程服务器上调取作业画面和“四合一”监测数据，与此同时，其他监视终端（厂内监视中心、办公电脑、Pad和智能手机登）可通过互联网、wify和4G通信网络等登录远程服务器获取现场作业画面和“四合一”监测数据。（详见图1）

②受限空间作业应用实例列举

2017年11月14日，榆林公司MTO装置污水汽提塔受限空间检修作业，监视中心和办公电脑

获取的受限空间内部和外部监视画面，在监视画面上可实时显示受限空间内部“四合一”监测数据。（见图4）

监护人手持防爆手机和其他智能手机获取的受限空间内部作业画面和“四合一”监测数据。（见图5）

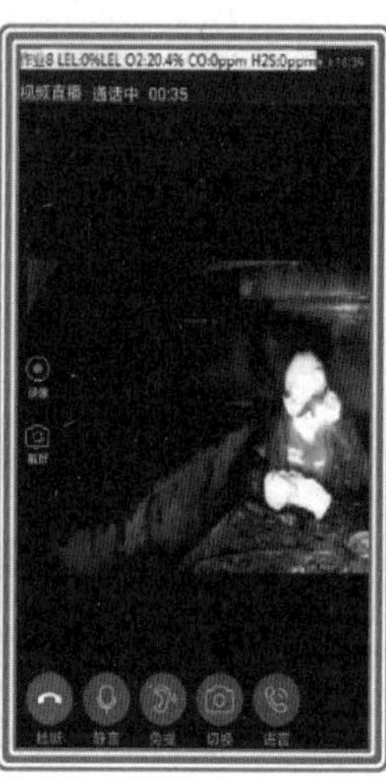

图4 2017年11月14日，榆林公司MTO装置（上左图）

图5 手机监视污水汽提塔受限空间检修作业的作业画面（上右图）

③其他特殊作业应用实例列举

（1）2018年3月24日，榆林公司MTO装置现场动火作业可视化监视设备应用情况（现场实拍图）。防爆记录仪可根据现场情况，使用三脚架、挂绳等灵活固定，镜头广角最大可达到110°，夜间使用或光线不足时，可开启红外夜视功能。（见图6）

（2）2018年3月27日，榆林公司动力装置#1脱硫塔原烟道不锈钢板焊接作业（进入受限空间动火作业）可视化监视设备应用情况。（见图7、图8）

（3）2018年3月27日，榆林公司全厂6套可视化监视设备回传的监视画面。（见图9）

图6 现场实拍图

图7 401手机监视

图8 手机监视的作业画面监护画面

图9 2018年3月27日，公司全厂6套可视化监视设备回传的监视画面

（厂内监视中心、办公电脑显示画面）

5. 可视化监视系统的管理

任何一项新技术、新设备或者新事物，从问世到人们初识、到逐渐接受、再到最终获得认可，一般都需要一个较长的过程。但对于一个有经验的管理者来说，他知道运用何种手段让这个过程尽可能地缩短，让尽早接纳它的人早日收益。榆林公司特殊作业可视化项目启动初期，通过与多个设备厂家进行技术交流，发现国内当时并没有可借鉴的成型产品或成熟的案例应用。为此，对于这套在行业内尚属首次应用的新型设备来说，要使用并运用好这套设备，真正为企业安全生产服好务，达到预期的效果和目的，实现企业安全生产，必须要制定一套科学的管理方法。

（1）完善公司可视化监视系统制度建设

为规范榆林公司特殊作业可视化监视系统的管理、使用与维护，明确责任及分工，确保系统更好地服务于生产和检修，公司专门制定了《特殊作业可视化监视系统管理规定》，明确了各监视中心、使用部门、运维部门、监管部门、作业项目负责人、专职安全工程师和监护人的工作职责，具体如下：

①生产运行部负责便携式监视设备及相关附件的日常保管与使用，应制定专门的管理细则，并指定专人负责管理。

②机动工程部负责可视化监视系统（包括：监视中心、便携式监视设备、网络通信等）的后期维护维修、设备检定等工作，应制定专门的管理细则，并指定专人负责管理。

③机动工程部负责定期做好影像数据和“四合一”监测数据的备份工作。

④作业开始前，由作业项目负责人负责保证便携式监视设备已正常投用。正常投用是指设备架设的位置合理、取景角度最佳、音视频采集功能已正常开启并开始录制、设备电量能够满足本次作业录制要求等。

⑤作业期间，由属地单位监护人和作业单位监护人负责保证便携式监视设备处于正常投用状态。

⑥使用便携式监视设备的作业，作业项目负责人须在作业票“工艺削减措施”栏之“补充安全措施”栏内，注明“使用便携式监视设备”字样。

⑦可视化监视设备申请流程

作业项目负责人提前一日联系作业属地单位，确定次日使用的可视化监视设备编号，并登录公司本安信息系统预约可视化监视设备；

公司安健环部负责每日发布特殊作业清单，告知各装置可视化设备预约使用情况；

监视中心依据特殊作业清单，确定各装置每日可视化设备预约情况（明确设备编号）。

⑧中央控制室生产调度中心、检维修调度室和公司消防气防大队接警室三处监视中心应协同配合、各尽其责，具体工作职责如下：

公司消防气防大队接警室应做好主机D盘存储空间冗余的经常性检查，至少于每月13日和28日检查确认一次，并做好检查记录，保证主机D盘存储空间满足20日的存储需求（不少于320Gb）。当磁盘容量不满足此要求时，应及时联系机动工程部运维人员备份数据；

作业项目负责人前一日预约特殊作业时，须勾选“是否应用远程监控监测”选项，并填写便携式监视设备“编号”，以便监视中心对现场各作业点的便携式监视设备进行辨别；应当使用而未使用便携式监视设备的作业，须在预约时做出原因说明，预约申报不规范或理由不充分的，预约审批人不得通过网上审批；

各监视中心监视网页、软件和电脑音箱喇叭等须24小时保持开启和联机状态。为避免网页因长时间闲置出现卡停或死机现象，影响音像数据接收，岗位值班人员须每日做好监视网页（刷新网页）、软件联机状态的经常性检查，保证监视网页和软件实时处于正常联机状态；

检维修调度室负责根据公司每日特殊作业预约信息，检查各装置作业现场便携式监视设备投用情况，未按要求投用的，应及时联系作业项目负责人，要求其投用可视化监视设备。

三处监视中心发现特殊作业监视数据（包括音频、视频和“四合一”监测数据）上线后，应做要好如下检查：

①各监视中心应检查每台便携式监视设备通讯是否正常（图标为灰色时表示通讯异常，未建立连接）；网页监视图像是否正常显示，每项作业应同时显示作业现场和监护现场两个监视画面；“四合一”数据采集软件是否正常接收作业场所监测数据，发现异常应及时联系机动工程部运维人员处理；

②检维修调度室应检查各作业现场的取景距离、角度、仰角等是否科学、合理，如认为设备架设位置不合理的，应联系作业项目负责人及时进行调整。取景科学、合理是指设备架设的位置不应过远或过近，架设转角和仰角应不偏，能够将作业现场和监护现场的人员、作业场景等收录到镜头范围内。

③消防气防大队接警室应每日对音像数据和“四合一”监测数据存储情况进行检查，当发现数据异常时，应及时联系机动工程部运维人员处理，并做好检查、处理记录；

④各监视中心应对每日检查情况、异常现象及处理情况、报警信息处理情况、系统运维情

况等进行记录，记录保存期限为一年。

监视中心接收到“四合一”声光报警信息后，应立即与作业监护人或项目负责人取得联系，并确认报警原因。经确认，如系系统误报，检维修调度室应做好报警记录，并联系作业项目负责人处理；如报警情况属实，应立即通知作业项目负责人，按照公司相关规定执行，在分析数据合格后或采取必要安全措施后方可继续实施作业；如确认发生火灾、中毒或窒息事故，须确认现场人员是否已启动公司有关应急处理程序。

（2）做好可视化监视系统培训工作

为确保特殊作业可视化监视系统上线后较好的服务于生产，各监视中心、有关管理人员和保运单位能够统一思想和认识，将可视化设备用好、管好。2017年11月，榆林公司专门组织开展了特殊作业可视化监视系统投用前培训。

图10

（3）今后努力与改进的方向

榆林公司特殊作业可视化项目在启动初期，经过与多个设备厂家进行技术交流，发现国内当时并没有可借鉴的成型产品或成熟的案例应用。榆林公司在充分结合企业生产实际并考虑现场特殊作业安全管控需要的基础上，提出了这套集监视、预警、警示和取证等多项功能于一体的特殊作业可视化监视系统实施方案，并在设备调试安装期间向供应商提出了多项硬件、软件优化意见，完善了系统的功能。例如：记录仪镜头广角由60° 扩充为100° 、记录仪“一键式”自动录制功能、监视画面上增加“四合一”监测数据显示功能等。

虽然最初设计和考虑的设备功能已经基本实现，但是，由于远程服务器设置在外地、4G通信网络信号有时不稳定、现场作业环境复杂影响信号传输（各种金属框架、塔器等屏蔽通讯信号）等客观因素的存在，导致监视画面有时发生“掉线”的情况，致使通讯有时被迫中断须重新自动连接。因此，如何提高数据传输稳定性和防爆手机GPS定位精度，进一步解决装置现场信号屏蔽、降低监视画面“掉线”率等，仍将是今后一段时间需要考虑和解决的问题。下阶段，公司将以智能化工厂建设为契机，持续完善和优化可视化监视系统，争取早日解决目前的技术瓶颈。

随着通信网络的日趋完善和更优科技手段的不断涌现，数据传输的稳定性必定会逐渐得到改善，相信在不久的将来，通过便携式可视化监视设备实现特殊作业乃至所有检维修作业的全过程监督管控的梦想也将不再遥远，它将让“违章”行为无处遁形，让所有操作和作业变得更加安全和受控。

二、实施效果

榆林公司特殊作业可视化监视系统投用后，对作业现场特殊作业起到了很好的震慑作用，在预防“三违”行为发生、预警作业环境危险气体浓度超标、监督纠正不安全行为和追溯作业过程中违规行为等方面起到了十分积极的作用。该系统自2017年11月投用以来，现场标准化作业水平有明显提升，不安全行为发生率同期也有明显下降，并大大增加了特殊作业的安全保障系数，主要体现在：

1.监护人可通过手持防爆手机，随时获取受限空间内部的音像画面和“四合一”监测数据，实时了解空间内部的作业状态，在受限空间外部实时进行监视和督导，有效保护作业人员的安全。

2.当作业场所有害气体浓度超标时，将直接向厂内监视中心和所有在线的监视终端发出声光预警，现场监护人和监视中心人员可第一时间停止作业或采取有效的控制措施，避免危害或危险的发生。

3.当作业人员违章冒险作业时，监护人和监视中心人员可及时纠正并制止其违章行为。

4.当作业监护人未认真履行监护职责或盲目施救时，监视中心人员可及时纠正并制止其违章行为。

5.除监视中心外，办公电脑、Pad和智能手机等监视终端可随时随地调取作业现场的音频、视频信息和“四合一”监测数据，有关管理人员可随时对现场作业进行监督和督导。

成果创造人：张先松、孙　心、张清海、伍　杰、孙福生、董　健、张宏峰

【参考文献】

[1] GB 30871-2014 化学品生产单位特殊作业安全规范.

[2] GB 12358-2006 作业场所环境气体检测报警仪 通用技术要求.

[3]GB 3836 爆炸性气体环境用电气设备.

[4] 中共中央国务院关于推进安全生产领域改革发展的意见（2016年12月9日）.

[5] AQ 3035-2010 危险化学品重大危险源安全监控通用技术规范.

[6] AQT 4206-2010 作业场所职业危害基础信息数据.

[7] 榆政安监发〔2016〕90号 关于印发《榆林市危险化学品特殊作业安全动态管控制度》的通知.

[8]苏国胜,李欣等.受限空间作业安全.

[9]工贸企业有限空间作业安全管理与监督暂行规定（2013年7月1日）.

以构建智慧服务平台推进供给侧改革，塑造中国盾构服务第一品牌

中国中铁工程服务有限公司

中铁工程服务有限公司（以下简称：中铁工服）成立于2010年9月，是世界500强企业——中国中铁股份有限公司控股的中铁高新工业股份有限公司的全资子公司，是国内唯一专业从事工程管理服务的中央企业。“中国品牌日”诞生于习近平总书记视察中铁工业企业的这一天（5月10日），中铁工服作为中铁工业的全资子公司，与中国品牌有这天然的渊源，塑造“中国盾构服务第一品牌”成为必然的选择。

中铁工业旗下制造的我国自主研制国内最大直径硬岩掘进（TBM）“彩云号”与“歼20”“C919”共同当选2017年被评为十大“央企国之重器”，中铁工服在盾构服务领域有得天独厚的优势。中铁工服以跨界科技、模式创新为驱动力，自主研发大数据盾构云平台，专注于盾构装备管理及研发服务、施工技术服务、信息化技术服务三大业务领域，其中，装备管理及研发技术服务业务主要以盾构租赁、盾构托管、维修改造、非标机具研发、旧机交易、零部件贸易等内容为主；施工技术服务业务是以专业承包、劳务分包、技术咨询、管理咨询等方式为盾构工程的相关方提供施工技术服务；信息化技术服务业务主要是基于自主研发的盾构云大数据系统为客户提供工程项目、盾构管理的信息化管理服务及相关产品。中铁工服致力于打造盾构产业服务第一品牌，成为全国一流的高端工程装备管理及运营综合服务商。

中铁工服依托自主研发的盾构远程在线实时监测大数据云平台，建成了中国盾构机5D技术中心和全球首个盾构租赁平台，截至目前入网盾构400余台，盾构租赁平台的盾构机数量约占全国的盾构机总数的1/3。中铁工服的盾构云平台被四川省评为2017年度工业云平台优秀项目，被中国施工企业管理协会评为2017年度工程建设行业互联网发展最佳实践案例。获得1项发明专利，16项实用新型专利，6项软件著作权。注册了“盾构云”“”“优盾宝”“隧畅”等商标。经过几年的快速发展，逐步形成了由跨界的技术优势、创新的商业模式、特色的政治优势为主要内容的企业核心竞争力。

一、中铁盾构服务平台研发背景和意义

（一）中铁盾构服务平台研发背景

1.国家宏观政策背景

盾构装备是集系统化、智能化于一体的高端工程装备，隶属于智能装备制造业。为加速

我国装备制造业现代化进程，国务院、国家发改委、科技部、工信部等各部门相继出台了多项支持我国智能装备制造业发展的产业政策，为行业发展提供了有力的支持和良好的环境。从2006年的《国务院关于加快振兴装备制造业的若干意见》、2009年的《装备制造业振兴规划》、2010年的《国务院关于加快培育和发展战略性新兴产业的决定》、2012年的《高端装备制造业　"十二五"发展规划》、2014年的《关于加大重大技术装备融资支持力度的若干意见》、2015年的《中国制造2025》到2016年《装备制造业标准化和质量提升规划》和《智能制造发展规划（2016–2020年）》，国家提出依托重点工程推动制造业快速发展壮大，支持力度持续增强。将盾构机列入战略性新兴产业的概念之中，证明盾构机在装备制造业中的重要性，这种技术含量极高的装备将直接带动基础制造工业的提高和相关技术的提升，对发展高端制造业具有重要意义。同时，包括铁路、城市轨道交通、公路建设、电力水力等地下工程项目建设全面提速，国产盾构获得了依托国内工程建设，做实做强盾构产业，打破洋盾构主导地位，确定国产盾构产业竞争优势的大好机遇。

近年来，为加速装备制造业现代化进程，我国相继出台了多项产业政策。同时，铁路、城市轨道交通、公路建设、电力水力等地下工程项目建设全面提速，国产盾构装备赢得了做实做强盾构产业，打破洋盾构主导地位，确定国产盾构产业竞争优势的大好机遇。

在盾构装备制造业快速发展的形势下，盾构装备服务业转型升级的需求也日益迫切。2014年《国务院关于加快发展生产性服务业促进产业结构调整升级的指导意见》中就强调要"积极创建知名品牌，增强独特文化特质，以品牌引领消费，带动生产制造，推动形成具有中国特色的品牌价值评价机制"。2014年5月10日，习近平总书记在视察中国中铁工程装备集团有限公司（中铁工程服务有限公司当时的母公司）时强调"推动中国制造向中国创造转变、中国速度向中国质量转变、中国产品向中国品牌转变"。"中国制造2025"中提到的重点任务之一就是"积极发展服务型制造和生产性服务业"。2016年的《工业企业技术改造升级投资指南》中强调推动网络化协同制造服务，推动云制造服务，面向制造业提供研发设计、优化控制、设备管理及质量监控等云服务业务。《发展服务型制造专项行动指南》明确了服务型制造的发展方向和三年目标任务，并迅速启动了政策宣贯和"服务型制造万里行"等工作。国务院《关于积极推进"互联网+"行动的指导意见》《关于深化制造业与互联网融合发展的指导意见》等一系列文件也都将服务型制造作为制造业调结构、转方式的重要路径。这些政策为盾构服务业发展指明了方向，形成了新动能，瞄准盾构产业链的高端环节，加快技术创新和模式创新，推动服务型制造沿着"价值化、专业化、协同化、智能化、高端化"方向发展。

2.盾构行业实践背景

随着我国铁路、地铁、轻轨、公路、水利以及军工等建设视野的高速发展，作为隧道以及非开挖施工主要装备的掘进机械发展迅猛，全断面隧道掘进机（盾构机）的产量和市场规模均处于世界领先行列。

目前，盾构机制造企业已经40余家，年产能或在200台以上，国内保有量已超1200台。国内盾构机市场相当广阔，铁路、公路建设、水力、军工这些行业的发展必将带动与之相匹配的重大技术装备的巨大市场需求。另外，国产盾构想要全面赶超洋盾构，仅靠国内市场生存补给远远不够，需要开拓海外市场。积极响应国家“一带一路”倡议和“走出去”战略，把握新机遇，适应新变化，经历国际市场洗礼，呈现国产盾构产业品质和主导地位，赢得国际市场声誉和品牌优势。总体看来，未来5年内，各类盾构机的市场需求应在1000台左右，销售额不低于500亿元。

在做强做大盾构制造业的同时，盾构服务业应时而生，并不断创新发展。一方面，盾构服务业增补产业链条，实现多环节增值。盾构服务业在配件集采、技术服务、掘进分包、维修改造、组装调试、营销租赁等方面开展增值服务业务，依此增值服务为突破口，延伸盾构产业链条，促进“上中下游”协同发展，提升盾构产业化水平，增强产业协调效应，实现盾构产品的多环节增值。另一方面，借助现代信息科学技术搭建供应链智慧服务平台。在盾构整机全生命周期中，通过互联网、云计算、大数据技术等搭建智慧服务平台，建立盾构机的全过程数据档案，包括配件和配置信息、设备设计参数、应用项目、施工监测、维修改造及过程问题等，形成大数据信息库，为盾构产业链条各个环节提供有效的决策依据。

（二）中铁盾构服务平台研发意义

中铁盾构智慧服务平台建设，不仅仅是盾构装备生产制造（或改造）业提供资源服务，推动盾构机设计优化升级，同时也为盾构装备使用客户提供智能运维和信息化管理服务，强化盾构施工安全生产，依次彰显中铁盾构服务品牌，提高中铁工服的核心竞争力。

1.以科技创新为引领，推行盾构准备信息化管理

中铁工服以科技创新为引领，充分融合互联网+、大数据、云平台思维和方法，依托BIM系统和手机APP，自主研发了具有自主知识产权的盾构云服务平台。该平台推行盾构准备信息化管理，提高了管理效率。一是充分运用“互联网+”思维，使用二维码取代传统设备编号管理，针对每台设备制作二维码，通过手机扫描二维码了解设备管理编号、设备参数信息、厂家情况、维修保养情况、调动履历等主要信息，为设备形象、定期保养、生产调配等提供参考依据。二是实时对盾构设备进行全面远程监控，及时发现并排除设备安全、故障隐患，包含设备管理情况、资产情况、设备利用率、闲置情况、生产进度、安全质量等内容，不间断推送给公司相关部门和领导以及施工现场的相关人员，使其充分了解盾构设备的运营情况。三是利用APP手机管理平台，建立了一套系统化、流程化的多维一体的信息交流模式，实现盾构设备的运输、调拨、运行、维修、保养、配件使用的信息化管理机制，使得相关人员全面掌握施工现场的设备管理信息。四是充分利用该平台，广泛收集设备租赁信息，通过闲置资源的共享并将其与需求用户间实现匹配，促进闲置盾构设备外租市场业务的开发，从而实现社会效益的最大化。

2.以3D可视化监控为手段，助力盾构施工安全生产

为有效指导盾构施工，中铁工服利用“3D实景技术”搭建3D可视化安全智能监控系统，将盾构装备现场施工的信息点位，在三维实景图对应的位置进行标注，点击图片或图标，即可直接调取对应监控图像，获取点位详细信息。一方面，实时展示盾构装备的状态，实现“身临其境”、“所见即所得”的操控体验，更好地指导现场施工。另一方面，建立盾构数据监控中心，实时收集各信息点位的盾构施工参数，分别针对地层与对应的盾构掘进参数进行大数据统

计分析，以更科学地辅助类似地层施工，有效解决施工困难，规避施工安全风险，提高安全性能、提升效率。

3.以互联网+服务为主线，彰显“中铁盾服品牌”实力

目前，互联网正加速对服务业全面渗透，已成为现代服务业发展的基本要素和重要支撑。中铁工服紧抓时机，以互联网思维引导盾构服务业发展，彰显中铁盾服品牌实力，推动传统盾构运维服务转型升级，打造中铁盾服核心竞争力。一是以盾构远程监控为先导，筑牢“互联网+服务”基础。目前，中铁盾构服务平台主要功能在于对在建项目的综合管理，可进行盾构机在线监测、盾构维保、进度管理、掘进档案、风险预警等功能模块的研究与应用，解决远程监控盾构机运转情况与设备健康状况这一长期难题。平台结合项目信息与地层数据，将盾构机在施工过程中的运行参数、报警信息、能耗情况、材料耗损等数据实时采集到数据中心，为不同角色开发对应的数据运用功能模块。将应用成果以产品或服务形式向相关客户推广，在获得经济效益的同时扩大此系统在业内的口碑和影响，提升了中铁工服盾构相关产品的品牌形象。二是通过Web端及手机APP端，拓展“互联网+服务”内容。目前，可通过Web端及手机APP端指导一线施工，极大的方便管理者进行管理及决策。利用大数据的结论针对盾构关键部件的设计进行反馈指导，以此来实现装备制造领域的信息闭环设计，推动盾构服务的多元化、便捷化、信息化发展。三是走盾构产业化之路，助推“互联网+服务”发展。中铁工服一方面在立足自主研发的盾构云平台基础上，通过引进消化吸收，掌握核心技术和关键技术，实现再服务创新。一方面开发具有高技术含量、高附加值、自主知识产权的盾构服务产品，获得更高的利润，提高企业核心竞争力。

二、中铁盾构服务平台研发成果

中铁盾构服务平台以远程数据采集为手段，依托大数据处理技术与移动互联网技术，实现盾构机运行监控、报警管理、健康诊断、掘进进度与安全风险管控、部件维护保养、项目资料归档、安全教育、工序优化及智能掘进等应用功能。结合项目信息与地层数据，将盾构机在施工过程中的运行参数、报警信息、能耗情况、材料耗损等数据实时采集到数据中心，然后通过网页或者手机APP 的方式将采集到的数据进行处理和可视化展示，为不同客户群提供定制化的服务需求和大数据决策支撑。

（一）中铁盾构服务平台服务定位

中铁工服以掘进机租赁产业为载体，不断完善产业服务链条，从掘进机单一租赁到掘进机全寿命周期运营管理服务，从整机租赁到零配件供应服务，从自有掘进机租赁到构建社会掘进机平台服务，从掘进机工程技术咨询服务到掘进机项目专业分包，从掘进机专项技术研发到掘进机专项技术产品输出，建成管理技术型高新企业，成为“国内一流的高端工程装备管理及运用综合服务商”。相对于主要竞争对手，中铁工服业务形态更加丰满，同时经过多年来的努力，已将自身打造成一个值得社会信赖的综合服务平台，具有切实可行的、明确的市场定位。

（二）中铁盾构服务平台服务需求和内容

1.服务需求

智慧盾构服务平台是集大数据、云计算、人工智能、物联网、移动互联网等新技术为一体的服务平台，是新技术在工程领域的探索和实践，也是深入推进工程领域供给侧结构性改革，实施智慧生产的强有力支撑。该平台面向不同客户群的不同需求，提供优质盾构信息化服务。主要服务对象和需求：

（1）业主单位：进度安全质量管控；

（2）施工单位：进度安全质量管理、项目进度与材料消耗数据、掘进进度管理等；

（3）专业工程师：在线监测与远程诊断；

（4）维保工程师：设备预警与报警提醒；

（5）科研单位：盾构机运行参数对比分析、发掘异常数据；

（6）生产企业：基于数据的工艺改良。

2.服务内容

目前，中铁盾构服务平台的服务内容包括盾构机监控、调度、维保以及日常服务管理。未来，依托盾构云平台和大数据中心，向客户提供配件交易、数据决策服务和盾构实操培训等服务，参见图1。

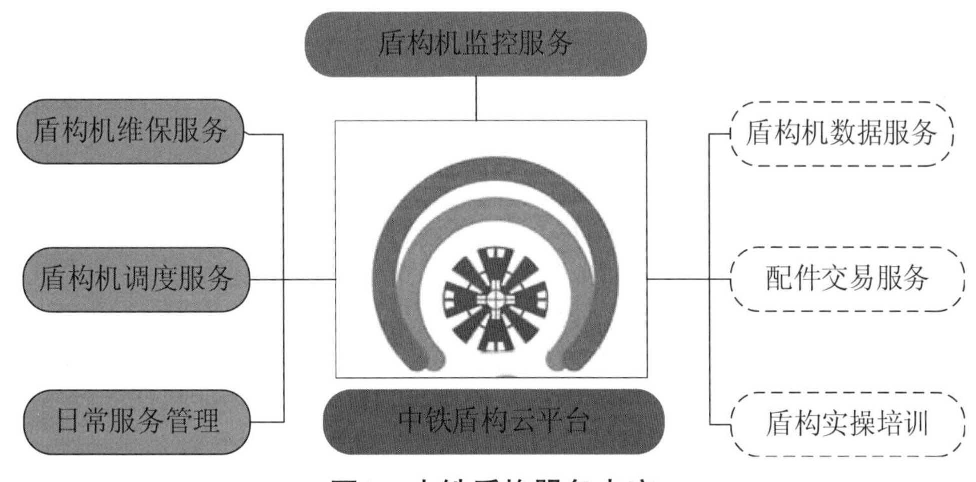

图1　中铁盾构服务内容

（三）中铁盾构服务平台创新模式

中铁工服以跨界技术优势为依托，依托盾构实时监控系统、安全风险管理系统、智能维保管理系统、装备调度系统、大数据分析与服务系统以及未来设计开发的共享联合运维系统、租赁运营系统等优质产品，提升“网上平台+实体业务”的互促优势，推进“互联网+平台+全产业链服务”的多业态商业模式创新，工程服务行业的品牌影响力将稳步提升。

（四）中铁盾构服务平台研发目标

中铁工服研发中铁盾构服务平台的主要目标是为了让地下空间开发更容易，让城市轨道交通、综合管廊等工程的技术更简单、施工更安全、管理更高效，让装备生产商所需反馈数据更及时、优化设计与制造更精准，使盾构施工更智能化。

1.帮助实现对盾构机设备和盾构施工现场的科学化管理。平台通过实现风险源统计提醒、盾构机数据实时监控、现场视频监控、材料消耗统计、报警信息收集、维保信息统计等功能，使盾构施工及设备管理更加科学高效。

2.为盾构机的优化升级提供依据。通过对平台统计的盾构机报警故障统计分析可以知道某台盾构机或某个厂家的盾构机哪些零部件经常出现问题，通过对经常出现问题的零部件进行优化、改造或替换，可以实现盾构机的优化升级，提升盾构机整体性能。

3.实现盾构施工智能化。通过对盾构施工数据的深度挖掘，可以得到不同的地质条件下的盾构机最佳施工参数组合模型，形成盾构施工智能化掘进参数包，利用物联网技术及人工智能技术实现盾构机无人驾驶，使盾构施工智能化。

4.与盾构机调度指挥系统相结合，实现盾构机的科学调度，盘活盾构资源。盾构机调度指挥系统中，可根据不同地层所需的盾构机类型在盾构云平台的入网盾构机资源池中自动匹配符合施工要求的就近盾构机，进行科学实时调度，避免盾构机闲置，降低管理成本。

中铁盾构服务平台系统架构

中铁盾构服务平台是将数据技术和互联网技术应用于建筑施工的典型案例，系统充分融合了互联网+、大数据、云平台思维和方法，主要用于为盾构施工提供优质的信息化服务。平台的整体构架由数据采集模块和功能应用模块两个部分组成，如图2所示。

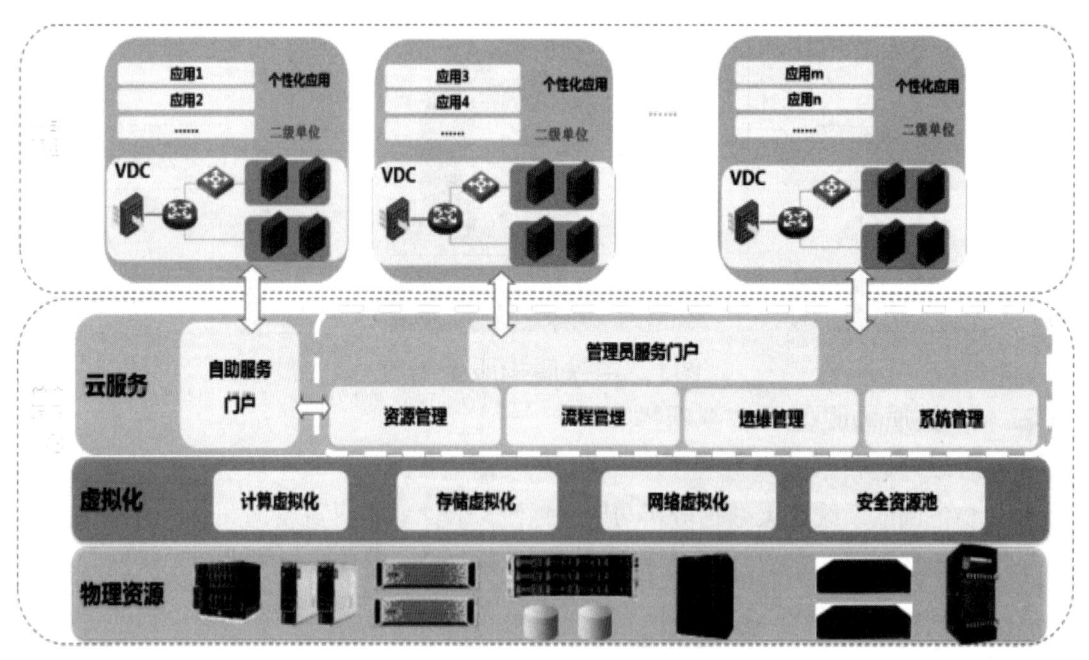

图2 中铁盾构服务平台架构

中铁盾构服务平台整体分为如下6大部分：

1.物理层

物理层包括运行云服务平台所需的云数据中心机房运行环境，以及计算、存储、网络、安全等设备。云数据中心机房的部署按照分区设计，主要分为数据库区、业务应用区、存储区、系统管理区、网络出口区和安全防护区等区域。

2.资源抽象与控制层

资源抽象与控制层通过虚拟化技术，负责对底层硬件资源进行抽象，对底层硬件故障进行屏蔽，统一调度计算、存储、网络、安全资源池。其核心是虚拟化内核，该内核提供主机CPU、内存、IO的虚拟化，通过共享文件系统保证云主机的迁移、HA集群和动态资源调度。同时通过分布式交换机实现多租户的虚拟化层的网络隔离。

3.云服务层

云服务层提供IaaS、PaaS和SaaS三层云服务：

IaaS服务：包括云主机、云存储（云数据盘、对象存储）、云数据库服务、云防火墙、云负载均衡和云网络（租户子网/IP/域名等）。IaaS层服务向PaaS层提供开放API接口调用。

PaaS服务：包括消息处理队列、通用中间件（请求代理、事物处理、地理信息）、数据交换平台、开发测试平台，为上层行业应用提供标准统一的平台层服务，并提供API接口和SDK开发包，供SaaS层软件开发与部署调用。

SaaS服务：包括本项目需要上线的各应用平台等，本层服务的提供由应用软件开发商完成。

上述云服务通过自助服务门户，向各用户提供自助的线上全流程自动化交付。用户可以在自助服务门户上进行服务的申请，完成审批后相应的云资源将会交付给用户远程控制使用。

4.云安全防护

云安全防护为物理层、资源抽象与控制层、云服务层提供全方位的安全防护，包括防DDoS攻击、防火墙、IPS、租户隔离、认证与审计、数据安全等模块。满足国家安全等级保护3级的部署要求。

5.运行监控与维护管理

此模块为云平台运维管理员提供设备管理、配置管理、镜像管理、备份管理、日志管理、监控与报表等，满足云平台的日常运营维护需求。

6.云服务管理

此模块主要面向云管理员，对云平台提供给用户的云服务进行配置与管理，包括服务目录的发布，组织架构的定义，用户管理、云业务流程定制设计以及资源的配额与计费策略定义等。

（六）中铁盾构服务平台主要功能

中铁工服围绕着盾构云服务平台为不同角色开发对应的功能模块。目前已搭建并实施的主要功能模块包括盾构云实时监控系统，智能掘进参数包、盾构机及物资调度指挥系统、盾构机AR远程专家故障诊断及协助系统、盾构云大数据平台。

1.盾构远程实时监控系统

盾构远程实时监控系统在线监测和远程诊断系统通过对盾构的关键部件的实时在线监测和

远程监控，能够及时获取设备的状态参数，了解设备关键零部件的使用情况。主要包括四部分内容全景浏览、盾构集群、单机分析、集群报警，各部分运行如图3所示。

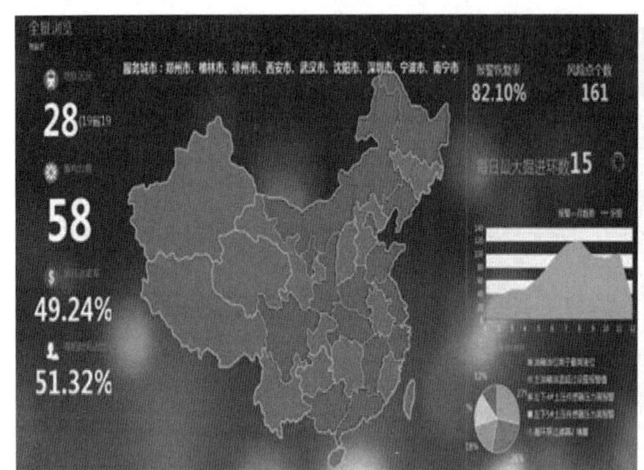

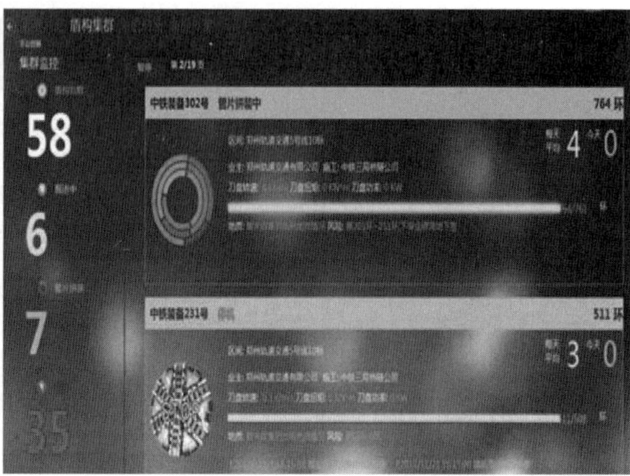

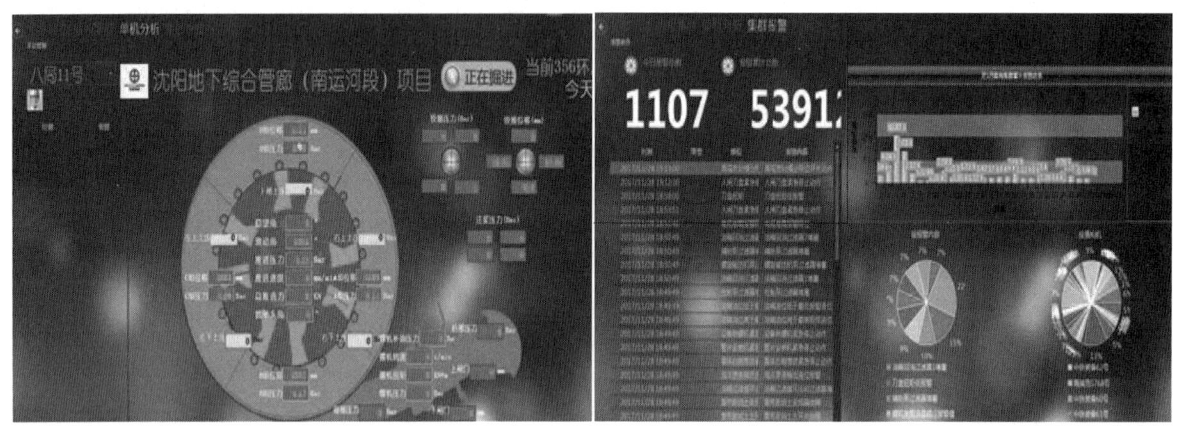

图3　盾构云实时监控系统各模块运行图

盾构远程实时监测系统是用于实时显示盾构司机室的盾构机数据，采集数据的频率为每10秒钟采集一次。该系统包括主监视、导向系统、注浆系统、泡沫系统、电力参数、累积量、运行参数诊断、三维视角、地面沉降监控、远程故障诊断、智能决策等18个模块。

通过采集施工现场盾构机实时数据、施工工艺数据、地质数据等并进行智能化分析处理，以列表、图表、三维导引视图和flash动画等可视化形式展示，快速直观地帮助用户管理层掌握盾构施工状态，实现盾构施工的远程监控。

2.盾构全程视频监控系统系统

为了方便了解现场情况，可根据需要将现场的监控接入盾构云平台，用户可以远程通过手机或网页实现对现场的视频监控，若需要同时观看多个监控，可以自由选择2x2.3x3以及4x4视频观看。设备视图主要是对盾构机设备的情况进行统计展示，包括的主要内容有盾构机配置介绍、盾构机维保、维保历史记录和盾构机履历等等。

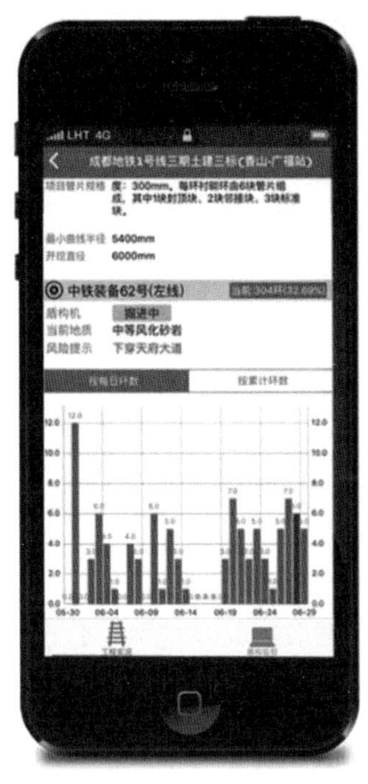

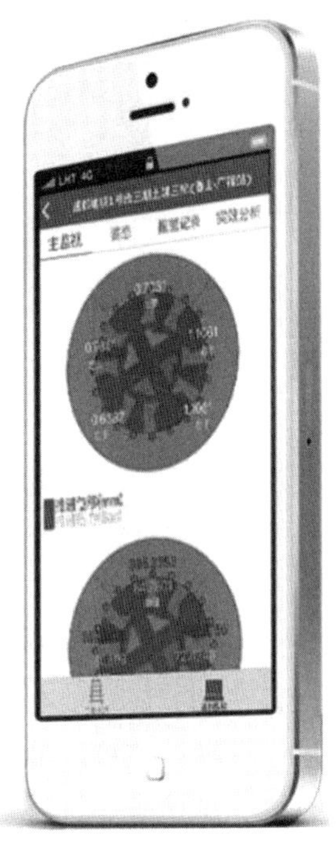

图4　手机App界面

3.盾构安全风险管理系统

盾构安全风险管理系统是一套集数据采集与传输、风险分析与评估、警情预报、应急指挥等功能于一体的信息化管理系统。是基于互联网、智能手机、视频监控等信息技术，将施工现场视频、图片、巡检报告、人员考勤、井下人员位置信息、监理报告、地勘资料、设计图纸、监测数据和盾构掘进参数等进行在线及时传输，并集中存储和处理；在施工数据基础上，实现实时综合分析、风险提取、风险追踪管理、应急预案管理等工作，主要实现“发现风险、控制风险、提高各级人员责任心、集中专家资源、快速反应、排除工程隐患”等功能。实现参与建设各单位之间的信息共享，实现业主、项目部、施工企业和监理对项目的及时监控与管理、应急决策与指挥。

4.盾构智能维保管理系统

盾构智能维保管理系统为运维管理员提供设备管理、配置管理、镜像管理、备份管理、日志管理、监控与报表等，满足云平台的日常运营维护需求。维保管理平台将传统运维服务转变成智能化服务，既能提高效率，减少成本，又能够积累基础数据和运维经验，以备后需。

5.盾构装备调度指挥系统

盾构装备调度指挥系统就是为了实现盾构机的科学调度，盘活盾构资源，提高盾构装备的最大价值。盾构机调度指挥平台中，可根据不同地层所需的盾构机类型在盾构云平台的入网盾构机资源池中自动匹配符合施工要求的就近盾构机，进行科学实时调度，避免盾构机闲置，提高资源利用率和效益，降低管理成本。

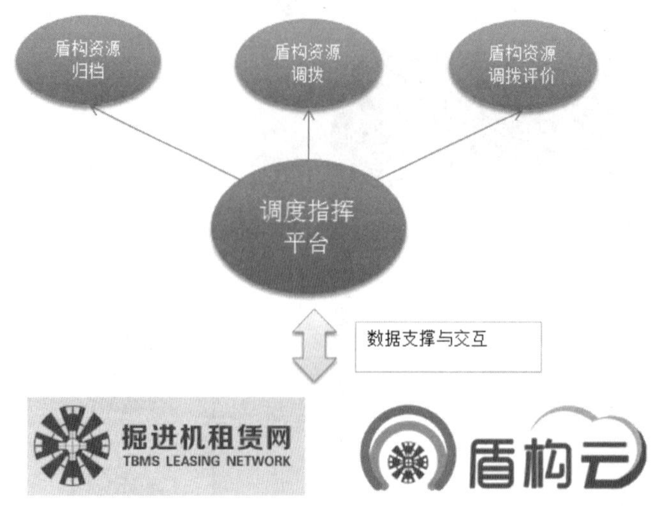

图5 盾构装备调度指挥系统

6.盾构大数据分析与服务系统

盾构的运行状态进行监控和管理的基础上，将盾构运行状态参数及工况数据，通过采集终端经PLC、光纤、路由器、VPN隧道传输至远程数据中心，数据存储使用工业级实时数据库，采集频率可达毫秒级。业务基础—对各类盾构机（机、电、液）深入分析，提供盾构轨迹、管片轨迹、单环分析、掘进效率等统计分析功能，以便管理决策层把握各项目施工情况。进行盾构施工大数据相关性、关联分析、影响因素分析，关键子系统健康管理和故障诊断，基于大数据的比较、聚类、预测实现对盾构施工进行远程管理。

三、中铁盾构服务平台应用与实践成效

中铁盾构服务平台自2016年开发一年多以来，无论是在业绩还是在整个体系功能模块上都取得了丰硕的成果。公司正在搭建多项更加实用及完备的功能系统，在不久的将来通过盾构云将会极大的提高用户在对地下空间开发项目管理中的实用性、便捷性。

（一）盾构智慧服务平台实际应用成效显著

目前，盾构机入网台数为82台，包括中铁二局、中铁四局、中铁七局、北京工程局等20余家中铁内部单位，中建八局、中水十四局、葛洲坝集团、中铁隆等6家中铁外部单位，分布于全国17个城市，28个项目，共计48个区间。2017年完成新签合同额7.18亿元，其中盾构租赁完成6.20亿元，占比86.35%；施工技术服务0.94亿元，占比13.10%；信息技术服务0.035亿元，占比0.48%。2017年完成施工营业额6.13亿元，其中盾构租赁、技术咨询及配套服务3.09亿元，占年度计划的96.5%；施工技术服务2.96亿元，占年度计划的111.7%，科研技术产品810.5万元，占年度计划的54%。2017年实现营业收入5.2亿元，其中盾构租赁、技术咨询及配套服务收入3亿元，施工技术服务收入2.16亿元。2017年实现净利润6305万元。

截止到2018年6月，签订盾构机入网合同数量170余台，公司装备管理及研发服务实现销售收入3.6亿元，施工技术服务可实现销售收入4亿元，信息化技术服务可实现销售收入1000万

元，基本完成年中经营目标。

（二）盾构施工实时监测系统指导运维服务成效显著

应用“盾构施工实时监测系统”的好处在于，可以对盾构施工作业进行全过程、多方位动态监控，实现对盾构推进过程中的各项施工参数的实时监控和预警、报警，清晰显示盾构施工区间各级风险源的影响区域，实现风险预测、风险提醒，方便各级工程管理人员随时掌控区间整体风险分布状况，明确管控重点，同时还能提供强大的数据分析功能，方便技术和管理人员对盾构施工的安全风险状况进行全面、客观的系统分析，以及时做出正确的判断和决策。

（三）盾构机及物资调度指挥系统明显提高调配效率

盾构机械设备具有资产价值高，专业技术要求严格，更新换代周期长，市场化程度低的特点，受经营生产影响，容易出现设备闲置和短缺现象，增加管理成本支出。因此，中铁工服打造了盾构云和掘进机租赁信息系统，积极收集掌握内外部盾构资源、行业信息、租赁需求信息，完善盾构机械租赁内部征询、申请、批复等，实现自由盾构机及在用状态信息实时查询功能，盘活存量、控制增量，以智慧化管理手段提高调配效率。

（四）盾构大数据共享提升服务品质和效益

大数据和服务平台采集项目工点基础、地面沉降、水平位移、地质、盾构机运行参数、工点风险、监理日志、隐患、工程资料、视频图像等数据信息，通过多个子系统模块整合到一个数据共享平台上，积累最基础的资源源数据，有利于行业知识经验积累、工法改进和技术创新；提升项目管理人员对施工进度、安全质量、成本控制等关键信息的即时感知能力，达到及时决策、高效沟通、减小施工风险的目的，树立在行业中的品牌，促进由传统企业向现代化企业的转型。

四、中铁盾构服务平台未来发展规划

（一）深挖大数据资源，助力盾构精益管理

中铁工服搭建的盾构云大数据平台，可以实时对设备状态，地质、掘进压力、掘进进度、沉降出土量、管片拼装、能耗情况、材料耗损、现场视频以及沿线重要设施等数据进行采集、存储、安全传输，积累最基础的资源元数据，并在运行过程中不断更新数据信息，形成大数据库。另外，大数据平台建立了海量数据挖掘模型，打通了大数据壁垒，形成面向不同客户的高度共享的大数据库，通过大数据平台横比、环比等多维度分析，提供盾构装备优化制造、精准营销、施工方案订制以及盾构精准运维等全方位的信息化服务，进而推动盾构施工行业向智能化方向发展。

（二）共享联合运维专家，提升中铁盾服品质

中铁工服即将开发的盾构机AR远程专家故障诊断系统及共享系统，通过共享运维专家远程操控，进行运维场景实现监控预测、故障诊断、故障恢复以及指导现场维修等智能运维闭环操作。智能化运维系统具备强大的自动化、批量化处理能力，帮助用户轻松化解疑难问题，高效创建优质服务。同时，全国范围内招募运维专家并深度合作，建立联合运维模式，为客户提

供主动、连续式服务，远程运维服务、评估优化、运维解决方案等服务项目，助力行业客户实现共赢，进而提升中铁盾服的共享品质。

（三）增补模拟仿真实训功能，拓展增值服务

中铁工服围绕盾构服务平台增补模拟仿真实训功能模块，在行业内拓展增值服务。一是通过模拟仿真实训功能，为企业新入职员工进行岗前培训服务，包括行业发展现状、盾构装备研发、设计、制造、施工、维修等全过程介绍，盾构装备的远程监控操作，常见问题解决方案，使得新员工初步感知盾构施工技术的先进性。二是组织举行盾构施工技术交流会，邀请行内专家及高校教授进行现场授课，并组织施工技术管理人员参观学习。

五、结论

中铁工服自主开发的智慧盾构服务平台呈现一种“生态圈”式发展状态，包括盾构云施工版、业主版、现场版，中铁盾构机调度指挥系统、土压平衡盾构机模拟器、盾构机在线净油机产品及中铁盾构AR增强展示平台等一系列相关产品，这些产品紧紧围绕盾构装备的研发、设计、制造、销售、运营、运维等环节展开定制化服务，通过不断科技创新和融合发展，逐步解决/完善实际应用难题，使得盾构服务更加智能化、人性化、便捷化，进而彰显中铁盾构服务的优质品质和品牌。

成果创造人：苏叶茂、牟　松、章龙管、李开富、段文军、张中华

以创建国际一流水电企业为目标的智能化水电厂建设

华能澜沧江水电股份有限公司小湾水电厂

一、项目实施背景

建设智能电厂是我国电厂自动化、信息化发展史上的新阶段。随着智能控制、通信技术和计算机信息技术的不断发展，智能电厂必然是发展大趋势。提升电厂智能化生产管理水平，使电厂生产更加安全、更加高效、生产成本更加节约、更加适应市场竞争，已普遍成为国内外电厂的努力方向。

（一）电力系统发展的需要

2015年，国家发改委下发《关于促进智能电网发展的指导意见》（发改运行［2015］1518号文）提出发展智能电网是实现我国能源生产、消费、技术和体制革命的重要手段，是发展能源互联网的重要基础。文件要求全面提升电源侧智能化水平。加强传统能源和新能源发电的厂站级智能化建设，提升电源侧的可观性和可控性，进一步提升各类电源的调控能力和网源协调发展水平，全面提升电力系统信息处理和智能决策能力。国家能源局《电力发展“十三五”规划》也明确提出要提升电源侧智能化水平，加强传统能源和新能源发电的 厂站级智能化建设，促进多种能源优化互补。智能电厂建设是智能电力系统建设的关键组成部分之一，是我国电力系统进一步发展的需求。

（二）自身生产和管理提升的需要

小湾拱坝是世界首座300米级混凝土双曲拱坝，工程难度为世界之最。700MW水轮机组最大水头251m，最小水头164m，变幅达87m，在同类机组中水头最高。从电厂首台机组投产到6台机组全部建成仅用了不到11个月时间，均实现一次启动成功，一次试验成功，一次并网运行成功，均实现连续安全稳定运行180天无非计划停运，在全国大型水电厂尚无先例。

小湾电厂按“无人值班、少人值守”的原则设计，应用了自主创新且具有国际先进水平的监控、保护和监测等自动化系统，不同的自动化系统间采用网络或现场总线通信方式实现分布式信息数据的交换功能。电厂配备独立完整的计算机实时监控系统，对电厂运行参数、设备故障等信息进行集中采集、储存记录、远程传输，对水轮发电机组、开关站、闸门等设备具备集中远程操作与控制的功能。小湾电厂已具备了较高的自动化水平，但距离自动化水平更高层次的智能化电厂还有一定的差距。

小湾电厂建设和运维的高起点、高标准、高要求，需要先进的信息化、智能化技术作支撑，需要有智能化的生产和管理模式作保障。同时为顺应国内外智能化电厂发展的大趋势，增强行业竞争力、保持技术领先优势，实现向智能化电厂转型，开展智能化水电厂建设势在必行。

（三）发电企业市场竞争的需要

随着电力市场化改革的不断深入，电能直接参与市场竞价交易，对发电企业进一步提高生产效率，提高安全生产水平，提高标准化、精细化管理水平，提质增效提出更高要求。传统的分散式微机控制系统自动化模式，已不能适应发电企业的发展需要。以物联网、三维可视化、虚拟现实、人工智能、大数据分析、云计算等技术运用为特点的智能化电厂是电厂管理和生产自动化水平的重大飞跃。

（四）创建国际一流水电厂的需要

2012年，华能集团公司发布关于《深入推进创建具有国际竞争力世界一流企业工作的总体指导意见》文件，小湾电厂被确定为集团首批“创一流”试点单位。在公司《国际一流水电厂评价标准及实施细则》综合评价指标中对技术创新进行了如下要求：在电站优化运行、设备在线监测、开展状态检修、电厂智能化探索等方面取得成果，以技术进步为基础促进电厂运行更安全、更高效、更节能、更环保。在管理创新方面则要求电厂实现无人值班，推进智能化水电厂建设。

为此，小湾电厂以创建国际一流水电厂为目标，持续开展智能化水电厂建设与创新工作，逐渐形成了一套特色鲜明、实效显著的智能化水电厂管理模式。

二、项目主要创新点

（一）建立了智能水电厂体系架构，创建了生产智能化、管理智能化两大模块。智能运维、智能巡检、智能检修、智能库坝构成了生产智能化。SAP数据的深度挖掘应用及“互联网+”技术的推广应用构成了管理智能化。

（二）研究制定了智能运维系统策略，制定了分工况趋势分析策略与预警策略，创建了智能诊断专家库、智能人机交互平台、智能检修（状态检修与维护）平台。

（三）研究制定了智能巡检策略，开发了智能巡检机器人。

（四）研究制定了智能库坝管理策略，开发了大坝安全监测可视化管理及预警系统，实现枢纽工作性态的健康诊断和分级预警。

（五）开发了智能仓储系统，构建现代化仓储管理模式，实现仓储管理智能化。

三、内涵和主要做法

（一）统一思想，成立智能化电厂建设组织机构

近年来，电厂在智能化电厂建设方面，进行了积极的探索尝试，积累了有益的经验，取得了初步成效。为更好提高电厂生产运行管理智能化水平，切实研究、解决好智能化电站建设

中的主要问题，确保建设工作的顺利开展，电厂专门成立了智能化电厂领导小组。由电厂厂长担任信息化领导小组组长，分管副厂长担任领导小组副组长。领导小组下设办公室，具体负责智能化电厂建设工作的组织和实施。

（二）高屋建瓴，构造智能化电厂管理体系

小湾电厂以创建国际一流水电厂为目标，大胆创新实践，成功摸索出智能化电厂管理体系，即“以智能运维、状态检修及状态维护、智能巡检、智能库坝为主要内容建立的生产智能化，以安全生产管理体系信息化、班组管理标准化、检修全过程管理信息化、智能仓储、智能安全与防护为主要内容建立的管理智能化，生产智能化和管理智能化两大方面构成了小湾电厂特色智能化电厂管理体系”。根据智能系统和设备功能及内涵的不同，小湾智能化电厂管理体系又分为智能管理层、智能监管层、智能监控层、智能设备层。

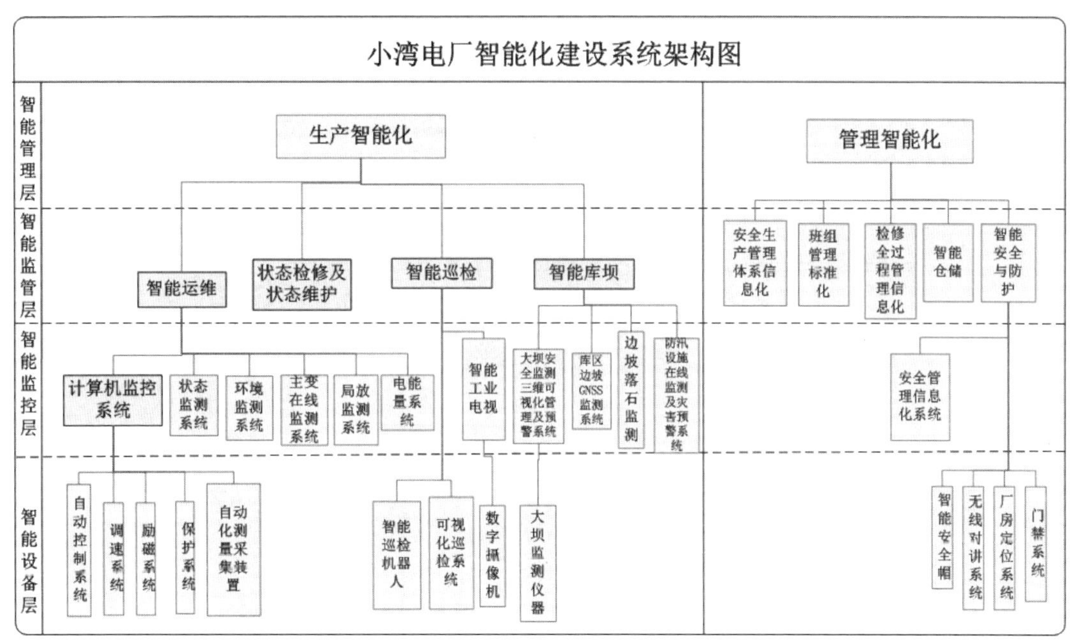

图1　小湾电厂智能化电厂管理体系

智能管理层包括生产智能化和管理智能化，智能管理层并不是实际的设备或系统，而是一个综合的体系，体现智能生产、智能管理与智能决策的理念，实现生产运营的安全性、经济性、可靠性、高效性，实现管理标准化、信息化、智能化。

智能监管层汇集了生产过程与管理的数据与信息，实现生产过程的寻优指导，设备状态监测与故障预警，实时监控与三维可视化等。达到以机器智能生产监管代替人工生产监管的目的。

智能监控层指计算机监控系统、状态检测系统等智能监测或控制系统。

智能设备层指各种先进检测系统与智能测控设备。

（三）紧跟前沿，开创智能运维管理模式

小湾电厂紧跟信息技术的发展前沿，将先进的信息技术应用于电厂运行维护生产管理，

以技术进步推动运维管理模式变革，创立了智能运维管理模式。电厂建成了生产数据分析中心（动态数据分析平台），实现了历史曲线查询、生产报表查询、测点越限报警和设备趋势分析等功能。

为将人工智能、大数据、云计算等新一代信息技术应用于电厂运行维护生产管理，小湾电厂完成了智能运维云系统建设规划。智能运维云系统通过搭设统一的私有云平台，对业务系统进一步云化整合。通过对底层服务器硬件及存储硬件进行统一规划部署，在硬件之上构建虚拟化平面，建立统一的计算资源池，网络资源池，存储资源池。通过云平台管理组件实现对云平台所有计算、存储、网络资源、服务和基础设施的运维管理。小湾电厂智能运维云系统将采用私有云，并预留与公有云或混合云的接口，后期与公司进行无缝对接。系统将对全厂自动化系统数据重新进行整合，形成功能更加强大的电厂生产数据分析中心。智能运维云系统大数据分析结果将用工业APP、html方式或远程登录平台方式展示。

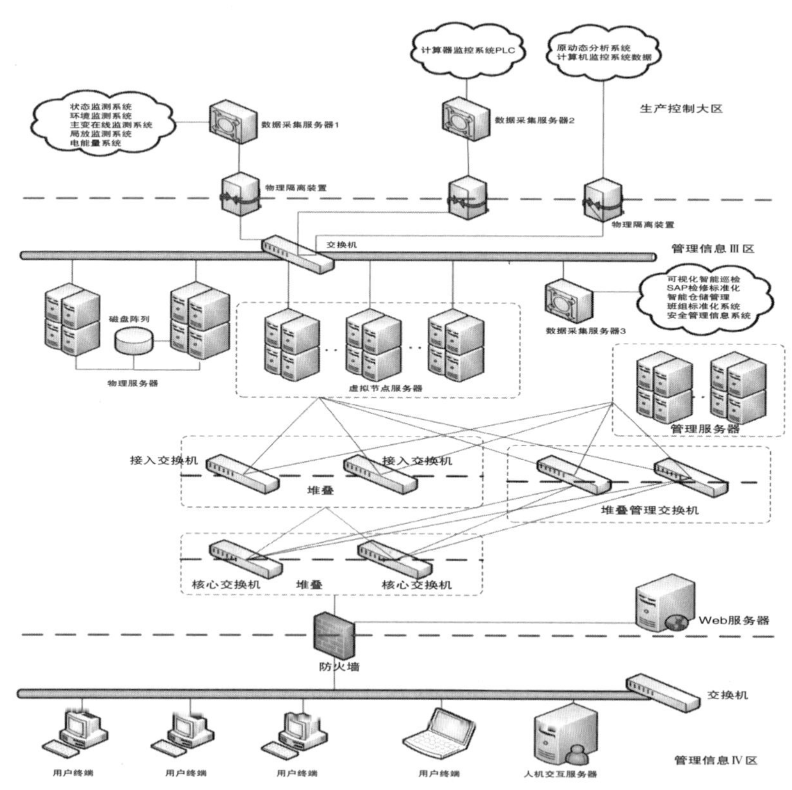

图2 小湾电厂智能运维云平台拓扑结构图

小湾电厂智能运维云系统的功能主要包括生产信息监视、曲线查询、报表统计、趋势分析、智能预警、一览表查询、测点分析、人机交互、开停机监视、状态检修、状态维护、智能诊断专家库、设备评级管理、系统管理、移动APP远程监视等。其中设备运行趋势智能分析，通过对电厂主设备和重要辅助设备的运行趋势自动分析并形成趋势分析图，通过人机交互界面，分系统、分设备、分级别展示设备实时健康状态，采用对抗性神经网络技术，加速机器深度学习的过程，不断完善趋势分析模型。智能预警通过研究故障报警阈值和应对策略，分工况对系统测点采取上下限定值报警、测点变化率、同类型测点横向纵向综合对比分析等多种方式进行预警，达到智能预警和预判目的。智能诊断专家指导，根据运行规程、检修作业指导书、检修规程、运行状况、缺陷处理经验等确定每类设备的主要故障模式，研究故障报警阈值和应对策略，达到智能预警和智能预判目的，能够快速形成故障分析报告，提高运行监盘效率，并采用对抗性神经网络技术，加速机器深度学习的过程，不断完善智能诊断专家库模型。

人工智能、云计算、大数据分析等新一代信息技术的运用，将全面变革水电厂的运维管理模式。生产报表自动生成、生产数据智能分析、设备健康智能诊断、设备异常智能预警等功能将更加完善。运行维护人员与智能运维云系统通过短信交互，还可获取处理故障的专家诊断意见。在智能运维模式下，运行维护人员工作量将极大减少；运行人员24小时监盘将转变为“无人值班”；运行数据统计分析将由计算机自动完成并输出；具有自学习功能的计算机实时计算分析不同工况下设备的健康状态并进行预警。智能运维模式还将提升水电厂运行设备在线诊断与状态检修维护能力，为电厂安全经济运行、主设备状态检修决策等智能应用提供平台支撑。

（四）推陈出新，建立状态检修及状态维护机制

当前电力体制改革形势下，电力市场整体呈现供过于求的趋势，发电企业间的竞争日益激烈，传统计划检修模式不能很好地适应电力市场的需求。状态检修是通过运用综合性的技术手段，准确掌握设备状态，预测设备故障发生、发展趋势，借助技术经济分析，进行检修决策的一种现代化的设备检修模式。小湾电厂在总结借鉴国内其他电厂开展的状态检修模式下，提出了“状态检修+状态维护”新模式。

状态检修根据设备运行趋势年分析、风险及寿命评估及各类规程规范等内容，对各系统的设备关键部件、关键项、评价内容、评价标准（判据）及分数权重进行讨论确认，结合现场实际制定各专业状态检修策略。

状态维护根据状态监测与检测结果，对设备关键运行参数的变化情况开展运行趋势分析，并结合设备特点和使用寿命，分析设备固有的故障模式，制定状态维护任务。

小湾电厂创立的“状态检修+状态维护”管理模式，在国内首次制定了巨型水电厂的设备设施状态维护策略，实现了由预防性维护到状态维护的转变；系统的建立了巨型水电厂设备设施状态检修策略，首次创建了巨型水电厂设备状态评估模型。

（五）勇于实践，打造智能巡检管理模式

设备巡检工作是发电企业电力生产过程中必不可少的一项重要工作，是为发电企业生产设备的安全运转保驾护航。传统的人工巡检，依靠运行人员对巡检线路上的所有设备依次进行检查并记录巡检数据，具有费时费力、巡检质量差次不齐等缺点。以信息化技术、互联网技术、物联网技术为支撑的智能巡检，具有传统人工巡检无法比拟的优势。小湾电厂大胆创新实践，成功摸索出“智能巡检机器人+智能巡检摄像机+可视化巡检”三位一体的智能巡检管理模式。

1.智能巡检机器人系统

智能巡检机器人系统由轨道式智能巡检机器人、传输网络（智能巡检机器人及系统平台之间的数据交互）及中心综合管理平台三大部分组成。

轨道式智能巡检机器人主要由控制中心、电机驱动、轨道总成、升降机构等四部分组成，通过挂载各类摄像机和各类传感器实现音视频采集、烟雾探测、液体监测、噪音监测、再将这些信号通过光纤传输网络传输给系统综合管理平台，在系统综合管理平台可对摄像机（智能球机）等设备进行在线控制。在管理平台上通过制定相应逻辑策略，可实现智能报警输出及自动分析汇总。

智能巡检机器人系统采用智能图像分析技术，对设备信息、周围环境进行分析，分析结果与初始化的标准值或图像进行比对，并充分利用声音、烟雾、放电或火光等报警突变启动智能报警输出，可实现区域入侵，物品遗留/消失侦测，音频异常侦测、场景变更的侦测等功能。如发现设备异常，根据预案进行报警，并能联动预置位转向对准故障设备，进行抓拍与录像。

图3　小湾电厂水机室智能巡检机器人

智能巡检机器人系统具有全天候监视、可远程操控、巡检数据智能分析、智能报警等优点。目前小湾电厂已开发成功水轮机机坑智能巡检机器人，主要对水机室内噪声、转动部分运行情况、顶盖漏水情况、顶盖组合面螺栓情况、水导油盆盖板情况等进行监测。后续将开展出线电缆洞智能巡检机器人开发。

2.智能巡检摄像机

智能巡检摄像机采用热成像双目数字摄像机。摄像机视频信号统一上送工业电视数字平台现地控制柜。热成像双目数字摄像机实时监视设备运行情况，形成热图像监视画面和正常监视画面上送工业电视平台，可通过火电探测报警、拌线入侵、区域入侵等功能及时发现设备温度异常情况，提高设备运行可靠性，及时发现设备故障，避免电厂财产造成损失。

小湾电厂还研究利用工业电视与多系统联动，实现发生异常情况，工业电视自动锁定异常部位的功能。目前已实现了工业电视与火灾报警系统联动功能，当监控区域内发生火灾时，火灾报警系统以数字通讯的方式向工业电视系统传送报警信息，工业电视系统动环主机通过查询火灾报警系统的相关地址变量信息，将报警点与前端摄像机进行关联，实现火灾报警信号自动联动摄像机调取相关画面监视功能。除此之外，电厂还研究制定了工业电视与设备状态、水灾报警系统、环境监测系统、门禁系统联动的实施策略，待后续进行开发建设。

3.可视化巡检系统

在机器自动巡检未全实现范围覆盖的情况下，电厂研究开发了可视化巡检系统，用以辅助运行人员开展巡检工作，提高巡检工作标准化、信息化水平。

可视化智能巡检系统由后台服务器（后台管理软件+Mysql数据库）、PC端数据同步客户端、手机智能巡检终端等构成。

巡检人员到达相应位置扫描巡检区域二维码后，智能巡检终端便会自动调出巡检内容及标准，提醒巡检人员录入关键运行数据、巡检情况及设备缺陷照片，巡检人员还可通过智能巡检终端查看当前巡检设备的相关运行规程及正常运行特征图片来判断设备是否运行正常。通过可视化巡检系统的图文并茂的提醒提示功能有效地避免了巡检不到位、巡检质量参差不齐的情况。

PC端同步软件可将巡检信息实时同步至后台服务器。后台管理软件可实现关键设备运行趋势曲线生成、缺陷信息统计分析等功能。值班负责人及生产管理人员通过后台管理软件查看设备缺陷情况及缺陷统计分析情况可全面掌握设备健康状况。

（六）大胆探索，创立智能库坝管理模式

大坝监测和边坡库岸监测是水电厂一项重要的生产工作。通过探索实践，小湾电厂建立了以大坝安全监测可视化管理及预警系统为支撑的智能大坝监测管理和以库区边坡GNSS监测系统、防汛设施在线监测及灾害预警系统、边坡落石监测系统为支撑的智能边坡库岸监测管理。

1.大坝安全监测可视化管理及分级预警

小湾大坝监测数据海量，监测系统复杂，监测工作的专业性高，为了进一步消除不同管理层级、不同专业、不同水平人员对监测专业认知的差异，实现对异常测点的快速甄别和快速评判枢纽安全工况，小湾电厂开展了大坝安全监测可视化管理及预警系统建设工作，切实提高小湾大坝安全管理及技术决策水平。

小湾大坝分析评价及分级预警基于大坝安全监测成果。系统针对大坝工作特点，建立了包含历史极值评判准则、测值变化速率评判准则、关键部位及项目评判准则等内容的评判准则库，建立大坝安全评价模型和预警指标评判体系，实现对大坝工作性态健康的快速诊断和分级预警，并提出相应的应急预案与防范措施。

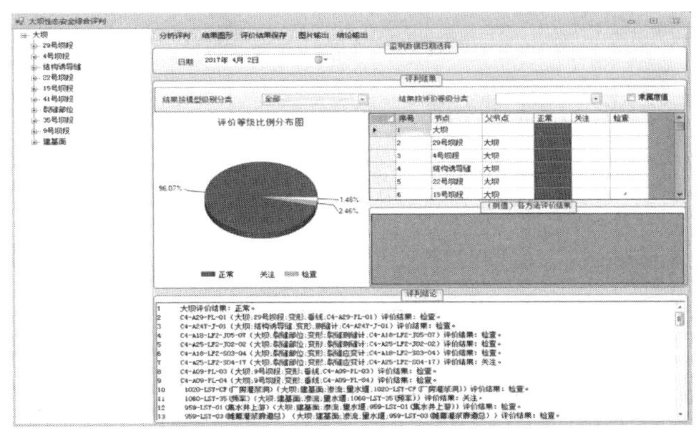

图4　大坝整体综合评判结果示意图

2.库区边坡GNSS监测

小湾水电站自蓄水后，库区八字耳朵和小水井滑坡体出现失稳，澜沧江库区大柏树边坡和黑惠江库区利皮边坡出现变形,存在失稳隐患。为对这四处边坡进行全天候自动监测，采用了GNSS变形监测方式。GNSS自动变形监测系统主要包括GNSS天线及接收机、太阳能供电系统、通信系统、防雷接地系统、GNSS监测系统基线解算软件、监控及分析等软件组成。该系统适合交通条件差、人工监测困难的工程部位。小湾电站的GNSS监测系统还大量运用了无线微波通信和独立光伏供电技术，最大程度地降低了施工难度和成本，实现了库区变形体全天候、实时在线自动监测。

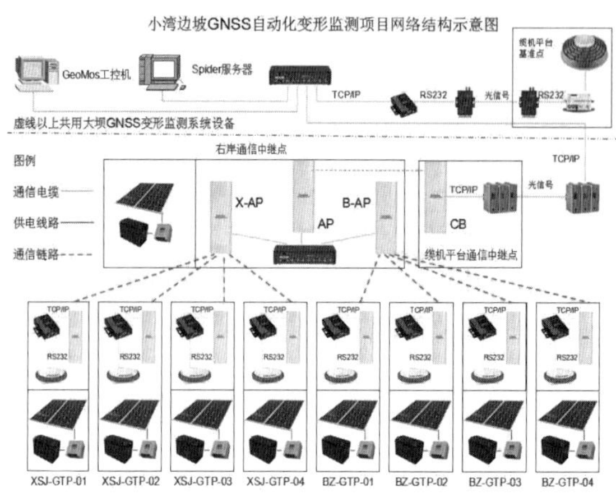

图5　小湾边坡GNSS自动化变形监测网络结构图

3.防汛设施在线监测及灾害预警

小湾水电站枢纽区面积约867公顷，枢纽区分布有250余条排水沟长约8万余米，200余条地下洞室群和10余个堆、弃渣场，枢纽区防汛设施维护管理线长面广，边坡高陡，堆渣体稳定系数低，人工巡检枢纽区防汛设施及边坡运行情况，巡查工作量大，巡查安全风险高。

为了及时掌握重要防汛设施和工区边坡安全稳定运行情况，保障防汛巡查人员的人身和财产安全，提高防汛管理工作效率，小湾电厂在电站枢纽区研究建立了防汛设施在线监测及灾害预警系统。系统主要由重点排水渠过流量监测、工区雨量监测站和灾害预警中心平台组成。

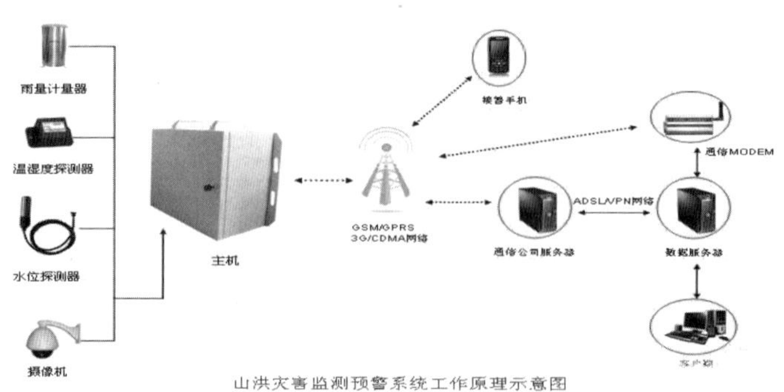

图6　防汛设施在线监测及灾害预警系统结构图

重点排水渠过流量是通过在排水渠内安装巴歇尔量水堰槽，根据所测液位差和水位，通过后台软件计算得出。工区雨量是通过在主要建筑物上安装的雨量自动监测装置测量得到。重点排水渠过流量、工区雨量数据经过储存和预处理后，通过远程数据通信网传输至灾害预警中心平台。

灾害预警中心平台主要由数据接收和处理软件、服务器和计算机组成，通过接收现场流量、雨量和水位等实时数据，并经过数据处理软件进行智能分析、统计和比较验证，及时发现数据异常和防汛设施异常，依据《小湾电厂突发事件综合应急预案》启动防汛应急分级响应，实时发布相关预警信息，实现智能分级预警。

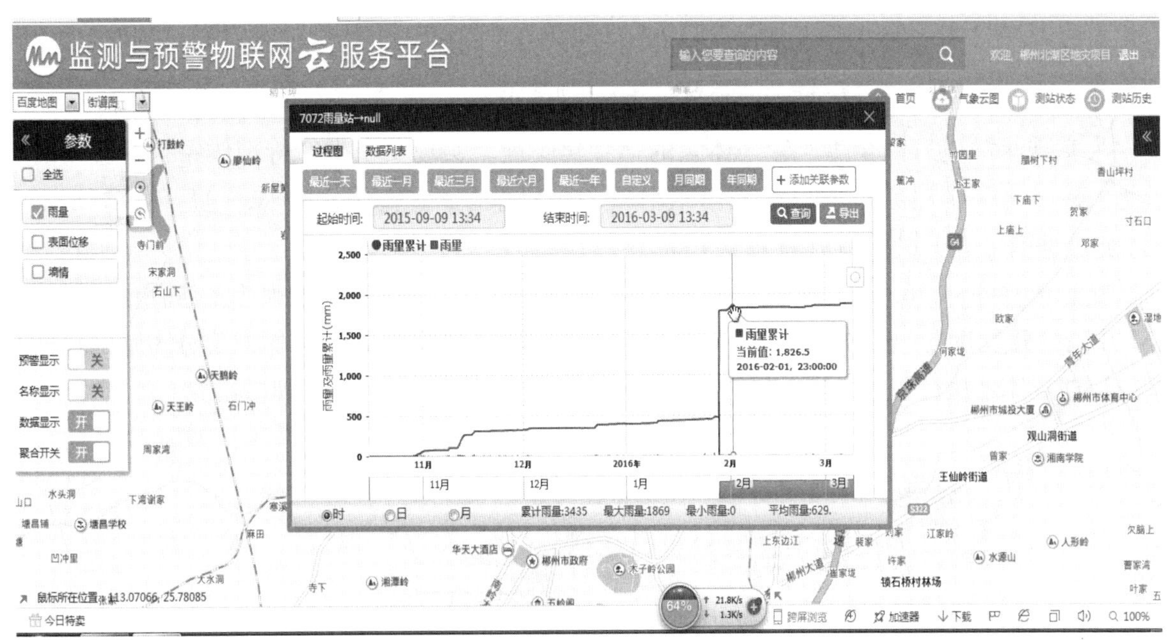

图7　灾害预警中心平台界面

4.边坡落石自动监测

自2011年以来，小湾水电厂先后采取了在危险边坡上安装了柔性被动防护网等工程措施，共安装约10000m2的被动防护网，对边坡落石危害起到了一定的防护效果。然而，边坡防护网安装位置普遍高陡，人员巡检不方便，不能很好地管理。鉴于上述原因，小湾水电厂在被动防护网上加装了边坡落石监测系统。

边坡落石监测单元由振动监测模块、短信数采单元、数据传输单元、云端服务单元四部分组成。通过在边坡被动防护网上安装加速度传感器接收振动信号，当有落石滚落时，振动监测模块将传输过来的模拟电流信号经模数转换后与系统设定的报警门限值作比较，若该数据大于设定的报警限值，则启动相应通讯模块，向指定的手机联系人发送预警短信和发送至灾害预警中心平台。通过边坡落石监测系统可以及时掌握边坡落石情况，方便应急人员做好抢险救灾和撤离等工作准备，同时能及时掌握防护网情况，便于更好的管理边坡防护设施。

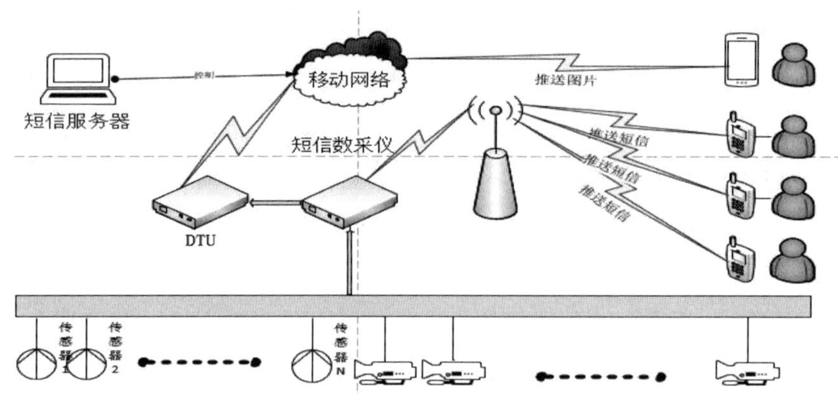

图8　边坡落石监测系统结构

（七）精心谋划，推进安全生产管理体系信息化

为实现小湾电厂安全生产管理体系的信息化管理，实现安全生产管理体系执行流程的电子化、标准化管理，逐渐减少员工手工作作业及重复作业，提高工作效率，电厂研究制定了安全生产管理体系信息化系统开发建设策略。

鉴于现有的SAP系统已完成了生产管理的大部分功能，安全生产管理体系信息化系统将在SAP系统中开发建设，实现与其他管理模块的集成和数据共享。系统总体框架分为基础数据及系统管理、体系执行管理模块、体系自评、体系考核管理模块四个部分组成。

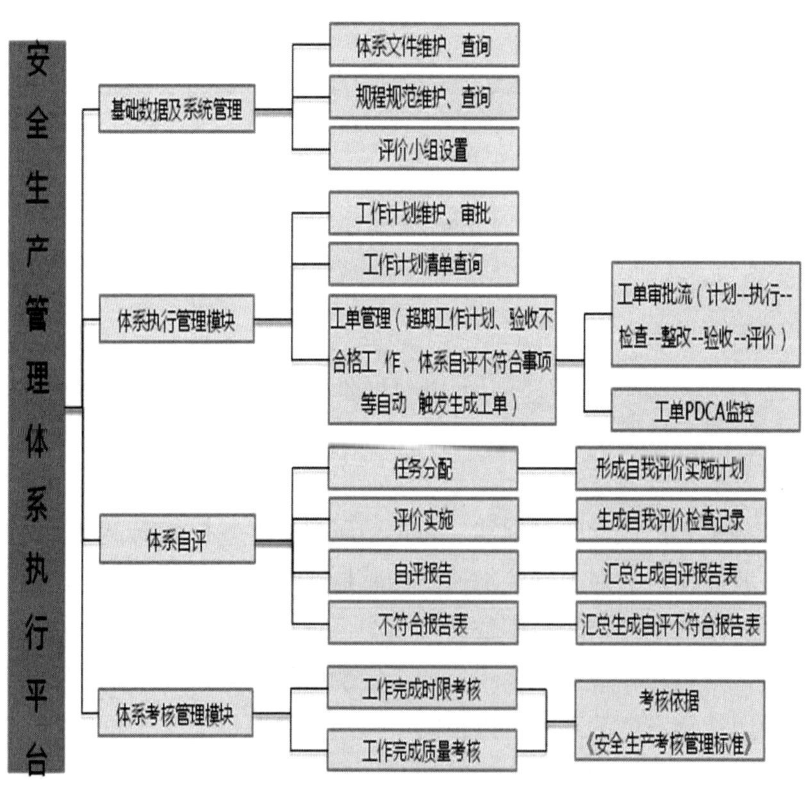

图9　安全生产管理体系信息化功能结构图

体系执行管理采取工单管理的模式，工单状态设置为：计划、执行、检查、整改、验

收、评价、关闭。定期工作计划由系统自动触发工作流，触发后由责任人按期执行，执行完成后，由责任部门负责人进行检查。如检查不符合则自动生成整改通知单，责任人整改完毕后转入验收环节，由体系评价小组进行评价。系统可自动生成工单PDCA过程监控表，管理者可直接从表中读取各项工作计划进度和完成情况。定期工作计划可根据部门、文件、创建者等多种方式进行查询。超期未完成工作、验收不合格工作、体系自评不符合事项等均自动触发工单。

体系自评管理模块由两部分功能组成：第一部分是体系执行管理模块工单管理流程中整改、评价及验收功能。第二部分是年度体系自评管理模块，根据体系评价分组实现自评任务分配、评价实施、不符合报告自动生成、自评报告自动生成等功能。

体系考核模块依据小湾电厂《安全生产考核管理标准》，根据定期工作完成时限、完成质量进行考核。

（八）积极创新，打造班组管理标准化平台

为使电厂班组达到标准化、规范化、信息化和常态化管理目的，各级管理人员能及时掌握生产班组信息，班组之间能资源共享。小湾电厂推陈出新，以电厂网站为依托，开发出班组管理标准化平台。班组管理标准化平台采用目前主流的开发技术:PHP+Mysql轻量化开发平台，多层架构+B/S的软件结构体系，满足基层班组标准化管理、资料集中存储管理与共享需要，在班组基础工作标准化、信息化的基础上，融入指纹识别、手写签名、智慧多维度工作分配提醒、大数据分析可视化展示等先进技术。实现内网即时通讯、班组日常管理无纸化办公、工作任务提醒闭环管理、班组建设考评自动打分评比、指纹识别及电子签名防作弊、挂载附件资源共享、视频和音频录入形成有声记录等实用功能。

班组管理标准化平台包括任务工单管理、班组基础管理、班组安全管理和星级班组考评四大部分。

图10　班组管理标准化平台界面

任务工单包括计划任务单和工作联系任务单，前者由周、月、年度工作计划提醒后产生的任务单，后者由上级直接新增。允许将任务工单传递给任何一个机构中的人员，同样也允许

传递至某个班组中，此时班组的所有成员不仅能看到此任务工单，还能对此任务工单进行操作。同时，系统提供网上信息发布、信息记录、短信提醒等功能。

班组基础管理包括班前班后会、技术监督、教育培训、科技创新、7S管理、QC活动、员工信息等内容，主要实现班组日常生产活动的管理工作，遵循全面质量管理PDCA循环工作流程设计，各个环节信息化闭环管理。所有的表格、记录、数据在系统相互流转、共享。为了减轻班组工作负担,部分录入功能实现了自动化填报,如班前班后会的参加人员可以通过指纹识别系统自动生成。

班组安全管理包括安全活动、危险源辨识、反违章管理、两票管理、安全信用评价等内容，并且与电厂安全管理信息系统关联，切实将安全目标和安全责任分解到班组、落实到个人，从而使员工注重转变观念，增强安全意识，加强重点控制和预防，充分调动员工的工作积极性，提高员工的综合素质和实践能力，确保安全生产“横向到边、纵向到底、全面覆盖”。

星级班组考评主要是根据前述标准化班组建设评价管理体系中所建立的星级班组建设评价实施细则，将可量化、指标性的考核标准固化到系统中，具有定制功能。根据评分结果生成班组星级,实现了班组考评的公开、公平、公正。由于评分标准统一采纳小湾电厂星级班组建设评价管理办法,因此本功能提供了部门间、班组间的班组建设水平横向和纵向对比,为先进管理经验的共享传播起到了良好的推动作用。厂部管理层也可通过系统轻松方便地对班组各类生产管理指标，进行随机的或阶段性、周期性的抽查、考核、评价。

通过班组管理标准化平台的应用，实现了电厂班组日常管理常态化、安全管理规范化、生产管理精细化、综合管理简易化、员工培养全面化、业绩考核指标化，提高班组管理水平，提高电厂信息化水平。

（九）全面规划，建设检修全过程管理信息化系统

设备检修是为了更好地保障设备稳定运行，充分发挥其经济效益，机组检修的好坏，直接影响电厂的生产运营。为规范检修管理，实现检修管理信息化，提高检修工作效率，小湾电厂正在开展检修全过程管理信息化系统建设。

检修全过程管理信息化系统在现有的华能SAP系统上开发，从而充分利用已有的平台功能，更好的实现检修与设备管理、运行管理、项目管理、物资管理、财务管理等模块的集成，做到数据无缝集成、互通共享。

检修全过程管理信息化系统贯穿了修前准备、修中控制、修后总结的检修全过程管理，包括了设备定值管理、设备异动管理、知识库、文档管理、报表、提醒、模块集成等各项功能，系统功能如下图。

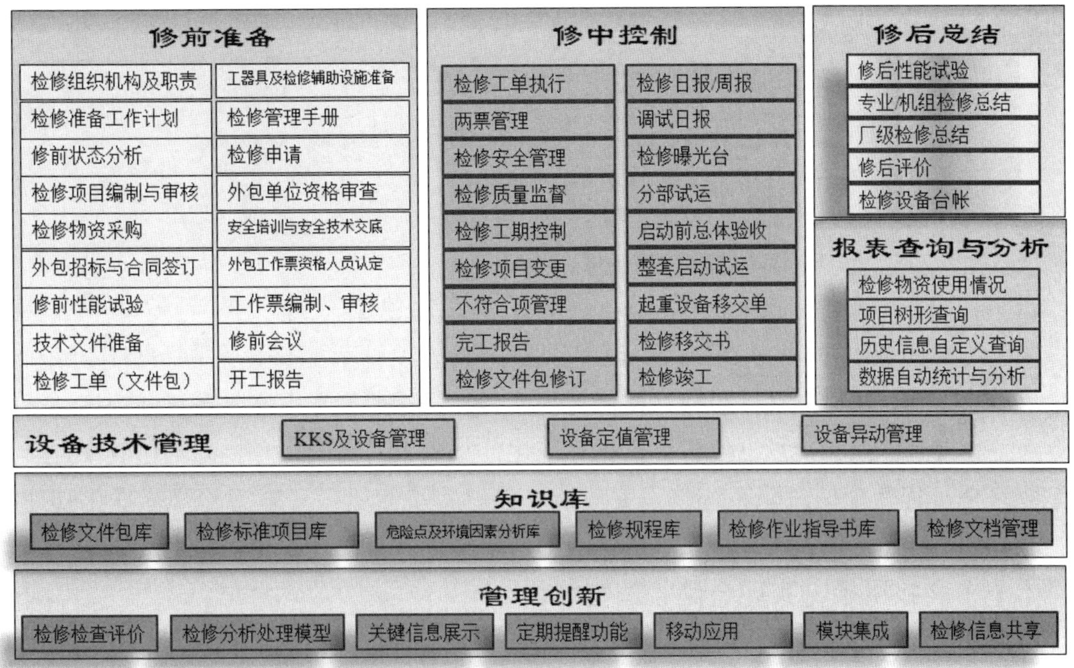

图11　检修全过程管理信息化系统功能结构图

根据检修标准化管理的需要，系统共设计38项标准业务流程，电厂对每一项流程的具体功能要求、执行方式、表单格式、所关联的检修数据及知识库等内容进行了细致的设计。

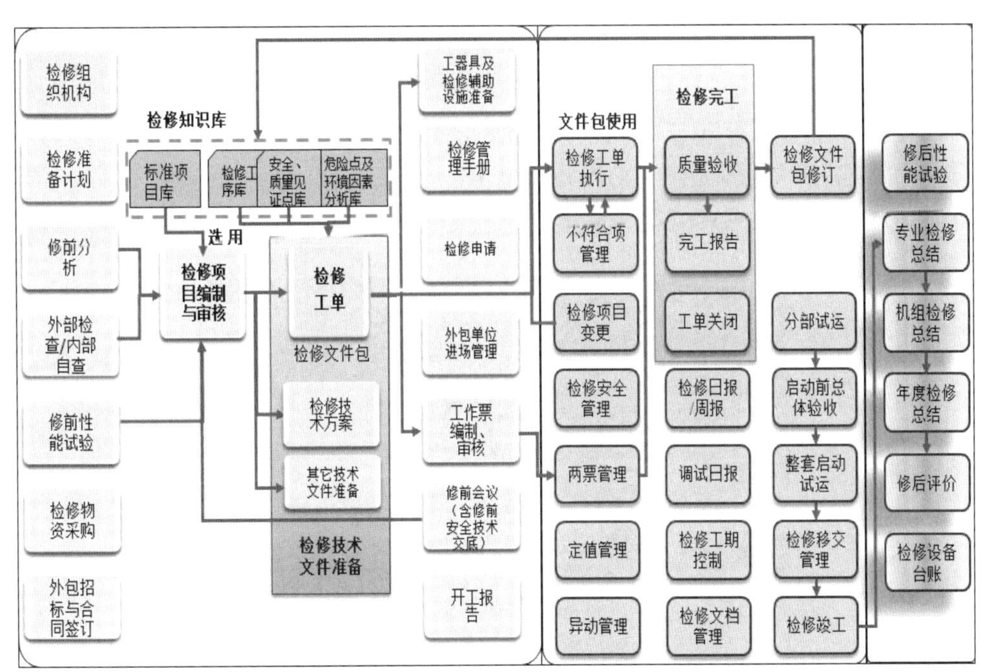

图12　检修全过程管理信息化系统总体业务流程图

在水电业务中第一次创造性启用工单管理，以工单结合文件包，实现检修全过程闭环管理，检修更加标准化、精细化。工单开发创建如下：

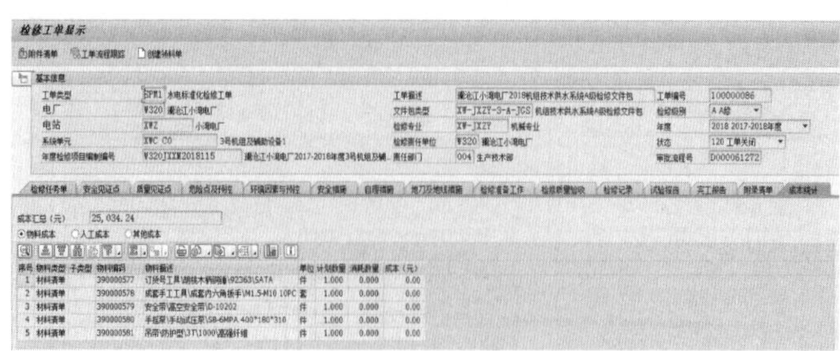

图13　检修工单文件包图

在系统中还将建立检修知识库，内容包括标准检修项目库、安全及质量见证点库、危险点分析及预控措施库、检修文件包库、检修规程库、检修作业指导书库，通过知识库的不断完善使检修经验得到积累和传承，使各类数据标准化，减少人为错误，并提高工作效率。

检修全过程管理信息化系统建设完成后，能够将小湾电厂《电力检修标准化管理实施细则》要求在系统中落地，实现检修规范化、检修精细化、检修高效化、检修智能化。

（十）科技引领，实现仓储管理智能化

为提升仓储管理智能化水平。小湾电厂开展了智能仓储的研究，通过深化应用SAP系统中物资管理功能，开发符合物资仓储定制化、业务流程标准化、联储联备、降本增效等管理要求的仓储管理系统，改革电厂的仓储管理模式，实现仓储智能化管理。

物资仓储管理系统以SAP系统作为运行平台RF手持终端采用Microsoft .NET Framework 2.0作为系统的运行平台。数据库平台使用SAP系统DB 2 数据库。物资仓储管理主系统采用SAP系统ABAP作为开发语言。RF手持终端采用C#.NET作为开发语言。

仓储管理信息系统功能主要包括：库区规划管理；入库管理；出库管理；库内管理；统计分析；RF手持终端功能。系统与EAM系统、电子商务系统、在线法务系统、物资管理平台进行集成与共享,同时对EAM系统相关功能进行优化，实现物资计划、采购、仓储、消耗全闭环标准化管理。仓储管理系统总体架构如下：

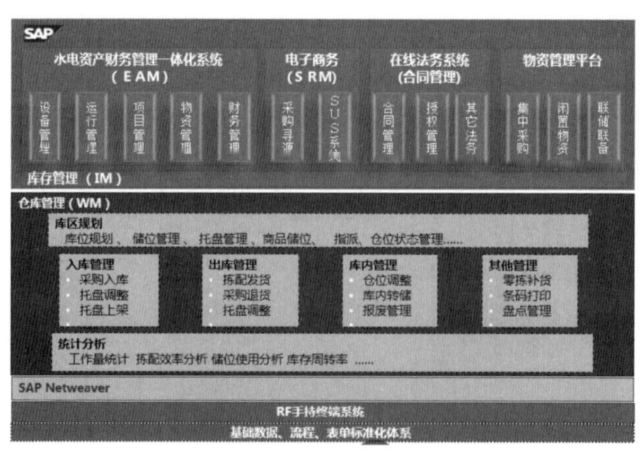

图14　智能仓储管理系统业务架构图

库区规划管理通过库位规划、储位管理、托盘管理、商品储位、仓位状态管理等内容实现仓库架构统一规划，实现库区及储位的合理设置及编码的合理划分。

智能仓储管理系统使用二维码对物资、仓位进行标识，物资二维码包含交货或物料凭证，行项目，物料，批次数据；仓位二维码包含存储类型，存储区，仓位数据。采用将具体物资条形码与仓库货位条形码建立对应的管理方式，实现高效的仓储管理。

智能仓储管理系统运用物联网技术，实现WM模块与手持终端高度集成，将仓库作业中的上架、下架、领料出货、库位管理、盘点、拍照、保养、物资查询等功能集成在移动手持终端APP上，手持终端通过无线网络与SAP 服务器相连接，并与SAP系统进行数据实时交换，通过无线网络和条形码，在移动终端（手持机、PDA等）上直接进行业务处理，将手动输入为主的仓库业务模式转变成以条码扫描采集数据，通过移动终端功能菜单完成出入库等业务操作，保证了系统业务数据的实时性和准确性。

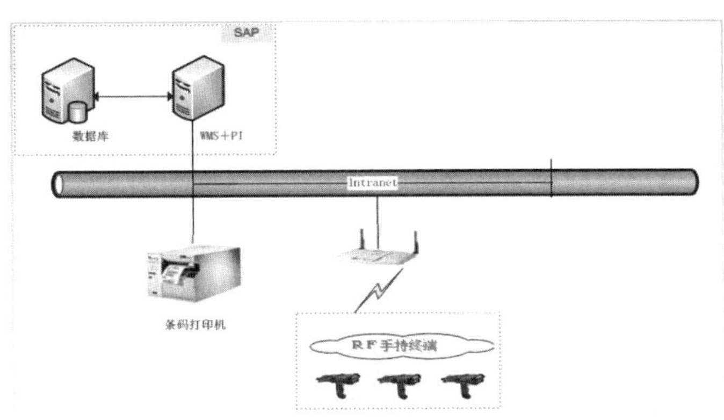

图15 WM模块与手持终端集成的技术架构

图16 手持终端上的智能仓储管理系统界面

智能仓储管理系统根据公司物资仓储管理规定，固化了物资入库、出库、退库、补库、盘点、调拨、报废等业务流程，避免了人工执行物资仓储管理流程的随意性和不规范性，实现了仓储的标准化管理。

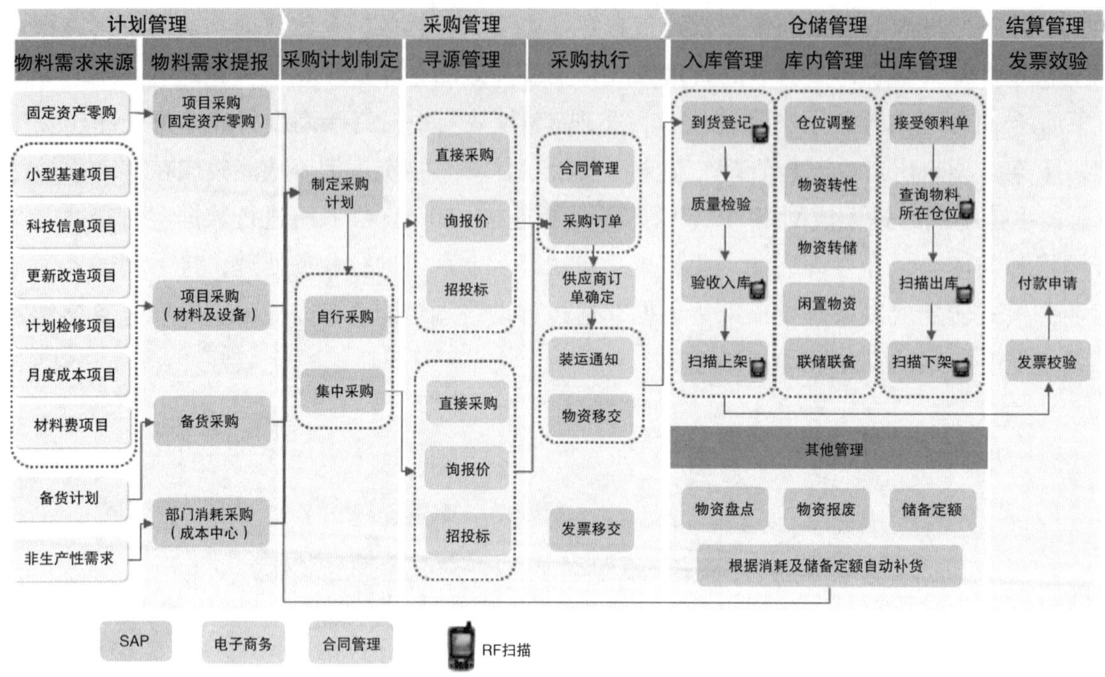

图17　智能仓储管理系统管理流程图

智能仓储管理系统通过与物资管理平台共享库存数据，实现了闲置物资管理、联储联备管理，提高物资的周转率，降低库存成本。系统实现了基于安全库存的自动补货功能，同时具有库存预警功能，实现高储、低储自动报警。系统采用了物资批次管理，实现了物资先进先出，同时通过批次可以追溯产品质量问题，并跟踪物资的使用。利用系统高效、快速的统计分析功能，可方便掌握物资出入库情况、库存情况、闲置情况、报废情况，为物资采购管理提供决策依据。

智能仓储管理系统用先进的计算机技术及物联网技术构建了现代化的智能仓储管理模式。

（十一）多位一体、构筑智能安全与防护

小湾电站地下厂房及大坝廊道结构复杂，为提高小湾电站安全防护管理智能化水平，电厂构建了无线对讲系统、厂房定位系统、门禁系统等多位一体的智能安防体系。电厂建设了安全管理信息化系统，实现了安全管理业务信息化、智能化。

1.无线对讲系统

小湾电站厂内通讯使用电信、移动等公网通讯服务商，存在因当地通讯服务商设备故障等问题导致现场通讯中断的风险，且移动电话在电厂倒闸等多人操作工作中无法实现异地多人组播对话，无法完全满足厂内通讯需求。

为进一步提高整个厂区的指令通讯保障能力，提高工作效率和通讯可靠性，小湾电厂开发建设了无线对讲系统。当电站移动信号、电信信号出现故障的情况时，还能保证现场生产运行、设备调试、应急处理的通讯能力。同时，无线对讲系统的通讯方式较为方便和实用，使用对讲机即可实现点对点呼叫、点对组呼叫和点对群组的呼叫，非常适用于电厂组织大规模的设

备检修、设备调试、故障处理、大坝巡视检查等工作。

2.厂房定位系统

为有效对人员工作位置进行定位管控，确保发生紧急情况时危险区域无工作人员滞留，并能准确定位被困人员的位置。电厂研究开发了厂房定位系统。小湾电站地下厂房结构复杂，卫星信号被建筑屏蔽，传统的GPS定位方式无法使用。使用WiFi定位技术作为室内定位的实现手段，将能够确保对人员所处楼层的准确判断，并将人员在同一楼层内的位置精确到5–30米范围。

厂房定位系统分为定位服务器、传输网络、手机客户端、电脑客户端等部分，手机客户端采集用户在厂房内坐标信息，定位服务器系统负责将手机位置信息存入系统数据库，电脑客户端提供人机交互功能。

厂房定位系统将人员位置数据通过分层显示和全楼层集中显示的方式在小湾电厂电子地图中展示。通过厂房定位系统，可直观获取人员实时位置信息；能够根据时间顺序显示人员历史位置的线性轨迹，支持轨迹生成动画效果；能够分层统计人员位置信息，并将此信息标记在电子地图右下方；能够通过人员姓名/手机号/编号定选等方式，进行用户位置信息查询；能够用矩形标点的方式设定报警区域，用户能自行设定告警信息内容，并向进入报警区域的人员自动发送报警信息。实现了厂房人员定位及活动区域的智能化管理。

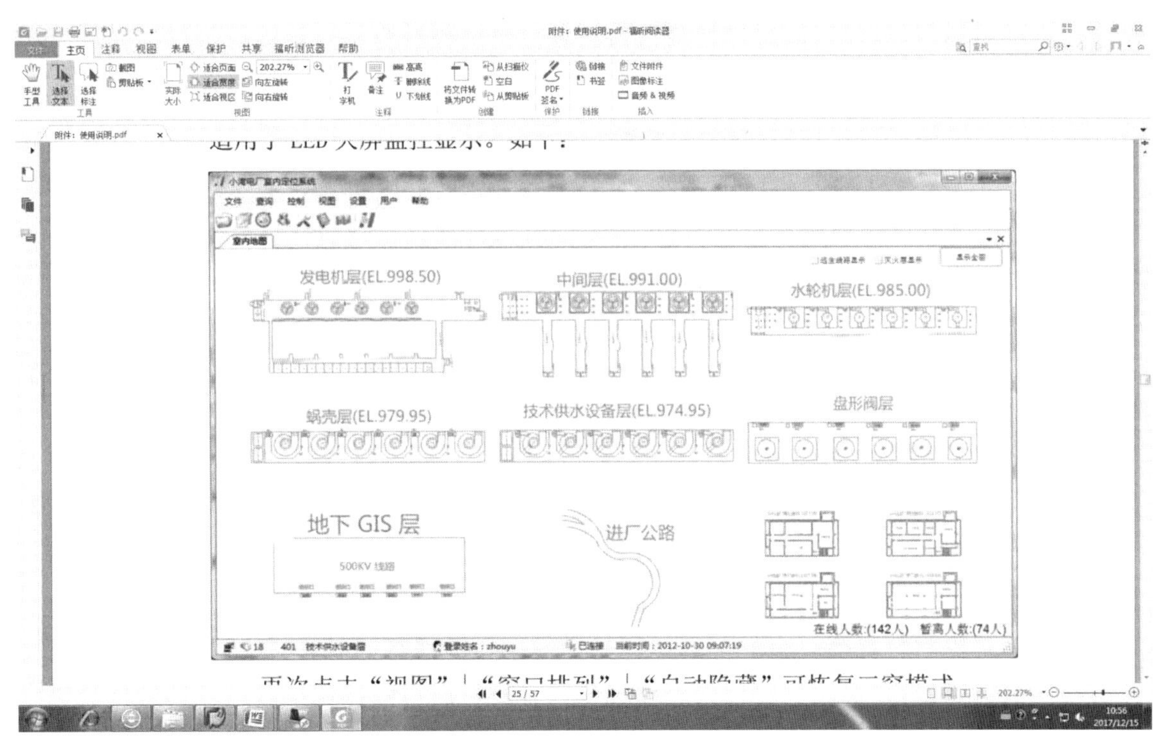

图18　厂房定位系统界面

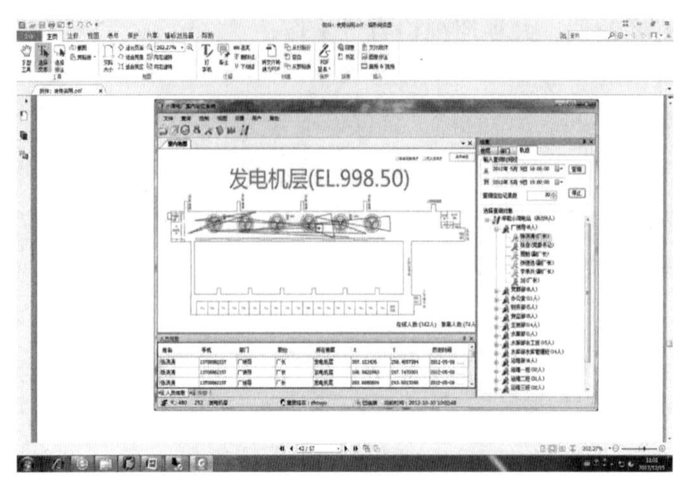

图19　人员活动轨迹图

3.门禁系统

小湾电厂门禁系统采用霍尼韦尔公司PRO3000门禁系统，系统以智能射频卡为核心，以非接触技术为基础，采用TCP/IP方式通讯。

门禁控制系统由软硬件两部分组成。硬件部分包括门禁服务器、门禁管理工作站、传输网络、读卡器、门磁锁、开门按钮、破碎按钮、发卡器、射频卡、门禁控制器等设备。门禁系统的架构如下图所示。

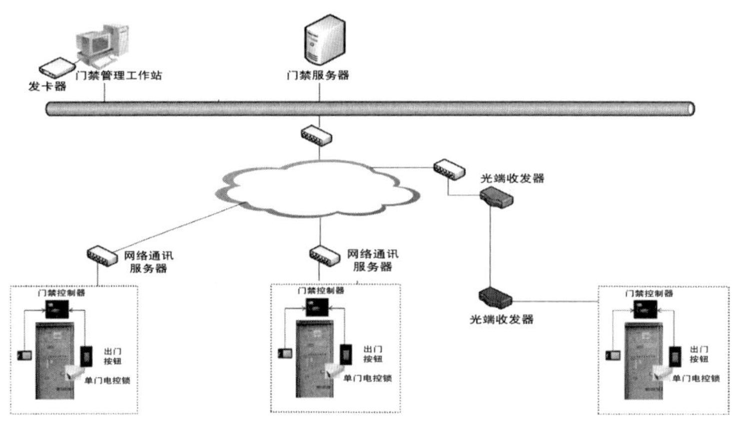

图20　门禁系统架构图

小湾电厂门禁系统可实现人员出入的控制，具有远程控制开启关闭功能，可以对所有门的刷卡和开关状态进行实时监控。管理人员可根据需要以各种条件组合查询门禁进出记录，并可将记录导出。特定部位的门可设置为紧急情况自动开启，以便人员及时疏散，确保人身安全。管理人员可以灵活设置门禁出入权限，可设置某个人能过哪几个门，可设置某道门能过哪些人，也可以设置某个人对某道门在具体哪个时间段可以进门。

4.安全管理信息化系统

安全管理信息化系统利用二维条码、WIFI、智能手机和平板电脑等移动应用技术，提高安全监察管理工作效率，提升传统安全监察业务管理水平，实现安全监察管理业务的信息化、移动化、智能化管理。

系统硬件由一台数据库服务器、一台应用服务器、客户端（移动智能终端或台式电脑）构成。系统基于JAVA　EE技术采用B/S架构进行开发建设，同时提供移动智能终端的在线方式访问。平台基于MAXIMO，开放了二次开发接口，便于后期扩展维护，采用了移动终端技术，员工可通过移动网络或Wifi在Android系统平台以App应用方式对系统进行访问和操作，实现移动数据交互。

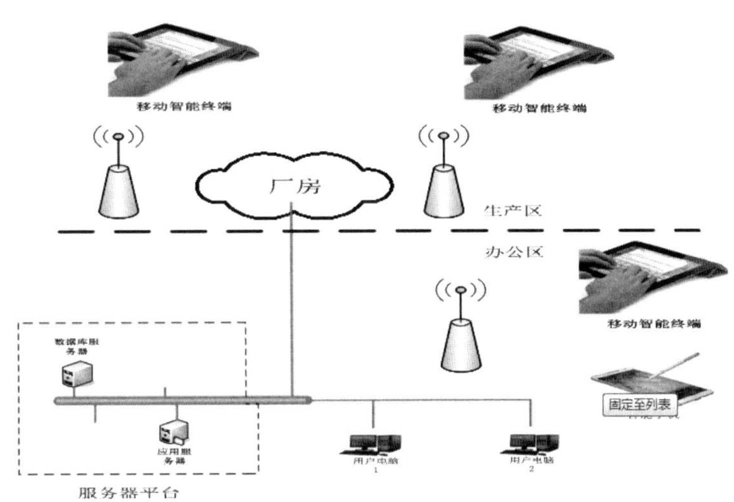

图21　安全管理信息化系统结构图

安全管理信息化系统主要实现基础信息管理、安全监察日常事务管理、危害与风险库管理、安全工器具管理、安全检查等管理功能。

电厂员工发现危险源或人员违章情况，可随时用手机拍照上传到管理系统中，全厂人员均可查看。危险源上传到管理系统中后，系统会下发任务工单到责任部门，责任部门处理完成后回填危险源整改情况。违章情况上传到管理系统中后，系统会启动整改、考核流程，实现违章整改考核的闭环管理。系统可按时间段或按违章类别统计各部门违章情况，实现违章信息化管理。

通过安全管理信息化系统移动终端可实现对安全工器具基本信息、检查校核记录、借用归还记录的台账信息管理；实现对电厂安全组织机构、相关人员安全资质、安全法律法规等内容在线检索及下载。还可实现安全检查标准化管理，安全检查人员在移动终端上启动某项检查后，检查人员可根据系统提供的检查内容及检查标准进行检查，并在系统中回填发现的问题，若需要整改则转至整改责任部门进行整改。

安全管理信息化系统改变了原有的安全管理方式，充分发挥了信息网络技术的便捷、快速的优势，使安全管理信息得以实时共享，实现安全管理业务信息化、标准化、集约化、智能化、精细化的有机融合，提高了小湾电厂安全管理的工作效率和质量。

5.规划建设智能安全帽系统

为加强对日常巡检、倒闸操作及现场作业的安全监控，杜绝违章行为，防范安全事故发生，电厂开展了智能安全帽系统建设规划设计。

智能安全帽系统由前端视频终端、无线WIFI通信网络和后台服务器构成。前端视频终端即智能安全帽，支持WIFI数据传输，智能安全帽接入无线网络便可在后台上查看现场实时视频，并可进行实时的语音沟通交流，及时发现施工作业过程及操作过程中存在的问题。无线WIFI通信网络采用集中转发模式搭建WiFi无线覆盖网络，无线控制器AC（以下简称AC）部署在地面控制楼三楼通信机房，无线AP（以下称AP）部署于各个覆盖场所。

智能安全帽系统实现了日常巡检及倒闸操作过程中的实时远方管控，提高了运行值班负责人及电厂管理人员对全厂工作的全面掌控能力，有效地提升了电厂安全管理水平。

三、实施效果

小湾电厂通过智能化电厂的创新与实践，建设成功了一批具有实用性和先进性的智能化生产设备及管理系统，各项经济效益指标显著改善，电厂总体管理水平有较大提升，推动了小湾电厂向智能化电厂迈进，为实现创建国际一流水电厂的目标打下坚实的基础。

（一）提高效率

1.运行维护生产效率提高

小湾电厂动态数据分析平台完成了对电厂计算机监控系统、电能量、状态监测、局放监测、色谱在线监测、环境监测等自动化系统的数据整合，形成小湾电厂生产数据分析中心，并具有历史曲线查询、生产报表查询、测点越限报警和设备趋势分析等功能。实现了运行报表自动生成，设备健康趋势自动分析，有效地提高了运行维护工作效率，提升了设备运行维护管理水平。

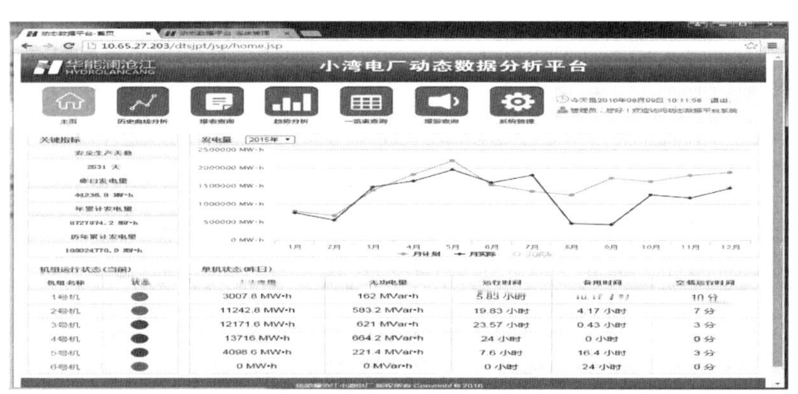

图22　小湾电厂动态数据分析平台主界面

智能运维云系统项目实施后，借助智能运维大数据云平台，小湾电厂生产运行数据分析水平将更上一层楼。实现电厂实时监盘、历史数据曲线分析、报表统计、健康趋势分析、智能预警、人机交互、开停机优化、智能诊断专家库、状态检修及状态维护、设备评级管理等生产全过程的智能化。用人工智能技术实现无人值班、设备健康智能分析、设备经济运行优化，从而提高运行维护生产效率。

2.设备巡检效率提高

智能巡检管理模式的建立，生产人员借助巡检机器人、巡检摄像机，无须到设备现场，便能对设备运行情况了如指掌。采用可视化巡检系统辅助进行的人工巡检，可随时查阅巡检专家库，可实时将巡检记录及设备异常图文并茂地传输给后台分析系统，后台分析系统自动对巡检记录进行统计分析。智能巡检减轻了巡检工作量，节约了人力，提高了巡检效率。

3.大坝库岸监测效率提高

生产技术人员通过大坝安全监测可视化管理及预警系统，可对小湾拱坝模型进行可视化的交互操作，从而查看小湾坝体不同工程部位包括坝体内部的监测点布置情况、测点的监测信息。生产技术人员可分别按工程部位、监测断面、仪器类型、监测时间等条件进行任意组合，查询出最关心的监测点过程曲线。系统可自动利用监测数据进行特征值统计，绘制历时过程线，自动输出各类监测报表。

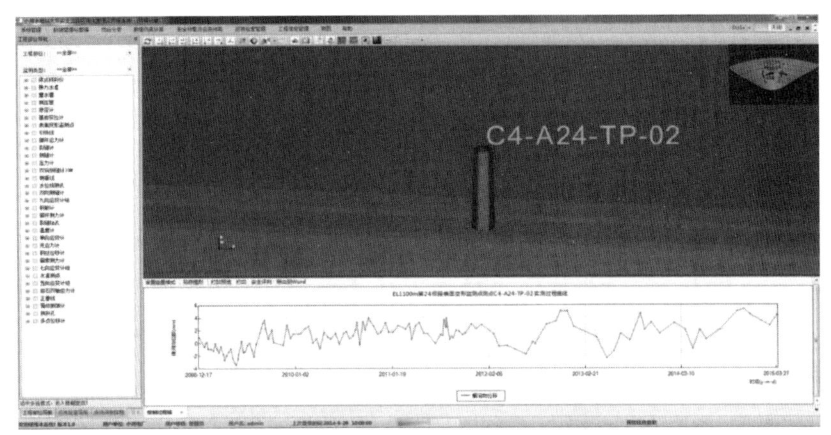

图23　监测成果可视化示意图

大坝安全评价与分级预警系统，以实际监测数据为事实依据，以不同的预警方法为判据准绳，以工程师经验为技术核心，考虑不同监测部位、不同监测项目的权重影响差异，依托工程计算模型库、评判规则库、仿真计算数据库，开展综合分析评判，实现对大坝工作性态健康的快速诊断和分级预警，并提出相应的应急预案与防范措施。

大坝安全监测可视化管理及预警系统，用先进的大数据分析计算模型，高效快速地对海量监测数据进行计算分析，自动对大坝健康状态进行诊断分析并进行智能预警，显著提高了大坝监测工作效率，提升了管理水平。

库区边坡GNSS监测系统、边坡落石监测系统、防汛设施在线监测及灾害预警系统等智能监测系统取代了人工监测，监测效率得到质的飞跃。

4.管理工作效率提高

小湾电厂推行智能化电厂管理模式后，实现了无纸化办公管理，实现了电子化签名管理，实现了管理数据的自动统计分析，减少了人工操作，有效提高了工作效率。

安全生产管理体系信息化系统可自动触发定期工作，执行完成后，由责任部门负责人进行检查，如检查不符合则自动生成整改通知单。系统可自动生成工单PDCA过程监控表，管理者可直接从表中读取各项工作计划进度和完成情况。超期未完成工作、验收不合格工作、体系自评不符合事项等均可自动触发工单。体系自评管理模块根据体系评价分组实现自评任务分配、评价实施、不符合报告自动生成、自评报告自动生成等功能。极大提高了安全生产管理体系执行和自评工作效率。

班组管理标准化系统，实现了班组日常管理无纸化，实现了班组日常管理信息化。在班组管理标准化系统中可方便、快速地查找到所需要的班组台账或记录，部门、班组之间通过平台实现了资源共享；同时系统自动进行员工安全信用评价、星级班组考评功能，有效提高了班组管理效率。

检修全过程管理信息化系统可将检修项目与KKS编码、项目来由、物资采购、方案审批、工作票、异动、定值、检修记录等内容全方位关联，可自动统计、对比、分析检修数据，自动生成检修履历，可对检修管理模块涉及数据的历史信息进行自定义查询。极大地提高了检修管理效率。

智能仓储管理系统通过随身携带PDA手持设备，执行人员可以随时随地的完成如物料批号识别、作业任务查看、现场出入库等，不用再频繁往返于现场和工作台之间，提高了作业效率。通过自动补货功能、统一的上下架管理、货架寿命周期管理、批次管理，全面提高了物资仓储管理工作效率。

安全管理信息化系统利用二维条码、WIFI、智能手机和平板电脑等移动应用技术，实现了危险源及违章实时上传，自动生成安全检查工单，根据危险源、违章及安全检查情况自动生成整改工单，实现了安全监察日常事务信息化管理，提高了安全监察管理工作效率。智能防护用机器代替人工实现门禁出入管理、工作人员定位管理，提高了安全保卫工作效率。

（二）降本增效

1.设备使用寿命延长

小湾电厂推行智能化生产管理模式后，可优化运行方式，提前发现设备零部件劣化趋势，并实施状态维护，提升设备的运行可靠性，在生命周期内能够增加1至3年的设备使用寿命。小湾机电设备及其安装总费用为10.68亿人民币、正常使用寿命为12年，寿命周期内每年折旧8900.84万元。按照提高1年使用寿命来折算，机电设备寿命周期内每年可节约设备采购及安装资金741.74万元。

2.设备检修成本降低

推行状态检修后，可有效降低检修成本，增加机组可用系数和发电能力。仅从机组C级检修方面来说，工期会由原先的20天缩短到12天、缩短了8天，按照每年4台机组C级检修来计算，每年全厂机组共计可多发电运行32天。按照负荷率80%计算，每年可多发电量为4.3008亿kWh，多发电带来的经济效益将达到1.29亿元。

3.设备安全可靠性提高

水电厂智能化管理模式全面推行后，可有效提高设备的安全可靠性，可有效避免因设备故障造成的非计划停运。一次非计划停运，按照负荷率80%（560MW）、时间24小时计算，损失电量为1344万kWh。以平均每年发生0.5次非计划停运，按照0.3元/kWh的电价，每年非计划停运造成的电量损失将达到201.6万元。主设备故障停运一次维修费用至少需要100万，每年平均为50万。智能化水电厂建成后，电厂因未发生非计划停运事件每年至少可节约251.6万元。

（三）提升管理

1. 物资管理规范化

物资仓储智能化管理是对传统人工仓储管理的改革创新。通过智能化仓储管理系统，仓库仓储空间规划更加合理，仓位之间界线明显，不会造成货物越位，物料包装、标示规范，物料依序摆放整齐，物资储放立体化，节约了储存空间。

图24 物资管理规范化

通过智能化仓储管理系统，物资统计及分析更加准确。手持式终端盘点便捷易操作，定期盘点保证了账目数量与实物数量一致。通过系统能够有效掌握仓库物资存储状况，为减少库存积压打好基础。

通过智能化仓储管理系统，仓储管理更加标准化。仓储管理的主要业务都在系统中进行固化，避免了人工执行业务流程的随意性和不规范性，仓储管理员工经过简单培训就可以快速上岗履行职责。

智能仓储管理模式的应用实现了仓储管理标准精细化、仓储作业一体化、库存最小化、资金节约化、库位条码化、物料标签化、操作可视化，全面提升了物资管理水平，实现了物资仓储管理智能化。

2.班组管理成效突出

小湾电厂利用班组标准化管理平台有效提升了班组管理。班组所有台账均在系统中进行管理，实现了班组台账信息化管理、台账信息共享功能。管理平台附带的智信IOA一体化办公协同软件，具备发布公告、传递文件、管理群组等功能，实现了班组信息化办公。星级班组评分管理，对班组建设指标动态分析评比，指导班组开展各项工作，有效促进班组精细化管理。

通过标准化班组建设工作，班组管理水平提升，管理成效显著。班组技能人才队伍茁壮成长，各班组培养和造就了一大批满足生产运行管理的“专一、会二、懂三”的复合型人才。班组科技创新成果优异，多项创新成果获省部级奖励。通过强化班组安全培训，安全生产工作得到有效保障，2017年全年未发生各类生产安全事故及影响企业稳定的事件，累计安全生产3126天。

3.检修管理标准化

提升检修全过程管理能力：统一机组修前、修中、修后业务流程，强化检修全业务闭环流程管理，提高检修作业效率，减少安全故障隐患。

规范检修业务流程，统一检修标准项目、检修准备工作和工期计划等业务标准和规范，形成检修项目、计划、作业的标准模板，全面提高工作效率。

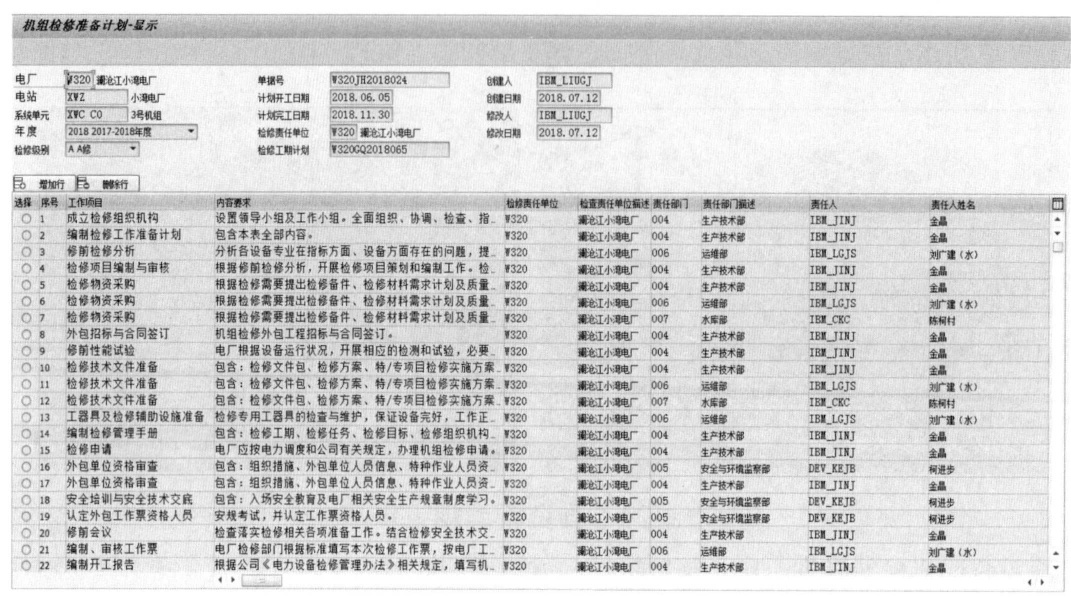

机组检修准备计划-显示

电厂 W320 澜沧江小湾电厂　单据号 W320JH2018024　创建人 IBM_LIUGJ
电站 XWZ 小湾电厂　计划开工日期 2018.06.05　创建日期 2018.07.12
系统单元 XWC C0 3号机组　计划完工日期 2018.11.30　修改人 IBM_LIUGJ
年度 2018 2017-2018年度　检修责任单位 W320 澜沧江小湾电厂　修改日期 2018.07.12
检修级别 A A修　检修工期计划 W320GQ2018065

增加行　删除行

选择	序号	工作项目	内容要求	检修责任单位	检查责任单位描述	责任部门	责任部门描述	责任人	责任人姓名
○	1	成立检修组织机构	设置领导小组及工作小组。全面组织、协调、检查、指…	W320	澜沧江小湾电厂	004	生产技术部	IBM_JINJ	金晶
○	2	编制检修工作准备计划	包含本表全部内容。	W320	澜沧江小湾电厂	004	生产技术部	IBM_JINJ	金晶
○	3	修前检修分析	分析各设备专业在指标方面、设备方面存在的问题，提…	W320	澜沧江小湾电厂	006	运维部	IBM_LGJS	刘广建（水）
○	4	检修项目编制与审核	根据修前检修分析，开展检修项目策划和编制工作。检…	W320	澜沧江小湾电厂	004	生产技术部	IBM_JINJ	金晶
○	5	检修物资采购	根据检修需要提出检修备件、检修材料需求计划及质量…	W320	澜沧江小湾电厂	004	生产技术部	IBM_JINJ	金晶
○	6	检修物资采购	根据检修需要提出检修备件、检修材料需求计划及质量…	W320	澜沧江小湾电厂	006	运维部	IBM_LGJS	刘广建（水）
○	7	检修物资采购	根据检修需要提出检修备件、检修材料需求计划及质量…	W320	澜沧江小湾电厂	007	水库部	IBM_CKC	陈柯村
○	8	外包招标与合同签订	机组检修外包工程招标与合同签订。	W320	澜沧江小湾电厂	004	生产技术部	IBM_JINJ	金晶
○	9	修前性能试验	电厂根据设备运行状况，开展相应的检测和试验，必要…	W320	澜沧江小湾电厂	004	生产技术部	IBM_JINJ	金晶
○	10	检修技术文件准备	包含：检修文件包、检修方案、特/专项目检修实施方案…	W320	澜沧江小湾电厂	004	生产技术部	IBM_JINJ	金晶
○	11	检修技术文件准备	包含：检修文件包、检修方案、特/专项目检修实施方案…	W320	澜沧江小湾电厂	006	运维部	IBM_LGJS	刘广建（水）
○	12	检修技术文件准备	包含：检修文件包、检修方案、特/专项目检修实施方案…	W320	澜沧江小湾电厂	007	水库部	IBM_CKC	陈柯村
○	13	工器具及检修辅助设施准备	检修专用工器具的检查与维护，保证设备完好，工作正…	W320	澜沧江小湾电厂	006	运维部	IBM_LGJS	刘广建（水）
○	14	编制检修管理手册	包含：检修工期、检修任务、检修目标、检修组织机构…	W320	澜沧江小湾电厂	004	生产技术部	IBM_JINJ	金晶
○	15	检修申请	电厂应按电力调度和公司有关规定，办理机组检修申请。	W320	澜沧江小湾电厂	004	生产技术部	IBM_JINJ	金晶
○	16	外包单位资格审查	包含：组织措施、外包单位人员信息、特种作业人员资…	W320	澜沧江小湾电厂	005	安全与环境监察部	DEV_KEJB	柯进步
○	17	外包单位资格审查	包含：组织措施、外包单位人员信息、特种作业人员资…	W320	澜沧江小湾电厂	004	生产技术部	IBM_JINJ	金晶
○	18	安全培训与安全技术交底	包含：入场安全教育及电厂相关安全生产规章制度学习。	W320	澜沧江小湾电厂	005	安全与环境监察部	DEV_KEJB	柯进步
○	19	认定外包工作票资格人员	安规考试，并认定工作票资格人员。	W320	澜沧江小湾电厂	005	安全与环境监察部	DEV_KEJB	柯进步
○	20	修前会议	检查落实检修相关各项准备工作。结合检修安全技术交…	W320	澜沧江小湾电厂	004	生产技术部	IBM_JINJ	金晶
○	21	编制、审核工作票	电厂检修部门根据标准填写本次检修工作票，按电厂工…	W320	澜沧江小湾电厂	006	运维部	IBM_LGJS	刘广建（水）
○	22	编制开工报告	根据公司《电力设备检修管理办法》相关规定，填写机…	W320	澜沧江小湾电厂	004	生产技术部	IBM_JINJ	金晶

图25　检修准备工作标准化

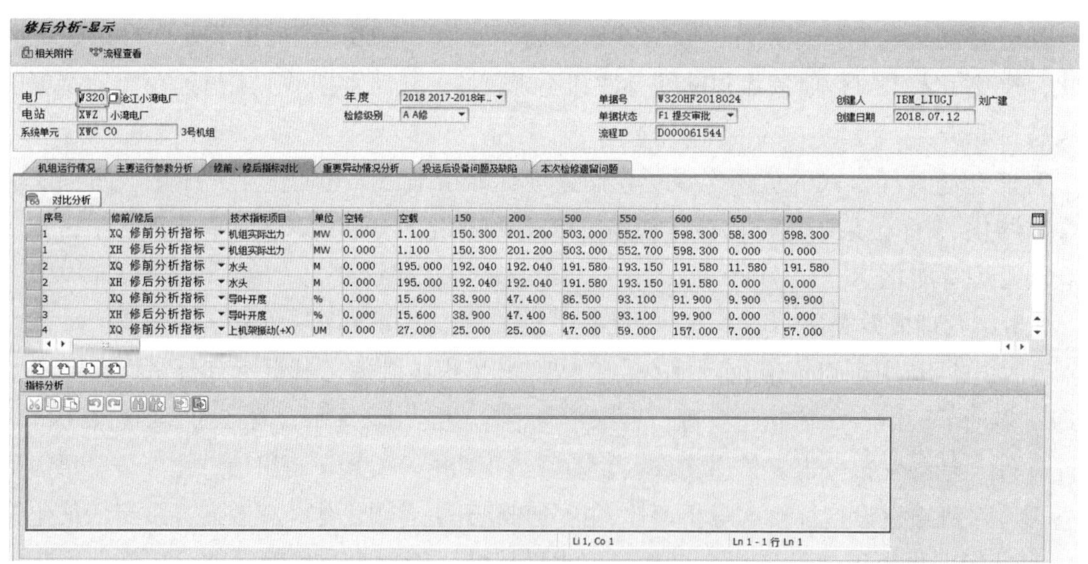

修后分析-显示

相关附件　流程查看

电厂 W320 沧江小湾电厂　年度 2018 2017-2018年…　单据号 W320HF2018024　创建人 IBM_LIUGJ 刘广建
电站 XWZ 小湾电厂　检修级别 A A修　单据状态 F1 提交审批　创建日期 2018.07.12
系统单元 XWC C0 3号机组　流程ID D000061544

机组运行情况　主要运行参数分析　修前、修后指标对比　重要异动情况分析　投运后设备问题及缺陷　本次检修遗留问题

对比分析

序号	修前/修后	技术指标项目	单位	空转	空载	150	200	500	550	600	650	700
1	XQ 修前分析指标	机组实际出力	MW	0.000	1.100	150.300	201.200	503.000	552.700	598.300	58.300	598.300
1	XH 修后分析指标	机组实际出力	MW	0.000	1.100	150.300	201.200	503.000	552.700	598.300	0.000	0.000
2	XQ 修前分析指标	水头	M	0.000	195.000	192.040	192.040	191.580	193.150	191.580	11.580	191.580
2	XH 修后分析指标	水头	M	0.000	195.000	192.040	192.040	191.580	193.150	191.580	0.000	0.000
3	XQ 修前分析指标	导叶开度	%	0.000	15.600	38.900	47.400	86.500	93.100	91.900	9.900	99.900
3	XH 修后分析指标	导叶开度	%	0.000	15.600	38.900	47.400	86.500	93.100	99.900	0.000	0.000
4	XQ 修前分析指标	上机架振动(+X)	UM	0.000	27.000	25.000	25.000	47.000	59.000	157.000	7.000	57.000

指标分析

Li 1, Co 1　Ln 1 - 1 行 Ln 1

图26　修前、修后指标自动抓取数据分析

推行智能化水电厂管理模式后，电厂所有的检修管理流程均在检修全过程管理信息化系统中流转，并自动生成检修履历，自动统计和分析所有检修数据，通过人机交互自定义查询检修历史数据信息。全面实现检修策划与准备、检修实施与控制、检修总结与评价等标准化管理内容及流程要求，不断积累检修历史信息。实现了常规检修工作标准化、流程化、信息化管

理，有效保障了华能集团、澜沧江公司检修标准化管理导则及电厂检修标准化管理实施导则的贯彻执行，大幅提升了检修管理水平。

4.制度体系管理标准化

推行智能化水电厂管理模式后，电厂所有的制度体系管理流程均在安全生产管理体系信息化系统中流转，保证了流程执行的规范性。安全生产管理体系信息化系统在SAP系统中开发建设，还能够充分集成利用SAP系统中各个模块的数据。安全生产管理体系的自评与修编也在系统中完成，确保了自评与修编工作的规范性。

成果创造人：鲁俊兵、南冠群、范迎春、邱小弟、乔进国、郑智燊、曹一凡、王远洪、龚登位、徐德新、胡　丰、杨定祥、禹跃美、赵晓嘉、张卫民、余　意

构建企业管理、工程管理信息化平台
助力公司高质量发展

中国电力工程顾问集团华北电力设计院有限公司

中国电力工程顾问集团华北电力设计院有限公司（以下简称华北院或公司）是由成立于1953年的原电力工业部华北电力设计院改制成立的大型国有企业。公司工程资质证书门类齐全，拥有国家工程设计综合甲级、工程勘察综合甲级、工程咨询甲级等20余种资质，可承担各行业（各等级）工程建设的咨询、勘察设计、工程总承包、项目管理、招标代理、工程监理和设备监造等业务。公司始终重视技术创新对企业发展的支撑和引领作用，主编、参编国家和行业标准140余项，先后获得960余项省部级及以上奖项。近年来，公司不断加大科技投入，在超超临界、燃气轮机、循环流化床、高效节能与超洁净排放发电技术；特高压输变电、柔性交直流输电、新一代智能变电站技术；海上风电、大型陆上风电、太阳能光伏发电、太阳能热发电等新能源发电技术；多能互补、大型空冷、海水淡化、数字化电站、市政水务等方面积极开展技术攻关，并获得了一定的技术优势。截至2018年上半年，公司持有国家专利共505项，电力行业专有技术14项，计算机软件著作权25项，持续提升公司核心竞争力，为公司发展奠定坚实基础。

一、积极推进信息化建设的背景

（一）致力科技信息，是服务社会发展的必然要求

“增强改革创新本领，保持锐意进取的精神风貌，善于结合实际创造性推动工作，善于运用互联网技术和信息化手段开展工作。”——党的十九大报告深入分析并强调了信息化手段推动实际工作的重要性。

当前，我们正处在信息技术高速演进的时代，云计算、大数据、物联网、移动互联网、人工智能等技术不断演进、变革，成为当今影响IT技术和信息产业发展的重要元素，大量的创新应用不断涌现并实现产业化，逐渐成为世界经济新一轮增长的动力支撑，数据将成为继物质、能源之后的第三大战略资源。如何利用互联网深度应用产生的海量数据进行分析和决策，如何构建混合云架构为企业发展提供资源服务，如何利用物联网、互联网技术实施人工智能创新应用，是企业面对新的信息化技术发展趋势的必然选择，是提升企业竞争优势，增强服务社会发展能力的必然选择。

（二）强化信息化建设，是公司“创新、转型”战略目标的必然要求

面对错综复杂的国内国际经济环境、国内煤电控产能的政策影响和激烈的市场竞争，近

年来，华北院信息化建设工作主动适应公司战略布局，助推各项创新转型举措的落地实施。着力提升信息技术应用水平，加速信息技术与主营业务、管理体系的融合，加速数字化和信息化的融合，推进设计、采购、施工的数字化进程，为全业务链的一体化协同奠定基础；加速大数据、互联网技术与据中心、知识管理体系的融合，构建华北院数据资产；加速互联网创新应用的落地，结合业务结构延伸数字化、智能化等服务内容，切实增强企业的核心竞争力。

二、华北院信息化总体战略规划

以公司“十三五”发展战略与规划为指导，以公司全产业链业务和“云大物移智”信息技术的发展为驱动，以管理规范化、业务流程化和信息标准化为基础，大力推进数字化建设，构建基于数据中心的企业管理和主营业务系统，持续推进信息产业化建设。

华北院信息化总体架构为：在信息安全和信息管理2个体系的保障下，按照基础设施层、数据资源层、基础服务层、应用层、决策支持的5个层面结构，职能管理、主营业务、客户服务中心的3类应用系统的建设模式，使公司信息化系统覆盖全部主营业务和职能管理，并构建公司科学决策支持体系。

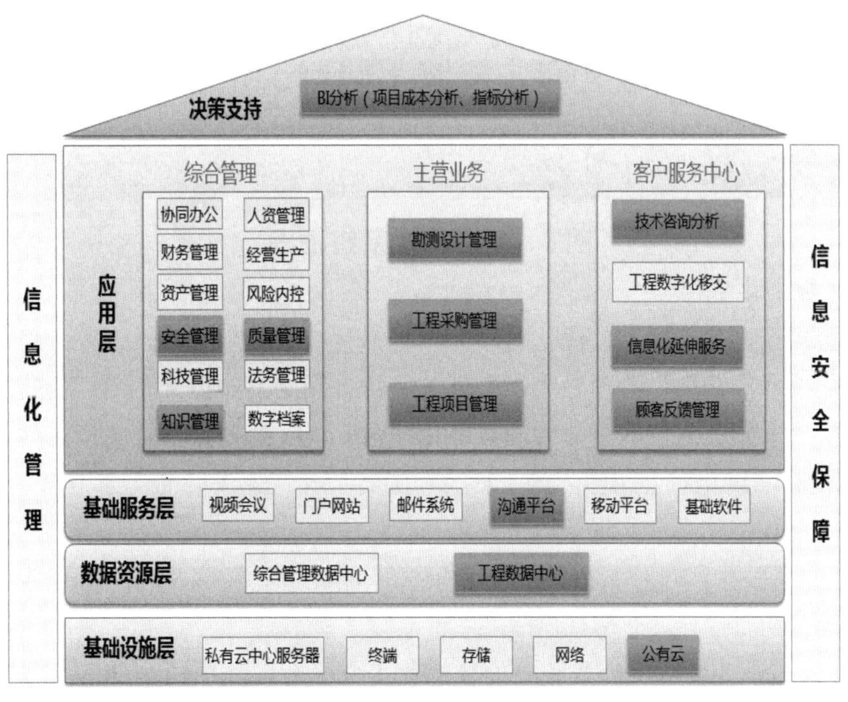

图1 华北院“十三五”信息化总体架构

三、依托信息化助推公司高质量发展改革具体措施

（一）企业职能管理信息化系统

企业职能管理系统由企业管理数字化平台、协同办公、人力资源、全面预算、资金管理、固定资产、科技管理、风险内控、法律事务、数字档案、质量管理、知识管理等16个子系统组

成，功能涵盖14个职能归口部门的管理业务，由公司统一规划建设、统一应用。

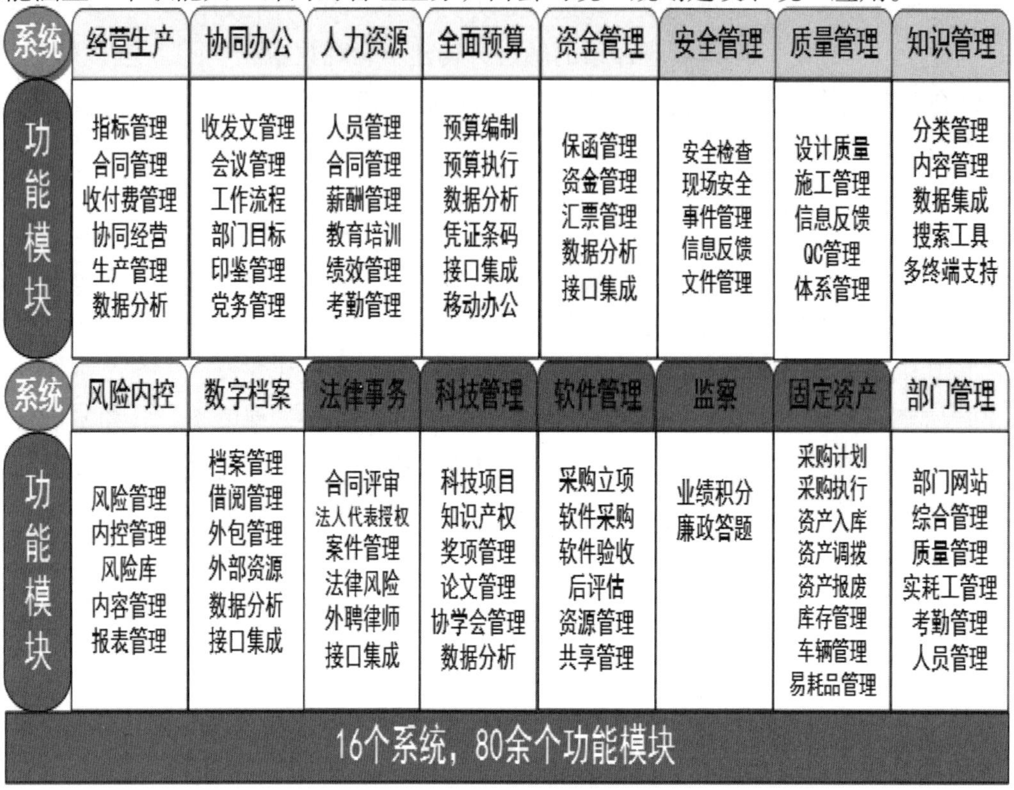

系统	经营生产	协同办公	人力资源	全面预算	资金管理	安全管理	质量管理	知识管理
功能模块	指标管理 合同管理 收付费管理 协同经营 生产管理 数据分析	收发文管理 会议管理 工作流程 部门目标 印鉴管理 党务管理	人员管理 合同管理 薪酬管理 教育培训 绩效管理 考勤管理	预算编制 预算执行 数据分析 凭证条码 接口集成 移动办公	保函管理 资金管理 汇票管理 数据分析 接口集成	安全检查 现场安全 事件管理 信息反馈 文件管理	设计质量 施工管理 信息反馈 QC管理 体系管理	分类管理 内容管理 数据集成 搜索工具 多终端支持

系统	风险内控	数字档案	法律事务	科技管理	软件管理	监察	固定资产	部门管理
功能模块	风险管理 内控管理 风险库 内容管理 报表管理	档案管理 借阅管理 外包管理 外部资源 数据分析 接口集成	合同评审 法人代表授权 案件管理 法律风险 外聘律师 接口集成	科技项目 知识产权 奖项管理 论文管理 协学会管理 数据分析	采购立项 软件采购 软件验收 后评估 资源管理 共享管理	业绩积分 廉政答题	采购计划 采购执行 资产入库 资产调拨 资产报废 库存管理 车辆管理 易耗品管理	部门网站 综合管理 质量管理 实耗工管理 考勤管理 人员管理

16个系统，80余个功能模块

图2 职能管理系统框图

1.企业管理数字化平台

按照规范公司经营生产活动、优化管理流程，强化技术信息共享及各业务单元的协作与配合，通过信息化技术推动项目管理、生产管理、经营管理能力的提升，公司搭建了实用有效且在国内同行业中处于领先地位的企业管理数字化平台，统一处理经营及生产活动、实现高效沟通、协同工作,提升信息化对公司国际型工程公司的转型和快速发展的支撑力。

通过企业管理数字化平台实现了以下管理目标：

（1）完成经营及生产过程数据的收集和聚合，保证企业经营及生产管理数字化资源的齐全、完整、准确；

（2）创建覆盖全业务链、高效统一的数字化工作平台，从项目、部门、公司三个层面驱动平台的应用，提高各级操作人员及公司的管理效能；

（3）实现精细化管理，保证经营及生产过程的受控管理，保证所有过程可追溯、可继承，有效支撑公司的经营生产管理。

企业管理数字化平台功能目标实现了计划驱动、过程受控、数据精准、高效实用。

企业管理数字化平台应用目标实现了覆盖全部设计人员、财务人员及经营人员、覆盖全部设计、总承包项目，覆盖各个环节，实现全业务链规模化应用。

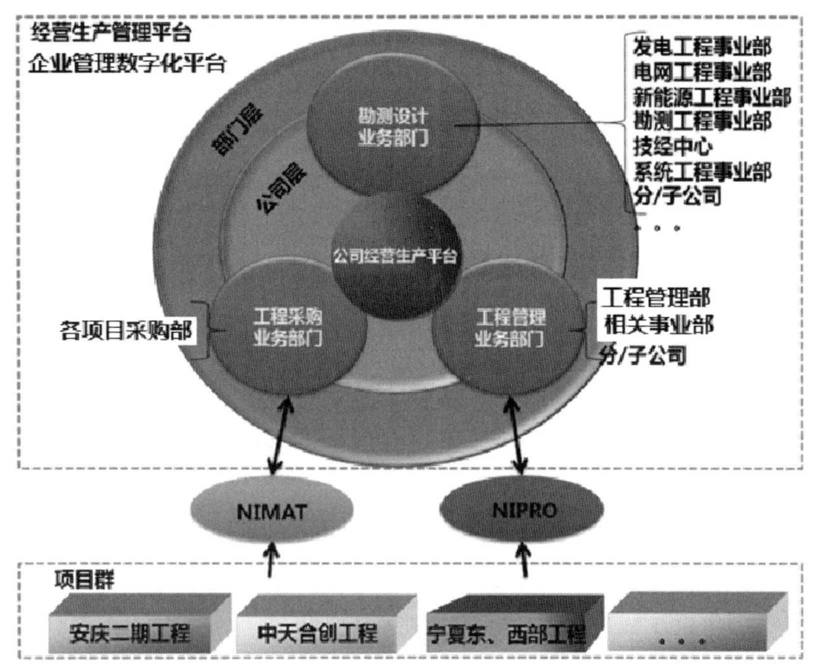

图3　企业管理数字化平台

2.其他企业管理信息化平台

近年来，公司结合发展需要，建立了其他各管理业务信息化支撑系统，并持续推进深化应用。先后完成了科技管理、法律事务、软件管理、固定资产、风险内控等信息化平台建设。完善了协同办公党务管理功能模块，实现党务管理信息化。建立安全、质量管理，实现安全生产、质量及三标体系管理信息化。基于公司对知识、知识创造过程和知识应用进行的规划和管理，结合大数据和智能化信息技术，建立知识管理及应用系统，实现知识的创造、分享、整合、记录、更新等过程，为企业发展创造持续竞争优势。同时全面推进协同办公、人力资源、全面预算、数字档案平台深度推广应用。

（二）工程管理信息化系统

1.积极推进数字化设计平台建设

（1）全面深化发电数字化设计应用

华北院在此时期内执行的近30余项主厂房施工图项目均进行了三维模型设计，热机管道实现三维出图，涵盖了1000MW、600MW、300MW、150MW级等各容量等级机组，极大提高了工程质量和设计水平，数字化设计已经成为必需的设计手段，并且实现了规模化。努力推进三维数字化设计平台的二次开发工作，坚持不懈攻克三维数字化设计技术难关，使发电数字化设计不断迈上新台阶。

近年来，公司发电数字化三维设计平台建设取得的主要成果有：

——实现了热机专业管道应力计算软件、支吊架设计软件、烟风道设计软件等，与数字化三维平台的贯通。

——开发了热机专业三维版本的汽水管道支吊架设计软件PDSA和三维版本的烟风道设计

软件FGAC，并分别取得了专有技术证书。

——升级完善了PDMS插件和XM版PDSA的部分功能，使其进一步提高了设计效率，降低错误率。

——引入fluent软件进行烟风道流场数值模拟的工作，使设计手段、精细程度都上了一个台阶。

——引进欣电电气自动化辅助设计软件，对电气二次接线的原理图、安装接线图和电缆联系表这三类图纸进行辅助设计，减少了传统设计方式下这三类图纸之间的部分重复工作量，同时解决了同一工程中不同设计人员的随意性。

——热控专业推广应用欧联3.0设计软件，并逐步完成了系统图、设备单等模块的开发工作，实现了数据集中统一管理，以及P&ID图、设备清单、IO清单、被控对象清单、仪表安装、电源系统、DCS接线等自动设计功能。

——水工工艺专业整合直接空冷、间接空冷、自然通风湿冷、机械通风湿冷、循环水系统优化计算集成冷却塔计算软件包，使公司的冷端优化计算更为智能，在投标等前期工作中体现巨大的数据优势和遴选能力。

——水工工艺专业自主化独立开发了基于美标和国标的大直径地下压力钢管计算程序，大大提升了计算精确性和效率。大直径地下压力钢管计算程序的开发使公司在该领域处于行业先进计算水平。

——水工结构专业持续升级了CTD V6.0及FTD 2.0冷却塔结构设计程序，使公司的冷却塔结构计算能力不断加强，并在该领域始终保持在行业领先地位。

——建筑专业完成了“基于Revit的BIM研究”科标业，选取了示范案例对Autodesk Revit软件功能进行了初步研究。

（2）稳步发展变电数字化设计平台

公司积极推进设计平台的升级换代，完善内部制度建设，依托实际工程实践并普及数字化专业软件，变电数字化设计的平台建设和推广应用得到了稳步发展。

数字化三维设计方面，完成了设计平台的升级换代，实现了电气一次、结构、建筑等多专业在同一平台中进行参数化建模、三维布置、协同设计与碰撞校验，实现了STD-R平台与结构专业设计分析软件PKPM、Staad Pro的数据接口。工程应用上，采用STD-R平台完成了2017年国网数字化设计竞赛博州750kV变电站和南昌东500kV变电站、如意220kV户内变电站投标及初设、国网交流特高压通用设备三维建模等数字化设计工作。

积极推进内部制度建设。编制了变电工程数字化设计系列规定，用于规范和指导内部数字化设计工作；行业标准制定上，参与了国网企标《交流特高压工程数字化成果移交导则》《输变电工程三维设计技术导则 第一部分：变电站（换流站）部分》《变电站（换流站）三维设计建模规范》《输变电工程三维设计模型交互规范》《输变电工程三维设计软件基本功能规范》、行业标准《数字化设计（电网）管理导则》等三维设计技术标准的编制工作。

大力巩固数字化专业软件应用。电气一次专业已普及应用的常用软件包括短路电流计算软件、CDEGS接地分析软件、SoundPLAN噪声预测评估软件、SSRE-TH电气主接线可靠性评估软件、导体拉力计算软件、ATP-EMTP电磁暂态分析软件、高压直流输电基本设计（DCDP）软件，极大提升了计算分析效率和准确性；电气二次专业全面采用欣电ELEC软件进行设计和出图，实现端子排、电缆清册、电缆接线表等自动生成，极大提高出图效率，并保证了图纸的正确率、标准化和规范化；土建专业主要应用的软件包括混凝土结构计算软件PKPM，钢结构计算分析软件Midas、Staad Pro，总图设计软件GPCAD，实现工程量统计、出具计算书，提高设计的准确率。目前配备的专业设计软件已能满足变电各专业的设计需求。

数字化设计综合评价方面，统筹考虑目前数字化三维设计软件和数字化专业设计软件的配置以及工程应用经验，电网变电数字化设计实力在行业内处于领先水平。

（3）输电工程数字化设计方面

近两年，华北院在信息化建设的基础上对内开展了线路数字化设计需求分析和基本技术路线规划，对外调研了国内主流线路数字化三维设计平台，开展优化选线或数字化移交，先后完成锡盟–山东、淮南–南京–上海、蒙西–天津南1000kV特高压线路工程数字化移交。

标准制定方面，华北院参与了国标《输变电工程数据移交标准》，国网企标《交流特高压工程数字化成果移交导则》《架空输电线路三维设计建模规范》《输变电工程三维设计模型交互规范》《输变电工程三维设计软件基本功能规范》《输变电工程三维设计技术导则 第2部分：架空输电线路》《输变电工程数字化设计编码应用导则 第2部分：线路工程 》（Q/GDW 11600.2–2016），中国电力规划设计协会《数字化设计（电网）管理导则 输电部分》，中国电机工程学会《输变电工程数字化设计技术导则 第2部分：输电线路工程》（T/CSEE 0021.2–2016）等三维技术标准的编制工作。

专业软件应用方面，输电电气在专业室普及了三维跳线计算模块，利用QC小组完善了基于Excel的校核计算程序，极大地提高了正确率和工作效率。在涉外工程中应用了TOWER铁塔设计和PLSCAD输电线路设计软件，满足了国外工程设计的需要，为图纸顺利报审保驾护航。

依托设计竞赛，展示线路三维设计、架空输电线路协同设计系统优势。在张南–昌平III回500kV线路（北京段）设计竞赛中，依托专业公司的线路三维设计平台，初步开展了三维选线、绝缘子串三维设计、组装和挂串，铁塔、基础三维模型导入和三维大场景的展示。在冀北北京东～通州500kV线路工程设计竞赛中，借助专业机构的架空输电线路协同设计系统，开展了三维路径优化、塔位排布、“三跨”设计、三维间隙校核、三维金具串设计组装、基于三维模型的铁塔设计优化及三维场景展示，取得了较好的效果。

（4）新能源数字化设计方面

“十三五”前半期，由于传统新能源（风电、光伏）工程“短、平、快”的特点，为占据先机，领跑行业，通过引进成熟的商业软件和自主开发软件不断提升设计工作效率、设计质量和计算精度，自主开发了山地光伏的自动化布置软件和光伏方阵电缆自动敷设软件，在该领域处于行业领先地位；引进WT软件、WindSim软件、“择风大师”、瑞士Meteonorm光资源数据库、PVSYS等专业设计、分析计算软件，大幅度提高了设计的准确性与效率。

依托大量已实施的风电与光伏项目，分别构建了风电项目数据库与光伏项目数据库，并保持持续更新，极大提升了后续风电与光伏项目的设计效率和精度。

在标准制定上，主持了国家标准《电厂标识系统编码标准》GB/T 50549修编工作，补充了新能源（风电、光伏、光热）相关规定，为开展新能源项目的数字化三维设计奠定基础。

2.大力推进工程设计集成系统-PW、NIDES

华北院坚持Bentley PW的技术路线建设和应用设计协同平台已有几年的历程。公司勘测设计业务板块的工作平台，装载了公司全部勘测设计项目的过程文件和成品文件，为开展设计工作提供了全方位的工程资源库。平台紧扣公司生产业务控制程序，完善了设计配合、文件校审、资料发布、设计计划等管控流程。近年来，PW平台优化了图纸出版下载、压力管道图纸校审出版、文件类型标识升版、版本号合法检查、勘测专业特殊图框、邮件提醒等功能，新增三维建模数据源，全面提高平台的安全可控性、易用性、稳定性和数据安全。

公司构建了包含工程设计集成系统NIDES信息应用体系，包含了工艺设计系统、布置设计系统、土建设计系统、电气设计系统、仪控设计系统，由PDMS、PDS、PDSA、FGAC、PS3D、PROMISE、EDesign、EES、PW等系统构成。

NIDES具备为工程项目全过程提供与工程阶段相对应设计内容的核心功能：为精确设计提供有效工具；为设计内容管理提供手段，强化与工程需求相适应的设计内容控制；为满足用户需要的设计内容数字化移交提供支持。使工艺流程设计、三维布置设计、安装设计一致化，确保做到精确设计、精确采购、精确建造，保障质量、优化设计、数据贯通、降低造价。

NIDES设计协同工作平台项目，荣获“中央企业技术创新信息化示范工程”，中国电力顾问集团公司“科学技术奖”“中国电力科学技术进步奖”。美国《工程新闻记录》ENR杂志对公司设计协同平台管理进行报道。

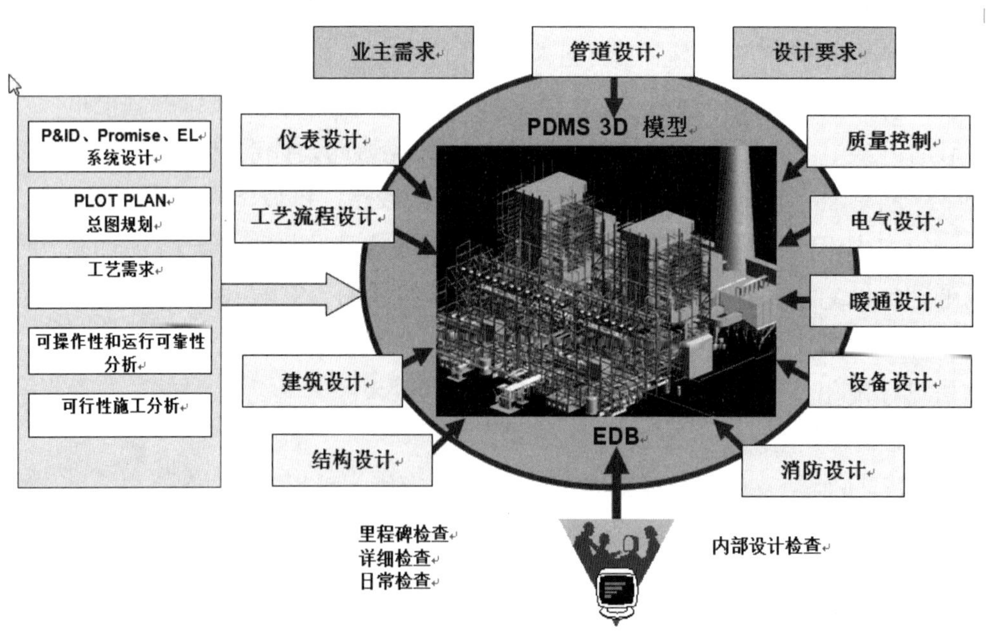

图4　公司工程设计集成系统NIDES

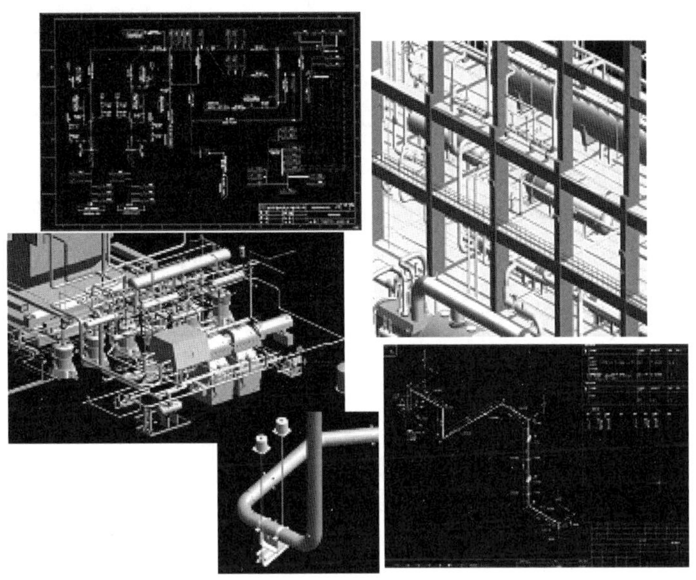

图5 NIDES系统设计、布置设计与安装设计

3.持续优化工程项目管理信息化系统（NIPRO）

NIPRO是公司按照项目管理的知识体系全力打造的用于工程项目管理的信息应用系统，覆盖了范围管理、时间管理、成本管理、质量管理、人力资源管理、沟通管理、采购管理、风险管理和集成管理。该系统获得电力工程设计专有技术成果。

NIPRO围绕时间管理展开，基于计划为龙头的项目管理体系，以集成管理、范围管理、时间管理和沟通管理的实现和协调为项目管理的核心要素。在层次上分为公司层和项目层；在体系上分成概预算管理平台、设计协同管理平台、物资采购管理平台、进度计划管理平台、建造（调试、试运行）管理平台；在内容上分设计、采购、施工、试运移交过程的进度计划管理、合同费用管理、质量管理、安健环管理。

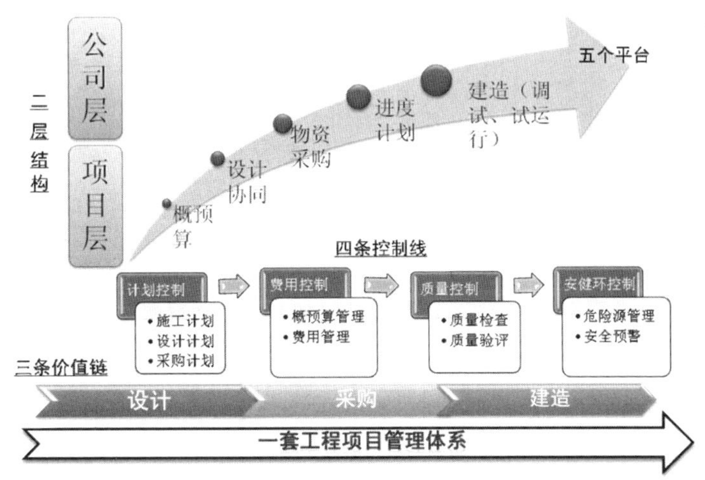

图6 NIPRO总体架构

NIPRO工程管理集成平台从第一期建成到现在，已发展为公司EPC总承包项目过程管理的核心信息化平台，其项目层级的管理已经十分完善。一直以来，NIPRO平台在项目层级的应用

发挥了积极作用，很大程度提高了管理效率。

经过近几年的NIPRO平台应用及完善优化，NIPRO平台技术架构从最初的C/S升级到现在的B/S，业务管理范围也从最初的纯项目级管理逐步扩展到目前的事业部本部职能处室的工作管理。目前NIPRO平台的应用功能越来越完善，对用户使用来说越来越人性化智能化，业务管理范围越来越全面，涵盖了项目管理的全生命周期，结合公司总承包项目管理实际，按照项目管理过程把项目前期、项目策划、项目实施和项目收尾四个阶段进行业务管理。涉及的业务部门涵盖了项目部的五部一室。主要功能如下：

（1）费控管理

费控管理是总承包项目全过程中的管理重心，在NIPRO平台贯穿项目管理全阶段，包括执行概算、执行预算的填报审批；工程的总包合同、分包合同的登记录入以及合同评审的信息查询；施工单位上报总包项目部的施工图预算、资金计划、分包合同的工程报量的填报审批及报表输出；总包项目对业主单位的收款申请及输出打印；总包项目对施工单位的付款申请及费用支付（支付证明）的填报审批及打印输出；工程合同的合同结算；签报的填报审批输出；各种总包项目的收付费、产值等统计分析表等的填报和输出；费控各种资料的分类登记录入。

（2）采购管理

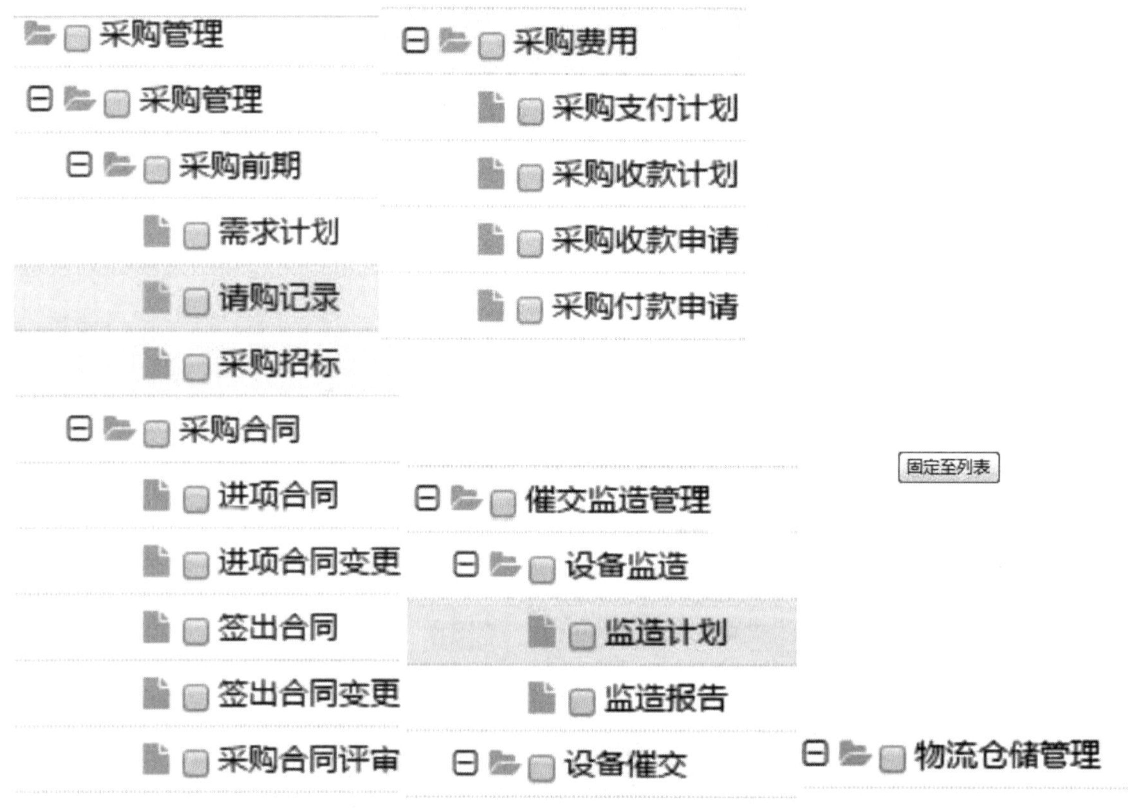

图7　采购管理

NIPRO平台对采购过程开发的功能模块相对完善，包括从采购需求计划到采购执行、采购过程监控以及物流仓储管理等。

（3）综合管理

综合管理的功能模块涵盖了项目层级和事业部层级的业务管理，结合公司发布的总承包项目管理标准化及执行体系针对不同的管理人员进行综合调研并完成开发。此模块开发完成了办公用品、劳保用品的分类管理、使用申请、入库、领用以及相关统计查询等管理功能；开发完成了固定资产、车辆、考勤、督办、项目进点管理等多项功能。

（4）质量HSE管理

质量管理和HSE管理主要是项目执行中的过程管理，以记录性表单加流程流转方式实现业务管理。质量管理、HSE管理的各种闭环业务流程均采用“事务流程引擎”进行业务活动的推送，实现根据事先配置的业务活动流转关系进行业务推送在业务活动中以“事找人”的方式实现管理，达到“业务导航”管理目的。

（5）施工管理

施工管理的业务范围与质量管理、HSE管理以及沟通管理的业务有交叉，具体管理也基本相似，所开发的功能基本涵盖了项目的所有施工业务范围满足项目实际需要。

（6）设计管理

NIPRO平台的设计管理并非设计过程管理，实际上实现的是设计沟通功能，用来记录EPC总承包项目执行过程中与设计有关的沟通管理。其功能包括工程联系单、变更设计通知单、设计变更执行反馈、请购单及请购单查询。

（7）出口退税管理

图8　出口退税管理

出口退税管理针对公司国际项目采购的物资设备进行的退税业务处理，业务环节少，其业务主要由项目采购工程师进行退税基本数据的录入，经过流程审批到达国际分公司会计核算部的主管会计审核，经检查资料符合要求后进行报税数据登记，并完成后续一系列工作的处理，同时针对统计的需要完成了相关统计分析表的开发。

（8）项目管理标准化及执行体系

图9　项目管理标准化及执行体系

项目管理标准化是根据《建设项目工程总承包管理规范》的要求和公司相关管理制度、管理业务流程和项目管理规定，结合公司多年的项目管理实际经验设计开发“总承包项目管理标准化系统”，以实现公司的项目管理标准化及执行体系建设目标，同时为了能够使多年来形成的项目管理手册、管理制度、管理规范、作业文件、程序文件以及相关的表单范本在总承包项目管理实际中落地执行。

项目管理标准化将总承包项目划分为项目前期、项目策划、项目实施和项目收尾四个阶段，每个阶段经过总结又整理出十四个项目管理知识体系，针对十四个知识体系将项目管理实践中的业务分别归类分配划分。

项目管理标准化包括项目管理导航和项目业务导航两块核心内容。项目管理导航是在项目级操作应用的，主要实现的功能是使不同的角色用户根据权限对项目进行精确的导航式管理。项目业务导航是NIPRO平台定义“事务流程引擎”自动实现业务流推送实现业务闭环。具体指的是按照公司标准的业务管理规定在NIPRO平台上事先按照业务活动的先后逻辑关系及顺序进行配置，而在实际项目管理业务活动中通过“以事找人”的方式进行业务推送将业务活动，达到项目管理业务导航的目标。

（9）全成本核算系统

图10　全成本核算系统

全成本核算系统是为了全面、真实、准确反映总承包项目成本信息，强化成本意识，降低管理、采购、分包各项成本。目前开发完成的全成本核算实现了施工直接成本的自动收集，管理成本的人工录入和导入；设计、采购成本外部嵌入汇集，同时针对收集到的成本进行不同维度的统计分析和报表输出，达到了预期目标。

（10）报表统计分析

图11　报表统计分析

报表统计分析主要是针对费控管理、采购管理及财务相关的各个业务管理的统计分析，用于相关人员的统计查询。

四、信息化改革发展取得的效果

（一）工程项目实践成效

1.依托信息化倾力打造国内首座全寿命周期数字化电厂

2015年6月，华北院首个百万千瓦机组总承包项目——安庆电厂二期扩建2台100万千瓦超超临界燃煤发电机组工程（以下简称“安庆工程”）在一个月内实现双投，标志着该公司总承包业务迈上了新的台阶，电站实物与工程同步完成的数字化顺利移交，标志着国内领先、世界一流的智能化、数字化电厂的实现。该工程荣获中国电力行业优秀设计一等奖、中国电力优质工程奖、建筑业五星级评价等行业大奖，并斩获我国工程总承包领域的最高荣誉——优秀总承包项目金钥匙奖。

在“互联网+”和大数据的浪潮下，拥有丰富的信息化管理经验的华北院，将“全寿命周期数字化电厂”的理念带到了安庆——将数字化工程向数字化控制和管理延伸，从而为业主全寿命周期的运维、运行优化、科学管理提供有力支撑。

安庆工程进行了全专业、全厂区范围的数字化设计，系统图设计采用Diagrams平台，布置设计采用PDMS平台，并试点进行了二三维效验、数据导出等工作。同时安庆工程全部传统设计在PW中进行专业配合；传统设计成品由PW组卷自动传输至数字档案馆，再由数字档案馆定期上传至数字化移交平台，开发了由数字档案馆上传数字化移交平台的接口。

基于公司的PW设计平台、NIMAT采购平台、NIPRO总承包平台，来自设计、施工、设备的数据全部被存储到数字化电厂移交平台中，与建成后的发电厂信息系统数据库相连，从而支撑起电厂全生命周期的数字化管理，为实体电厂高效、经济运行提供着科学的解决方案。国内首次实现数字化电厂与实体电厂同步整体移交，倾力首创了全寿命周期的数字化电厂。

图12　全寿命周期的数字化电厂–安庆电厂全景

工程建设期间，公司采用全专业、全范围的数字化设计，有效降低了现场碰撞次数，避免了设计变更及施工返工，大大提高了设计质量和工程效率；同时将物联网技术中的感知技术

（RFID或二维码）和网络通信技术（无线通信网络）引入仓储管理，通过物联网技术的应用提高仓储管理的效率和准确率。运用P6管理软件计算工程关键路径，根据施工进度计划推算图纸、设备、人力需求，在“22+2”的工期内，项目进展始终保持合理高效。

全厂总线覆盖率、APS一键启停、数字化移交、调试性能指标中汽机热耗性能达到国内领先水平。全寿命周期的数字化电厂理念，使该工程真正做到了降低发电成本、提高上网电量、减少设备故障，实现了电厂的安全、经济运行和节能增效，也向人们展示着火电工程全过程数字化建设与运行的未来。

2.依托公司信息化平台，斩获多项全国优秀工程奖项

（1）神华神东五彩湾电厂2台30万千瓦工程

依托公司信息化平台，公司总承包的神华神东五彩湾电厂2台30万千瓦工程（以下简称“五彩湾工程”）获得第七届全国优秀工程总承包项目金钥匙奖。

依托公司工程信息应用系统，五彩湾工程取得了设计、采购、施工、试运行深度交叉、相互协调的工程总承包成果。五彩湾工程的概预算管理平台、设计协同管理平台、物资采购管理平台、进度计划管理平台、建造（调试、试运行）管理平台，完整覆盖了工程项目总承包的全生命周期，满足了工程项目总承包全过程对信息化的要求。

五彩湾工程在核心数据库支撑下，通过工程设计集成系统与工程管理集成系统的协同，按流程实现EPC工程设计、采购、施工各阶段之间的纵向数据贯通和继承；通过内容管理平台，实现工程项目过程文档的集中管理、共享和实时控制；实现EPC项目全过程应用。项目建设工期分别提前74天和147天完成。

（2）其他工程方面

依托信息化平台，华北院总承包的山西古交电厂二期2台60万千瓦扩建工程（以下简称“古交工程”），获得第六届全国优秀工程总承包项目银钥匙奖；以高效的管理水平顺利完成承德上板城等总承包项目；圆满完成神华国能宁夏鸳鸯湖电厂二期1000MW级机组扩建工程、华能北京热电厂三期扩建工程、天津北疆发电厂二期扩建工程等大型勘察设计项目，信息化建设为公司持续健康发展提供了有力支撑。

在国际总承包项目方面，公司总承包的白俄罗斯国家能源战略的重点工程，同时是该国有史以来最大的电网建设项目，囊括了从35千伏到330千伏所有电压等级，线路总长约2030km，覆盖白俄罗斯50%以上国土面积的白俄罗斯核电输出线路及电力联网工程，依托公司工程项目管理信息化平台，完成白俄罗斯工程近20个子项，为最终全面投产奠定基础。其中本工程最大的变电站（330kV）波斯塔维变电站顺利投运，为此公司荣获白俄罗斯能源部杰出贡献奖，这是白俄政府首次将这一奖项授予外国企业，进一步诠释了公司项目管理水平与能力。

（二）提高设计效率及质量，提升管理效率及市场竞争力

依托公司的数字化三维设计平台，进一步增强了设备、管道、线路等立体空间的直观性，便于不同专业在同一空间中检查碰撞，减少了传统设计方式下不同专业之间的部分重复工作量和错误率，同时解决了同一工程中不同设计人员的随意性，提高了搭建模型的准确性，实现了管道应力计算与管道布置的有机结合，增强了工程量统计的便利性及准确性，极大提高了出图

效率，并保证了图纸的正确率、标准化和规范化。另外，借助数字化设计平台，积极参与业主方三维设计竞赛，并获得优异成绩，计手段及精细程度都上了一个新台阶，助力市场开拓，大大提高了市场竞争力。

Bentley PW平台装载了公司全部勘测设计项目的过程文件和成品文件，为开展设计工作提供了全方位的工程资源库，在设计配合、文件校审、资料发布、设计计划等管控流程方面节省了时间；全面提高了平台的安全可控性、易用性、稳定性和数据安全。截至2017年底，平台项目数量8846项；资料文件达340余万个；执行的提资流程有近15万个；校审流程有110余万个，会签流程近3.5万个，资料发布流程近1万个，极大地提高了工作效率。

（三）获得多个信息化专项成果奖项，有力支撑经营生产需要

近年来，华北院依托工程需要积极推进信息化建设，优化了设计手段，提高了生产经营管理效率，信息化建设取得了一定成果，获奖9项，软件著作权申报6项，成为华北院科技创新及进步的中坚力量。

依托工程项目积极实践计算软件，并不断优化升级，经过探索和持续改进，多个计算软件获得行业奖项，成为经营生产工作的有力支撑。基于ANSYS的双曲线冷却塔结构计算软件获得电力行业优秀计算机软件一等奖；悬挂运输设备弧线轨道设计绘图软件、输煤地下廊道设计绘图软件获得电力行业优秀计算机软件三等奖；CAESAR Ⅱ应力计算结果数据处理软件获得电力行业万众创新成果二等奖；工程采购集成系统获得全国电力行业设备管理创新成果一等奖、工程物资智能仓储管理系统获得电力行业优秀计算机软件一等奖、电力行业万众创新成果一等奖、电力行业信息化优秀成果三等奖。

（四）依托工程实践，创新形成了多项软件著作权

软件著作权方面，公司开发的欣电电力设计一体化平台热控版软件、山地光伏选址及布置软件、带式输送机设计选型软件、原体试验专家信息系统、小型EPC项目质量过程控制文件管理系统、建设项目质量信息反馈管理系统6个软件项目成功申请了软件著作权。

五、下一步工作计划

（一）深化完善NIPRO平台

一要深化和完善项目层级业务管理，完善NIPRO平台的项目过程管理，进一步实现项目管理过程的标准化，同时满足公司层对项目新的管理要求。

二要深化完善部门层各职能处室的业务管理开发以及现有功能，进一步加强NIPRO平台在项目、部门两级管理中的协调和基础作用。

三要积极为公司、使用部门提供可进行决策分析的领导查询，提供多项目、单项目多维度的多样化统计分析。

（二）进一步推进信息化工作

华北院后续信息化工作重点内容，主要包括对公司综合管理信息系统功能全覆盖，提高公司主营业务信息系统可视性和移动性应用，以及开展公司业务管理和业务融合的数据贯通工作等。

1.优化职能管理信息系统，提升质量管理能力

构建公司层多项目成本核算平台。利用NIPRO系统前期开发的全成本核算功能，制定基于总承包设计、采购及施工的项目费用全成本归集和分析建设方案，按项目以费用科目为统计视角对项目全成本进行收集、统计和分析，控制费用、降低成本，加强成本核算。

进一步完善职能管理信息系统建设工作，一是持续完善质量管理系统，实现公司内部质量管理信息共享，提升公司管理能力；二是优化经营生产平台，开发全口径、各经营单位和各业务板块综合表以及与经营生产相关的套表。

2.优化升级主营业务信息系统，促进各业务平台数据融合

优化升级NIPRO平台，完成总承包项目现场安健环管理模块的建设工作。重点内容包括安全检查、项目现场安全管理、安全事件及风险管理、安全信息反馈、安全制度等；完成NIPRO系统移动APP软件升级工作，借助移动APP实现项目现场质量、安健环等管理功能的移动性和可视性应用。

深化设计、采购、工程管理业务平台数据融合。开发NIPRO系统和公司企业管理数字化平台的接口功能，将总包项目设计计划等重点信息引入NIPRO平台；按照公司采购管理要求优化总包项目采购工作的信息系统应用工作模式，完善和调整系统功能；结合各总承包项目部工作，深化NIPRO系统各业务模块的应用。

持续推进数字化设计工作。发电数字化设计方面，继续开展系统设计、热机和土建协同设计平台、Revit平台及相关软件的试应用工作，研究热机-结构数据传递、结构数字化协同设计解决方案；继续开展REVIT平台BIM应用工作。及时对应用工作进行总结，确定发电数字化协同设计体系的详细架构及各专业子架构。电网数字化设计方面，加快推动输电三维设计平台从功能性、适用性等方面满足华北院业务需求。

随着信息技术及网络技术的不断发展，华北院将依托公司的信息化建设和工程实践，持续为业主方提供技术升级到数据维护的一系列信息技术支持服务，协助业主方将相关信息与数据管好、用好。工程实体与数字化管理深度融合，使数字化工程理念深入到电厂的前期规划、工程建设、项目管理、运维管理等项目全过程各个环节，建立一个一体化、信息充分互通的平台，为业主打造新一代电厂管理工具，进一步提高工程项目经营管理的响应速度，提升工程项目管理水平和盈利能力。

成果创造人：詹　扬、向　赫、王　有

基于"互联网+能源"的机场能源管理系统AEMS创新研发与应用

北京首都机场节能技术服务有限公司

一、企业概况

北京首都机场节能技术服务有限公司为北京首都机场动力能源有限公司（以下简称为动力能源公司）的全资子公司。动力能源公司隶属于首都机场集团公司，负责首都机场地区水、电、天然气、冷、暖等能源供应以及航站楼的节能运维工作，具有丰富的全品类能源保障和系统节能经验。为顺应节能减排行业发展形势，2013年7月，动力能源公司将节能业务重组，正式注册成立"北京首都机场节能技术服务有限公司"。

北京首都机场节能技术服务有限公司是立足于民航机场业、面向大型公建的技术型节能服务供应商。节能服务公司依托母公司人才优势，拥有具备丰富机场能源系统运维经验的专业技术团队，涵盖电气、暖通空调、自控能源管理、计量等多个专业，以最专业的团队、最负责的态度，秉承中国服务的精神，推动节能减排工作的全面协调可持续发展。

北京首都机场节能技术服务有限公司定位为"机场行业最懂能源、能源行业最懂机场"的综合节能技术服务提供商，致力于节能环保产品和技术在民航机场业的研发、推广和应用，提供航站楼等大型公建的分项计量实施、能源管理体系认证咨询、能源审计、系统节能的提升解决方案，以精细化的管理运维理念、先进的技术手段，整合优势资源，为客户提供全面的节能服务。

北京首都机场节能技术服务有限公司以市场需求为导向，以绿色节能为理念，以技术服务为方式，契合"互联网+"背景下两化融合的要求，结合互联网、大数据与能源管理，创新研发出一套弥补国内机场节能行业空白的、拥有自主知识产权的机场能源管理系统AEMS，为全国民航机场节能质量的整体提升提供技术支撑与服务。

二、创新研发背景和技术发展趋势

（一）国家和行业发展的要求

能源互联网是一种能源产业发展新形态，相关技术、模式及业态均处于探索发展阶段。为促进能源互联网健康有序发展，近年来，国家发展改革委、国家能源局、工信部也下发了一些相关文件，出台了相关政策，推动能源互联网试点工作。2016年，三部委《关于推进"互联网+"智慧能源发展的指导意见》和《能源行业"十三五"规划》对试点和应用做出了整体部署，目前就是根据这一部署在开展未来十年的工作。计划近中期分为两个阶段推进，先期开展试点示范，后续进行推广应用。具体来看，2016年至2018年，重点推进能源互联网试点示范工作，建成一批不同类型、不同规模的试点示范项目，攻克一批重大关键技术与核心装备，能源互联网技术达到国际先进水平。要初步建立能源互联网市场机制和市场体系，形成一批重点技术规范和标准，探索一批可持续、可推广的发展模式，积累一批重要的改革试点经验。2019 年至 2025年，着力推进能源互联网多元化、规模化发展，初步建成能源互联网产业体系，形成开放共享的能源互联网生态环境，能源综合效率明显改善，可再生能源比重显著提高。

根据国家发改委2017年1月发布的《十三五节能减排综合工作方案》中重点要求加强的领域有建筑节能和交通运输节能，并要求强化重点用能单位和用能设备的节能管理。方案中提出:推进利用太阳能、浅层地热能、空气热能、工业余热等解决建筑用能问题；实施以电带煤、以气带煤，以太阳能、地热能、空气能提供供电、制热/冷服务；重点用能单位要围绕能耗总量控制和效能目标，对用能实施年度预算管理，推动重点用能单位能源管理体系建设，并开展效果评价，健全能源消费台账。

围绕民航局“十三五”总体规划，民航局在“十三五”期间面向国家重大战略、支撑民航科技发展、布局高新技术研发的重点需求中，提出建设综合交通枢纽体系以及运行控制网的民航重点基础应用研究。在《民航节能减排“十三五”规划》中，民航局明确提出“加强机场能源、资源消费计量和统计工作，年旅客吞吐量1000万人次以上机场全面建成航站楼能耗监测系统并逐步提升系统智能化、可视化水平”。同时，民航局提出了搭建民航具有自主知识产权的高技术产品和服务展示交流平台，提高其市场知名度和影响力；围绕行业需求劳动导向，选取条件成熟的领域实施重大技术装备试验和示范项目，加速新技术和新项目的应用与推广。响应民航节能减排“十三五”规划，机场能源管理系统AEMS的建设将成为能源供需的交流平台，可扩大民航机场节能减排资源的合理配置和有效供给。

（二）传统机场能源管理现状和面临的问题

1.管理架构复杂、信息不对称严重、管理盲区大

通过调研发现，各机场由于机场规模、组织形式、管理模式、区域划分的不同，能源管理的部门架构均存在不同程度的割裂与孤立。各机场由于种种管理架构的不同与复杂，在能源供应链上游产能管理和下游用能管理管理理念、管理方式上均不相同，造成各机场无法从系统角度进行考虑，在能源系统运行上出现管理盲区大、信息不对称、无统一目标等情况，进而无法达到系统能效最优。

2.能源管理平台与信息化建设目标盲目路径不清晰

一是能源系统基础设施的建设与信息化建设同步性不好对运行控制造成不利影响；二是信息化建设规划不够，陆续投产的信息系统出现资源难以合理利用、重复投资的情况。很多后续建设的信息化系统出现通信网络资源短缺，因为前期设计和施工原因，改造空间裕度、投资规模、通讯稳定性等问题造成施工难度增加，系统稳定性变差；三是系统整合难度大。由于各个系统建设没有统一规划，开发商在系统建设过程使用不同标准（包括传输标准和接口标准），在后续整合、建设管理系统时难以推进。

3.机场管理数据不互通互联、孤岛问题明显

各个机场水、电、气、暖、冷、航站楼楼宇系统繁多，但都仅完成属地管理功能，存在信

息孤岛，因此如完成各能源系统间的调度配合则需要充分的数据共享。无法满足数据共享需求，会影响机场整体的安全运行管控、能源调度决策，进而对机场的整体能源运行综合管理水平造成影响。

4.传统能源管理系统的短板严重

根据调研，目前的建筑能源管理系统主要应用在智能楼宇系统，国内外厂家主要有霍尼韦尔（Honeywell）、西门子（Siemens）、江森自控（Johnson Control）、施耐德（Schneider-electric）、阿自倍尔（Azbil）、研华科技、浙江中控等。国外的建筑能源管理系统系统产品是在自有品牌的BAS的系统产品基础上发展而来，没有针对机场能源行业的成熟产品。只有日本阿自倍尔（Azbil）在国内机场航站楼有应用，但与其他品牌一样，建筑能源管理系统产品只对于建筑物内的楼宇系统，包括暖通空调，电力监控等进行能源分析管理，有一定的局限性。国内的建筑能源管理系统重点侧重于数据采集，并配以简单的能耗数据分析系统，在日常运行中，不能得到有效应用，无法满足能源管理者的需求。而且建筑能源管理系统缺乏复杂的能耗指标分析评价体系、航站楼能耗模型，更缺乏针对机场能源系统运行和管理特点的控制策略。

因而，现有国内外大多数品牌的楼宇能源管理系统是作为楼宇自控系统的一部分，其主要的能源参数采集、记录与分析技术已经比较成熟，并在楼宇建筑中广泛使用。但适用于机场的，在保证机场安全运行和旅客舒适健康的前提下，对机场能源系统进行节能控制指导和优化管理的机场能源管理系统在国内一直没有成功应用的先例。

（三）能源互联网技术发展趋势

能源互联网是综合运用先进的电力电子技术,信息技术和智能管理技术,将大量由分布式能量采集装置,分布式能量储存装置和各种类型负载构成能源节点互联起来,以实现能量双向流动的能量对等交换与共享网络。现阶段提出的能源互联网概念，其实是以互联网理念构建的新型信息能源融合“广域网”，它以大电网为“主干网”，以微网为“局域网”，以开放对等的信息能源一体化架构，实现能源的双向按需传输和动态平衡使用，因此可以最大限度地适应新能源的接入。

机场能源互联网实质是物联网与多种智能能源网络的综合体。其目的是通过应用互联网和现代通信技术，对机场能源的生产、使用、调度和效率状况进行实时监控、分析，并在大数据、云计算的基础上进行实时监测、报告和优化处理，使机场的能源管理达到最佳状态。

三、机场能源管理系统AEMS开发和应用的必要性

（一）全方面提升机场能源运营系统效率

机场行业区别于其他行业的主要特点就是其主要生产活动均是围绕服务航空业务开展的。因此，机场“行业”数据的引入与辅助决策将是机场能效提升的重要组成部分。现阶段机场拥有大量及丰富的飞行器相关数据资源，通过此类数据的引入，机场可以辅助实现空调、照明系统的控制优化，辅助决策APM系统与行李系统的运行模式，从而全方位的提升机场各类系统的运行效率，真正实现机场在“大数据”技术支持下智慧与绿色共存。

（二）确保机场能源互联网的最终实现

从民航机场的发展来看，伴随着机场发展，机场能源结构将是兼容传统电网，并包含光伏、光热、电储能、热（冷）储能、CCHP、电制冷、燃料锅炉等，可以充分、广泛和有效地利用的、满足用户多样化能源需求的一种新型能源体系结构。而伴随着此种能源结构的复杂化与用户需求的多样化，机场区域分布式能源将面临更为复杂的产、供、用的情况，而此时则将更能发挥能源互联网的特点，将各类“数据”通过快速实时的云计算，将决策信息反馈至融合了大量分布式可再生能源发电装置和分布式储能装置，实现机场区域内能量和信息双向流动的互联共享网络，将机场能源的产与用成本降至最低，最终实现机场能源互联网的实现。

（三）满足民航各层级管理数据需求

现阶段民航机场的数据统计与汇总实现基本基于填报系统实现。而受填报方式影响，各层级数据要逐级汇总，层级越多数据的实效性就越差。而各机场又因为管理规模、业务范围、统计口径等差别，造成上报数据的可对比性较差，很难实现同类机场的横向对比，数据的应用价值有所降低。而在实现机场能源互联网建设后，各机场的数据将由最底层进行上传汇总，确保了数据的准确性。而实时的数据采集周期确保了数据汇总与填报的实效性，多维度的汇总功能可以按照不同管理层级人员的需求，分别对基础数据进行整理计算，最终以图形化的形式展现给各级管理人员。

四、机场能源管理系统AEMS的内涵

（一）什么是机场能源管理系统AEMS

机场能源管理系统AEMS以相关的政策、法规和标准为保障，以计算机网络及硬件平台为依托，构建能源数据共享平台，并在此基础上建立数据的应用和服务系统，满足对各个供能业务生产运行的状况的整体掌控。

机场能源管理系统AEMS是一套适用于民用机场的带有嵌入策略的能源管理系统，能够实现机场能源能流分布的可视化，能耗可计量，可分析，可评价，通过专家决策系统对运行做辅助指导。并且提供远程访问服务，使民航局相关部门、机场管理人员，通过网络即可了解到机场的能耗情况及设备运行情况。机场能源管理系统AEMS主要针对机场地区，不仅仅包涵航站楼，同时也含入配套的建筑群和冷热源、电力等系统。

（二）机场能源管理系统AEMS实现的主要功能与特色

机场能源管理系统AEMS作为一套能有效地采集各类能源数据，对能源的流向和分布直观地显示分析，建立能耗的评价和考核标准，并能够提供降低能耗的策略方案的能源管理系统，是有特色和竞争力的民航机场能源管控和节能减排工具。

1.机场能源子系统信息整合

系统对机场能源各个子系统信息数据进行整合，建立数据读取规则，规范数据读取接口，从而再通过具有机场特色的数据标准格式对数据进行定义、存储和关联。为了实现生产运行数据的共享，从各机场的各类能源业务监控系统（包括机场地区内的变配电、照明、空调、供热、制冷、光伏发电等系统）和旅客信息系统中选择待共享的重要生产运行数据，并将这些

数据存储于数据库中。

目前为止，机场能源管理系统AEMS通过对首都机场T1.T2航站楼、长春龙嘉机场、鄂尔多斯伊金霍洛机场、呼和浩特白塔机场、南昌昌北机场和大连北高铁站的系统部署工作，已经实现了对MODBUS，TCP/IP，DLT-645，OPC,BACnet等协议的通信，获取到所需的各种能耗数据、运行参数、环境参数等数据，进行稳定存储和以供访问使用。

2.创新构建“标准配置与数据访问平台”

平台将机场相关信息数据与规则的配置、获取、分析、管理标准规范以软件标准访问接口的形式予以实现，支撑应用层软件所有基础数据获取、设置。该平台由一系列完成特定能耗与相关信息的数据访问、存储功能的标准类库组成，是整个软件框架中的“调度”核心，发挥着“桥梁”和“标准”的作用。

以集约整合为指导原则，实现能耗数据上传管理。建立数据配置模板及工具，获取所需要的各种能耗数据、运行参数、环境参数以及设备运行状态等现场信息，写入数据库，实现各供能生产监控系统中的共享数据均能传输至数据库，并按照统一的数据模型存储这些数据。

该平台屏蔽了上层业务系统与下层硬件、监控系统交互的复杂性，使业务系统研发人员无须直接访问硬件或监控系统，进一步提高软件研发的灵活性、扩展性和适应性，便于未来针对不同软硬件实施环境的统一部署。

3.建立能耗分析和评价体系

对航站楼的能耗数据统计、分析，建立航站楼能耗模型，通过类比法、数据回归法建立负荷预测模型。结合模型对航站楼能耗进行多维对比，确定航站楼能耗状况和设备能耗效率，形成航站楼能效评价体系。

借助研发的系统可视化功能，机场能源管理系统AEMS实现将数据分析和能耗分析可以按时、日、月、年不同时段，或者不同区域，不同的能源类别的数据进行处理、配置，自动生成各种图形与曲线，为节能提供直观有效的数据分析和评价依据。

按照分类、分项实现用能的日、周、月、年统计，并能以多种图表格式显示；也可以按照建筑、机构等层次结构进行统计，并能够根据用户输入的起始时间和终止时间进行任意时间段的用能统计。

允许用户通过图形化界面对分项能源进行统计、分析，提供灵活的统计分析方案定制、统计分析多种图表显示、提供多图叠加功能，将多个预定义的图表在同一界面中展示，进行对比分析和关联分析，方便分析人员进行复杂的逻辑分析，为建立能耗分析预测模型及修正提供数据支持，提供报表自动生成等功能，为用户开展可视化的数据统计分析提供显示与管理平台。

4.灵活的系统配置工具和展示、应用功能

基于面向和满足民航各机场能源管理的需求，机场能源管理系统AEMS是一套可以灵活配置的能源管理系统。

（1）通过对机场用户的需求调研，机场能源管理系统AEMS可以针对每个机场制定个性的展示界面和区域关联界面，配置专属的能耗数据、运行数据等数据的分析图形和表格，为用户提供便捷有效的能源分析。

（2）针对不同的用户角色和需要，机场能源管理系统AEMS可以设置展示不同的页面内容，不仅满足能源管理者对能耗能效的监控管理，也实现运行人员对运行情况的进精细监视和管控，从而帮助用户进行节能决策。

（3）系统的各个用户可以根据自身的业务需求，配置展示能耗、运行数据的自定义图表，进而指导能源运行和管理。

5.节能策略与专家辅助决策系统

依靠北京首都机场节能技术服务有限公司丰富的机场能源运行管理经验，涵盖多品类能源，经过提炼通过科学的方法形成有效地节能控制策略，进而将其灵活地嵌入到研发的机场能源管理系统AEMS中。

通过可视化实时监控，实时动态的各项参数在运行中偏离规定值时对能耗的影响，得出各种能耗分析图表，通过计算操作参数，为运行人员提供了参数运行调整的依据。而嵌入控制策略（根据机场能源流向和系统运行规律，形成符合机场能源管理的分析逻辑进而形成节能控制策略）能对运行指导进行预测方案的制定。通过方案应用后的实时数据记录，因异常情况导致环境信息变化致预测方案终止，控制策略记录因异常情况导致的原预测方案的关键参数，策略将记录入库，再次启用将通过关键参数接近及相同时激活。实现科学、智能、循环的PDCA节能运行方案。

机场能源管理系统AEMS通过能源消耗分布，分析节能潜力，从管理节能和技术节能两方面入手，将能源控制和管理与能源调度控制有机地结合在一起，在提升机场的能源管理水平的同时，提高运行工作效率，科学运行，打造绿色机场，实现节能减排目标，也为机场能源管理水平的提高树立范例。

6.模块化研发，建立插件式系统架构

机场能源管理系统AEMS的系统研发采取层次规划设计，自下而上分别是数据采集及存储层、应用功能层和信息呈现层。每一层独立完成相应的功能和业务逻辑，各功能模块高内聚低耦合，上下层之间层次结构清晰简洁，并定义明确的数据交换方式，下层为上层提供数据和应用支撑，保证了整体系统的健壮性、灵活性、可重用性、可升级性和可维护性。

为适应各机场的能源管理现状，满足各机场能源管理部门的应用需求，机场能源管理部门可以按照需求使用不同的模块组合。

五、机场能源管理系统AEMS的应用措施和效果

（一）系统应用技术措施

机场能源管理系统AEMS是首都机场集团批准立项，由北京首都机场节能技术服务有限公司创新研发拥有自主知识产权的综合集成系统平台，将机场地区，包含航站楼，配套建筑群及冷热源系统的变配电、照明、空调、供热等能源使用状况，实行集中监视、管理的系统。

机场能源管理系统AEMS利用计算机技术和现场能耗计量设备组成一个综合的能源管理网络，建设一个能源数据平台管理系统，实现机场在能源方面的科学化管理和智能调度。主要由以下几部分组成：

1.前端采集设备

由数据采集服务器、现场电表、水表、热量表、流量计以及各类传感器组成，通过数据采

集器将各类能源业务监控系统和旅客信息系统中数据通过OPC、BACnet 、Modbus、TCP/IP等各类接口协议读取，实现数据分类、分项监测。数据采集服务器在实现各类基础设备与监控工作站之间的通信传输的基础上，接收中心信息层的指令、向现场设备层设备发布指令、收集并处理从基础设备采集到的各类信息。

2.通信传输网络

构建能源数据平台管理系统信息通信网络，在通讯传输网络的基础上，将现场各个仪表、系统与数据中心进行有序连接，实现实时能源数据及节能控制系统与数据中心的信息交互。将数据上传至数据心集中监控，与其他应用系统既保持相对独立，又保持必要的联系，便于统一管理和资源共享。

3.安全网关

安装安全网关提供数据的单向的上传和下载功能，保证远程访问数据的安全性和链接平台的安全性。

4.系统数据中心

机场能源管理系统AEMS数据中心由监控终端PC、数据中心前置服务器、数据中心存储系统、数据中心应用服务器、WEB服务器等设备组成，是监控管理平台的核心。在这里能够全面的机场各系统的总体能耗情况和分项能耗情况、能源配给及故障信息等。通过宏观的分析能源各系统数据，实现机场稳定高效运行的目标。

（二）系统应用推广措施

机场能源管理系统AEMS的应用推广主要有产品类和服务类两种商业模式，随着数据的不断积累，机场能源管理系统AEMS持续迭代升级，北京首都机场节能技术服务有限公司会在数据挖掘、节能综合解决方案、远程数据服务、远程运行诊断分析、手机APP延展等数据服务方面衍生出新的商业模式。

第一种模式，产品类：机场能源管理系统AEMS应用程序将按照信息点数、能源品类复杂程度及能耗规模大小分层分类分模块明确产品价位。北京首都机场节能技术服务有限公司将根据客户机场的需求、既有各能源监控系统的运行现状、计量器具配备现状，确定项目需投入的实现数据采集、传输的成本费用，加上应用程序报价，以成本加成法确定最终产品价格，与用户签订产品采购合同，用户一次性购买。

第二种模式，服务类。根据测算使用机场能源管理系统AEMS可以降低机场航站楼总能耗5%以上。采用合同能源管理模式，北京首都机场节能技术服务有限公司将根据客户机场的能耗总量、能源审计结果，分析目标客户运用机场能源管理系统AEMS后的节能潜力空间，与客户约定能耗基准值，与客户签订分享型、节能量保证型或能源费用托管型合同能源管理合同，在合同期内为客户创造价值并按约定分享价值。合同期满后，系统软硬件一并移交客户。

（三）系统研发成果和落地情况

北京首都机场节能技术服务有限公司从2015年启动研发机场能源管理系统AEMS至今，期间不断地根据用户反馈和需求迭代升级，建立了民航机场能源管理的技术平台，实现了对各类能耗数据和重要生产运行信息的实时监测，实现了机场整体能流分布的可视化；通过内嵌模型和引入民航标准限值，实现了对机场能耗强度和设备运行效率指标的系统分析、科学评价、精准排名；通过策略编辑器写入的节能策略和指令控制功能，机场能源管理系统AEMS可将分析得出的节能控制策略下发至受控对象，达到了提高能源使用效率、节约成本的目的，有足够的调研基础和数据支持、具备先进性。

1.知识产权成果：机场能源管理系统AEMS先后取得了软件著作权共达17项、1项实用新型专利，还有1项实用新型专利和2项发明专利已被成功受理；

2.专业资质：机场能源管理系统AEMS通过了北京市科学技术委员会第五批“北京市新技术新产品（服务）认定”；

3.荣誉奖励：机场能源管理系统AEMS荣获了2016年“中国品牌创新成果奖”，2017年“首都机场集团科技创新成果一等奖”，并且在2018年荣获了“2014-2016年度中国航空运输协会民航科学技术奖二等奖”。

在成果转化与应用方面，机场能源管理系统AEMS已经成功在首都机场T1.T2航站楼、长春龙嘉机场、呼和浩特白塔机场、南昌昌北机场和大连北高铁站部署应用；另有十余家机场正在或即将部署。系统为用户实现了对各类能耗数据和重要生产运行信息的实时监测；通过内嵌模型和引入民航标准限值，达到对机场能耗强度和设备运行效率指标的系统分析、科学评价等目的；通过策略编辑器写入的节能策略和指令控制功能，达到了提高能源使用效率、节约成本的目的。数年来系统运行稳定，控制精确，操作便捷，节能效果良好。

在各地的实际应用中，机场能源管理系统AEMS通过监视、控制能源生产-能源输送-能源使用三个层级系统，实现了能源供给与需求的平衡，按照需求端监测能量并调节能源的生产、分配和输送，在提高各动力系统整体运行效率的同时减少了会产生能耗浪费的环节，节约了能源支出。

作为国内最大的机场集团公司，2018年首都机场集团公司能源数据云平台管理系统（一期）项目正式启动，此项目依托与北京首都机场节能技术服务有限公司研发的机场能源管理系统AEMS，集成7家枢纽干线机场的能源数据资源，建立智能化的能源数据云平台，从而实现信息和数据的互通互联和综合智能分析。能源数据云平台建设完成后，首都机场集团将成为国内第一个通过信息技术实现跨区域机场群能源管理和大数据采集、传输、分析、应用的机场管理集团，在全民航具有极大的示范效应。

六、机场能源管理系统AEMS的前景和对行业技术进步的意义

北京首都机场节能技术服务有限公司的创新研发成果机场能源管理系统AEMS达到了国内行业领先水平，部分特点达到了国际先进水平，实际使用中取得了良好的效果，为国内机场业能源管理提供了一个优秀的技术平台，通过技术转化推广应用，为下一步全面推进民航机场能源互联网建设奠定了坚实基础。

“十三五”时期，是我国全面建设小康社会的决战期，生态文明建设的提升期、全面深化改革的攻坚期、经济转型的关键期，国内外形势呈现新变化，国家发展呈现新常态，民航发展呈现新特点。我国航空市场大众化发展趋势明显，航空业务量继续保持快速增长，制度体制建设不断加强，精细化管理水平不断提升，节能新技术不断涌现，民航节能减排随着各项政策

贯彻落实而不断深入。同时，“十三五”期间我国民航节能减排也将面临更加严峻挑战。

“互联网+能源”的技术应用智慧能源标准，将电、水、气等能源数据化，利用IPv6.大数据、云计算等互联网技术，将能源产业互联网化，动态管理能源生产、传输和消费，达到提高效率、节能减排等作用。对能源产业进行互联网化，将能源赋予新的数据属性，达到能源的经济性、高效性及环保性。

利用互联网领域的快速迭代创新能力，北京首都机场节能技术服务有限公司建立面向多种应用和服务场景下能源系统互联互通的开放接口、网络协议和应用支撑平台，支持海量和多种形式的供能与用能设备的快速、便捷接入，促进能源互联网的商业模式创新，建立能源互联网的合作机制。

基于“互联网+能源”创新技术的机场能源管理系统AEMS是提高机场运营效率的有效途径，是降低未来机场能源结构下用能成本的根本所在。通过机场能源管理系统AEMS的项目建设，管理人员不但可以掌握实时能耗信息而且能够通过系统反馈回来的信息进行分析判断，提高管理能力，由粗放型管理向精细化管理转变。对各个使用机场能源管理系统AEMS的机场或企业而言，通过该系统可获得更多能源增值服务，实现能源消耗的可追溯、可监控、可管理，从而降低成本、提高能源使用效率；节能数据更有公信力，减少纠纷，实现效益最大化；能打破各自封闭的信息孤岛，把握能源生产和消费整体动向，掌握真实透明数据，实行有效监管和调控；数据还可以支持节能技术改造、节能量监测、核算和评价，支持碳交易的开展等。

作为中国民航机场能源人，北京首都机场节能技术服务有限公司最熟悉中国机场的特点、能源的内涵、节能的潜力，有责任努力为全国民航机场节能质量的整体提升贡献自己的力量，也有能力研发出了符合机场能源运行特点的软件系统，机场能源管理系统AEMS的创新研发与应用势将为民航机场能源管理建立一个开放共享的能源互联网生态体系。

未来北京首都机场节能技术服务有限公司更将大力拓展市场、推进部署，力争将机场能源管理系统AEMS部署到30%以上的国内机场，并依托机场能源管理系统AEMS建设民航机场能源数据中心，推动民航机场能效“领跑者”实施落地，实现民航机场群的能源管控，充分实现民航机场能源大数据的价值，民航机场航站楼节能效益可达10万吨标准煤/年，从而在蓬勃发展的节能市场中创造价值，带动民航机场节能减排产业发展。

成果创造人：涂思东、汪　涛、高晓辉、丁　岳、朱思平、邹文波、曲　虹

军工科研院所基于技术成熟度评价的创新能力提升

北京机械设备研究所

北京机械设备研究所（以下称“研究所”）成立于1970年，隶属于中国航天科工集团第二研究院，是以发射和发射控制技术为核心，集研究、设计、试验、生产和服务保障于一体的综合性工程技术研究所。

研究所历来从事航天地面装备研发和生产工作，产品以航天产品地面装备，如发射车、运输车、电源保障车等机电液产品为主，承担多型航天产品装备的科研生产任务，为我国国防事业和装备现代化做出了突出贡献，为陆、海、空军以及火箭军等部队研发的多型主战装备，作为特色装备代表参加建国35周年、50周年、60周年以及世界反法西斯胜利70周年大型阅兵任务。

随着国企改革工作的全面深化，尤其是军民融合产业的发展，各军工企业纷纷打破原有产业格局，依托各自技术和产业优势，积极推进军民融合二次创业。研究所从20世纪90年代开始，发挥在机电液领域的技术优势，大力发展民用产业，成功地开发了中国第一套硬胶囊自动生产线和硬胶囊充填机。2010年成功开发出“天网一号”低慢小目标拦截系统，一举突破低空慢速小目标飞行器的无损拦截这一世界性难题，开创了国内民用导弹应用先河。并先后圆满完成“广州亚运会”、“亚洲博鳌论坛”、“毛泽东同志诞辰120周年纪念活动”等重大赛事和会务安保任务。2012年，依托先进绿色发射技术，将装备发射技术应用到高层、超高层建筑消防领域，在全球首次成功实现100米以上高层楼宇灭火物资定点投送，一举破解高层建筑消防灭火难题。人民日报等媒体头版报道，引起了广泛关注。研究所在“军转民”发展中脱颖而出，成为军民融合产业的骨干研究所。

研究所现有资产56亿元，2017年营收超过54亿元，在职职工1403人，其中研究员及高级工程师297人，享受政府特殊津贴的专家24人，6位专家荣获国家科技进步特等奖，13位专家荣获国家科技进步一等奖，荣获包括16项国家级科技进步奖、4项国家特等奖在内的科技成果132项。

一、军工科研院所基于成熟度评价的创新能力提升的背景

提升技术创新能力，是满足新军事变革的需要，也是满足自身快速发展要求的决定性因素，更是达到“建成军品主业突出，民品产业强大，创新成果丰硕的高科技创新型企业”这个战略目标的必由之路。

（一）是武器装备智能化信息化复合式发展的需要

武器装备智能化信息化复合式发展，是航天武器装备发展的重要方向。研究所主营的导弹武器系统地（舰）面装备，是武器装备复合式发展的重要领域。只有不断提高技术创新力，加快创新，才能满足新时期信息化、体系化作战条件对于地（舰）面装备的信息化协同作战能力、机动发射能力、生存保障能力、饱和打击和抗饱和打击能力的发展要求，更好地履行强军报国的神圣使命，提升国家竞争力。

（二）是积极响应国家号召军民融合发展的需要

随着科技的发展，尤其是国内民用技术日新月异，装备建设要求水涨船高，国防用户对装备技术性能和研发周期的要求越来越"苛刻"。党的十九大以来，装备建设体系面向社会单位进一步扩大开放，不断促进军民融合深度发展，大量民营企业获颁资质，争相"民参军"，不断给传统军工行业带来新的挑战。

在军民融合时代背景下，各军工科研院所打破传统专业领域界限，发挥各自技术和产业优势，争相承揽横向任务。在研发资源总量扩充有限的条件下，如何加速产品开发，拓展新领域，构建集约、高效的产品研制新模式，成为各院所面临的重大课题。只有转变经营管理理念，主动打破传统产品研制模式，以民为师、军民融合，才能适应军民融合装备建设新形势。

（三）是快速汇聚强大创新创业力量的需要

"十二五"以来，研究所步入高速发展的快车道，以产值平均每年超过16%的速度快速增长，前期积累的技术资源储备被快速消耗，为支撑研究所可持续发展，依托于创新能力提升，引导开展基于技术成熟度的创新，深挖快建充实技术创新资源池，成为"十三五"重要内容。

随着市场竞争的加剧，研发节奏明显加快，传统技术创新和企业治理模式很难支撑研究所扩充技术储备，为了可持续发展，一方面依据技术成熟度对创新能力进行显性预示，另一方面大力实施群众性创新发展战略，汇聚强大的创新创业力量。

（四）是持续激发员工创新活力、提升研发能力的需要

传统的航天产品项目研发围绕产品高质量、高可靠性展开，围绕质量和进度稳妥推进研发工作，经常是"一项产品、一批人马、一套图纸"，对新技术、新材料、新工艺的及时引入不足，对所研发产品的经济性、及时性、创新性考虑不够。

在科技发展日新月异的今天，尤其是国内大量的新技术、新工艺爆炸式出现，基础元器件性能和工艺设计更新迭代快，只有激发并持续保持员工科技创新活力，提高创新意识，才能逐步提升快速设计能力。有效导入技术成熟度评判标准，提升产品设计开发理念，参考优秀设计实践经验，提升航天特色的小批量、多品种、高科技产品研发，是创新发展的必然途径。

二、军工科研院所基于技术成熟度的创新能力提升的内涵和做法

经过多年实践，研究所根据技术创新力形成的内在机理和外在要求，通过顶层设计、系统实施，围绕一个战略领跑、两个标准贯穿、三个能力支撑、四层栅格固定、五类指标管理、六大工程保障，形成了基于技术成熟度的创新能力提升工程。主要做法如下：

（一）一个战略领跑

为了使研究所"高科技创新型企业"的战略目标有效落地，结合集团公司创新驱动战略，建立了创新战略领跑的工作机制（表1）。该机制的核心是通过战略制定、规划布局、计划分解与合成等机制，将创新的目标传递到每个人，形成技术创新合力。

表1　创新战略领跑的工作机制

要义	内涵	难点	工具
战略规划领跑	技术创新战略，是所有业务活动的灵魂，所有创新都将"始于战略规划目标的设定，终于战略规划目标的实现"	战略规划目标的科学设置	制定战略规划模板和实施细则
三级无缝对接	一是指《中长期发展规划》、《年度工作报告》、《岗位绩效计划》三级；二是指领导层（白皮书）、部门层（蓝皮书）、岗位层（绿皮书）绩效计划三级；三是指项目管理（综合管理）、专业管理（职能管理）、岗位管理三级无缝对接	战略规划的科学分解和有效衔接	建立了WBS、TRL、QCD等分解工具；建立了事前、事中、事后三界面管理
权责钩稽嵌套	是指把每个岗位的"权、责、利、职、义"全面钩稽嵌套在《岗位绩效计划》上，根据考核结果，对岗位激励调整	技术人员的创新绩效管理	建立8M薪酬结构和创新绩效报表
进出全程考核	是指每一种职位都按照"进任期、就任期、出任期"三阶段全程考核。管理线、技术线、技能线三线都设立任期	对技术创新力贡献的评价	建立岗位绩效报表与任职挂钩机制

（二）两个标准贯穿

1.国家标准

GB/T22900-2009《科学技术研究项目评价通则》于2009年颁布实施，为贯彻落实《国家创新驱动发展战略纲要》、《产业技术创新能力发展规划（2016—2020年）》等文件精神，研究所积极响应，从完善创新体系、强化技术创新主体地位、加大关键技术开发力度、提升知识产权运用能力、完善标准化体系、培育创新能力等方面率先实践。

2.企业标准

为解决研究所技术创新评价问题，在国家标准的基础上，建立了对技术创新项目管理和评价的规范。该规范旨在对技术创新项目的WBS（工作分解结构）、TRL（技术成熟度等级）、TVA（技术增加值）、TRI（技术成熟度）、QCD（质量、成本、进度）等进行管理。

基于技术成熟度评价，研究所打造了创新项目十三级技术评价模型，见表2。该模型将技术成果转化过程分为十三个评价等级，其中第一到九级主要用于评价创意到样机产品的"0变1"过程，第十到十三级衡量样机到产业化的"1变N"过程。在十三级评价模型中，针对每个成熟度评价等级均定义了等级内涵，分别明确创新载体形式和评价要求，制定了成熟度评价的交付物检查标准，通过定期组织检查，完成项目成熟度评价。创新项目将成熟度评价指标作为衡量项目开发进度的唯一指标，用一把尺子完成项目管理隐性知识的显性化测量。

表2　创新项目十三级评价模型

计量模型					创新载体					
GB	形象表述	OECD	级别 TRL	表述	硬件	软件	专利	标准	服务	其他
显性收益		商业成功	第十三级	回报级						
			第十二级	利润级						
			第十一级	盈亏级						
			第十级	销售级						
隐性收益		产品或工艺创新	第九级	系统级						
			第八级	产品级						
			第七级	环境级						
			第六级	正样级						
			第五级	初样机						
		知识创新	第四级	仿真级						
			第三级	功能级						
			第二级	方案级						
			第一级	报告级						
备注	1.技术创新载体共有16种交付物，表中仅列常用的5种。 2.每一种交付物的每个级别上都有不同的定义，一般设置3–5个要素。									

（三）三个能力支撑

系统设计了技术创新支撑体系（表3）。其中："硬实力"是基础，是创新必须具备的条件；"软实力"是动力，是每个岗位、团队和全所创新的基本动力；"创新力"是灵魂，既要融入每个人的工作中，又要聚集成为可以计量的创新。

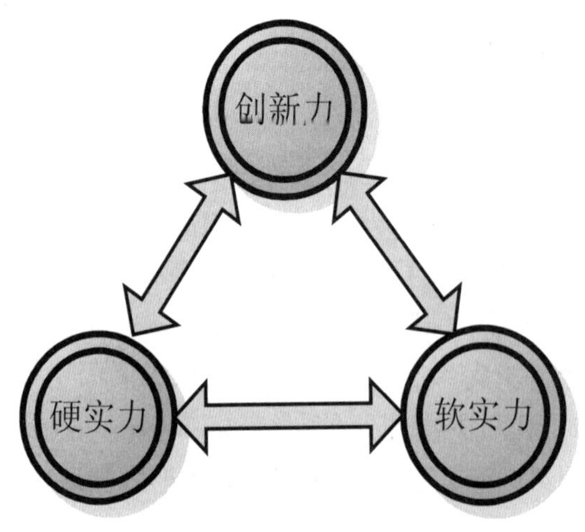

图1　三个系统支撑

表3 技术创新支撑体系

竞争力	硬实力管理（基础）	软实力管理（动力）	创新力管理（灵魂）
体系	全面质量管理体系	全面绩效管理体系	全面创新管理体系
时间	1990年开始建设	2009年开始建设	2009年开始建设
典型法规	《中华人民共和国产品质量法》	《中央企业负责人经营业绩考核暂行办法》	《中华人民共和国科学技术进步法》
典型标准	GB/T19000-2016质量标准	GB/T19580-2012《卓越绩效评价准则》	GB/T22900-2009《科学技术研究项目评价通则》
具体要求	办事有依据，过程可追溯，结果有记录	胸中有规划，肩上有目标，业绩可考核	项目WBS化，技术TRL化，评价TVA化
指标	30多个	30多个	40多个
状态	完善深化	建立健全	创建实施
备注	三套系统共有100多个指标，本成果只解释“创新力”的部分指标		

通过几年实践发现：“软实力”可以使“硬实力”的投入产出效率明显提升，“创新力”可以使“硬实力+软实力”的投入产出效率明显提升。也就是说，“全面创新管理体系”可以逆向促进“全面绩效管理体系”上升到一个新的层面，主要解决了广大科技人员的创新无法计量、评价，从而无从管理的瓶颈问题；反之，“全面绩效管理体系”可以正向拉动“全面创新管理体系”上升到一个新的层面，对于广大科技人员的创新绩效不仅有了“实时计量”，更重要的是对创新绩效有了“实时管理”。

（四）四层栅格固定

为了解决传统事业单位影响技术创新力提升的管理顽疾，建立了现实问题栅格固定框架（见表4）。主要从“院所体制、运行机制、规章制度、企业文化”四个层面固定问题，分析解决。

表4 现实问题固定框架

层面	组织体制	运行机制	规章制度	企业文化
定义	组织框架、机构或基本格局	组织内部相互作用的机理	大家共同遵守的办事标准或规程	前三层在职工行为上的反映
可以结构化标准化的典型问题	一、组织结构 缺乏功能分类 机关占比偏大 职责重叠交叉 二、权责结构 权责传递不清 权集中责分散 没人管多头管 三、薪酬结构 保健因素偏大 缺乏创新激励 支付结构单一	一、计划管控 分解合成缺乏规范 多种计划缺乏钩稽 事前事中界面不清 二、财务管控 管理会计缺乏核算 项目分控缺乏总线 法人分控缺乏模型 三、人事管控 三个序列结构不清 升降进出缺乏指标 岗位评价缺乏标准	一、管理类 文本与运行脱节 运行与排序脱节 条款粗放难落地 二、程序类 文本与运行脱节 运行与排序脱节 条款粗放难执行 三、标准类 标准体系不健全 缺乏操作性指标 缺乏操作性方法	一、理念识别 使命操作不清 标杆计量不明 价值观360度 二、行为识别 讲话比规划多 艺术比规则多 文章比条款多 三、视觉识别 标志层面问题 创新价值观的视觉效应 创新生态的感观效应

栅格固定和解决问题的基本步骤：一是年度工作会上征集员工对四个层面的问题和意见；

二是筛选每个层面前10名问题，作为当年强制管理创新计划；三是根据战略规划设定的创新目标和形势任务的要求，将年度管理创新计划下达至相关部门，并对实施效果进行考核和奖惩；四是根据管理创新项目的完成效果进行激励并及时调整部门职责。

（五）五类指标管理

为了对技术创新的各个环节进行科学管理，对现状进行了评估，发现各个阶段均缺乏量化管理指标体系。为此，研究所建立了一系列量化管理指标和规则。

1.建立了获取情报的管理指标体系

情报的及时获取是抢占技术创新先机的重要因素，以往只有一些原则性要求，缺乏具体的指标性抓手。为了确保在这个环节上占据制高点，高效获取情报并转化为知识，建立了管理指标体系1。该指标体系主要是用于确保情报部门、研发人员、市场人员等在第一时间得到第一手准确情报，掌握行业技术发展的最新动向，跟踪同行技术发展的最新动向。比如：要求2017年，知获门限值≤3个月。就是要求所有研发人员，跟踪了解本专业本行业最新技术情报的时滞期不超过3个月。

2.建立了将情报转化为项目的管理指标体系

以往大多数项目都是需求牵引，技术推动的项目比较少，因此在这个层面上几乎没有具体要求。为了提高技术推动的主动性，建立了管理指标体系2。即要求各专业技术委员会都必须在第一时间将情报、知识转化为科研项目。同时要求各专业要有足够的技术储备能力和技术创新能力。比如：要求知项转化率≥30%。是指要求每个专业技术委员会，每年至少要有30%的情报转化为技术创新项目，进入TRL1–13级管理。再比如：要求技术储备指数≥200%。要求各专业技术委员会，必须真正形成“跟踪一代，研制一代、生产一代”的创新发展新格局。某专业委员会，在TRL10–13级上有10个技术，主要是现在研制生产型号所使用的技术数量，这些技术确保产品QCD最优；那么，在TRL5–9级上的项目必须有10个，确保领先对手一步，特别是在竞争对手打价格战的时候，应确保能够打出技术更新换代牌；在TRL1–4级的项目必须有10个，确保技术和产品稳居国内领先，赶超国际一流。

3.建立了技术创新速度管理指标体系

以往主要按照研制计划安排，没有统一的指标要求，也缺乏公开透明可比的规则。为了使所有在研项目都有比较大的进展，快速提升技术增加值TVA，进而提升技术创新速度，建立了管理指标体系3。具体地说，就是将TRL1–13级的技术加快孵化，让其变成更成熟的技术。要求所有专业技术委员会的研发项目，都必须有足够的技术就绪指数。比如：要求科研项目技术增加值（TVA）≥1级。即要求每个专业技术委员会，科研项目算术平均值每年至少要进步1级；再比如：技术就绪指数（TRI）≥5级。要求每个专业技术委员会，科研项目加权平均值每年至少保持在5级。

4.建立了科研项目成本降低和周期缩短管理指标体系

多年以来，军工研究所习惯于不计成本，几年干一个型号。但在军民融合式发展的今天，必须具有在更少的时间和成本内完成科研项目的能力，否则，就缺乏竞争力，满足不了国防现代化的需要。为了使所有科研项目承担者按照QCD的约束指标来完成，建立了管理指标体系4

。还配套建立了管理会计制度，按照每个科研项目独立核算。比如：每个科研项目，都要求按照事前、事中、事后三种状态建立QCD约束指标。基于这种约束条件下的创新为技术创新的社会效益和经济效益奠定了基础。同时，在可比的前提下，逐步优化QCD。

5.建立了投入与产出管理指标体系

技术创新的投入产出决定了技术创新的生命力和效益，为了对技术创新实施有效管理，提升投入产出效率，建立了考核指标体系5。比如：要求2017年技术投入指数≥5%。是指2017年全所用于所控预研的经费占当年主营业务收入的比重大于5%；再比如：要求技术产出指数≥100%。是指近三年新产品独立核算的EVA要大于近三年研发投入总和。

（六）六大工程保障

为了确保创新能力的提升，制定并实施“六大工程”。按照“有目标、有措施、可计量、可考核、系统化、重效果”的系统工程方法扎实推进，将配套政策与措施设计到位、实施到位、取得良好效果。目的是要在一套公开公正公平的规则下，确保对每个WBE的承担者形成激励。

1.运行机制管理改革工程

构建与业务相匹配的组织架构。将原来多年坚持的按型号项目分室的格局按照有利于技术创新管理的专业化格局重新配置，调整为“1+4+3+1”的格局，即：建立1个军品总体室，提升顶层设计能力，增强总体需求牵引的能力；建立4个军品专业室，提升专业化研制能力和技术储备，增强技术推动的能力；建立3个事业部，提升与市场接口的能力，建设技术成果向现实生产力转化的产业化发展平台；建立1个前沿技术中心，加强前沿技术储备，加速推进技术产业化落地，形成军、民、前沿领域齐头并进的新格局。

重新构建技术创新体制。一是组织保证。建立科技委、专业技术委员会、专业组三级技术接力体制；二是明确专业委员会的新定位、新职责和新内涵，建立创新机制的硬连接制度。

建立财务管控促进创新价值提升机制。一是财务管控与规划计划管控、人事管控构成联动运行机制，为创新提供机制保障；二是财务管控紧扣技术创新，建立内部核算报表制度，为创新绩效提供与其责任相匹配的经济数据，将技术创新的价值管理作为财务管控的重要内容，同时也发挥财务管控的价值创造能力；三是为创新项目提供充足的资金保障。

建立人事激励与约束匹配管控机制。一是建立8M结构工资薪酬制，减少固定收入比例，加大创新性奖励比例。截至2017年底，浮动收入占个人薪酬比重已达70%左右，与创新相关的收入约占薪酬总收入的30%；二是建立人员强制排队机制。根据每个人的《技术报表》，划分四档排序考核。所有岗位职务都实行“进任期、在任期、出任期”三界面管理，实行竞争上岗。

构建创新创业项目成果测量体系。基于技术成熟度等级，对技术成果进行定量评价，按照知识价值，试点技术参股，积极鼓励创新团队吸纳社会化投资，盘活引进社会资源，系统推进创新平台建设，打造面向市场的群众性创新创业管理新模式，持续推进创新成果转化。通过原点创客网上平台完成项目展示和“网上路演”，并通过网上平台发起资金众筹。研究所定期向职工网上众筹账户注入虚拟投资基金，作为众筹项目专项投资基金。鼓励职工甄选具有市场化前景的创客项目，完成创客项目的众筹立项。施行基于项目分红的利益共享模式，定期评估项目孵化成熟度，评估技术成果价值，定期分红。尊重资本价值，让项目成果惠及所有项目众筹投资人员；尊重知识创造价值，创客团队按照知识贡献价值享受项目成果分红。相对于资本的概念，引入“知识资本”（知本）的概念，知本与资本在利益分红上具有同等效力。围绕“资本+知本”，打造研究所特色的群众性创新创业、群众性受益的项目利益分配模式。

图2 原点创客网上平台

2.创新人才队伍建设工程

建立了每年具有△TVA的经营管理人才库。一是建立优秀经营管理者新标杆。从市场创新、管理创新角度评价创新效果，按照技术创新TRL1–13级定义，建立市场创新项目和管理创新项目的管理评价级别和标准，激发经营管理人员创新积极性；二是经营管理者每年都要提出一定数量的能解决实际问题的管理模式创新或经营模式创新项目，列入计划，组织实施，并收到显著成效；三是建立多岗交流制度。2017年，有38位干部完成岗位交流，占比30%。让干部在挑战中赢得机遇，提升管理创新能力，为促进技术创新力的大幅度提升提供支撑。

建立了每年具有△TVA的专业技术人才库。一是优秀的专业技术人才，每年都必须提炼出类似技术增加值的绩效指标，并公开比较这些指标的优化程度，不断超越优化指标；二是每年计量优秀专业技术人员的∑WBE和∑TVA，并在可比条件下进行排序；三是为专业技术人员建立《技术报表》制度。专业技术人员的技术创新项目应该在TRL1–13级上均衡分布，技术储备指数在“十二五”期间达到200%的目标。

3.卓越运营能力提升工程

人力资源配置从数量型向质量型转变。一是人力资源配置与科研项目工作分解结构相匹配；二是最大限度地减少每个研制项目的参研人数，提升每个参研人员承担WBE的数量；三是推行研发人员充电制度。

财力资源配置从财务会计向管理会计转变。一是按项目、按部门做好创新项目全面预算管理；二是在财务会计核算的基础上，推进内部模拟核算，建立管理会计核算制度，为内部创新资源配置和创新绩效考核提供“活的”经济数据。

制度资源配置从文本型向文本与执行匹配型转变。将创新相关规章制度和运行机制紧密“挂钩”，建立规章制度文本与实际执行匹配度的效能监察制度。

4.技术基础支撑保障工程

一是健全完善研究所技术标准、产品规范、技术条件等标准体系。加大将企业标准上升为行业以上标准的力度，申报和制定了一大批行业和国家标准，提升了标准化对技术创新的贡献水平；二是发展核心工艺技术，开展关键工艺技术优化和创新。建立和完善工艺技术规范体系，将工艺技术进一步规范化、显性化，实现工艺技术规范体系升级，提升工艺工作对技术创新的贡献水平。

5.质量安全健康保障工程

围绕技术创新绩效，实施质量制胜战略和质量卓越绩效模式。铁腕抓好技术创新的安全和保密工作，有效保护国家秘密和商业秘密，形成了技术创新安全保密的坚实屏障。

6.思想文化民生建设工程

创新价值观和创新文化的良性互动机制。凝练创新价值观，把创新的思想文化融入并体现到思想观点、制度规范、行为体系和工作绩效中，得到全所干部职工的普遍认同，从而提高全员创新意识，全方位开展创新生态建设，营造争先创新的氛围。按照“挑战、敏锐、宽容、激情”的创新文化建设目标，逐步形成研究所特色的创新文化，培育了洞悉市场、敢为人先、勇于挑战、抢抓机遇的市场开拓精神，创新项目历练了大胆尝试、包容异想天开、勇于变革突破的创新精神。

图3 研究所创新管理文化

创新文化与创新思想政治工作方式的互动机制。充分发挥党委的政治核心作用、党支部的战斗堡垒作用和党员的先锋模范作用，开展党员创新项目攻关和青年创新团队建设，建立创新团队50余个，极大激发了党员和青年员工的创新热情。

三、军工科研院所基于技术成熟度的创新能力提升的效果

（一）武器装备智能化信息化复合式发展的能力明显增强

一是综合能力不断增强，产品领域不断拓展。已由单一的军品研制、生产转变为集探索、预研、研制、生产、保障五位一体的军民融合协调发展，装备承制范围已拓展到“四大体系、九个系列”，并逐步进入载人航天、新能源、微系统、仿生等新领域。

二是装备研发周期大幅缩短。以导弹发射系统为例，研发周期由5~8年缩短为1~2年，验证性发射试验数量大幅减少，飞行试验成功率保持在100%。

三是产品竞争力不断提升。地（舰）面装备的自动化、信息化和智能化水平逐年提高，部队和用户对装备使用的满意程度大幅提升。大量的精良装备交付部队形成了战斗力，地（舰）

面装备总体地位得到进一步提升。以某型发射系统为代表的武器装备的集成化、通用化、信息化水平已在国内同行中遥遥领先，达到国际先进水平，获得国防科学技术进步一等奖、全军科技进步一等奖。

（二）军民融合式发展的能力和潜力明显增强

一是专业技术能力大幅提升。地（舰）面发射系统采用顶层架构、分专业设计的研发模式，各专业产品全部实施了数字化设计和仿真，采用多学科联合仿真和虚拟试验开展系统集成设计和验证，一体化全寿命周期综合保障设计贯穿科研工作的全流程。

二是创新驱动军民融合产业蓬勃发展。围绕背景型号和主营业务发展、自筹经费开展的自主创新项目达到100余个。以高空灭火系统等为代表的十余个军民产业融合项目已孵化成熟，被央视等主流媒体多次报道，凸显产业价值和社会效益。“天网一号”低慢小目标拦截系统打破了过去长达4～5年的研发周期，仅用2年时间就一举攻克了世界难题，而且开发出系列化产品并形成品牌，引起了国内军民两用市场和国际市场的高度关注。

（三）形成了全面创新系统管理的新格局

一是形成了技术创新和管理创新齐头并进，系统推进的良好格局。围绕技术创新力生成和提升的规律，2015–2017年共实施或完成了管理创新项目200余项，对技术创新力的提升起到了显著的促进作用。

二是技术创新项目数量增速明显。2015年、2016年所内自主立项技术创新项目共计43项，2017年技术创新项目申报达106项，申报项目增长速度达200%以上。

三是项目技术成熟度等级稳步提升。2015年项目技术就绪度以技术方案报告（TRL2级）为主，2016项目普遍达到功能与验证级（TRL4.5级），12项转化为型号技术所用，2项孵化出成熟产品，2017年有37项以上技术创新项目达到验证级以上，10项达到初样产品，8项孵化为销售产品。

2017年，技术投入指数5%，技术储备指数70%，技术就绪指数5级，专有技术指数达到60%，技术货架指数30%，科技进步贡献率70%。建立预研、型研、批产之间的学习曲线，其QCD优化指标达到10%；建立批次之间的学习曲线，下一个批次的QCD必须比上一个临近批次的QCD指标优化10%以上；科研项目的技术指标纵向（代与代之间）保持明显的代差，横向（国内）保持明显的优势。

（四）技术孵化成果明显，创造显著经济效益

一是技术孵化成果明显。设备精灵项目成功孵化控股公司，通过社会融资，迅速打开产业化通道。在新能源产业领域，联合社会企业成立控股子公司，快速补齐产业短板，促进新能源产业健康发展。以高层楼宇灭火系统、可穿戴单兵空调等为代表的十余项技术成果陆续获得市场订单，初步彰显产业价值。科研项目的技术指标纵向保持明显的代差，横向保持明显的优势，孵化技术创新外部立项218项，同比增加175.9%，有效地支撑了研究所转型升级跨越式发展。

二是重点领域市场开拓成果显著。以竞标第一的成绩成功斩获载人空间站某子系统，顺利承制某卫星平台飞轮、太阳翼结构等项目，打入空间工程领域。结合武器装备建设需求，持续推进人体机能增强外骨骼和脑控技术研究，组建集团级技术研究中心；在微机电、微动力技术研究等领域开拓成效显著。瞄准国民经济热点问题，利用发射专业技术优势，围绕反恐维稳、

应急救援、消防三大领域开展相关产品开发，高层楼宇灭火系统、低慢小目标拦截系统、消防员集群定位系统等诸多项目在国家消防局和北京市科委等平台成功立项，快速形成产品并先后投入市场。

图4　部分市场开拓成果

（五）获得社会各界广泛认可

基于技术成熟度的群众性创业活动先后被二院和集团公司树为双创典型，被二院推树为创新文化建设示范单位。中央办公厅、共青团中央、人民网等单位专程实地调研，高宝龙、臧金良、巫源清等青年创新人才不断涌现，登上国字号媒体，成为“双创”浪潮中的弄潮典型。《给有闯劲有点子的青年“双创”支点》等被中国青年报头版报道，被多家主流新闻媒体转载。

2017年研究所收入54.04亿元，利润总额7.47亿元，实现人均营业收入385万元，接近世界五百强中等水平，全员劳动生产率达到88.4万元/人年，处于行业领先水平。

成果创造人：杨小乐、范利明、王彦丰、张亚林、薛　山、韩　永、曹　杰、王蕴慧、杨海健、王小文

践行国家战略 祁连牧场探索智慧牧业新样板

甘肃祁连牧场生态科技有限公司

作为有机产品行业的坚定践行者，祁连牧场面临着有机行业所有的通病。经过长期反复深入的行业调研、产地走访和失败案例的分析总结祁连牧场选择了一条荆棘之路——打造智慧牧业服务平台，创造可复制的生态农牧业的新模式。

一、企业简介

祁连牧场生态科技有限公司（简称“祁连牧场”）是澳大利亚LML国际投资集团在华牧业板块的全资子公司。

祁连牧场用心专注真正的有机产品，从最辽阔的有机产地资源到有机智能的生产加工技术，到高标准仓储物流，到产品体验营销的全产业链，构建全过程实时在线的智慧牧业生态体系，打造中国高端有机羊肉的品牌典范，每一个环节都捍卫着有机品质，只为重拾国人餐桌上的安全感，守候幸福。

祁连牧场从高品质有机羊肉产品出发，坚持品质、创新、共享的品牌价值观，秉承把一切交给自然的品牌理念，打造了祁连山牧场、雪胭脂、胭脂羊等多个品牌。

祁连牧场秉承有机、智能、国际的发展理念，进驻高端KA、餐饮、电商，开设全息投影餐厅，通过全轨迹溯源系统，实现手机APP与多渠道大屏幕的交互和全过程的眼见为实，打造智能工厂和全国首个禽畜类欧盟食品安全标准检测实验室，发展祁连牧场产地高端生态旅游。向国内提供最高端品质的食材的同时输出国际，填补世界顶级羊肉产品的空白，致力于成为有机事业的先锋，成为中国高端农牧业的领先品牌。

二、智慧牧业实施背景

（一）国家战略

2013年国家军委主席习近平提出“一带一路”的倡议，在共商、共享、共建原则下，探寻经济增长之道，实现全球化再平衡，开创地区新型合作。作为“一带一路”的必经之地，祁连牧场的产地甘肃有着天然的优势。

2018年中央一号文件《中共中央国务院关于实施乡村振兴战略的意见》发布，政策春风惠及亿万农民。《意见》提出深化农业供给侧结构性改革，走质量兴农之路；坚持人与自然和谐共生，走乡村绿色发展之路，打造人与自然和谐共生发展新格。同年6月26日，国家军委主席习近平主持召开中央全面深化改革领导小组第三十六次会议。会议审议通过了《祁连山国家公园体制试点方案》，指出，祁连山是我国西部重要生态安全屏障，是黄河流域重要水源产流地，也是我国生物多样性保护优先区域。祁连牧场牧区就位于祁连山国家公园景区内。

绿水青山就是金山银山。祁连牧场将积极践行国家战略，从坚持原生态、保护原生态出发，立志走出国门，走向国际。

（二）我国食品安全现状

随着城乡人民收入的增长和生活水平的不断提高，食品安全的关注度越来越高，但中国食品安全还存在诸多的问题，消费者认知度低、信任度低，行业普遍虚假宣传造成消费者选择障碍等。

当前我国对食品划分为三个等级——无公害食品、绿色食品、有机食品。其中，无公害食品是指，在种植生产过程中，可以使用低毒的化肥和农药，但要将有害物的含量控制在规定标准之内，即农药残留不可超标。严格来说，无公害是一种基本要求，任何食品都应达到这一要求。绿色食品是指经过农业部门认证，许可使用绿色食品标志的蔬菜。绿色食品分为AA和A两个等级，A级允许限量使用限定的化学合成物质，AA级规定不得使用化肥、农药及其他合成制品等任何有害化学合成物质。有机食品指在生产过程中绝对禁止使用农药、化肥、生长调节剂、激素、除草剂、合成色素、转基因技术等人工合成物质。而无公害和绿色食品只是允许有限制地使用这些。可见，论等级，有机食品是精品，绿色食品是优良品，无公害食品是普及品。

而羊肉的有机认证首先需要草场符合有机标准，无非天然因素，周边三十公里内无农田村庄工厂等；其次，羊的放养过程全自然生长，无任何非自然因素干预；再次，羊的生产加工工厂要符合有机标准，生长过程符合有机，才能达到有机产品认证标准。足见羊肉有机认证的严苛程度。

但是，由于国家相关部门对有机产品的监管机制不健全，人们对国家食品分级体系不了解甚至不信任，加上有机产品本身价格就高于普通产品，因此，发展有机农业、生产开发有机农产品和食品虽然可以满足人们对健康生活及纯天然优质食品的渴望，帮助人们摆脱当前食品安全问题的困扰，但普及推广还面临极大的困难。

（三）有机产业现状

截至2015年全球有机认证的农牧面积为5090万公顷（包括处于转换期的土地），其中将近三分之二的面积（约3310万公顷）为草场/牧区；截至2015年有机农牧面积大洋洲占45%，欧洲25%，亚洲只占8%；截至2015年有机面积最大的国家为澳大利亚，2269万公顷，中国排名第五，161万公顷。2017-2018年，祁连牧场有机认证草场面积上亿亩，后续还在增加。

有机产品市场从2000年到2015年，增长了四倍，有千亿美金的规模。目前，全球有机食品市场正在以年均20%～30%的速度增长。《2017-2022年中国有机农业行业发展前景分析及发展策略研究报告》预计，未来中国有机农产品销售将达到农产品消费总量的1%～3%，将成为美国、欧盟和日本之后的第四大有机农产品消费市场。中国有机农业起步于20世纪90年代。目前，中国有机产品以植物类产品为主，动物性产品相当缺乏。

有机行业的可持续发展还需要更多的区域性市场来消耗。目前有机食品的消费地主要在亚洲和北美洲。数据显示，目前有机食品的消费只是在一个小众的范围之内，多项研究都显示，大多数有机食品销售额是由一小部分消费者购买产生的。因此，有机产品的推广普及还需要增强普通消费者对有机的认知，从而逐渐形成消费者对有机产品的“刚需”。

三、现代农牧业的探索创新

基于当前的国家政策和行业现状，祁连牧场认为当前农牧业要改变现状产生翻天覆地的变化，一定离不开全行业自上而下的变革，这场变革的引领者必然是一个先锋的优质品牌。

伴随着移动互联网时代的来临，云计算、大数据、区块链等新一代智能技术快速发展。智能技术与农牧业的深度融合，为传统农牧业插上了信息化的翅膀，也从此开启了现代农牧业的新纪元。祁连牧场认为这将是现代农牧业的新探索。

当前，很多科技公司纷纷在区块链领域大规模融资，但祁连牧场关注的并非其融资优势而是其实质。区块链本身是一个庞大的数据集合，是一种不可篡改的、全历史的、分布式数据库存储技术。可以说，区块链的基础是数据层。数据的来源、采集直接关系到所记录输出发布内容的客观性、准确性和全面性。反之，区块链技术的可信任性、安全性、和不可篡改性从根本上保证了大数据的安全性。因此，确保数据源的真实可靠是区块链的基础。对此，祁连牧场在农牧业引入最前沿的区块链、人工智能等技术和手段，建立了区块链与产地牧区紧密相连的生态体系，让产地与智慧技术成为相辅相成的有机体，输出客观、准确、全历史的、不可修改的数据采集、记录，从技术上保证了手机端实时在线的真实性。在此基础上，探索建立农牧业全新的发展模式，实现对农牧业生产环境的智能感知、智能预警、智能决策、智能分析，为农牧业生产提供可视化管理、智能化决策，创新打造祁连牧场智慧牧业服务平台，让高附加值的高品质眼见为实，增强示范借鉴意义的同时进一步实现好品牌的自我证明。

（一）发展定位

祁连牧场从区域整体产业规划的战略思维出发，以智慧牧业为核心，带动智慧农业，同时可以解决智慧农牧业中专业人才匮乏和农牧民就业产业转移的困局。打造智慧牧业服务平台，运用先进的生产管理使农牧产业智慧升级，使当地经济更具活力。同时，建设国内最先进的智慧牧业管理体系，从创建有竞争力的区域高端品牌出发，打造中国未来最生态有机、最先进智能的智慧牧业新样板，运用创新这一驱动力推动中国农牧业的发展变革。

在探索创新之外，祁连牧场从未放弃思考企业的生命力到底是什么。是创新，是技术，但更应该是良心产品。良心产品不是低廉的价格，不是绚丽的包装，不是煽动的广告，而是一份守候健康的真心。因此，祁连牧场始于此也衷于此，未来更会终于此。

（二）打造智慧牧业服务平台

1.智慧牧业系统

祁连牧场智慧牧业的建设确定了制定方案、调研、基建、开发、实施安装、验收、上线发布的步骤，方案确定目标、系统模块和实施范围，调研生产数据和权限体系，建设网络、电源和设备，开发定制、接口，安装设备、系统调试和专业培训，验收登记、系统评测，线上发布入口和管理组织等。祁连牧场智慧牧业系统通过手工录入、传感器数据采集、手机/PAD、条码/RFID扫描、拍照、摄像头、GPS、卫星遥感解析等手段完成整个系统的运作。如图1所示。

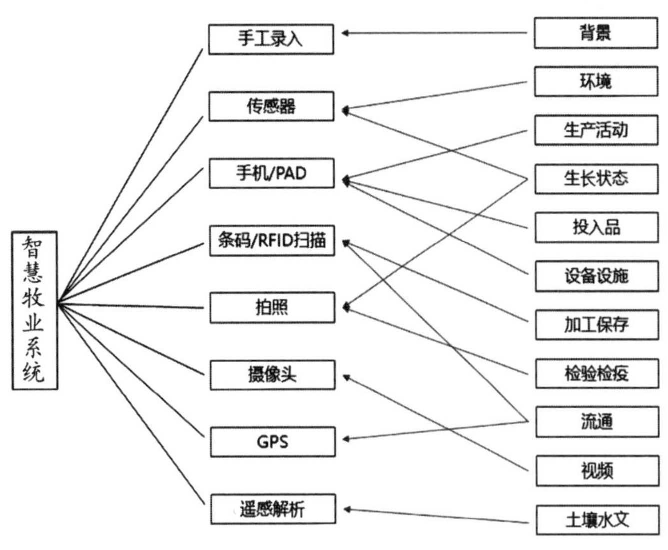

图1　智慧牧业系统内容

依靠互联网、企业网等通过电脑等设备手工录入背景信息和配置信息等。背景信息包括企业介绍及宣传图文，配置信息包括岗位人员及场所配备。

通过北斗卫星通信技术和专门定制的传感器设备对牧区草场的植被、天气、空气光照及温湿度、环境土壤、羊群及其能耗、运动量、设备设施状况等数据值进行采集。如图2所示。

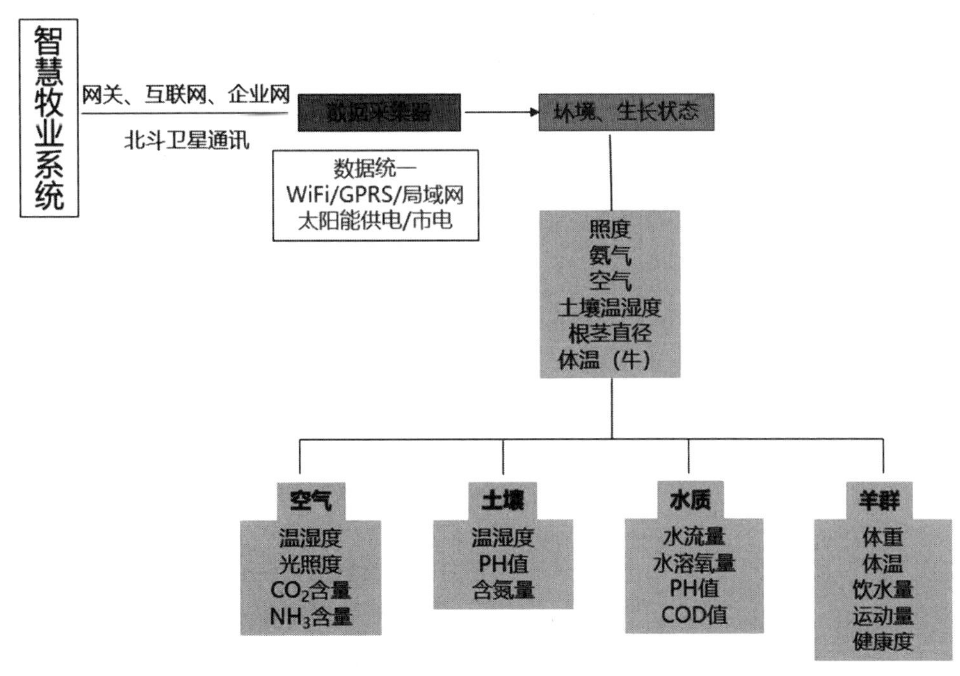

图2　智慧牧业系统-数据采集

2.全轨迹溯源系统

祁连牧场应用北斗卫星通信技术，通过卫星定位将生产的全部过程实时在线：第一期覆盖牧场面积近亿亩，五十万只羊、牦牛、骆驼以及运力达到百吨的冷链车辆；利用视频实时传输技术使智能工厂实时在线，最终做到全产业链实时在线，且可通过手机APP实时查看，与传统溯源系统相比，祁连牧场全在线溯源系统所有数据均由卫星及定位芯片或摄像头采集，而非人工记录，是不可修改、不可篡改的实时在线传输。如图3–4所示。

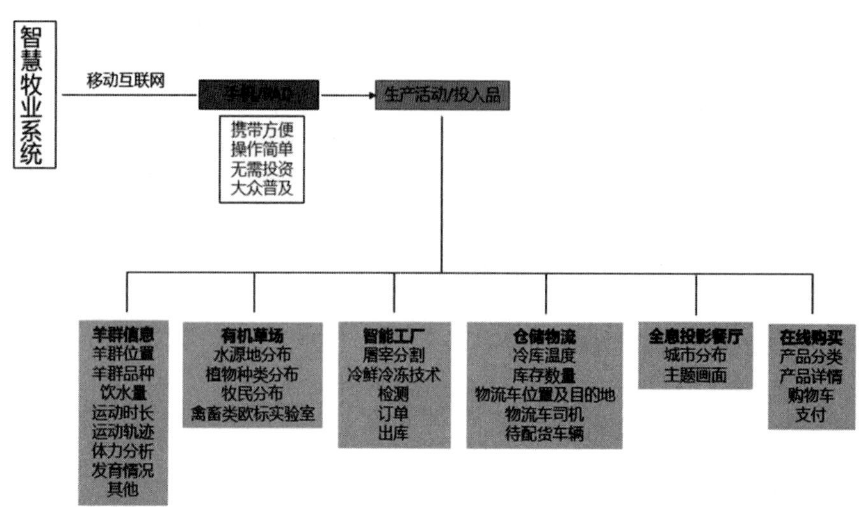

图3　智慧牧业系统–手机/PAD

图4　祁连牧场智能追溯系统效果图

祁连牧场在每一只羊，每一只牦牛、骆驼身上佩戴可以卫星定位的智能项圈或芯片，进行实时定位；为全部牧场拍摄精度达到1：5米的卫星低空遥感地图，部署电子围栏应用，采集牧区地理、水源、植物种类位置、牧民分布等详细信息；再将工厂、车辆一同在线显示，消费者通过手机APP即可眼见为实，一目了然。从而实现牧场在线—羊儿在线—牧民在线—工厂在线—运输在线—仓储在线—手机APP的全过程卫星定位。如图5-8所示。

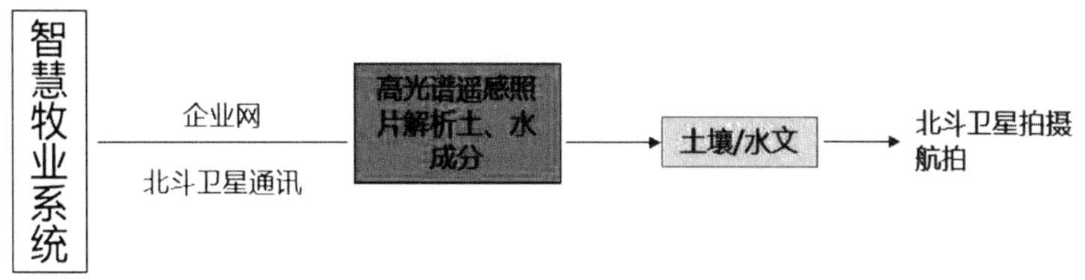

图5　智慧牧业系统-遥感解析

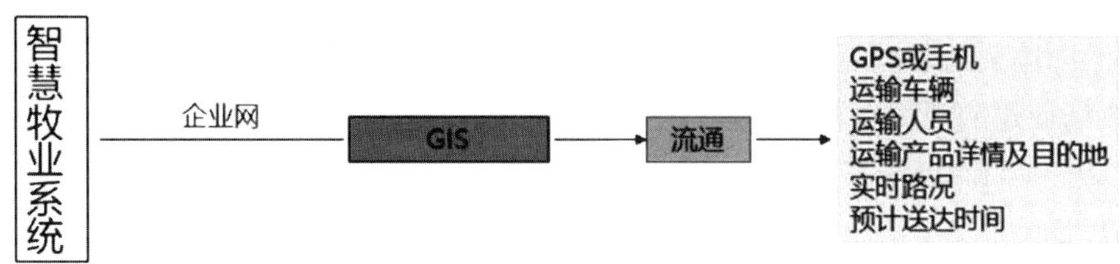

图6　智慧牧业系统-GIS

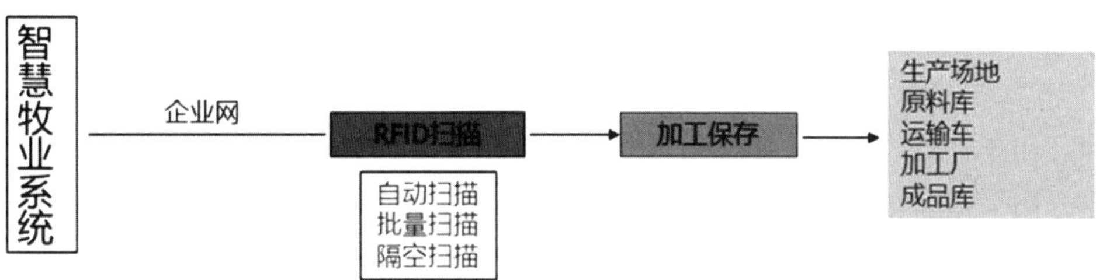

图7　智慧牧业系统-RFID扫描

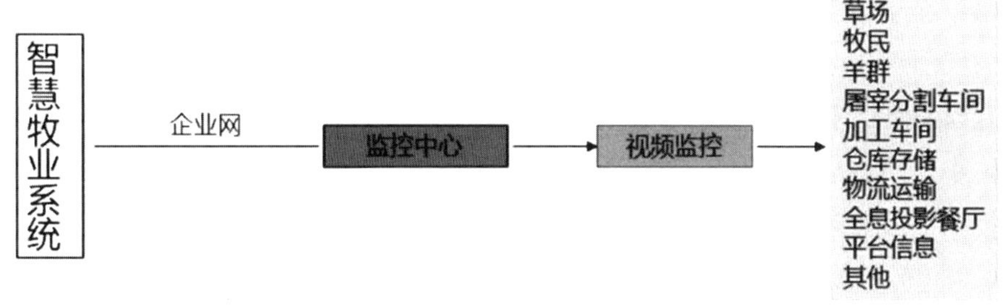

图8　智慧牧业系统-监控中心

整个全轨迹溯源系统概括起来就是简单的四个字：实时在线。但实现的过程难度非常之大。在广袤无垠的1亿亩草场牧区实现实时在线，让技术人员颇有“巧妇难为无米之炊”之感。没有手机信号，要利用卫星定位实现1亿亩草场和50万只牲畜的覆盖；定制的智能项圈要在零上40℃到零下40℃正常工作且能抵抗风霜雨雪的侵扰且续航时间长；绘制1：5米的卫星低空遥感地图需要技术部门专门采集而不能使用现成的政府部门绘制的地图；详细地理、水源、植物种类位置、牧民分布等详细信息的采集艰难；与每一户牧民沟通为每一只羊佩戴智能项圈等全部现场操作实施测试耗时长，难度大。独一无二的规模和空前绝后的难度，使得刚刚起步的祁连牧场更加清晰地认识项目意义的同时深感责任重大和知难而上的必须性。

3.智能工厂

祁连牧场在甘肃省敦煌及肃北等地区建设以屠宰加工、冷链物流配送基地及羊肉产品展示体验为主要内容的羊产业加工智慧管控中心，即智能工厂。

（1）生产设备均达到欧盟标准

祁连牧场智能工厂内的生产加工设备、仓储库房、冷链冷藏室等均按照欧盟标准分布执行。欧盟标准的严苛众所周知，智能工厂起点于高标准也为高品质打下基础。

（2）工厂建筑使用新型建材

祁连牧场使用的新型建材外观现代大气美观，具有环保、抗震防风、保温性强的优势。能够抗击12级大风和9级地震，24小时内的室内外温差不高于4℃。建设成本之高不言而喻。

（3）智慧化贯穿工厂

整个工厂采用区块链式大数据平台，通过数据管理中心、工厂信息化管理中心、智慧农牧信息技术中心以及冷鲜冷冻储藏运输等实现全过程实时在线管理，使得每一个环节均可通过APP实时呈现给消费者。

生产加工车间的产品加工过程、订单信息，以及车间内的温度、湿度等均可实时在线呈现。同时，每个环节的执行标准都非常严苛，比如加工车间的温度低于零下40℃，能够杀死最顽强的寄生虫，从而在每个环节都增强了产品的安全性，保障了产品品质。

通过精细化管理、个性化监控和高严格标准实现祁连牧场整个工厂的智慧化。

（4）配套建设欧标实验室

祁连牧场将与欧盟SGS共建全国首个禽畜类欧盟食品安全标准检测实验室，为我们的有机羊肉产品出口至全球各地做配套。这在中国是史无前例的。

（5）将工厂打造成特色景点

祁连牧场的工厂建筑现代美观，通过花园式风格凸显工厂特色，运用全息裸眼3D技术建成数字媒体中心投影展示敦煌、肃北、阿克塞的人文景观和自然景观。让游客充分体验传统文化和现代技术的完美融合，使工厂成为甘肃独具特色的旅游景点。

祁连牧场就是要将工厂建设成全国乃至全世界一流的现代化工厂，高标准、现代化、精细化，为走出国门，走向国际铺路奠基，更是为打造良心产品，为健康护驾的重要通道。

4.APP计划

2018年祁连牧场部署世界最大的有机智能牧场计划APP。2018年4月至2019年3月开发APP终端应用，尤其对于消费端可融入游戏动画，增添趣味性。预计2019年7月上线。届时，全过程在线展现将通过手机APP一目了然。最重要的是，通过APP建立与用户的贴身联结，让眼见为实变得方便快捷的同时，增强用户黏性，打下市场基础。

5.辅助手段——全息投影餐厅

祁连牧场的全息投影餐厅拒绝传统单调的进食。充分调动味觉、视觉、嗅觉、触觉、感觉，五位一体，通过高端技术与文化创意相融合，让整个餐厅“活”起来。

餐厅将提供私人餐厅定制服务，为客人提供与众不同的美好生活方式，更提供一种“食材+餐饮+体验”的心灵盛宴。秉承甘肃精致创意菜品的理念，食材均选甘肃当地特色有机食材，以手抓羊肉、牛肉面和河东各种杂粮面食小吃为代表，保证它的传统同时打造甘肃地缘文化；甘肃珍贵食材阿克塞肃北牛羊肉、牦牛肉，陇南的橄榄油，定西富硒土豆，除此之外还主张健康营养食材；烹饪方式无任何化学添加剂，以浓汤高汤替代调味品，引入分子料理中餐西做。品食美味的同时还能体验奇妙立体的视觉盛宴，带给人与原味珍馐的邂逅，探寻人与食材的调和之道，重回纯粹真我的内心。

祁连牧场全息投影餐厅硬件设备投入200多百万，装修投入几十万，其中还不包括软件视频的制作。

2018年10月祁连牧场第一家全息投影餐厅将在北京金川宾馆开设。后续在全国一线城市将陆续建立全息投影体验餐厅旗舰店，为有机羊肉产业和智慧牧业的完美呈现创造一个优质的展示平台，进一步加速品牌和产业的全面扩张。

四、战略部署

（一）战略举措

1.精准战略布局

祁连牧场首先立足产区实际和产业基础，精准从市场供需、资源匹配、区域协调三方面入手，在甘肃省酒泉市阿克塞哈萨克自治县、肃北蒙古族自治县等地规划布局祁连牧场生态牧业基地，根据区域特色产业发展，优化产业结构和产品结构，严格保护生态牧业，促进区域产业结构转型升级，同时祁连牧场加大有机牧场建设力度，扎实开展环境监测评价、内部监督检查、可追溯体系建设、有机认证和培训宣传等工作，攻坚克难，扎实推进有机农牧业的建设工作，进一步加快有机农牧业结构调整步伐，从高端有机羊肉出发，创建世界一流的智能工厂，全面打造具有可复制及示范意义的智慧牧业服务平台，在多渠道通过大屏幕和手机APP与用户现场互动交流，使用户的眼见为实变成随时随地即可实现的易举，既能增强用户黏性，又可通过智能APP打开生态文旅的用户入口，树立强化祁连牧场高端有机羊肉品牌的现实形象，打造贴近用户生活的中国农牧业高端品牌。

2.提升品牌文化

2018年3月，习近平总书记在十三届全国人大一次会议山东代表团参加审议政府工作报告时强调，要发展现代农业，推进农业由增产导向转向提质导向，提高农业创新力、竞争力、全要素生产率，提高农业质量、效益、整体素质。

但是，当前我国农牧产业发展并不乐观，各细分行业发展不均衡，农牧业品牌建设存在管理体制上的障碍，缺乏对农牧业品牌发展的总体规划和布局，难以统筹协调和有序推进农牧业品牌发展。品牌意识缺乏，消费者对品牌农牧产品的认知弱于深加工产品。随着工业化、城镇化的深入推进，农村劳动力特别是青壮年劳动力大量转移，高素质农民工大量转移到城市导致农村高素质劳动力严重缺失，对农牧业品牌建设十分不利。此外，在经营方面，我国农牧业生产还处于产品多、品牌少，普通品牌多、知名品牌少的状态。“品牌农业”的产业链延伸较短“小而乱”的现象导致我国农牧产品产业化、规模化和市场化发展程度不高。同时这又与我国农牧业标准化生产滞后有着密切关系。

扩大优势特色农牧产品生产、重点突出生态产品发展现代农牧业、创立高端农牧品牌是祁连牧场在市场调研中挖掘的当前农牧业发展的新起点。因此，祁连牧场立足有机、智能、国际的公司文化创立了自身鲜明的品牌定位。

祁连山，古代也称焉支山，代表着最深邃的中国西域文化，祁连牧场将其数百数千年的底蕴精髓传承出来，用最国际化的视野和最时尚的表达方式呈现，进而获得更多的知晓和认同。祁连牧场坚持品质、创新、共享的品牌价值观，秉承把一切交给自然、人放天养自然生长、全过程在线管理、安心共享品质生活的品牌理念，致力于重拾国人餐桌上的安全感，守候幸福。

（二）规划部署

1.智慧牧业服务平台部署

祁连牧场智慧牧业服务平台依托全轨迹溯源系统，通过APP终端、电子围栏、智能项圈、智能管理中心、牧民手持设备等硬件来实现全在线智能管理。

2018年4月至2019年3月开发APP终端应用，2019年7月上线。2018年7–12月运用北斗卫星通信技术在牧场规划部署电子围栏，采集牧区详细地理、水源、植物种类位置、牧民分布等详细信息，录入数据库。2018年6–12月对数据进行拟人化智能分析，面向政府、消费者、企业、牧民提供不同角度的分析应用。如下表所示。2019年3–5月完成动物项圈芯片定制，智能传感设备，无人机监控系统。智慧牧业的应用系统如图9所示。

表1 智慧牧业管理系统

政府	远程实时牧区动态，数据分析，食品安全溯源，生态保护，疫病防治，应急指挥
消费者	产品订制，实现手机远程随时获取产品生长，加工，物流等所有动态
企业	生产管理，数据分析，过程控制，信息处理，产品管理
牧民	放牧引导，放牧监控管理，轨迹回访，羊群动态报警，电子围栏报警

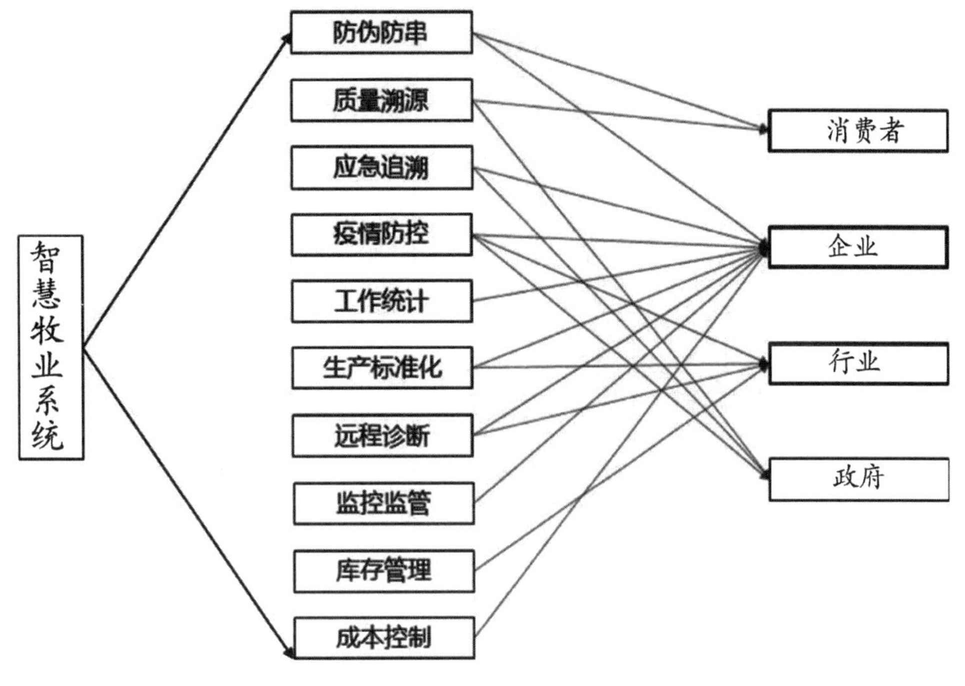

图9　智慧牧业系统应用

通过建立基于项圈芯片的产品跟踪溯源系统和智能定位监控系统，实现放牧引导、放牧监控管理、气象及灾害预警、疫病防治信息服务、应急指挥通信，建立APP等多途径应用平台。智慧牧业系统的具体应用领域如图10–16所示。

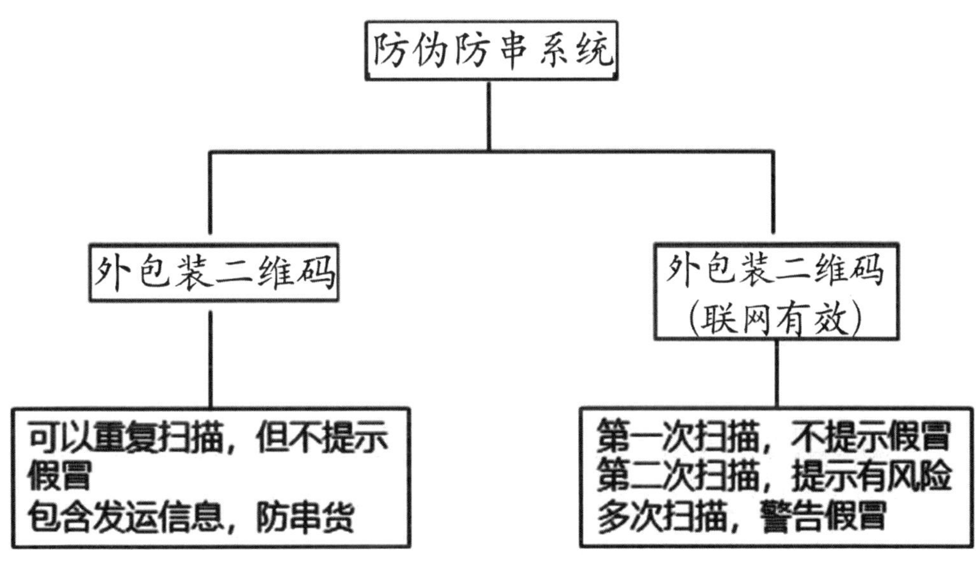

图10　智慧牧业系统应用–防伪防串系统

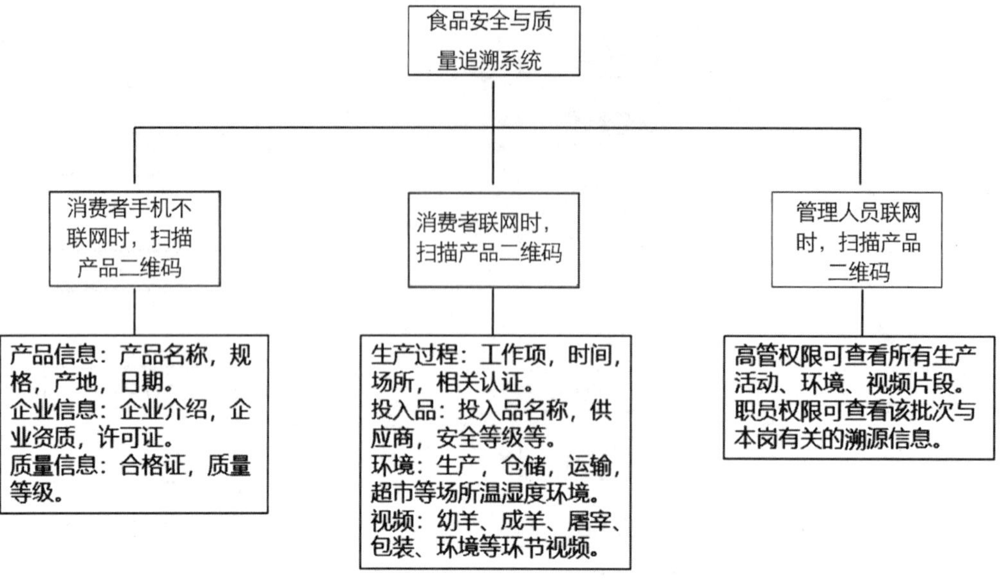

图11　智慧牧业系统应用–食品追溯系统

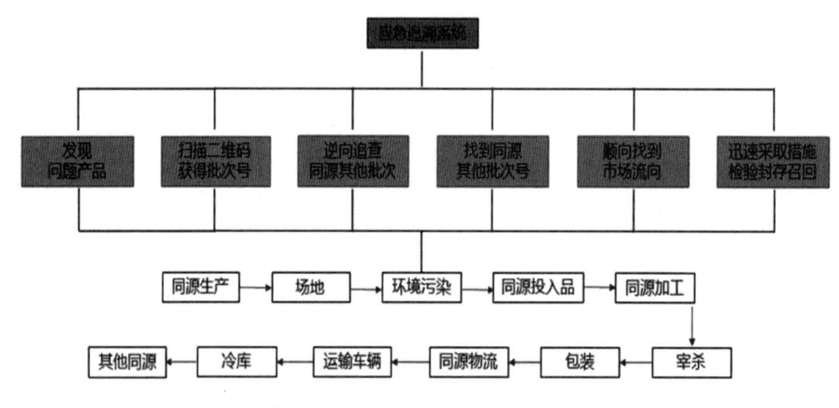

图12　智慧牧业系统应用–应急追溯系统

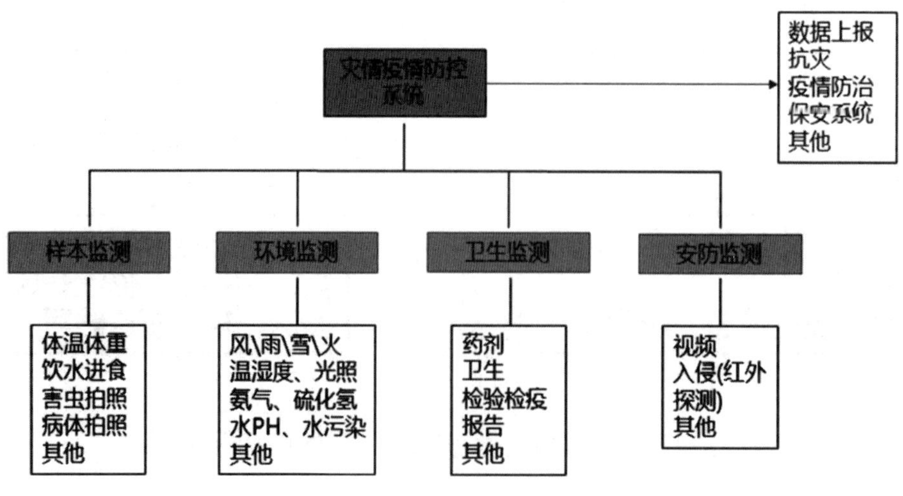

图13　智慧牧业系统应用–灾情防控系统

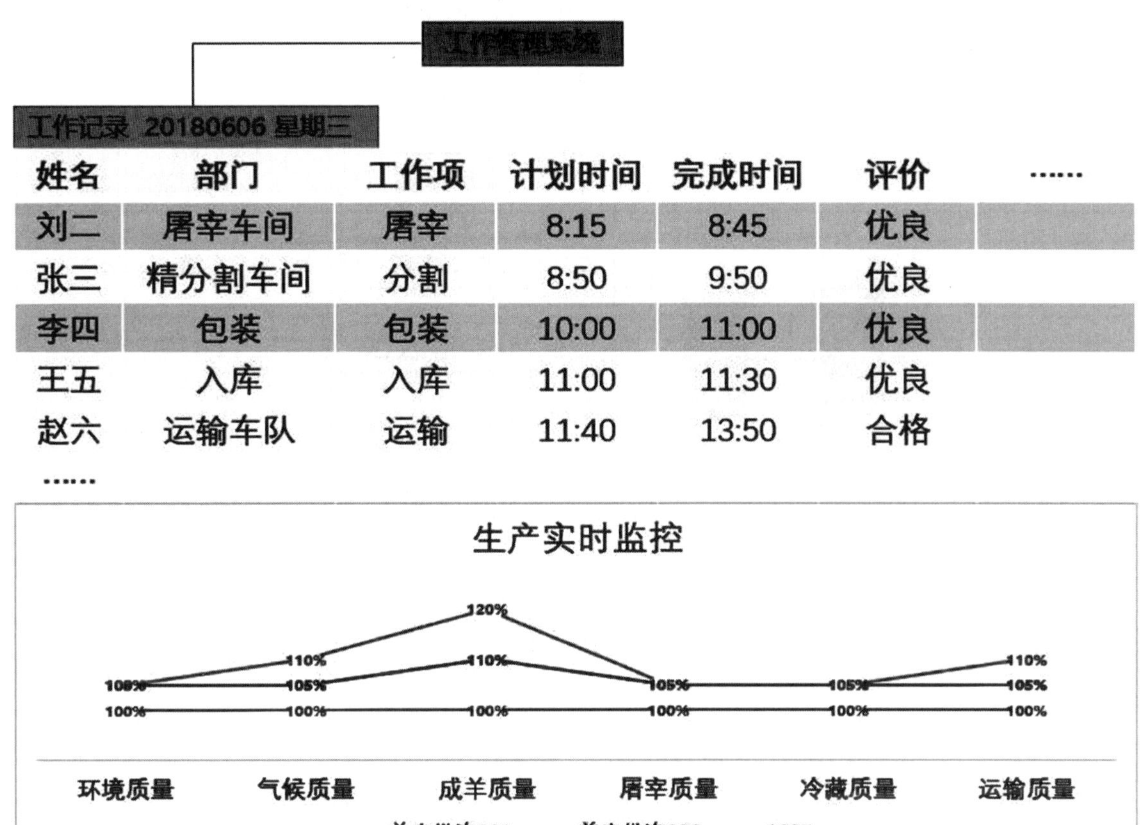

工作记录 20180606 星期三

姓名	部门	工作项	计划时间	完成时间	评价	……
刘二	屠宰车间	屠宰	8:15	8:45	优良	
张三	精分割车间	分割	8:50	9:50	优良	
李四	包装	包装	10:00	11:00	优良	
王五	入库	入库	11:00	11:30	优良	
赵六	运输车队	运输	11:40	13:50	合格	
……						

图14 智慧牧业系统应用–工作管理系统

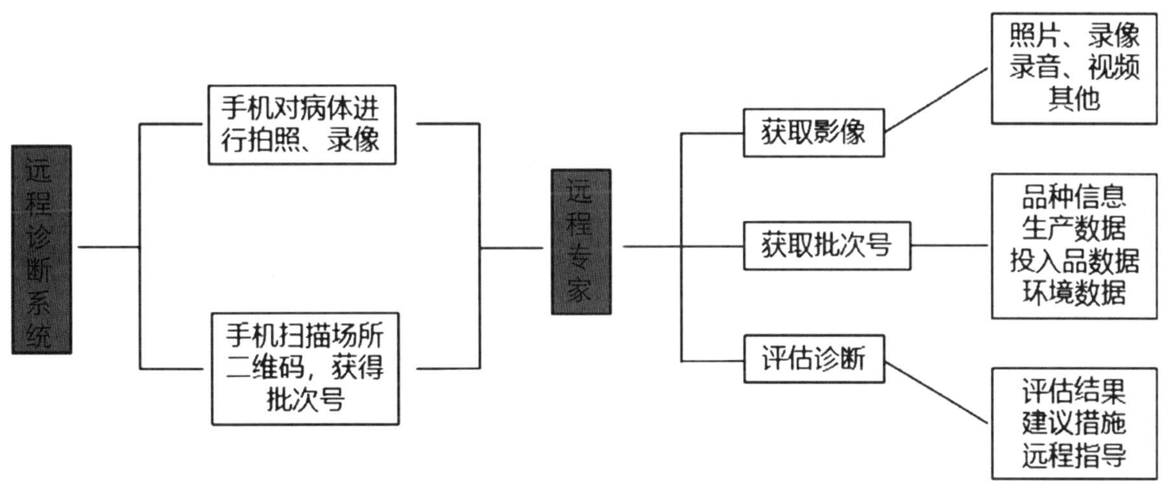

图15 智慧牧业系统应用–远程诊断

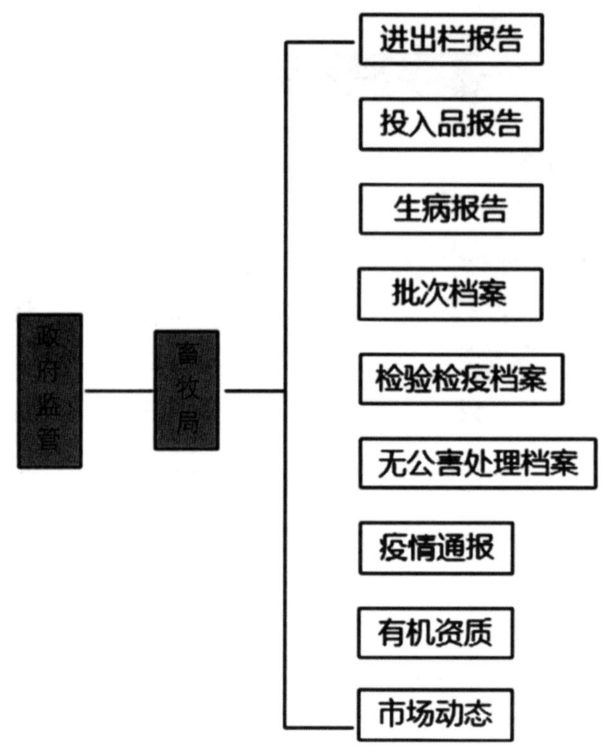

图16　智慧牧业系统应用–政府监管

2.项目投入

祁连牧场总投入8–10亿元用于智能牧业项目，投入5000万元用于软件系统开发。预计投入5亿元用于硬件项圈制作，同时保证可重复利用，充电续航为一年以50万只羊计。投入约3亿元用于硬件传感器、无人机、监控系统等其他硬件设施。由于牧区没有手机信号，项目实施需考虑项圈耗电续航能力至少一年以上，另解决防潮防摔、耐低温耐高温等技术问题，同时定制项圈可重复使用，便于牧民在线放牧的持续性。

祁连牧场智慧牧业项目投入大，难点多，涉及范围广，而且项目实施的目标完成时间并不长，这也在无形中增加了项目的难度。

3.渠道规划

2018年，祁连牧场携高端有机羊肉进驻高端KA，通过盒马鲜生、京东7FRESH等线上新零售平台打开市场；通过海底捞、辉哥火锅等平台实现高端餐饮通路；同时与国内高端电商平台合作；开设全息投影餐厅，在一线城市建立全息投影体验餐厅旗舰店。在不同的平台和不同的渠道用大屏幕在线展示牧区及产品的详细信息，通过APP实现与消费者用户的面对面交流，随时随地体验产品的全生命周期。同时2018年祁连牧场还将完成有机认证工作，获得上亿亩草场，数十万只羊的国家有机认证证书。

祁连牧场智能牧场系统APP将在2019年上线，届时智能工厂基地、欧标实验室都将建成；有机羊肉的年销量将达到30万只羊。

祁连牧场多渠道并举，全面进驻市场的步伐简洁而有力，为未来产业的持续扩大和深化发展打下了坚实的基础。

尽管祁连牧场始于羊产业，但未来又不局限于羊产业，而是会逐步渗透扩大至深加工、牦牛、骆驼等产业，同时发展高端体验式生态文旅产业，创造一种有示范意义且复制性极强的发展模式，进而推广应用到更多的行业领域。

未来，祁连牧场将实现由最大到全面领先，对接澳洲、新西兰、加拿大、非洲等资源；升级硬件，专业化，定制化产品、优化系统；同时更要不断创新。力争在2020年完成祁连牧场产品出口欧盟第一单，进军国际高端市场，2021年建成祁连牧场产地高端生态旅游体系，发展高端独家体验。

智能有机农牧产业必将是未来最大的朝阳产业，迅速进入、全面发展将是抢占先机的布局之举。

五、智慧牧业服务平台的社会效益及思考

祁连牧场打造现代智慧牧业服务平台在经济、政治、社会、生态等五个方面产生积极影响，具有明显的开拓式意义，取得明显的社会现实效益。也因此，祁连牧场得到了当地政府部门的大力支持，为智慧牧业的布局实施推进创造了良好的开局条件。

（一）提升经济水平

1.拉动牧区经济

祁连牧场布局推进智慧牧业服务平台，将有效拉动牧区及周边地区经济发展，推进农牧业供给侧结构性改革，做优做精现代农牧业，建立生态资源利用循环农业新体系。

以阿克塞哈萨克族自治县为例，阿克塞是一个传统的纯牧业县，畜牧业是自治县的基础产业，也是农牧民增收致富的支柱产业，农牧民人均纯收入的82%来自于畜牧业。通过祁连牧场智慧牧业服务平台，其产业布局将得到整合优化，畜牧业由自给自足的小农经济向商品经济转型，由靠天养畜向科学养畜转变，以市场为导向，引导农牧民调整产业结构，以传统畜牧业发展为抓手，逐步转变成为农、畜并重，经济结构、经济总量将实现巨大的飞跃。

2.改善牧民生活

祁连牧场将为农牧民提供多种收入方式，帮助他们真正实现从第一到第三产业的产业升级。曾经一个牧民最多能放一千头羊，在智慧农牧系统的帮助下，一个牧区可能只需要1–2个人，他们可以出让草场和羊群交给祁连牧场专业的设施化经营的团队，他们将得到足够的资金和生活保障的同时，而曾经需要到一二线城市打工的剩余劳动力则可以被雇佣至祁连牧场团队进行智慧农牧系统的培训，然后应用到牧场管理，为现代专业农牧人才的培养创造了有利的环境。

3.提升生产效率

智慧牧业使生产到加工实现由人工走向智能，在生态链各作业环节，摆脱人力依赖，构建集溯源管理系统、定位监控系统和无人机监控系统为一体的农牧业生产自动化系统和管理平台。在食品安全环节，构建产品溯源系统，将产品生产、加工等过程的各种相关信息进行记录并存储，通过二维码识别号在网络上对产品进行查询认证，追溯全程信息；在环境监测环节，

无人机监控系统时时探测羊只和农产品生长环境，一旦出现自然灾害等异常动态，管理人员可以第一时间得到报告并采取措施。祁连牧场将整合智慧农牧业系统终端，提升社会的生产效率。

（二）调整产业结构

祁连牧场布局推进智慧牧业服务平台，有助于促进牧区及周边地区旅游业的发展，增强区域吸引力，提升城市品位，扩大影响。促进当地第三产业的发展，提高就业水平。

祁连牧场布局推进智慧牧业服务平台有助于提高对牧区、甘肃以及全国农产品的质量控制能力，有利于提高农产品质量安全监管水平，提高食品安全水平。促使消费者的消费升级，并对食品安全有一个全新的认识，从科学的角度审视和评价食品安全，提高食品安全保障水平。同时，智慧牧业的畜植生产管理、物资管理、动物检疫、无害化处理、规模牧场生产管理、实验室管理等多个智慧系统可以帮助相关部门更高效掌握所辖范围内牲畜和农产的生产状况，并通过大数据平台，精准地掌握每一户农牧民的信息，能有效实现精准扶贫。

智慧牧业服务平台还有利于促进农产品流通和出口贸易，由有利于规范产品检验工作；有助于提升羊产业的生产效率，开创羊产业发展模式的样板和典范。

此外，通过智慧牧业服务平台推广公益事业，可以改善牧区的医疗和教育状况。

（三）改善生态环境

畜牧业的发展给养殖者带来经济效益的同时也会对生态环境造成影响，据有关调查数据显示，全国没有经过环境影响评价的规模化养殖场占90%左右，60%的养殖场没有落实环境污染防治措施，加上许多养殖者为了增加动物的肉蛋产量、降低发病概率，常常会在畜禽饲料中加入含有重金属和有机砷的药物或饲料添加剂，这些物质会浓缩在粪便里进入土壤，使土壤里的重金属以及盐分含量增加，进而对农作物的生长造成影响。祁连牧场的农牧生产将在全产业链进行有机认证，全程不允许任何的人工干预，改善畜牧业的发展对生态环境造成的破坏。羊群和农产品全部自然生长，尊重生命和大自然的规律，才能出产最天然和安全的产品。同时，增强国人的环保意识。

产地是家园，生态即命脉，美好因珍稀而脆弱，爱护祁连山珍贵的生态环境不仅是责任，不只是义务，更是祁连牧场热衷的事业。对此，祁连牧场在牧区坚持本着“高价值低产量”的理念，逐年减少产量，持续保护生态环境。一，制定合理的载畜量，减轻草场压力。在草原生态保护补助奖励机制政策支持下，加大牲畜出栏，根据退化草场生产力的大小和载畜能力，确定最佳的放牧牲畜量，真正做到“以草定畜、以草养畜”。二，开展草场围栏，有效制止草场退化。居民点、畜群点、饮水点或河流、道路两侧，由于缺乏保护与管理措施及各种不适当因素导致草地退化，以同心圆或平行于河流、道路逐步向外扩展，离基点、路道、水源越近退化越严重。在上述区域草场实施围栏，围栏内人工种草或常年禁牧，有效控制草场退化。三、加强法制宣传，增强国人的环保意识。不断增强农牧民群众的法制观念，逐步提高全社会自觉保护草地资源，保护草地环境的意识；拥护相关法律制度，以身作则推进草地建设和保护生态环境纳入法制化的轨道，促进草地生态环境的良性循环。

祁连牧场基于对生态的测控，实现对大环境的综合治理。通过草场保护和治理，提高草原生态质量，实现人与自然的和谐发展，实现智慧牧业的可持续发展。

（四）提供示范与创新的样板

祁连牧场率先实施基于物联网的多领域、全过程智能农业规模化应用，具有更好的示范和可行性。智能牧业监控系统，有助于将基于物联网的智能牧业技术应用推向深入，通过牧业传感器的示范应用，有助于牧业领域专业传感器的产业化发展，促进智能制造与农牧产业紧密结合，提升我国智能制造的水平和能力。高精度卫星遥感地图的绘制也会对整个区域的人文地理、生态环境的研究等提供极大的便利。

更重要的是，祁连牧场创建智慧牧业服务平台，实现多重资源整合，全产业链布局的同时智慧化融入渗透，既是对现代农牧业全新生态体系的建设，对整个农牧业来说也是一次全新而系统的尝试，是颠覆传统的新探索，整个产区+智慧平台+智能科技+多渠道的模式具有极强的可复制性，借鉴示范意义显著。

六、结束语

祁连牧场打造现代智慧牧业服务平台不但具有国家意义，更有世界意义。伴随着“一带一路”和“走出去”等国家战略的推进实施，祁连牧场也将走出国门，寻求加入IFOAM国际有机农业联盟组织，落地国际有机产业交流博览会，实现向拥有世界最大的有机面积且有合作基础的澳洲输出智能牧场系统，向欧洲输出有机牛羊肉产品，结束中国从无红肉类产品出口发达国家历史的双输出。

创业公司祁连牧场饱含做良心产品的初心，从有机羊肉到智能工厂到生态文旅多方通路、全面布局，尽管风潮汹涌、任重道远,但凭借世界上最辽阔的有机牧场和中国唯一的智慧牧业服务平台，将生态农牧与智慧农牧完美结合，打好原产地+智能技术的组合拳，戮力同心，稳扎稳打，步步为营，定能打造智慧牧业的新样板，开创中国农牧业的新局面。

成果创造人：刘润龙、蔡　亮、谢忠磊

基于专利标准化战略下自主创新的初探与实践

兆弟集团有限公司

一、企业简介

兆弟集团有限公司（简称“兆弟集团”）成立于1993年，是一家以预制装配式构件、智能工程机械为主导产业的综合性企业集团，从前期的预制装配式构件的研发生产到后期的建筑工程施工，拥有上下游联动的完整产业链。经过25年的耕耘，兆弟集团已成为国内最大的也是唯一的预应力混凝土异型桩制造商和自动化程度最高的异型桩智能生产线生产供应商。集团旗下现有浙江兆筑建材有限公司、浙江兆恒建材有限公司、浙江兆弟桩业有限公司、江苏天海建材有限公司、江苏兆弟建材有限公司、泉州兆弟水泥构件有限公司等12家子公司。经过20多年的耕耘，兆弟集团已成为国内最大的也是唯一的预应力混凝土异型桩制造商和自动化程度最高的异型桩智能生产线生产供应商。

公司研发的以螺锁式机械连接技术为核心系列装配式预制构件产品，采用自主知识产权的全球唯一专有技术机械快速连接方式，其各项力学性能指标突出，抗压、抗拔承载力大。产品先后获得“建设部科技成果推广项目”“浙江省岩土力学与工程学会科学技术奖一等奖”“浙江省建设科技成果推广项目”“江苏省建设科技成果推广项目”等荣誉。

兆弟集团秉承“知产创新为龙头，质量创优为主体，品牌创誉为基石，精品创造为价值，回报社会为宗旨”的经营宗旨，不断地进行技术创新、产品创新。截至目前，公司拥有有效专利391项，其中发明专利134项；在申请专利470余项，其中发明专利250多项。在产品创新的同时，兆弟集团也积极参与相关标准的编制，主编住房和城乡建设部的《预应力混凝土异型预制桩技术规程》成为行业推荐的技术标准，填补了预应力混凝土异型桩应用技术行业标准的空白。其余主编或参编的国家标准、行业标准、各省技术规范与标准设计图集等合计50余项。现阶段异型管桩的相关国家、行业及地方标准均由兆弟集团发起并负责主编工作。

二、专利标准化战略实施的背景

中国混凝土预制管桩发展到今天已经走过了60年的历程。近几年来，在外部环境复杂严峻、各种风险挑战变化交织、国际金融危机持续影响下，我国的宏观经济已由高速增长步入新常态，尤其是与预制混凝土桩息息相关的房地产等建筑工程市场，经历了高速发展、投资下滑、需求减少的“过山车”的阶段，由于预制混凝土桩行业历来对政策和市场较为敏感，2015年已从发展顶峰下滑至“低谷”。

2016年起随着国家加大对基础设施建设等固定资产的投入，房地产市场的活跃，使预制混凝土管桩的市场需求有些起色，但产能过剩及市场环境依然严峻，总体仍处于低位运行，市场供大于求，持续正常生产的企业数量明显减少，且大多处于半负荷生产状态。如何摆脱行业困境，增加企业的核心竞争力，抢占市场份额，成为兆弟集团实现可持续发展的重中之重。

三、专利标准化战略的实施内容

（一）研发及专利标准化团队的组建

1.研发组织架构

根据兆弟控股研发管理中心的职能及研究方向，企业研发管理中心下设预制构件研发事业部、智能机械研发事业部、装配式住宅研发事业部、建筑设计事业部、专利事业部，各事业部各司其职，分别负责相关新产品、新技术的研发及专利的布局和保护。

2.人才队伍的建设

兆弟控股研发管理中心现有研发工程师116名，专利工程师20余名，本科及中级职称人员占80%以上。随着企业规模的不断扩张，在用好现有人才的基础上，研发管理中心将不断的引进中高级职称研发、专利、标准化人才，同时加强现有研发人员的专利及标准化知识培训，不断提高研发人员的综合素质来形成结构合理，创新能力突出的人才梯队。

专利及标准化管理制度的建设

为保证专利标准化战略的有效实施，兆弟控股制定了较为健全的专利管理制度和标准化实施管理制度：

（1）制定《专利工作手册》对专利的撰写、申报、管理、布局、预警等各方面做出明确规定，加强对科技创新成果的保护，维护企业利益。

（2）制定《标准化管理规定》对兆弟控股开展标准化工作的管理机构和职责、标准的制（修）订、实施及监督检查、复审、标准化信息管理、标准化培训、企业标准体系自我评价和改进，以及对标准化工作的奖罚等内容做出明确规定，为科技成果的标准化实施提供依据。

兆弟控股研发管理中心在完善专利及标准化规章制度的同时，不断改进创新激励机制，接受合理化建议，加大研发投入，为研发人员提供良好的工作平台，确保科技成果的产出，做好专利布局，并将专利融入技术标准，确保企业获得新的利润增长点。

四、专利标准化战略实施的影响

技术标准与知识产权制度是实现企业可持续发展的两个关键性因素。随着企业科技创新意识的增强，技术标准与知识产权逐渐引起人们的关注。目前国际上有一个很明显的趋势，就是国家或者政府越来越多的通过标准来影响产业促进本国产业的发展。发达国家将技术标准、知识产权作为保持其技术垄断地位的重要手段，更加大了发展中国家获取技术的成本。在以知识经济和信息网络发展为主题的今天，谁掌握了标准的制定权，谁的技术成为主导标准，谁就掌握了市场的主动权，技术标准成为经济全球化竞争的重要手段。因此，拥有成功的标准，对兆弟集团来说，是抢占未来产业发展制高点及提升企业核心竞争力的重要战略。

（一）参编技术标准提高企业核心竞争力

1.企业参编技术标准的必要性

（1）标准是构成企业核心竞争力的基本技术要素。

企业时刻处在市场的第一线，企业既是市场的主体，又是创新的主体，同时也是标准化工作的主体，将技术优势转化为竞争优势，将竞争优势转化为市场优势。

标准源于产品，产品来自市场，市场引发竞争，竞争促使技术标准优化。标准是建立在协商一致和全局优化基础之上的技术结晶，是产业经验积累与传承的载体，是实现系统集成和资源共享的前提，也是评估和市场准入的技术依据。要完成技术标准的制定，必须要有多学科交叉知识的融合；要具备深厚的技术知识背景、丰富的标准化专业知识储备、标准涉及知识产权的了解等，行业标准制定过程，不仅仅是单纯的技术讨论。标准涉及方方面面的利益，是各方博弈的最终结果。因此，兆弟集团以实施技术标准战略作为参与行业竞争的手段，来提高企业核心竞争力。

（2）市场竞争的最高层次是技术标准的竞争。

在现代经济环境下，技术水平高必然竞争力强，从技术上来说是绝对的，但从市场角度来看未必如此。企业是技术标准的最终使用者，应当成为制定技术标准的主体，成为技术标准的主导者。企业要实现可持续发展，必须不断自主创新，创新是企业持续发展的关键竞争力，而标准领先战略则是企业自主创新的制高点。因此，实施技术标准战略是兆弟集团迫在眉睫的任务。

2.参编标准是兆弟集团取得市场竞争胜利的关键

兆弟集团自成立以来，以螺锁式机械连接技术为核心研发出一系列装配式预制构件产品，从2008年参编第一份标准开始到2017年主编JGJ/T405-2017《预应力混凝土异型预制桩技术规程》的发布实施，至今已参编50多项标准。从默默无闻的混凝土预应力管桩生产企业到现在集预制装配式构件、智能工程机械的研发、生产、施工为一体的综合性企业集团，其企业规模、营业收入均呈几何级数增长，实施技术标准战略起到了举足轻重的作用。

一流的企业卖标准，二流的企业卖品牌，三流的企业卖产品。兆弟集团通过实施标准化战略，通过主导和参与标准的制定，在引领行业发展的同时，提前把脉调整企业发展方向，在规则的制定过程中抢占“制高点”，为自身企业的发展赢取更高平台，在同类产品的市场竞争中赢得先机。

（二）知识产权对提升企业核心竞争力的促进

1.知识产权在企业发展中的作用

（1）可以拓宽企业市场空间、带来新的利润增长点

企业科技竞争取决于企业的自主创新能力，知识产权是企业自主创新的基础与衡量指标。兆弟集团经过持续的技术创新活动，使自身自主知识产权的核心技术不断发展，并使之产权化，然后再将其投入到生产领域当中，将拥有的自主知识产权应用到产品，将技术优势转化

为产品优势，真正实现产品创新的目标。从这些新产品的开发中，兆弟集团获得丰厚利润，从而将其转变为新的利润增长点，进一步赢得市场，从而为企业拓宽了市场空间。

（2）可以增强企业自主创新能力、抵御风险的能力

兆弟集团通过所拥有的知识产权，生产提供性能优异的产品——螺锁式无端板预应力混凝土异型桩，与竞争对手之间建立壁垒，有效地阻止竞争对手的跟进和模仿，促进产品市场销售，从而确立企业市场领先地位，并在某种程度上保持垄断地位，赢得顾客忠诚度与美誉度。实施知识产权战略，可以确保兆弟集团提高产品质量，提升经营业绩，从而获得良好声誉树立形象，进一步增强企业抵御各类风险的能力。

（3）可以提高企业管理水平

在兆弟集团的整个企业管理体系当中，知识产权管理是企业管理的重要组成部分，有效的知识产权管理，可以提高企业竞争力，保持企业知识产权战略优势。知识产权的有效管理不仅涉及企业获得发明创造、商标、外观设计的保护，同样涉及企业对知识产权的商业运作能力、市场开发能力、技术利用能力、知识产权增值能力。

知识产权的规范化管理也是兆弟集团的知识产权战略的关键内容，通过导入GB/T29490-2013《企业知识产权管理规范》，围绕兆弟集团的知识产权创造、管理、运用和保护四个重点环节，对知识产权进行科学管理和战略运用。在实际经营过程中，兆弟集团秉承“四创一回”的经营宗旨，坚持以“知产创新为龙头”，通过知识产权的规范化管理，一方面可遏止潜在侵权行为的发生；另一方面可以提高企业竞争力和战略优势。充分利用知识产权制度，提高企业科技创新能力，调动科研人员的积极性，激励研发管理中心各研发事业部不断进行新产品、新技术的开发，从而促进兆弟集团不断地做大做强。

2.重视知识产权是兆弟集团在竞争中脱颖而出的利器

自2004年申报第一项发明专利以来，兆弟集团已拥有800多项专利，其中发明专利360余项，成为预制混凝土管桩行业的专利第一大户。兆弟集团通过合理的专利布局，垄断了螺锁式无端板预应力混凝土异型桩的生产供应，迅速有效的抢占市场，至2017年已成为全国第三大预制混凝土管桩的生产供应商。兆弟集团利用知识产权扩张市场，通过许可他人使用知识产权获得了收益，知识产权战略已成为兆弟集团在市场竞争中立于不败之地的利器。

（三）技术标准与知识产权结合实现兆弟集团专利标准化战略

当前，在“技术专利化，专利标准化，标准国际化”的国际经济大环境下，专利和标准的结合已成为一种趋势。这一结合不仅提高了标准的技术水平，而且更好地实现了企业专利价值。通过将专利技术作为标准，控制标准、引导标准的发展方向，进而达到控制市场的目的。

专利具有法定时间性，只在法律规定的期限内有效，而技术标准则要求有一定的稳定性，技术标准的稳定性需求有助于在事实上延长知识产权的价值寿命。凭借技术标准，专利的时间性在一定程度上被突破，专利和技术标准的结合能达到1+1大于2的效果。

2017年1月12日，中华人民共和国住房和城乡建设部办公厅发布了《工程建设标准涉及专利管理办法》，该办法明确规定了工程建设国家标准、行业标准和地方标准（以下统称标准）的立项、编制、实施过程中涉及专利相关事项的管理。该管理办法的发布为兆弟集团实施专利

标准化战略提供了强有力的依据。

五、专利标准化战略实施的主要成果

（一）拥有自主知识产权的核心产品

兆弟集团现阶段的核心产品为螺锁式无端板预应力混凝土异型桩，它的侧壁设置了横向或纵向肋，接桩采用全球唯一专有技术——螺锁式连接，其产品技术特征及竞争优势如下：

1.上下节桩采用卡扣式机械连接和专用材料密封（环氧树脂）使上下节桩成为一个连续、完整的整体，有效地避免了端板铁件外露及孔内外污水对铁件产生的腐蚀，同时避免了电焊焊接对桩混凝土及钢棒镦头造成的破坏。机械连接使桩身预应力钢筋直接锚入承台，方便施工，确保工程质量。

2.桩的凹凸外形，提高了桩与土之间的侧摩阻力。每节凹凸外形的底部增加了端部面积，按照每层土质计算凸出部分面积取端阻力的30%计算，与普通预制管桩相比，抗压承载力平均提高10%~30%，抗拔承载力平均提高了30%以上，施工接桩速度提高15倍且接头质量得到保证，可大幅度节约工程项目的桩基础建设费用，与预应力混凝土管桩相比节约30%以上，与实心方桩相比节约70%以上。

3.耐久性和桩连接强度方面：在相同的腐蚀环境和腐蚀时间下，钢筋锈蚀引起的锈胀裂缝会导致管桩的抗拉开裂荷载有明显的降低，预应力混凝土管桩的破坏形态会由桩身拉断破坏转变为端头连接接缝破坏，桩的连接强度大为降低，而螺锁式无端板预应力混凝土异型桩的端部连接件构造设计精密（拥有多项发明和实用新型专利）且连接处受环氧树脂的防护，其抵御外界环境的侵蚀能力比普通预制管桩更耐久，桩连接强度稳定性更强。

该产品获得全国建设行业科技成果推广项目，江苏省建设科技推广项目，浙江省岩土力学与工程学会科学技术奖一等奖等科技奖项；“螺锁式无端板预应力混凝土异形管桩成套技术与工程应用”科技成果经鉴定总体达到国际先进水平，其中管桩螺锁式机械连接达到国际领先水平。该产品经杭甬高铁客运专线、上海虹桥机场T1航站楼交通中心等数百项工程应用，结果证明：产品各项力学性能指标突出，具有安全、单桩承载力高、耐久性好等特点，相比普通预制管桩，节省施工时间、大幅度节约桩基础建设费用，经济效益显著。

（二）兆弟集团专利优势

兆弟集团现拥有专利391项，其中发明专利134项，无论从专利的数量还是质量均处于混凝土管桩行业的第一位。其专利类型涵盖发明专利、实用新型专利、外观专利。专利布局比较全面，涉及的领域有预制构件、管桩生产线、机械连接件、工程机械、工法流程等方面。

近三年，兆弟集团每年的专利申请量保持在200件左右，随着专利标准化战略的实施，兆弟集团将加大研发项目专利的挖掘力度，根据“近期，现有、远期、预防、封杀”专利十字方针进行全面专利布局，预计2018年专利申报量800件以上。

（三）结合专利的核心产品技术标准出台

《预应力混凝土异型预制桩技术规程》是由兆弟集团下属子公司江苏天海建材有限公司

为第一起草单位组织编制，于2017年2月20日经中华人民共和国住房和城乡建设部正式批准的行业标准。该标准对异型桩的设计、施工及质量验收等方面做出了技术规定。通过对工程试桩资料的统计分析提出了考虑异型桩截面凹凸变化影响的竖向承载力估算公式，给出了明确的截面影响系数取值。通过理论推导提出了考虑内芯异型桩截面凹凸对异型复合桩承载力影响的承载力估算公式。通过对接桩部位进行劣化后抗拉、抗剪性能研究，对分分析了混凝土异型桩与普通力混凝土管桩的耐久性能。确定了采用螺锁式连接方式的异型桩的设计、施工及质量验收等方面的技术要求，形成了规程条文。

该标准适用的“螺锁式无端板预应力混凝土异型桩”已获国家发明专利13项，实用新型专利13项，获批国家工法1项，省级工法2项，发表学术论文11篇。《预应力混凝土异型预制桩技术规程》的发布，为预应力混凝土异型预制桩的设计、施工、检测和验收提供了依据，填补了预应力混凝土异型预制桩应用技术的行业标准空白。实现了标准和专利相结合，为混凝土预制管桩行业的专利标准化的实施做出了榜样。

六、专利标准化战略实施的经济效益和社会效益

（一）经济效益

兆弟集团坚定不移的实施专利技术标准化战略，企业的管理水平有了明显的提升。通过创新专利化，专利标准化来形成技术壁垒，提高企业核心竞争力，进而抢占市场，近三年，兆弟集团的销售收入和利润总额实现连续增长，获得了显著的经济效益。

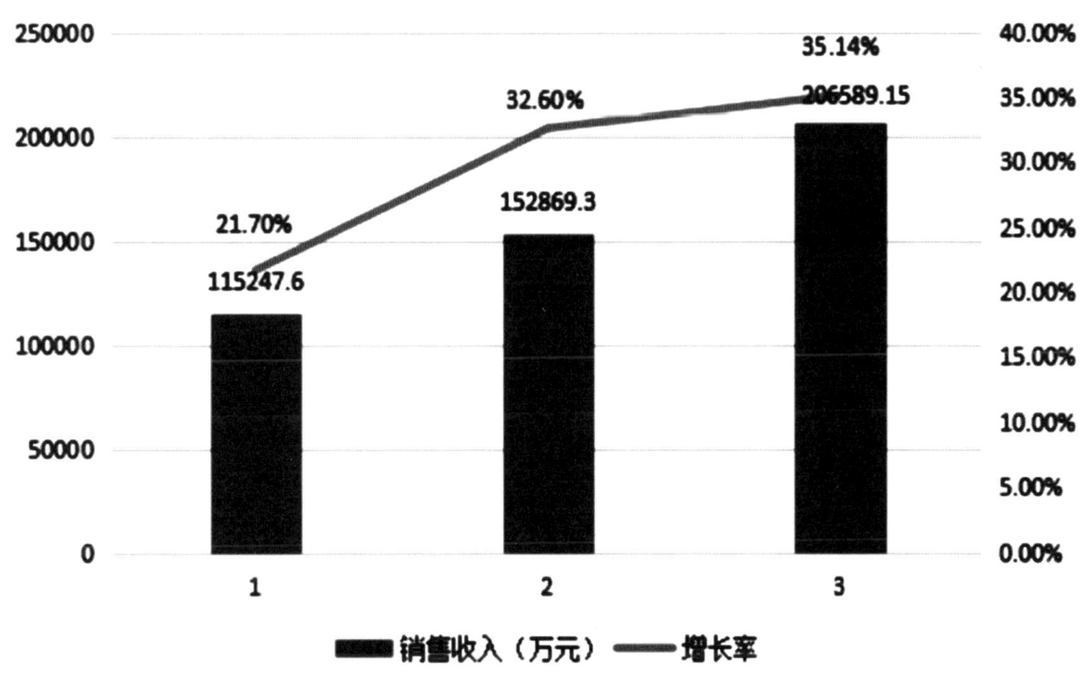

图1 近三年兆弟集团销售收入

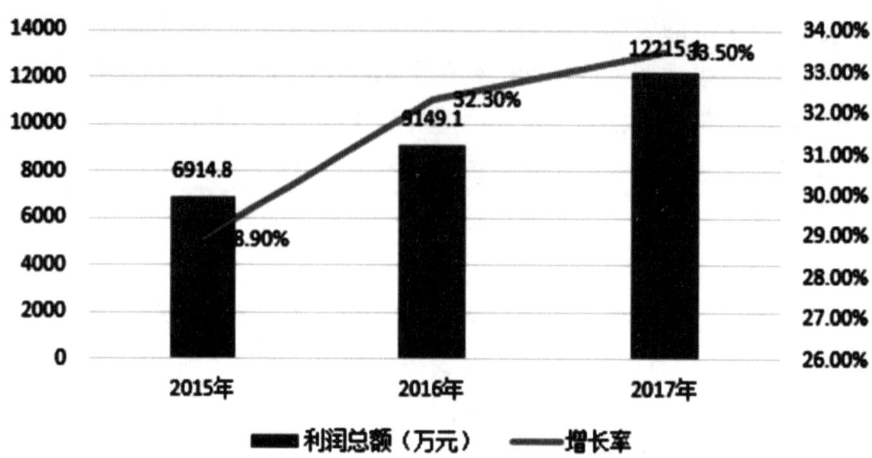

图2 近三年兆弟集团利润总额

（二）社会效益

《预应力混凝土异型预制桩技术规程》的发布，为螺锁式无端板预应力混凝土异型桩的设计、施工和验收提供了依据，有效的加快了异型桩的推广使用。预应力混凝土异型预制桩采用螺锁式连接方式，淘汰了传统管桩电焊的连接方式，减少了电焊烟尘排放，即降低了操作工患上电焊尘肺职业病的风险，又减少了大气污染物的排放，符合国家安全生产和节能环保的政策导向，具有良好的社会效益。

七、结语

当前世界科技发展迅猛，经济全球化势不可挡，专利技术标准化已成为知识经济模式下产业竞争的基础以及市场准入的重要门槛。专利技术标准化对技术本身、对企业与国家的发展都起重要的作用，而对于技术本身，知识产权和标准的影响会越来越显著，因此，仅仅重视是不够的，必须把专利技术标准化提高到战略的高度。企业想要在改革大潮中立于不败之地，其关键就是要利用自身的核心竞争力，抓紧创新，作好市场定位，制定好适合自身优势的企业发展战略，抢先市场先机，开拓市场，这样才能在与众 多竞争者的较量中取胜。

成果创造人：周兆弟

重点产业智慧供应链体系云平台建设研究

中国国际工程咨询有限公司

伴随经济全球化、竞争国际化、信息网络化、知识资源化、管理人化的新经济时代的到来和深化发展，技术进步尤其是互联网等信息技术的飞速发展，进一步增加了环境的不确定性，加剧了市场的竞争。市场经营主体为尽快适应经济全球化、信息网络化、技术进步加快、市场转型、竞争激烈等外部环境特征，以及知识资源化、管理人化、业务流程整合化，组织结构扁平化、运营由需求驱动化等内部环境特征，有效应对需求多变、产品生命周期及交货周期缩短、产品和服务质量要求不断提高以及降低经营成本等多重压力，在激烈的市场竞争中更好地生存、发展，必需增强环境适应性，增强对市场需求变化的敏感性和响应性。

供应链作为以客户需求为导向，以提高质量和效率为目标，以整合资源为手段，实现产品设计、采购、生产、销售、服务等全过程高效协同的组织形态，越来越成为各市场经营主体提升核心竞争能力、有效赢得市场的载体。供应链管理从二十世纪九十年代被提出、发展至今，经历了传统供应链管理、技术与管理结合、技术与管理融合等主要阶段。供应链发展变革过程中，更多形态的合作者加入，使供应链生态更显得丰富；供应链间的竞争由平面转化成立体，单一演变成多维；供应链内合作关系更为紧密，分工更加明确和专业化；同时，信息和管理技术的高度集成，也催生新技术的广泛应用。随着供应链管理理论的不断完善和信息技术的飞速发展，现代供应链管理以大数据为基础、以信息技术为核心，高度集成信息技术与管理技术，依托物流技术升级，在更高层面提高供应链管理的有效性和客户满意度，从而步入技术与管理深度融合的智慧供应链阶段。智慧供应链是结合物联网技术和现代供应链管理的理论、方法与技术，在不同市场经营主体间构建的，实现供应链智能化、网络化和自动化的技术与管理综合集成系统。这一概念2009年在上海市信息化与工业化融合会议上首先提出后，不断发酵、成熟。

我国供应链管理研究与应用起步较晚，虽然发展速度较快，但各地区、各行业发展水平极不平衡，较好的应用大多割据化存在于工业特别是高新制造行业，技术的渗透性日益增强，很多供应链不同程度地具备了信息化、数字化、网络化、集成化、智能化、柔性化、敏捷化、可视化、自动化等先进技术特征，将技术和管理进行综合集成，较好地指导了现代供应链管理与运营的实践。而在一、三产业尤其是农业的应用范围较小，且处在较低水平，供应链结构不完整，各节点及整个链条运行状态信息无法准确把控，资源配置不合理，供需平衡难以实现，极大影响了整个国民经济体系各产业、行业间的协同与融合，严重阻碍了经济的和谐发展。基于我国供应链管理发展现状，2017年10月5日，国务院办公厅发布了《关于积极推进供应链创新与应用的指导意见》，指出通过资源整合和流程优化，促进产业跨界和协同发展，有利于加强从生产到消费等各环节的有效对接，降低企业经营和交易成本，促进供需精准匹配和产业转型升级，全面提高产品和服务质量，是“供给侧结构性改革的重要抓手”。《意见》还指出，在三年内基本形成覆盖我国重点产业的智慧供应链体系，培育出100家左右全球供应链领先企业；农业、制造业、流通业和供应链金融业的产业生态链建设将在政策上得到全方位支持，其中绿色供应链和全球供应链是供应链创新发展的主要目标。同时，明确了有关部委的分工及保障措施，将供应链创新与应用上升到国家战略，标志着我国供应链创新与应用将进入一个新的阶段。

我国产业供应链发展应抓住“积极推进供应链创新与应用”，以三次产业中的重点产业为突破口，构建较为完善的产业智慧供应链体系，集成物联网、大数据、云计算等先进技术，搭建资源整合、配置优化、服务提升、降本增效、可控可溯、全面协同的产业智慧供应链管理平台，实现创新、协调、绿色、开放、生态、智慧的发展战略。

一、指导思路

全面贯彻党的十九大精神，深入贯彻习近平总书记系列重要讲话精神和治国理政新理念新思想新战略，认真落实党中央、国务院决策部署，统筹推进“五位一体”总体布局和协调推进“四个全面”战略布局，坚持稳中求进工作总基调，牢固树立和贯彻落实“创新、协调、绿色、开放、共享”的发展理念，以提高发展质量和效益为中心，以供应链与互联网、物联网深度融合为路径，以信息化、标准化、信用体系建设和人才培养为支撑，创新发展供应链新理念、新技术、新模式，高效整合各类资源和要素，提升产业集成和协同水平，打造大数据支撑、网络化共享、智能化协作的智慧供应链体系，推进供给侧结构性改革，提升经济全球竞争力。

二、基本原则

（一）政府主导，强力推进

充分发挥政府主导作用，抢占先发优势，强力推进。合理配置公共资源，优化服务、监管体系，完善政策、法规，积极营造良好的供应链创新与应用政策环境和实施氛围，激发企业参与智慧供应链试点的主动性和创造性，鼓励社会资本投资供应链创新产业，统筹结合现有资金、基金渠道，为企业开展供应链创新与应用提供融资支持，夯实基础建设。

（二）系统筹划，重点突破

以供应链体系供给、需求高效匹配为出发点，强化顶层设计，突出供应链模式创新及智慧管理，通过对重要行业和节点企业的结构优化，分析供应链内外部需求，按节奏组织推进，及时总结经验，推广应用。

（三）先行先试，循序渐进

结合各区域主导产业，开展智慧供应链模式创新与结构优化。着力在供应链信息化、标准化、现代化、生态化方面开展试点，培育一批供应链创新与应用示范企业，加强试点成果评估，适时调整，逐步推广。

（四）纵向衔接，横向协同

贯彻落实国家及省市政府推进重点产业的智慧供应链体系发展的工作部署和政策措施，加强国际间、区域间、产业间、部门间协同联动共享，实现供应链的跨行业、跨业态、跨区域、跨国境的科学发展，形成推进创新发展的合力。

（五）服务先行，科学管理

重点产业智慧供应链体系将成为我国政府倡导的服务型社会的重要组成部分，要以服务作为体系运行的主线，打造全面服务与严格监管有机结合的科学管理体系。

三、总体建设思路

供应链是以客户需求为导向，以提高质量和效率为目标，以整合资源为手段，实现产品设计、采购、生产、销售、服务等全过程高效协同的组织形态。产业供应链是一种供应链管理思想在系统论视角下的产业运营体系，其初衷在于通过打破组织内部及组织间业已存在的业务孤岛、信息孤岛，有效地规划和管理产业链上发生的供应采购、生产运营、分销和所有的物流活动，特别是产业链所有相关方之间的协调和合作，实现商流、物流、信息流和资金流的高效整合。这一目标的实现意味着在管理上要实现产业组织网络的有机化、产业价值网络的有机化、产业物流网络的有机化以及产业资金网络的有机化。然而，在传统供应链环境下，单一企业无法及时、全面地掌握产业链的各种状况、各种活动和各类主体，即便有合作者愿意协调、沟通，也缺乏有效的互动和协调手段，加之今天的产业活动越来越复杂、广泛，商业活动也越来越国际化、全球化，形成了空间、时间上的差异，“四个有机化”难以实现。而互联网、物联网、云计算、大数据这些新的技术创新和手段为这些目标的实现提供了良好的契机和途径，一旦融合进产业供应链管理中，不仅可使得上述问题迎刃而解，且进一步创造出高度智能化、服务化的供应链体系，也就是智慧供应链，即供应链管理的理论、方法与互联网、物联网等技术的深度融合。其抵御风险的能力就会大幅度增强、核心竞争力就会显著提升。产业智慧供应链体系的发展包括供应链物理体系构建和信息技术体系建设两部分任务。产业智慧供应链体系建设要按照产业、行业、企业逻辑进行全面梳理，选取十三五规划以致未来更长时期三次产业中作为重点发展方向的行业为背景，以行业中供应链体系较为完善或未来发展潜力较大的龙头企业为基础，分析、归纳、集成，设计行业层级的标准化供应链结构模式，进而运用物联网技术体系中较为成熟的“中间件”技术实现行业层标准化供应链结构向企业层个性化供应链结构的延伸，按照供应链建设及运行较为成熟的企业直接嵌入，发展潜力较大但供应链不完善的企业重点扶持、优化后嵌入的原则，逐步形成产业、行业、企业三大层级构成的，纵向衔接、横向协同的产业供应链物理体系。同时，根据行业层级的标准化供应链结构模式，研究信息结构、指标口径、交换接口、数据交易、关键节点、采集方式以及信息安全等关键共性标准，在此基础上，综合分析商流、物流、资金流以及信息流在企业、行业、产业间的运行规律，制定出产业、行业、企业间的融合机制，结合产业供应链体系各层级管理需求，综合运用互联网、物联网等技术开发产业智慧供应链体系云平台（如图1所示），实现基于产业、行业、企业不同层次需求的智慧供应链管理，通过近期示范、中期推广和远期全面实施，最终形成企业供应链定位合理，行业、产业深度融合，信息资源畅通共享，供给、需求精准匹配，质量、效益持续提升，信用可溯、风险可控，大数据支撑、网络化共享、智能化协作的产业智慧供应链体系。

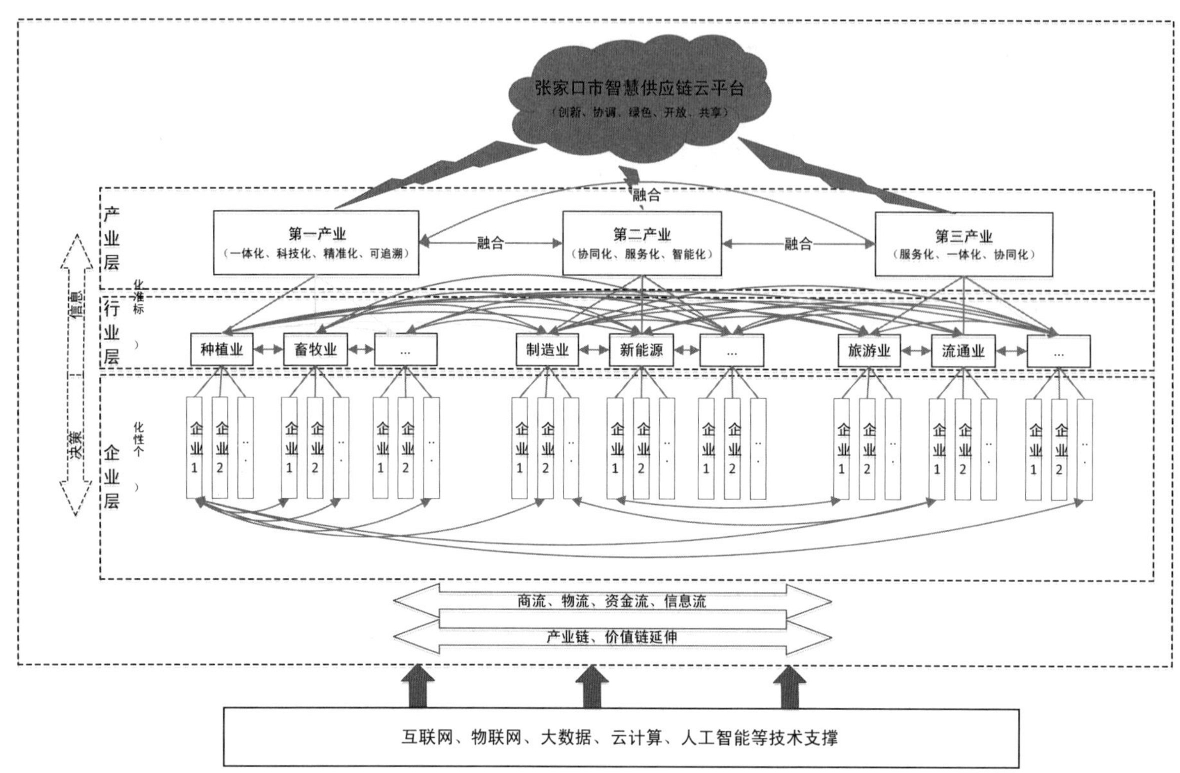

图1 产业智慧供应链体系建设思路

五、智慧供应链体系建设

（一）组织体系

构建科学完善的网络结构是产业智慧供应链体系建设的基础。应根据区位条件和主导产业特点，按照产业、行业、企业逻辑线路，以行业为切入点，充分考量区域内外部市场需求，甄选重点发展的行业，并在其中选取供应链较为完善的龙头企业或者发展潜力较大的新兴企业作为产业智慧供应链体系中的核心企业，深入分析其供应链结构及运行机制，按照模块化供应链运营结构加以完善，作为首批进入产业智慧供应链体系的供应链企业，并以其为标本设计出所属行业供应链标准模式，并针对其展开深入研究，形成相关的信息结构、指标口径、交换接口、数据交易、关键节点、采集方式以及信息安全等关键共性标准。进而，利用物联网领域较为成熟的“中间件”技术实现后续进入产业智慧供应链体系的企业从行业标准模式到企业个性化模式的延伸。由此形成由三次核心产业、重点行业以及供应链领先企业三层级构成，行业担当不同供应链角色，跨行业、跨产业、跨区域、跨国界的产业智慧供应链组织体系。

（二）管理体系

管理体系是产业智慧供应链体系目标的关键，应围绕“创新、协调、绿色、开放、共享”的发展理念和“降本增效、供需匹配、产业升级”以及“强力支撑供给侧结构性改革”目标，构建“服务先行、监管并举”的管理体系。包括：

1.服务体系

通过政策服务，营造良好的供应链创新与应用政策环境，保障产业智慧供应链体系的建设和运行；通过金融服务，为供应链企业提供高效便捷的融资渠道和资金支持，保证供应链稳定，促进供应链金融模式的发展；通过信息服务，实现高效的资源管理，为供需匹配、结构优化提供信息支持；通过交易服务，为供应链企业提供便捷的交易平台，降低供应链交易成本；通过定制化开发服务，方便、鼓励越来越多地企业嵌入智慧供应链体系，并从技术和管理的角度支撑供应链企业个性化运行；通过追溯服务，对产品生产过程、质量等进行全生命周期追溯。

2.监管体系

根据各行业标准及考核报告，从对成本、效率、安全、稳定等方面对供应链企业、行业的参与行为实施有效监管。构建信用信息共享平台，健全政府部门信用信息共享机制，促进商务、海关、质检、工商、银行等部门和机构之间公共数据资源的互联互通。利用区块链、人工智能等新兴技术，建立基于供应链的信用评价机制。推进各类供应链平台有机对接，加强对信用评级、信用记录、风险预警、违法失信行为等信息的披露和共享，逐步形成供应链信用和监管服务体系。

3.决策体系

产业宏观决策，实现产业间的融合发展；行业中观决策，实现行业间供需匹配及行业内资源的优化配置；企业微观决策，指导企业供应链高效运转。

4.安全体系

建立重要资源和产品供应链风险预警系统，保证供应链体系中公用及专用资源的安全，并对供应链体系及供应链企业的相关运行状态进行风险预警，消除供应链运行过程中来自于商流、物流、资金流、信息流等方面的风险。

5.考核体系

在实现高度智能化供应链运行的同时，对供应链体系各层级运营效果实施有效、清晰的绩效测度和管理，建立贯穿供应链各环节、各主体、各层次的预警体系，形成完善的报告与绩效管理，支撑供应链预警及监管。通过综合考核与反馈，使供应链活动持续改善、质量稳定、成本可控。

6.标准体系

产业智慧供应链体系规划、建设过程中，与国际接轨，制定相关的信息结构、指标口径、交换接口、数据交易、关键节点、采集方式以及信息安全等关键共性标准，并随着供应链体系的运行不断优化，尽快形成健全、完善的标准体系。

（三）技术体系

搭建技术融合的智慧平台是发展产业智慧供应链体系的技术支撑和载体。基于互联网、物联网、云计算、大数据等现代创新技术搭建产业智慧供应链云平台，要强调顶层设计，按照对接国际、重点突出、科学适用的原则，综合考虑平台结构、功能结构及技术架构，借助大数据存储、软件研发等企业及研发机构的优势进行平台开发建设。主要集成用于识别和信息获取的RFID、视频监控、GPS、传感器等感知技术、用于信息数据传输的互联网、移动通信、短距离无线通信等现代通信技术以及用于数据处理和数据融合的云计算、中间件、数据融合等支撑技术，形成结构合理、功能完善、先进适用的技术体系，为产业智慧供应链云平台建设提供有力支撑。

（四）创新体系

传统的供应链模式是由企业（广义）b（business）根据市场预测或按照消费者c(customer)提出的需求提供个性化的产品及服务，即b2c模式。但是企业b无法掌握大量的消费者c的需求信息，消费者c也无法获取所有服务企业b的供应信息，造成资源的巨大浪费，供需无法匹配，即信息孤岛依旧存在。因此需要转变思想，通过人与系统网络共同努力，完成供给、需求资源的高度整合，建立数据系统，并展示在智慧供应链平台S上，实现供给、需求高效匹配，形成S2c的供应链新模型，其过程是S2b2c，传统的b2b或者b2c模式对于三者来说是成割裂状态的，S2b2c模式可以用S和b共同服务于c,b依托平台服务于c，同时，S通过b来服务c。由于智慧供应链平台S整合了各种c所需各种的b资源，及各种c对各种b的需求，通过平台即可完成b、c间的供给、需求匹配，形成S2c运营模式。该运营模式可以体现在种植业供应链上既最大限度地实现c2f过程，即供应商可以满足任何客户个性化定制需求，整个供应链条被打通，去除中间冗余环节，有效消了除牛鞭效应与信息孤岛现象，通过信息共享，实现精准化的供需匹配。进而，可以根据市场需求变化趋势及时调整产业结构，保障市场供给的动态稳定。

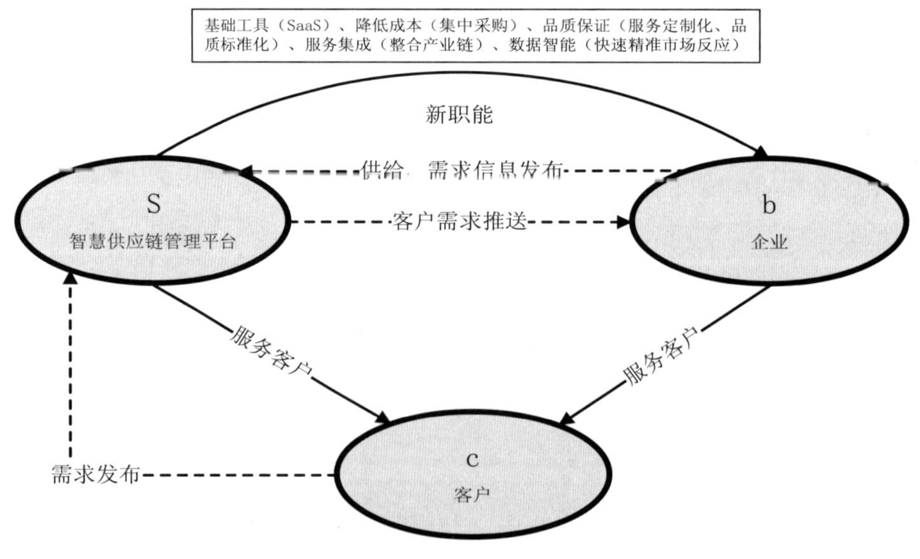

图2 供应链运行模式创新图

（五）管理机制体系

1.智能高效运行机制

智能高效的运行管理是发展产业智慧供应链体系的保障。基于产业智慧供应链体系的网络架构，运用现代化的技术，在产业、行业、企业以及产业间、行业间、企业间建立纵向、横向融汇贯通的信息通道，在辅助企业及时追踪和捕捉客户真实需求和状态信息的同时，借助互联网、物联网、RFID等技术建立真正标准化、规范化、可视化的供应链网络，供应链参与各方能够对供应链全过程、国内外市场的状态和运营及时做出反应，并追踪物流、交易等活动状态，做到对供应链运营过程的及时监测和操控。底层供应链相关信息汇聚到数据存储中心，经加工、分析后按需求传输至行业层，一方面通过不同行业间的交互产生集成需求，并通过相关行业向所属企业发布明确的具象需求信息，使其在灵活提供相应服务的同时，根据需求变化趋势，及时预警，进而基于模块化供应链运营构架实时调整所在供应链的服务项目和产能。另一方面，依托大数据分析形成的综合信息及时汇聚到产业层面，为相关产业以致整个国民经济体系从宏观层面进行调控提供精准的决策支持。智能高效的信息交互和精益畅通的信息传导能够强力支撑供应链架构优化和模式创新，最大限度消除供应链牛鞭效应，有效降低整个供应链体系的冗余库存和交易成本，提高供应链的反应速度和服务质量，实现服务、监管过程的敏捷、精益，持续提升供应链体系的竞争力。

2.探索协同机制

全面有效的协同机制是发展产业智慧供应链体系的关键手段。供应链协同是保证和提升供应链体系运行质量的有效途径，既包括微观层面供应链内部上下游企业之间的纵向协同以及商流、物流、资金流、信息流之间横向协同，又包括宏观层面不同供应链之间以及不同行业、不同产业之间的横向协同。

在微观层面，供应链内部上下游企业之间的纵向协同可以通过节点企业的服务延伸得以实现，如鼓励相关企业向供应链上游拓展协同研发、众包设计、解决方案等专业服务，向供应链下游延伸远程诊断、维护检修、仓储物流、技术培训、融资租赁、消费信贷等增值服务，推动生产型供应链向产业服务型供应链转化，提升供应链价值创造能力。供应链内部商流、物流、资金流、信息流之间横向协同可以借助云技术整合为供应链提供服务的物流资源、金融资源以及其他资源，并将之虚拟化后集中存储，形成相应的物流云、金融云以及其他服务云。云商主体通过云服务平台将首端供给云、终端服务云、物流云以及金融云整合起来，构建融线上线下商流、物流、资金流、信息流于一体，为供应链各主体提供云服务的供应链，实现供应链四流的准时化、规模化、同步化运作，即四流的横向协同。

在宏观层面，汇聚供应链相应节点的需求及供给信息形成各行业集成需求和供给，通过行业间的信息交互，将其分解至相应行业，并由行业所属供应链相应节点企业分散实现。实时、准确的信息汇聚、交互、分解以及相关数据的状态及变化趋势分析结果在实现供应链体系中的各层级需求与供给高效、精准匹配的同时，也为供应链结构及各节点企业服务能力的调整提供了有力支撑。同时，行业数据进一步上化也为产业间融合和国民经济体系平衡发展提供了宏观政策调控的可靠依据。

基于各行业供应链内部的纵、横双向协同产生的内部效应以及供应链间、行业间、产业间的多级横向协同产生的外部效应使整个产业供应链体系结构与经济社会发展高度适应，供应链企业需求供给高效匹配，在供应链体系竞争力不断提升的同时，共同参与全球供应链竞争。

六、智慧供应链云平台建设

（一）云平台主体架构

云平台体系结构可以分为四层，分别为感知层、传输层、平台层、应用层，如图3。其中感知层和传输层主要属于物联网前端技术，应用层和平台层主要依托物联网后端的大数据及云计算技术。感知层通过嵌入式技术、RFID、传感器、视频监控等感知技术的综合运用附加人机交互，及时、准确、全面地采集供应链体系中基础层级相关信息，并通过应用在传输层的短距离通信技术、互联网及移动通信技术将基础信息安全、可靠地传送到数据云存储中心，并按照预设的规则将结构性和非结构性数据予以存储，以备后续分析处理。对应平台层和应用层，云平台网络架构上可分为底层的“云计算/存储基础架构”和上层的“云服务平台”两部分。前者由计算资源池、存储资源池、网络系统、云管理平台和云安全中心等模块构成。可以充分利用现有资源，升级与新建并举，构建服务器云计算资源池，并可以根据需要划分为若干虚拟数据中心，用户可以按需购买或租赁计算、存储资源。后者位于业务架构上层，是面向用户的体验窗口，其服务内容是否丰富、是否方便快捷，直接决定了云平台对各层级用户的吸引力。云服务平台以建设产业智慧供应链体系为核心，面向各层级用户提供内容丰富、体验优质的服务，包括个性化业务、服务。

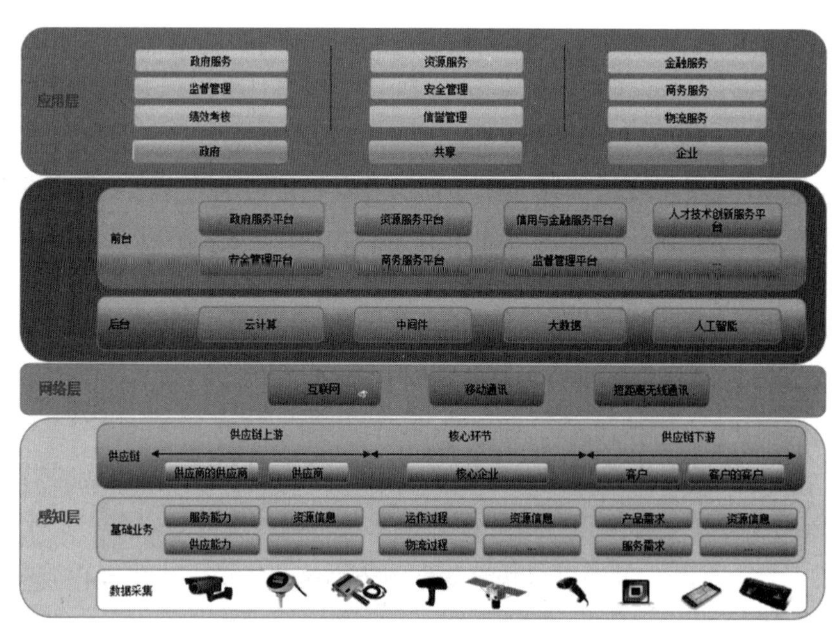

图3 产业智慧供应链体系云平台架构

（二）功能平台架构

结合产业智慧供应链体系构建与运行需求，产业智慧供应链体系云平台由以下子平台构成：

1.云计算中心网络平台

用于解决按需服务的需求，是提供资源池、弹性计算、高可扩展、安全稳定、自服务、自动化、虚拟化和便捷的网络访问的基础架构。应将云计算中心网络平台打造成为先进的云计算中心，发展并支撑面向整个供应链体系的电子政务云、存储云、物流云、商务云等功能云的应用。并通过云计算中心的建设，传播新理念、研发推广新应用，助力整个供应链体系的信息化建设。

2.政府服务平台

政府服务平台应以推动知识化、信息化、国际化、生态化为核心，以提高创新能力，完善体系结构、推进模式转变，提高竞争能力为目标，形成政府与行业、企业良好的沟通机制，通过相关技术手段，变传统的被动服务模式为互动服务模式，构建城市品牌、行业品牌、企业品牌联动机制，建立畅通的供应链体系协同渠道，形成供应链内外部的全面和谐。

3.监管平台

依托云平台开放政府可公示信息，实现智慧供应链体系信息充分公开透明，在依照行业规则对企业实施严格监管的同时，借助综合信用管理系统，完善企业信用管理，使供应链企业行为受到合理约束。

4.资源服务平台

以云计算为基础,通过信息技术与供应链体系运行过程的深度融合,搭建涵盖人力、土地、资金、技术等核心资源及应用的服务云平台,汇聚供应链参与各方优质及外部资源和应用,面向智慧供应链体系各层级用户提供资源及资源配置咨询服务。

5.安全管理平台

建立重要资源和产品供应链及其运行状态风险预警系统，保证供应链体系中资源及供应链体系运行的安全，消除供应链运行过程中来自于商流、物流、资金流、信息流等方面的风险。

6.绩效考核平台

基于相应的绩效考核体系，对供应链体系各层级运营效果实施有效、清晰的绩效测度和管理，建立贯穿供应链各环节、各主体、各层次的预警体系，形成完善的报告与绩效管理，支撑供应链预警及监管。通过综合考核与反馈，使供应链活动持续改善、质量稳定、成本可控。

7.信用与金融服务平台

金融服务平台主要搭建金融机构、担保机构、信用机构与供应链上企业之间的桥梁，为供应链上企业投融资提供政策支持和资金扶持。提供金融机构、担保机构、信用机构、政府机构政策、信息、流程等，方便企业查询和咨询。

8.商务服务平台

商务服务平台主要以在线形式解决供应链上企业间的交易活动。通过政务云、信息云、公信云、供需云、数据中心等功能模块的设置，在电子商务、企业备案查询、会展展示、动态发布、供求信息发布、商务指标统计分析与展示等专业服务。

9.人才技术创新服务平台

营造教研机构、政府及企业联合服务模式，通过平台为企业与大专院校、科研院所提供“研发带动型”及“智力合作型”两种合作模式。在保障供应链上企业人才补给都同时，带动供应链体系持续增长、持久发展。人才技术创新服务平台定位为信息发布类，包括企业招聘、个人求职、研究与开发创新、科技成果产业化、创新服务、政校联合等服务平台。

10.个性化服务平台

以中间件等相关技术为支撑，为企业嵌入产业智慧供应链体系提供标准化模式与个性化模式衔接过程中的技术服务。

成果创造人：王龙运、王瑞江、张莉莉、朱宏意

大型产业集团安全生产监管信息化平台建设的探索

曾　超

一、信息化平台建设的背景

（一）相关部委对大型产业集团安全生产信息化建设工作提出了明确要求

2012年原国家安监总局、国资委要求大型产业集团加强安全生产应急平台体系和相关数据库建设，提高应急管理信息化水平和应急处置效率。

同年9月原国家安监总局发布《关于进一步加强安全生产应急平台体系建设的意见》提出了2014年，高危行业大型产业集团尤其是中央企业总部实现与国家应急平台数据交换、信息共享，高危行业地方大中型企业按照属地原则完成与安全监管监察机构应急平台的网络联通工作；2015年，集团与安全监管监察机构应急平台实现互联互通。

2014年6月原国家安监总局要求安全生产标准化一级企业应符合以下条件：建立并有效运行安全生产隐患排查治理体系，实施自查自改自报，达到一类水平；建立并有效运行安全生产预测预控体系；建立并有效运行国际通行的生产安全事故和职业健康事故调查统计分析方法。

（二）国家新颁布安全法律法规明确安全信息化建设的法律依据和责任主体

2014年8月，新《中华人民共和国安全生产法》诞生，将建立全国统一的生产安全事故应急救援信息系统纳入法律范畴；2018年4月，党内第一部安全生产法规《地方党政领导干部安全生产责任制规定》发布，将安全生产信息化建设纳入地方各级政府分管安全生产领导干部职责范畴；同月新组建的应急管理部正式挂牌；国家建立起了协同、高效的应急组织管理体系，以适应新生代安全及应急管理的要求。

（三）大型产业集团安全生产应急平台体系和相关数据库建设现状需求

在国家紧锣密鼓出台一系列安全法规办法的情况下，大型产业集团建立了“安全生产应急平台体系和相关数据库”并取得初步成果，由于集团各自为政，在统计指标方面缺少统一标准，系统信息不健全，存在较大差异。

平台建设属于系统工程，除了为集团安装应用系统和使用说明之外还应该有完整的文档，有工程完工验收及后续服务措施。但部分项目开发完成后变成了交钥匙工程，出现了除应用程序和使用说明外，其他相关文件查找困难；当项目开发结束项目组人员调离，在未能达到预期目标或者新增功能的时候升级困难等诸多问题。

（四）大型产业集团安全生产日常管控的需求

大型产业集团过去受安全管理制度体系不健全，安全管控流程不清晰、日常监管手段匮乏等多重因素影响，一般及以上事故发生率居高不下。江西丰城电厂“11.24” 坍塌、天津港“8.12”火灾等特别重大事故的发生，造成诸多无辜生命陨灭，众多幸福家庭破灭，宝贵财产损失，给大型产业集团形象造成极大的负面影响。

随着国家进入新时代，大型产业集团加快实施“一带一路”战略，境外业务安全管理跨度扩大，安保形势日趋严峻，发生各类突发事件的可能性进一步增加，生产安全、安全保卫以及应急处置任务将愈加繁重；分包商、劳务队伍安全素质较低的状况仍将继续存在；部分单位安全环保投入不足,本质安全度较低；安全环保相关证照不全、制度执行不严格、隐患排查治理不彻底、现场安全环保、职业健康状况较差，教育培训有效性差、违章操作现象频繁等问题容易导致事故的发生。

大型产业集团由于集团总部远离生产现场，管理层级较多，各级传递信息慢，一般仅能通过事故发生的类型和频率来评定所属单位安全管理的水平，缺少有效手段掌握基层单位日常安全管理水平，不能真正贯彻落实“安全第一、预防为主、综合治理”的安全生产方针，无法有效将安全管理从事后被动处理转变为事前积极预防。

通过建设安全生产监管信息化平台，提高安全生产及应急信息传递的及时性、准确性、完整性，从宏（微）观层面掌握集团的总体安全形势，量化评定各层级单位安全管理水平，及时发现解决其安全管理中存在的问题，有效防范各类事故的发生，从而推进全集团整体安全管理水平的不断提高。

二、信息化平台建设核心内容及主要功能模块

大型产业集团安全生产监管信息化平台的建立，能实现集团与所属各级单位安全生产管理信息的互联互访，形成一个上下协同、信息共享、动态监管的安全生产管理信息化网络。

（一）建设核心内容

1.统一集团安全生产业务过程管理，实现上报信息数据的及时性和可靠性

按照国家对于企业进行安全生产相关建设活动以及相关法律法规、标准规范的要求，结合企业自身生产情况，制定科学、严谨、通用的安全生产业务信息化管理过程，以规范和统一集团下属各分子公司开展安全生产业务流程的差异性。信息化平台为下属企业员工提供了方便的上报数据信息的工具和手段，帮助员工随时随地，运用便捷的移动设备进行数据上传，实现了数据上报的及时性，进一步提高了集团下属分子公司数据的准确性和参考性。平台可根据集团所属单位及其各级单位直至分厂（矿、车间、项目部）安全生产数据、信息的实时填报、逐级审批、自动分类汇总、自动对比、分析、预测、预警、纠错提示。

2.统一集团安全生产业务相关数据申报，实现信息资源整合与共享

通过信息化平台上报的安全生产业务相关数据，有效解决了集团下属各分子公司数据采集指标不同，采集点数不同等问题，实现了集团内下属分子公司上报数据的统一性，并且可实

现企业基础信息一次采集，共享使用。系统可实时、智能地将上报有价值的数据传递给分析系统或者其他应用系统进行信息的整合与共享，大大地提高了工作效率。

3.建立统一的集团管理人员及分子公司各级用户的管理机制和管理功能，实现安全信息化管理

从信息化平台中梳理企业一把手，管理层级，岗位员工等多个层级的用户功能权限分配方式，实现所有用户通过一个登录入口访问企业信息化平台，完善平台的安全管理功能。信息化平台可实现重大突发安全生产、应急事件信息在集团总部与集团所属相关各级单位直至分厂（矿、车间、项目部）间的适时、直接传递；实现上级单位对下级单位安全生产数据、信息的实时访问，以追溯数据的真实性、准确性。

4.建立统一的信息门户，实现标准化信息的综合展现和利用

通过建立统一的标准化门户信息平台，实现标准化信息的综合展示分析，为企业安全发展提供依据。集团信息化平台融合了安全生产标准化建设的相关功能模块，通过各个模块的建设与数据的上传，系统在后台实现标准化上报数据的转换算法，进而实现企业安全标准化的网络自评，生成自评报告，汇总扣分项。

5.建立企业安全标准化达标信息与企业隐患自查自报信息的关联机制，实现安全标准化信息的共享和交换

研究企业信息化平台与标准化达标信息和隐患自查自改信息关联机制，建立企业标准化信息与隐患自查自报的数据共享，实现同一企业的隐患和标准化信息的相互引用和统一展现。主要工作：一是标准层面的整合，企业排查标准将包含标准化评定标准，实现企业隐患排查标准检查内容和标准化评定检查内容的融合；二是数据层面的整合，抽取企业基本信息，关联隐患和标准化业务信息，形成企业内部同一数据库；三是功能层面的融合，数据展示层将标准化评定情况和隐患排查治理进行对接，实现展示企业信息时可直观看到该企业的隐患自查情况和标准化评定情况。

（二）主要功能模块

大型产业集团安全生产监管信息化平台的建立，可以在实现安全生产工作的自动化、无纸化的同时，将众多繁杂无序的安全数据汇总到一起，通过数据模型进行统计分析，找出其中的规律，降低安全事故的发生的概率。主要体现在各种安全生产信息（隐患、作业、设备设施等）的及时、有效获取，各类报表自动生成，智能巡检，多平台互通（手机、pc等），以及可视化数据分析来实现对企业安全生产的预警预测。

下面以中国中材集团有限公司（以下简称中材集团）为例，介绍安全生产监管信息化平台在大型产业集团中的运用。

中材集团前身为国家建筑材料工业（总）局非金属矿管理局，组建于1983年，是我国唯一在非金属材料业拥有系列核心技术和完整创新体系的，集科研、设计、制造、工程建设、国际贸易于一体的科技型、产业型企业集团。2016年，中材集团与中国建材集团公司（以下简称中国建材集团）实施重组，中材集团成为中国建材集团二级企业集团。中材集团拥有“三大主导

产业”，即非金属材料制造业、非金属材料技术装备与工程业、非金属矿业，具体为：无机非金属材料的研究、开发、生产、销售；无机非金属材料应用制品的设计、生产、销售；工程总承包；工程咨询、设计；进出口业务；建筑工程和矿山机械的租赁及配件的销售等。

中材集团信息化平台功能模块以企业安全生产标准化八个核心要素（目标职责、制度化管理、教育培训、现场管理、安全风险管控及隐患排查管理、应急管理、事故管理、持续改进）为基础功能模块，同时增加安全生产基本情况、重要信息推送和工作提醒、地图导航在内的特色功能模块。

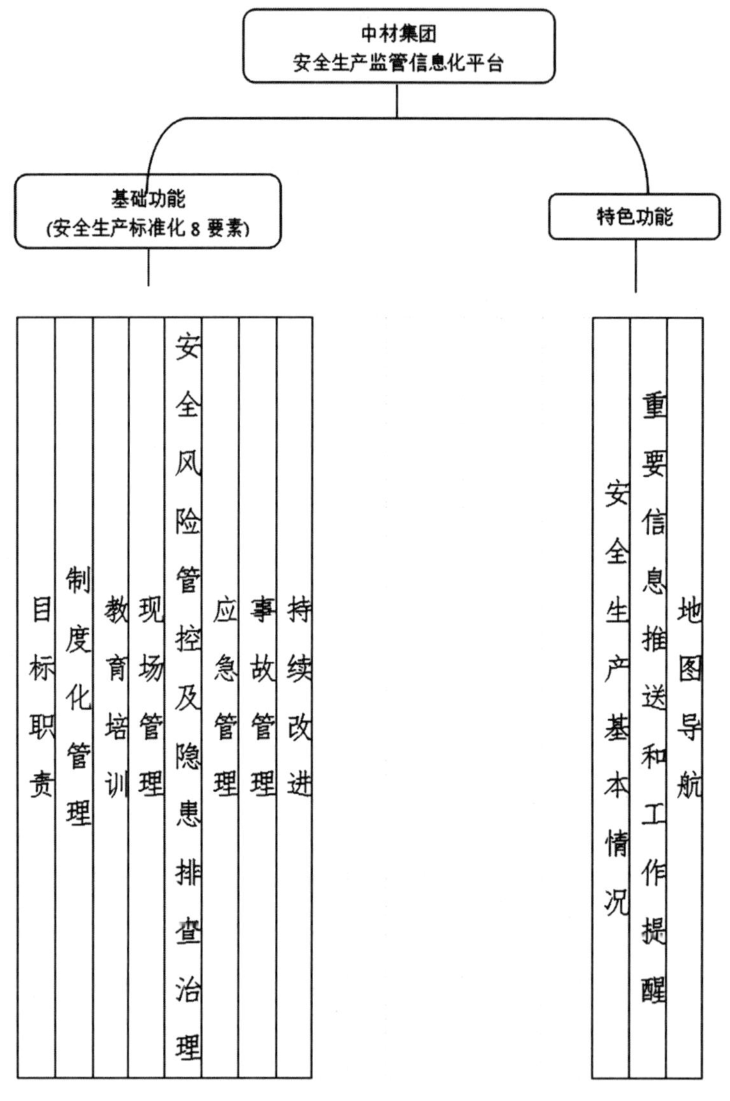

图1

1.目标职责模块

（1）目标模块

该模块实现集团各级单位安全生产目标的在线制定、逐级审批，在线填报完成情况及动态监测监控、自动对比分析、自动预警等功能。包括年度安全工作要点、目标制定与分解、目标完成对比分析三个子模块，模块树如下：

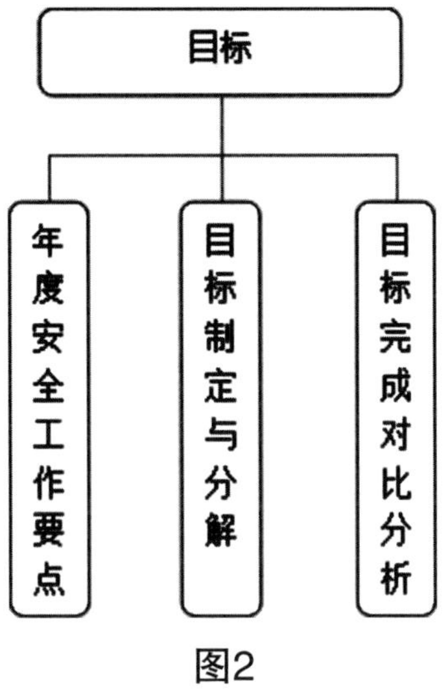

图2

（2）机构和职责模块

该模块实现集团各级单位安全生产组织体系的在线管理，包括安全生产委员会、主要负责人、分管领导、安全监管机构与人员、安全专家、特种作业人员以及一般作业人员等信息及证明材料的实时录入、传递、审查、自动汇总、自动预警等功能。包括安全管理组织机构图、安全管理组织机构职责、人员管理、分包商管理四个子模块，模块树如下：

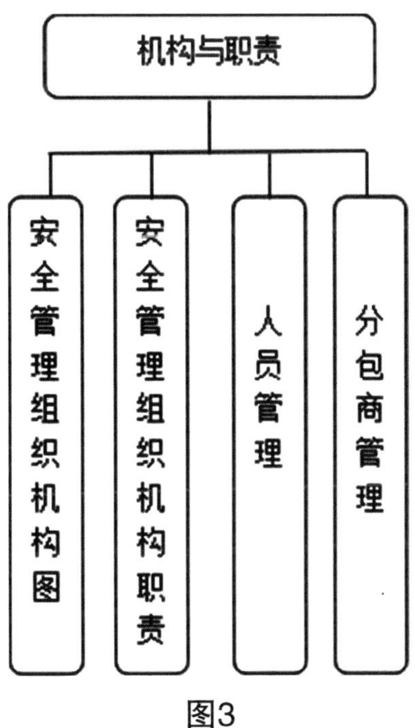

图3

（3）安全生产投入模块

该模块实现集团各级单位安全生产投入预算及费用使用情况的实时填报、逐级审批及核查、自动汇总，以及安全生产实际投入与预算的对比分析、自动预警等功能。包括安全生产投入预算、安全生产实际投入两个子模块，模块树如下：

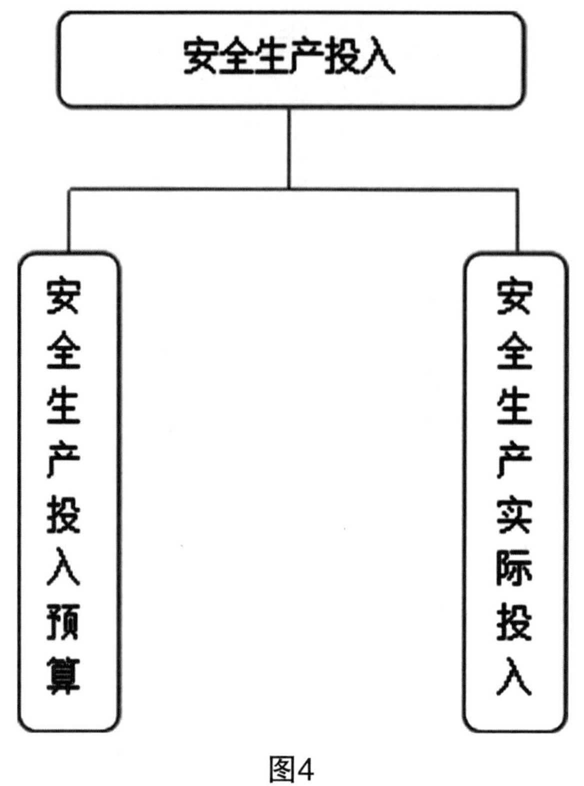

图4

（4）安全文化建设模块

该模块实现集团各级单位安全生产动态新闻、安全生产活动通知在线发布、安全生产文化论坛在线沟通交流及安全报表自动分类汇总等功能。

①动态新闻

在线发布集团各级单位的安全生产动态新闻，各级用户均可实时在线了解有关最新安全生产动态。

②安全活动通知

集团各级单位可在线发布安全活动的相关策划方案和相关通知等，下级单位可实时接收到上级单位的安全文化活动通知，并实现在线实时反馈。

③安全文化论坛

集团各级单位设置安全文化论坛，各级用户可在线沟通交流。用户可以在论坛上对存在的安全生产问题、安全生产管理经验等进行分享和讨论，具体功能包括文件交流区、信息发布区、交互讨论区等。

④信息报送与传达

集团各级单位主要对各类收文、发文进行在线管理，并对各类报表进行自动分类汇总。

2.制度化管理模块

实现收集各类法律法规，规章制度，操作规程。平台内置文档管理功能，企业可自行上传文档，实现文档共享。该模块将建成包括集团各级单位的安全生产管理制度库，以及国家、行业相关法律、法规及标准检索资料库。包括安全生产法律法规、安全生产标准、安全生产管理规章制度三个子模块，模块树如下：

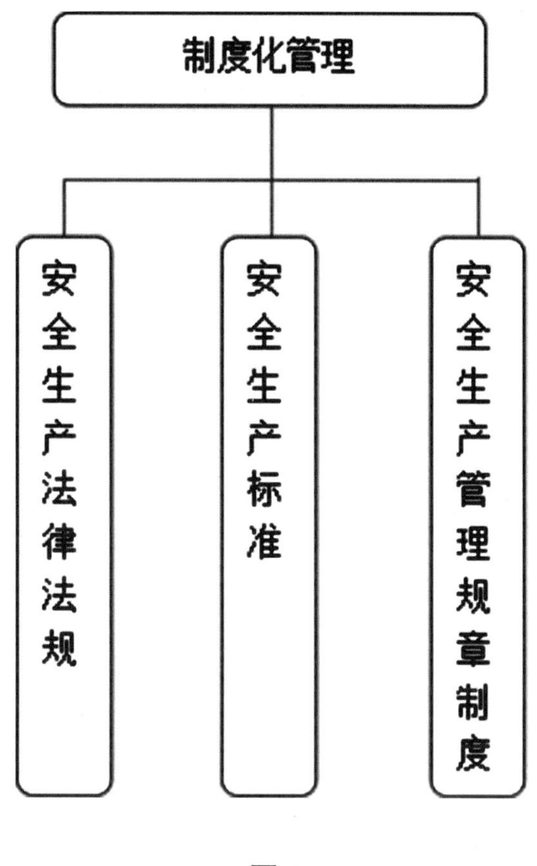

图5

（1）形成集团的安全生产法律法规、标准、管理规章制度库，用户可在线录入、下载、查看、更新等。

（2）实现以模块名称为关键字搜索相关法规标准条款及相关制度具体条款。

（3）法律法规实现自动检索功能，每一个要素自动罗列功能。

（4）实现法律法规标准条款、安全生产管理制度与系其他功能模块关联，打开每个功能模块都有相关的法规条款要求和安全生产管理制度要求。

3.教育培训模块

实现集团各级单位安全生产教育培训计划的在线制定、逐级审批，以及完成情况与证明材料的在线录入、自动汇总、对比分析、自动预警等功能，建立教育培训题库，实现在线考试和资料共享。企业可自由对题库进行补充，实现员工培训、考试的一体化服务，实现员工培训一人一档案的管理。

该模块包括安全生产教育培训计划、安全生产教育培训统计、安全生产教育培训资料、在线考试和练习四个子模块。模块树如下：

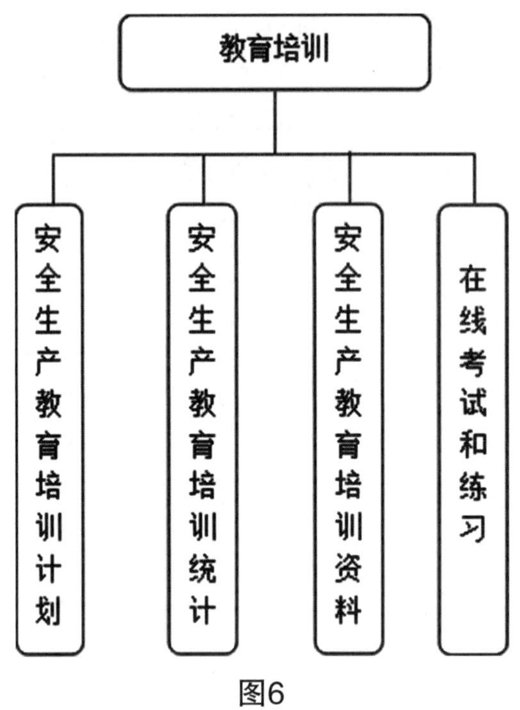

图6

食堂炊事作业安全操作规程

危险货物安全操作规程

维修电工安全技术操作规程

油库加油工安全技术操作规程

正面吊安全技术操作规程

装卸生铁、长型钢材安全操作规程

图7

4.现场管理模块

（1）生产设备设施模块

该模块实现直接生产经营单位特种设备类型、数量、合格率、检验周期和当前状态等信息及证明文件的实时录入、传递、审查、自动分类汇总、自动预警等功能。系统自动汇总本单位特种设备数量，合格率；根据特种设备使用周期、检验周期，系统可提前对用户提醒。若特种设备使用周期不符合规定或在规定周期内没有定期检验，系统给予预警提醒。

（2）作业安全模块

该模块实现直接生产经营单位高危作业类型、数量、方案制定、审批以及在线申报、审批、技术交底、自动分类、自动汇总、实施及监控情况的在线录入、上级单位在线监督审查、自动预警等功能。包括高危作业类型、高危作业审批统计、高危作业实施及监控统计三个子模块，模块树如下：

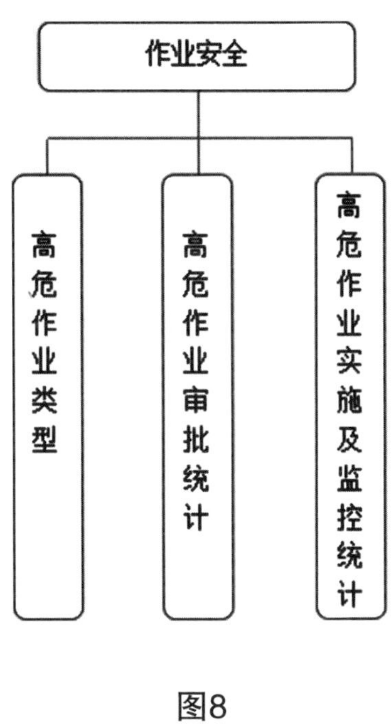

图8

（3）职业健康模块

该模块实现集团各级单位环境保护与职业健康体系的在线管理，包括职业健康体检、职业危害、流行病、劳动防护用品、体系认证、工伤保险等信息及证明文件的实时录入、传递、审查、自动汇总、自动预警等功能。包括职业健康体检、职业危害申报、流行病管理、劳动防护用品、体系认证、工伤保险六个子模块，模块树如下：

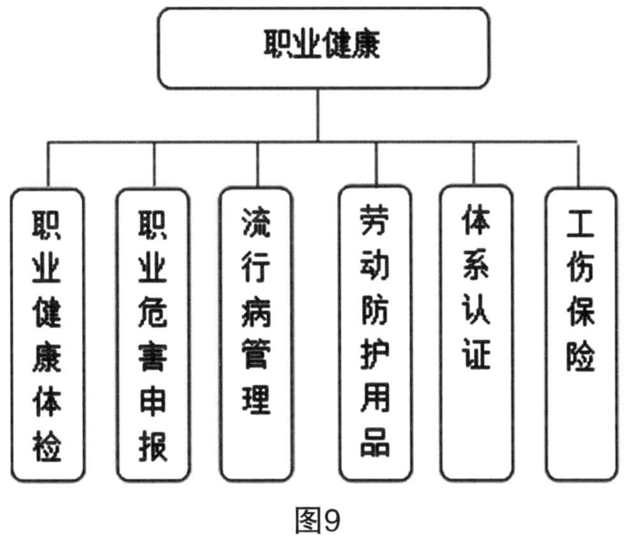

图9

5.安全风险管控及隐患排查治理模块

（1）安全风险管理模块

该模块实现危险源分级分类管控，确保风险管控责任明确，所有风险管控全覆盖。

首先由岗位员工对岗位内的所有危险源进行全面管控，并主要负责对风险程度不高的一般危险源管控。危险程度较高的危险源，根据分级，由班组、车间（工段）、企业直至集团分别进行多层级管控，由各专业部门、专业人员再次进行管控，重大风险多重交叉管控。

（2）重大危险源辨识与管理模块

该模块实现集团各级单位一般危险源、重大危险源及管控措施（三级危险源监控措施和四级危险源应急预案）等信息的实时填报，审查、自动分类汇总、自动预警等功能。包括危险源辨识评价、重大危险源管理两个子模块，模块树如下：

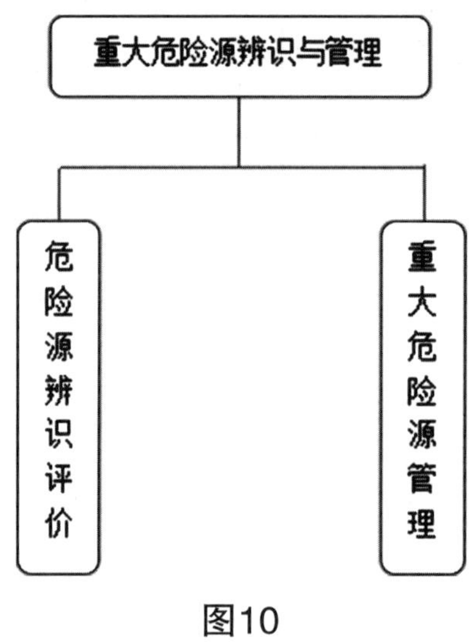

图10

（3）隐患排查治理模块

该模块实现集团各级单位安全检查计划的在线录入、审批及逐级审查，以及检查记录、隐患及整改通知书、整改情况的在线录入、审查，检查计划完成情况、隐患及整改情况自动汇总对比分析，自动预警等功能。包括安全检查计划、安全检查记录、隐患登记、隐患整改四个子模块，模块树如下：

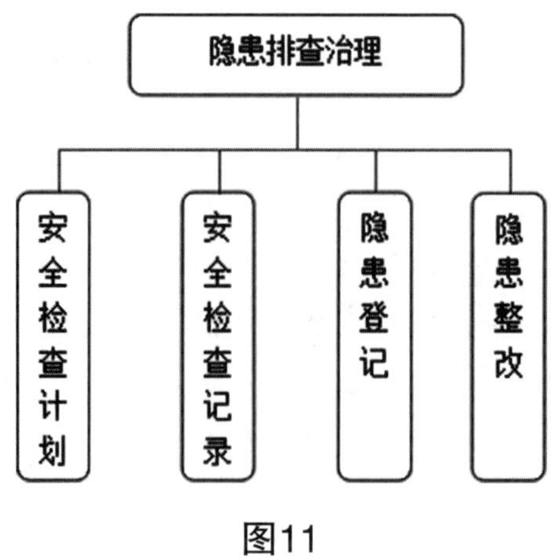

图11

（4）安全生产预测预警模块

通过各项指标数据的统计和模型计算，实现对企业安全生产状态的实时预警预测，实现“预防为主”的安全管理理念。该模块按照国家安全监管总局办公厅2014年5月27日发布的《冶金等工贸行业企业安全生产预警系统技术标准（试行）》的要求进行设计。

预警信息平台应至少包含预警指标管理、预警数据采集、预警信息发布、问题整改等必要功能模块，实现预警平台闭环管理，具有使用人性化、数据采集便捷、支持安全生产决策等特点；提供可配置不同用户使用权限的功能；各功能模块应具备综合查询、录入、修改、删除、数据导出等功能。

根据不同管理层级，平台应能自动生成安全生产预警指数图和安全生产预警报告，发布给集团各级单位，辅助集团各级单位的安全生产管理、决策工作。可通过安全生产预警信息系统、办公自动化系统、电子邮件和短信等多种方式将预警信息发送到集团各级单位领导、安全生产监管机构及各相关部门人员。

安全生产预警指数图应采用曲线图的方式呈现，直观表征安全生产现状及发展趋势。当超过某一阈值时，图形可通过信号灯或显著颜色等及时报警。

平台应自动生成安全生产预警报告部分内容，应包含预警指数图、专项数据统计表、统计图形、指标构成、分析描述等，同时对报告分析描述提供人工录入的功能。

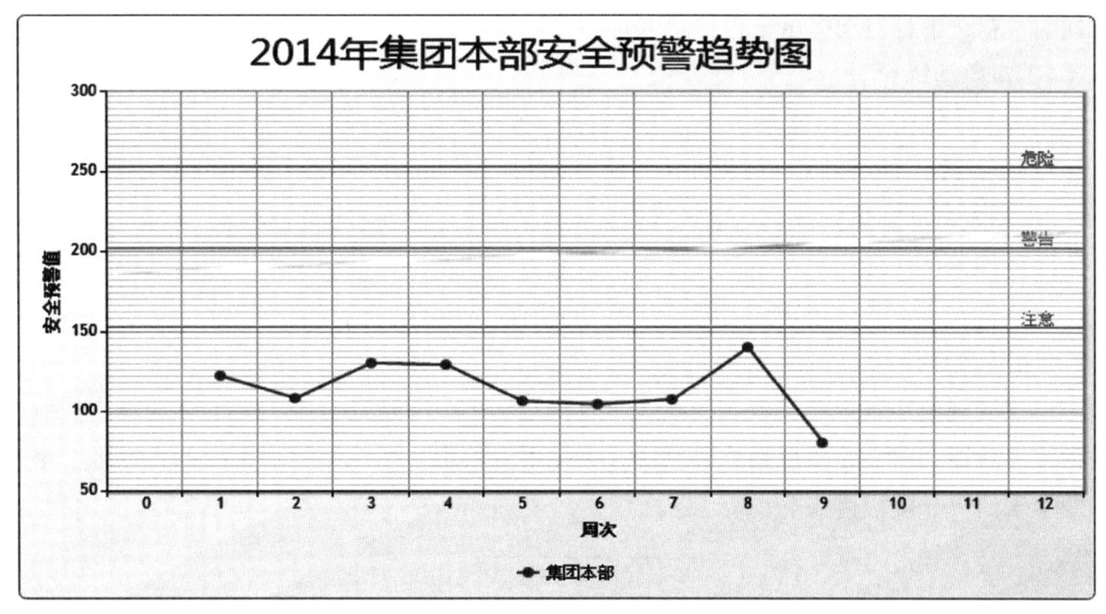

图12　安全预警趋势图

6.应急管理模块

该模块实现突发事件的在线实时报送、应急预案及应急物资清单、应急演练计划与实施情况的在线录入、逐级审查等功能，包括应急管理机构、应急预案、应急物资、应急演练、突发事件应急处置五个子模块。模块树如下：

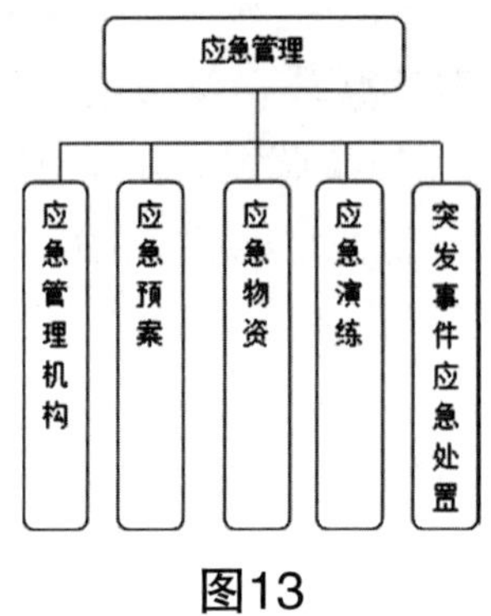

图13

（1）应急管理机构

集团各级单位在线录入本单位应急管理组织机构成员信息，编辑组织机构图，提供应急机构设立文件等证明材料，上级单位实时查看、审查。缺少证明材料，平台将给予预警提醒。

（2）应急预案

集团各级单位在线录入本单位综合应急预案、专项应急预案、现场处置方案的数量和内容，上级单位实行在线审查、批准、备案。

（3）应急物资

集团各级单位在线录入本单位应急物资类型、数量、存放地点，提交应急物资管理规定文件等证明材料，平台自动提示是否符合配备标准。

（4）应急演练

集团各级单位在线录入本单位应急演练名称、类型（桌面演练、功能演练、综合演练）、次数、参与演练人数、演练方案、效果评估，提供演练照片等证明材料，上级单位实时查看、审查。

（5）突发事件应急处置

集团各级单位在线录入本单位突发事件信息，包括事件名称、发生时间、发生地点、需注意人员、负责人联系电话和处置措施。上级单位监控、审查。

7.事故管理模块

该模块实现集团各级单位事故的在线实时报送，事故的自动分类汇总、自动对比、分析、自动预警等功能，建立并共享事故案例库。包括事故快报、事故登记、事故调查处理、事故案例库四个子模块，模块树如下：

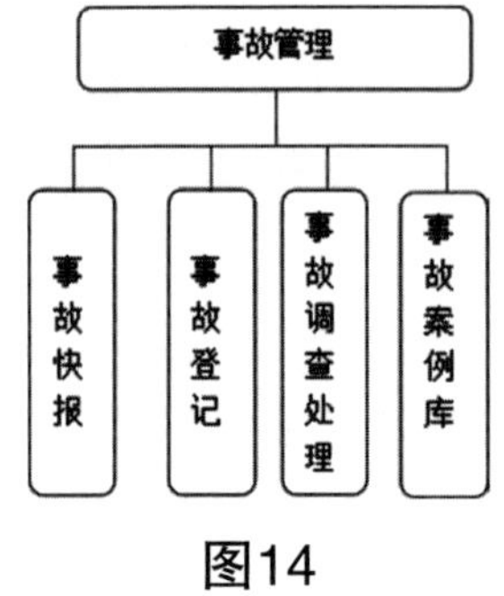

图14

8.持续改进模块

根据系统设定的各项指标与收集的各项数据，实现集团各级单位安全生产绩效在线评定与自动考核、自动汇总、自动排名、历年安全生产指标自动对照分析等功能。包括绩效评定和持续改进两个子模块，模块树如下：

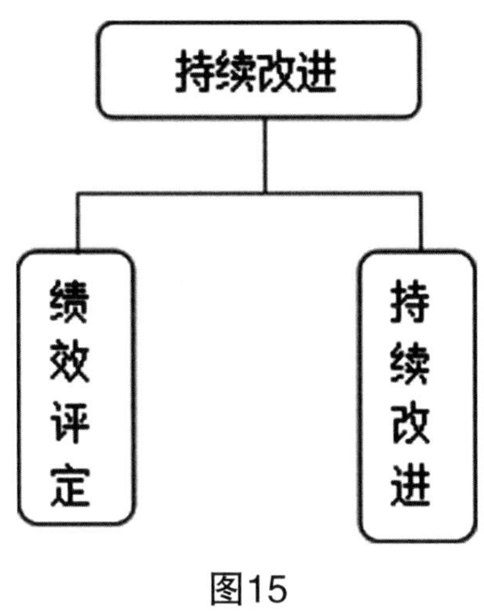

图15

（1）绩效评定

集团各级单位根据本单位安全生产绩效考核规定，实现所属单位安全生产绩效在线评定与自动考核、自动汇总、自动排名。

（2）持续改进

集团各级单位根据其他十二个模块重点指标的历年安全生产指标数据，实现自动对照分析，并提出改进措施。

9.安全生产基本情况模块

该模块可实时查看集团各级单位本年度事故总数、危险源等安全生产重点信息、数据的自动分类汇总，自动对比同一类型安全生产指标情况，分析安全生产基本情况。

10.重要信息推送和工作提醒模块

该模块实现集团各级单位生产安全事故、突发事件、重大隐患、重要指令等重要信息根据权限直接推送到有关人员的手机、平板、电脑等办公平台上，并自动发出声音、影像、提示性短信、微信等警示信号信息。

同时实现了移动办公，通过手机或手持终端设备上进行隐患填报、审核，作业发起，审批，巡检，考试，阅读报告等功能。

11.地图导航模块

该模块实现集团各级单位（包括境外项目部）地理位置信息的录入，自动形成电子地图并在图上显示相关信息，实现上述信息的统计、分类汇总等功能；实现可临时在电子地图上插入相关信息，且需要时电子地图可截图。

另外，通过地图导航的地理信息展示，可将隐患、危险作业、设备设施等相关信息实时展示在企业平面布置图上并可实现投屏展示。企业如有需求可升级成三维地图或人员设备定位系统。

三、信息化平台实施保障措施

（一）加强领导，高度重视，提高认识

为保障信息化平台项目实施，大型产业集团要统一思想，高度重视，提高认识，成立一把手挂帅的项目领导小组及分管领导牵头的项目工作专项小组，要将安全生产监管信息化平台实施的意义传达到集团各级单位领导班子成员，全力保障信息化平台实施。

（二）周密部署，精心组织，规范报送

项目工作专项小组制定项目实施方案，包括负责制定招标文件，组织招标，根据评标结果，与入围的专业承包商谈判确定中标单位，签订项目合同；协调、监督中标单位开发、调试与试运行平台系统并组织验收；以月、季、年度梳理该平台各模块一般安全信息填报传递的频次，对于事故、突发事件等重要安全信息要求实时填报、及时传递，制定平台模块功能使用说明书及完备的各种开发文档与源程序存档。组织所属各级单位用户开展平台正式运行前专项培训，组织各级单位及时填报传递平台各类安全信息。

（三）强化考核，加强监控，预防事故

每月针对各所属单位平台信息填报传递情况进行对标评比，并将评比结果纳入所属单位的年度绩效考核；定期形成该集团安全生产管理运行报告，剖析集团内部安全管理存在的问题并提出解决措施；系统评定各级单位安全管理水平，针对日常安全管理较差的单位实施重点监控并开展专项督查，重点预防其事故的发生。

四、信息化平台实施效果

大型产业集团可以有效利用信息化平台对生产及项目现场的各项安全管理关键行为进行监管，及时纠正现场的管理缺点，同时，集团内各单位也可以利用平台规范自身的管理行为，学习其他单位优秀的管理经验，具体实施效果如下：

（一）实现安全生产系统规范化、动态化管理

平台采用服务器管理、网页登录模式，实现了对大型产业集团各级单位地域分布广、标准及要求各异、不同行业类型安全生产的系统性、规范化、动态化管理。

中国华电集团、中国华能集团、大连供水集团等大型产业集团可实现了集团各级单位安全检查、整改、确认等的闭环管理、对安全法规文件的维护管理、各类人员培训、设备设施、危险源的动态管理、高危作业活动全过程监督管理。

（二）实现企业集团各级单位与现场的联动管理

建立了以项目及生产现场为管理对象，集团各级单位与现场的联动管理。

云南建投集团、广州建筑集团等大型产业集团建立了以项目及生产现场为管理对象，彻底改变集团各级单位过去与现场之间依靠邮件和电话的沟通方式，更解决了现场安全生产信息时效性、动态性和完整性问题，实现了集团各级单位和现场的联动管理。

（三）以标准化八要素为主线，实现多样移动通讯实时监督管理

平台以国家安全生产标准化管理的八个要素为主线，融合国际、国内现有安全法律法规，对项目及生产现场的安全管理具有指导性，同时，该平台能够通过发送邮件、手机短信、流程控制等功能对项目及生产现场的设备管理、日常检查、安全教育等关键管理行为进行有效监督。

（四）实现无纸化科学数据信息采集及统计分析

平台通过统一数据采集和信息统计分析、报表生成等功能，实现对项目及生产现场的监督指导和规范化管理。

中材集团、中国国电集团等大型产业集团平台通过统一数据采集和信息统计分析、报表生成等功能，及时掌握各级单位安全投入、检查、培训、演练等日常管理信息台账，开展同行业、同类型企业安全管理内部对标，及时发现管理基础薄弱的单位实施重点监控，实现对项目及生产现场的监督指导和规范化管理，进而推动安全事后被动管理向事前积极预防的转变。

（五）通过数据统计分析，实现有效预测预警

平台的事故统计、安全信息定期分析、重点环节提醒等功能可减少事故发生。

华润电力集团、中交四航局集团、大唐发电集团等大型产业集团各级单位根据系统的事故统计、安全信息定期分析、重点环节提醒等功能及时排查隐患、制定相应措施，及时纠正了现场的管理偏差，减少了事故发生，有效地保障了生产安全，不仅强化了现场作业人员的安全意识和安全责任，而且逐步提升了现场作业人员自主监管能力。

（六）通过系统分类清晰的数据，实现应急管理的快速决策和响应

中国交建集团、中电建建筑集团等大型产业集团各级单位可清晰掌握本单位境内（外）所在国（地区）企业（项目）、机构、人员、物资等信息情况，提前制定综合、专项应急预案及各类现场处置方案，便于发生事故及突发事件后，响应相应方案，选择合适逃生路线，采取有效救援措施，保障本单位员工的安全。

本文旨在新时代法律法规保障和组织保证体系下完成国家部署的企业安全生产信息化建设任务，同时也满足大型产业集团质量管理和日常监控的需求。

建议运行完善安全生产信息化平台功能并推广应用，以期发挥制度优势，统一考核标准，减少安全生产管理成本，增加各企业对安全生产的参与力度，进一步细化安全生产管理制度，有利提升大型产业集团安全生产管理效率和管理水平。

成果创造人：曾　超　中国建材集团有限公司投资发展部

电线电缆装备企业以技术创新提升企业核心竞争力的实践与思考

合肥神马科技集团有限公司

合肥神马科技集团有限公司（以下简称：合肥神马科技）创建于1999年，隶属于中央企业——中国联合装备集团有限公司，公司注册资本35158.92万元，是中国电线电缆专用设备制造商和陆地、海洋管带专用设备行业的重要企业。“专业制造、真诚服务”是公司的核心理念，作为专门从事线缆成套设备开发、制造、销售和服务国家级高新技术企业，荣膺了“中国电器工业最具竞争力企业”“神马”品牌荣获“安徽省著名商标”“安徽省名牌产品”“中国电器工业最具影响力品牌”“中央企业先进集体”等荣誉称号。公司是中国电器工业协会常务理事单位，国家标准化管理委员会电工专用设备标准化技术委员会主任委员单位，中国电器工业协会电线电缆分会副理事长单位、电线电缆专用设备分会副理事长单位，企业纳税等级信用评级为A级，信用等级AAA级，通过了质量（ISO9001）、环境（ISO14001）和职业健康安全（OHSAS18001）体系认证。公司参与主持制订国家标准2项和行业标准37项，拥有授权专利108项，其中发明专利44项。2011年11月公司技术中心被国家发改委等部委认定第18批国家认定企业技术中心。

2015年以来合肥神马科技实施以技术创新提升核心竞争力为目标的创新管理，努力培育与提升高新技术产品参与市场竞争的能力，实现了企业可持续快速发展。

一、以提升企业核心竞争力为目标的技术创新的背景

合肥神马科技集团有限公司提出以技术创新提升企业核心竞争力为目标的创新管理，是基于国内经济体制改革，WTO带来的全球经济化导致市场竞争环境的巨大变化和企业本身改革发展和行业结构调整等客观要求，立足国情、厂情，放眼长远，主动做出的战略抉择。

（一）企业实现可持续发展的客观需要

电线电缆专用设备是电线电缆行业技术创新、产品开发、提高质量、提高效率、节能降耗、提高效益、装备更新、增强竞争力的物质基础，其技术要求越来越高。合肥神马科技深入分析了所属行业的国内外宏观环境，认为国内电线电缆行业存在总量过剩、有效供给不足、结构性矛盾突出、投入产出低、科技创新薄弱等问题，除了迫切需要进行行业战略性调整和解决自身创新的体制、机制等重大问题外，对为其提供90%以上工艺装备的电线电缆专用设备制造行业提出了如何适应和满足电线电缆行业产业升级、结构调整、技术创新、上品种、上水平和走向世界市场的需要，这对电线电缆专用设备制造行业既是挑战，更是机遇。

合肥神马科技综合实力分析：一是整体技术水平。在国内行业中虽保持龙头地位，但与国外先进企业相比，还存在一定差距；二是虽然产品规格比较齐全，但产品品种结构不尽合理，中低档品种产品量过大，占每年总量的65%以上，质量能够达到国际先进水平的25%，高端产品如铝护套连续挤压机、互锁式铠装机、脐带缆成套设备等产品的产量不多，无法满足国内外市场的需求；三是所形成技术、人才等优势资源参与国际竞争显得相对薄弱，造成整体研发水平在某种程度上不能适应先进技术潮流，导致企业技术中心优势未能充分发挥。因此，借助已有的技术创新平台，充分发挥企业技术创新优势，以技术创新提升企业核心竞争力，是神马科技实现可持续发展，做大、做强、做优主业的客观要求。

（二）应对全球化竞争挑战的必然选择

一方面，受国内宏观环境影响，神马科技要实现可持续快速发展，必须走新型工业化道路。另一方面，随着经济全球化的快速发展，电线电缆专用设备制造企业面临着客户对产品品种、质量、规格、交货时间、技术服务等更高要求的挑战，同时也面临着资源、环保等制约和国内外竞争的日趋激烈。再一方面，由于国家“智能电网”建设，给电线电缆行业创造了巨大市场，电线电缆行业仍将处于历史发展的最好时期而产生的强劲市场需求，将有力地推动电线电缆专用装备制造行业的飞速发展。应对种种不利与把握种种机遇，提升企业核心竞争力，进行技术创新是应对国际经济一体化的必然选择。

二、以提升企业核心竞争力为目标的技术创新管理的主要内涵及做法

以提升主业竞争力为目标的技术创新管理主要内涵是：公司立足于自主创新、积极研发高端产品、带动行业技术提升和产品升级换代，提升国内同行业的国际竞争力，同时主持起草或起草国家、行业标准，带动行业的规范化，加速融入国际先进行列；打破国外壁垒，开拓国际市场，以高性价比与法国Pourtier、德国SKET、意大利MFL、美国/加拿大CEECO、英国BWE等知名厂商竞争，为振兴民族工业做出贡献；提升中国制造的形象，改善中高档电线电缆设备长期依赖国外进口的状况；拉动了上游原材料行业和配套产业的技术进步，为下游产业特种电线电缆制造提供了大型高端装备，提高了线缆行业的制造水平。主要做法是：

（一）深入分析行业发展趋势，认真科学制定技术创新战略

电线电缆专用装备是开发、发展电线电缆产品不可缺少的技术手段和物质基础。发达国家为了进一步占领国际市场，在竞争中取胜，在电线电缆产品的开发以及专用设备发展方面走在前面，大量使用现场总线及工业以太网技术，先进制造系统及数控技术，为了减轻设备重量，铸件以焊接件代替，采用组合式生产线，满足用户各种不同的要求。主要体现在：减少转动惯量，增大装盘容量，缩小占地面积，提高性能指标，减轻劳动强度，缩短工艺流程，提高劳动效率等方面。随着电线电缆新工艺，新技术，新材料的不断发展和应用，专用装备势必与之相适应的发展。

目前国外知名制造厂家逐步对辅机和专用设备的部件进行标准化，系列化和通用化，如各种收放线架，绕包头，光杆及皮带式排线，计米器和各种检测装置等逐步实现系列通用部件，

以便把主要精力投放在对主机的改型，革新和自动化连续化方面来，同时出现国际间的配套台作。由于三化工作的开展，电线电缆专用设备系列部件得到不断提高完善，质量得到保证，为新设备的开发设计，制造和配套带来方便，还缩短了设计周期，避免了大量的重复劳动，保证了整体设备的质量，便于在竞争中取胜。

目前，我国已形成了品种齐全的线缆、管缆装备体系，基本能满足我国线缆、管缆行业的发展需要，设备的品种、质量和技术水平均有大幅提高，缩小了与国际先进水平的差距，逐步发展到批量出口，中国成为世界线缆、管缆设备重要的生产基地。但在发展过程中线缆装备整体水平与国际水平相比还存在一定差距。

一是加工设备水平低，加工零部件精度和整体设备精度不高；

二是产品软件设计平台落后，研发能力弱，研发投入经费较少，严重制约了技术人员对新产品新技术的开发，部分模仿国外产品制造；

三是国产电线电缆专用设备出口价格较低，与同类产品进口价格相比，相差6倍甚至更多；

四是我国双金属拉丝机、多头拉丝机、拉丝连续退火挤出生产线、中高压交联聚乙烯绝缘电缆的悬链式生产线等设备仍处于开发阶段，与国外差距很大。综上所述，我国虽然是一个电线电缆专用设备生产大国，但目前的研发能力、基础工业技术水平与国际水平相比还存在一定差距。

基于以上对电线电缆专用装备行业市场发展趋势的分析和把握，合肥神马科技制定了中长期技术创新战略，致力于“科技兴企”的理念，以大型特种电线电缆专用装备制造为方向，坚持走“专业制造、真诚服务”的发展之路，向世界一流的“大规模、低成本、高品质、差异化、专业型”制造基地发展。

（二）根据技术创新战略，深入贯彻"科技兴企"理念

在技术创新战略的导向下，围绕《装备制造业调整和振兴规划》《高端装备制造业“十二五”发展规划》和《国务院关于加快振兴装备制造业的若干意见》，合肥神马科技提出了“科技兴企”的理念，主要采取以下方式予以贯彻：一是加大原始创新，强化基础配套能力，积极发展以数字化、柔性化及系统集成技术为核心的高端智能制造设备，采用多项独创的技术研发出铝护套连续挤压机、同心式绞线机、海洋管缆成套装备、脐带缆成套装备、互锁式铠装机等产品，提高了产品附加值和市场竞争力，加快了产品升级换代步伐；二是持续加大研发经费的投入力度，改善研究开发条件，不断提高了研发水平，缩小了与国际先进水平的差距，增强自主创新的能力，2015年—2017年企业投入科技活动经费支出额分别6109万元、4203万元、3741万元，分别占当年主营业务收入的10.9%，5.9%和4.9%；三是采用高新技术改造传统产业，充分利用国家产业政策，加快技术改造步伐和技术力量的储备，着力于内部挖潜降低产品成本，通过不断加大工艺技术改造力度，不断增加先进制造设备及手段，新购置了数控加工中心、数控折弯机、机器人焊接等大型高精细设备，确保了产品的质量和品质，已具备了年产销350台套电线电缆专用装备的和年产230台套大型特种电线电缆专用装备的综合能力和质量保证；四是通过加快与德国NIEHOFF公司、法国耐克森公司、意大利比瑞利公司、日本藤仓公司等电线电缆专用设备技术先进企业的交流与合作，掌握国际同行业科技发展动态，捕捉适合企业产品发展的市场信息；五是突出核心产品规划，加快有市场、技术含量高、附加值高的产品开发，在创新成果的商品化上，着重培养核心竞争能力，突出核心市场和产品（见产品规划表）；六是加强知识产权保护和标准制定。通过加强发展专利、标准制定等的工作，大力开展对公司无形资产的开发利用，形成一批具有自主知识产权的专利技术及国家、行业和企业标准，成为行业内“一流技术、一流标准、一流企业”。

表1 产品规划表

类 别		市场规划
行业前沿技术	超高压电缆清洁度扫描系统	积极发展
	高压交联电缆附件	积极发展
	500KV超高压交联电缆生产线	积极发展
	铜合金和铜包钢接触线生产工艺和装备研究	积极发展
特种电线电缆专用设备	大截面超高压电缆铝护套工艺研究及连续挤压机研发	国际领先
	互锁式铠装机	国际领先
	超高压海底电缆专用设备	积极推进
	高速多头拉丝机	积极推进
高性能电线电缆专用设备（盘绞机、框绞机、笼绞机、成缆机、管绞机、拉丝机等）		巩固提升

（三）系统化建立研发管理体系，开发高质量、高附加值的新产品

合肥神马科技进行原始创新，形成了自主设计与开发流程，为公司技术创新管理提供了强有力的技术保障，系统化建立研发管理体系，形成了较强的整体研发能力。主要特点如下：一是坚持以市场为导向，以国际领先技术为目标，以高附加值、高技术含量产品的研制与开发为主攻方向，全面推动公司技术创新工作，形成技术创新目标保障体系，有的放矢，提高工作效率；二是加大技术开发资金投入，加快整体设备设施的更新换代步伐，通过强有力的资金投入控制手段，确保公司整体技术创新工作的全面开展，对提升公司的技术开发能力形成了有力的保障；三是积极开展产学研合作。与中国科技大学、浙江大学、合肥工业大学、上海电缆所、宁波东方电缆有限公司等高等院所、知名线、管缆企业等科研力量建立了紧密技术合作伙伴关系，通过人员、技术的交流，信息的转换，将国内其他单位和国际上的先进技术与管理手段引进来，不断壮大了公司的科研和技术实力。

新产品开发是企业成功经营的核心，新产品持续推出增强了公司的核心竞争力，公司先后设计、开发、试制绞线机系列、成缆机系列、海洋成套装备系列、连铸连轧和连续硫化生产线

等共10大系列60多个品种，其中铝护套连续挤压机系列产品打破了英国BWE公司市场垄断地位，攻克大口径铝护套成型技术难题，关键技术已申请14项发明专利，已授权9项发明专利，填补了国内空白，技术水平国际领先；脐带缆成套设备采用了绞笼圆周10等分分布，缩短了绞体度；绞体采用分电机PLC控制，同步精度高；张力机械自动反馈，放线张力恒定，填补了国内空白，首台套出口至英国JDR公司，整机性能达到国际先进水平；互锁式铠装机为海洋石油、天然气输送用的高压柔性金属管道内层扣管或外层互锁铠装提供了解决方案，将金属带材逐步冷压成型为异型截面，并互锁扣压绕制成柔性管材的装置，关键技术打破了欧美柔性管材成型技术的垄断，技术水平达到国际先进。

（四）不断完善技术创新体系建设，促进企业技术进步

公司技术中心主要负责新产品的机械设计和核心控制技术软件设计的预开发、预应用和模拟测试，对使用公司新产品的企业技术人员、操作人员进行模拟操作培训、电气系统的正确使用和维护等工作。与此同时，通过对公司新产品机械设计和各种过程控制软件进行测评和优化测评，保证公司新产品整体性能；针对公司新产品机械部分、电控部分及应用软件，利用仪器和虚拟控制技术，进行模拟实验，缩短设备研发和调试周期，提高研发的效率和质量；通过进行工业自动化、机光电一体化等高新技术课题的研究，解决工艺、成型、制造等遇到的技术难题，提高产品的市场竞争力，使公司的产品在行业内始终处于技术领先地位，具备了国际和国内的市场竞争力。

作为企业技术创新的主体具有举足轻重的作用，中心的组织机构是技术创新的保证。公司董事长岳光明，国务院特殊津贴专家，亲自担任技术中心主任，负责全面工作，下设产品开发部、控制工程实验室、测试中心、信息中心等，中心实行主任负责制，专家委员会作为中心的技术导向，制定了工业设计创新管理制度、培训制度、人才引进办法、知识产权等管理制度。

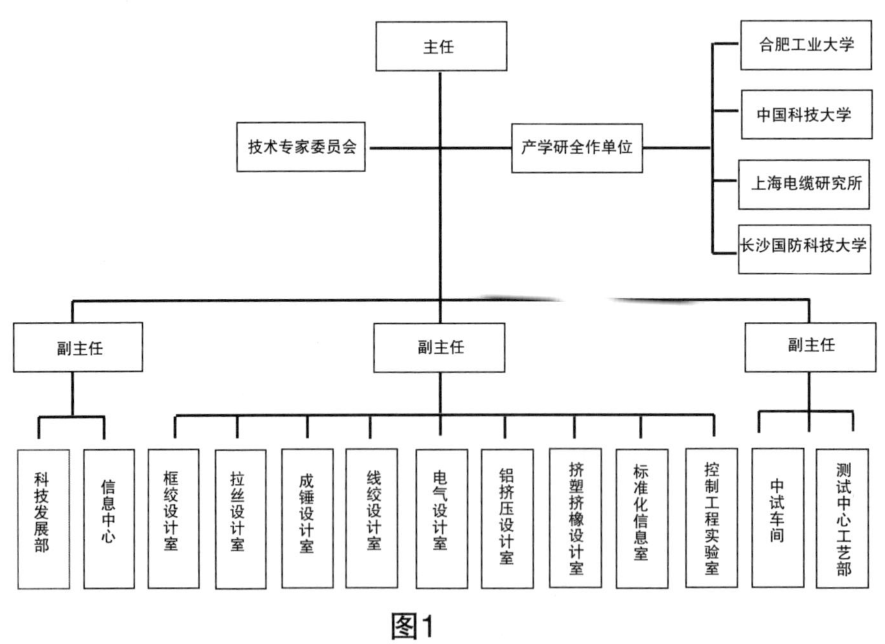

图1

中心以独立运营的组织形式、采取项目管理方法进行实施。研发项目实行滚动计划管理，重点项目实行合同管理；项目研发计划由科技发展部统一管理和组织实施。产品研发以“中心”主任领导下的各级责任制进行组织管理和实施。并严格按照产品研发程序执行，产品设计优先采用国家标准和行业标准，积极采用现代设计方法，加强试验研究，提高产品可靠性。严格和完善对产品研发中长期发展规划和年度产品研发试制计划的管理和考核，保证规划和计划的科学性。

1.自主创新的体系保障

公司通过ISO9001：2016质量管理体系、GB/T24001-2016环境管理体系、GB/T28001-2011职业安全管理体系认证。全面质量管理的推行，使公司各部门分工明确，责任清晰，提高了企业的工作效率，同时也保证了产品的开发和生产质量。

2.自主创新的流程保障

制定《设计开发控制程序》，有效规范了新产品的开发程序，保证了新产品的开发质量。

3.自主创新的管理保障

研发项目实施项目管理制度，建立了一套合理的课题选择、立项程序、项目过程管理、工作职责、组织领导、研发资金筹措和使用等科研项目管理办法，责任明确，措施得力，使得整体管理机制科学化、制度化。产品研发周期缩短了30%，提高团队的工作绩效，增强了团队的凝聚力。

4.自主创新的制度保障

建立了技术中心工作手册、产品设计和开发程序、技术文件与资料控制程序、科技人员表彰奖励制度、技术数据管理系统使用制度等一系列规章制度，完善、加强绩效考核制度，激励研发人员创新的积极性，以提高研发人员待遇为出发点，实施《合肥神马科技集团有限公司职务发明奖励办法》、修订完善《技术创新项目管理与奖励暂行办法》等制度。

5.自主创新的经费保障

从产品的销售收入中提成，这是技术开发费用的主要来源，技术开发费占年度销售收入达4%以上。

6.自主创新的环境保障

“中心”崇尚“以人为本”的理念，建立人力资源人性化管理，搭建新型人才战略合作伙伴关系，在人才利用上确立了一整套“事业招人、福利留人、机会育人、情感用人”的人才关系定位，整体上实现人为我用，借智发展。对高科技人才提供优越的生活待遇和工作环境，以充分激发科技人员的积极性和创造性。以创建“愉快工作，快乐生活”的企业氛围，塑造既有知识又有技能、既懂专业又懂管理的人才队伍。

（五）建立技术创新管理的支持体系

为推动技术创新发展，实现自主创新战略，公司提出的“以人为本，整合资源，国际合作，科技创新”的发展思想，公司以建立电线电缆专用装备研发中心为技术创新体系的主体，以技术创新信息网络作为切入点，建设了生产经营管理四大基础平台，即“人才队伍平台、产品研发制造平台、产品营销平台、企业文化平台”。

1.深入推进信息化和工业化的“两化融合”工作

信息化建设作为技术创新的基础，公司按照“效益驱动、重点突破、规范标准、统一平台、总体规划、分步实施”的原则进行。2012年公司被认定为安徽省两化融合示范企业，2014年公司被合肥市经信委认定为数字化车间企业，2014年公司“推进两化深度融合，提升企业核心竞争力的探索与实践”获得国家级建材行业企业管理现代化创新成果一等奖。2015年经过地方政府、行业协会等的推荐申报，专家评审等环节，合肥神马科技集团有限公司被国家工业和信息化部确定为2015年两化融合管理体系贯标试点企业，2016年2月20日顺利通过两化融合管理体系贯标评定。在构建公司100M带宽企业级internet/intranet网络环境下，逐步建设“PDM系统”“二维、三维CAD辅助设计系统”“OA系统”“档案管理系统”“金蝶财务系统”“ERP系统”“双机热备系统”等信息系统的应用，以企业信息集成为重点，解决信息的采取、传输、加工处理过程的关键技术，完成公司内部各单元技术之间的信息全面集成，使公司的管理日益规范、高效。

企业要想获得市场竞争力，必须要有原始创新技术。而创新设计，就是对产品设计和开发的方法、策略进行研究，要运用价值工程，仿真技术等手段研究面向对象的通用设计方法。创新设计的发展经过了手工设计、被动设计、交互设计、参数化设计、异地设计和智能设计六个过程。我公司技术中心目前已进入参数化设计阶段。

在实施PDM过程中，我们把PDM作为本公司信息化的平台，也就是说，通过PDM把本公司各个信息化应用系统集成起来，作为一个整体为公司服务，促进了公司的管理方式的变革，加快了向现代企业制度迈进的步伐，保持始终比竞争对手快一步的领先局面，为公司各项工作顺利完成奠定了良好的基础。公司荣获“2008制造业信息化最佳实践奖”。具体工作实施情况如下：

企业实施了计算机辅助工艺设计系统（CAPP）、计算机辅助设计系统（CAD）和数据管理系统（PDM），自行开发和引进了一系列应用软件系统。公司陆续投资500多万元，建立了企业门户网站，并与金蝶信息技术有限公司合作，全面开展CIMS示范工程。CIMS系统主要由ERP、PDS、QIS、OA、SES六大分系统组成，在一期工程中主要完成ERP、PDS、SES三大系统的集成和QIS、OA部分功能的实施。（而QIS、OA部分模块及MES系统将作为二期工程的任务。）其功能覆盖了企业产品开发、销售、生产计划、采购、库存管理、车间作业、财务、成本控制、人事管理等业务，成为企业人财物、产供销运作的核心。自从全面实施了NOJ _CIMS工程以来，公司各方面都发生了明显的变化，突出表现在以下方面：

（1）大大缩短了产品开发、生产准备和生产制造周期

通过CIMS的实施，使得企业新品开发能力提高、生产准备时间压缩、制造周期缩短，拿主导产品框绞机为例，以往的交货期为6—7个月，而现在仅需3个月就可交付，交货周期缩短了50%，使得企业新产品可以快速投放市场，提高了产品在市场上的响应速度。此外，大大提高了产品开发设计过程中的标准化程度，提高了设计零部件的重用率，扩大了面向系列产品的通用化零部件设计。

（2）降低库存，减少积压

在CIMS系统的实施过程中，厂里将物资、库存数据作为系统实施的重点来抓，通过查对、盘库等手段，将企业的库存物资作了彻底的清点，从而使物料的账、卡、物相符。为ERP系统的物料需求计划的准确性提供了保障。通过一段时间的运行已收到了明显的效果，降低库存560余万元，减少了积压。

（3）加强生产过程控制，降低成本

由于CIMS系统的实施，使得产品从开发、生产、安装全过程均处于受控状态，产品的领料、加工路线、制造工时等均由系统严格管理，杜绝了以往部门乱摊成本、乱开工时等不合理的现象，还产品成本以本来面目，并能实时、准确地反映成本构成状况，大大地减少了以往由于管理混乱而造成的浪费现象，全厂产品综合成本平均节约2.8%以上。同时，由于成本核算的准确、及时，给企业在市场销售决策方面带来科学依据，使得产品更具市场竞争能力，每年为企业增加销售3000万元，增加利税约250万元。

（4）企业管理规范化、科学化

通过CIMS系统的实施，推进了企业管理的科学化、规范化，规范了业务流程，减少了业务随意性带来的弊病。通过业务流程重组，企业业务流程更趋合理。在实施过程中，为了保证管理业务的规范与标准，做了大量细致的工作。根据企业物资、设备、人员、资金等状况，建立了科学合理的编码系统，使得企业的资源得到了统一管理，提高了管理效率；对数据的入口有严格规范的管理，并对各自的权限具有严格的规定和控制，这样既保证了系统数据的安全、规范，同时又责任明确；在系统中，公司将每个工作岗位的责任制均做成在线式，即使一位新上岗的员工，只要通过在线帮助，就能明确自己的工作性质、流程和职责范围，因此能较快地适应本职工作并进行规范操作。

（5）数据信息资源的充分共享与业务流程的疏导使各部门协同工作的效率得到提高

由于CIMS系统的实施，使得所有生产经营数据均在第一时段准确地进入系统，从而使得企业各部门均能在任意时段查寻到所需要的任何数据，一改以往按月报表式的落后方式，大大提高了工作效率。通过系统，可以实时地掌握企业动作过程中销售数据、生产准备情况、生产进度、物料信息、库存数据、应收、应付款项、固定资产状态、人员信息、售后服务信息等，并充分利用这些实时准确的数据，为企业做出快速科学的决策。

（6）全面提升企业员工的素质

通过大量有针对性的培训与实践，目前各部门业务人员都能正确使用CIMS系统进行业务管理操作，并对企业管理从信息集成、业务集成的角度有了更全面、更深刻的认识，工作效率得到了提高。

2.搭建职业发展平台，加强高技能人才队伍建设

人才是技术创新的关键，是企业发展的最终要素。公司对人才的引进,培养方面做了大量工作，将人才工程视为企业的第一工程。

公司定期与大专院校进行联系，定向选择相关专业中高级人才，充分保证优秀的人才来源。注重对主动到公司应聘的高校和社会人才的选择，经过严格考察，录用有一定工作经验或有潜质的人才进入技术中心。同时公司进行内部人才选拔，竞岗竞职，尽量让每个人的才能得

到充分发挥，做到人尽其才，才尽其用，让优秀人才尽快脱颖而出，发挥更大作用。

公司还采用请进来、选出去的方式，给人员进行专业培训。技术人员在内部进行轮岗，让其较快掌握生产工艺和设计流程。公司定期请日本、欧洲及国内大专院校、科研机构等各位专家学者给技术人员培训，让技术人员了解到国内外同行业最新技术。同时公司还开展与电缆知名电缆企业厂家的技术交流，使技术人员熟悉电缆制造的生产工艺情况，更好地进行产品设计。

3.完善目标管理体系，打造企业文化平台，提高企业执行力

公司建立了生产组织、劳动组织、成本管理等方面的现代绩效管理体系，以实现目标管理，做到行动统一、标准一致、资源共享、落实闭环、快速反应。同时企业文化平台建设提供了强有力的保证，公司以人才素质开发为本，重点进行员工道德情操、价值观、行为准则、敬业精神、责任心、纪律性等素质的经常性的培育、开发和塑造，注重激发员工的洞察力和想象力、发挥全体员工的创新能力，调动了员工的工作热情、潜能和智慧，使企业充满了活力，提高了企业执行力。

4.强化质量意识提高品牌知名度，实施国际化经营

为实现振兴民族工业，创立世界名牌，不断强化质量意识，实施国际化经营，产品营销平台初具规模，逐步做到营销网络化，服务规范化。

（1）突出质量意识，强化质量管理

公司通过ISO9001：2016质量管理体系、GB/T24001-2016环境管理体系、GB/T28001-2011职业安全管理体系认证。各部门严格按照质量体系文件操作，并保存好记录。公司每年组织一次内审以检查实施情况，每年组织一次管理评审会议对质量体系进行的有效性进行评价。方圆认证中心每年进行一次监督检查，检查质量体系运行是否有效。经过自查和监督检查，公司的质量体系未发现区域性失效和严重不合格情况。全面质量管理的推行，使公司各部门分工明确，责任清晰，提高了企业的工作效率，同时也保证了产品的开发和生产质量。

（2）加大市场调研，强化服务，打造国际化营销平台

加大产品市场和需求的调研，制定区域市场和不同客户的产品规划和营销策略，突出合肥神马科技“专业制造、真诚服务”的理念，全力做好产品售前、售中、售后服务工作，服务不再是产品与品牌的附庸，也不再是经营活动的副产品，而是产品、品牌和营销活动的本身，使服务理念转化为客户的满意和市场认同，不断调整产品销售结构，实行有效销售，全力满足用户需求，从而通过提高“产品的用户满意度”和“销售服务的用户满意度”，进而提升客户忠诚度，增强市场竞争力。

三、企业技术创新管理实施效果

（一）公司整体技术创新能力不断提升

合肥神马科技是高新技术企业，拥有国家级企业技术中心和省级博士后科研工作站，国家两化融合贯标试点企业，安徽省两化融合示范企业、合肥市创新型企业。公司参与主持国

家标准2项，行业标准37项，拥有授权专利108项，其中发明专利44项。自主研发LHD450/13型滑动式连续退火大拉机组、LJL350×2铝护套连续挤压机等10项产品被认定为国家重点新产品；LJL350×2铝护套连续挤压机获中国机械工业科学技术奖二等奖，KRH–500互锁钢带铠装机等15项产品被认定为安徽省重点新产品，主导产品技术水平国内领先，部分产品填补国内空白，国际先进水平，替代进口。提升了行业制造技术水平。合肥神马科技以技术创新带动产品创新和升级换代，满足了市场化的要求，为公司的持续发展提供了强有力的支撑。

（二）公司综合实力不断增强，品牌优势明显

2015年至2017年全部科技项目数80项，其中研发周期三年及以上的项目数10项，对外合作项目数11项，完成新产品新技术新工艺开发项目数60项。合肥神马科技集团有限公司被认定为“中国电器工业最具竞争力企业”，“神马”品牌荣获中国电器工业最具影响力品牌，主导产品均被中国电器工业协会认定为“质量信得过产品”。

（三）经济效益显著增长

通过实施以技术创新提升企业核心竞争力为目标的创新管理，公司主导产品市场占有率达到45%以上，公司已在全国30个省市形成了规模化的营销网络，并成功打入东南亚、南美、欧洲等国际市场，产品销售量不断创新高，企业利润实现了持续稳步的增长。

四、对持续提升企业技术创新管理水平的几点思考

（一）从政府政策方面

（1）政府须进一步发挥政府作用加强政策的协调性，完善相关的协调机制，组织和动员全社会各方面的力量来持续推动企业技术创新活动；

（2）政府须加大对企业知识产权的保护力度，引导企业开展国际专利的申请，通过政策引导，推动企业知识产权的国际化战略布局。同时要加强对涉及企业知识产权保护和执法行为的监督和监管，及时有效地解决有关侵犯企业知识产权的违法犯罪行为，以最大限度地保护和扶持企业健康、可持续发展。

（3）政府须根据企业的特点，积极制订各项针对企业技术创新的扶持和奖励政策。在无偿资助、贷款贴息的基础上，增强企业项目验收后补助和奖励代替补助等，逐步形成长期资金资助体系，完善包括税收减免等政策性优惠体系。

（二）从企业经营管理者方面

（1）企业经营管理者应积极主动地去了解政府制订的扶持企业发展的各项优惠政策，积极参与由政府部门举行的政策宣贯会议，并将会议精神和要义向企业内部员工传达，以激励企业全体员工参与到技术创新的过程和实践中去；

（2）企业的管理者应该意识到加强企业本身知识产权的保护力度，积极主动与专利管理机构合作，协助企业策划申请专利，尽可能将专利权法定化；

（3）企业经营管理者应该高度重视技术创新的外部环境，有效地利用其对于提高企业经济效益和促进企业持续发展的重要作用，积极与外部相关机构沟通合作，增强获得更多的外部

支持的有效动力;

（4）企业经营管理者应高度重视激发人才队伍的创新创业活力，结合实际，建立研发人员的职业发展通道，采用“能级工资制”，弱化短期绩效，突出能力水平，鼓励攻克重大技术创新难题，有效调动科技研人员的积极性，提升了自我创新的管理意识。

成果创作人：岳光明、沈国海、周章银

基于大型机械装备制造企业的数字化管理平台创新与应用

天津水泥工业设计研究院有限公司唐山中材重型机械有限公司

唐山中材重型机械有限公司是中材装备集团有限公司控股的从事装备产业的高新技术企业。厂区位于河北省唐山市丰润区，拥有进出口贸易权。随着公司快速发展，中材重机已经成为业内装备制造主力生产厂。

中材重机主要生产日产850吨到10000吨水泥生产线的各式管磨机、回转窑、立磨、堆取料机、选粉机、辊压机、篦冷机、收尘器、水泥冷却器、预热器、回转烘干机、增湿塔、空气热交换器、锤式破碎机、板式喂料机等关键设备和大型钢结构、非标设备以及与其配套的电气自动化集成产品。其中，$\phi 5.2 \times 21.4$米的管磨机和$\phi 6.2 \times 92$米的回转窑，填补了我国大型水泥装备制造业的空白。我公司在主要生产水泥行业各类设备的同时也生产建材、冶金、矿山、发电、煤炭、石油、化工、陶瓷、环保等行业的设备和产品，如气流烘干机、污泥烘干机、垃圾焚烧窑、跳汰机、混料机、矫直机、钢球分选机、装船机等。公司产品广泛分布于亚洲、欧洲、非洲、美洲的70多个国家和地区，中材重机拥有完整高效的售后服务保障体系和多年从事技术、生产、安装、调试服务的经验，可快速响应并解决业主提出的产品及设备问题，并提供产品、设备的现场安装调试指导、操作培训，以及备品备件的供应和现场测绘服务。

公司以打造高端装备制造企业，形成具有自主知识产权和国际竞争力的企业品牌为目标，为客户提供优质的产品和满意的服务。

一、项目背景

自改革开放以来，建材工业作为我国重要的材料工业得到了迅速发展，水泥、玻璃、建筑陶瓷的产量多年位居世界第一位。唐山中材重型机械有限公司是中材装备集团有限公司控股的从事装备产业的高新技术企业。公司主要生产水泥生产线的各式管磨机、回转窑、立磨、堆取料机、辊压机等关键设备，以及与其配套的电气自动化集成产品，形成了中材重机完整的装备制造产品。随着公司快速发展，中材重机已经成为业内装备制造主力生产厂。

然而，随着公司规模的扩大以及公司业务的大量增长，发现原有的管理方法已经无法满足公司的日常业务需求，急需要一套切实有效的信息化系统来跟上公司发展脚步。经过市场调研，发现国内建材装备制造企业信息化程度偏低，大多数企业采用一些商品化的信息系统对企业的制造过程进行管理，这些系统虽然能满足建材装备制造企业制造过程管理的基本需求，但是从建材装备制造企业的特点及集团化管控的角度来讲，仍然存在以下问题：

1.制造过程信息共享程度不高，存在重复性工作，信息集成困难。

2.没有实现产品制造过程信息的全跟踪，信息的可追溯性不强。

3.大件（铸造件）为了节省工期，需要边设计边采购边生产，造成物料清单的反复修改，极大地增加了物料追踪的难度，对于生产进度更是难以监控和更新。

经过市场分析，综合唐山中材重型机械有限公司现有硬件平台和软件基础，企业在战略高度认识到现有基础难以适应企业发展需要，必须根据自身实际业务需求，全面和彻底地进行企业数字化建设，通过采用先进的信息技术，从技术和管理两个重点进行突破，实现设计数字化、生产过程数字化、质量管理数字化、物流管理数字化。

“建材装备企业先进制造数字化管理平台”以项目工程为对象，以物料流与资金流为主线整合公司内部各部门间的业务流和数据流以及与其他合作企业的业务协同，实现公司业务流程的数字化流转，避免部门间业务数据的重复和不一致问题，减少公司员工重复性工作，提高工作效率，降低工作成本，达到数据共享；实现业务数据的智能化分析，公司业务知识的重复利用，进而为公司决策者提供准备可靠的数据以及可行的决策方案。此外，通过平台的规划与建设，辅助企业领导对公司管理做进一步优化，进一步强化业务过程控制标准化管理和总成本控制。

二、项目简介

（一）简介

“建材装备企业先进制造数字化管理平台”是一套针对建材装备企业业务流程进行定制化开发的大型制造企业信息管理系统集，平台以项目工程为对象，构建了基于制作流、物料流和资金流的三大主线，整合了公司各部门间的业务流和数据流，实现了公司业务数据的数字化流转和信息共享，避免部门间业务数据的重复和不一致问题，以达到减少公司员工重复性工作，缩减工作时间，提高工作效率，降低工作成本的目标。

（二）主要创新点

1.针对建材装备企业业务流程频繁变更的特点，开发了适应建材装备企业的可配置工作流引擎，实现了公司业务流程的动态可配置。

2.针对建材装备单件、小批量、长周期的复杂的产品特点，开发了适用于建材装备的物料清单（BillofMaterials，BOM）制作模块，实现了产品BOM的多源导入及实时追踪。

3.针对建材装备企业工程周期长、进度监控难以及数据反馈不及时等问题，建立了基于多Agent的建材装备制造企业生产进度管控模型，解决了进度预警和信息共享问题，提升了企业生产进度的管控与决策水平。

4.研究了建材装备企业项目的全生命周期，针对项目执行过程中，成本预测难，成本划分难、成本控制难等问题，开发了建材装备企业财务预算管控模块，提高了项目成本预测的准确性以及成本控制的精确性。

三、项目的主要内容

平台以项目工程为对象，构建了基于制作流、物料流和资金流的三大主线，规范了建材重型机械企业的各项管理，对企业的各种资源和整个生产、经营过程实行有效的组织、协调、控制，实现对企业的生产、物流、资金流和信息流的全面集成和统一管理，帮助企业最大限度地降低库存量，合理分配资源，减少资金占用，缩短生产周期，降低生产成本，从而提高企业的经济效益和市场竞争能力。具体分以下几个部分来阐述。

（一）市场管理

1.合同投标评审的过程实现网上审批的自动流转，各部门通过结合历史数据对合同投标的不同内容进行决策，比如在公司现有制造能力的条件下，以最短的工期、最佳的质量交付给客户。当有多个投标合同在同时评审时，鉴于公司有限的制造能力，对投标进行决策选择而使企业获利达到最大化。

2.任务单管理可以实现公司与客户的协同运作，客户通过远程访问系统下达制造任务以及相关的质量要求，同时对制造过程的数据进行跟踪，另一方面公司可以很好地捕获客户需求，设计出个性化的产品和制作工艺、质量控制计划，并进行最终的核算。

3.售后服务（反馈索赔），就是在商品出售以后所提供的各种服务活动，是指生产企业、经销商把产品（或服务）销售给消费者之后，为消费者提供的一系列服务，包括安装、调试、维修等。市场部接收到顾客关于质量问题的信息，传递至采购部或技术质量部；采购部通知供应商处理后，结果反馈市场部；技术质量部通过电话或其他形式沟通解决问题的，结果反馈市场部；技术质量部认为需要安排人员到现场处理的，反馈市场部（连同处理方案），由市场部组织相关部门实施。相关部门将实施结果反馈至市场部。另外，市场部以上传顾客满意度调查表，所有部门和领导可见，系统自动分析其走向和趋势，即时发现生产质量等问题，并对数据进行分析，看出公司的优势和薄弱环节。

（二）技术管理

技术管理模块用于公司的技术管理工作，作为整个数字化管理平台数据集成的源头，该模块主要实现了对产品BOM的快速录入及配置、物料需用计划的自动生成、标准工序的制定、产品BOM的变更及工程量管理。产品BOM组织格式设计的合理与否关系到整个系统的处理性能。结合建材行业单件产品BOM的特点对BOM的组织格式进行设计，提出并构建了一种满足建材行业单件产品BOM文件的创建及配置解决方案。

主要内容有：

1.BOM创建

针对水泥装备产品种类多、数量少、结构复杂、数据量大、重复性概率小等特点，提出了BOM的组成格式，从数据结构的角度看，产品BOM是一种非线性结构的“树”，这一“树”型结构是分层的，每一种物料均为树的一个结点。从分层的角度可将产品BOM划分成单层BOM、多层BOM、按层次码排序BOM和复合式BOM四类。建材行业单件产品BOM具有数据量多、差异性大、变异性强、可重复性低的特点，因此在设计BOM的组织格式时需要考虑系统的运行效率及产品BOM的可维护性。本项目结合单层BOM、多层BOM的优点，将由单层BOM与多层BOM演变而来的复合式BOM应用于建材行业单件产品中。复合式BOM的组织格式如表1所示，其层次码排序BOM分别对产品、部件、子部件及零件进行编码，可清楚表明产品BOM层次关系，且产品结构间互不影响，易于调整和维护，通过层次ID来表明产品BOM的层次关系，通过标识对零部件进行区分，通过物料ID对物料和非物料进行区分。

表1　产品BOM组织格式

记录号	层次ID	名称	标识	数量	物料ID
1	1	A	—	1	—
2	1.1	B	—	1	—
3	1.2	C	—	3	01.01.000001
4	1.1.1	D	—	1	01.07.000001
5	1.1.2	E	—	1	—

其优点主要体现在以下几个方面：

（1）能清楚表明产品BOM的层次结构，BOM的查询及追溯方便快捷；

（2）数据录入时，可按产品BOM的总图、分图分别录入，录入人员不需要对图纸信息作过多处理，同时可实现多人协同作业，提高数据录入效率；

（3）产品BOM的差异性大，可重复性低使得层次码排序BOM数据的冗余度低。

产品的结构发生变化时，只需要对BOM相应的结点进行修改，不会影响其他部件。

2.BOM录入模式

针对建材产品BOM数据量大，对BOM录入快速性、准确性上的要求，本项目提出基于“助记码”的物料录入模式，即技术员在录入BOM时，可以根据物料的基本信息快速定位到所需要的物料编码，系统根据物料基本信息实现自动快速计算，并通过BOM层次检验、重量比较法、数量比较法等校验BOM录入过程中的错误，报纸BOM录入的完整性和准确性。

此外，在产品BOM的处理上，系统还提供了历史数据的自动读取、自动处理参考编码、消除重复编码、导出多种数据格式、多颜色智能提示等多种辅助功能，使得产品BOM的录入更加简单快捷。

3.BOM的关联性

产品BOM与物料采购和生产计划是紧密相关的，本项目结合BOM的特点，设计出BOM间的关联图（如图1），采购部按照产品BOM经过MRP算料后的结果执行购买，生产部按照产品BOM调整后的工艺BOM组织生产。

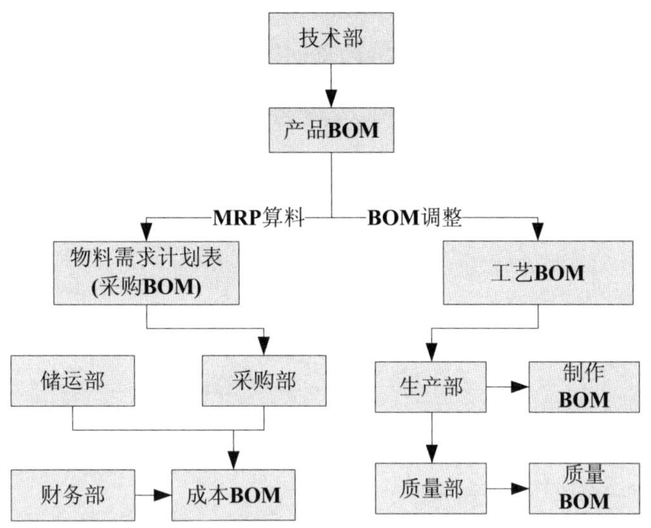

图1 产品BOM的关联性

基于产品BOM的MRP算料，实现对不同的物料类型执行不同的MRP算料模式，如图2所示，MRP算料完成后，对每一种物料会自动生成一个计划跟踪号，利用该“计划跟踪号”达到对该物料从采购、入库到出库发运的全生命周期的跟踪，同时还可以对物料的使用情况进行控制。

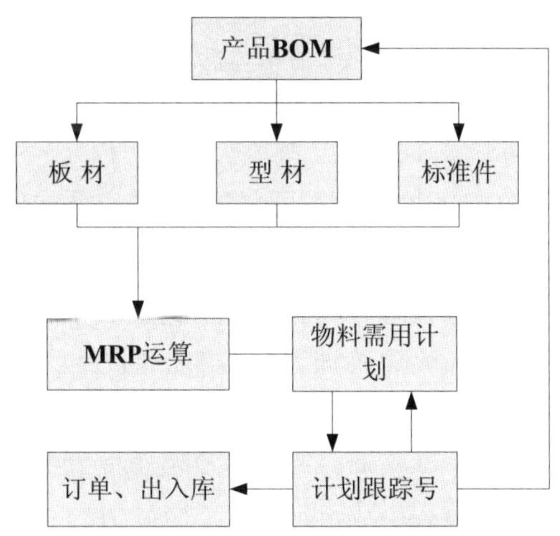

图2 基于产品的物料需用计划

4.BOM的变更管理

由于建材行业单件产品需求的个性化与差异化使得产品设计的变动频繁，为了快速响应客户的需求，往往在完成产品的一部分设计后就开始投入生产制造，而后续的设计可能发现之前设计的一些缺陷，这时无可避免地要进行产品BOM的变更。同时，产品BOM数据录入时的错误也会导致产品BOM发生变更。为了保证BOM数据的一致性，在原始的产品BOM上进行变更，变更流程如图3所示，当变更发生时，向系统提交变更指令，对BOM进行修改（BOM的变更可分为三种，即修改、删除、增加），修改完成后对BOM的变更进行审核，审核通过即完成了对原始产品BOM的变更。但是如果原来的BOM已在采购或生产中，还需要进一步将变更下发同时，对于采购和生产都能查询到BOM变更前的信息。

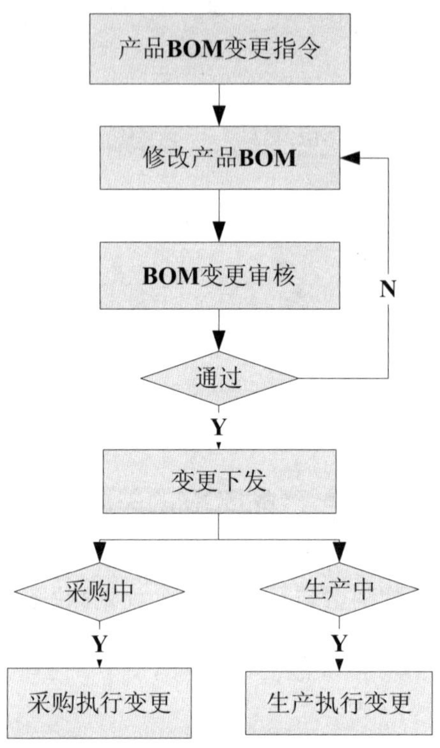

图3　产品BOM变更流程

（三）采购管理

本项目实现了企业从材料BOM下推计划、采购单生成、采购单执行、到货接收、检验入库、采购发票地收集到采购结算的采购活动的全过程，对采购过程中物流运动的各个环节状态进行严密的跟踪、监督。包括了采购管理、物料占用管理、代用单管理、比价单管理、订单管理、采购合同管理、质量报检、招标物料管理、其采购计划管理、价格分析、采购统计查询等模块，通过折线图或柱状图的形式形象直观地表现出了某种物料的价格走势。从图中可以直观地看出物料的历史价格以及价格的波动情况，为领导的判断提供了重要的依据。

其设计流图如4所示，与其他模块的关联图5所示，主要内容如下所示：

1.接受采购物料需求

物料需求主要来自生产计划产生的需求,采购部门必须按物料规格、数量、需求时间及质量要求提供给生产部门。

2.生成采购计划

根据MRP的物料需求计划及库存子系统的物料需求来生成采购计划(或采购建议订单)。

3.选择供应商

供应商的正确选择是保证企业生产活动正常运行的前提和基础，同时也是影响订单交货期及产品成本的重要因素。系统采用基于统一评分管理体系的初选法和基于询比价的终选法相结合的方式对供应商进行选择。初选时，所有供应商都采用同一评分策略，将审核合格的供应商纳入可选供应商范畴，同时对供应商进行分级。终选时，对多个可选供应商进行比较，通过采购询价、供应商报价、多供应商比价及交货期等要求选择合适的供应商。

4.下达采购订单

询价完成后，系统根据比价结果自动生成采购订单，同时提供了订单的打印及导出功能，方便订单的下发及订单的交付。

5.采购合同

采购合同作为供需双方的契约性文件，明确记录了采购货品的详细信息、质量协议等。系统从订单上下推采购合同，采购合同上记录了订单的详细信息，可实现订单与采购合同的关联查询。

6.订单跟踪

订单生成后，用户可以通过订单号下查订单的到货情况，如未到货、部分到货、已到货等，同时也可查询需用计划及采购合同信息。

7.到货之后质量报检

订单到货后，从订单上下推报检，为质量部提供质检信息，一个订单可多次报检。

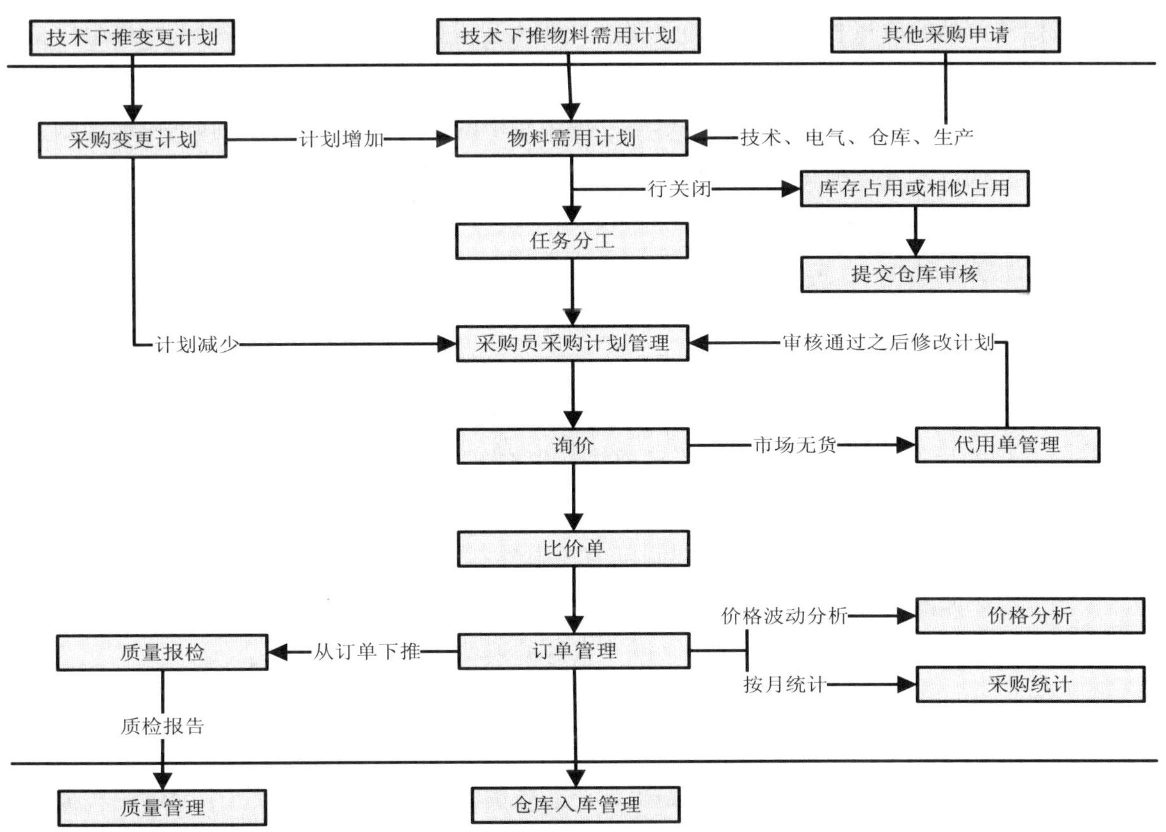

图4　采购模块流程图

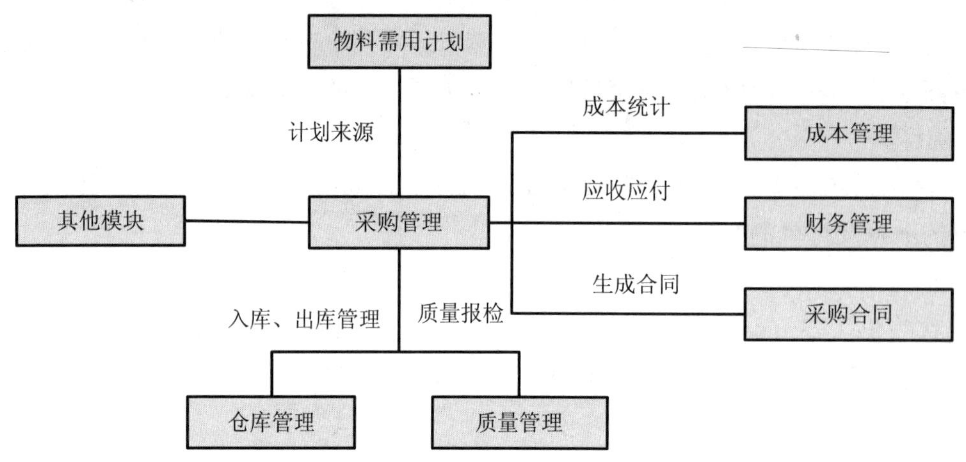

图5　采购模块与其他模块的关系

（四）生产管理

生产管理模块主要负责公司的生产、设备、设施管理和厂内分包及工序外协管理工作，主要包括生产计划的制定，生产过程的监控，项目进度的控制等功能。由于公司是以项目为主线的进行生产，所以对多个项目制定合理的生产计划，充分的利用公司的有限资源，是提高公司收益的重要手段。并在制定好项目的生产计划后，通过看板的方式动态的监控生产的具体任务，来保证产品的质量和提高生产的效率，另外从这些生产任务中抽取关键的部件组成主计划，以便对项目进展情况进行分析，掌握整个项目的进展动态，并建立预警决策模型，从而可以提前感知项目的警情信息，使管理层尽早发现项目中的问题，及时制定出新的协商规划方案争取以最小的代价来处理项目中的各种各样的问题，使得项目在尽量地降低成本费用的基础上保证交货期。主要内容如下：

1.生产计划的制定

制定生产计划作为生产的前期工作有着至关重要的作用，管理层在接到多个项目的生产要求后，将根据公司现有的生产资源、人力资源和项目的交货期等综合因素制定合理的生产计划，从而保证这些项目的合理执行顺序，来提高公司的资源的利用率，达到项目的最大收益。为了制定合理的生产计划，所以生产管理模块在生产部门接到技术部门的BOM之前就进行项目工程登记，即制定项目计划，这样就避免计划的滞后。但是这样只是对单个项目进行考虑，从而忽略了后续到来的项目，导致计划制定的局限性。考虑到多个项目的生产计划的制定问题，平台根据企业的资源和项目的交货期，运用蚁群算法进行优化处理得到合理的生产执行顺序，从而保证了多项目的资源调用问题，减少资源的浪费。

2.生产过程的监控

随着社会的发展和科学技术的进步，市场竞争日益激烈，优质的产品质量是企业提高竞争力的关键因素，因此生产过程的监控是提高产品质量的必不可少的环节。平台运用看板的方式将生产过程的基本信息反馈给管理层，管理者根据看板上显示的信息对生产过程中不合格的生产任务及时地采取补救或者重新安排生产来解决产品质量的问题，并记录生产的问题所在，

作为对制作班底

的业绩考核，从而降低制作班底的出错率，降低生产的生命周期。

3.项目进度的控制

项目进度的监控是企业制造环境下的重要环节，直接影响到企业运行的成败。在企业的运作工程中，管理者需要监控制作班底的实际进度，以便对项目进展情况进行分析，掌握整个项目的进展动态。平台从BOM中抽取关键的生产任务组建主计划，并在主计划中运用预警决策模型来提前感知项目的警情信息，使管理层尽早发现项目中的问题。并用红色报警和黄色报警来警示管理者对项目做出及时地调整，从而让项目能够及时地完成。预警模型如图6所示：

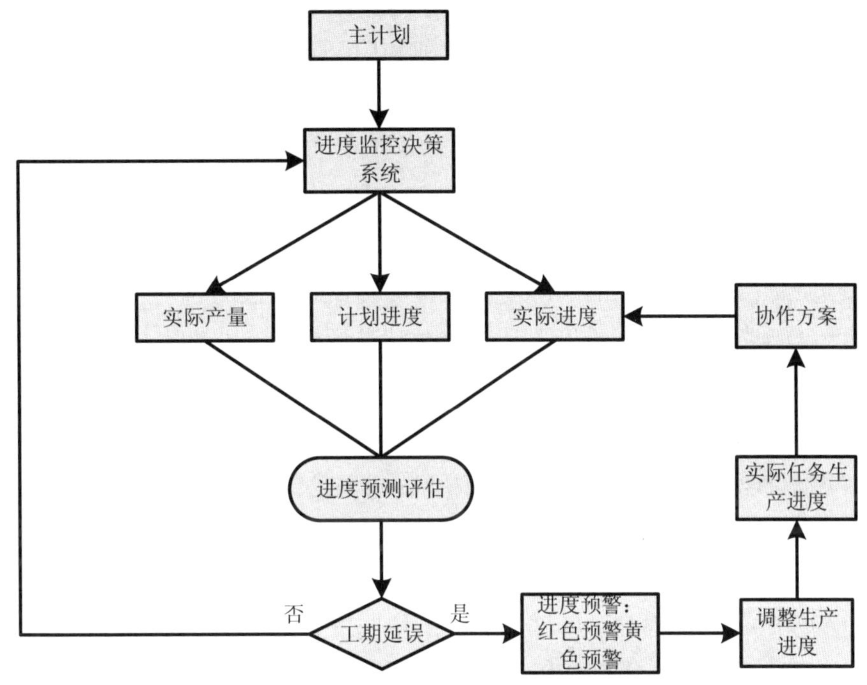

图6　项目进度预警决策模型

（五）质量管理

由于建材行业以项目/工程制的生产方式，产品BOM复杂，生产周期长，其工艺复杂，涉及质量检测环节多，并且客户需求在随时发生变更，给企业加工和质量检测带来了加大的困难，加工过程中，加工质量的合格与否严重影响了合同的交货期。本模块实现了对企业质量报检、质量诊断及质量知识的协同管理，主要内容如下：

1.基于知识的质量管理是在当今现有质量管理理论上，结合建材行业特有的加工方式提出的，满足了建材行业对质量管理理论的需求。基于知识管理主要内容包括：对质量信息的提取与转换，厂内加工过程的智能诊断与控制，厂外报检预警，业主报检预警，对不合格品、报废单的质量问题分析等。

2.对质量信息的提取与转换：建材加工过程复杂，生产过程中工序之间、车间之间对质量信息交换频繁；并且企业之间的分工越来越明确。生产过程中的某道工序甚至整个工件可能要外协到其他企业加工，产品质量信息不仅要在企业内部进行交换，还要在上下游企业之间流动。所以在分析质量特性偏差时候，需要大量的质量信息，这些信息有动态的、静态的、设备的、工件的，并且信息之间相互传递和影响。如何统一质量信息的表达方式，合理组织、储存和共享多工序生产系统中的大量质量信息，是企业面临的新问题。该模块诊断质量信息复杂的问题，该模块采用质量基因编码方式对质量信息进行编码、存储、解码等，方便了计算机和公司员工对质量信息的获取与分析，员工提取产品部件的质量基因编码后就能了解从产品设计到加工过程中的全生命质量信息，从而清晰的对质量信息进行跟踪。

3.厂内加工过程的智能诊断与控制：建材加工产品大多是大型单件生产方式，传统统计方法、工序诊断等不能满足质量管理要求，该模块采用基于知识的质量方法，即对厂内加工的产品提取质量基因进行解码，根据获取的质量信息从诊断知识库中搜寻质量历史诊断知识，从而达到快速对产品质量诊断的目的。该方法有效地利用了质量诊断的历史记录，达到对知识的最大化利用，解决了建材加工过程中，获取质量信息少、技术变更多的难题，提高了企业的质量管理水平。

4.厂外报检预警：建材加工过程中，由于工期或厂内加工条件的限制，对某些部件或工序要外委到厂外进行加工，委外回来的产品有些是半成品，后续要进行厂内加工；有些是成品，要进行装配发运等，所以这些产品的质量对保证交货期有较大的影响。该模块，能够根据厂外产品加工进度，自动报警，提醒质检人员安排对其进行检验，并做出检验结果分析，保证了委外产品的质量可靠性。

5.业主报检预警：建材产品加工的最终目的是为了满足客户，对于关键质检点或关键部件，业主（客户）需要到厂检测，为了保证客户到来时候，厂内加工准备工作已经完毕，或厂内“自检”已经结束，各部门需要做相应的质量工作。该模块，根据业主报检时间，自动通知相应的部门（包括技术部、生产部、质量部等），并提示业主检测的关键部件、关键工序等，实现质量信息的实时传递，提高了各部门之间的协同度。

6.对不合格品、报废单的质量分析：不合格品、报废单是生产过程中发现的有质量缺陷的产品信息，对该信息的最大程度的挖掘分析，可以避免同样质量问题再次出现，以及指导技术进行产品设计。该模块通过对质量信息的解码，利用质量诊断方法来对质量问题进行分类分析，最大化程度利用了质量信息资源。

（六）储运管理

储运管理模块主要负责企业对采购物资的接收、保管、发放、回收管理工作；模块通过对公司材料库存信息的管理，实现了企业内部资源（材料库存）共享。运用物料看板管理企业物料流（Material flow），提高了物料流动的透明度，信息及时改变，有利于工作进展以及提高效率；同时通过物料看板，员工能够准确、即时分析物料在企业内部流动的异常，从而降低库存呆料、滞料，有效提高库存管理水平。运用ABC分类法分级管理库存物料，突出重点中的重点，从而使库存结构合理化和节约管理力量的效果。运用逐批订购和定量订货混合模型建立库存控制策略，实现仓库补货计划的智能提醒，防止物料短缺、中断，保持生产的连续运行。

1.物料看板管理

美国生产与库存管理协会（APICS）对物料管理的定义是：物料管理集中了支持物流全过

程的所有管理功能，从采购到生产物料、到全部在制品的计划与控制、到成品的入库、发货和分销。随着经济的进一步发展，在当今竞争越来越激烈、越来越注重细部管理的今天，节约物料、减少浪费已成为企业赢得市场竞争必不可少的重要组成部分。看板管理是在大量重复性生产中实现JIT的一种简单而有效的方式。系统采用看板管理后，生产现场从仓库领取物料的数量被控制在看板数量（计划数量）之内，仓库订购的物料数量也不能超过看板数量，这样能很好地解决生产过程中物料的过度浪费以及由于采购多余物料而造成的库存积压问题；系统采用看板管理后，采购人员能够根据物料看板实时了解仓库呆料、滞料，从而可以通过相关物料的占用、代用来减少仓库中的呆料、滞料。

2.ABC分类法

ABC分类管理法就是将库存物资按品种和占用资金的多少分为特别重要的库存（A类）、一般重要的库存（B类）和不重要的库存（C类）三个等级，然后针对不同等级分别进行管理与控制。ABC分类法的关键在于如何合理划分等级，如果不能科学的对物料进行分类，就无法科学有效地对各种物料进行管理。系统根据物料在流动过程中的价值采用聚类分析法，给物料进行科学分类，实现分类化管理。

3.逐批订购和定量订货混合模型

经济采购批量，也称最佳进货批量，它是指在一定时期内进货总量不变的条件下，使采购费用和储存费用总和最小的采购批量。为降低公司物料的库存成本，在实际的物料采购过程中，要注意一定时期内物料需要量S、物料价格P、采购周期T、批量Q、库存量的统一，在满足使用要求的基础上，使采购费C（含运费及采购员相关费用）和储存费率A综合最低。经济采购批量$EOQ=\sqrt{2SC+PA}$。

由于公司项目的生产以周进度控制为主，如果以年、月为单位计算经济采购批量，则有可能在某一个周，由于钢材需要量较大，但是库存及进货量偏小无法满足项目施工的需要，所以经济批量的计算以周为单位进行；

根据ABC分类法，系统A类或部分B类物料按照逐批订购的决策规则，按照计划数量进行采购，而对于部分B类或C类物料系统则都设置一个安全库存，当某种物料低于安全库存时，系统将会以不同的颜色来报警，从而实现仓库补货计划的智能提醒。库存管理员接收的系统补货指令，通过勾选相应物料，输入需用计划的需用数量，系统的定量订货管理模型将会自动计算出经济采购批量，从而下推采购订单到采购部，最终实现采购费用和储存费用总和最小的采购批量。

（七）财务管理

财务管理从成本控制的角度，按照物料的流动实现了资金的流转，从采购发票的勾稽、暂估入库、入库核算、期初差额、出库核算、物料成本统计、按项目的成本统计包括人工费、制造费、材料费。企业各个部门实现了充分的信息共享，财务人员可以了解到采购、生产、库存销售各个阶段的详细数据。

（八）合同管理

企业的经济往来，主要是通过合同形式进行的。一个企业的经营成败和合同及合同管理有密切关系。合同管理包括以下几个模块：合同审批，我的审批任务，销售合同，委外合同，采购合同，运输合同，其他合同，请款单，待办款项，收付款记录，发票记录，合同索赔，收支记录等。概括为网上审批，资金流与成本流的分析控制，收入支出的对比。

1.合同网上审批

主要根据合同类型、合同金额和审批部门来控制审批过程，其中部门负责人可在基础数据中自由配置，每种合同需要审批的部门也可自由选择，审批领导则根据合同金额自动筛选，其筛选规则也可自由配置。基本实现了审批流程的可配置性，避免因实际审批流程、审批领导发生变化时无法正确进行审批的问题。审批流程如图7所示：

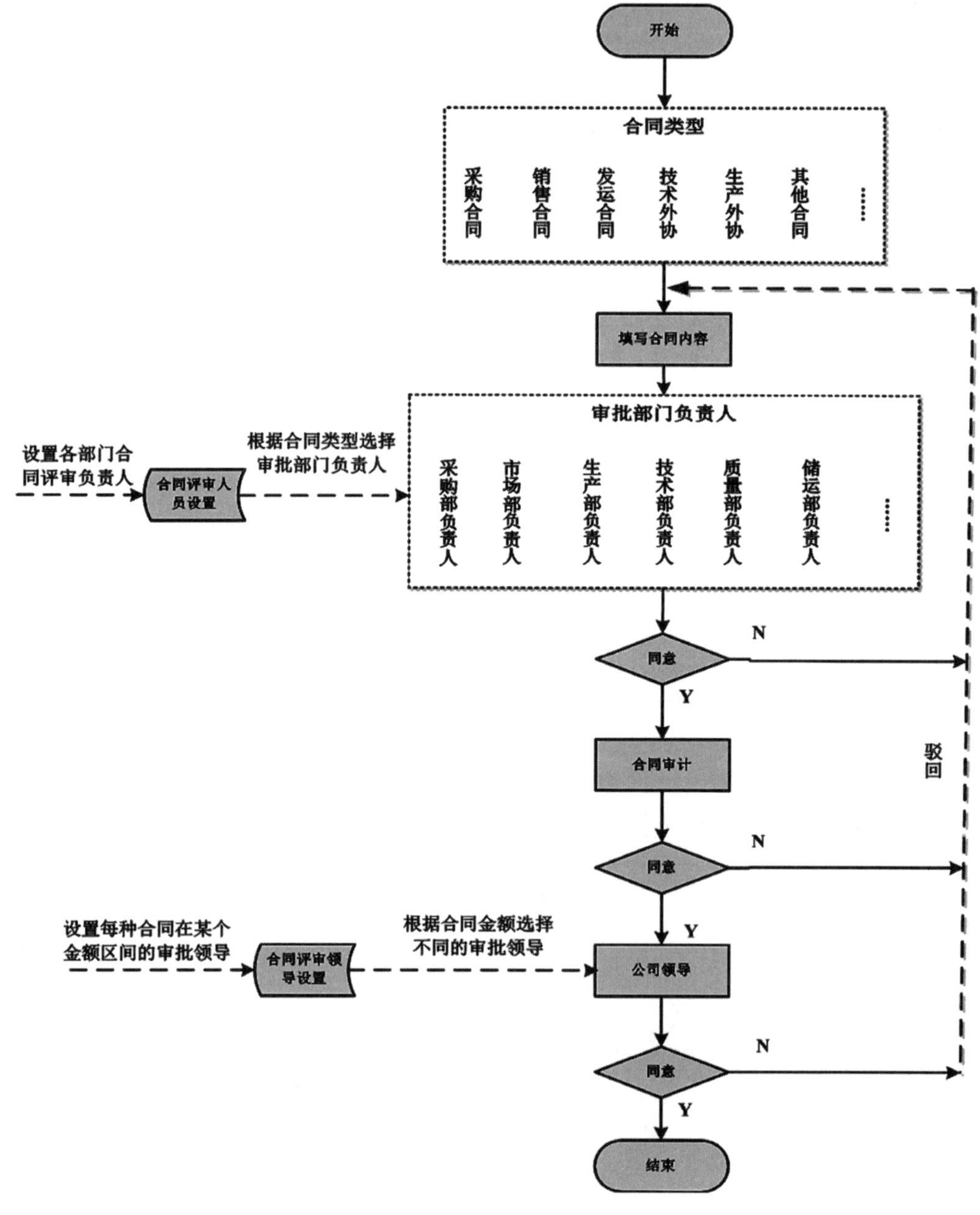

图7　合同网上审批流程

2.资金流与成本流的分析控制

其中销售合同包括了审批，登记，变更，商务要款记录，发票记录以及合同索赔。采购合同、委外合同（技术外协合同和生产外协合同）、运输合同、其他合同比销售合同多了请款、付款的程序以及与采购订单的关联，涉及合同的入库核算问题。

此外，在合同执行过程中，还可能发生合同变更（金额变更和其他变更），如果是重要变更如补充协议、金额变更等，可能需要对该合同重新审批后才能变更;在合同执行过程中如果双方有索赔的情况发生，则会影响合同收支，例如公司对供应商进行索赔，在付款时应扣去相应款项，并在合同中作相应的索赔记录，以供查询。一个合同从审批到最后收/付款完成的完整过程如图8所示：

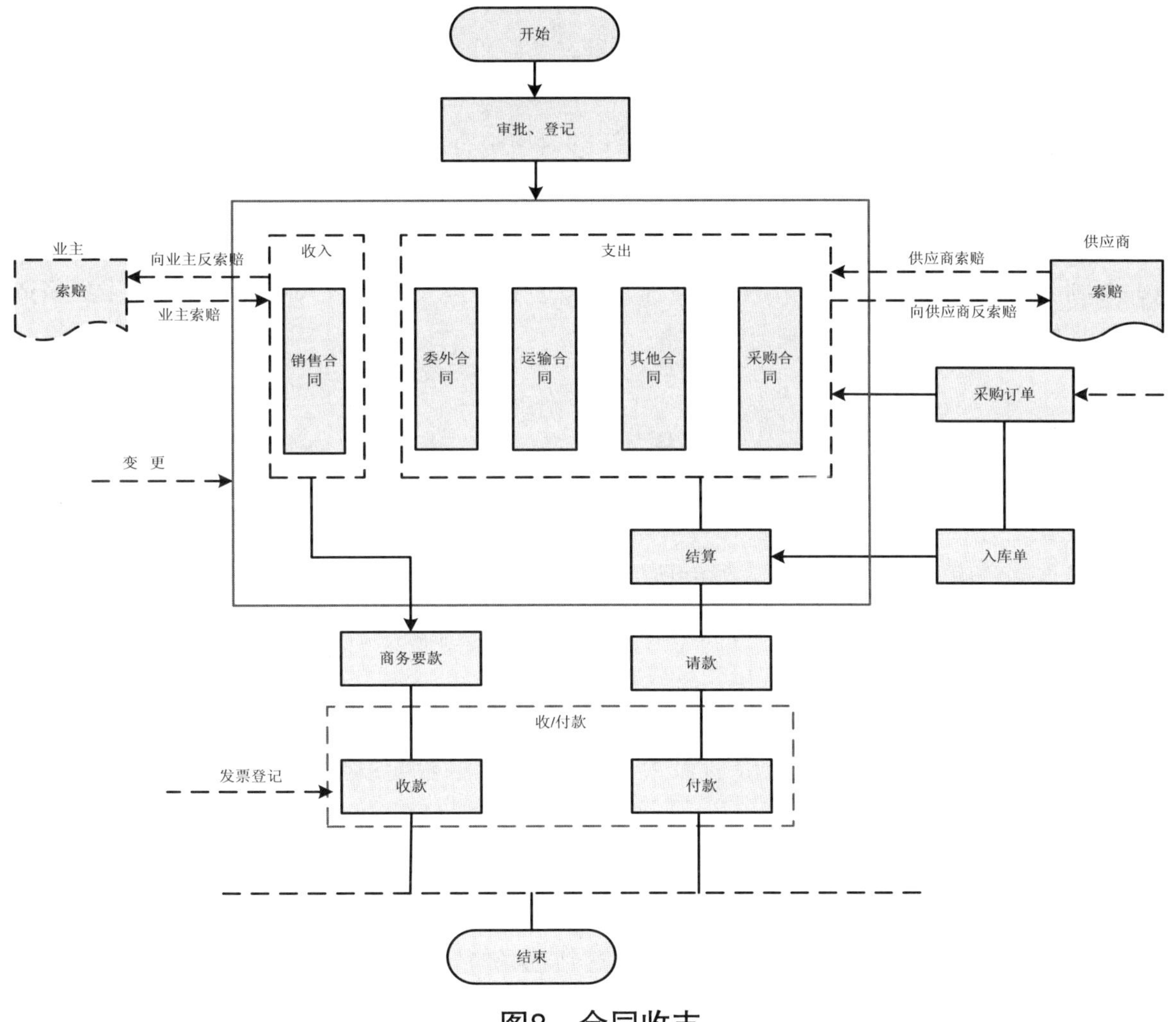

图8　合同收支

3.收支记录

公司所有合同都是与项目关联的，在本系统中可根据项目来分析该项目下的总收入（销售合同金额）和总支出（采购合同金额、委外合同金额等）的对比，可清晰反映某项目的盈亏情况。对企业未来的经营有指导意义。

（九）预算管理

在竞争日益激烈的国际国内环境下，制造企业需要在确保自己利润的基础上压低价格来获取销售订单。但是企业在合同执行过程中，由于生产环节上的各种因素的影响，最终成本核算的利润往往比预期目标少甚至有的合同会出现负的利润。因此，对合同的财务预算以及合同执行过程中成本的控制，在制造企业实际经营过程中变得越来越紧迫。财务预算系统其目的是为了对已签订合同建立合理的预算目标,并采取有效预算控制措施,提升公司合同执行信息的准确性和透明度，实现部门之间的协同运作，从生产、采购、发运等环节控制成本，最终实现公司整体利润的上升。

同时，预算系统的实施能够对销售人员有很好的指导作用，销售人员能够迅速了解合同执行过程中影响预算的因素，实时与业主沟通和对后续的招投标工作有积极作用；并且，预算系统消除了目前部门之间在财务预算上的信息壁垒，降低部门之间的摩擦，提高销售人员的工作效率。

财务预算系统逐步完善后，企业管理层能够对历史合同执行数据进行分析，一方面可以找出能够降低合同预算与执行的科目，改进管理方式，增加利润，或在同等利润的基础上降低销售价格获取更多的销售合同；另外一方面，可以有利于加强企业的内部控制，有利于绩效考核，有利于量化企业各职能部门的奋斗目标，有效整合企业资源，最大限度地实现企业经济效益。其具体思路如下：

1.预算的编制

（1）自上而下式

企业在签订合同后，首先由公司领导层确定利润目标，并对各控制内容进行预算。此种方式：优点是：由领导层编制,最大限度地保证了公司的利益；缺点是：权力过于集中，预算不一定准确，抑制了部门的积极性和创造性的发挥。

（2）自下而上式

即采用民主的方式，让公司相关部门和员工参与预算，得到更多的人认可。优点是：充分发挥各部门及员工的积极性、创造性及参与性；缺点是：制定的预算不一定符合领导层的战略计划。

（3）上下结合式

此种模式是让公司管理层与各部门共同参与预算，通过上下协调最终编制出合理的预算内容。它结合了前两种模式的优点，最终必能达到较好的效果。缺点是：需上、下反复，多次协调。

本预算系统的编制，结合企业实际经营特点，采用由销售人员与各部门合作共同制定预算的策略。销售人员根据签订合同之前的报价清单，初步制定预算金额，并确定合同利润；各部门相关负责人在此基础上结合自身部门的实际业务进行修改或完善。制定完毕后，由公司领导层进行网上评审。

2.预算编制内容

根据企业合同执行的特点，合同财务预算的内容包括了：预算收入、材料费预算、人工费预算、其他费用预算以及合同利润的预算。整体预算由销售人员首先制定，接着各环节由相关部门完善。

其中，预算收入、材料费预算以及运费由市场部修改完善；外协包工包料（部件、单价数量金额）由技术部修改完善；人工费预算由生产部修改完善；其他费用（包括制造费用、销售费用、管理费用）由财务部修改完善；合同利润为系统自动计算。详细内容如图9所示：

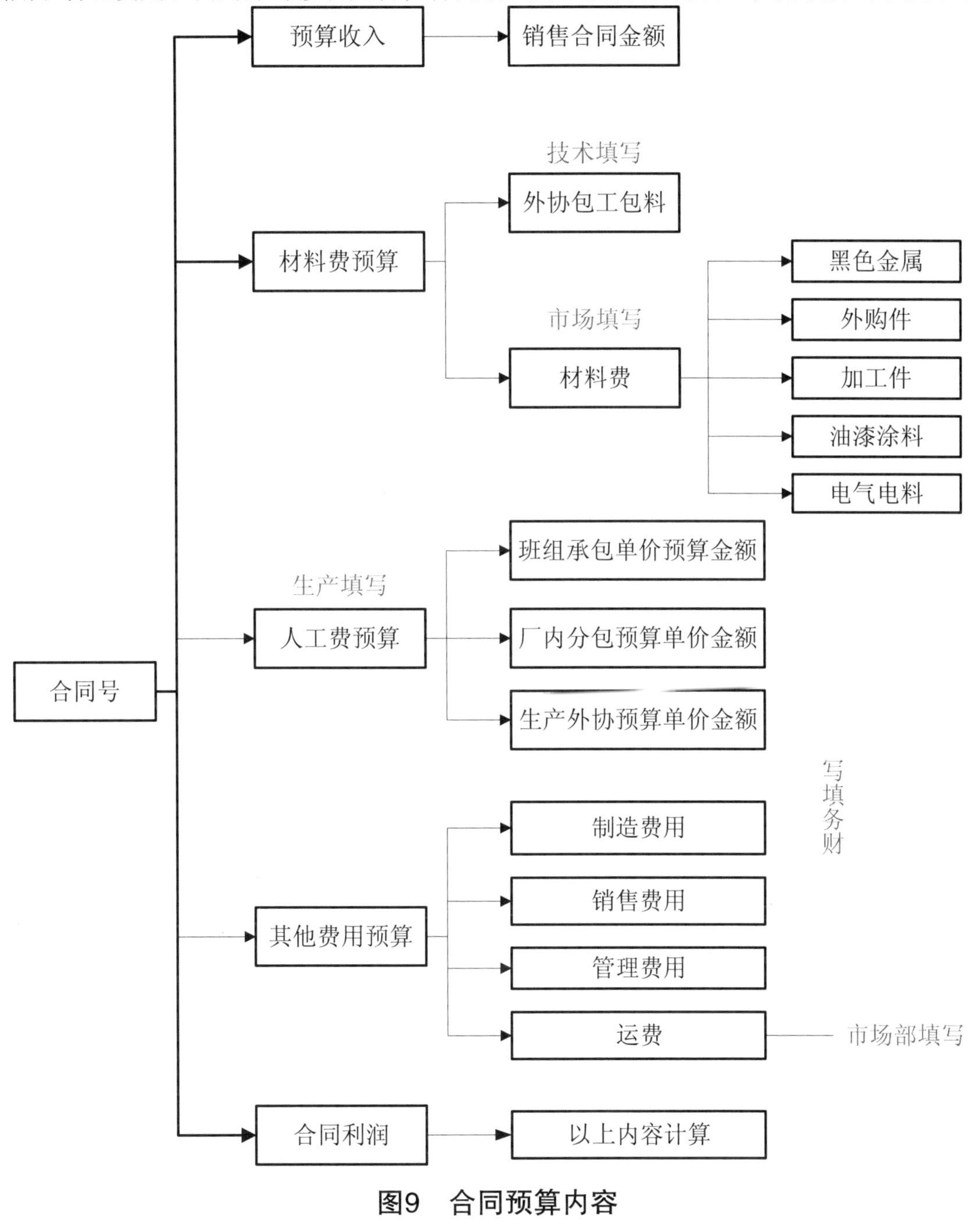

图9　合同预算内容

3.预算审批

预算编制完成后，由领导层进行评审。各部门开始执行审批通过的预算计划。

4.预算执行

预算执行主要包括了对过程中涉及该合同“每一笔资金流”进行监控（过程监控）和月底按合同的整体执行情况进行监控，详细说明如下，功能框图如图10所示。

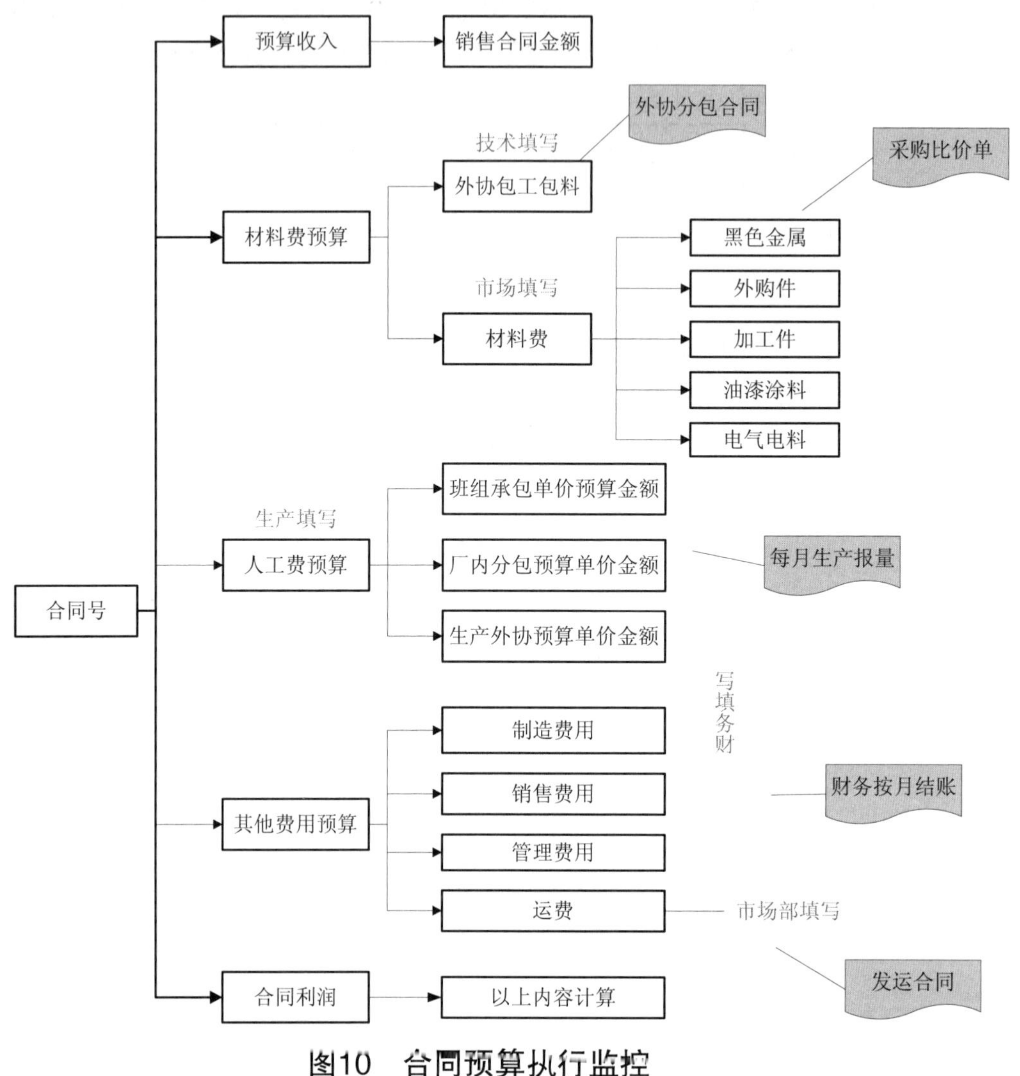

图10 合同预算执行监控

四、实际应用效果

建材装备企业先进制造数字化管理平台的运行结果表明，数字化平台的应用使得企业的管理和效率得到了改善和提高，主要体现在以下几个方面。

（一）基础物料的规范

项目完成了基础物料的规范化管理，由之前相同物料因多个名称、用途的不同导致的多个编码现状改为相同物料单个唯一编码。并规范其基础物料的添加、修改、删除流程和权限，使得基础物料的正确率由原来的70%提高到目前的90%。

（二）技术准备时间缩短

在数字化平台实施前，技术员在Excel上录入产品BOM的时间大约是十天左右，由于技术员录入数据的习惯存在差异，数据的一致性也很难保证和反查。数字平台从系统集成的角度，采用助记码及自动计算等方式加快了数据录入的速度，减少了技术准备时间约30%。

（三）物料采购周期减少

在数字化平台实施前，计划录入员要将物料需用计划录入金蝶K3的ERP系统中，这导致数据的重复录入和延长了采购周期。数字化平台从整个项目进度控制的角度，直接将技术准备阶段生成的物料需用计划下推采购，从而减少了物料的采购周期大约30%。

（四）生产数据的关联查看效率提高

项目实现了各种数据的关联查看，比如物料需用计划、询比价单、采购订单、物料入库单、出库单等单据通过计划跟踪号实现了单据间的快速关联查看。其效率提高大约25%。

（五）项目成本的按级统计

鉴于产品的BOM结构，实现了项目成本的按级统计，为分析项目的盈亏提供了基础，同时可以查看该项目下产品的各部件的生产成本，从而为成本的改善提供依据。

（六）数据的共享

实现了合同数据、项目数据、物料数据、索赔数据、生产数据的共享，减少了重复录入、方便及时查询，其效率比之前的Lotus和Excel操作方式提高了大约30%。

（七）业务审批效率的提高

数字平台实现了各种流程的在线审批，以及Lotus平台的公文审批，提高了企业的审批效率约20%。

成果创造人：柳　强、付春雨、杨曙运、任丽倩、邸立群、张光辉、倪志岭、张志东、段永辉、高照曾、李冰飞、李瑞明、付晓丽

关于大数据管理在精准扶贫领域的应用研究与实践

河北航天信息技术有限公司

一、背景

（一）公司简介

航天信息股份有限公司（以下简称航天信息）是由中国航天科工集团有限公司（以下简称集团公司）控股、以信息安全为核心技术的IT行业高新技术国有上市公司，于2000年11月1日成立，2003年7月11日在A股市场成功挂牌上市（SHA：600271），是中国IT行业最具影响力的上市公司之一。

面对国家信息化建设的发展机遇，航天信息积极贯彻集团公司“大防务、大安全”的发展理念，依托航天的技术优势、人才优势和组织大型工程的丰富经验，重点聚焦IT民用领域，业务领域涉及政府及行业信息化，重点发展税务、政务、公安、交通、金融、广电、教育等行业的信息化市场，并积极拓展企业的信息化市场。

经过十余年的发展，航天信息已建立了覆盖全国的销售渠道和服务体系，在全国31个省、市、自治区和5个计划单列市建立了近40家省级服务单位、200余家地市级服务单位、400余家基层服务网点。航天信息拥有自己的核心技术和创新团队，设立了信息安全、智能商务和RFID等博士后工作站。航天信息通过了ISO9000质量管理体系认证、ISO14000环境体系认证、CMMI5级评估等，具备计算机系统集成一级资质、安全技术防范一级资质、专项工程设计甲级资质以及国家密码产品开发生产许可资质等，承担了“金税工程”“金盾工程”“金卡工程”等国家重点工程，是国家大型信息化工程和电子政务领域的主力军。

河北航天信息技术有限公司（以下简称“公司”或“河北航信”）作为航天信息股份有限公司（以下简称“航天信息”）的全资子公司，代表航天信息承担国家“金税工程”在河北的推广与服务，为“营改增”等税制改革的成功运行提供强大的技术支持。

在“十三五”国家战略性新兴产业发展规划的重要时期，河北航信围绕“深挖用户需求，降低政策影响；开拓新业务市场，转型升级上台阶”的总体要求，深入推进“互联网+”行动，促进新一代信息技术与经济社会各领域融合发展。

近两年，在航天信息创建国际一流IT企业集团战略目标和转型升级战略方案的指导下，河北航信紧抓国家信息化建设的发展机遇，结合内外部环境形势，不断创新实践，提升管理软实力，努力发展改革，创造优秀成果，助推公司转型升级新局面，向着“打造河北IT行业最强最大的综合型服务企业”的战略目标大步迈进。

（二）项目背景

1.贯彻落实国家战略部署，坚决打赢脱贫攻坚战

2020年实现全面小康，是党中央确立的两个百年目标之一。扶贫工作是党中央、国务院的一项重要战略部署。2018年全国两会《政府工作报告》明确加大精准脱贫力度："2018年再减少农村贫困人口1000万以上，完成易地扶贫搬迁280万人。深入推进产业、教育、健康、生态扶贫，补齐基础设施和公共服务短板，激发脱贫内生动力。强化对深度贫困地区支持，中央财政新增扶贫投入及有关转移支付向深度贫困地区倾斜。对老年人、残疾人、重病患者等特定贫困人口，因户因人落实保障措施。攻坚期内脱贫不脱政策，新产生的贫困人口和返贫人口要及时纳入帮扶。加强扶贫资金整合和绩效管理。开展扶贫领域腐败和作风问题专项治理，改进考核监督方式。坚持现行脱贫标准，确保进度和质量，让脱贫得到群众认可、经得起历史检验。"

2.精准扶贫是大数据应用发展趋势之一

习近平总书记在主持中共中央政治局第二次集体学习时指出："推动实施国家大数据战略，加快完善数字基础设施，推进数据资源整合和开放共享，保障数据安全，加快建设数字中国，更好的服务我国经济社会发展和人民生活改善。""加强精准扶贫、生态领域的大数据应用，为打赢脱贫攻坚战助力。"大数据信息集成及处理应用作为国家现代化治理体系的基础性战略资源，体现在精准扶贫开发领域，尤其是在当前的脱贫攻坚战倒排工期的关键时期，更需要应用大数据先进技术和互联网思维对扶贫开发资源进行高效整合。传统扶贫开发模式正面临技术落后难以开展有效的精准扶贫比对分析、数据失真难以形成有效的精准扶贫治理参考、资源分散难以产生精准扶贫的整体治理成效的发展困境。从大数据精准扶贫的现实需求出发，通过大数据技术与精准扶贫的有机结合以及大数据理念与精准扶贫的有效对接，打造精准扶贫实践的新模式。精准扶贫大数据产品及服务关系到国家战略，关系到国计民生，因此其必然会在整个大数据产业中极具竞争力，对推动大数据发展具有良好的示范性效应。

3.扶贫开发业务流程不完善，碎片化严重，精准管理和服务水平亟待提高

扶贫开发工作要求六个精准：扶贫对象精准、项目安排精准、资金使用精准、措施到户精准、因村派人精准、脱贫成效精准。现有的扶贫工作中，由于缺乏有效的信息化辅助手段，导致扶贫开发没有形成一套完整的识别、帮扶、监管、评估业务流程，碎片化严重，扶贫开发规范化和精细化水平不高，由此带来了扶贫开发的不精准。同时，不同贫困地区和贫困人群的差异很大，每个贫困对象致贫原因不同，帮扶需求差异化严重，这在一定程度上增加了扶贫开发的难度，所以迫切需要运用信息化手段，提高政府扶贫开发能力，提升扶贫开发的精准管理和服务水平。

4.扶贫开发预警难、监控难、评估难，未形成有效的综合监管体系，迫切需要通过技术方式进行解决

扶贫开发涉及大量的扶贫项目和扶贫专项资金，无法精确的做到事先预警、事中监控、事后评估，这给政府对扶贫开发的监管工作带来了很大的困难，同时也给国资委对下属央企单

位的帮扶工作的监管考核带来了很大的挑战。央企在贫困县的扶贫资金的下拨和安排，扶贫项目的立项和实施，很大程度上影响着贫困县的扶贫开发工作，进而影响着贫困县的经济发展水平。这样就迫切需要通过技术方式，构建有效的综合监管体系，确保扶贫开发的项目安全和资金安全。

5.扶贫开发对电子政务内网实现与相关部门的信息系统互联互通、协同共享的需求迫在眉睫

扎实推进扶贫开发工作，要在巩固现有成果的基础上着力创新，建立协同机制，从而巩固脱贫成果，坚决打赢脱贫攻坚战。扶贫开发不单单是政府扶贫办的正常工作职能,它同样要求全县各个职能部门加强部门沟通协作，形成有效工作合力，统一为扶贫服务。所以各部门互联互通、协同共享的需求迫在眉睫。建立协同扶贫机制，一是建立政府、市场和社会不同扶贫主体之间的协同机制，发挥市场和社会力量在脱贫攻坚中的作用，提升扶贫的效率和效果。二是建立政府不同部门及其不同层级之间的协同机制，加强基层组织能力建设，保障脱贫政策的有效落实。三是建立经济扶贫和精神扶贫的协同机制，激发贫困户的内生动力，提升扶贫脱贫的长效性。

6.扶贫开发信息公开程序低、无法充分发挥社会力量对扶贫工作的参与和监管

社会力量是推进精准扶贫的重要生力军，积极鼓励并高效引导社会力量参与精准扶贫，可以实现多赢局面。由于缺少扶贫公共平台，信息公开程度低，不能有效整合社会资源，所以急需通过信息化手动，建设社会扶贫公共平台。在建立精准扶贫工作机制的基础上，依托互联网和移动网络技术，互享扶贫信息，扫除沟通障碍，促进社会资源整合，建立统一的社会扶贫工作信息交流平台。

（三）项目的产生

2015年，习近平总书记就提出扶贫工作“贵在精准、重在精准、成败之举在精准”。要实现精准扶贫，就需要切实加强扶贫工作管控力度，充分利用现代信息技术和通信技术，以信息化推动扶贫工作科学化、规范化、精细化，以解决目前扶贫工作管控水平中存在的一系列问题。因此以大数据、云平台等信息技术为依托，创新扶贫工作模式、加速脱贫步伐、改进扶贫工作考核监督，是扶贫工作能力提升的必由之路。

为了完善精准扶贫开发工作模式，提升脱贫工作各环节的精准管理水平，全流程展现贫困户的脱贫路径，航天信息凭借强大的技术优势、遍布全国的服务网络优势，丰富的行业应用经验，研发了精准扶贫大数据+智慧扶贫的解决方案以及精准扶贫大数据管理云平台产品。

二、内涵和主要做法

（一）项目内涵

1. 扶贫开发工作的实践创新

在脱贫攻坚战的新形势下，国家精准扶贫要求对扶贫管控水平提升需求更加迫切。针对精准扶贫开发工作，尤其是在当前的脱贫攻坚战倒排工期的关键时期，急需进行思维转变，坚

持创新驱动发展，加快大数据部署，深化大数据应用,将大数据技术与精准扶贫高效整合。大数据应用，促进了精准扶贫领域内各项信息与扶贫资源的汇聚整合与数据挖掘，使精准扶贫管理方式由碎片化转向精准化发展，精准扶贫决策由主观思维转向科学分析，构建智慧扶贫生态体系，开拓精准扶贫实践的新模式、新路径。

2.扶贫开发科学化信息化

扶贫的关键在于精准，精准的关键在于信息化。扶贫开发信息化，可以有效延伸政府的公共服务能力，借助信息化技术提升农村社会服务水平信息化。扶贫开发信息化，可以推进“三农”数据开放与共享，支撑政府的扶贫工作决策，提升扶贫施策的精准度。扶贫开发信息化，可以保障各个产品扶贫项目的公开、公正、透明，防止出现挤占挪用、层层截留、虚报冒领、挥霍浪费等问题。扶贫开发信息化，可以加大扶贫开发力度，积极引导社会各界扶贫资源加入到扶贫开发中来，以全社会的力量保障坚决打赢脱贫攻坚战。

3.扶贫开发综合监管

扶贫开发工作与人民群众息息相关，扶贫资金更是贫困群众的救命钱，做好扶贫开发领域内的监督检查工作关乎民生，至关重要。精准扶贫与大数据的高效整合，强化了扶贫信息的透明程度，克服了传统扶贫工作中信息不对称的问题。基于大数据分析技术，在贫困户识别过程中，可以对扶贫对象的信息实行动态管理，确保贫困户贫困对象精准识别。基于大数据分析技术，在扶贫项目建设过程中，可以全程监督确保工程的数量和质量。基于大数据分析技术，在贫困户帮扶工作中，可以对精准扶贫政策的落实情况进行监督检查，并开展问题整改以及追责问责等工作。通过构建有效的综合监管体系，做好扶贫开发的预警、监控和评估，确保扶贫开发的项目安全和资金安全。

4.精准扶贫大格局

一是精准扶贫的“大”流程管理。扶贫工作涉及的环节众多，包括贫困的精准识别、精准帮扶、精准管理和精准考核，是一个全过程工作，应该系统开展。二是精准扶贫的“人”部门合作。扶贫工作涉及众多职能部门，需要完善多部门联动机制，才能有效推进各项扶贫工作的开展。各级政府在成立扶贫开发工作领导小组的基础上，还应在具体的实施过程中加强部门间的有效配合，尤其在脱贫攻坚的关键时期，更应该加强部门间的联动机制建设。三是精准扶贫的“大”企业帮扶。脱贫攻坚绝不只是贫困地区的工作，更需要大企业和社会公益团体的大力协助。政府应该广泛动员社会各方力量帮扶贫困地区和贫困家庭，编织牢固坚实的社会扶贫网。大企业帮扶要求各企业开展多层次扶贫协作，建立企业与贫困村、贫困户的精准对接机制，确保产业合作、劳务协作、人才支援、资金支持精确瞄准贫困人口。

（二）主要做法

1.项目建设目标建立精准扶贫大数据中心，实现扶贫开发全面信息化

创建扶贫智慧中枢，绘制扶贫地图，扶贫数据全面可视化。

制定协同扶贫机制，建立政府、市场和社会扶贫主体之间的协同机制，建立政府不同部门及其不同层级之间的协同机制。

促进精准扶贫数据开放共享，深度挖掘数据应用。

2.设计理念

航天信息作为国家信息化的主力军，积极响应精准扶贫号召，利用信息化手段，深入贯彻落实中央扶贫开发工作重大决策部署，积极探索精准扶贫信息化解决方案，把扶贫工作和信息化深度融合，对精准扶贫开发工作中产生的各类型多种维度数据进行采集、存储、挖掘、分析、服务等一体化管理，提供大数据管理在精准扶贫领域的解决方案并开发研制了精准扶贫大数据管理云平台。平台依托大数据分析、技术为核心，有效解决脱贫攻坚阶段存在的实际问题，全国首创身份证电子采集，让贫困户信息“分得清”；完善扶贫防贫信息档案，使精准帮扶工作“抓得准”；智能街景的应用让每一村每一户都能“找得到”；扶贫微工厂实时监控让产业扶贫“看得见”。

大数据平台的应用，提升了魏县脱贫攻坚的信息化程度，完善了扶贫数据链条，加强了精准服务和精准管理水平。

3.建设原则

（1）科学规划、有序推进

在目前精准扶贫基础上进行科学合理规划，立足扶贫开发工作现状，合理部署，站在国家战略的高度，加强精准扶贫大数据管理云平台的顶层设计，科学规划信息化体系，构建基于大数据的云平台的总体框架与运行模式。确保建设的整体性和协调性，在建设过程中，合理规划项目进度，注重实效，以保证平台建设的顺利进行。

（2）平台安全

基于大数据的精准扶贫大数据管理云平台的建设以精准扶贫数据为核心，在项目设计和建设实施中采用国际先进成熟的技术和手段。安全性方面，提供完善的信息安全机制，以实现对信息的全面保护，保证系统的正常运行和数据安全。高效性方面，实现对外部系统的接入提供企业级的支持，在系统的高并发和大容量的基础上提供安全可靠的接入。稳定性方面，保证在充分利用系统资源的前提下，实现系统平滑的移植和扩展，同时在系统并发增加时提供系统资源的动态扩展，以保证系统的稳定性。并且项目建设采用先进的设计思想和开放的体系结构，确保做到技术先进，系统开放。

（3）功能实用

精准扶贫大数据管理云平台的主要相关对象是政府领导、扶贫办、帮扶单位、帮扶人员、驻村干部和贫困户，因此该平台的建设必须要有明确的应用目标和预期效果，同时边建设边应用，在应用中加以完善、提高。通过应用拉动对平台的需求，以需求进一步推动平台的应用，保证其建设的投资见成效。平台能有效解决脱贫攻坚阶段存在的实际问题，全国首创身份证电子采集，让贫困户信息“分得清”；完善扶贫防贫信息档案，使精准帮扶工作“抓得准”；智能街景的应用让每一村每一户都能“找得到”；扶贫微工厂实时监控让产业扶贫“看得见”。大数据平台的应用，提升了魏县脱贫攻坚的信息化程度，完善了扶贫数据链条，加强了精准服务和精准管理水平。

（4）资源共享、降低成本

充分利用电子政务网络、国家基础信息资源库、国家网络与信息安全基础设施等公共资源，发挥市场作用，采用服务外包等方式构建扶贫开发信息系统运行环境，提高信息化建设工作效率，降低信息化平台建设和维护成本。

4.总体框架

（1）建立精准扶贫数据仓库，扶贫工作规范化、流程化。

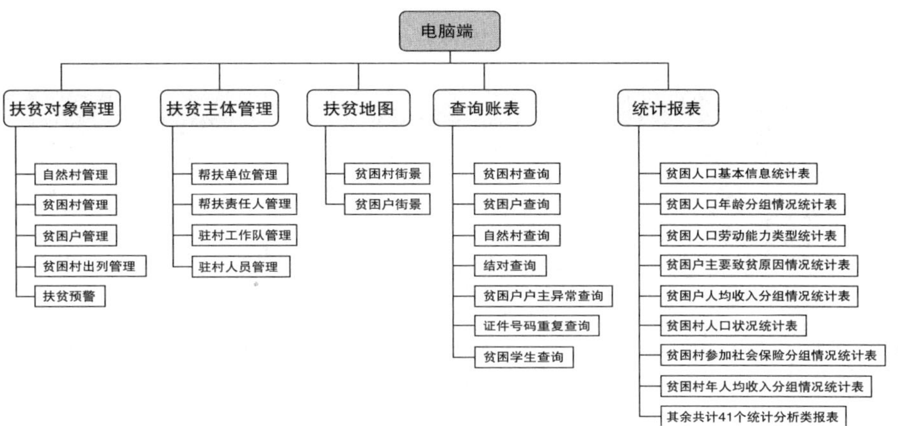

图1　扶贫工作规范化、流程化

图2　扶贫脱贫手机应用界面

通过平台的应用，可以提升脱贫攻坚的信息化程度，提高数据采集的准确性，加强精准服务和精准管理水平。所有贫困户建档立卡，扶贫、脱贫、防贫的相关信息，各项脱贫工作日常和扶贫成效的数据纳入到平台。相关贫困县领导、政府扶贫人员、帮扶单位驻村人员可以更加精准的掌握每个贫困村、贫困户的信息，更直观的体现“一乡一业、一村一品”的发展态势。贫困户可以在线求助、求职、轻松筹，在线查看最新的扶贫政策。防贫机制的创建、防贫全流程化的管理，也有效地降低了脱贫户重新返贫的风险。

（2）建立精准扶贫数据智慧中枢

图3 魏县扶贫智慧中枢

精准扶贫数据仓库中汇集了PB级的扶贫数据，利用大数据、云计算、智能感知等先进技术进行处理。通过建立数据模型，对贫困户数据、扶贫工厂数据、智能街景数据、视频监控数据、扶贫防贫工作开展数据等进行高效采集和深度挖掘，进行全息数据处理。通过数据开放引导各类扶贫资源优化配置，通过信息公开接受社会各界对扶贫工作的监督，提供预警信息。定期生成各种类型的分析图表，从不同的方面对不同阶段的扶贫工作进行总结和展示，为科学扶贫决策提供数据支撑。

（3）搭建扶贫动态地图，实现扶贫数据的全面可视化

平台能够多角度统计分析贫困户和贫困村各项数据，通过数据地图展示扶贫成效。同时数据扶贫地图展示+精准扶贫的应用，形成分析图表，使得帮扶人员实时了解各个贫困村阶段性变化，为精准扶贫提供一手信息，使扶贫工作有的放矢。

5.核心建设内容

（1）实现智慧扶贫

通过平台数据的分析利用，依托智慧中枢，实现扶贫数据的全面可视化、扶贫管理的科学化决策。并且通过数据开放引导各类扶贫资源优化配置，通过信息公开接受社会各界对扶贫工作的监督。航天信息后续将把“智慧城市”概念有效导入县乡政府管控，精准扶贫大数据管理云平台后期将逐步对接更多的外部平台，例如：社保、民政、教育、水利、卫生、农务等，将平台逐步转化成为为全县人民、经济、政务服务的综合数据汇集平台、服务平台，积极践行

新时代的数字化新农村建设。

（2）形成贫困户和贫苦村360° 画像，实现智能报告

对贫困户行为进行多维度数据分析，构建贫困户画像，实现扶贫工作的精准化管理。利用大数据分析技术，定期生成各种类型的政府扶贫工作报告，从不同的方面对不同阶段的扶贫工作进行总结和展示。

（3）实现“大”企业帮扶管理

脱贫攻坚绝不只是贫困地区的工作，更需要大企业和社会公益团体的大力协助。平台将进一步建立企业与贫困村、贫困户的精准对接渠道，确保产业合作、劳务协作、人才支援、资金支持精确瞄准贫困人口。

（4）建立扶贫帮扶内部评价与外部评价结合的绩效评价体系平台

让精准扶贫考核机制走向日趋完善，从减贫成效、精准识别、精准帮扶、扶贫资金等数据进行比对、分析和监控功能，及时发现问题，构建扶贫帮扶事先预警、事中监控、事后评估的综合监督评价体系，定期发布监测评估报告，确保扶贫帮扶工作真正地落实到位。如果结合精准扶贫大数据管理平台普及推广使用，将一手的扶贫防贫数据实时同步到评估监管系统中，则能在国资委体系内实现扶贫、防贫、评估、监管一盘棋的管理模式，起到事半功倍的效果。

（5）互联互通，协同共享

通过电子政务内网实现与相关部门的信息系统之间的互通互联和信息共享；通过实时数据交换，实现不同开发渠道、不同扶贫开发行业之间的业务协同，为构建政府、市场、社会共同参与的“大扶贫”格局奠定基础。

6. 商业模式

（1）扶贫信息化平台

通过帮助贫困县搭建精准扶贫大数据管理云平台建设收取系统建设费及系统运营服务费；

根据贫困县特殊的需求提供定制开发服务，收取二次发开服务费；

为保障精准扶贫大数据管理云平台系统正常运行，需要配套硬件设备（身份证阅读机具、服务器）提供给政府，从而通过销售硬件设备实现盈利。

（2）协同扶贫

建立政府、市场和社会不同扶贫主体之间的协同机制，发挥市场和社会力量在脱贫攻坚中的作用。比如与各大电商合作，大数据+电商开启扶贫新模式，因地制宜开展工作。为贫困县与电商平台搭建信息服务通道，帮助贫困县解决农产品销售问题，帮助电商平台解决农产品来源问题，公司作为渠道商收取相关服务费；与各大保险公司战略合作，在贫困县建立防贫制度，利用平台+防贫保险的模式推广协同扶贫，在贫困县地区开展防贫保险，收取保险服务费。

（3）大数据增值服务

为政府部门提供大数据增值服务，申请相关课题获得国拨资金支持；

为政府提供其他各类大数据增值服务，获得收益；

（4）政务平台服务

基于搭建的精准扶贫大数据管理云平台系统，与政府建立良好的战略合作关系，协助政府建立电子政务平台或其他服务平台，获取平台服务收益；

丰富平台应用，获取更多平台服务收益。

三、项目效果

（一）经济效益

根据现有分析调查报告，截至2018年2月，全国共有国家扶贫工作重点县585个。为了保证在2020年完成脱贫摘帽的工作，加速贫困县脱贫步伐，现在各个贫困县都致力于采用信息化手段提高扶贫水平，提升扶贫成效。航天信息重点打造的魏县精准扶贫大数据平台项目，在项目经济效益测算中采用单项因素直接测定法，共计该项目会带来50万元的利润。后续推广中，航天信息会依托国资委体系下对口帮扶的贫困县资源，完善平台样板，逐步向国资系统定点帮扶县和其他贫困地区辐射推广，在脱贫攻坚中发挥好央企的科技支撑。

（二）社会效益

1. 科技赋能 智慧扶贫

坚决打赢脱贫攻坚战，让贫困人口和贫困地区同全国一道进入全面小康社会，是中国共产党的庄严承诺。航天信息认真学习领会十九大报告和中央经济工作会议精神中关于扶贫工作的开展要求，结合公司实际，重点打造了精准扶贫大数据管理云平台，科技助力扶贫攻坚。该平台结合航天信息的技术优势和服务体系，将互联网平台与传统扶贫开发深度融合，创造新的精准扶贫服务生态，重构精准扶贫服务格局。从扶贫数据的角度，通过大数据与云计算，政府各个职能部门互联互通、协同共享，建立政府不同部门及其不同层级之间的协同机制；从扶贫监督检查的角度，让领导者和监督者可以随时进入扶贫开发各个环节抽查监督，实现扶贫监督透明化公开化，做到事先预警、事中监控、事后评估；从帮扶措施角度，合理配置政府资源和社会资源，引导扶贫开发与各项资源的高效整合，让产业扶贫百花齐放。

2. 转变思维方式，提高扶贫开发成效

在当前的脱贫攻坚战倒排工期的关键时期，利用大数据在精准扶贫应用的实践创新，扶贫工作正在逐步由传统的扶贫思维转变为新形势下的互联网思维。互联网+大数据应用，促进了精准扶贫领域内各项信息的汇聚整合与数据挖掘，使精准扶贫管理方式由碎片化转向精准化，精准扶贫决策由主观思维转向科学分析，开拓了精准扶贫实践的新模式、新路径。扶贫开发的精准化，大大提高了扶贫开发的工作成效。

3. 完善服务平台，提升服务水平

精准扶贫大数据管理云平台将为公众提供更加丰富多样的扶贫公开信息，努力优化服务环境，大力改善公众服务。通过手机APP可以在线求助，通过在线扶贫中心可以实时了解最新扶贫政策，通过贫困户专属名片可以实时了解贫困户所有信息。通过上述功能的不断推广应用，为贫困县搭建了完善的在线服务平台，大大提升了政府的服务水平和服务质量，为精准扶贫开发工作提供有力支持。

4. 科学决策

精准扶贫大数据管理云平台对海量扶贫数据进行筛选区分、高效采集和深度挖掘，并进行全息数据处理，为当前扶贫工作形式、潜在风险以及后续工作方向提供数据支撑。扶贫决策者可以客观分析相关数据，充分了解当前扶贫开发工作现状和实际扶贫成效，扶贫决策由主观思维转向科学分析，扶贫开发工作从而变得更加精准化规范化。

四、相关工作建议

（一）国资委定点帮扶贫困县推广精准扶贫大数据管理平台

2018年5月7日，国务院国资委主任肖亚庆赴国资委机关定点扶贫县河北魏县调研扶贫工作。在调研魏县精准扶贫防贫服务中心期间，肖亚庆详细了解了精准扶贫大数据管理云平台建设运行情况，对平台助力魏县脱贫攻坚所取得的成效给予充分肯定，肖亚庆指出，平台在精准扶贫方面效果明显，希望航天信息总结经验，完善平台样板，逐步向国资系统定点帮扶县和其他贫困地区辐射推广，在脱贫攻坚中发挥好央企的科技支撑。建议以国资委定点扶贫246个贫困县为切入点，在未实现扶贫信息化的贫困县普及推广精准扶贫大数据管理平台，实现平台共享，以信息化推动扶贫开发工作科学化、规范化、精细化，进一步提高国资委扶贫开发政策、资金、项目的效能，实施精准扶贫，最终实现“消除贫困、改善民生、实现共同富裕”的扶贫开发工作目标。

（二）建立国资委体系下的扶贫攻坚评估监管平台系统

国资委所属帮扶企业多、对口贫困县多，帮扶工作开展实际情况非常难统计，内部缺乏统一的监管体系，建议在国资委体系内建立了一个扶贫帮扶内部评价与外部评价结合的绩效评价体系平台，从减贫成效、精准识别、精准帮扶、扶贫资金等方面数据进行比对、分析和监控功能，及时发现问题，构建扶贫帮扶事先预警、事中监控、事后评估的综合监督评价体系，定期发布监测评估报告，确保扶贫帮扶工作真正地落实到位。同时，可以将实时扶贫防贫数据同步到评估监管系统中，在国资委体系内实现扶贫、防贫、评估、监管一盘棋的管理模式，起到事半功倍的效果。

（三）数字城市、智慧城市建设

据了解在全国范围内“智慧城市”的概念还没有走入县乡，所以航天信息希望该平台能够逐步对接更多的电子政务服务平台，例如：社保、民政、教育、水利、卫生、农务等。在2020年在全面消除贫困之后，精准扶贫大数据管理云平台可以直接转化智慧政府综合服务平台，该平台的职能转变成为县级的人民、经济、政务服务的综合数据汇集平台、服务平台，推进数字城市、智慧城市建设，积极践行习总书记乡村振兴战略，打造新时代的新农业新农村。

成果创造人：杨为琛、张献庭、许继哲、赵聚朝、张平印、薛　方、伺彦伟

大型央企科技成果转化创新管理机制构建与实践

中国航空工业集团有限公司

前言

中国航空工业集团有限公司（以下简称“航空工业”）是由中央管理的国有特大型企业，设有航空武器装备、军用运输类飞机、直升机、机载武器系统与汽车零部件、通用航空、航空研究、飞行试验、航空供应链与军贸、资产管理、金融、工程建设、汽车等产业，为国防安全提供先进航空武器装备，为交通运输提供先进民用航空器材，为先进制造提供创新动力和高端装备。航空工业下辖100余家成员单位，33家科研院所，28家上市公司，员工逾45万，拥有一大批院士和国家级专家，7个国家级重点实验室，22个国家认定企业技术中心企业，是首家进入世界500强的中国航空制造和中国军工企业，2018年航空工业连续第10次入围，排名第161位。

航空工业围绕创新驱动发展和军民融合发展两大国家战略，从国家政策研究和企业需求分析入手，构建了一整套科技成果转化创新管理机制，并开展了大量实施，取得阶段性进展。

一、构建背景

（一）科技成果转化政策背景

党的十八大以来，以习近平同志为核心的党中央高度重视科技创新和机制创新，围绕深化科技体制改革做出了一系列重大决策部署：修订颁布《中华人民共和国促进科技成果转化法》（以下简称《转化法》）[1]，发布实施《实施<中华人民共和国促进科技成果转化法>若干规定》[2]、《促进科技成果转移转化行动方案》[3]，明确下放科技成果的“处置权”“使用权”和“收益权”，增强科研单位开展科技成果转化的自主权，形成推进科技成果转化的顶层制度体系；2017年10月18日，习近平在中国共产党第十九次全国代表大会上的报告中指出“深化科技体制改革，建立以企业为主体、市场为导向、产学研深度融合的技术创新体系，促进科技成果转化”；2018年4月，科技部、国资委印发了《关于进一步推进中央企业创新发展意见》[4]，明确提出发挥科技创新和制度创新对中央企业创新发展的支撑推动作用。

（二）科技成果转化重要意义

科技成果转化是构建新型科技创新体系重要组成部分，是深化科技体制机制改革的关键内容，是将存量技术转化为经济发展增量的有效手段，是实现创新驱动发展战略的重要抓手，是落实国家军民融合战略的主要途径，是企业发展的内在需求和动力。

中央企业作为国民经济发展的重要支柱，是践行创新发展新理念、实施国家重大科技创新部署的骨干力量和国家队。航空工业作为中央管理的国有企业，肩负国有资产保值增值、为国家创造价值、推动经济社会发展的必然使命。被誉为工业之花的航空技术，科技含量高、技术前沿，材料与制造技术、导航与控制技术、信息电子与通信技术等关键技术通用性，具备科技成果转化的技术基础。因此，航空科技成果转化，是航空工业履行社会责任的需要，是增强创新能力的需要，是实现航空工业快速、持续发展的需要。

（三）航空工业科技成果转化面临的难题

科技成果转化是涉及科技、财务、人力等多领域的系统工程，如：涉及国家财政资助的科技成果的产权问题，涉及企业、科研事业单位、转制院所等与科技人员之间的利益分配问题，还涉及对于科技人员价值的认可问题。大型央企因其激励力度无法体现智力创造等原因，科技成果转化工作尚处于探索阶段。长久以来，航空科技成果的应用率达90%以上，而推广转化率远远低于应用率。究其原因，一是科研人员专注于主业相关的科研生产任务，无暇关注科技成果转化；二是缺乏有效的激励手段，难以调动起广大科技人员积极性；三是缺乏既了解市场需求又懂得航空技术的技术经纪人，掌握科技成果转化过程中金融、财务、知识产权、法律等相关知识的复合型人才少之又少；四是部分国家政策在具体操作实践时，边界条件模糊，可执行性较差，政策落地较难。

（四）国内外科技成果转化现状

1.国内科技成果转化仍处于起步阶段。大型央企尚无较为成熟和系统推进科技成果转化的经验可以借鉴。研究院所和高校在《转化法》的政策指引下，开展了大胆的尝试，以中科院为代表的科研院所，探索出“科技+金融”的转化模式；以清华大学为代表的高等院校探索出“产学研”的转化模式，通过校企合作、大学科技园、直接投资控股等形式，培育科技成果产业化。

2.以美国、为首的西方国家在“技术转移”方面已有多年实践经验和成功案例。美国在1980年颁布了著名的《拜杜法案》，明确以政府财政资助为主的科研成果权利归发明者所在研究机构，鼓励非盈利性机构与企业界合作转化科研成果，参与研究的人员可以分享利益[5]；德国在2002年通过修订《雇员发明法》，将大学教师的发明分为“职务发明”和“非职务发明”，学校作为知识产权所有人负责对职务发明进行保护和开发，发明人享有从发明的推广和转化中收益的权利，发明人可以获得发明专利实施的30%收益作为奖励[6]。

二、主要做法

（一）航空工业科技成果转化创新管理机制的构建

1.顺应时代发展，破解机制障碍

航空工业从2014年开始，持续跟踪《转化法》的修订，研究政策精神。自新《转化法》颁布实施以来，国家颁布的有关科技成果转化的配套政策法规超过40份，为科研院所、高等院校以及企业实施科技成果转化提供了极其有力的保障条件。

新《转化法》及其配套政策，完善了科技成果处置收益分配制度、完善了单位领导定价免责机制、完善了工资总额管理要求，明确科技成果市场化定价机制，强化企业科技成果转化的主体地位。上述新政的改革，明确了单位可以自主决定科技成果的使用和处置，取得的收益全部留归单位，从而大大提高了单位实施科技成果转化的积极性；明确了科技人员的激励政策，有效地激发科技人员的创新积极性和开展科技成果转化意愿，也为改善科技人员待遇，稳定科研队伍起到积极的作用。

2. 行业需求统领，实现改革突破

为了真正掌握行业需求，了解各成员单位在科技成果转化上的痛点，航空工业开展广泛的调研，分别进行两轮问卷调查和实地调研，累计发放调查问卷158份，现场访谈调研单位35家，梳理出制约大型军工集团实施科技成果转化5项共性问题：转化实施的制度和具体流程不明确、科技成果转化的范围规定不明确、成本和收益核算的方法不明确、突破工资总额奖励的程序不明确、科技成果转化信息获取不畅通等。

在《指导意见》的编制过程中，紧紧围绕以上5项行业需求及痛点，力求最大程度破解企业科技成果转化过程中的机制障碍，确保企业在科技成果转化过程有据可依，有的放矢。

3.加强顶层设计，创新“五步法”

航空工业以政策研究和行业调研分析为基础，紧密结合航空工业各单位实际需求，提出针对航空工业自身特点的解决措施，创新性的提出“建清单、选方式、定比例、做转化、兑奖酬”五步实施法。首先，梳理出可转化的科技成果范围目录，纳入本单位可转化的科技成果清单；第二步，根据拟转化的科技成果本身的技术分级、面向的转化领域以及预期的收益情况，选择适合的转化方式；第三步，根据相应的转化方式，与转化项目团队约定利益分配比例；第四步，按照前三步基础，有序开展科技成果转化的实施；第五步，按照约定兑现参与转化的人员奖励，做好转化项目的总结与评估。至此，具体实施科技成果转化的核心步骤已形成，“五步法” 成为各单位实施科技成果转化的行动总指南。

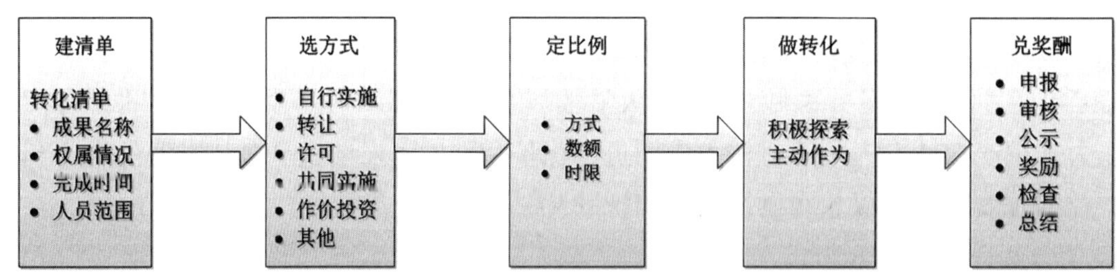

图1　航空工业科技成果转化“五步法”

科技成果转化涉及科技、人事、财务、资产等多个业务主管部门，转化实施周期长、跨度大、执行链条长、关系错综复杂。为解决上述难题，航空工业组成由科技主管部门牵头、人事部门、财务部门等多部门联动，加强顶层制度设计，增强政策协同，确保政策可执行、落地，从源头上避免了“九龙治水”和“铁路警察各管一段”的情况出现。

2017年7月，航空工业印发《中国航空工业集团公司实施科技成果转化指导意见（试行）》（以下简称《指导意见》）。《指导意见》共分三章、十六条，明确提出了集团公司实施科技成果转化具体要求，规范了集团公司科技成果转化的方式和程序，从实施原则、到实施程序、到具体的条件保障要求，总结归纳出“三原则”、“五步法”和“七举措”。《指导意见》的出台，有效的填补了国家法规政策制度空白。

（二）航空工业科技成果转化实施情况

1.明细操作流程，规范转化活动

在《指导意见》发布的同时，航空工业启动科技成果转化试点工作。充分考虑航空工业所属单位性质的不同、技术领域的广泛、地域之间的差异等因素，选取主机厂、主机研究所、制造等领域的科研院所，开展试点工作，验证《指导意见》中“五步法”的操作性和可行性。设计《年度科技成果转化情况及奖励申请》、《科技成果转化项目审查流程及要求》、《科技成果转化项目审查要点》、《科技成果转化项目评分表》等程序文件，明细操作流程，规范转化活动。如，对自行实施科技成果转化项目的一般管理流程包括：科技成果转化、提交申报材料、现场技术审查、现场财务审计、内部公示、奖励发放、检查和总结等七个阶段。

2.及时兑现奖励，强化政策效果

在科技成果转化收益的分配上，《指导意见》明确了取得收益在单位内部的分配和使用原则，明确对个人奖励的金额“纳入单位工资总额，不受单位年度工资总额限制”的具体执行流程和标准。

航空工业共67个科技成果转化项目参与了2017年的试点工作，涉及转化收入共计7亿元，利润2.5亿元，一共奖励763人，奖金总额1485.7万元，人均奖励1.9万元，单人最高奖励金额31.17万元，全部奖金在单位工资总额中单列，不受单位年度工资总额的限制，于2017年底全额发放到个人。

科技成果转化奖励发得及时发放，极大地激发了广大科研人员开展成果转化的热情，示范带动效果非常明显，使得广大科研人员在从事科研生产任务的同时，主动探索科技成果未来的市场前景、转化方式和转化方向。在科技成果转化激励政策的导向下，航空工业各科研院所已逐步形成“科研-转化-收益-科研再投入”的良性循环。

3.全面总结分析，持续优化政策

为评估航空工业科技成果转化相关政策制定的合理性和各单位执行的规范性，了解针对科研人员奖励的激励效果，航空工业对2017年实施试点10家单位进行了全面的总结，并从各单位的制度建设、政策宣贯力度、公开公示透明度、奖金发放时效和金额、员工满意度等维度进行了综合的评估。

在转化项目方面，试点转化的航空科技成果，主要集中在材料、工艺、装备、航电、机电、元器件、软件、试验检测等技术领域，具有技术含量高、通用性强、利润率高（平均利润率达36%）等特点，推广转化的领域主要在航天、发动机、兵器、电子等军工领域以及民航、高校、民营企业等民用领领域。

在转化人员构成方面，科技成果转化项目平均需要投入核心人员11.4人，其中科技成果主要完成人员占73%，后期转化项目研发及生产人员占25%，管理人员占1.8%。科研开发和生产人员占比较高，从事推广转化人员占比较低。

在奖励金额方面，奖励金额占单位工资总额比例范围在0.04%~3.07%，单位奖励总金额最多312.39万元，单位奖励人数最多单位158人，人均奖励金额最多5.69万元，个人奖励最高金额31.17万元。对112位获奖人员进行访谈，93.8%以上的人员认为集团公司推行的科技成果转化奖励政策激励效果非常明显。

通过总结和评估，发现一些试点单位在实施科技成果转化好的经验和做法，及时了解到科研人员诉求，为航空工业持续优化科技成果转化政策指明了方向。

4.构建人才队伍，形成良好氛围

为保障科技成果转化的规范推进和有效推广，航空工业十分重视人才队伍建设，逐步建立符合科技成果转化工作特点的职称评定、岗位管理和绩效考核评价制度，完善收入分配约束机制，畅通职业发展通道；同步开展对各成员单位从事科技成果转化人员的培训，目前5人获得北京市技术经纪人资格认证，78人获得航空工业技术转移经理人资格认证，初步形成集团公司科技成果转化专业人员队伍；同时，选取行业内各专业领域的技术专家，参与科技成果转化项目认定等工作，从技术供方优势发挥对科技成果转化的推动作用。科研人员、技术转移经理人的实践和技术专家队伍一起形成了航空工业科技成果转化工作队伍的主力军，形成了合作共赢的良好氛围，共同推进航空工业科技成果转化工作的开展

5.搭建转化平台，加速信息交流

为了完善科技成果转化平台建设，更好的推进航空工业科技成果的转移转化，航空工业建设了基于移动客户端的航空工业科技成果转化信息服务平台——“航空果园”微信公众号，开展政策解读及军民融合重点科技成果转化项目推介，现已整理航空科技成果推广转化目录2163项，平台推送重点项目10个，发布政策解读21篇，累计阅读量达1万余次。

“航空果园”微信公众号平台现已经成为航空工业科技成果转化展示和交流的一个重要窗口，是航空技术供需双方的交流对接平台，有利于促进科技成果转化信息的传递和流通，有利于实现科技成果的产品化、商品化。平台力争专业化发展运营，形成品牌效应，融入国家技术转移体系基础架构，成为集成果、资金、服务、政策要素为一体的行业性技术转移专业平台。

（三）创新性贡献

1.创新性提出“五步法”模型

航空工业创新性提出了“建清单、选方式、定比例、做转化、兑奖酬”五步科技成果转化实施方法，实现了对国家政策的有效衔接、对下属企业的精准指导。

“五步法”解决了科技成果转化范围界定不清的问题，通过建立科技成果转化项目清单，明确转化范围，为后续的明确转化实施责任主体和奖励人员奠定必要的基础；“五步法”明确了转化方式的选取原则，根据转化的科技成果技术成熟度、预期收益等维度，选择适当的转化方式；“五步法”明确了转化收益分配原则；“五步法”明确规定了奖励和报酬的发放条件和程序，打通了操作流程，兑现了奖励和报酬，增强了政策的实施效果。

2.建立科技成果转化全流程管理制度

从科技成果确权、转化方式选择、奖酬比例约定、奖励兑现发放、最后到实施总结评估等各活动环节，按照国家法规文件，提出了相应的制度要求和实施表单；从科技成果转化项目的选择和识别、转化收入的技术关联性评价、财务审计的核算标准到奖金分配和发放等各管理维度，制定相关的工作规范和实施指南。明确了各阶段的责任主体，规范了各业务领域的工作要求，形成要流程清晰、协调统一、互动关联管理细则。

3.首次提出科技成果转化奖励核算模型

航空工业首次提出一套完整可行的科技成果转化奖励核算模型，明确科技成果转化项目奖励金额的计提基数计算方法：

累计净收入=该项科技成果转化后取得的收入累计–成本费用累计。

在此基础上，具体奖励金额，根据《转化法》的相关要求，按照不同的转化方式对应的提奖比例分别计算。

三、实施效果

（一）探索出央企科技成果转化实施路径

在国内大型企业对科技成果转化普遍处于探索起步的阶段，航空工业摸索出的科技成果转化创新管理机制系列举措，从中央管辖的国有大型企业约束条件入手，将企业的自身问题和困境彻底剖析。在政策层面，通过提出“五步法”模型、发布《指导意见》，将国家政策融会贯通，大型军工集团实施将科技成果转化的全过程、全路径加以明确；在操作层面，通过试点实施，编制《奖励申请》、《审查要点》等系列程序文件，彻底打通中央企业对科技人员实施科技成果转化奖励的流程和路径；至此，航空工业探索出一条央企科技成果转化的实施路径，制度保障了科技成果转化工作运行流畅，在开展科技成果转化过程中有政策依据、制度保障，在操作层面模型、流程清晰明确，有一套完整的、合理有效的科技成果转化内控管理文件，为其他央企开展科技成果转化提供了参考经验。

（二）形成了以增加知识价值为导向的分配激励机制

通过2017年的试点工作，航空工业科技成果转化奖励按照国有科技型企业中长期激励政策落地实施，在单位和科技人员当中产生了巨大的反响，在现有科技人员绩效薪酬的基础上，将科技创新所带来的经济效益直接体现到奖励报酬上，使科技人员做出的贡献真正得以显现，直接反映了知识价值的意义，形成知识创造价值、价值创造者得到合理回报的良性循环，激发了广大科技人员积极性、主动性、创造性。试点单位在现有薪酬体系的基础上，单独为科技成果转化奖励设立科目，获得的科技成果转化奖励占单位工资总额比例最高达到3%，促进了航空工业“三元”薪酬结构（稳定提高基本工资、加大绩效工资分配激励力度、落实科技成果转化奖励）的形成，在航空工业内部形成营造出尊重劳动、尊重知识、尊重人才、尊重创造的氛围，以增加知识价值为导向的分配激励机制逐渐形成，为科技创新体制的改革和完善做出了有益的补充。

（三）加速技术存量转化为经济发展增量

航空工业长期以来致力于研制军用飞机，在军机的科研生产过程中积累了近万项高水平科技成果。在军民融合发展战略的指导下，具有自主知识产权的军机专用技术成功转化至民用飞机领域，自主研制了AG600大型水陆两栖飞机，系列发展了“新舟”支线飞机、全力支持了C919大型客机、ARJ21新支线飞机发展；航电、机电、材料、制造等军机通用技术紧密围绕国家战略新兴产业，成功转化到轨道交通、建筑等民用领域，释放了科技创新的内生动力，实现了已有技术存量转化为经济发展增量。2017年试点单位共计签订科技成果转化合同684份，为航空工业带来超过7亿元合同收入。如，国防计量专业科技成果“超低频大振幅振动校准装置”在服务军机同时，转化到民用道路桥梁工程领域，在港珠澳跨海大桥工程中突破海底沉管对接技术瓶颈，打破国外技术封锁，在给航空工业带来800多万的合同收入，同时为国家节省了1.5亿欧元的外汇。

科技成果转化机制的形成与实践，打破长期以来横亘在科技与经济之间的藩篱，实现科研能力与产业需要的有机衔接,成为航空武器装备研制生产主业发展的有益补充，形成航空工业经济发展的新模式，加速技术存量转化为经济发展增量。

四、总结与体会

“十八大”以来，随着创新驱动发展战略逐步推进，国家连续出台多项法律、法规深化科技体制改革，科技成果转化是构建新型科技创新体系重要组成部分，是推动科技改革的关键内容。进一步提升科技创新能力、激发科研人员的积极性创造性、形成风清气正的科研氛围，是航空工业科技体制改革发展的终极目标。

在跟踪《转化法》修订至今的四年里，航空工业做了大量的政策研究及企业调研，以国家政策导向、企业和员工需求为突破口，构建了一整套科学、规范、高效的科技成果转化管理机制，通过试点实施，激发了广大科技人员的创新活力和创造潜能，发挥了科技资源对航空工业发展的支撑和引领作用，使技术存量转变为经济发展的增量，推动了航空工业的快速发展。回顾四年来相关工作，航空工业科技成果转化机制创新是科技创新成功的最关键因素之一。破解机制障碍、注重顶层设计、明细操作流程、明确计提基数、及时兑现奖励确保了《指导意见》的落地实施。在取得成绩的同时，我们也清醒地认识到，在自主创新的道路上没有捷径可走，筚路蓝缕，挑战无限，科技成果转化仍然有许多待亟待突破的体制机制障碍，“成果评估难”、“收益落实难”、“成果处置难”等“三难”依然存在，科技成果转化政策与财政、税务等其他法律法规及行政规章制度需进一步统一联动，以增强政策的使用范围和执行效力。航空工业将一如既往，持续跟踪国家政策的导向，及时动态修订《指导意见》，攻坚克难，建设促进科技成果转化的良好生态环境，真正将航空技术推向国民经济的各行各业，为建立特色鲜明、要素集聚、活力迸发的中央企业创新体系做出应有贡献，为建设创新型国家和世界科技强国提供坚强支撑。

成果创造人：魏金钟、陈　刚、朱　娜、张诚铭、罗　成、张　娜

【参考文献】

[1]《中华人民共和国促进科技成果转化法》（2015修订）
[2]国务院关于印发实施《中华人民共和国促进科技成果转化法》若干规定的通知（国发〔2016〕16号）
[3]国务院办公厅关于印发促进科技成果转移转化行动方案的通知（国办发〔2016〕28号）
[4]科技部 国资委印发《关于进一步推进中央企业创新发展的意见》的通知（国科发资〔2018〕19号）
[5]柳玉林等，中外技术转移模式的比较[M]，科学出版社，2012年6月第1版
[6]贾玉平，德国技术转移体系及对浙江的启示，豆丁网[OL]，www.docin.com

人力资源管理与履行社会责任

大型企业履行社会责任的运营管理创新

中国铝业集团有限公司

中国铝业集团有限公司（以下简称“中铝集团”）成立于2001年，是中央管理的国有重要骨干企业，主要从事矿产资源开发、有色金属冶炼加工、相关贸易及工程技术服务等。经过持续快速发展，截至2017年底，资产总额5348亿元，在岗员工11.6万人，连续十年入选世界500强企业，2017年排名第248位，是全球最大的有色冶金企业。集团下设铝业、铜业、稀有稀土、工程技术四大主业板块，以及资产经营、财务金融等相关业务板块。其中，中国铝业为全球第一大氧化铝供应商、第三大电解铝供应商，中国铜业综合实力位居全国第一，中国稀有稀土是产业链最完整的行业整合主导企业，共拥有4家境内外上市公司。

一、背景

（一）履行社会责任是当今时代发展的趋势

企业在获取经济收益的同时，必须同时承担起相应的环境责任和社会责任——这既是社会责任国际标准、联合国可持续发展目标的要求，也是党中央关于“创新、协调、绿色、开放、共享”新发展理念的要求，是当今时代发展的大趋势。经济全球化把企业推到了国际竞争大平台，我国企业只有把履行社会责任纳入自身的国际化进程之中，切实履行好社会责任，才能顺应趋势，形成国际竞争软实力。这就要求企业不仅提供优良的产品质量与服务，而且还要树立良好的社会形象，企业任何一项决策、生产经营活动，都要充分评估、考量对社会和环境的影响，以及对各利益相关方的影响。

（二）履行社会责任是国企改革的重要任务

党的十八届三中全会通过的《中共中央关于全面深化改革若干重大问题的决定》，将国有企业履行社会责任列为深化国企改革的六大重点任务之一，这是党中央第一次将社会责任的内容写进重大问题的决定。党的十八届四中全会通过的《中共中央关于全面推进依法治国若干重大问题的决定》明确提出加快社会责任立法的要求，充分体现了党中央对国有企业履行社会责任的战略思考和重视程度。国务院国资委出台了《关于中央企业履行社会责任的指导意见》，要求中央企业在守法经营诚实守信、资源节约和环境保护等八个方面全面履行社会责任。无论是党中央全会通过的《决定》，还是国资委下发的文件，都把履行社会责任列入国企改革的重要任务之中。

（三）履行社会责任是中铝集团可持续发展的现实需要

随着世界经济形势、行业发展格局的深刻变化，过度依赖资源消耗、以牺牲环境为代价的发展已不可持续，转变发展方式，推进绿色发展、循环发展、低碳发展成为必然。中铝集团作为有色金属矿产资源开发和冶炼加工的全产业链企业，急需加快转型升级，实现可持续发展。但在转型过程中，所属企业也发生过因排放超标被国家环保部门约谈、因环境问题被媒体曝光等负面事件。沉痛的教训使中铝集团深刻认识到，转型升级必须首先转变观念，牢固树立绿水青山就是金山银山的理念，既要算好经济账，也要算好社会账和环境账，妥善处理好与利益相关方的关系；企业决策和经营活动既要满足当期发展需要,又要留有未来发展的空间，做优秀的企业公民，以良好的社会形象，落实国家的生态文明要求，赢得社会的广泛认可和支持，促进可持续发展目标的实现。

二、内涵

中铝集团社会责任管理以ISO26000国际标准为指导，通过构建“社会责任管理模块和负面清单”，制定规划目标，明确理念体系、组织体系、制度体系、考评体系，明确五大履责领域，创新实践“五步法”，推进责任管理融入日常运营，形成了闭环运转、持续改进的社会责任管理体系，体现了融入性、导向性、预防性、持续性。

三、主要措施

（一）创新理念，导入集团战略

中铝集团党组和经营班子强调：“切实履行好社会责任，既是中铝集团的使命，也是中铝集团的文化和品牌。‘履行’包括贯彻好、实践好、融合好、弘扬好社会责任，应全面总结中铝集团履行社会责任工作的经验和检讨不足，坚决按照国务院国资委会议要求，把这项工作提高到一个新水平”。2012年，中铝集团开展了《ISO26000在中国企业的应用》研究课题，从中国国情出发，用国际标准指导企业社会责任实践，贯彻落实国务院国资委关于央企全面提升管理的部署要求，反复探索完成了社会责任管理模块和负面清单的构建，并投入试运行。

三年来，中铝集团按照ISO26000国际标准的原则和要求，建立了完整的社会责任管理体系和长效运行机制，社会责任管理实现了与公司运营的有机融入。树立了“点石成金，造福人类”的责任观，确立了“报效国家、回报股东、成就员工、惠泽客户、造福社会、珍爱环境”的企业使命，形成了“责任、诚信、开放、卓越”的核心价值观，以“创造价值，回报至上”的经营理念，着力打造“责任中铝、诚信中铝、生态中铝、法治中铝、平安中铝、和谐中铝”的品牌形象。

2012年，制定了中铝集团社会责任发展三年专项规划，把“和谐发展战略”列为集团的五大发展战略之一，成为“十二五”规划和《做强做优世界一流企业实施方案》的有机组成部分。2015年底，制定了社会责任“十三五”发展专项规划，纳入中铝集团“十三五”整体纲要，明确了2018年中铝集团全级次企业社会责任管理模块和负面清单覆盖率将超过50%，2020年将达到100%。集团每年度组织制定社会责任工作要点，细化落实规划制定的目标、任务及时间节点，指导所属企业开展社会责任实践，提升责任管理绩效。通过创新的理念、科学的规划和丰富的实践，为中铝集团建设具有创新能力和国际竞争力的世界一流企业提供坚强保障。

（二）构建体系，做到“四个同步”

中铝集团定位社会责任工作为“一把手工程”，将社会责任工作与其他管理工作同部署、同落实、同检查、同考评。

1.融入组织体系，做到同部署。在集团层面设社会责任工作委员会，由董事长担任委员会主任。委员会下设办公室，作为社会责任工作的归口管理部门，负责日常管理职能。每年召开1~3次委员会会议，审议社会责任战略规划和年度工作要点，建立健全社会责任制度，评定社会责任先进单位和先进个人。每3年召开一次社会责任大会，总结部署工作，表彰先进。社会责任工作办公室负责社会责任日常管理，落实委员会决议、决策，编制社会责任规划和年度计划，开展业务培训，编制和发布社会责任报告，指导、检查企业的社会责任实践，开展社会责任优秀案例的评审。在板块公司和全部实体企业设立了社会责任工作领导小组，由板块公司和企业的主要领导担任组长，指定职能部门负责社会责任工作的实践与管理。

中铝集团已建立起一支社会责任专兼职队伍，包括板块和实体企业的主要领导及分管领导，社会责任管理的业务部门负责人，综合协调部门的联络人员，总人数达1200多人。

2.融入管理职责，做到同落实。根据集团、板块、企业功能定位和职责权限划分，重新梳理、界定各层级专业部门的职能职责，对照职能职责认领社会责任指标，紧盯关键环节，消除交叉重叠项，填补管理盲区，修订不符合社会责任要求或不完善的制度，补订缺失的制度，理顺管理关系，将社会责任工作层层落实到各单位及其部门的职责中，整体融入企业管理流程。

3.融入制度体系，做到同检查。制定《中铝集团社会责任管理办法》，下发各单位、各部门实施。梳理已有制度，编制《中铝集团社会责任制度汇编》，收录95个社会责任相关制度和管理办法。编制并完善《中铝集团社会责任报告编制指南（1.0）》，设立报告编制指标体系。社会责任试点企业的实施方案中，都明确了总结检查的内容。3年来，集团每年组成两个调研检查组，指导企业累计38户次，检查制度完善及执行情况，对照制度标准及年度要点，督促实施社会责任管理工作。

4.融入绩效评估，做到同考评。为了确保管理模块和负面清单的持续改进，每年度在总部层面定期评估运行情况。自2014年中铝集团社会责任管理模块和负面清单投入运行以来，各单位每年都要在年初对履责内容进行确认，年中要进行进度跟踪，到年末要对照社会责任管理模块和负面清单进行自检评估，审核履责情况及数据的准确性，补充完善需要反映且可以量化的数据，发布年度评估报告。

2016年集团14个部门对198个责任指标的完成情况进行了回顾总结，确定了整改措施，并将自评情况融入了绩效考核。所属企业云铜集团出台《社会责任工作考评管理办法》，采用百分制考评责任管理、市场绩效、社会绩效、环境绩效四个方面的内容。各单位、各部门社会责任工作和年终考评结果对应，占年度绩效5%的权重，与集团所属各单位领导班子和集团机关部门负责人绩效薪酬挂钩。

（三）突出重点，抓好五大领域

根据ISO26000国际标准确定的七大核心主题，结合中国国情及有色行业特点，中铝集团突出履责重点。对人权和劳工实践进行适当归并，对消费者和公平运营进行整合，把七大核心主题在中铝集团梳理划分为社会责任管理的五大领域，即公司治理、员工权益、环境保护、公平运营、社区支持。落实国务院国资委关于中央企业全面提升管理的模块建设要求，创新建立了企业社会责任管理模块，确定了责任范围、责任主体、责任指标，编制了80项负面清单。

1.规范运营，完善公司治理。遵循担责、透明、道德的原则，不断完善法人治理结构，加强董事会建设，规范决策程序，建立科学高效的决策、执行、监督体系，重点做好合规管理、风险防控、廉洁从业等工作。分别对办公厅、人力资源部、财务部、审计部、纪检监察部、法律部、新闻中心以及各板块公司及实体企业，规定了56类责任指标和16项负面清单。

根据联交所上市规则，中铝集团加强了所属上市企业的规范治理，中铝国际制定了《董事会成员多元化政策》，确定在设定董事会成员组合时，坚持从年龄、文化及教育背景、专业经验、技能及知识等方面考虑董事会成员多元化；提名委员会每年在《企业管治报告》中披露董事会组成，并监察多元化政策的执行情况。中铝国际通过制定公司章程、股东大会议事规则、董事会及4个专门委员会议事规则、监事会议事规则、信息披露和关联交易管理办法等11项公司治理决策制度和管理办法，从制度上保证了科学决策和高效运行。

2.以人为本，保障员工权益。坚持保障平等就业，落实民族政策，保护女职工、残疾员工权益；不使用童工，杜绝强迫劳动；规范劳动用工制度，畅通与员工的沟通渠道，建立和落实职业健康安全措施，完善员工职业发展和培训机制，加强对员工的人文关怀。分别对办公厅、人力资源部、安全环保健康部、党群工作部、纪检监察部、法律部，以及各板块公司及实体企业，规定了25 类责任指标和20项负面清单。

中铝云铜集团坚持“发展依靠员工、发展成果惠及员工”的办企业思想，发扬“传青铜文明、建幸福云铜”的社会责任理念，持续开展“四不让”工程（即：不让一个职工生活在社会最低保障线下、不让一个职工因生活困难看不起病、不让一个职工子女因家庭困难上不起学、不让云铜出现一户零就业），累计投入970.96万元，帮助困难员工及员工子女共计11755人，让758个孩子圆了上学梦，得到了云南省委、省政府的高度认可。

3.绿色发展，保护生态环境。坚持遵守国家和业务所在地的环境法规，自觉承担生产现场及周边区域的环境保护责任。积极主动地防治污染、保护生态环境，落实矿区土地复垦、资源可持续利用、生物多样性保护等方面的管理措施。分别对安全环保健康部、科技管理部、战略发展部，以及各板块公司及实体企业，规定了16类责任指标和11项负面清单。

中铝集团坚持绿色低碳发展，大力推进节能环保新技术的研发应用。集团投入29.7 亿元完成9家电厂脱硫脱硝和除尘改造及京津冀周边地区企业热电锅炉、窑炉改造。开展“中铝联合降碳行动”。为响应习近平主席在巴黎气候大会做出的四项承诺，积极参加全球气候治理多做自主贡献，中铝集团联合中国节能环保集团、中远海运、吉利新能源汽车等供应链合作伙伴，共同启动了“中铝联合降碳行动”，以降碳理念为先导，生产、管理、科技、生活等领域全面展开降碳行动。中铝集团还专门设立“中铝降碳节”，每年在全国低碳日举办，同时发布降碳报告，表彰降碳好新闻和好案例，展播降碳微电影。把降碳理念融入企业文化，带动集团员工和全社会节能减排、降低二氧化碳排放。

中国铝业广西分公司作为中铝集团第一家企业社会责任试点，突出绿色发展，实施了“

循环经济、生态矿业、节能减排、碳减排交易”四个重大责任项目，努力打造社会责任模范工厂。在2015.2016年铝价持续下跌严峻市场形势下，通过开发建设赤泥回收铁生产线，有效解决了氧化铝企业赤泥回收难题，培育了新经济增长点，分别以10亿元和7亿元的利润，超额完成年度考核目标。

4.诚信守诺，做到公平运营。坚持反对不正当竞争，维护公平、公正、公开的市场环境，承担产品和服务在有效周期内应负的责任，提供优质产品和服务。开展客户满意度调查，健全客户争议处理机制，保护消费者权益。加强供应链管理，推动产业链和供应链成员共同履行社会责任。监控和防范各种商业贿赂行为，尊重知识产权。分别对营销管理部、资本运营部、企业管理部、科技管理部、纪检监察部、法律部、信息化管理部，以及各板块公司及实体企业，规定了20类责任指标和20项负面清单。

中铝国贸将履行社会责任的要求融入公司运营全过程中，建立跨产品、跨地区的统一营销平台、采购平台和物流平台，将利益相关方的期望和需求融入日常管理中，精心谋划、精准管理、精明运营，做到“重诺、承诺、践诺”，努力“做客户乐于合作的伙伴、易于交往的朋友”，保障公司经营活动满足安全、高效、绿色、和谐的要求。2016年实现利润8.09亿元，创6年来最好成绩。

5.共担共享，支持社区发展。坚持根据与自身能力相匹配的原则，支持和参与社区发展，履行海外开发项目的社会责任。实施援藏、援疆、援青、扶贫等政策性援建计划和项目，积极参加应急抢险救灾和捐助活动。分别对办公厅、人力资源部、党群工作部、战略发展部，以及各板块公司及实体企业，规定了21类责任指标和13项负面清单。

中铝集团总部和实体企业积极支持所在地社区建设，先后派出13名干部援藏援青，开展对口扶贫工作，积极参与西部母亲水窖、母亲健康快车、支教、助学等公益活动，仅2016年投入1530万元帮助西藏察雅县、青海海晏县、湖北阳新县建设民生工程，有效改善了援建地区的生产生活环境。各企业通过自身的良性发展，落实当地党委政府关于企业结对帮困村镇建设的任务要求，促进了当地经济社会的繁荣发展。中铝广西有色稀土开发有限公司引导矿区群众成立经联社，促进群众增收致富。在矿区项目建设、矿山资源勘探和开采注液井挖掘等工作中，优先外包给周边村屯的群众。周边群众每年获得的工程建设、劳务费用达300万元以上。该做法在得到广西壮族自治区政府和国家稀土办的高度评价，并在广西壮族自治区进行推广。

中铝集团用社会责任管理标准创新企业运营管理的做法，得到了有关专业机构的肯定。责扬天下管理咨询公司评价，“中铝集团社会责任管理体现了与业务管理系统相结合、国际标准应用、推进方式上的3个创新”。中国社会科学院企业社会责任研究中心把《中铝“负面清单”提前防范社会环境风险》作为典型案例，收录进中国社科院《企业社会责任蓝皮书（2014）》。

（四）提炼“五步法”，加快复制推广

为促进集团各级企业社会责任工作顺利推进，做到可复制可操作可持续，2015年，中铝集团在总结试点工作经验的基础上，首次提出社会责任工作“五步法”。2016年，概括提炼深化内涵要求，在推广应用社会责任管理模块和负面清单的基础上，制定了“五步法”工作指南，指导帮助试点单位开展社会责任实践工作。

“五步法”明确了社会责任管理模块和负面清单融入运营管理的五个步骤。第一步，结合业务特色，形成社会责任核心理念。第二步，围绕履责实践领域，建立社会责任指标体系。第三步，确定履责主体，梳理责任管理流程。第四步，完善制度体系，建立长效机制。第五步，制定社会责任管理模块和负面清单。

在总结提炼“五步法”的基础上，中铝集团坚持试点先行，通过在企业开展社会责任试点和专题实践活动，复制推广社会责任管理模块和负面清单，创新企业运营管理。目前，已有所属中铝国际、云铜集团等17家试点单位，实现了两个覆盖，即：试点范围覆盖了中铝集团主要业务板块，实践主题覆盖了社会责任ISO26000全部领域。

在复制推广“五步法”过程中，中铝集团遵循的三原则。

一是紧扣企业业务特点。如中国铝业广西分公司是重点氧化铝企业，铝土矿山一方面存在采矿占地多、作业面广、用地消耗快等问题，另一方面当地石漠化现象严重、耕地十分珍贵，如不采取措施恢复耕地，矿区几十万农民将彻底失去祖辈赖以生存的土地资源，处理不好，采矿作业还会对矿区的生态系统造成巨大影响和损失，以至于产生植被破坏、水土流失和石漠化加剧等一系列问题，把环境保护作为该企业试点主题，体现了责任实践价值的最大化。

二是紧扣企业突出问题和薄弱环节。农民工是促成中国改革开放30年经济快速发展的重要力量，但多年以来，在农民工为主的建筑施工企业管理上一直存在工程质量、施工安全和劳务人员薪酬不能及时发放等难题和困惑。六冶作为国有大型综合性建筑安装企业，农民工为主的劳务人员与核心层员工基本保持10:1的比例，将农民工权益保护作为该企业试点主题，有助于解决带有普遍性的问题。

三是紧扣企业可持续发展。中铝集团深入贯彻绿色发展理念，持续开展节能减排，连续四年节能减排量超过100万吨标准煤，成为铝行业节能降碳的排头兵。在试点企业，结合行业特点，推进可持续发展工作。如中铝宁夏能源公司作为国有大型能源企业，拥有火电、煤炭、风力发电、光伏发电和电力检修、物流服务等五个业务单元，建设节约环保型企业是该公司可持续发展的生命线。把节能减排和碳资产开发作为该企业社会责任实践的两条主线，符合企业可持续发展需要，最能体现“植根宁夏山川，发展绿色能源，造福各族人民”的理念。

（五）强化海外履责，切实保护人权

作为资源型企业，走跨国之路，开发经营海外资源是中铝集团可持续发展的重要组成部分。在海外矿业开发中，中铝集团积极履行海外项目的社会责任，始终做到三个“善待”，即善待资源、善待资源所在国、善待资源地民众。遵守当地法律，尊重文化和习俗，切实保护原住民权益，把保护人权落实到了海外开发的决策和运营之中。

中铝集团投资开发建设的秘鲁特罗莫克铜矿，已探明铜资源量1200万吨，占国内铜资源总量的19%，是世界级的特大铜矿，一期工程建成后年产铜金属规模25万吨，相当于我国铜精矿年产量的三分之一。如何成功开发和运营是走出去过程中面临的重大课题。中铝集团紧紧抓住污水治理和社区搬迁，获得当地政府支持，实现了人权保护的要求。

1.欲获采矿许可，先获社会认可。中铝集团在秘鲁铜矿项目正式动工之前，就投资5100万美元，修建了金斯米尔污水处理厂，使得因早期采矿污染了近80年的亚乌利河得到根治，当地

百万民众受益。在秘鲁政府发生政权更替期间，往往叫停前任政府批准的矿业开发项目，但中铝集团治理水污染的举措，顺利通过各层面关于环境保护的听证会、质询会，得到了政府和民众的认可，开矿所需的460个许可证全部得到如期办理。

2.欲建矿山，先建矿城。中铝集团进驻之前，众多海外矿业公司只采矿石而不管生态保护，把贫困和污染留给资源地，即便涉及原住民的搬迁，也只是给当地居民支付一定的搬迁费。中铝集团投资2.1亿美元，在山下的莫洛科查镇修建了一个新镇，从海拔4500米、条件恶劣的矿区，把1050户矿区居民整体搬迁到了新镇，成为南美第一家通过治理水污染和建设新城镇实行整体搬迁来解决矿区原住民重大民生问题的矿业公司。持续做好社区服务，通过各种方式帮助社区居民，为当地中小学生提供免费早餐，培训当地居民劳动技能，改善当地卫生医疗条件，帮助社区申请财政预算资金改善基础设施等。与社区建立了良好的互动关系，实现了项目开发与社区发展双赢的目标。

3.本土化用工，扩大民众就业。中铝秘鲁铜矿建成投产后，中铝集团派出数十名管理和技术骨干负责铜矿的运营，录用2000多名当地人作为正式员工。有的家庭既有产业工人，也有后勤员工。在项目建设高峰期，中铝秘鲁铜矿吸纳劳工在一万人以上。

4.尊重民俗和信仰，建设和谐家园。中铝集团修建的莫洛科查新城镇，具备现代城市功能，而且还按照当地民众的宗教习惯，配套建设了教堂，在员工管理手册中为信教员工设立了相关的条款，方便他们进行宗教礼仪活动。在矿山开始剥离前，按照当地风俗举行祭祀仪式。民俗得到尊重，民众高兴，工程进展非常顺利，特罗莫克铜矿一期工程建成投产只用了29个月，创造了秘鲁大型铜矿建成投产新纪录。

中铝集团创立的负责任的海外开发模式，先后被联合国全球契约组织、欧盟、世界经济论坛收入到“可持续的矿业开发”典范案中，成为《中国对外投资优秀社会责任案例》的第一案例。2017年4月，中铝集团作为中欧商业人权对话的中方唯一企业代表，参与了中国外交部与荷兰外交部共同举办的中欧第10次人权对话活动，介绍了中铝集团在海外开发中保护人权的做法和经验。荷兰王国驻华人权大使范巴尔对中铝集团人权保护所作出的努力表示赞赏。中国外交部专门给中铝集团发公函，对中铝集团海外开发中的人权保护以及积极参与中欧洲人权对话进行表彰。

四、主要成效

（一）经济效益显著改善

促进了生产经营持续向好发展，2015年中铝集团实现大幅减亏，完成销售收入2460亿元，全年缴纳税金74.5亿元。2016年一举扭亏为盈，实现经营性利润20亿元；完成销售收入2760亿元，全年缴纳税金81.6亿元。2017年实现利润20.5亿元，同比增加18.8亿元（剔除消化历史因素，实现经营性利润61.1亿元）；2018年上半年实现盈利26亿元。在中央企业业绩考核中，由D级升为B级。三年来，海外营业收入由149.75亿元上升到205亿元；秘鲁铜矿完成建设，投入商业运营，2017年实现利润1.63亿美元，二期扩建正式开工；获得了几内亚西芒度世界级铁矿开发的主导权；启动了几内亚博法铝土矿开发工作，进一步提升了国家战略资源安全的保障能力。

（二）管理效益明显提升

运行主体的履责意识和运行规范性、精准性明显提高，不仅弥补了管理上的盲区和漏洞，而且提高了管理的标准，并固化到制度体系，使企业管理跃上了一个新的台阶。2015年以来氧化铝、电解铝、电解铜完全成本分别下降29.83%、14.33%、23.62%。物流成本同比降低20.88%，生产成本跑赢了市场。氧化铝、电解铝、电解铜劳动生产率分别提高了136%、76%、54%。

有力地促进了集团可持续发展。集团研发出新型结构电解槽以及400千安、500千安、600千安特大电流电解槽，并投入产业化应用，节能效果显著，吨铝交流电耗从1.5万千瓦时降到了目前的1.3万千瓦时，无论是电解槽技术还是吨铝电耗，都达到了世界领先水平。复垦还田实现多赢，中国铝业广西分公司3年复垦土地万余亩，复地率超过90%，复垦还地于民实现“采矿无痕”，被誉为企地和谐共处典范，实现了企地和谐、共商共融、共创共建。资源得到开拓与节约，研发的“反浮选脱磷脱硅”新技术，将铝硅比利用起点降到3以下，延长了矿山服务年限，该技术世界领先。中铝集团电解铝厂均保持废水“零”排放，2017年再生水使用量达到4828万吨。赤泥用于水泥生产、环保生态建材制造等领域，工业固体废弃物综合利用率达到30.0%。

（三）社会效益影响深远

增强了国防军工保障能力，中铝集团累计为国防军工和航空航天工程，提供了上百种合金、数千个品种的高性能有色金属材料。习近平总书记在十九大报告中，重点赞扬了天宫、天眼、悟空、墨子、大飞机等重大科技成果，这些科技成果的关键合金材料均由中铝集团提供。

中铝集团发挥央企作用，在援青援藏和定点扶贫、企业对口帮扶工作中，主动担责。其中，2015~2017年，累计投入援青援藏和扶贫资金5890万元。连续两年被中国企业公益事业发展组委会授予扶贫公益勋章。

降碳行动影响大，在连续三年节能量超过百万吨标准煤的基础上，中铝集团开展的联合降碳行动，在供应链合作伙伴中引起强烈反响，国务院国资委综合局领导认为“携手供应链上下游客户和社会责任推进机构，共担节能降碳责任、共享绿色发展成果，充分体现了中铝集团勇于实践的创新精神和敢于担当的责任意识。”

成果创造人：葛红林、敖　宏、杨燕青、张晓军、董祈祥、代金林、陈一新、韩　露

我国国有企业企业家选拔任用机制创新研究

吉林大学

企业家是国有企业的核心和灵魂，也是最宝贵、最稀缺的资源。对于国有企业而言，选拔任用一支具有优秀企业家精神，懂经营、会管理、善决策、能创新的优秀企业家队伍，对于打造具有国际竞争力的世界一流企业，提升经济社会发展水平具有十分重要的战略意义。与非国有企业不同，国有企业企业家资源既有行政配置方式，也有市场配置方式，而且以行政配置方式为主，这也是造成国有企业经营效率较低的重要原因之一。因此，优化国有企业企业家的选拔任用机制，提高国有企业经营者领导能力是国有企业改革的重要任务。除市场未能在企业家资源配置中发挥决定性作用、政企转换缺乏科学性。因此，要保证我国国有企业的竞争优势，不断创新发展，就必须改进企业家培养与选拔机制，不断培养和选拔出优秀的企业家，推动国有企业持续创新发展。首先，改革企业家来源及任命制度；其次，建立完善的董事会管理制度；再次，营造和完善企业家市场的内外部竞争环境；复次，建立职业经理人制度；最后，建立完善的国有企业企业家选择保障制度，设计好企业家的代际传承机制。

党的十八届三中全会提出“要推动国有企业完善现代企业制度”“要更好地发挥企业家作用”。习近平总书记系列重要讲话中多次出现“企业家精神”“企业家作用”“企业家才能”等关键词，体现了以习近平同志为核心的党中央在治国理政过程中高度重视企业家群体。不仅民营企业需要企业家和企业家精神，国有企业同样需要激发和保护优秀企业家精神、培养和锻造一支优秀企业家队伍。拥有一个好的带头人、当家人，是国有企业健康成长和高质量发展的关键。企业家是国有企业的核心和灵魂，也是最宝贵、最稀缺的资源。对于国有企业而言，选拔任用一支具有优秀企业家精神，懂经营、会管理、善决策、能创新的优秀企业家队伍，对于打造具有国际竞争力的世界一流企业，提升经济社会发展水平具有十分重要的战略意义。缺乏优秀企业家的国有企业难免落入停滞、倒退和平庸的境地。国企改革向纵深化推进必须完成两项任务，一是建立现代企业制度、二是选拔任用优秀企业家，这也是国企提质增效、创新发展的必然路径。

与非国有企业不同，国有企业企业家资源既有行政配置方式，也有市场配置方式，而且以行政配置方式为主，这也是造成国有企业经营效率较低的重要原因之一。因此，优化国有企业企业家的选拔任用机制，提高国有企业经营者领导能力是国有企业改革的重要任务。

一、我国国有企业家选拔任用机制

（一）国有企业经营者和企业家主要选拔方式

社会资源有计划和市场两种配置方式，作为社会资源的重要组成部分，企业经营者相应也存在着行政和市场两种配置方式。

1. 行政选择模式

行政选择模式是指政府或组织部门通过行政命令方式选拔任命经营者的行为。主要体现了以下特征：一是以行政标准为依据。行政方式选拔企业经营者主要是依据其行政能力和行政级别；二是以权力为推动力。行政方式选拔企业经营者，选拔经营者的数量、条件、时间等都由政府或组织部门依照行政权力决定；三是以行政命令决定。行政方式选拔企业经营者，严格按照选择政府官员的程序、通过组织或行政任命。

2.市场选择模式

市场选择模式是运用市场机制，通过竞争方式选拔任用企业经营者的行为。市场方式选拔企业经营者的主要特征有：一是通过竞争方式在经理人市场选择经营者；二是选择的标准是候选经营者的学识和经营管理水平；三是以薪酬为吸引力。应聘经营者是受利益推动的，获得企业经营者的职位就可以为其带来货币收益、权力收益和荣誉收益等。

（二）国有企业经营者选拔方式的变迁

我国国有企业改革30多年以来，国有企业经营者选拔方式不断发生变化。选拔方式的演进经历了以下几个阶段：

1.“放权让利”阶段

计划经济体制下，国有企业的经营者由政府直接任命，通过组织委派方式产生，他们是代表政府管理国有企业的行政官员，而不是企业家。十一届三中全会后逐步确立了国有企业“放权（扩大企业自主权）、让利（调整国家与企业之间的利益关系）”的改革政策，建立各种形式的经济责任制，企业的领导体制实行厂长（经理）负责制。厂长成为企业的“中心”，对企业负有全面的责任，属于企业的行政正职，其任免权属于政府主管部门。由厂长提名企业的行政副职，报主管部门批准。1986年9月，国务院颁发《全民所有制工业企业厂长工作条例》，对国有企业领导体制进行了全面改革，要求企业实行生产经营和行政管理工作厂长负责制。赋予厂长生产经营决策权、指挥权及中层干部任免权和职工奖惩权。放权让利改革阶段试图在计划经济体制框架内，通过对企业放权让利，调动企业积极性，激发企业的活力。

2. 承包制改革阶段

这个阶段我国国有企业经理人的选拔方式主要还是行政选拔，但是市场化的选拔方式已慢慢开始萌芽。到1994年，国有企业大多数实行了各种形式的承包经营责任制，经营自主权不断扩大，开始逐步脱离政府部门附庸的境地。国有企业经营者的选拔方式发生了变化，主要有委托和招标两种方式。招标选拔方式是设计一定的选拔标准和程序，通过市场竞争产生经理人，扩大了选拔的范围。这种方式选拔出的经营者虽然最终还要经过政府确认，但仍具有着深远的意义，标志着我国国有企业经营者的选拔方式的市场化趋势越来越明显，上级指派与企业自主选拔所占的比重此消彼长。

3.现代企业制度改革阶段

党的十四届三中全会明确强调建立适应市场经济发展的现代企业制度，是我国构建和完善市场经济体制的核心环节，其中，改革企业的干部制度和劳动制度是现代企业制度改革的目标之一，企业管理人员与国家干部身份相脱离，不同所有制职工之间取消身份界限，企业与职工实施双向选择，经理、副经理等高级人员与董事会签订聘用合同。1993年12月，全国人大委员会颁布《公司法》，依托法律手段的权威性和强制性推行国有企业改制。将全民所有制的传统国有企业进行所有权与经营权的分离改造，即改造为国家作为出资人（所有权）、而委托人（经理）行使经营权的股份制企业（责任有限、股份有限）。这个阶段，经理人市场的作用开始得到发挥，政府部门开始尝试市场化选拔经理人。国有企业经营者大多数虽然还是由政府选拔，并未完全独立，但具有双重身份：国家干部和经理人。

4.社会主义市场经济体制阶段

2003年3月，国务院国有资产监督管理委员会（国资委）正式成立，对于国有企业改革具有里程碑式的意义。“十六大”确立了中央政府和地方政府履行出资人职责，管资产和管人、管事结合的两级国有资产管理体制，国资委成为国有资产的唯一出资人，国有企业改革由此进入国有资产管理体制改革阶段。国资委开始尝试市场化的国有企业经营者的选拔方式，连续5年对中央企业的103个高级管理职位公开招聘，为一些中央企业选拔出近百名高级经营管理者，同时储备了一批后备人才。各省（市）的国资委也逐步试水市场化选拔，这个阶段国有企业领导人的选拔和任免虽然大部分仍由国资委和组织部门负责，但国资委开始明确表示要加大国有企业的竞争性选拔力度，以市场化为改革方向，要继续完善经理层人员选用机制。国有企业的经营者选拔方式的市场化趋势已然越来越明显。

一、中国国有企业家选拔任用存在的问题

在我国深化经济体制改革的进程中，人们越来越深刻地认识到企业家在经济发展中的主体地位，不断通过改革和建立现代企业制度促使和激励其努力工作。这些改革为国有企业经营者的培养和人力资本的发挥提供了条件，取得了明显的成效，涌现了一批如海尔集团董事长张瑞敏、联想集团董事长柳传志等为代表的勇于开拓创新，勤于经营管理，业绩优秀的中国企业家。但是，我国企业家队伍整体素质不高，在企业家人力资本的形成、配置与运营过程中依然存在许多问题。

（一）市场未能在企业家资源配置中发挥决定性作用

我国国有企业的企业家的选拔和任命一直是以国务院的委、部、办、局为系统自成一体，且大多数国有企业的企业家仍由国家行政领导机关按资历而不是按能力来委任，以至于在相当范围的企业中不可避免地形成“外行领导内行”的现象。在委任企业家时常常简单套用党政干部的标准，将企业家和经营岗位看作是一种官职，按区域、系统、级别、学历、性质等

条条框框甚至是“裙带关系”来选拔和任命企业家和管理者，而较少考虑候选者的胜任力等因素。

同时在企业家市场中产生“劣币驱使良币”的后果；再如人用错了不是下台，而是换个地方提升，借此掩盖错误，从中央到地方都有许多这类问题。这种由行政部门按行政手段进行的企业委任制度，显然不符合人才竞争的规律，不利于企业家的生长和向现代意义下的企业家方向发展，已成为制约我国职业化企业家队伍发展的主要问题之一。

（二）政企转换缺乏科学性

目前国有企业所有权、经营权界限还未完全厘清，导致国有企业经营者选拔权利控制在政府手中，这导致国企是政府安排干部一个重要渠道。一部分国有企业经营者来自于即将从政府部门退休的官员，这部分国企经营者的个人能力和工作热情都有待商榷。同时行政部门任命企业家，通常不承担由任命失误所带来的企业经营风险，因而对企业家的命运更多地取决于与上级主管部门的关系，其胜任能力、业绩高低就都成了次要因素。由此在经济现实中出现许多极为不正常的企业家行为现象，诸如企业家的“59现象”，跑政府而不跑市场，把功夫多下在拉关系走后门上，大肆侵吞国有资产，长期损害国家、股东和职工利益，“内部人控制”等现象。

（三）党政干部企业兼职问题突出

一些政府官员兼职国有企业高管，他们戴着政府的帽子，拿着企业的票子，屡被禁止的“红顶商人”，仍在编制内外自由游走。最新数据显示，群众路线教育实践活动开展以来，共排查出党政干部在企业兼职近8万人次，完成清理约5.5万人次。2013年10月，中组部下发《关于进一步规范党政领导干部在企业兼职（任职）问题的意见》，其中规定“现职和不担任现职但未办理退（离）休手续的党政领导干部不得在企业兼职（任职）”。江苏省排查出5374人，4726人退出；山东摸排出7640人，已清理规范6038人……在集中规范清理干部到企业兼职期间，全国各省区市共排查出党政领导干部企业兼职近8万人次。左右逢源的“两栖人”，不得不做出“取舍”。吉林省有3名原副省长曾任董事长。国有企业成“红顶商人”重灾区，吉林省副省级“红顶商人”清理最引人注目。3名原副省长违规担任地方银行、担保公司或证券公司等金融机构董事长，1人因个人严重违法违纪被处理，另外2人均辞去在企业兼任的职务。根据2013年年报数据显示，曾经在党政机关或者公检法系统有过任职经历的官员独董超过900人，这些独董分布在约800家上市公司中。也就是说，平均不到3家上市公司，就有1人次的官员独董。

三、国外国有企业企业家选拔任用机制经验借鉴

目前西方发达国家在国有企业管理层选拔方面已经做了大量有益的尝试。但在国内大部分企业还是“任命制”，这种现状不利于国家的经济发展，应该积极借鉴国外先进经验改变这种现状。

（一）发达国家国有企业企业家选拔聘用程序

国有企业并非是中国特色。尽管市场经济发达，但西方发达国家也拥有不少国有企业，基本在基础设施、公用事业和高技术行业，如电力、电信、邮政、铁路、航空、公路运输、石油、核能等。虽然世界各国的经济体制不同、国情不同，但是国有企业作为一种常见的经济组织，无论在发达国家还是发展中国家都存在且都有其相应的管理层选拔任用机制，产生的效果也各不相同。每个国家都是根据本国国情和相应的法律体系，形成对国有企业经营者的管理机制，没有统一的模式。其中西方发达国家的选拔机制相对成功，能够有效地调动经营者的积极性，促进国有企业的发展。而南斯拉夫国有企业经营者的选拔任用机制是失败的，原因在于南斯拉夫制定了不符合本国国情的选拔机制，国有企业经营者选拔脱离政府控制，完全实行市场化。因此，我国国有企业经营者的选拔应当适合中国国情，坚持中国特色，吸取国外选拔机制的经验教训，建立有利于我国国有企业稳定发展的管理层选拔制度。

1.美国国有企业企业家选拔任用机制

美国是经济最发达的西方国家之一，近年来对国有企业的管理进行了改革，企业家的任命及激励是其改革的重要内容，取得了良好的效果，对我国国有企业经营者的选拔任命具有一定的参考意义。美国为确立了约束企业最高管理者的机制——董事会制度，定期监督企业管理决策的有效性，保证公司管理者出色地履行职责。美国政府对国有企业管理人员的选拔任命，一般是从企业界及职业经理人市场中选派，从而避免了政企不分的情况发生。美国有发达的企业家市场，搜寻有关管理者候选人信息的交易费用较低。美国的企业家市场有完善的经理经营能力价格评估体系，高级经理人才报价评估机构根据个人的学历、工作履历、经营绩效等情况进行人才价格评估。美国政府建立了经理人员注册制度，达到一定条件，通过考试的人员注册后才能取得市场准入资格，经理要有准入资格才能进入市场。政府通过董事会选拔任命主要负责人后，不再干涉国有企业下属公司经营者的选拔。

2.英国国有企业企业家选拔任用机制

英国屈指可数的国有企业主要集中于煤炭、铁路、邮电等行业，产值占国内生产总值4%，职员人数在整个就业人数中所占的比例也仅为2.5%。英国的国有企业监管机制是独立于政治程序的，各个部门的监管权责都通过法律确定下来，从而保持与政治家的距离。在撒切尔夫人任职期间对英国国有企业进行了改革。改革后政府对经济活动的干预减少，大多数国营事业实行了私有化，劳动力市场也变得更具弹性，英国经济最终走出了长期“滞涨”的局面。

3.法国国有企业企业家选拔任用机制

在发达资本主义国家中，国有化程度最高的当属法国。目前，法国政府拥有52家公司的股份，其中23个是国有全资企业，包括法国国有铁路公司和法国邮政以及一些港口和机场等等。法国的国有企业一般都有董事会，但没有监事会。企业员工董事由企业工会推荐选举产生，报政府主管部门确认；董事每届5年，可以继任；部署或大型国有企业的董事长和总经理均由政府任命，其他国有企业董事长和总经理的产生根据企业资本中国有资本的地位不同采取多元化的选拔方式。

4.加拿大国有企业企业家选拔任用机制

加拿大与中国在经济结构中有一点相似之处，即国有企业都在国民经济中占有重要地位。加拿大国有企业主要分布在金融、文化、运输领域。加拿大的国有企业是根据议会通过的特别法案或依照《加拿大商业公司法》成立的完全由政府拥有的独立法人实体。董事会成员在加拿大的国有企业运作中具有统筹的地位，董事会监督公司的业绩表现和对有关管理层进行监督。每个国有企业还通过负责部长对议会负责，并接受议会对他们的监督。

在加拿大，议会和负责部长共同参与国有独资企业的管理层和董事会的委任，这种公平竞争的环境，确保了公司的管理人员的优秀程度。董事会成员参加了许多有关工作，由于政府官员并非公司的实际管理者，也没有充分了解公司董事的必要条件，因此需要董事会把关，公司董事会就可以放开手脚去寻觅更好的有关管理人员，为股东和公司利益考虑。我们不难发现，即便政府不特意过度干预国有企业的有关经营管理，但若把高管的委任权完全地交给了董事会，则很有可能会发生偏袒董事自己喜欢的人选的现象，导致了董事和高管过度的控制公司财务，因此议会总是希望能够在选拔高管时保持公平的竞争和民主的制度。并且，国有企业通常对新雇用总经理、董事会成员等其他高级管理人员进行培训，以提高其基本素质，为做好国有企业管理工作打下基础。这样的安排是有效地提高国有企业效率的做法，缘于董事会成员的管理能力是国有企业治理结构的比较重要的环节。还有，在加拿大，国有独资公司职务任职中不允许董事长去兼任总经理的职务，这种高级管理人员与董事长的角色相分离的措施也是防止内部人控制的比较有力的措施。

5.其他国家国有企业企业家选拔任用机制

德国政府主要通过在大型国有企业设置监事会对其进行监控，监事会代表政府，国有企业的管理层由监事会来决定，董事长、总经理均由监事会推荐产生。日本企业的最高决策机构是董事会，董事会成员来源广泛，董事会成员及总经理的任免由主管大臣或国会批准。政府主管部门决定了企业的人事任免，国有企业的工作人员受国家公务员法的约束。经验证明，发达国家国有企业经营者的选拔任用机制都是比较成功的，而南斯拉夫在解体前国有企业经理层主要采取市场招聘，脱离政府任命的选拔机制，结果是失败的。

（二）知名国际公司企业经营管理者和企业家的选拔经验

在现代国有企业做大做强过程中必须考虑的一个关键问题是如何选拔出一位富有执行力的、高效的、能够带动企业发展的管理者。下面几家世界级的知名企业领导选拔经验值得借鉴。

1.管理者选拔应是企业最重大的战略决策

美国通用电器公司的领导人选拔过程于19世纪早期形成，选拔继任者已经成为通用领导者的一种习惯与责任。杰克·韦尔奇提前9年开始选择接班人，他在1991年谈到公司继承人规划时说：“从现在起，选择继承人是我要做的最重要决定，这件事几乎每天都要花费我相当多的心思”。而韦尔奇的这种做法也不是他自己发明的，他的前任琼斯就提前7年（自1974年始）开始选拔候选人。琼斯和他的高层人力资源小组密切配合，花了两年时间把96个可能人选减少到6人，其中包括韦尔奇。为了测验这6个人的能力，琼斯任命每个人都担任“部门经理”

，直接接受CEO办公室的领导。随后的三年里让每个候选人经历各种严格的挑战：言谈、论文竞赛和评估，韦尔奇最终赢得了这场严酷的耐力竞赛。这种严格的、马拉松式的领导人选拔制度是保证通用电气经久不衰的重要法宝，也是任何外部选拔机制不可比拟的。

从上可以看出，通用公司花在制定用人决策的时间，特别是高层管理者选拔上的时间，要比花在其他任何事情上要多得多。没有任何决策比用人决策的影响更深远、风险更大，也没有任何决策像用人决策一样那么难以回避。公司采取的一系列科学、严格、长时间的选拔、培养、培训与考核措施，能够比较客观深入地考察评价，使得被选拔的人员更加可靠，从而提高了招聘的质量与成功率，同时也大大降低了用人决策带来的风险。

选拔的时机和继任人的选取作为一个公司的重大决策，理应由公司总经理或董事会决定，只有这样才能确保选拔的公正、规范和有效。企业的核心能力来源于人才结构的优化与整合。确保合适的继任者被选入高级管理层，才能对整个企业的长远发展有重大积极的影响。在这点上，公司的总经理或者董事会一定要起到最具决定性意义的监控与决策作用，从根源上避免选拔管理人才的主观随意性。

2.选拔对象来源应根据企业的实际需求

七八十年代日本企业的迅速崛起，引起了企业界与管理界的注意。日本企业在人力资源配置上，具有封闭性、保守性和排他性的特点，大多采取有限入口和内部提拔的制度。当企业有新的工作需要或岗位空缺时，会尽可能通过内部调节来弥补，弥补不了的就直接从学校招聘。招聘来的人员进入企业后，必须从基础工作岗位干起，通过有计划、有目的、有组织的培训与培养，在逐步了解企业、认可企业、完善自身、创造效益的基础上，求得个人职业的发展。这种长期稳定的就业政策，使员工的培训以及政策的制定都有一个长期的计划，这有利于提高工人的素质。而且劳资关系的全面合作也增强了员工的安全感和归属感，提高了员工对企业的忠诚度。

无论是哪一类的企业，其继任者的选拔方式都可归为内部选拔和外部聘任两种。而我国的企业在任用中高层管理者时，启用“空降兵”（外部选拔）的不在少数。的确，启用“空降兵”可以避免企业由于内部人才的经营管理能力的匮乏，或者一些因为企业本身的局限性无法解决的问题，平衡企业内部竞争的紧张关系，促进企业的团队精神，并为组织带来新鲜空气等功效。然而，从内部提升管理者（内部选拔）有更多的好处：比如有利于充分调动全公司员工的积极性和凝聚力，便于继任者很快进入工作状态等。当然，两种继任方式各有利弊，需要视不同的情况而定。一般可能有4种情况：一是当董事会希望企业发展战略与经营者利益更紧密时，多采用内部选拔方式；二是核心人物拥有企业相当多的股份时也采用内部选拔的方式，三是当企业需要寻找外部强有力的支持时，可选择外部聘任；四是当企业业绩很差需要外来的力量进行重大改革时，大多采取外聘的方式。

3.选拔标准应当以德为先

瑞士锡克拜（SICPA）公司是世界知名的专业油墨供应商。锡克拜的企业文化主要特点是不提倡对员工管理得过于刻板教条，公司尊重员工，所有的工作都在积极沟通的前提下执行。其强调充分授权、强调员工需有强烈的自我管理意识和能力，工作中要有较强的计划性。同样，锡克拜招聘中层管理人员有着一套特殊的标准。技术方面的中层管理人员需要有相关专业的背景，销售方面的中层管理人员也要有过硬的技术背景。瑞士锡克拜要选择与公司文化和价值观相匹配的、具有恪守、正直、诚信的价值观和行为方式的中层管理人才，不允许中层管理人员进行任何有违公司道德观的事情。因此，在招聘的过程中，公司会注重考察候选人的道德观和价值观。

管理者素质是选拔考察的重要方面。无论在西方国家规范的市场条件下，还是在中国这样一个长期习惯于“人治”的社会，现任领导人在选择接班人问题上、执行公司制度方面总具有举足轻重的作用。这时现任领导人的个人使命感、智慧与胸怀就对顺利交接产生重要影响。20世纪80年代时，通用的第六任领导人琼斯选择了韦尔奇为继任者。事实上在性格与管理方式上，两人截然不同，琼斯注重规范，韦尔奇则常有“出轨”之举，但琼斯首先考虑到是公司的长远未来，认为公司需要一位能够锐意改革的领袖，所以毅然把韦尔奇推到了台前。当今天全球企业界都传颂着韦尔奇神话时，我们更为琼斯对企业的忠诚与宽广心胸而感动。

对于不同层级管理者的选拔，需要关注个人素质的不同方面：对于中基层管理人员，仅有业绩不行，要有管人的能力，能带队伍、能做事、能解决业务问题；对于高层管理人员来说，首先要有心胸、抱负和境界——如果没有心胸、抱负、境界，他不可能容纳更多的人才。到了高层这个管理层级，要善用比自己更能干的人才，要有驾驭人才的能力。能否驾驭人才，关键在于其是否是有眼光、有心胸、有抱负、有追求、有境界，这也是高层领导者的首要素质要求。

4.管理者选拔更多需要“未雨绸缪”

IBM属于不喜欢“空降兵”的公司，对于打造中、高层管理者有一套特殊的理解和做法，那就是“长板凳”计划。“长板凳”计划得名于美国的棒球比赛，即在棒球场旁，往往放着一条长板凳，上面坐着很多替补球员。每当比赛要换人时，长板凳上的第一个人就上场，而长板凳上原来的第二个人则坐在第一个位置上去，刚刚换下来的人则坐到最后一个位置上去。这个计划的具体内容是，IBM的中、高层上任伊始就有一个硬性目标，要确定好职位的接任人。

每年，IBM“长板凳”计划要在全球近五千的中层管理人员之中挑选近300人作为重点培养对象。这个“长板凳”计划还有个非常有价值的做法，那就是“替补系统”。这个系统能使后备人员及时替补各个“岗位空缺”，为企业的潜在管理人员提供实践的机会。例如：当某个中、高层管理人员休假，或开会，或离开的时候，就要把这个职位让出来，让给需要培养的人来承担。继承人的知识水平、工作经历甚至继承意愿都可以是培养锻炼的结果。所以，培养锻炼是新生代企业家茁壮成长的必经之路，也是企业新老领导人传承的过程和传承计划的重要组成部分。从培养锻炼的目的来看，主要是提升继承人对领导角色的准备，形成一个企业家所应具备的素质和能力。

近年来，管理人才的继任与开发成为企业战略规划的重要部分。许多跨国公司制定出明确的管理人才继任计划，发现、追踪并培养具有高潜质的人才，以便在将来接管重要职位。被列为“高瞻远瞩”的18家美国公司（标准：所在行业中第一流的机构、广受企业人士崇敬、对世界有着不可磨灭的影响、已经历很多代的CEO、已经历很多次产品（或服务）生命周期、1950年以前创立）中，16家公司都是自己培养管理人员，特别是CEO。这些公司包括通用电气、摩托罗拉、宝洁公司、福特汽车公司、波音公司、3M公司等著名公司，在他们总长高达1700年的岁月中，只有4个CEO是外聘的，而且只在两家公司中出现过。“高瞻远瞩”公司自行培养的经理数量的远远超过对照公司（6倍）。

管理人才的“未雨绸缪”即把人才选拔的重点放在内部，以内部提拔为主，并且不要等到出现空位时才选拔，而应把人才的选拔培养作为一项企业人事战略来抓，并作为管理者的一项责任来考核。麦当劳早年的人才选拔政策中有一条就是如果没有培养出自己的接班人，那即使管理者在其他方面再优秀也不能被提拔，直到培养出合格的接班人为止。自己企业内部管理工作、制度先行健全起来，是一条最好的求才之道。经营者先要能够知人，知人才可以善任，能善任事情就可以办好，事情办好则企业自然兴旺。

四、我国国有企业经营者和企业家选拔任用机制的改进与创新

企业家的选拔是国有企业发展最艰难、也是最关键的环节。能否选出合适的企业家，对企业来说至关重要。在传统计划经济体制下，国有企业企业家的选拔、聘用与培养采用行政任命的模式。改革开放以来，我国进行了国有企业改制，不断扩大经营自主权、建立现代企业制度等，但是没有改变国有企业经营者的行政任命机制，仍然有90%以上的企业家在培养、选拔与聘用方面套用党政干部的模式。现行国有企业经营者的选拔任用方式虽然引入了市场选拔机制，但由组织人事部门来直接任命企业经营者的做法仍然比较普遍，加上国有企业法人治理结构不健全，董事会监事会制度不完善，这些因素严重制约了我国国有企业经营者的职业化进程，企业家培养与选拔制度依然存在多方面的弊病。因此，要保证我国国有企业的竞争优势，不断创新发展，就必须改进企业家培养与选拔机制，不断培养和选拔出优秀的企业家，推动国有企业持续创新发展。

（一）改革企业家来源及任命制度

市场经济条件下的国有企业经营者的任命制度应该与党政机关干部选拔相区别，把经营者选拔纳入市场经济中，把组织选拔和市场化选聘相结合，使国有企业真正成为具有现代企业制度的微观经济主体。制定正确的选拔评价机制准则及方法是建立企业家选拔机制的关键要素。目前，国有企业管理层选拔机制的政府任命制度已不能满足我国市场经济条件下国有企业的管理需求。因此，如何创新国有企业经营者选拔机制意义重大。国内众多学者对此问题也做了比较详尽的研究，归纳起来主要有几种观点。

一是坚持民营化的观点。其中以张维迎（1995）为主要代表，他提出通常在企业中有利益投入的人比没有利益投入的人对企业的关心度要高，公司治理的目的就是解决企业的激励问题和管理层选聘问题，因此，国有企业管理者的选聘权利应交给那些实际投入资本或是有收益的群体，才能选拔出有高能力的符合企业要求的管理者。必须完善资本市场和经理市场的建设，对国有企业实行私营化，将国有资本在国有企业中的普通股权变为债权，当国有资本变为债权资本，非国有资本填补权益性资本的空缺时，政府选择国有企业管理者的权利交由非国有

股东来完成。

二是建议改革现行任命制度。方涌（2008）认为改变我国国有企业管理层选拔的根本出路在于改革现行任命制度，切断企业家和官员之间的角色交换通道，建立市场化的管理者选择制度。

三是改善选聘机制方向。有相当一部分学者认为改善我国管理层选拔机制应从选聘机制方向着手。张维迎（1995）从选聘主体方面指出应该选聘在企业中有利益投入的人。林百珊（2007）从选聘客体方面指出国有企业选聘经营者“必须坚持德才兼备、德比才更重要的原则；必须坚持一切从实际出发，注重实际工作能力的聘才原则；必须坚持广开言路，不拘一格的用才原则，必须重视培训和科学评价的育才原则”。田小平（2006）比较了美国和日本企业家的选聘机制，认为我国国有企业在选聘管理层时应由外部董事和内部董事统一采取竞争选聘机制、确定明确的选聘标准，中小型国有企业可以在外部企业家市场选聘，大型国有企业应努力实施内部选聘机制，公开透明的规范的市场化选聘程序，以便降低企业家的选聘成本，不同性质的国有企业应采取合理的外部董事与内部董事比例。

四是建议选拔机制市场化。我国相当一部分学者认为我国国有企业管理层选拔的改革方向是选拔机制市场化、职业化。吴能全、曾楚宏（2005）认为应使国有企业管理层的选择走向市场化，通过市场来影响管理层的升迁与社会地位，使其摆脱政府委任制的束缚，为企业尽职。

上述几种观点都认为国有企业管理层的选拔主体要市场化，但是针对国有企业的规模不同实施的力度不应相同，应具体问题具体分析，针对我国特殊国情制定与我国具体实际相一致的选拔方式。要从根源上切断政府官员与国有企业企业家之间过渡的途径，将企业经营者职业化，并制定任职资格制度以及职业规范制度。任职资格制度的核心是资质认定，对候选人受教育条件、专业知识结构和年龄提出具体的要求。国有企业要逐步面向外部市场通过竞争的办法选聘管理层，同时不能完全摆脱政府的干预，在选拔和任命经营者过程中，也应发挥政府的积极作用。

对国有企业经营者进行市场方式选聘，有利于为企业发展营造良好的环境。可以创造公平环境，使优秀经营管理人才脱颖而出，同时也为不同类型的企业创造了一个公平、公正的发展环境，推动企业健康、快速发展。经营者市场方式配置，有利于真正实现政企分开。使企业不再过度依赖政府，真正成为市场主体。经营者市场方式配置能够使人力资本有效配置，实现人尽其才和位取所需。

经营者市场化选择可以通过企业内部公平选拔，也可以面向企业外部市场公开招聘。内部选拔能够有效缓解信息不对称，避免“逆向选择”问题。内部选拔可以激励员工努力工作，降低对权力有特殊偏好的员工的激励成本。同时，内部选拔的经营者与企业的融合较快。如果企业有着非常独特的企业文化，内部提拔可能是唯一可行的办法（张维迎，2005）。外部选择可以对企业内部管理者形成一种潜在的压力，降低代理成本。罗格尔（Rogerl，1988）等人提出了一个利用外部选择来控制代理问题的模型，得出外部雇佣率的提高会减少内部管理者利用非正式契约形成的租金，但会引起选择、培训（包括企业专用性）以及风险等方面的成本，需要在两者之间进行权衡，即要确定最优的外部雇佣率，使得总代理成本最小化。另外，外部选择能够吸引优秀的经营者加入企业，提高企业的活力和创新能力。

（二）建立完善的董事会管理制度

董事会建设是深化国有企业改革的难点和核心，国有企业董事会建设是一项重大的改革，是国有企业健康稳定发展的制度保证。国有企业经营者的选拔与一般企业不同，其选择主体除了董事会之外，还包括政府。目前，由于我国国有企业董事会极不健全且内部治理作用较弱，政府依然是国有企业经营者选择的主要主体。政府选择经营者可能会带来低效率，会使一些经营者产生短期行为。由于政府选择经营者的标准是“官员”（杨瑞龙，2003），并不完全是经营者，因而限定了经营者的选择范围，大量具有领导才能和企业家精神的经营者被拒之门外。政府选拔还可能会导致经营者行为严重扭曲，导致了经营者的工作重心不是经营企业，而是“经营”政府或政府官员。因此，从公司治理的角度出发，国有企业经营者应该由董事会选择。董事会是公司治理的核心，既是公司业务的执行机关和决策机关，也是公司的权力机关，选择经营者是董事会的法定和核心职责。

国有企业应建立完善的董事会管理制度，切实发挥董事会对经营者的选拔权利。国有企业经营者选拔是一项系统工作，需要在董事会管理下明确目标，采用适当的方法，通过合规的程序来完成。国有企业经营者选拔系统一般包括以下要素：①选拔主体，即由谁来选拔经营者；②选拔客体，即需要选聘的岗位；③选拔目标，即期望选拔达到的目的以及候选经营者；④选拔方式，即行政配置还是市场化选择；⑤选拔条件或指标，即根据选择目标及岗位确定选拔经营者依据的标准；⑥选择准则；⑦选拔程序；⑧选拔结果等。它们之间的关系如图1。

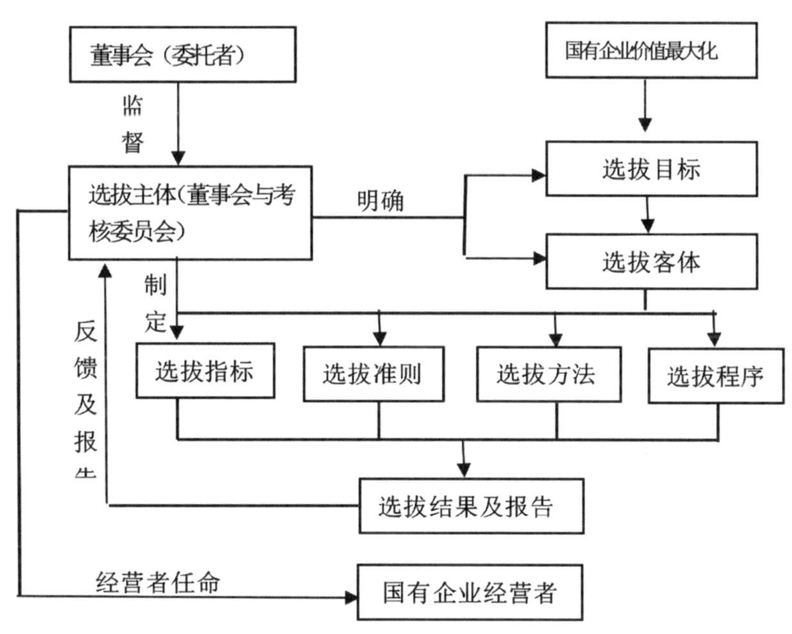

图1 国有企业经营者选拔要素体系基本框架

董事会选择经营者的效率取决于董事会的完善程度及有效性。经过30多年的改革发展，我国国有企业走上了建立现代企业制度之路。在当前条件下，深化国有企业改革的重要突破口就是推进国有企业董事会建设。然而，我国国有企业尤其是国有独资企业，还有相当一部分没有建立董事会。一些国有企业即使建立了董事会，但运作极不规范，仍然沿袭原有的国有企业运作模式，董事会只是相当于厂长、经理办公会。2004年6月，国务院国有资产监督管理委员会颁布了《关于国有独资公司董事会建设的指导意见（试行）》，决定选择部分中央企业进行建立和完善国有独资公司董事会试点工作。国有企业董事会建设取得了初步成效，试点企业开始由过去的“一把手负责制”转变为董事会决策、经理层执行、监事会监督的公司法人治理模式，不少试点企业董事会设立了专门委员会，董事会制度基本健全，董事会的运作更加规范、决策更加科学，国有企业的法人治理水平不断提高。

虽然国有企业董事会建设试点工作取得了明显成效，但我国的国有企业董事会建设毕竟刚刚起步，相对于规范的公司治理的要求还存在明显的不足，主要体现在以下几点：

一是董事会制度建设薄弱。董事会的有效运作需要完善的制度体系做保障，目前不少国有企业都围绕公司经营管理过程建立了许多制度，但还没有形成完善的制度体系，特别是许多制度缺少实施细则，使制度的有效性受到影响。董事会应是股东会或股东大会的执行机关，但目前一些国有企业根本没有股东大会，董事会只向国资委（即政府）负责，仍然摆脱不了政企不分的诟病。

二是董事队伍建设有待加强。目前，董事会成员基本上都是国资委任命或委派，难免带有过多的政治意识。董事会的有效运作需要以合格、高水平的董事队伍为基础，由于历史的原因，相对于经理队伍和企业政工队伍，董事人才不论从数量还是质量上都难以满足需要。

三是董事会的职能没有完全到位。目前董事会的若干核心功能，比如选人、用人权尚未完全落实，在这种情况下，董事会的作用不免会弱化，难以充分发挥制度设计时所赋予的重要功能。董事会的部分职权被剥夺。国资委仍然保留了选择和考核经理人员、确定经理人员薪酬、重大投融资决策等重大事项等。国资委在很大程度上仍然既是股东会，又是董事会。优化国有企业经营者选择机制，首先必须完善国有企业董事会制度。

董事会是法人治理结构中的核心，董事会扮演着三种角色：股东利益代表、公司决策者、经理层的组建者。要充分发挥董事会在国有企业经营者选拔的作用。

1.要明确董事会在公司法人治理结构中的核心地位

这需要理顺董事会与各有关机构的关系。第一，与国资委的关系，国资委的职能应限于股东会，目前所代管的考核、选聘经理层等职能应逐步放权于董事会，董事会对国资委负责，国资委通过管理董事会达到“管人、管事、管资产”的目的。第二，与经理层的关系，董事会与经理层应明确划定职责界限，董事会是决策组织，而经理层是执行组织，董事会有权组建、考核经理层。与监事会的关系，在独立董事和监事会并存的情况下，应该通过法规严格界定独立董事和监事会的职权范围，董事会应着眼于决策的科学性，监事会则应着眼于决策的合法性，以确保董事会发挥其应有的作用。第三，与党委会的关系，党委会应把握指导企业决策的政治方向，主要看企业决策是否符合党的路线、方针、政策，是否符合广大群众的利益。

2.要完善董事会组织结构

逐步设立战略委员会、决策咨询委员会、风险委员会、提名委员会、薪酬委员会、技术委员会、审计委员会等相应的专门委员会，确保董事会实现集体决策、科学决策。逐步提高外部董事的比例，丰富董事会的专业结构，提高董事会决策时的科学性、客观性和独立性，以更好地发挥董事会的作用，维护股东和企业利益。

3.要加强董事会制度体系建设

如沟通协调制度，用于指导董事会与国资委之间的沟通互动，董事会与经理层之间、董事之间也需要建立沟通协调机制；议事决策制度，建立董事会会议的民主表决机制，形成董事会民主的议事决策规则，实现董事会的民主决策、集体决策、科学决策；考核和责任追究制度，明确董事会、董事、经理层等的责任，制定考核评价标准及责任追究制度；外部董事制度，外部董事的进入和退出机制、考核和激励机制等。通过完善制度体系，尤其是出台具有可操作性的规则、细则，确保董事会在制度约束下规范运作，消除行政干预。

4.要培育良好的外部环境

一是国资委要审慎放权，逐步回归股东会的角色，为董事会发挥作用留下空间。二要不断完善有关公司法人治理的法律、法规和政策，并及时出台细则，使现代企业制度建设，尤其是董事会建设有法可依。三要培育有关董事会建设的各类市场，比如董事市场、经理人市场、资本市场等，使市场机制在国有企业法人治理中发挥更多的作用。

在时机成熟条件下，应积极稳妥地探索将国资委履行的部分重要功能，如对经理层的组建、考核等转由董事会行使，尽量避免功能设计层面的因素制约董事会作用的发挥。

（三）营造和完善企业家市场的内外部竞争环境

加快国有企业企业家队伍建设，不仅需要企业家自身的努力，更需要的是建设有助于企业家成长的良好生态环境。需要政府部门和社会各方面的支持和参与，共同营造有利于企业持续发展和企业家健康成长的外部环境。调查发现，目前中国企业发展中存在的突出问题与外部环境密切相关，尤其是部分企业家对其成长环境的担忧值得重视。因此，全社会应当共同努力，为企业发展和企业家成长营造良好的外部环境。

1.加快政府职能转变的步伐，推进行政体制改革，建设服务型政府

各级政府部门对促进企业持续健康发展的作用至关重要。大多数企业家积极评价政府部门的工作成效，认为我国经济快速健康发展的重要原因取决于国家宏观经济政策。企业家也对相关政府部门提出了更高的期望，期待政府相关部门能够进一步加快职能转变的步伐，做到“规范管理、提高效率”，同时减少政府对资源的直接配置，加强各类公共服务的提供，真正实现建设服务型政府的目标。十八届三中全会通过的《中央关于全面深化改革若干重大问题的决定》中明确指出“经济体制改革是全面深化改革的重点，核心问题是处理好政府和市场的关系”，并提出要“进一步简政放权，深化行政审批制度改革，最大限度减少中央政府对微观事务的管理”。随着相关政策的出台和落实，政府职能转变和建设服务型政府的步伐将会进一步加快。

2.建立完善的法律法规和制度体系，营造公平竞争的市场环境

企业持续发展和企业家健康成长，需要公平竞争的市场环境和各种法规制度的支持配合。2012年，关于企业经营环境的调查显示，企业家对“不同企业是否享受同等的国民待遇”“对市场准入有没有过多的限制”“企业合同能否得到正常履行”的评价比前几年有不同程度的下降。调查表明，企业家期待政府进一步深化市场化改革，使市场在资源配置中起决定性作用，同时要切实保护企业和企业家的合法权益，完善产权保护制度；加快建设统一开放、竞争有序的市场体系，推进垄断行业改革和国有企业改革，加强政府在保障公平竞争、维护市场秩序和市场监管等方面的作用，营造公平的市场竞争环境；加强对知识产权的保护，完善落实创新的财税和金融政策体系，健全激励自主创新的法规和风险补偿政策，强化企业在创新中的主体地位，鼓励企业创新和转型升级；要从建立信用制度入手，创建以诚信为基础的社会文化和现代商业文明。

3.营造有利于企业发展和企业家成长的社会舆论和文化环境

关于对企业家成长环境的评价，2013年的调查显示，企业家对社会舆论和文化环境的评价要低于2007年和2002年的调查结果。这表明，企业家期待进一步完善社会舆论和文化环境。企业家是社会中的稀缺资源，全社会要形成尊重企业家、理解企业家、关怀企业家、支持企业家的社会氛围，尊重企业家的特殊劳动，重视企业家的社会价值，充分肯定企业家队伍对中国经济社会发展所做出的贡献；社会舆论要尊重企业家发展的历史，对在国有企业辛勤工作、做出成绩和贡献的优秀企业家多一些报道和表彰，鼓励企业家安心经营、创新发展。

（四）建立职业经理人制度

职业经理人制度是现代企业制度的重要内容。随着我国国有企业改革与发展，职业经理人制度建设日益重要。企业家被称为“经济增长的国王”。在激烈的市场竞争中促进国有企业持续健康发展，需要寻找新的增长动力，必须发现新的市场机会，有效组织各方面生产要素，拓展企业经营领域，进行科技创新和管理创新，这些任务都离不开企业家的创造性。也就是说，企业经营的环境越是不确定、越是需要创新，就越需要企业家的才能，就需要大批高素质的职业经理人。

建立职业经理人制度，突破传统的人事制度，有利于拓展选人用人的视野，有利于规范出资人和经营者的关系，加强对职业经理人的激励和约束，让更多的企业能够放心地选好用好职业经理人。职业经理人作为高级的人力资本，对各方面素质都有较高要求。

中国五矿集团收购OZ公司之后，继续使用原有的管理团队，就是因为考虑到OZ公司具有管理优势，其管理团队成员都是职业经理人，对当地的文化、法律、社会以及国际化经营环境都很熟悉。深圳市中金岭南有色金属股份公司收购澳大利亚佩利雅公司之后，建立了以海外职业经理人为首的经营管理团队，努力同母公司的文化相融合，与国内企业形成有效的战略协同。海亮集团从2000年起使用职业经理人，他们提出解决好配对、铺路、搭台、激励和退出五个问题，避免找错人、不容人、亏待人的问题，规定家族成员和职业经理人发生冲突，家族成员先离开，对优秀的职业经理人快速提拔、快速加薪，坚定了优秀人才在海亮集团发展全球化的行业，一定要面向全球配置职业经理人才，不仅要从13亿人中选人才，更要从70亿人中选人才。

西方国家职业经理人有着上百年的发展历史，而我国职业经理人历史才十多年。根据国家人社部统计，我国紧缺职业经理人150万，特别最紧缺的是3种职业经理人，即总经理、副总经理层面的通用经理人；精通特殊行业运营规律的行业经理人；具有财务总监、人力资源总监等职位标准的专业经理人。目前，急需通过多种方式，培养、造就、选拔一批职业经理人。一方面是加强对现有职业经理人的培训和素质提升，学习其他先进企业的管理经验，要打破行业界限，构建一体化的职业经理人市场，选拔社会上的专业化管理人才。

1.树立新的人才观，创造有利于职业经理人发挥作用的氛围

树立“专业化的人做专业化的事”的观念，现阶段国有企业的发展迫切需要一大批专业化、职业化的职业经理人。对国有企业来说，主要是处理好党管人才和市场配置人才的关系，理顺职业经理人制度和现行组织人事制度的关系，转变观念，进一步增加选人用人的灵活性。

2. 做好职业经理人制度建设的基础工作

职业经理人的发现、培养、交流、评价，需要一套完整的制度，也需要大量基础工作。比如，建立职业经理人市场供信息体系、信用体系，形成人才库，开展职业经理人培训，建立符合行业特点的职业经理人资质认定标准，帮助优秀人才完成资质认定，促进企业之间的人才交流和管理经验借鉴。

3.设立职业经理人协会

经理人协会可以组织负责职业经理人职业资格认证，对经理人的工作实践进行动态的绩效记录和评价，为经理人终身的职业培训提供必要的前期准备，以及作为沟通职业经理群体与政府和国家立法机构之间的桥梁，促进经理人信息系统、信用体系、评价体系的建立和完善。

4.设立经理人才储备库和猎头库

赋予优秀经理人参政议政的权利，畅通经理人成长通道。国有企业经营者具有较强的经营管理能力和丰富的经验，这是十分宝贵的人力资源。他们关心国家和社会政治生活，愿意在参与国家治理和社会事务管理方面发挥一定的作用。这不仅会提高他们的职业声誉，也会促进自我价值的实现，以及被尊重感和成就感的提升。

经营者选择实际上是一个价值均衡问题，经营者经营能力越强，在经理人市场上的价值越大，期望的报酬越高，只有当其未来收益超过其期望收益时，经营者才愿意签约。同样，企业在选择经营者时，不仅要考虑经营者在经理人市场上“定价”，还要考虑经营者本身能够为企业创造出多少价值，只有当经营者创造的价值超过经营者报酬时，企业才愿意签约。因而，经营者选择需要在经营者能力、经营者效用及企业价值预期之间权衡。

（五）建立完善的国有企业企业家选择保障制度

1.构建国有企业企业家信用风险防范与控制体系

市场经济的显著标志就是经济的契约性，契约经济能否得以维持正常运行，关键在于市场经济主体之间的信任和诚信的理念。同样，国有企业能否健康发展，能否担负起发展经济、稳定经济、保护经济、调节经济的重任，关键在于国有企业经营者诚实守信。构建国有企业经营者信用风险防范与控制体系，既是关系国民经济健康运行和长远发展的重大经济问题，又是关系社会主义制度前途命运的重大政治问题。

国有企业经营者信用是国有企业经营者在经营管理国有企业过程中所形成的有关经营能

力、经营业绩、信誉、社会关系等方面的综合评价，以及根据这些评价而获得的信用和信任。国有企业经营者信用评估，是构建国有企业经营者信用风险防范与控制的基础。完善国有企业经营者信用评估机制，首先必须建立和规范信用评级机构。目前，我国还没有专门针对国有企业经营者个人的信用评价机构。建立统一的、规范的、国有企业经营者联合征信系统刻不容缓。其次，建立统一的、科学的评价指标体系和标准，真正反映出经营者的诚信状况。再次，规范诚信评价程序，坚持科学性、独立性、周密性、可操作性，确保评级方法科学、过程客观、结果公正。通过国有企业经营者联合征信系统帮助信息使用者（政府、董事会以及其他利益相关者）以最有效的、最经济的方式了解和掌握经营者的诚信状况，便于决策。国有企业经营者联合征信系统将经营者的纳税情况、银行信用、经营业绩、经济检查记录、荣誉和不良行为等情况逐一审查建档并对外披露，能够对经营者行为起到有效的约束。因此，完善的征信系统是经营者信用风险防范与控制的重要组成。

2.建立清晰的国有企业产权关系

合理的产权安排有利于企业家的成长，有利于形成有效的企业治理机制。国有企业的产权主体包括全体公民、政府和企业职工等，国有企业产权的各项权利应该在他们之间进行分配，但是各自所承担的责任和享有的权利有所区别。全体公民是国有企业的产权主体，行使产权的权能主要是通过选举人民代表，并通过人民代表大会制定和颁布法律、法规以及授权政府来实现的。政府是国有企业最大的股东，产权的行使应该或只能通过委派或选举董事来进行，不得直接干预企业，只能通过董事会间接体现其意志。国有企业职工作为国有企业产权的代理人，应该拥有完整的产权权能。国有企业的经营者是国有企业的特殊职工，因此，他所拥有的产权权能与国有企业职工完全一样。但随着经理人市场的建立与完善，国有企业的经营者将成为企业董事会聘请的职业经理人，他所拥有的只能是与经营权相对应，由产权派生出的一定权利，如经营权、控制权等。国有企业产权关系通过上述调整，可以从根本上解决国有企业长期存在的各项产权主体缺位、错位及越位问题，政企不分问题以及经营者选择主体权责分离问题。

3.建立与完善职业经理人市场机制

Martinand Parker（1997）、林毅夫（1997）等认为充分竞争的市场环境会自动带来公司的有效治理。市场竞争越激烈，经营者面临的压力越大，形成的自我约束力越大，道德风险越小，提高绩效的动机越强烈。Fama（1980）强调代理人市场对代理人行为的约束，他认为激励问题在委托代理理论中被夸大了，在现实中，“时间”可以解决问题。即使当前没有显性激励合同，经营者也会积极努力工作，因为这样可以改进自己在经理市场上的声誉，从而提高其人力资本和未来预期收入，经营者有一种使其行为方式影响市场看法的动机。经理人市场的信号显示和传递机制会把企业的业绩与经营者的人力资本价值对应起来。

4.完善国有企业经营者失信惩罚机制

在市场经济体制下，诚信固然能够带来长期合作和利益，然而失信有时却能够给失信者带来丰厚的短期收益。因而，在经济利益的驱动下，失信者大量存在，扰乱了社会经济的正常运行。要改变这一局面，必须加大对失信者的惩罚，提高其失信成本。对于失信的经营者，应在国有企业经营者联合征信系统中公告，使其声誉受损，并给其他经营者以警醒；对于严重的失信经营者，应加以行政处罚；对于多次失信的经营者，应建议董事会或国资委予以辞退；对于给社会造成严重危害的经营者，应追究刑事责任。

五、我国国有企业经营者和企业家代际传承机制设计

国有企业经营者传承对于现代企业有重要的影响，是决定企业未来发展和命运的关键因素。纵观国外百年经营的大企业，都有高瞻远瞩的组织战略和CEO继任的长远计划。

近年，我国很多国有企业进入了经营者更换的高峰期。据统计，每年大约有7.1万个国有企业中的15.6万名经营管理者被调整，其中，4.3万名国有企业领导被免职。在《管理的实践》一书中，彼得·德鲁克曾指出，企业在选拔来自外部的管理者的时候，大约3个中有1个是准确的。目前，这个数据依然有效，实际上中国企业的平均成绩尚未达到德鲁克讲的这个水准，即使在管理水平较为领先的西方企业那里，选拔外部管理者的准确率也始终在50%上下徘徊。

根据财富杂志发布的2013年中国最具影响力的50位商业领袖的榜单，这50位商界领袖年龄最大的已经70岁，年龄最小的只有38岁，但是平均年龄为50多岁，这一切都意味着伴随着中国改革开放30年来成长起来的第一代企业家，将陆续的告别自己的舞台，中国企业在未来的5年到10年内将进入真正的接班高峰期。

企业是一个国家的未来，企业家是一个国家财富的真正创造者，或者说是一个国家最宝贵的财富。改革开放30多年来既是中国经济快速成长的30年也是中国国有企业企业家崛起的30年，无论是国有企业还是民营企业在体制的夹缝中在这三十年内都成长起来了一批，中国经济界真正的领军人物比如耳熟能详的柳传志、宗庆后等等。

传承是自然规律，所以对于第一代企业家来讲做好企业是第一步，那么下一步是怎么样选好接班人完成真正的交权的过程，为辉煌的人生画上最好的一个句号，国有企业因为特殊的机制和人才制度企业家之间传承问题上比较明朗，而且这么多年随着中国国有企业经营状况的逐步好转，积累了大量的人才，在交接班的问题上一般不会出现很大的困难，但是民营企业家如何实现代际的传承成了中国企业界现在面临最大的一个问题。

（一）国有企业经营者代际传承的原则

1.坚持运用内部继任和外部继任相结合的原则

国有企业对继任者的选择是一个复杂的筛选过程，要结合企业的发展实际，科学合理地运用内部继任和外部继任相结合的模式。国有企业只有运用合理的治理结构、有效的治理机制建立长久有效的公司内部制度，才能加强CEO继任计划的科学性和执行力，有计划、有步骤地制定和实施CEO继任计划，也是不断提升公司治理水平的过程。

目前，我国国有企业大多数公司的CEO一职还不能由董事会进行实质性的选聘。以央企为例，近年来央企已开始运用市锄制，向社会进行了多次公开招聘高级经营管理者的试点工作，通过推行公开招聘和内部竞争上岗，中央企业已经初步形成了适应现代企业制度要求的多样化的经营管理者选拔方式。从积极的角度而言，公开招聘并非是对内部继任者的优势和能力的否定，而是对继任机制的优化。当然，国有企业CEO的内部选拔仍占绝大多数。

国有企业的出路是建立健全现代企业制度，就企业内部来说，核心是建立一个高效的董事会，而董事会的核心要务是选对人、用活人、管好人，也只有董事会的特殊地位和科学架构才能够对CEO继任者的选聘和继任时机做出科学的决策。最重要的出路还是在于国有企业上市，越来越多的国有企业通过整体上市逐渐成为公众公司，董事会对CEO的选聘就成为一种必然的趋势。

国有企业有责任和义务承担CEO继任计划的部分工作，具体可以落实在三个方面。

首先，要提高公司的治理水平，规范董事会的建设。随着CEO继任将会逐步由行政化转为市朝，对公司董事会提出更高的要求，因此董事会应该做好充分的准备，优化结构，提高公司治理水平，当董事会建设能够保障其决策和监督职能的有效发挥，CEO选任权也将逐步地归位于董事会。

其次是做好人才库的建设。董事会要做出企业今后5-10年内需要人才的选择，就要制定相应的标准，勾勒出下一任CEO的特征。董事会还要开列一个候选人名单，不仅包括内部候选人，还要有外部候选者，然后做出正确的决定。这就如同上市公司的独立董事人才库的建设。

第三是做好董事会自身的继任计划。董事会自身的更替会影响CEO计划的长期性和实施的连续性，因此董事会应当制定好自身的继任计划，对董事的继任人选继任时机等因素要有所设想。避免出现CEO继任计划与董事会继任计划相互矛盾，或者由于继任时点过于一致而对公司战略的实施产生不良影响。尤其是要充分发挥董事会中提名委员会的作用。

当国有企业需要保持一种相对稳定的发展状态或是一种新的发展前景时，应当倾向选择内部继承人，因为内部继任者对企业发展历程、企业文化及产品比较熟悉，从而对企业员工的培养、激励和企业的发展有利。

当国有企业需要引进新技术、开发新市场时，更适合从组织外部选聘企业继任者。引进新技术意味着对企业组织的根本改变，为了节约开发成本，尽快开发新市场，从外部雇佣已经掌握该技术知识和技能的人是最佳选择。

2. 正确运用继任选择工具

科学的选择工具有助于正确判断信息，选聘合适的企业继任者。传统选择继任者的方式主要是推荐、考核、民主评议等，容易流于形式，不能正确把握继任者的情况。正确选聘继任者应当根据企业的实际需要和经营者的选聘标准，采取现代素质测评、情景模拟等多种方法，才能选聘到合适的继任者。需要注意的是，内部继任和外部继任的选聘过程不同。内部继任主要通过成绩评估、继任计划和下属评价，容易获得真实的信息，而外部继任更多依赖于猎头公司搜集候选人信息，通过无领导小组考核、面谈、简历和其他参考资料等，不能像内部候选人评价时那样客观。

选聘工具不同，得到的信息也不同。对外部候选人积极的成分较多，对内部候选人更客观，如何选择关键还要和企业发展相适应。

3.坚持发展模式和筛选模式相结合

选择合适的继承人，需要将发展模式和筛选模式统筹兼顾。继任者的发展模式是指企业选好了继任者，不仅仅是交接经营管理权，而是完成企业文化、企业团队、组织制度变迁的交接，对于继任者，要坚持培养同步进行，外部继任者也有需要进一步改进的地方。筛选模式是指对于继任者的选择由企业所有者还是企业经营者决定，企业所有者对经营者继任问题要有科学合理的计划，避免经营者为了谋取私利选择忠诚于自己但并不是最优秀的继任者。企业的继任者不仅传承企业的管理权，也要传承企业的文化和管理模式，因此，要筛选有较强的专业知识和实践技能，对企业价值体系和企业核心文化有深刻理解，对企业发展战略和改革有较强驾驭能力的人作为继任者。

（二）国有企业经营者代际传承方式的选择

传承方式是影响企业家传承成败的关键因素，关系到企业的长远发展。企业家传承方式与传承内容密切相关，在企业家传承过程中关注的重点也不同。传承方式的选择和传承内容是国有企业企业家传承的重要环节。

1.继任者的来源决定了传承方式

继任者的来源是传承方式选择的基础，传承方式受制于继任者的来源。继任者来源是西方国家继任问题研究的一个重要领域，通常将继任者分为内部继任者和外部继任者。近年来，我国国有企业先后进入继任高峰期，出现很多成功和失败的案例。结合我国实际，内部继任者应是至少在该企业两届领导班子中任职，即不少于6年企业工龄；或是在本企业工作过，后在本行业主管部门、企事业等相关部门从事管理工作，熟悉该企业发展背景。外部继任者应是没在该企业工作过，或是在该企业工作少于6年的管理者。外部继任的来源有两种，一种是政府委派任命，另一种是市场化公开招聘。根据企业的实际需要选择内部继任或是外部继任。当企业需要一个熟悉企业文化背景、企业运作模式和产品，在员工中有一定威信的经营者时倾向于内部继任；当企业需要对某一特定行业有较强背景、特殊经营能力和较强的管理技能的经营者时，倾向于外部继任。内部继任者通常给企业带来的变革不大，不会出现大的战略调整。

2.传承方式的选择原则

根据国内外杰出企业的实践和已有研究成果，选择传承方式应包括以下原则。一是选拔既能坚持企业核心价值又能引领企业创新的继任者。美国著名管理学家柯林斯对18个国际知名企业经理人选拔的研究发现“选择既坚持公司核心价值，又能诱导变革的经理人”可以成为选拔任用企业家接班人的基本原则或第一准则。二是内部选择优先的原则。从外部选择继承人不能应急，难以保持一贯性，选聘的成本也会过高。因此，企业内部应该形成建立经营者传承和培养机制，维持企业的良好运行，从而有利于企业的长期发展。内部继任和外部继任各有利弊，要根据企业的实际需要确定传承方式。当企业需要寻找外部支持或要进行重大变革时，大多采用外部继承的方法。

3.传承内容的界定

企业家首先要明确传承的内容，保证传承的顺利进行。通过调查，企业家的认识基本一致，认为企业的文化和管理理念是企业家传承的核心内容，企业家精神、素质和才能也是衡量继任者素质的关键因素。虽然企业家精神是企业家的灵魂，是企业最稀缺的资源之一，但这是无法传承的，如企业家最宝贵的创新精神就是不可传承和复制的，也很难通过培养获得。企业家的素质和才能也是不可传承的，只能作为选择继任者的基本素质要求。因此，继任者传承的是企业的文化和管理理念，并在辩证继承的基础上发扬光大。

IBM公司在企业家传承内容方面具有代表性，形成了著名的“大家庭文化”。沃森在办公室的每一面墙上都贴上“Think”，每个员工的桌上也要竖起“Think”牌，以帮助企业管理人员改进生产率。沃森要求员工统一着装，对社会有责任感，坚持尊重的人文精神，他认为对员工的投入可以创造市场。因此，在美国大萧条时期，IBM没有裁员，而是给员工终身雇用的承诺，是美国首批为员工提供团体人寿保险、遗嘱抚恤金和带薪休假的公司。当沃森退休后，给儿子小沃森留下的是IBM独特的价值观和管理理念，成为公司不断发展成功的关键因素。IBM公司等世界知名的大公司的经验证明，企业的文化和管理理念是企业家最重要的传承内容，是决定企业长远发展的关键。

4.传承结果的评价

对企业家传承结果的评价是一个长期的工作，需要长期跟踪和调查，了解大量信息，是一项非常复杂而艰巨的工作。但是，正确评价传承结果，能够影响企业、企业家以及国有企业企业家传承的相关制度完善，需要政府、企业和理论界高度重视。正确评价传承结果可以考虑以下几个方面：一是注重企业的绩效，需要长期观察和评价，衡量企业家的能力和水平；二是企业家的满意度，关注企业家是否得到应有的报酬，将直接影响我国职业经理人市场的完善；三是继任者地融入度，关注继任者被企业员工接受的程度，在企业管理层中的地位和作用；四是政府和社会的满意度，关注企业对社会稳定、提升就业水平、促进社会文化发展等方面的作用。五是企业文化和管理体制的进一步完善。企业家对企业的文化和管理理念影响深刻，继任者是否在此基础上进行完善，只有通过综合评价才能准确评价传承的效果。

（三）国有企业经营者和企业家代际传承的推动机制和时机选择模型

1. 建立国有企业代际传承的推动机制

政府、企业高管团队和企业家对继任者的选拔与培养都比较关注，只是三方关注的内容不同。政府对继任者的选拔与培养态度明朗，期望尽早开展这项工作，并通过党委和政府组织人事部门对候选人进行长期的考察。政府充分考虑现任企业家和企业的发展状况，当企业发展状况较好时，一般不会公开选拔招聘继任者，而是通过组织程序进行内部考核；当企业发展状况不好，或是现任企业家的能力与素质无法推动企业转型和快速健康发展时，政府部门就会积极介入，尽早开展继任者的选拔和培养工作。企业高层管理团队在企业家继任问题上既有推动作用也有阻碍作用，他们在继任者的选拔与培养方面的态度并不明确，既希望通过选拔成为继任者，又希望维持现状获得既得利益。他们既会积极配合政府部门推进继任者选拔培养工作，又会安于现状。现任企业家对继任者的选拔与培养普遍存在被动应付或阻碍心理，他们一方面会按照政府的要求进行继任者的选拔培养工作，一方面又会设置障碍，很难主动开展这项工作。也有像柳传志等一批有远见的企业家认识到尽早选拔和培养优秀继任者的意义，对我国国有企业企业家代际传承做出了贡献。

在国有企业经营者代际传承的过程中，需要由政府主管部门、企业高层管理团队和企业家共同确定继任者的基本素质要求，确定继任者选拔的基本原则和继任者的来源，确定传承内容，根据继任者的来源和传承内容确定具体的培养模式。由于政府、企业高层管理团队和企业家在继任者的选拔和培养过程中的作用不同，要推动代际传承的顺利进行，需要政府部门充分发挥协调高层管理团队和企业家的利益关系，推动双方积极开展继任者的选拔和培养工作。通过三方的协调配合，共同营造继任者选拔和培训的良性环境，推动企业代际传承的顺利完成，确保企业长期稳定健康发展。

2.国有企业企业家代际传承的时机选择

国有企业企业家代际传承的关键在于不同利益主体之间的博弈，而继任者本身、企业内部管理团队和社会公众对企业家传承也有重要影响。因此，把握不同利益主体的动态，才能找出实现原企业家退出、继任者传承的最佳时机，将企业生命周期、企业家生命周期、政府控制力等相关因素融合，确定代际传承的最佳时机。

（1）企业、企业家和政府控制力之间的周期关系

国有企业企业家代际传承是政府、企业和企业家三者博弈的结果，三者的利益关注点会随着企业、企业家生命周期阶段和政府控制力的强弱而变化。

表1　企业生命周期三个阶段九个时期的特征

阶段	周期	企业	管理制度	企业家	企业目标	主要特征
成长阶段	孕育期	企业尚未诞生	空想阶段	企业家产生创业动机，创业热情高涨	创建企业	停留在空想阶段，战略单一
	婴儿期	企业诞生	管理制度不完善	踏实能干，克服各种阻力困难	增加销售额	业务和利润缓慢增长
	学步期	企业业绩上升	各种规章制度正在形成	创业者取得成就	增加以市场份额和利润来衡量的销售额	初具规模，市场和利润较为巩固，开始变更组织、调整战略
再生和成熟阶段	青春期	企业发展稳定，开始规范	管理制度完善	业务的扩展已经超出了创业者个人能力，创业者开始授权	利润（销售额的增加不一定能带来利润的增加）	拓展新市场业务，组织发展快
	盛年期	企业到达全盛时期，资金充足，自控力和灵活性达到平衡点	企业的制度和组织结构能够充分发挥作用，具备自我控制能力	形成领导集团	销售额和利润的双增加	业务增长迅速，企业运行良好
	稳定期	市场地位巩固，但已经停止增长，开始衰退	组织良好，拒绝变革	创新精神减少，做事开始墨守成规	维持现状	业务增长趋缓，利润稳定，组织和制度趋于完善
老化阶段	贵族期	企业的规模庞大，资金充裕	组织制度完善，但管理过于形式化	思维僵硬，裹足不前	资金回报	利润分配逐步取代市场和战略成为关注的重点
	官僚化早期	市场占有率持续下降，收益和利润急剧下滑	只强调规章制度，不注重实效	企业内部拉帮结派、内讧迭出，行政性冗员过多，缺乏创照力，机械地照章办事	个人利益	缺乏创新，注重形式
	官僚期	企业已无法自力更生，只能苟延残喘	繁多的制度名目，但却行之无效	企业管理者已无力扭转局面，只能等待外部力量来拯救企业	企业资产	内部权力利益冲突不断

资料来源：伊查克·爱迪思（陈睿等译）.企业生命周期.北京;中国社会科学出版社,1997.

企业通常要经历诞生、壮大、衰退、死亡的生命周期，但是可以根据内外环境的变化进行相应的变革，避免衰退和死亡。世界上有很多著名的大公司，如IBM、3M、惠普、宝洁、沃尔玛等，至少都存在50年以上。美国著名管理学者伊查克·爱迪思（Ichak Adizes）博士依据人的生理周期，形象地将企业划分为3个阶段9个周期，描述了企业从产生到消亡过程中，企业和企业家以及内外影响力发生的变化，对如何选择国有企业企业家传承时机提供了理论支持。

国有企业企业家任职生命周期是我国国有企业经营者管理行为方面普遍存在的客观规律，不以人的意志为转移，是国有企业管理工作和领导行为的一般规律。王书坚（2003）将国有企业经营者的任职生命周期划分为四个阶段：磨合期、上升期、成熟期和衰退期。

表2　国有企业经营者任职生命周期各阶段的表现特征

周期阶段	独占性利益集团	路径依赖	企业内部寻租行为	机会主义行为	退出障碍	潜在利润的内部化
磨合期	尚未形成	对旧路径依赖最大	很弱	自我抑制	较小，继任者的威胁最可信	产生
上升期	与其他利益集团保持分离状态	新路径依赖慢慢形成	逐渐上升	开始出现，监督不力问题开始出现	慢慢增大，开始不易被替代	创新利润继续保持
成熟期	不愿再与其他利益集团分利	新路径依赖完全形成	加剧，排他行为出现	严重，监督力量形同虚设	较大	达到较高的水平，出现平台
衰退期	完全形成	路径依赖根深蒂固	非常突出	最为严重，监督力量失去作用	达到最大	缓慢

资料来源：王书坚.国有企业经营者任职生命周期及制度环境设计.北京:中国对外经济贸易出版社,2003.38-39.

管理着自身和企业组织的局限是导致国有企业经营者任职生命周期的主要原因。经营者个体素质的差异以及企业外部环境不同使每一个经营者任职生命周期的长短和“拐点”的出现时机不同。经营者素质越高，创新能力越强，企业制度越完善，“拐点”出现得就越晚，任职生命周期就越长。从任职生命周期形成的机理看，思维模式刚性化，决策机制僵化，任职兴趣降低，竞争减弱，使其职位的不可替代性增强等因素，是导致其任职生命周期的重要因素，并且随着任职时间的延长，这些问题变得越来越严重，最后是企业管理能力的降低和任职生命周期的终结。通常情况下，企业家不愿意主动放弃企业控制权，不会主动地培养继任者，倾向于选择自己信赖的人作为继任者，这样的继任者对现任企业家有利但不一定对企业和社会有利。

表3　企业、企业家和政府控制力在不同时期的特征表现

<table>
<tr><th>阶段</th><th>时期</th><th>主要特征</th><th>企业家任职生命周期</th><th>主要特征</th><th>政府控制力及动机</th></tr>
<tr><td rowspan="3">成长阶段</td><td>孕育期</td><td>规模小，战略单一，战术不稳定</td><td rowspan="2">磨合期</td><td rowspan="2">企业家利益集团尚未形成，对旧路径依赖最大，企业内部寻租行为很弱，企业家退出障碍较小，努力程度比较高，创新利润出现</td><td rowspan="2">控制力强，扶持企业发展，支持企业家</td></tr>
<tr><td>婴儿期</td><td>业务和利润缓慢增长</td></tr>
<tr><td>学步期</td><td>初具规模，有效巩固的市场和利润，开始变更组织，调整战略</td><td rowspan="2">上升期</td><td rowspan="2">与其他利益集团保持分利状态，新路径依赖慢慢形成，企业内部寻租行为逐渐上升，机会主义行为和监督不力问题开始出现，企业家退出障碍慢慢增大，开始不易被替代，创新利润继续保持</td><td rowspan="2">控制力趋缓，关注企业和企业家发展变化</td></tr>
<tr><td rowspan="3">成熟阶段</td><td>青春期</td><td>拓展新市场业务，组织发展快</td></tr>
<tr><td>盛年期</td><td>业务增长迅速，企业运行良好</td><td rowspan="2">成熟期</td><td rowspan="2">不愿再与其他利益集团分利，新路径依赖完全形成，内部寻租行为加剧，企业家退出障碍较大，机会主义行为严重，监督形同虚设，创新利润达到较高水平，并出现平台</td><td rowspan="2">控制力平稳减弱，关注企业利润和税收，注意企业家变化，物色考虑接班人</td></tr>
<tr><td>稳定期</td><td>业务增长趋缓，利润稳定，组织和制度趋于完善</td></tr>
<tr><td rowspan="3">老化阶段</td><td>贵族期</td><td>利润分配逐步取代市场和战略成为关注的重点</td><td rowspan="3">衰退期</td><td rowspan="3">企业家利益集团完全形成，路径依赖根深蒂固，内部寻租行为非常突出，企业家退出障碍最大化，机会主义行为最严重，监督失去作用，潜在利润内部化缓慢，且无力改变经营业绩下滑趋势</td><td>控制力渐强，密切关注企业和企业家变化，着手换人</td></tr>
<tr><td>官僚化早期</td><td>缺乏创新，注重形式</td><td rowspan="2">控制力强，对企业和企业家失去信心，坚决换人</td></tr>
<tr><td>官僚期</td><td>内部权力、利益冲突不断</td></tr>
</table>

资料来源：杨敏.国有企业创业型企业家传承机制研究[M].北京：中国经济出版社，2008.

国有企业的特点决定了政府控制力对其有重要的影响作用，其经营者的代际传承离不开政府的控制，而政府的控制力也会随着企业生命周期的变化而不断变化。在企业发展的初期，企业没有形成完善的管理制度，企业家是否有能力带领企业健康发展不明朗，需要政府加强控制。当企业发展稳定，各项管理制度规范，企业家有能力使企业获得较高的社会声誉和政府的信任，政府的控制力会逐步减弱。当企业进入衰退期，企业家的创新能力不足，出现内讧等情况，政府的控制力会不断加强。

综上所述，政府控制力与企业生命周期和企业家的任职生命周期呈反向变动关系。企业处于稳定健康发展阶段，企业家处于上升和成熟阶段，政府的控制力较弱，反之则较强。政府控制力、企业家的任职生命周期和企业的生命周期之间并不存在严格的对应关系，但是三者之间有一种普遍的对应关系。

（2）不同时期传承的影响因素

国有企业企业家代际传承的发生受企业家本身和企业外部的影响。企业家自身的影响因素主要有两方面，一是职业生命周期自然结束，由于正常退休引起继任的发生；二是企业家自愿退居二线，主动传承给继任者，一种情况是为企业引入新的管理机制以获得竞争优势，这通常发生在企业的稳定期至官僚期阶段，传承过程一般比较顺利，例如联想集团柳传志运用“缝鞋垫”和“做西服”的自创理论选拔出杨元庆和郭为，通过时间考察，分拆了企业给两位候选人继任的机会。另一种情况是企业家希望通过推出继续获得企业的剩余索取权，维护既得利益，通常也发生在企业的稳定期至官僚期。例如柳传志退居二线当董事长，海信周厚健也是退出经营管理一线但扔在董事会中占有重要地位，他们继续发挥影响。

来自企业家外部的因素主要体现为以下几种情况：一是市场竞争的选择。随着产品、技术、职业经理人逐步市场化，对企业和企业家提出了更高的要求，企业家面临激烈的市场竞争压力，导致部分企业家选择适时退出。二是业绩的影响。企业业绩是继任的一个重要的决定因素，如果企业经营业绩差也会引起继任行为。通常是企业业绩较低时，继任率较高。政府通常用国有资产保值增值的指标衡量企业家的业绩，通过行政命令的方式对企业家做出选择。三是其他影响因素。如行业特征、环境变化、资源短缺、金融风险、违法乱纪等，也会成为继任的决定因素。政府如果为了招商引资、寻求政绩引入战略投资者等也会发生代际传承。

（3）代际传承的时机比较

在实践中的代际传承需要考虑企业生命周期的不同阶段，每个阶段最合适的继任者是不同的，不能用单一模式选择继任者。但是选拔继任者进入企业核心层并不意味着权力的移交，传承时机可以分为两个阶段：一是进入核心层阶段，意味着对继任者的选拔和吸收，这时的继任者只是候选人，可以是多人候选；二是移交掌权阶段，此时才是真正的权力移交，原企业家正式退出。因此，企业在学步期不适合移交权力，青春期也不是最佳时机，在青春期以后的各时期，都可以选拔继任者并使其进入核心层，但是效果却呈现递减趋势。企业到达盛年期后，企业家的任职生命周期到达成熟期，退出障碍增大，继任者很难进入核心层，不利于传承，因此继任者应当先期进入核心层，在这一阶段实行传承会有利于企业发展。企业发展到稳定期是对继任者进行权力移交的最佳时机，原经营者不愿再进行创新，对企业的贡献不会再增加，继任者能够带来新的活力和创新，此时代际传承能够带来效益最大化。稳定期以后，企业生命周期进入老化阶段，企业家任职生命周期进入衰退阶段，此时进行代际传承只是被动应付，即使政府行政干预进行传承也无力挽救企业的衰退。

（四）国有企业经营者和企业家代际传承的驱动机制

1.传承的驱动因素及其作用关系

任何企业的企业家传承都不会自动发生，需要完善的驱动机制。我国国有企业涉及的主体较多，受到的限制性因素也较多，充分考虑传承的驱动因素，建立完善的驱动机制，才能有利于我国国有企业企业家代际传承的顺利开展。

传承的动力是支持传承机制持续有效运行的重要保障，国有企业企业家传承的驱动因素主要来自政府、企业、企业家、传承内容和传承结果五个方面。政府是国有企业的大股东，对企业的重大决策起关键作用，政府的态度直接影响传承的开展，目前各级政府都非常关注国有企业企业家的传承，对国有企业完善传承机制具有良好的推动作用。企业对传承的认可是传承机制的重要动力，当企业高层对传承有正确认识，落实到企业各个层面时，将有利于传承的规范化和科学化，同时有利的企业文化和组织制度会极大支持传承的开展，传承才会得到企业员工的普遍认可。企业家所处任职生命周期的不同阶段在传承中所起的作用不同，在企业家初期，主要继承前任的优秀传承信息；在企业家稳定期，不仅要学习继承还要领导创新和传递信息；在企业家的后期，应该着力培养继任者。企业家业绩、企业文化和企业家自身素质决定了其能否带动传承顺利进行。传承内容必须是清晰界定的，普遍认可的，经过实践检验的，企业处于不同发展阶段传承的内容也不同。企业家传承产生的结果，使企业家传承更容易被企业接受，从而进一步增强机制运行的动力。当企业家传承机制的开展提升了企业的业绩，提高了企业的核心竞争力，企业就会重视企业家传承机制。企业在推行企业家传承时，一定要将传承的目标准确定位在企业的绩效和核心竞争力上。企业建立了完善的企业家传承机制，传承就成为企业的战略资源。

国有企业传承的各种推动因素是相互作用和影响的，不进推动传承机制的完善，传承机制也会反作用于这些因素。企业的文化制度和组织制度是传承的重要驱动因素，而完善的传承机制也是企业组织制度的一部分，会促进组织制度更加科学合理，提升企业文化。企业家对驱动传承有重要的意义，通过传承将优秀的管理理念传递给继任者，保障企业的稳定健康发展，而合理的传承机制也为选拔德才兼备的继任者提供了保障，不仅在制度上还是企业家素质方面都为再传承奠定了良好的基础。完善的传承机制有利于老企业家的顺利退出和继任者的成功上任。传承结果和传承机制之间也具有相互作用关系，成功的传承会形成良好的传承结果，而良好的传承结果会促进传承机制进一步完善。

政府、企业、企业家、传承内容和传承结果都是传承的驱动因素，而传承又对这些因素发生作用，传承及其驱动因素有效融合，共同组成传承的驱动机制，才能推动国有企业长期稳定健康发展。

2.利益相关主体类型及其作用关系

利益相关者及其相互作用会影响企业家传承，我国国有企业企业家传承涉及的利益主体主要包括政府、企业、企业家和企业高管团队。政府是国有企业的最大股东，其利益体现在国有资产的保值增值和避免国有资产流失。企业的利益体现在持续经营和稳定发展，企业家退出时应保证企业继续健康发展，不会引起大的波动。企业家的利益体现在要求自身的价值被合理认定。企业高管团队在维护自身权益的同时会从长远角度要求促进企业健康发展。四个利益主体要做到协调均衡，才能推动传承的顺利进行。由于我国国有企业企业家传承的主要推动者是政府，政府部门的机制设计是决定四方能否协调均衡的关键。

3.国有企业企业家传承的驱动机制

建立包含政府、企业家和企业高管团队在内的推动机制，调动各方的积极性，协调各方利益关系，才能有效推动代际传承。

在代际传承中，政府起主导作用，时刻监督企业的生命周期和企业家的任职生命周期，通过对企业的创新力和竞争力判断是否开展传承工作，同时要注意企业家和企业高管团队的态度，协调处理好他们的利益关系。政府是推动代际传承的重要力量，要对国有企业所处的生命周期阶段进行评估，根据企业所需的领导能力，制定企业家传承计划；对继任者进行综合素质评价的基础上实施计划，根据对传承效果的检验调整传承计划。

因此，国有企业企业家代际传承的驱动机制应该包括以下几个方面。一是政府要时刻监督企业的经验状态和企业家的状态，对企业和企业家持续评价，确定传承时机。二是政府、企业家和企业高管团队必须协调合作，政府推动构建传承制度，共同进行继任者的选拔。三是企业家和高管团队应对继任者进行培养，将企业文化、经营理念传承给继任者。四是政府和企业高管团队共同辅助继任者上任，尽快融入企业决策核心层。五是政府合理安排原企业家退出，解决好企业家价值认定和再开发等问题。六是建立良好的代际传承环境，明晰产权制度，建立完善的公司治理和市场机制，健全法律法规等，保障代际传承的顺利进行。

成果创造人：李　政、赵洪亮

大型高科技央企集团以建设世界一流创新型企业为目标的中长期激励管理

中国电子科技集团有限公司

中国电子科技集团有限公司（简称“中国电科”）是2002年经国务院批准、由研究院所和高新企业组建而成的重要骨干军工集团。主要从事国家重要军民用大型电子信息系统、重大装备、通信与电子装备、软件和关键元器件的研发、制造和生产。现有47家事业单位、16家高新企业、8家上市公司、职工16万余人，科研人员占比超过60%。先后在XXX综合电子信息系统、XXX联合XXX指挥系统、预警机等重大国防科技工程中取得一系列重大成果；在网络安全、公共安全、智慧城市、智能交通、新能源等新型电子产品和民用信息系统等方面取得重要突破，经营业绩实现持续高质量和快速度发展，连续14年获得中央企业业绩考核A级和4个任期业绩考核A级，2016年成功进入世界500强，2018年位列世界500强388位。

近年来，中国电科坚持贯彻落实党的十八大和十九大关于建设创新型国家的战略部署，确立了建设世界一流创新型领军企业的目标，着力破除制约创新的人才、平台、机制等问题，尤其高度重视人才激励工作，下好中长期激励“先手棋”，建立与创新活动高度融合、与创新发展高度匹配的中长期激励管理模式，构建形成了以建设世界一流创新型领军企业为目标的中长期激励管理体系。

一、大型高科技央企集团以建设世界一流创新型企业为目标的中长期激励管理实施背景

（一）加速国家电子信息产业转型升级新动能打造的需要

党的十九大做出“推动互联网、大数据、人工智能和实体经济深度融合”，建设“网络强国”“数字中国”和“智慧社会”的战略部署，电子信息产业正处于新一轮高速发展期，成为当今创新最活跃、渗透性最广、影响面最大的科技领域，其核心技术体系加速重构、技术迭代周期大幅缩短，新业态、新模式不断涌现。

中国电科是国内唯一覆盖电子信息技术主要专业门类的大型央企，主要承担军事电子信息系统与装备、武器平台、军用基础元器件、功能材料等产品的研制、生产及保障服务、国防电子信息基础设施与保障条件的建设。作为我国军民用电子信息领域的国家队和主力军、电子信息领域科技创新的骨干和中坚，中国电科承载着提升我国军事电子技术和装备水平的使命，

必须突破制约创新的动力机制问题，构建多层次多要素的激励体系，系统提升全集团的人才激励水平，凝聚吸引大批高素质创新人才，瞄准关键共性技术、前沿引领技术、颠覆性技术等，加速技术迭代，打造发展新动能，彻底解决电子信息产业中的关键瓶颈，系统提升我国电子信息产业核心竞争力。

（二）贯彻中央深化人才发展体制机制改革战略的需要

党的十八大提出要“完善劳动、资本、技术、管理等要素按贡献参与分配的初次分配机制”；党的十九大提出要“完善按要素分配的体制机制”。党中央印发《关于深化人才发展体制机制改革的意见》，明确了深化人才发展体制机制改革的指导思想、基本原则和主要目标，提出要强化人才创新创业激励机制，完善市场评价要素贡献并按贡献分配的机制，加大对创新人才激励力度，鼓励和支持人才创新创业。作为中央企业，中国电科有责任深入贯彻中央深化人才发展体制机制改革部署，破除束缚人才发展的思想观念和体制机制障碍，为国有企业深化人才发展体制机制改革探索实施路径。

（三）激发军民融合型高科技企业创新创业动力的需要

根据国内外相关研究，企业创新机制的运行系统至少可分为决策、动力、保障三大要素。创新的空间定向，靠决策；创新的生存条件，靠保障；创新的动力生成，靠激励。决策、保障、激励三大要素之间，存在瓶颈制约关系，当某一要素成为整个系统的薄弱环节，并影响和制约其他要素发挥作用时，其瓶颈作用尤为突出。中国电科具有“中间事业、两头企业”的企业性质特征[1]和典型的军民融合特征，受制于国家对国有企业、事业单位、军工业务等的政策要求，长期以来激励方式总体上以传统的工资、绩效奖金和特殊奖励为主，激励方式相对单一，激励效果不太明显，无法有效支撑建设世界一流创新型领军企业的战略目标。一是不能完全体现创新成果价值：创新强调的是对现有技术、商业模式的边际贡献，具有原创性、颠覆性和“破坏性创造”的特征，传统的即时激励方式难以产生有效的激励力度；二是无法有效匹配创新周期：创新活动周期长、成果产出不连续，即时激励的兑现周期方式与创新周期不匹配，激励效果不突出。建立中长期激励机制，尤其是完善技术、知识等创新要素参与分配的方式，是建设创新型领军企业的必由之路。

二、大型高科技央企集团以建设世界一流创新型企业为目标的中长期激励管理内涵和主要做法

中国电科以建设世界一流创新型领军企业为目标，在深入分析研究创新型企业的内在特征和发展规律的基础上，基于业务形态、组织结构和政策空间，构建激励目标、激励对象、激励机制的综合匹配评估体系，打造股权与分红权相结合的中长期激励组合，构建企业级、业务级、项目级立体式激励体系，以系统的方法推动管理全集团中长期激励管理，为新技术突破、新业务开拓、新动能打造提供动力引擎，推进“大众创业、万众创新”在国有高科技集团落地生根。主要做法如下：

（一）对标一流高科技企业管理实践，构建中长期激励管理体系框架

多样的中长期薪酬激励几乎成为大部分世界一流企业的“标配”，科技型企业由于其价值成长性更高，实施中长期激励的比例更高、力度更大。分析研究典型创新型企业的激励特征，可以发现不同企业由于其禀赋和特质的差异，其激励组合方式并不统一。总结起来看，成功的创新型企业尽管激励方式各异，但其中长期激励管理必然满足以下四个特征：一是聚焦创新，始终围绕企业的创新人才、创新成果、创新项目和创新业务实施中长期激励；二是匹配自身业务结构和创新模式，针对不同的业务发展阶段和不同创新模式，针对性开展中长期激励；三是匹配自身组织架构，根据不同的组织架构安排，合理选择价值创造主体作为激励群体；四是满足政策要求，准确把握使用政策范围，依法合规开展中长期激励。根据以上的设计原则，中国电科构建了以建设世界一流创新型领军企业为目标的中长期激励管理框架。其核心内容包含三个层次：

一是构建“三维立体评估”体系。基于技术/商业生命周期、创新主体单元和政策空间三个维度综合分析评估各成员单位开展中长期激励的成熟度，结合国家战略、企业战略和创新策略，确定全集团中长期激励管理的优先级，明确激励目标、激励对象、激励方式、激励额度和退出方式，制定全集团激励管理作战地图，分类分步推动实施中长期激励管理。

二是建立基于“3D”模型的集团化中长期激励管理流程。秉持“管控、赋能、共享”的理念，发挥集团公司总部顶层设计、规划引领和协同共享的作用，激发成员单位主动发现需求、主动设计激励方案的能动性和创造力，协同专家支持团队，构建中长期激励从需求发现、方案设计、组织实施、过程管控到持续改进的全流程管理体系，系统性地提升全集团激励管理水平。

三是构筑中长期激励支撑体系。构建以重大工程、重大项目、重要任务为载体的创新平台，优化创新组织环境、营造创新文化氛围，夯实中长期激励有效发挥动力作用的基础，搭建从激励到创新的桥梁。

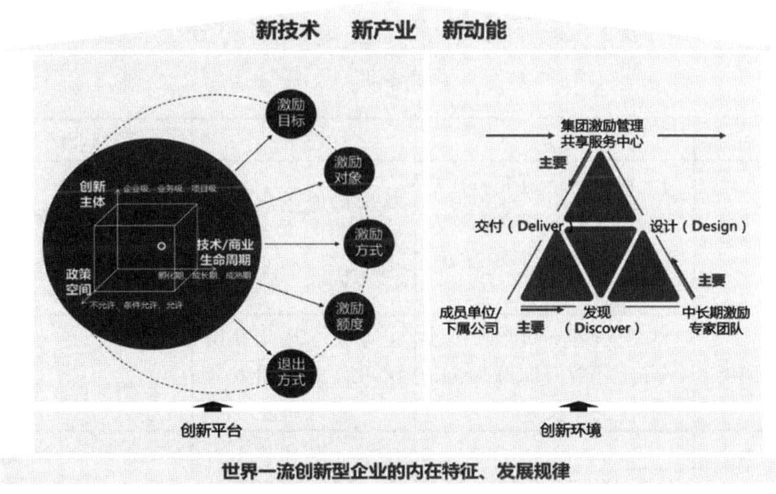

图1 国有大型高科技集团以建设世界一流创新型领军企业为目标的中长期激励管理

（二）创新“三维立体评价”方法，谋划全集团激励管理作战地图

聚焦创新过程和创新成果，按照匹配业务结构和创新模式、匹配组织架构、匹配政策要求的“三匹配”原则，中国电科建立了基于技术/产业生命周期、创新单元和政策空间的“三维立体评估体系”，针对性设计对创新人才的激励组合，并根据匹配度水平，制定全集团激励管理作战地图。

1.基于企业生命周期的中长期激励匹配评价

中国电科业务范围广、是国内唯一覆盖电子信息全领域的大型科技集团，涉及系统、装备/设备、信息平台、集成电路、基础等领域近50个专业门类；下属二级成员单位48家，既有深耕军工电子领域几十年的老牌研究所，也有新成立不满三年的下属企业，集团内业务形态和发展阶段差异性很大，企业创新模式和发展特征迥异，须针对性设计差异化的中长期激励方案。

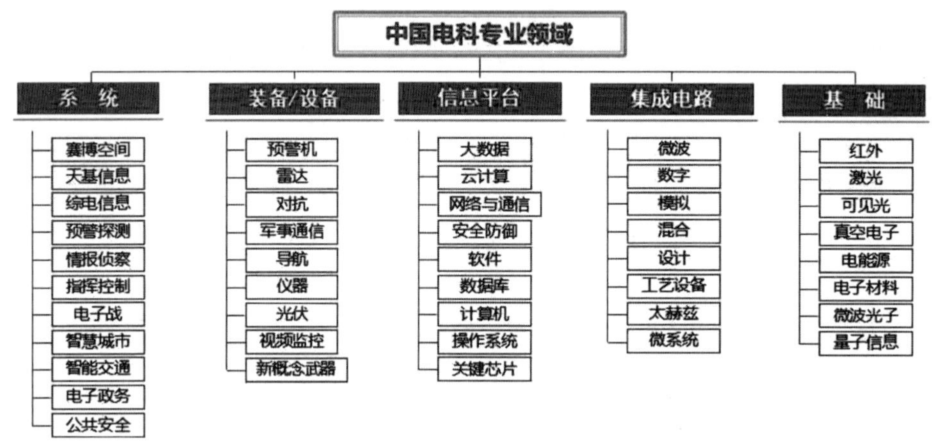

图2　中国电科专业领域

为此，中国电科综合考虑企业成立时间、市场、技术和经营业绩等因素，将下属成员单位按照技术/产业生命周期进行分类管理，按照孵化期、成长期和成熟期的分类，在深入分析不同发展阶段创新特征基础上，针对性设计激励方式。

表1　基于技术/产业生命周期的分类管理

技术/产业生命周期	衡量标准				代表性院所（企业）
	成立时间	市场	技术	经营业绩	
孵化期	不满3年	尚未形成稳定的市场竞争结构，行业中的竞争者大部分为成立时间较短的初创企业。	尚未形成主导技术方案，技术发展的方向还不确定	营业收入保持在30%的增长速度	XXX
成长期	3到10年	行业竞争者不断涌入，近三年市场规模保持20%以上的增长速度。	主导技术逐步获得认可，大量研发者投入研发	营业收入和利润保持高速增长	XXX
成熟期	10年以上	市场竞争结构相对稳定。	技术标准和技术方案成熟，以增量性创新为主。	完成收入、利润、EVA等各项经营业绩指标	10所、14所、20所、28所、29所、36所、38所等

孵化期企业通常指成立不满三年，市场结构、技术形态尚不稳定，营业收入保持高速增长的新创企业。对于孵化期企业，要求其必须迅速构建技术“护城河”，在动态竞争中快速迭代，抢占技术高点，形成先发优势。考虑到孵化期企业处于发展初级阶段，短期盈余相对有限，集团公司在工资总额管控上给予战略性支持以外，着重鼓励、引导其结合自身盈余状况和发展预期，针对性设计中长期激励方案。具体来说，支持孵化期企业重点针对具有深刻技术洞察能力和开发能力的领军人才和灵魂人物，采用期权为主的激励方式，与认同企业发展愿景的创新创业型人才共同开拓新的技术创新和业务发展领域，实现企业内生式发展。

成长期企业通常指进入市场三到十年，营业收入和市场规模呈现高速扩张态势、市场竞争力持续提高、未来发展预期良好的企业。对于成长期企业，最为关键的是保持在技术和市场等方面的持续投入。考虑到成长期企业的投资支出大，须平衡投资支出和短期盈余，集团公司引导其识别选择认同企业发展战略的核心技术和管理骨干，探索股权类中长期激励方式，构建核心人才与企业的利益共享机制。

成熟期企业产品技术状态相对稳定、市场结构相对固化、短期盈余资产充足。集团公司引导其基于经营业绩，开展利益分享类中长期激励方式（比如，岗位分红权），让企业的重要技术和管理人才均能够享受到创新效益和发展成果，维护人才队伍稳定，延长企业生命周期，保持企业可持续增长。

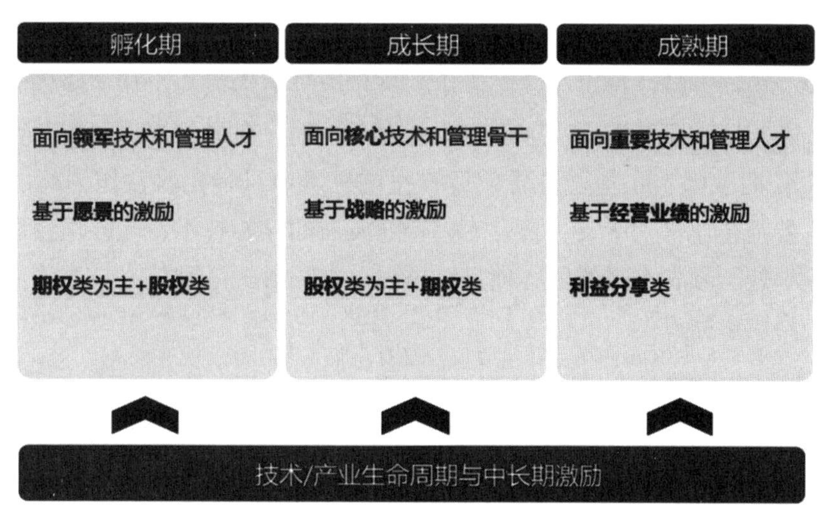

图3　技术/产业生命周期与中长期激励

2.基于三级创新主体的中长期激励匹配评价

企业通过布局、孵化新领域和新产业，避免单一技术/产业生命周期的宿命，基于企业内部不同业务板块和项目的技术/产业生命周期，针对性设计中长期激励方案就显得尤为必要。为此，中国电科基于创新主体的不同层次，按照“企业级、业务级、项目级”三级创新主体开展中长期激励方案的设计、评估和管理，引导各成员单位及其下属企业逐级建立业务和项目评估体系，系统分析研究业务领域的发展阶段、技术和市场前景、竞争态势和发展趋势等，通过针对性设计业务和项目级的中长期激励，推动企业创造一个又一个新的产业发展S曲线，跨越单一技术/产业生命周期。

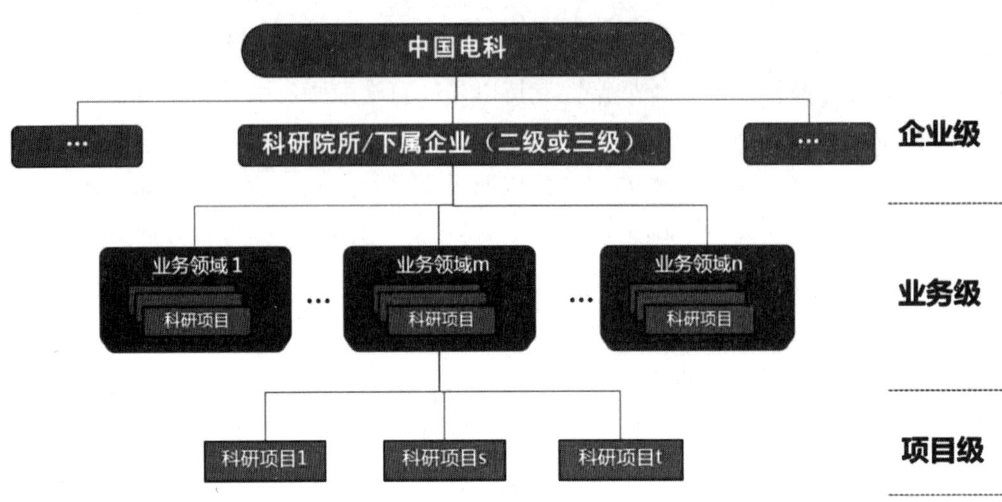

图4 创新主体的层级划分

企业级的中长期激励，是以企业经营效益（盈余）、股权或期权为分配标的实施的中长期激励，代表性的激励方式包括岗位分红、员工持股、限制性股票以及期权等。

业务级的中长期激励，是以某一业务板块经营效益或以基于业务的股权或期权为分配标的实施的中长期激励。比如，中国电科下属成员单位将太赫兹业务公司化运作，并开展科技成果转化作价入股，推动太赫兹技术成果产业化，三年内打造形成一个10亿级别的新业务；针对机器人等新兴技术领域和业务板块实施创业业务跟投激励，布局并推动了新产业发展。

项目级的中长期激励，是指以科研项目收益或科研项目转化收益作为标的实施的中长期激励。中国电科鼓励企业自主研发、具有支撑企业发展的核心技术，能够填补国内外空白或在国际国内同行业中处于领先水平的核心项目以项目分红的方式激励核心技术团队，推动重大项目、重要工程的高质量完成。

表2 基于创新主体的中长期激励匹配评估

创新主体层次	中长期激励特征		
	激励对象	激励标的	代表性激励方式
企业级	企业各业务板块的的关键人才	企业经营效益（盈余）、企业股权或期权	岗位分红、员工持股、股权出售、股权奖励、股权期权等
业务级	特定业务板块的关键人才	业务板块经营效益（盈余）及与其关联的所有权	基于业务的股权和期权激励
项目级	特定项目的关键人才	科研项目收益或科研项目转化收益等	项目分红

3.基于国家政策导向的中长期激励匹配评价

表3　国家关于中长期激励的相关政策

<table>
<tr><th colspan="2">法律政策</th><th>出文机构</th><th>涉及激励方式</th></tr>
<tr><td rowspan="2">规范性政策</td><td>《关于规范国有企业职工持股、投资的意见》</td><td>国资发改革［2008］139号、国资委</td><td>员工持股</td></tr>
<tr><td>《国资委、财政部关于印发<企业国有产权向管理层转让暂行规定>的通知》</td><td>国资委、财政部</td><td>员工持股</td></tr>
<tr><td rowspan="3">上市公司股权激励</td><td>《国有控股上市公司（境内/境外）实施股权激励试行办法》</td><td>国资发分配［2006］8号、国资发分配［2006］175号）国资委</td><td>股权激励</td></tr>
<tr><td>《上市公司股权激励管理办法》</td><td>证监会</td><td>股权激励</td></tr>
<tr><td>《股权激励有关事项备忘录1–3号》</td><td>证监会</td><td>股权激励</td></tr>
<tr><td>上市公司员工持股</td><td>《上市公司员工持股计划试点指导意见》</td><td>证监会</td><td>员工持股</td></tr>
<tr><td rowspan="3">科技型企业股权和分红激励</td><td>《国有科技型企业股权和分红激励暂行办法》</td><td>财政部、科技部、国务院国资委财资［2016］4号</td><td>科技型企业股权和分红激励</td></tr>
<tr><td>《国务院国资委关于做好中央科技型企业股权和分红激励工作的通知》</td><td>国资发分配［2016］274号</td><td>进一步补充中央企业及其所属国有科技型企业股权和分红激励工作的有关事项通知补充</td></tr>
<tr><td>关于印发《中央科技型企业实施分红激励工作指引》的通知</td><td>国资厅发考分［2017］47号</td><td>进一步指导和推动中央科技型企业加快落实国家股权和分红激励政策</td></tr>
<tr><td>员工持股股</td><td>《关于国有控股混合所有制企业开展员工持股试点的意见》</td><td>国资发改革［2016］133号、国资委</td><td>员工持股</td></tr>
<tr><td rowspan="2">科技成果转化激励</td><td>《中华人民共和国促进科技成果转化法》</td><td>全国人大</td><td>科技成果转化</td></tr>
<tr><td>《关于促进国防科技工业科技成果转化的若干意见》</td><td>科工技［2015］1230号国防科工局</td><td>技术入股、项目收益分红等</td></tr>
</table>

中长期激励是一种“利益相关者制度”，是经营效益在企业、股东、员工等利益相关者之间的重新分配。为确保中长期激励的公平公正，国家出台了一系列管理制度（参见表3），对于不同类型企业实施中长期激励的资格条件、激励方案等进行了明确规定。政策要求是实施中长期激励的刚性约束，也是开展中长期激励的基本遵循。

中国电科系统研究中长期激励文件精神，对标政策要求，结合管理实际，明确了中长期激励管理的通用条件和针对不同激励手段的个性化条件，并结合薪酬体系达标工作等，对全系统成员单位进行诊断评估，督促提升财务管理、绩效评价等基础管理制度，牵引企业建立产权明晰、发展战略明确、管理规范、内部治理结构健全并有效运转的现代企业治理制度，为建立多元中长期激励机制筑就坚实基础。

表4　基于政策空间的中长期激励评估（示例）

<table>
<tr><th>单位名称</th><th>单位属性（国有控股/混合所有制、上市/非上市、竞争性行业/垄断性等）</th><th>通用条件</th><th>评估(5分制)</th><th>激励方式</th><th>经营指标（研发费用占当年营业收入占比、营业利润等）</th><th>治理架构和基础管理指标</th><th>评估(5分制)</th></tr>
<tr><td rowspan="5">中国电科XXX公司</td><td rowspan="5">国有控股、竞争性行业</td><td rowspan="5">1.治理结构规范、各层级组织健全，岗位职责明晰。内部财务管理制度和员工绩效考核评价制度、收入分配制度等基础管理制度完善，符合市场竞争要求。实施股权激励的，还需要满足董事会成员组成的有关要求
2.发展战略明确，资产质量和财务状况良好，经营业绩稳健，连续三年经营业绩显著增长。近三年财务会计报告经过中介结构依法审计，被出具无保留意见的审计报告。近三年没有因财务、税收等违法违规行为受到行政、刑事处罚。成立不满三年的，以实际经营年限计算</td><td rowspan="5"></td><td>岗位分红</td><td>/</td><td>通过集团公司“五元”薪酬基础达标</td><td></td></tr>
<tr><td>项目分红</td><td>/</td><td>通过集团公司“五元”薪酬基础达标</td><td></td></tr>
<tr><td rowspan="2">员工持股</td><td rowspan="2">营业收入和利润的90%以上来源于所在企业集团外部市场</td><td rowspan="2">股权结构合理，非公有资本股东所持股份达到一定比例，公司董事会中有非公有资本股东推荐的董事；公司治理结构健全，建立市场化的劳动人事分配制度和业绩考核评价体系，形成管理人员能上能下、员工能进能出、收入能增能减的市场化机制</td><td></td></tr>
<tr><td></td></tr>
<tr><td>…</td><td></td><td></td><td></td></tr>
</table>

4.制定全集团激励管理作战地图

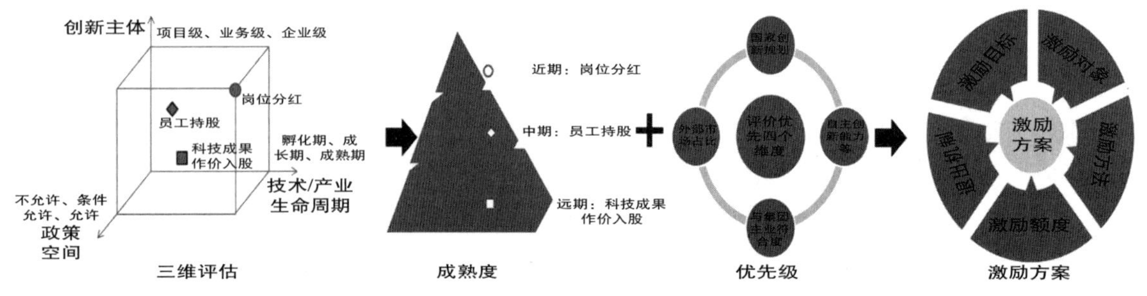

图5　中长期激励管理：从成熟度、优先级评估到激励方案（示例）

构建“成熟度+优先级”的综合评估系统，形成全集团激励作战地图。

一是制定《中国电科中长期激励成熟度评估工作规范》，从技术/产业生命周期、创新主体、政策空间等三个方面分析各成员单位开展中长期激励管理的可能性激励组合，并按照成熟度水平分层管理，对于与业务发展阶段匹配度高，同时与政策要求接近的企业列入近期实施计划，对于匹配度较低的企业列入中期或远期实施计划。

二是在综合分析全集团中长期激励成熟度水平差异的基础上，结合国家战略、企业战略和创新策略，建立中长期激励的优先级评价规则，明确重点单位、重点业务和重要项目等，确定全集团中长期激励管理的优先级，形成全集团激励管理作战地图。在进行优先级评估时，明确对于符合以下类型的企业、业务或项目优先开展中长期激励：①符合《“十三五”国家科技创新规划》战略布局和中国电科科技创新研发方向，承担国家科技创新重大专项、重大工程、国家重点研发计划的；②收入和利润来源于外部市场占比比较高的；③符合中国电科主业发展方向的；④自主创新能力较强、成果技术水平较高、市场前景较好的。

三是针对“优先级高、成熟度高”的企业，研究确定激励目标、激励对象、激励方法、激励额度和退出机制等，形成完整的中长期激励实施方案，并按照“先试点后实施”、“成熟一个实施一个”的理念，优化全集团激励组合。比如，聚焦军工电子优势领域的持续创新，2015年起在下属29所、38所两家单位开展首批岗位分红试点，并在2016年起将试点工作推广到10所、14所、40/41所和54所四家单位。聚焦新业务拓展和新动能打造，2016年在下属中电海康集团开展创新业务跟投，2017年在下属38所开展科技成果转化作价入股和核心团队股权激励。

（三）建立“3D”架构的组织模式，提升中长期激励管理实践效能

中国电科具有多元法人、企事业一体、军民融合的特征，是典型的集团化企业，如何统筹协调复杂的业务和组织关系，是包括中国电科在内的集团化企业开展中长期激励管理时需要解决的关键问题。按照“顶层设计与基层创造相结合”、“管控与赋能相结合”、“引导与协同相结合”的原则，中国电科经过多年实践，建立了基于“3D”模型的集团化中长期激励管理体系，以集团总部人力资源管理团队、成员单位人力资源管理团队和中长期激励专家团队为主体，建立从需求发现、方案设计到执行改进的流程体系，实现全集团中长期激励的系统性提升转变。

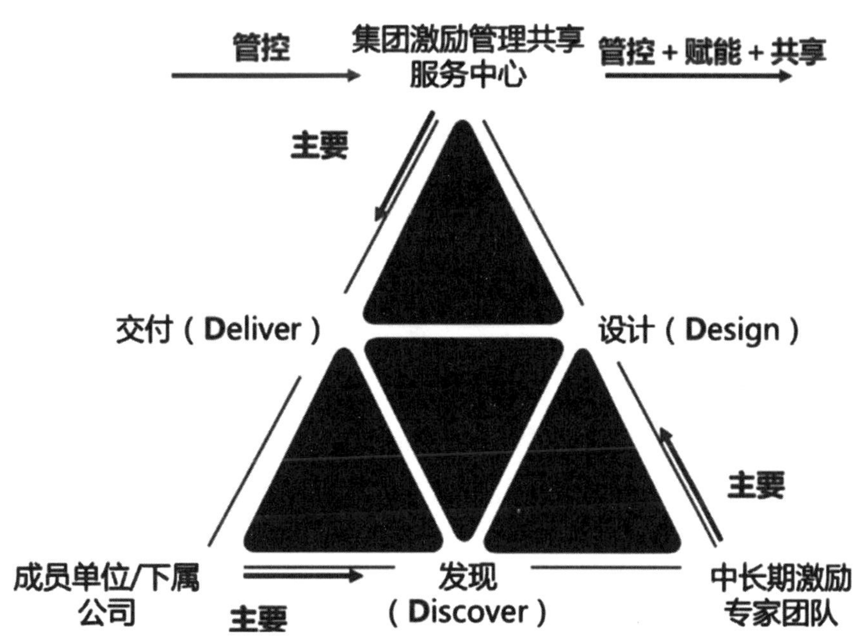

图6 基于“3D”模型的集团化中长期激励管理组织体系

集团总部层面：以中长期激励的“服务交付”为核心，明确“管控+赋能+共享”的角色定位，一是注重流程管控，建立从受理申请、综合评估、迭代完善到批复执行的中长期激励管理工作程序，着力从资质条件、激励方案和决策程序等对中长期激励方案系统评估、严格把关

（具体程序，参见表7）。二是注重赋能提升，建立“1+M+N”体系，为全集团开展中长期激励提供理论指引和实践指导。其中，“1”为《中国电科中长期激励管理办法》，明确中国电科中长期激励的总体框架、方案设计原则和管控方法；“M”为针对分红权、股权、期权等不同激励方式的指引文件，引导各成员单位基于“三维立体评估”模型设计研究本单位中长期激励实施方案，指导各成员单位规范组织管理中长期激励；“N”为《中国电科中长期激励案例辞典》，汇集了全集团开展中长期激励的经典案例和主要经验，尤其是系统总结了先行先试单位的实施背景、主要内容和流程，为其他单位建立中长期激励机制提供了重要参考。三是注重共享协同，建立了集团级中长期激励共享服务平台，定期和不定期组织中长期激励论坛，研究中长期激励热点、难点问题，交流经验、反思教训，促进共享协同。

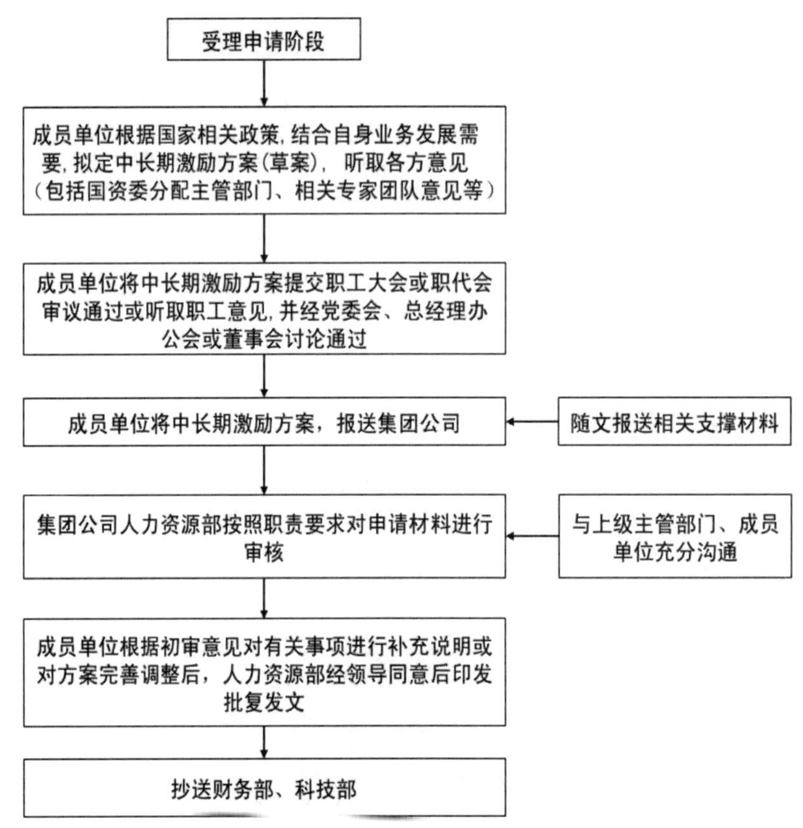

图7　中长期激励审批流程

人力资源专业知识中心，汇聚企业内外的专家力量，以中长期激励的“技术管理”为核心，跟踪研究中长期激励政策和最新应用实践，在集团总部的领导下，针对各单位的中长期激励方案审核把关、提出专业意见，必要时直接参与激励方案设计等工作，确保中长期激励方案的科学性和规范性。

成员单位层面，以“需求管理”为核心，充分发挥成员单位的信息优势、能动性和创造力，由成员单位在深入研究本单位业务发展阶段、组织架构等的基础上，根据创新活动特征，针对性提出中长期激励的目标、方式、激励对象、激励额度以及配套的考核和退出方案。同时，跟踪掌握中长期激励实施过程中的问题和意见，及时反馈给专业知识中心和集团总部，作为及时干预和持续改进中长期激励工作的基本依据。

（四）构筑创新平台和创新环境保障，夯实激励驱动创新的管理基础

著名心理学家和行为科学家维克多·弗罗姆提出的期望理论认为，人们之所以采取某种行为，是因为他认为结果对他有足够的价值，同时行为可以有把握地达到结果。这个理论可以用公式表示为：激励力量=效价*期望值。根据期望理论，人才在创新行为上的主观努力并不一定能够产生显性化的创新绩效。要实现主观努力与创新绩效的一致性，必须依赖合适的创新平台和优良的创新环境。没有平台和环境做支撑的激励就像“空中楼阁”和“虚幻的泡沫”，不可能发挥激励效果。

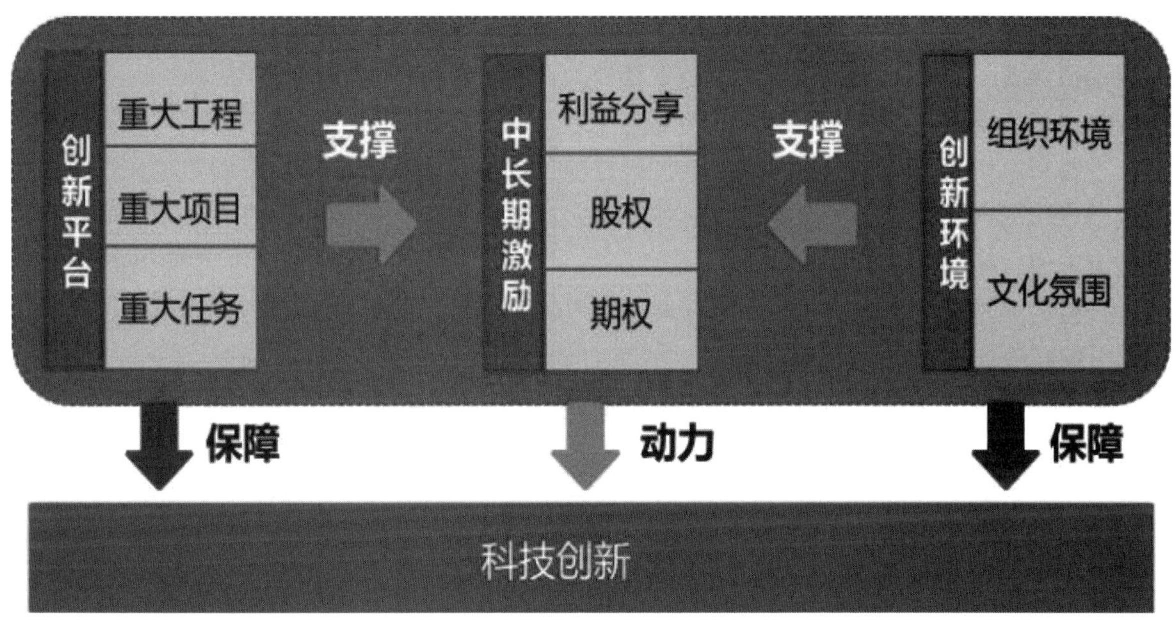

图8　中长期激励支撑体系

在创新平台方面：近年来，中国电科坚持以创新为第一发展理念，出台科技创新“20条意见”，系统布局推动全系统科技创新工作，推进技术、军工、产业“三业互动”和系统、设备、元器件以及软件的“三级协同”，以重大项目、重大任务和重大工程为载体建立了一大批创新平台，为科技创新提供了优良的平台基础。

在创新环境方面，中国电科从组织环境和文化氛围两方面入手，为科技创新营造良好环境。一是健全科技创新的组织环境。中国电科建立了知识产权全过程管理机制，从知识产权策划、知识产权创造到知识产权归集，将知识产权管理贯穿项目全过程，维护知识产权价值，保护知识产权利益。中国电科创建了科技创新支撑服务平台，由集团公司统一规划，按照专业布局，运用网络和信息化手段进行整合，建立了概念研究平台、技术验证平台、应用体验平台和联合设计开发平台，为全集团科技创新提供支撑服务。二是营造科技创新的文化氛围。在强化宣传、树立典型的基础上，组织青年科技创新论坛等，加强创新理念、创新意识在企业内的交流共享，积极营造“想创新、能创新、敢创新”和“认可创新、容忍失误”的创新氛围，构建“拥抱创新”的共同价值共享系统，为科技创新创造了良好的文化土壤。

三、大型高科技央企集团以建设世界一流创新型企业为目标的中长期激励管理实施效果

经过近几年的探索实践，中国电科构筑形成了具有自身特色的以建设世界一流创新型领军企业为目标的多长期激励体系，其实施效果主要体现在：

（一）汇聚了一大批高端创新人才，全面激发人才创新活力

中国电科构建与创新活动深度融合、与技术和产业生命周期高度匹配的中长期激励管理模式，吸引聚集了包括国家“千人计划”、“青年千人计划”、海外博士等在内的一大批高层次创新人才，有效激励了核心技术和管理骨干，释放了创新人才的主观能动性，点燃了创新人才的创新激情，激发了创新活力。

近年来，中国电科主导的一系列重大科技项目取得重大突破，主导策划的“天地一体化信息网络”列入国家面向2030年重大科技工程，自主投入的“天地一体化先导示范”项目取得重大进展；面向世界科技前沿，在FAST、SKA等方面取得重要创新突破。智能无人机集群两次打破世界纪录，奠定了我国在该领域的世界领先地位。大数据、人工智能、云计算、机器人、物联网等新技术取得新突破。连续两届任期荣获“科技创新优秀企业”。

（二）加速军民融合新动能打造，实现企业高质量发展

中国电科坚持创新为第一发展理念，通过下好中长期激励“先手棋”，孵化、催生了一批新业务和新产业，打造形成产业发展新动能，确保企业实现可持续的高质量发展。比如，在安防业务板块，中国电科针对“智能仓储机器人”等5个创新业务实施业务跟投激励，合计3000余名核心技术和管理人才参与跟投。2017年，实施跟投机制的创新业务收入超过20亿元，使新兴创新业务蓬勃发展，提高了业务培育成功率，推动组织跨越单一产业生命周期。针对太赫兹产品技术领域，中国电科对青年海归团队实施科技成果作价入股奖励和员工持股激励，同时引入战略投资者和社会基金、组建混合所有制公司，按照现代企业制度构建组织架构和治理体系，极大调动了团队的创业热情，推动太赫兹芯片和模块的产业化，填补了国内的空白，对降低国内科研单位研发成本具有重要作用，同时改变了我国此类产品长期依赖进口的局面，解决了我国太赫兹固态电子技术长期缺乏核心器件的发展瓶颈，也打开了市场规模为百亿的新产业。

中国电科在国资委经营业绩考核中连续14年获得A级，2016年财务绩效评价首次跃居中央企业并列第一，入围世界500强，2018年位列世界500强第388位。

（三）树立起央企高端雇主品牌，产生了良好社会效益

中国电科的中长期激励管理紧紧围绕“国有”、“高科技”和“集团化”三个企业核心属性，针对不同性质的业务和不同类别的人才，系统设计了中长期激励的内容体系、流程体系和支撑体系，突破了传统观念，创新了方式方法，形成了中长期激励的新实践。中国电科的中长期激励管理深刻地把握了国有企业中长期激励的特殊性，注重对政策空间的研究和把

控，为国有企业实施中长期激励提供借鉴；以“建设世界一流创新型企业”为目标，把握企业不同发展阶段创新活动的特征，为科技型企业建立“激励创新、鼓励创造”的中长期激励体系提供参考；融合管控、赋能、共享、协同理念，提供了集团化企业如何搭建中长期激励管理组织体系的案例，破解了集团化企业组织中长期激励管理的难题。

中国电科的中长期激励管理受到了广泛关注和认可，近几年多次作为中长期激励典型在国资委做经验交流或入选优秀案例，树立了国有高科技企业集团中长期激励的品牌，产生了良好的社会效益。

成果创造人：胡爱民、王晓敏、冯拓宇、范文新、李少卿、杜江明、

马明德、张魏林、张　栋、罗　旭

【注释】

[1]中国电科集团层面为国有独资企业，下属二级研究所为事业单位体制，二级研究所分别控股或投资企业。

特大型企业绿色发展管理与评价研究

国网能源研究院有限公司

生态兴则文明兴，生态衰则文明衰。《国民经济“十三五”规划》中指出，坚持绿色财富、绿色惠民，为人民提供更多优质生态产品，推动形成绿色生产和生活方式。十八届五中全会也把“绿色发展”作为五大发展理念之一。绿色发展战略目标的实现是需要将生态文明建设融入社会各方面建设的全过程。企业是生态文明建设的主力军，绿色产业才能兴国。新的历史时期要求企业以推动生态文明建设为导向，以积极应对全球气候变化为责任，转变发展方式，走绿色发展道路，通过发展低碳生态经济和占领绿色核心技术来提升竞争力。

本成果的主要研究目的：一是在生态文明建设背景下，准确定位特大型企业绿色发展的内涵和特征，为建立企业绿色发展评价指标体系奠定基础；二是解析特大型企业的绿色发展模式以及具体做法，为其他企业开展绿色发展及全面环境管理提供参考与借鉴；三是建立企业绿色发展管理的评价体系并开展案例研究与分析。

研究基本思路如下：首先，全面梳理绿色发展在不同角度的内涵，在剖析国内外优秀绿色发展企业的基础上，提炼出企业绿色发展的关键特征；其次，从全面环保管理的角度来分析企业绿色发展的模式，并对企业绿色发展的实施路径展开了研究，同时建立企业绿色发展的综合评价体系；最后，是对企业进行绿色发展管理及评价的实施效果进行分析和概括。

一、实施背景

（一）践行绿色发展理念，服务生态文明建设

生态文明建设是中国特色社会主义道路的理论创新，对我国全面建成小康社会和建设美丽中国具有重要的战略意义。特大型企业作为我国生态文明建设的主要责任主体，其绿色发展水平直接影响我国环保目标的实现。生态文明理念的提出，为企业绿色发展提供了理论依据和思想指导，使企业绿色发展有了明确的方向和目标，生态文明理念引领着企业绿色发展。

企业绿色发展属于生态文明建设中的一个很重要的部分。一方面企业是市场活动的主体，也是改造和利用自然环境的主体，应当承担较多的建设责任；另一方面是因为企业是目前社会污染的重要来源，需要承担相应的社会责任；特别是一些企业在生产经营过程中不注重环境保护，其行为与生态文明建设的要求相悖，造成了环境污染、资源浪费。因此说，企业有责任不断自醒环境管理问题，创新绿色发展理念，立足国情和企情，制定实施绿色发展战略，努力推进自身、产业和社会的绿色发展，发挥企业功能对产业和社会的带动力，服务生态文明建设。

（二）推动能源变革，服务国家能源战略

当前，我国能源发展面临人均资源相对不足，资源禀赋较差、环境容量有限、能源利用效率低下等诸多问题。2014年，习近平总书记提出“能源消费革命”、“能源供给革命”、“能源技术革命”、“能源体制革命”和“加强国际合作”的能源安全发展战略思想。能源消费的绿色化、能源供给的低碳化以及能源系统的智能化，将成为能源转型和革命的三条核心主线。作为特大型企业，绿色发展管理水平需要适应国家政策，不断创新环境管理模式，推动生产侧、消费侧等环实现节能减排，引导公众进行绿色消费，节约资源，服务国家能源革命战略的落地实施。

企业走绿色发展之路，能够倒逼企业不得不做出生产方式的调整，又使企业在调整中实现可持续发展，形成一个良性发展。对于能源生产与供应型企业，通过优化能源结构，改变以煤为主的能源结构，构筑起以清洁化和低碳化为特征的能源供应体系；对于能源消费型企业，一方面通过技术创新提高能源利用效率，另一方面通过转变发展方式，提高能源的经济效率和服务效益。

（三）转变企业发展方式，打造国际一流绿色企业

当前企业环保工作面临的主要挑战表现为以下方面:一是企业环保组织结构薄弱，与快速发展的生产力不适应，需要创新管理模式；二是环保工作仍以结果管理为主，尚未建立全过程环保管理标准，导致企业总体上防控环境风险的能力不足；三是环保科技对环保工作支撑力度不足，环保人员队伍建设与企业发展不适应；四是系统化的环保绩效指标体系缺失，影响了企业对外宣传成效与内部考核体系的建立。

绿色发展水平评价作为企业环境管理的重要环节，是特大型企业实现电网环保战略目标的重要管理工具。绿色发展评价体系能使企业追踪环保方案的相关成本和收入，使企业更加清楚了解自身的环保效果。通过绩效评估，发现建设、生产与运营等全生命周期环节中环境问题所在，不断提高环保管理与环保科技水平。采用先进的绩效评价方法，对于全面提高企业环保战略规划的科学性、规划方案的可操作性和规划目标的可实现性具有重要意义。

二、 内涵和特征

（一）内涵

1.基本理念

绿色管理体系的具体内涵：树立绿色价值观，将绿色经营理念导入企业的核心价值观之中；使用能够节约资源、避免和减少环境污染的绿色设计；实施绿色设计，把产品对环境的影响具体体现在产品设计中；开发符合环保要求的绿色产品；推行绿色生产，对生产全过程实施以节能、降耗、减污为目的防治措施；开展绿色营销，将绿色管理思想贯穿于原料采购和产品设计、生产、销售到售后服务的各个营销环节。该模式内涵丰富，以社会、消费者绿色需求为导向，将绿色理念贯穿于企业所有的生产经营活动，企业环境管理的思想基础更加牢固，使企业的环境活动更能得到落实。

在深刻认识企业建设和运营对自然环境的积极和消极影响的基础上，将资源节约和环境保护的要求融入企业运营的每一个层级、每一个流程、每一个岗位，最大限度地凝聚有关各方的环境价值创造合力，最大限度地控制环境风险，最大限度地创造环境价值。面对绿色挑战，企业摒弃传统的高投入、高消费、高环境代价的发展模式，改变企业的信息采集、营销、生产、研发模式等，对企业资源进行重新整合，将“绿色”因素渗透于企业的各个环节和层次之中，以绿色消费作为出发点，以绿色文化作为企业文化核心，在满足消费者绿色消费的前程下，为实现企业整体目标而进行的一种新的长远性、全局性和系统性设计。

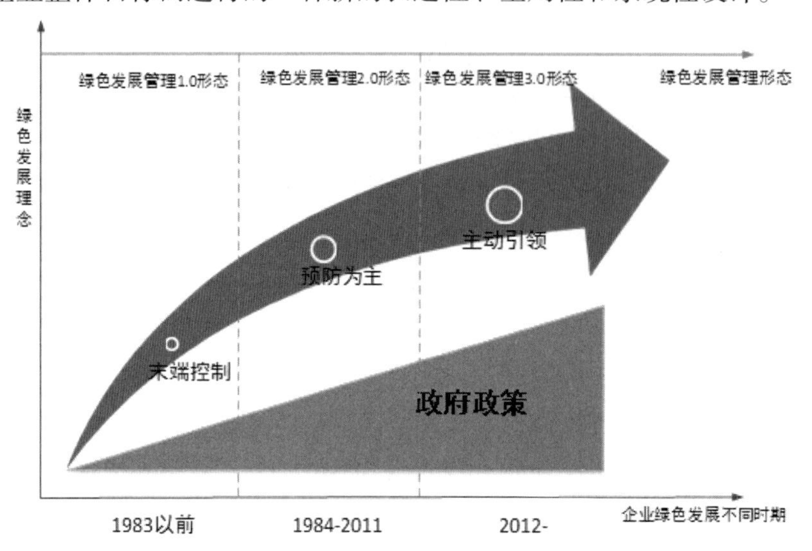

图1　企业绿色发展理念演进

2.总体思路

企业绿色发展坚持以全面认识企业建设和运营对环境的影响为基础；坚持在发展战略、规划设计、施工建设、生产运行、客户服务等业务运营全过程落实环境保护和资源节约要求；坚持全员落实环境保护和资源节约理念，全员参与绿色管理；坚持实施资产全寿命周期绿色管理，在全寿命周期内落实资源节约和环境友好要求；坚持与利益相关方合作，共同推进节约环保；坚持建设全面绿色管理体系，规范管理，持续改进。

3.方针与原则

企业绿色发展行动方针：依法合规、立足国情、战略先导、节能优先、卓越管理、科技创新、深挖潜力、表率带动。具体而言：一是依法合规，全面贯彻落实国家能源战略和环保政策法规；二是立足国情，推动实施企业绿色发展战略，充分发挥企业功能，实现资源、能源的高效利用和清洁使用；三是节能优先，通过技术改造，推广新设备、新技术等多种方式，推进企业节能减排；四是大力实施标准化建设，推广先进技术，建设“资源节约型、环境友好型”企业和“资源节约型、环境友好型、新技术、新材料、新工艺”生产线；五是积极促进生产侧和消费侧可持续发展，鼓励高能效、低污染作业，推动消费侧科学、节约、高效发展，推动全社会节能减排；六是努力推行循环经济和生态经济，运用全寿命周期绿色管理，推进能源的高效利用和资源的回收再利用，最大限度地减少企业运营对环境的影响。

为保证这一环境方针得到贯彻落实，企业在具体绿色发展管理工作中将贯彻以下5项基本原则：一是坚持规范管理的原则。二是坚持全过程管理的原则。三是坚持标准化建设的原则。四是坚持持续改进的原则。五是坚持协调共赢的原则。

（二）特征

通过总结国内外特大型企业绿色发展实践与成效，本成果提出特大型企业在绿色发展管理体系上的几点特征。

1.卓越的绿色发展战略

具有清晰的绿色发展战略、高效的战略执行和内部管理。建立规范的法人治理结构、激励约束机制健全；具有易于理解的企业绿色发展使命、愿景和战略目标；具有高效的环保战略执行能力，建立了环保战略制定、评估、考核、调整、完善等全过程管理制度；依据企业特点建立科学有效的环保管控模式，拥有较强的集团控制力，充分发挥协同效应和整体优势；环保风险管理体系完善，拥有较强的风险管控能力；环保管理信息化水平较高。

2.优质的绿色服务

提供优质的对外环保服务，利益相关方综合满意度高。以客户为导向开展绿色发展综合服务，拥有较高的第三方评价客户满意度；与监管机构、股东、客户、供应商、社区等利益相关方和谐相处、共同发展；主动承担绿色发展社会责任，社会环保形象良好。

3.广泛的绿色品牌影响

拥有环保品牌影响。建立起完善的企业绿色发展形象识别系统，有效实施绿色发展品牌战略、品牌文化建设成效显著，在国际上拥有知名统一的企业环保品牌或系列环保产品品牌。

4.持续的绿色创新能力

具备持续的绿色创新能力，包括环保技术创新、环保战略创新、环保管理创新等，并通过持续的绿色发展创新带动企业和行业发展。

5.一流的环保人才队伍

拥有一支精干高效、结构合理的绿色发展人才队伍；拥有大量行业领军人物、技术骨干、管理精英和国际化人才 ；重视领导力建设，领导人员素质和高管队伍结构不断优化，致力于构建绿色发展一流企业。

6.一流的企业绿色发展文化

具有统一且富有企业特色的绿色发展文化和核心价值观；在绿色发展方面，具有很强的凝聚力、向心力和执行力；关注员工发展，能够实现员工对企业绿色发展和管理模式的高度认同。

三、主要做法

（一）创新绿色发展模式

适应生态文明建设的特大型企业的绿色发展模式将由过去的末端治理与预防为主，逐渐转型成为全过程管理、全方位管理、全员管理的有机融合。

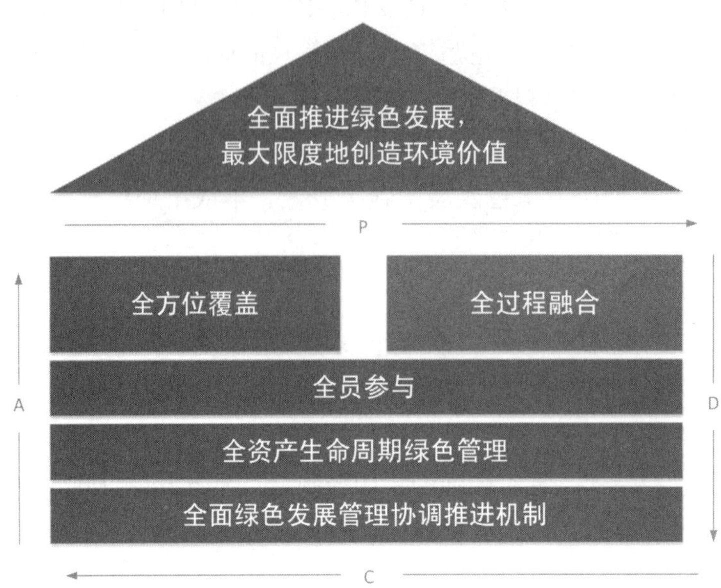

图2　特大型企业绿色发展管理模式

1.全方位管理

（1）绿色发展核心价值观

企业绿色发展使命：保障更安全、更经济、更清洁、可持续的生产供应，促使发展更加健康、社会更加和谐、生活更加美好，追求经济、社会和环境综合价值最大化。

企业绿色发展责任观：发展企业、服务社会，最大限度地增进企业发展对环境的积极影响，最大限度地减少对环境产生的消极影响；以人为本，统筹兼顾利益相关方的期望和可持续发展的要求，最大限度地凝聚企业内外力量，服务资源节约型、环境友好型社会建设，促进经济发展、社会和谐。

企业绿色发展方向：努力提高企业的运行效率，最大限度地创造环境价值，推进经济社会的可持续发展，积极应对全球气候变化和能源问题，建设国际一流绿色企业。

（2）绿色发展战略规划

坚持可持续发展战略，逐步确立绿色发展方向，提高能源与资源的利用效率，促进经济、社会和环境协调发展。在企业绿色发展战略规划中，加强环保技术创新，提升企业绿色发展核心竞争力，激发利益相关方的积极性和主动性，带动社会力量创造环境价值，发挥特大型企业的表率作用。提升企业绿色品牌、凝聚发展绿色企业的合力，具备创造环境价值的意识、能力和行动，提升创造环境价值的无形资产质量；提升企业有形资产的质量，保证环保、节约、清洁、高效的产品供应，追求经济、社会和环境的综合价值最大化。

（3）绿色发展综合计划

结合企业实际，制定企业绿色发展工作规划，编制年度计划，安排环境管理专项预算，深化企业全面绿色发展管理工作，在企业生产和运营综合计划中，全方位落实绿色发展管理所需的人、财、物等物质保障。实现全面绿色发展管理对企业日常运营的全面覆盖，为企业实现经济和社会价值最大化奠定体制机制基础。

（4）环保绩效考核

加强对各部门、各单位绿色发展管理工作领导小组办公室的业务指导和工作协调，大力推进企业全面绿色发展管理体系建设，每年对各单位绿色发展管理体系建设和绿色发展管理绩效进行检查考核。企业完善绿色发展业绩考核办法，建立覆盖全过程控制与结果监测相结合的管理绩效指标体系。为促进各单位绿色发展管理工作机制的持续改进，拟将各单位绿色发展工作的定期考核结果上报企业领导，将绿色发展绩效指标纳入各单位领导班子的业绩考核体系，将绿色技术监督考核与基层单位领导基本年薪挂钩，强化绿色技术监督执行力度。

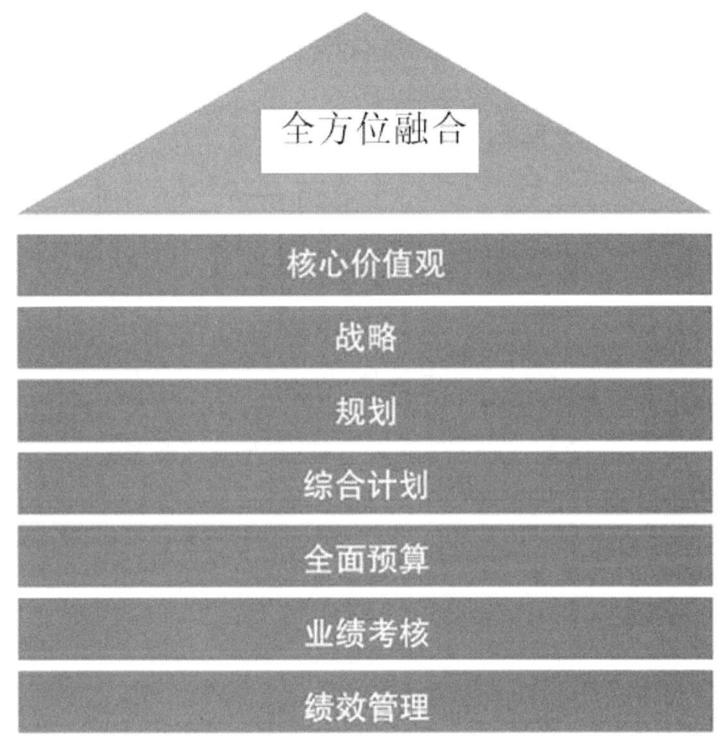

图3　全方位绿色发展融合

2.全过程管理

坚持把“凝聚绿色发展合力、控制环境风险、创造环境价值”的理念融入企业建设和运营的全过程，融入人、财、物等职能管理的全过程，融入资产生命周期管理的全过程；在企业建设和运营的全过程中贯彻落实安全、高效、绿色、和谐的要求，有效管理企业运营对社会和环境的影响，协调推进企业与社会可持续发展。

3.全员管理

全面绿色发展管理是全员管理，领导层承诺宣贯“凝聚绿色发展合力、控制环境风险、创造环境价值”，各级管理层表率引领，广大员工自觉行动，外部利益相关方支持参与，充分激发绿色发展潜能。

坚持与上下游企业、用户及社区等合作，共同推进节能环保。激发员工、用户、供应商、社区等利益相关方的积极性、主动性，同时主动接受政府等相关部门的监管，并积极为企业发展合理布局规划提供政策建议，充分发挥企业在市场资源配置的功能，保障更安全、更经济、更清洁、可持续的产品供应。

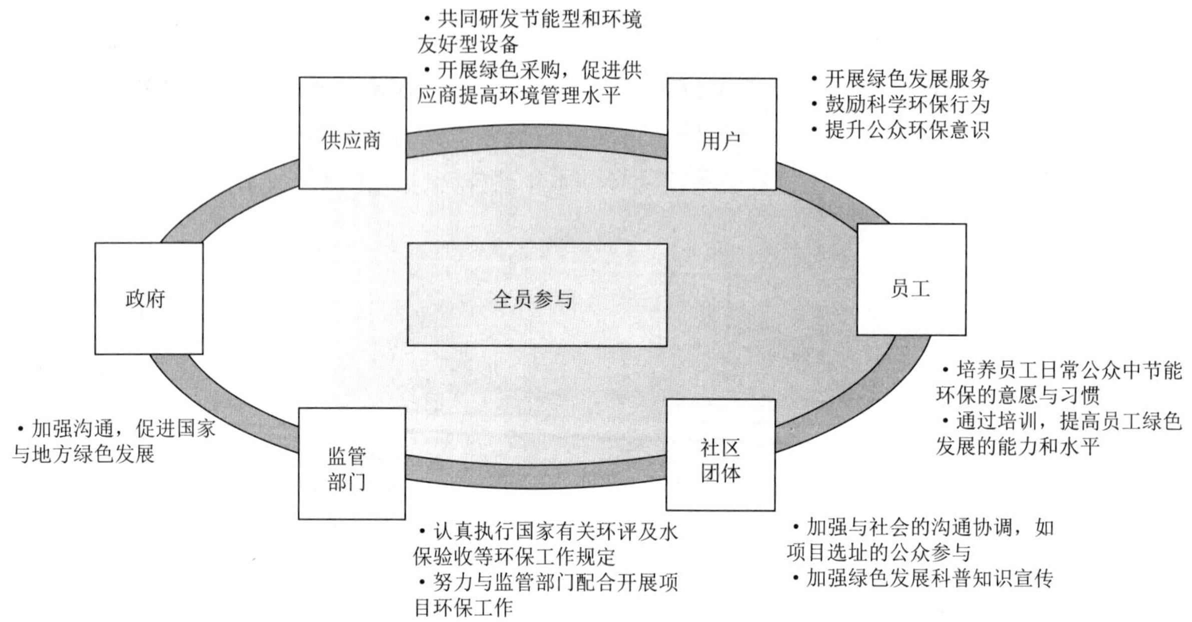

图4　全面绿色发展管理之全员参与

4.资产全寿命周期管理

运用全寿命周期管理理论，实施全面绿色发展管理。在资产生命全周期贯彻落实有效管理企业运营对环境的影响，保障安全、经济、清洁、可持续的产品供应，促进经济、社会和环境协调发展。统筹规划、设计、采购、建设、运行、检修、技改、退役的全过程，以最小化企业生产运营对环境的影响，提高资产使用效率。

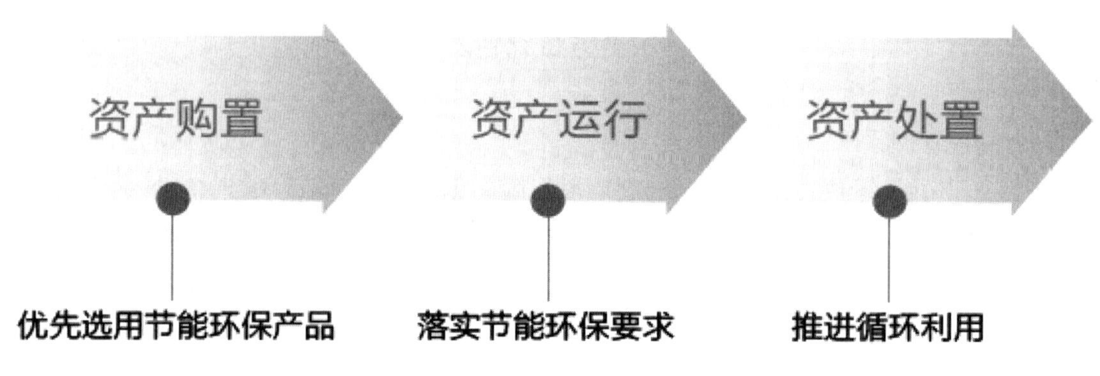

图5　资产全生命周期绿色管理

（1）资产购置

在资产购置阶段，统筹考虑一次环保投入与企业运行过程中的环保投入费用的关系，采用环境友好型设备，以实现企业项目全寿命周期环保投入最低的目标，实现最经济的资源消耗。资产购置过程中落实环境保护的要求，强化绿色设备招标信息发布，保证集中招标公开、公平、公正，加强与供应商的沟通和技术合作，降低后续生产环节中对环境的影响，减少后续环境管理费用，实现与供应商的合作共赢，提高全社会的环保绩效。

（2）资产运行

严格遵守环保法规，主动提高环保治理标准，满足企业安全运行以及用户需求与环境保护与资源节约的要求相结合；努力提高企业资产运行专业化管理水平，降低损耗、提高企业发展效率，提升资源的可持续利用水平；实现企业可持续发展目标。

（3）资产处置

根据环境保护与资源节约的要求，制定全寿命周期成本最优决策，合理选择对关键设备继续运营、调试、异地使用或退役等方案。强化固体废弃物的处置管理，提升设备的回收与再利用水平，如加强废弃设备的处置。加强温室气体SF6的回收利用。积极开展关于“运行中六氟化硫气体性能研究及六氟化硫气体的回收及处理研究”，统一协调六氟化硫气体回收再利用技术推广。

5.持续改进机制

企业定期检验和修订全面环境管理的理想标杆和最佳实践标准，按照过程管理和结果监控等不同层次构建和运用全面环境管理关键绩效指标体系，衡量企业推进全面环境管理所取得的进展；对照基线和标准，总结取得的成绩，明确改进的方向，制定深化全面环境管理的具体方案，继续推进循环改进。

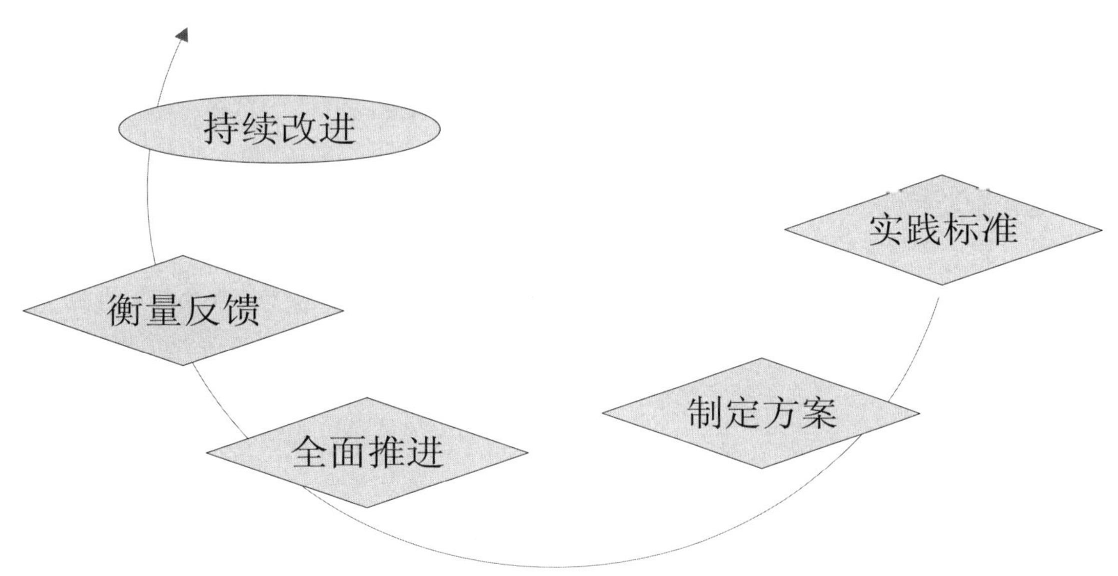

图6　持续改进的绿色发展管理

（二）开展绿色发展部署

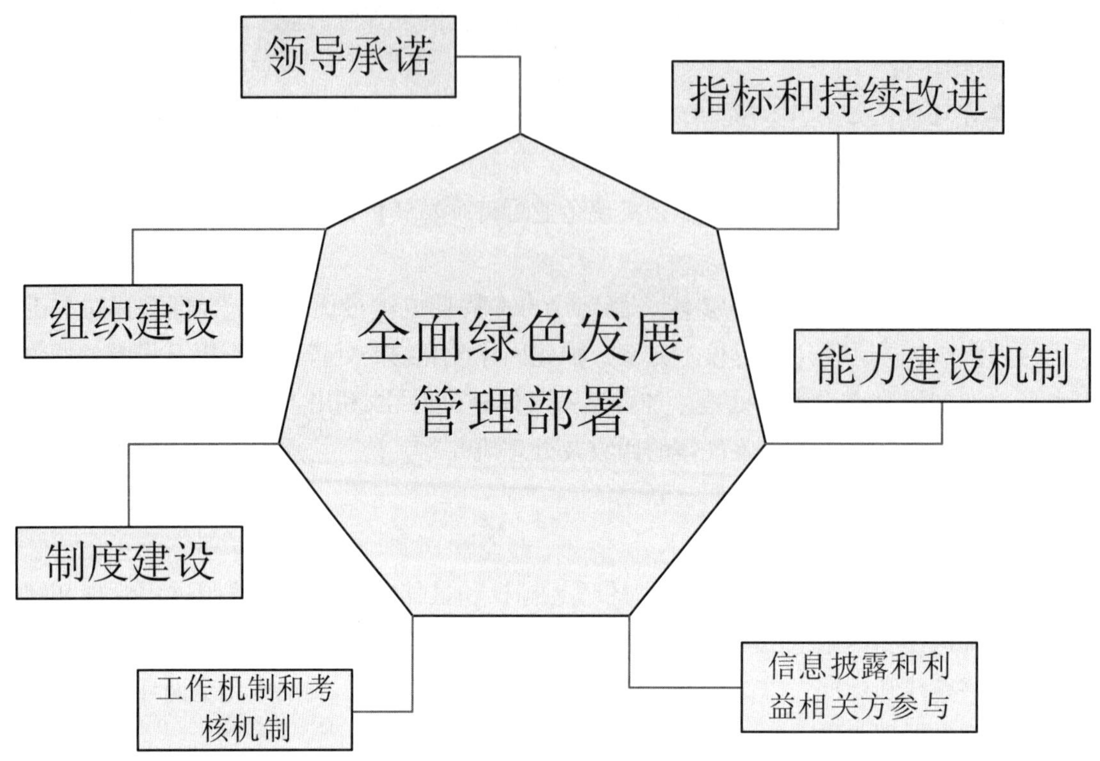

图7 全面绿色发展管理部署

1.组织建设

为了适应绿色发展的理念，建立包括环保领导小组、环保归口管理部门和相关职能部门在内的环保管理体系。

环保领导小组的主要职责:①制定企业绿色发展战略和有关重大环保决策；②审定企业绿色发展工作规章、规划和年度计划；③协调解决企业绿色发展工作中的重大问题。

环保归口管理部门的主要职责:①贯彻执行国家绿色发展法律、法规、方针、政策和标准，积极参与国家环保发展法规、政策和标准的制定；②负责与国家环保行政主管部门对重大问题的联系；③负责国家及有关部门委托的环保工作的组织实施；④编制并组织实施企业环保规章、规划、年度计划及企业发展标准；⑤负责企业建设项目环境影响评价、水土保持和环境保护“三同时”工作管理；⑥协助企业有关部门对污染物排放控制与重大污染治理项目进行管理；负责组织对重大环境污染和生态破坏等事故的调查处理，配合企业法律部门做好环境保护纠纷的调节和处理；⑦负责企业环保技术监督与环保统计工作；⑧负责对企业系统环保工作的监督和考核；⑨负责环保科技创新的组织实施，环保科技成果的推广应用；⑩负责环保宣传和培训的组织实施。

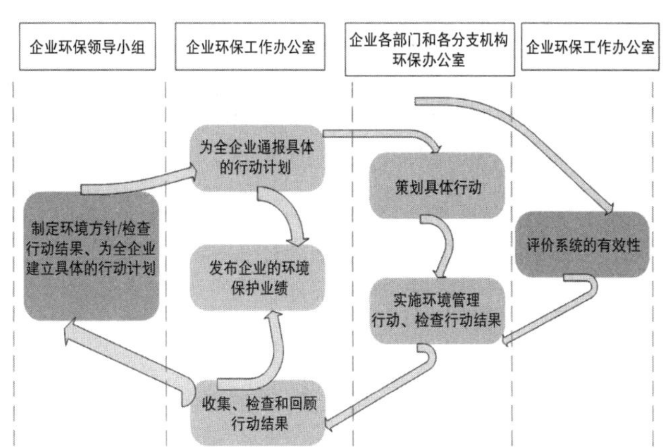

图8 全面绿色发展管理运作机制

2.制度建设

不断健全绿色发展管理制度，制定企业绿色发展管理办法、绿色发展监督管理规定、节能与环境保护监督管理规定、建设项目环境影响评价管理办法、竣工环境保护验收暂行办法、环境保护工作考核办法等，形成基本管理制度、过程监控制度、重点工作制度和其他工作四类制度体系。

（1）基本管理制度

基本管理制度是指为规范企业绿色发展基础性管理工作制定的制度，如基础管理、绩效考核和统计制度等。基本管理制度包括《环境保护管理办法（试行）》和《环保管理工作考核暂行办法》。

（2）过程监控制度

过程监控制度是贯穿于环保工作全过程的监督管理制度，过程监控制度有管理监督《环境保护监督规定（试行）》和技术监督《节能与环境保护技术监督规定（试行）》。

（3）重点工作制度

重点工作制度是针对企业绿色发展的各项重点工作制定的管理制度，包括《建设项目环境影响评价管理暂行办法》、《建设项目竣工环境保护验收暂行办法》、《建设项目水土保持管理暂行办法》等。

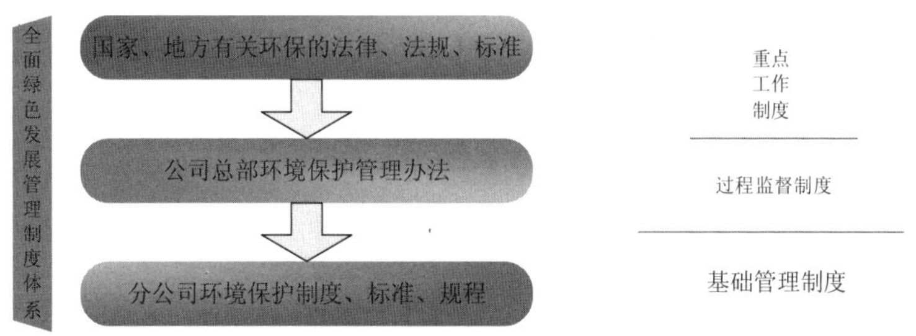

图9 全面绿色发展制度管理体系

3.监督与考核制度

强化技术监督机制。对企业建设项目设计、施工、验收等环节的绿色发展工作进行全过程监督，坚决杜绝破坏环境事件发生。提高应急监测能力，提高环境事故应急监控和重大环境突发事件预警能力。加强设计、建设、运行阶段的绿色管理，在典型设计、工程招标、施工建设、工程验收、技术监督等各个环节落实绿色发展要求，在项目各环节认真考虑环境因子影响因素，合理安排落实绿色发展管理工作。建立企业绿色发展数据管理信息档案，将所有已建和在建工程的环境因素数据、敏感目标及环评和竣工环保验收资料等纳入档案，达到企业绿色发展工作制度化、规范化、常态化和信息化的要求。

在企业经营业绩考核中充分体现全面绿色发展管理要求，坚持过程考核和结果考核并重，在推进绿色管理方面，注重考察绿色发展价值观的认可程度，各职能、各专业、各岗位的管理制度和管理评审的覆盖范围，信息披露的充分性，持续改进机制的有效性；在绿色发展绩效方面，注重考核量化指标，全面反映企业建设和运营过程中控制环境风险、创造环境价值。

4.能力建设

员工教育与培训。开展企业全面绿色发展管理培训，树立绿色发展的理念，提升员工的思想意识和推进可持续发展的能力。加强生产运行、施工建设、客户服务、纠纷处理等一线工作人员的绿色发展知识普及，增加执行绿色发展有关法规制度的自觉性。全面培养员工在日常工作中自觉履行绿色发展的意愿与习惯，开展“三节约”活动，全面发挥企业可持续发展的潜能，直至一张纸、一寸导线、一分钱。通过建设有效的激励与约束机制，保障员工日常工作贯彻落实履行环境管理的要求。

举办企业绿色发展人员培训班，建立信息平台。邀请系统内外专家讲授绿色发展理念、路径、案例分析等内容。组织编写《企业绿色发展参考手册》，作为企业系统开展环保培训的基础材料，实现培训内容系统化；扩大培训范围，增加对各单位环保归口管理部门负责人的培训。通过宣传与教育，进一步明确环保管理工作的内容和要求，强化环保归口部门的监督管理职能，完善环保专项工作制度，推动环评、水保、验收、技术监督、超标治理、宣传培训、纠纷处理和环保技术研究推广等重点工作持续改进。

研发应用绿色管理工具。结合国情和企业实际，在充分借鉴国际先进经验的基础上，整合各方力量，开发和应用环境风险管理、全面绿色管理绩效衡量、全面环境管理体系、利益相关方参与、资产生命周期环境管理、全面绿色管理战略规划等工具。

培养科技创新能力。充分发挥企业优化资源配置功能，加快开发企业发展关键技术；大力支持发展环保型、节约型、高能效技术、设备和公益；系统研究应用企业绿色发展关键技术。

5.日常管理

在日常办公和生活中贯彻落实绿色发展理念，宣传推广环保知识，实施全面环境管理，为企业履行绿色发展的社会责任奠定体制机制基础。

推行环保目标管理和业绩考核，逐步将环保纳入到全面绩效考核之中。企业统一建立各单位环保工作考核档案，细化环保工作日常监督管理措施，综合考虑外部环境的地区差异以及内部管理的模式差异，逐步完善环保目标管理和量化考核机制，正确引导价值取向，逐步实现科学、全面、公平的管理与考核。

加强环保监督管理体系建设，不断提高环保工作的效率和质量。积极探索环保工作监督检查的新途径，通过开展各企业之间互查和交流，切实推进闭环管理；尽快研究提出能够全面反映企业环保工作情况的统计指标体系，并建立相应的统计、分析工作制度。

确保广大员工深刻理解履行全面环境管理是企业价值观的核心内容和企业发展战略的基本目标。实施全面绿色发展必须坚持转变企业发展方式，大力推进集团化运作、集约化发展、精益化管理、标准化建设，发挥集团整体优势，优化内部资源配置，全面提升企业的经营效率与效益。

6.沟通交流

与政府监管部门沟通。通过召开国际研讨会加强与相关部门的沟通，促进国家与地方环保标准体系建设等。主动加强与国家及地方环保主管部门的联系沟通，认真执行国家有关环评及水保验收等环保工作的规定，优化企业建设项目环评审批程序；保证企业项目及时得到环评批复，及时服务广大消费者。

企业绿色发展宣传常态化，体系化。加强与社区的沟通协调，如项目选址的公众参与。拓宽企业绿色发展宣传渠道，建立企业绿色发展宣传常态机制。将绿色发展宣传工作的重点转到日常宣传上来，贯穿到环评、验收、纠纷处理等各项工作中去，建立绿色发展归口部门、新闻宣传部门以及发展、基建、法律等部门团结协作的工作机制，将绿色发展宣传与工作流程紧密结合起来。高度重视环保纠纷，努力与环保部配合开展一系列环保纠纷处理工作。建立与政府、媒体和公众的有效沟通渠道，力争通过环保、卫生管理部门和相关专家向公众发布正面、客观、科学的环境知识，提高企业绿色发展宣传的公信力。

建立多种沟通途径。组织出版一系列中英文对照译本等在内的一系列宣传手册、科普读物。利用互联网与公众沟通，加强网络舆论跟踪，正面回应企业项目环境与健康影响等问题。通过与其他行业、专业之间的协调和沟通，使各方充分理解并认识到企业绿色发展标准协调化的重大意义，推动我国绿色发展体系的进一步完善，服务建设生态文明。

加强国际交流与合作。积极与国际社会进行沟通，追踪国内外绿色技术发展的动态，学习和吸收国内外绿色技术最新的研究成果，积极与高校、科研院所建立互动关系，取长补短，推动绿色技术的创新研究和运用。

（三）建立绿色发展评价体系

1.评价指标体系

指标体系构建原则：一是普遍性与特殊性相结合。首先考虑评价指标体系的普适性、可比性和外界认可度，同时考虑企业行业属性和业务特点，大量选用具备普遍性的指标，少量选用专业性指标。二是全面性与代表性相结合。评价指标体系框架能够全面反映企业的绿色发展情况，既突出绩效指标，也注重能力指标；尽量用最少的指标反映重大的方面，充分考虑数据的可获得性。三是定量指标与定性指标相结合。尽量选取量化（硬性）指标，同时注重反映战略、管理、文化的定性指标选取；尽量选用相对性指标，少量选用绝对性指标。

本成果主要从五个方面来构建企业绿色发展的评价指标体系，即创新、协调、清洁、开放和共享。

（1）创新

创新发展是全面提升企业绿色发展水平的第一动力，在企业的生产、运营等多环节都离不开技术的创新。坚持创新发展，为绿色发展提供持续动力。绿色发展的创新性包括科研投入占销售收入比、科研创新体系建设、设备技术水平、绿色科技专利项目、绿色发展创新潜力五个指标。

（2）协调

协调发展是建设绿色企业的内在支撑，企业绿色发展既要注重企业内部协调，更要注重与外部环境相协调。绿色发展协调性指标有：绿色发展战略与企业总体战略适应性、绿色发展管理与企业经营管理适应性、绿色发展规模与质量适应性、绿色管理流程优化、企业环保文化、与利益相关方的沟通情况、生态保护落实情况。

（3）清洁

清洁发展是企业实现转型的根本保障，是建设绿色企业的根本落脚点。清洁性主要体现在企业的规划、生产、运营等各个方面。主要的评价指标有：绿色采购、二氧化硫等各类污染物排放强度、温室气体排放强度、废弃物回收处理、有毒物质处理、环境污染事故预防与处理、可再生能源资源利用情况。

（4）开放

企业与国内外同行、专家学者相互学习，吸纳先进技术及管理经验，不断提升企业的绿色发展水平。绿色发展开放性评价指标主要有：环保战略互信、环保经贸合作、环保学术交流情况。

（5）共享

共享是企业绿色发展的终极目标，实现绿色发展成果与政府、公众等利益相关方等全社会共享。共享性指标包括：公众满意度、环保产品或服务投诉率。

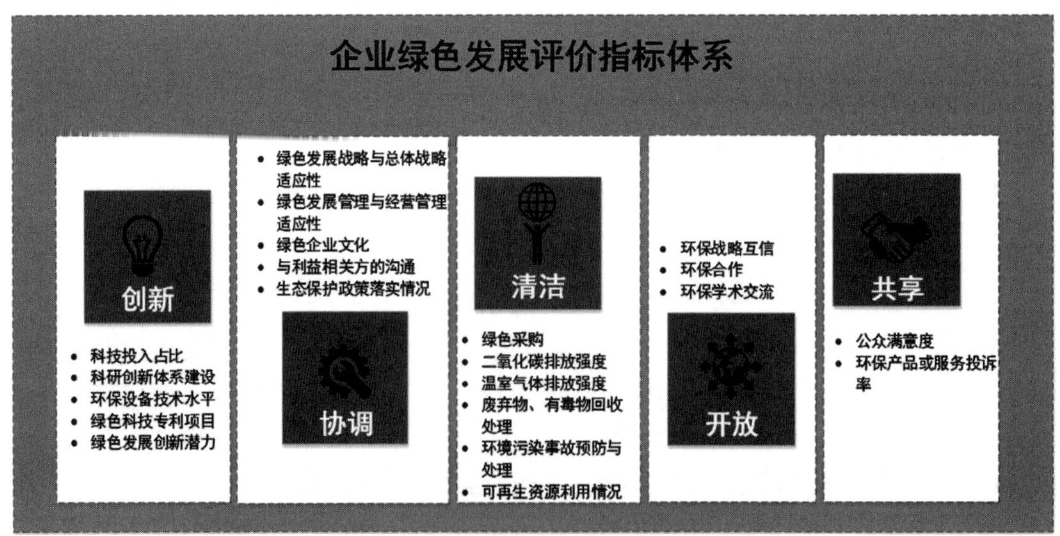

图10　特大型企业绿色发展综合评价指标体系

2.综合评价方法

本成果综合利用专家打分法、层次分析法和模糊评价法等，开展企业绿色发展评价。其中，专家打分和层次分析法来确定各指标权重，模糊评价法来进行综合评价，模糊评价步骤如表1所示，评价流程如图11所示。

表1　模糊综合评价步骤

（1）确定绿色电网评价的指标域U	$U=\{u_1,u_2,\ldots,u_n\}$
（2）确定评价等级论域V	$V=\{v_1,v_2,\ldots,v_m\}$
（3）进行单因素评价，建立模糊关系矩阵R。在构造了等级模糊自己后，就要逐个对待评价对象从每个指标U_i上进行量化，也就是确定从单因素来看待评价对象对各等级模糊子集的隶属度$(R\|u_i)$。从而得到模糊关系矩阵R	$R=\begin{bmatrix}(R\|u_1)\\(R\|u_2)\\\cdots\\(R\|u_i)\end{bmatrix}=\begin{bmatrix}r_{11}&r_{12}&\cdots&r_{1m}\\r_{21}&r_{22}&\cdots&r_{2m}\\\cdots&\cdots&\cdots&\cdots\\r_{n1}&r_{n2}&\cdots&r_{nm}\end{bmatrix}$
（4）确定评价指标的模糊权向量W	$W=\{w_1,w_2,\ldots,w_n\}$
（5）利用合适的合成算子将W和评价对象的R合成得到评价对象的模糊综合评价结果向量Z z_j表示评价对象从整体上看对v_j等级模子集的隶属程度	$Z=W^{\circ}R=\{z_1,z_2,\ldots,z_n\}$ $=\{w_1,w_2,\ldots,w_n\}^{\circ}\begin{bmatrix}r_{11}&r_{12}&\cdots&r_{1m}\\r_{21}&r_{22}&\cdots&r_{2m}\\\cdots&\cdots&\cdots&\cdots\\r_{n1}&r_{n2}&\cdots&r_{nm}\end{bmatrix}$

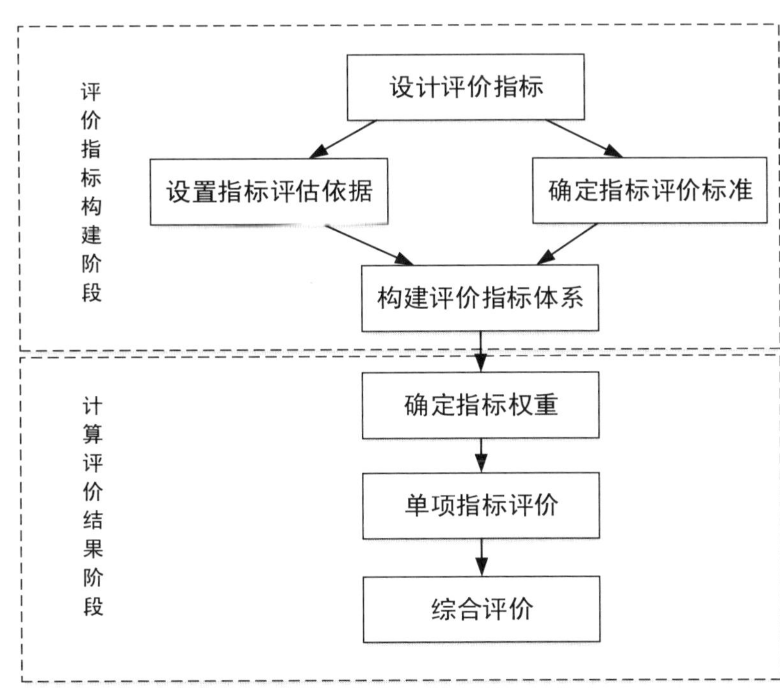

图11　企业绿色发展综合评价流程

3.案例研究

作为全球最大的公用事业企业，国家电网公司肩负着建设和运营绿色电网，促进社会各利益相关方落实节能减排行动的社会责任。本成果以国家电网公司为例，定量开展公司绿色发展评价。

图12 国家电网绿色发展评价步骤示意图

从公司电网绿色发展的创新性、协调性、清洁性、开放性和共享性五个维度来构建评价指标体系。

（1）创新性

基于能源资源与需求逆向分布的基本国情，国家电网按照“建设大电网，构建大市场”的基本思路，立足自主创新，研发应用全球最先进的特高压交、直流输电技术，建成投运“八交十直”18项特高压工程，线路长度超过3万公里，输电能力达到1.2亿千瓦，将西部、北部大型能源基地的水电、风电、太阳能发电等经济高效地输送到东中部负荷中心。目前，特高压工程已累计输送电量超过9400亿千瓦时（相当于10个三峡电站全年发电量，清洁能源占比过半），减少东中部煤炭消耗5.2亿吨，减排二氧化硫、氮氧化物4200万吨。

公司持续加大环保研发和科技投入，在环保科技领域组织实施了重要技术研究和科技推广项目，建立了引领国内电磁环境和电磁兼容研究领域的技术攻关团队。目前，输变电设施电磁环境、噪声、无线电干扰及控制措施等方面的实验研究能力达到国内领先水平。

（2）协调性

建设绿色工程，实现电网与自然和谐。坚持绿色建设理念，加强电网建设全过程环保管理，将生态环保指标作为企业负责人业绩考核的“红线”指标。优化变电站选址和线路路径，避让自然保护区、风景名胜区等生态敏感区，新开工110千伏及以上电网建设项目环评率连续九年保持100%。创新电网建设模式，推行“标准化设计、工厂化加工、模块化建设”，采用环保新技术新工艺新材料，减少永久占地、土石方开发、植被扰动、树木砍伐以及临时道路修建，将工程施工对生态环境的影响降至最低。加强环保技术监督，开展变电站（换流站）噪声监测，对噪声超标变电站有步骤、分批次进行治理。大力开展温室气体减排，建成省级六氟化硫气体回收处理中心，实现六氟化硫气体回收处理和循环再利用。

随着生态文明建设、能源变革战略以及蓝天保卫战计划的逐步推进与落实，国家电网公司不断深入认识电网功能和公司属性，制定实施绿色发展战略，努力推动自身、产业和社会的绿色发展。在电网绿色发展过程中，全员树立绿色发展意识，推行绿色办公和绿色生活，实现内部协调发展。同时将绿色发展理念融入电网规划、设计、建设、运行、检修等各环节。积极开展电力需求侧管理和能效管理，完善有序用电和节约用电制度，推动电力行业发展方式转变和能源结构优化，实现电网发展与行业、与自然的协调发展。

（3）清洁性

清洁发展是电网实现转型的基本保障。国家电网公司通过建设坚强智能电网，提升电网能源资源配置能力；强化电网线损管理，实现节能降耗；服务新能源发展，保证高比例消纳新能源；大力开展跨区跨省电力交易，优化能源资源配置；积极推进“两个替代”，提高终端能效水平，节能减排效果显著。

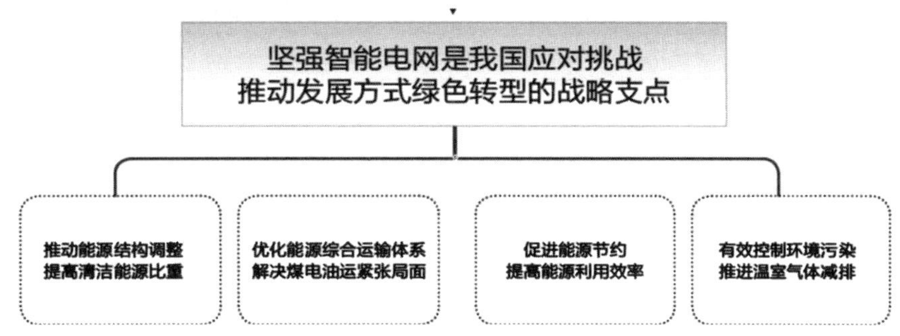

图13　国家电网公司清洁发展示意图

与各方协同做好规划建设、调度交易、市场机制、技术创新等工作，坚决化解清洁能源消纳矛盾。重点加强特高压外送通道运维，全力保障清洁能源送出消纳。全天候监控各省（区）清洁能源受阻出力、火电调节裕度、送出通道空余能力，组织跨省跨区互济，扩展清洁能源消纳空间。在清洁能源省间电力直接交易基础上，大力推动火电机组灵活性改造、增加灵活调峰能力，完善调峰辅助服务市场化机制。在青海首次实现连续7天100%依靠清洁能源满足全省电力供应，在能源清洁转型进程中进行了创新探索和实践。2017年，国家电网经营区域清洁能源装机容量5.1亿千瓦（占总装机容量的34%），发电量1.1万亿千瓦时（占全年总发电量的22.4%)。其中，新能源并网容量达到2.8亿千瓦，成为世界上新能源并网规模最大的电网。

（4）开放性

国家电网公司与各级环保行政主管部门、标准编制单位、各方专家进行广泛沟通交流，互信合作关系不断加强，促成《电磁环境控制限值》等标准发布实施，填补了输变电电磁环境国家标准的空白，结束了长期以来对工频电场强度、磁感应强度限值争议不休的局面。通过媒体、网络等多种宣传方式，引导公众对电磁环境的正确认识。

（5）共享性

共享发展是国家电网公司绿色发展的本质，也是其他发展的根本出发点和最终归宿。公司在煤改电、电动汽车、普及家庭电气化等方面努力做到让全社会共享绿色发展的改革成果。发展绿色清洁交通和电动汽车产业，建成“九纵九横两环”高速公路快充网络，打造全球规模最大、功能最全、覆盖上下游产业链的电动汽车“互联网+”综合服务网络——智慧车联网平台，接入充电桩17万个，覆盖19个省、150个城市，里程超过3.1万公里，满足低碳绿色出行需要。建成国内最大的分布式光伏云网，接入分布式光伏用户100.1万户、装机容量3998.9万千瓦，实现国家电网经营区分布式光伏用户100%接入，为光伏产业发展提供“科技+服务+金融”一站式全流程服务。应用最先进理念、最高设计标准、最安全环保技术，在雄安新区打造“绿色低碳、安全高效、智慧友好、引领未来”的现代能源系统，树立新时代电网发展典范，推动城市综合能源系统发展。

创新共享模式，减少土地资源占用。国家电网输电杆塔覆盖公司经营区域，遍布城乡，在运架空输电线路94万公里、杆塔291万基。国家电网与中国铁塔公司签署战略合作协议，推动电力杆塔资源开放共享，可大幅减少通信杆塔重复投资和土地占用。按照中国铁塔公司每年新建通信杆塔10万基、单一塔基占地30平米计算，每年可节约土地资源300万平米。

表2　国家电网公司绿色发展评价指标体系

一级指标	二级指标	三级指标
创新性	科技发展水平	绿色发展新技术推广
		绿色科技专利项目
		绿色发展投资比例
		绿色发展专题研究
协调性	组织机构建设	组织机构部门与人员
		职责规定明确性
		基层单位环保管理归口部门及人员设置
	管理制度建设与执行	绿色发展管理各项制度
		管理制度的执行情况
	环保纠纷处理	纠纷处理工作制度
		纠纷处理措施
	环境污染事故预防与处理	环境污染事故预防
		环境污染事故处理
清洁性	绿色采购	办公用品绿色采购项目数
		电力设备绿色采购项目数
	电网侧降耗	综合线损率降低，节约标准煤
		优化水库调度，节约标准煤
		开展发电权交易，节约标准煤
		实施需求侧管理，节约标准煤
		推动“上大压小”，降低发电煤耗
		推广电动汽车，减排二氧化碳
	支持可再生能源	可再生能源发电量，减排污染物
		向最终用户供应的绿色电能比例
	控制输变电工程的环境影响	环评率
		竣工环保验收率
		减少电磁环境影响
		降低噪声
		废弃物处理
		有毒物质处理
		景观保护
		生物多样性保护

<table>
<tr><td rowspan="3">开放性</td><td rowspan="2">外部沟通</td><td>环境报告发布的情况</td></tr>
<tr><td>环保宣传</td></tr>
<tr><td>学术交流</td><td>环保学术交流</td></tr>
<tr><td rowspan="3">共享性</td><td>环保产品</td><td>环境标记</td></tr>
<tr><td rowspan="2">客户满意度</td><td>客户满意度</td></tr>
<tr><td>客户投诉率</td></tr>
</table>

本成果采用专家打分以及上述模糊理论确定各评价维度和评价指标的权重；选取2012和2017年为评价年，考虑各维度综合指标的历史演变与未来趋势，将等量的综合指标变化范围刻画为一级，以此求取各方面综合指标的等级评价。全系统的综合评价采用雷达图表示。从图13可以看出，相比较2012年，2017年的电网绿色发展在各个方面都取得了很大的进步。

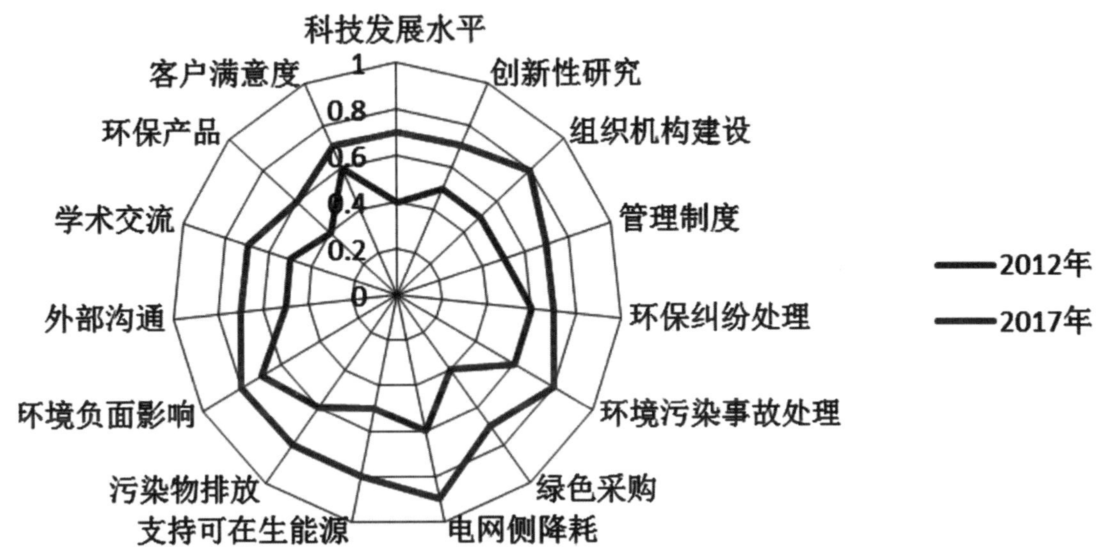

图14　国家电网绿色发展总体评价

四、实施效果

（一）完善了特大型企业绿色发展管理体系

企业绿色发展评价体系是对企业绿色发展管理体系的完善，是检验和评判企业绿色发展成果的重要途径。在评价过程中，识别出企业在绿色发展过程中的薄弱环节，为企业绿色发展提供方向上的指导。企业绿色发展需要一个长期的过程，面临的问题和挑战也会越来越多。一套完整的企业绿色发展评价指标体系包含企业绿色发展从建设到运行的方方面面，能够清晰认识企业的绿色发展水平。

（二）提出了企业绿色发展改进的方向与建议

在生态文明思想建设的指引下，企业核心价值观要与国家的法制建设相结合、与中国梦相结合、与环境自然相结合、与企业的发展愿景相结合，与产品或服务相结合，与企业文化理念相结合，通过凝练、提纯、锻造等必须的程序，经过员工群体的认识、适应、认可，在原有基础上，最终形成企业的绿色发展核心价值观。树立绿色生产意识和建设绿色企业文化，构建绿色发展评价体系，注重研发绿色生态技术，加强绿色发展多方合作。

（三）有利于促进特大型企业的可持续发展

企业履行绿色发展责任是企业价值实现过程的重要环节，企业与自然界互动频繁，自身要有长远的发展目标，不能只局限于眼前利益，作为一个想要在社会扎稳脚跟的企业，就必须要对社会这个大系统中的其余主体承担责任。企业时刻关注自身的生态责任履行情况并及时做出相应的调整。比如，使用新能源，改变传统的生产方式，对传统产业进行升级改造，发展节能产业与新能源产业，提高绿色实践能力，引导消费者承担绿色责任。这些都是既对社会有益，又能保障企业自身实现绿色引领发展。

成果创造人：金艳鸣、鲁　刚、吕运强、汪美顺、李　伟、傅观君、王晓晨、张富强、谭　雪、赵秋莉、冯君淑、焦冰琦、闫晓卿、李卓男、弭　辙、栗　楠

【注释】

[1]我国80%以上的煤炭资源和可再生能源分布在西部和北部地区,70%以上能源消费集中在东中部地区,能源基地距离负荷中心1000～4000千米.

[2]“晋东南～南阳特高压交流示范工程”“向家坝～上海特高压±800千伏直流示范工程”，分别获2012和2017年度国家科学进步奖特等奖.

[3]九纵：京哈、京沪、京台、京港澳、京昆、沈海、大广、二广、济广；九横：青银、连霍、沪蓉、沪渝、沪昆、荣乌、宁洛、沪陕、福银；两环：环北京、环杭州湾.

着眼于世界一流大粮商的高技能人才培育探索与实践

——以中粮集团为例

中粮集团有限公司工会

党的十九大报告提出，“建设知识型、技能型、创新型劳动者大军，弘扬劳模精神和工匠精神，营造劳动光荣的社会风尚和精益求精的敬业风气”，并提出要“深化国有企业改革，发展混合所有制经济，培育具有全球竞争力的世界一流企业”。随着我国经济发展方式转型与产业结构升级，在由制造大国建设成为制造强国的进程中，急需一大批具有工匠精神的高技能人才作为强大支撑，以增强企业核心竞争力，推动企业不断发展。

近年来，中粮集团持续推进改革发展，国有资本投资公司改革进入深水区，打造世界一流大粮商的步伐不断加快。围绕粮、油、糖、棉核心主业，企业对高技能人才的需求数量不断增加、质量要求不断提高，使高技能人才的培育尤为紧迫。高技能人才的培育需要系统的筹划、完善的组织、精准的实施，职业技能竞赛是其中的重要一环。中粮集团通过健全组织职能、建立科学机制、打造特色平台，以技能竞赛为引领，逐步探索出一条高技能人才培育道路。

一、背景综述

（一）高技能人才概念研究

1.概念的提出

1981年，W・H・FRENCH在《工程技术员命名和分类的几个问题》[1]一书中，国际上首次提出“高技能人才”(skilled talent)的概念。文中将“高技能人才”与“技术工程师”（technical engineer）相区别，具体又将“高技能人才”分为“技术员”（technician）与“技师”（technologist）两个层次。

2003年12月国内召开的第一次全国性人才工作会议上，时任中共中央总书记胡锦涛在讲话中首次提出了“高技能人才”这个概念，随后中共中央、国务院颁发《中共中央国务院关于进一步加强人才工作的决定》（中发［2003］16号），《决定》指出，要“加强高技能人才队伍建设，实施国家高技能人才培训工程和技能振兴行动。”[2]

此后，国内一些专家学者相继展开了对高技能人才问题的研究。毕结礼（2006）定义高技能人才为“具有必要的理论知识，掌握现代设备，在生产和服务领域中能完成中级技能人才难以掌握的高难或关键动作，并由创新能力的高素质劳动者。”[3]刘春生（2006）认为，高技能人才属于技术型人才与技能型人才的“重叠带”，属于具有技术倾向性的技能型人才群体，强调重视对高技能人才综合素质的培养。[4]陈尊厚（2005）对加拿大技能人才培养模式进行分析，提出“模块教学法”（CBE），强调以职业岗位要求的具体岗位需求特定技能为依据组织教学，充分结合知识传授与能力培养。[5]

2.国内的理论研究

从文献研究来看，对我国高技能人才培育问题研究主要有以下几种研究方向：①高技能人才的成长环境和其他社会影响因素，以及由此引发的职业教育培养高技能人才的理论探讨和实践经验总结；②企业在职人员、行业性和地区性的高技能人才问题研究和经验总结，以及人才短缺现状及原因分析；③国外高技能人才培养的经验借鉴。

3.国内的相关政策

2007年，原劳动和社会保障部联合印发《关于印发高技能人才培养体系建设“十一五”规划纲要的通知》（劳社部发〔2007〕10号）。文件第一次对高技能人才的概念进行官方定义，“高技能人才是在生产、运输和服务等领域岗位一线的从业者中，具备精湛专业技能，关键环节发挥作用，能够解决生产操作难题的人员。”这对高技能人才应具备的能力、素质和资格鉴定等问题都予以了明确。

2011年，民政部颁布了《高技能人才队伍建设中长期规划（2010-2020）》，其对高技能人才有了更为细致的定义，文件确定了技能、职称和职业资格等级的关系，要求“具有高超技艺和精湛技能，能够进行创造性劳动，并对社会做出贡献的人”。[6]

2017年全国总工会印发《中华全国总工会关于进一步深化劳模和工匠人才创新工作室创建工作的意见》（总工发　〔2017〕13号），要求“大力弘扬劳模精神、劳动精神、工匠精神,以提高广大职工的职业道德、创新能力和技术技能素质为核心,打造一支规模宏大、技能精湛、素质优良、结构合理的技术工人队伍,为实现中华民族伟大复兴的中国梦做出新的更大贡献。”

综上所述，大部分的国内学者认为高技能人才不仅要熟练掌握专业知识，还要有高超技艺和精湛技能，能够解决领域内关键技术和操作性难题，更要具备较强的综合素质和创造力，得到政府相关部门的职业认定和资质认可。

（二）国际高技能人才培育理论与实践

1.发达国家高技能人才的地位

发达国家往往将高技能人才和对其的培育上升到国家战略地位，并用法律文件做出明确规定，通过颁布各种政令来保障高技能人才的培育，可见国际上对高技能人才的普遍高度重视。Stefan　Hummelsheim（2014）将德国实施新的《联邦职业教育培训法》，以及德国政府与各联邦州签署《德累斯顿宣言》，作为德国高技能人才教育培训工作的分水岭，将高技能人才培养作为国家重要发展战略，其法律地位得以加强。[7]Trampusch C.（2010）对澳大利亚的技能人才开发进行研究，认为以《为了全体澳大利亚人的技能开发》的颁布为起点的澳大利亚国家培训系统的正式启动，对技能人才提供更好的工作条件和环境，为培育出一大批理论扎实、技能精湛、素质良好的技能人才，提升澳大利亚产业工人队伍整体素质具有不可忽视的作用。[8]

2.高技能人才的分类

整体而言，国际上对高技能人才有科学的认识、明确的分类，普遍会根据劳动力的结构，将高技能人才划分为技术技能型、复合技能型、知识技能型三类。其中，技术技能型人才是指身居企业生产加工一线，具备精湛动作技能，从事技术操作，并有能力解决技术操作难题的技能人才；复合技能型人才是在企业生产加工中，掌握一门以上操作技能，能够从事多工种、多岗位的复杂劳动，运用交叉技术知识，解决生产实际中的突发故障或技术难题的技能人才；知识技能型人才是具备较高的知识储备和心智技能，又具备较高动作技能水平，在技术创新和知识创新方面具备一定能力的技能人才。[9]

3.高技能人才培育的模式

国外高技能人才的培养模式，主要有以德国为代表的“双元制”模式，以美国、加拿大为代表的CBE模式，以英国、澳大利亚为代表的CBET模式，及以日本为代表的“产学合作”模式等。其中，德国“双元制”模式将理论和实践分为3：7，技能人才能较好、较快地掌握岗位所需技能，适应岗位工作，其优点在于员工实践性和针对性非常强，缺点在于对企业深度参与国家层面职业教育机制的依赖度很大。CBE模式强调以能力为基础，通过对岗位需求的评估确定能力培养目标，从而设置培训体系并组织实施。其优点是强调理论与实践紧密结合，缺点是能力标准的核定工作极其烦琐，确定统一合适的标准工作难度大、实效性不强。

欧美国家及日本等普遍重视高技能人才培养的市场效应，专业性和市场需求是高技能人才从院校到社会始终关注的最重要要素之一。以培养实践能力为目标、以市场为导向是高技能人才培育的主流方向，关键能力的培育逐年强化，满足社会需求的实用性专业设置和调整成为经常性行为。[10]

（三）国内高技能人才培育理论与实践

1.历史的演进

我国历史发展到今天，培育技能人才经历了多种多样的方式。传承技能的手段也伴随社会的发展而不断地变化、完善，从传家技艺到个人收徒，从私塾教学到专业的专门学校，高技能人才教育的模式不断向专业化、规范化演进。

2.学者的研究

《中国制造2025》将“创新驱动、质量为先、绿色发展、结构优化、人才为本”作为基本方针，将培养“能够适应和支撑产业发展的具有‘工匠精神’的高技能人才”与“中国特色的新型工业化道路”紧密相连。[11]国内学者普遍强调“工匠精神”的引领作用，并将其贯穿于高技能人才培养的全过程。其中，孙军辉（2018）提出高技能人才培养全过程策略，以立德树人涵养工匠精神，以技能竞赛磨炼工匠精神，以典型示范引领工匠精神，以培养模式护航工匠精神，以课程内容融合工匠精神等。[12]于凌（2018）提出以工作室引领为核心的企业高技能人才培养体系，以完备的人才晋升机制、考评体系和能力评价体系作为制度保障，以高技能人才的业务素质、专业水平和工作经验作为资源保障，构建科学持续的运营服务体系作为运营保障，实现企业与高技能人才的同步发展。[13]

2014年8月，教育部正式发布《关于开展现代学徒制试点工作的意见》，鼓励“大胆探索实践，着力构建现代学徒制培养体系，全面提升技术技能人才的培养能力和水平。”文件指出，要“形成学校和企业联合招生、联合培养、一体化育人的长效机制”。[14]据此，孙宏顺等（2018）提出了高技能人才培养的“双导师制”，实现学校、企业和学生的三方联动，对学生共同指导，帮助学生不断提高理论水平和实践能力。[15]何永林（2018）提出要建立以政府为主导的师徒制人才培养机制，对校企合作进行补贴奖励，确立主体双元的培养模式，职业院校与企业结对共建，并健全多层次的培养体系。[16]蒋跃宗（2005）等认为产、学结合是一种更好的高技能人才培养模式，他们对宝钢“三合一”的培训方式进行了研究，把技能人才的培养和大专学历教育相融合。这种方式把知识和实际的技术整合在一起，以提高人才的综合能力为根本，是一种有效的培养方案。[17]

3.企业的实践

企业现状方面，中国能源建设集团有限公司自2011年成立以来，大力弘扬精益求精的工匠精神，努力打造知识型、技术型、创新型“三型”高技能人才队伍。陕西钢铁集团有限公司全面提高技术工人的综合素质，逐步建立了一支技术过硬的高技能人才梯队，为企业的深化改革、建设成为一个现代化的大型钢铁企业集团提供了坚实的人力资源基础。截至2016年底，共有中级工以上技能人才3315人，占总人数20.1%，其中高级工以上高技能人才2232人，占总人数13.5%。中国石油天然气集团公司职业技能竞赛被誉为“中国石油操作技能人才奥林匹克运动会”，作为开展操作员工队伍建设和检验基层培训成果的重要手段，起到了积极引导企业注重操作技能人才培养，鼓励员工扎根基层、学练技能和岗位成才的重要作用，受到基层单位和一线操作员工的欢迎。通过职业技能竞赛，一大批优秀技能人才脱颖而出，职业技能竞赛已经成为选拔培养技能人才的重要平台，成为技能人才成长的快速通道。[18]

综上所述，在不同行业中，企业均在探索如何培养与自身发展相适应的高技能人才，有以工匠精神为主导的模式，有以工作室为核心的高技能人才培育体系，也有主张实现校企联合，学校、企业和学生三方联动的学徒培育机制。其中，技能竞赛是国内众多企业打造高技能人才的重要手段，众多企业通过举办技能竞赛发展壮大了自己的高技能人才队伍。

二、中粮集团高技能人才培育探索与实践

（一）指导思想

中粮始终以习近平新时代中国特色社会主义思想为指引，牢记央企的使命与责任，落实中央经济工作总要求，持续深化国有资本投资公司改革，坚持聚焦主业、量利兼顾、适度放量，坚持从严治企、严控风险，努力向世界一流企业的目标奋进。

作为国有资本投资改革试点企业，中粮集团始终重视高技能人才的培养，也在高技能人才的培育体系方面进行有益的探索。围绕集团总体发展战略，高技能人才培育的必要性和紧迫

性尤为凸显，进一步加强人才队伍建设，迅速构建科学的人力资源管理体系，培育一大批高素质的高技能人才，为集团发展打下坚实的基层员工队伍和人才资源成为迫在眉睫的需求。

高技能人才队伍建设指导思想以加强组织建设为基础，以建立健全培育机制为核心，以建设技能竞赛等培育平台为引领，以技能人才专业技能、综合素质、责任心的整体提高为目的，形成有利于高技能人才成长发展的氛围和环境，推动高技能人才整体素质的提升。

（二）高技能人才培育顶层设计

1.设计理念

构建高技能人才培育模型，采用“MECE分析法”进行构建。其模型以高技能人才素质标准为内部核心，以专业技能、综合素质和责任心为关键要素，以组织建设、机制构建、平台支撑为基本保障，从而构建起培训有目标、过程有方法、成长有通道、考核有指标、激励有措施、绩效有保障的完整高技能人才培育体系模型。[19]

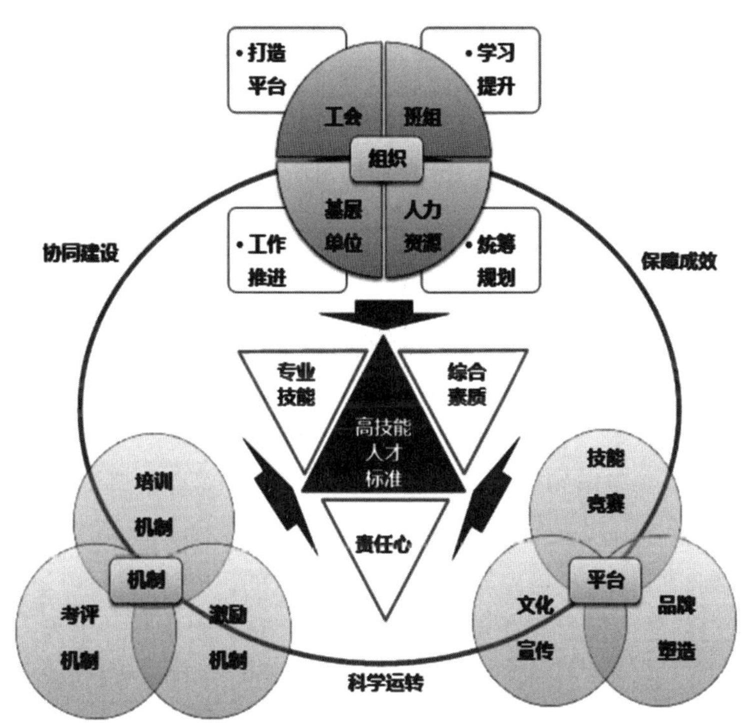

图1　高技能人才培育模型

2.具体内容

从组织、机制、平台、标准四个层面构建高技能人才培育体系。

“组织”是从工会、班组、基层单位、人力资源等部门通过打造平台、统筹规划、工作推进、学习提升，实现“协同建设”。

“机制”是从培训机制、考评机制、激励机制等三个方面保证制度体系“科学运转”。

“平台”是通过技能竞赛引领、文化宣传促进、品牌塑造提升，为高技能人才培育“保障成效”。

“标准”是指高技能人才素质标准，从“专业技能、综合素质、责任心”明确技能才培养方向。

（三）高技能人才培育体系建设与实践

1.组织体系

建立健全高技能人才培养组织体系，需要纵向的层级和横向的协同两方面入手。不同部门、不同层级的责权利均不尽相同，需要形成各司其职、协调合作的组织管理机制，充分发挥组织在人才培育中的主导作用，形成人才培育工作自实时开展到监督评估的全过程把控，确保工作的规范化和系统化。纵向建立由中粮集团总部统筹规划、专业化公司协调推进、基层单位具体落实的三级组织体系；横向建立战略规划部门、人力资源部门、工会等机构共同协作的职能体系。上至集团人力资源部、工会等职能部门，向下至各专业化公司、班组，共同构建成为高技能人才培育模型中组织的内容，共同保障高技能人才队伍的“协同建设”。其中，人力资源部统筹规划人力资源管理系统,确保高技能人才培育工作按照集团发展目标科学化、规范化进行；基层单位负责人才培育工作的具体推进，对技能人才进行初步评价并提供指导，是技能人才的具体就职单位；工会打造技能人才素质提升平台，为高技能人才的培育提供平台保障；班组具体落实高技能人才培育各项工作内容，真正抓好班组建设工作以强化管理、提高企业竞争力。

2.机制体系

（1）建立针对性的培训制度

有效的培训是目前企业人力资源发展中必须要重点关注的方面，从当前大部分中央企业高技能人才的结构和发展的趋势来看，都必须要对技能人才进行行之有效的培训。

首先，中粮集团高技能人才培训围绕“标准”的三个维度，以态度、知识、技能为关键词，以价值认同、知识传承、技能提升为主要目的设计培训体系。

其次，培训主要围绕通用知识培训、核心技能培训、综合素质提升三方面内容展开，一是通过培训向员工传教更丰富全面的专业技能，使之有足够的专业知识储备和过硬的技术水平完成工作，这是基础；二是通过培训加强员工综合素质的提升，使之能适应不断革新的生产与管理流程，也有机会能够成长为“一专多能”的人才，以满足中粮“世界一流大粮商”的发展目标，这是动力；三是通过培训增加高技能人才对企业的认同感、归属感，增强他们的工作中的责任心，让高技能人才真正竭其所能与企业同进步，这是保障。

第三，培训采用多种方法进行。一是自学，员工充分发挥自主学习能力，对培训内容自主开展学习；二是集中授课，将员工集中到统一的时间地点集中培训，这是最常用的培训方法之一；三是演讨式学习，定期或不定期组织以“头脑风暴”等作为具体形式的演讨式学习，启发思路、增进交流；四是岗位实践，开展“一岗一标,一事一控”教育培训和测试，在日常工作中学习提高；五是研究式培训，对具体学习内容或课题要求员工提交专题报告来开展研究式学习；六是采用网络培训等新型的多媒体培训方法。

（2）建立科学的考核评价体系

对高技能人才的考核评价体系存在很大的差异性，需要根据人才的个体差异进行科学设计。不同就职时间、教育背景、专业岗位的高技能人才，其评判标准需要有所区别。譬如，对现岗的高技能人才，主要的考核评价依据是平时工作表现出的能力和态度；对企业内部轮岗，则适用岗位配置性评价，主要评价高技能人才与其岗位的适应度。不论是哪一种评价方法，都要充分尊重高技能人才自我价值的实现。[20]中粮集团参照国家职业（工种）技能鉴定所对应的职业等级，将基层技术人才岗位由低到高划分为：初级工、中级工、高级工、技师、高级技师五个等级，评价也据此分为五个层级。将高技能人才评定内容分为五个模块，分别为准入资格审查、理论知识考试、操作技能考试、核心能力评价和工作业绩评价等，这些模块与高技能人才综合素质模型一一对应，互为表里，以利于操作和人才选拔。

中粮集团还借助技能竞赛平台完善技能人才考评体系。技能竞赛的参赛选手要通过理论比赛和实际操作比赛两个层面进行选拔，对其进行知识、能力的综合考核，理论比赛的出题都是按照各专业国家职业技能标准中高级标准制定的，而实操比赛的试题是考核在工作中重要环节的实际操作，在技能竞赛中尽量使考察的项目充分体现技能人才的素质水平，科学的考核设置使得大量的高技能人才在技能竞赛中脱颖而出，其中的优秀选手，特别是获得奖项的选手，可以在考核评价中得到充分认可。在对技能人才的各项考核中，将技能竞赛的参与和获奖情况作为一项重要的参考项目，将竞赛与考评结合，提高考评工作效率，通过定期举办技能竞赛带动高技能人才培养、选拔和脱颖而出。

（3）建立有效的激励机制

技能人才的激励机制建立，需要统筹精神激励、物质激励、发展机会等几个方面的资源。

首先是物质激励，《中粮集团技能人才管理办法》中明确设置职业资格津贴，物质激励在薪酬结构上有所体现，这直接影响着技能人才作用的发挥，也是对技能人才工作积极性最有效的调节工具。在薪酬结构上设计岗位绩效工资制度，以工作业绩贡献来确定薪酬待遇，充分体现岗位技能竞争。另外，对技术员工解决技术难题、攻克技术难关，为企业节省成本、提升效益做出贡献的，从节省的成本或创造的可量化的效益中按照一定比例给予一次性物质奖励。对于各类竞赛中获奖人员也给予物质性的奖励。

其次是精神激励，设计以工作表现、现场管理、工作完成进度等多维度考核评比，选树宣传业绩优秀的高技能人才，采用不同的推优评先形式予以表彰奖励。将物质奖励和精神奖励有机结合起来，对工作满意度、工作成就感、工作环境评价、培训机会等方面采取有效管控，不断推动技能人才的培养和成长。在全国技能大赛中取得优秀成绩的选手将可能获得职业资格的晋升，前三名还可能获得“全国技术能手”称号，在其他各类竞赛中获奖的选手也都将获得各种荣誉以及其他奖励。

第三是员工发展激励。对于优秀的技能人才和技能竞赛获奖选手除了提供物质、精神激励外，还可能提供晋升机会方面的奖励，对具有管理潜质的技能人才作为经理人和班组长的人选加以培养。

以上这些都有助于营造一种积极进取、奋勇争先的氛围，让技能人才有更高的积极性提升自己的技能和素养。

3.平台体系

（1）以技能竞赛为引领打造高技能人才培育平台

高技能人才的培养重在“技能”二字，而借助技能竞赛平台员工技能高低能够得以充分的展现。

首先，在组织层面，集团总部和各下属企业的各项竞赛都建立了完整的组织机构，由竞赛领导小组负责活动的统一部署和组织领导，活动办公室负责组织协调和日常管理，相关职能部门和经营单位做好职能范围内的竞赛管理工作。以技能竞赛为切入点，鼓励和引导广大员工将个人职业发展与集团的发展结合起来，持续提升员工职业素养，规范和培育员工在本职岗位上的综合品质。

其次，在制度层面，近年来，中粮集团工会按照国家有关方针政策，围绕提升员工技能制定了一系列规章制度，建立健全了技能竞赛工作机制。特别是2014年底研究出台的《中粮集团员工技能竞赛管理办法》以及后续的发展完善，为集团开展技能竞赛提供了重要的制度保障。在这些制度文件的指引下，集团工会积极引导各下属企业以赛促学、以赛带训，营造全员覆盖、全体参与的技能竞赛氛围。

第三，在操作层面，2015年5月、2018年9月，集团工会示范组织了2015年中粮集团“福临门杯”员工食堂厨师技能大赛、2018年中国技能大赛——首届中粮集团职业技能竞赛。竞赛通过广泛的宣传动员、组织单位的现身说法、参赛队伍的奋力拼搏，把“提高技能、服务员工”的理念深入到参赛选手和广大员工的心中，对于提升员工技术水平、转变员工工作思路、增强员工自主意识有着积极的现实意义。

技能竞赛营造了尊重技能人才、发现技能人才、培养技能人才的良好环境，为全面提高人才队伍的素质、为企业持续发展提供了坚实的保障。广泛开展的技能竞赛还全面、客观地反映了基层工作能力、业务水平，为各经营单位运营水平的持续提升奠定了坚实的基础。

（2）重视企业文化引导和品牌塑造

在高技能人才培育过程中，中粮集团以企业文化为引领，始终牢记“忠于国计，良于民生”的使命宗旨。通过加强文化宣传，开发媒体渠道，开展多种形式的宣传活动，营造尊重劳动、崇尚技能、鼓励创造的良好氛围。大力宣传高技能人才培育的有关政策，突出高技能人才对中粮发展做出的重要贡献，树立一批高技能人才先进典型，营造适于高技能人才发展的良好氛围。

中粮集团以技能竞赛为引领打造平台，充分调动了广大基层员工的主人翁意识，激活了“爱中粮、服务中粮”的巨大热情。基层员工岗位练兵、提升技能的热情高涨，学有方向、赶有标杆，使得一大批技术精湛、技艺超群的高技能人才脱颖而出。

品牌是企业产品的诚信价值，是企业在客户和消费者中的口碑。中粮围绕粮、油、糖、棉等核心主业，突出特色技能，率先打造独具中粮特色的职业技能竞赛体系，将高技能人才的素质提升和中粮特色品牌塑造有机结合，助力集团“聚焦核心主业,打造国际大粮商”的改革愿景。

在2018年中国技能大赛——首届中粮集团职业技能竞赛中，设置了制米工、制粉工、饲料加工工三个职业，选手们努力拼搏，奋勇争先，发挥出粮食、饲料等产业工人高超的技艺，刷新了多项行业竞赛记录，是中粮技能人才开发的一次创新和突破；2016年第四届全国粮食行业职业技能竞赛中，集团员工斩获粮油质量检验员金奖、企业组总分第一名，树立了行业标杆；2016年第三届全国葡萄酒品酒职业技能竞赛，集团员工更是包揽了个人奖项的前四名、前十名中独占八席，充分展示了“国有大事，必饮长城”的国产红酒品牌形象和行业地位。

三、中粮集团高技能人才培育和技能竞赛开展成果

（一）中粮集团高技能人才培育成果

2014年以来，中粮集团以培养“四个一流”的高技能人才队伍为目标，以规范化、标准化为推手，健全组织、打磨机制，重点开展了以技能竞赛为平台引领的技能人才队伍建设工作。根据集团员工年轻化、产品结构复杂化、经营模式多样化的现状，打造重点服务于员工技能水平提升的特色平台，服务于集团高技能人才队伍的培养，在扩大影响、强化激励、推进班组建设落地等方面都取得了良好的效果，紧密贴合了集团国际化发展和国有资本投资公司改革的需要。

截至2015年底，中粮集团累计获得国家职业资格五级证书（初级工）以上的技能人才达到23687人，其中获得三级证书（高级工）以上的高技能人才5305人。2015年全年共开展各类职业技能人才培训194506人次，5637人次参加集团及各专业化公司组织的技能竞赛，133人次参加国家二类以上大赛，116人通过技能竞赛等活动晋升职业资格，占全年晋升人数的2%。

通过中粮特色高技能人才培育模式的实践，中粮人才团队的打造有了长足的进步，高技能人才队伍素质显著提升，人力资本明显增值，这同样促进了集团生产、经营的发展，中粮集团2017年营业收入、利润总额、ROE均超额完成国资委下达的指标，取得历史性突破。

（二）中粮集团技能竞赛开展成果

中粮集团工会提出紧跟集团发展方向，结合技能竞赛群众性、广泛性的特点，按照“创新创效、降本增效”的技能竞赛活动目标，从申报立项、组织落实、监督管理、审核验收共4个方面就技能竞赛对各下属企业进行科学有序的工作部署。各单位精心筹划，制定方案，扎实推进，全力以赴，结合各自生产经营特点切实做好技能竞赛工作。截至目前，集团各基层企业共开展技能竞赛1890余场。其中，集团级举办技能竞赛2场，集团专业化公司级举办各类技能竞赛共计258场，各基层企业举办竞赛1630余场。

五年来，中粮集团106人被国资委授予“中央企业技术能手”荣誉称号，381人被授予“中粮集团技术能手”等称号。这其中，既有集团核心主业特色工种如制米工、制粉工、评酒员等，也有通用工种如叉车工、检验员、安全生产员等，还有各单位的特殊工种如打包工、制版员、生猪屠宰工等。据不完全统计，由此产生的岗位练兵人数累计达到8.2万余人次，产生的直接经济效益达3.6亿余元，节能增效成果显著。

通过技能竞赛的举办和成绩的取得体现出福临门、香雪、长城葡萄酒、五谷丰登等优秀品牌坚实的质量基础，在提升高技能人才素质的同时为中粮“打造国内粮油食品的最优品牌”的品牌标准写下了浓墨重彩的一笔。

四、总结与展望

近年来，中粮集团做好顶层设计，创新思维、加强管理、精准运行，通过健全组织、建立机制、打造平台、对标标准，以技能竞赛为引领，培养了一大批集团核心主业和其它各个职业的高技能人才，为中粮“打造世界一流大粮商”的发展目标提供了有力支撑。通过技能竞赛，还营造出集团内部“比、学、赶、帮、超”的钻研氛围，提升了高技能人才的职业尊严、职业自信和诸多中粮品牌的社会形象，将集团的企业经营理念始终贯穿于高技能人才的培育过程中。

“发展是硬道理”，面向国家战略需要、企业发展需要、员工成长需要，中粮的高技能人才开发探索还有不少的差距，更有进一步提升的空间。一是面向国家战略发展需要，进一步完善顶层设计规划、改善技能人才培育环境，更好地为保障国家粮食安全、为“一带一路”倡议“走出去”贡献中粮力量；二是面向中粮国际化、“大食物”观的战略发展需要，要站在企业整体战略的高度，做好技能人才需求分析，合理制定高技能人才培养的具体规划，稳定高技能人才队伍；三是面向员工发展需要，为高技能人才打通成长通道。针对高技能人才队伍中出现的老龄化问题，需要加强人才梯队建设，提高技能人才队伍的获得感和幸福感，使更多的年轻人愿意俯身于岗位中。

中粮将着眼于国家发展大局，积极调动一切因素，持续推进以技能竞赛为引领的高技能人才培育工作，坚持改革方向，巩固现有成果，进一步树立正确观念，营造良好的企业氛围，推动高技能人才培育工作不断取得新的成就，为建成具有全球竞争力的世界一流大粮商而不懈努力。

成果创造人：衡 虹、刘爱东、高立新、张娴初、张 瑜、郝 磊

【注释】

[1]H W French. 工程技术员命名和分类几个问题[M]. 北京：教育科学出版社.1996.

[2]党建读物出版社. 中共中央 国务院关于进一步加强人才工作的决定[M]. 党建读物出版社, 2004.

[3]毕结礼. 高技能人才开发探索与实践[M]. 北京：企业管理出版社，2005.

[4]刘春花. 缓解企业技能短缺矛盾[J]. 教育发展研究， 2006，(13).

[5]陈尊厚. 论加拿大技能型人才培养经验及启示[J]. 教育与职业， 2005， (33).

[6]高技能人才队伍建设中长期规划（2010–2020年）（全文）–中华人民共和国民政部 20181001 http://jnjd.mca.gov.cn/article/zyjd/zcwj/201109/20110900179107.shtml.

[7] Stefan Hummelsheim.The German dual system of initial vocational education and training and its potential for transfer to Asia[J].Prospects,2014,44(2):279 - 296.

[8]Trampusch C. Employers, the State and the Politics of Institutional Change: Vocational Education and Training in Austria, Germany and Switzerland[J] European Journal of Political Research,2010,49(4):545–573.

[9]赵靖芝,郭峰.高技能人才概念解析[J].北京市工会干部学院学报,2015,30(04):45–48.

[10]Jacqueline Schmidt and Joseph Miller, The Five–Minute Role for Presentations[J],Cultivate and Development,

2000(3):16－17.

[11]《中国制造2025》(全文)_百度文库　20181001　https://wenku.baidu.com/view/53dab594763231126edb11b5.html

[12] 孙军辉.将“工匠精神”贯穿高技能人才培养全过程[J].新西部,2018(24):75－76.

[13]于凌.以工作室引领为核心的企业高技能人才培养体系建设[J].中国商论,2018(23):180－181.

[14]教育部关于开展现代学徒制试点工作的意见 20181002 http://www.chinalawedu.com/falvfagui/22598/wa.

[15]孙宏顺,张小军,毛庆草,李玉龙,胡瑾,许宁,徐九春,蒋蘋.高职化工类专业优秀杰出人才选拔与培养模式探究[J].教育现代化,2018,5(10):13－14+26.

[16]何永林. 深化现代学徒制改革 提升新时代教育服务能力[N]. 江苏教育报,2018－08－10(002).

[17]蒋跃宗等,高技能人才培训的改革、创新与实践宝钢“三合一”高级技能(大专)班办学纪实[J].职业教育研究，2005(5):4－5.

[18]朱荟.从中国石油2017年油气开发专业职业技能竞赛看油气田企业高技能人才培养的发展方向[J].石油技师,2017(04):10－12.

[19]张晓赟,李新,潘璇. 企业技能人员素质提升模型及其构建[J]. 企业改革与管理, 2018(13)68－－69.

[20]杨学文.湖北省高技能人才队伍建设的现状与对策研究[D].中国地质大学, 2018.

大型水泥集团
基于组织再造的人力资源管理整合优化的实践与展望

西南水泥有限公司

西南水泥有限公司（以下简称西南水泥/公司）是中国建材集团有限公司（以下简称中国建材集团）重要骨干企业，是中国建材集团抢抓西部大开发战略机遇和西南地区水泥行业结构调整契机，实施“大水泥”区域化发展战略的重要产业投资平台。

西南水泥通过“联合重组、管理整合”双轮驱动实现快速成长，现拥有成员企业120家，市场区域覆盖川、渝、云、贵。截至2017年底，西南水泥产能近1.3亿吨，资产总额700多亿元，员工1.7万人，是西南地区最大的水泥产业集团。

自成立以来，西南水泥紧盯战略目标，坚持“机构精简、人员精干”原则，以效率优先和效益优先为抓手，大力推进组织机构优化和变革，激发组织活力和员工动能，不断提升组织效率和执行力，为实现行业规模领先、技术先进、管理优秀、效益一流的远景目标提供坚强的人力资本支撑。

一、西南水泥人力资源管理整合优化的背景

（一）规模集约型发展战略驱动人力变革

西南水泥是基于行业结构调整契机，实施“重组+整合”的规模集约型发展战略，通过重组实现规模优势，通过整合实现集约化管理优势。重组初期，西南水泥下属的成员企业背景文化不同、机构设置不同，人力资源管理机制不统一、人力资源配置不均衡，人力资本效益未得到有效发挥，这些因素已影响企业经营发展战略的有效实施。人力资源管理作为企业发展战略核心之一，是助推企业发展战略实施的引擎，基于战略驱动的人力资源管理体系变革已成为西南水泥管理整合优先课题任务。

（二）行业供给侧结构性改革的必然选择

中国经济进入新常态，经济增速换挡，从高速向高质发展转变，产品供大于求，供给侧改革已成为破解产业困局的有效途径。水泥传统行业产能过剩严重，产能发挥率下降，供需矛盾突出，产业升级、淘汰落后产能成为水泥行业健康发展必由之路。组织人员优化、提质增效是水泥行业人力资源管理适应供给侧结构性改革必然选择。

西南水泥部分基层工厂组织机构臃肿，人员包袱重，劳动生产率偏低，单位人工成本偏高，影响企业未来可持续发展。在激烈市场竞争中，公司需要不断瘦身健体、强基固本，提升企业自身硬实力，谋求未来生存发展之路。

（三）互联网+时代管理变革的趋势所向

中国社会人口结构发生变化，人口老龄化趋势日渐显现，适龄劳动者供给减少，高等教育大众化背景下蓝领工人也日渐稀缺。同时，现代青年人择业观念与就业行为转变，使得制造业面临招工难、留人难的被动局面。劳动力市场供求变化倒逼劳动密集型企业须向高端智能化工厂方向转变。

随着信息通信技术高速发展，互联网+时代的来临，云计算、大数据、物联网、移动互联网、智能机器人已跨界进入传统制造业。中国制造业正在向以数据化、网络化、智能化为代表的智能工厂转型升级。信息通信技术应用将驱动企业组织变革和人力资源整合优化，也是应对劳动力市场变化、人力资源管理变革的趋势所向。

二、西南水泥人力资源管理整合优化的创新与实践

经过几年来积极探索实践，西南水泥通过“抓体系、搭平台、建机制”，持续开展“组织优化、人员优化”工作，提高组织效率，提升组织领导力，优化人力资源，充分挖潜人力智力资本，降低人力沉没成本，提高企业核心竞争力。

（一）机制和技术先行，夯实变革基础

西南水泥借鉴同业人力资源管理最佳实践经验，结合自身管理基因和现实条件，以企业战略为指引，进行系统顶层设计，明确改革路径，制定实施策略。

1.搭建人力资源管理平台与体系，奠定发展基础。一是搭建人力资源管理平台。按照“三支柱”理论框架体系，构建总部人力专家中心、区域业务共享中心、企业HRBP的人力资源管理组织体系，打破工厂间人力资源管理各自为政的局面，破除内部谷仓效应，强化企业间人力信息连接和资源共享，推行“统分结合、上下协同、平台共享”的集团化专业管理模式。二是建立相适应、相配套的专业管理机制。通过人力资源会议、培训、对标、考核等制度的建立，构建“企业自主管理与专业垂直指导”条块相融合的专业管理体系，强化信息、管理的流畅，提升人力资源管理的敏捷性和统一性；通过启动人力资源信息化系统的建设，规范管理流程，简化过程环节；通过人力数据流、信息流的大数据分析，实时盘点人力资源现状，持续优化人力资源结构，满足战略发展未来人力需求。三是建立契合产业集团化管理的人力资源制度体系，实施格子化集团管控模式，为人力资源集团化管理与实践打下坚实基础。

2.加强企业文化建设与引领，激发工作活力。一是充分发挥中国建材先进文化优势，在企业全面导入中国建材文化CIS识别系统，增强员工对公司文化感知力和认同感。注重公司文化价值观的宣贯培训，制订企业文化建设纲要和员工文化读本，开展文化宣讲会，让员工认知、认可、接受公司文化理念，培育企业新精神，树立企业新形象。二是将中国建材集团“创新、绩效、和谐、责任”的核心价值观融入企业经营管理各个环节，并在企业管理制度予以充分结合，确保企业基本价值观的上下统一，并注重各层级管理人员的身体力行与榜样引领。三是在企业文化融合过程中，在核心价值观一致的前提下，兼容并蓄，海纳百川。对各企业原积极向上的企业文化特色予以吸纳包容，既丰富扩展公司文化内涵，又充分借助企业原文化的凝聚力

和影响力，减少员工队伍的消极、排斥、焦虑的情绪，使员工能更好地、主动地融入公司整体文化体系中去。

3.广泛运用先进技术，提升工作效率。传统制造业信息化和工业化的两化深度融合，是企业实现标准化、自动化、智能化管理的前提，也是组织再造、人员优化的基础和前提。西南水泥在组织再造的同时，全面推进各业务层面的信息化系统建设。一是搭建了集团化ERP信息化系统，打通各业务数据信息的连接和共享，实现各类报表自动采集，减少人工报表，让数据成为管理语言，提高企业数字化管控水平。二是陆续实施了物资供应系统、销售发运系统、营销APP系统、办公OA系统，推动各业务流程优化再造，既实现各业务集中管理，减少过程管理层级，提高管理效率，减少部分岗位设置。三是通过财务ERP系统实施，实现财务信息化与业务信息化的高度融合，并建立财务管理中心，减少工厂财务人员配置，提高财务信息及时、准确，为企业经营管理决策提供有力支持。四是实施了人力资源信息化系统建设，做到人力信息公开、共享、敏捷、精准，促进人力资源业务流程标准、规范、可控，减少重复性事务工作，推行人力资源数字化管理，为人力资源管理改革提供有力支撑。

（二）机构和职能整合，持续组织再造

1.建立标准模板，实现组织机构统一

西南水泥成立初期，兼并企业众多，组织体系不一、用工标准不一。公司按照“西南总部、省级公司、成员企业”集团化三级管理架构，在充分调研企业实际的基础上，先统一后优化。按照传统直线职能组织模式，成员企业统一建立“7+2”9个部门的组织机构。

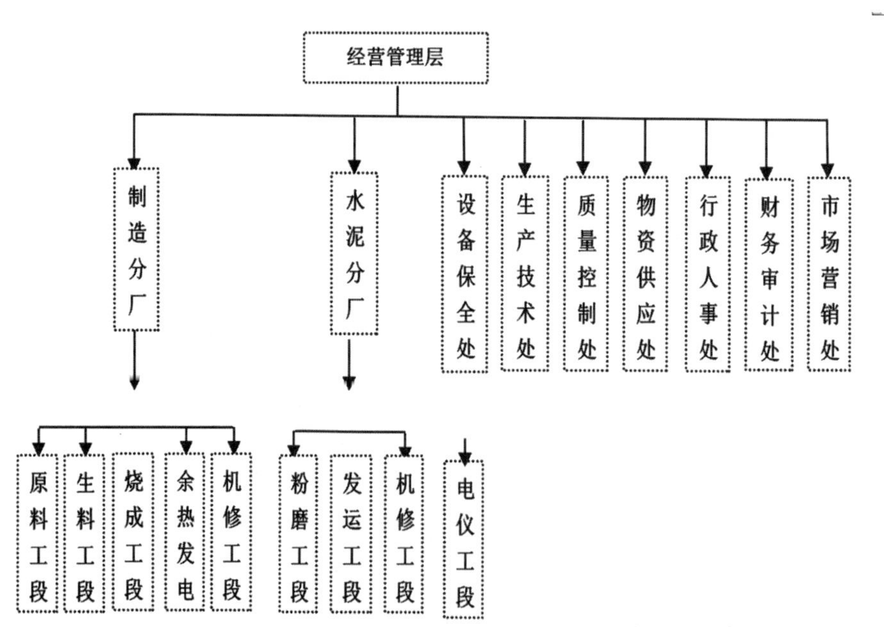

图1　西南水泥“7+2”组织机构示意图

“7+2”组织机构设置分为生产运行、生产管理、职能管理三个运行板块，共设立9个二级部门：制造分厂、水泥分厂、生产技术处、设备保全处、质量控制处、物资供应处、市场营销处、财务审计处、行政人事处。为强化管理责任，企业管理推行部门自主，分厂以工段为基

本管理单元，实行生产系统区域化管理，各项管理要素分解到工段。职能处室推行部门经理负责制，各项管理要素向精力集中，实行责、权、利相统一。生产运行实行“管理层--生产部--分厂--工段”分级负责制，建立以分厂为中心的生产组织管理体系。公司维修资源分散管理、集中使用，以工段实行统一管理与使用。同时，为强化部门横向沟通与联系，整合各项管理资源，工厂共设立5个虚编实责管理委员会：安全管理委员会、设备管理委员会、考核管理委员会、招议标管理委员会、价格管理委员会，提高管理效率，实现资源共享。

通过“7+2”组织机构整合，推动岗位优化、人员优化，实现工厂定编300人的初期目标，并借助组织机构整合，基本实现成员企业机构统一、流程统一、管理统一。

2.打破专业壁垒，整合生产职能部门

2015年，面对行业产能过剩、产能发挥率不足的外部环境变化，在统一机构基础上，为持续深化组织优化工作，西南水泥启动企业双精双优工程，按照“机构精简、人员精干”要求，通过组织优化、人员优化的双路径，单个工厂组织机构从“7+2”9个部门，整合为“5+1”6个部门，定员缩减25%，既缩减了冗员成本，又提高了劳动生产率。

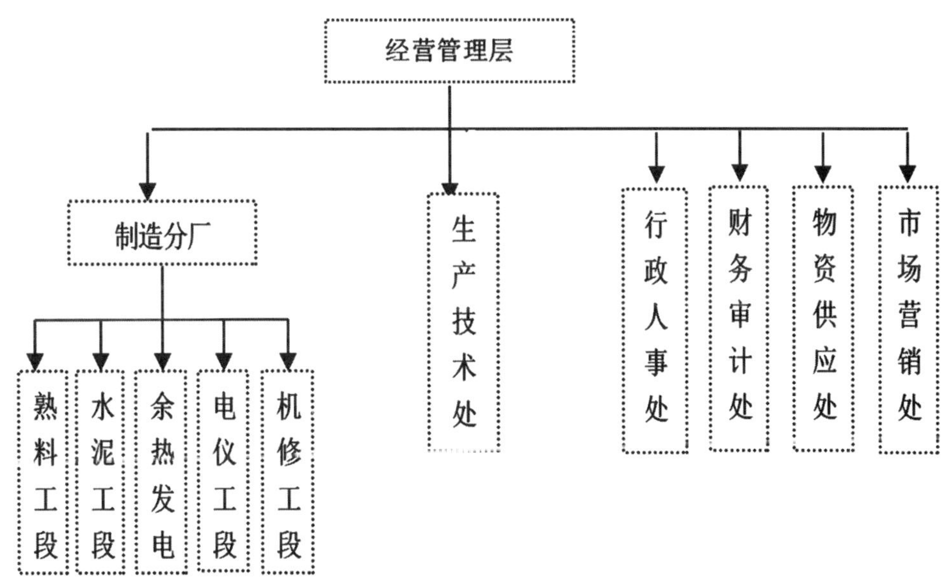

图2　西南水泥“5+1”组织机构示意图

基于网络化、智能装备等技术发展应用，水泥企业工艺、机电等技术界限越来越模糊，呈现融合一体化趋势演变，按技术分类设置专业职能部门，易造成专业间技术壁垒。同时，管理层级较多，对生产问题反应不够灵敏与及时，造成生产各专业部门间互相扯皮与推诿，分厂之间管理资源也不能共享调配。打破专业壁垒，整合生产部门资源是人力资源进一步整合探索的方向。公司将两个分厂合并为制造分厂统一管理，生产技术处、设备保全处、质量控制处3个职能部门合并为生产技术处统一管理，进一步提高生产管理集中度，统筹调配生产资源，提高生产运行故障应急能力和处置能力，形成生产运行与设备保障一体的生产管理体系。

从“7+2”到“5+1”组织机构模式，减少了2个职能部门，1个分厂，减少了相应的中层职数，并由原按照生产工序设置的9个工段缩减为5个工段，总人数由原近300人缩减为220人。不仅机构的精简改善了原工段划分及岗位分工过细导致员工职责单一、技能单一、工作不饱和不利于员工长远发展等问题，同时人员的减少也增强了员工工作丰富化和饱满度，也促进员工向一岗多责多技的转变。

3.组织精进再造，推行“值班经理+大巡检制”模式

2017年，在中国建材全面推行“减层级、减法人、减机构、减冗员”的政策背景下，西南水泥借鉴国外行业先进管理理念，在组织变革试点总结基础上，大胆创新思维，勇于突破观念，基于扁平化管理和一体化管理的管理思想，提出了“3+1”组织机构深度优化方案。

原组织机构模式按生产工序设置熟料、水泥、机修等多个工段，工段间协调沟通困难，人员配置分散，过程管理环节较多。西南水泥进一步创新管理思维，摒弃原传统生产组织管理理念，全面推行“3+1”组织机构变革，建立“生产值班经理+大巡检制”生产运行组织体系和以“预检+维检+机巡一体化”的运行维护保驾体系的大一统生产管理体系，取消工段设置，模糊各岗位间物理边界和工种类别，实现体系内生产要素自由流动和统筹调配。

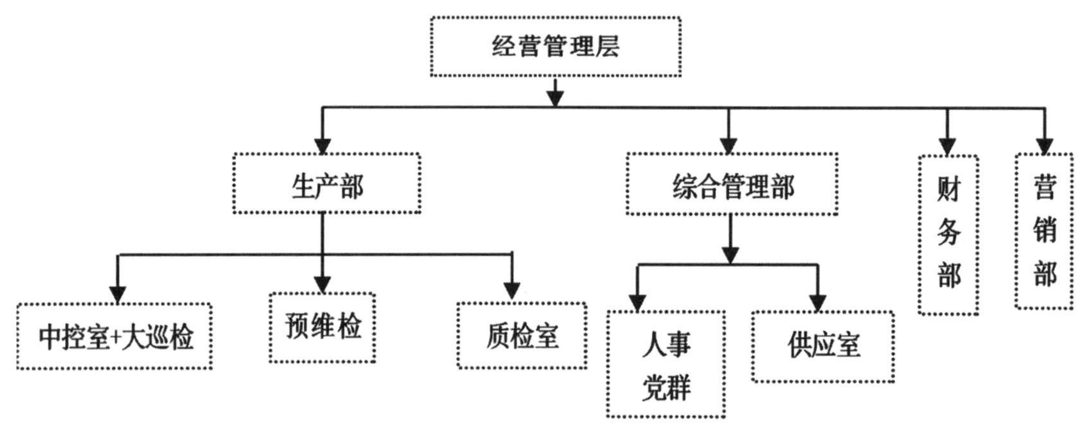

图3　西南水泥“3+1”组织机构示意图

“3+1”组织机构设4个职能部门（综合管理、财务、营销+生产部），单线水泥工厂人员优化到150人以内。合并原“5+1”的行政人事处、物资供应部为综合管理部，保留财务、营销专业职能部门；合并生产技术处与制造分厂为生产部，取消工段设置，建立预检、维检、中控、机巡各生产专业人员组成的生产班组。从原料到水泥的整个生产管理过程中，以值班经理为生产指挥中心，统筹调配生产要素，注重工作任务导向，实行一线岗位大巡检制和机巡一体化用工模式，由分工段的切片式管理向线性流动式巡检维修作业管理模式转变。“3+1”组织机构强化了白班设备维护检修力量，优化配置日常倒班巡检人员，促进员工技能多样化、岗位工作丰富化、工作时间高效化，使企业提高了劳动生产率，降低人工成本。

（三）活化用工管理，精干高质高效

西南水泥100多家企业，原共有2.6万人，人工成本包袱重，薪酬水平缺乏竞争力，技术骨干人员流失比较严重。公司以推动组织优化为契机，大力开展岗位、人员优化工作，持续开展减员提质增效计划，做到人员精、素质高、效率高。

1.创新岗位用工机制，促使人力资本效用最大化。企业在职能部门推行一岗多能、一岗多责的复合型岗位；在生产单位实行“大班组”运行模式，扩大一线员工工作范围，丰富岗位工作内容，推进组织结构扁平化，提高岗位员工工作饱满度。同时，分别建立多种虚编实责的技术委员会，形成人才共享中心，统一解决企业技术瓶颈问题，充分发挥智力资本效用最大化。对部分辅助岗位、工作饱满度低的岗位进行劳务外包，对有效工作不长、工作弹性大的岗位实行岗位工作承包制，减少冗员配置，降低用工成本。

2.实施技术升级改造，提升企业智能化水平。通过加强与科研院所、设备厂家的技术合作，借助成熟的信息通信技术，公司对工厂生产装备技术进行升级改造。通过无人值守、一卡通系统、自动包装、机器人装卸等新技术的运用，进一步提高生产自动化水平和智能生产水平，逐步实现部分岗位无人值守、无人操作，减轻岗位工作量和劳动强度，通过智能改造减少约3%-5%的岗位用工。

3.完善退出机制，保障员工权利权益。通过岗位竞聘下来的员工，一是通过技能培训予以转岗，给员工内部二次择业的机会；二是充分利用公司规模优势，促进企业间人员有序流动，解决企业间人员合理匹配；三是对不适应公司要求，具有社会就业能力的员工，通过协商解除，鼓励其走出企业、走向社会再就业；四是对不能胜任岗位要求，又不具备社会就业能力，通过清理收回外包辅助岗位，给予富裕员工一次从事辅助岗机会；五是通过特繁退休、提前内退等政策，对技能低、体力差的员工提前离岗安排，并提供一定的生活保障。

（四）考核与激励并举，点燃员工热情

西南水泥全面引入员工绩效管理理念，以“指标量化考核+行为定性考核”相结合，自上而下建立全员绩效考核体系，实行多层次、多维度、多元化的薪酬激励机制，打破按身份、按资历的僵化薪酬分配模式，突出按业绩、按贡献、按能力进行分配，促使干部员工转变观念，强化工作绩效导向，树立靠个人努力挣工资的意识，并与企业共享经营发展成果。

1.实施薪酬总额管控，下放薪酬考核分配权。推行企业工资总额预算考核模式，调低控高、效益优先、兼顾公平。按照定编人数、人均薪资水平核定企业工资预算总额，建立薪酬预算评审机制，实行企业工资总额预算考核计提包干的管理模式，确保工资总额受控、人工成本受控、员工收入稳定增长。同时，工资总额与利润、成本、劳动生产率等指标进行挂钩计提考核，做到“业绩涨薪酬涨、业绩降薪酬降”，下放企业薪酬考核自主分配权，做到“管事、管人、管分配”三权相统一，进一步激发基层企业的管理活力。

2.实施全员绩效考核机制，强化目标绩效管理。公司各级企业围绕年度经营目标任务，层层分解到部门、岗位责任考核指标，并将制度要求、行为要求细化量化成具体考核标准，形成“人人有指标、事事有考核”的全员绩效考核体系。同时，工厂企业建立月度绩效考核会议制度，形成“目标、执行、反馈、改善”的绩效考核反馈体系，达到以考核促进管理、以考核提高执行力的管理目标。员工工作绩效表现与其月度工资收入挂钩，增强员工工作主动性，提高工作效率。

3.引入宽带薪酬机制，突出同岗同级不同酬分配理念。公司建立员工职级宽带薪酬体系，解决了传统职级工资制等级多、级差小、工资缺乏激励性的问题。通过海氏工作评估法对企业

各类岗位价值进行科学评估与分类，遵循“激励性、公平性、竞争性、经济性”，对每类职级岗位设定薪酬宽带区间，提高薪酬动态考核比例。企业中层以上人员实行年薪制，统一年薪标准和薪酬结构；岗位员工实行统一的薪酬结构和薪酬等级序列，薪酬标准实行差异化，与企业当地劳动力市场水平相匹配。同时，为突破传统同岗同酬的分配理念，引入个人履职能力评价系数，实行同岗同标准不同薪酬待遇。通过岗位履职能力系数考评合理拉开同岗位员工的收入差距，岗位价值、个人履职能力、工作业绩纳入员工薪酬分配要素，打破大锅饭、平均主义分配思想，鼓励员工通过技能提升、绩效改善来提高工资待遇。

4.建立正向激励分配体系，强化关键目标结果激励。公司提出“超额利润共享、超额贡献奖励”薪酬激励思想，构建员工与企业利益共同体，单独设立效益奖励基金，并配套建立OKR目标关键结果激励体系。以劳动竞赛目标、指标改善、专项工作、小改小革、合理化建议等为激励落脚点，根据员工目标参与度、贡献度进行定向、精准激励，鼓励员工积极主动承担分外工作，发挥聪明才智为企业多做贡献，与企业共享目标成果，充分发挥薪酬分配正向激励作用。

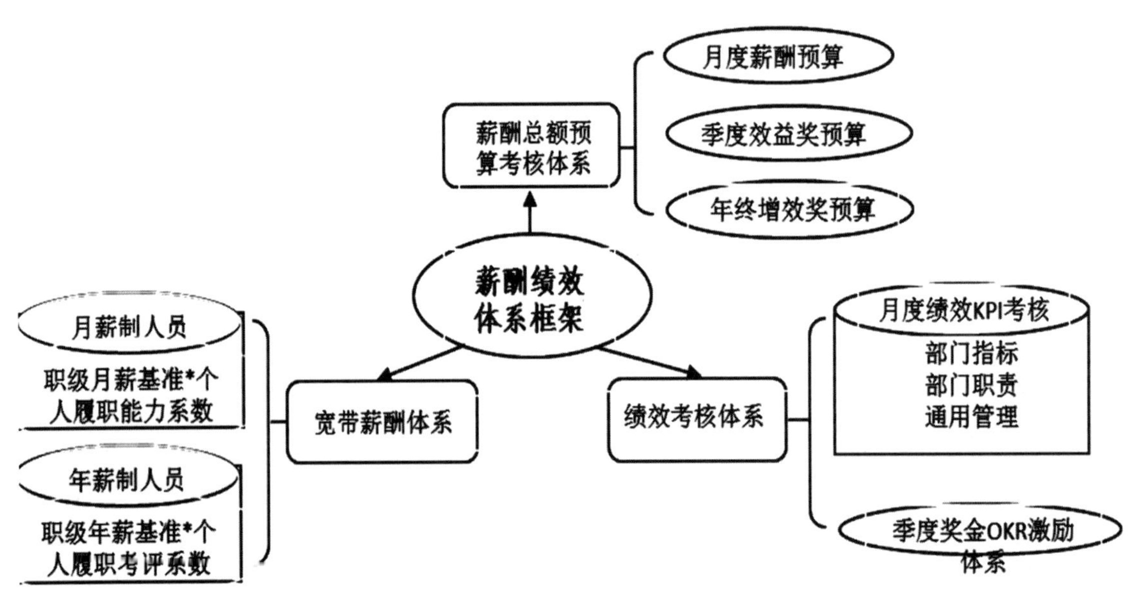

图4　西南水泥薪酬绩效体系框架图

（五）人才培养和共享，保持组织活力

随着公司双精双优工作的深入推进，西南水泥加大干部及技术人才队伍的培养力度，构建多元化的人才成长通道，积极培育以事业吸引人才、以绩效评价人才、以薪酬激励人才、以文化凝聚人才的良好人才成长环境。

1.建立干部资源流动机制，增强公司内人力资本流动

西南水泥始终贯彻中国建材“守纪律、花时间、负责任、出业绩、数字化”的干部管理要求，以市场化选人用人机制为改革方向，以职业经理人队伍建设为目标，用包容文化凝聚人

心，用绩效文化点燃干部工作激情，确保各级干部工作在状态，打造一支“想做事、能做事、做成事”的干部队伍。

（1）实施干部星级评定体系。每年组织开展年中、年终干部考评工作，通过“职务匹配度、品行、勤勉、能力、业绩”等五个考评维度，建立干部多维、全面、可量化的评价体系，客观评价干部的工作能力、业绩表现，并依据各维度评价结果，配套引入干部星级评定体系，设立干部星级专项奖励基金，物质奖励与精神激励相结合，达到“激励先进、带动后进”。同时，为加强干部权力刚性约束和行为监管，推行职务负面清单制度和责任清单制度，明确干部的红线规定、底线要求，并建立相应的工作惩罚和责任追究机制，落实中国建材“严管厚爱”的亲情文化，保证各级干部“在其位、谋其职、负其责”，进一步强化干部的敬畏之心和责任担当。

（2）建立干部资源仓库。通过全级次的干部360度综合考评，甄选出符合公司价值观、能力业绩优秀的干部目标群体，探索建立“定期甄选→系统集训→竞争淘汰→干部储备库”的后备人才选拔机制，分专业、分类别建立公司干部人才信息库，并以此建立各层次人才接班人计划，同时依据企业定岗定编定员方案，通过“内部竞聘、重新上岗”的途径，完成干部资源交融与重新配置，对企业富裕的干部通过“转企、转岗、转通道”等方式优化到位，既保证各级干部任免严格遵守“符合定编、符合任职条件、符合考察要求、符合程序要求”等基本原则，又确保各企业干部间有序流动和资源配置均衡，又通过职业技术双通道的建设，有效解决技术干部的职业发展通道问题。

（3）搭建干部交流平台。公司建立干部定期交流任职机制，推动“财务、供应、营销、人力资源”等专业管理干部的跨企业、跨区域的交流任职工作，配套建立责任清单机制和离任审计制度。通过干部人员流动带动企业间管理、文化的融合，促进干部队伍之间学习交流和必学赶超，促进管理团队的文化融合，有效避免小圈子文化，进一步增强干部的集团认同感。

2.加强人才培养，提升企业人力资本质量

（1）多维度提升存量资源。一是要做到施教与需求相结合。“缺什么、补什么”，开展培训需求调查，依据岗位制定培训任务清单，按需施教，科学设置培训项目，不断完善课程设置和培训内容，保证培训的实效性和实用性。二是要做到定向施教与验证考核相结合，建立笔试、实践操作、专家提问等培训验证机制，注重教与学的交流互动，着力解决员工应知应会的问题。三是大力开展一线岗位员工实用技能培训，加强上岗培训和岗位技能培训，大力开展岗位练兵、岗位比武，促进员工在岗位实践中成长。四是要做到传统教学与现代教学相结合，大力改革培训内容、形式和手段，综合运用讲授式、研究式、案例式、模拟式、体验式等教学方法，为企业的经营与发展提供人才保障和人才储备。

（2）多渠道引进外部资源。一是将人才工作作为年度人力资源工作目标，每年进行严格考核评价，作为企业年度综合业绩评价内容之一，确保公司人才队伍建设政策、措施的落实，形成重视人才、培养人才、科学使用人才的常态工作机制。二是每年度组织对企业各专业技术人才配置情况进行盘点，并依据专业技术人员配置标准，统一组织高校毕业生招聘，适时补充新鲜血液，并实行集中入职培训，制定高校毕业生跟踪培养计划，将高校毕业生培养情况纳入企业年度对标考核。三是完善多层次、多形式的专门人才培养体系，构建多元化人才成长通道，建立见习经理制、挂职锻炼、轮岗交流机制、导师辅导制、人才基地订单培养模式等培养锻炼方式。四是不断完善开放型人才体系，坚持自主培养和引进并重的方针，积极引导各类人才有序流动和轮岗锻炼，培养一批层次结构分明、年龄结构合理、专业结构配套的人才队伍。五是大力推行职业技能等级评价体系，实施员工职业双通道建设工程，突破年限、学历、身份限制，建立以职业技术能力为导向、工作绩效为重点，开辟技术技能人员职业成长通道，稳定技术骨干队伍，激发技术人员工作热情。

3.建立人才共享机制，有效开发利用人力资本

（1）引进外部专家顾问。为有效利用外部智力资本，公司探索建立专家人才工作站模式，通过严格筛选、考核，从行业内聘用高、精、尖的专家人才作为公司专家顾问，实行灵活的、移动式的工作模式，根据工厂实际问题进行定点技术辅导，着力帮助解决企业节能降耗、技术瓶颈攻关、技术创新等重要问题，并且能为企业提供专项技术培训，带动员工队伍技能水平提升，改善人才队伍结构。

（2）选拔首席技术专家。为解决企业技术人才结构性稀缺，集聚内部人才资源，进一步激发高技术人才的积极性和创造性，公司成立首席技术人才管理委员会，从企业选拔首席质量专家、首席窑工艺专家、首席磨工艺专家、首席余热发电专家、首席设备专家、首席电气专家等各专业技术人才，形成企业首席技术专家人才库，并进行统一的调配和管理。根据各企业需求，实时集合调配专家人才，形成临时专家团队，利用团队技术优势，带领企业解决技术问题，为企业排忧解难，提升运营管理水平。

（3）共建共享服务保障团队。为盘活人力资源、节约人力成本，西南水泥借助小区域工厂管理平台，从片区内企业选拔技术、技能突出的人员共建技术服务组、机电维修组等虚编实责的技术服务保障团队，日常分散至各企业参与设备日常维检工作，企业系统大检修时则由业务团队进行内部分片承包，建立内部维修保障服务核算机制。既替换外包服务节约高额服务费用，同时又可锻炼员工队伍，增加员工工资收入，提高员工工作积极性。

三、西南水泥人力资源管理整合优化的成效

（一）组织机构再造卓有成效

西南水泥不断探索扁平化组织机构体系，以机构精简、人员精干为工作主线，不断优化组织、优化岗位，促使员工队伍从数量向质量转变，持续提高劳动生产率，降低人工成本成效显著。

2017年，西南水泥单个基层工厂二级部门从原来的9个缩减为4个，全部取消基层工段，全面实行扁平化管理：工厂二级部门精简600多个，三级工段精简900多个，员工人数从最高峰2.6万人，优化到1.7万人，累计减少冗员8000余人。

表1 2014–2017年西南水泥员工总数情况

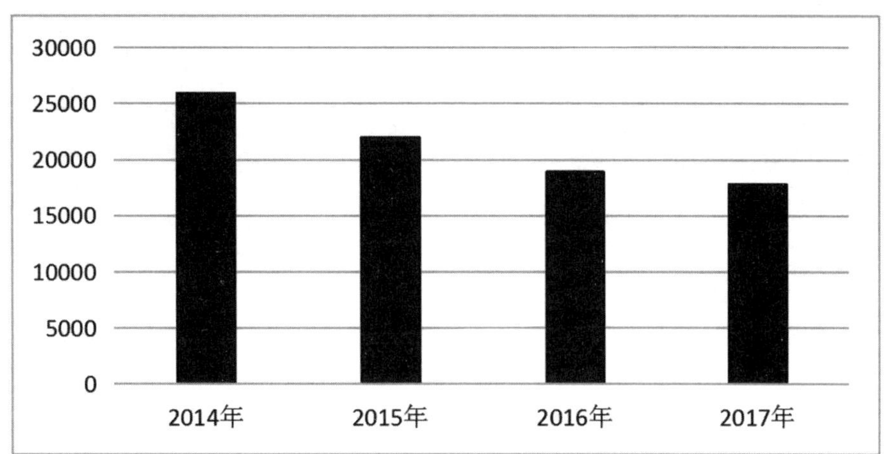

双精双优工程实施以来，西南水泥企业用工成本逐年下降，劳动生产率大幅提升，降本增效成效显著：2017年，人工成本占制造成本比重近三年累计下降35%；劳动生产率近三年累计增幅近70%。

表2 2015–2017年西南水泥人工成本占比情况

（二）人员结构持续优化

西南水泥按照“知识化、年轻化、专业化”的人才战略，通过“能进能出、内选外引”等方式，促进干部人才队伍结构持续优化，进一步减少行政机关干部配置，强化一线技术人才的培育，增强组织机构活性、提高工作效率；通过高密度、立体式、全覆盖的培训体系，大幅提升员工技能水平和综合素质，改变员工知识结构、技能结构、工种结构，适应复合型岗位用工的要求；经过几年来的多措并举，员工结构得到持续优化。

2017年，西南水泥中专以上学历人员占比提升至54%，与2014年相比增幅近80%；技术骨干人才占比从13%提升到19%，与2014年相比增幅46%。

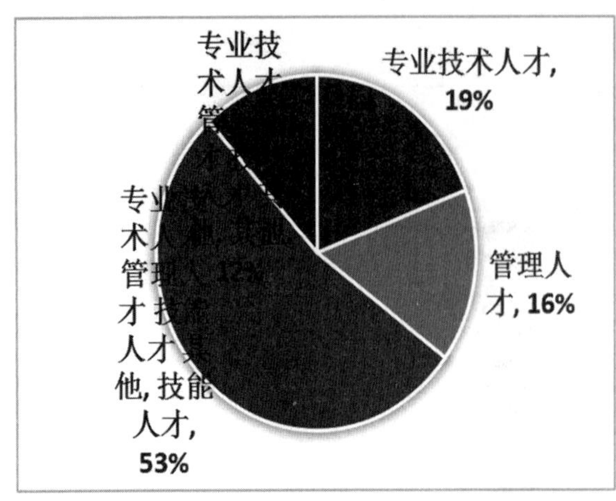

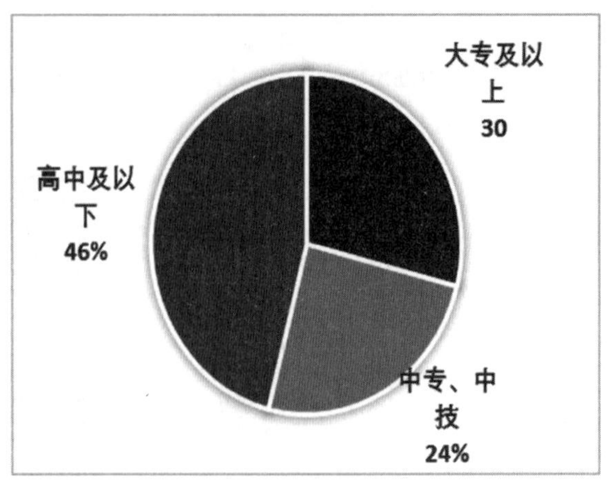

图5 2017年西南水泥技术骨干、员工学历占比情况

（三）员工幸福感不断提升

通过人力资源不断优化，员工个人职业发展更加清晰，员工智力资本不断增值，更好的工作平台、职业通道和效益成果也让员工保持了积极的工作态度和热情，工作的成就感不断提升。此外，得益于灵活的薪酬激励机制，近年来西南水泥的用工成本和员工收入呈现“两降一升”趋势，人工成本总额和吨产品人工成本保持逐年下降的情况下，员工人均工资水平稳步增长，福利保障水平持续提升，西南水泥员工获得感和幸福感进一步增强。

四、西南水泥人力资源管理整合优化展望

随着信息技术与工业技术的高度融合发展，互联网时代将逐步从销售互联网逐渐渗透到产业互联网，“网络化、数据化、智能生产”的智能化工厂将成为传统制造业转型升级的未来方向。水泥行业将面临产业升级、技术迭代等形势变化，智能化、标准化工厂将是西南水泥未来发展方向。人力资源管理将会遇到新课题、新挑战。

（一）智能生产驱动组织变革

随着传感技术、通信技术的发展迭代，物联网将逐渐走向前台，人、机智能连接将成为现实，水泥企业从原材料入厂物流到生产、销售、出厂物流和服务等各个环节将不再是信息孤岛，而会呈现端与端的无缝连接与大数据智能控制，形成一个智能互联网络，很多体力及熟练性的脑力工作将不断被智能机器及信息技术替代，无人值守、无人操作、无人工厂将是变成现实，知识型员工将作为企业智力资本核心地位更加凸显。同时，对外部变化的高效响应及内部的有效协调和高度合作促使组织机构需要具有灵活性。西南水泥通过探索构建“全员参与、协同共享”的网络式组织结构，将专业人员嵌入网络数据化管理的控点，逐步去行政中心化管理，组织形态更加扁平化、开放化、生态化，各类信息数据将更加透明、准确、及时，在线沟通、实时沟通更加密切，管理更加高效顺畅，未来智能工厂用工规划将控制在50人以内，劳动生产率达到行业一流水平。

（二）以人为中心激发员工创造力

西南水泥在面对“知识型员工”这个新族群，树立以人为中心的人文理念，对待员工将从经济人向社会人转变，管理将从单纯的制度管理转向人性化管理和员工需求激励，关注重心将会转移到员工赋能激活，让员工在组织中找到工作意义和自我价值实现，提高员工的归属感、获得感、成就感，感受到企业组织的温度与关爱，增强组织对员工的感情黏性，满足员工对组织的社会需求，而不仅是利益需求。同时，构建个人、部门和企业共同目标的联合体，增强员工、团队间的密切联系和同伴的协调合作，释放组织和成员的创造能力、学习能力、创新能力。

西南水泥将探索建立效益分享机制和价值创造分配机制，构建员工、企业利益共同体，以个人价值创造作为绩效激励点，鼓励员工多创价值多做贡献，并利用现在信息化技术和大数据，建立智能薪酬绩效考核系统，让员工绩效考核能自动、实时予以反馈，提高绩效考核及时性、准确性、客观性。

（三）协同共享实现社会智力资本效用最大化

随着万物互联时代到来，供应商、设备厂商、生产企业将成为物联网中个个节点，设备各类信息互通共享，远程故障诊断、后台技术支持、售后技术服务等成为企业商业生态圈紧密合作的常态，建立协同共享的人力平台将是企业生态圈用工模式的未来方向，西南水泥将紧随行业未来发展变化，创新用工理念与用工机制，利用万物互联大数据信息平台，延伸现有企业内部人力共享平台，共建水泥行业开放式、分布式、协同共享的人力服务平台，为行业专家、社会人才提供更广阔的工作舞台，让社会智力资本效用最大化，减少企业内部用工成本。

成果创造人：姚　钦、郑惠荣、白　彦、龚雷海、薄克刚、张　骏、许跃辉、梁　蘅、高剑锋、殷平伦

非金属矿物制品业社会责任报告标准体系研究

张　健等

“非金属矿物制品”是指以非金属矿物和岩石为基本或主要原料，通过物理、化学方法制备的功能性材料或制品[1]。非金属矿物制品一般按照不同的特征分为以下九类：水泥制品和石棉水泥制品业；砖瓦、石灰和轻质建筑材料制造业；玻璃及玻璃制品业；陶瓷制品业；耐火材料制品业；石墨及碳素制品业；矿物纤维及其制品业；其他类未包括的非金属矿物制品业，如砂轮、油石、砂布、金刚砂等磨具、磨料制造，晶体材料的生成等。

中国是世界上已知非金属矿产资源品种比较齐全、资源比较丰富、质量比较优良的少数国家之一。非金属矿物制品业是我国的基础性行业，对国民经济建设的保障、上下游产业的发展、区域经济的繁荣都有着重要的影响。目前，非金属矿物制品广泛应用于化工、机械、能源、汽车、轻工、食品加工、冶金、建材等传统产业以及航空航天、电子信息、新材料等为代表的高新技术产业和环境保护生态建设等领域。

一、非金属矿物制品业在国民经济中的地位

随着现代科技进步、人类生活水平的提高和环境保护意识的觉醒，非金属矿物制品业开启了新时代，其在国民经济中的重要地位主要体现在以下几个方面：

（一）非金属矿物制品业为国民经济建设提供保障

非金属矿物制品业为现代经济社会发展提供基础性工业原料和产品，大到建筑化工等国家基础产业离不开的水泥玻璃等制品，小到人们生活中处处可见的汽车、飞机等交通工具，无一不凝结着人们对非金属矿物原料运用的智慧。

同时，非金属矿物制品业还为高新技术产业的发展提供了重要的支撑材料。随着产业结构的调整，高新技术的发展被提升到国家的战略性层面。以航空航天、微电子、信息、生物、新能源为主的高新技术产业将日益壮大。它们的发展需要非金属矿物材料不断优化升级的支撑。例如：高纯石英等硅基材料是集成电路芯片，塑封料，抛光料及光纤型，激光光源和辐射光源型透明石英玻璃管，耐高温型石英玻璃管及单晶硅生产用坩埚的主要材料。用石墨制成的材料具有优良的隔热，耐高温(3000℃以上)，减磨润滑和防辐射等性能，被广泛用作核反应堆的中子减速剂和防原子辐射的外壳火箭，导弹，航天飞机和宇航设备零件等。工业发达国家发展的经验表明：“一个国家工业发展的水平，往往以非金属矿在国民经济中的开发利用程度为标志。”高新技术产业的快速发展、传统产业的技术进步与结构调整、环保国策的全面落实，

以及在2020年全面建设小康社会发展目标的实施，都需要非金属矿物制品业的坚实支撑。

（二）非金属矿物制品业为上下游产业发展提供契机

非金属矿物制品在我国工业化进程中扮演着重要的角色，是连接各行各业的纽带。例如，传统建材行业的发展离不开水泥、玻璃和陶瓷等原材料的供给，石化工业也需要各种催化剂、吸附剂等原材料的作用。汽车行业的进步更是离不开各种非金属矿物制品的点缀。

非金属矿物制品业与第一、第二、第三产业的相关行业的融合度日趋紧密。多年来，我国建材、化工、家居等行业发展快、污染大，是典型的密集型产业。但随着人们对生活舒适度的要求越来越高，这些传统产业的转型升级正在稳步推进，由过去的以速度为主，过渡到质量、速度并举，越来越多地采用绿色原料、绿色工艺，而非金属矿物制品业为此提供了新的契机，为上下游产业的资源整合，转型升级提供了先决条件。

（三）非金属矿物制品业为区域经济繁荣提供支撑

据统计，2017年我国全年非金属矿物制品业增加值增长3.7%。非金属矿物制品业为我国区域经济的繁荣提供了坚实的支撑。2017年以来，受大宗商品涨价、房地产市场和钢铁市场回暖以及水泥行业整治等外部利好因素的影响，以水泥、耐火等材料为代表的非金属矿物制品业实现了量价齐升的良好态势，有效拉动了工业生产。除了较好的外部因素影响外，内功的修炼也发挥了重要作用。从“十二五”初期开始，先后对水泥、耐火、粉体等各个细分领域进行了一系列的整治提升，调整产业定位和产品结构，提升产业链层级和产品附加值，使整个非金属矿物制品业实现了从“量的扩展”到“质的提高”的转变，着力打造绿色、环保、节能、安全的现代化发展体系。

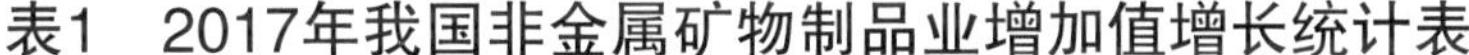
表1　2017年我国非金属矿物制品业增加值增长统计表

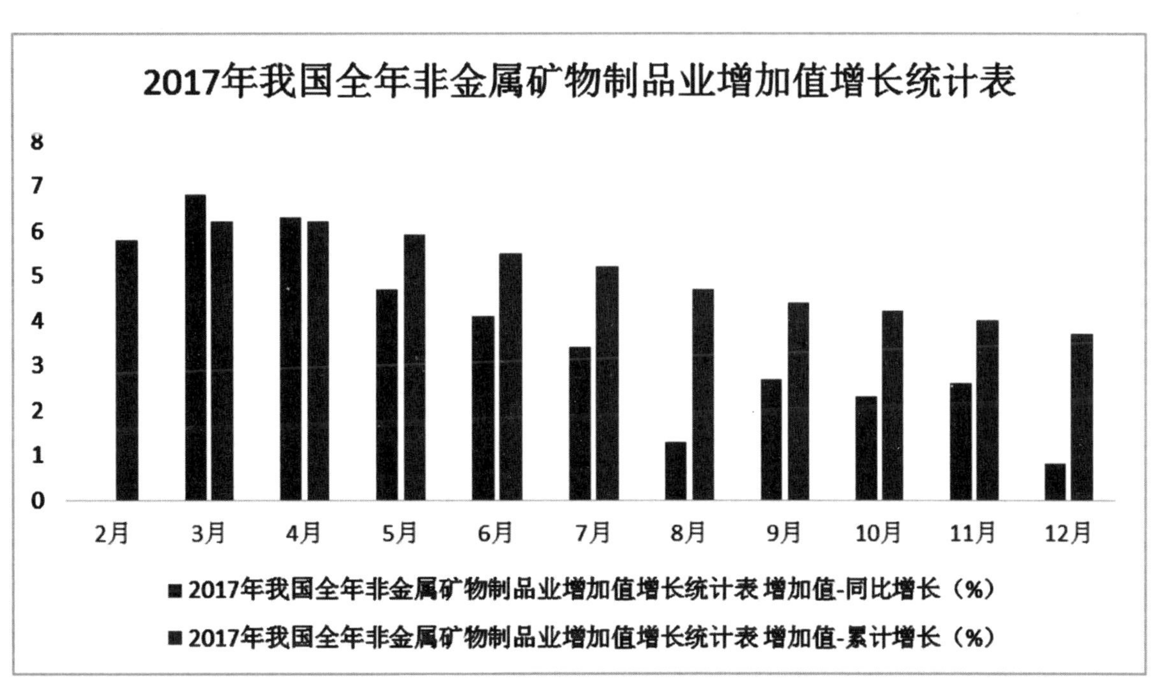

二、非金属矿物制品业履行社会责任的意义

党的十九大报告为企业在新时代更好履行社会责任指明了根本方向。非金属矿物制品业作为国民经济的基础材料提供行业，关系国民经济发展、环境的保护以及人民生活的质量。非金属矿物制品企业要更加关注人民的需要，为实现人民对美好生活的向往做出新贡献、创造新价值。

（一）推动社会可持续发展的内在需求

习近平总书记在党的十九大报告指出，建设生态文明是中华民族永续发展的千年大计。必须树立和践行绿水青山就是金山银山的理念，坚持节约资源和保护环境的基本国策，像对待生命一样对待生态环境，统筹山水林田湖草系统治理，实行最严格的生态环境保护制度，形成绿色发展方式和生活方式，坚定走生产发展、生活富裕、生态良好的文明发展道路，建设美丽中国，为人民创造良好生产生活环境，为全球生态安全做出贡献。党的十八届五中全会提出“创新、协调、绿色、开放、共享”新发展理念。许多非金属矿物是环保和生态建设的廉价、高效材料，如硅藻土、沸石、电气石、麦饭石等，经过加工具有选择性吸附有害及各种有机和无机污染物的功能，而且具有原料易得、单位处理成本低、本身不产生二次污染等优点，可以用来制备新型环保材料；膨润土、珍珠岩、蛭石等还可用于固沙、改良土壤、垃圾填埋场（防止垃圾污染渗透）及放射性废料的处理。同时，大多数非金属矿物还是环境友好材料，如在塑料薄膜中加入一定量的超细重质碳酸钙可制作成降解塑料；用超细水镁石作高聚物基复合材料的阻燃填料，不仅可以阻燃，而且不会产生可致命的毒烟；用电气石基环保健康材料，能释放有益环境的负离子等。

推动可持续发展、社会和谐，非金属矿物制品业要深入贯彻落实党的“创新、协调、绿色、开放、共享”新发展理念，贯彻国务院34号文件“去产能、调结构、增效益”，推动非金属矿工业供给侧结构性改革，加快发展方式转型升级，坚持资源节约与综合利用，以优化产业结构、技术创新和新产品开发应用为重点，大力发展非金属矿功能材料，创新提升非金属矿工业发展水平，促进非金属矿工业持续健康发展，努力为社会提供质量可靠、绿色环保的产品，成为可持续发展的实践者、示范者和倡导者。

（二）促进行业可持续发展的必然要求

《非金属矿工业“十三五”发展规划》中明确指出当前非金属矿工业仍然存在以下六个主要问题：一是矿产资源开发与保护统筹不足，资源浪费和环境污染依然存在。二是产业集中度低，生产企业规模小。三是产品结构不合理，系列化程度低，传统产品产能过剩，矿物功能材料不能满足市场需求。四是行业技术与装备的自动化和成套化水平较低，深加工及应用技术薄弱。五是企业税费负担重，税费结构不合理。六是行业管理体系不健全，运行监测亟待完善。七是标准化工作滞后，尚不能促进行业发展。

为促进行业可持续发展，非金属矿物制品业要注重发挥行业协会、中介组织等的引导作用，完善标准体系，严格行业准入，淘汰资源消耗高、环境污染重、不符合安全生产要求的企

业，同时提高产业集中度，通过联合等形式整合上下游产业，延伸产业链，扩大聚合效应。

（三）保障企业可持续运营的重要条件

党的十九大报告对我国社会主要矛盾做出了重要论断：我国社会的主要矛盾已经转化为人民日益增长的美好生活需要和不平衡不充分的发展之间的矛盾。这一重大论断，也是对企业履行社会责任提出了新任务。企业在立足自身发展的基础上，如何更好地与国家战略相匹配，探索可持续发展的商业模式，创造更富有包容性的事业机会；结合国家精准扶贫的战略，如何充分运用商业资源和优势，给切实的需要帮助的贫困地区老百姓提供更有效的脱贫致富方法，都是值得思考的问题。

此外，习近平总书记之前曾多次谈论到企业社会责任。国有企业在深化改革中要通过自我完善，担当社会责任，树立良好形象，在推动改革措施上加大力度；民营企业要积极投身公益慈善事业，致富思源，义利兼顾，自觉履行社会责任；在海外责任方面，中国企业走出去既要重视投资利益，更要赢得好名声、好口碑，遵守当地法律，承担更多社会责任。

为保障企业可持续运营，非金属矿物制品企业应积极履行社会责任，推行先进质量管理，促进企业管理创新，加快非金属矿物企业转型升级，同时加快应用新技术、新材料、新工艺、新装备，提高产品技术含量和附加值，提高市场竞争能力，并推动供应链管理，完善产业链发展，营造良好发展环境。

三、非金属矿物制品业社会责任特征及要求

各行各业因其自身的特点，在履行社会责任过程中，呈现出不同的社会责任履责特征和要求，提出了差别化的社会责任议题。非金属矿物制品业在科技创新、节能减排、供应链责任、职业健康与安全和互联网+非金属矿物制品业等方面表现出了不同的特征和履责要求。

（一）科技创新

“创新是引领发展的第一动力，是建设现代化经济体系的战略支撑。”党的十九大吹响了加快建设创新型国家的强劲号角。这对非金属矿物制品的品种、性能、质量和产量均提出了更高要求。我国非金属矿行业经过近70年的发展，已形成了完整的工业体系，行业技术水平明显提升，整体装备实力愈加增强，绿色发展理念深入人心，产业集群发展迅猛。截至2016年底，我国非金属矿从业人数超过百万人，采掘企总产值2382亿元，规模以上非金属矿企业主营业务收入6000亿元、利润总额440亿元，已成为世界非金属矿工业大国。未来，非金属矿物制品业要以党的十九大精神为指引，坚持创新驱动，促进非金属矿物制品业结构调整和转型升级，整体提升非金属矿物制品业发展水平，实现从非金属矿大国向非金属矿强国迈进，开启非矿产业发展新时代。

（二）节能减排

非金属矿物制品在生产过程中消耗大量的煤炭、油品燃料能源及原材料，同时，由于部分企业的工艺和设备落后，资源能源利用率低，排放的二氧化硫、烟尘、粉尘、固体废弃物对周边环境有较大影响。非金属矿物企业要加强节能减排建设，为建设美丽中国做出新的更

大贡献。要加强生产全过程管理，建立能源计量管理制度，减少能源消耗和废弃物排放，鼓励非金属矿加工基地和产业聚集区发展循环经济或生态工业园区，推行清洁生产，开展废弃物资源化研究与应用开发。同时，严格行业准入，修订完善现有非金属矿产品标准、试验方法、清洁生产、安全生产等相关标准，研究制订新型非金属矿物加工制品标准和测试方法标准，淘汰资源消耗高、环境污染重、不符合安全生产要求的企业。

（三）供应链责任

随着社会和经济的发展，尤其是知识经济时代的到来，企业的竞争已不再是单个企业间的竞争，而是企业所处的供应链之间的竞争。企业已不能仅仅将目标定位在股东利益最大化，在追求利润的同时，企业必须承担相应的社会责任。企业社会责任实践水平也已成为衡量企业竞争力的标准之一。

供应链是指在产品生产和流通过程中，从原材料采购直至最后由销售网络把产品送到消费者手中的将供应商、制造商、分销商、零售商以及最终用户连接在一起的一个整体功能性网链结构。供应链责任要求企业对供应链管理便是对这个整体功能性网链结构进行计划、协调、控制和优化，从而实现整个供应链增值的活动与过程。一方面，通过联合重组等形式整合上下游产业，延伸产业链，推动行业的发展；另一方面敦促供应商持续改进产品质量，实施阳光采购，选用低碳环保、对环境破坏程度低的产品，从而带动整个行业的发展。

（四）职业健康与安全

非金属矿物制品业常见的生产方式是窑炉作业，具有门类多、涉及面广、生产工艺多样化、作业条件艰苦、高温作业危险因素多和易发生事故等特点，存在爆炸（水泥立窑喷窑、煤气发生炉、砼制品蒸压釜）和中毒窒息等类型事故风险。非金属矿物制品业产业集中度低，非公有制企业和小型企业居多，以及企业大量雇佣的农民工的特殊性，增加了行业安全监督管理的难度。安全管理机构设置不健全，专职安全管理人员配备不足，规章制度缺失，责任制不落实，安全投入不足，重大危险源管理不完善，应急救援工作不到位，职业危害现象严重等问题比较突出。此外，非金属矿物制品业属于劳动密集型企业，生产过程中的石棉尘、石墨尘、水泥尘等粉尘类危害因素会对员工的身体健康造成损害。除了粉尘危害，企业中存在的各类机械设备的噪音污染，制造设备的高温影响，也会对员工身体造成损伤。

保障员工安全生产，维护员工职业健康，是非金属矿物制品企业履行社会责任的重要内容。企业要对员工进行安全培训，确保相关工作人员掌握安全隐患及危险源辨识方法和安全检查方法，能在危急时刻采取正确的措施和手段；通过产业发展政策引导、法律约束、技术示范等措施，淘汰落后生产工艺和能力，鼓励和引导采用安全性能可靠的技术装备和生产工艺，推动安全科技创新和管理创新，促进安全技术升级，提高安全生产的本质安全度；落实安全生产主体责任制度，健全安全生产管理机构，强化日常检查，减少危害发生。同时，建立、健全职业卫生管理制度和操作规程，减少因人为因素引发的安全隐患；建立并完善生产场所的防尘、防毒、降噪和应急报警等配套设施和急救装备，并为员工配备质量可靠的工作服、安全帽、防尘口罩等劳动防护用品；建立健全企业职工的职业卫生档案和健康监护档案，积极推进职业安全培训，提高员工的自我保护意识。

（五）互联网+非金属矿物制品

李克强总理在十二届人大三次会议政府报告中首次提出“互联网+”行动计划。2015年5月，国务院印发的《中国制造2025》提出“以促进制造业创新发展为主题，以提质增效为中心，以加快新一代信息技术与制造业深度融合为主线，以推进智能制造为主攻方向”的指导思想。“互联网+”行动计划将重点促进以云计算、物联网、大数据为代表的新一代信息技术与现代制造业、生产性服务业等的融合创新，发展壮大新兴业态，打造新的产业增长点，为产业智能化提供支撑，增强新的经济发展动力，促进国民经济提质增效升级。

信息化技术和互联网给制造业带来了新的发展空间。传统产业的转型升级是立足于现有产业，开展产业创新、跨界融合，以互联网的思维和手段提高效率，提升质量，减少成本，实现升级换代。非金属矿物制品业积极探索应用互联网技术进行商业模式创新，与兄弟企业深化合作，运用互联网、信息化、智能化等技术，集合投资、管理、后续服务等产业链，开创装备“走出去”新时代。例如，水泥企业大力推进“两化融合”，实现“水泥＋鼠标”智能生产模式，即“互联网＋水泥制造”，探索建设世界一流的智能工厂；贸易企业通过“跨境电商＋海外仓”的外贸模式，集成“互联网＋建材产品制造＋金融＋物流＋N”的全产业链综合服务平台，是传统建材制造、流通业向智能制造、现代服务业转变的积极探索。值得一提的是，中国建材集团进出口公司以易单网、大宗网和招标网为载体，融合了传统建材制造、销售与物联网、云计算、大数据等新一代信息技术，着力打造“互联网＋”全产业链智慧服务平台。

四、非金属矿物制品业社会责任报告特征

相比其他行业，非金属矿物制品业社会责任发展起步较晚，发布首份社会责任报告的时间较迟。就国内非金属矿物制品业社会责任而言，国外非金属矿物制品业社会责任发展相对较早。鉴于此，分析国内外非金属矿物制品业社会责任报告的特征和发展趋势，通过借鉴和学习国际非金属矿物制品企业的社会责任报告和实践经验，将有助于提升我国非金属矿物制品业的社会责任水平。

（一）国际非金属矿物制品业社会责任报告特征

根据2017年《财富》世界500强和RobecoSAM[2]《可持续性年鉴》，选取了6家国际非金属矿物制品企业作为分析的样本企业。国际非金属矿物制品业社会责任报告基本信息如表2和表3所示。

表2 国际非金属矿物制品业社会责任报告基本信息1（2017年）[3]

序号	世界500强排名	企业名称	总部所在地	首份社会责任报告1	首份报告页码
1	225	圣戈班集团（Saint-Gobain）	法国	2007	43
2	363	CRH公司（CRH）	爱尔兰	2003	—
3	398	LafargeHolcim公司2	瑞士	2001	—

4	—	欧文斯科宁（Owens Corning）	美国	2006	20
5	—	旭硝子（AGC）	日本	2000	18
6	—	骊住集团（LIXIL）	日本	2002	45
7	—	西麦斯集团（CEMEX）	墨西哥	1997	18

表3 国际非金属矿物制品业社会责任报告基本信息[3]（2017年）

企业名称		报告名称3	参考标准	页码	报告发展历程	第三方审验
Saint-Gobain		2016年度登记公文（包括2016年财报和企业社会责任报告）	GRI-G4 UNGC	332	2007-2012：可持续发展报告 2013：企业社会责任报告 2014：登记公文 2015：企业社会责任报告 2016：登记公文	普华永道（PWC）
CRH		2016年度可持续发展报告	GRI-G4	87	2003-2010：企业社会责任报告 2011-2016：可持续发展报告	挪威船级社（DNV GL） 世界企业永续发展协会（WBCSD）
LafargeHolcim公司	Holcim	2014年度可持续发展报告	CSI GRI-G4 UNGC	45	2002-2014：可持续发展报告4	普华永道（PWC）
	Lafarge	2014年度可持续发展报告	GRI-G4	55	2001-2014：可持续发展报告	必维国际检验集团（BV）
Owens Corning		2016年度可持续发展报告	GRI-G3.1	222	2006：可持续发展报告 2007-2008：进展报告 2009-2013：突出总结报告 2014-2016：可持续发展报告	—
AGC		2016年年度报告之企业社会责任补充信息	ISO 26000	32	2000-2003：环境报告 2004：可持续发展报告 2005-2011：企业社会责任报告 2012-2016年度：报告之企业社会责任补充信息	—
LIXIL		2016年度企业社会责任报告	UNGC	67	2002-2006：经济情况书 2007-2009：无数据 2010-2014：年度报告 2015：企业社会责任管理 2016：企业社会责任报告	德勤（Deloitte）
CEMEX		2015年度可持续发展报告	GRI-G4	90	1997-2002：环境、健康与安全报告 2003-2015：可持续发展报告	普华永道（PWC）

从国际非金属矿物制品业发布企业社会责任报告的基本情况和趋势来看，国际非金属矿物制品业社会责任报告具有以下四个特征：

1.报告出现年份较早，由单一向综合发展

国际非金属企业的社会责任报告出现年份普遍较早，7家样本企业中，西麦斯集团（CEMEX）的第一份环境、健康与安全报告在1997年就出现了，而最晚的欧文斯科宁（Owens Corning）的可持续发展报告也在2006年就有了。从这一点上看，国际非金属企业的社会责任意识明显要早于国内，可见他们对社会责任信息披露的高度重视。

同时，报告也由早期的单一报告走向多元。如AGC由早期的单一环境报告到可持续发展报告再到企业社会责任报告、年度报告之企业社会责任的补充信息等包含经济、社会、环境在内的有综合性特点的报告。同时随着对社会责任的不断履行和认识，在报告的关注方面也越来越广泛，不再仅仅披露单方面的信息，而是向着更加多元化的方向去履行社会责任和披露社会信息。

2.报告内容较为完整，更加丰富充实

国际非金属企业的报告都严格按照国际标准来披露信息，所以不仅在内容上比较完整，而且在结构上也比较严谨规范。首先，这些样本企业在内容上不仅仅局限于文字的描写，他们大多会采用“数据+矢量图+文字”的形式，使信息披露的更具有说服力，同时也更具严谨性。圣戈班（Saint-Gobain）2016登记公文中在披露“一个包含可持续发展的环境政策”中运用矢量图来表述，简洁明了；骊住集团（LIXIL）在披露“负责任的供应管理”采用了纵向的数据分析，在“客户满意度方面”分析了近三年来的数据，公司的客户服务和维修中心每个月收到约29万次查询。骊住集团致力于通过使用客户意见数据库，从客户角度将问题形象化，并通过PDCA方法改进产品和服务，从而提高客户满意度。

其次注重内容的平衡性。平衡性好主要表现在两个方面：一是内部和外部的平衡好，无论是指标来源的选取还是议题内容的选取，都很好地平衡了公司内部和外部利益相关者的比重；二是正面信息和负面信息的平衡好。国际非金属矿物制品业报告具有良好的平衡性，负面信息披露较为完整。例如，圣戈班（Saint-Gobain）2016报告中介绍了圣戈班集团在不断变化的环境中所面临的重大风险。披露了其业务、财务状况、业绩和前景等可能存在的风险与问题以及应对措施。

最后，报告注重利益相关方的互动和沟通，例如，骊住集团（LIXIL）2016年企业社会责任报告从对员工的安全与发展、对人权的保护以及利益相关者的沟通、对客户的满意度以及供应链的管理上做了全面的披露，同时更加注重全球卫生和温室气体的排放等与人类生活密切相关的议题。

3.报告结构比较严谨，更加精炼规范

国际非金属矿物制品业社会责任报告在结构上很重视报告主题提炼，例如，骊住集团（LIXIL）2016年企业社会责任报告以“链接到良好的生活”为主题，在联合国全球契约的十项原则和联合国制定的可持续发展目标（SDGs）基础上，致力于通过创新的负责任的行动来改善生活空间，确定了三大战略支柱，全球卫生、节水与环境可持续和多样性与包容性；西麦斯集团（CEMEX）2015年可持续发展报告以“可持续未来的具体解决方案”为主题，从确保可持续发展理念完全嵌入公司业务、提供灵活有效的建筑解决方案、实现一个影响深远的社会策略、追求环境卓越的负责任增长、将企业核心价值嵌入到每个行动、加强与利益相关方合作创造共享价值等方面讲述社会责任的使命、努力和愿景。

其次，国际非金属矿物制品在报告编制上与国际社会责任标准相对接。AGC集团为了实现集团愿景“展望未来”所阐述的“我们的使命”“我们的共同价值”和“我们的精神”的信条，努力培养信任，满足社区的期望，利用社会责任国际标准ISO　26000作为其全球企业社会责任活动的指引，以建立AGC集团的企业行为约束，创造一个可持续发展的社会。

4.报告设计方面，更加突出行业特色

视觉感是社会责任报告给读者的第一印象，社会责任报告又是提供给公众看的，是公司的形象窗口，在传递信息的同时，国际非金属矿物制品业社会责任报告十分注重色彩和排版的设计，以增强报告的可读性，突出行业特色。

首先，国际非金属矿物制品业的社会责任报告全部采用的是彩版设计，AGC集团近几年来的报告一直以绿色和蓝色为主色调；骊住集团（LIXIL）以咖啡色为主色调，同时封面大多以多图片加报告主体的方式来设计；圣戈班（Saint-Gobain）近几年的报告比较凸显人物，以此表现他们对人类居住环境的关注，更加注重人文关怀。

其次在报告内部细节的处理上，采用了很多图表和矢量图的设计。AGC集团2016年的报告加入了很多矢量图，比如在披露CSR PDCA循环、公司治理结构概述等方面运用了矢量图，在披露数据等方面又充分地运用了各种表格来展示，显得生动有趣；西麦斯集团（CEMEX）的报告则充分运用了图片在报告中的重要性，在内容更加充实的基础上，充分运用图片使报告更加丰富；骊住集团（LIXIL）在这方面做得更加出色，在披露"全球卫生"这一议题时，不仅有丰富的图片和矢量图来表达，更在图片上增加了视频链接，更具创新性。

（二）国内非金属矿物制品业社会责任报告特征

结合2017年财富中国500强的排名以及各企业社会责任报告的发布表现情况，选取8家非金属矿物制品企业作为样本企业。企业基本信息如表4表5所示。

表4 国内非金属矿物制品业社会责任报告基本信息1（2017年）

序号	中国500强排名	企业名称	营业收入（百万元）	首份社会责任报告	报告份数
1	58	中国建材集团有限公司	100291.59	2009	7
2	117	安徽海螺水泥股份有限公司	55931.9	2008	8
3	146	北京金隅股份有限公司	47738.77	2010	5
4	277	华润水泥控股有限公司	21949.1	2013	3
5	359	福耀玻璃工业集团股份有限公司	16621.34	2008	8
6	443	华新水泥股份有限公司	13525.76	2007	8
7	471	唐山冀东水泥股份有限公司	12335.15	2008	8
8	—	吉林亚泰(集团)股份有限公司	11011.67	2008	8

表5 国内非金属矿物制品业社会责任报告基本信息2（2017年）

企业名称	报告名称	参考标准	页码	报告发展历程	第三方审验
中国建材集团有限公司	2016年度可持续发展报告	GRI-G4 ISO26000 CASS-CSR3.0	98	2009~2015：社会责任报告 2016：可持续发展报告	中国企业社会责任报告评级专家委员会 天职国际会计师事务所
安徽海螺水泥股份有限公司	2016年度社会责任报告	上海证券交易所编制社会责任报告指引	28	2008~2011：可持续发展报告 2012~2016：社会责任报告	毕马威会计师事务所
北京金隅股份有限公司	2016年度社会责任报告	GRI-G4 ISO26000	26	2010~2016：社会责任报告	—
华润水泥控股有限公司	2016年度环境、社会及管治报告	—	50	2013~2015：社会责任报告 2016：环境、社会及管治报告	—
华新水泥股份有限公司	2016年度企业社会责任报告	GRI	33	2008~2016：社会责任报告	—
唐山冀东水泥股份有限公司	2016年度社会责任报告	《深圳证券交易所上市公司社会责任指引》 《信息披露业务备忘录第21号—业绩预告及定期报告披露》	9	2008~2016：社会责任报告	—
吉林亚泰（集团）股份有限公司	2016年度社会责任报告	中国证监会和上海证券交易所有关信息披露的法律法规	10	2008~2016年：社会责任报告	—
福耀玻璃工业集团股份有限公司	2016年度社会责任报告	上海证券交易所《关于加强上市公司社会责任承担工作暨发布<上海证券交易所上市公司环境信息披露指引>的通知》 GRI-G4	18	2008~2016：社会责任报告	—

根据国内非金属矿物制品企业的社会责任报告信息整理、分析发现，国内非金属矿物制品企业的社会报告越来越完善，企业在承担社会责任的过程中越来越积极。

1.报告内容较为充实

从内容标准来看，首先报告在披露企业可持续发展的关键议题以及企业运营对利益相关方的影响等实质性议题方面比较充实。在管理方面不仅更加关注绿色可持续，还与国家政策议题等紧密结合。华新水泥2016年社会责任报告披露了企业贯彻落实中央扶贫开发战略和精神制定了精准扶贫规划并逐步落实扶贫措施，2015年与恩施公司结为对口扶贫单位，扎实推进精准扶贫工作，真正让贫困户脱贫。

非金属矿物制品行业在2016年的社会责任报告中，内容都比较全面地反映了企业对经济、社会和环境的重大影响。中国建材集团有限公司2017可持续发展报告中披露了市场绩效、科技创新、节能环保、员工关爱、企业公民、责任管理等六大方面的议题，内容涉及的宽度较广，同时也更加充实。

纵向可比性表现较好。样本企业中中国建材集团有限公司和华润水泥控股有限公司在可比性方面做得比较出色，中国建材集团有限公司在进行履责绩效的披露时做得较好，不仅披露了集团2010—2016年的纵向指标对比，还积极与国际领先企业如圣戈班集团和CRH集团以及国内平均水平的相关指标进行对比，此外还与联合国可持续发展目标（SDGs）的17个目标进行逐一对应，大大地增加了报告的可比性；此外，华新水泥股份有限公司2016年社会责任报告在自身的纵向维度方面做了比较，而安徽海螺水泥股份有限公司2016年的社会责任报告则在纵向维度与联合国可持续发展目标（SDGs）的17个目标进行了对应。

2.报告的回应性和参与性较强

从价值标准来看，非金属矿物制品企业在全面扫描企业社会责任履责环境的基础上，有针对性地将社会责任报告的编制、发布和应用与满足权威机构对企业社会责任报告的要求结合起来，同时在编制中能让利益相关方有效地参与进来。

第一，企业通过发布社会责任报告来有针对性地回应和满足利益相关方的要求，这也是企业的社会责任报告价值所在。8家样本企业在社会、环境、市场等方面都进行了有效的回应，同时积极响应国家的政策，将企业自身的发展与有效地履行社会责任结合起来。如中国建材从利益相关方的诉求出发，秉承“善用资源，服务建设”的核心理念，在发展中注重科技创新和管理创新的有机结合；华润水泥控股有限公司积极响应与落实国际可持续发展指标。

第二，让利益相关方参与报告的编制是发挥报告编制价值的重要途径，8家样本企业在注重利益相关方的参与上都比较完善。中国建材根据利益相关方的诉求，建立了多维有效的沟通机制，同时高层领导作为责任的带头人高度重视社会责任沟通；北京金隅股份有限公司则不断完善利益相关方的参与机制，积极与各方保持有效沟通，努力实现与各方的和谐发展。非金属矿物企业在关于利益相关方的参与方面机制都比较完善。

第三，报告所承载的社会责任信息是为了让更多的利益相关方感知，从而了解企业进而支持企业，让社会报告以更加畅通的渠道、更加新颖的形式呈现给更多的利益相关方，是报告价值最大化的必然要求。例如，中国建材集团紧跟“互联网+报告”趋势，创新报告传播途径，在官网发布电子版报告的基础上，还研发设计了H5版本报告，通过微信等新媒体渠道拓宽利益相关方沟通平台，以更加生动形象的形式、优秀的交互体验展现公司履责行动，不仅提高报告的共享性，而且还进一步提升了中国建材集团的社会责任品牌影响力。

3.报告在内容上创新逐渐加强

首先在内容上，非金属矿物制品业在国际和国内的热点议题上都更趋向于完善。结合国际和国内的热点议题，积极履行社会责任。8家样本企业中，超过一半的企业对国内的政策热点议题如精准扶贫上给予了有效的落实。此外，中国建材集团有限公司和华润水泥控股有限公司、安徽海螺水泥股份有限公司对联合国可持续发展目标和ESG进行了回应，内容上越来越丰富。企业在披露绩效和指标索引方面也越来越完善。同时，视觉感是社会责任报告给读者的第一印象。企业在通过社会责任报告传递信息的同时，还应注重色彩和排版的设计，以增强报告的可读性。

五、非金属矿物制品业社会责任报告指标体系

在研究分析非金属矿物制品业在国民经济中的地位以及履行社会责任意义的基础上，我们对比分析国内外非金属矿物制品业社会责任报告内容体系，并总结出非金属矿物制品业社会责任特征及要求，结合三重底线理论，及对标国内外社会责任标准体系，重点结合中国企业社会责任报告编写指南（CASS-CSR4.0）以及中国建材集团社会责任指标体系，我们探索提出普适于非金属矿物制品业社会责任报告指标体系。

（一）非金属矿物制品业报告指标体系

通过分析研究，我们提出的非金属矿物制品业社会责任报告指标体系分为六个部分163个指标，分别为报告前言、责任管理、市场绩效、社会绩效、环境绩效和报告后记，指标数量分别为12个、16个、41个、44个、44个、6个。其中报告引言主要为交代报告主体战略、文化、产品服务等基本情况；责任管理描述报告主体在责任愿景、战略、组织、制度以及文化等方面的体系构建；市场绩效、社会绩效、环境绩效三个部分是报告的核心内容，集中展现报告主体履责年度内在市场、社会、环境三个维度的履责行动及绩效；报告后记作为扩展阅读部分，是提高报告可读性和可信度以及与利益相关方建立沟通的重要单元。具体指标体系见表6。

表6 非金属矿物制品业社会责任报告指标体系

指标编号及名称		描述形式
第一部分：报告前言		
1.1	质量保证	文字
1.2	信息说明	文字
1.3	报告体系	文字
1.4	履行社会责任的形势分析与战略考量	文字
1.5	年度社会责任工作进展	文字
1.6	社会责任重大事件	文字
1.7	社会责任重点议题进展及成效	文字
1.8	企业战略与文化	文字
1.9	组织架构及运营地域	文字
1.10	主要产品、服务和品牌	文字
1.11	企业规模与影响力	文字
1.12	报告期内关于组织规模、结构、所有权或供应链的重大变化	文字
第二部分：责任管理		
2.1	企业使命、愿景、价值观	文字

2.2	企业社会责任理念或口号	文字
2.3	实质性社会责任议题识别与管理	文字
2.4	社会责任战略规划与年度计划	文字
2.5	推动社会责任融入企业发展战略与日常经营	文字
2.6	塑造有影响、可持续的责任品牌	文字
2.7	企业高层支持和推动社会责任工作	文字
2.8	社会责任组织结构及职责分工	文字
2.9	制定社会责任管理制度	文字
2.10	构建社会责任指标体系	文字
2.11	利益相关方沟通	文字
2.12	组织开展社会责任培训	文字/数字
2.13	开展社会责任考核或评优	文字/数字
2.14	企业主导的社会责任沟通参与活动	文字/数字
2.15	丰富社会责任理论研究	文字
2.16	机构参与或支持的外界发起的经济，环境，社会公约，原则或其他倡议	文字
第三部分：市场绩效		
3.1	规范公司治理	文字
3.2	最高治理机构及其委员会的提名和甄选过程	文字
3.3	反腐败	文字
3.4	合规信息披露	文字
3.5	保护中小投资者利益	文字
3.6	成长性	数字
3.7	收益性	数字
3.8	安全性	数字
3.9	提升产品/服务可及性	文字
3.10	产品/服务质量管理体系	文字
3.11	坚持创新驱动	文字
3.12	研发投入	数字
3.13	新申请专利数量	数字
3.14	科技成果产业化	文字/数字
3.15	研发实力	文字/数字
3.16	严禁虚假或者引人误解的宣传	文字
3.17	产品知识普及或客户培训	文字/数字
3.18	公平交易	文字
3.19	倡导可持续消费	文字
3.20	客户信息保护	文字
3.21	主动售后服务体系	文字
3.22	积极应对消费者投诉	文字
3.23	投诉解决率	数字
3.24	止损和赔偿	文字

3.25	客户满意度	文字/数字
3.26	针对供应商的社会责任政策、倡议和要求	文字
3.27	供应商社会责任日常管理机制	文字
3.28	供应商社会责任培训	文字
3.29	供应商社会责任培训绩效	数字
3.30	供应商社会责任审查的流程与方法	文字
3.31	报告期内审查的供应商数量	数字
3.32	因为社会责任不合规被否决的潜在供应商数量	数字
3.33	因为社会责任不合规被中止合作的供应商数量	数字
3.34	供应商社会责任绩效考核与沟通	文字
3.35	诚信经营	文字
3.36	经济合同履约率	数字
3.37	公平竞争	文字
3.38	战略共享机制和平台	文字
3.39	尊重和保护知识产权	文字
3.40	助力行业发展	文字
3.41	公平贸易	文字
第四部分：社会绩效		
4.1	守法合规体系建设	文字
4.2	守法合规培训	文字/数字
4.3	响应国家政策	文字
4.4	纳税总额	数字
4.5	带动就业	文字
4.6	吸纳就业	数字
4.7	员工构成情况	文字/数字
4.8	平等雇佣和多元化	文字/数字
4.9	女性管理者比例	数字
4.10	劳动合同签订率	数字
4.11	民主管理	文字
4.12	员工隐私管理	文字
4.13	反强迫劳动和骚扰虐待	文字
4.14	薪酬与福利体系	文字/数字
4.15	职业健康管理	文字
4.16	工作环境和条件保障	文字
4.17	员工心理健康援助	文字
4.18	员工培训体系	文字
4.19	年度培训绩效	数字
4.20	职业发展通道	文字
4.21	生活工作平衡	文字
4.22	困难员工帮扶	文字/数字

4.23	员工满意度	文字/数字
4.24	员工流失率	数字
4.25	安全生产管理体系	文字
4.26	安全应急管理机制	文字
4.27	安全教育与培训	文字
4.28	安全培训绩效	数字
4.29	安全生产投入	数字
4.30	安全生产事故数	数字
4.31	员工伤亡人数	数字
4.32	社区沟通和参与机制	文字
4.33	员工本地化政策	文字
4.34	本地化雇佣比例	数字
4.35	本地化采购政策	文字
4.36	公益方针或主要公益领域	文字
4.37	建立企业公益基金/基金会	文字
4.38	捐赠总额	数字
4.39	打造品牌公益项目	文字
4.40	支持志愿者活动的政策、措施	文字
4.41	员工志愿者活动绩效	数字
4.42	助力精准扶贫	文字
4.43	扶贫专项资金投入	数字
4.44	脱贫人口数量	数字
第五部分：环境绩效		
5.1	环境管理体系	文字
5.2	环保预警及应急机制	文字
5.3	环保技术研发与应用	文字
5.4	环境指标统计核算体系方法	文字
5.5	环保培训和宣教	文字/数字
5.6	建设绿色供应链	文字
5.7	支持绿色低碳产业发展	文字
5.8	环保总投资	数字
5.9	绿色办公措施	文字
5.10	绿色办公绩效	数字
5.11	应对气候变化	文字
5.12	绿色设计	文字
5.13	采购和使用环保原材料	文字
5.14	提高能源使用效率	文字/数字
5.15	全年能源消耗总量及减少量	数字
5.16	单位产值综合能耗	数字
5.17	使用清洁能源的政策、措施	文字

5.18	清洁能源使用量	数字
5.19	余热发电系统装机容量	数字
5.20	年度余热发电量	数字
5.21	节约水资源政策、措施	文字
5.22	重复水利用率	数字
5.23	年度新鲜水用水量	数字
5.24	单位工业增加值新鲜水耗	数字
5.25	减少废气排放的政策、措施或技术	文字
5.26	废气排放量及减排量	数字
5.27	减少废水排放的制度、措施或技术	文字
5.28	废水排放量及减排量	数字
5.29	减少废弃物排放的制度、措施或技术	文字
5.30	废弃物排放量及减排量	数字
5.31	发展循环经济政策、措施	文字
5.32	循环经济发展绩效	文字/数字
5.33	温室气体排放量及减排量	数字
5.34	绿色包装	文字
5.35	制成品所用包装材料的总量（以吨计算）及（如适用）每单位占量	数字
5.36	绿色运输	文字
5.37	生态恢复与治理	文字
5.38	年度淘汰落后产能措施及规模	数字
5.39	年度淘汰落后生产设备	文字/数字
5.40	年度节能类装备、设备销售量	数字
5.41	年度环保类装备、设备销售量	数字
5.42	保护生物多样性	文字
5.43	零净砍伐	文字
5.44	环保公益活动	文字/数字
第六部分：报告后记		
6.1	未来计划：公司对社会责任工作的规划	文字/数字
6.2	关键绩效表：企业年度社会责任关键数据的集中展示	文字/数字
6.3	企业荣誉表：企业年度社会责任重要荣誉的集中展示	文字
6.5	报告评价：社会责任专家或行业专家、利益相关方或专业机构对报告的评价	文字
6.5	参考索引：对本指南要求披露指标的采用情况	文字
6.6	意见反馈：读者意见调查表及读者意见反馈渠道	文字

在指标体系中，结合非金属矿物制品业社会责任特征及要求，同时经过与其他行业标准对比，提炼出具有行业特征指标13个，分别为支持绿色低碳产业发展、余热发电系统装机容量、年度余热发电量、节约水资源政策、措施、重复水利用率、绿色包装、制成品所用包装材料的总量（以吨计算）及（如适用）每单位占量、绿色运输、年度淘汰落后产能措施及规模、年度淘汰落后生产设备、年度节能类装备、设备销售量、年度环保类装备、设备销售量。

（二）非金属矿物制品业企业开展社会责任工作的建议

1.开展社会责任报告编制、提升报告编制水平

进行非金属矿物制品业报告编写标准体系的研究在行业内属首次，本指标体系为非金属矿物制品提供了较为完整的报告编制体系，且极贴近行业特色，是非金属矿物制品业企业开展报告编报，提升报告编制水平的重要工具，可以有效扭转行业内企业编制数量不多、水平整体不高的现状。社会责任报告是企业与利益相关方沟通的主要媒体，高效地组织报告的编制活动，可以让客户、股东、社区等相关方更多维度地了解企业，提高企业美誉度和竞争力。

2.以编制报告为抓手提高企业管理水平

企业社会责任报告是企业将其履行社会责任的理念、战略、方式方法，其经营活动对经济、环境、社会等领域造成的直接和间接影响、取得的成绩及不足等信息，进行系统的梳理和总结。社会责任报告特别是指标体系涉及企业生产运营和企业管理的方方面面，是企业开展内部管理对标的有效工具。越来越多的企业不仅将社会责任报告作为企业与利益相关方沟通的平台和工具，而且越来越内化成为规范和提升企业管理水平的重要工具。

3.以编制报告为开端开展特色化的社会责任管理工作

编制社会责任报告是企业开始着手实施社会责任工作的重要抓手，以编制报告开始逐步完善企业社会责任管理体系，确定企业的责任理念和发展战略，并逐步将社会责任的理念与企业的战略与生产经营深度融合，建立健全社会责任的制度体系和管理队伍，并结合企业开展特色化的责任管理活动，日趋完善企业的责任管理工作。

成果创造人：张　健、金　玲、梁　霄、牛振华、林振森

中国建材集团有限公司企业管理部

【注释】

[1]该处的年份指的是报告披露信息的年份，而不是报告发布的年份

[2]2014年4月7日，Holcim和Lafarge合并新建LafargeHolcimLtd（“拉法基豪瑞集团”）

[3]截至指南出版前，样本企业发布的报告为其最新的社会责任报告

[4]截至2013年，每个报告在第二年发布，所以2006.2008.2010.2012没有发布报告

当代成功企业家思维研究

北京大学 刘秉君

企业家是运用智力、精力、能力对自己投资或受聘的企业，进行经营管理并创造经济和社会效益的卓越的企业管理者。当今市场，千万企业你方唱罢我登场，各领风骚三五年，竞争日益激烈，形式更加纷繁复杂。那么，企业间的竞争靠的是什么？资本、人才、管理、品牌、广告、形象、公关、服务等固然重要，但构成企业间竞争的真正核心，却是企业家特有的思维。

笔者通过对当代成功企业家的观察和研究认为，一个成功的企业家思维，既有与各行业成功人士相同的追求卓越，不断超越自我的思维，更有带领企业走向成功的特有思维，即：超前思维、共赢思维、整合思维、危机思维、哲学思维。

一、超前思维

超前思维就是对企业、行业和社会未来发展的趋势进行预测和思考。对未来的趋势进行清醒认识、分析判断和思考采取何种策略的思维。

中国建材集团公司董事长宋志平带领企业25年的跨越式发展，连续七年进入世界五百强的历程，正充分体现了其超前思维的特性。宋志平在回忆自己2002年3月被任命为中国新型建筑材料集团公司总经理时曾说："那时集团正面临一场生存危机，企业销售收入只有20多亿元，银行逾期负债却有30多亿元，除了我以前所在的北新建材，集团旗下的壁纸厂、塑料地板厂、建筑陶瓷厂……几乎全部停产或倒闭。日子过得极为艰难。就在宣布就任的主席台上，我收到了一份特殊的'贺礼'，——一张法院船票，因为资产负债了类累，一家资产公司要冻结我们的财产。"面对企业生存的危机，宋志平是如何进行思考的呢？他在自己所著的《经营方略》一书中，有这样的描述："企业怎样才能活下去？在积极处理历史遗留问题的同时，我认为更重要的是发展。企业只有通过快速发展才能解决所有问题，而首要的就是明确做什么不做什么，战略选择因此成为重中之重。许多人对此不理解：宋总，咱们都快吃不上饭了，哪有工夫讲战略？我说越是困难的时候，越要花时间研究战略。今天吃不上饭就是因为昨天没想好，所以现在必须为明天想清楚。这个道理就是古人讲的'人无远虑，必有近忧'。远虑指的是战略和谋划，近忧指的是由于谋划不到而造成的眼前的困难。今天有忧愁是因为昨天没有远虑，明天一定发愁。后来，集团召开战略研讨会，邀请建材行业里的老领导和知名专家，讨论中新集团的未来，大家一致认为，公司应调转船头，从普通装饰材料的制造业退出，进入水泥等基础原材料工业和先进制造业，同时带动有一定规模的新型建筑材料等其他建材产业。建材行业里水泥的GDP占70%，如果不能做到主流，新型建材做得再好，在这个行业里也会被边缘化。”2003年4月，中国新型建筑材料集团公司正式更名为中国建筑材料集团公司，从此掀开了中国建材集团历史性一幕，这不但奠定了企业快速发展的基础，而且改变了中国乃至全球的建材格局。实现了从30亿到2612亿的增长，连续7年进入世界500强。宋志平回顾道：“这些年来，集团实现了由小到大，由弱到强的跨越式发展，进入世界500强，不少经历过这场变革的老员工经常感慨，如果不是当年的战略转型，集团可能早就和一些老国企一样，无声无息地消失了。”这些员工的感慨，正从另一个角度说明宋志平作为企业掌舵人超前的战略思维能力。

当前，在中国经济进入了新的阶段，呈现出经济增速从高速到中速，结构从规模扩张到转型升级，驱动从要素、投资驱动到创新驱动这三大特征，经济社会呈现出更加复杂的变化趋势，缺乏超前思维的企业家，不仅无法昂立潮头，引领世界，而且随时都会失去生存的能力和发展的活力。超前思维既不是凭空想象，也不是主观臆断，它是建立在每个人所具备的知识、经验、信息和思维水平基础上的综合判断与大胆的想象，这种判断与想象一旦形成，将会在每一个企业家心中形成强烈的方向感，远大的目标感，有了方向和目标，就会指引企业通过坚持不懈的努力，达到成功的彼岸。“不谋万世者，不足以谋一时”，古人这句名言，既是对不具备超前性思维能力人的警示，也是对具有超前性思维能力企业家的启迪。

因此，企业家在新经济的搏击中，一定要具有超前性思维，具有“远见”，方可达到“谋定而后动”的境界。正如宋志平董事长所说：“只有站在未来的人才能影响现在，企业领导者就是站在最高处为企业眺望远方的人，即便经历风吹浪打，也不能阻挡远望者的视线。”

二、共赢思维

企业家在思考企业生存和发展时，不是孤立地从企业自身的利益出发，而是寻求为同行业、同地域企业做大做强的宏观战略与策略，然后通过企业自身的努力，获得自己应有的份额，而不是思考如何将竞争对手置于死地。

杜国楹是中国鲜有的不断创业的企业家，他先后成功开创了背背佳、好记星、E人E本、8848钛金手机、小罐茶5个家喻户晓的知名品牌。他之所以能够不断创新品牌，不断成功，正是其善于运用共赢思维的结果。2004年杜国楹和他的团队在背背佳品牌风靡市场之时，又和团队开始了“好记星”品牌英语学习机的打造。为了从众多电子词典中脱颖而出，他从一开始就和团队确定了“要把市场总量放大、从原有的品牌中分掉一些市场，颠覆整个市场格局”的三大策略。为此他们从当时市场三大主力品牌好易通、记忆宝、文曲星中各取一个字，即好易通之“好”，记忆宝之“记”，文曲星之“星”，创造了一个“兼济天下、共享共赢”的品牌——“好记星”。从2004年5月启动市场以来，他们强化“学英语，单词是关键”的差异诉求，“一台好记星，天下父母情”的情感诉求，请加拿大著名人士——大山为形象代言人，配以央视黄金时段的广告发布，保健品式整版报纸广告的广告模式，电视购物与终端POP双管齐下的渠道策略，使英语电子词典市场迅速升温。不仅好记星旺销，也带动了英语教育、电子词典行业的发展，同期还涌现出乾坤英考王、e考通、e百分、ee星、诺亚舟新品牌电子词典。经过3年，好记星牢牢的坐上了英语电子词典头把交椅。2004年销售额2亿，2011年达到创纪录的24亿。经过一轮又一轮的大浪淘沙，许多追求一家独大的学习机品牌已不见踪影，而好记星在2017年，再次在家教学习机行业评比中继续名列三甲，这不能不说是其共赢思维所放大的市场总量，为企业奠定的扎实基础。2017年，杜国楹怀着“让中国茶重新走向世界”的愿景，集中国八大名茶中最具代表性的8位泰斗级制茶大师，开发了令人耳目一新的茶叶极品——小罐茶，从小罐茶的市场开发思路看，也是要把高端茶叶市场总量放大，从原有的茶叶市场总量中分得一部分市场的共赢思维格局，小罐茶在央视的3分钟长度的广告，产生了极大的市场反响，有力地推动了中国高端茶叶市场的发展。现在很多茶企，都在循着杜国楹的创新思路，开发各种茶品的小罐茶，小罐茶带动的高端茶叶市场总量正在快速得到放大。

当今市场，任何企业都无法独占，与其时时想着对手，把精力、手段、财力放在吃掉同行上，不如把精力、手段、财力放在把市场做大、为行业发展上，蛋糕做大了，行业做大了，企业分得的那份数量自然会增加，同行业的企业也可以从中获益，对手就变成了竞争队友。如果击垮了竞争对手，既失去了竞争者，也失去了激励者。其实共赢思维的本质就是“利人”思想。华人商界领袖李嘉诚在总结自己从商心得时曾说：“打出以利人为先的牌”，“小利不舍，大利不来”。透过李嘉诚的心得，我们可以看到，李嘉诚之所以成为商界翘楚，正是其牢固树立了共赢思维。

因此，当代企业家要想在市场上获得更大的份额，一定要树立“先利人后利己”的共赢思维，而不能用“损人利己”的单赢思维独霸市场。共赢思维其实质是检验一个企业家能否跳出企业看企业，能否具有高站位、大视野、利他人思想境界的试金石。只有共赢思维的企业家，才能成为行业的领跑者和领军人。

三、整合思维

整合思维就是在考虑经营方略时，不仅考虑企业内部已有资源，而且还要善于将企业外部资源纳入思考范围，通过内外资源的有机组合，达到放大资源，为我所用的思维。

2018年，苹果手机再次进入世界五百强十强，排名第九，但在利润排行榜上却是排名第一的企业。苹果手机之所以取得如此巨大的成绩，就是世界著名企业家乔布斯开创性运用整合思维的典范。苹果首席执行官库克曾对外界表示：“苹果公司有一种独特的能力，能将服务、软件和硬件整合成为功能强大却简便而集成化的使用体验”。苹果为什么能够成功实现这种“强大却简便而集成化的使用体验”呢，就在于乔布斯从一开始的定位就不是做移动通讯的手机，而是定位于“做数字中枢的智能终端”，正是由于这种高远的“数字中枢”定位，进而使苹果成为开创具有通话功能的便携式智能终端新时代的先驱，颠覆了诺基亚、摩托罗拉称雄的传统手机市场。在商业模式设计上，苹果更是运用整合思维，设计了网络应用程序商店——App Store——作为软件集成平台，到目前为止已经整合了100多万个应用程序，个人注册99美元/年，企业注册199美元/年，获得了稳定的基础收益，然后再采用苹果与软件提供者3/7分账方式，为自己带来丰厚、稳定、课持续的收益能力，既为手机客户提供了极大的便利，也为软件提供商带来了可观的回报。这种硬件获得一次性利润、软件获得可持续利润的商业模式，正是苹果傲立群雄的重要原因。苹果从整体趋势来看，2018年尽管硬件手机销售额下降，但软件收入却不断增长，达到570亿，为苹果贡献了25%的营业额。苹果现在已经不是传统认知的手机生产商，而是一家有13亿部手机支持的全球资源整合的生态系统。如果没有乔布斯和苹果团队强大的整合思维，苹果强大的生态系统就无法建立，也不会有今天iPhone的创新奇迹。

著名经济学家熊彼特曾说：“创新是生产要素的重新组合”，这种重新组合的能力就需要整合思维做基础。整合思维不是简单的1+1或1+N，而是在企业内部资源和外部资源之间寻找不同利益者之间的共同利益点，当资源提供双方或多方利益点达到相对平衡，消费者需求达到较大满足时，整合思维才能结出丰收的硕果，为本企业和外部企业带来收益。在上述两个案例的模式里，涉及的每个方面都大大提升了自己的效益比。形成了一个可持续的盈利循环链。整合思维不仅是企业间利益的整合，更重要的是建立新的商业模式的思维基础，是社会资源与企业资源达到优化配置的系统化思考，世界已经进入互联网、大数据时代，谁能运用好整合思维，谁就能驾驭这个时代。滴滴、阿里巴巴、微信等既是战略的胜利，更是整合思维运用的经典案例。

因此，当代企业家一定要善于运用整合思维，在战略制定、兼并重组、整合营销、商业模式构建中发挥应有的作用。“不谋全局者，不足以谋一域”，古人这句名言，深刻的说明了整合思维的要义。

四、危机思维

危机思维是指企业家在企业取得成就，或企业处于发展顺境时，不沉湎于成功的喜悦，而是居安思危，敏锐地发现存在的问题和可能面临的困难，全面思考企业前进中应该解决的问题，以确保企业稳健发展的思维。

华为1987年以2万元起家，经过30多年的打拼，已经成为全球领先的ICT（信息与通信）基础设施和智能终端提供商，2017年取得了6000亿的销售奇迹。华为能够取得这样的业绩，其重要的原因之一，正是企业创始人、CEO任正非的危机思维发挥了重要的作用。1996年，华为依靠自己研发的08数字程控交换机，取得了年销售额26亿的骄人业绩，但任正非一直强调“繁荣背后就是危机”，较好的引导了华为员工戒骄戒躁，继续创新的步伐。1998年，华为取代上海贝尔终于成为中国通信市场的霸主，年销售额较95年增长6倍，达到89亿。随后，任正非发现了华为两年来增长速度放缓的迹象，平均增长速度是35%，只是国际高科技企业的平均增长水平。2000年，当大部分华为人还沉静在丰收的喜悦中，任正非却发表了闻名于业内的《华为的冬天》，他是这样阐述“失败一定会到来”的观点的：“十年来我天天思考的都是失败，对成功视而不见，也没有什么荣誉感、自豪感，而是危机感。也许是这样才存活了十年。我们大家要一起想，怎样才能活下去。也许只有做到这点我们才能存活的久一些。失败这一天是一定会到来，大家要准备迎接，这是我从不动摇的看法，这是历史的规律。

公司的所有员工是否考虑过，如果有一天，公司销售额下滑、利润下滑甚至破产，我们怎么办？我们公司的太平时间太长了，在和平时期升的官太多了，这也许就是我们的灾难。泰坦尼克号也是在一片欢呼声中出的海。而且我相信，这一天一定会到来。”在随后的姊妹篇《北国之春》中，任正非是以这样笃定的语气来阐明“华为的冬天”的论点的：

“华为的危机以及萎缩、破产是一定会到来的。

现在是春天吧，但冬天已经不远了，我们在春天与夏天要念着冬天的问题。我们可否抽一些时间，研讨一下如何迎接危机。IT业的冬天对别的公司来说不一定是冬天，而对华为可能是冬天。华为的冬天可能来得更冷、更冷一些。（因为）我们还太嫩，我们公司经过十年的顺利发展没有经历过挫折，不经过挫折，就不知道如何走向正确道路。磨难是一笔财富，而我们没有经过磨难，这是我们最大的弱点。我们完全没有适应不发展的心理准备……

危机并不遥远，死亡却是永恒的，这一天一定会到来，你一定要相信。从哲学上、从自然规律上来说，我们都不能抗拒，只是如果我们能够清醒地认识到我们存在的问题，我们就能延缓这个时候的到来。”

危机思维是考验一个企业家能否成功超越自我的标志，是确保企业家保持清醒头脑，看清未来将会产生何种困境的能力，没有危机思维，企业就难以不断发展壮大。比尔、盖茨常讲，“微软距离破产永远只有18个月”，海尔张瑞敏时常提醒自己，永远战战兢兢，永远如履薄冰；在回答记者你认为经济危机的冬天有多长时，张瑞敏是这样回答的：“没有想过这个冬天有多长，也没有想过怎么‘熬’过这个冬天。因为我们始终把明天当作冬天。”正是由于他们具备了危机思维，所以才能多数人普遍沉浸在成功的喜悦之中，表现出“众人皆睡我独醒”的清醒状态。

因此，在纷繁变化的时代，企业家一定要牢固树立危机意识，把危机意识变成危机思维习惯，只有这样，才能够牢牢把握企业基业长青的命脉。

五、哲学思维

所谓哲学思维是指企业家能够将自己从事企业管理的经历、积累的企业管理经验，对市场的判断，对管理的心得，能够运用哲学的思维方法，透过现象看本质，并 归纳与演绎、抽象和具体、综合和分析等辩证思维方法，使之上升到具有普遍性的规律性认识的高度。这种规律，对自己具有复制作用，对别人形成指导作用。

2017年，海尔集团再次刷新纪录，年销售收入突破2419亿，再次成为世界白色家电排名第一的企业。在海尔前进的路上，不仅体现了张瑞敏的经营管理水平，更体现了他能够运用哲学思维将海尔的管理经验总结成具有普遍性规律的能力。在总结海尔30多年发展变化历程时，他将其概括为“五化”，既“专业化、多元化、国际化、全球化、互联网化”。在回顾海尔做大做强经验时，张瑞敏用充满智慧的哲学思维总结道：“海尔在大的决策上没有出现大的失误，在大的机遇上能够比较好地把握，为什么？现在回顾起来，主要是把握了规律。这个规律就是在任何时候任何地点都注意处理好三个关系。第一是无为和有为的关系；第二是重点突破和闭环优化的关系，第三是百米冲刺和跑马拉松的关系。对这三重关系的处理海尔昨天在做，今天在做，将来一段时间内可能还要遵循这个规律，也就是说这个规律是自始至终的。其次这三种关系体现了一种递进的关系，第一种关系是第二种关系的指导，第二种关系是第一关系的支持。”一个简单的“五化”概括了海尔的历程，一个简单的“三个关系”，道出了海尔做大做强的规律，“五化”和“三个关系”不仅是海尔经历和经验的高度概括，也为中国企业做大做强总结出了规律性的认识。尤其是“三个关系”，不仅是海尔在将来一段时间遵循的规律，对欲做大做强的中国企业都具有普遍的指导意义。在张瑞敏的经典语录中，处处充满着哲学的智慧，如“走出去，走进去，走上去”的国际化“三步走”战略，兼并重组的“激活休克鱼”做法，管理方面的“斜坡理论”“人单合一模式”，都成为对中国、甚至世界企业具有指导意义的规律性认识。

纵观成功的企业家，他们之所以能够取得骄人的业绩，都有正确的哲学思维做指导，一个伟大的企业家与一般的企业家的区别，就在于是否掌握了哲学思维的规律，是否能够自觉运用哲学思维的方法。尽管很多企业家也取得了不错的业绩，但依然缺乏足够的社会影响力，究其原因是不能自觉运用哲学思维。研究那些成为具有影响力的中国企业家，他们完全是在自觉运用哲学思维来指导企业发展前进的。如宋志平、柳传志、马云、俞敏洪等，他们的言谈话语中，透着哲学的思辨，透着经营的智慧，透着把握了企业发展变化规律的从容和淡定。

因此，哲学思维，是当代企业家必须具备的思维，只有不断学习哲学思维，掌握归纳与演绎、抽象和具体、综合和分析等哲学思维方法，方可成为一个掌握规律、超越自我的成功企业家。

总之，当代企业家只有具备了超前思维、共赢思维、整合思维、危机思维、哲学思维能力，才能够成为具有思维能量、思想力量的成功而又伟大的企业家。

成果创造人：刘秉君　北京大学

面向网信事业的总体研究院高层次人才发展体系建设与实施

中国电子科技集团公司电子科学研究院

中国电子科技集团公司电子科学研究院（简称电科院）成立于1984年，坐落在首都北京风景怡人的西山脚下，主要从事电子信息技术发展战略研究、大型信息系统设计研发/集成生产，是中国电子科技集团公司的总体研究院，是中国电子信息系统发展的思想者、研究者、建设者和推动者。建院30多年来，先后牵头承担了以预警机系统工程、天地一体化信息网络重大科技项目等为代表的系列重大工程任务，获得国家科技进步特等奖、国防科技进步特等奖等省部级科技奖共60余项。新时期，电科院以“国家利益到哪里，网络信息覆盖到哪里”为战略使命，以世界一流创新型领军企业为战略目标，高举网信事业大旗，不断改革创新人才发展体制机制，努力打造网信领域高层次创新人才集聚高地。现有员工千余人，平均年龄34岁，其中，科研人员占比74%。拥有国家最高科学技术奖获得者1人，中国工程院院士3人，中国工程院2017年院士增选第二轮评审候选人1人，国家青年千人计划3人，国家万人计划科技创新领军人才1人，享受政府特殊津贴专家29人，集团公司首席科学家和首席专家6人。2016年，实现主营业务收入31亿元，实现利润总额1亿元，实现经济增加值1200万元。

一、面向网信事业的总体研究院高层次人才发展体系建设与实施背景

（一）落实深化人才发展体制机制改革意见的需要

中央印发的《关于深化人才发展体制机制改革的意见》，要求深入贯彻落实习近平总书记系列重要讲话精神，坚持聚天下英才而用之，牢固树立科学人才观，深入实施人才优先发展战略，遵循社会主义市场经济规律和人才成长规律，破除束缚人才发展的思想观念和体制机制障碍，解放和增强人才活力，构建科学规范、开放包容、运行高效的人才发展治理体系，形成具有国际竞争力的人才制度优势。

（二）落实创新驱动发展战略的需要

创新驱动发展战略，强调科技创新是提高社会生产力和综合国力的战略支撑，必须摆在国家发展全局的核心位置。中共中央和国务院联合印发的《国家创新驱动发展战略纲要》，明确提出坚持创新驱动实质是人才驱动，要求落实以人为本，尊重创新创造的价值，激发各类人才的积极性和创造性，加快汇聚一支规模宏大、结构合理、素质优良的创新型人才队伍，走出一条从人才强、科技强到产业强、经济强、国家强的发展新路径。特别是鼓励行业领军企业构建高水平研发机构，集聚高端创新人才，涌现出一批重大原创性科学成果和国际顶尖水平的科

学大师，成为全球高端人才创新创业的重要聚集地。

（三）推动网信事业创新发展的需要

网信事业代表新的生产力、新的发展方向。电科院作为国家队，作为中国电子科技集团公司的总体院，始终牢记“大国重器”嘱托，坚定“国家利益到哪里，网络信息覆盖到哪里”的战略使命，高举网信事业大旗，不断加快推进改革创新发展。但与总体院战略定位以及集团公司对总体院的期望要求相比，与网信事业发展需要相比，电科院无论是在人才数量和人才质量的储备上，都还存在一定差距，特别是在大数据、网络安全、人工智能等领域，高层次创新人才比较匮乏，迫切需要加快推进人才体制机制改革，集聚一支与总体院战略定位相配称的世界一流创新创业高层次人才队伍，实现网信事业“弯道超车”。

二、面向网信事业的总体研究院高层次人才发展体系建设与实施内涵和主要做法

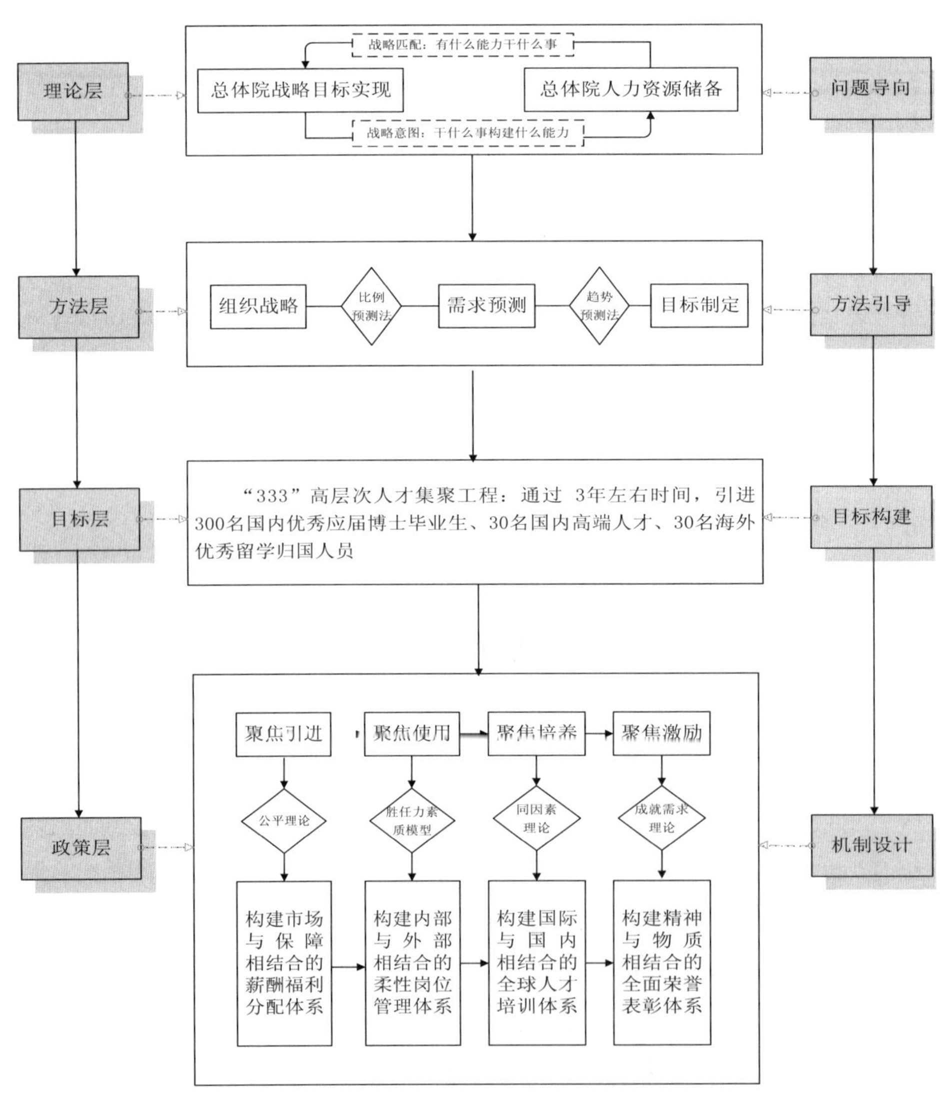

图1 电科院战略性人力资源管理体系结构图

坚持问题导向，站在战略性人力资源管理的视角，遵循“有什么能力干什么事，干什么

事就构建什么能力”的管理哲学，从总体院战略目标实现出发，综合运用比率预测法、趋势预测法等方法，提出“333”高层次人才集聚工程，通过 3年左右时间，引进300名国内优秀应届博士毕业生、30名国内高端人才、30名海外优秀留学归国人员。牢牢扭住“引、用、育、留”四个关键环节，以提升人才凝聚力为核心，基于公平理论、胜任素质模型、同因素理论以及成就需求理论，结合网信人才专业技术发展诉求强烈、市场通用性强等特点，以解放和增强人才活力为主线，建立岗位、能力、绩效及薪酬“四位一体”的人力资源资源协同管理、外部与内部相结合的柔性岗位管理体系、国际与国内相结合的全球人才培养体系以及精神与物质相结合的全面荣誉表彰体系，最终形成具有总体研究院特色的高层次人才发展体系（如图1所示）。通过“333”人才工程的实施以及四大配套政策体系的优化完善，电科院集聚了一大批海内外高层次创新创业人才，人才比较优势开始凸显并逐步转化为改革创新发展新动力，较好地保障了总体院战略目标实现。主要做法（见图1）

（一）强化战略驱动，科学谋划“333”高层次人才集聚工程

1.定量预测人才需求

财务指标是战略目标的最终体现。从人均主营业务收入和人均利润指标出发，综合考虑行业标杆数据，以比率法为基础定量预测电科院人才需求。比率法基本公式如下：所需人才数量=未来主营业务收入目标（利润目标）/人均主营业务收入（人均利润）。比率法预测人才需求关键在科学确定人均主营业务收入（人均利润）。电科院主要考虑两方面因素：一是过去几年实际人均主营业务收入（人均利润）情况；二是国内外标杆企业人均主营业务收入（人均利润）情况（表1为国际商业机器公司<IBM>、华为公司和洛克希德马丁公司<LM>）人均主营业务收入和人均利润情况）。

表1 IBM、华为和LM人均主营业务收入和人均利润情况（当时测算数据）

	人员总数	主营业务收入	营业利润	人均主营业务收入		人均营业利润	
				万美元	万元	万美元	万元
2012年IBM	43万人	1045亿美元	166亿美元	24.30	153.10	3.86	24.32
2008年IBM	40万人	1036亿美元	123亿美元	25.93	179.95	3.07	21.30
2012年华为	15万人	2202亿元	199亿元	——	146.80	——	13.31
2008年华为	8.7万人	1230亿元	170亿元	——	141.37	——	19.62
2011年LM	12.3万人	464.99亿美元	26.55亿美元	37.80	243.81	2.15	13.86
2008年LM	——	426.85亿美元	——	——	——	——	——

备注：数据摘自上述公司年报，其中，2012年人民币对美元汇率按6.30计算，2011年人民币对美元汇率按6.45计算，2008年人民币对美元汇率按6.94计算。2011年LM公司军品收入362.70亿美元，占主营业务收入的比例为78%，2008年LM公司军品收入298.80亿美元，占主营业务收入的比例为70%。

2.科学布局人才结构

在比率法基础上，辅以趋势分析法，综合考虑过去几年电科院人员变化情况及未来发展趋势，结合中央企业进京落户指标限制等约束条件，最终确定每年人才引进数量（表2是基于不同视角测算的人才需求情况）。

表2　多维视角下电科院2016年和2020年人才需求预测（当时测算数据）

	2013年（基准）	2014年（规划）	2016年（规划）	2020年（规划）
院中长期发展规划主营业务收入目标值	14亿元	16.80亿元	25.00亿元	55.00亿元
院中长期发展规划营业利润目标值	0.6亿元	0.70亿元	0.92亿元	1.55亿元
按2013年全院人均营业收入130万元评估	1100人	1300人	1923人	4230人
按2013年全院人均营业利润5.8万元评估	1100人	1206人	1586人	2672人
按2013年院本部人均营业收入256万元评估	——	656人	976人	2148人
按2013年院本部人均营业利润10万元评估	——	700人	920人	1550人
按行业标杆企业人均营业收入150万元评估	——	1120人	1666人	3666人
按行业标杆企业人均营业利润20万元评估	——	350人	460人	775人
按军工标杆企业人均营业收入250万元评估	——	672人	1000人	2200人
按军工标杆企业人均营业利润15万元评估	——	466人	613人	1033人

确定每年人才引进数量后，进一步从战略分解角度，综合考虑军品领域具有新时期“两弹一星”意义的三大业务领域（如表3所示），以及民品领域包括安全电子、智慧城市等在内的五大业态（如表4所示），合理确定人才结构分布。重点考虑人才专业结构、年龄结构、学历结构、经历经验以及国际化视野等要素。

表3　2013年电科院军品领域专业技术人才分布情况

<table>
<tr><th>“两弹一星”</th><th>科研部门</th><th>部门人数</th><th>直接从事“两弹一星”人数</th><th>所属集团公司专业技术领域</th><th>在“两弹一星”总人数中占比</th></tr>
<tr><td rowspan="2">领域1</td><td>部门1</td><td>22人</td><td>22人</td><td>航空电子信息系统类</td><td>4.78%</td></tr>
<tr><td>部门2</td><td>293人</td><td>293人</td><td>航空电子信息系统类</td><td>63.70%</td></tr>
<tr><td>领域2</td><td>部门3</td><td>45人</td><td>25人（折算）</td><td>通信与网络类</td><td>5.43%%</td></tr>
<tr><td rowspan="2">领域3</td><td>部门4</td><td>97人</td><td>97人</td><td>综合电子信息系统类</td><td>21.09%</td></tr>
<tr><td>部门5</td><td>23人</td><td>23人</td><td>航天电子信息系统类</td><td>5.00%</td></tr>
<tr><td colspan="2">合计</td><td>480人</td><td>460人</td><td>——</td><td>——</td></tr>
</table>

表4　2013年电科院民品领域专业技术人才分布情况

<table>
<tr><th>产业化方向</th><th>科研部门</th><th>部门人数</th><th>直接从事民品产业人数</th><th>所属集团公司专业技术领域</th><th>在产业化总人数中占比</th></tr>
<tr><td>安全电子</td><td>部门6</td><td>53人</td><td>30人（折算）</td><td>公共安全信息系统类</td><td>21.90%</td></tr>
<tr><td>软件与信息服务</td><td>部门6</td><td>60人</td><td>60人</td><td>行业信息系统类</td><td>43.79%%</td></tr>
<tr><td rowspan="2">网络安全</td><td>部门3</td><td>45人</td><td>10人（折算）</td><td>通信与网络类</td><td>7.30%</td></tr>
<tr><td>部门7</td><td>4人</td><td>4人</td><td>通信与网络类</td><td>2.92%</td></tr>
<tr><td>智慧城市</td><td>部门3</td><td>45人</td><td>10人（折算）</td><td>公共安全信息系统类</td><td>7.30%</td></tr>
<tr><td>海洋电子</td><td>部门6</td><td>53人</td><td>23人（折算）</td><td>行业信息系统类</td><td>16.79%</td></tr>
<tr><td colspan="2">合计</td><td>162人</td><td>137人</td><td>——</td><td>——</td></tr>
</table>

3.系统编制“333”高层次人才发展规划

综合人才需求和人才结构分析研究情况，对照电科院作为总体研究院的战略定位，经院领导班子集体研究决定，从2014年开始，启动实施“333”高层次人才集聚工程。明确核心领军人才、技术带头、技术骨干人的三层次人才引进架构，通过3年左右时间，引进300名国内优秀应届博士毕业生、30名国内高端人才、30名海外优秀留学归国人员，并紧紧结合业务规划，系统编制以“333”高层次人才集聚工程为核心的《电子科学研究院人才队伍建设中长期发展规划（2014-2020年）》。规划系统提出了2014-2020年电科院人才队伍建设的指导思想、基本原则、发展目标以及重点举措，特别强调“要坚持战略引领、服务中心，坚持文化引领、全球取材，坚持高端引领、重在使用，坚持体系引领、全面发展；要高度重视市场在人才队伍建设中的决定性作用，加快构建集聚科技领军人才体制机制，并以‘333’高层次人才集聚工程为重点，体系化推进各类人才队伍建设。”

（二）聚焦人才特点，构建岗位、能力、绩效及薪酬“四位一体”的人力资源资源协同管理体系

网络信息领域是当前国家新兴的通信和电子信息领域的一个分支，在其全球信蓬勃息化发展的大背景下，网信人才具有外部市场化竞争激烈、专业化导向性强、个人成就感卓越等特点。其一般具有较强的成长动机，较好的学习能力，因岗位通用性强，因而同样此类人员的忠诚度一般相对较弱。为有效地满足该类专业技术人才的成长诉求和事业成就感，电科院夯实基础管理，系统谋划，科学构建了建立岗位、能力、绩效及薪酬“四位一体”的人力资源资源协同管理体系。

1.基于人才发展诉求，灵活制定人才使用策略

为增强高层次人才能凝聚力和吸引力，电科院深入分析网信人才特点，有策略地制定人才

引进和使用策略。

（1）针对网信人才具有外部市场化竞争激烈的特点，市场化猎取人才采取外部市场接轨的谈判薪酬制（简称议薪制），原则上实行“一人一议”、“一事一议”，由企业领导办公会集体决策，提升核心领军人才和技术带头人的薪酬竞争力。对海内外优秀应届博士（含博士后），在考虑到外部市场竞争力基础上，兼顾内部公平性，对标行业与地区性薪酬水平，采取“以市场工资为主、保障工资为辅”的承诺薪酬制（简称保薪制）。强调岗位价值和个人绩效同时，分别给予1年到2年的保底薪酬，解决初入职场人员短期能力经验不足与高生活成本之间的客观矛盾，增强此类人才的稳定性和归属感。

（2）基于网信人才专业化导向性强的特点，依赖高层次人才的技术前瞻性和专业敏感性，在充分融合电科院专业发展体系和项目领域研究需求的基础上，给予核心领军人才和技术带头人完全的领域方向与技术路线的自由裁量权，资源配置倾力支持，采取灵活、开放的团队负责人机制：各科研团队人员自主配置、无上限科研资金备案制手段，最大限度的保障了团队负责人在团队规模、专业方向、薪酬制定和科研经费的自主权，着力构建打造各类高层次人才专属的事业、技术发展平台。

（3）鉴于网信个人成就感卓越的特性，电科院打造科技创新平台，建立科技创新特区，极力推动技术和科研成果转化，出台成果转化分红机制，规定主创人员技术成果转化收益可达成果转化利润的50%。极大地调动了高层次科技人才的科研、创新热情，推动了科研技术成果转化进程。

2.系统化设计，构建“四位一体”的人力资源协同管理体系

电科院作为国有创新型企业，管理基础相对较好，各项规章制度相对规范，为了完善人才发展体系，通过系统化设计，逐步构建基于岗位—能力—绩效和薪酬的“四位一体”的人力资源协同管理体系。其中岗位价值评估、职业发展层级体系和职业能力认证三大系统，有力支撑外部有市场竞争力、内部有公平基础的市场与保障相结合的薪酬福利分配体系，最终实现薪酬的有效兑现，提升对各类人才的激励效果。人力资源协同管理体系如图2所示：

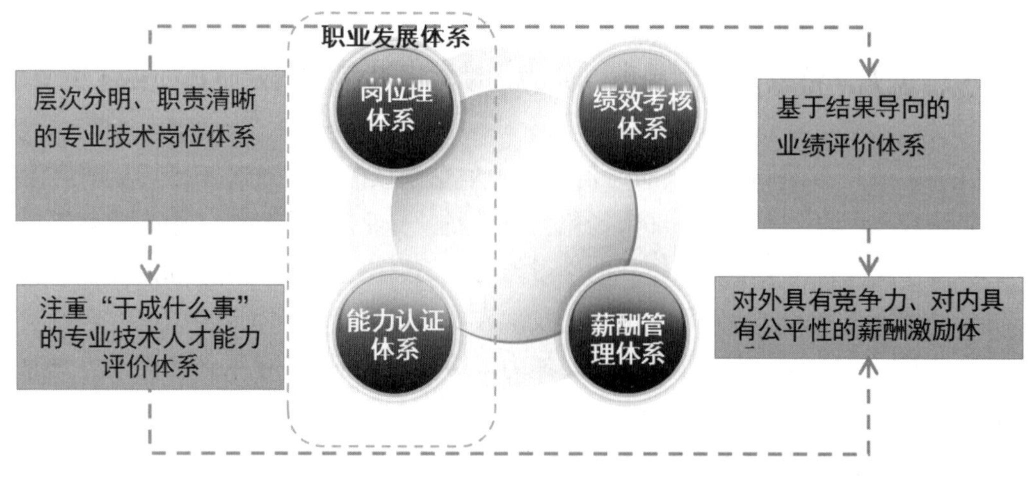

图2 电科院人力资源协同管理体系

首先是岗位价值评估系统。电科院采取要素计点法进行岗位价值评估，分管理、研发和市场三个序列构建岗位价值评估指标体系，三个序列岗位价值评估体系一级指标都是任职资格、工作责任、工作复杂度和工作条件，但所占权重及其二级指标设置不相同。以管理序列岗位为例，评价指标体系为:任职资格指标所占权重为15%，包括3个二级指标：学历背景、工作年限和专业技能；工作责任指标所占权重为45%，包括3个二级指标：组织影响、监督指导和质量安全保密责任；工作复杂度指标所占权重为30%，包括3个二级指标：解决问题、组织协调和紧张程度；工作条件指标所占权重为10%，包括2个二级指标：工作时间和工作环境。岗位价值评估流程，详见图3：

图3　企业岗位价值评估方式流程

其次是职业发展层级体系。在岗位价值评估基础上，将需要类似技能和知识要求的岗位进行组合，形成职业发展序列。电科院目前的岗位可以划分为经营管理、专业技术、市场营销3个岗位族，18个序列（详见表6）。其中，专业技术岗位族包括创新研究、系统工程、硬件工程、机械工程、软件工程5个职业序列是针对高层次专业技术人员设计而定的。

表6　电科院岗位族及其职业发展序列

岗位族	职业发展序列
经营管理岗位族	经营管理、财务管理、人力资源、业务运营、项目管理、质量管理、综合职能、供应链、综合保障
专业技术岗位族	创新研究、系统工程、硬件工程、机械工程、软件工程
市场营销岗位族	市场营销、销售、方案设计、市场支持

根据经营业务规模及其发展态势，电科院目前设置7个职业层级，其中6–7级为入门层级，新入职员工根据相关规定直接对应；3–5级为专业层级，需要通过能力认证进行能力评价；1–2级为高管层级，主要通过组织领导力评估进行考量。

最后是职业能力认证系统。电科院18个职业序列对应着10项专业能力，分别是系统设计、产品开发、项目管理、销售、行业/客户洞察、产品集成、质量管理、整合企业执行、整合供应链执行和业务管理。每项专业能力又分为5个级别，分别为基本级、一般级、高级、专家级、先驱级，各能力层级上员工个人的水平能力要求。

人力资源管理协调体系运行流程为：每个岗位通过岗位价值评估，确定岗位序列层级，根据岗位胜任特征要素,构建能力认证体系，员工通过能力认证评审，对个人的能力水平进行评估，根据评估结果，聘任到相应层级岗位上工作，通过绩效考核兑现，支付给高层次人才符合人才价值和组织绩效的薪资报酬。此协同管理体系的运行，为人才的“选、用、育、留”奠定了坚实的管理基础。

（三）强化作用发挥，构建外部与内部相结合的柔性岗位管理体系

1.深入分析人才需求，构建高层次人才分层模型

基于企业战略导向，对目标高层次人才进行分类划分，深入分析各层次人才的特点与需求，能够帮助组织有效的制定人才引进、培养、使用和激励策略。结合电科院的人才需求和业务特点，将高层次人才划分为以下三个层次，具体构建评价标准见表5：

（1）核心领军人才。网信专业领域的领袖，国内外公认专业领域的顶尖专家，具有高度的知名度和影响力，能影响和决定行业未来的发展方向

（2）技术带头人。能够负责网信专业领域的较大规模或较为复杂的项目，制定技术策略，公认某领域的专业引领者、预判趋势、理解客户需求和解决存在问题

（3）技术骨干。协调跨团队完成网络信息专业领域相关工作，解决创新性课题和技术把关，深入掌握细分领域专业知识。

表6 高层次人才分层表

序号	人才层次	认定条件
核心领军人才	第一层次	中国科学院院士、中国工程院院士
	第二层次	国家千人计划专家，集团公司首席科学家、首席专家，国家百千万人才工程人选，国家级重大项目总设计师，获得过国家科技进步特等奖排名前六、一等奖排名前三，二等奖排名前二的专家等
技术带头人	第三层次	国家有突出贡献中青年专家，享受政府特殊津贴专家，教育部“985”“211”院校教授，国家青年千人计划专家，国家爱重点工程项目副总设计师、副总指挥，获得过国家级科技进步特等奖排名前十、一等奖排名前五、二等奖排名前三的专家，获得过省部级科技进步特等奖排名前二或一等奖排名第一的专家等

2.人才聘用内外结合、动态联盟，不求“所有”、但求“所用”

在人才使用上，坚持不唯地域引进人才、不求所有开发人才、不拘一格用好人才，内外结合、动态联盟，不求所有、但求所用。积极打破事业单位身份限制，借助事业单位深化改革的大背景，积极推进“两编、两岗”的柔性人才使用机制，通过事业编制和企业编制“两种编制”以及正式岗和流动岗“两种岗位”并行用工形式，为多种渠道和途径集聚高层次人才提供可能。秉持网信人才全球化猎取的人才理念，强化人才的弹性使用，出台流动人员管理机制：对流动人员及其类别进行界定，明确流动人员的聘用条件、聘用程序、聘用方式、聘用期限以及福利待遇。流动人员又分全职流动人员和非全职流动人员。流动人员聘用，打破传统科研院所人员行政化、身份化管理的壁垒，选择适应各类高层次人才工作的聘用机制，使其能够充分

发放作用，产生价值。

3.宽松的管理氛围，打造高层次人才发展晋升的“绿色通道”

打造高层次人才创新特区，实施扁平化和自主化管理，提供适宜创新的工作环境和充足的资源配给。打破层级限制，对引进的海外高层次人才实行职称直聘。海外高层次人才在海外的工作经历和取得的业绩，在职称评审中予以承认，并按照同等学力、同等资历相通对待的原则，允许其直接参加相应级别职称评价，不受逐级晋升限制，为海外高层次人才在国有体制的企业内部晋升发展“开绿灯”，增强了人才的文化认同度和归属感。

打破身份限制，对引进的海外高层次人才实行专业技术岗和技术管理岗直聘。海外高层次人才在技术专家岗聘任上，不受逐级晋升限制，国家千人计划专家可以直接聘任为院首席专家，并优先推荐为集团公司首席科学家和集团公司首席专家，国家青年千人计划专家可以直接聘任为院一级专家。目前，我院多位国家青年千人计划入选者均直接聘任为院一级专家。海外高层次人才在技术管理岗聘任上，纠正“行政化、官本位”倾向，不简单套用事业单位行政干部管理办法进行管理，国家千人计划和国家青年千人计划级专家可以直接聘任为科研部门负责人，全面主持部门工作，但不按中层干部管理。比如，引进的美国耶鲁大学的项目负责人，目前担任创新中心主任，主持创新中心工作。

打破专业出身和组织单元限制，鼓励创新思维活跃的科技研发人才，在个人擅长的和感兴趣的领域自主立项，选择科研课题、组建科研团队。对国家千人计划、国家青年千人计划等高层次专家，实现100%自主选择科研方向，自主组建科研团队。对全部应届博士，允许在入院2年时间内，经个人申请，重新选择部门岗位，充分实现人岗匹配。对具有独到创新想法的博士，经个人申请、院科技委论证通过，允许以科技创新基金的方式，自主选择科研方向，自主组建科研团队。比如，我院从中国科学技术大学招聘的应届毕业生许博士，在最初分配的科研部门工作一段时间后，结合自己的兴趣特长，提出了量子方向的一个重大课题，经科技委论证后，给予单独科研经费、单独科研团队支持，经过近一年左右时间的集中攻关，目前已取得重大技术突破。

（四）拓展视野，构建国际与国内相结合的全球人才培训体系

按照培训转化的同因素理论，充分利用国际国内两种资源，在大力引进海内外高层次人才的同时，高度重视对骨干人才的海外　“再培养”。研究制定《电子科学研究院骨干人才培养交流管理办法》，明确骨干人才选派类别、学习期限、选派数量、重点专业方向、选派条件、选派程序以及培养期管理。

1.纵观产业链，探索开展骨干人才院所交流培养

系统总体设计人才具有自身独特的成长规律和发展轨迹，往往需要经过多个整机、分系统、子系统等全产业链轮岗历练。考虑到近年引进应届博士毕业生数量较多的实际和特点，电科院创造性提出骨干人才院所交流计划。每年由综合技术管理部门牵头，会同专业技术部门，根据专业建设和项目需要，提出到集团公司其他研究所或者兄弟集团单位研究院所进行交流培养人选，与此同时，按照“人才互为培养”原则，电科院也同时接收其他研究所或兄弟集团单位研究院所人选到电科院培养交流，交流期限原则上为2年左右。比如，为进一步加强智能集

群无人机系统人才培养，2017年系统内部单位多人到系统总体院进行交流培养。

2.国际化培养，全力推进骨干人才海外交流

大力推进的海外培养与交流，依托国家留学基金委公派留学项目、国家部委的出国培养项目，集团公司和院自主选派，构建科技人才海外访问、研究或者培养体系（详见表6）。每年派赴海外学习、交流、培养的不少于20人，每人次在海外交流时间最长可达24个月。截至目前，电科院已选派几十人赴美国普渡大学、纽约大学、罗格斯大学，法国里昂大学、英国埃克赛特大学、澳大利亚悉尼大学、比利时微电子研究中心、德国弗劳恩霍夫研究院、加拿大西安大略大学、匈牙利罗兰大学、英国萨里大学太空中心等国际高水平大学、知名企业或科研机构学习交流。通过主动“送出去”，提升科技人才的全球化视野，不断学习世界各国先进的技术及系统总体研发理念，提升人才的技术竞争力。同时，通过对外交流合作，建立了牢固的涉外联系与纽带，通过海派学员，我们正在积极联系组织亟须专业领域的高层次创新团队，争取以整个项目团队的方式引进回国服务、为院工作。

表7 电科院骨干人才海内外交流培养体系

<table>
<tr><th></th><th>项目名称</th><th>主要内容</th><th>选派人数</th></tr>
<tr><td rowspan="3">国家级</td><td>国家留学基金委公派留学项目</td><td>进入国外的知名院校、科研院所、实验室等机构从事重点领域、重大项目、前沿技术研究（含高级研究学者、访问学者、博士后等项目），时间最长可达24个月</td><td rowspan="7">每年选派赴海外学习交流人数少于20人</td></tr>
<tr><td>国家外国专家局出国（境）培训项目</td><td>选派技术和管理人员赴国（境）外学习先进适用的技术和管理经验，时间最长可达12个月</td></tr>
<tr><td>工业和信息化部、国家外国专家局联合举办中青年技术骨干出国培养项目</td><td>选拔具有发展潜力的中青年专家和技术骨干到国外高水平大学、机构（包括大学实验室、科研机构、知名企业和国际组织）进行培训、交流和观摩学习，时间最长可达12个月</td></tr>
<tr><td rowspan="4">院级</td><td>访问、研究学者</td><td>进入国内外高校、科研机构从事项目合作或课题研究，时间最长可达12个月</td></tr>
<tr><td>院所、企业交流</td><td>进入国内外科研院所、知名企业从事项目合作或技术交流，时间最长可达24个月</td></tr>
<tr><td>博士后研究</td><td>进入国内外高校、科研院所博士后流动站从事课题研究，时间最长可达24个月</td></tr>
<tr><td>参观学习</td><td>赴国内外高校、科研院所、知名企业参加展览、论坛或学术会议，时间最长可达1个月</td></tr>
</table>

（五）强化激励导向，构建精神与物质相结合的全面荣誉表彰体系

1.设立优秀新员工奖

根据高层次创新创业人才特点，按照成就需求导向，突出对高层次人才的荣誉表彰，设

立精神与物质相结合的“优秀新员工奖”和“年度十大科技创新人物（团队）奖”。优秀新员工一般每年评选5人，占全部入职新员工的比例约为5%。优秀新员工的申报条件为：①近两年内入院后参加工作，参评当年年度考核成绩为优秀；（2）政治立场坚定，能够快速适应岗位要求，业务能力提升较快，工作成绩优异。优秀新员工每人奖励2000元。

2.设立年度十大科技创新人物（团队）奖

设立院年度十大科技创新人物（团队）奖，授予在年度科技创新活动中取得重大成果的个人或团队。该评选表彰活动由院科技主管部门牵头组织，由院科技委组成评选委员会进行评选。院年度十大科技创新人物，一次性给予个人奖励1万元；院年度十大科技创新团队，一次性给予团队奖励5万元。2016年，我院表彰了社会安全大数据科技创新团队、天地一体化信息网络创新团队以及三维实景地图创新团队等十大科技创新团队，有力激发了广大科研人员和科研团队的创新活力。

3.设立高层次人才引进贡献奖

为鼓励高层次人才引进，充分激发大家对高层次人才的积极性和主动性，营造良好的人才引进氛围，专门设立高层次人才引进贡献奖。对于成功引进高层次创新团队的人员一次性给予20万元奖励，对于人才引进工作突出的部门在年度绩效考核中予以加分。

表8 高层次、骨干人才引进政策汇总表

项目	国家千人计划或相当层次人选	国家青年千人计划或相当层次人选（含新疆项目人选）	其他海外优秀博士
岗位	事业编制/院首席专家/研究员级高级工程师	事业编制/院一级专家/高级工程师或研究员级高级工程师	事业编制/工程师
薪酬	提供具有市场竞争力的薪酬/面议	提供具有市场竞争力的薪酬/面议	年薪XX万元起（随市场需求浮动）
启动经费	除国家提供的个人经费和科研经费补助外，根据科研需要提供不低于XX万元的科研启动经费	除国家提供的个人经费和科研经费补助外，根据科研需要提供不低于200万元的科研启动经费	/
科技奖励	1.若入选院年度十大科技创新人物（团队），个人奖励1万元，团队奖励5万元 2.根据国家有关规定，成果转化收益按不低于50%的比例奖励科研人员（团队）	1.若入选院年度十大科技创新人物（团队），个人奖励1万元，团队奖励5万元 2.根据国家有关规定，成果转化收益按不低于50%的比例奖励科研人员（团队）	1.若入选院年度十大科技创新人物（团队），个人奖励1万元，团队奖励5万元 2.根据国家有关规定，成果转化收益按不低于50%的比例奖励科研人员（团队）

住房	1.提供免费周转房或租房补贴（按90平方米面积标准） 2.补助首次购房总房款的1/3（按160–180平方米面积标准）	1.提供免费周转房或租房补贴（按80平方米面积标准） 2.补助首次购房总房款的1/5（按90–120平方米面积标准）	1.每提供租房补贴（随市场需求浮动） 2.按学校和专业排名提供最高X万元的住房补贴（随市场需求浮动）
资源配置	1.提供良好的科研平台、办公用房和科研空间 2.以博士为主迅速组建自己的学术科研团队 3.每年保证至少1个博士生招收指标和2个博士后招收指标	1.提供良好的科研平台、办公用房和科研空间 2.以博士为主迅速组建自己的学术科研团队 3.每年保证至少1个博士生招收指标和1个博士后招收指标	1.提供良好的科研平台、办公用房和科研空间 2.新入职年安排1名科研导师和1名工作导师 3.提供入院博士后工作站机会
服务保障	按照国家相关政策解决进京户口，配偶子女随迁 解决配偶、子女安置问题	1.按照国家相关政策解决进京户口(新疆项目除外)，配偶子女随迁 2.解决配偶、子女安置问题	按照国家相关政策解决进京户口

三、面向网信事业的总体研究院高层次人才发展体系建设与实施效果

（一）体系化设计，初步形成人才集聚体制机制

“333”人才工程的提出与实施，充分彰显了电科院对高层次人才的极度渴望和高度重视。“333”人才工程实施以来，电科院在集聚人才体制机制建设以及高层次人才队伍建设上均取得显著成效。通过“四位一体”的人力资源协同管理体系、高层次人才激励体系、外部与内部相结合的柔性岗位管理体系，国际与国内相结合的全球人才培训体系以及精神与物质相结合的全面荣誉表彰体系的建立，组成了较为系统、科学、完善的人才发展体系，较好的解决了国有企业在市场化竞争激烈的网信人才“选、用、育、留”工作中的难题与困境，形成了良好的集聚人才氛围，人才凝聚力显著提升。

（二）高端人才集聚，总体研究院人才高地业已形成

近三年，电科院成功完成“333”人才引进工程，人才队伍结构得到大幅优化，初步建设成为高层次人才集聚高地。目前，电科院拥有博士研究生学历人员比例超过30%，硕士学位以上人员占比达到70%以上，优秀海外留学人员为5%。拥有国家最高科学技术奖获得者1人，中国工程院院士3人，中国工程院2017年院士增选第二轮评审候选人1人，国家青年千人计划3人，国家万人计划科技创新领军人才1人，享受政府特殊津贴专家29人，集团公司首席科学家和首席专家6人。

通过高层次专业技术人才的大力引进，近三年，我院技术人才占比提升了69%，具有高级以上专业技术职务职称人才增长129%，博士研究生人数增长535%，员工平均年龄从37岁降低到34岁，进一步焕发了人才的活力。

2013至今，共招聘几百名博士研究生均毕业于国内外知名高校，其中：清华大学19人，北京大学16人，中国科学技术大学18人，北京航空航天大学34人。站博士后14人，进站博士

后36人。引进的部分博士毕业生及毕业院校情况详见表8。招聘留学归国人才36人，毕业于耶鲁、普度、麻省理工、南洋理工、伦敦大学等大学国际知名大学；目前正在申报国家千人1人，斯坦福大学计算机专业博士研究生毕业，为美国某知名大学终身教授；流动聘用高层次人才38人，其中聘用军队转业的高层次专家9人，科研院所技术聘用专家24人，海外有丰富经验的专家和人员5人。

表9 部分博士毕业生及毕业院校情况表

序号	院校名称	人数
1	中科院及下属研究所	42
2	北京航空航天大学	34
3	北京理工大学	28
4	北京邮电大学	24
5	清华大学	19
6	中国科学技术大学	18
7	北京交通大学	17
8	北京大学	16
9	哈尔滨工业大学	8
10	西安电子科技大学	8
11	天津大学	6

（三）人才助力发展，总体研究院各项事业得到快速发展

通过“333”人才工程的实施，电科院从单一的以业务为引领的总体院发展成为“业务与人才”双引领的总体院，有力推动了电科院网信事业的发展，为把电科院加快建设成为世界一流研究院打下了坚实基础，为集团公司打造世界一流创新型企业提供了有力的人才支撑和保障。

近四年，企业经营业绩考核连续为A，任期业绩考为A级。与之前相比，企业营业收入翻了3倍，人均产值增长4倍，利润总额“翻一番”，年度新签合同额突破100亿，经济增加值翻了4倍，科技创新投入翻3倍，固定资产投资高达23倍。科技创新工作业绩显著，各项指标增长情况详见图4。

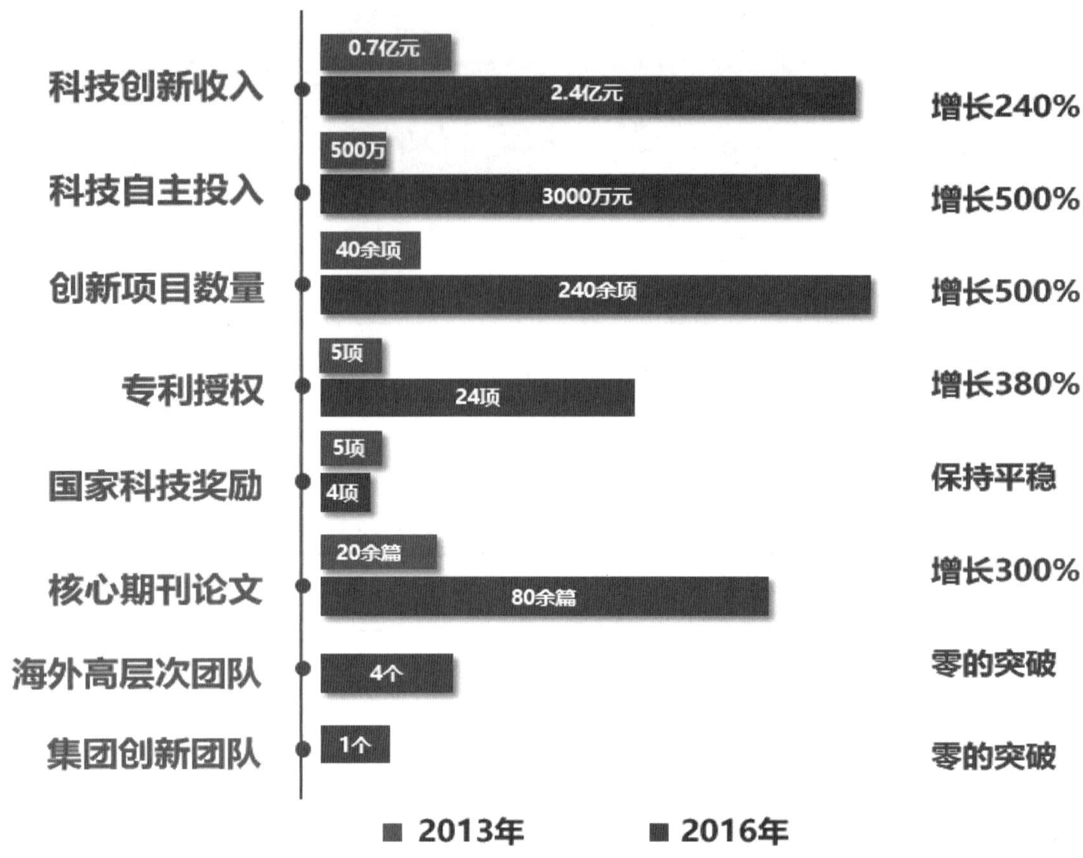

图4　2014–2016年科技创新指标对比图示

另外，部分自主研发的技术领域创新成果显著。2016年中国电科集团“熠星大赛”升级为国资委主办的央企创新创意大赛，电科院18个项目申报参赛，13个项目通过初选，9个项目入围北京复选赛(占集团公司1/3)，并且全部获得导师青睐通往决赛。

另外，作为高层次人才引进美国耶鲁大学的谢博士，目前担任创新中心主任，该特区在网信领域取得了多项关键技术突破，所开发的关键技术成功应用于新疆XXXX事业，取得了数亿元的经济效益和社会效益。引进的美国普渡大学赵博士，入选了第十一批国家青年千人计划，所带领的团队突破了无人机集群一致性编队等多项关键性技术，2016年11月，以67架固定翼无人机网络化自主集群的成功试飞打破固定翼无人机集群飞行世界纪录，2017年5月，该团队又成功完成119架固定翼无人机集群飞行试验，演示了无人机集群密集弹射、空中集结、编队飞行、多目标分组、编队合围等动作，受到了国家和军队相关部门的密切关注。

高级科技人才能够“引进来”，也要“留得住”。电科院通过较为完备的人才发展体系，通过建立人才保障、发培养、发展和激励机制，在高层次人才竞争激烈、流动性大的网信领域，较好的保有了高层次人才队伍，形成了极大的人才凝聚力和带动力。

近三年，引进的领军人才和专家级人才无一流失，其他人员的离职率远低于同行业、同类别企业（详见表9）。

表10 近三年各学历层次人员离职率

年份 学历	2014年	2015年	2016年
博士研究生	2%	2.4%	3.4%
硕士研究生	5.9%	6.1%	4.6%
大学本科及以下	2.3%	2.8%	1.7%

成果创造人：吴曼青、邹自立、冯拓宇、段会杰、祁艳娜、易　勇、延　楠、陈　晨、王　斌、张　龙、高　斌、程　静、王玉宝

建立全方位、全动力激励约束体系的实践研究

国家电网有限公司

一、实施背景

（一）健全激励约束机制是适应改革发展形势的必然要求

在电力体制改革、国资国企改革的加快推进的新形势下，对国家电网有限公司（以下简称‘公司’）的发展方式、管理方式、经营模式带来了全方位深刻影响，电价受到严格监管、售电量增速低位徘徊、收入增幅下降、成本刚性增长的矛盾日益突出，对企业提质增效、瘦身健体提出了新的更高要求。公司作为央企，承担着推动各项改革落地的重要责任，健全激励约束机制，有利于增强公司各级单位的责任意识和危机意识，加快推进“两个转变”，实现效率更高、服务更好、业绩更优。

（二）健全激励约束机制是增强经营管理活力的有效手段

随着电力体制改革持续深入，市场主体更加多元、市场竞争不断加剧，公司保持稳健经营难度增大。公司作为市场竞争主体，承担着快速响应市场需求，服务电力客户的重要使命。健全激励约束机制，有利于增强公司各级单位的市场意识和竞争意识，建立灵活高效的市场化运营机制，提升供电服务水平，提高盈利能力和市场竞争力；有利于增强公司各级单位的成本意识和效益意识，优化电网发展的规模、速度、质量和效益，提高投入产出效率。

（三）公司激励约束机制有待进一步改进完善

一是公司绩效管理的有效性有待进一步提高。主要表现在各类组织和人员绩效量化考核的方式比较单一，考核的针对性和准确性有待进一步提高。二是薪酬分配的激励效果有待进一步增强。主要表现在人工成本倒逼用工总量管控效果还有待显现和进一步提升，公司内部、特别是市场化单位的薪酬分配还未充分体现岗位的能力价值。三是人才发展职业通道有待进一步畅通。主要表现在高端和紧缺人才的“虹吸效应”和“雁阵效应”不明显，核心人才的中长期激励机制不够完善。

二、健全激励约束机制的内涵

国家电网公司激励约束体系的核心内涵是：强化“两个导向（业绩导向和能力导向）”，健全“四个子体系”，完善“十一项管理支撑机制”。通过绩效管理体系将公司战略目标落实至各级组织和员工，发挥目标引领和考核激励作用，加强对组织和员工行为的引导；同时以绩效考核结果为依据，通过薪酬分配体系对组织和个人进行经济性激励约束，对其

工作行为进行强化；通过职业发展通道体系和员工奖惩体系对员工进行非经济性激励约束，对其学习发展行为和价值判断进行强化。全方位建立激励约束机制，努力激发各级企业负责人领导力、员工队伍执行力、创新力和企业经营管理活力、发展内生动力，实现公司、组织、个人的协调发展，进而支撑公司战略目标实现。

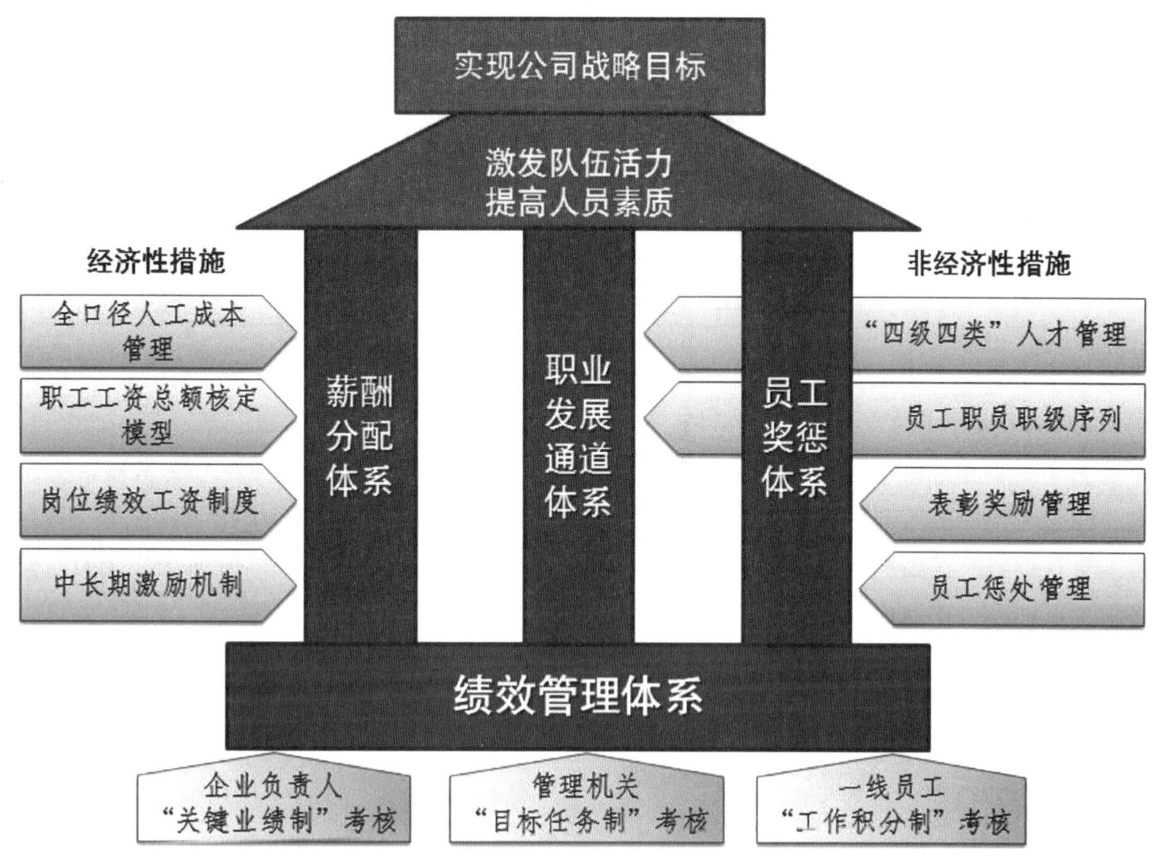

图1 公司激励约束机制体系结构图

三、健全激励约束机制的主要做法

（一）构建分级分类的绩效管理体系

充分发挥绩效管理的战略引领与考核激励作用，持续优化分级分类、覆盖全员的绩效管理体系。突出战略导向和业务融合，对企业负责人推行“关键业绩制”考核，构建各类企业差异化管理的业绩考核体系。突出战略落地和科学量化，对管理机关推行“目标任务制”考核，实行业绩贡献“三级三维”量化评价，层层分解落实考核责任。突出全面激励与持续改进，对一线员工推行“工作积分制”考核，创新工作量化计量方法，努力提升一线员工工作的主动性和积极性。

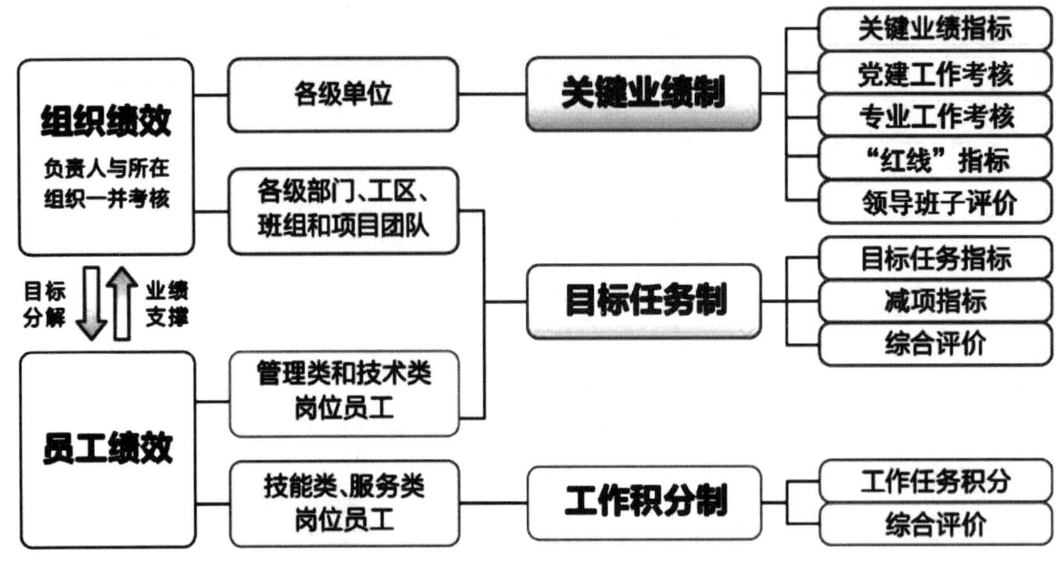

图2　分级分类的绩效管理体系

1.企业负责人“关键业绩制”考核

公司对各级企业负责人实行“关键业绩制”考核，按照“战略引领、分类考核、突出重点、深化应用”的原则，紧紧围绕公司发展战略和年度重点工作，着力优化考核分类、指标设置、考核评级、结果应用四个环节，量化评价企业主要经营效益和管理、党建工作成效，构建了各类企业差异化管理的业绩考核体系。

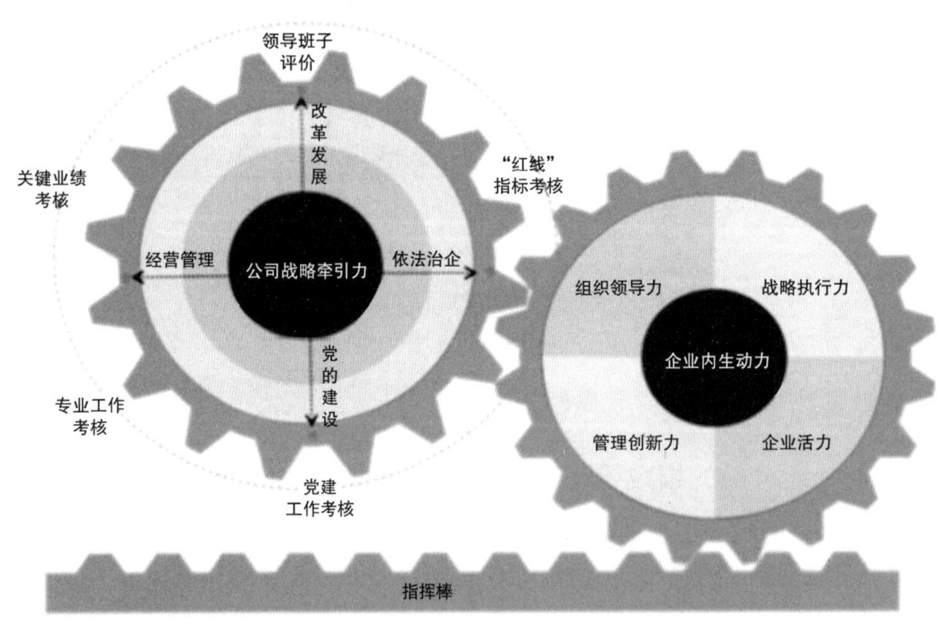

图3　各类企业差异化管理的业绩考核体系

（1）科学划分单位类别，明确考核重点

围绕公司总体战略和发展目标，参考国资委对中央企业的考核类别划分标准，按照企业的功能、定位和特点，实施分类管理，使考核激励更加精准科学。将公司所属的全资和控股单位划分为省电力公司、运营保障单位、支撑服务单位、市场化产业公司、市场化金融企业五大类，为实施差异化考核奠定基础。

（2）差异化设置考核指标和评价标准

省电力公司、运营保障单位、支撑服务单位实行年度考核；市场化产业公司、市场化金融企业实行年度考核与任期考核相结合，促进企业持续创新发展。考核指标包括关键业绩指标、党建工作考核、专业工作考核、“红线”指标、领导班子评价五类，在突出关键业绩考核的同时，兼顾专业管理工作考核要求，全面衡量企业负责人业绩贡献。关键业绩指标一般为公司级、结果性、可量化指标，过程性、管理性、日常性指标均纳入专业工作考核。

（3）建立考核评级制度

企业负责人年度业绩考核结果，按单位分类和考核得分划分为A、B、C、D四个等级。“红线”指标扣分达到5分的单位，不得进入A级；扣分达到7.5分的单位，不得进入B级；扣分达到15分的单位，考核结果为D级。

（4）建立考核结果与负责人薪酬挂钩机制

建立与考核结果紧密挂钩的企业负责人薪酬核定机制。企业负责人薪酬包括基本年薪、绩效年薪、特殊贡献奖三部分，其中：

①基本年薪是企业负责人的基本收入，根据薪酬总控水平和基本年薪占比，每年核定一次。

②绩效年薪与年度业绩考核结果挂钩，根据企业负责人业绩考核等级及考核得分、企业经营难度和调节系数确定。

③特殊贡献奖根据各单位在提高经营效益、科技创新、履行社会责任和提升公司品牌形象等方面做出的重大贡献情况，设置四类特殊贡献奖，分别为：经营效益奖、科技创新奖、社会责任奖、品牌建设奖，每年核定一次。

2.管理机关“目标任务制”考核

公司对管理机关实行“目标任务制”考核，结合各级组织和岗位的管理职责，将关键业绩指标和重点工作任务层层分解落实到各级组织和岗位，实行“三级三维”量化考核，有效支撑企业整体战略目标的分解落实和全面完成。

（1）完善绩效考核内容和方式

管理机关部门和员工考核内容包括目标任务指标、减项指标和综合评价三部分。目标任务指标紧紧围绕企业战略、上级下达的关键业绩指标和年度重点工作任务进行设置，聚焦重点，突出价值创造导向；减项指标主要对违规违纪事件以扣分方式进行考核，未列入目标任务指标的其他工作发生质量问题，列入减项指标考核；综合评价主要对工作态度、能力素质和团队协作，以上级评价、民主测评等方式考核。

（2）实行“三级三维”量化考核评价

按照“分级、量化”的原则，将目标任务指标划分为“单位级”、“部门级”和“日常工作级”三个级别，从“量、质、期”三个维度，设置不同考核权重、评分标准。加强专业协同考核，承担综合性指标的牵头部门，根据职责分工考核评价相关配合部门的协同工作，增强协作意识。

（3）深化绩效结果应用

员工考核结果统一划分为ABCD四个等级，加大考核结果与绩效工资挂钩力度，绩效薪金占比达到50%以上。建立员工年度绩效等级积分制度，考核结果和等级积分与薪档晋级、人才选拔、岗位竞聘、评优评先等挂钩，将员工个人绩效与自身薪酬待遇和职业发展紧密结合，激发员工的创造性和成才动力。

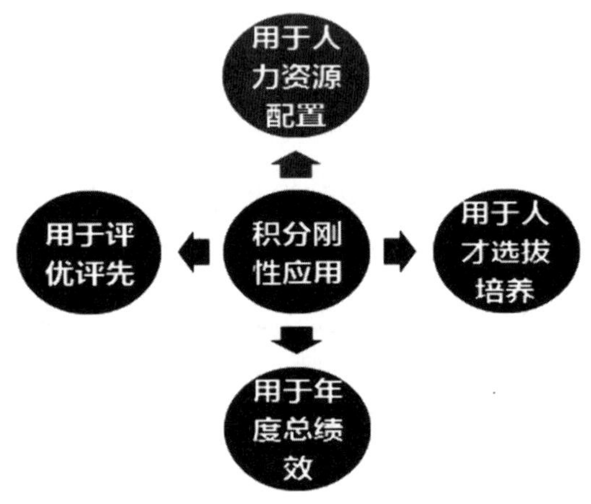

图4　员工绩效等级积分结果应用

3.一线员工“工作积分制”考核

公司针对一线员工，以作业时间为基础，以工分为计量单位，实行“工作积分制”考核，通过优化工作量化计量方法，准确衡量劳动价值，推行工分直接兑现绩效工资，强化绩效考核激励效果，持续提升一线员工的工作积极性和主动性。

（1）规范工作量化计量方法

梳理班组核心业务清单，形成统一的积分项目清单，统筹班组标准任务内容、工作量，完善工时、技术难度、安全风险等因素对工作量核算的影响，形成一线员工标准任务定额库。根据一线员工承担具体工作任务的差异性，以工作项目劳动耗时为基础，结合实际采用实录工时法、标准定额法和协商评估法中的一种或多种方法，确定各项具体任务的工作积分。

表1　班组工作积分计量方法

序号	计量方法	特点	典型任务
1	实录工时法	作业条件复杂、时间不固定	故障抢修、带电作业等
2	标准定额法	稳定性、重复性、规律性的标准化作业任务	线路巡检、表计检定等
3	协商评估法	工作时间难以衡量的非作业性工作任务	班组建设、系统维护、培训学习、竞赛调考等

（2）建立工时积分直接兑现薪酬机制

绩效考核结果采取“月度预兑现+年底结算”的方式与绩效工资直接挂钩。各工区、班组根据绩效工资总额和工作积分总量计算确定工分单价，直接按员工工作积分和工分单价兑现员工绩效工资，实现“以分计酬、多劳多得”。创新“班组成员最低绩效分差控制法”，通过监控员工绩效得分差距驱动员工收入拉开差距。实行“季度、年度平均绩效得分法”，分析班组成员一段时期内的绩效平均分差，对班组成员绩效得分高度趋同的班组进行考核扣分，杜绝班组成员“轮流坐庄”问题。

（二）构建规范高效的薪酬分配体系

按照“组织与个人并重、公平与效率并重、业绩与能力并重、长期与短期并重”的原则，统筹考虑经营效益、劳动效率、人员结构、地区差异等因素，对各级单位加强全口径人工成本管理，构建职工工资总额核定模型，建立了适应各单位业务类型和经营特点的差异化薪酬分配制度体系。对各类员工深化岗位绩效工资制度，加快构建公司科技型企业分红激励机制，促进科技型企业自主创新和科技成果转化，为公司创建“两个一流”提供有力支持。

1.全口径人工成本管理

坚持绩效贡献导向、效率与公平相结合、严格“双控”（控工资总额、控人均工资）等原则，按照“分类管控总额、多维指标监控、强化考核评价”的思路，全面加强全口径人工成本管理，促进各级单位转变经营理念，合理控制人工成本过快增长，持续提升投入产出效率，提高企业市场竞争力和经济效益。

（1）实行全口径人工成本计划管控

长期职工人工成本，综合考虑近三年CPI及社平工资增幅情况，编制人工成本计划，各项保险缴费比例以国家政策规定、属地化政策进行调整。职工工资总额，在工资基数基础上，以利润总额、利润增幅、人均利润、净资产收益等指标挂钩核定工资增量。

（2）建立“四区两线”人工成本调控模型

针对省电力公司，实行人工成本量化调控，将各单位人工成本投入产出效率划入四个区间（双低区、警戒区、良性区、双高区），根据所处区间、本年度人工成本投入产出效率同比变化情况，分别设定工资总额上、下“两条”调控线，实现对工资总额计划测算结果的修正和优化。

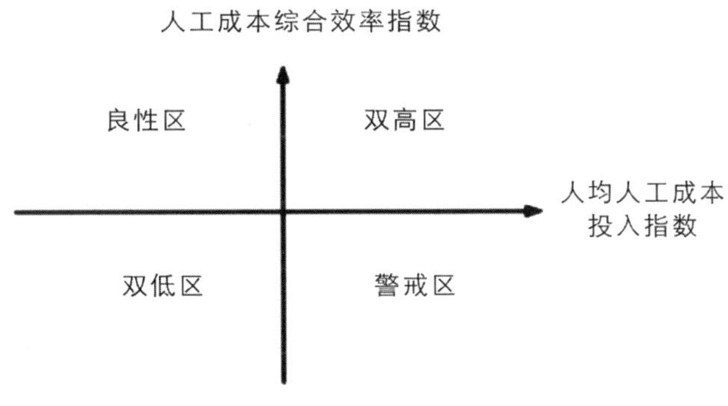

图5　“四区两线”人工成本调控模型示意图

（3）实现全口径人工成本闭环管理

构建结果、过程、效益三维指标预警监控机制，通过完善人力资源管理信息系统，加强预算执行情况的预警监控。结果指标主要反映人工成本预算执行的偏差情况，用预算总额偏差率来表示；过程指标用于分析结果指标形成的原因，用工资、福利、保险等各分项人工成本占比和偏差率来表示；效益指标用于反映企业人工成本与经济效益的关联情况，主要包括万元人工成本营收比、万元人工成本利润比和人工成本占总成本的比重三项关键指标。强化考核评价和管理提升，定期开展人工成本专项检查，对人工成本控制不力的企业，通过约谈、警示、通报批评等形式督促其整改；优化企业负责人人工成本业绩考核指标，引导企业关注人工成本管理；强化人工成本同业对标管理，对与同类单位相比指标较差的，加强对标考核；对效益下降的企业，严格控制企业人工成本，职工工资和福利费不得增长；已经亏损的企业，职工工资相应下降，企业年金暂停缴费，确保人工成本水平与经济效益、劳动生产率相适应。

2.职工工资总额核定模型

对全资及控股单位长期职工工资总额实行计划管理，不断健全完善“三类型（A、B、C三类，分别对应省电力公司、支撑服务单位、市场化单位）、三段式（工资基数、工资增量和专项工资）、三加强（加强对效率指标的挂钩力度，加强对特殊贡献的激励力度，加强对艰苦边远地区员工的倾斜力度）”的工资总额核定机制，激励和引导各单位提高企业经济效益和投入产出效率，促进企业与员工队伍和谐发展。

3.岗位绩效工资制度

坚持战略引领、分类管理、绩效导向、效率公平、激励约束等原则，全面构建以岗位绩效工资制度为基本模式，与岗位价值、绩效贡献、能力素质三个要素挂钩，由岗位薪点工资、绩效工资、辅助工资三个工资单元构成，适应各单位业务类型和经营特点的差异化薪酬分配制度体系。

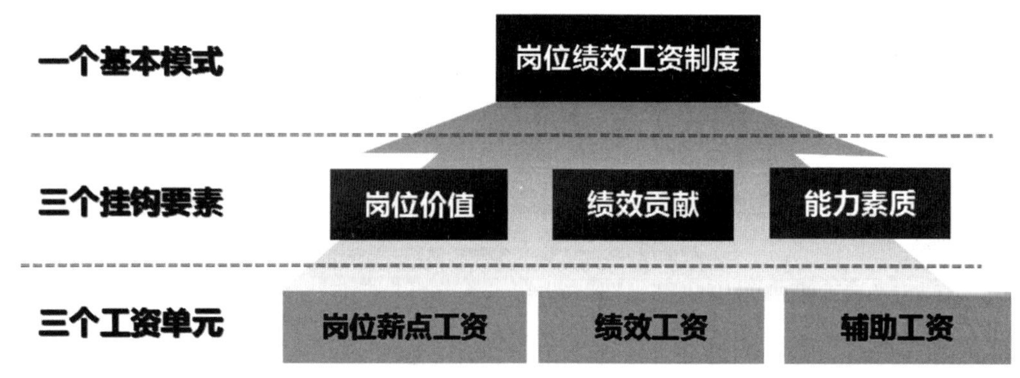

图6 岗位绩效工资体系

（1）规范工资构成项目

岗位薪点工资是体现岗位价值和员工绩效积累、能力提升的工资单元，以岗级（职级）和薪点为基础，将工资标准对应至26个岗级56个薪档，每个岗级对应6个薪档，每一薪档对应一个薪点数。绩效工资是体现员工实际工作业绩和贡献的工资单元，有绩效考核奖和专项考核奖两种形式。辅助工资主要包括年功工资、加班工资、表彰奖励、五项福利性补贴、人才津贴和其他津补贴。

（2）分类设定工资单元占比

根据各业务板块的主营业务模式、市场化程度、人员结构特点、行业惯例等因素，确定各类单位工资总额中四个工资单元的占比。同时，按照薪酬分配“三挂钩”原则，结合岗位层级、岗位职责等确定各层、各类岗位的工资单元占比，理顺内部收入分配关系，发挥薪酬分配的激励约束作用。

（3）建立薪岗套改和调薪规则

分类规范岗级（职级）序列。公司制定省电力公司岗级序列规范，统一规范省电力公司岗位层级结构和控制比例；直属单位根据岗位职责、工作强度、工作难度、工作环境等要素，自行套改规范职级序列。规范薪档初套规则。根据员工岗级和技能工资水平，或按照学历、职称、技能等级、工龄等要素积分确定初始薪档，初始薪级低于基本薪档区间下限的，按下限执行；超过基本薪档区间上限的，按照上限执行。

4.中长期激励机制

公司逐步探索建立覆盖公司整体的中长期激励机制，构建“两虚两实”的中长期薪酬激励模式，加大对科研带头人、管理专家、业务骨干的激励力度，合理拉开收入差距，束牢核心人才与企业发展的联结纽带，促进员工个人价值与企业经营目标共同实现。

（1）建立科技型企业分红激励机制

针对具有公司法人资格的未上市科技企业（转制院所、国家认定的高新技术企业）建立分红激励机制，设置岗位分红和项目收益分红两种方式，其中岗位分红是以企业经营收益为标的，对企业重要技术人员实施激励，项目分红是以科技成果转化收益为标的，对参与项目研发的重要技术人员实施激励。在严格限制激励周期、激励范围、激励水平，并且满足激励周期内企业每年净利润增长率高于近3年平均增长水平的前提下，按照“当年激励，次年考核兑现”的方式逐年批复、兑现激励金额。

（2）探索公司中长期薪酬激励机制

公司以科研技术专家、经营管理人才和核心业务骨干作为激励对象，试点建立健全虚拟分红权、虚拟股权、分红权、股权“两虚两实”中长期薪酬激励机制，提高薪酬资源配置效率。根据各板块业务特点，分类推进中长期薪酬激励机制实施，省电力公司、专业公司、非市场化产业单位重点选择实施虚拟股权激励；科研单位、金融单位和市场化产业单位重点选择实施虚拟分红权激励，其中符合财资〔2016〕4号文条件的各级科技型企业实施分红权激励。

（三）构建科学合理的职业发展通道体系

按照“全面覆盖、分层分类、纵横有序”的原则，公司大力实施“人才强企”战略，建立“四级四类”人才选拔培养体系，实施“层次划分清晰、职数设置合理、任职资格明确、发展路径通畅”的职员职级序列，进一步拓宽了员工的职业发展空间，实现了组织发展与员工成长相统一。

1.“四级四类”人才管理体系

公司通过构建“四级四类”人才管理体系，创新人才选拔培养考核机制，规范人才选拔和考核评价标准，完善人才激励约束机制，丰富了分级分类管理人才的制度内涵，理顺了各级各类人才发展通道，加强了对不同层次、不同业务条线优秀人才的激励力度，激发了员工成长成才、创新发展的积极性。

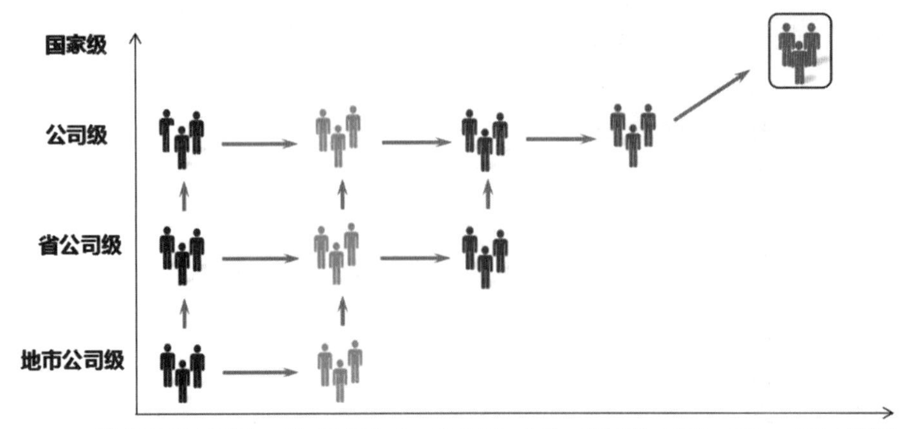

图7 “四级四类”人才体系

（1）创新人才选拔培养考核机制

一是创新人才选拔机制。公司四级四类人才每两年选拔一次、聘期四年，按照资格审查、业绩评价、统一笔试、公示公布四个阶段，逐级开展各级各类人才的选拔工作。二是创新人才培养使用机制。采用集中轮训与个性培养相结合方式培养人才，精心设计培养方案，统一组织定期轮训，学习新政策、新理念、新技术、新工艺等；积极采取安排人才参加技术革新、科技攻关、管理创新、项目建设、担任培训师等措施培养和使用人才。三是创新人才考核机制。实施聘期制考核，按照公司级、省电力公司级、地市公司级，分月度、年度和届满三种考核方式，对人才进行动态考核管理，兑现津贴待遇。

（2）规范人才选拔和考核评价标准

一是坚持分称号、层级、类别评价。按照不同人才称号、不同层级、不同岗位类别，设计不同的人才选拔业绩评价和聘期考核评价标准，分称号、分层、分类组织开展评价和考核工作，形成各有侧重、相互协调、有机统一的公司人才梯队选拔业绩评价和聘期考核评价标准。二是坚持科学、量化、公平评价。科学设计不同类型人才选拔和聘期业绩评价标准的维度、指标、权重和周期。三是坚持创新、业绩、基层导向。优化选拔范围和名额分配，突出能力、业绩和贡献因素，严格学历、职称和一线工作经历等条件，向基层一线和业绩优秀员工倾斜，鼓励员工创新创造，立足本职岗位成长成才。

（3）完善人才激励约束机制

一是创新人才激励分配机制。建立专家人才资本、知识、技术、管理等要素参与分配的新方法，将人才待遇纳入工资制度建设。对公司各级各类专家单独设置专家津贴，对“千人计划”专家和驻外人员实行单独的工资制度。二是实行人才津贴动态管理，推行当期和长期激励相结合，当期激励体现履职期内人才的业绩贡献，长期激励体现人才的能力素质提升及对企业的长期贡献，实现人才激励与企业效益同步。

2.员工职员职级序列

通过建立任职资格明确、发展路径通畅的职员职级序列，全面实施员工职员职级序列管理和职业生涯管理，有效支撑员工的选拔和培养，拓展了员工发展的职业通道，形成了“纵向并行”和“横向贯通”的激励格局，强化了对不同层次员工的激励，推动员工成功成才。

（1）建立职员职级序列，拓宽员工发展通道

公司以岗位和职务等级为基础，统筹四级四类人才，按照“横向搭建通道、纵向设置层级、分类全面覆盖”的原则，针对各业务板块不同特点，对接岗位分类，进一步细化完善职员职级序列，构建多元、并行、畅通的员工职业发展通道，初步构建起职务等级序列、职员职级序列、各级各类人才“三条员工发展通道”，拓展各岗位类别优秀员工的职业成长空间加快推进公司员工成长和人才培养。通过系统设计员工职业发展通道类别及层级，建立通道转换关系，明确职业发展通道的转换台阶、路径和标准，实现各级各类通道的交叉覆盖与融合互联，为员工实现自我价值提供事业发展平台。

职务序列					职员职级序列												
省公司本部		地市、县公司			职级	省公司本部						地市、县公司					
职务序列	职级	职务（岗位）序列	职级	职务序列		电网规划	工程建设	电网运行	运维检修	市场营销	综合管理	电网规划	工程建设	电网运行	运维检修	市场营销	综合管理
部门主任（正处级）		市公司负责人正职（正处级）															
部门副主任（副处级）	二级	市公司负责人副职（副处级）	二级		二级	资深规划师	资深建设师	资深运行师	资深检修师	资深营销师	资深管理师						
内设机构正职（正科级）	三级	中层正职（正科级）	三级	县公司负责人正职	三级	主任规划师	主任建设师	主任运行师	主任检修师	主任营销师	主任管理师	主任规划师	主任建设师	主任运行师	主任检修师	主任营销师	主任管理师
内设机构副职（副科级）	四级	中层副职（副科级）	四级	县公司负责人副职	四级	高级规划师	高级建设师	高级运行师	高级检修师	高级营销师	高级管理师	高级规划师	高级建设师	高级运行师	高级检修师	高级营销师	高级管理师
	五级	班长	五级	县公司中层正职	五级	规划师	建设师	运行师	检修师	营销师	管理师	规划师	建设师	运行师	检修师	营销师	管理师
		副班长	六级	县公司中层副职、班组长	六级							规划专责	建设专责	运行专责	检修专责	营销专责	专责
			七级		七级							规划助理	建设助理	运行助理	检修助理	营销助理	助理

图8　职员职级序列

（2）实施员工职业生涯管理，支撑员工成长成才

一是大力开展岗位分析与设计，梳理岗位序列，设置科学合理的职业阶梯等级，准确描述岗位信息，确定各级各类岗位的工作内容、工作标准、基本功能，制定岗位任职资格标准。二是积极开展员工能力素质评价，以能力开发为核心，根据员工能力短板、绩效水平和岗位胜任能力要求等关键要素，开展能力素质测评。三是建立完整有序的职业生涯管理制度，辅导各类人才规划个人职业生涯目标。开展职业生涯针对性培训，在对员工能力素质评价的基础上，系统分析员工培训需求，按照“缺什么、补什么”的思路，实施针对性培训开发，提升员工任职资格能力和绩效水平。

（四）构建依法公正的员工奖惩体系

公司遵循“依法合规、奖惩分明、公平公正”的原则，组织制定了《奖惩规定》，科学、

规范地开展员工奖惩管理，发挥员工奖惩的激励、教育和警示作用，引导激励员工积极向上、健康发展，有效维护企业正常生产秩序和工作秩序。

1.表彰奖励管理

按照公开、公平、公正，注重实绩、好中选优，精神鼓励和物质奖励相结合、精神鼓励为主的原则，对员工在工作中做出突出贡献和显著成绩的，及时给予通报表扬、表彰和物质奖励，倡导爱岗敬业、争先进位的企业精神，充分调动员工的工作积极性、创造性。

（1）明确表彰奖励的对象和形式

公司明确规定了在安全生产、电网建设、优质服务、经营管理、创新创效、比武竞赛、抢险救灾、见义勇为等方面做出突出贡献的八种情况可以通报表扬、表彰并授予荣誉称号和物质奖励三种形式进行奖励。其中通报表扬以精神奖励为主，一般不进行物质奖励。表彰奖励实行分级分类管理，表彰级别分为四级：国网公司级、省公司（直属单位）级、地市公司级和县公司级；表彰项目类别分为四类：综合类、专业工作类、专项工作类和竞赛考试类。受到表彰的员工，可给予一定的物质奖励。

（2）严格表彰项目审批

表彰项目实行年度计划申报审批制度。各单位员工奖惩工作办公室审核汇总相关业务管理部门申报的表彰奖励计划，员工奖惩工作领导小组批准后执行；各单位年度表彰项目计划备案表应报上一级员工奖惩工作办公室备案。原则上各业务管理部门只能申请设立一项专业工作类表彰项目，同一项目最多两年表彰一次。因特殊情况需要开展未纳入计划的表彰项目的，需由业务管理部门提出申请，经员工奖惩领导小组批准后纳入表彰计划管理。受奖先进集体不得超过参评集体的20%，参评集体少于15个的，评选比例可适当增加；受奖先进个人不得超过参评人数的10%，单项表彰受奖个人原则上不得超过100人。

2.员工惩处管理

员工发生违规违纪行为的，视情节轻重予以适当的纪律处分。员工受到纪律处分的，同时进行适当的经济处罚，并根据需要进行组织处理。被依法追究刑事责任的，一律解除劳动合同。通过强化员工惩处管理，让遵章守纪意识深入人心，激励约束作用得到充分发挥。

（1）明确惩处方式

员工的惩处主要包括纪律处分、经济处罚和组织处理三种方式，三种惩处可单独运用，也可同时运用。其中，纪律处分包括警告、记过、记大过、降级（降职）、撤职、留用察看、解除劳动合同7类；经济处罚包括扣减薪金或赔偿经济损失两种；组织处理包括通报批评、调整岗位、待岗、诫勉谈话、停职（检查）、责令辞职等。

（2）细分违规违纪行为

将五类违规违纪行为细化为50项具体行为，并分别规定了所适用的纪律处分类别。其中：违反劳动纪律的行为共10项、违反工作纪律的行为共21项、违反廉洁从业规定的行为共9项、损害企业形象和影响队伍稳定的行为共6项、违反国家和地方法律法规的行为共4项，根据违规违纪情节轻重情况，给予警告至解除劳动合同处分。

四、实施成效

（一）完善制度体系，提升管理效率

从电力体制改革和国资国企改革的大背景出发，结合国资委“三项制度”改革要求，以健全激励约束体系、为公司战略提供有效的人力支撑为目标，从优化绩效管理体系、推动薪酬机制变革、拓展职业发展通道、规范员工奖惩制度四个方向对现有的管理制度体系进行了全面的完善和补充，特别是在企业差异化考核、科技人员中长期激励、完善职员职级序列等方面开展了一系列改革探索，取得了较好的效果。

绩效管理体系制度规定

- 国家电网公司绩效管理办法
- 国家电网公司企业负责人年度业绩考核管理办法
- 国家电网公司市场化金融企业负责人年度业绩考核管理办法
- 国家电网公司市场化产业公司负责人业绩考核管理办法

薪酬分配体系制度规定

- 国家电网公司企业负责人薪酬管理办法
- 国家电网公司工资收入管理办法
- 国家电网公司中长期薪酬激励机制建设指导意见

职业发展通道体系制度规定

- 国家电网公司关于健全职员职级序列的意见
- 国家电网公司专业领军人才管理办法
- 国家电网公司科技领军人才管理办法
- 国家电网公司优秀专家人才管理办法
- 国家电网公司优秀专家人才后备管理办法

员工奖惩体系制度规定

- 国家电网公司员工奖惩规定
- 国家电网公司表彰奖励工作管理办法
- 国家电网公司关于进一步规范员工惩处管理的通知

图9　激励约束机制相关制度规定

（二）激发工作热情，增强队伍活力

通过健全激励约束机制，公司在内部人员管理上形成了一定程度的市场化竞争环境，员工在工作绩效、薪酬收入、职业发展以及实现自身价值方面的提升空间进一步拓展，有效激发了员工的工作热情。在工作绩效方面，差异化考核增强了考核精准度，科学衡量各类人员业绩贡献，合理拉开了考核差距；在薪酬收入方面，薪酬分配持续向高层次人才和骨干员工倾斜，同时探索建立中长期激励机制绑定员工与企业的中长期利益，建立了收入与绩效挂钩、薪酬能增能减、科研骨干分红激励等良性机制；在职业发展方面，系统整合了职务等级序列、职员职级序列、“四级四类”专家人才序列，拓展了具有不同特质员工的职业成长空间，形成了岗位、职级、专家三条发展通道“纵向并行”和“横向贯通”的激励格局；在员工奖惩方面，统一规范各类表彰奖励和惩处的等级、标准和程序，明确公司价值导向，获得员工价值认同，提升了

员工的归属感和公司的凝聚力。

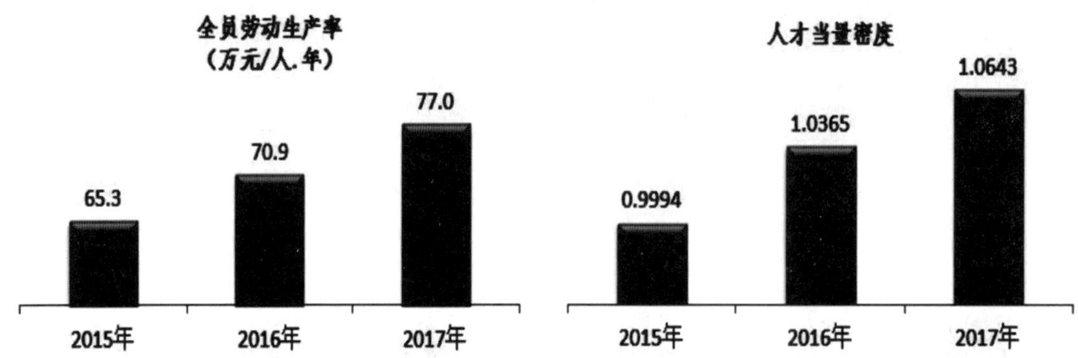

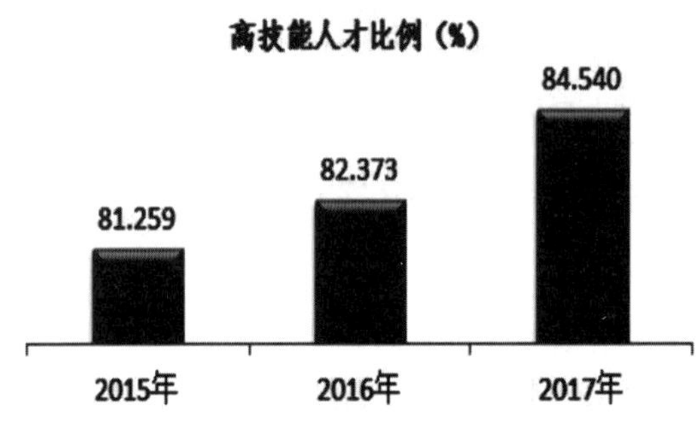

图10　2015–2017年公司各项人力资源指标

（三）改善经营业绩，提高经济效益

激励约束机制在实践中对公司传递战略导向、提升经营效益、提高管理效率中的作用越发凸显，为公司战略目标的实现保障了充足的人力资源供给和高效的管理活动平台。通过激励约束机制对公司经营压力的层层传递，各级单位更加重视投入产出效率和市场化竞争方面的指标情况，切实把握了经营痛点，对公司整体业绩目标的实现起到了很好的支撑作用。2017年公司经营业绩目标圆满完成，电网持续保持安全稳定运行，名列《财富》世界企业500强第2位，连续十四年、四个任期被评为国资委经营业绩考核A级单位，主要业绩指标均呈现良好增长趋势。

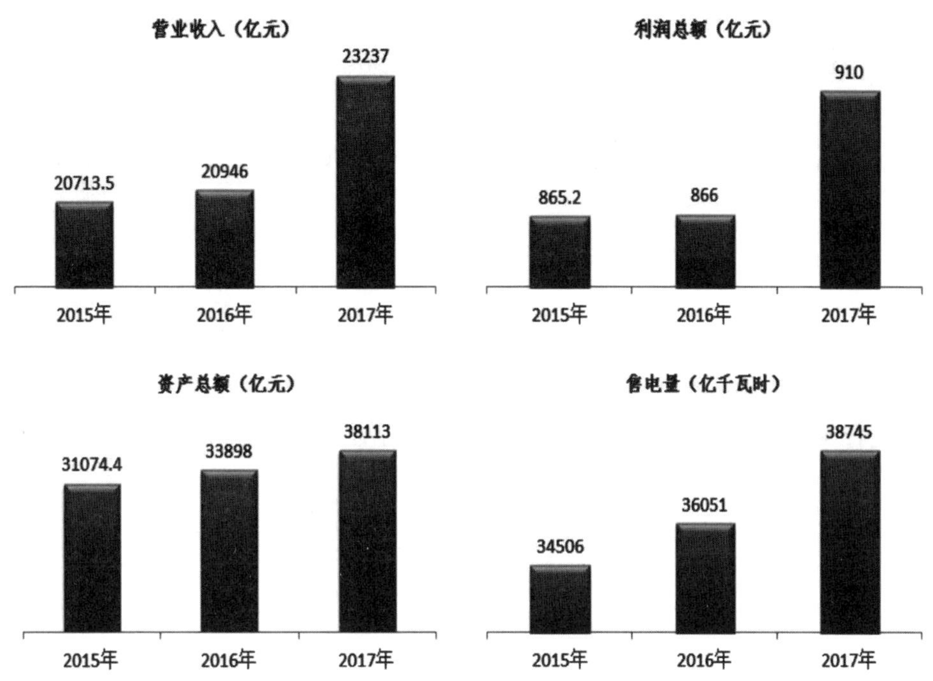

图11　2015–2017年公司主要财务指标

（四）规范员工行为，提升品牌形象

业绩和能力导向的激励约束机制有效强化了各级员工的价值评判标准，规范了员工行为，统一了各级组织工作方向，深化了企业价值观培育，国家电网公司的品牌价值和企业形象得到有效传递，2017年“国家电网”品牌以3298.87亿元的品牌价值跃居中国500最具价值品牌榜首。

成果创造人：吕春泉、李　峰、鞠宇平、张鹏辉、李　鹏、邵红山、刘　辉、李东伟、李茂杰、王丽峰、刘　燕、杨　军、虞　劼、王　波、戴　泓、娄亚宁、祝　捷、陈　亮、王　宇

激发人才创新创造活力的中长期激励机制建设

中国航空工业集团有限公司

中国航空工业集团有限公司（简称“航空工业”）是由中央管理的特大型国有企业，于2008年11月6日由原中国航空工业第一集团公司、中国航空工业第二集团公司重组整合成立，主要从事军用航空与防务、民用航空、工业制造和现代服务业四大业务领域。航空工业下辖100余家成员单位、27家上市公司、39家科研院所，具有较为完备的高科技工业体系，已经形成了“探索一代、预研一代、研制一代、生产一代”的发展格局，能够同时研制先进歼击机、轰炸机、运输机、直升机、教练机和特种飞机等多种航空装备。

十年间，航空工业实现了我国航空武器装备从三代战机到四代战机、从陆基到海基、从有人机到无人机、从大气层飞行到临近空间遨游的四大跨越。建军90周年之际，习近平总书记沙场点兵，空中受阅梯队129架战机全部由航空工业研发制造，其中歼-16.歼-10C两型战机首次公开亮相。

航空工业所属单位分布在全国24个省级行政区，员工约46万人，其中院士12名，高层次各类总师级专家近3000名，专业研发设计人员12.6万余人，一大批“70后”、“80后”业务骨干力量，其中35岁以下员工占比超过50%。航空工业以“型号成功我成才”为标准，以型号任务为牵引，立足型号平台锻造专业人才队伍，集聚优秀人才组建攻坚团队，协同攻关，突破多项核心关键技术，造就了一支数量充足、结构合理、素质精良、能力突出的专业人才队伍。

一、背景

（一）落实分配制度改革的需要

党的十八届三中全会《决定》中提出：“健全资本、知识、技术、管理等由要素市场决定的报酬机制”“让一切劳动、知识、技术、管理、资本的活力竞相迸发”。《中共中央国务院关于深化国有企业改革的指导意见》要求“调动科研人员、经营管理人才和业务骨干的积极性，将人才资本、技术要素价值与国有资本保值增值结合起来”。要素参与分配获得了重要的理论支撑，与之相呼应，上市公司股权激励、混合所有制员工持股、科技型企业股权和分红激励政策纷纷出台，形成了科技创新驱动、突出价值贡献、建立长效机制、共享发展成果的良好局面。

作为一项重要薪酬激励机制，中长期激励是贯彻落实国家创新驱动发展战略，建立完善企业激励约束机制，完善技术、管理要素按贡献参与分配，吸引、保留和激励核心骨干人才的重要措施。从1996年科技成果转化法出台到2015年科技成果转化法修订，我国在科技要素参与分配激励方面大致经历了五个发展阶段，随着相关政策逐步落地聚焦，国资委开始对中央企业的股权和分红激励进行具体指导，方式正逐步明确、要求也更为清晰、激励将更为科学。

（二）促进科技创新和企业长期稳定发展的需要

作为中央直接管理的特大型国有企业，航空工业肩负着“航空报国、强军富民”的历史使命，承担着建成现代企业制度、实现基业长青的重要责任，但又脱胎于国家部委，体制机制问题是制约发展的先天基因。2008年，按照国家部署重组整合之后，航空工业以重塑基因、再造魂魄的力度，大刀阔斧进行改革，明确了“专业化整合、市场化改革、资本化运作、国际化开拓、产业化发展”的战略举措。实施中长期激励，把激励的兑现与企业的经营业绩指标和科技创新指标挂钩，就是立足于企业的长远稳定发展，致力于提升企业发展的质量效益。通过股权激励、分红激励等方式，让创新人才在科技成果转化过程中得到合理回报，有利于激发人才创新创业活力，推动企业不断加强自主创新，提高科技创新能力和水平。

（三）吸引、保留和激励核心骨干人才的需要

高级管理人才、专业技术技能人才等人力资本，是企业核心竞争力的源泉，是企业不可或缺的宝贵财富。航空工业拥有9万经营管理人员，13万专业技术人员和23万技能人员，可谓人才济济，但企业劳动生产率、人工成本利润率却不高，这一定程度上是由于薪酬分配机制灵活性、科学化不够，“大锅饭”现象还存在，薪酬激励作用没有充分发挥出来，人才的能动性和创造力没有充分释放。实践证明，中长期激励是激发人力资本价值创造的有效方式，华为等世界知名企业成功的重要法宝就是股权激励。航空工业对核心人力资本实施中长期激励，能够充分激发人力资本的效用，把核心人才利益与企业长期发展的利益紧密联系在一起，使激励同时变成一种约束，从而更加有效地激发经营者干事创业的活力。

（四）所属企业曾作为国资委中长期激励试点

航空工业大力开展中长期激励，着力创新分配激励机制，是目前国资委审批通过中长期激励方案最多的中央企业之一。中航科工、天虹商场、中航光电、中航沈飞的限制性股票，中航电测、耐世特、贵航股份的股票期权等激励计划先后获得国资委批准通过，中航机电、中航资本向特定对象非公开发行股票的方式也经国资委批准实施，在要素参与分配方面取得了较大突破。2011年，国资委选取了11户中央所属中关村高新技术企业进行了岗位分红和项目收益分红试点，青云公司、金航数码作为试点单位，岗位分红方案获得国资委正式批复并实施。以上案例为航空工业中长期激励的推广实施积累了成功经验，打下了良好的基础。

二、内涵

按照中共中央国务院关于国有企业改革的总体意见，围绕分配制度改革的重要内容，航空工业认真领会国家关于股权激励分红激励的政策，结合航空工业及下属单位的资产状况、经营状况、发展状况、核心骨干人才状况，制定了涵盖适用范围、激励工具、激励条件、激励额度、激励收益、业绩考核、审批管理等内容在内的中长期激励办法。通过在上市公司中推行限

制性股票激励和股票期权激励，对上市公司长期稳定发展起到了重要促进作用；通过在科技型企业和混合所有制企业中推行股权出售、定向增发的激励，打造了企业核心竞争力，实现了企业转型升级；通过在科技型企业中推行岗位分红激励，形成了薪酬资源向核心骨干人员倾斜的分配导向，稳定了核心骨干人员；通过在科研单位推行科技成果转化收益分红的激励，激发了科研人员创造力，培育了经济发展的新动力。

三、措施

（一）在国家政策指导下进行总体策划

为统筹推进集团公司中长期激励工作，指导所属单位用好激励政策，航空工业深入研究国家关于中央企业实施中长期激励相关政策：《国有控股上市公司（境内）实施股权激励试行办法》《国有控股上市公司（境外）实施股权激励试行办法》《关于规范国有控股上市公司实施股权激励制度有关问题的通知》《国有科技型企业股权和分红激励暂行办法》《关于做好中央科技型企业股权和分红激励工作的通知》《关于国有控股混合所有制企业开展员工持股试点的意见》，形成基本判断，国家有明确政策支持的主要有三类：一是上市公司实施股权激励；二是国有科技型企业实施股权和分红激励；三是混合所有制企业实施员工持股，按照分级管理工作机制，国资委只审批中央企业本部的激励计划，下属企业的激励计划由中央企业负责审批，中央企业须拟订本单位实施股权和分红激励的总体工作方案和推进计划，在实施前向国资委报告。

在此基础上，航空工业先后制定了科技型企业股权和分红激励总体工作方案、科技成果转化的指导意见、中长期激励办法等一系列制度文件，明确提出集团公司中长期激励的总体框架和具体要求，规范了中长期激励实施的方式和程序，得到了国资委、财政部、科技部和其他中央企业的广泛认可，成为各级单位实施中长期激励的政策指南。

1.涵盖顶层制度设计和具体工作指导

将集团公司中长期激励分为上市公司股权激励、非上市公司分红权激励、国有科技型企业股权和分红激励三大类，并对三类激励方式的适用范围、激励工具、激励条件、激励额度、激励收益、业绩考核、审批管理等做出明确规定。

2.涵盖国家政策和集团政策

依据得到国家政策支持的上市公司、国有科技型企业按照《国有控股上市公司实施股权激励试行办法》、《国有科技型企业股权和分红激励暂行办法》等国家政策执行；未纳入国家政策的航空制造企事业单位等，由集团公司制定政策实施分红权激励。

3.坚持有序推进和试点先行并重

明确规定集团公司中长期激励具体申报实施的工作流程，同时为确保稳妥有序，在实施过程中坚持试点先行，其中2017年试点包括2家上市公司股权激励、5家国有科技型企业分红激励、1家科技型企业股权激励和10家科研单位项目分红激励。逐步积累中长期激励实际操作经验，为下一步广泛推广实施打下良好的基础。

4.坚持政策支持和监督约束并重

在政策支持方面，除涉及实有股权的激励外，其他经批准的中长期激励所需支出均不受当年本单位工资总额限制、不纳入本单位工资总额基数。在监督约束方面，实施定期报告制度和监督检查机制，将中长期激励纳入集团公司收入分配监督检查事项范围，对企业实施情况进行重点监督评估，对违法违规问题进行严肃处理。

（二）依据总体策划形成具体推进策略

航空工业多元化发展，既有军品单位，又有民品单位，既有投资企业，又有科研院所，既有上市公司，又有非上市公司，行业差异、单位发展状况差异非常大，需要具体明确的推进策略。

1.根据集团发展战略，选择合适的试点企业

根据集团公司战略发展需要并结合各企业实际发展阶段和经营情况，航空工业制订了以下三个优先筛选原则：

一是优先选择公司治理和内部分配制度比较完善的企业。这些企业建立了现代企业制度，具有吸引和保留核心人才的发展需要，也具备实施中长期激励的基础条件，企业自身的积极性较高。

二是优先选择战略定位比较稳定的企业。航空工业对不同单位有不同的定位，部分公司可能面临资产的重组和变动，优先选择战略定位比较稳定的企事业单位，有利于激励措施持续发挥作用。

三是选择多个不同的背景市场试点推进。不同市场的整体表现可能对实施效果产生较大影响，为检验激励力度，评价市场成熟度，尽量分散布局，如作为香港H股代表的中国航空科技工业股份有限公司，作为深圳A股代表的天虹商场股份有限公司，作为创业板代表的中航电测仪器股份有限公司，作为香港红筹股代表的耐世特汽车系统集团有限公司，作为科技服务机构代表的中航联创科技有限公司、作为高新技术企业代表的成都飞机工业（集团）有限责任公司，作为科研院所代表的中国航空制造技术研究院等。

2.准确把握中长期激励的实施重点

合理确定激励对象范围。若激励对象的选择缺乏足够公平性，可能不仅无法达到预期激励效果，反而会影响公司的正常运营。通过对核心骨干人才进行了明确定义，聚焦于对公司业绩有突出贡献的经营管理、技术和销售骨干人员，严格控制激励范围和比例，既防止激励面过宽形成普惠，也防止同类型企业因激励范围不同而引发不平衡。这是激励成功的前提。

合理确定总体激励水平。坚持效益导向和增量激励的原则，统筹处理好与当前工资总额的关系，避免因实施分红激励出现工资效益不匹配。为实现激励与约束的有效结合，航空工业设置了较为严格、相对统一的业绩约束条件。为保障国有资产保值增值，鼓励企业选取净资产收益率作为反映股东回报和公司价值创造的综合性指标；为进一步推动做强做优，鼓励选取净利润增长率作为反映公司盈利能力及市场价值的成长性指标；为全面考虑资本成本，克服经营者行为短期化，强化风险承担意识，鼓励选取EVA（经济增加值）作为反映收益质量的指标。在这些原则基础上，还结合行业和企业现状，实事求是进行针对性指导。

灵活运用激励工具。根据不同企业的特点选择运用不同的激励工具。对于体量较大、业绩比较平稳的公司，选择限制性股票作为激励工具，使激励对象专注于上市公司业绩发展及市值提升，比如中航沈飞；对于发展潜力很大、业绩变化较大的初创企业，选择激励性更强的股权作为激励工具，比如作为科技服务机构代表的中航联创；对于非上市科技类企业，选择岗位分红权作为激励工具，激励对象重点向科研骨干倾斜，让核心技术人员分享企业的利润成果，比如作为高新技术企业代表的成飞。

综合确定个人激励水平。坚持贡献参与分配原则，建立健全绩效评价体系，根据激励对象的贡献、重要性及绩效考核结果等综合确定个人激励水平，同时保持激励对象中长期激励收益与当前薪酬水平的合理比例。

3.紧密结合企业发展战略设计业绩指标

岗位分红激励，以业绩考核指标完成情况作为分红的前提条件。业绩考核指标以反映单位整体效益和科技创新能力为主，单位未达成年度考核要求的，终止实施岗位分红激励。

上市公司股权激励，在权益授予和生效环节，均应与业绩考核指标完成情况挂钩，业绩指标以反映企业业绩增长和国有资本保值增值为主，股权生效环节的指标水平要明显高于授予环节。

对激励对象严格考核，将个人绩效考核结果应用于中长期激励对象，激励对象未达到考核要求时，取消或扣减其当年的中长期激励收益。

4.优化审核管理流程

航空工业现行的是总部、直属板块和成员单位三级管控体系，在推进中长期激励工作时，三级单位各负其责，各司其职。上市公司根据企业实际设计激励方案，直属板块进行方案初步审核和板块内部的协调平衡，总部统筹规划，做好与国资委等上级机关的沟通。为全面分析、有效决策，总部还设立了由人力、计划、财务、科技等相关部门共同参与的专门管理机构，负责激励方案的审核指导。此外，实施股权激励属于重大分配事项，除履行国资委、集团公司、直属板块各级审批程序外，还需要经过本企业职工代表大会等有效的民主决策程序，保证在企业内部获得广泛认可和支持。

（三）依托试点逐步推进

近年来，航空工业大力开展中长期激励，着力创新分配激励机制，加强建章立制和顶层设计，在制度建设和具体实施上均取得较大突破。

1.积极试点实施股权激励

一是在上市公司方面。航空工业整体资产证券化率已超过66%，通过积极争取国家政策支持，是目前国资委审批通过上市公司股权激励方案最多的中央企业之一。中航科工、天虹商场、中航光电、中航沈飞的限制性股票，中航电测、耐世特、贵航股份、成飞集成的股票期权，中航机电、中航资本向特定对象非公开发行股票激励计划先后获得国资委正式批准，集团公司实施股权激励计划的上市公司已达到10家，占集团上市公司的三分之一以上，对上市公司长期稳定发展起到重要促进作用。

中航科工实施限制性股票激励后，在全球经济增长放缓、香港股市整体表现低迷、国内经济下行压力加大、国企利润增速下降的情况下，其航空业务仍保持了稳定增长，主营业务收入及净资产收益率均有一定幅度的提高，股价基本保持稳定，市场形象得到有效提升，投资价值得到广泛认可。中航电测位于比较偏远的陕西汉中地区，股权激励实施前两年流失了15名核心技术骨干，人才损失比较严重，自从正式实施股权激励以来，人员流失率仅有0.6%，关键骨干人才流失现象得以杜绝，新招聘应届生中高学历人才比例不断提高，2013年起新进员工中的研究生比例已超过50%。

二是在科技型企业方面。为贯彻落实国家创新驱动、军民融合、“大众创业、万众创新”等战略部署，在中央企业中率先试点科技型企业股权激励。选定依托航空工业先进技术和产业生态核心资源、积极打造“互联网+开放创新+研发协同+智能制造”四位一体的“中航爱创客”平台——中航联创为实施主体，以建立“军民融合”的技术服务体系为目标，在符合国企深化改革要求和自身发展需求的前提下实现股权多元化，采用股权出售的方式开展科技型企业股权激励，实现公司与员工的“利益共享、风险共担”，股权来源为向激励对象定向增发，按照不低于资产评估结果的价格有偿出售给激励对象。激励对象由在企业关键岗位任职并在经营业绩中发挥重要作用的关键骨干和目前激励岗位上尚空缺的未来到位人才两部分构成，共计20人，占在岗职工总数的19.8%，主要为企业现有高级管理人员、核心业务部门负责人、各分中心业务负责人。激励对象以现金出资成立专门持股平台，股权激励总额为企业总股本的30%，单个激励对象获得的激励额度最高为企业总股本的3%，2018年1月30日，首批激励对象第一期部分出资已到位。通过股权激励计划，实现了“贴身经营”，将中航联创核心骨干人员利益与企业利益紧密联系在一起，在稳定现有骨干团队的同时也吸引优秀人才不断加入，进一步激发了核心人才的创新创业激情，最近，中航联创围绕无人机、机器人、智能制造等十大航空技术应用相关新兴产业，整合市场、资本、人才等相关资源，开发了一批高科技产业化项目，培育了一批具有行业影响力和国际竞争力的新兴产业集群。

三是在混合所有制企业方面。坚持增量激励原则，有偿出售股权、现金出资购股；激励人员限于核心骨干，不搞全员持股、平均持股；坚持“以岗定股”、建立动态调整机制，加强对股权出售、锁定、流转、退出等各个环节的管理、考核和监督。江航、安吉精铸在混合所有制改革中采取股权出售、定向增发的方式同步实施核心员工持股计划。其中江航激励对象90人，占职工总数的8.9%，激励总额为企业总股本的5%；安吉精铸激励对象107人，占职工总数的8.5%，激励总额为企业总股本的5%。

按照国防科工局《关于推进军工企业混合所有制改革试点有关工作的通知》，航空工业选取江航率先作为混合所有制改革试点，调整内部业务架构、剥离社会职能、优化机制，以航空核心业务和非航空防务业务为主线，引进技术体系健全、技术管理先进且能长期合作的战略牵引者，引进能对公司市场拓展、产业链延伸、管理提升及管理架构产生促进作用的非公社会资本，依规开展核心团队持股，实施投资主体多元化的混合所有制改革实施方案。实施社会资本进入和核心员工持股计划后，进一步规范了法人治理结构及运作，江航从过去的单一股东独立决策转换到多股东群策群力，有助于体现股东意志，在经营决策中起到一定的制衡作用，避免出现“一言堂”现象，以此进一步打造核心竞争力，实现了企业的转型升级。

2.有序推进岗位分红激励

推进成飞、三江、洛阳隆盛、洛阳伟信、西安翔迅5家科技型企业实施岗位分红激励，在企业满足各年度净利润增长率、劳动生产率、专利申请数量高于近3年平均水平等业绩条件的前提下，从年度净利润增加值中拿出一定比例对核心技术人员和重要经营管理人员予以激励。2017年，5家单位激励人数共计1670人，占在岗职工总数的11.6%；激励总额4266万元，占当年净利润的5.8%，占当年净利润增加值的28.6%；人均激励额度2.6万元，激励对象人均分红所得占薪酬总额（不含分红所得）的比例在12%~37%之间。通过实施岗位分红激励，在一定程度上打破了单位内部分配的平均主义，形成了薪酬资源向核心骨干人员倾向的分配导向，对核心骨干人员的保留、激励起到重要作用。

成飞近年科研生产任务繁重，歼10系列等研制批产交叉并行，为有效激发重要技术和经营管理人员的创新动力，按照效益导向和增量激励原则，兼顾人工成本承受能力和经营目标的实现，经过精心测算，以激励当期净利润和净利润增量测算为基数，分别按照一定比例提取激励总额，从价值创造和业绩发展中分享部分收益，年度激励总额约占净利润的5%左右，既达到调动核心骨干积极性的目的，也能促进企业持续健康长展。紧紧围绕实现“技术领先、管理卓越、精品成飞”的目标确定激励岗位和对象：一是体现向科研、技术岗位倾斜的导向，聚焦重要技术岗位上业绩优良的人员，占比约60%；二是考虑到当前企业管理模式由职能型向流程型转型，处在管理变革的关键阶段，聚焦关键经营管理业绩优良的人员，占比约30%；三是为了打造精品航空装备，培养造就一支大国工匠队伍，聚焦核心技能岗位，占比约10%。四是为鼓励创新、调动青年科技人才积极性，聚焦科技创新、重点型号研制中业绩特别优秀的人才，激励总人数控制在1500人以内。为持续推动科技进步、管理创新，结合部门价值、岗位价值、个人业绩、专业价值，综合确定激励对象的个人分红权系数，以实现基于战略支撑、科技管理创新中体现价值及业绩贡献的分配机制，确保岗位分红激励的正确导向和有效性，激发员工的积极性和创造性。在制定岗位分红激励方案时确定了企业兑现实施分红激励的业绩考核指标为净利润增长率、劳动生产率和专利数量，并将业绩考核条件设置为持续两位数增长。净利润增长率的持续增长说明企业的盈利能力强且持续向好，劳动生产率的持续增长说明企业的人均创造价值水平高且持续增强，专利数量的持续增长说明企业的创新能力强且持续提高。设置这样的考核兑现条件的目的，一是牵引员工关注企业持续高质量发展，二是倒逼企业内挖潜力，加速管理创新、技术进步，提高管理水平及科研生产能力，三是推动一般能力社会化转移，促进军民融合，优化资源配置。

推进制造院等10家科研单位试点实施基于科技成果转化的项目收益分红，科技成果转化项目均为集团级以上重点项目，项目收益分红激励人员近800人，人均奖励金额达到1.95万元，对科技成果完成人和转化人的激励效果明显。

（四）持续优化扩大效果

对前期试点单位的实施经验进行提炼总结，形成集团公司中长期激励优秀案例集，进一步发挥试点单位的示范引领效应，在集团内部形成将激励资源向科研生产经营一线、向价值创造者倾斜的广泛认识。通过政策宣讲、案例分析、试点单位经验交流、座谈会等多种形式，解读国家中长期激励政策，分享中长期激励实操、案例，介绍中长期激励工作流程、注意事项等方式，进一步加大中长期政策的宣贯力度，解决各单位对中长期激励政策学习理解不充分、认识不统一、缺乏系统指导的问题，切实提高工作人员业务能力，开阔视野、加强交流、分享经验，使各单位真正弄懂、用好中长期激励政策。鼓励各单位采取灵活多样的激励措施，将工资总额的一部分专项用于骨干员工激励，转变内部分配的固定主义、平均主义，形成薪酬资源向核心骨干倾斜的内部分配导向。

在试点企业的示范作用下，所属单位实施股权和岗位分红激励的积极性被逐步激发出来，先后有59家单位提出岗位分红激励计划申请，2家企业提出股权激励计划申请，7家企业提出上市公司股权激励申请，15家单位提出项目分红申请。

排除不符合国家政策关于岗位分红激励实施条件的以及经济效益或经营管理方面存在问题的单位，共有46家单位进入航空工业的中长期激励实施范围。进一步扩大范围，使激励政策惠及更多科技人员，促进航空工业科技创新，进一步提高核心技术骨干的积极性和创造性。

在此过程中，航空工业主动选择科研院所、航空制造企业等科技人才聚集单位实施岗位分红激励，特别是要在个别人才流失问题已经凸显、内部分配机制僵化的主机厂所推进岗位分红，基本实现了航空主业中长期激励的全覆盖，进一步吸引、保留、激励核心骨干人才。

四、效果

在国家大力提倡科技创新、以军民融合发展助推产业转型升级的大背景下，航空工业建立健全中长期激励约束机制，进一步激发广大管理技术人员积极性、主动性和创造性，实现核心管理技术人才与企业“贴身经营”，推动企业释放持续发展新活力，取得了较好的实践效果。

（一）推动企业持续发展，实现预期经济目标

通过将激励的兑现与企业的业绩指标挂钩，配合解锁期等条件设置，使激励与约束相结合，从而把经营者利益与企业长期发展的利益紧密捆绑，促使核心团队立足于企业的长远稳定发展，有力保障了企业战略目标的达成。航空工业中长期激励计划总体方案确定的当年，利润、EVA、“两金”占流动资产比重均超额完成国务院国资委考核指标，人均劳动生产率同比增长11%，核心业务收入占比同比上升1.2个百分点，获国防科技奖60项，申请专利8798项。实施岗位分红的试点企业经济效益也显著增长，2017年净利润增长率均超过前三年平均水平，实现大幅增长，其中4家单位2017年净利润增长率超过30%，处于近年来较高水平。除净利润外，试点单位2017年劳动生产率、新增专利申请数量均超过前三年平均水平，有效促进了单位科技创新发展和内部效率提升。

（二）核心团队稳定性增强，人才吸引力提升

实施单位通过激励计划将员工的个人成长与公司的发展紧密结合，满足了业务发展需要的同时也明确了员工的成长路径，核心骨干的工作积极性得到有效激发，激励对象都是发挥重要作用的管理、技术、技能骨干员工，一方面有效激发了核心团队的积极性和创造性，充分发挥

人力资本效用，另一方面促使其他员工找到了努力的方向和途径，越来越多的新员工不断加速成长，向业务骨干发展。岗位分红激励实施后，激励对象薪酬结构优化，薪酬水平明显提高，人均工资增幅达30%-40%，对核心骨干、高端人才的吸引、激励增强，有效激发了核心骨干人员的工作热情和工作积极性。股权激励的实施，将核心员工的利益与企业利益紧密联系在一起，将员工的个人成长与公司的长期发展紧密结合，增强了员工对企业的归属感，极大激发了员工工作积极性和主动性。

（三）管理体系不断完善，文化理念有效加固

实施中长期激励有力促进了企业的管理提升，为保证激励的科学与公平，相关企业均持续完善内部管理制度，推进现代企业制度建设，建立了以目标和效益为导向的关键绩效考核评价体系。上市公司公告中长期激励计划方案后，市场反应正面积极，股价普遍上涨，市场形象得到有效提升，投资价值得到广泛认可，如海外并购企业耐世特通过实施股权激励，形成了广泛的文化认同，有效加强了中外员工的向心力和凝聚力。另外，试点单位岗位和分红激励的实施，在集团内部形成了将激励资源向科研生产经营一线、向价值创造者倾斜的广泛认识，形成了良好的示范效应，集团所属其他单位实施中长期激励的积极性进一步提高。与此同时，试点单位中长期激励方案的实施积累了有效的实际操作经验，为下一步在全集团范围的广泛推广实施打下了良好的基础。

成果创造人：李　燕、张海强、呙　电、马荟莹

大型企业集团以“四全管理体系”为核心的干部人才培养与使用路径研究

中国大唐集团有限公司人力资源部

一、研究背景

党的十八大以来，国资国企改革全面纵深推进，电力体制改革加快破冰前行，中国大唐集团有限公司（下称中国大唐）作为完全竞争型的商业一类企业，不仅面临发电装机过剩、煤价高位运行、电价持续下调、市场竞争加剧等新形势、新挑战，还要化解煤化工巨额亏损、瘦身健体、处僵治困等诸多历史遗留问题，改革、创新、发展的任务十分艰巨，亟须一支数量充足、结构合理、素质优秀、梯次储备、有序接替的干部人才队伍作为中流砥柱，团结和带领十万中国大唐员工，汇聚起攻坚克难、砥砺前行的智慧和力量，铸就迎接挑战、抓住机遇的可持续发展能力和比较竞争优势。

（一）加强干部人才培养与使用是落实中央精神的需要

党的十八大以来，习近平总书记多次在重要会议就加强干部人才培养与使用工作发表重要讲话。2013年6月，习近平总书记在全国组织工作会议上提出“信念坚定、为民服务、勤政务实、敢于担当、清正廉洁”好干部标准，赋予了好干部新的时代内涵。在2016年10月召开的全国国有企业党的建设工作会议上，习近平总书记对国有企业领导人员提出了“对党忠诚、勇于创新、治企有方、兴企有为、清正廉洁”要求，为国有企业加强干部队伍建设指明了方向。

在2018年7月召开的全国组织工作会议上，习近平总书记明确提出了新时代党的组织路线，“全面贯彻新时代中国特色社会主义思想，以组织体系建设为重点，着力培养忠诚干净担当的高素质干部，着力集聚爱国奉献的各方面优秀人才，坚持德才兼备、以德为先、任人唯贤，为坚持和加强党的全面领导、坚持和发展中国特色社会主义提供坚强组织保证。”强调“建设忠诚干净担当的高素质干部队伍是关键，重点是要做好干部培育、选拔、管理、使用工作。”《关于进一步激励广大干部新时代新担当新作为的意见》，也对加强新时代干部队伍建设提出了新任务、新要求。

加强干部人才培养与使用要落实中央精神，进一步调动广大干部人才创业激情和责任担当，牢固树立“四个意识”，树立政治意识、大局意识、核心意识、看齐意识，坚定“四个自信”，坚定中国特色社会主义道路自信、理论自信、制度自信、文化自信，切实做到“两个维护”，坚决维护习近平总书记党中央的核心、全党的核心地位，坚决维护党中央权威和集中统一领导，切实打造高素质专业化干部人才队伍。

（二）加强干部人才培养与使用是企业改革创新的需要

企业之间的竞争归根结底是人力资源的竞争，关键是干部人才的竞争。党的十八大以来，国资国企改革、电力体制改革、能源生产和消费革命是中国大唐生存和发展面临的突出时代背景。国资国企改革方面，国有资产监管管理逐渐朝管资本为主的方向发展，公司制和法人治理结构制成为国有企业的基本制度体系，分类改革、三项制度改革、处僵治困、混合所有制改革成为国有企业突破传统“铁饭碗”“大锅饭”等传统体制机制的重要突破口，全面深化改革是中国大唐十万干部员工顺应这一形势、解决历史遗留问题、争取国企改革红利的唯一途径。

电力体制改革方面，中央和地方政府以“放开两头、管住中间”为主线，大力推进电力市场化交易，大幅减少计划电量，强力推进双边交易和多边竞价，生产经营环境发生了颠覆性变化，继续沿用传统“重生产、轻销售”的经营模式已不合时宜，亟需中国大唐广大干部员工加快树立“度电必争”的竞争意识，加速形成成本领先的竞争优势，努力构建快速响应客户需求、提供经济便捷能源服务的市场营销管理体制机制和产品服务体系。

能源生产和消费革命方面，以可再生能源发电、储能、分布式能源、能源互联网等为代表的新技术、新业态迅速发展，传统的煤电被赋予保供、托底、让路的多重功能，作为电量主体开始朝电力调节主体转变，风电、太阳能发电装机规模和发电量迅猛增长，相应的市场主体成为电力电量平衡、电力市场交易、综合能源服务等领域的生力军。储能、分布式能源、能源互联网快速发展，成为电力系统甚至整个能源系统的潜在颠覆性力量。面对这些新技术、新业态的集中涌现，十万大唐干部员工唯有加快科技创新、加速转变发展模式，才能保有技术优势、为客户创造更多价值和更好体验。

（三）加强干部人才培养与使用是解决实际问题的需要

党的十八大以来，伴随着中国大唐的快速发展，干部人才培养使用与事业推进不匹配、不平衡的问题日渐突出，制约了企业的可持续发展。一是干部队伍年龄结构老化严重。集团公司部门主任级干部平均年龄超过50岁，副主任级干部平均年龄接近50岁，相当一部分二级班子以50岁以上干部为主体且没有形成老中青结合、梯次配备的格局，年轻干部培养选拔工作滞后，年轻干部比例过低。二是干部分布不平衡。专业干部较多，但懂经营、善管理的复合型干部数量明显不足，“一把手”后备人才紧缺。干部队伍年龄结构、专业结构、管理特长、经验积累等不尽合理，区域间、产业板块间干部配备不均衡。三是干部交流轮岗力度不够。近年来，副主任以上级别的干部交流力度不断加大，但二级单位管理的处级及以下干部交流轮岗相对滞后，处级以下干部纵向、横向的交流尚未形成常态机制。四是干部考察考核方法手段比较陈旧。考察深度不足，普遍沿用测评谈话等传统方法，有时只看一两年的考核结果、只看当前的明显业绩，没有深入分析研究和全程把握人选的一贯德才表现、群众评价和业绩成效。

针对这些问题，必须坚持目标导向和问题导向，着力将干部人才选育管用各个环节衔接起来，进一步优化干部队伍的年龄、知识、专业、气质结构，开拓成长路径，推进统筹配备，努力做到人岗相适，实现精准培养，切实加强各级干部人才的政治建设、思想建设、组织建设、作风建设、纪律建设，满足企业经营管理的需要。

（四）加强干部人才培养与使用是企业长远发展的需要

企业以人为本。作为十万大唐人的领导者、组织者和决策者，各层级干部干事创业的积极性、主动性和创造性决定了中国大唐的可持续发展能力，这一骨干群体的能力素质是中国大唐基业长青的决定性因素。

新的历史时期，中国大唐的改革发展面临更多机遇和更大挑战，也对干部人才队伍建设提出了更高要求。面对内生动力不足、人力资源分配不均、区域发展合力不够等问题，中国大唐制定了“1+1+N”改革框架，三总部集中办公顺利完成，大部制、区域一体化、燃料物资体制改革等一大批改革陆续开展。毛泽东同志说过：“政治路线确定之后，干部就是决定因素”。加强干部人才的培养与使用，就是要在坚持建设一流国际能源集团愿景、建设“五个大唐”战略目标、推进八个子战略“三个不变”前提下，结合内外形势变化，使改革成果得到进一步巩固，改革红利得到进一步释放，积极应对市场变化，全面提升企业的盈利能力、抗风险能力和可持续发展能力，确保各项任务目标务期必成。

基于以上背景，中国大唐全面加强了干部人才培养与使用，致力于打造国际一流的干部人才队伍，为建设国际一流能源集团提供坚强组织保障。

二、内涵及主要做法

内涵：中国大唐在坚决贯彻落实中央关于干部人才决策部署的基础上，坚持党管干部的根本原则，坚持四重八看选人用人导向，坚持培养与使用结合、严管与厚爱并举的基本理念，以领导班子建设总目标、干部队伍建设总要求、年龄结构调整总任务为统领，以建立健全“四全管理体系”（即全面的干部人才优化策略，全面的领导班子建设机制，全面的干部选拔任用标准，全面的干部人才培养模式）为核心，全力建设一支讲政治、懂经营、会管理、尽职责、能创新、善协调、勇担当的干部队伍，为建设国际一流能源集团提供坚强的人才支撑。

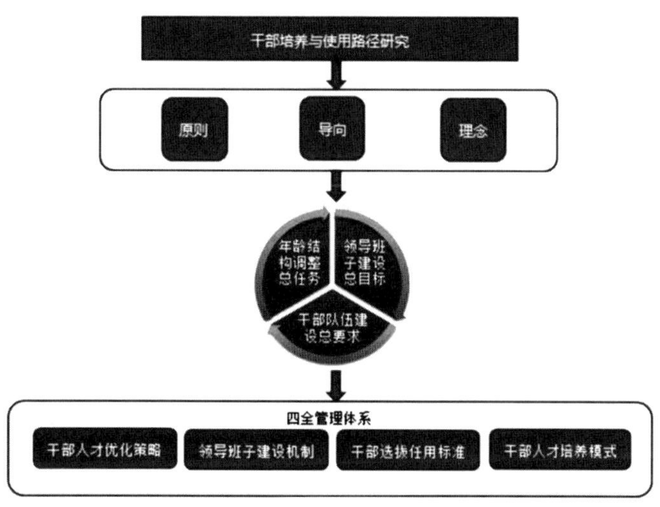

图1　干部人才培养与使用路径的内涵要素

主要做法如下：

（一）全面实施以“四项聚焦”为目标的干部人才优化策略

中国大唐通过聚焦战略引领、聚焦优化结构、聚焦履职纪实、聚焦强化监督，准确把握“严管”与“厚爱”的关系，持续提升干部人才队伍建设水平，为企业改革发展和创建国际一流能源集团提供坚强的组织保证。

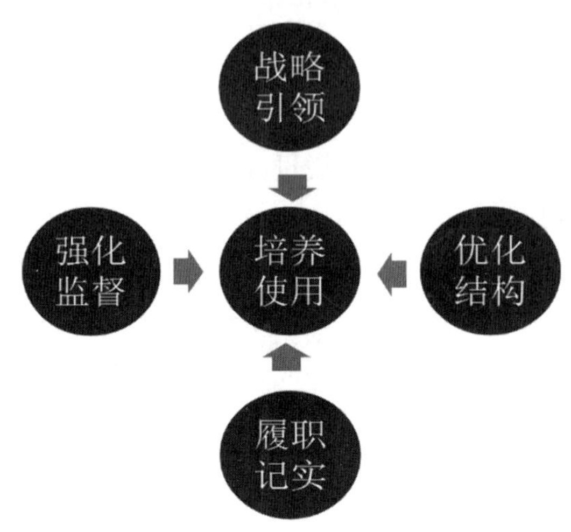

图2　中国大唐干部人才队伍“四项聚焦”示意图

1.战略引领——科学谋划布局干部人才梯队建设。面对市场变化快、结构调整快、产业升级快的局面，干部人才的培养与使用必须坚持顺势而为、超前谋划。在战略规划上，中国大唐把干部队伍建设专题写入“一五八”发展战略，制定了人才强企战略，作为七个子战略之一，对干部人才培养与使用进行顶层设计、总体规划和具体部署。在体制创新上，实现三总部集中办公，完成了中国大唐组建以来最大一次生产关系调整，有效减少管理层级，提高管理效率，增强管控能力。改革前后，三个总部的人员减少了120人，减少27%，总部研究生以上学历人员由107人增加至141人，干部职工平均年龄下降了1.4岁。开展二级企业“大部制”改革，精简机构、优化定员，理清工作职责，突出核心职能，建立了三能机制，干部上下交流比例大多超过30%，最多的超过了60%。开展“区域一体化管理”，解决了同一区域多个主体并存的问题，增强了区域竞争力。在制度建设上，不断健全干部人才管理工作机制，推进干部人事制度改革，推动制度“立改废”工作，先后制定了《领导人员管理暂行规定》、《领导班子管理办法》、《领导人员谈心谈话制度》、《领导人员履职纪实管理办法》等近30项管理制度，基本涵盖了干部人才工作的各个方面，达到了统一工作标准、规范工作流程、夯实工作基础的目的，有力促进了干部人才培养与使用的科学化、规范化、标准化，全面提高了中国大唐干部人才工作的整体水平。

2.优化结构——增强优秀年轻干部成长内生动力。中国大唐党组认真贯彻落实中组部关于加快优秀年轻干部培养选拔工作的部署要求，在用好各年龄段干部的基础上，切实加大年轻干部培养选拔工作力度，启动了年轻干部培养“长板凳计划”，切实加大年轻干部选拔任用的力度，举办5期70后处级干部党校班和4期80后优秀青年人才培养班，共培养后备力量560多人。2017年4月，中国大唐党组专门召开了“加快优秀年轻干部培养选拔工作专题会议”，传达中组部和国资委要求，明确了中国大唐加快优秀年轻干部培养选拔工作的目标任务。党组会专题研究下发了《关于进一步加快优秀年轻干部培养选拔工作的通知》，实行了二级企业管理处级干部年龄结构对标管理工作，进一步明确了加快优秀年轻干部培养选拔工作的主要内容、基本原则、任务目标等，努力破解干部队伍年龄老化、良莠不齐的问题。

3.履职纪实——科学制定干部职业生涯发展规划。选好用准干部，需要客观公正地评价干部的成长过程。脱离了过程看结果，割裂了昨天看今天，结论往往具有不确定性。中国大唐创新制定了《中国大唐集团公司领导人员履职纪实管理办法》，开展领导人员履职纪实工作，将干部的培养与使用深入到干部履职全周期、全过程。三年来，共建立全系统副处级以上领导人员履职档案7000多份。在监督范围上，履职纪实包括领导人员的基本信息、任职经历、履职成效、考核评价、重大奖惩等情况，包括个人基本情况、岗位变动情况纪实、所在单位（部门）年度业绩纪实、个人年度履职情况纪实、培养和锻炼情况纪实、经济责任审计情况纪实、其他需要纪实的内容。在逻辑设置上，通过履职档案，分析干部的主要经历、使用情况、个人在分管工作中发挥的作用、个人工作业绩，综合研判干部的能力；分析干部发展潜力，综合研判干部的素质；分析干部的苗头性、倾向性问题，综合研判干部的品德。在组织管理上，严格按照干部管理权限逐级组织实施，实行“一人一档，一年一册”。对履职档案中反映的重大问题和逻辑推演呈现的关键问题，及时跟踪、深度挖掘、果断处置，指导职业生涯规划，引导干部立足岗位成长成才，形成凭实绩用干部的导向。

4.强化监督——加大对领导人员的日常管理力度。中国大唐党组坚持把纪律挺在前面，把功夫下在平时，严格执行《中国大唐集团公司领导人员谈心谈话制度》，明确了“日常履职谈话、考核反馈谈话、任职谈话、退职谈话”等四类谈话。主要领导带头对领导人员进行日常谈话，发挥了示范引领作用。严格按照中组部要求，不断加强领导人员个人有关事项报告及核查、干部人事档案专项审核、领导人员因私出境管理等干部监督工作，认真开展“裸官”、领导干部违规兼职情况清理，圆满完成全系统副主任级以上干部的个人有关事项表填报、汇总综合等工作。认真开展个人有关事项抽查核实工作，针对发现的问题及时开展提醒、函询和诫勉工作，起到了问责一个、警醒一片，抓住典型、严肃追责的作用。严格领导人员配备监督检查，出台了《基层企业领导班子职数管理办法》，严明机构编制和干部配备等纪律要求，坚决整治选人用人“三超两乱”等问题。

（二）全面打造以“四个环节”为中心的领导班子建设机制

实践告诉我们，一个单位有很多工作，但第一位的是班子建设。班子是司令部，是指挥中心，班子状态的好坏决定了一个单位的面貌、发展和文化。抓住了班子建设的“牛鼻子”，干部人才培养与使用的很多问题就会迎刃而解，企业的发展就会进入良性循环。中国大唐党组不断完善以“综合考评、分析研判、考核反馈、整改提高”为主要内容的领导班子建设工作新机制，以班子建设水平的不断提高推动干部人才培养与使用工作迈上新台阶。

1.在机制上，实现领导班子建设闭环管理。中国大唐坚持和完善二级企业领导班子建设工作新机制，实现闭环管理，通过优化领导班子分工，抓好新印发干部管理制度贯彻执行，整体提升领导班子建设水平，确保各级班子不软、不懒、不散，促进企业经营管理局面的持续改善。严格落实中国大唐《企业领导班子管理办法》，规范各级领导班子层级、职数、分工、结构、议事规则、日常管理、评价研判等方面内容，实现了班子管理的科学化、规范化。强化中国大唐《领导人员选拔任用管理办法》执行，坚持“规则先行”，严格执行选人用人工作方案，杜绝选人用人的随意性，维护选人用人工作的严肃性。

2.在方式上，创新和应用“一图一表”新载体。中国大唐针对各级领导班子建设需要重点关注的“十个方面问题”，设计了民主测评表，绘制了每家二级企业领导班子运转状况和每位领导人员素质能力特点的“雷达分析图”，以“十个方面问题”为尺子，既突出问题导向，反映变化趋势和特点问题一目了然、形象生动；又尊重历史变化，综合3年的时间跨度、地域特点，客观公正反映领导班子和领导人员履职状态，实现了精准画像、精准分析、精准考评，做到了每个班子和每名干部“一图一表”，即：一张民主测评结果统计表、一张雷达分析图，进一步提高班子建设的针对性，有效提高了干部管理工作的质量和水平。

3.在效果上，突出了考评的实效性。一是突出精准考评，看各单位贯彻执行集团公司决策部署的具体情况，看重点关注的十个方面问题在各单位的实际情况。二是突出问题整改，看领导班子考评结果反馈后的整改落实情况，进一步找准查实各单位存在的深层次问题。三是突出正面引导，看各单位工作的进步情况，找准各单位的经验和亮点，凝聚广大干部员工的力量和智慧，进一步提升了工作的针对性和有效性。

（三）全面实行以“四重八看”为导向的干部选拔任用标准

“四重八看”是中国大唐的选人用人导向，是干部工作必须遵循的原则。干部的培养与使用，必须践行中央的好干部标准，坚持“重品德、重业绩、重基层、重公论”的选人用人导向，采用“看理想、看担当，看显绩、看潜绩，看经历、看能力，看公论、看评价”的工作方法，确保“四重”导向落地，干部选得好、用得准。

表1　“四重八看”评价内容与方法

项目	内容				方法
重品德	政治品质	担当精神	作风建设	廉洁自律	看理想、看担当
重业绩	经营效益	发展能力	管理水平	基础工作	看显绩、看潜绩
重基层	岗位经历	企业经历	实际经验	实际能力	看经历、看能力
重公论	上级评价	同级评价	职工评价	社会评价	看公论、看评价

1.守住干部道德底线。德才兼备、以德为先，是选拔使用干部的基本原则。理想信念坚定是对一个干部品德的核心要求，是好干部第一位的标准。任何时期的好干部，信仰坚定都是始终不变的政治本色。要注重对干部德的考察，把平常时候有理想，关键时刻敢担当，能不折不扣贯彻中央部署，能以推动国企发展为己任，能严于修身、严于律己，能说真话、动真格、敢碰硬的干部作为培养与使用的对象。“德莫大于忠”。“德”的考察不过关的要“一票否决”，坚决不能作为培养与使用的对象。

2.注重凭实绩选拔干部。坚持以正确的政绩观、业绩观为指导，采取群众评议、组织考察的方法，实事求是地评价干部工作业绩。既看显绩，也看潜绩，既注重培养使用贯彻落实上级部署有行动、提升质量效益有业绩、岗位履职有成效的干部，也注重培养使用长期扎根基层，本职岗位上默默耕耘、无私奉献、善始善终、善做善成的干部。干部培养使用，一定要让业绩说话、凭实绩晋升。优者要提拔使用，给其舞台；平者要及时调整，激其活力；庸者要退出岗位，让位于贤。

3.从经历沉淀中看干部能力。能力来源于经历的沉淀。企业的生产经营一线是广阔的天地，最接近问题、最接近困难、也最接近群众，是一所培养历练干部的好学校。要把基层经历和履职业绩作为干部选拔任用的重要条件，既看干部干过什么，也看干部干成了什么，做到既重经历，也重能力。在干部培养使用中，要积极引导素质优秀，具有发展潜力的干部在一线增长阅历、提升能力、接受洗礼、经受考验，培养接地气、热情高、胸怀广、意志坚的优秀品质。

4.从群众评价中发现干部。综合分析干部多维度、多渠道测评结果，全方位征求各层次的意见，客观公正地评价一个干部。考察评价一个干部，既听上级领导的评价，也听同级班子成员的意见，既听党员干部的看法，也听职工群众的反映。注重"开门"评价干部，落实好职工群众的知情权、参与权、选择权和监督权，让群众公论进入决策环节，成为选拔任用干部的重要参考，对群众反映问题较多的干部要及时核实，不放过任何细节。对群众公认的"讲政治、懂经营、会管理、尽职责、能创新、善协调、勇担当"的干部，及时提拔、大胆使用。

（四）全面践行以"四多机制"为核心的干部人才培养模式

干部人才培养使用的最终目的是打造一支高素质的干部人才队伍，必须积极实施多层次、多岗位、多专业、多区域的干部培养机制，丰富每一名干部员工的经历，创造条件让每一位有潜力的干部人才都能够获得发展的机会，都有广阔的成长空间。从中国大唐干部人才培养的具体实践来说，在"四多"的格局下，探索建立10条干部人才成长的具体路径。

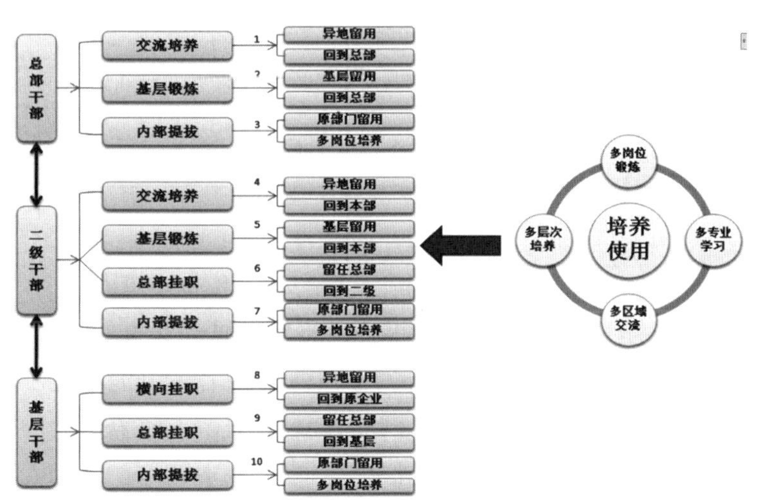

图3　中国大唐干部人才培养使用的路径选择

注：10条路径不是固定不变的，可以单独使用，也可交叉使用。在"四多"大格局下，鼓励少用3.7.10，实现干部多交流，与中国大唐挂职锻炼有关制度有效衔接。

1.多层次培养。不同层级的工作锻炼可以培养干部人才不同方面的能力素质。集团总部培养干部人才的宏观视野和大局意识，二级企业培养干部人才的沟通意识和服务能力，基层企业培养干部人才的技术技能和毅力品质。统筹干部人才培养使用工作，必须坚持对干部人才进行多层次培养锻炼。对长期在集团总部和二级公司本部工作的人员，如果经历相对单一、缺乏基层一线经验，可采取“双向选择、定向补课、上下联动、有序推进”的方式，有计划的安排到基层一线岗位锻炼。对于基层的优秀年轻干部人才，可以通过挂职挂岗的方式，选派到集团总部或二级公司本部锻炼。

表2　中国大唐干部人才培养使用的路径矩阵

	总部主任	总部处长	总部员工	二级正职	二级副职	二级中层	二级职员	基层正职	基层副职	基层中层	基层职员
总部主任				①							
总部处长	③				②	②		②	②		
总部员工		③				②	②		②	②	
二级正职	④										
二级副职	④			⑦				⑤			
二级中层		④⑥			⑦	⑧		⑤	⑤		
二级职员			⑥			⑦	⑧		⑤	⑤	⑤
基层正职		⑨			⑩	⑨					
基层副职		⑨				⑨		⑩			
基层中层			⑨			⑩	⑧⑨		⑩	⑧	
基层职员							⑨			⑩	

注：总部主任含副主任；总部处长含副处长，中层含中层副职。表中数字符号代表图3中的具体路径。

2.多岗位历练。一个岗位干久了，积极性会下降，情绪会懈怠，一些用权不严、权力集中、思维惯性、管理惰性的问题就容易出现，既不利于工作的开展，也不利于自身成长，这是干部人才工作的一条普遍规律。同一岗位任职时间较长且具有培养潜力的干部人才必须实现轮岗。对长期在生产一线业绩优秀、专业基础扎实、具有培养前途的干部人才，要注意结合个人专长和职业理想，有计划的选拔到各级经营管理岗位，以利于复合型人才的培养，使之更快地进入领导班子的后备梯队。有计划安排多岗位锻炼，对具备提拔使用条件的干部人才，及时提拔使用。

3.多专业学习。探索实行干部人才分类管理，建立干部人才分类管理机制，分类管理生产、经营、规划、基建、财务、党务、纪检等干部人才队伍，按不同类型建立和逐步完善领导人才专家库，为每名干部人才制定“成长路线图”。根据中国大唐业务领域由以电为主转向多元经营的发展需要，统筹推进各板块干部人才队伍协调发展，分类制定专项培养计划，在配强发电主业干部人才队伍的同时，重点加大煤炭、煤化工、金融、科技、环保、核电等专业干部人才的培养力度，加大稀缺人才引进力度，加大发电与非电干部队伍的交流力度，着力解决发电与非电板块干部人才队伍建设不均衡问题。

4.多区域交流。加大干部人才交流力度，促进干部人才多区域交流任职，带动思想、观念、技术、经验、方法等全方位的交流，让交流为干部人才队伍注入活力，盘活资源。在跨区域交流中，重视在艰苦边远地区、新产业板块、经营困难企业和急难险重任务中大胆使用和培养年轻干部人才。完善年轻干部横向挂职制度，推动年轻干部人才跨地区、跨企业锻炼，特别是到西藏、新疆、海外等艰苦地区接受锻炼。善于创造良好的干部人才交流环境，打破干部人才交流的条条框框，统筹研究考虑好薪酬不平衡、两地分居等问题对干部人才交流的影响，支持交流干部的工作，关心交流干部的生活，营造崇尚交流的良好氛围。

三、实施效果

（一）思想政治建设水平持续提高

中国大唐党组率先示范，通过集中宣贯、集体学习、宣讲、培训、研讨等方式，系统学习习近平新时代中国特色社会主义思想和党的十八大、十九大精神，深入领会党中央治国理政的新理念新思想新战略，坚持不懈地用马克思主义中国化的最新理论成果武装头脑、指导实践、推动工作。各级领导班子能够始终在思想上政治上行动上同以习近平同志为核心的党中央保持高度一致，始终以中央的判断为判断，以党中央的论断为论断，以中央的决断为决断，保持战略定力，自觉把中国大唐党组的各项决策部署落到实处，紧紧围绕中国大唐改革发展稳定大局和“一五八”战略目标，坚持“价值思维、效益导向”核心理念，谋划工作从大局着眼，说话做事以大局为重，顺势而为、好中求快，围绕建设国际一流能源集团，全力推进“五个大唐”建设。

（二）领导班子工作状态大幅上升

几年来，中国大唐党组持续加强各级领导班子建设的压力在各单位进一步压实，措施进一步落地。中国大唐党组在逐家逐个认真听取关于各分子公司领导班子和领导干部考核评价情况的汇报的基础上，充分利用近几年干部考核成果，切实发挥干部考核“指挥棒”作用，特别是针对个别干部精神懈怠、心理懈怠、改革勇气锐气弱化等新情况新问题，鲜明亮出干部优与劣的标尺，及时启动干部调整配备工作，大胆地用、坚决地调、该容的容，抓好“关键少数”，教育引导干部强化政治担当、历史担当、责任担当。决不允许干部在工作安排上挑肥拣瘦，在承担任务上讨价还价，在职级待遇上相互攀比，以较真碰硬的态度推动更多的领导班子整体工作进入上升趋势，让担当和作为成为各级领导干部的思想共识和自觉行动。各单位高度关注、认真整改综合考评结果反馈问题、“十个方面突出问题”，班子建设的整体工作水平进一步提升，整体工作进入上升趋势的班子由2015年的25%上升至2017年的75%。

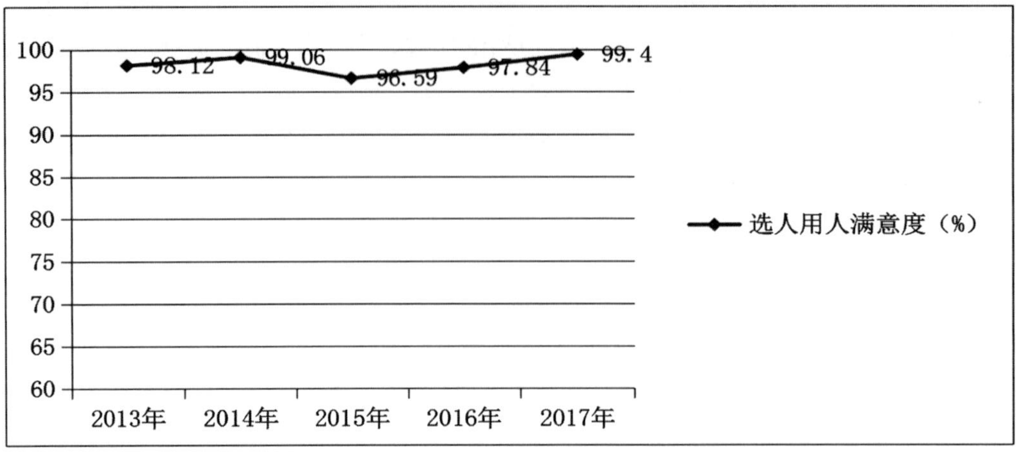

图4　中国大唐二级企业进入上升趋势的领导班子比例变化

（三）选人用人满意度居央企前茅

中国大唐党组始终严格落实“七个注重”的干部调整配备原则，高标准选优配强各级领导人员。在中组部组织开展的选人用人“一报告两评议”中，选人用人满意度持续保持在96%以上，平均达到98.12%，在前几年最高99.06%的基础上，2017年再创新高，达到99.4%，始终位居中央企业前茅。这说明，选人用人工作得到了广大干部职工的认可，营造了风清气正的良好氛围，同时也说明新提职同志的精神状态好、干事创业积极性高。

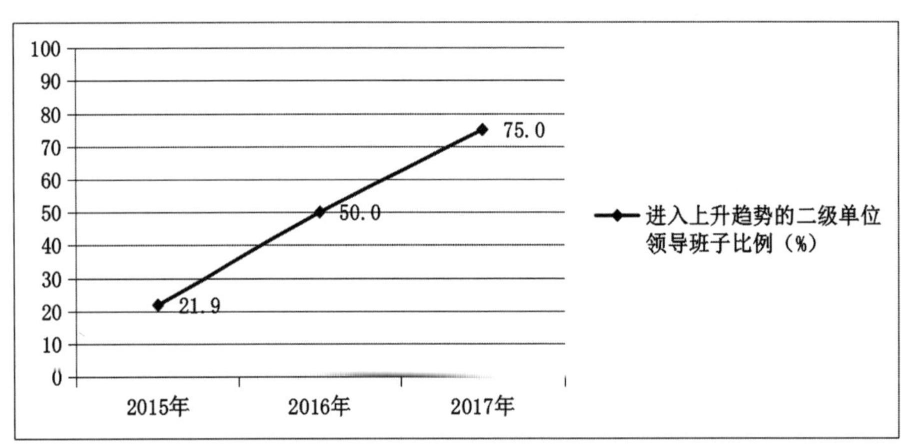

图5　中国大唐近年来选人用人满意度对比

（四）干部人才队伍结构不断优化

中国大唐深刻认识培养选拔年轻干部人才的重要性和紧迫性，依靠实践锻炼塑造年轻干部人才，加大力度培养教育年轻干部人才，不拘一格选拔任用年轻干部人才，通过加快培养选拔优秀年轻干部促进干部队伍结构持续优化。在年龄结构上，通过加快实施年轻干部“长板凳计划”，有效提高领导班子中年轻干部比例。经过几年努力，干部年轻化工作取得了阶段性成果。截至目前，中国大唐系统“70后”副主任级以上干部数量占副主任级以上干部的31.2%

，“70后”主任级干部数量占主任级以上干部的22.5%。在知识、专业结构上，统筹不同知识、专业干部配备，通过举办培训班、挂职挂岗、轮岗交流等方式，优化知识、专业结构，拓宽整体视野，提高综合素质，满足企业经营管理和发展的需要。在气质结构上，结合班子成员不同的工作经历、管理经验和专业特长，优化班子配备，实现气质性格相容互补，保证领导班子的团结协作和整体合力。

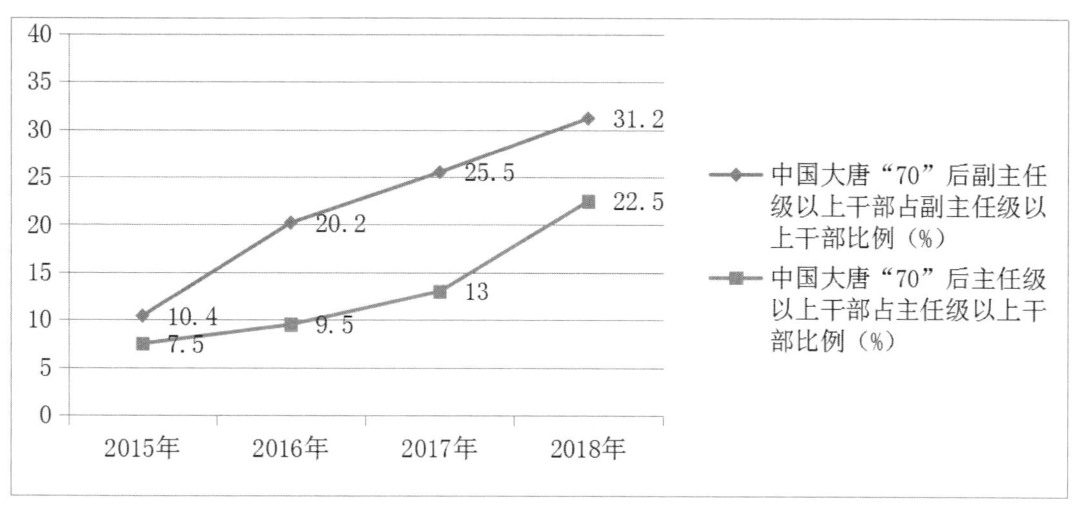

图6 中国大唐近年“70后”干部比例变化对比

（五）干事创业的积极性显著增强

中国大唐党组立足事业需要，顺应职工呼声，切实让敢担当、善作为的干部人才有舞台、受褒奖，让不作为、慢作为的干部让位子、受警醒，让广大干部轻装上任、撸起袖子加油干。越来越多的干部人才站在集团层面想问题、办事情，把工作的重点放在贯彻中央决策部署上，放在中国大唐的战略部署上，放在企业加快发展和攻坚克难上，主动融入“五位一体”总体布局和“四个全面”战略布局，抓住“一带一路”、“京津冀协同发展”等新常态下的新机遇，在抓落实、抓执行、抓实践中抢抓政策机遇，开拓发展空间和效益空间。

几年来，中国大唐在发展质量上，搬掉了“三座大山”“四大结构”调整取得实质突破，投产电源项目3244万千瓦，清洁能源占54%；超低排放机组占燃煤机组比重达到88%，高出全国平均水平17个百分点，资产负债率累计比2011年历史最高点下降了8.95个百分点，累计实现利税1619亿元，获得国资委经营业绩考核“六连A”；在发展动力上，全面深化改革持续推进，成功实现三总部集中办公，完成了中国大唐组建以来最大一次生产关系调整，授权专利总量达5430件，是五年前的17.4倍；在发展水平上，第一阶段战略任务圆满收官，第二阶段开局良好，各项指标在中央发电企业中追赶超越、迈向先进的态势十分明显，企业盈利能力、抗风险能力、可持续发展能力全面提升。

四、相关经验

党的十八大以来，中国大唐在干部人才的培养与使用工作中，认真贯彻中央决策部署，着力构建具有大唐特色的干部人才管理体系，完善干部管理考评措施，加强干部人才管理制度建设，创新干部人才队伍管理载体，全面打通以“四全管理体系”为核心的干部人才培养与使用通道，取得了较好效果。总结回顾中国大唐的干部人才培养与使用工作，有以下几点经验值得推广。

一是加强干部人才培养与使用，实现干部人才队伍建设的有序开展，需要建立一套符合实际、卓有成效的干部人才管理体系。中国大唐干部人才队伍建设一系列导向、理念、标准、机制、措施的提出，领导班子建设总目标、干部队伍建设总要求、年龄结构调整总任务的明确，为“四全管理体系”的形成奠定了理论基础，为干部人才管理工作的推进提供了基本遵循。实践证明，一套好的干部人才管理体系是推进干部人才管理工作的基础。

二是加强干部人才培养与使用，推动越来越多的班子进入上升趋势，需要全面实施干部精准考核，激励干部担当作为、成长成才。中国大唐在班子建设方面，严格落实以综合考评、分析研判、结果反馈、整改提高为主要内容的领导班子建设工作机制，实现了闭环管理，使班子始终保持“一池活水”。在干部考评方面，通过履职档案、一图一表实现了精准考评、精准激励，形成了鲜明的针对性和指导性，调动了广大干部的积极性、主动性和创造性。实践证明，一套好的干部人才精准考核体系是推进干部人才管理工作的保障。

三是加强干部人才培养与使用，确保干部人才队伍建设行有方向、做有标准，需要建立一套立足当前、着眼长远的制度体系。中国大唐健全完善了一整套包括选育用管等各环节在内的干部人才管理制度体系，其中一些在央企范围属于原创和首创制度，通过严格程序、规范运作，实现了精准培养、科学使用，有效提升了工作的程序化、制度化水平。实践证明，一套好的干部人才制度体系是推进干部人才管理工作的关键。

四是加强干部人才培养与使用，提升干部人才队伍建设工作效果，需要与时俱进创新干部人才工作载体和途径。中国大唐在全面落实上级关于干部人才培养使用部署要求的基础上，结合实际，创新了领导班子标准化管理、干部履职纪实、精准考评、一图一表、年轻干部培养长板凳计划等一系列行之有效的工作方法措施，实现了规定动作不走样、自选动作有特色，确保及时发现培养、源源不断选拔使用适应新时代要求的干部人才，让整个干部人才队伍都有干劲、有希望、有奔头。实践证明，一套好的干部人才工作载体是推进干部人才管理工作的动力。

成果创造人：刘峰彪、焦绍臣、朱发根、李学斌、牛　征、许满忠、李国彪、梁艳萍、王立斌、陈天霄

地方国有企业文化建设的有效路径

中国中铁建工集团　戴荣里

当前，地方国有企业在区域性经济建设中发挥着重要作用，但随着经济的发展，私营企业的快速成长，地方国有企业面临着严峻的挑战，一方面要保增长，另一方面要转型升级，积极跟进世界潮流与经济发展形势，努力闯出一条地方国有企业的发展之路。国有企业不能抱残守旧，要跟紧形势开放胸襟，促进技术、管理的不断创新，并进行更深层次的是企业文化的创新。地方国有企业文化建设，只有体现地域性、系统性、政治性、目的性、安全性、合律性，才能在当下勇立潮头、与时俱进，进一步谋求企业的发展壮大，促进当地经济发展。

一、地方国有企业文化建设要充分体现地域性特点

当前，大多数地方国有企业都已开展不同程度的企业文化建设，但存在着重形式、轻内容的问题，嗓子喊破，却没有一点实质性的文化蕴含，要么生搬硬套，不接地气，要么不会与企业发展的融合，缺乏自身特色。

国有企业文化建设要体现地域性，就是要从企业实际出发，结合地域特点，量体裁衣，企业文化才会“活”在每一个员工的心中。底蕴深厚的地方企业，其文化必定是与企业发展战略和地方特色相融合的，地域特色鲜明的企业，甚而可成为一个城市最闪亮的名片。

企业是在一定的地域环境中形成的社会经济组织，是人类生产活动社会化的主体。由于地域环境、文化观念、风俗习惯、经济水平以及历史渊源等方面存在着差异，必然导致不同地域不同历史阶段的企业文化各不相同。比如明清时的徽商、现代浙商，这些企业文化里有着浓郁的地域文化特色。当前，边疆民族地区国有企业要实现自身的发展，就要构筑地域性企业文化特色，充分将地域元素融入其中，地域文化是民族的、地方的，又是有一定历史文化特色的，是契合企业与地方的价值观。

“有什么样的土壤，就会开出什么样的企业文化之花”。企业文化的地域性特征，决定了企业文化建设必须体现地域性。企业文化的主体是企业，如果企业在进行文化建设时脱离地方实际或不关注其地域性，那么就很难有所作为，在激烈的竞争中很难脱颖而出，因为它失去了生存的土壤，一个企业的精气神没有了，员工与企业的凝聚力没有了，企业自然就缺乏核心竞争力。那么如何构建企业文化的地域性特色呢?

（一）思想上高度重视，锲而不舍的构建有地方特色的企业文化

一方水土养活一方人，地方国有企业受自身行业经济范围和经营实力的影响，其经营活

动一般在特定的地域范围内，依赖地方资源，员工来自本土，销售集中在本地或相关区域，因此可以说地方国有企业文化体现了经营特色，要通过地域文化打造赢得本地消费者和外地潜在欣赏者，地域特色对地方国有企业形成独特的企业文化特色产生深远影响。当下，地方国有企业，普遍对企业文化的地域性重视不够，认为企业文化是中央企业才做的，发展营销业务更重要，造成对文化地域性效果推广不力。当前地方国有企业存在的崇洋媚外等浮躁心理，让这些企业更容易关心眼前的利益，缺少文化前瞻性。地域文化不是几句“方言”和几首“山歌”涵盖的，更不是在产品上涂抹几处自然风光所能代替的。它必须要具有地方所独有的文化特征和气质，而这种文化特征，来自于地方独特的自然环境和社会人文、历史环境，并被这个地方的人们所普遍接纳。因此，建设地方国有企业文化的前提是，必须从自然环境和社会人文环境这两方面去综合研究、整理和提炼出本地区独具特色的地域文化。企业文化地域性的打造，非一朝一夕之功，需持之以恒去努力建设。

（二）要将地域文化主动融入到地方国有企业文化制度建设中来

地方国有企业要结合本地区的法律法规、社会现状、民族心理等特点来健全和完善企业规章制度，以此规范企业和职工言行。例如，少数民族地区的企业，在严格遵守国家法律法规的同时，还必须遵守当地颁布的诸如《民族自治条例》等法律、法规，还必须兼顾当地的社会现状、民族心理、宗教信仰、经济水平等方面的特点，如果企业出台的规章制度，忽略了这些地方特点，那么在企业文化规划设计与执行上，肯定会出现多方面的偏差，影响企业正常发展和文化塑造。

（三）地方国有企业要有民间情怀，要接地气，要将地域文化融入企业精神文明创建活动中来

地方国有企业文化的建设不能靠写几篇宣传文章、提几个标语口号公之于众就能完全解决问题的，关键是要在具体的从宏观到微观的建设活动中接地气，走民间路线，适应并符合当地的地域文化特性。开展企业文化活动，要做到运用民众喜闻乐见的新媒体等内容，吸引员工和消费者真心喜欢并主动参与，能切实鼓舞员工的情感，平衡员工的心理，维系员工的忠诚，激发员工的智慧，调动员工的积极性，发掘员工的内在潜能。

（四）新时代，地方国有企业要发挥创造性，要建设与地域性相符的高质量文化品牌

文化是一个企业的灵魂，是打造一个企业对外的品牌与形象。好的企业文化，必然在继承地方特色的基础上创新发展而来的。创新是一个企业发展的不竭动力，创新地域性企业文化的根本内涵，要注重历史与现实的结合，在与时俱进中创新，在延续地域文化中创新。把创新作为企业文化创新的主线，以创新的文化推动创新的管理，技术的创新和企业的整体提升。

（五）加强宣传，重视人才在企业文化建设中的重要性

地方国有企业应加强对人才的挖掘，挖掘有地方文化蕴含的人从事企业文化工作，靠其树立品牌意识，利用全方位媒体矩阵，扩大企业的影响性。加大对员工的培训教育，让员工了解市情地情，内化于心，让人才感受到地方文化的魅力，使其将地方特色融入产品，融入管理之中。把符合地方特色的优秀文化融入企业的全系统管理之中。以此增强企业文化的吸引力，使员工做到应知当地风俗，应会如何传播地方文化特色，自觉将地方文化特色融入产品制造之中。

（六）健全机制，加强对企业文化的考核

应将企业文化建设是否体现了地域性纳入工作业绩考核范畴，凡是应付了事、浅尝辄止设计地域文化符号，夸夸其谈、高高在上脱离地方文化实际，靠“口号文化”、“面子文化”隔膜地方文化宣传的企业文化行为，应分析其危害，责令其限期整改。从而以精准、有效的考核制度，努力打造出具备自身特色并广为企业成员所接受的“长青文化”。

二、地方国有企业文化的系统性建设

企业文化作为一种管理模式从当初引进我国企业管理，到今天走过了几十年的发展历程。一些学者和企业家，20世纪80年代年代就提出了“企业文化建设”规划并逐步深化，开始有些企业热衷于出本文化手册、搞文艺活动、喊口号、统一服装、统一标志，不少企业还请广告公司做CI形象设计，客观而言，这从一定程度上解决了企业文化的“从无到有”的问题，推动了我国企业企业文化建设。但实际上多数企业并未将企业文化建设与实际经营管理的密切结合，并未达到促进企业管理能力提升和打造高效团队的目的，进而存在企业文化缺失，没有解决“从有到用、从弱到强，从精神要物化效用转变”的突出问题。究其根本，就是缺乏企业文化建设的系统性。

（一）打造地方国有企业文化的系统性，应做到制度设计优化、完善

制度的规范、优化与完善，体现着国有企业发展的成熟，“没有规矩不成方圆”，制度是管理的有效工具，是员工的保护伞，是企业的防火墙，因此，地方国有企业，必须高度重视制度的规范建设。但随着城市现代文明的推进和工业信息化的实施。传统制度的桎梏，严重影响企业文化的发展。兼顾制度的人性化与科学化，让制度设计更加系统，达到各方利益的平衡，成为企业文化发展中的关键。

（二）打造地方国有企业文化的系统性，就应打造好VI系统

VI（Visual Identity）系统即视觉识别系统，它是以标志、标准字、标准色为核心展开的完整的、系统的视觉表达体系。将企业理念、企业文化、服务内容、企业规范等抽象概念转换为具体符号，塑造出独特的企业形象。在VI设计中，视觉识别设计最具传播力和感染力，最容易被公众接受。地方国有企业要谋求长远发展，就应重视企业的VI系统，它体现着企业理念文化的深层次内涵，是一个国有企业与外界交往的名片。读图时代的受众心理要求企业在VI系统设计中要更富鲜明的时代性、兼容性和文化性。

（三）打造好地方国有企业文化的系统性，就应重视企业的经营理念的总结与提升

所谓经营理念，就是管理者追求企业绩效的根据，是顾客、竞争者以及职工价值观与正确经营行为的确认，然后在此基础上形成企业基本设想与科技优势、发展方向、共同信念和企业追求的经营目标。经营理念即是系统的、根本的管理思想。管理活动都要有一个根本的原则，一切管理都需围绕一个根本的核心思想进行。经营理念决定企业的经营方向，和使命与愿景一样，是企业发展的基石。地方国有企业，应对企业经营发展的大环境有深刻的认识，对企业的核心竞争力有正确的把握，紧跟时代步伐调整企业发展理念，同时要让企业员工对企业的经营理念有深刻了解。只有让企业的发展战略具备前瞻性和科学性，国有企业才能大发展，企业文化建设才会更加契合企业的核心价值观。

（四）打造好地方国有企业文化建设，应正确把握企业的发展创新理念

国有企业的发展理念，就是企业的指挥棒，因此企业应做好自身定位，积极打造良好的企业发展方向，让企业紧跟时代步伐创新发展，从而让企业在市场经济的竞争中立于不败之地。发展理念应从属于国家发展政策，切实结合当地的生态发展政策，呵护管理的人性化和以人民为中心的观点，将企业发展与时代要求相结合，塑造动态的发展观。

（五）打造优秀地方企业国有文化，应有好的管理理念

管理理念是指依照什么样的经营思想、价值观念、行为准则等指导企业的生产经营活动的思想，它是企业开展各种活动的前提和基础，是企业管理工作应遵循的基本策略和指导思想。地方国有企业的管理者，应给企业一个清晰的发展定位，用好手中指挥棒，把管理理念融入企业文化发展的建设中，稳健推动企业的大发展。

（六）打造好地方国有企业文化，应重视对人才队伍的建设

人才在一个企业的发展中作用尤为重要，抓住了人才，也就抓住了未来，地方国有企业应积极培养一批懂得企业文化、认同企业核心价值观的人才，给予他们成长的平台和空间。必须要强化激励机制，增强人才活力，可以运用目标激励、知识激励、绩效激励、职务激励，充分锻炼企业文化人才，让他们成为带领企业文化建设并推而广之的尖兵。激活人力资源，用好培训福利，才是营造企业人才文化，促进企业发展的根本所在。

三、地方国有企业文化建设的政治性

企业文化是决定企业生命力的重要因素，也是企业可持续发展的强大动力。随着现代企业制度的不断完善，企业文化建设已越来越多地受到企业管理者的关注和重视。企业文化已成为推动企业发展的巨大力量，成为企业潜在的资源。营造积极健康的企业文化氛围，离不开思想政治工作这个重要环节。

（一）思想政治工作与企业文化建设的辩证统一性

企业文化建设与思想政治工作都是做人的工作，两者有共同性，都是强调尊重人、关心人、理解人、激励人，以提高人的思想道德素质为目的，两者联系密切，都是凝聚员工共识，共同为推动地方国有企业大发展服务。思想政治工作是企业文化的一部分，当前，党政工组织是企业思想政治工作的主要部门，在企业文化建设中发挥着重要作用。但并不意味着企业文化仅仅是这一部分人所从事的工作，企业文化建设涵盖了企业的管理文化、技术文化和营销文化以及品牌文化的各个阶段。思想政治工作的优秀，能促进企业文化向好发展，但不能代替企业文化的全部；企业文化的发展，既要依靠思想政治工作部门参与，又要全员参与塑造，全过程予以呈现。

（二）国有企业深化改革应深化政治治理

习近平总书记指出，坚持党对国有企业的领导是重大政治原则，必须一以贯之；建立现代企业制度是国有企业改革的方向，也必须一以贯之。这两个“一以贯之”，明确阐释了全面深化地方国有企业改革的方向和原则，从经济逻辑和政治逻辑辩证统一的思维出发，提出了在国企改革中如何处理公司治理与政治治理关系的重大命题，是对中国特色现代企业制度的重要完善。深刻领会和贯彻落实习近平总书记两个“一以贯之”重要思想，在全面深化改革过程中，注重政治治理，对建设地方国有企业现代公司治理机制，建设良好政治文化生态，提高领导干部的政治能力，实现国有企业的全面治理，意义重大。同时，这也是当前地方国有企业深化改革的一项重要任务和企业文化要把握的基本方向。

习近平总书记关于国有企业坚持党的领导，加强党的建设的系列重要论述，为认识和推进国有企业政治治理提供了重要遵循，为地方国有企业文化建设指明了方向。坚持党的领导，是国有企业的独特优势，也是国有企业政治治理的逻辑起点。地方国有企业，是中国特色社会主义的重要物质基础和政治基础，是我们党执政兴国的重要支柱和依靠力量。党对国有企业的领导是政治领导、思想领导、组织领导的有机统一。国有企业党组织发挥领导核心和政治核心作用，归结到一点，就是把方向、管大局、保落实。在国有企业建立党组织并发挥核心作用是建设现代企业制度需要明确的前提条件。国有企业政治治理的着眼点，就是要在国有企业改革发展中达成经济逻辑和政治逻辑的统一、经济责任与政治责任的统一、经济目标与政治目标的统一，从根本上解决党的领导与企业经营管理“两张皮”问题。企业文化的规划要尊重这种政治要求。

国有企业政治治理的关键，是加强国有企业领导干部政治能力建设，造就党在经济领域的执政骨干队伍。党的领导干部，要注重提高政治能力。国有企业领导干部，肩负着经营管理国有资产、实现保值增值的重要责任，需要既懂经济又懂政治，要有政治、经济复合型人才的双重素质。深化政治治理，要坚持党管干部的原则，处理好党管干部和董事会依法选择经营管理者的关系，形成科学合理、有效制衡的政治资源配置，建立起一个能够让人少犯错误、保证让人正确做事的地方国有企业政治文化生态，最终达到“管住权力、解放人力、激发动力”的目标。营造地方国有企业文化的政治性特色。

（三）提升国有企业文化政治政治性建设的必要性和紧迫性

习近平总书记指出：“我们的经济学家、企业家和经济工作的领导人，不能仅从经济角度来认识经济问题，还必须善于从政治角度来观察经济问题。”按照这个要求，加强国有企业政治治理，提升国有企业领导干部政治能力，对完善公司治理制度，创新中国式企业管理模式，推进全面深化改革，具有重要意义。

通过政治治理推进国有企业政治文化建设，激发国有企业改革的内生动力，是新时期国有企业全面深化改革的实践需要。深化国有企业改革，需要从政治高度提高认识，把坚持党的领导、发挥政治优势纳入改革发展大局，克服单纯用经济标准来衡量改革成效的取向，防止改革方向走偏。习近平总书记在全国国有企业党的建设工作会议上的重要讲话，为国有企业强“

根”铸“魂”，创造性地提出建立中国特色现代国有企业制度的基本路线图。

政治治理不是对公司治理的削弱，恰恰为地方国有企业落地生根提供了良好的土壤。将政治治理融入公司治理，是国有企业政治性、经济性所决定的。国有企业作为经济组织具有经济属性；国有企业坚持党的领导，又使其具有政治属性。其改革的前途命运，关系到社会主义基本经济制度能否得到巩固，人民利益能否得到保障。作为党的执政基础和重要支柱，国有企业要做强、做优、做大，不仅要提高经济实力，而且要提高文化软实力；不能仅靠物质刺激，更要有政治思想引领；不仅要应对市场竞争压力，更要增强改革内生动力。国有企业是融入和引领经济全球化、推进国际合作的中坚力量，在“一带一路”建设中肩负重要使命，更需要从政治高度来认识国际交往问题，增强使命担当，主动承担社会责任。

政治治理是公司治理的灵魂，国有企业改革多年来的实践证明，单靠经济手段无法解决国有企业深层次矛盾，必须政治方法与经济方法相结合，全面优化资源配置，充分发挥政治优势。这正是国有企业政治治理的本质要求，也是企业文化制度设计和日常注重的关键环节。

通过政治治理，建立公平稳定的用人机制，建立权责闭环体系，是解决国有企业领导更替与企业治理稳定、实现持续健康发展的现实需要。做强、做优、做大国有企业，需要持续稳定的战略，也需要持续稳定、科学公平的选人用人机制，用政治制度保障企业发展战略实施，有利于企业的腾飞。所以说，强化地方国有企业文化的政治性特色，是企业文化中国化特色的途径。

四、地方国有企业文化建设的目的性

企业文化建设目的不同，会直接导致企业在进行文化建设时，调动的人财物等资源、文化建设深度、文化建设成效的差别。随着地方国有企业对文化的认知上逐步深入，也在逐步发生着变化。

中国20世纪刚盛行企业文化热之时，建立企业的CIS系统成了很多企业的首要追求。这种根深蒂固的观念，导致许多企业认为，开展企业文化建设就是做企业的CIS系统。21世纪初，企业对企业文化的需求已超越了CIS所表达的内容，企业文化理念体系的建设与宣贯，成为企业文化建设的主流。这时很多企业又走了很多弯路，诸如过分追求文化理念的描述形式；为让企业文化更具有“文化气息”，将中国古典文化强行嫁接到企业文化建设上，造成了“泛文化”现象。这种趋势，直接导致员工不能简单清晰地理解企业文化内涵，企业文化与企业经营“两张皮”现象非常突出。近年来，企业对文化的认识更加务实、深入、求效，企业文化建设与企业日常经营管理开始逐步吻合，中央国有企业对企业文化建设的需求逐步步入正轨，但地方国有企业与发达国家企业相比，与中央国有企业相比，还存在着很大差距。

通过对中国企业文化演变历程的回顾，不难看出，企业文化建设必须与企业日常经营管理活动相结合，才能发挥企业文化的诸多功能。企业文化建设的目的，在于形成企业的价值观，通过规范企业的管理行为与员工的工作行为，最终提升企业的经营管理绩效。

企业文化建设要围绕统一目标，规范行为，内聚人心，外树形象等方面稳步展开。

目标就是方向，目标就是力量。企业目标代表着企业发展的方向，没有正确的目标就等于迷失了方向。企业文化建设最重要的目的，就是告诉大家企业的目标是什么，企业要往哪里去。在企业文化建设过程中，通过领导演讲、层层传达、不断宣传等方式，将企业的目标转化为全体员工共同的目标。

企业作为一个大的团队，不同的人有不同的想法，有不同的行为习惯，通过企业文化建设，将企业的核心价值观转化为员工的日常行为习惯，转化为员工判断是非的标准，规范所有员工的行为。

企业的发展靠员工的共同努力，才会使企业获得越来越好的发展。企业工作千头万绪，受市场影响，各类问题此起彼伏；员工在具体工作过程中，也会遇到各种各样的问题。通过企业文化建设，引导全体员工认清市场形势，找准发展思路，从而引导大家围绕共同的目标，齐心协力，凝心聚力，共同奋斗。

企业作为一个社会团体，自然具有其自身的社会形象，通过企业文化建设，展现给社会自身外部特征（如各类招牌、门面、产品、厂区、服饰等视觉识别系统）和经营实力（如人员素质、生产经营能力、管理水平、产品质量、管理模式）等，并以此延展和深化企业改革，提升企业市场竞争力。企业文化要以这些明确的目的性展开工作。

五、地方国有企业文化建设的安全性

安全是企业良性发展的基础，是员工幸福生活的最低要求。从企业文化的角度来看，安全文化是企业文化的一个重要组成部分，必须与企业文化建设保持一致，并服从和服务企业文化。因此，如何在企业文化的总体框架下，结合企业和员工实际，通过安全文化建设，推动安全工作开展，确保系统安全工作，是值得企业文化深入研究的问题。

（一）在企业核心价值观的指导下，制定企业安全文化的核心理念

安全理念是安全文化的核心和灵魂，树立科学的安全理念是推进安全工作的头等大事，让员工树立安全管理的思想、认识、观念、意识，是建设企业安全文化的基础。

企业安全文化的核心理念。必须在企业文化的总体框架指导下，进行梳理、提炼、提升、完善。企业的安全文化建设，要尊重历史、立足当前、面向长远，结合企业实际，树立适合企业发展的安全文化理念，保持其核心理念的科学性和引领性，重点把握“三个原则”，一是“隐患险于明火，防范胜于救灾，责任重于泰山”的原则；二是“安全第一，预防为主，规范行为，注重基础”的原则；三是“以人为本、安全为天、效益为先”的原则。切实做到“本质安全”与“素质安全”的完美结合。

在企业安全文化理念的基础上，通过开展多种形式的安全文化宣传与配合活动，依靠会议、横幅、宣传栏、企业内部电视台、广播站、官网、微信公众号、刊物等多个平台，以及举办培训班、分享会、研讨会、辩论赛、演讲比赛等方式，将企业安全文化理念灌输并根植于全体员工的心中；要让安全文化理念可以被全体员工处处能看见，时时有提醒，外化于形，固化于心，寓于各项工作之中，成为企业全体员工的规范行为和自觉行动。

（二）以企业文化建设体系为基础，搭建企业安全文化建设体系

没有安全谈不上发展。企业管理的“木桶理念”告诉我们，决定企业体系运行总体水平高与低的评价标准，是那些影响体系运行总体质量的“短板”要素。安全工作是企业发展的“保底”工作，只有认真分析安全工作的特点规律、找准短板弱项，才能采取针对性的措施、办法，从理念上、方法上、实践上找到解决问题的思路和办法。

如同企业文化建设不是某个人、某个部门的事一样，安全文化建设同样需要制度设计的完整性。需要领导高度重视，主导部门策划组织，全体员工积极参与。所以安全工作主导部门要结合实际，以企业文化建设体系为基础，认真研究制定安全文化建设组织机构、配套制度、工作规划，搭建企业安全文化建设体系。如某企业探索形成的五个机制：一是以属地管理和各层级职责中纳入安全工作的“自上而下”的体系运行长效机制；二是以治理隐患、不断完善设备设施技术性安全的投入改善机制；三是以班组建设、员工培训为基础，提高员工的安全意识和行为控制的思想保障机制；四是以专业人员担任导师和基层领导及班组长培训队伍相结合，实现培训常态化的工作机制；五是以绩效考核为纽带，以过程管理评审为手段的运行审核评价机制。

在此基础上，要按照安全规范要求，制定岗位安全职责，做到全员、全过程、全方位安全责任化，建立和完善横向到边、纵向到底的安全责任体系，从而推动在企业内部自上而下形成“主导部门牵头组织，业务部门分工负责，党政工团齐抓共管，广大员工积极参与”的安全文化建设体系和工作机制，使安全文化成为企业文化的重要支撑。

（三）运用好企业文化建设的成功经验，塑造与培育安全文化建设氛围

企业文化具有导向、凝聚、激励、约束、辐射和品牌六大功能，具有鲜明的个性和时代特色，是企业生产管理的灵魂。

企业安全文化建设，是安全生产管理的重要内容，应该将安全文化建设工作纳入企业文化建设统一规划，与安全管理体系统一管理，实行同规划、同运行、同考核、同激励，坚持以人为本、注重实效的原则，建立健全考核制度，强化员工的安全意识，规范员工行为，营造浓厚的安全氛围。

在安全文化建设上，要依托企业文化建设系统，建立安全文化的理念识别系统、视觉识别系统和行为识别系统，营造良好的工作环境和氛围，为安全生产工作提供有力支撑。要坚持“两条腿走路”，一方面用文化理念和科学方法来武装头脑，改善管理的大环境和软环境。结合实际，从提高教育效果入手，不断探索喜闻乐见的安全教育新模式，使安全教育工作落实到全员，从铭刻度上，提高员工的安全意识，牢固树立“安全第一，预防为主”的思想，实现从“要我安全”到“我要安全、我会安全、我能安全”的转变，形成全体员工的安全习惯和全企业的安全风气，提高企业的总体安全水平。

另一方面，要通过安全执行力建设，营造敬畏制度、严格管理的小环境和硬环境，纠正失之于宽、失之于软的现象，解决部分领导和基层管理人员在安全责任上的模糊认识和对待违反安全制度和操作流程“拉不下脸、狠不下心”的问题，使全体管理人员牢固树立“抓安全就是对员工负责”的思想，防微杜渐、严格管理。

六、地方国有企业文化建设的合律性

企业文化建设离不开法律法规，必须要做到合律性，企业才会良性发展。

（一）依法治企是地方国有企业文化建设的应有之义

企业文化的土壤是市场经济。市场经济必须要遵循相应的行为规范，那就是法治。借口建设“企业文化”而置法律于不顾的观念是错误的。德国企业文化强调规范和负责，注重依法管理和法治教育，着力培养员工的遵纪守法意识。在当前经济发展大背景下，建设先进的地方国有企业文化，大力发展企业，必须虚心向外国企业学习，注入法治观念。

（二）企业制度是国家法律法规的延伸与落实

地方国有企业在经营发展，提高竞争力时，善于运用法律制度十分关键。企业经营涉及的法律，如企业法、物权法、知识产权法、合同法、反不正当竞争法、劳动法、环保法、破产法等。在进入知识经济时代的今天，知识产权法律制度尤为重要，即企业要会运用商标法、知识产权发、著作权法保护自己，做好对商标、品牌、专利、商业机密等无形资产的保护。

（三）塑造企业形象最重要的是依法建立和维护企业品牌

商标被称为“商战的利器，竞争的法宝，无形的财富”，是企业形象、产品质量及其发展潜力的综合体现。品牌是企业的生命，商标法及其他方面有关知识产权的法律就是维护企业生命的有效武器，我国企业在企业文化建设中要特别重视知识产权法律制度建设，勇于和善于拿起知识产权法律武器。

优秀企业治理靠文化，本分企业靠制度，家族企业靠亲友义气。所以建设企业文化要做到：说和想一致，做和说一样。内外言行一致，是企业文化的统一性要求。企业文化建设就是要内化于心、外化于行。企业文化的合规性，有助于化解各类经营风险（金融风险、商业风险、战略风险、操作风险、运营风险、投资风险、人事风险、政策风险。）

地方国有企业要做好企业文化，必须要兼顾上述所说的地域性、系统性、目的性、政治性、安全性、合律性，才能使企业文化具有鲜明的特色，把握整体平衡，具有明确的战略体系和强烈的政治责任感和社会责任感，保障企业更加稳妥地发展，涵养创新活力，营造企业发展的良好环境。

成果创造人：戴荣里　中国中铁建工集团

企业党的建设

航天科工提升基层党组织组织力实践研究

中国航天科工集团有限公司

党的十九大指出，加强基层组织建设，要以提升组织力为重点，突出政治功能，把基层党组织建设成为宣传党的主张、贯彻党的决定、领导基层治理、团结动员群众、推动改革发展的坚强战斗堡垒。这是全面加强新时代基层党组织建设的根本遵循，是推动全面从严治党向纵深发展、向基层延伸的迫切需要，是坚持和加强党的全面领导，不断提高党的建设质量的重要举措。中国航天科工集团有限公司（以下简称航天科工）党组充分发挥领导作用，以提升组织力为重点，全级次、全方位、系统化、体系化、日常化地加强党建工作，不断提升政治领导力、组织覆盖力、群众凝聚力、发展推动力、自我革新力，推动航天强国建设。

航天科工党组为进一步强化基层党组织管党治党责任，自2015年起实施党建工作考核评价，结合党建工作实际将组织力的具体体现分解为评价指标，由上级党组织和本单位党员群众进行评价，三年共计7590人次党员干部职工参与测评。同时，每年成调研组，深入基层党组织进行现场检查和调研，充分掌握第一手资料。基于连续三个年度基层党组织组织力评价数据的积累，以及现场调研掌握的情况，航天科工党组总结经验做法、查找分析问题、提出对策建议，形成提升基层党组织组织力实践研究成果。

一、国有企业基层党组织组织力的时代内涵

基层党组织组织力，主要指基层党组织为完成其承担的职责任务、实现党组织的工作目标而组织凝聚动员影响基层社会各方面力量的能力。国有企业基层党组织的组织力（模型图见图1）主要体现在政治领导力、组织覆盖力、群众凝聚力、发展推动力和自我革新力等方面。

政治领导力主要指对党的政治路线以及政治纪律、政治规矩等的准确理解把握及实践执行能力，确保基层党组织用习近平新时代中国特色社会主义思想武装起来，在政治立场、政治方向、政治原则、政治道路上同以习近平同志为核心的党中央保持高度一致，并切实发挥领导作用，把方向、管大局、保落实。

组织覆盖力主要指党的组织和党的工作有效覆盖企业（单位）、科室、班组、项目和广大干部职工的能力，目标是形成严密完善、坚强有力的组织体系，做到哪里有群众哪里就有党的工作，哪里有党员哪里就有党的组织，哪里有党的组织哪里就有党组织作用的充分发挥。

群众凝聚力主要指基层党组织植根群众，组织群众、宣传群众、凝聚群众、服务群众，引导广大职工群众坚定不移听党话、跟党走，确保基层党组织真正成为职工群众的“主心骨”。

发展推动力指基层党组织贯彻落实党的路线方针政策，围绕企业生产经营中心任务，推动企业转型升级、创新发展的能力。

自我革新力是基层党组织正视自身存在的突出问题，以改革创新精神实现自我净化、自我完善、自我革新、自我提高的能力，是基层党组织永葆生机活力、发挥战斗堡垒作用的动力来源。

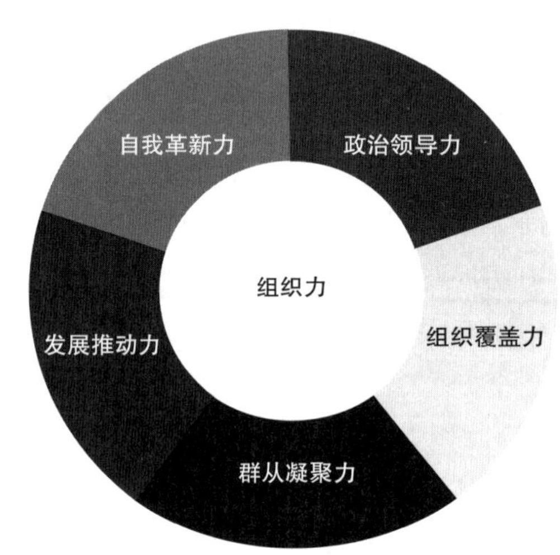

图1　国有企业基层党组织组织力模型

二、国有企业基层党组织提升组织力的重要意义

党的力量来自组织，党的基层组织是党的执政之基、力量之源，是确保党的路线方针政策和决策部署贯彻落实的基础。国有企业是中国特色社会主义的重要物质基础和政治基础，是我们党执政兴国的重要支柱和依靠力量。提升国有企业基层党组织组织力，使其充分发挥领导作用及战斗堡垒作用，对于坚持和加强党对国有企业的领导、开创国有企业党的建设新局面、做强做优做大国有企业具有重要意义。

（一）是新时代建设伟大工程的宝贵经验和必然要求

高度重视提升基层党组织组织力，是马克思主义政党的优良传统，是中国共产党加强自身建设的宝贵经验。列宁曾经指出：“工人阶级的力量在于组织。”中国共产党在成立后不久，就将党小组作为党的基层组织，党的二大党章规定：各组组织为“训练党员及党员活动之基本单位”。党的四大第一次将党的基层组织由党的“小组”改为党的“支部”，强调支部的工作“不能仅限于教育党员，吸收党员”，而且要时常利用机会“去宣传工人群众，促成他们阶级的自觉”。土地革命时期，党更加注重发挥基层党组织的作用，“三湾改编”提出了“支部建在连上”，加强了党与士兵群众的紧密联系，从而增强了部队的战斗力。抗日战争时期，党高度重视建立基层组织，开辟敌后战场、建立抗日根据地、开展独立自主的游击战争。解放战争时期，通过基层党组织充分发动群众，“团结一切可以争取的力量”。社会主义建设时期，通过基层党组织“调动一切积极因素”，有效地汇聚起建设社会主义的强大力量。

党的十八大以来，以习近平同志为核心的党中央高度重视基层党组织建设，坚定推进全面从严治党向基层延伸。习近平总书记明确提出，“必须扎实做好抓基层、打基础的工作，使每个基层党组织都成为坚强战斗堡垒”。党的十九大着眼于新时代推进党的建设新的伟大工程，把提升基层党组织组织力作为加强基层组织建设的重要举措。国有企业作为党和国家最可信赖的依靠力量和贯彻执行党中央决策部署的重要力量，必须认真贯彻落实党的十九大精神，进一步提升基层党组织的组织力，使党的基层基础更加牢固。

（二）是加强国有企业党的领导和党的建设的重要支撑

坚持党的领导、加强党的建设，是国有企业“根”和“魂”，是国有企业的独特优势。习近平总书记在全国国有企业党的建设工作会议上指出：“坚持建强国有企业基层党组织不放松，确保企业发展到哪里、党的建设就跟进到哪里、党支部的战斗堡垒作用就体现在哪里。”国有企业基层党组织是党的基层组织的重要组成部分，是党在企业中开展工作、增强凝聚力和战斗力的重要基础，承担着党的建设各项具体工作任务，在国有企业推动全面从严治党中具有重要地位和作用。要加强党的领导和党的建设，推动全面从严治党在国有企业落实落地，必须从基本组织、基本队伍、基本制度严起。

国有企业党的领导、党的建设还存在弱化、淡化、虚化、边缘化的问题，基层党组织建设还存在一些薄弱环节和突出问题，要坚持党对国有企业的领导不动摇，保证党和国家方针政策、重大部署在国有企业贯彻执行，就必须提升基层党组织组织力，坚持问题导向，抓住关键环节，持续用力，久久为功，使国有企业基层党组织成为贯彻落实上级党组织决策部署的基础，成为团结职工的核心、教育党员的学校、攻坚克难的堡垒。

（三）是做强做优做大国有企业的内在需要

国有企业中党的基层组织，围绕企业生产经营开展工作。习近平总书记强调：“坚持服务生产经营不偏离，把提高企业效益、增强企业竞争力、实现国有资产保值增值作为国有企业党组织工作的出发点和落脚点，以企业改革发展成果检验党组织的工作和战斗力。”国有企业基层党组织位于企业改革发展的最前线，与职工群众联系最直接、接触最紧密、交流最广泛，是党联系群众的桥梁和纽带。只有不断提升基层党组织组织力，将其建设成为宣传党的主张、贯彻党的决定、领导基层治理、团结动员群众、推动改革发展的坚强战斗堡垒，才能充分调动广大职工群众的积极性、主动性、创造性，为做强做优做大国有企业提供坚强组织保证。

三、航天科工提升组织力的主要做法和成效

航天科工认真贯彻落实习近平新时代中国特色社会主义思想和党的十九大精神，以组织体系建设为重点，提出“两全三化”（全级次、全方位、系统化、体系化、日常化）工作思路（模型图见图2）全面提升基层党组织组织力，深入推进全面从严治党，扎实开展“两学一做”学习教育，将党的政治优势进一步转化为发展优势，党组织组织力得到有效提升，使基层

党组织在企业一线真正成为团结群众的核心、教育党员的学校、攻坚克难的堡垒，为做强做优做大航天企业提供坚强保证。

工作思路：全级次、全方位、系统化、体系化、日常化地坚持党的领导和加强党的建设。全级次就是上至党组下至基层支部都要坚持和加强党的领导，坚持党要管党、全面从严治党，纵向到底；全方位就是把每条战线、每个领域、每个环节的党建工作抓具体、抓深入，横向到边；系统化就是运用系统工程思想，系统抓、抓系统，将党建工作嵌入业务工作，与科研生产经营一起谋划、一起部署、一起考核；体系化就是全面推进党的政治建设、思想建设、组织建设、作风建设、纪律建设，把制度建设贯穿其中，深入推进反腐败斗争，推动党建责任层层落实落地，不断提高党的建设质量；日常化就是加强对党的建设的领导，扛起主责、抓好主业、当好主角，把党建工作抓常、抓细、抓到位，真管真严、敢管敢严、长管长严，持续迭代提升，形成长效机制。

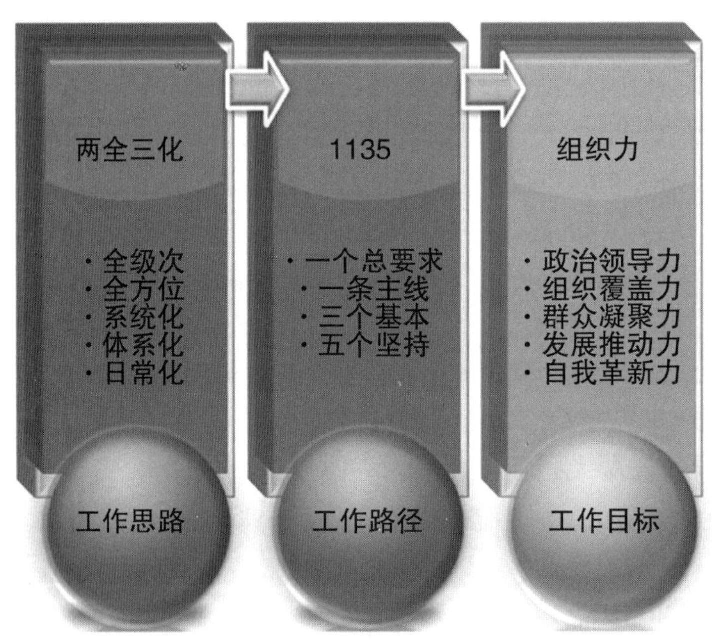

图2　航天科工提升基层党组织组织力模型图

具体工作路径为“1135”，即：

一个总要求：全面贯彻落实习近平新时代中国特色社会主义思想和党的十九大精神，落实新时代党的建设总要求和党的组织路线，主动服务国家战略、服务国防建设、服务国计民生，挺起“理想、信念、情怀和使命感、责任感”精神脊梁，努力建设国际一流航天防务公司和具有全球竞争力的世界一流企业，为实现航天梦、强军梦、中国梦提供坚强保证。

一条主线：以加强党的长期执政能力建设、先进性和纯洁性建设为主线，把党的政治建设摆在首位，思想建党和制度治党同向发力，统筹推进党的各项建设，不断提高党的建设质量。

三个基本：狠抓基本组织、基本队伍、基本制度建设，不断提升党建工作科学化、规范化水平。

五个坚持：坚持和加强党的全面领导，坚持扩大党的组织覆盖和工作覆盖，坚持党的根本宗旨不动摇，坚持服务企业生产经营不偏离，坚持推进全面从严治党向纵深发展。

（一）坚持和加强党的全面领导，提升政治领导力

一是把党的政治建设摆在首位。航天科工党组坚持将党的政治建设摆在首位，认真学习贯彻习近平新时代中国特色社会主义思想和党的十九大精神，教育引导各级党组织和广大党员干部强化“四个意识”，提高政治站位，坚决维护习近平总书记在党中央和全党的核心地位，坚决维护以习近平同志为核心的党中央权威和集中统一领导。党的十九大开幕当天，组织15万干部职工收听收看开幕会盛况；第一时间传达学习党的十九大精神，部署3个方面20条具体措施，编发10万字学习辅导材料。制定“两学一做”学习教育常态化制度化实施方案、督导方案，2017年督导二级单位党委64次、三级单位党委及党支部63次，固化党委“4221”、党支部“4111”要求（详见表1），全级次开展专题学习研讨4006次，讲党课4353次，编著出版35万字《不忘初心——中国航天科工集团公司“两学一做”案例选》。严格落实中心组学习制度，始终坚持落实“四要素”（有研讨交流、对照谈问题、书记有总结、落实有举措）要求，每年集中学习不少于12次（30学时）,每年安排不少于4次以学习贯彻党章、坚定理想信念、增强党性修养、廉洁自律和法律法规等为主要内容的专题集中学习。

表1 “两学一做”学习教育固化内容

主 体	工 作 内 容			
党委（党委委员）	至少开展4次专题学习研讨	至少讲2次党课	至少参加1次民主生活会和1次组织生活会	至少参加1次党支部民主评议
党支部	至少开展4次专题学习研讨	至少讲1次党课	至少开展1次组织生活会	至少开展1次民主评议

二是完善党的领导体制机制。航天科工深入贯彻落实全国国有企业党的建设工作会议精神，对表30项重点任务、23项重点工作，细化分解为52项落实措施，各二级单位制定落实措施1139项，逐项拉出任务清单，明确时间节点和责任人，完成任务的予以销号。大力推进党建工作要求进公司章程，457家公司实现“应进必进”，所属上市公司股东大会全部以99%以上的高票通过章程修订，尤其是两家持股比例低于20%的上市公司均以99.9%通过。全面推行党组织书记、董事长“一肩挑”，领导班子职数7人以上配备党委副书记。规范“三重一大”决策程序，全级次单位将党委研究讨论作为董事会、经理层决策重大问题的前置程序。推行人事管理和基层党建一个部门抓，分属两个部门的由一个领导管。

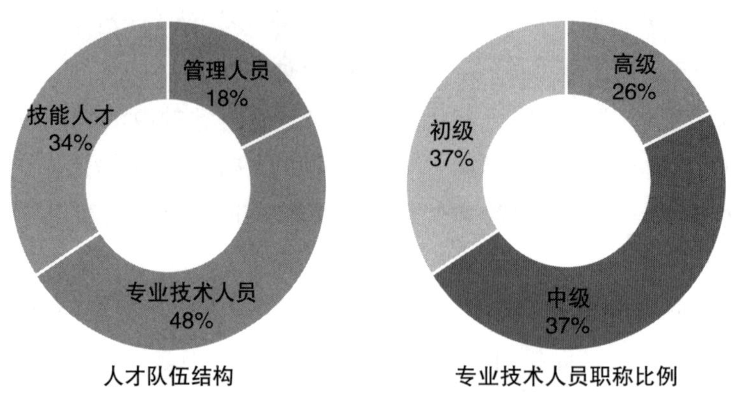

图3 航天科工人才队伍结构比例

三是坚持党管干部、党管人才。航天科工党组突出政治标准，突出对干部人才“四个意识”“20字标准”的考察识别，不断强化党组织对干部人事工作的领导权和重要干部的管理权。建立党组联系服务专家制度，制定进一步加强高端科技创新人才工作的24条措施。注重在基层一线、困难艰苦企业及重点创新项目中培养锻炼干部，深入推进应用数学、应用物理、应用化学等研究中心建设，实施29个重点创新项目，打造国家级科技创新平台28个，省部级科技创新平台115个。针对单位之间人才发展不平衡等问题，开展“人才帮扶”专项工程。统筹谋划和推进海外人才引进工作，先后引进“千人计划”专家36人。持续优化人才队伍结构（详见图3），专业技术人员比例及员工素质能力持续提高。不断加强专业化经营管理人才队伍建设，选拔培养产业化人才近400人。

开展创新人才推进计划和青年人才开发计划，首批选拔集团级青年创新型拔尖及优秀后备人才188名，培育职工创新团队2000多个。落实“三个区分开来”，健全激励机制和容错纠错机制。航天科工选人用人工作满意度保持在95%以上，党员干部职工干事创业氛围更加浓厚。党的十八大以来，获得国家科学技术奖16项（其中特等奖2项）、国防科学技术奖279项，多项关键技术水平位居世界前列。

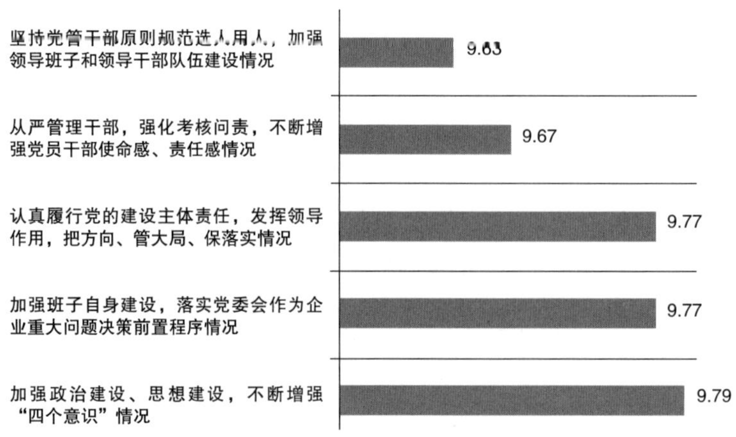

图4 2017年党建工作考核评价中政治领导力评价情况

在党建工作考核评价中，体现政治领导力的5项评价指标分值保持稳步提升，平均分（满分10分）由2015年的9.47分、2016年的9.65分，上升到2017年的9.73分（2017年评价情况详见图4），累计提高了2.75%。

（二）坚持扩大党的组织覆盖和工作覆盖，提升组织覆盖力

一是推进党组织全覆盖。所属528家符合条件的单位均建立党组织。坚持落实“四同步”“四对接”，在收并购企业的同时及时调整、完善和加强党的组织，2013年以来共收购19家企业，共有党员958名，成立了18个党组织（包括3个党委、2个党总支、13个党支部）。航天科工有境外企业14家，境外代表处12家，境外单位共有党员23名，通过自主组织活动、视频会议等方式确保党组织生活正常开展，航天建设所属非洲肯尼亚公司具备条件后第一时间成立境外党支部。

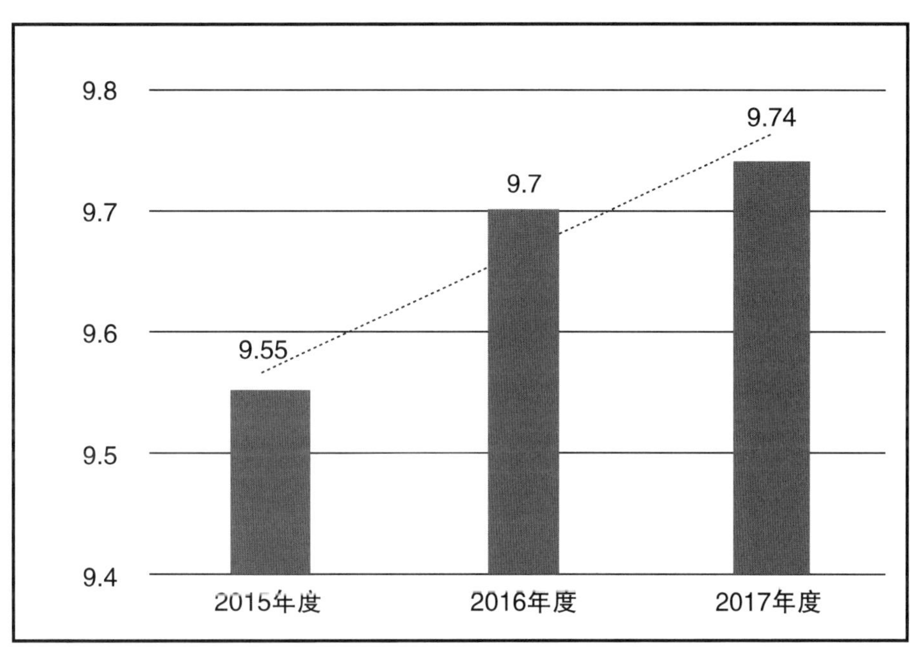

图5 从严治党能力提升专项工作评价情况

二是提升组织影响力。在扩大党组织覆盖面的同时，航天科工不断提升基层党建工作的科学化、规范化水平，强化组织影响力。航天科工自2015年起实施从严治党能力提升专项工作，以6个方面29个问题为导向，按照“一年抓基础、明底线，二年抓作风、强核心，三年抓素养、提能力”的步骤，与“三严三实”专题教育、“两学一做”学习教育等党内重大主题教育相结合，分解落实118项重点任务，同时创新建设“四位一体”（管理平台、工作平台、学习平台、信息平台）的智慧党建平台，全面夯实基层党建工作基础，提升党组织影响力。在党建工作考核评价中，从严治党能力提升专项工作平均分（满分10分）由2015年的9.55分上升到2017年的9.74分（如图5所示），累计提高了1.9%。

三是强化党务力量配备。加强专职党务力量配备，如表2所示，要求各单位原则上独立设置党建工作部门，且编制数不少于本部部门平均编制，合署办公的需配备专职党务人员且比例不低于本部人数5%；要求所属事业单位、全民所有制单位、国有一人公司制企业专职政工

干部不少于在岗职工人数的2%，混合所有制企业不少于在岗职工人数的1%。目前全系统配备政工干部4312人，其中专职政工干部1693人，达到职工总数的1.2%。出台新形势下加强复合型高素质党务人才培养若干措施，要求制定党务人才培养措施和培养计划，实行党务人才与业务人才双向交流培养措施，且每年党务干部轮岗交流人数不低于总人数10%。

表2 党建工作部门设置及党务力量配备要求

项 目	条 件	党务力量配备要求
党务部门设置	党建工作部门原则上独立设置	党务部门编制数不低于本部部门平均编制
	职工人数在500人以下或本部人员在50人以下的企业，可合署办公	专制党务人员不少于本部人数的5%
专职党务人员配备	事业单位、全民所有制单位、国有一人公司制企业	专职政工干部不少于在岗职工人数的2%
	混合所有制企业	专职政工干部不少于在岗职工人数的1%

（三）坚持党的根本宗旨不动摇，提升群众凝聚力

一是加强作风建设。航天科工严格贯彻中央八项规定，持续整治“四风”问题，制定28项措施加强作风建设。贯彻执行密切联系群众制度，党员领导干部建立基层工作联系点，包括一至三个所属二级单位及其所属的一个单位、一个基层党支部或科室、班组。2017年航天科工党组成员到二级单位调研指导360次，到三级单位调研275次，到各基层联系点调研93次，累计333天。持续推进总部和各级本部改进工作作风，对基层请示审批事项，严格落实“基层单位到总部或本部最多跑2次且2周内给予答复或办结”的工作要求。

二是厚植党的群众基础。深入贯彻落实中央党的群团工作会议精神，将群团工作纳入党建工作考核评价体系，党委每年至少听取2次群团工作汇报，党建带群建机制不断完善。发挥群团组织在思想政治保障体系中的作用，建立“面对面、心贴心、实打实，服务职工在基层”活动长效机制，坚持“五必问、五必谈、五必访、五必做”，每年度开展2次职工思想状况调查和1次职工满意度调查。全级次建立以职工代表大会为基本形式的企业民主管理制度，规范实施政务公开、党务公开，建立逐级反馈的社情民意反映渠道。

面向全系统开展的年度党建工作群众满意度测评，均值（满分120分）从2015年的113.71分到2017年的116.8分，累计提高3.09分，满意度提升2.58%，如图6所示。

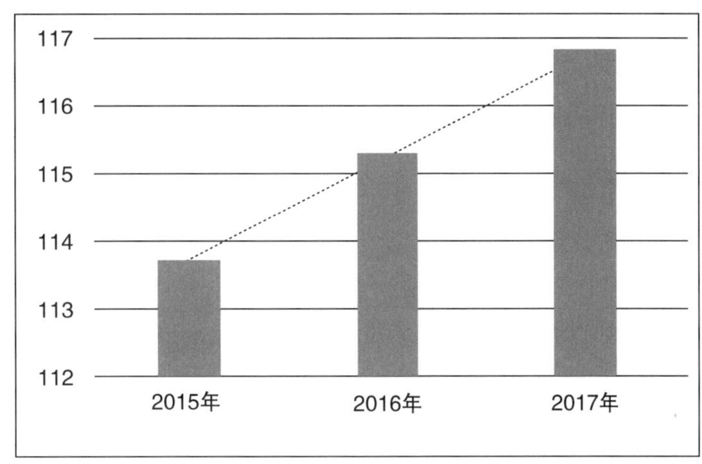

图6　党建工作群众满意度测评结果

（四）坚持服务企业生产经营不偏离，提升发展推动力

一是贯彻落实中央战略部署，主动做到“三服务”。航天科工主动服务国家战略、服务国防建设、服务国民生计，履行央企责任，实现高质量发展。响应中央号召，努力建成具有全球竞争力的世界一流企业，迅速研究提出“两大目标四步走”发展规划框架，制定军民融合、创新驱动、人才强企、质量制胜战略实施路线，围绕打好“三大攻坚战”，做好企业发展的技术创新和产业化工作，不断提升质量、提升产能。全面推进国家级双创示范基地建设，实施双创政策体系2.0版。深入贯彻落实习近平强军思想，按照体系化、实战化要求高质量完成型号任务，高质量推进商业航天产业发展，高质量推进军民融合产业发展，切实抓好预先研究与前沿创新工作，着力培育战略科技力量。

二是有效发挥党支部战斗堡垒作用和党员先锋模范作用，促进党建工作与中心工作深度融合。充分激发基层党建创新活力，形成“一企业一品牌、一支部一特色”新格局。围绕企业转型升级发展战略和系列重大举措落实，建设“十百千”个发挥中坚作用的党员突击队，激发创新创业活力，努力破解最核心、最重要、最迫切的问题，大力推动基础性、前瞻性、原创性和颠覆性创新。全面践行“两学一做　勇于担当”，做到“平常时候看得出来、关键时刻站得出来、危急关头豁得出来”，把提高武器装备战斗力、提高经营发展能力、提升战略地位作为衡量党建成效的重要标准。

三是造就了一支建设航天强国的骨干力量，为国防和军队现代化建设提供坚强保证。制定型号领导干部适应性调整工作规则及飞行试验质量奖惩机制，使获奖者心跳、受罚者心疼。加强型号“两总”系统党建工作，构建贯穿于型号产品“设计、研发、生产、售后”全过程的思想政治工作保障体系。在型号外场试验队、重大工程项目组建临时党组织，建立经常性“党性体检”机制，促进“思想归零”，推动型号试验成功率不断提高，为建设航天强国，挺起民族脊梁提供坚强保证。

（五）坚持推进全面从严治党向纵深发展，提升自我革新力

一是“五位一体”压实党建责任，推动实现自我提升。航天科工通过党建考核、书记述

职、季度例会、报告党建工作、履职不力问责“五位一体”压实党建责任。建立涵盖139个考核点（详见图7）的党建工作考核评价办法，对所属单位党建工作进行“全面体检”，评价结果纳入领导班子综合考核评价，占30%权重，与班子成员薪酬挂钩，年薪浮动区间达到-20%～+10%，“硬杠杠”充分体现。

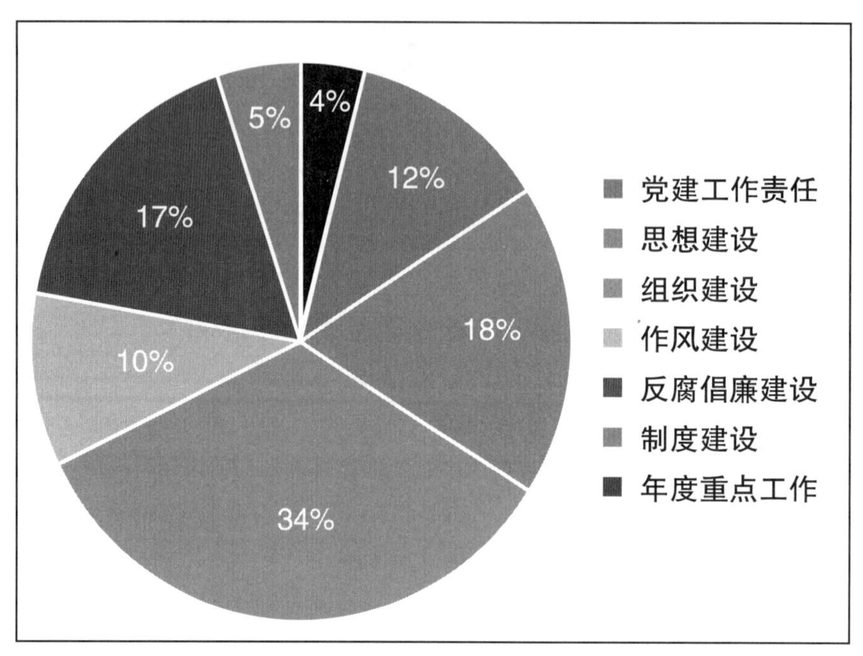

图7　党建工作考核要素分类及占比情况

建立全级次党委书记抓党建工作述职评议长效机制，压实党委书记党建工作第一责任人责任，二级单位党委书记以“述、问、评、测”方式，全部现场述职“应考”，2017年全系统有1566名书记参加现场述职评议。航天科工先后召开13次党委书记季度例会，“指名道姓”共通报278个具体问题，全级次推广党组织书记例会，进一步强化书记的党员意识、书记身份和党建工作第一责任人责任。全级次落实基层党委向上级党组织报告党建工作，狠抓党内法规和规范性文件备案工作。严肃落实履职不力问责机制，不断完善“事前预防、事中控制、事后问责”三道防线，着力打造“监、管、控”综合监督预警平台，全系统警示亮牌130张。

二是严格党内组织生活，刀刃向内提升先进性。坚持日常督导和年度考核相结合，检查所属党组织“三会一课”等组织生活开展情况。制定领导干部民主生活会规定，增强党内政治生活的政治性、时代性、原则性、战斗性。所属各级党组织严格按照程序召开2017年度民主生活会、组织生活会和民主评议党员，所属23家二级单位党委共组织专题学习研讨65次，组织座谈会145次，各种形式征求意见8541人次，班子成员谈心谈话2507次，班子查摆问题351个，制定613条整改措施，班子成员查摆问题1643个，制定1747条整改措施，达到了“红脸”“出汗”的效果。由2016年度和2017年度组织生活会情况（如图8所示）可以看出，党内政治生活的原则性、战斗性更加突出，思想交流和党性锻炼的作用更加凸显。编印《航天科工党支部工作手册》，发到全系统2745个党支部（党总支），为书记当好“小郎中”提供“方子大全”。

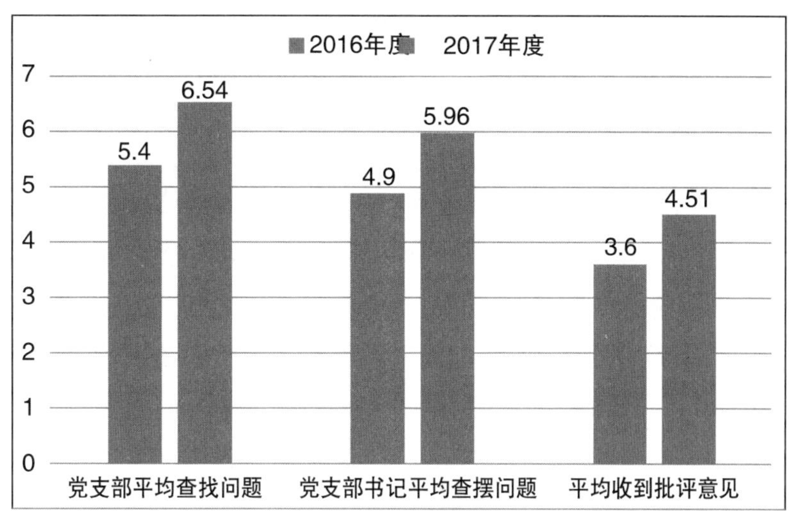

图8 2016年度和2017年度组织生活会情况

三是强化监督执纪问责，筑牢底线保持纯洁性。狠抓“两个责任”落实，全级次层层签订《党风廉政建设责任书》，全系统组织开展各类反腐倡廉主题教育活动5000余场次，近30万人次参加。2017年完成第一轮内部巡视全覆盖目标，启动内部巡视第二轮三年全覆盖工作，采取“四不两直”方式对9家所属单位开展了“机动式”巡视。加大对违规违纪问题调查处理、通报曝光和整改落实力度，2015年以来全系统给予党政纪处分258人，挽回经济损失3656.4万元，先后四批对查处的违规违纪问题在全系统点名通报曝光，集中通报41件80人的违纪违规典型案例，起到了极大的警示、震慑作用。

四、提升组织力面临的主要问题

（一）党建工作不平衡

航天科工近几年狠抓从严治党能力提升工作，多措并举落实党建工作责任制，党建工作整体水平得到明显提高，但党建工作不平衡的现象依旧存在。通过年度党建工作考核和实地调研发现，传统军品单位党建基础较好，公司制企业尤其是新收并购的混合所有制企业党员比例偏低、党务力量配备不足，党建基础相对薄弱。公司制企业整体党员比例为17.87%，明显低于航天科工31.37%的平均水平，远低于事业单位的40.9%。有的公司制企业主要领导干部是非党员，个别企业甚至没有党员，在客观上造成党组织活动覆盖面窄、影响力小。有的公司制企业存在工作地域广、党员分散且流动性大的实际问题，给党组织设置、管理、监督和党员管理教育带来很大挑战。

（二）党建工作保障条件有待加强

党建工作机构设置、党务工作人员配备与上级要求和党建工作实际需要仍存在一定差距。航天科工全系统共有政工干部4312名，其中专职党务工作人员1693名，占在岗职工总数的1.2%，所属23家二级单位中，专职党务工作人员占比低于1%的二级单位有9家，占比39%，党务工作者队伍依旧存在力量配备不足问题，特别是混合所有制企业该问题更为突出。企业降低成本严控管理人员比例，与强化专职党务人员力量存在客观矛盾，从而部分单位出现兼职人员多、流动性大的问题，如何提高兼职党务人员的专业素养以适应全面从严治党新常态，研究考核激励措施提高其积极性等方面问题需要继续探索。

（三）强化党的领导仍有诸多现实问题需要探索

航天科工大力推进党组织研究作为董事会、经理层决策重大问题的前置程序，实现“三重一大”决策制度的规范运行，党组织领导作用的发挥有了强力保障，但距离习近平总书记提出的“把党的领导融入公司治理各环节，把企业党组织内嵌到公司治理结构之中”要求还有差距。独立法人单位的党支部如何参与企业决策缺乏制度支撑。实施党委（党总支）书记、董事长由一人担任后，部分单位新任党组织书记缺乏党建工作经验，部分单位不具备设置党委副书记条件，抓基层党建的力量有待进一步增强，责任有待进一步落实。

（四）党建工作质量还需要进一步提高

基层党组织如何发挥领导作用，推动党建工作与企业生产经营中心工作深度融合，激发党员职工的积极性、主动性、创造性，仍是需要不断创新探索实践的重要课题。企业转型升级和党员职工队伍的思想状况均在快速变化和发展当中，部分单位党建工作的创新速度还不能完全适应变化中的工作对象和内外环境，对新时期如何发挥党组织领导作用思路不宽，一些工作的方式方法过于简单，重外在灌输、轻内在激发，重表面形式、轻实际效果，组织生活的内容和形式缺乏创新，难以有效提升广大党员干部职工的理想信念情怀和使命感责任感。基层党组织“三会一课”、组织生活会和民主“双评”、党员发展等基础性工作的规范化水平需要进一步提高。

五、进一步提升基层党组织组织力的几点建议

（一）以提升政治领导力为根本，充分发挥把方向、管大局、保落实作用

组织力强不强，根本要看政治功能发挥得好不好。要坚持把党的政治建设摆在首位，用习近平新时代中国特色社会主义思想武装头脑、指导实践，开展全系统处以上领导干部学习轮训，全级次通过专题会议、研讨、党课、培训等开展学习。同时要求党员领导干部通过“五读”（读原著原文、读时事政治、读法律法规、读历时文化、读科学技术）开展系统性自学，努力领悟习近平新时代中国特色社会主义思想的丰富内涵。扎实推进“两学一做”学习教育常态化制度化，部署开展“不忘初心 牢记使命”主题教育，持续落实党委“4221”、党支部“4111”要求，教育引导基层党组织和广大党员干部增强“四个意识”、坚定四个“自信”，认真落实好宣传党的主张、贯彻党的决定、领导基层治理、团结动员群众、推动改革发展的使命任务。

进一步完善党委、董事会、经理层等治理主体议事规则，充分发挥领导作用，把方向、管大局、保落实。推动新收并购企业党建工作要求写入公司章程，实现“应进必进”。严格执行“三重一大”决策制度，坚持将党组织研究讨论作为董事会、经理层决策重大问题的前置程

序。全面推动党委（党总支）书记、董事长由一人担任。明确党委书记、董事长由一人担任的公司制企业，党委委员职数7人及以上的配备党委副书记，党委委员职数不到7人的至少要有1名班子成员配合书记抓党建工作。

（二）以提升组织覆盖力为基础，激发基层党建工作活力

加强党建工作核心能力建设，充分激发基层党建创新活力。党委建制单位设立党的工作机构，明确党委办公室、党委组织部、党委宣传部职能。坚持和落实党的建设与企业改革“四同步”“四对接”要求，积极创新党组织设置，从“有形覆盖”向“有效覆盖”转变。加强基层党组织换届督促提醒，实现“应换必换”。牢固树立大抓基层、党的一切工作到支部的理念，充分发挥党支部教育党员、管理党员、监督党员和组织群众、宣传群众、凝聚群众、服务群众作用。着力加强试验队、项目组临时党组织建设，选优配强党组织负责人。进一步加强、规范境外单位党的建设。增强党员教育管理针对性和有效性，深化“双培养一输送”，努力把业务骨干培养成党员、把党员培养成业务骨干、把党员骨干输送到重要岗位。加大公司制企业党员发展力度，努力消灭空白单位、空白班组。加强对党组织规范性文件的合法合规性审查。

建强党务人才队伍，使全系统各级党务部门编制不低于同级部门平均编制、专职党务干部总数不低于在岗职工人数的1%～2%，党组织工作经费不低于上年度职工工资总额的1%。有计划安排党务人员参加教育培训，积极推进轮岗交流、挂职锻炼，把党务岗位作为培养企业复合型人才的重要平台。

（三）以提升群众凝聚力为导向，组织引领群众听党话、跟党走

以钉钉子精神打好作风建设持久战，贯彻落实中央八项规定实施细则精神，完善相关规定和配套制度。大兴调查研究之风，狠抓各项工作落实。坚持从领导干部做起，以上率下、层层带动，从一件件小事抓起，坚决防止不良风气反弹回潮。认真开展自查自纠与监督检查，各级党组织和党员干部认真查找“四风”突出问题特别是形式主义、官僚主义新表现，采取过硬措施坚决整改。将干部作风纳入干部考察重要内容，对不思进取、不接地气、不抓落实、不敢担当的干部坚决不用。

改进和创新联系群众工作方法，建立和完善满意度调查等制度。推动工会、共青团组织增强政治性、先进性、群众性，发挥群团组织的桥梁纽带作用。积极推进建立现代企业职代会制度、职工董事监事制度，加强企业民主管理。加强对困难群众和困难党员的帮扶力度，深入开展精准扶贫工作，积极履行社会责任。广泛开展劳动竞赛、技能比武，积极推进职工（劳模）创新工作室建设，积极建立新时代工匠学院，弘扬“劳模精神”“工匠精神”。落实“党管青年”责任，实施青年发展行动计划，深入推进青年“双创”工作，加强青年员工航天传统精神教育。

（四）以提升发展推动力为目标，推动高质量发展

把推动企业创新发展、圆满完成科研生产经营任务作为衡量党建工作成效重要标准，实现党建工作与国有企业深化改革深度融合、与转型升级战略谋划推进深入融合、与科研生产经营深度融合，有力推动企业做强做优做大。将党建工作融入重大专项工程、融入型号研制全过程，大力加强党员突击队建设，组建跨领域、跨单位、跨型号、跨专业的党员突击队，广泛开展党员项目攻关团队、党员先锋岗、党员质量放心岗、党员责任区、党员志愿服务等，激发党员创新活力，充分发挥党员先锋模范作用。

创新宣传思想文化建设，多措并举推动干部职工转变观念，强化理想信念情怀和责任感使命感。落实意识形态责任制，加强阵地管理和建设，快速、高效传递党组织声音。着力构建贯穿全部过程、覆盖各类项目、保障全体职工、联动各级单位的思想政治保障体系，大力推进形势任务教育进班组，每年至少开展一次“明战略、转观念”主题教育，党政主要领导带头宣讲发展战略和举措。“走出去”和“请进来”并举，各级党组织开展1–2次与同行先进企业学习交流活动。

（五）以提升自我革新力为保证，营造干事创业良好环境

深入贯彻落实党建工作责任制实施办法，落实“五位一体”保障机制，层层压紧压实责任。健全完善并深化推动党建工作考核评价制度，在狠抓党建基础工作不放松的同时，发挥对提升党建工作质量的引导作用，并推动全级次考核结果与各单位领导班子成员任免、薪酬、奖惩挂钩。牢固树立一切工作到支部的鲜明导向，严格党的组织生活，通过党支部书记培训、党建基础工作标准化建设等措施加强指导，通过智慧党建平台实时监控、内部巡视巡察、年度考核检查等措施加强监督，确保基层党支部严格执行“三会一课”、组织生活会、民主评议党员等党的组织生活基本制度。

完善业务监督、审计监督、纪检监察、巡视巡察等与保障监督体系的联动机制，形成监督合力，构建不敢腐、不能腐、不想腐长效机制。突出政治巡视，紧盯党的领导、党的建设和全面从严治党突出问题，构建上下联动的巡视巡察监督网。进一步完善党风廉政建设制度体系，建立健全廉洁风险防控机制。

成果创造人：高红卫、李　跃、方向明、孙玉斌、李慧敏、李铁毅、杨　庆、郑晓军、刘新磊

推进党的领导与现代企业制度有机融合的探索与实践

《党领导下的现代企业制度》课题组

党政军民学，东西南北中，党是领导一切的。加强和改进国有企业党的建设，对于加强党和国家各方面的建设具有重要现实意义和深远的历史意义。党的十八大以来，以习近平同志为核心的党中央提出了一系列治国理政新理念新思想新战略，开辟了治国理政新境界。2016年10月，习近平总书记在全国国有企业党的建设工作会议上指出，坚持党对国有企业的领导是重大政治原则，必须一以贯之；建立现代企业制度是国有企业改革的方向，也必须一以贯之。中国特色现代国有企业制度，“特”就特在把党的领导融入公司治理各环节，把企业党组织内嵌到公司治理结构之中，明确和落实党组织在公司法人治理结构中的法定地位，做到组织落实、干部到位、职责明确、监督严格。习近平总书记强调，坚持党的领导、加强党的建设是我国国有企业的光荣传统，是国有企业的“根”和“魂”，是我国国有企业的独特优势。深刻论述了国企发展的规律所在，为做好新形势下国企党建工作提供了根本遵循。

本成果从实际出发，系统总结了现代企业制度及中国特色现代企业制度的相关内涵及现代企业制度下党的建设实践经验，深入分析了现代企业制度下国有企业党组织的地位及作用，结合中国建材集团改革发展实际，以“四个融合”实现党建促发展思路，研究了推进党的领导和现代企业制度有机融合的途径方式，为深化国企改革、加快完善中国特色现代国有企业制度体系建设，加强国有企业党的领导提供借鉴参考。

一、现代企业制度的概念

（一）现代企业与现代企业制度

“现代企业”是由美国著名企业管理史学家钱德勒在考察美国企业生产和管理方式时提出:“由一组支薪的中、高级经理人员所管理的多单位即可适当地称之为现代企业。”这应该是比较具有代表性的现代企业定义了,它揭示了现代公司的重要特征,那就是企业的经营管理者不再是资本家本人,而是职业经理人员。出资人并不管理企业而是从经理市场聘用职业经理人来帮助自己管理企业,这就说明出资人的最终所有权与企业的控制权(经营权)出现了分离。其次，现代企业应该是多单位的企业，企业规模庞大，现代企业将许多单位至于其控制之下，在不同地点进行经营，通常进行不同类型的经营活动，提供不同的产品和服务。

现代企业制度是企业组织发展的新形式，是相对于传统企业制度而言的。从现代企业制度的理论演变进程来看，现代企业理论产生是在1937年科斯发表的《企业的性质》一文为标志。现代企业制度最基本的特征是委托代理关系的确立。这是社会发展进程中企业管理复杂化和交易成本节约化两个要求相互妥协的结果，也依赖于市场经济条件下信用体系等外在条件的形成。企业制度伴随着企业的发展创新，主要的企业制度有个人业主制、合伙制和公司制，其中公司制是企业制度的典型形式。也有学者提出，现代企业制度就是现代公司制度。[1]

（二）现代企业制度的内涵

我国学者对于现代企业制度的本质的认识存在较大争议，存在三个代表性的观点：一种观点认为法人财产权是现代企业组织制度和管理制度的依托，因此认为法人产权制度是现代企业制度的实质，可以称为“法人产权”派；第二种观点认为公司以其拥有的法人财产承担有限责任，只有这样的公司法人才能够分散风险、广泛集资，适应现代市场经济发展的要求，因此现代企业制度的最本质特征应当是有限责任，可以称为“有限责任”派；第三种观点认为近代企业制度已经具有法人财产和有限责任的特征，现代企业制度才是以两权分离和经理阶层为基础，经理制度在现代企业制度中处于核心地位，可以称为“经理制”派。[2]实质上上述三个特点都是现代企业制度所具有的，这三种观点并非对立，只是各自的侧重点不同。

有学者认为，现代企业制度是一个制度体系，主要包括：现代企业产权制度、现代企业组织制度、现代企业领导制度、现代企业管理制度、现代企业上市制度、现代企业公示制度、现代企业监管制度、现代企业退市制度等等，以及围绕这些制度和在这些制度下企业处理与各方面关系的行为规范和准则。[3]也有学者认为，现代企业制度就是现代企业所采取的制度，可以把现代企业制度概括为，以完善的企业法人制度为基础，以有限责任为特征，以公司行带为代表的企业组织形式。现代企业制度包括三个方面的内容，一是企业财产所有者与企业高层决策者的行为规范与相互制衡关系；二是企业内部管理制度；三是企业的产生与消亡制度。[4]还有学者认为，现代企业制度是企业产权制度、企业组织制度和经营管理制度的综合，包括四个方面，一是现代企业产权制度，这是现代企业制度的核心；二是现代企业法人治理制度，这是重要内容；三是现代企业有限责任制度；四是现代企业管理制度，涉及人力资源管理、组织管理、财务管理、战略管理、信息管理、文化管理等等。[5]

（三）国企改革背景下的现代企业制度

1993年，党的十四届三中全会决议首次提出，国有企业要建立健全产权清晰、权责明确、政企分开、管理科学的现代企业制度。同时指出，“现代企业按照财产构成可以有多种组织形式。国有企业实行公司制，是建立现代企业制度的有益探索。”本次会议提出的现代企业制度的目标（简称十六字目标）一直沿用至今，其中的“管理科学”，可以理解为广义上的企业管理。

1999年党的十五届四中全会通过的《关于国有企业改革和发展若干重大问题的决定》是党中央第一次以全会的形式对国有企业改革的目标、方针政策和主要措施做出了全面部署，也可以是一次系统阐述了现代国有企业制度的总体内涵。该决定提出，公司制是现代企业制度的有效组织形式，公司法人治理结构是公司制的核心，股东多元化有利于形成规范的公司法人治理结构，要积极发展多元投资主体公司。

2013年召开的党的十八届三中全会通过的《中共中央关于全面深化改革若干重大问题的

决定》在“坚持和完善基本经济制度”中部分，两次提到现代企业制度：一是推动国有企业完善现代企业制度，除总论段外又分为三点，分别是：准确界定不同国有企业功能；健全协调运转、有效制衡的公司法人治理结构；国有企业要合理增加市场化选聘比例，合理确定并严格规范国有企业管理人员薪酬水平、职务待遇、职务消费、业务消费。二是在“支持非公有制经济健康发展”中，提出“鼓励有条件的私营企业建立现代企业制度”。

2015年印发的《中共中央国务院关于深化国有企业改革的指导意见》（中发[2015]22号，简称22号文）中，“完善现代企业制度”部分分为五点，分别是：推进公司制股份制改革；健全公司法人治理结构；建立国有企业领导人员分类分层管理制度；实行与社会主义市场经济相适应的企业薪酬分配制度；深化企业内部用人制度改革。

国资委改革办编写的《关于深化国有企业改革的指导意见学习读本》提出，健全公司法人治理结构，是建立现代企业制度的核心。[6]国资委研究中心编写的《关于深化国有企业改革的指导意见百题百答》，指出健全现代企业制度要抓好以下几个环节：继续推进政企分开、积极探索公司制改革，对国有大中型企业实行规范的公司制改革，面向市场着力转换企业经营机制。

2017年印发的《国务院办公厅关于进一步完善国有企业法人治理结构的指导意见》（国办发〔2017〕36号）“当前，多数国有企业已初步建立现代企业制度，但从实践情况看，现代企业制度仍不完善，部分企业尚未形成有效的法人治理结构，权责不清、约束不够、缺乏制衡等问题较为突出，一些董事会形同虚设，未能发挥应有作用。”由此可见，现代企业制度与现代法人治理机制内涵近似。

2017印发的《国务院办公厅关于转发国务院国资委以管资本为主推进职能转变方案的通知》（国办发〔2017〕38号）在“调整优化监管职能”中提出，“加大简政放权力度，更好维护企业市场主体地位，推动完善现代企业制度，健全各司其职、各负其责、协调运转、有效制衡的国有企业法人治理结构。”

综上，现代企业制度的概念是伴随着现代企业而产生、发展的，随着改革开放的不断深化，我国的企业制度不断完善，现代企业制度也逐步建立起来。国有企业建立现代企业制度是长期以来我们党领导国有企业改革的一个重大理论创新。[7]建立并完善现代企业制度是国有企业改革的方向，是深化国有企业改革的关键，是增强国有企业竞争力、提高国有资本配置效率必须加强的微观制度基础。[8]目前，企业管理学术界和国企改革的政策中，对现代企业制度都未做出明确界定，总体上看，可以从广义和狭义两个角度来理解，广义上的现代企业制度包括与现代企业相关所有管理制度，狭义上的现代企业制度特指企业法人治理结构。本文中，现代企业制度是指以产权制度为基础、以公司治理为核心、以内部机制为重点，包括生产运营管理在内的一整套公司运作制度。

二、中国特色现代国有企业制度的演变及内涵

党的十四届三中全会确定了国企改革的方向是建立现代企业制度。至此，现代企业制度

叩开了中国的大门。虽然中国企业制度改革之路曲折不平，但当今中国经济正在走向世界第一，中国越来越明白：加入“中国特色”的现代企业制度无论是对国有企业还是民营企业，都产生了优化企业管理、激发内在动力、提高竞争能力、提高竞争能力、提升发展质量的作用和成效。

经过四十年的理论探索和实践发展，党的领导、党的建设在加强中改进，在探索中完善。现代企业制度下国有企业党的建设和经济建设相得益彰、互促共进，彰显了中国特色现代企业制度的优越性和竞争力，彰显了公有制经济与非公有制经济协同发展、联动发展的内在活力。中国特色现代企业制度并不是党的领导和传统现代企业制度的简单相加，而是党的领导和传统现代企业制度辩证统一的新的企业制度。

（一）中国特色国有企业党的领导制度演变及内涵

1.国有企业党的领导制度的演变历程

表1

<table>
<tr><th>时间</th><th>方式</th><th>内容</th></tr>
<tr><td>1984年</td><td>厂长（经理负责制）</td><td>实行生产经营和行政管理厂长（经理）负责制</td></tr>
<tr><td>1989年</td><td>发挥政治核心作用</td><td>发挥党组织的政治核心作用，坚持和完善厂长负责制，全心全意依靠工人阶级</td></tr>
<tr><td>1993年</td><td>坚持“三句话”指导方针</td><td>通过“双向进入、交叉任职”建立和完善法人治理结构</td></tr>
<tr><td>2016年</td><td>国有企业党组织发挥领导核心和政治核心作用</td><td rowspan="2">把方向、管大局、保落实；依照规定讨论和决定企业重大事项</td></tr>
<tr><td>2017年</td><td>党委（党组）发挥领导作用</td></tr>
</table>

2.国有企业坚持党的领导的基本内涵

2016年习近平总书记在全国国企党建会上系统阐述了国有企业坚持党的领导的基本内涵。2017年最新修订的《中国共产党章程》进行了明确规定，指出国有企业党委发挥领导作用，把方向、管大局、保落实，依照规定讨论和解决企业重大事项。保证监督党和国家的方针、政策在本企业贯彻执行；国有企业和集体企业中党的基层组织，围绕企业生产经营开展工作。支持股东会、董事会、监事会和经理（厂长）依法行使职权；全心全意依靠职工群众，支持职工代表大会开展工作；参与企业重大问题的决策；加强党组织的自身建设，领导思想政治工作、精神文明建设、共青团等群团组织。

（二）中国特色现代国有企业产权制度演变及内涵

公司制是公有制的重要实现形式，股份制是公有制的主要实现形式。公司一般分为有限责任公司和股份有限公司两种，股份有限公司又分为上市股份公司和非上市股份公司两种。虽然股份制公司也属于公司范畴，但习惯上，一般将股份有限公司称为股份制企业，而将有限责任公司称为公司制企业。正因为如此，党的决议和政府工作报告中经常将公司制股份制并列来讲，强调要深化国有企业公司制股份制改革。在实践中，并非所有国有企业都具有投资价值，更不是都符合上市条件，特别是承担公益性功能或主要承担保障性功能的国有企业，所以国有企业不可能也不需要都采用股份制的资本组织形式。适应建立现代企业制度的要求，国有企业也可以进行公司制改革。为此，中央历来强调，国有企业要加快推进公司制股份制改革，具备条件的国有企业进行改制上市。通过中央对混合所有制企业发展做出一系列重要部署，理论内涵和政策要求经历了不同阶段发展演变。混合所有制经济的理论地位不断提升，重要性日益凸显，政策表述逐步具体化。

表2

时间	会议	表述	意义
1993	十四届三中全会	随着产权的流动和重组，财产混合所有的经济单位越来越多，将会形成新的财产所有结构	提出财产混合所有
1997	十五大	公有制实现形式可以而且应当多样化。要努力寻找能够极大促进生产力发展的公有制实现形式。股份制是现代企业的一种资本形式，有利于提高企业的一种资本组织形式，有利于所有权和经营权的分离，有利于企业和资本的运作效率，资本主义可以用，社会主义也可以用	提出公有制实现形式的多样化，提出股份制可以作为公有制的实现形式
1999	十五届四中全会	国有大中型企业尤其是优势企业，宜于实行股份制的，要通过规范上市、中外合资和企业相互参股等形式，改为股份制企业，发展混合所有制经济	要求优势国有企业推行股份制，提出发展混合所有制经济
2002	十六大	除极少数必须由国家独资运营的企业外，积极推行股份制，发展混合所有制经济	要求大部分国有企业推行股份制
2003	十六届三中全会	要适应经济市场化不断发展的趋势，进一步增强公有制经济的活力，大力发展国有资本、集体资本和非公有资本等参股的混合所有制经济，实现投资主体多元化，使股份制成为公有制主要实现形式	要求股份制成为公有制的主要实现形式
2013年	十八届三中全会	必须毫不动摇鼓励、支持、引导非公有制经济发展，激发非公有制经济活力和创造力。要完善产权保护制度，积极发展混合所有制经济，推动国有企业发展现代企业制度，支持非公有制经济健康发展	进一步要求发展混合所有制经济，并提出与之配套的产权保护制度和现代企业制度
2018	十九大	深化国有企业改革，发展混合所有制经济，培育具有全球一流的世界一级企业	进一步凸显混合所有制经济的重要地位和作用

（三）中国特色现代国有公司治理制度演变及内涵

新中国成立以来，我国国有企业领导和治理制度的演变，大体经历了党委领导下的厂长负责制、厂长(经理)负责制、国有企业党组织发挥政治核心作用、通过积极探索“双向进人、交叉任职”建立和完善公司法人治理结构等阶段，已经实现了从传统国有企业领导体制到现代公司法人治理结构的重要转变。1999年9月党的十五届四中全会决定明确指出:公司制是现代企业制度的一种有效组织形式，公司法人治理结构是公司制的核心;要明确股东会、董事会、监事会和经理层的职责，形成各负其责、协调运转、有效制衡的公司法人治理结构。

关于公司法人治理制度的重要性，2004年版的《OECD公司治理准则》作了充分阐述。该准则认为:公司法人治理涉及整个的有关公司经营管理层、董事会、股东和其他利益相关者之间的关系;公司法人治理也提供了一个框架从而有助于确定公司发展目标、实现目标的手段、对执行过程的监控;对董事会和经营管理层推动公司和股东利益目标的实现，良好的公司法人治理将提供适当的激励并采用有效的监控;公司法人治理成为改善公司经济效率和促进投资者信心增长的一个关键性因素。

表3：治理结构中的各方关系

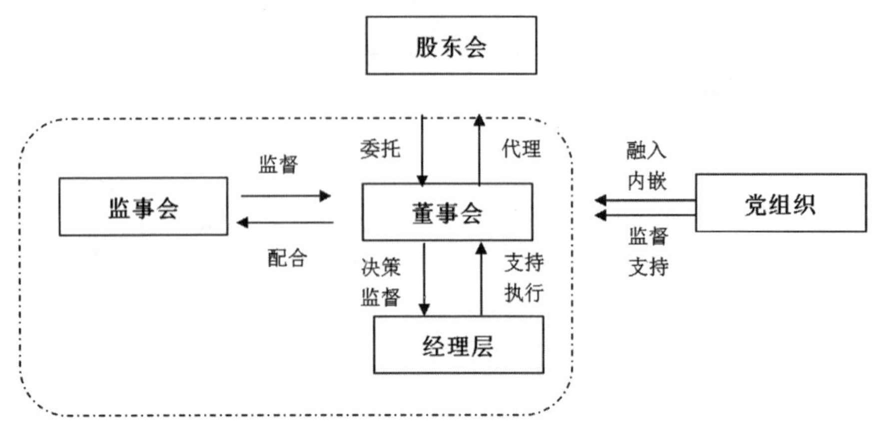

公司治理是一套制度安排或体系，建立在出资者所有权与公司法人财产权分离基础上，通过一系列治理结构和治理机制的安排，协调公司股东、经营者及其他利益相关者之间的关系，保证公司科学决策、有效运行。《国务院关于国有企业发展混合所有制经济的意见》（国发〔2015〕54号）明确提出，混合所有制企业要建立健全现代企业制度，明晰产权，同股同权，依法保护各类股东权益。规范企业股东（大）会、董事会、经理层、监事会和党组织的权责关系，按章程行权，对资本监管，靠市场选人，依规则运行，形成定位清晰、权责对等、运转协调、制衡有效的法人治理结构。

（四）中国特色现代国有企业制度管理制度演变及内涵

经过新中国成立以来、特别是经过40年改革开放和国内外市场竞争的洗礼，我国国有企业的管理工作开始实现从传统粗放式管理向现代集约式管理的重大转变，主要体现在以下四个方面:一是管理组织从工厂企业到公司集团，国有企业在组织功能上，从单生产功能为主的工厂制连步演变为具有较完整市场经营功能的法人体制;在组织体制上，则由单的行政性企业为主转向具有现代市场意义的公司和集团。二是管理念从计划到市场。大多数企业牢周树立起市场、客户、质量、品牌、成本、效益、人本、环保等适应现代市场经济要求的理念和社会责任意识。三是管理方法从传统到现代。精益管理、经济增加值(EVA)、管理会计、供应链管理、智能管理、绿色管理等国际流行的管理方法都在国有企业得到应用:战略管控、并购重组、流程再造、电子商务、互联网、大数据等新管理思想已经进入国有企业管理的视野。四是管理手段从硬件到软件。国有企业通过构建文化、加强知识管理、推进管理创新、实施名牌战略、履行社会责任、塑造社会主义核心价值观等培育企业核心能力，努力保持和创造竞争优势。

三、党领导下的现代企业制度的实践成效与途径方式

党的十八大以来，尤其是全国国有企业党建工作会议召开以来，国有企业党的建设取得

了明显进展和显著成效，国有企业各级党组织和广大党员深入学习贯彻落实习近平总书记重要讲话精神，对坚持党的领导、加强党的建设重大意义认识更加深入，对肩负管党治党责任更加明确。党组织融入公司治理更加纵深，党建工作与生产经营更加紧密，强党建促发展氛围更加浓厚。党建工作重点任务扎实推进，取得了明显成效。

（一）推进党的领导与治理管理相结合

1.明确法定地位

“党建入章程”是落实党组织在公司法人治理结构中的法定地位的重要制度安排，是把加强党的领导和完善公司治理统一起来，建设中国特色现代国有企业制度的重要举措。全国国有企业党的建设工作会议明确提出，把党建工作要求写入国有企业公司章程。中共中央组织部、国务院国资委党委下发《关于扎实推动国有企业党建工作要求写入公司章程的通知》（组通字〔2017〕11号）。对国有绝对控股、相对控股混合所有制企业“党章入章程”工作进行了全面部署。整体来看，国有企业各级党组织把“党建入章程”作为当前党建工作的重中之重，2017年“党建入章程”工作取得突破性进展。据有关统计，2017年在调查的99家中央企业中，除中国冶金地质总局等单位为事业单位没有公司章程外，中央企业集团层面已全部将党建工作总体要求纳入公司章程，并且在二级及以下更基层企业持续深入推进此项工作，取得较好成效。[9]

2.明确党委议事规则和职责边界

现代企业制度下国有企业党的建设最核心的问题是党的领导与公司治理相融合的具体实现方式，最关键的内容是厘清党委与董事会在重大决策、选人用人等方面的职责边界。国有企业要把制定党委会议事规则作为融入治理的一项极为重要的制度保障，同时也作为企业内部决策管控制度的重要组成部分。党委在公司治理结构中发挥领导作用，体现政治领导、思想领导和组织领导的有机统一。根据这一原则，结合企业实际，在党委会议事规则中详细规定党组织的决策范围、决策程序，以及与董事会、经理层的关系等。党组织的职责边界要把握好，既不能缺位，管好该管好的，做好该做的，发挥领导作用，也不能越位，不能出现代替董事会对重大问题的决策权，也不能直接作为企业生产经营的决策和指挥中心。

3.落实党管干部原则

习近平总书记强调，要“坚持党组织对国有企业选人用人的领导和把关作用不能变，着力培养一支宏大的高素质企业领导人员队伍”。建设高素质、专业化的干部队伍，构建适应职业经理人的新型人力资源管理机制，吸引、保留和激励各类职业经理人才，从而增强企业的核心竞争力，是确保现代企业可持续发展的前提和基础。国有企业党组织要主动适应改革，将党管干部、党管人才原则与《公司法》赋予的出资人依法选派产权代表、董事会选择经营管理人员以及经营者行使用人权有机结合起来。明确企业党组织坚持党管干部、党管人才的原则的职责权限、管理范围、方法程序，明确党组织在选人用人各环节中的具体职责边界。

泰山石膏党委在54家子公司一把手配备中，一律挑选那些既懂政治，也懂经营的干部实行“一人双岗、双岗双责”，实行党组织书记和企业负责人“一肩挑”。安徽天柱新能源公司，有一位副总经理，非中共党员，业务能力很强，但在思想上有些偏激，在网络上数次发表与中央不一致的言论。公司党组织认识到这个问题的严重性，及时采取措施，支付了较高的经济补偿金，解除了与该高管的劳动关系。董事长个人作为第二大股东，也非常支持党组织决定，认为经济损失是小事，给干部员工带来正能量才是大事。

4.建立党建责任体系

建立完善党建工作责任考评体系是加强党对国有企业领导的必然要求和落实党建工作责任制的重要保障，也是推进国有企业党建工作科学化的重要举措。国有企业必须注重发挥党建考核“指挥棒”“风向标”作用，严格党建责任考核，将党建成效考核融入企业经营发展考核之中，实现同步考核、结果联动。一是明确考核目标，不同类型的国有企业党建工作考核评价重点不同；二是建立标准化信息化考核体系，围绕提高企业发展质量等中心工作，细化考核标准、创新考核方式、强化结果运用，健全规范化、制度化考核体系；三是明确考核主体，对不同类型的国有企业党组织进行考核，原则上按国有控股资本方企业党组织作为上级党组织进行考核，按属资管理。

（二）推进党的领导与生产经营相结合

1.围绕中心发挥党支部和党员作用

党组织和党员队伍对企业经营发展有着重要的推动作用，党组织与其他组织相比更具有纪律性、战斗力，党员与普通群众相比更具有奉献精神、担当意识，这种精神和这种战斗力是企业改革发展的宝贵财富，也是党组织和党员的独特优势。党组织和党员要把坚持服务企业生产经营不偏移作为工作的出发点和落脚点充分发挥党支部战斗堡垒作用和党员的先锋模范作用。立足企业的重点项目、重大工程和急难险重任务，围绕企业深化改革、创新转型、高质量发展、国际化经营等攻坚任务，成立党员先锋岗、党员示范岗、党员突击队、党员攻关小组、冲锋党支部、红旗党支部等，发挥党支部战斗堡垒作用和党员先锋模范作用。国有企业党组织围绕生产经营开展活动，把党员和群众都作为活动参与对象来组织发动，在党员发挥带头作用的同时，团结动员职工群众共同为企业改革发展攻坚克难、建功立业。

海螺水泥以党支部保分厂、党小组保工段、党员保班组的“三保”为主要内容，引导各基层党组织找准工作的着力点和切入点，加大党员示范岗、党员突击队、党员责任区建设，创建了宁国水泥厂“让党建成为看得见的生产力”、荻港海螺“党建+五融合”、芜湖海螺“打造学习型党组织”、白马山水泥厂“服务型党组织争创”等富有特色的基层党建品牌，进一步增强企业的发展后劲。中国巨石强化“一名党员、一面旗帜、一个标杆”的理念，在技术攻关、精细管理、成本节约、节能减排、安全生产等企业生产经营的各个方面，做到党员标准比群众更高、能力比群众更强、业绩比群众更突出。泰山石膏在公司项目建设、技术难题的解决过程中，把业务精、觉悟高的党员干部放在首当其冲的位置，充分发挥党员的带头作用，打好了一场场攻坚战。把党组织的管理制度与公司的安全生产、运营制度相结合，把党员干部的考察和考评与其经营业绩相结合，较好地解决了党建工作与企业发展“两张皮”的问题。

2.教育引导干部员工树立市场化经营理念

一些国有企业干部往往有两种思维惯性：一是认为国有企业是国家的买卖，关不了门，旱涝保收；二是认为工作论资排辈，只要不犯错误，就不用担心职位。这两种思维惯性导致企业缺乏竞争力和活力。就如何树立国企干部们的市场竞争意识，是一项非常重要的工作。近年来，中国建材集团输送了大批干部到北大、清华、南开等一流大学的商学院学习，举办了中青班、研修班、党建班、博士班等，极大地提高了干部们的素质和能力。经过系统培训，领导干部分析处理复杂问题的能力、创新能力、带队伍能力等极大提升。

3.运用现代管理理念提升党建质量

以改革创新精神加强党的建设，是当今时代发展的必然要求，也是各级党组织研究的课题，越来越多的企业将现代管理理念引入到企业党建管理工作中，有效地推动了党的基层组织建设。

中国建材集团党建工作借鉴现代管理理念，强调规范和精细管理。健全完善党的各级基层组织，督促成员企业逐级按期换届,实现“应建必建”“应换必换”。2017年新设立党组织124个，按期换届选举363个。针对混改进入的部分民营企业在党建方面存在的薄弱问题，做到“规范组织、规范制度、规范活动”，将央企党建工作要求全面延伸到混合所有制企业。新成立87个党委、603个党支部，消除党建盲区，使党组织设置与企业资产管理体系一致。强调“细致了再细致、严格了再严格”，建立工作指引和参考模板70余项。并通过开展党委书记党建责任述职评议、制定党员领导干部党建责任KPI、探索党员先锋模范作用“指标化”等，使各项管理落地见效，有力提升了基层党建质量。

中联水泥制定党建工作规范化科学化指引。针对基层党建工作中存在的“宽松软”和“四化”问题，以推进全面从严治党，加强党的政治建设、思想建设、组织建设、作风建设、纪律建设、制度建设和反腐败建设为主线，编制《关于提升党建工作规范化科学化水平的指导意见》和《党建工作指导手册》，对明确党建工作标准、规范党建制度流程、严肃党内组织生活、丰富党建活动载体，起到了积极的推动作用。

4.服务职工群众加强组织关怀

国有企业要主动适应新形势，不断增强服务意识和服务能力，积极推进国有企业基层服务型党组织建设。近年来，一批批国有企业通过改制发展成为混合所有制企业，混合所有制国有企业的产权关系、组织结构、经营模式、用工方式发生了多种多样的变化。党组织要更加注重发挥服务职能，在关怀帮扶、文化引领、精神激励上发挥独特优势，在党员和职工群众中构筑健康充实的精神家园，增强党员的荣誉感和群众的归属感，在服务中夯实党组织的群众基础，凝聚企业改革发展合力。

中国巨石随着“走出去”战略深入推进、海外市场积极拓展，及时增设海外临时党支部，在海外项目建设、技术项目攻关、销售市场开拓等领域，基层党组织深入一线了解企业职工困难疾苦，细致做好一人一事思想和帮扶解困工作，成为广大职工思想上的贴心人、工作中的主心骨。中复连众发挥党组织在服务群众中的关键作用，公司党委始终把关心职工的生活、帮助职工解决困难，增强职工队伍的凝聚力向心力作为一项重要的工作来抓。坚持定期组织职工进行健康体检，建立健全了职工健康档案。关心职工的疾苦，制定了《购房补贴制度》、《大病医疗保险》、《慰问制度》、《女职工困难补助基金》等规章制度。中车四方股份公司党群工作组定期开展“冬送温暖、夏送清凉、秋送助学、节送慰问、难送帮扶、病送关怀”

为内容的“六送”和“三关心、三保证”活动，特别是对党员劳模、骨干和困难党员通过建立档案、固化慰问、帮扶机制等措施，把组织的温暖送到党员和员工身边。结合公司发展和员工成长需求，深入推进EAP工作（员工幸福帮助计划），开展“关爱”活动，推进“幸福团队”、“幸福文化”建设，帮助员工排忧难，促进员工提升幸福指数。

（三）推进党的领导与企业文化相结合

1.提炼和弘扬先进文化

企业文化作为一种潜移默化的精神力量，在企业生产经营的全过程发挥着无形的制约、凝聚、导向、激励、规范作用，在现代企业管理中越来越处于突出的地位，企业文化已成为决定企业发展的重要因素。越来越多的企业党组织更加注重推进企业文化建设，在党组织的会议和培训中加强企业文化宣贯，营造统一、良好的文化氛围，使企业文化得到员工广泛的认知认同，有力巩固广大员工的思想基础和价值观纽带，为企业发展提供坚强的思想保证、精神动力、文化支撑。

中国建材集团教育干部职工“珍惜党和人民提供的施展才华的舞台，懂感恩，知回报”，培育践行“创新、绩效、和谐、责任”企业核心价值观和“敬畏、感恩、谦恭、得体”行为准则；按照“讲政治、有信念，讲规矩、有纪律，讲道德、有品行，讲奉献、有作为”的要求，争做有学习能力、市场意识、敬业精神、专业水准、思想境界的“五有干部”。

2.塑造优秀的企业品格

进入新时代，高质量发展对企业自身的品格也提出了更高的要求。企业是盈利组织，同时又是社会组织，所以企业既有经济性又有社会性。作为社会组织，企业要承担社会责任，处理好社会中方方面面的关系，只有被社会接受和受社会支持的企业才会获得长远发展。和人一样，企业在成长的过程中也会形成自己的品格，恰恰是企业的品格绝对了其社会认同度。企业的品格是企业在经营活动和社会交往中展现出的品质、格局和作风，反映了企业的世界观、价值观和组织态度。企业的品格也是集企业理念、文化和行为于一体的企业形象。

中国建材集团秉持绿色发展的理念，特别强调保护环境、热心公益、关爱员工和做世界公民四项品格。集团主动实施“责任蓝天计划”，终坚持环境、安全、质量、技术、成本的价值排序，在生产中秉持三原则，即原料尽量采用城市和工业固体废弃物，生产过程中要做到零排放，产品绿色健康；全力参与抢险救灾、灾后援建、帮助弱势群体等工作，积极落实四县一区的对口扶贫，成立“善建公益”基金，打造“禾苞蛋”电商扶贫平台；在“一带一路”建设中秉持“为当地发展做贡献、与当地企业合作、与当地居民友好相处”三原则，体现央企责任与担当。

3.营造浓厚的党建氛围

中国建材集团将建设党建阵地作为一项加强党组织建设基础来抓，营造了浓厚的党建文化氛围。切实增强了员工的认同感和归属感以及党组织的号召力、凝聚力、战斗力和创造力，充分发挥了党建的激励引领作用，有效提高了全体干群的思想意识、政治意思，为促进党建工作的发展提供良好的氛围。

北新建材的文化有着优秀的传统和强大的凝聚力，公司党委带领各级党组织和广大党员，充分运用集团“和谐”文化，充分发挥党建工作在统一思想、凝聚力量鼓舞斗志方面的作用，推行“三个和谐”：追求企业与自然的和谐，强调善用资源，强调全绿色经营；追求企业与社会和谐，持续开展扶贫工程、志愿者行动等活动；追求企业与人的和谐，强调“企业是人、企业为人、企业靠人”，持续开展暖心工程、惠民工程，特别对困难党员、困难群众的关注与帮扶；建立了驻外人员服务总队，加强对长期驻外人员及其家属的关爱和服务，形成“理解人、关心人、凝聚人”的氛围，打造彰显和谐文化的企业。

（四）推进党的领导与廉洁从业相结合

党委履行党风廉政建设主体责任，纪委履行监督责任，落实两个责任，必须有机结合。

1.同步落实两个责任

反对腐败、建设廉洁政治，是我们党一贯坚持的鲜明政治立场。党的十八大以来，以习近平同志为核心的党中央在全面推进党的建设新的实践中，不断加强和改进党内监督工作。巡视工作一路高歌猛进。根据统计，从99家中央企业的有效样本来看，96家中央企业集团开展了内部巡视（或巡查）工作，占比97%。在调查37家省级国资委中，有27家省级国资委建立了巡视（或巡查）制度，占有效样本的73%。[10]

北京城建集团完善了党风廉政建设责任制检查考核评估指标体系，细化考核内容，每年由集团党委常委带队，组织党风廉政监督员参加，对集团所属控股企业“两个责任”落实情况进行检查考核，考核结果在年度党风廉政建设工作大会上进行通报奖罚。中国建材集团坚持党要管党、从严治党，召开党的建设、党风廉政建设和反腐败工作会议，研究部署党建和反腐败工作任务。集团党委与二级企业签订党风廉政建设责任书，层层落实责任。成立党委巡视工作领导小组，设立巡视工作办公室，制定巡视工作五年规划，开展了二级单位的内部巡视工作。组织开展党章党规党纪教育、警示教育，开展遵守八项规定精神专项检查。

2.严格监督管理

无论是国有资本股东，还是非公股东，包括职工群众，在实现资产保值增值、提高资本回报率、促进企业健康发展上目标一致，对侵占公司利益、贪污腐败的现象都深恶痛绝，对党组织加强企业内部监督大力支持。不少国有企业党组织强化企业内部监督，与企业风险管控结合起来，聚焦关键岗位、重要人员特别是一把手的监督管理，强化了在工程招投标、改制重组、产权变更和交易等容易滋生腐败领域的监督，在一定程度上防范了风险。

中车长春轨道客车股份有限公司通过召开专题民主生活会、领导干部思想作风暨党风廉政建设讲评会，定期对领导干部思想作风和党风廉政建设情况进行讲评，对干部队伍工作、思想作风、党风廉政建设情况集中梳理、分析和点评，督促基层党组认真落实党风廉政建设主体责任和监督责任。党委对党员干部的问责力度也越来越严格。南方水泥以业绩为导向建立了“业绩评价、民主评估、监督约束、学习培训”四位一体干部评价体系。2016年，问责干部110名，其中受到免职撤职以上问责的干部17名。江西建工集团坚持将党建和党风廉政建设工作与行政工作同规划、同部署、同检查、同考核，考核权重占企业领导人员业绩考核分值的10%，与领导人员薪酬、晋升挂钩。

3.坚持严管厚爱

党的十九大报告明确了新时代党的建设总要求，对坚定不移全面从严治党做出战略性安排。要深刻把握基本内涵，领会精神实质，坚持“严管就是厚爱，厚爱不能溺爱”，在从严从细从实上下功夫，打一场全面从严治党攻坚战持久战，做到管党有方、治党有力、建党有效。

中国建材集团制定《集团党委实践运用监督执纪“四种形态”指导意见》《集团落实“三个区分开来”实施办法（试行）》等制度16项，构建监督执纪体制机制。对巡视工作移交的86件举报件进行了分类梳理，对查实的违纪问题，依纪依规严肃处理。同时，积极营造环境，为干事创业提供保障，结合实际探索制定相关制度，建立容错纠错制度，既要对领导干部严格管理，又要对领导干部政治上关心、工作上支持、生活上关怀，让员工心情舒畅、充满信心，积极作为，为员工创造安心、安身、安业的环境，创造干事创业的条件，为负责者负责，为担当者担当。

4.营造亲清文化

国有企业党组织对党员干部党风廉政的要求，有助于带动企业形成廉洁从业的良好氛围。党组织要抓好纪律建设、廉洁教育，强化党员干部纪律意识规矩意识，知敬畏、存戒惧、守底线，习惯在受监督和约束的环境中工作生活。同时也要做好非公股东、职业经理人思想工作，让他们充分认识到廉洁从业不仅是党组织对党员的要求，也是企业管理的重要方面，让他们理解党组织的规定和要求，与体制内干部安全相处、亲密合作，推动企业形成廉洁从业、干净干事、抵制贿赂、反对腐败的价值取向。在股东型职业经理人、体制内职业经理人和市场化职业经理人之间建立工作上亲密合作、利益上清清白白的“亲清”文化。

成果创造人：孙力实、光照宇、牛振华、张小苹、邱艾平、苗小玲、丁　泉

【注释】

[1] 现代企业制度，牛国良，北京大学出版社2006年9月第二版，第74页。

[2] 国有企业领导制度研究，蒋兴旺，东北财经大学出版社 2011 年版，第 32-34 页。

[3] 现代企业制度下国有企业党的建设研究，李德强，博士论文，2016年，第29-30页。

[4] 现代企业制度，牛国良，北京大学出版社2006年9月第二版，第81-82页。

[5] 现代企业制度概论，吴申元，首都经济贸易大学出版社2016年3月第3版，第9-11页。

[6] 关于深化国有企业改革的指导意见学习读本

[7]《深化国有企业改革的指导意见》学习读本，中国经济出版社，2016年，P64

[8]《深化国有企业改革的指导意见》百问百答，中国经济出版社，2016年，P61

[9] 国有企业改革落实情况调查问卷分析报告 2017年度版 国务院国资委研究中心 中智人力资源管理咨询有限公司 p85

[10] 国有企业改革落实情况调查问卷分析报告 2017年度版 国务院国资委研究中心 中智人力资源管理咨询有限公司 p85

突出政治功能，提升组织力，积极开创非公有制企业党建工作新局面

万达集团党委

一、背景分析

党的十九大明确指出，“中国特色社会主义进入新时代，我们党一定要有新气象新作为。打铁必须自身硬。党要团结带领人民进行伟大斗争、推进伟大事业、实现伟大梦想，必须毫不动摇坚持和完善党的领导，毫不动摇把党建设得更加坚强有力。”

根据中央组织部最新党内统计数据显示，截至2017年底，中国共产党党员总数为8956.4万名，比上年净增11.7万名。党的基层组织457.2万个，比上年增加5.3万个。其中，187.7万个非公有制企业已建立党组织，覆盖率为73.1%。通过以上数据，可见非公有制企业党组织数量已占全国党组织的41%，成为中国基层党组织建设的重要组成部分。

关于新时代基层党组织的建设，习总书记明确指出，“党的基层组织是确保党的路线方针政策和决策部署贯彻落实的基础。要以提升组织力为重点，突出政治功能，把企业、农村、机关、学校、科研院所、街道社区、社会组织等基层党组织建设成为宣传党的主张、贯彻党的决定、领导基层治理、团结动员群众、推动改革发展的坚强战斗堡垒。”

对照习总书记的要求，非公有制企业党组织建设虽然在数量上有了很大突破，但在强化政治功能，有效发挥作用上，比之于国有企业、机关、事业单位等基层党组织，还需要进行不断的探索与实践。

万达集团作为中国典型的非公有制企业，得益于党的改革开放政策，创立于1988年，目前形成商管、文化、地产、金融四大产业集团。2017年企业资产7000亿元，收入2273亿元，位列财富世界500强第380位。在企业经营快速发展的同时，万达集团党建工作也取得了长足进步。早在创立之初，就成立了党组织，王健林董事长亲自担任党委书记，党建工作有效开展。党的十八大以来，万达党委深入学习贯彻落实党的十八大、十九大系列精神，突出政治功能，以强调政治建设、提升组织建设力、提升组织管控力、提升政治影响力、提升政治引领力、提升思想凝聚力、提升社会责任力、提升文化号召力八个方面为重点，全面提升组织力，创新党建管理，充分发挥企业党委的政治核心作用与政治引领作用，承担社会责任，树立全新形象，积极开创了非公企业党建工作新局面。

二、基本做法与成效

（一）把政治建设摆在首位，坚定不移跟党走

党的十九大报告明确提出："党的政治建设是党的根本性建设，决定党的建设方向和效果。保证全党服从中央，坚持党中央权威和集中统一领导，是党的政治建设的首要任务。全党要坚定执行党的政治路线，严格遵守政治纪律和政治规矩，在政治立场、政治方向、政治原则、政治道路上同党中央保持高度一致。"

王健林董事长高度重视党建，早在集团创立之初就建立了党组织，经常告诫全体员工："没有共产党就没有中国的改革开放，没有改革开放就没有非公企业，更没有万达的今天。"并在实际工作中把政治建设摆在首位，始终坚持党的领导，不断用党的理论武装头脑，指导实践，促进发展。

党的十七大召开后，王健林董事长亲自召开全体党员大会，及时传达了会议精神，对如何贯彻落实进行了全面的安排与部署；党的十八大一结束，万达党委迅速组织各基层党支部深入开展学习活动，并要求全体党员提交学习心得体会，把思想和行动统一到党中央的整体部署上来。

党的十九大期间，万达党委结合企业实际，在十九大召开之前，积极开展"喜迎十九大，不忘初心，砥砺前行"主题教育实践活动，对全集团学习党的十九大精神活动进行了安排和部署，将活动分为由喜迎十九大、学习十九大、贯彻十九大三个阶段。长春、沈阳、济南、广州、成都等地基层党组织纷纷响应，在全集团上下营造了浓厚的喜迎十九大氛围。

中央弘扬企业家精神文件发布后，王健林董事长第一时间向《中国企业家》描述了他的心情："一个是高兴，一个是安心"。并指出"企业最高的追求是成为社会企业"。就万达集团追求的社会责任，王健林指出，主要包括创造就业岗位、诚实纳税、慈善和环保等方面。作为中国企业家，王健林认为，一定要爱国、接受党的领导。随后，万达党委也迅速反应，在国家政论第一平台人民论坛网上发表评论文章《勇于创新，敢于担当，弘扬企业家精神，推动中华民族伟大复兴》，向社会各界充分展示万达集团弘扬企业家精神的指导思想，就是一定要爱国、坚持党的领导；就是要勇于坚持，百折不挠；就是要履行责任，服务社会。

2017年10月24日，党的十九大会议期间，万达党委在人民论坛网首页发表了题为《不忘初心，牢记使命，融入新时代，创造新辉》的专题文章，阐述万达集团党委学习十九大报告的心得体会，向中央和社会表明了集团听党话跟党走的决心、做好企业的信心和公益慈善回报社会的责任心！

党的十九大刚刚结束一周时间，万达党委就在全国率先聘请中共中央党校教授来集团作十九大精神专题辅导报告，全体员工通过现场听讲、视频直播的形式进行了学习，充分领会了十九大精神实质，统一了思想和行动。

在集团总部抓好学习十九大精神的同时，党委要求各系统、各基层支部采取集中观看视频、专家解读、座谈、自学等多种方式，认真组织学习党的十九大精神。同时加大内部宣传力度，在官网、官微、手机报和电梯新闻上发表各产业集团、各地公司学习活动新闻稿件。尤其是十九大前后，基本每天电梯新闻都有关于学习十九大的报道，在全集团形成了学习十九大，走进新时代，踏上新征程，践行新使命的热潮。

全面深入的学习，使全体党员充分了解了习近平新时代中国特色社会主义思想理论体系，不断增强了政治意识、大局意识、核心意识、看齐意识，树立了道路自信、理论自信、制度自信和文化自信，以更高的政治自觉性和历史使命感，去执行党的政治路线，遵守政治纪律和政治规矩，在政治立场、政治方向、政治原则、政治道路上同党中央保持高度一致。坚定不移跟党走，心无旁骛促发展。

（二）提升组织建设力，全面实现“两个覆盖”

提升基层党组织组织覆盖力，是发挥基层党组织战斗堡垒作用和党员先锋模范作用的根本基础，也是促进非公企业健康发展的重要保障。

为使党组织建设工作在万达扎实开展，王健林董事长提供了有力保障。在领导体制上，完善了集团党委、系统分党委，专门设立党委工作部，全面加强了对党建工作的领导。在经济保障上，每年都在预算中安排经费，用于开展培训、树立典型、表彰先进等活动。在物质基础上，积极构建“一中心、两基地、多阵地”的党建格局。一是在北京总部形成了党建工作决策中心，二是投资7亿元建设万达党校，成为全国规模最大、设施条件最好的民企党员培训基地之一。三是在大连市中心的万达大厦拿出1300平方米整层办公楼，投资几百万元建立党建基地，全面展示万达党建理念及成效。四是按照“六陈列、七在线、八个有”的要求在全国建立了上百个标准化的党员活动室。五是投入几十万元，创办了万达党建网站，扩大党建影响力。

在董事长的高度重视下，万达党委坚持“企业发展到哪里，党组织就建到哪里，党的工作就开展到哪里”的理念，推动“两个覆盖”工作全面到位。截至2017年12月31日，集团党委下辖11个分党委、13个党总支、442个直属党支部。党员总数已达10165名，党员平均年龄32.5岁，大专以上学历占比87%。是全国规模最大、年龄结构、学历结构最优的大型民企党组织之一。

（三）提升组织管控力，创立党建管理体系

按照中央要求，基层党组织要担负好直接教育党员、管理党员、监督党员和组织群众、宣传群众、凝聚群众、服务群众的职责，引导广大党员发挥先锋模范作用。实现这一功能，既要强调党组织和党的工作全覆盖，更要注重构建科学的管理体系，实现目标清晰，职责明确，管理到位。在多年实践探索的基础上，万达党委创新性打造了“13551”党建管理体系，使党建管理工作规范高效、扎实深入。

“13551”的具体内容是：“1”即明确一种管理模式：坚持“统一领导，集中管理、兼顾属地”模式，确保企业文化不走样，经营党建双促进；“3”即坚持三个指导方针：“充分发挥基层党组织政治核心、政治引领、公益慈善三个作用”；第一个“5”是实施五级推动机制：出资人一级推动，从“思想、组织、制度、场地、资金”五个方面为党建工作的顺利开展提供保障；在出资人提供保障的基础上，集团党委作为党建工作的实施主体，进行二级推动，重点抓好“政治引领、宣传教育、外树形象、内抓典型、规范管理、监督指导”六项工作；各系统分党委在集团党委的统一领导下，实施三级推动，聚焦“组织建设、强化宣传、培树典型、有效管理”四项工作；基层党支部接受集团党委、系统分党委的领导，实施四级推动，着力“组织开展活动、党员发展管理、坚持关爱员工、抓好阵地建设、夯实基础管理”五大工程；党员是党建工作开展的终端载体，实施五级推动，他们立足岗位，履行“政治坚定、引领发展、创新管理、执行到位、清正廉洁、公益慈善”六项使命，树立新时期共产党员的良好形象；第二个“5”是打造五大保障平台：信息管理平台、宣传报道平台、业务交流平台、教育培训平台、智能办公平台；最后一个“1”是实现一个建设目标：建设“双强六好”党组织。

13551体系实施后，万达各层级党建工作纲举目张，条理清晰，全面进入了体系化、信息化管理新时代。党建管理层次分明，职责清晰，重点突出，运行顺畅；基层党支部战斗堡垒作用充分发挥，执行力全面到位；党员队伍建设全面加强，党员形象全面树立，促进企业快步走上党建强、发展强的良性轨道。

（四）提升政治影响力，充分发挥党组织党员作用

万达党委强调，促进发展的党建才有生命力，率先垂范的党员才有感染力。围绕经营，集团党委每年与基层党组织签订责任书，开展“万达先锋工程”，推动党建工作融入经营，促进发展。在有效管理下，万达党的组织和党员发挥了一流的作用，促进集团连续9年实现30%以上的增长速度，创造世界商业奇迹。

2011年，万达投资500亿元，建设中华第一街——武汉楚河汉街。项目一期于2011年1月中旬开工，到9月30日开业迎宾。21万平方米建筑仅用8个月时间建成开业，创造了“武汉奇迹”。短短240天时间里，王健林董事长四次亲临指导，集团共出动总裁、5位副总裁、4位总裁助理、11位总经理、20位副总经理，合计41位高管。在董事长的鼓舞和带动下，武汉项目党支部党员及8000名工人在工地上无休无眠的施工建设，每天3班倒，奋战16个小时。就是这种“万达工地不休息”“万达项目一天一个样”的精神，建成了目前中国长度最长、最具文化品位、最具建筑特色、商业内容最丰富、时尚流行品牌最全、夜景灯光最炫的商业步行街。长春万达影城党支部，通过党建工作的深入开展，全面激发了员工追求梦想，奋斗青春的激情与活力。2006年开业以来，累计观影人次达4000多万，总收入超20亿元，占吉林省市场份额40%以上。成为全国票房之星影院，全国人次十强影城，全国千万卖品影城，同时，还源源不断为全国院线培养了20多名总经理级人才；青岛东方影都在党员的带领下，仅用3个月就实现销售收入30亿元，成为营销神话；南昌万达城党支部通过开展比学赶帮超活动，在万达城建设的当年就实现了30亿元的收入；上海宝山万达广场停车场收费员戴海亮的孩子被医院诊断为恶性脑瘤，集团党委和工会立即捐助5万元，并在短短3天内，就得到总部党员和员工23万元捐款；烟台万达文华酒店美工张亮父母遭遇液化气爆炸，造成了严重的烧伤，酒店全体员工在党员的带领下，迅速行动起来，通过多种渠道募集善款，在短短两周时间里，筹款近百万！

一个党员一面旗。在万达，党员的先进性是干出来的，不是说出来的。万达的党员，时刻以敢作敢为、勇于奉献、追求卓越的骄人的姿态，活跃在万达的每个角落。王健林董事长就是万达党员的先锋楷模，他坚定不移带领企业落实党的改革开放政策，践行党的宗旨。在集团年会上，王健林董事长讲道：“万达已经是世界级企业，为什么还要发展？我为什么还在奋斗？有人开玩笑说我是中国最勤奋的企业家。社会企业就是我们的答案，万达的发展，不光是为自己，更是为社会做贡献，奋斗创造的财富最终要还给社会。”

在董事长的带领下，万达集团领导班子成员全是党员，很多干部工作努力，事迹感人。原西安项目公司总经理王占峰，敬业专业，刚做完阑尾炎手术却谁也不告诉坚守在岗位上，直到陪市领导视察工地时虚脱了才被发现。他带领团队将项目建设的难题一一攻破，被集团党委树为万达铁人。共产党员柏雪峰，十七年如一日，风雨无阻，不离不弃，照顾因车祸而瘫痪的同事王大明，使其恢复了生活的勇气，更感受到了人间的温情，被评为“感动大连人物”；党员门瑞冰，1999年加入万达，辗转于长春、重庆、青岛、大连、北京、长白山等地项目建设，克服爱人、父母长期患病需要照顾的重重困难，恪尽职守，奉献了一座座精美的万达产品。作为国家注册一级建筑师，面对众多猎头高薪高职的“挖角”，从不动心，她说，“是万达培养了我，我为万达工作光荣而自豪！”……

（五）提升政治引领力，高品质开展党建活动

结合经营抓好主题实践活动。2009年开展学习实践科学发展观活动，被新华社、中央电视台等22家中央媒体进行了集中报道。活动明确提出并坚决落实“领导带头学、专家辅导学、网络辅助学、制作课件帮助学、开展知识竞赛学”，“突出实践特色、紧密联系实际、务求取得实效”的总体要求，深入开展学习实践科学发展观活动。新华社、中央电视台等22家中央媒体高度评价了大连万达集团党委的系列做法，对取得的成绩进行了集中报道。2010-2012年开展创先争优活动，成为“全国创先争优先进基层党组织”。结合企业实际，高标准规划，高规格启动，高效率执行，高质量推进。经过两年多的实践，把先进的思想变成了具体的行动，把党的先进性融入了企业的经营。集团连续实现了收入和利润每年超30%速度增长，提前进入世界级企业行列。2014年开展党的群众路线教育实践活动，创立13551党建管理体系，荣获“全国企业党建工作先进单位”称号。2016-2017年开展“两学一做”学习教育活动，集团进入世界五百强，位列第385位。

每年高规格开展“七一”庆典。近些年来，先后在长白山、井冈山、河北廊坊、南京、重庆、南宁、丹东、大连、成都、贵州丹寨等地举办大型“七一”庆典活动，总结工作，表彰先进，开展红色教育，不断增强党员的政治意识，弘扬革命精神，将党的先进性传遍全国。2016年有关上级领导在大连参加完“七一”表彰后，高度称赞万达党建活动效果震撼，深受教育，超出预期，是近年来大连地区召开的规格最高、效果最好、评价最优的非公企业党建会议。2018年，集团党委组织130名新党员和优秀党员走进贵州丹寨县扶贫茶园，面对神圣的党旗，现场的所有党员一起重温入党誓词，并各自回顾了在党这个大家庭中经历的每一次考验和成长，结合新时代党的指导思想进行了深刻的交流。宣誓完毕后，在扶贫茶园现场，万达党员代表与贫丹寨当地贫困茶农一对一结对子，进行长期点对点帮扶，确保对应的每一个贫困建档立卡户实现脱贫致富。人民网、新华网、光明网等几十家重要媒体对万达七一表彰的创新做法进行了专题报道。

严格按照“三高”要求发展新党员。在万达，入党是一项十分光荣而自豪的事，只有高职位、高学历、高素质的员工，才有机会入党。因此，集团每年都本着系统推荐，党委把关，从严发展，保证质量的原则，将党员发展工作做精做细做实。2016年，共发展新党员120名，其中高管、高职55人，占45.8%；高学历、高素质员工65人，占54.2%。平均年龄36.2岁，本科及以上学历占总人数的93.3%。2017年，发展100名中国共产党党员。其中，高管、高职60人，占60%；员工40人，占40%。平均年龄37.8岁，本科及以上学历占总人数的88%。

深入开展党员发展对象培训工作。在原有良好的基础上，2016年开始，培训新引入了先进党支部现身说法、上级党组织直管领导亲自指导、入党材料现场完结、培训感受现场录制、制作培训视频等诸多环节，使培训变得更加生动、更加有用有趣有料。培训结束后，领导高度称赞万达集团党员发展工作站得高、抓得准、落得实，是非常值得借鉴和推广的成功经验。

创新性开展区域党建联动试点工程。下发《大连地区党建工作区域化联动方案》，要求各基层党组织按照“党委领导、区域统筹、尊重主体、共促和谐”的总体思路，不断探索创新管理体制、配套制度、活动载体和服务方式，着力构建区域化党建工作新格局。

（六）提升思想凝聚力，构建党建宣传新格局

思想建设是党的基础性建设。通过树立典型，弘扬正气，解决好世界观、人生观、价值观这个“总开关”问题，是非公企业党建的应有之义。为此，万达党委结合实际，融入时代潮流，强化思想建设，弘扬正能量，提高凝聚力，不断丰富创新宣传手段，形成了“九个一”党建宣传工程格局。即策划建设全新的党建基地，集中展示集团经营、党建方面取得的巨大成就；拍摄并及时更新一部党建纪实片《党旗在万达飘扬》，全面介绍集团党建新情况，彰显对经营发展的促进作用；在中国企业中首开先河，创新制作党员形象宣传片《放飞梦想，圆梦万达》，以全新手段展示万达党员风采；拍摄党员典型微电影——“万达魂”系列，目前已完成《正青春》《火凤凰》《光影梦》的拍摄，以新方式诠释万达党员的奋斗与成功，光荣与梦想；创作先进党支部微电影——“万达先锋”系列，目前已完成《我用青春写奇迹》《惟有用心》等；设计一部党建体系宣传片：将13551党建体系拍摄制作成三维立体动画与实景相结合的宣传介绍片，让外界对万达党建有更直观、全面、深入的认识；每年树立一批优秀共产党员典型：深入基层挖掘立足岗位创新发展、真抓实干、建功立业，能够全面体现万达党员风采的优秀党员代表；出版一本《万达先锋》书籍：从基层挖掘选取先进典型，编撰《万达先锋》，在集团内外广泛宣传；建设一批规范的党支部：努力做到制度建设完善、活动开展丰富、党建场所标准。

通过系列化的宣传教育，在全集团一万多名党员中真正实现了用党的创新理论武装头脑，指导实践，促进发展，激励万达全体党员为实现新时代党的历史使命不懈奋斗！

（七）提升社会责任力，长期坚持公益慈善

履行社会责任，坚持公益慈善，是新时代赋予非公企业的重大使命。万达集团自成立以来，就积极响应中央的号召，始终追求成为社会企业，主动承担社会责任。并九获“中华慈善奖”，位居全国第一。

在创造就业方面，万达集团连续多年成为全国创造就业最多的企业，2017年创造19.5万个服务业岗位，其中大学生8.4 万人，占当年全国新增就业的1.5%。

在精准扶贫方面，万达集团捐款16　亿元帮扶贵州省黔东南州丹寨县，实施职业技术学院、旅游小镇、专项扶贫基金三个扶贫项目，创造中国“企业包县，整体脱贫”的精准扶贫模式，帮助全县提前实现脱贫目标，获得国家首个脱贫攻坚创新奖，树立中国企业精准扶贫新品牌。

在慈善捐赠方面，万达集团把“共创财富，公益社会”作为企业使命。30　年来，万达集团奉献于社会慈善事业的现金累计超过58　亿元，是中国非公企业中慈善捐赠额最大的企业之一。2013年以来，万达集团还进行了多项大额捐赠，包括向四川雅安地震捐款1000万元、云南鲁甸地震捐款1000万元、西藏地震捐款500万元；捐款1亿元在四川广元建设了当地最好的中学；每年春节向大连困难群众捐款1000万元；为帮助大病儿童，万达集团向爱佑慈善基金会捐款2000万元。为支持中国足球振兴，万达集团累计投入6亿元，其中“中国足球希望之星”

赴西班牙留学项目，已选拔150名优秀青少年足球人才出国留学，为中国足球培养大量后备人才。

在绿色环保方面，万达集团是全国最早推行节能建筑的企业，也是全国获得绿色建筑认证最多的企业，累计获得国家绿建认证614 项。2017 年万达获得126 项绿建认证，其中绿建设计认证77 项、绿建运行认证49 项。

在支持创业方面，万达集团推出支持大学生创业十年计划，从2013 年到2022 年，每年投入5000 万元创业资金，拿出50个万达广场店铺，给予100 名应届大学毕业生创业启动资金支持；累计将投入5 亿元创业基金，拿出500 个万达广场店铺，支持1000 名大学生创业。

企业有大爱，员工多善举。在党委的推动下，万达集团20多年前就成立了中国首个由非公企业发起的义工组织。目前“万达义工”已成为全国成员最多、分布区域最广、组织最完善、影响力最大的企业义工组织。拥有超过500个义工站，10万多名成员，分布在全国100多个大中城市。“万达义工”成立以来，已累计组织义工活动上千次，参加人次逾60万。每人每年至少做一次义工，已经成为万达的优良传统。2017年万达义工人次数达107639，义工时间达到308765小时。

（八）提升文化号召力，营造和谐高效氛围

很多年前，王健林董事长就说过：“人生追求的最高境界是精神追求，企业经营的最高层次是经营文化”。在抓好党建的同时，企业文化建设在万达也得到了全面深入的发展。历经多年的完善，已形成了“国际万达，百年企业”的核心理念，“共创财富，公益社会”的企业使命，“敢于创新、坚守诚信、带头环保、关爱员工、注重慈善、做到最好、执行力强、弘扬传统”已成为了万达文化的鲜明特点。在具体表现形式上，万达文化主要有十个载体，称为“十个一”工程，即一个全媒体宣传平台、每年一套内部出版物、每年一本董事长推荐图书、每年一次演讲比赛、每年一届员工才艺大赛、每年至少做一次义工、每年一系列员工运动会、每年一次心灵之旅、每年一次幸福假期、每年举行一次集团年会。丰富多彩的文化活动，滋养着万达广大党员和职工，使他们在紧张的工作之余，能够得到身心放松，保持良好的精神状态和工作状态。

（九）党建成效

经过多年努力，万达集团党建工作得到党和国家的认可。王健林光荣当选中共十七大代表、全国政协常委、全国工商联副主席。先后荣获首届“中国光彩人物”奖、全国“五一劳动奖章”、中华慈善总会荣誉会长、“优秀中国特色社会主义事业建设者”“中国光彩事业突出贡献奖”“全国抗震救灾模范”“为建设小康社会做贡献先进个人”、全国社会扶贫先进个人等上百个荣誉称号。万达集团先后被国家各部委评为“全国就业与社会保障先进非公企业”“全国企业文化建设先进单位”“全国企业文化建设百佳单位”。集团党委多次被评为“全国创先争优先进基层党组织”“全国双强百佳党组织”“全国党建理论创新单位”“全国企业党建创新先进单位”“全国非公有制企业最佳案例奖单位”“全国企业党建工作先进单位”，新华社、中央电视台、人民网、人民论坛等22家中央媒体报道了万达集团党建先进经验。

三、经验与启示

（一）突出政治建设是新时代非公企业党建的首要任务

政治建设是党的根本性建设，是新时代全面加强党的建设的重中之重。无论是国有企业，或是非公有制企业，都应抓住这个根本，通过扎实有效的工作，牢固树立政治意识，以习近平新时代中国特色社会主义思想为指导，把坚决维护以习近平同志为核心的党中央权威和集中统一领导作为出发点和落脚点，推动各级党组织和党员、干部始终在政治立场、政治方向、政治原则、政治道路上同党中央保持高度一致，确保全党令行禁止。唯有如此，党建工作才能顺应形势，体现出应有的政治性、时代性、原则性、战斗性；才能为全面建成小康社会提供有力的政治保障。

（二）提升组织力是实现非公企业党建使命的根本保证

组织力是组织生命力的具体体现。基层党组织组织力强弱直接关系到党的创造力、凝聚力、战斗力和领导力、号召力。很多非公企业党建工作不能深入有效地开展起来，心有余而力不足，关键就在于缺乏组织力，存在定位不准，职责不明，机制不全，人员不足，路径不明，活动不多、宣传不够、工作不实等诸多问题。万达党委突出政治建设，全面提升组织力，使党建工作在企业找到了结合点、立足点，从而形成了明确的定位和相应的工作机制，为顺利开展工作提供了有效保证。

（三）勇于创新是做好非公企业党建工作的有效手段

时代在变，企业在变，党建管理模式也要适应形势，求新求变，才能持续发展。在多年的实践中，万达党委既没有简单照搬政府机关或国有企事业单位党建的体系，也没有移置其他非公企业党建体系，而是结合自身实际，不断创新，不断完善，在试错中持续成长，才最终形成有效的党建工作模式。

对照中央的要求，万达党建还存在不小的差距，例如部分党员政治理论水平的进一步提高、党建工作与经营工作的有效融入、基层党组织作用的充分发挥、党建活动的多样化等等。面向未来，万达人将以习近平新时代中国特色社会主义思想为指导，坚持党的领导，发展民族企业，承担社会责任，把万达梦融入中国梦、民族梦之中，在实现中华民族伟大复兴的征程上，不忘初心，牢记使命，脚踏实地，不懈奋斗！

成果创造人：张万红 、马　恺、刘栋栋

大型科研设计院所基层党组织标准化建设的实践与思考

中建材蚌埠玻璃工业设计研究院有限公司

习近平总书记在全国国有企业党的建设工作会议上指出，“国有企业是中国特色社会主义的重要物质基础和政治基础，是党执政兴国的重要支柱和依靠力量。坚持党的领导、加强党的建设，是我国国有企业的光荣传统，是国有企业的‘根’和‘魂’，是我国国有企业的独特优势”。国有企业不仅要党的建设，而且一定要把党的建设搞好。搞好党建工作，是央企不断完善公司治理的过程，而经济效益正是党建成效的最好答卷。

党建强则企业强，实践证明，凡是党建工作做得好的单位，企业经营得也相当好。如何发挥党建在企业经营过程中的引领作用是各大国有企业一直在不断探索的路径，中建材蚌埠玻璃工业设计研究院（以下简称蚌埠院）在多年党建工作基础上总结提炼的党建“六三”标准工作法和党风廉政建设“五牛精神”为广大国有企业党建工作提供了参考。党建“六三”标准工作法将党内规章分解融入党建工作，将纷繁复杂的工作内容归类实施，对实施项目给予相应标准。此工作法系统完整地阐释了国有企业基层党组织开展党建工作的路径和方法，使基层组织党建工作形如“赋予标准答案的试卷”，易学、易懂、易操作，依据具有权威性，标准具有针对性，推广具有普适性。

一、成果背景

蚌埠院是1953年在北京成立的国家级科研设计单位，2000年改制进入中国建材集团，同时成立中国建材国际工程公司。2005年中国建材国际工程公司作为中国建材股份的工程服务板块在香港上市，蚌埠院成为存续企业。蚌埠院党委直属管理党委2个、党总支1个，支部16个；属地化管理党委4个，党总支1个，党支部2个；党员总数1393人。员工近万人。党建“六三”标准工作和党风廉政建设“五牛精神”已在上述党组织得到广泛实践。

习近平总书记在党的十九大报告中强调，要以提升组织力为重点，突出政治功能，把基层党组织建设成为宣传党的主张、贯彻党的决定、领导基层治理、团结动员群众、推动改革发展的坚强战斗堡垒。加强国有企业基层党组织建设，是确保党的路线方针政策和决策部署贯彻落实的基础，必须从基本组织、基本队伍、基本制度严起。

党建标准化建设是指导和落实党的建设的一套目标、制度、流程、载体、方法。党的十八大以来，习近平总书记高度重视标准化工作，指出“加强标准化工作，实施标准化战略，是一项重要和紧迫的任务”。这些重要论述，为我们推进基层党组织标准化规范化建设指明了前进方向、提供了根本遵循。

一是贯彻落实习近平新时代中国特色社会主义思想和党的十九大精神的实际行动。党的基层组织是党的全部工作和战斗力的基础。推进基层党组织标准化规范化建设，就是进一步明确抓党建工作的科学化路径和方法，立起检验党建工作成效的标尺，明晰党建考核的具体指标，不折不扣把习近平新时代中国特色社会主义思想和党的十九大精神贯彻落实到党的建设全过程、细化为各项工作标准，推动基层党组织全面进步、全面过硬，让党的旗帜在指引企业创新发展的方向。

二是推动全面从严治党向基层延伸的有效载体。推进基层党组织标准化规范化建设，就是通过科学的整合、精简、统一、分解、组合、匹配等标准化手段，对党建工作的实践经验进行提炼、实施步骤进行规定，以管党治党的新思想新部署指导新实践，以科学合理的标准增强党建工作的严肃性和规范性，以永远在路上的执着把全面从严治党覆盖到“最后一公里”。

三是新时代企业高质量发展的有力保证。推进基层党组织标准化规范化建设，就是运用标准化的协调原理推动党建工作与企业中心工作深度融合，坚持党建服务生产经营不偏离，把提高企业效益、增强企业竞争实力、实现国有资产保值增值作为国有企业党组织工作的出发点和落脚点，以企业改革发展成果检验党组织的工作和战斗力。

党的基层组织是开展党的活动的基本单位，担负着教育管理党员、发展新党员、执行党的纪律的重要责任，承担着直接教育党员、管理党员、监督党员和组织群众、宣传群众、凝聚群众、服务群众，引导广大党员发挥先锋模范作用的职责。而在企业的党支部书记多为兼职书记，如何在完成繁重的生产经营任务的同时完成党建工作是各兼职党务工作者所面临的问题。蚌埠院党委从明晰和规范基层党组织建设为基础，紧紧扭住组织、任务、会议、活动、管理、责任“六个方面”，在打基础、补短板上下功夫，总结归纳了党建“六三”标准工作法和党风廉政建设“五牛”精神，将纷繁复杂的工作内容归类实施，为党建工作提供了可供操作的标准，通过一系列党建标准化建设，形成党的一切工作到支部的鲜明导向，解决了一些兼职党务工作者不会抓党建工作和不知如何抓党建工作的问题，力争把国有企业党的基层组织建设成为宣传党的主张、贯彻党的决定、领导基层治理、团结动员群众、推动改革发展的坚强战斗堡垒。

一、成果内涵

蚌埠院党组织标准化建设包括党建“六三”标准工作法和党风廉政建设“五牛”精神两个部分。

党建“六三”标准工作法是按照“两学一做”学习教育常态化制度化的要求，以《党章》和党内相关规章为准绳，采取定量与定性相结合而建立的基层党组织可遵照执行、上级党组织可考核监督的标准化体系，包含“三组织”、“三任务”、“三会议”、“三活动”、“三管理”、“三责任”，把总体要求与分类指导相结合，把典型引路与问题导向相结合，把自我提升与上级支持相结合，把创争达标与推进工作相结合，把落实责任与考核监督相结合，按照定量与定性相结合的要求，建立基层党组织可遵照执行、上级党组织可考核监督的标准体系，重点解决兼职党务工作者不会抓党建的难题，着力强化基层党组织政治功能，落实服务功能，提升基层党组织建设科学化、制度化、规范化水平。

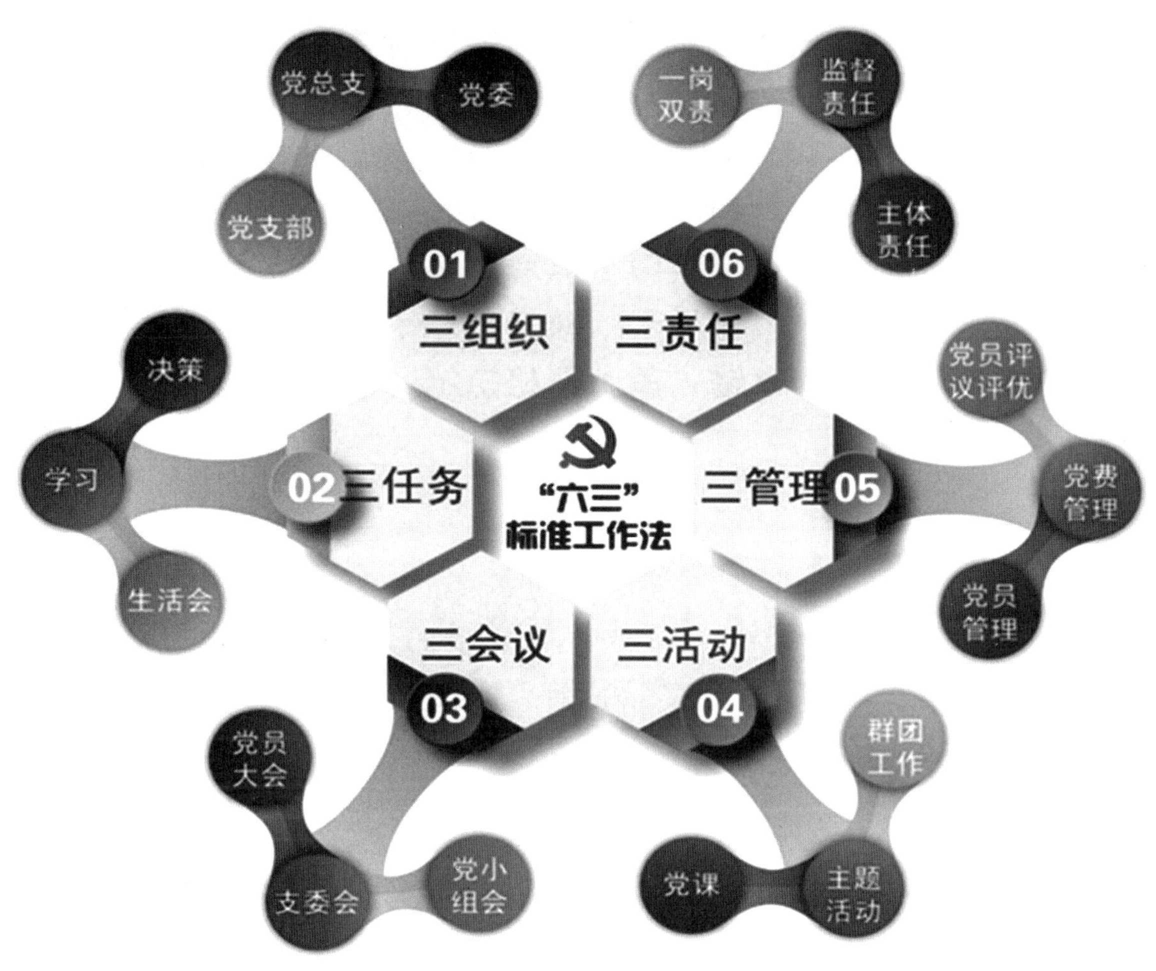

图1

党风廉政建设“五牛”精神是根据党风廉政建设主要工作内容提炼和总结的工作方法，即执牛耳，落实责任；牵牛鼻，抓住关键少数；瞪牛眼，抓早抓小；梳牛毛，教育警示；钻牛角，严格执纪。

党建“六三”标准工作法和党风廉政建设“五牛”精神，构建了较为完整的基层党组织建设标准化工作体系，实现了“组织设置更加科学优化、制度机制更加健全完善、组织生活更加严肃务实、工作载体更加形式多样、党员队伍更加充满活力、责任落实更加突出有效”等六个方面的目标任务，对全面增强国有企业基层党组织的创造力、凝聚力、战斗力具有一定的借鉴意义。

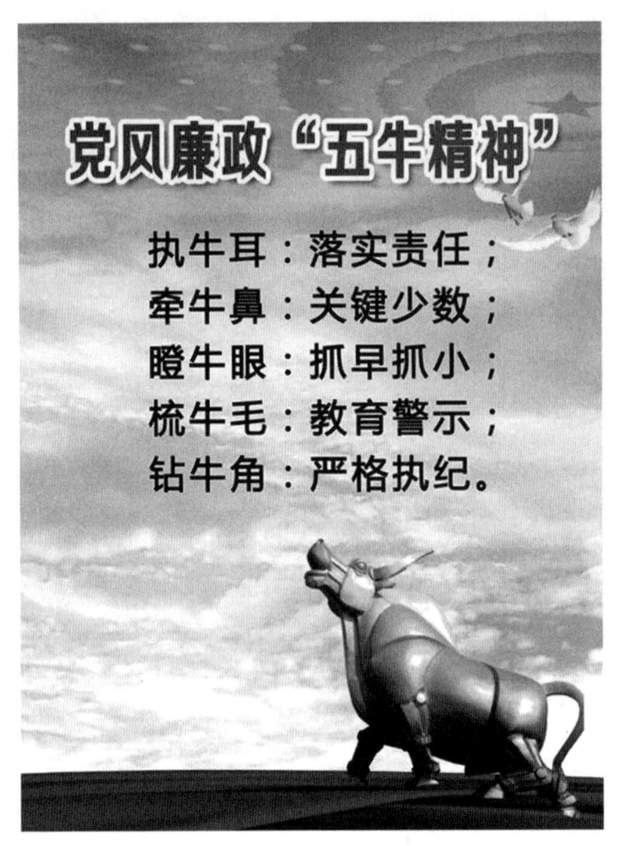

图2

三、具体措施

（一）党建“六三”标准工作法的具体措施

1.明确“三组织”，推进组织体系设置标准化

“三组织”明确了蚌埠院基层党组织按照规模大小分为党委、党总支和党支部三类组织，并对不同类型党组织的人数、班子成员数量和任期做了明确规定。其中：党员人数100人以上设党委，班子成员5–9人，书记1人，副书记1–2人，其中专职副书记1人，任期5年；党员人数50–100人设党总支，总支委员会5–7人，书记1人，副书记1人，任期3年；党员人数3–50人设党支部，支部委员3–5人，书记1人，任期3年。同时，对党小组和临时党支部的设置做出了明确规定。“三组织”以扩大党组织覆盖和党的工作覆盖为着力点，突出务实、管用、有效，不断健全完善基层组织体系，优化组织设置，理顺隶属关系，确保做到应建尽建、设置规范、调整及时、体制明晰。

为全面从严治党做好组织保障，明确了政策保障、机构人员保障、场所保障、经费保障等事项。政策保障要求企业党建工作按要求纳入企业章程，在企业章程内设立党建专章，详细规定党组织的法定地位、职责权限、机构设置、人员配备、党组织研究讨论重大问题的具体范围和程序、经费保障等内容。机构人员保障要求企业根据实际，设立综合性党务工作部门。企业党组织工作机构和人员纳入企业管理机构和人员编制。专职党务工作人员原则上按照不低于企业职工总数的1%配备。场所保障要求企业建有固定活动场所，并达到有场所、有设施、有标志、有党旗、有书报、有制度的“六有”标准，以基层党委、党总支部为单位统一场所标识、制度，党支部可以联合设立专门场所。党组织标牌悬挂在醒目位置；室内上墙制度一般为组织架构、岗位职责、党内生活等基本制度。党务、厂务公开栏设置规范，公开内容符合规定，更新及时。配备全国党员管理信息系统终端。经费保障要求企业按照不低于上年度职工工资总额1%比例安排党建工作经费，纳入企业管理费用，党组织工作有条件、办事有经费。工作经费管理使用规范，建立落实经费管理使用情况定期报告、检查和公示制度。

2.明确“三任务”，推进工作运行机制标准化

“三任务”明确党组织的主要任务为决策、学习、生活会三大任务，对决策要求、学习的时长和生活会频次做了明确的规定，“三任务”以推动基层党组织工作规范化为着力点，规定“三重一大”决策和“双向进入、交叉任职”、前置程序；规范党委中心组学习制度，要求普通党员每年集中学习培训不少于32学时、党组织书记和班子成员不少于56学时，保证每年至少参加1次学习培训；基层党委（总支）民主生活会每年至少1次，支部组织生活会每半年1次，党委（总支）班子成员执行双重组织生活，党支部每年初编制年度组织生活计划安排表，支部每年开展1次民主评议党员工作，开展党性分析，对党员进行评议，确定评议等次。稳妥慎重处置不合格党员。

健全完善工作机制，强化机制运行，做到任务明确、领导有力、运转有序、保障到位。蚌埠院制定了党委会议事规则等所有重大事项的决策制度，对党管干部做出了明确规定。落实党管干部原则，对于提拔干部严格动议、民主推荐、考察、讨论决定、任职等程序，市场化选聘干部严格动议、比选测试、背景调查或考察、集体讨论决定等程序，做到凡提必审：人事档案；凡提必听：纪检检察部门意见；凡提必查：反映考察对象的举报；凡提必背：党风廉政。各基层党组织按规定坚持重大事项集体研究，通过学习加强思想建设，通过民主生活或组织生活开展批评和自我批评，实现工作运行机制标准化。

3.明确“三会议”，推进党内组织生活标准化

“三会议”明确了支部大会、支委会、党小组会召开的时间频次，以增强党组织生机活力为着力点，认真落实支部大会、支委会、党小组会等制度，支部党员大会每季度至少召开1次，支委会每月召开1次，党小组会每月召开1–2次。鼓励基层党支部创新组织生活形式，紧密结合企业生产经营实际和党员群体特点，注重运用“两微一站”等信息化手段，用好远程教育精品课程，采取“微党课”、网上组织生活等形式，不断提高组织生活的吸引力和实效性。完善请销假、定期通报等组织生活配套制度。

做到党内各项组织生活正常规范、严肃认真，党员参与率高、效果好，蚌埠院各基层党组织通过完善三类会议制度，党员政治意识、大局意识、核心意识、看齐意识得到显著增强，实现党内组织生活标准化。

4.明确“三活动”，推进工作载体建设标准化

“三活动”明确了党课要求、主题活动类别和群团活动的领导。以广大党员参与党建活动的积极性、确保活动效果为着力点，党课要求每季度1次，党委（总支）班子成员每年至少到所在支部或联系支部讲1次党课；定期开展党组织和党员公开承诺践诺、党员示范岗、责任区、党员奉献日、党员活动日等主题活动。

服务职工群众，建立落实企业党委领导班子成员联系党支部、党支部领导班子成员联系党员、职工制度。探索完善维权和帮困救助工作机制。支持和保证职工代表大会依法行使各项职权。抓好思想政治工作，从企业实际出发，创新思想政治工作内容、方法和载体，推动党的理论创新成果进企业、进车间、进班组、进头脑。党组织活动与企业文化建设有机结合，培育体现企业特点、增强企业凝聚力、激发职工创造力的先进企业文化。开展党组织和党员公开承诺践诺、党员示范岗、责任区、党员奉献日等活动，深入推进“四强四优”争创等活动。落实在职党员干部单位党组织和社区党组织“双重”管理，组织党员认领服务岗位，广泛开展各类服务活动，打造党建特色品牌。

蚌埠院着力打造服务型党组织，坚持以党建带工建、带团建，加强党对群团工作的领导，在服务改革、服务发展、服务民生、服务群众、服务党员方面取得明显成效。设立蚌埠市首个企业文联，下设写作、书法、摄影、歌咏4个协会；提升社会公益活动，成立凯盛志愿服务队；开展“满庭芳”“浪淘沙”“人月圆”“夺锦标”四季品牌体育运动，丰富企业文化，增强企业凝聚力。实现群团活动组织化、品牌化和工作载体建设标准化。

5.明确“三管理”，推进党员教育管理标准化

“三管理”明确了党员管理、党费管理、评议评优的相关标准。以发挥党员先锋模范作用为着力点，严格党员发展和日常管理；完善党费收缴情况纪实档案制度，落实党费收缴情况定期公示制度，党委（总支）每年2月和8月向所属基层党组织及党员公示党费收缴情况，支部每季度公示1次，严格党费的使用管理；支部每年开展1次民主评议党员工作，党委和总支、支部隔年开展1次党内表彰。

发展党员有计划，注重优化结构、提高质量。“把生产经营骨干培养成党员，把党员培养成生产经营骨干”活动扎实开展。重视在生产经营一线和青年职工中发展党员，及时吸收技术能手、青年专家入党。党员教育培训做到突出党性教育，加强法治教育、警示教育，集中性教育扎实开展，经常性教育措施落实。

党费收缴管理要及时核定党员交纳党费具体数额,党员自觉按时足额交纳党费，完善以“一册、一账、一证、一票”为主要内容的党费收缴情况纪实档案；党委（总支）每年2月和8月分别向所属基层党组织和党员公示党费收缴情况，党支部每季度向党员公示上一季度党费收缴情况，公示时间一般不少于7个工作日。

加强组织关系管理，外来务工党员、劳务派遣制员工党员管理规范。每年对党员组织关系进行1次集中排查，审核1次《流动党员活动证》，积极开展党员组织关系网上转接，党员组织关系隶属清楚、转接规范，每名党员都纳入党的一个基层组织。动态建立困难党员台账，经常开展关怀帮扶活动；每年开展1次党内表彰活动。在经济建设中发挥党员先锋模范作用，推进党员教育管理标准化。

6.明确“三责任”，推进责任落实机制标准化

“三责任”明确了全面从严治党的主体责任、监督责任和一岗双责的落实机制。以推动基层党组织责任落实为着力点，基层党组织每年向上级党组织报告1次党建工作，每年开展1次基层党组织书记抓党建工作述职评议考评，人事和党建原则由一个部门负责，分属两个部门的由一个领导分管；党组织研究党建和党风廉政建设每年不少于2次，每年向上级党组织和纪检部门报告1次责任落实情况，完善国有企业领导人员责任追究机制，建立重大决策终身责任追究制度，完善内部监督体系，强化对关键岗位、重要人员特别是一把手监督管理，突出工程招投标、改制重组、产权变更和交易等方面的监督管理；各级党组织班子成员切实履行“一岗双责”。

（二）党风廉政建设“五牛”精神具体措施

加强党风廉政建设是国有企业深化全面从严治党的重要内容，也是深入推进国企改革发展的重要保障。党的十八大以来，中共中央以历史责任感持续推进党风廉政建设和反腐败斗争，坚持无禁区、全覆盖、零容忍，严肃查处腐败分子，营造不敢腐、不能腐、不想腐的政治氛围。当前国企改革发展正处在重要战略机遇期，加强国有企业党风廉政建设更为紧迫、更为重要。蚌埠院按照中国建材集团和地方党委及纪委的要求，切实提高认识，把管党治党政治责任牢牢抓在手上、扛在肩上，切实履行全面从严治党和党风廉政建设的主体责任，用“五牛”精神深耕党风廉政建设“责任田”，有力保障了企业持续稳定健康发展。

1.强化责任担当，推动管党治党“严紧硬”

执牛耳——落实责任。蚌埠院党委始终将主体责任扛在肩上，切实担当党风廉政建设的领导主体、落实主体、工作主体和推进主体，完成了党建内嵌企业《章程》，履行重大决策前置程序，把党风廉政建设与企业经济建设同研究、同部署、同检查、同考核，近3年共签订《党风廉政建设责任书》150余份，层层抓落实、层层传导压力，做到横向到边、纵向到底，用党风廉政建设工作保障生产经营任务的完成，完善了《蚌埠院党建工作制度汇编》和《纪检工作制度汇编》，形成比较完整的党建工作机制，保证了党风廉政建设制度化、常态化。院纪委作为抓党风廉政建设的职能机构，在党委的统一领导下实现“三转”，突出监督执纪问责的主业，严格履行监督责任，出台了《关于落实党风廉政建设监督责任的意见》等文件。党委书记、专职副书记分别担当第一责任和直接责任，不断强化抓党风廉政建设的“主角”意识，承担起领导者、组织者、主抓者和落实者的角色；院领导班子其他成员按照分工对职责范围内的党风廉政建设承担主要领导责任，履行“一岗双责”。尤其是党委书记彭寿以身作则，既带好班子、建好队伍，又管好自己、当好表率，不久前被推举为“全国道德模范”和“央企楷模”候选人。

2.突出“关键少数”，严格领导干部监督考核管理

牵牛鼻——关键少数。全面从严治党，既要抓住“关键少数”这个根本，坚持以上率下；又要用纪律管住“绝大多数”，用严明的纪律夯实党的执政基础。我们坚持抓“关键少数”和管“绝大多数”相统一，突出抓好领导干部这个“关键少数”，挺纪在前，教育为先，教育领导干部既要守住理想信念宗旨这个“高线”，也要守住党的纪律规矩这条“底线”。在日常工作中，签订《党风廉政建设责任书》，严格领导干部的监督考核，将议廉述廉和廉洁从

业列入干部考核述职考核体系，层层抓落实、层层传导压力，做到横向到边、纵向到底。规范领导干部的选拔任用程序，做好提拔动议、民主推荐、考察测评、讨论决定和任前谈话等工作纪实，做到凡提必审、凡提必听、凡提必查、凡提必背。全年任职公示干部10人， 116人参加测评，考察谈话116人次。

3.注重抓早抓小，营造风清气正的环境

瞪牛眼——抓早抓小。抓早抓小、防微杜渐是贯彻《党章》提出的“惩前毖后、治病救人”的要求。蚌埠院纪委“瞪大牛眼”，及时发现党员干部身上出现的苗头性、倾向性问题，做到早发现、早提醒、早纠正，防止小错酿成大错。实现“三个坚持”：坚持“关口前移”，扎紧制度和程序的笼子，完善并严格执行总法律顾问制度，严肃重大决策、规章制度和合同的法律审核，审核率达100%，在法律层面上设好卡、把好关。坚持“谈心提醒”，重点做好考察谈话、任前谈话和信访举报谈话，做到凡提拔必谈话，各级纪检监察部门开展任职廉政谈话27人次，其他谈话8人次。坚持“重点突出”，重点关注招标采购等敏感业务，预防职务犯罪。同时，在重要节日节点开展定点反腐工作，杜绝各种不正之风的发生。

4.开展警示教育，防患于未然

梳牛毛——教育警示。党风廉政建设和反腐败工作的点和面多如牛毛，教育警示就要梳理“牛毛”，对症下药，经常抓、抓经常。我们定期召开工作会议，研究部署总结党风廉政建设和反腐败工作；开展“讲政治、重规矩、作表率”专题警示教育，组织党员干部到廉政教育基地接受党性党风党纪教育，观看警示教育片、重温入党誓词，让广大党员干部受警醒、知敬畏、明底线。2017年，各级党组织开展党章党规党纪教育38次，参加人数1495人次；与地方检察院共建预防机制，举办预防职务犯罪知识讲座；运用“互联网+”等手段，开辟“党建微网”，常年利用电子屏进行廉洁警句教育，发布廉洁从业信息200余条，提升了学习和宣传教育效果。

5.用好“四种形态”，严格执纪问责

钻牛角——严格执纪。用钻牛角尖的精神，以《中国共产党廉洁自律准则》、《中国共产党纪律处分条例》等为遵循，按照《党章》规定把党委和纪委的位置真正摆好、定好，坚决做到纪在法前、纪严于法。运用监督执纪“四种形态”，突出“扯袖子”、注重揪“领子”、适当打“板子”、预防“戴铐子”，不断取得党风廉政建设新成绩。畅通信访举报渠道，方便群众反映违反中央八项规定精神等问题，及时按规定完成信访举报案件和问题线索的处理。定期报送违反八项规定精神相关数据，健全纪检监察工作月报制度的长效机制，做到情况明、数字准、责任清、作风正、工作实。运用监督执纪“四种形态”，经常开展批评和自我批评、约谈函询，让“红红脸、出出汗”成为常态。

蚌埠院坚持思想建党和制度治党相统一，尤其是在工作方法上进行了提炼创新，在制度化、流程化、模式化、精细化等方面认真落实全面从严治党的要求，保证了没有一例严重违纪违法案件的发生，真正发挥了党委的领导核心和政治核心作用，党风廉政建设和反腐败工作实现了净化企业政治生态、为企业发展保驾护航的作用。

四、产生效果

蚌埠院用党建“六三”标准工作法的实践应用，巩固和丰富了“两学一做”学习教育的内容和成果，用“五牛”精神深耕党风廉政建设“责任田”，党委的领导作用、党支部的战斗堡垒作用和党员的先锋模范作用更加突出，企业先后获得全国文明单位、全国先进基层党组织、全国“五一劳动奖状”、中央企业先进集体、全国国有企业创建“四好”班子先进集体、全国“讲理想、比贡献”先进集体、全国模范职工之家等中央企业最高荣誉。2018年7月，蚌埠院党建“六三”标准工作法获评中国建材集团十佳党建工作品牌，成果得到了中国建材报、人民日报数字频道、人民网、凤凰网等多家媒体的报道。基于党建“六三”标准工作法开发出的“智慧党建”软件系统，目前正在凯盛集团内部推广使用。

党建强则企业强，十多年来，蚌埠院坚持党的领导，高举中国特色社会主义伟大旗帜，在中国建材集团的战略和文化引领下，充分发挥研究开发和成果转化的核心专长，通过不断创新发展，从一家年收入主营业务收入只有5000万的科研院所发展成为拥有“凯盛玻璃、凯盛材料、凯盛新能源、凯盛装备、凯盛工程、中央应用研究院” 高科技企业集团，实现了企业高质量发展。坚持以市场和技术引领，实现了创新链、产业链和资金链的融合发展，完成了从蚌埠到上海，从上海到北京，从北京走向世界的完美跨越。2014年在北京以蚌埠院为核心成立凯盛科技集团，现拥有成员企业111家，员工近2万人，三家上市公司，业务覆盖全球上百个国家和地区。凯盛科技以创新带动发展，实现了一个又一个新的突破，并制定了到2020年，实现营业收入500亿元、利润50亿元的战略目标。

蚌埠院坚持以习近平新时代中国特色社会主义思想为指引，以五大发展理念为统领，坚持创新驱动，建设了浮法玻璃新技术国家重点实验室、玻璃节能国家地方联合工程研究中心、国家示范型国际科技合作基地、硅基材料安徽实验室、安徽省硅基新材料制造业创新中心等十多个国家级和省部级研发平台，6年三获国家科技进步奖，完成国家973.863科技支撑计划课题16项，主持、参与制订国家和行业标准47项，获得国家授权专利952件、国际专利165件。研发生产出世界最薄0.12毫米电子信息显示触控玻璃、中国最薄0.1毫米TFT-LCD液晶基板玻璃、电子信息显示盖板玻璃、世界最薄1.5毫米超薄高透光伏玻璃、铜铟镓硒薄膜太阳能电池和碲化镉薄膜太阳能电池，铜铟镓硒薄膜组件转化率18.2%，再次刷新世界纪录。研发生产的高纯电熔氧化锆市场占有率全球第一，空心玻璃微珠成功应用于4500米“海马号”水下机器人。

蚌埠院始终坚持党的领导，保证了企业发展的正确方向；始终坚持思想引领，汇聚了做强做优的共同愿景；始终坚持建强组织，保障了生产经营中心工作；始终坚持队伍建设，培养了忠诚干净担当的干部员工队伍；始终坚持文化建设，打造了干事创业的良好环境。蚌埠用党建“六三”标准工作推动基层党组织标准化建设，用“五牛”精神深耕党风廉政建设“责任田”，引领了企业高质量发展。

成果创造人：彭　寿、李志铭、陈　雯、李少鹏、周　鸣、田雨灵、马倩文、

李　宝、高鹿鸣

混合所有制企业党的建设融入公司治理管理的途径分析

苗小玲

党的十九大提出“深化国有企业改革，发展混合所有制经济，培育具有全球竞争力的世界一流企业。”混合所有制是我国基本经济制度的重要实现形式，也是国有企业改革的重要突破口。目前我国有96家央企，其所属二三级公司基本都通过上市进行了市场化改造，是混合所有制企业，据统计，央企70%左右的资产在上市公司。混合所有制改革能否健康持续推进，党的建设至关重要。通过把国企政治优势延伸拓展到混合所有制企业，有助于加强党在企业领域的领导，实现“国企的政治优势+民企的机制灵活优势=企业的竞争优势”，对于做强做优做大国有资本，培育世界一流企业具有重要而深远的意义。本篇论文研究对象是混合所有制企业，包括国有绝对控股、国有相对控股和实际控制型企业。

加强混合所有制企业党建工作，必须以习近平新时代中国特色社会主义思想为指引，深刻把握新时代党的建设总要求，深刻把握混合所有制企业发展的基本规律，突出混合所有制企业党组织政治功能，尊重规律、尊重实践，主动适应企业股权结构和利益主体多元化、价值取向差异化、经营方式市场化等特点，创新探索党组织发挥作用的具体途径和方式，而不是教条地、简单地照抄照搬国有独资企业的党建做法，真正实现党的领导和公司治理有机结合，党的建设和公司发展互促共进，切实以党组织的政治优势增强企业的竞争优势。党组织融入公司治理管理的具体途径包括以下六个方面，概括为“六个注重六个着力”：

一、注重同步谋划同步推进，着力在混合所有制改革的同时做好党建顶层设计

（一）党的建设与改革方案同步谋划

坚持改革的底线原则。把建立党的组织、开展党的工作作为国有企业混合所有制改革的必要前提，把认同党的领导、支持党建工作作为选取合作对象的前提条件，把党的建设纳入改革方案整体设计，作为改革方案重要内容。国有企业在推动混合所有制改革时，要同步谋划党的建设，使党的建设与企业改革相适应，在体制机制、制度设计、工作开展上相对接，保证党的建设在深化改革中发挥独特优势、体现独特价值。在联合重组、改制上市、引进战投、职工持股等混合所有制改革过程中，国有企业要第一时间与投资者、股东方、合作方加强充分沟通，达成思想共识，在改制方案、增资扩股协议、公司章程中明确党组织法定地位。要把“党建要求进公司章程”，作为混合所有制改革的根本前提和重要内容。

（二）党建要求进公司章程

不同类型混合所有制企业在落实“党建要求进公司章程”这项工作时既要体现共性要求，也要体现差异性。所谓共性要求，也是底线要求，无论是国有绝对控股企业还是国有相对控股企业，在公司章程中至少要体现三个关键内容：党委发挥领导作用，把方向、管大局、保落实；党委会与董事会、经理层的决策边界和沟通机制；党组织自身建设；必要的保障条件等内容。中国石化按照全资、国有独资、国有资本绝对控股、国有资本与非国有内资对等持股等4种形式，采用“一企一策”的方式，差异化制定章程修改内容，在章程中明确党建工作总体要求。不少国际知名投资机构对于加强党建将会提升公司治理水平，进而提升公司可持续发展能力表示认可。

（三）党建进章程具体内容因企而异

在“党建工作进公司章程”的具体内容上，国有绝对控股企业和国有相对控股企业应有所区别。国有绝对控股企业在公司章程中要系统明确党组织的作用和职责，包括党建工作理念、党委决策的程序、范围、事项，党委与其他治理主体的权责边界、党委班子的配备，党务工作部门的设置、自身建设等等，内容表述更为全面、具体和细化。国有相对控股企业在制定公司章程时，更需要国有股东方主动与非公股东方进行深入细致沟通，从思想认识上打消顾虑、赢得支持，通常要明确党组织发挥领导作用的工作原则、党委与其他治理主体决策的基本程序、党组织自身建设等有关要求，具体内容需要双方细致协商确定。特别是股权结构中国有资本和少数非公资本比重相差不大，在公司治理中有相对制衡的决策权，非公股东更在意董事会决策职能的有效发挥，党建入章程的内容要与董事会职能的发挥相互衔接。

“党建入章程”这项工作，特别是对于国有相对控股公司，重点在于沟通，关键在于认识，细节在于党建进章程的具体内容。尤其对于上市公司，更需要做足功课、稳妥推进，国有股东要与中小股东充分深入细致沟通，形成一致意见后才能上董事会研究。避免出现因缺乏事先充分沟通，造成党建入章程工作被动，在资本市场和社会舆论上造成不良影响。

二、注重与公司治理的有效融合，着力明确党组织发挥领导作用的权责边界

（一）明确党委议事规则和职责边界

混合所有制企业党的建设最核心的问题是党的领导与公司治理相融合的具体实现方式，最关键的内容是厘清党委与董事会在重大决策、选人用人等方面的职责边界。混合所有制企业要把制定党委会议事规则作为融入治理的一项极为重要的制度保障，同时也作为企业内部决策管控制度的重要组成部分。党委在公司治理结构中发挥领导作用，体现政治领导、思想领导和组织领导的有机统一。根据这一原则，结合企业实际，在党委会议事规则中详细规定党组织的决策范围、决策程序，以及与董事会、经理层的关系等。党组织的职责边界要把握好，既不能缺位，管好该管的，做好该做的，发挥领导作用，也不能越位，不能出现代替董事会对重大问题的决策权，也不能直接作为企业生产经营的决策和指挥中心。有关重大事项要先经党委会研究讨论，再上董事会、经理办公会。党委会议事项一般分为研究决定类和研究讨论类两种。

党委研究决定类事项主要侧重事关政治方向、落实中央部署和重大风险把控上，一般包括贯彻执行中央和上级党组织决策部署、重要人事、重大投融资、党组织自身建设等有关工作。党委研究讨论类事项主要侧重企业经营发展上，一般包括重大经营决策、发展战略、管控制度、企业文化、团队建设等。混合所有制企业党组织研究讨论形成的意见，在治理结构中的效力有所区别：国有绝对控股企业党委意见在董事会或经理层的决策中予以贯彻；国有相对控股企业党委意见在董事会或经理层的决策中予以体现。党委在发现重大决策事项不符合党的路线方针政策、法律法规和公司章程时，应当向董事会提出意见，如不当行为得不到纠正，应及时向上级党组织反映。党委会在公司治理中要依照公司法、公司章程和公司制度发挥作用，提高依法治企能力水平。董事会对党委决策的意见如有异议，国有股东方要赋予董事会保留向上级党组织申诉的权力。

（二）坚持双向进入、交叉任职原则

国有企业集团党委（党组）要加强对混合所有制企业董事长、党组织书记、纪委书记（纪检组长）等关键岗位的组织任命管理。党委书记应明确进入董事会，具备条件的应担任董事长、提名委员会主任；纪委书记应进入监事会，具备条件的应担任监事会主席。在高管、高新技术人才等其他岗位推行市场化选聘经营管理者试点、职业经理人制度试点等，采取灵活的市场机制和规范的管理体制，激发和保护企业家精神。

混合所有制企业，特别是国有相对控股企业，经理层人员大都来自于市场，政治面貌多元化。有的国有控股企业，为了更好发挥企业家作用，借助非公股东的技术优势、管理优势、市场优势，有时会选用非公股东方担任董事长，或者从市场上选聘职业经理人担任总经理，董事长、总经理有可能都不是中共党员。在这种情况下，仍需要创造条件、创新方式，按照“双向进入、交叉任职”原则，构建中国特色公司治理领导体制，使党组织作用发挥与经营决策执行有机融合。党委成员中符合条件的要依照程序分别进入董事会、经理层。董事会、经理层中符合条件的要依照程序进入党委会。进入董事会的党委成员和党员要按党委决定在董事会发表意见，进入经理层的党委成员和党员要落实党委决定。如果进入董事会、经理层的党委成员同时又是非公股东派出的代表，他既要作为党员落实好党委决定，又要维护好非公股东的正当利益。从本质上来说，党委做出的决定与非公股东正当合法利益没有冲突和矛盾。短期内不具备“双向进入、交叉任职”条件的，要配备素质全面过硬的党委书记，建强党委班子。对于经理层中无一人是党员的情况，国有出资方党组织派出适合的党员进入经理层，或者把经理人员培养发展成党员等方式发挥作用。

三、注重发挥企业家作用，着力优化党管干部原则下市场化选用机制

（一）突出政治标准，激发和保护企业家精神

习近平总书记指出，市场活力来自于人，特别是来自于企业家，来自于企业家精神。企业家是经济活动的重要主体，是引领企业创新和创造财富的组织者，是企业最宝贵的资源。对

于企业家队伍的建设，要坚持党管干部原则，党组织在确定标准、规范程序、参与考察、推荐人选等方面发挥作用，保证人选政治合格、作风过硬、廉洁不出问题。党组织在选人用人时要突出政治标准。突出政治标准并不代表选用的人员必须是中国共产党党员，而是指选用的人员必须拥护中国共产党的领导，与党的大政方针保持一致，是中国特色社会主义事业的支持者和建设者。在我国市场经济中成长起来的一大批企业家和职业经理人，他们并不都是共产党员，但他们却是非常优秀的企业家，具有强烈的事业责任心和痴迷精神，甚至是体制内难以觅得的优秀人才。这些优秀企业家是国有企业发展混合所有制经济极为宝贵的资源。要积极探索激励约束机制，建立股票增值权和分红权等内部分配机制，最大限度激发企业家和广大员工干事创业的积极性，促进国有资产保值增值。中国建材集团在长年充分竞争的市场环境下，选用凝聚了一大批优秀的企业家，企业家来源包括三种，即体制内训练有素的经理人员、市场上招聘的职业经理人、重组中的股权型企业家（创业型企业家）。不管哪一种来源，都要按照“对党忠诚、勇于创新、治企有方、兴企有为、清正廉洁”国企干部的20字标准进行选拔使用。这样在突出政治标准的同时，增加了干部的选拔面，增加了人才的市场化。中国建材之所以能够在充分竞争行业获得很好的经济效益，涌现出了像北新建材、中国巨石、中材国际、南方水泥、西南水泥、中材水泥等一大批优秀的企业，与中国建材不拘一格地选用优秀企业家、充分发挥他们市场拼搏的企业家精神密不可分。

（二）加强政治引领和组织关怀，增进归属感和认同感

党组织对党员干部和职业经理人要加强思想武装，制定系统学习教育规划，组织深入学习习近平新时代中国特色社会主义思想和党的十九大精神，贯彻落实党中央在新时代的基本理论基本路线基本方略，增强“四个意识”，坚定“四个自信”。党组织对党员干部要规范管理，对不涉及国家安全、国民经济命脉，处于充分竞争领域的企业党员干部要采用更加市场化、契约化的管理方式，在档案管理、个人事项申报、出国审批、上交因私护照等方面，不应完全等同于对国有企业和政府机关干部的管理要求。

党组织要树立正向激励的鲜明导向，鼓励支持党员干部干事创业，落实“三个区分开来”的要求，建立容错纠错机制，倡导建立与市场机制相适应的公平合理评价体系，使党员干部安心、安身、安业，尽责、尽力、尽心。打造规范化职业经理人队伍，尊重劳动，建立机制，使股东型职业经理人、市场化职业经理人和体制内职业经理人，打破身份壁垒，构建资本与劳动共享财富创造的平台。党组织要倡导“和而不同”，尊重企业家、理解企业家、包容企业家，尤其是对那些党外的企业家，要学会与他们交朋友，注重对他们的思想引导和政治引领，加强沟通交流，听取意见建议，给予组织关怀。要包容他们的秉性、脾气和性格，以真情换真心，扬长避短、发挥优势，充分激发他们改革创新精神，最大限度地发挥他们的聪明才智，更好凝聚广大企业家积极投身于国企改革发展事业中来。江西建工集团的境外战略投资方非常认可党对国有企业的管理，很少参与企业具体经营决策，曾表示，“我非常认可共产党管理的这套办法，我很放心，共产党管比我们管要有效。”

四、注重具体企业具体分析，着力解决不同类型混合所有制企业党组织自身建设重点任务

无论国有企业，还是混合所有制企业，党组织加强自身建设的任务是一致的，这是由党组织自身的政治功能决定的，与企业所有制性质没有必然关系。混合所有制企业党组织作为党在企业领域的基层组织，在自身建设上与国有企业党组织没有任何区别和例外，要按照《党章》规定，落实新时代党的建设总要求，以政治建设为统领，抓好思想建设、组织建设、作风建设、纪律建设、制度建设和反腐败斗争，不断提升党的建设质量。但由于混合所有制企业产生的方式多元、党组织基础条件不一，要根据企业自身实际情况，坚持问题导向，抓住重点部位，先从党组织亟待加强的环节和亟须解决的问题入手，循序渐进、逐步完善。

（一）明确不同形成方式的混合所有制企业党建基础重点任务

1.国有企业改制上市形成的混合所有制企业。以原有国有企业党组织为主体，这类企业党的组织比较健全、党的工作基础比较扎实，重点要实现好党的组织与公司治理的融合，发挥党组织对企业发展的独特政治优势，适应上市公司要求、市场机制和职工队伍特点创新党建工作方式方法。

2.国有资本收购民营企业形成的混合所有制企业。这类企业由于主体是民营企业，大多数企业没有建立党的基层组织，党的工作相对薄弱。国有股东方企业党组织肩负着相对繁重的基层组织建设任务，负责配强党组织班子，督促指导建组织、建制度、搞活动等。这类企业党组织的工作重点是先做好基层基础性工作，在规范化运作的基础上进一步发挥党组织“把方向管大局保落实”作用。

3.国有资本和非公资本共同投资形成的混合所有制企业。这类企业是新建企业。国有股东方党组织在出资设立企业的同时要统筹考虑好党组织作用的发挥、党组织班子的配备、党务工作机构的设立等。这类企业党组织由于有上级党组织的顶层设计和系统谋划，党的工作起点高、规范化。要特别注重与非公股东方的沟通，在机构设置、人员配备、经费支持等方面获得他们的支持。

（二）因企制宜配备党的工作机构和人员

混合所有制企业组织形态千差万别，有的规模很大，职工人数高达几十万人；有的规模很小，职工人数只有十几人；有的虽然是国有相对控股，但高管团队都是由国有股东方派出；有的企业高管团队基本以民营企业为主；有的企业职工人数不多但地位非常重要、决策权力很大，有的企业职工人数不少、但属于“车间式”日常运营、没什么决策权限；有的企业班子成员都是非党人士，且流动性很强；有的混合所有制企业下属企业仍是混合所有制企业；有的混合所有制企业下属企业是全资企业；有的企业是国有资本层层相对控股；有的企业是上市公司，在信息披露等方面要遵守法律法规要求；有的企业尚未建立起真正意义上的现代企业制度、规范的董事会等等。因此对于混合所有制企业党建工作，必须坚持分类施策，甚至一企一策的原则，要深入企业内部，掌握企业决策机制和管理体制，在配备党的工作机构和人员时，

立足实际，注重实效，在机构设置和人数配置上不可以简单的数字化或强制硬性要求，不搞一刀切、防止教条化。按照精干、高效、协调和有利于加强党的工作的原则，结合企业规模、管理幅度、业务特点等实际设置党的工作机构，具备条件的及时建立健全工会、共青团等群团组织，配齐配强专兼职党务人员。

国有股东方党组织对于所属混合所有制企业党组织机构设置、人员配备等基础条件保障上负有直接的领导责任和指导责任。要规范建立党的基层组织。坚持“四同步”原则，确保国有企业在混合所有制改革过程中，做到党组织和党员管理全覆盖。要发挥党组织作用，明确党组织工作人员和相应职责，保证必需的党建工作经费，确保党的活动能够正常开展，党员权利义务能够得到正常行使。国有股东方要加大选派人员中的党员比例，做好党员发展和培养工作。党务工作部门除承担党建职责外，还可以与企业文化建设、新闻宣传等有机结合起来，发挥“大党建”职能，使党建工作更好地融入企业管理，避免边缘化和“两张皮”。在党建工作制度体系建设上不追求数量，力求质量，贵在精、关键要务实管用。

（三）尊重企业经营管理要求创新方式开展党的工作和活动

要根据企业的管理方式、经营特点、员工结构等采取行之有效、灵活多样的方式。比如，在学习内容上，要突出结合实际、聚焦与自身紧密相连的内容，学习领会习近平新时代中国特色主义思想，对于一线车间支部党员来说，不应简单要求他们读原著，而应由党组织学习吸收后结合实际提炼简洁明了、生动形象的观点，让鲜明的观点进一线、入心脑，在组织群众、宣传群众、凝聚群众、服务群众上发挥作用。在活动形式上，有的企业属于营销公司、工程公司，党员长时间流动在外，有的工厂实行三班倒，党员很难集中活动，尽量小型、多样、以分散活动为主。在活动时间上，尽可能利用业余时间，避开生产经营高峰期。在活动载体上，运用好“互联网+”、“党建+”等方式方法，创新“三会一课”形式，使党员活动更加便捷、更加务实、更有吸引力。在文化建设上，注重党建文化、企业文化、安全环保文化、廉洁文化有机结合，用党建文化和社会主义核心价值体系引领企业文化建设。引导企业履行社会责任，树立报效国家、造福社会、服务人民、关爱职工的企业形象。东航股份针对空勤队伍存在“人员难集中、时间难保证、地点难统一”的“三难”问题，创新活动方式，把执行航班飞行任务的空勤机组中的党员、团员组织起来成立临时的“蓝天党团小组”，在驻地开展理论学习，在航班上挂旗飞行，党员和团员佩戴徽章亮明身份，亮出承诺，发挥先锋模范作用，已成为东航党建的一个新品牌。

（四）明确不同类型混合所有制企业党建工作考核评价重点

国有股东方在混合所有制企业中的资本控股地位，决定了国有股东方党组织对混合所有制企业党的建设负有领导责任。国有股东方党组织要建立完善对混合所有制企业党建工作考核评价体系，以责任考核促责任落实。不同类型混合所有制企业党建工作考核评价重点应根据具体实际情况有所不同，要明确负面清单和底线清单，负面清单指的是党组织和党员不允许做的事情，底线清单指的是党组织工作和党员的最基本要求等。要把企业经营业绩作为党建考核的一个重要指标。在考核具体内容上可参考国有企业党建工作责任制的内容，结合实际突出重点。国有绝对控股企业党建考核指标应重点从政治建设、中国特色现代企业制度的构建、党管干部原则的落实、推动企业经营发展、创新党建工作方法、监管机制、加强自身建设等方面考虑。国有相对控股企业考核指标重点放在政治建设、基层组织建设、监督机制、统战工作、服务职工群众、创造经营绩效等方面。混合所有制企业党组织对其全资或控股企业的基层党组织负有领导责任。

五、注重与经营管理深度结合，着力发挥基层党组织独特优势和党员先进作用

（一）服务经营发展开展党群工作

党组织和党员队伍对企业经营发展的促进和推动作用，是混合所有制企业的独特优势和竞争力。党组织要把坚持服务企业生产经营不偏移作为工作的出发点和落脚点。党组织与其他组织相比更具有纪律性、战斗力，党员与普通群众相比更具有奉献精神、担当意识，这种精神和战斗力是企业改革发展的宝贵财富，也是党组织和党员的独特优势。党组织要立足企业的重点项目、重大工程和急难险重任务，围绕企业深化改革、创新转型、高质量发展、国际化经营等攻坚任务，成立党员先锋岗、党员示范岗、党员突击队、党员攻关小组、冲锋党支部、红旗党支部等，发挥党支部战斗堡垒作用和党员先锋模范作用。中国巨石强化“一名党员、一面旗帜、一个标杆”的理念，在技术攻关、精细管理、成本节约、节能减排、安全生产等企业生产经营的各个方面，做到党员标准比群众更高、能力比群众更强、业绩比群众更突出。混合所有制企业里党组织围绕生产经营开展活动，可采取党群一体化方式，把党员和群众都作为活动参与对象来组织发动，在党员发挥带头作用的同时，团结动员职工群众共同为企业改革发展攻坚克难、建功立业。这样可以充分发挥党组织的组织优势和群众工作优势，也与企业团队建设更加契合。上港集团在25家主要生产单位组建了56支“党工团”突击队，既展现了基层党支部的战斗力和组织优势，又展现了广大党员的组织性、纪律性，成为年终生产突击的56支“铁军”。

（二）服务职工群众加强组织关怀

在国有相对控股企业里，由于企业内部市场化程度高，竞争激烈，职工群众心理压力大，“打工者”的身份意识使他们容易缺少安全感，企业对职工考核时也主要以业绩衡量，而不会去考虑职工生活或家庭中存在的困难问题，因此党组织要更加注重发挥服务职能，在关怀帮扶、文化引领、精神激励上发挥优势，在党员和职工群众中构筑健康充实的精神家园，增强党员的荣誉感和群众的归属感，在服务中夯实党组织的群众基础，凝聚企业改革发展合力。不少从民营企业转变成混合所有制企业的职工群众反映，有了党组织，感到心里踏实了，有什么问题和想法，可以直接跟支部书记交流，心里没有任何顾虑，觉得党组织是职工群众的坚强后盾。

六、注重构建廉洁从业机制，着力营造“亲清”文化氛围

（一）派出关键人员构建强有力的内审

混合所有制企业，特别是国有相对控股上市公司、骨干员工团队持股公司，由于国有资

本和非公资本在所有者利益上是一致的，非公资本股东方作为公司的所有者具有内在监督驱动，可以弥补国有资本股东所有者缺位的问题。国有控股上市公司受到资本市场的监管，对企业内部管理和信息披露都有规范性要求。在混合所有制企业里，重点监管的应是两类公司，第一类是国有绝对控股企业，且董事会、监事会、经理层基本上由国有股东方派出，公司内部治理中没有积极的非公股东方发挥作用，国有股东方派出的高管人员在公司治理上受到的监督约束少，自身薪酬与企业发展缺少正相关关系，存在以权谋私的道德风险。第二类是混合所有制企业里，只有一个积极的非公股东，且这个股东同时是企业的总经理，同时还经营自己的其他企业，不同于管理者团队持股的混合所制企业，通常这类企业国有股东方即便在资本上占优势，但由于技术、市场或管理掌握在非公股东方，仍要由他经营企业。这类企业的管控风险在于非公股东权力过大，缺少制衡，容易发生关联交易、利益输送等导致国有资产流失的风险。这两类企业的风险都在于公司治理中有一个强股东（可能是国有股东，也可能是非公股东）权力过于集中，缺少有效制衡，导致可能出现的管控风险。国有股东方要派驻财务总监，派出强大的审计力量，统筹党内监督、审计监督、纪检监督、职工监督等监督资源，构建一套制度严密、相互衔接、管控有力的监督机制，管控防范道德风险，营造风清气正环境，提升企业管理水平，促进企业健康发展。针对企业存在风险的关键领域和薄弱环节，完善企业有关管理制度，使党的监督和管理制度有机结合。重点在防范关联交易、权力有效制衡上建立长效机制，避免国有资产流失。

（二）抓党风廉政建设促“亲清”廉洁文化

在混合所有制企业中，党组织对党员干部党风廉政的要求，有助于带动企业形成廉洁从业的良好氛围。党组织虽然是在混合所有制企业里，但全面从严治党的要求不能打折扣、降标准。党组织要抓好纪律建设、廉洁教育，强化党员干部纪律意识规矩意识，知敬畏、存戒惧、守底线，习惯于在受监督、有约束的环境下工作生活。同时也要做好非公股东、职业经理人思想工作，让他们充分认识到廉洁从业不仅是党组织对党员的要求，也是企业管理的重要方面，让他们理解党组织的规定和要求，与体制内干部安全相处、亲密合作，推动企业形成廉洁从业、干净干事、抵制贿赂、反对腐败的价值取向。在股东型职业经理人、体制内职业经理人和市场化职业经理人之间建立工作上亲密合作、利益上清清白白的“亲清”文化。

（三）平等保护各方权益维护国有资本安全。

党组织在维护同股同权方面要发挥公平正义的功能，依法保护各类出资人权益，既不能使国有资本因股权大而侵害中小股东权益，又不能使国有资本受到中小资本恶意串通侵吞转移。党组织既要维护好国有资本股东方、职工的合法利益，也要维护好投资者、中小股东和其他利益相关者合法利益。党组织要根据企业实际制定切实可行的权益保护制度规定，使各类出资人在维护权益时有章可依。在少数特定领域探索建立国家特殊管理股制度，尝试将部分国有资本转化为优先股，允许国有股份行使重大事项否决权。党组织要深入研究混合所有制改革新变化、新特点，以及“管资产”向“管资本”转变所带来的监管风险挑战，对企业遵守国家法律法规、企业运营安全和保值增值、企业权力运行等情况进行监督，依法平等保护各类投资主体正当利益，防止国有资产流失。党组织置身于企业内部，要把密切关注各方治理主体的思想动态、利益诉求、决策偏好作为重要工作内容，建立各方治理主体协调机制，注重与董事会、监事会和经理层成员沟通情况、讨论问题，充分尊重和听取各方诉求，协调立场、化解疑虑，确保决策、监督和执行各环节顺畅运行，使国有资本经营始终处于可控范围。

成果创造人：苗小玲 中国建材集团有限公司党群工作部

创新党建调度管理促进国企党建高质量发展

山西潞安矿业（集团）有限责任公司

山西潞安矿业（集团）有限责任公司（以下简称“潞安集团”）是山西省属五大煤炭集团之一，是全球最大的喷吹煤基地、国家重要的优质动力煤基地。近年来，潞安集团致力于建设具有国际竞争力清洁能源品牌企业，大力推进优势转移、动能转化、产业转型，已成为一个以优势煤炭产业、新型高端现代煤化工、绿色生物健康产业为主导，光伏新能源、高端装备制造、现代金融服务等多元发展的跨地区、跨行业的国有大型现代企业集团。目前，潞安集团在全煤行业100强中排名第9位，在煤炭企业全球竞争力30强中排名第15位，在世界500强中排名第448位。

潞安也是一个具有光荣革命传统的企业，其前身石圪节煤矿是中国共产党领导下接收的第一座“红色煤矿”；20世纪六十年代，被周恩来总理树为全国工交战线五面红旗之一，“艰苦奋斗、勤俭办矿”的石圪节精神闻名全国；2009年3月，习近平同志批示，“山西潞安集团党委的实践，为探索现代企业制度下国有企业党的建设规律提供了有益参考”。多年来，潞安始终坚持以习总书记批示精神为动力，不断探索现代企业制度下党建工作的新思路、新方法、新规律，在全国率先创建党建工作调度平台，实现党建工作科学高效精准运行。

一、潞安创新党建调度管理促进国企党建高质量发展的建设背景

潞安推行党建调度的根本目的，是为了更好地贯彻党的路线方针政策，更好地发挥党委的政治核心、领导核心作用，促进企业科学发展；是为了适应新形势、迎接新挑战，实现与时俱进，进行理论创新、制度创新和工作创新。

（一）始终以批示精神为动力，认真贯彻中央全面从严治党要求，不断探索现代企业制度下国企党建工作的新规律

潞安各级党组织、广大党员牢记习总书记批示精神，努力把中央各个时期关于党建工作的新要求，转化为各级党组织和广大党员干部的思想认同和行动自觉。党的十八大以来，中央不断加强和改进新时期党建工作，特别是2016年召开的全国国有企业党的建设工作会议，是形势下国有企业坚持党的领导、加强党的建设的纲领性文献。对于国有企业落实全面从严治党要求，坚定不移加强企业党的建设，推动企业改革发展，具有重大而深远的意义。潞安联系企业实际，深入贯彻习近平新时代中国特色社会主义思想和党的十九大精神、习总书记视察山西重要讲话精神，落实党的路线方针政策和上级党委对企业党建工作的新要求，经过不断探索实践形成了具有自身特色的“1234”党建工作新模式，走出一条适应潞安改革发展实际的党建工作

新路子。为了将这个模式，成为集团党委和基层各级党组织的行动纲领，实现潞安党建工作水平的整体提升，亟须有一个强有力的党建平台来推动和落实。

（二）充分发挥企业党组织的领导核心和政治核心作用，把党的政治优势不断转化为企业的发展优势、竞争优势

企业的发展，是多因一果，是综合因素共同作用的结果，需要企业内部各种组织：包括各级党组织、行政组织、群众组织共同发挥作用。习总书记提出，“要坚持党对国有企业的领导不动摇，发挥企业党组织的领导核心和政治核心作用，保证党和国家方针政策、重大部署在国有企业贯彻执行”。基层每一个组织都能把作用发挥到最大化，企业的效益就会最大化，发展才能实现最强最优。企业党委如何充分发挥政治核心作用，党支部如何把战斗堡垒作用、党员如何把先锋模范作用发挥到最大化、最优化，如何把全体党员、职工群众的思想统一起来，把企业上下的所有力量凝聚起来，把党的政治优势转化为企业的竞争优势、发展优势，这就需要在集团和基层两级党委之间建立一套完善的跟踪落实体系。企业改革转型发展的新形势，强烈呼唤着党委工作新机制、新方法的出现。

（三）适应新时期党建工作发展的新形势，使党建工作更好地融入中心，服务大局

伴随着数字化、网络化、自媒体等新型传播方式的迅猛发展，传统党建工作的思维方式、传统思想政治的工作方法面临严峻挑战。时代在发展、形势在变化，但是一些党员干部在思维习惯上、工作方法上，不自觉还带着过去的旧习惯、旧方法，潞安的一些制度，也是沿袭着过去的工作模式，已经不适应新形势、新任务的要求，急需改变思维方式，改变工作方法，改变制度机制。如何调动人的积极性、激发人的内在潜能，让人愿意干工作、乐意干工作、自觉主动把工作干好，由被动接受管理到自主管理，体现以人为本，实现人的全面发展，是潞安集团党委始终要研究解决的一个重要课题。为了各级党组织的工作能够与时俱进，为了全体党员、全体员工实现观念创新、思维创新、工作创新，从而打造一支执行力强的政工团队，潞安对传统的工作方式方法进行了全面改进和提升。

（四）遵循习总书记“以人民为中心”的发展思想，实现职工与企业共同发展，从根本上维护职工群众的根本利益

职工是企业的最大财富、是企业的核心竞争力，维护职工群众的根本利益，实现职工和企业共建共享发展是国有企业的发展遵旨。作为企业的领导班子、广大党员，要牢固树立群众观点，心里装着群众，做到情为民所系，权为民所用，利为民所谋，让发展成果惠及全体职工群众。作为广大职工群众，要自立自强自尊自信，要发挥自己的主动性、创造性，挖掘自己的潜能，在企业发展中实现自身的价值。作为企业，要从物质层面、精神层面、思想层面，关心关注职工群众，解决好职工群众工作的后顾之忧，让他们能全身心投入到企业改革发展转型的具体工作中，推动企业健康有序发展。实现三者的有机统一，需要企业从职工群众的实际出发，及时、高效解决职工群众工作、生活中面临的热点、难点、焦点问题，需要构建一个及时收集、梳理、反馈、解决职工群众问题的机制和渠道。

二、潞安创新党建调度管理促进国企党建高质量发展的建设内涵与主要做法

潞安党建调度的形成，经历了一个“从理论到实践的提升”和“从实践到理论的飞跃”过程。党的十八大以来，潞安以习总书记批示精神为动力，结合新时期党建工作的新形势、新要求，从党建工作迫切需要解决的问题着手、从企业发展的现实需要着手，经过多年不断探索、实践、提升，2017年潞安借鉴煤矿企业安全生产调度的成熟做法，整合党的群众路线教育实践活动形成的党员联系职工群众十个渠道，依托互联网、大数据、手机APP等平台，在全国率先创建党建工作调度平台。

（一）做好党建工作的传承延续，着力提升党建工作的整体效益

潞安各级党组织、广大党员始终坚持听党话、跟党走，特别是党的十八大以来，潞安以习总书记批示精神为动力，不断探索党的群众路线、党建工作绩效管理、全国国有企业党的建设工作会精神在潞安的落实落地，形成推动企业发展的重大政治保证和强大精神动力。

1.对党的群众路线实践教育实践活动的延伸和拓展。党的十八大以来，潞安按照中央和省委要求，潞安深入开展了党的群众路线教育实践活动，在活动中以党员干部作风建设为抓手，设立了群众联席会、企务党务公开、董事长、总经理热线、党员群众QQ交流群、精神文明调度、党员亮身份、领导干部带班下井、“三必到、三走到”、“五必谈、五必访”、节假日座谈会等十个联系群众渠道，牢固树立全心全意为群众服务的思想，打破了干群联系的“隔离墙”。

（1）群众联席会:在基层单位以书记、矿（厂）长接待日为载体，组织召开职工群众联席会，搭建起党员领导干部定期联系职工群众、解决职工群众诉求的工作渠道。

（2）企务党务公开：工会组织牵头，定期对集团改革发展的重大战略、企业经营管理情况、惠民工程落实情况、党建工作情况等向职工群众进行公示。

（3）董事长、总经理热线：在集团调度开通董事长、总经理热线电话0355-5968811，利用生产调度资源快速协调解决职工群众诉求。

（4）党员群众QQ交流群、微信群：政工各系统组建本系统QQ交流群、微信群，及时了解本系统职工群众的相关诉求，对重大共性问题及时向集团党委进行报告。

（5）精神文明调度：设立了后勤精神文明调度，对职工群众日常生活诸如水、暖、电、气、闭路、网络等后勤管理、社区服务，以及矿区文明创建等进行统一管理。

（6）党员亮身份：以推广放大常村矿井下党员戴红帽创新成果，在集团井下、地面全面开展党员亮身份活动，发挥党员先锋示范带头作用。

（7）领导干部带班下井：不同级别党员干部，每月按要求深入现场带班下井、跟班作业，同时，对干部带班下井情况进行严格考核。

（8）“三必到、三走到”：在安全管理上，要求各级领导干部新扩区、新采区、新工作面要走到，新条件、新工艺、新装备现场要走到，最远的区域要走到；条件变化必到，存在重大隐患必到，问题最多、管理最差的单位现场必到。

（9）“五必谈、五必访”：新上岗的员工必谈、有违章的员工必谈、员工间发生矛盾必谈、思想出现矛盾的员工必谈、组织观念淡薄的员工必谈；缺勤旷工的员工必访、生病住院的员工必访、家有婚丧嫁娶事宜的员工必访、家庭生活有困难的员工必访、家庭有矛盾的员工必访。

（10）节假日座谈会：集团党政主要领导在“三八”妇女节、“五一”劳动节、“五四”青年节、“八一”建军节、“九九”重阳节等重要节假日，与不同群体的职工群众进行谈话、谈心，征求集团改革发展的意见建议和职工群众的工作生活诉求。

潞安不断引深教育实践活动成果，充分利用好联系群众十种渠道，认真听取职工群众意见建议，切实做到权为民所用、情为民所系、利为民所谋，确保职工群众利益不受损、信心不动摇、工作不滑坡，为企业改革发展汇聚强大动力。党的教育实践活动画上了休止符，但党员联系群众的路线只会越走越宽广。潞安通过党员联系群众的十个渠道，搭起了集团领导了解职工民生，倾听职工民意的互动平台，建立起解决职工群众关注的热点问题、焦点问题的绿色通道，持之以恒、久久为功，久而久之形成一种机制、一种氛围，使群众路线教育实践活动产生出长久的效应。

2.对潞安党建工作绩效管理的传承和完善。潞安各级党组织、广大党员干部始终牢记习总书记对潞安党建工作的批示精神，对党建工作的思想内涵、工作内容、运行流程多次进行修订和完善，特别是将习总书记各个时期关于党建工作的新思想、新理论、新要求及时融会贯通到《潞安党建工作绩效管理评价体系大纲》中，始终保持了这套体系的与时俱进。同时，随着企业党建工作的不断发展，党建工作绩效管理的自身一些局限性也逐步显现，在一定程度上制约了企业党建工作水平的提升。比如，党建工作面临的突发性、临时性任务更多，过去月度制定的计划任务，已经远远不能适应当前党建工作的要求，导致上级布置的一些重要任务，往往成了临时指派性任务，影响了工作的最终效果。比如，十八大以来，国企党建工作日新月异，不论是工作的总体布局、党建工作的重心、抓工作的要求程度上与十八大以前都发生了深刻变化，等等。全面从严治党的新形势要求企业党建工作要从严从细，上级安排的事项、布置的任务，都需要进一步明确任务、措施、时限和责任人，一项一项推进，一件一件落实。特别是对政治上、思想上、作风上的一些任务，要见微知著、紧盯不放、反复跟进。为适应党建工作的新形势、从严治党的新常态，潞安在落实中央和省委重大政策要求上，建立了深层次地推进解决机制，集团基层两级党委上下联动、左右配合，形成合力、一抓到底，真正打通了党建工作的“最后一公里”，较好解决了“沙滩流水不到头”的问题。

3.对新时期国有企业党建工作先进性的提升和超越。潞安是一个传统的煤炭企业，长期的生产管理积淀，潞安在安全生产调度方面积累了非常成熟、有效的管理经验。网络化、信息化、数字化技术在潞安生产、经营、管理等领域的普遍推广和广泛应用，为党建工作的腾飞插上了隐形的翅膀。在集团精神文明调度成功运行的基础上，2016年，潞安集团党委书记、董事长李晋平同志提出，“将文明调度体系进一步拓展提升为‘党建工作透明服务平台’，将党建工作资源进行整合，增强服务职能，实现党建工作体系运行更加高效透明、更加深入人心。”2017年5月，潞安下属基层党组织余吾煤业党委先行先试，党建调度指挥中心和党建信息服务平台先后建成、投入使用，为集团党委推行党建调度趟出了路子、探索了经验。潞安集团党委充分吸纳余吾煤业等基层单位成功经验，依托煤矿企业在安全生产调度方面的先天优势，在党建工作绩效管理高点运行的基础上，充分整合党的群众路线教育实践活动形成的党员联系职工群众十个渠道，深化“数字党建”、“网上党建”、“科技党建”，创新“互联网+党建”等党建运行平台，在全国率先创建党建工作调度平台，开启潞安党建工作科学、精准、高效运行的先河，全面提升党建科学化、规范化、数字化水平。

（二）适应新时期党建工作新形势，着力提升党建工作的数字化建设水平

党建调度是潞安党建工作的集中展示平台、协调互动中枢、动态管控载体。党建调度集中展现了潞安党建的运行模式、工作内容、具体任务；发挥中枢协调职能，纵向上调度解决集团、基层党委、党支部推进落实党建工作情况，横向上调度解决政工部门之间、党政部门之间推进落实党建工作情况；全流程跟踪管控纳入党建调度任务的落实情况，确保各项任务高效推进。

1.党建调度的集中展示功能。党的十八以来，潞安经过不断探索实践，创建了具有自身企业特色的党建工作新模式——“1234”党建工作模式。这个模式涵盖了潞安党建工作的工作架构、内容和载体，使潞安党建工成为一个系统化的有机整体。党建调度以“1234”党建工作模式为模板，从集团党委、基层党委、党支部三个层面，全面展现党建工作的整体脉络，全面反映党组织构成、党建工作的整体运行情况和党建推进的整体效果。让各条看似分散的、不相干的任务都能够按照这个平台进行分类归置，从不同侧面形成了推进党建工作发展的合力。通过上下对接，集团党委的目标更加符合基层实际，使基层目标更好地与集团目标进行对接，克服工作的盲目性，增强了工作的针对性。同时，对进入平台的每条具体任务，都落实了具体责任部门、完成时限，特别是能够展示各项任务的进展落实情况。党建调度平台既是党建工作内容的集中全面展示，还是党建工作整体进展情况的集中展示，真正让党建工作既“知其然”还“知其所以然”。

2.党建调度的中枢协调功能。党建调度是潞安大调度的重要组成部分，是集团机关处室的中枢部门，发挥着贯通上下，协调左右，统筹推进的重要作用。纵向上，党建调度要贯彻、落实、对表上级精神要求，确保上级下达的任务不缺项、不漏项，要传达贯彻集团党委会和党委领导的工作要求；要将集团安排布置的党建任务向各基层党委、部门、支部延伸，实现上下贯通。横向上，党建调度既要统筹协调政工处室，又要依托集团大调度平台，根据工作需要安排指挥生产业务处室。集团和基层两级党委，以党建调度为轴心，向党政各部门横向延伸，构建形成协调落实的中枢系统，切实发挥好党建调度在“保落实”中的重要作用。

3.党建调度的动态管控功能。集团党建调度在每个处室设立一名联络员（由本处室员工担任），主要负责党建调度安排到本处室任务进展情况的及时上报。联络员的电脑通过内部局域网与党建信息平台对接，是党建调度整个网络系统的信息终端。联络员要按照痕迹管理要求，每天上传本处室承担任务进展的实物或实景图片资料；每周汇总上报任务完成情况，接受下周调度任务。为及时、全面掌握各处室承担任务的进展情况，在党建调度平台建立“红黄绿警示提醒”机制，按时间节点顺利推进的任务显示绿灯，即将到期的任务黄灯提示，延期完成的任务红灯警示，同时启动跟办、问责。集团调度对每项调度任务从立项、分解、落实、考核，都要实现全过程跟踪，直至任务销号后清零后实现闭合。

（三）深入破解企业发展面临的新课题，着力提升党建工作精准度

为确保党建调度信息的精确、精准，党建调度从信息来源、处理及最终考核，全部实行动态化管理和实时管控，实现党建信息流程化运行，确保了党建调度效率效益效果的最大化。

1.以“三个调度”实现党建信息来源动态化。重点调度、专项调度、日常调度“三个调度”是党建调度的信息来源，确保了党建工作始终紧跟上级要求、时刻与企业改革转型的中心工作合拍，及时关注职工群众工作生活面临的焦点难点问题。

（1）加强重点调度。始终与党中央保持高度一致，不仅是政治上、思想上的要求，更要体现在行动上，落实到具体工作中。潞安坚决贯彻中央大政方针，更加自觉向党的理论和路线方针政策看齐，向党中央决策部署看齐。及时将中央、省委、省国资委关于党建工作的新部署、新要求和相关制度、文件进行学习、分解后，转化为党建工作的调度任务，着力推动上级精神和党委重点工作跟踪落实。

（2）加强专项调度。党建工作与中心工作融合的广度和深度，决定党建工作的力度和高度。集团党建调度坚持党建工作服务生产经营不偏离，不断赋予各级党组织新的时代内涵，找准党建工作与企业改革转型的切入点和着力点，转化为党建调度的具体任务，深入推进党建工作与企业转型发展、生产经营等中心工作的深度融合，把党的政治优势转化为企业的发展优势、竞争优势，确保党建工作与企业发展同向同步、同频共振。

（3）加强日常调度。践行习总书记“以人民为中心”的发展思想，坚持发展为了职工，发展依靠职工，发展成果与职工共享，实现职工与企业共同成长，是企业发展的初衷。潞安以党员联系职工群众十个渠道为载体，每天收集汇总职工群众反馈的社情民意问题，确保始终与职工群众心连心、同呼吸、共命运。党建调度每天以早调会形式，对前一天的社情民意问题进行安排部署，同时进行跟踪督办，着力推动与职工家属息息相关的社情民意问题的及时解决。

2.以“五个一”工作法实现运行流程动态化。“五个一”工作法，是党建调度在运行流程中实行“每日一调度、每周一通报、每旬一抽查、每月一考核、每季一例会”，通过严格的运行流程，确保党建调度高效、有序运转。

（1）日调度：每天对党建重点工作任务确定的时间节点进行跟踪调度，对快到时间节点的任务进行督办催办，对已经完成的工作进行结果验证，对未完成的工作进行通报约谈。

（2）周通报：对一周以来调度的党建重点工作进行汇总，每周二集团专职党委书记组织召开通报会，对上周党建工作推进情况进行通报，重点通报调度中发现和存在的问题，对本周工作尽心安排部署，对需要协调解决和重点推进的任务进行安排落实。

（3）旬抽查：抽调政工职能部门骨干力量，成立了11个党建调度值班检查组，按照一个阶段一个重点要求，明确检查重点、列出检查清单，逐条逐项进行现场检查，检查结果双方签字确认，并在第二天的调度会上进行通报。每天由一个工作组深入1至2个基层单位进行日常检查，确保48二级基层党组织每旬能够接受一次检查，实现检查全覆盖，常态化、制度化。

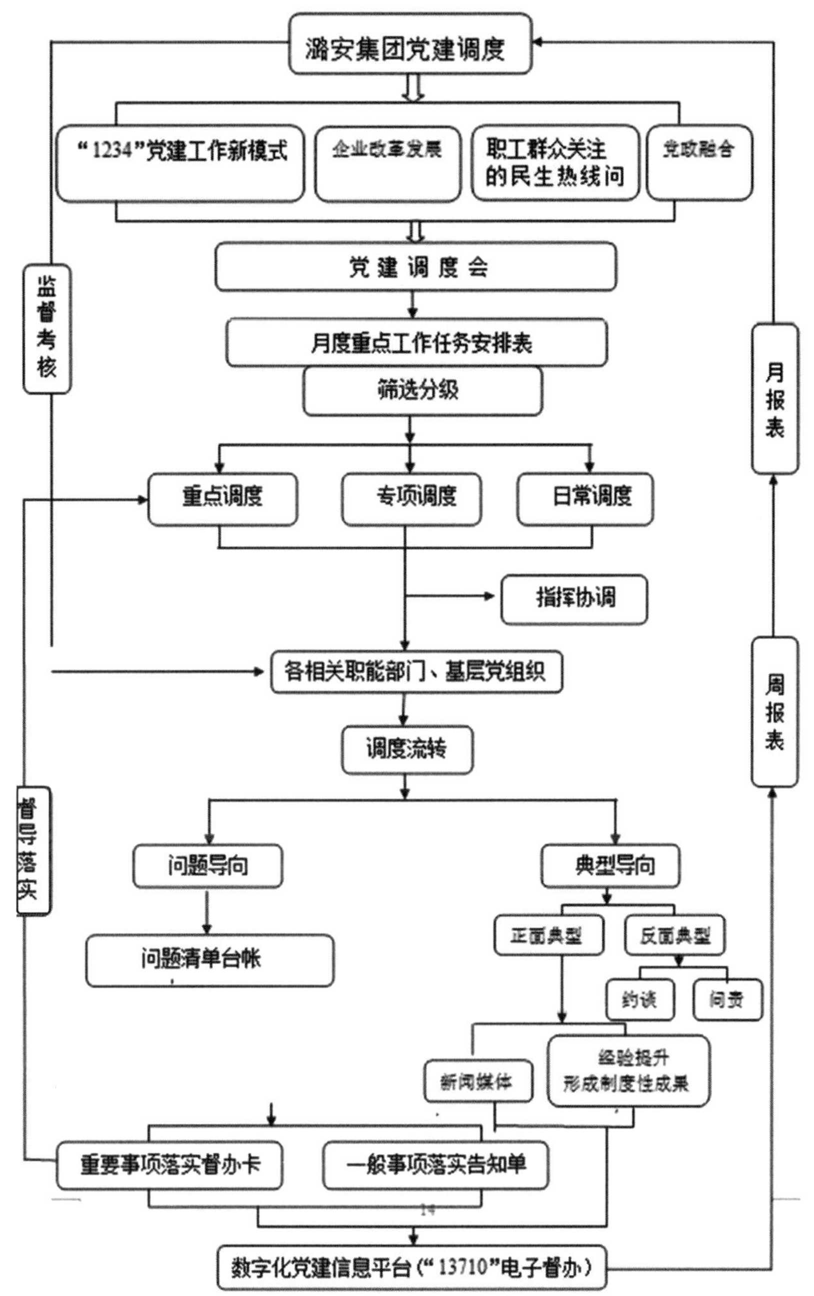

图1

（4）月考核：集团党建调度依托党建数字化管理平台，围绕党政融合发挥党组织服务中心工作情况、围绕服务民生解决职工群众诉求民义情况、围绕落实上级文件精神情况，对纳入"三个调度"的重点任务进行月度考核评价，对纳入党建调度的重点工作完成情况进行考核评价，形成《党建调度月报表》。

（5）季例会：对每月考核情况进行汇总、打分、排名，每季度第一周召开上季度党建调度例会，通报基层单位季度排名情况，排名靠前的单位介绍先进经验、排名靠后的单位进行检查，真正让考核“长牙齿”。

3.以“三督三察”机制实现调度考核动态化。“三督”是督任务、督进度、督成效；“三察”是察认识、察责任、察作风。党建调度通过“三督三察”，强化执行力，确保集团下达的任务在执行过程中不走样、不变形，对谁都一样，以刚性的规定和严格的执行，确保党建调度这套机制常态化、长效化。

督任务，就是要督促职能处室和基层单位按照集团党政要求推进重点工作落实，既看方向准不准，又看任务实不实，是不是能够结合实际，真正解决问题。督进度，就是要根据调度任务的阶段性目标，制定时间表、路线图，抓好配套跟进，抓好进度统筹，抓好阶段衔接。督成效，要规范“日调度、周通报、旬抽查、月考核、季例会”运行工作机制，解决好执行、落实、推进中“最后一公里”这个难点，形成层层推动、步步为营的调度落实机制；就是要把党建工作的举措放到实践中去检验，让基层来评判，让职工群众来打分，把职工群众“高兴不高兴、满意不满意、答应不答应”作为检验工作的标准。

察认识，就是要看单位、部门对重点工作的认识理解是否到位，能不能将思想自觉转化为行动自觉。察责任，就是要看工作责任是不是划分清楚，有没有落实到位，是否做到了各司其职、各负其责。察作风，就是要督察相关责任人特别是单位部门“一把手”，是否坚持实事求是、求真务实，是否以严实的作风要求自己、推动工作。

（四）加强组织保障，着力提升党建工作的制度化、规范化建设

为确保党建调度常态化、制度化、规范化运行，真正让党建调度成为潞安党建管理的基础平台，潞安建立健全了组织保障机制和运行保障机制。

1.健全组织机构，分级落实责任。潞安成立了党建调度工作委员会，集团党委书记董事长李晋平担负党建调度的主要领导，负责全面工作；集团专职党委书记王志清亲自参与党建调度的日常管理工作。集团党委领导的高度重视，为党建调度的运行提供了最根本最重要的保障。集团党建调度承担平台日常维护和具体管理工作。集团党委下属的组织人事部、宣传部、纪委、综合办公室、政研中心、工会、团委、武装保卫部、老龄委、党校、党建研究会、思想政治研究会等政工处室具体承担相关党建任务的制定、分解、落实、指导工作。集团党委下属的48个二级党组织全面建立了党建调度工作机构，党建调度任务覆盖到基层990个党支部。集团党委、基层党委、党支部三级联动，集团基层两级政工部门各负其责、各司其职，又齐抓共管，通过一级抓一级、层层抓落实，系统构建党建工作层层推动、逐级落实的运行体系，从组织上保证了党建调度的有序运行。

2.畅通工作流程，完善运行机制。一是规范了运行机构。去年8月开始，潞安在余吾煤业党委试点运行基础上，向各子分公司、各矿厂、各整合矿井、各新建单位克隆复制党建调度运行方式。集团所有下属单位，在原生产调度基础上，专门成立党建调度机构、设置专职岗位，实现了生产、党建两套调度一体化交叉运行。二是规范了制度体系。为规范党建调度运行，先后建立了《党建调度协调联动制度》《党建调度工作督办制度》《党建调度工作考核办法》《党建调度值班制度》《季度例会制度》《周通报制度》等，各项制度彼此衔接、环环相扣、相互作用，为党建调度规范运行提供了制度保障。三是规范了执行体系。党建调度对党委方方面面的工作进行了要素细分，从横向上看，厘清了党建工作的具体分类，从纵向上划分了“集团党委、职能部门、基层党委、职能部门、基层党支部”五个层次的运行职能，从横向上保证了部门间的协调运行，从纵向上贯通了党建调度的执行力，建立了横向到边、纵向到底的执行力体系，全面增强了党建调度的执行力。

三、潞安创新党建调度管理促进国企党建高质量发展的建设成果

潞安集团党委通过探索和实践党建调度，充分发挥了党组织的政治核心作用，有效地把党的政治优势转化为了企业的竞争优势和发展优势。

（一）探索了国企党建工作规律

潞安以习总书记批示精神为动力，不断探索现代企业制度下党建工作规律。针对国企党建工作普遍存在的弱化、淡化、虚化、边缘化问题，发挥煤矿企业安全生产调度的成熟经验，充分运用互联网+、大数据等先进的传播手段和信息化建设载体，创建了全国首家党建调度平台。这个平台的建成和运行，既是对潞安党建工作绩效管理的传承完善，更是企业党组织适应发展新形势的现实需要，具有一定的普遍性。潞安党建调度运行以来，跟踪督办任务3733次，解决基层各类党建难题1152个，处理社情民意问题2499个。潞安党建调度的运用，真正将“两张皮”变成“一套体系”，“软任务”变成“硬指标”。让基层党建“复杂变简单”、基层党组织“弱化变强化”、基层政工人员“越干越轻松”，切实把党建工作从繁文缛节中解放出来，实现简捷、精准、高效，提升党建工作的标准化、现代化水平。

（二）提升了党建工作科学化水平

潞安党建调度平台的一个显著特征就是贯彻中央“坚持服务生产经营不偏离”精神要求，一个鲜明特点就是突破党政界限，内涵丰富、涵盖广泛。潞安党建调度以“1234”党建工作模式为架构，不仅党组织自身建设的内容和要求得到全面体现，企业生产、经营、改革的内容和要求也得到充分体现，不论是行政人员还是政工人员，都从思想上融入“一盘棋”、方法上拧成“一股绳”，在推进企业改革发展和转型升级中全面对接，在党政同步推进和同频共振中创新作为。潞安集团党委通过运行党建调度平台，系统提升了基层党建工作的目标要求、具体内容、评价标准、操作程序等在内的一整套党建工作体系，实现了企业党组织对全面履行职能过程的有效控制，大大浓厚了党建工作氛围，拓展了党建工作平台，提高了党建工作水平。从党建调度的内容看，企业党组织突破了传统意义上党组织自身建设的内容，使企业党建工作的视野更宽了、措施更务实；从党建调度的过程看，党建工作的精准性进一步提升，职工家属遇到的民生问题能够协调解决到位，企业出现的急难险重突发情况能够统筹到位，基层党组织面临的症结难题能够跟踪帮扶到位，实现贴心调度、快捷调度、精细调度，全面提升党建工作的质量和效果；从党建调度的考核看，更加注重时效性、权威性，更加注重考核的客观性，由定性为主改为定量为主，由多凭印象变为重看绩效，增强了党建工作的管理意识和指导意识，促进了党建工作的持续改进、持续提升；从党建调度的结果看，更注重党建工作的系统作用和整体效能，党建工作在企业发展中所占的比例逐步提升、发挥的作用更加明显。

（三）夯实了党建发展根基

潞安各级党组织在充分发挥领导核心和政治核心作用中，经历了制度上的完善和实践上的探索，从党建工作绩效管理到党建调度，从过去的命令、说教，到现在的制度化、常态化，党组织的地位和作用得到了更加的巩固和提升。潞安坚持“战略顶天、执行立地”的理念，以“立说立行，只争朝夕”的作风，强化执行力文化和体系建设。潞安各级党组织以坚定的法制执行力和贯穿力，全面营造“干就干最好，做就做最优”，持续促进员工岗位素养的不断提升，长期熏陶形成一种落地的文化、接地气的文化、操作性强的文化。基层党组织和党员的荣誉感、责任感、归属感不断增强，企业党建工作的动力更加充足。潞安上下政治立场更加坚定，潞安各级党组织、广大党员高举习近平新时代中国特色社会主义思想伟大旗帜，作为一切工作的行动指南和根本遵循，切实提高政治站位，增强“四个意识”，坚定“四个自信”，坚决维护习近平总书记在党中央和全党的核心地位，坚决维护党中央权威和集中统一领导。思想觉悟不断提升，强化党对意识形态、网络意识形态工作领导管理，社会主义核心价值观、“为人至诚，为业至精”核心理念深入人心，文明创建、道德讲堂等精神文明活动有效开展，集团本部、常村、漳村荣获全国文明单位，荣获中国AAA级信用企业，潞安品牌影响力和美誉度进一步提升。“三基建设”根基更加扎实，深入推进“蓝点计划”，推行清单管理，强化“党建调度”督导，动态实现党的组织全覆盖、党建工作全覆盖。落实全面从严治党要求，严守政治纪律、遵守政治规矩、保持政治定力，加强政治文化建设，坚持正确政治方向，着力构建完善风清气正、干事创业的政治生态。

（四）促进了企业改革发展

潞安各级党组织坚持服务生产经营不偏离，充分发挥“把方向、管大局、保落实”作用，将安全环保、生产经营、改革发展的重点难点，作为党建调度的具体任务，不断推进党政工作深度融合，确保党建工作与企业发展同向同步、同频共振。多年来，潞安持续强化“没有创新的党组织是不合格的党组织，没有创新的党员是不合格党员”理念。集团各级党组织、广大党员干部率先解放思想，勇于探索实践，增强示范引领，在各个领域不断突破、持续创新。在机构改革、精简优化法人单位、“三供一业”分离移交、整合煤矿监管、“两桶油”销售等重大改革任务和重点工作中，各级党组织不断强化施工意识，党政一把手担任“施工队长”，勇于担当，广大党员干部充当“突击队长”，冲锋在前，各项改革任务顺利推进，成效明显，引领带动企业保持了健康强劲的发展态势。潞安化工有限公司挂牌成立；建成全国最大的油用牡丹育苗、种植和深加工基地；在全国率先上马深紫外LED项目；2GW高效单晶PERC太阳能电池智能生产项目全面开工。持续保持安全无事故，潞安集团成为全国唯一一家连续18年蝉联“安康杯”竞赛优胜杯企业。

成果创造人：李晋平、王志清、郭成刚、李卫东、周志利、马志宏、连　峰、郑泽柱、张路刚、崔建勇、韩军强、张绘锦、宋空军

中国电科提升基层组织力的“多元互动”模式研究

中国电子科技集团公司发展战略研究中心

中国电子科技集团有限公司（以下简称“中国电科”）是经国务院批准，在原电子工业部直属电子研究院所和高科技企业基础上组建而成的由中央直接管理的国有重要骨干企业，2002年3月1日正式挂牌运营。经历十六年的奋斗，中国电科已发展成为国内唯一覆盖电子信息全领域的大型科技集团；国内唯一在国家海洋、空间、网络三大战略领域发挥重要作用的军工集团；国内唯一能够同时为各军兵种全方位提供信息化装备的军工集团；国内唯一能够为我军各种型号的卫星、导弹、飞机、舰船、车辆提供各类关键元器件的企业集团；国内在公共安全和电子信息装备、仪器仪表的研制、生产和服务方面最具实力的国有中央企业。发展战略研究中心2010年在北京成立，是中国电科下属的专业从事电子信息领域发展战略、信息情报和政策研究的智库，下面设立了党建与人力资源研究室，作为党建研究的专门机构。中国电科自成立以来就始终与党和国家的使命责任同呼吸、共命运，电科人自力更生、创新图强、协同作战、顽强拼搏，为把中国电科打造成世界一流创新型领军企业而不懈奋斗。中国电科连续14年获得中央企业经营业绩考核A级，连续两次荣获任期“业绩优秀企业”和“科技创新优秀企业”，在世界500强中位列第388名。

一、实施背景

党的十九大报告中旗帜鲜明地指出了加强基层组织建设的重点就是“提升组织力”。组织力是把党员组织起来为实现党的奋斗目标和决策部署而不懈奋斗的能力，是一种看不见、摸不着、非具体但却以整体展现出来的政党力量。我们党领导人民在革命斗争和建设、改革过程中把组织力这种政党力量发展成为一种能够改天换地的伟力。在国有企业的基层党组织中推进党建时，也要抓住组织力这个着力点和牛鼻子，在基层党组织中把组织力这种伟力激发出来，使它成为国有企业实现高质量发展的推动力。

（一）贯彻落实新时代中央提出的新要求的需要

习近平总书记在党的十九大报告中提出“要以提升组织力为重点，突出政治功能，把企业、农村、机关、学校、科研院所、街道社区、社会组织等基层党组织建设成为宣传党的主张、贯彻党的决定、领导基层治理、团结动员群众、推动改革发展的坚强战斗堡垒”。十九大新修订的党章中对基层党组织的作用做了明确的规定：“党的基层组织是党在社会基层组织中的战斗堡垒，是党的全部工作和战斗力的基础。”“战斗堡垒”是对基层党组织地位和作用的鲜明表述，作为确保党的路线方针政策和决策部署贯彻落实的“最后一公里”，基层党组织作用的充分发挥是实现党的领导、完成党的任务的基础，而充分发挥基层党组织作用的关键就是提升基层组织力。新党章中还专门对国有企业中基层党组织的职责做了规定：“国有企业和集体企业中党的基层组织，围绕企业生产经营开展工作。”如何将党章中规定的国有企业基层党组织的职责落实，使其能够真正在国有企业中发挥战斗堡垒作用，就成为迫切需要研究的课题。

（二）传承和用好“红色基因”的需要

国际共运史和中共党史上都高度重视“组织”和“组织力”。列宁早在1906年就提出：“工人阶级的力量在于组织。不组织群众，无产阶级就一事无成。组织起来的无产阶级就无所不能。”可见在俄国无产阶级政党创立初期，列宁就注意到了组织所具有的伟力。在马克思主义中国化的过程中，以毛泽东为代表的中国共产党人提出和发展了“组织力”这一概念。1929年4月，毛泽东在《红军第四军前委给中央的信》中首次提出了党的“组织力”，并在其经典著作《论持久战》中把政治组织力与军力、经济力一起作为衡量中日两国力量强弱的重要依据。在革命战争年代里，中国共产党自身经历经历了一个由小到大、由弱到强的过程，并且始终面临艰苦的斗争环境和严酷的斗争形势，只有充分激发基层党组织的战斗力、最大限度的团结和动员群众才能战胜强大且残酷的敌人。提升基层组织力、将基层党组织打造成坚固的战斗堡垒，已经作为宝贵经验和集体记忆融入“红色基因”之中。传承“红色基因”最好的方法就是从中发掘新时代走好新长征路的经验与力量。今天，国有企业在想尽千方百计、克服千难万险做优做强做大国有资本的征程中，也需要以提升基层组织力为抓手传承和用好“红色基因”。

（三）铸造党和国家可以信赖的“大国重器”的需要

国有企业是中国特色社会主义的重要物质基础和政治基础，是我们党执政兴国的重要支柱和依靠力量。这就要求我们始终坚持“央企姓党”这一根本原则，把党和国家的需求作为自己的事业，从而把自己铸造成党和国家可以信赖的“大国重器”。“求木之长者，必固其根本；欲流之远者，必浚其泉源。”就国有企业而言，基层党组织就是根本和泉源，只有拥有一个个坚强有力的基层党组织，党和国家可以信赖的“大国重器”地位才能牢不可破、坚不可摧。“好风凭借力，送我上青云。”当前党和国家加强基层组织力的东风正劲，借此可以进一步加强党的基层组织建设，使其具有更强的凝聚力和战斗力，以基层党组织的战斗堡垒作用支撑起中国电科打造“大国重器”的需要。

（四）将党的政治优势转化为国有企业发展优势的需要

坚持党的领导、加强党的建设，是我国国有企业的光荣传统和独特优势，是国有企业的“根”和“魂”。中国特色现代国有企业制度“特”就特在了把党的领导融入公司治理各环节、把企业党组织内嵌到公司治理结构之中，从而能够把党组织的政治优势转化为国有企业的发展优势。国有企业中的基层党组织围绕生产经营开展工作，可以在生产经营的一线引领正确的政治方向、建构企业文化、进行组织动员、服务职工群众、开展思想政治工作，从而激发出创造力、凝聚力和战斗力，产生了无可比拟的优势。“打铁还需自身硬”，这就需要我们加强基层党组织建设，提升基层组织力，为国有企业的高质量发展和做强做优做大国有资本保驾护航。

二、组织力的概念与一般意义上的提升方式

刘彦武在《基层党建要抓住提升组织力这个重点》一文中提出：“基层党组织的组织力，主要是指基层党组织为了确保党的路线方针政策和决策部署的贯彻落实，依靠自身组织优势和组织资源动员、引导人民群众贯彻党的决策部署、参与社会治理、推动改革发展等的能力，它是领导力、动员力、凝聚力等的综合反映。”王同昌的《新时代基层党组织建设的着力点》则专门从政党的角度对组织力做了简明清晰的阐释：认为一个政党的组织力通常包括外部组织力和内部组织力两个方面。外部组织力是“组织动员群众实现奋斗目标的能力”；内部组织力是“组织开展党内政治生活，教育、管理和监督党员的能力，引导党员努力贯彻党的路线、方针、政策，实现党组织任务的能力。”党组织的组织力是一种由内向外发挥作用的力量。首先要求党组织自己要有组织优势和组织资源，能够组织开展党内政治生活，能够教育、管理和监督党员、能够引导党员努力贯彻党的路线、方针、政策，实现党组织的任务，从内在层面而言组织力就体现在高水平、高质量的党建工作上。其次党组织要能够动员、引导人民群众贯彻党的决策部署、参与社会治理、推动改革发展，简而言之就是能够组织动员群众实现党的奋斗目标，是党群关系和群众路线问题。因而可以把组织力分为内部组织力和外部组织力两种类型。内部组织力是外部组织力的前提和基础，没有高水平、高质量的党组织，党的群众路线只能是无源之水、无本之木；外部组织力是内部组织力的外延和保障，如果党组织不能有效地动员和团结群众，就很难确保党的路线方针政策和决策部署能够真正地、最大化的贯彻落实。

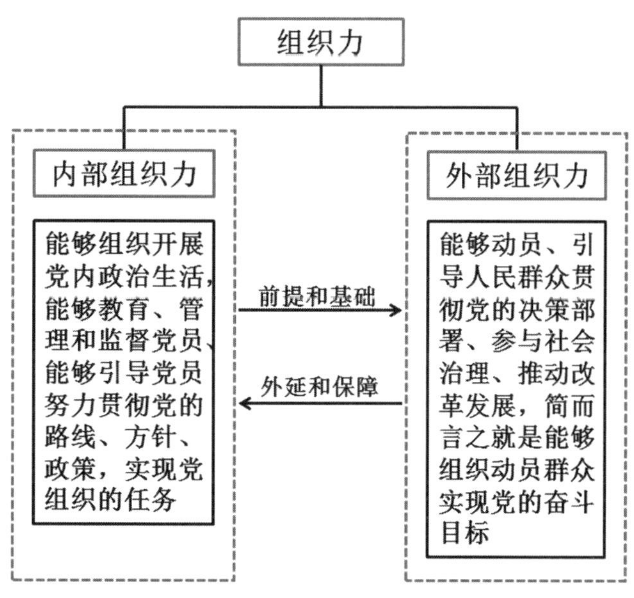

图1 组织力概念示意图

因而，提升基层组织力的一般方式是：（一）苦练内功：以高质量、高水平的党建提升

内部组织力；（二）春风化雨：以贯彻群众路线提升外部组织力；（三）同频共振：以内外组织力相互作用提升整体组织力。

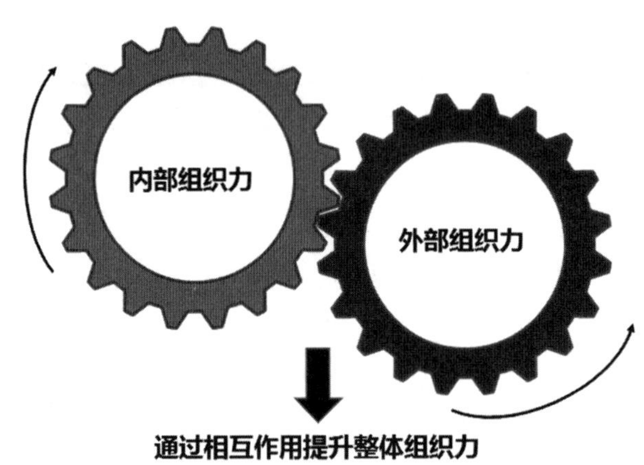

图2 一般意义上提升组织力的方式

三、“多元互动”提升基层组织力模式的内涵

“多元互动”模式是指不同层级和同一层级内的不同主体在同一个目标的指引下相互作用，进行互动，能够实现资源的优化配置，可以收到1+1＞2的效果，从而增强实现目标的能力。中国电科是一个有着6万名党员的大型央企，拥有为数众多的基层党组织，这些基层党组织在地域分布、规模大小、党员构成、组织机构和活动方式上都存在很大的差别。这些基层党组织构成了中国电科的基石，如何让这些基层党组织的组织力得到提升、在实际工作工程中切实发挥战斗堡垒作用，直接关系着中国电科能否圆满地完成党和国家赋予的任务和能否实现自身的高质量发展。

中国电科的“多元互动”提升基层组织力模式的具体内涵是：基层党组织与上一层级的上级党组织和同一层级的基层党组织都是保证党和国家的路线方针政策与决策部署在国有企业落地的主体，都肩负着党和国家赋予的政治责任和经济责任；基层党组织与其所在的业务部门工作的出发点和落脚点是相同的，都是为了完成党和国家赋予的使命责任和集团公司交给的任务，因而党建工作和业务工作是可以一体化推进的；国有企业发展的重要目标就是增进人民福祉、实现共同富裕，国有企业的发展也可以增强职工群众的福利待遇，因而基层党组织的奋斗目标与职工群众对更美好生活的向往是一致的。因此，基层党组织与上级党组织、同级的其他基层党组织、基层业务部门、职工群众等主体，能够在“提升党对企业的领导和企业效益，增强企业竞争力”这一共同目标的指引下，想在一起、干在一起，在互动中实现资源的优化整合、完成量变到质变的飞跃。

上级党组织不但可以为基层党组织提供指导，还可以帮助基层党组织拓展更多的资源；同一级别的不同基层党组织之间进行沟通协调、互通有无，能够收到1+1＞2的效果，增加每个基层党组织能够掌握的资源；基层党组织不但要把自身建设好，还要贯彻好群众路线、做好群众工作，以党建带工建、团建，充分依靠群众、团结群众、动员群众。基层党组织的战斗堡垒作用不仅仅是静态的，更应该是动态的，即在具体的业务工作中充分调动各种力量，使他们为实现“提升党对企业的领导和企业效益，增强企业竞争力”这一共同目标而矢志奋斗。基层党组织在围绕中心工作的“战斗”中发挥堡垒作用，“唤起工农千百万，同心干”。

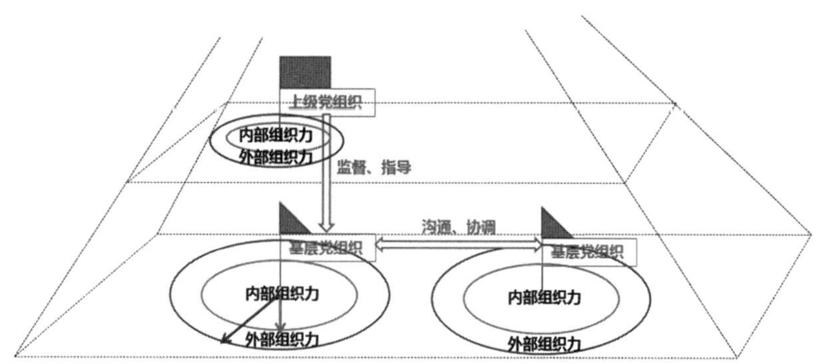

图3 “多元互动”提升基层组织力模式立体简图

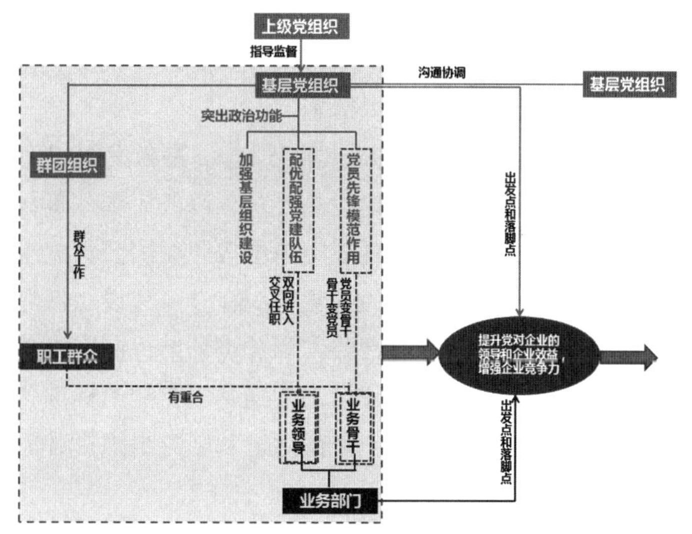

图4 “多元互动”提升基层组织力模式平面示意图

四、“多元互动”提升基层组织力模式的主要做法

（一）以高质量、高水平的党建提升内部组织力

马克思主义党建学说一直高度重视党组织的组织力问题，首先强调党组织自身要具有严格的组织性和纪律性。党的十九大报告中提出党的建设新的伟大工程在“四个伟大”中起决定性作用，并且提出新时代党的建设总要求是：“不断提高党的建设质量，把党建设成为始终走在时代前列、人民衷心拥护、勇于自我革命、经得起各种风浪考验、朝气蓬勃的马克思主义执政党。”因而我们要苦练内功，在推进党的建设新的伟大工程的高度上加强国有企业基层党组

织建设，提升基层党组织组织力。

1.加强党的基层组织建设

基层党组织是党全部工作和战斗力的基础，基层组织抓好了，党的建设才能上下贯通、接到终端。中国电科把加强党的基层组织建设作为提升基层党组织凝聚力和战斗力的重要抓手。

（1）确保党组织实现全覆盖。在工作中落实“四同步”、“四对接”的要求，坚持业务工作开展到哪里，党组织就建到哪里。在民品产业体系改革、打造国际化经营平台过程中，要确保同步建设基层党组织，提高党的工作辐射力、影响力。落实坚持党的领导与企业法人治理相统一的要求，将党的领导和党建工作要求进入所有二级成员单位章程或工作规则，在深化改革中同步加强党的各级组织建设，尤其是进一步加强三、四级单位基层组织建设，推动加强党的领导和完善公司治理相统一，保证党的领导体制机制在基层得到进一步落实。在党员聚集的有项目的外场及时建立党组织，推动实现党组织全覆盖，为完成重大工程、重点项目、急难险重任务提供组织保证。

（2）严把基层党组织发展党员的质量关。从严治党，关键在“严”字，要按照控制总量、优化结构、提高质量、发挥作用的总要求，有计划、有步骤地发展党员。入口要严，严格标准条件，始终把政治标准放在首位，防止降低入党标准、防止“带病”入党；管理要严，严格党内组织生活，健全党员党性定期分析、民主评议等制度；处置要严，落实从严治党方针，在抓好教育的同时，对不合格党员要采取组织措施。

（3）推进基层党组织达标建设。达标基层党组织建设是激发组织力发挥的重要保证，中国电科按照十九大报告中提出的新时代党的建设总要求，修改完善“量化有效型”党建工作体系，作为达标基层党组织建设的工作指引。各成员单位按照集团公司党组关于开展达标基层党组织建设的相关要求，紧密结合自身实际，梳理党组织在自身建设、保障中心任务完成、教育管理监督党员、组织宣传凝聚服务群众的关键要素和关键环节，制定本单位达标基层党组织标准，并扎实开展工作，通过达标基层党组织建设，加强基层党建的标准化、规范化，扩大先进基层党组织增量，提高中间基层党组织水平，督促后进基层党组织提升。

2.配优配强基层党建工作队伍

党建工作队伍是党建工作的具体承担者和实施者，党建工作队伍素质的高低直接关系到基层党建工作效果的好坏，因而建立高水平的党建工作队伍是提升基层党组织组织力的必要条件。中国电科注重抓好支部书记这一“关键少数”，坚持选好用好党委、党支部（总支）书记，把党性强、能力强、服务意识强的人充实到党委、党支部（总支）书记岗位上来，使党委、党支部（总支）书记真正成为带领职工群众、促进改革、推动发展、创造尊严生活的带头人。建立了“双向进入、交叉任职”的领导架构，把本领高强的业务干部放到党建工作的岗位上来，把优秀的党建干部输送到业务岗位上来培养，形成良好的人才布局。还通过专门的培训、良好的薪资待遇保障党建工作者的工作条件和工作热情，比如将落实同职级同待遇要求作为党建工作重点考核指标、开展全系统党支部书记轮训工作。

3.压实党建责任，推动从严治党向基层延伸

党要管党、全面从严治党是各级党组织和党员领导干部的根本政治责任。中国电科不断

强化党建工作责任的落实，使各级党组织的责任更加具体明晰，继续完善“述评考用”相结合的工作机制，创新督导检查工作方式，落实同级监督责任，确保管党治党责任层层压实，尤其要确保党建责任在基层被压实。要求基层党组织书记：坚持把抓党建作为主业，把管党治党第一责任人职责记在心上、扛在肩上、落实在行动上；既要挂帅，更要亲征，重要工作亲自部署，做到有方案，有计划，有检查，有考评；关键环节亲自协调，定期召开工作推进会、分析会、协调会；在部署业务工作的同时，同步部署党建工作，指导分管业务领域党建工作存在问题的研究解决，把“一岗双责”履职作为个人年度述职的重要内容。还健全党建工作责任体系，对照中央组织部、国资委党委30项重点任务和国资委党委23项重点工作，列出任务清单，并纳入党建KPI指标，层层压实党建责任，推动从严治党向基层延伸，有力解决基层党建工作弱化、虚化、边缘化问题。

4.以有效的学习方式增强基层党组织的政治意识

党的基层组织是政治组织，因而要增强政治意识，提高政治站位，使党组织的政治功能能够发挥出来。中国电科坚持把思想武装放在第一位，开展多样化的学习教育活动，其中许多活动的着力点和侧重点都是在基层党组织，强调要让每个党支部都行动起来，激活基层“细胞”。针对基层党组织党员员工工作任务量大、出差多、整块学习时间难以保证的情况，中国电科党组提出了“四学法”，即“问卷答题引导学”、“化小专题交流学”、“考量工作结合学”、“对照言行自省学”，以期解决基层党员学习时间、空间聚合的问题，推动各种学习教育常态化、制度化、理论联系实际见成效。为了配合“四学法”的应用，集团党组牵头，多部门配合，共同创建了中国电科“学思践悟”移动平台。该平台根据“以内容为中心的学习教育网络平台”的总体设计要求，按照“一网多园地”的架构，围绕“问卷答题引导学、化小专题交流学、考量工作结合学、对照言行自省学”的“四学”模式建设。平台通过SaaS服务模式，引入中共中央党校等权威机构内容资源，建立覆盖党员线上移动端、PC端和线下党支部/党小组集中教育点，激发党组、党委、分党委、党总支、党支部、党小组6级党组织和基层党员构建全新学习场景、开展学习共享，突破时空局限，使5万党员的学习成效最大化，实现基层党建工作动态数据管理、可视化党建监督。“学思践悟”移动平台能够实现权威资源不断供给、自主学习方式多样和组织管理学有保障。

（二）完善上级党组织对基层党建工作的监督、指导机制

中国电科完善了上级党组织对基层党建工作的监督、指导机制，以上下互动助力基层党建工作新局面。上级党组织书记对基层党建工作要亲自指导，帮助解决基层党建工作中的重点难点问题，还要借助信息化手段，优化对基层党建工作过程的指导和监督，围绕基层党建关键绩效指标推进落实，科学设计统计指标要素，用好信息化手段，开展月统计、季分析，及时掌握重点工作推进情况，采取针对性措施，确保基层各项党建工作任务按时保质完成。强化党建述职评议工作，实现基层支部书记向党委述职全覆盖，切实提高述职评议质量和实效性，述职报告避免大而全，要突出重点，针对上年度查摆问题的整改情况，阐述工作思路、工作举措、工作成效。建立完善领导同志联系基层的工作制度，推动党组成员联系党委、党委委员联系支部、支委委员联系小组，在上级党组织与基层党组织之间建立更为密切的联系，使上级党组织

对基层党建工作的监督、指导路径更加畅通。

（三）建立完善基层党组织沟通共建机制

中国电科在片区党建工作交流中，专门邀请优秀党支部书记分享各种学习教育活动的具体做法和经验，为片区各单位提供了一次学习、交流、借鉴、提升的机会。参加每次活动的支部书记都能够紧扣支部实际，介绍自己的经验做法，起到了很好的带动作用，切实释放了以点带面的示范效应。以党建工作搭台，促进党支部，党小组以及外单位党支部之间结对共建，在业务合作中促进团结，实现优势互补，资源共享。

（四）凝聚各种力量为完成中心工作而奋斗

基层党组织的组织力就体现在他能够凝聚各种力量为中心工作服务，在战斗中发挥堡垒作用。因而国有企业的基层党组织要善于发挥党员的先锋模范作用，运用群团组织的功能，解决群众的现实关切，充分动员群众，形成强大的合力保证企业发展目标的完成。

1.充分发挥党员的先锋模范作用

基层组织力是一种组织行为，并不是全体党员的简单相加，但是每个党员都能发挥先锋模范作用是提升基层组织力的路径。中国电科着力加强基层党员队伍建设，不断增强党员意识和先进性意识，把骨干发展成党员，把党员培养成骨干，提升党员队伍的整体素质。扎实推进“强基工程”，对党员先锋岗、党员承诺书等载体形式进行再拓展再创新，加强过程监督与奖惩兑现。细化合格党员标准，实现发挥作用具体化。还会同业务部门对先锋模范岗的党员进行考核，评价其在急难险重岗位上是否发挥了先锋模范作用，发挥作用的程度如何。按照“七好党员”标准，引导广大基层共产党员带头立足本职岗位做贡献，在推进转型升级、提高科学发展水平、完成重点任务、破解发展难题上创先进、争优秀。把基层党组织和党员干部的劲头聚焦在真抓实干上，把功夫下在助力各项规划落地、推动体制机制创新和完成好科研生产任务上。把每个党员都打造成业务工作中的一面旗帜，成为引领其他职工群众在工作中冲锋陷阵的先锋队。

2.把群团组织打造成紧密联系职工群众的桥梁纽带

国企党建工作的政治优势之一就是能通过党建带工建、党建带团建，把广大员工，尤其是青年员工凝聚在党的事业周围。中国电科加强党建带工建、带团建，支持工会、共青团充分发挥桥梁纽带作用，工会、共青团组织围绕科研生产中心任务开展各类特色活动比例达到70%以上，基层团组织覆盖率达到90%以上。工会的桥梁纽带和共青团的助手、后备军作用的充分发挥，活跃了广大员工精神文化生活，和谐了广大员工生产生活氛围，提升了各级组织内的矛盾自我化解能力，推动了事业与员工和谐发展型企业的建立，为集团战略的实施提供有力保障。以党建带工建、团建还要落在解决职工群众的现实困难和利益关切上，通过整合党、群、团的力量增强了党组织服务职工群众的能力，成为加强党组织自身建设这一内部组织力与增加组织动员群众实现党的奋斗目标这一外部组织力的最佳结合点。中国电科还积极做好离退休工作，不但在集团公司层面成立了离退休工作办公室，加强对全系统离退休事务和离退休同志的管理和服务，要求基层组织走访、慰问活动，认真抓好离退休人员津补贴政策的落实，获得了离退休人员的认可，也为集团公司和谐稳定发展发挥了积极作用。只有把职工群众的实际问题解决好，让每位电科人都“做共享的耕耘者和收获者”，才能够更好地把职工群众团结起来，为实现企业的发展目标而不懈奋斗。

3.创新宣传动员群众的方法

党建工作就是要牢牢抓住“人”这个关键环节，通过优化“人”及其团队的思维方式和行为方式，激发“人”的活力和主动性，才能组织动员群众实现奋斗目标。要真正转变人的思维方式和行为方式绝非易事，必须多种有效举措共同发力。中国电科组织规模大、发动广、接地气的专题调研，查找出转型发展面临的问题和职工关注的热点，挖出了问题背后思维方式和行为方式方面的深层次原因。通过打好民主评议、网络匿名调研、调查问卷、意见征集箱、网络论坛、领导专门信箱、专线电话、召开座谈会、个别谈话、一线走访、客户访谈、领导接访12种方式的“调研组合拳”，听到了群众的真心话，获取了优化思维方式和行为方式的真意见。通过深入基层调查研究，广泛听取职工群众意见，充分调动了职工群众的积极性和创造性，使他们成为推进改革、促进发展的重要力量。

4.做好统战工作，充分发挥党外人士的作用

作为科技型企业，统战人士尤其是统战代表人士、党外高级知识分子在科研生产任务中发挥着重要作用。团结凝聚统战人士力量，为中国电科改革发展建言献策、贡献智慧，对推进建设“世界一流创新型领军企业”具有重要意义。在基层也要加强统战工作，使之成为提升外部组织力的重要路径。而且还注意发展业务骨干入党，使骨干变党员。

（1）加强党对统战工作的领导。基层党组织把统战工作纳入党组织工作总体部署，抓大事、议大事，坚持重点工作和统战工作相统筹、党的建设和统战工作相协调，对统战工作进行专题研究，谋划年度统战工作的发展方向、思路方法和重点工作。

（2）加强对统战人士的政治引领。统一战线是广泛的政治联盟，联盟的广泛和牢固程度，取决于思想根基的坚实程度。中国电科要求各基层党组织深入学习贯彻党的十九大精神和习近平新时代中国特色社会主义思想，结合本单位特点，召开统战代表人士座谈会，引导统一战线广大成员自觉以习近平新时代中国特色社会主义思想为指导，不断增进理解，扩大共识。

（3）发挥好统战代表人士的作用。中国电科要求基层党组织探索建立统战代表人士建言献策机制，组织对企业改革发展、科技创新提出意见建议，发挥统战代表人士的优势和作用，为本单位党政领导提供决策支持。要创新工作方式，不断增强凝聚力，解决党外知识分子关心关切，激发其干事创业激情。

五、“多元互动”提升基层组织力模式的应用效果

中国电科通过创建和应用“多元互动”提升基层组织力模式，形成了符合企业实际的、“上下互联、纵横互通、多主体互动”的基层组织力提升方式，有效地提升了基层组织力，使基层党组织的战斗堡垒作用和党员的先锋模范作用充分发挥了出来，有力地促进了企业发展目标的实现。

（一）内外组织力都得到了提升

在“多元互动”提升基层组织力模式的指导下，中国电科强化党的组织生活的制度化、

经常化、规范化，提高支部履职能力，充分调动基层党组织的主动性和创造性，把党组织的地位树起来、能力提升起来，建设成为“宣传党的主张、贯彻党的决定、领导基层治理、团结动员群众、推动改革发展的坚强战斗堡垒”。模式的实行还增强了群众组织力，构建了有利于发挥职工群众聪明才智的平台和机制，激发了广大职工群众在党的领导下、在企业改革发展中建功立业。

（二）有效地保证了急难险重任务的完成

中国电科在“多元互动”提升基层组织力模式的指导下，以“五个争创”为主线，营造比、学、赶、帮、超的浓厚氛围，增设“党员示范工程”、“党员攻关项目”、“党员创新工程”等集体荣誉称号，以此作为党员围绕中心任务以实际行动发挥模范作用的实践平台。在这种机制的激励下，党员在各类重点工程和重大活动中率先垂范，争创科技先锋、敬业先锋，党员先锋集体不断涌现。在党员先锋集体的正能量传递下，全体职工团结协作、只争朝夕，精神面貌焕然一新，齐心协力为全面完成中心任务拼搏奋斗，有力地推动了一项又一项急难险重任务的完成。

（三）切实保障了中国电科实现平稳高度发展

通过应用“多元互动”提升基层组织力模式，中国电科及时跟踪宏观形势发展，定期研究改革发展党建一体化推进模式在基层落地的情况和效果，及时发现问题，第一时间拿出有效的措施办法予以应对，使集团公司对基层党组织的组织力情况始终做到“心中有数、手中有策”。经过全系统广大职工群众的共同努力，这些年中国电科实现了健康持续发展，连续十四年获得中央企业业绩考核A级，连续四个任期经营业绩考核A级，连续四年获得中央企业财务绩效评价第一，高质量挺进世界500强，位列第388名。

中国电科“多元互动”提升基层组织力模式是把十九大报告中提升组织力的要求和党章中发挥国有企业作用的规定落地的一种探索。国有企业的基层党组织不能就党建谈党建，而是要让党建工作“过河”，找到党建工作与业务工作有机融合的路径，实现党建工作与业务工作一体化推进。只有基层党组织真的能够促进企业生产经营活动的开展，真的能够把政治优势转化成发展优势和竞争优势，才能够说国有企业的基层组织力真正的发挥了出来。时间不止，探索不息，提升基层组织力永远在路上。

成果创造人：黄勇宁、胡微微、宋　磊、邓亚楠、张　丹、吴晓娟

【注释】

《同立宪民主党化的社会民主党人的斗争和党的纪律》，《列宁全集（第十四卷）》，北京：人民出版社，1988年，第121页。

毛泽东：《红军第四军前委给中央的信》，载《毛泽东文集（第一卷）》，北京：人民出版社，1993年，第54页。

毛泽东：《论持久战》，《毛泽东选集（第二卷）》，北京：人民出版社，1991年，第447-450页。

刘彦武：《基层党建要抓住提升组织力这个重点》，《人民日报》2018年7月11日。

王同昌：《新时代基层党组织建设的着力点》，《中共天津市委党校学报》2018年第1期。

国有资本运营公司党委与其他治理主体之间的关系研究

中国诚通控股集团有限公司

党的十八大以来，中央从统筹推进“五位一体”总体布局和协调推进“四个全面”战略布局的高度，全面加强党的领导，推出一系列重大战略举措，出台一系列重大方针政策，大大增强了党的凝聚力、战斗力和领导力、号召力。习近平总书记在2016年10月召开的全国国有企业党的建设工作会议上指出，“坚持党对国有企业的领导是重大政治原则，必须一以贯之；建立现代企业制度是国有企业改革的方向，也必须一以贯之。要把加强党的领导和完善公司治理统一起来，建设中国特色现代国企制度。”国有资本运营公司在全面深化改革和加快国资国企改革中扮演重要角色、肩负重要责任、承担重要使命、发挥重要作用，深入探索并加强国有资本运营公司运行与治理中的党组织建设，充分发挥党组织参与公司治理的作用，理顺党组织与其他治理主体的关系，具有重要的理论及实践意义。

一、公司治理的含义

在我国经济学界，吴敬琏教授认为：“所谓公司治理结构，是指由所有者、董事会和高级执行人员即高级经理三者组成的一种组织结构。在这种结构中，上述三者之间形成一定的制衡关系。通过这一结构，所有者将自己的资产交由公司董事会托管，公司董事会是公司的决策机构，拥有对高级经理人员的聘用、奖惩和解雇权；高级经理人员受雇于董事会，组成在董事会下的执行机构，在董事会的授权范围内经营企业。”张维迎认为：“狭义地讲，公司治理结构是指有关公司董事会的功能、结构、股东的权力等方面的制度安排，广义地讲是指有关公司控制权和剩余收益权分配的一整套法律、文化和制度性安排，这些安排决定公司的目标，谁在什么状态下实施控制，如何控制风险和收益以及如何在不同企业成员之间分配这些问题。”

与经济学界不同，法学界主要是从公司法所调整的利益关系的角度定义公司治理，包括在具体操作层面上，法学界的研究认为，公司治理是一个由内部治理和外部治理组成的系统，其中的内部治理是指公司组织机构制度的调整和改革，而外部治理则是对资本市场监管的设计和改革。 从法学讲，公司治理结构就是为维护股东、债权人以及社会公共利益，保证公司正常有效的运营，由法律和公司章程规定的有关公司组织机构之间权力分配与制衡的制度体系。

基于对以上理论的理解与分析，课题组认为公司治理的含义可以表述为在相关的规则和制度下，参与治理的主体旨在使公司的权力运行和决策执行实现最佳效果而形成的关系状态和行为过程。

二、加强党的领导对完善公司治理的必要性

关于企业党组织在公司治理中的地位、作用，目前有几种错误的理解和认识。有人认为中国既然搞现代企业制度，就应当与外国企业接轨；外国企业没有党组织也能搞好，中国企业也可以不要党组织，更不必让其处于“政治核心”地位。也有人认为，企业不设党组织，可以降低管理成本、提高效率等。还有一些人甚至认为企业党组织、职代会等应是非公司机构，向“业余性质”发展。这种认识和思维，完全脱离了中国国情，没有看到党组织与其他治理主体的统一性。党组织作为国有企业治理主体，具有其他国家企业治理所不具备的独特优势。

当前我国正处于全面建设小康社会的关键时期，国有企业改革发展面临新的机遇和挑战。市场竞争国际化、产权结构多元化、劳动关系契约化趋势越来越明显，企业面临的市场环境日趋复杂、竞争程度日益激烈。确立企业党组织在国有企业法人治理结构中的主体地位，发挥领导核心和政治核心作用，有利于提升国有企业的核心竞争力。与西方国家企业管理体系相比，中国国有企业设立党组织，有贯穿于决策层、管理层和员工三个层面的党员队伍，这是一支具有先进的理论指导和价值追求、健全的组织体系和工作机制、严明的组织纪律和优良作风的队伍，能够把党和国家的大政方针与企业发展的具体目标结合起来，充分发挥党组织在把关定向、动员组织、服务群众、促进和谐、提升企业软实力等方面的优势，凝聚广大职工的力量，增强决策的执行力以及实现企业愿景和目标的战斗力。

从企业的属性来看，企业是经济组织，同时也是社会主体，来自于法律、社会惩处的风险与来自市场的风险在性质上并没有本质区别，无论社会、政府、股东还是企业等各方面，都希望尽量选择体制内的合理运转而不是通过高昂成本的诉讼途径实现企业的经济目标和社会目标。建设中国特色现代国企制度，要立足我国国情。公司治理没有放之四海皆准的模式。世界经合组织认为：“好的或者有效的公司治理制度是具有国家特性的，它必须与本国的市场特征、制度环境以及社会传统相协调。”在中国社会主义市场经济建设中，除了发达市场经济条件下的市场失效外，还包括市场不发达和转型制度缺失带来的市场失效，必然需要政府使用产权政策与产业政策、市场机制、行业规制等互补工具，用来解决市场失灵、实现社会目标和经济增长。国有企业设立党组织及其发挥领导核心和政治核心作用的角色定位，与政府宏观政策和国家治理的目标是吻合的。企业党组织能够将企业经营目标、经营管理者的利益和职工利益同维护国家与社会利益统一起来，实现多方共赢，促进企业与社会的和谐发展。

三、文件综述

坚持党的领导，是中国特色社会主义最本质的特征，是国有企业的独特优势。加强党组织参与国有企业治理力度，能有效提高国有企业的制度优势及竞争优势，促进国有企业做强做优做大。

回顾国有企业的发展历程，党组织在国有企业中的地位经历了从国有企业经营决策主导地位到国有企业政治核心地位的转变。

计划经济时期，党的“一元化”领导特征明显，对国有企业经营而言，主要体现在党对国有企业包括生产经营等在内的一切活动的集中领导。随着经济、社会的不断发展，党政不分、政企不分的“一元化”领导体制，在一定程度上抑制了国有企业的经营活力。

改革开放以来，伴随着承包制、厂长负责制、股份制改革的推进，国有企业就政企分开、所有权与经营权的分离进行了深入改革，党组织对国有企业集权领导方式有所改变。直到社会主义市场经济制度确立之后，随着现代企业制度改革的逐步深入，党组织参与国有企业治理从内容到形式发生了巨大的转变，具体表现为党组织从参与经营决策的主体地位向确保政治方向的核心地位的变化。

在全面推进国有企业深化改革的今天，坚持党的领导，坚持党组织参与国有企业治理不仅十分必要，而且具有坚实的制度及法律依据。《党章》、《公司法》的相关规定保障了党组织参与国有企业公司治理的主体地位。

表1 《中国共产党章程》规定

国有企业和集体企业中党的基层组织，发挥政治核心作用，围绕企业生产经营开展工作
保证监督党和国家的方针、政策在本企业的贯彻执行
支持股东会、董事会、监事会和经理（厂长）依法行使职权
全心全意依靠职工群众，支持职工代表大会开展工作
参与企业重大问题的决策

按照《公司法》规定，“在公司中，根据中国共产党章程的规定，设立中国共产党的组织，开展党的活动。公司应当为党组织的活动提供必要条件”。

1994年4月，《中共中央组织部关于加强股份制企业中党的工作的几点意见》提出在国有企业中进行股份制企业试点改革，指出在试点股份制改造企业中要充分重视基层党组织作用的发挥。

1999年9月，十五届四中全会的召开推动了党组织在国有企业中地位的变化，全会指出加强党的领导是加快国有企业改革和发展的根本保证，提出要建立符合市场经济规律及我国国情的领导体制，充分发挥企业党组织的政治核心作用，明确了国有独资及控股公司的党委负责人可以通过法定程序进入董事会、监事会。

2004年10月，《中央组织部、国务院国资委党委关于加强和改进中央企业党建工作的意见》在保障党组织核心政治地位的基础上，进一步提出党组织主要参与企业重大问题决策的观点，提出要建立健全党委参与企业重大问题决策的体制机制，明确了党组织参与国有企业重大问题决策的有关内容，提出了坚持和完善党组织参与决策时的“双向进入、交叉任职”的领导体制。

2015年8月，《中共中央国务院关于深化国有企业改革的指导意见》，结合《公司法》关于“在公司中，设立中国共产党的组织，开展党的活动”和党的章程关于“支持董事会依法行使职权”的规定，提出“坚持和完善双向进入、交叉任职的领导体制，符合条件的党组织领导班子成员可以通过法定程序进入董事会、监事会、经理层，董事会、监事会、经理层成员中符合条件的党员可以依照有关规定和程序进入党组织领导班子；经理层成员与党组织领导班子成员适度交叉任职；董事长、总经理原则上分设，党组织书记、董事长一般由一人担任”。

随着全面深化改革的推进，2015年9月，中央印发《关于在深化国有企业改革中坚持党的领导加强党的建设的若干意见》，中央对国有企业改革中坚持党的领导，加强党的建设工作提出了更高的要求，必须毫不动摇坚持党对国有企业的领导，毫不动摇加强国有企业党的建设。

2015年10月，国务院印发《关于改革和完善国有资产管理体制的若干意见》，提出“推动监管企业不断优化公司法人治理结构，把加强党的领导和完善公司治理统一起来，建立国有企业领导人员分类分层管理制度”。

2016年10月，在全国国有企业党的建设工作会议上，习近平总书记提出“中国特色现代国有企业制度，‘特’就特在把党的领导融入公司治理各环节，把企业党组织内嵌到公司治理结构之中”“要处理好党组织和其他治理主体的关系，明确权责边界，做到无缝连接，形成各司其职、各负其责、协调运转、有效制衡的公司治理机制”。

2017年4月，《国务院国资委以管资本为主推进职能转变方案》提出，明确和落实党组织在国有企业法人治理结构中的法定地位，把党建工作总体要求写入公司章程，健全党组织参与重大问题决策的规则和程序，使党组织发挥作用组织化、制度化、具体化。处理好党组织和其他治理主体的关系，明确权责边界，做到无缝衔接。

2017年5月，国务院办公厅印发《关于进一步完善国有企业法人治理结构的指导意见》，明确党组织在国有企业法人治理结构中的法定地位，将党建工作总体要求纳入国有企业章程，明确党组织在企业决策、执行、监督各环节的权责和工作方式，使党组织成为企业法人治理结构的有机组成部分。要充分发挥党组织的领导核心和政治核心作用，领导企业思想政治工作，支持董事会、监事会、经理层依法履行职责，保证党和国家方针政策的贯彻执行。

党组织参与国有企业的公司治理具有深厚的历史及法制渊源，尽管不同历史时期，党组织在国有企业发展中的角色及定位有所差异，但其对国有企业的建设及发展做出的贡献不可泯灭。尤其在当前大力推进国有资产管理体制改革的背景之下，保障国有企业党组织在公司法人治理结构中的法定地位十分必要，进一步探索理顺国有资本运营公司党委与其他治理主体关系的意义重大。

四、国有资本运营公司党委在公司治理中的地位与作用

（一）党委

国有资本运营公司党委发挥领导核心和政治核心作用，把方向、管大局、保落实，具体负责本企业党的建设，坚持政治领导、思想领导、组织领导的有机统一，以党建统领推动企业全面发展，讨论决定集团公司思想意识形态、党组织建设、队伍建设、党风廉政建设等重大事

项。

把方向，就是运营公司党委要自觉在思想上政治上行动上同习近平同志为核心的党中央保持高度一致，坚决贯彻党的理论和路线方针政策，确保国有企业坚持改革发展正确方向；同时，要把握国资国企改革发展的大方向，做好国有资本运营工作。

管大局，就是运营公司党委要坚持在大局下行动，议大事、抓重点，加强集体领导，推进科学决策，推动企业全面履行经济责任、政治责任、社会责任；还要管好国有资本布局，在国民经济中的国有资本配置方向，与国家战略保持一致。

保落实，就是运营公司党委要管干部聚人才、建班子带队伍、抓基层打基础，领导群众组织并发挥其作用，凝心聚力完成中心工作，把党中央精神和上级部署不折不扣落到实处；保证国资国企改革政策在运营公司中落到实处。

1.管党建

国有资本运营公司党委要坚持党的领导，加强党的建设，落实管党治党责任，“抓党建从工作出发、抓工作从党建入手”，把党建工作切实融入各项工作之中，保证党的方针政策和重大部署得到贯彻执行。要充分发挥领导核心和政治核心作用，研究讨论重大经营管理事项，坚持服务生产经营不偏离，为企业做强做优做大提供坚强保证。要加强基层党组织建设，抓好学习教育，组织动员党员干部立足岗位，建功立业，发挥好党组织的战斗堡垒作用和党员的先锋模范作用，以改革发展成果检验党组织的工作和战斗力。要加强对工会、青年、妇女等群众组织的领导，充分发挥各组织的作用，充分调动广大职工群众的积极性、主动性、创造性，凝聚起各方面的力量，共同推动改革发展。

2.管思想

国有资本运营公司党委要把思想政治建设放在首位，坚持理论学习制度，加强党的路线方针教育，大力提高党员和职工的思想政治觉悟，切实增强“四个意识”。要认真贯彻执行《中国共产党廉洁自律准则》和《中国共产党纪律处分条例》，坚持理想信念宗旨高标准，严守纪律底线，推进全面从严治党、依法治党。要按照全面从严治党要求，落实好“一岗双责”，教育督促广大党员增强规矩意识和纪律意识，自觉遵纪守法，坚决维护中央权威，坚决执行党组织决定，做到令行禁止，严肃查处违规违纪行为。

3.管人才

国有资本运营公司党委要坚持党管干部、党管人才原则，加强领导班子建设，加强对企业领导人员的教育管理监督，强化对选人用人工作的领导和把关，严格执行国有企业领导人员“对党忠诚、勇于创新、治企有方、兴企有为、清正廉洁”的选人标准，建设态度明朗、心胸开朗、作风硬朗的“三朗”干部队伍和高素质专业人才队伍。要注重在人才队伍中发展党员，把业务骨干培养成党员，让党员成为业务骨干，使党员成为我们人才队伍的中坚。要深化干部人事制度改革，拓宽选人用人渠道，多渠道多方式选拔干部，加强干部交流轮岗，加快选拔使用年轻干部。

4.管监督

国有资本运营公司党委要切实加强对企业决策和经营管理的监督，以加强党内监督为重点，监督国企改革的正确方向，监督企业的关键人、关键岗位和关键环节，监督国有资产的安全和保值增值等，提高监督的有效性。

党委要坚持落实好民主集中制，特别是研究决定“三重一大”事项，必须充分民主、有效集中、防错纠错，坚决克服一人说了算和独断专行现象。要广泛听取职工群众的意见和呼声，推进民主决策和民主管理，对事关改革发展重大事项和涉及职工切身利益的重大问题必须经过职代会审议。

表2 党委会讨论的重大事项（部分）

序号	事项
1	需要向上级党组织请示报告的重要事项
2	所出资企业单位党委请示报告的重要事项
3	集团工会、统战、共青团工作的重大事项
4	集团意识形态工作、思想政治工作和精神文明建设方面的重要事项
5	集团党建、党风、党纪、领导班子建设及群众工作基本制度的制定
6	集团党委工作长期规划和年度工作计划
7	贯彻执行党和国家的路线方针政策、法律法规和上级重要决定的重大措施
8	集团党的建设、安全稳定、外事保密工作中的重大事项及政策
9	由集团党委决定的党建工作、纪检监察其他重要事项
10	集团及所出资企业党组织换届及党组织设立、合并和撤销等其他事项
11	基层党组织和党员队伍建设方面的其他重要事项
12	集团基层党组织人员编制等事项
13	集团党委、纪委重要工作计划安排
14	所出资企业纪委书记的任免和专项考核事宜
15	集团重大违规违纪案件
16	集团报送国务院国资委的重要文件
17	集团重大企业文化建设、宣传工作的重大事项
18	党委书记认为有必要提请党委会讨论和决定的思想意识形态、党组织建设、党风廉政建设等其他重大事项

表3 “三重一大”事项

分类	事项
重大决策	中长期发展战略、经营发展方针制定，三年发展规划滚动调整
	资产损失核销、重大资产处置、国有产权变动、利润分配和亏损弥补、增加或减少注册资本、国有资本收益
	年度生产经营计划、年度财务预算及其调整、年度财务决算
	内部管理机构、职能调整，分支机构的设立和撤销
	基本管理制度的制定、修改及废除，企业章程的修订，风险管理等重大管理体系的建立与完善
	所属企业改制、重组、破产、变更，在境内外注册公司
	投资控股、参股等资本运作，接收划转企业，国有资本预算资金支出
	企业薪酬分配政策及方案，以及涉及职工重大切身利益的事项
	企业党的建设和安全稳定的重大事项
	其他有关企业全局性、方向性、战略性的重大事项
重要人事任免	集团部门负责人及以上企业管理人员的聘任或解聘
	设立董事会的全资二级企业和集团公司控股、参股企业中由集团公司委派的董事长、副董事长、董事的聘任、解聘和聘免备案；总经理、副总经理、总会计师的考察通过，总经理助理（含同职级人员）的聘免备案
	不设董事会的全资二级企业总经理、副总经理、总会计师、总经理助理（含同职级人员）等企业管理人员的聘任、解聘和聘免备案
	对集团所管理后备人员的推荐、考察、上报与调配使用
重大项目安排	集团年度投资、融资计划、融资项目及调整方案的审批
	集团及所属企业担保事项的审批
	权益性投资，固定资产购置、基本建设，以及重大、关键性的设备引进、重大技术改造项目
	套期保值等金融衍生业务的资格审批
大额度资金运作	下列事项按大额资金进行管理： 主营业务按合同单笔支付5000万元及以上资金； 本期发生新兴业务按合同单笔支付500万元及以上资金； 企业自行决策的固定资产投资项目，单笔支付超过200万元及以上资金
	下列事项比照大额资金进行管理： 对外非控股型财务投资资金； 对外赞助、捐赠资金； 国家财政拨付的各项专项资金，包括破产补助、困难企业医疗补助、离休人员生活补助、国有资本预算资金等； 超过20万元的咨询等中介服务类项目资金； 人均超过3万元或团队10万元及以上一次性奖励资金支出

（二）董事会

董事会是国有资本运营公司的决策机构，依照法定程序和公司章程授权决定公司重大事项，接受股东会、监事会监督，认真履行决策把关、内部管理、防范风险、深化改革等职责。国有独资公司要依法落实和维护董事会行使重大决策、选人用人、薪酬分配等权利，增强董事会的独立性和权威性，落实董事会年度工作报告制度。

国有资本运营公司不设股东会，由国务院国资委行使股东会职权。国务院国资委可以授权国有资本运营公司董事会行使股东会的部分职权，决定运营公司的重大事项，但运营公司的合并、分立、解散、增加或者减少注册资本和发行公司债券，必须由国务院国资委决定。

按照《公司法》第四十七条规定，董事会行使以下职权：

表4　董事会职权

序号	事项
1	召集股东会会议，并向股东会报告工作
2	执行股东会的决议
3	决定公司的经营计划和投资方案
4	制定公司的年度财务预算方案、决算方案
5	制定公司的利润分配方案和弥补亏损方案
6	制定公司增加或者减少注册资本以及发行公司债券的方案
7	指定公司合并、分立、解散或者变更公司形式的方案
8	决定公司内部管理机构的设置
9	决定聘任或者解聘公司经理及其报酬事项，并根据经理的提名决定聘任或者解聘公司副经理、财务负责人及其报酬事项
10	制定公司的基本管理制度
11	公司章程规定的其他职权

（三）监事会

监事会是国有资本运营公司的监督机构，依照有关法律法规和公司章程设立，对董事会、经理层成员的职务行为进行监督。

按照公司法规定，国有独资公司监事会成员不得少于五人，其中职工代表的比例不得低于三分之一，具体比例由公司章程规定。监事会成员由国有资产监督管理机构委派；但是，监事会成员中的职工代表由公司职工代表大会选举产生。监事会主席由国有资产监督管理机构从监事会成员中指定。

表5　监事会职权

序号	事项
1	检查公司财务；
2	对董事、高级管理人员执行公司职务的行为进行监督，对违反法律、行政法规、公司章程或者股东会决议的董事、高级管理人员提出罢免的建议；
3	当董事、高级管理人员的行为损害公司的利益时，要求董事、高级管理人员予以纠正；
4	国务院规定的其他职权。

（四）经理层

经理层是国有资本运营公司的执行机构，依法由董事会聘任或解聘，接受董事会管理和监事会监督。总经理对董事会负责，依法行使管理生产经营、组织实施董事会决议等职权，向董事会报告工作，董事会闭会期间向董事长报告工作。

按照《公司法》规定，经理对董事会负责，行使下列职权：

表6　经理职权

序号	事项
1	主持公司的生产经营管理工作，组织实施董事会决议；
2	组织实施公司年度经营计划和投资方案；
3	拟订公司内部管理机构设置方案；
4	拟订公司的基本管理制度；
5	制定公司的具体规章；
6	提请聘任或者解聘公司副经理、财务负责人；
7	决定聘任或者解聘除应由董事会决定聘任或者解聘以外的负责管理人员；
8	董事会授予的其他职权。

（五）职工代表大会

按照《职工代表大会实施细则》规定，职工代表大会是企业实行民主管理的基本形式，是职工行使民主管理权力的机构。职代会拥有以下职权：

表7　职代会职权

序号	事项
1	听取审议关于发展规划、年度计划、财务报告、职工培训计划、业务招待费使用情况以及实行院务公开情况的报告，并提出意见和建议；
2	审议通过或者否决工资调整和分配方案，机构改革方案，奖惩办法等涉及职工切身利益的重要规章制度；
3	审议决定职工福利费使用方案及有关职工生活福利的重大事项；
4	民主评议、监督领导干部，提出奖惩及任免建议；
5	依照法律、法规规定，需要由职工代表大会行使其他权利。

工会是职工代表大会的工作机构，负责职工代表大会的日常工作，对贯彻执行职工代表

大会制度的情况进行监督检查。

《国务院办公厅关于进一步完善国有企业法人治理结构的指导意见》（国办发〔2017〕36号）要求，健全以职工代表大会为基本形式的企业民主管理制度，支持和保证职工代表大会依法行使职权，加强职工民主管理与监督，维护职工合法权益。

五、理顺党委与其他治理主体的关系

坚持党的领导、加强党的建设是国有企业的独特优势。要明确党组织在国有企业法人治理结构中的法定地位，将党建工作总体要求纳入国有企业章程，明确党组织在企业决策、执行、监督各环节的权责和工作方式，使党组织成为企业法人治理结构的有机组成部分。要充分发挥党组织的领导核心和政治核心作用，领导企业思想政治工作，支持董事会、监事会、经理层依法履行职责，保证党和国家方针政策的贯彻执行。

（一）具体关系

1.党委与董事会的关系

《深化国有企业改革的指导意见》（中发〔2015〕22号）强调，把加强党的领导和完善公司治理统一起来。董事会作为国有资本运营公司的决策机构，重点在战略决策、高管管理、薪酬管理和风险管理等方面发挥主导作用。党委研究讨论作为董事会决策重大问题的前置程序，重在谋全局、议大事、抓重点，积极提出重大改革发展的意见建议。党委和董事会协调一致，相辅相成。党委既支持董事会依法独立决策，确保董事会各项决策的科学性、决策程序的合规性和决策实施的有效性，又依靠董事长的主导作用，参与发展战略、风险管理战略、重要改革方案等重大问题的决策，使党委的意见主张融入董事会的战略决策体系，确保国有资本运营公司改革发展的正确方向，贯彻落实党的方针政策。

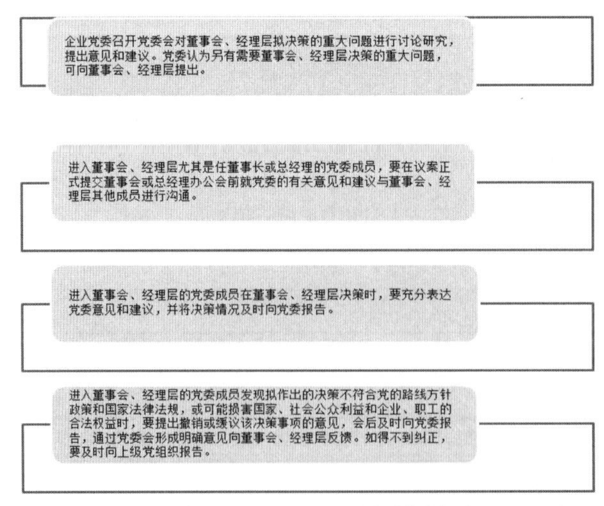

图1　党委参与重大问题决策的主要程序

在执行方面，党组织支持法人治理结构的其他机构依法行使职权，不是代理其行使职权，并要发动党员、带领群众执行董事会决议，发挥党员的模范带头作用和党支部的战斗堡垒作用。

表8　诚通集团董事会专门委员会组成情况（部分）

	董事长（党委书记）	总裁（党委副书记）	外部董事1	外部董事2	外部董事3	外部董事4	职工董事
战略委员会	主席	√	√			√	√
提名与治理委员会	主席		√	√	√	√	

2.党委与监事会的关系

国有资本运营公司监事会成员由国务院国资委委派，监事会成员中的职工代表由运营公司职工代表大会选举产生。监事会主席由国有资产监督管理机构从监事会成员中指定。监事会负责检查企业财务，监督企业重大决策和关键环节以及董事会、经理层履职情况，不参与、不干预企业经营管理活动。为保证国资委选派的监事对国家利益的维护，监事会成员列席党委会会议，运营公司党委对监事会的意见要予以充分重视。

3.党委与管理层的关系

管理层作为国有资本运营公司的执行机构，根据董事会的经营发展目标，制定年度经营管理工作计划，落实经营发展责任。党委研究讨论作为经理层决策重大问题的前置程序，支持经理层日常经营管理。在经理层任职的党委成员要充分表达党委意见和建议，把党委的意见建议落实到经营管理计划和发展责任之中，细化落实措施，确保党委的意见得到有效贯彻。

4.党委与职工代表大会的关系

国有资本运营公司职工代表大会接受运营公司党委的领导和国资委工会组织的指导。贯彻执行党和国家的方针、政策以及本单位的规章制度，在法律规定的范围内行使职权。

（二）具体举措

1.明确党组织在公司法人治理结构中的法定地位

国有资本运营公司将党委会、股东会、董事会、监事会及经理层的权力与职责划分、党建工作要求等事项在《公司章程》中予以充分体现，以制度化、程序化的方式确保党组织对公司“三重一大”问题的决策参与功能。通过明确各主体的职责划分，完善党组织参与决策的内容、程序和途径等方式方法确保党组织对公司重大事项决策的参与。比如，对运营公司经营方针和发展战略、修改公司章程、内部重组、年度投资经营计划、股权处置、重大资产投资、财务预算及决算等重大事项而言，需要由党委会集体研究后，形成意见及建议，然后由在其他公司主体中承担职务的党委委员，按照公司治理机制的程序，在董事会会议上予以反映，从而保障运营公司党委对重大决策的参与。

2.调整企业决策程序

加强国有资本运营公司党委对涉及基础性、方向性、系统性、全局性问题以及预算外、计划外、突发性的大额重大事项的前置研究讨论。国有资本运营公司党委根据中央总体部署，结合企业定位和实际情况提出建议和意见，董事会依法按照工作程序独立研究、做出决策。由董事会决策的重大问题，需在总裁办公会研究后，先提交党委会研究讨论形成统一意见，再履行董事会决策程序。由总裁办公会决策的重大问题，需在总裁办公会决策前，由总裁提请党委会研究讨论形成统一意见，再履行总裁办公会决策程序。

3.坚持党管队伍

党管干部、党管人才是党的领导在干部人才等人事工作中的体现，坚持党管干部、党管人才原则是党组织发挥政治核心作用的重要途径。邓小平同志曾指出，领导班子问题，是关系到党的路线能不能贯彻执行的问题。党的路线、方针、政策确定后需要依靠领导班子的贯彻执行，党通过对企业经营管理层的领导，促使企业经营发展目标与国家战略目标相一致。党管干部、党管人才原则的落实，需要依靠党章规定，加强对企业领导班子及优秀人才的考察、培养、选拔、监督、约束等环节的落实，在国有资本运营公司及其所出资企业中，党委的重点是履行好“确定用人标准、研究推荐人选、严格组织考察、完善评价体系、加强监督管理”的职责，重点做到“五管”、把好“五关”，即管原则，把好导向关，管标准，把好资格关，管程序，把好规则关，管机制，把好政策关，管监督，把好调整关。既要明确党组织在干部管理权限上的政治领导责任，又要明确董事会选人用人的法定职权；既要充分发挥党组织在选人用人上的把关定向职能，又要充分调动决策层、经营层依规选人和按需用人的主观能动性，从而实现党组织、董事会、经理层在用人上的融合和协调，形成合力，依法合规。

表9　诚通集团选人用人领导小组

序号	人员组成
1	党委书记（董事长）
2	党委副书记（总裁）
3	专职党委副书记
4	党委委员（分管副总裁）若干名
5	纪委书记

4.坚持党委与其他治理主体的有机融合

党委与董事会、监事会及经理层之间的“双向进入、交叉任职”是促进党组织建设与公司治理结构有机融合的有效途径，集团要在做好“双向进入、交叉任职”的同时处理好党委会、董事会、监事会三者之间的关系。“双向进入、交叉任职”的本质是党委会与董事会、监事会及经理层的重合与兼任，但“双向进入”程度及“交叉任职”方式的选择不同企业之间存在一定差异。国有资本运营公司及其所出资企业应根据自身的属性，合理选择“双向进入”程度及“交叉任职”方式，尽量做到党委会成员分别在董事会、监事会及经理层任职。

5.坚持党组织管理与公司治理渠道管资本相结合

国有资本运营公司作为国有资本市场化运作的专业平台，党组织管理与公司治理渠道“管资本”要相辅相成、不可偏废。国有资本运营公司对所出资企业，以公司治理作为管资本的主渠道，以资本为纽带、以产权为基础，依法行使股东权利，重点关注国有资本布局、国有资本回报、国有资本安全。同时，国有资本运营公司党委领导所出资企业党委，保证党和国家方针政策、重大部署在所出资企业贯彻执行，督促所出资企业梳理盘点，找出党的组织建设空白点，把支部建到项目上、建到班组上。所出资企业党委则发挥战斗堡垒作用，深入开展“两学一做”学习教育，严肃“三会一课”等党内政治生活，深化学习型服务型创新型党组织建设。国有资本运营公司党委对所出资企业的党组织可以采取分类管理的方法，对独资、全资或控股的所出资企业进行直接管理，而对参股的股权多元化企业，则应积极尝试所出资企业的属地化管理模式，充分发挥所出资企业属地党委对其党组织工作的领导作用。

六、小 结

国有企业是我国经济发展的重要力量，是党和国家事业发展的重要物质基础。坚持党的领导是中国特色社会主义最本质的特征，也是国有企业的独特优势。作为国资国企改革排头兵的国有资本运营公司，必须站在“进行伟大斗争、建设伟大工程、推进伟大事业、实现伟大梦想”的战略高度，毫不动摇坚持党的领导，毫不动摇加强企业党建，充分发挥党组织领导核心和政治核心作用，进一步完善公司治理结构，明确党组织在企业决策、执行、监督各环节的全责和工作方式以及与其他治理主体的关系，使党组织成为公司法人治理结构的有机组成部分，形成各司其职、各负其责、协调运转、有效制衡的公司治理机制。

成果创造人：曾祥展

【参考文献】

[1]鲁桐.改善国有企业公司治理:国际经验及其启示[J].国际经济评论,2015(4),134-150.

[2]马跃.加强党的领导与完善公司治理如何有机结合[J].治理之道,2017(3),29-43.

[3]陈友海.探索建立党领导下的混合所有制企业现代公司治理体系[J].现代国企研究,2016(2),88-93.

[4]张喜亮,张释嘉.国企董事会:正确认识与党组织关系[J].董事会,2015(11),62-64.

[5]荣刚,李一.国有资本投资运营公司中的党组织参与治理研究[J].理论学刊,2016(3),48-53.

[6]谢永珍.公司治理2.0时代:董事会的挑战与创新[J].董事会,2015(11),40-44.

[7]李崇军.党委会参与公司治理浅析[D].中国政法大学硕士论文,2009年.

[8]董学群.浅析党委在国有企业公司治理结构中的作用[J].煤炭经济研究,2009(7).

[9马连福,王元芳,洪小秀.中国国有企业党组织治理效应研究——基于“内部人”控制的视角[J].中国工业经济,2012(8).

[10]郑海航,戚聿东,吴冬梅.对完善国有独资公司董事会监事会及关系的探讨[J].经济与管理研究,2008(1),5-11.

中国巨石打造“三建”党建工作品牌促进企业持续发展的实践研究

中国巨石股份有限公司

中国巨石股份有限公司是中国建材集团旗下玻璃纤维板块的核心企业，是全球最大的玻璃纤维专业制造商。公司成立于1993年，由中国建材集团与振石控股集团联合组建，1999年在上交所上市。几经改革，中国巨石已发展成为由国有资本监管、民营资本参股、外资股东入股的混合所有制企业，成为国家混合所有制改革的先行者和实践者。

一、公司概括

公司玻纤年产能160万吨，居全球第一，占中国玻纤产能的50%左右，占世界玻纤产能的22%左右。公司总资产超250亿元，拥有浙江桐乡、江西九江、四川成都、埃及苏伊士、美国南卡（在建）等五大玻璃纤维生产基地，建有十多条超大型池窑拉丝生产线，在生产规模、技术装备、节能减排、生产效率、自动化水平等方面引领行业进步，并在南非、西班牙、意大利、印度、韩国、日本、加拿大、巴西等国家和地区建立了14家贸易型控股海外子公司，建立了全球生产和营销网络。

公司专注于玻璃纤维“从中国制造走向中国创造，为复合材料发展做贡献”的使命，以“成为全球玻纤工业的领导者”为愿景，践行“品行、创新、责任、学习、激情”的企业核心价值观，确立了“产品高端化、产业集群化、布局国际化、市场全球化”的“四化”战略目标，成为并保持规模第一、技术领先、队伍优秀、管理精细、执行有力、业绩优良、高质成长的国际化企业集团。

公司党委下设16个基层党支部，包括1个海外支部。现有党员504人，其中正式党员489人，预备党员15人。党员干部人数为200人。

1993年上市至今，中国巨石历经“三次创业”阶段：一次创业打基础（1993年—2003年），1999年公司通过上市募集资金建设当时国内规模最大、技术水平最先进的年产1.6万吨无碱玻璃纤维池窑拉丝生产线，通过承债式收购等途径，成为年产能12.1万吨、资产总额17.4亿、利税总额实现2.08亿元的知名企业。二次创业扩规模（2004年—2011年），2004年初，在四川成都投资建厂，在浙江桐乡实施整厂搬迁，依靠技术创新打造世界最先进的超大型玻纤池窑拉丝生产线全套技术与装备，巨石跻身世界一流玻纤企业。三次创业上水平（2012年—至今），2012年实施国际化战略，积极拓展埃及布点建设生产线，推动投资美国生产线项目，探索一条充分整合并利用全球资源的跨国企业发展之路。截至目前，巨石产能达到160万吨，资产总额超250亿。

二、实施背景

国有企业是中国特色社会主义的重要物质基础和政治基础，是我们党执政兴国的重要支柱和依靠力量。党中央高度重视处于攻坚期和深水区的国有企业改革，于2015年制定下发了《关于在深化国有企业改革中坚持党的领导加强党的建设的若干意见》，2016年10月，习近平总书记在全国国有企业党的建设工作会议上强调，坚持党的领导、加强党的建设，是我国国有企业的光荣传统，是国有企业的“根”和“魂”，是我国国有企业的独特优势。坚持党对国有企业的领导是重大政治原则，必须一以贯之。这为国有企业在改革进程中坚持党的领导加强党的建设，指明了正确方向。

十八大前，在国有企业不同程度存在党的领导、党的建设弱化、虚化、淡化、边缘化的问题。解决“四化”问题的方法路径，就是要不断把握和自觉运用马克思主义执政党建设的深刻内涵，根据企业党组织的历史地位、执政环境和发展规律，发挥政治优势，创新工作方法，以科学的理论指导企业党建工作、以科学的制度保障企业党建工作、以科学的方法推进企业党建工作，全面提升国有企业党建工作水平。

作为国有控股企业，中国巨石旗下的部分单位在十八大前不同程度存在“四化”问题。一是重经济，轻党建。部分单位把抓党建工作与生产经营对立起来，对党的工作重视不够，措施不力，导致党建和业务“两张皮”。二是重发展，轻教育。部分单位仅注重企业发展的进程，而轻视职工的思想教育，导致一些党员和职工不能正确对待企业发展和用人制度的变革，甚至失落感和抱怨抵触情绪较重，导致企业党组织“两力”大打折扣。三是党员教育管理工作“退化”。有的单位由于专注于经营发展，疏于抓思想政治工作，这给党员教育管理工作带来许多困难，不仅“三会一课”制度无法落实，就是民主生活会、民主评议党员等一些重要的党内活动也落实不了。还有个别党员与企业解除劳动关系后，该转的组织关系本人不转，仍留在企业，还有的转出组织关系就放在口袋里，出现了党员“丢失”现象，造成党员教育管理工作的"真空"。四是党建工作方法“老化”。有的单位党建工作方法枯燥单一，缺乏新意，组织活动的内容形式老套、呆板，没有吸引力，参与度不高。

十八大以来中国巨石党委在中国建材集团党委和地方党组织的正确领导下，将党建工作写入章程，始终坚持发挥公司党委政治核心作用不动摇，特别是积极构建“把党建建在心上、建在行动上、建在实效上”的党建“三建”工作新品牌，不断将基层党组织的政治优势、组织优势和群众工作优势转化为企业的竞争优势、发展优势和潜在优势，为打造世界一流的玻纤企业提供了坚强组织保证和强大智力支撑。

三、主要做法

（一）坚持把党建建在心上，强化主责、主业意识，在准确把握“三个注重”中形成党建工作新常态

1.注重思想引领，始终把学习教育作为首要任务抓紧不放

坚持从加强思想建设入手，在思想认识上求突破、理论基础上求拓展、关键环节上求实效，不断提升广大党员干部的理论素养、政治定力和使命担当。在用好基本载体中坚定信念信心。按照上级统一部署，公司深入开展学习教育，每项教育都坚持夯实思想根基、打牢理论基础，做到学有目标、学有载体、学有方法，确保学习教育的质量效果。突出学好习总书记系列重要讲话精神，特别是重视做好十九大精神学习贯彻工作，组织全体党员收听收看党的十九大直播，以多种形式组织学习十九大报告和嘉兴南湖重要讲话精神，紧紧围绕新时代中国特色社会主义思想这条主线，着重把握“十个深刻领会”，坚决落实“五个到位”，努力实现“五个全覆盖”，不断强化“四个意识”、坚定“四个自信”，进一步教育引导广大党员干部职工把思想统一到党的十九大精神上来，把力量凝聚到党的十九大确定的各项任务上来。

在落实基本制度中强化党性原则。坚持党委中心组学习制度，以“抓学习、强素质、促合力、见成效”为目标，探索专题学习、课题研讨、成果交流的机制，围绕中心工作，每年每名党委委员开展1–2个重大现实问题研究，使理论学习与工作实践有效对接。坚持“三会一课”制度，统筹安排党委委员落实联系点上党课，推动习总书记系列重要讲话特别是十九大精神向基层延伸、向党员普及，每年定期开展1次优质党课评选活动，确保党内教育常抓、常新。落实党委委员过双重组织生活，以实际行动影响大家，互帮互促、共同提高。在创新基本形式中深化理解认知。积极拓展“互联网+党建”的工作思路，通过“党建红云”平台，定期学习党的方针政策和各种教育视频，不断提升党员干部的思想政治素质。组织“先锋承诺”活动，做到年初有承诺、定期有监督、年终有考评，使全体党员自觉接受组织群众监督。开展重温党章、重温入党誓词、重温党的历史“三重温”党员特色活动，举办《习近平总书记治国理政的新理念、新思想和新战略》《7.26重要讲话精神》《嘉兴南湖重要讲话》等学习会，开展建党96周年《一战到底》手机答题知识竞赛，组织“红色小延安”——新四军苏浙司令部旧址实地学习体验，让党员干部学习教育成为自觉，不断打牢党员干部热爱党、信赖党、忠诚党的信念之基。

2.注重层层传导，始终把逐级示范作为关键环节抓紧不放

我们坚持把党建工作与企业改革发展同步谋划、同步推进，形成了层层传导、逐级示范、合心合力的生动局面。健全组织设置，做组织推动的表率。2016年，中国巨石召开第二次党员代表大会，选举产生新一届委员会和纪律检查委员会，确保党委在企业生产经营中的政治核心地位。在组织设置上，经营班子成员均是党委领导班子成员，党委书记和党委副书记为董事会成员，处理好公司党委和其他治理主体的关系，既维护董事会对企业重大问题的决策权，又保证党委的意图在重大问题决策中得到体现，确保党委把方向、管大局、保落实。理清工作职能，做推动融合的表率。注重把握好、协同好对重大决策的参与权、党员干部从业行为的监督权、职工群众合法权益的维护权、思想政治建设和企业文化的领导权，推动党的建设各项工作不断创新发展。重点是围绕参与决策、带头执行、有效监督等方面，探索形成了党建工作与企业经营在组织架构、制度体系、目标导向和活动载体上的“四个融合”，有效发挥了党委在促进经营目标完成和推进改革发展中的政治优势。公司党委认真贯彻民主集中制原则，每月定期召开党委会，对公司重大问题形成意见建议，及时准确地传递到董事会、经营班子。坚持党

性原则，做好严实标准的表率。班子成员在八小时内、八小时外都严格要求自己，遵守组织纪律、廉洁纪律、群众纪律、生活纪律，成为职工群众的表率。

3.注重强化担当，始终把落实责任作为职责所系抓紧不放

工作中，我们认真履行党建工作主体责任，始终担当敬业，忠实守责，落实全面从严治党要求，全力推动党建工作落实，确保抓实抓细抓到位。经党委会、董事会、股东大会研究通过，依法完成党建工作要求写入公司章程。严格落实党建工作责任制，层层压实责任链条，按照“一岗双责”“一把手”负总责、分管领导各负其责的要求，把党建工作责任制贯穿到党务工作、生产建设、经营管理中，建立责任体系。坚持把执行党风廉政建设责任制作为党建工作的重点工作，借助党风廉政建设“两个责任”落实，强化问责意识，形成问责机制，保持问责常态。近年来，公司党委与上级党委、公司纪委与各党委委员和基层支部均层层签订《党风廉政建设责任书》，确保了“两个责任”在基层落地见效。探索建立党建工作考核评价体系，坚持把书记抓党建述职评议考核，作为党建工作的重要制度，通过完善工作格局、强化工作责任、加大考核力度，使党建工作考评由“软指标”变成“硬约束”。重点是做到“六个考评”，进一步督导各级把管党治党责任扛起来、做到位。实行常态化监督检查机制，坚持与其他工作一并督导检查，及时准确掌握党建工作开展情况、党员教育管理情况、主体责任落实情况等内容，督查结果纳入年内考评结果。坚持构建全方位监督体系，充分发挥党组织监督、纪检监察监督、党员监督、职工民主监督、职能部门稽查等主体作用，加大监督力度，规范职权和职业行为。坚持班子相互监督与思想沟通相结合，公司领导班子成员之间每天进行早餐会和午餐会，把党建工作作为一项重要内容进行沟通和交流，分析前期工作成效，明确近期工作重点，形成党建共识、推动工作落实。

（二）坚持把党建建在行动上，自觉融入生产经营，在大力实施“三四五”机制中彰显党建工作新魅力

中国巨石正处于“第三次”创业的攻坚期，面对复杂多变的外部环境，必须坚持把党建工作融入企业管理全过程、生产经营各环节，在服务生产经营中凝神聚力，在提升能力素质中攻坚克难，在发挥“三个作用”中彰显威力，不断为企业发展注入活力、增添动力、焕发生机。

1.坚持“三个突出”，不断激发党员员工的内生动力。工作中，我们突出增强党员学习提高的原动力。公司党委坚持把“学习”作为核心价值观培育的重要组成部分，当作提升企业价值和职工自身价值的重要途径。注重提升党员队伍理论素养，结合“两学一做”学习教育，实施党员“双先”指数考评，通过党委（支部）统一学习、党小组自主学习、党员个人自发学习相结合的办法，使每位党员都成为党的理论忠实的践行者、坚定追随者。注重抓好党员队伍普及教育，利用巨石大学开展各项学习活动，采用内部培训和外部培训相结合的方式，对党员干部进行培训，做到信息共享、经验共享、技术共享、知识共享。注重借助外部资源优势，把上级办班培训成果、地方优势教育资源、企业自身发展优势，作为培养教育党员的重要资源。突出激发党员追求卓越的创新力。着眼实现建设“规模第一、技术领先、队伍优秀、管理精细、执行有力、业绩优良、高质成长”的国际化企业目标，开展开放式教学，组织模块式授课，

培养敢于担当的魄力，激发干事创业的热情，砥砺真抓实干的行动，积极打造一支与之相符合的党员干部队伍。结合企业转型发展、改革创新加快的实际，坚持用“四大转型”“隐形冠军”“工匠精神”“企业家精神”等灌注思想、更新观念，助推能力提升。针对党员队伍有担当、有热情、有冲劲的实际，主动交任务压担子，提供展示平台，激发创新活力。突出发挥党员先锋模范的带动力。坚持目标牵引，每年制定工作计划目标，让生产任务、关键指标、重点难题体现在每个党小组的战斗力上、每名党员的具体行动上，按照经济责任制要求，千方百计保生产、保任务、保质量、保安全。坚持严实标准，在技术攻关、精细管理、成本节约、节能减排、安全生产等企业生产经营的各个方面，做到党员标准比群众更高、能力比群众更强、业绩比群众更突出。坚持树好导向，强化“一名党员、一面旗帜、一个标杆”的观念，引导党员自觉做到企业发展谋在前、爱岗敬业干在前、文明新风树在前、奉献社会争在前，以实际行动影响和带动身边普通员工。

2.开展“四大活动”，有效汇聚企业发展的智慧能量。组织开展活动，是党建工作延伸到基层的有效抓手，是增强基层党组织凝聚力向心力和吸引力的基本途径。以开展“创先争优”活动为有效抓手，积极打造活力型企业。重点是树好三个层次导向、抓好三个层次典型，即：在企业员工中，坚持以党内带党外、党员带职工，开展以比劳动技能、比安全生产、比工作效率，争当劳动技能排头兵“三比一争”为主要内容“百日竞赛”活动，在追求产品质量、提高技能技术中勇于争先。在班组、车间、工段中，深入开展“优胜班组”“创新班组”“优胜质量单位”“优胜TPM单位”评比活动，在提高生产效率、服务生产发展中勇当先锋。在部门、分厂、子公司中，深入开展“最佳工厂”“最佳部门”“年度标杆单位”的评比，不断形成“比学赶超”“勇争第一”的良好局面。以“创新降耗”活动为有效抓手，积极打造创新型企业。突出培育创新能力，鼓励全员创新，制定《重大科技项目管理办法》《技术难题招投标管理办法》《一般创新与改进项目管理办法》《节能减排管理办法》等措施办法，建立玻璃配方、产品研发、工艺装备、增收节支降耗等内容的科技创新体系，不断提高创新能力、增强创新责任、完善创新机制、明确创新目标。突出浓厚创新氛围，公司结合年终工作总结、新春团拜等时机，举办年度颁奖盛典，为获奖同志颁发“技术创新突出贡献大奖”“技术创新大奖”“技术创新特别嘉奖”等奖项，并固化为制度，形成了长效激励机制。以“提质增效”活动为有效抓手，积极打造高效型企业。积极倡导全面质量管理，组织引领党员在转变生产经营方式，深入推进卓越绩效模式中争当先进，推进“质量经理人”制度，设立质量管理标杆、生产效率标杆，使党员员工进一步强化质量意识、效率意识。以“争当金牌销售员”活动为有效抓手，积极打造开拓型企业。突出市场开拓、加强营销，组建党员营销突击队，开展“最佳销售员”争创活动，采取积极、稳妥、灵活的营销策略，通过市场考察、客户走访、产品推销等措施，引导党员员工在调整产品结构、抓好高端产品销售上集智攻坚。通过实行末位淘汰制、月度、季度、年度销量评比、经济责任制考核、金点子管理等措施，激励党员销售人员带头提高营销水平。

3.深化“五项工程”，积极营造干事创业的良好环境。近年来，公司党委积极推动“五项工程”，着力打造助推企业发展的基础工程、窗口工程和暖心工程，营造精干高效、干事谋事、团结友爱的浓厚氛围。深化转型攻坚工程，提升企业综合实力。2015年“中国玻纤”更名“中国巨石”，按照公司管控要求，积极推进“三统一”工作步伐，探索建立从“统一销售、财务、采购”到“统一计调、统一技术、统一管理”转变等管控模式，进一步精简机构、提升效率、降低成本、保护技术。实行大部制改革，精简部门数量，减少管理层级，优化干部员工编制配备。厂部级单位从原来的37个调整到29个，精简比例达21%；国内定编总人数从11000人调整到7000人，下降了36%。深化党员人才工程，提升党员干事创业能力。坚持把优秀人才培养成党员，把优秀党员培养成干部。建立与现代企业制度要求相适应的选人用人新机制，公司党委按照“八才”方针做好人才选拔工作，每两年组织一次中层干部竞聘上岗，通过竞聘演讲、评委打分、群众评议等程序，把业绩突出、表现优异、群众公认的党员骨干选拔到领导岗位。积极创新党员人才培育方式，建立浙北地区首个企业博士后科研工作站，通过“上挂下派外练互动”的形式，不断优化人才培养，创造成长进步环境。建立入党积极分子的培养、教育、考察和预备党员的继续考察教育制度，做好发展党员的基础工作，使每一位发展对象都有考察记录和思想汇报，做到及时了解，及时教育，确保了新发展党员思想积极、健康向上。深化和谐劳资工程，维护职工合法权益。严格遵守和执行国家劳动保障法律法规，不断改善生产和生活条件，主动关心企业职工疾苦，努力让员工分享到公司经营成果。按照党委部署，工会每年与公司签订《工资集体协商合同》，开展分阶段、分步骤提高员工待遇活动，把企业改革的成果体现在职工群众的身上，顺利实现了到“十二五”规划末人均薪酬五年翻倍目标。依法为员工缴纳各类社会保险和住房公积金，不断改善工作生活条件，塑造和谐发展的企业文化，有效提升了职工幸福指数，推动了企业和职工的和谐共赢发展。深化关心关爱工程，主动承担社会责任。公司党委不断探索完善维权和帮困救助工作机制，落实帮困救助各项措施。秉承“存储爱心、播撒温暖”的宗旨，成立100万元的“爱心基金会”，建立“爱心银行”，收集好人好事和志愿者爱心行动，营造互帮互助的氛围。倡导企业内部建立“师傅带徒”培训模式，以中层干部及优秀技术管理人才帮带年轻员工，对员工学习情况进行跟踪了解，帮助年轻员工掌握硬本领，增长知识才干。深化清风廉洁工程，营造廉洁务实的工作环境。深入开展党风廉政宣传教育活动，组织党员员工学习廉洁规定，观看廉政宣传片和教育警示片，进一步增强廉洁自律意识。细化廉洁从业风险防控点，完善本单位内部廉洁从业机制，组织全体中高层领导干部、关键管理和技术岗位人员签订廉洁自律承诺书，加强对廉政风险点的排查、分析、评估和监督。公司党委班子带头廉洁自律，公开项目收支情况，主动接受群众监督，以党风廉政建设的实际成果影响和感染公司员工。

（三）坚持把党建建在实效上，紧密联系形势任务，在有效契合组织需求和员工诉求中打造党建工作新亮点

近年来，公司党委始终在强化组织功能发挥、建强用好党员队伍、营造风清气正环境、促进企业健康发展上下功夫求实效，不断推动党建工作向纵深发展、向基层延伸、向末端问效。

1.向基层组织要效益，确保功能有效发挥。坚持建强帮强，着力提升基层自转能力。围绕建设“特色型”党支部，结合本企业本单位业务特点、岗位特点实际，严格基层组织设置，选强配强支部成员，不断形成工作能自传、问题能自解、安全能自保的工作局面。近期，我们借助集团基层党委书记培训班的学习成果，组织400余名党员开展“支部委员讲党课”活动，在面对面传授、手把手帮教中提升基层党建工作能力。坚持延伸触角，确保基层全面覆盖。近年来，随着“走出去”战略深入推进、海外市场积极拓展，我们及时增设埃及公司海外临时支部，并不断探索海外党建经验。紧跟公司转型升级、改革创新的实际，调整原有国内党支部架构，对党支部权责进行明确，确保基层组织建设延伸每个区域、覆盖所有业务。在海外项目建设、技术项目攻关、销售市场开拓等领域，基层党组织时刻伴随企业生产经营任务，深入一线了解企业员工的困难，细致做好一人一事思想和帮扶解困工作，已成为广大职工思想上的贴心人、工作中的主心骨。

2.向党员队伍要效益，确保模范作用明显。注重党员培养的层次性，覆盖领导干部、大学生、基层管理员和一线员工等各个层次，让每个行业都有党员的典型代表和示范带动。注重培养使用党员，近几年，按照地方党委下达指标数，我们在生产管理、技术研发等环节，有重点地培养了43名党员骨干，这些同志先后走上基层领导、技术骨干等关键岗位，成为企业发展的中坚支柱和骨干力量。回顾企业发展历程，我们感到在争创世界一流玻纤企业的征程中，每当关键时刻、困难面前，都有党员干部冲在前、干在前。在推进企业转型发展、精简改革过程中，广大党员干部主动承担责任，担负繁重任务，主动深入企业发展第一线，进一步提高了工作质量、工作效率和经济效益。在公司本部池窑冷修技改、国际化项目等工程建设中，全体党员干部带领职工群众“白加黑”“五加二”，连续奋战，吃住在现场，为圆满完成任务争分夺秒与时间赛跑、坚持标准向质量要效益。我们的党员队伍，在不同领域、不同职业、不同岗位，始终以打造精品的目标在生产产品、最挑剔的眼光来检验产品、最严谨的态度来做好质量改进，捍卫着公司的质量生命线，用自身形象潜移默化感召和影响身边人员。

3.向和谐关爱要效益，确保工作氛围良好。我们始终注重建立健康的人际关系、浓厚友爱的工作氛围、提升员工的生活指数，广泛开展“送温暖、送爱心、送关怀”活动，定期召开总裁与员工座谈会，适时开通员工热线，深入一线走访慰问员工。这些有力举措，极大激发了企业员工的工作热情，每名员工都把温暖化为动力、把感动变为激情，奋战在本职岗位；极大提高了企业员工的爱岗爱企意识，维护企业形象、遵守企业章程、珍惜岗位平台，越来越成为每个员工的行动自觉；明显提升了企业员工的胜任本职能力，员工队伍稳定性和满意度呈逐年稳步提高态势，确保了员工潜心钻研业务、力求精益求精；切实改善了企业员工的工作环境，呵护人文环境、纯洁同志关系，进一步提高了广大员工的归属感、幸福感、成就感。公司每年召开总裁与员工对话交流会，员工代表以提案的形式递交员工切身关心的利益等问题，总裁当场回答员工的提问，五年来，已经帮助员工解决了新居民子女就学等问题300个左右。

4.向结合融合要效益，确保服务保障有力。近年来，公司党委不断强化“党建强，才能发展强”的思想，以“三建”工作品牌为抓手，以提质增效为中心工作，大力推进国际化战略，整体效益大幅增长，实现了公司持续健康发展。核心技术研究再赢突破，自主研发的E8配方模量达到95MPa并实现池窑化生产，高强高模玻璃配方领域再添利器。技术改造升级成效显著，总部新一轮生产线技改升级全部完成，优势产能进一步扩大，生产效率和技术水平达到历史最好。中国巨石玻纤产业智能制造基地正式奠基，标志着公司智能制造已从战略落实到行动。国际化战略稳步推进，埃及生产基地今年三季度建成。创新成果奖项捷报频传，独立承担的“高性能玻璃纤维低成本大规模生产技术与成套装备开发”项目，荣获2016年国家科学技术进步二等奖，公司也被评为全国首批制造业单项冠军示范（培育）企业。2016年，全年实现营业收入同比增长6.12%；利润总额同比增长56.80%，两项指标均创历史最好，继续保持了良好的发展态势。同时，公司也得到客户的认可，受到行业的尊敬，体现了领军企业负责任的形象。

四、经验体会

（一）必须始终发挥党委的政治核心作用，持续加强思想政治建设

实践中我们感到，公司党委具有较高的公信力、亲和力、凝聚力，发挥了强大的组织优势和政治优势，集中了优秀生产经营骨干，是公司竞争力的重要组成部分，是公司发展的重要动力资源。越是深化改革，推进投资主体多元化，越要坚持党的领导，充分发挥党组织的政治核心作用，毫不动摇地加强和改进党建工作，企业才能行稳致远。

（二）必须始终与企业治理结构双向并轨，融入生产经营各环节

经验告诉我们，多元投资主体企业党组织发挥政治核心作用，不仅是必要的，而且是可行的，完全能够与现代企业制度相融合，与公司法人治理结构相融合。因此，我们坚信一定走出一条具有中国特色的现代企业制度建设的新路子。

（三）必须坚决落实党建工作责任制，认真履行党建工作主体责任

我们认为，加强和改进党建工作，加强组织领导、完善组织设置是关键。正是因为上级领导重视，中国巨石有一个坚强有力的党委领导班子，才能在混合所有制企业旗帜鲜明、理直气壮地抓党建，才能积极有效地参与企业重大问题决策。

五、荣誉成果

近年来，我们荣获国家科技进步二等奖、全国首批制造业单项冠军示范企业、国家技术创新示范企业、国家火炬计划重点高新技术企业、国家知识产权优势企业、国家外贸转型升级型示范基地、国家认定企业技术中心、国家“资源节约型 环境友好型”试点企业、全国质量奖、全国五一奖状、模范职工之家等荣誉。

公司党委先后被评为“中央企业先进基层党组织”、中国建材集团创建“四好”领导班子先进集体、嘉兴市先进基层党组织、桐乡市先进基层党组织等荣誉称号。

成果创造人：周森林、朱惠顺、杨 靖

关于国有控股上市公司把党的领导转化为企业核心竞争力的体系研究

清华大学　萧新桥等

习近平总书记在十九大报告指出，要完善各类国有资产管理体制，改革国有资本授权经营体制，加快国有经济布局优化、结构调整、战略性重组，促进国有资产保值增值，推动国有资本做强做优做大，有效防止国有资产流失。深化国有企业改革，发展混合所有制经济，培育具有全球竞争力的世界一流企业。关于新时代中国特色社会主义国有企业的论述，是习近平新时代中国特色社会主义思想的重要组成部分，具有很强的思想性、理论性、战略性、指导性和针对性，进一步丰富和发展了中国特色社会主义政治经济学的理论内涵，为国企国资改革发展党建各项工作提供了根本遵循和行动指南。

十九大报告对新时代、新思想、新征程、新部署、新要求下的国有经济和国有企业发展提出新的要求，　新时代为国有企业创造了新机遇。国有上市公司，既是国有企业必须成为落实十九大精神的排头兵，又是现代企业制度的规范企业必须完善公司治理结构，应率先实现二者的系统融合，实现好党的领导与公司治理的有机统一，主动扛起新使命、积极涌现新气象、奋力展现新作为，把国企国资改革发展党建各项工作不断引向深入，创造无愧于新时代的新业绩、新作为，真正率先把党的领导转化为企业核心竞争力。

一、企业发展的方向目标

总书记在对全国国有企业改革座谈会上强调：“国有企业是壮大国家综合实力、保障人民共同利益的重要力量，必须理直气壮做强做优做大，不断增强活力、影响力、抗风险能力，实现国有资产保值增值。”这从中国特色社会主义的高度充分肯定了国有企业的地位和作用，从党的指导思想和经济基础上都对国有企业作了根本性的界定，进一步指明了新形势下深化国有企业改革的方向和任务。

做强做优做大是国有上市企业的根本目标，总书记明确指出，推进国企改革要以增强企业活力、提高效率为中心，提高国企核心竞争力。一要牢牢把握市场化改革这一命题。按市场规律办企业，依法落实企业法人财产权和经营自主权，使国有企业成为独立市场主体。二要牢牢把握建立现代企业制度这一要旨。进一步健全公司法人治理结构，解决好实际管理中在客观存在的内部人控制问题，进一步推进公司制股份制改革，积极稳妥推进混合所有制改革，形成运行灵活、约束有效的经营机制。三要牢牢把握调动人的积极性这一核心。充分激发广大干部职工的潜能和干事创业的动力，在“选、用、育、留”四个方面下功夫，形成正确的选人用人导向。四要牢牢把握以管资本为主这一方向。加快转变国资监管方式，尽快实现从以管企业为主向管资本为主转变。要把工作重点转到管好国有资本布局、规范资本运作、提高资本回报、维护资本安全上来，通过加强监管、强化监督，切实防止国有资产流失和重大风险事件发生，确保国有资产保值增值。

二、制度建设的约束条件

总书记强调，“坚持党对国有企业的领导是重大政治原则，必须一以贯之；建立现代企业制度是国有企业改革的方向，也必须一以贯之”。这两个“一以贯之”，是总书记对新形势下加强国企党建工作的重要论断和明确要求，为国有企业在全面深化改革中坚持党的领导、加强党的建设、坚定不移做强做优做大指明了方向。这两个“一以贯之”，是总书记强调坚持党对国企的领导不动摇，加强党的建设，发扬国有企业的光荣传统，筑牢国有企业之根。这两个“一以贯之”，是表明二者是相辅相成、不可割裂的关系。这两个“一以贯之”，是国有企业改革这个列车运行轨道的两条铁轨，一个也不能少，少了就无法安全运行，是刚性需求；一个也不能变，变了就要跑偏，是刚性约束。

历史证明，只有坚持党对国有企业的领导，才能够将企业经营目标、经营管理者的利益和国家利益、职工利益统一起来，才能够最大限度保证国有企业各方利益的一致，在实现企业发展壮大的同时，实现多方共赢。只有实现国有企业党组织与公司法人治理结构的有机融合统一，才能解决委托代理关系的缺陷。

有机融合统一的抓手，就是将党组织的机构设置、职责分工、工作任务充分嵌入国有企业的公司治理结构中。实现二者的有机融合，保证国有企业在追求经营效益最大化的同时，有效化解发展弊端、不断校准发展目标，不偏离中国特色社会主义方向。实现二者的有机融合，发挥党的领导的政治核心作用，成为企业培育竞争力的独特优势。只有国有企业党的领导坚持有力，才能搞活国有资本、管好国有经济，才能搞活人力资本、管好人才资源，才能将制度贯彻企业管理、党的建设的始终，这是民主集中制的组织原则在国有企业管理的生动体现，也是新时代中国特色社会主义国有企业的基本体系。

三、党的领导的作用范围

党的十九大修改通过的《中国共产党章程》明确规定：“国有企业党委（党组）发挥领导作用，把方向、管大局、保落实，依照规定讨论和决定企业重大事项”。总书记关于国企治理思想中指出，党对国有企业的领导是政治领导、思想领导、组织领导的有机统一。国有企业党组织发挥领导核心和政治核心作用，归结到一点，就是把方向、管大局、保落实。要明确党组织在决策、执行、监督各环节的权责和工作方式，使党组织发挥作用组织化、制度化、具体化。要处理好党组织和其他治理主体的关系，明确权责边界，做到无缝衔接，形成各司其职、各负其责、协调运转、有效制衡的公司治理机制。这是对国有企业党组织地位和与作用的明确定位和要求，加强和改进国有企业党的建设，就要把这个定位和要求落到实处。

（一）在政治上把方向，把党的政治坚定特征转化为企业的发展方向优势

坚持党对国有企业的领导不动摇，发挥企业党组织的领导核心和政治核心作用，要始终牢牢把政治建设放在首位，自觉在思想上政治上行动上同习近平同志为核心的党中央保持高度一致，坚定理想信念，强化“四个意识”，坚持党中央集中统一领导，坚定执行党的路线、方针、政策，严格遵守政治纪律、政治规矩，以党内法规制度为准则严肃党内政治生活，保证党和国家方针政策、重大部署在国有企业贯彻执行，确保国有企业坚持改革发展正确方向。要坚持“抓党建从工作出发、抓工作从党建入手”，把党建工作责任制落实融入各项工作之中，保证党的方针政策和重大部署得到贯彻执行，坚持服务保障生产经营不偏离。要突出抓好“两学一做”常态化，认真组织动员党员干部立足岗位，在各项工作中走在前面，率先垂范、建功立业，发挥好党组织的战斗堡垒作用和党员的先锋模范作用，建立一支懂政治、懂经济、懂企业、懂市场、懂业务的国有企业管理干部队伍。要按照全面从严治党要求，落实好“一岗双责”，教育督促广大党员增强规矩意识和纪律意识，坚决维护中央权威，坚决执行党组织决定，自觉遵纪守法，做到令行禁止，严肃查处违规违纪行为，习惯于在监督的氛围下工作，习惯于在阳光的环境下工作。

（二）在思想上管大局，把党的思想理论特征转化为企业的科学决策优势

思想建党是马克思主义政党的基本原则和根本要求，思想建企就应是中国特色社会主义国有企业的本质特征。正确的思想理论来自不断的实践，不懈的努力。正确的理论决定企业的方向，宏大的思想产生伟大的行动。国有企业要坚持在大局下行动，议大事、抓重点，加强集体领导、推进科学决策，推动企业全面履行经济责任、政治责任、社会责任。要坚持落实好民主集中制，特别是研究决定“三重一大”事项，必须充分民主、有效集中、防错纠错，坚决克服一人说了算和独断专行现象。要坚持社会主义市场经济规律，谨记国有企业也要优胜劣汰，深化行业规律和企业规律的研究探索，围绕现代经济体系这个大局，努力清晰企业、行业在其中的方位，绘好企业先进性的蓝图，以国有企业的政治坚定和竞争活力，体现“四个自信”和中国特色社会主义的勃勃生机。要切实加强对企业决策和经营管理的监督，广泛听取职工群众的意见和呼声，推进民主决策、厂务公开和民主管理，对事关改革发展重大事项和涉及职工切身利益的重大问题必须经过职代会审议。坚持党对国有企业的领导不动摇，要进一步统一思想、提高认识，深刻理解国有企业的重要地位和作用，深刻理解加强国有企业党的建设的重要性，深刻理解国有企业改革发展的主攻方向，增强搞好国有企业、加强国有企业党的建设的责任感和使命感。

（三）在组织上保落实，把党的组织纪律特征转化为企业的经营管理优势

统一而强大的党，是按照一定的组织形式和一定的规则结合起来的。国有企业的党组织就是要把党的组织原则认真落实成为企业的组织原则，管干部聚人才、搭班子带队伍、抓基层夯基础，领导群众组织并发挥其作用，凝心聚力完成具体工作，把党中央精神和上级部署不折不扣落到实处。要坚持并落实好党管干部、党管人才原则，按照信念坚定、为民服务、勤政务实、敢于担当、清正廉洁的好干部标准，选拔、培养干部，畅通专业人才成长渠道，选好用好各类干部队伍和高素质专业人才队伍。要注重在人才队伍中发展党员，把业务骨干培养成党员，让党员成为业务骨干，使党员成为我们人才队伍的中坚。要深化干部人事制度改革，拓宽选人用人渠道，多渠道多方式选拔干部，加强干部交流轮岗，打造高素质的国有企业领导人员队伍，落实好干部标准，坚持党管干部，树立良好导向，精准科学选人用人。坚持党对国有企业的领导不动摇，坚定不移推进党风廉政建设，强化监督执纪，用好巡视利剑，持续正风反腐。要从基本组织、基本队伍、基本制度严起，发挥基层党支部作用，夯实筑稳国有企业基层和基础。

四、四个意识的实现路径

增强政治意识、大局意识、核心意识、看齐意识，是新时代加强党的领导和建设的指南针、定盘星，是坚持党中央集中统一领导，增强党的团结统一，形成全党的向心力、凝聚力和战斗力的不二法门。从历史唯物主义和辩证法的角度出发，践行“四个意识”就是要结合国有企业的实践，落实到每一个决策方向、每一个管理领域、每一个战斗岗位，这是动态的，而非静止的，是不断校准、不断看齐的过程。国有企业党员干部要把“四个意识”内化于心、外化于行；要时刻牢记“四个意识”要求，把锤炼党性修养作为终身的必修课；要立足岗位履职尽责，把“四个意识”落实到国企国资改革发展全过程，要把“四个意识”转化为在党爱党、在党言党、在党忧党、在党为党的实际行动，坚决把全面从严治党要求落实到各项工作中去，为全面开展好各项工作奠定坚实的政治基础。

（一）牢固政治意识，坚定企业发展方向

增强政治意识，就是要讲政治，这是我们党的优良传统。讲政治是对党员干部第一位的要求，党员干部的政治意识强不强，对党的事业具有极端重要性。通过认真学习、贯彻落实习近平新时代中国特色社会主义思想，始终做到爱党、信党、护党、跟党走。一是正确认识国有企业的政治属性。国有企业是中国特色社会主义的重要物质基础和政治基础，是我们党执政兴国的重要力量，关系我们党的执政地位和执政能力，关系我国社会主义制度，国有企业的政治属性要求始终牢牢嵌入党的领导，不可或缺并不断推动上层建筑的巩固，在党的治国理政的经济基础中具有“四梁八柱”的作用。二是充分认识党员的政治身份。政党是政治组织，有鲜明的政治主张和政治纲领。作为国有上市企业的党员干部，要搞好自身建设，首要任务是加强思想政治建设。讲政治是我们党员自身建设的核心问题，就是要使这支队伍成为践行新时代党的使命的先行军和主力军。三是坚定企业发展方向。我们的传统和优势是党指挥枪，作为党在经济领域的细胞和组织，国家实施“一带一路”建设、军民融合战略，国有上市企业要做实施国家重大战略的排头兵，统筹利用国内国际两个市场、两种资源，在周边国家和地区深耕细作，带动企业技术、装备、资本、标准输出，与国内企业形成产业联盟“抱团出海”。

（二）强化大局意识，推进企业稳定发展

党员干部做人谋事、干事创业，要不断增强大局意识，自觉从大局看问题，把工作放到大局中去思考和定位，真正做到正确认识大局、自觉服从大局、坚决维护大局，既跳出一预

谋全局，又在谋全局中抓好一域。作为国有上市企业的党员干部，要增强“身在兵位，胸为帅谋”的意识，在国有企业改革发展的当下，一要认识国家大局。牢固树立和贯彻落实“五大发展理念”，实现“两个一百年”奋斗目标，为实现中华民族伟大复兴的中国梦发挥生力军作用，先锋模范带动经济领域的前进发展。二要立足企业发展大局。中铁工业生来即为振兴民族工业，为加快实施《中国制造2025》贡献新力量，这是我们的根与魂，浇筑着改革创新之钙，必须生生不息，打造新时代“百年老店”。三要是主动维护大局。十年树人，百年树木。一张蓝图绘到底，需要一代一代人接力。作为中铁工业的起步者，要下好起手式，敢于担当，勇于开创百年大局。中铁工业拥有百余年历史和超万人的规模，发展机遇和压力并存，需要全体党员干部职工同舟共济，主动作为，维护大局，齐心协力共克时艰，全面完成企业十三五发展任务。

（三）深化核心意识，凝聚企业发展动力

“中国共产党是全中国人民的领导核心。没有这样一个核心，社会主义事业就不能胜利。”我们必须更加紧密地团结在以习近平同志为核心的党中央周围，更加坚定地维护以习近平同志为核心的党中央权威，更加自觉地在思想上政治上行动上同以习近平同志为核心的党中央保持高度一致，更加扎实地把党中央的各项决策部署落到实处。作为国有上市企业的党员干部，一要维护企业领导核心。确保党组织作用在决策层、执行层、监督层都能得到有效发挥。党员领导干部要带领职工队伍，细化目标，制定计划，责任到人，监督执行。二要服从企业决策部署。要实现企业做强做优做大的发展目标，集中领导和统一行动是根本保证。企业基层党组织要充分发挥战斗堡垒作用，监督检查决策的执行情况，及时纠偏引正。三是保障企业核心利益。新时代我国社会主要矛盾抓变为“人民日益增长的美好生活需要和不平衡不充分的发展之间的矛盾”，国有企业要适应变化，深化供给侧改革，持续增强以创新为第一动力的发展能力。国有上市企业要做创新发展的排头兵，通过调选优配强，建立一支高素质的国企领导人员队伍，创新使用干部机制，让专业的人干专业的事，按市场规律对经理层进行管理。

（四）增强看齐意识，保障企业队伍过硬

党的十八大以来，以习近平同志为核心的党中央以身作则、率先垂范，带头改进作风、密切联系群众，在治国理政各个方面站得高、谋得深、想在前、干得实，以扎实成就赢得广大人民群众的衷心拥护和支持。作为国有上市企业的党员干部，一要在思想上看齐。十九大报告，是我们政治上的灯塔、行动上的方向，要统一思想、深化认识，坚定政治立场和理想信念，强化信心责任和勇气担当，把中央决策和行业部署不折不扣地内化于心。二要在行动上看齐。党员干部特别是领导干部要自觉承担起全面从严治党的主体责任，形成一级做给一级看、一级带着一级干的工作格局。三要在作风上看齐。要时时向“严”看齐，处处向“实”聚焦，贯彻决策雷厉风行，落实部署坚决有力。切实把规矩和纪律挺在前面，提高工作效率和监督效能，营造积极健康向上的工作氛围。

五、干部人才的衡量标准

“对党忠诚、勇于创新、治企有方、兴企有为、清正廉洁”字字珠玑的20个字。是习近平总书记在全国国有企业党的建设工作会议上对国有企业领导人员提出的基本要求，也是检验一个国有企业领导人员是否合格的重要标准。这20字是基于“国有企业领导人员是党在经济领域的执政骨干，是治国理政复合型人才的重要来源，肩负着经营管理国有资产、实现保值增值的重要责任”的地位、作用和重要使命所决定的。国有企业领导人员必须坚定信念、任事担当，面对复杂多变的国际、国内市场的激烈竞争，迎难而上，开拓进取，为理直气壮做强做优做大国有企业而拼搏奉献。在企业改革发展的生动实践中，履行主体责任，顺应员工期盼，聚合磅礴力量，实现治企兴企的事业梦想，助力中华民族伟大复兴的中国梦想。

（一）坚定对党忠诚的信仰

坚定对党忠诚的信仰，是共产党人特别是国有企业党员干部安身立命的根基。它包括对共产党治国理念的信仰，对国有企业发展道路的信服，对自身事业和岗位价格的信心，这是共产党人的政治灵魂，是国企党员干部经受住任何考验的精神支柱。当今社会，国企党员干部面临的种种诱惑和考验，对国企党员干部提出了如何应对权力的腐蚀、应对金钱的诱惑、应对机遇与风险的双重压力、应对能力不足的困境等严峻问题。而坚定对党忠诚，坚持理想信念正是国企党员干部经受住任何考验的强大力量。对党员领导干部来说，要坚定对党忠诚，首先是把讲政治始终摆在首要位置。坚持党对国有企业的领导是国有企业必须始终坚守的重大政治原则，要时刻同以习近平总书记为核心的党中央保持高度一致，站稳自己的政治立场。其次是加强自律、慎独慎微，经常对照党章检查自己的言行，加强党性修养，陶冶道德情操，永葆共产党人政治本色。

（二）承担勇于创新的使命

习近平总书记指出，创新是企业的动力之源。国企的经营活力和综合竞争力，归根结底来源于创新，只有坚持开放理念、市场导向、创新发展，才能让国企经营活力迸发、综合竞争力倍增，创新已成为引领企业发展的第一动力。国有企业的领导者必须承担勇于创新的使命，一是以理念创新推动全方位开放合作，推进国企改革发展。必须以世界眼光、国际视野和互联网思维，谋求在更大范围、更高层次、更宽领域配置资源、运作市场；二要以机制创新激发企业内部活力。坚持把机制创新作为激发企业内部活力的关键，用市场化方式招引、使用、激励企业专业人才，充分调动各类人才的积极性、主动性和创造性；三要以模式创新增强国有资本控制力、经营活力和综合竞争力。国企改革创新不能空转，不能“为改而改、维新而新”，必须以提高国企的市场灵活性和适应性为重点，大力推进经营方式创新，扩大国有资本控制力、激发经营活力、提高综合竞争力。四要以动力创新推动国企做强做优做大。做强做优做大国企，关键在推进动力创新，为企业“赋能”，要充分利用地方及国家政策优势，提高企业的经营活力和综合竞争力。

（三）提高治企有方的能力

国有企业领导人员是党在经济领域的执政骨干，是治国理政复合型人才的重要来源，肩负着经营管理国有资产、实现保值增值的重要责任。治企有方就是把企业管好，这是党交给国有企业领导人员的重要任务。习近平总书记说，“党和人民把国有资产交给企业领导人员经营管理，是莫大的信任。”如何托得住莫大的信任，担得起光荣的责任，就需要在“治企有方”

上用功，在懂经营善管理上发力，才能把国有企业和国有资产牢牢掌握在党的手中，才能坚定改革发展的正确方向，凝聚力量做强做优做大国有企业，让国有企业成为党和人民最可信赖的依靠力量。

（四）勇挑兴企有为的担当

在我国经济社会发展进程中，国有企业始终发挥着不可替代的重要作用。从实践经验看，无论是改革开放前还是改革开放后，国有企业都是推动中国现代化的主要动力。国有企业领导人员在振兴企业中的担当精神，就是要按照党中央、国务院的要求，带领广大国企人，理直气壮做好国有企业；就是要坚持有利于国有资产保值增值、有利于提高国有经济竞争力，有利于放大国有资本功能的方针，推动国有企业深化改革、提高经营管理水平，加强国有资产监管；就是要在任事担当迎难而上开拓进取，坚持原则、认真负责，面对大是大非敢于亮剑，面对矛盾敢于迎难而上，面对危机敢于挺身而出，面对失误敢于承担责任，面对歪风邪气敢于坚决斗争。党和人民把国有企业资产交给企业领导人员经营管理，既是莫大的信任，更是沉甸甸的担子和责任，只有坚定信念，任事担当，兴企有为，才能对得起党和人民的重托。

（五）固守清正廉洁的底线

清正廉洁是国有企业党员干部的做人之本和治企之基。国有企业领导人员层面的政治生态是国有企业全系统政治生态的风向标，“上梁”必须要正。国企党员干部必须严格遵守党纪国法，坚持高尚的精神和情趣追求，做到秉公办事、不徇私情、不谋私利、清白做人、明白治企。这不仅是国企党员干部的做人本分，更是职业操守。国企领导人员的工作不仅关乎个人，更是影响全局，关乎职工群众利益的重要职业。为此，国企领导必须耐得住寂寞，抗得住诱惑，管得住小节，守得住清贫，把清正廉洁当作一种境界去追求，才能抵御物质和金钱的诱惑。清正的品质是国企领导人清清白白做人的重要保证，廉洁的品质是国企领导人明明白白治企的重要前提。国有企业领导人员手握重器，必须加强自律、慎独慎微，加强党性修养，陶冶道德情操，永葆共产党人政治本色。

成果创造人：萧新桥　清华大学、胡　策、王立超、王义青、

郑　鹏、孙佳斌　中铁工业

探索实践企业党建和经营“四大关系”打造企业改革发展“红色引擎”

——江西省出版集团公司党委党建与经营双向促进工作法

江西省出版集团公司党委

党的十九大报告指出，要以提升组织力为重点，突出政治功能，把基层党组织建设成为宣传党的主张、贯彻党的决定、领导基层治理、团结动员群众、推动改革发展的坚强战斗堡垒。习近平总书记在全国国有企业党的建设工作会议上强调，坚持党的领导、加强党的建设是国有企业的“根”和“魂”，国企党建只能加强，不能削弱。江西省出版集团公司（以下简称“集团”）党委作为国有文化企业，坚决贯彻落实习近平总书记的关于国有企业党建工作的重要指示精神，按照中央省委关于加强国有企业党建工作的决策部署要求，深入落实新时代党建总体要求，紧紧围绕坚持党对国有企业的领导、加强国有企业党的建设，牢固树立“党建+”理念，积极探索实践企业党建和经营“四大关系”，打造企业改革发展“红色引擎”，为推动集团加快转型升级实现高质量发展提供坚强保证。

一、江西省出版集团公司基本情况

江西省出版集团公司成立于1993年，是一家员工逾万名的大型省属国有出版传媒集团。集团主营业务包括图书编辑出版、报刊传媒、印刷发行等传统出版业务以及新媒体和在线教育、互联网游戏、数字出版、物联网技术应用等新业态业务和投融资、文化地产和会展等产业链延伸业务。2006年完成企业工商注册，成为全国文化体制改革试点单位。2010年，集团整合出版全产业链，实现中文天地出版传媒股份有限公司成功上市（以下简称“中文传媒”）；2013和2014年，集团整合非上市企业资源，组建华章天地传媒投资控股集团有限公司和华章文化置业有限公司，形成“一体两翼、互动发展，一业为主、多元支撑”发展架构。集团业务由省委宣传部管理，资产由省文资办管理。

目前，集团下辖一级子公司3个、直属单位1个，二级及以下分子公司136个。集团党委由中共江西省委管理，下辖5个基层党委，143个党（总）支部，2200余名党员。先后获“全省先进基层党组织”“省直机关党的工作特别优秀奖”等光荣称号。集团所属3个党支部被评为省直机关党支部规范化建设示范点。江西人民出版社党支部书记张德意等多人被省直机关工委评为先进党务工作者。2018年3月8日，中央文改办主办的《文化体制改革和发展工作简报》（第13期）以《江西出版集团加强党的建设　打造企业改革发展“红色引擎”》为题刊登了集团党建工作的经验做法，这是对集团党建工作的巨大鼓舞和鞭策。

在党建工作的统领下，近年来，集团实现社会效益和经济效益的双丰收，集团多项指标逐年进入全国108家国有出版传媒集团前列：集团成为全国仅有的五家连续十届入选“全国文化企业30强”的出版集团之一；集团2017年在全国同业唯一实现了“五个一工程”奖、中国出版政府奖和中华优秀出版物奖“大满贯”，并荣获17项国家级大奖，国家新闻出版广电总局出版融合发展（中文传媒）重点实验室在集团建立，获总局批准牵头制定全国出版业第一个物联网技术应用标准，并与世界巨头企业亚马逊、阿里巴巴等进行了技术和产业合作。在社会效益方面，2017年，集团荣获98项国家级荣誉和138项省部级荣誉，获奖数量都在2012年的基础上翻了一番以上；集团在全国图书零售市场的排名由2012年的全国第19位上升到第7位；销售5万册以上的图书达156种，10万册以上的图书达38种，分别比2012年增长了5倍、6.3倍；开展大型全民阅读活动超1100场，比2012年增长了近10倍；实现版权输出286种，比2012年增长了118.32%。

在经济效益方面。2012年，集团净利润为6亿元，是当时排名第一的江苏凤凰出版传媒集团有限公司的近三分之一，排名第二的湖南出版投资控股集团有限公司的二分之一不到；社会效益指标与它们相比也有很大距离。2017年，集团营业收入为165.1亿元，净利润为17.56亿元，总资产为257.77亿元，净资产为146.46亿元；2013年—2017年，集团以上四项指标年均复合增长率分别为10.49%、26.98%、24.61%、19.59%。2017年，集团经营性净利润16.65亿元、出版传媒主业营业收入133.06亿元、出版传媒主业利润14.52亿元、集团文化产品的国际贸易出口额超39亿元、出口净利润超7亿元和新媒体新业态的净利润贡献率47.52%等六项质量与效益指标均位列全国同行第一；集团营业收入、净利润和净资产等三项规模指标均位列全国同行第二；集团整体销售净利率达10.64%，与2012年底相比，累计提高5.33个百分点；集团的国有文化资产保值增值率110.7%，位居全国同行前列。

二、提高政治站位，强化党建工作的引领

习近平总书记多次强调，坚定不移把国有企业做强做优做大，最根本的是加强党的领导，要理直气壮、旗帜鲜明、毫不动摇地坚持党对全面深化改革的领导。集团党委深入贯彻落实习近平总书记关于国有企业党建的重要论述精神，深刻认识抓好党的建设的重要性和必要性，通过“三个强化”切实加强和改进新形势下党的建设的思想自觉和行动自觉。

（一）强化顶层设计

集团党委切实提高政治站位，认真贯彻落实中央、省委各项要求，深化落实全面从严治党政治责任，制定印发了《江西省出版集团公司党建工作责任制》《党风廉政建设主体责任和监督责任清单》等规范性文件，召开了“党建+”研讨会、深化落实全面从严治党“两个责任”座谈会、集团党建工作会议等10余次重要会议对党建工作进行谋划推动，建立健全了党建工作定期报告制度、党建工作例会制度、基层党组织书记抓党建述职评议等制度，将党建改革举措串点成线，形成了主体框架愈加清晰，体制机制更加健全的工作格局。

（二）强化责任落实

集团党委率先垂范，自觉担当起全面从严治党主体责任，把班长与班子、责任与岗位、落实责任与责任追究绑在一起，2017年集团党委主持召开15次党委会，先后研究党建工作37余项，今年以来（1–8月），集团党委主持召开13次党委会，先后研究党建工作20余项。同时，充分发挥督查的“利器”作用，通过听取汇报、现场办公、走访座谈、监督检查等方式，及时掌握和指导各单位全面从严治党责任落实情况。2017年，集团相关领导约谈了9家二、三级出版发行企业班子成员、中层干部以及集团总部各部门正副职和党支部书记共计282人，以点带面推动各单位全面从严治党责任的落实。

（三）强化综合保障

集团党委深刻认识到，政策确定之后，干部就是决定因素。要求各单位根据企业规模大小、员工和党员人数多少，设置党的工作机构、配备工作人员，集团设置了党群工作部，配备3名工作人员；所属发行集团、印刷集团等职工人数和党员人数较多的企业设置了党群工作部等专职工作机构，并配备了2–3名专职工作人员；而人数相对较少的企业如华章投资集团、华章置业公司等则在综合管理部（办公室）设置专职党务岗。

集团系统共配备专职党务工作人员40余人。根据有关文件要求，各级企业按照工资总额的0.5%列支党组织工作经费，确保有机构管事、有人做事、有经费办事。

三、构建企业党建和经营“四大关系”，打造文化企业党建工作“江西样板”

集团党委在党建工作实践中，牢固树立“党建+”理念，积极探索实践、正确处理党组织与法人治理结构“双向融合”、党员领导干部与企业高管“双责进入”、党员先锋模范作用与国有企业职工主人翁“双重角色”、党建工作与经营工作“双效促进”等四大关系，推进党建工作与经营工作深度融合，打造企业改革发展“红色引擎”。

（一）正确处理党建工作与经营工作“双效促进”关系

加强企业党的建设，目的是推动企业高质量发展。集团党委通过在各级企业大力推行“党建+”理念，有力促进党建工作融入企业改革发展全过程，融入公司治理各环节，为集团创新驱动、融合发展增添动力，实现党建工作和经营工作互相促进。

1.牢固树立“党建+”理念。着眼于把党组织的政治优势转化为企业的竞争优势和发展优势，集团党委牢固树立“党建+”理念，在集团层面构建了“党建+社会效益、创新驱动、深化改革、一岗双责、人才强企、企业文化”等一系列工作举措，推动党建与中心工作、重点任务、日常工作有机统筹、深度融合、始终贯穿。

如“党建+社会效益”，集团党委始终坚持正确的政治导向，强化“精品出版、精准出版、精细出版”工作理念，大力推进出版社精准定位工程、作家资源锁定工程、好书复活工程、电商标配工程等出版主业转型升级“10+N工程”，策划出版了《中国共产党执政兴国丛书》《跨越时空的井冈山精神》《一百个孩子的中国梦》等一大批弘扬社会主义核心价值观、“中国梦”等主题出版物，努力实现“两个效益”的有机统一；“党建+人才强企”，坚持党管干部原则，从严选拔教育管理监督企业领导干部；“党建+企业文化”，切实找准党建工作和企业文化的结合点，组织开展了“喜迎党的十九大·诵经典”群众活动，将党建工作与企业文化融为一体，凝聚党员为企业发展建功立业；“党建+深化改革”，创新转型升级机制，打造了脑洞国际出版平台、版权互联网交易平台、互联网教育平台、国际文化物联网平台等全国领先的四大平台，扎实推进文化与科技融合，同时改革创新出版工作机制，大力推行出版事业部、项目部、工作室。今年各出版社建立了25个事业部，为企业改革发展注入强劲动力。

2.以“党建+”助力企业提质增效。集团所属各单位深刻认识到“党建+”在推动企业党建和经营工作互相融合互相促进的重要作用，围绕中心，构建了党建+“出版、经营、重大关切、社会责任”等，推动党建工作效能最大化。

江西人民出版社积极探索“党建+出版”发展新路，秉承“传承文明书香天下”的责任担当，先后出版了《中国共产党怎样解决工作作风问题》《为了可爱的中国》等一大批优秀图书。江西美术出版社通过构建“党建+社会重大关切”，联合中华社会救助基金会、南昌市崛美公益发展中心等联合推出“名著小书包”助学项目，帮助乡村留守儿童养成良好的阅读习惯，健康成长。江西教育出版社推行“党建+经营”，依靠广大党员，变“经营压力”为“发展动力”，通过支委和党员的“带头、带领、带动”和“党员先锋岗”，建立“以指标为核心”的压力传导机制，实现主要经济指标保持稳定增长，跻身全国图书出版社第44位、全国地方教育出版社第10位。

（二）正确处理党组织与法人治理结构“双向融合”关系

习近平总书记指出，坚持党对国有企业的领导是重大政治原则，必须一以贯之；建立现代企业制度是国有企业改革的方向，也必须一以贯之。集团党委深入贯彻落实“两个一以贯之”的要求，正确处理党组织和法人治理结构的关系，推动两者深度融合。

1.突出党组织在公司治理中的政治导向和领导地位。集团党委充分发挥把方向、管大局、抓落实作用。把方向，就是把好政治方向关。集团党委坚持党管出版原则，坚持正确政治方向和出版导向，大力强化“精品出版、精准出版、精细出版”工作理念，对涉及内容创作生产的重大选题规划、重要岗位管理等事项，坚持党组织集体研究制度，严格审核把关，切实担负起导向管理、阵地管理的重要职责，制定出台了《出版物选题申报管理暂行办法》等管理规定，确保导向正确，保证出版质量。管大局，就是坚持在大局下行动，议大事、抓重点。如围绕庆祝改革开放40周年主题，集团党委策划出版了《回望峥嵘读初心》《中国改革开放全景录·江西卷》《中国改革开放思想专题史》《1978–2013年江西民营经济发展报告》等一大批重大出版工程，坚持以文育人、以文化人，坚持“四个自信”，切实履行文化担当。抓落实，就是通过会议部署、专题调研、督促指导等方式，充分调动各级企业经营管理人员、干部员工的积极性主动性创造性，凝心聚力完成企业改革发展各项工作。

2.落实党组织在公司法人治理体系中的法定地位。习近平总书记指出，中国特色现代国有企业制度，“特”就特在把党的领导融入公司治理各环节，把企业党组织内嵌到公司治理结构之中，明确和落实党组织在公司法人治理结构中的法定地位。集团党委以总书记的重要指示为指导，于2017年完成了集团《公司章程》的修改，将“保证和监督党和国家路线、方针、政策在本企业的贯彻落实”等7项党建总体要求及双效统一等内容纳入公司章程，进一步明确了党组织在公司法人治理结构中的法定地位。同时，全面完成了所属34家单位党建入章工作，进一步明确了党组织在企业法人治理结构中的法定地位。

3.建立党组织参与重大问题决策的制度保障机制。集团党委认真落实党组织研究讨论前置程序要求，在《公司章程》中明确了党委决策程序和事项等内容，制定完善了《中共江西省出版集团公司委员会议事决策规则》《江西省出版集团公司贯彻落实“三重一大”决策制度实施细则》等制度，规定了党委会的决策范围、方式、程序等，明确党委会为“三重一大”事项的主要决策方式，将前置程序要求制度化。

集团党委带头执行集体领导制度、“三重一大”集体决策制度，坚持发扬民主、畅所欲言，形成决定坚决执行。党委主要负责同志严格落实末位表态等制度，切实做到民主和集中的有机统一。2017年研究了重大出版选题、并购重组、干部任免等事关企业发展的重大事项90余项。

4.充分发挥基层党组织战斗堡垒作用。遵循“业务发展到哪里，党的组织就建到哪里，党员活动就开展到哪里，党员先锋模范作用就发挥到哪里”的原则，集团党委将党建工作和生产经营、项目发展融合，促进党组织服务企业生产经营的功能更加彰显。

如集团所属二十一世纪出版社通过在南极熊分社成立了第二党小组，明确由该分社分管编辑工作的副总经理陈静瑶同志担任党小组组长，负责选题内容把关。近年来，南极熊分社每年完成近3亿图书码洋，利润近2000万元。江西新华印刷集团开展了“以提高素质、增强技能为目的，创建学习型班组；以安全第一、杜绝违章为目的，创建安全型班组；以控制成本、节约发展为目的，创建节约型班组；以民主管理、和谐发展为目的，创建和谐型班组；以清洁生产、美化环境为目的，创建清洁型班组”的“五型”班组创建活动，充分发挥一线党组织的战斗堡垒作用和基层班组中的党员先锋模范作用。

（三）正确处理党员领导干部与国企高管“双责进入”关系

1.进一步完善“双向进入、交叉任职”的领导体制。在集团党委层面，党委委员进入控股上市公司董事会、监事会和经理层；对于未上市板块，委派党委委员予以分管，把握经营大局。在所属4家一级单位，全面推行党组织书记和经营负责人一肩挑，在所属二、三级单位党组织书记和经营负责人一肩挑的比例达95%，着力选拔政治素质和业务能力素质都过硬的复合型人才担任党组织书记和企业负责人，有效克服党建工作与生产经营“两张皮”现象，实现生产经营管理工作与党建工作双“丰收”。

2.坚持党管干部原则，建设一支高素质的经营管理团队。习近平总书记强调，国有企业领导人员必须做到对党忠诚、勇于创新、治企有方、兴企有为、清正廉洁。集团党委认真落实要求，着力建设一支高素质的经营管理团队，为改革发展提供人才支撑。

一是保证党对干部人事工作的领导权和对重要干部的管理权。选好配强各级企业领导班子特别是主要领导，严把政治关、品行关、能力关、廉洁关，2017年核查涉及拟提拔任用人选的信访件7件，征求廉洁审查意见134人次，有效防止了“带病上岗”“带病提拔”等问题的发生。二是遵循党管人才原则和遵循市场经济规律及人才成长规律相结合。着力培养、引进企业管理人才和专业技术人才。近年来，牵头组织和指导所属单位实施了5次公开选聘，直接引进了62名出版、发行、投融资等专业人才，既盘活人才存量又扩大人才增量。三是加大人才培训。设立了2000万元人才培养专项基金，依托“集团出版传媒培训学院”和博士后科研工作站，走产学研一体、联动发展之路。每两年选送20名左右骨干编辑到英国牛津进行研修，同时，积极邀请名家、专家、行家为企业员工开展知识讲座。形成既“出书”又“出人”的良性循环，培养一支素质优良、结构科学、数量合理的经营管理人才和出版编辑人才队伍。四是健全薪酬多元分配制度。健全完善以市场为导向，与员工岗位、责任、业绩、贡献挂钩的绩效考核与薪酬分配机制，做到业绩与薪酬同升同降。近几年，集团一级子公司的负责人之间薪酬相差3倍多，二级子公司的负责人之间薪酬相差6倍多，集团总部部门负责人之间的薪酬相差10%以上。

3.推动企业经营管理人员履行党建和经营双责。集团把国有企业党组织政治优势转化为竞争优势。认真落实党建工作责任制。切实加强政治理论学习，举办了学习宣传贯彻党的十九大精神专题研讨班、组织党员赴南昌党章教育馆、新四军军部旧址等开展现场教学，有力推动了企业领导人员牢记自己的第一身份是党员。集团党委坚持“围绕经营抓党建，抓好党建促经营”的指导思想，将党建工作与经营工作同部署、同推进、同检查、同考核，形成党建工作与经营工作双促进、同见效。从严落实集团《党风廉政建设主体责任和监督责任清单》，有力督促各级班子成员按照“一岗双责”的要求，在抓好分管经营工作的同时，既要抓好党风廉政建设，又要在市场经营中注重合规经营；既接受党规党纪和法律法规的双重约束，又要抓好下属企业的廉洁从业工作，确保整个经营工作在合规合法的前提下进行。

（四）正确处理党员先锋模范作用与国有企业职工主人翁“双重角色”关系

1.充分发挥党员的先锋模范作用。集团党委通过在各级党组织开展党员先锋创绩、“亮身份、践承诺、当先锋、树形象”“十个争当”等活动，大兴履职担当、求真务实、艰苦奋斗之风，让党员在工作中亮身份、亮业绩，时时刻刻发挥先锋带头作用，为其他员工树立了榜样，发挥一个党员就是一面旗帜的先锋模范作用，推动形成“重要岗位有党员，主要骨干是党员，关键时刻见党员”的浓厚氛围。

所属红星电子音像出版社，建立了“党员项目负责制”，实现了党员“人人身上有项目、个个头上有指标”，让党员干部在工作中身先士卒。在《不忘初心，继续前进》项目上，该社党员临时接过其他单位不敢接、短时间内几乎不可能完成的政治任务，从刻录到生产再到交货，从党员到群众，从领导干部到基层员工，通宵作战十余个小时，使一千余张光盘按时、保质地出现在省第十四次党代会代表的桌上，用实际行动彰显党员的先进性。百花洲文艺出版社充分发挥党员在生产经营中的模范带头作用，将党员干部放在最难、最重要的出版项目上、最重要的岗位上，为实现企业目标提供保障。由该社年轻党员带头编辑的《鲁迅与20世纪中国研究丛书》和《乾嘉诗学研究》入选2017年度国家出版基金资助项目。江西新华发行集团在每学期教材征订发行时提前做好准备工作，充分发挥党员干部先锋模范作用，要求各市县分公司党组织根据形势变化积极筹备，倒排工期，优化终端服务，攻坚克难，加班加点确保完成“课前到书、人手一册”的政治任务。

2.落实员工主人翁地位。习近平总书记指出，坚持全心全意依靠工人阶级的方针，是坚持党对国有企业领导的内在要求。要健全以职工代表大会为基本形式的民主管理制度，推进厂务公开、业务公开，落实职工群众知情权、参与权、表达权、监督权，充分调动工人阶级的积极性、主动性、创造性。

员工是企业的主体，落实员工的主人翁地位，是坚持党对国有企业领导的内在要求，也是完善公司治理结构的应有之意。集团党委充分发挥群团组织联系职工的桥梁纽带作用，坚持对涉及公司改制等重大决策，认真倾听职工代表的意见。如江西人民出版社党支部连续三年在全社开展“我为人民社发展建言献策”活动，倾听党员、群众的意见建议，了解群众的思想和诉求，以“带着问题上党课”的形式，回答党员、群众所关心的重大问题、热点问题、难点问题、发展中存在的突出问题。江西教育出版社充分发挥员工主人翁精神，推行社务公开、员工自治管理食堂，在管理提升中开展“微创新”，党员带头、员工做“啄木鸟”，查找经营管理与业务运行中的问题，通过征集到一个个金点子，在快递等零散业务集中招标、税务统筹等方面降本增效。

3.推动形成党员和优秀员工的良性互动。建立健全人才培养保障机制，切实加强党员的学习教育和培养。2017年，集团组织专题培训班12期，知识讲座21期，合计培训2000余人次，不断提升党员的思想政治素质和业务能力，把党员培训成优秀员工，党员成为企业最优秀的人力资源。

坚持党员发展标准，重视在生产经营一线中发展党员，特别是对业务骨干、经营能手等优秀人才，建立党组织直接联系培养制度，努力把他们吸收到党的队伍中来。2015年以来，集团新发展党员中业务骨干、经营能手占89%，使优秀员工成为党员发展的重要资源库，进一步形成党员与优秀员工的良性互动。如二十一世纪出版社2017年新发展的党员黄震同志，策划、编辑和设计过的各类读物千余种，荣获了十多项国家级图书大奖及荣誉，参与编辑的《魔法小仙子》（10册）荣获第十二届中宣部“五个一工程”图书奖，还入选中共江西省委宣传部“2015年思想文化领域‘四个一批’人才”。

今后，集团党委将坚持以习近平新时代中国特色社会主义思想为指引，坚决贯彻落实党的十九大精神，牢牢把握新时代党的建设和文化产业改革发展总体要求，以管理提升为抓手，以“永远在路上”的执着把全面从严治党引向深入，继续推进创新发展、优质发展、稳健发展，努力打造全国领先的现代文化产业集团，为建设文化强国做出新的更大贡献。

成果创造人：赵东亮、张其洪、李仕达

“恒丰纺织党旗红—123工程”助力企业十年跨越发展

德州恒丰集团

企业发展，党建引领。2008年，恒丰由国有企业改为民营企业，纱锭7.5万，员工2000余名，负债率160%，濒临破产，经过十年的发展，现在恒丰集团有纱锭规模270万，织机2000台，规模增长36倍，在全国棉纺织行业排名前十，排名一路攀升，创造了令人瞩目的“恒丰速度”“恒丰现象”。是什么力量推动着恒丰如此快速的发展？党建工作无疑是其中的一个重要推动力！

德州恒丰集团是一家以特种纤维纱线、面料研发、高档服装、民族服饰、羊绒精纺纱线生产为主，集纺织原料贸易、印染加工、仓储、物流为一体的现代化大型企业集团。现有员工18000余人，总规模为200万纱锭、2000台喷气织机、1030万套针织服装和羊绒衫的生产能力，产品畅销长三角、珠三角等广大区域，并出口美国、德国、日本、韩国、香港等。在2018年7月份刚刚发布的棉纺织行业竞争力百强排行榜中位列第七位，全国棉纺织行业主营业务收入排行榜第十位，全国非棉纱行业主营业务收入三十强第二位。德州恒丰集团前身为德州恒丰纺织有限公司，2008年开始迈出发展的步伐，经过10年时间，恒丰集团实现了从濒临破产到全国行业龙头超常跨越，增长36倍，创造了令人瞩目的“恒丰速度”“恒丰现象”。德州恒丰集团为协会性集团，目前理事单位有45家，企业遍布山东、宁夏、新疆、四川、云南五省份。

德州恒丰集团的发展过程中创新了“管理模式”，集团是协会性质的组织，采取各公司董事会授权集团理事会对各公司进行监督监管的机制，所有权和经营权分离，由集团理事会考评任命总经理负责生产运营，自主经营、独立核算、自负盈亏，实现体制管理的创新。这种方式让新建企业可以没有负担轻松前行，又能够从成熟企业借鉴整套管理模式，快速走上正轨。在这样的模式创新下，集团规模不断扩大，管理优势愈加明显。2016年下半年以来，恒丰的发展模式有了新的气象，先后多家企业寻求管理合作，集团从自己建企业发展向输出管理模式合作发展转型，创造出“国企投资改革+民营企业现代管理制度”相结合的新模式。短短几年恒丰依赖自身独创的“商业模式”迅速而有效地建立起了一个“恒丰纺织产业帝国”。

恒丰集团的事业可谓优秀，这样优秀的事业离不开优秀的团队，离不开优秀的领导者。优秀的领导者必须有优秀的文化，优秀的文化必须继承和发展中国民族传统美德，坚持党的坚强领导。德州恒丰集团找到了快速发展的方向和使命，那就是现代企业制度建设要与中华民族优良传统相融合，要与坚持党的领导相融合。在这两个融合的指导下，德州恒丰集团从制度层面加强顶层设计，形成抓党建促发展的长效机制。2009年7月，集团党委总结提出了“恒丰纺织党旗红”主题活动方案——123工程，十年来，活动已经深入企业的创业发展中，发挥了全面引领和积极推进的作用。

企业发展，党建引领。恒丰集团目前有41个理事单位，恒丰集团建有党委4个，直属党总支5个，党支部47个，共有党员697人，在集团上下形成了以党建塑灵魂、促发展，以发展提素质、增党性的良好互动局面。德州恒丰集团是理事协会性质的集团，每一个理事单位在建厂的同时，就着手完善党组织的建设。这也是我们企业能够在这样艰苦的环境下，各级党组织、全体党员、全体管理人员带领18000名员工战胜一个又一个不可战胜的困难，创造了现在这样一个奇迹，正是企业发展与党建工作的融合之果。

一、指导思想

德州恒丰集团123工程的指导思想是以党的十九大精神为指针，以新时代中国特色社会主义思想为指导，树立一面旗帜，发挥两个作用，做好三个结合，践行德州恒丰集团党员十二种意识，提升管理者和党员队伍的凝聚战斗力和领导力，把党的政治优势转化为恒丰集团和谐发展优势，为实现独树一帜的精品纺织企业而努力奋斗。

“一面旗帜”即党员要做一面旗帜，一个党员一面旗，事事在前，时时领先，模范带头。“两个作用”就是发挥党组织作用，一个是政治核心作用，第二个就是在企业发展党的政治引领作用。“三个结合”是履行好社会责任，一是党建工作与生产经营相结合，积极履推进产品创新、技术创新、模式创新，二是党建工作与企业文化建设相结合，强化人文关怀和心理疏导，不拘一格培养后备人才，构建恒丰“仁和”文化，打造集团核心竞争力，三是党建工作与履行社会责任，相结合，倡导良好风尚，热心公益，履行社会责任，关心弱势群体，回报社会。

二、一个党员一面旗

一个党员一面旗，发挥好先锋作用。在恒丰的快速发展中，在恒丰优秀的团队建设当中，每个党员都是一面旗帜。怎么发挥一面旗帜的作用？首先是政治觉悟高，党员就要坚定政治信念，就要全心全意为人民服务，敢于向身边的员工亮出追求和信仰。第二是要时时领先，党员要能够成为团队的方向。在遇到难处的时候，党员就是方向，就是指引，就是主心骨。第三是要事事在前，党员是团队的标杆，是团队的模范。恒丰的党员是一面旗帜，旗帜插到哪里，胜利就在哪里。

为了让党员形象更鲜明，集团党委设置了党员示范岗、党员责任区（联系点制度）、党员承诺制度、党员网格化联系群众制度、民主测评与谈话制度、评先树优活动、培育选拔优秀管理者制度。一面旗帜即党员意识与党员先进性制度建设。2013年恒丰集团开始走出德州到外省投资办厂，至今已先后在宁夏、新疆、云南、四川等四个省、自治区投资建厂17家。针对多地投资、厂域分散、人员管理复杂的实际状况，集团党委对新建企业推行党组织和行政管理层“双向进入、交叉任职”的工作模式，即在规划企业建设之时，同步规划党的组织建设，在选配生产经营负责人之时，同步考虑党组织负责人人选，并让大多数企业的一把手兼任党的负责人。正是因为这些制度在推动，这些理念在践行，恒丰才做到了企业发展到哪里，“恒丰速度”就扎根到哪里。

集团目前有党员697人，庞大的管理团队如何保持高效协同？怎样实现优势互补？怎样实现管理人员的绝对成长。首先是统一目标，统一方向。集团的战略规划、长期目标通过多种方式与各级管理人员进行沟通，达成共识，并列入个人战略目标，实现企业目标与个人目标的高度统一。其次，坚定信念，规范行为。集团定期开展管理人员思想信念教育，强化纪律意识，开展党员和管理人员《十二种意识》《十项守则》、“四个勿忘、四个禁忌”“十项守则”等思想信念教育，提升了中高层管理人员自我约束意识和能力。第三，强化纪律监督，不让一人失足。集团人力资源部建立了管理人员民主测评制度，每个季度都对中高层管理人员和各公司领导班子进行民主测评，由员工对管理人员和领导班子进行评分，对民主测评中成绩落后或某一方面工作得分低的，总经理进行谈心和诫勉谈话，并帮助其改进；对综合成绩特别差的，警告或降职、免职处理。对班子民主测评最差的企业，集团理事长和分管总裁将与其总经理进行深度沟通谈话，寻找管理漏洞和不足，限期改进。通过管理人员的提升，保障了集团所有工作都能够在“人”这个高素质基础上创造价值，并实现价值的传递。

一名党员一面旗，从执行力上来说也是如此。在恒丰，每名党员都是执行力的标兵，企业的成功以出色的执行力作保障。2010年，德州恒丰集团投资200万元引进了西点执行力模型，开展了执行力专业培训学习，提高中高层管理人员和骨干团队的执行力。目前，集团成功建立了独具恒丰特色的实效管理模式，其中的核心是恒丰价值质询体系。质询体系包括第三方监督制度、月度质询会、《周计划周结果》制度、YCYA制度、改善点制度等等，凡是工作结果都用价值说话，凡是执行都以流程规范为本，从而形成了整个团队的高效运营。

集团全体党员和各级管理人员都要根据公司年度目标分解、岗位职责要求、当月重点工作、个人战略、亟须改善工作等方面的内容制定当月重点工作项目和目标，目标分为奋斗目标和底线目标，并制定关键措施和时间要求等，作为月度质询会的主要内容。周计划是在此基础上进行分解落实，并按照计划开展工作，同时每周对结果进行总结，对未达成项进行乐捐。

为了规范和推进实效管理模式的深化发展，集团还定期组织团队执行力训练，并编辑了集团《执行文化手册》，强化理念的疏导，转变观念，创造性执行。 系列活动的开展大大提高了工作效能，密切了各岗位之间的协同、补位，一举改掉了老企业中推诿、扯皮、迁责的不良工作风气，形成了恒丰集团“靠原则做事，用结果说话”的团队执行文化。

三、发挥两个作用

恒丰集团党组织发挥两个作用即党组织在员工群众中发挥政治核心作用，党组织在企业发展中发挥引领作用。这些年的发展当中，我们始终是这样做的，尤其是恒丰最艰难的时候，我们的发展方向遇到困难的时候，我们在群众当中的影响发生动摇的时候，在退城入园搬迁过程中遇到挫折和艰难的时候，在哪些最艰苦的时候，我们的党组织，我们的党员，我们的骨干发挥了核心作用。

2008年的德州恒丰纺织有限公司面临破产困境，负债率160%，2000多名员工即将饭碗不保。当时的总经理苏建军与党委班子成员探讨企业的出路和希望，大家形成一致决议：不论多么困难，也要继续发展，不能让企业倒掉，不能让2000多个兄弟姐妹丢掉饭碗。在这种理念的号召下，大家看到了领导班子的担当与作为，心中燃起了希望之光。陵县恒丰纺织品有限公司在这样的情况下应运而生。新建企业需要钱，员工们你家3000，我家5000，向亲戚借款，把房子抵押，支持新公司建设。陵县恒丰纺织品有限公司是寄托了全厂员工希望的新企业，总经理罗东义带领公司党委班子一头扎进盐碱地，没白天没黑夜地干，一边建设、一边安装、一边投产，厂房刚建起来就开始办公，屋子里返潮阴湿办公桌，墙上起碱半米高，这都没有阻挡住大家的发展的热情，“恒丰人”传为佳话，“恒丰速度”传为佳话。

从2008年建立陵县恒丰纺织品有限公司开始，德州恒丰集团迈上了快速发展之路，一个个项目上马，一间间厂房竖立起来，500多个兄弟姐妹被派驻到四面八方，在41个理事单位上成为企业发展的旗帜、生产建设的旗帜，在企业发展中发挥了引领作用。宁夏、四川、新疆、云南……恒丰人发展的步伐异常坚定，鲜艳的红旗在各个项目工地猎猎飘扬。被派到各个理事单位的党员、管理人员发挥了巨大的作用，担当了企业发展的推土机、领头雁、助燃剂，为企业发展做出了巨大的贡献。2018年6月25日，由恒丰集团托管的新疆东纯兴集团党总支成立，这是恒丰集团成立的第五个党总支。

四、党建工作机制保障

2017年6月，恒丰集团三年规划发布，在新的战略指导下，集团固本培优，增强壮大，以实现由大企到强企的转变为总目标，谋求规模增长、效益增加、体制创新、优势上市管理升级、文化融合、品牌建设、商学培育、人才建设、员工福利十大目标。新的目标引领下，各个党组织带领党员积极践行十二种意识，坚持四个勿忘四个禁忌的思想，遵守制度和要求，按照机制要求开展生产经营工作。

十二种意识是德州恒丰集团党员和管理人员守则，是恒丰集团党委总结恒丰发展经验，结合集团发展战略制定的，需要每一位党员自觉践行，发扬光大。强化忠诚意识，坚定政治信念；强化奉献意识，创建仁和恒丰；强化责任意识，使命高于一切；强化服务意识，创造价值，多方共赢；强化大局意识，统筹兼顾，优势互补；强化团队意识，团结拼搏，永不言败；强化和谐意识，感恩做人，用心做事；强化创新意识，否定自我，追求卓越；强化结果意识，言必行，行必果；强化学习意识，自我提升，做好表率；强化自律意识，自重自省，清正廉明；强化人才意识，员工成才，企业成长。在恒丰，只有敢于牺牲自我、勇于承担责任的人才可以做管理者。全体管理者和党员都要做恒丰文化的第一推动者，要身体力行恒丰文化的核心价值理念。员工关键是看党员怎么做，全体党员始终坚守“十二种意识”，自觉养成好的行为喜欢和思维习惯，以身作则，率先垂范，凝聚人、激励人、培育人，用党员的信仰和品格影响和培育出恒丰集团独树一帜的优秀团队。

四个勿忘四个禁忌是高压线，是每一名管理人员和党员严谨触犯的。勿忘我们手中的权利是全体股东、员工赋予的；勿忘我们现在的处境仍处于艰苦创业期；勿忘我们成长过程中，曾经支持、帮助、关心过我们的人；勿忘我们现在身处法治社会，谁违法谁必将付出代价。禁忌无组织、无纪律、我行我素行为；禁忌以权谋私、徇私枉法行为；禁忌欺上瞒下、弄虚作假行为；禁忌拉帮结伙、自以为是行为。

《德州恒丰集团党员勤政廉洁守则》是红线，要求所有党员、管理人员自觉接受监督，严格自律，不断提升自我管理的能力，努力让自己成为一名“客户尊重、领导放心、员工信赖”的优秀管理者。通过廉政勤政建设，全力打造坚强有力、团结严谨、务实高效、无私奉献的恒丰管理团队，带领全体员工为把恒丰集团建设得更加美好而贡献全部的智慧和力量。

制度建设是党建工作顺利开展的路径，德州恒丰集团制定了规范的党建工作制度。党的代表大会制度，集团理事会民主集中决策制度，每季度的形势任务报告会制度，党组织建设制度，三会一课制度。党员活动日制度，每周质询制度、每月质询分析会制度（注重中高层管理者的个人成长分析），年度聘任干部制度，民主测评制度，督导、谈话制度，宣传制度，建立报纸、网站、公共号、期刊宣传平台。

五、做好三个结合

恒丰集团党建工作与提升生产经营相结合，与企业文化建设相结合，与履行社会责任相结合，在企业经营发展，团队文化建设，社会和谐发展方面做出了积极的努力。

党建工作与生产经营结合就是要发挥创新引领作用，推进技术产品创新和模式创新，产品创新一直是德州恒丰集团的核心竞争力，目前集团拥有百余项新产品通过省级新产品鉴定，其中5项新产品填补国际空白；3项获得国际领先水平；63项新产品填补国内空白；47项新产品、新技术成功申请国家专利；5项新产品被列入国家级重点新产品试产计划；7项新产品获山东省科学技术奖二等奖；5项新产品获山东省科学技术奖三等奖，是中国新型纤维纱线研发、创新、生产的领军企业。德州恒丰集团建立了标准化产品研发体系，拥有一个省级植物染工业化生产技术研究院，一个省级院士工作站，一个省级企业研发中心，多个市级企业研发中心，一家主导新技术、新材料全产业链应用孵化器公司。产学研结合，建立新材料、新技术转化、咨询服务平台。全体系新产品研发引领，生产技术支持，集团拥有科学系统的创新研发机制，项目定位高，研发试产速度快，产品种类丰富，结果评价科学，市场化成都高，新产品研发在行业中始终处于领先地位。

2015年，在集团党委的指导下，德州恒丰集团建设了科协，并在理事单位建立了14个科协分会，吸收了科技工作者637名。自建立以来，德州恒丰集团科协始终坚持服务于企业发展、服务于企业科技人员、服务于企业全员科技素质提高的宗旨，不断加强科协组织建设，充分发挥职能作用，团结和组织全体企业科技工作者，为企业科技创新工作贡献力量。连续两年组织评选各类创新项目共计3606项，管理创新2044项，技术创新1520项，产品创新42项，评选出金奖6项、银奖12项、铜奖18项、入围奖38项，共奖励79200元。就产品研发、新技术、新工艺以及设备改造等申请实用新型专利达46项，实现了小创新大效益，企业的知识产权受到保护，经济效益得到提升。通过集体科协组织平台，一大批科技工作者脱颖而出，受到上级政府的表扬。

全国劳动模范、十九大党代表李强同志创建“李强劳模工作室”带动影响更多的科技工作者，为发展建功立业，并以技术革新改造取得的新成果，上报申请专利4项，为提升一线生产科技创新、技术进步，做出了贡献。“军用服饰特种纱”“负离子混纺纱线”获德州市首届科技创新三等奖；德州市陵城区恒丰纺织品有限公司新产品研发处、夏津仁和纺织科技有限公司棉纺织研发中心分别获德州市首届“科技创新团队”称号；德州悦丰纺织科技有限公司张建明、陵县恒丰纺织品有限公司李哲科协会员获“德州市首届科技创新标兵”荣誉称号。周全宝同志获中共德州市委、德州市人民政府颁发的“第四届德州市优秀科技工作者”荣誉证书、三等功奖章；积极开展科技论文评选活动，组织广大科技工作者，紧紧围绕生产技术难点、经济效益增长点，收集整理各类试验数据，进行不断总结，并结合工作实际，各抒已见，大胆阐述自己的新观点、新思路，以新产品、新技术、设备改造及生产数字化平台构建与实践等题材撰写各类科技论文149篇参与评选活动，并在2016年第六届、2017年第七届全国针织科技大会论文集刊登发表。其中《多孔棉/60/40 28支混纺麻灰纱线生产实践 》《R/抗菌T/汉麻65/20/15 14.8赛络紧密纺混纺纱的生产实践》和《植物染色纤维针织用纱的探讨》3篇被评为优秀论文获得表彰奖励；11篇学术论文荣获山东纺织工程学会十三届一次优秀论文评选二等和三等奖。

第二个就是跟企业文化建设相结合，党建与文化不分家，以党建促文化方向正确，以文化促党建的落地生根。德州恒丰集团企业文化建设的模型。德州恒丰集团从中华民族优良传统中取义，把“仁和”作为恒丰生生不息的根，作为恒丰坚持不懈的魂，作为企业发展长久秉持的道。以“仁和”为核心价值观，靠“仁和”来实现“恒丰”的状态，“仁和”的动力就是诚信、务实、创新，“恒丰”的状态为了达到和谐、共赢、卓越，通过实现“恒丰”的这种状态来达成愿景——成为独树一帜的精品纺织企业。

企业文化建设工作要求党员实践“仁和”的核心价值观，树立仁和梦，追求恒丰愿景，要求每一名党员成为恒丰文化的宣传员、引导员和形象代表。纺织行业是劳动密集型企业，用工多，新时期的农民工受教育程度高、自我意识强、自尊心强，针对这一特点，恒丰集团各级党组织强化人文关怀，尊重员工、关爱员工、即时激励，科学开展心理疏导，善于沟通，建设团队，营造“快乐工作，幸福生活”的环境。当好导师，建好“学校”。树立典型形象，大力培育劳动模范，表彰先进典型，树立学习标杆。

在集团党委的关怀下，2009年成立爱心基金会成立，这是德州恒丰集团建立的内部互助组织，基金会践行恒丰文化的“仁和”“恒丰”核心价值理念，把集团党委的关爱和帮助、把员工互助关怀的爱心送到每位会员身边，在弘扬员工正气，关心员工生活、减轻员工医疗负担、帮助员工解决突发急难问题等方面发挥了积极的作用，深受广大员工的欢迎，也为增强公司凝聚力，推进精神文明建设、构建和谐企业做出了积极的贡献。2012年，恒丰集团退城入园，为了让爱心基金会持续运营，以理事长苏建军为首的恒丰工业园高层管理人员在职期内每月在德州恒丰纺织公司的全部股权收益捐赠爱心基金会，几年来共收到该类捐款87.2万元，其中仅苏建军理事长就捐献了58.5万元，充分显示了党委委员的先进性和奉献精神。

集体生日会是集团关心关爱员工的传统活动。每逢生日会上都表演喜闻乐见的文艺节目，让寿星们许愿吹蜡烛吃蛋糕。同时设计“大声说出爱”环节，让员工彼此表达“爱”的感受，提高爱的能力，设置“感恩的心”手语舞环节，提高员工感恩意识，提升幸福指数。爱心捐款集团爱心基金会的活动，每年隆重举行一次捐款仪式，整个仪式时间很短，作为捐款人把钱往捐款箱里面放的时候，他的感受是不一样的，恒丰通过这个仪式让员工感受给予的幸福，感受到被需要的幸福。

最好的关爱就是陪伴成长，集团为培养人才成立了六大成长通道，即工人技师成长通道、内训师成长通道、管理人才成长通道、商学班成长通道、技术人才成长通道、学历教育成长通道。六大通道的设立，为每一名有志青年划定了成长路径，只要有梦想，就可以通过通道成长为了不起的恒丰人。创立了自己的商学院，与专业院校联合开办了学历班、总裁办，为每一名有志青年打通了成长路径。目前，恒丰的高层管理人员已经增加到了170多名，中层人员达到了600名，在中高层管理人员中党员的比例超过了60%。李强是2009年走进恒丰的，刚进厂时是一名保全工，他个人非常敬业，也善于创新，在企业快速发展过程中得到了历练，一路成长为公司技师、公司劳动模范、县劳动模范、山东省劳动模范、全国劳动模范，2017年成为全国十九大党代表，赴北京参加会议，回到企业，积极宣讲十九大精神，为企业发展贡献着聪明才智。王晓菲是德州恒丰集团高级技能教练，刚进公司是一名细纱挡车工，十几年来一路成长，成长为全国劳动模范、十八大党代表、中国棉纺织行业传承大工匠、泰山产业领军人才，2018年当选十三届全国人民代表大会代表，参加两会，代表纺织工人参政议政，接受国家总书记习近平的接见，成为恒丰集团的骄傲。十年来，通过各条通道成长起来的劳动模范有344人，工人技师2891人，内训师74名，学历教育毕业生200余人。

第三个结合是党建工作与履行社会责任相结合，“企业发展不忘社会责任”是集团一直以来理念。德州恒丰集团的理事单位不论在哪里发展，都会勇于承担这会责任，积极反哺社会。德州恒丰集团积极响应国家号召，开展精准扶贫工作，在宁夏吴忠同利村建设了同利巾被厂，解决可解决当地400余人的就业，促进当地新农村的建设。还积极与当地政府建立联系，利用精准扶贫带动当地发展，将精准扶贫与企业生产经营做好有机结合，把企业建在了困难群众的家门口，为当地贫苦农户解决就业问题，2016年通过精准扶贫解决安置闲置劳动力2000人，帮助近6000人脱贫（每家按3-4人计算），缓解了宁夏吴忠的就业压力，为群众创造更多的经济价值，达到共赢的效果。在德州市陵城区政府的指导下，2016年6月，陵城区仁和纺织全资子公司德州市陵城区德鹏织造有限公司在德州市陵城区注册登记，公司地址位于陵城区宋家镇宋家街，目前企业已与13个社区310户716人结对扶贫。

捐资助学也是恒丰集团的传统做法。集团爱心基金会连续多年开展金秋助学活动，对家庭困难的员工子女进行资助。多个理事单位对社区学校、学子进行了捐助。陵县恒丰纺织自2009年开始对社区小学进行捐资助学，每年儿童节把电脑、体育器材、学生文具用品、老师服装、学生校服送到学校，2011年还出资150万元兴建了现代化的教学楼，彻底改善了社区小学的教学环境。2011年陵县恒宇纺织品有限公司与边镇各村十六名困难儿童结成了资助对子。2013年恒丰集团马保东和夏津仁和纺织总经理蔡金南代表公司为夏津县苑庄小学的学生送去书包、文具等价值8000元的学习用品，奉献企业爱心，同时也送上“六一”节的祝福。2015年12月，为了贫困的学生们能上好学，宁夏恒丰纺织向“希望工程　圆梦行动--利通区慈善助学基金”捐款贰万元整。2016年，集团理事长苏建军为同利村新考录的15名大学生每人送去了3000元助学金。据不完全统计，德州恒丰集团几年来共捐资助学200多万元。

六、恒丰纺织党旗红123工程的总结反思

在恒丰纺织党旗红——123工程推进过程中，我们有三点深刻体会：首先是德州恒丰集团的改革发展史始终坚持党建领先，党建工作在企业团结思想，改革创新、协同发展、生产经营中起到了保驾护航的作用。二是把中华民族优良传统文化和恒丰企业发展融合，把党的优良传统，好的经验跟我们企业的发展相融合，真正把党建工作落到实处，保障企业发展不偏离轨道，对企业的管理工作起到了极大的促进作用。三是123工程对纯洁干部队伍、净化党员、管理人员心灵具有很好的促进作用，党建工作与企业文化建设工作和人才培养工作做了很好地结合，对企业凝聚力的打造、企业文化的提升和人才队伍的成长具有重要的指引作用。

企业发展不断面临新的形势和任务，恒丰纺织党旗红—123工程也将随着新形势、新任务和新课题进行内容的调整和丰富，以党建工作为主线，抓好团队建设、抓好生产工作，为社会创造财富，为员工谋取福利，为纺织强国梦做出贡献。

成果创造人：赵秀珍、马保东、刘义民、陈兴君

加强混合所有制企业党建工作研究

中国诚通控股集团有限公司

党的十九大报告提出，“深化国有企业改革，发展混合所有制经济，培育具有全球竞争力的世界一流企业”。这是在新的历史起点上，以习近平同志为核心的党中央对国有企业改革做出的重大部署，为新时代国有企业改革指明了方向，提供了根本遵循。随着国资国企改革的不断深入，坚持公有制主体地位，发挥国有经济主导作用，国有资本、集体资本、非公有资本等交叉持股、相互融合的混合所有制经济已经成为中国特色社会主义基本经济制度的重要实现形式。据中国经济交流中心预测，到2020年混合所有制经济产值，将占到我国经济总产值40%以上。

《中共中央、国务院关于深化国有企业改革的指导意见》明确提出，“要加强和改进党对国有企业的领导，把建立党的组织、开展党的工作，作为国有企业推进混合所有制改革的必要前提”。党组织在混合所有制企业中，如何继承和发展国有企业传统政治优势，又能够很好地适应混合所有制企业的内在规律和发展要求，加强自身建设，促进企业发展，成为深化国有企业改革必须面对的重要课题，也是企业党建改革创新的时代命题。

本文通过对部分中央企业在发展混合所有制经济中加强党建工作的做法进行梳理分析，探索混合所有制企业坚持党的领导、加强党的建设的具体工作方式和实践路径。本文所指混合所有制企业主要是指国有资本绝对控股、相对控股或者具有实际控制力的企业。国有资本参股但不具有实际控制力的混合所有制企业党建工作可参照《关于加强和改进非公有制企业党的建设工作的意见（试行）》执行。

一、加强混合所有制企业党建工作的重要意义

习近平总书记在十九大报告中强调，“中国特色社会主义最本质特征是中国共产党领导，中国特色社会主义制度最大优势是中国共产党领导”。党政军民学，东西南北中，党是领导一切的。混合所有制企业加强党的领导和党的建设是应有之义。

（一）坚持和完善基本经济制度的需要

公有制为主体、多种所有制经济共同发展的基本经济制度，是中国特色社会主义制度的重要支柱，也是社会主义市场经济体制的根基。公有制经济和非公有制经济都是社会主义市场经济的重要组成部分，都是我国经济社会发展的重要基础。国有资本、集体资本、非公有资本等交叉持股、相互融合的混合所有制经济，有利于国有资本放大功能、保值增值、提高竞争力，有利于各种所有制资本取长补短、相互促进、共同发展。

发展混合所有制经济，必须毫不动摇巩固和发展公有制经济，坚持公有制主体地位，发挥国有经济主导作用，不断增强国有经济活力、控制力、影响力。只有保持公有制经济的主体地位，才能保证社会主义方向。国有企业和国有资产必须牢牢掌握在党的手中。无论企业资产怎样重组，产权关系怎样变化，内部决策和经营机制怎样调整，党对国有企业和国有控股企业的领导，都必须始终坚持，不能有任何削弱。坚持和完善基本经济制度，首要的就是坚定制度自信，既不能走封闭僵化的老路，决不回头去搞“一大二公”“纯而又纯”，更不能走改旗易帜的邪路，决不能搞私有化、“去国有化”。

（二）保证国有企业正确改革方向的需要

2017年中央经济工作会议明确提出，“要以混合所有制改革作为重要突破口，深化国资国企改革”，通过混合所有制改革使国企的资产优势、效率优势与民企优势有机结合，实现共同发展。发展混合所有制经济，重点积极推进主业处于充分竞争行业和领域的商业类国有企业混合所有制改革，有效探索重点领域混合所有制改革，在引导子公司层面改革的同时探索在集团公司层面推进混合所有制改革。大力推动国有企业改制上市，根据不同企业功能定位，逐步调整国有股权比例。在取得经验基础上稳妥有序开展国有控股混合所有制企业员工持股，建立激励约束长效机制。鼓励包括民营企业在内的非国有资本投资主体通过多种方式参与国有企业改制重组，鼓励国有资本以多种方式入股非国有企业，建立健全混合所有制企业治理机制。

改革开放以来，我们党领导国有企业进行艰辛改革，企业党组织教育引导广大党员、干部倾力支持改革、积极投身改革，为国有企业跨越发展做出了巨大贡献。国有企业拥有4000多万在岗职工、近80万个党组织、1000多万名党员，是我国工人阶级队伍的骨干力量，是我们党拥有的关键时刻听指挥、拉得出，危急关头冲得上、打得赢的基本队伍，也是我们党执政最坚定、最可靠的阶级基础。国有企业推进混合所有制改革，坚持加强和完善党的领导、加强和改进党的建设，才能实现国有资本保值增值，保证国企业改革正确方向，使国企成为党和国家最可信赖的依靠力量，成为坚决贯彻执行党中央决策部署的重要力量，成为贯彻新发展理念、全面深化改革的重要力量，成为实施“走出去”战略、“一带一路”建设等重大战略的重要力量，成为壮大综合国力、促进经济社会发展、保障和改善民生的重要力量，成为我们党赢得具有许多新的历史特点的伟大斗争胜利的重要力量。

（三）混合所有制企业自身发展的需要

坚持党的领导、加强党的建设，是我国国有企业的光荣传统，是国有企业的“根”和“魂”，是我国国有企业的独特优势。加强和改进新形势下国有企业党的建设，就是要通过贯彻落实党的理论和路线方针政策来把准企业改革发展的正确方向，通过党管干部、党管人才来建强企业领导班子和职工队伍，通过发挥基层党组织战斗堡垒作用和党员先锋模范作用来凝聚职工群众、推动各项任务落实，通过加强党风廉政建设来正风肃纪、防范风险。党的十八大以来，我们党对深化国有企业改革做出重大部署，企业党组织和广大党员、干部凝聚共识、汇集力量，在啃硬骨头、涉险滩的奋斗中为企业注入创业动力、创新活力、创造实力。

当前我国处于全面建设小康社会的关键时期，国有企业改革发展面临新的机遇和挑战。

市场竞争国际化、产权结构多元化、劳动关系契约化趋势越来越明显，企业面临的市场环境日趋复杂、竞争程度日益激烈。与西方国家企业管理体系相比，中国国有企业设立党组织，有贯穿于决策层、管理层和员工三个层面的党员队伍，是一支具有先进的理论指导和价值追求、健全的组织体系和工作机制、严明的组织纪律和优良作风的队伍，能够把党和国家的大政方针与企业发展的具体目标结合起来，充分发挥党组织在把关定向、动员组织、服务群众、促进和谐、提升企业软实力等方面的优势，凝聚广大职工的力量，增强决策的执行力以及实现企业愿景和目标的战斗力。混合所有制企业坚持两个“一以贯之”不动摇，把党组织内嵌到公司治理结构之中，发挥好领导作用，把方向、管大局、保落实，保证企业做强做优做大。

二、混合所有制企业党建工作面临的形势和存在的问题

随着国有企业改革的不断深化，包括国有资本绝对控股、相对控股或具有实际控制力的混合所有制企业在内的国有企业党建工作得到了加强。特别是在2016年全国国有企业党的建设工作会后，各级党委坚持把党要管党、从严治党落到实处，列时间表、下硬任务，抓顶层、明责任、强队伍，着力破解党建“老大难”问题，一系列加强企业党的建设的要求得到迅速贯彻落实，特别是通过推动党建工作要求写入公司章程，把党的领导融入公司治理各环节，把党组织内嵌到公司治理结构之中，明确和落实了党组织在公司法人治理结构中的法定地位。但综合来看，混合所有制企业党建工作距离中央要求仍然存在较大差距，加强党建任务仍然艰巨，许多现实问题仍然亟待解决。

（一）混合所有制企业党建工作面临的形势和任务

2013年《中共中央关于全面深化改革若干重大问题的决定》已经明确提出，“全面深化改革必须加强和改善党的领导，充分发挥党总揽全局、协调各方的领导核心作用，建设学习型、服务型、创新型的马克思主义执政党，提高党的领导水平和执政能力，确保改革取得成功”。2015年6月5日，中央全面深化改革领导小组第十三次会议再次强调，要坚持党的建设与国有企业改革同步谋划、党的组织及工作机构同步设置，实现体制对接、机制对接、制度对接、工作对接，确保党的领导、党的建设在国有企业改革中得到体现和加强。要坚持党管干部原则，建立适应现代企业制度要求和市场竞争需要的选人用人机制。要把加强党的领导和完善公司治理统一起来，明确国有企业党组织在公司法人治理结构中的法定地位。国有企业党组织要承担好从严管党治党责任。

2015年8月24日，中央正式印发《关于深化国有企业改革的指导意见》（以下简称《指导意见》），这是新时期指导和推进国有企业改革的纲领性文件。随后国务院国有企业改革领导小组研究确立了国企改革“1+N”文件体系。《指导意见》作为“1”，在国企改革中发挥引领作用；制定“N”个配套文件，强化各项改革之间的协同配合。“1+N”文件体系及相关细则，共同形成了国企改革的设计图、施工图。在“1+N”文件体系中，也进一步明确了深化国有企业改革、发展混合所有制经济中坚持党的领导、加强党的建设的具体要求。

《指导意见》明确，“坚持党对国有企业的领导，这是深化国有企业改革必须坚守的政

治方向、政治原则"；2015年印发《关于在深化国有企业改革中坚持党的领导加强党的建设的若干意见》明确，"党的建设和国有企业改革同步谋划、党的组织及工作机构同步设置、党组织负责人及党务工作人员同步配备、党的工作同步开展"；同年印发的《关于国有企业发展混合所有制经济的意见》进一步明确，"加强混合所有制企业党建工作。坚持党的建设与企业改革同步谋划、同步开展，根据企业组织形式变化，同步设置或调整党的组织，理顺党组织隶属关系，同步选配好党组织负责人，健全党的工作机构，配强党务工作者队伍，保障党组织工作经费，有效开展党的工作，发挥好党组织政治核心作用和党员先锋模范作用"。

2016年10月，习近平总书记在全国国有企业党的建设工作会议上再次强调，"要在集团、下级企业、控股企业、上市公司、参股和混合所有制企业、投资项目等中央企业各个层面构建严密党建网络，分别承担同各自定位相适应的主体责任。要同步建立党的组织、动态调整组织设置，做到哪里有职工群众哪里就有党员，哪里有党员哪里就有党的组织，哪里有党的组织哪里就有健全的组织生活和党的组织作用的充分发挥"，"国有企业开展混合所有制改革，要把建立党的组织、开展党的工作作为必要前提，境外分支机构要因地制宜、灵活设置党的组织，不能成为党建工作的盲区"，非常明确地提出了混合所有制企业加强党建工作的目标和方向。2017年，中组部、国资委党委印发《关于扎实推动国有企业党建工作要求写入公司章程的通知》，又具体明确了国有资本绝对、相对控股的混合所有制企业党建工作进章程的方法、步骤。这种硬性约束也为混合所有制企业加强党的建设提供了更加明确的依据。

（二）加强混合所有制企业党建工作存在的问题

国有企业混合所有制改革新局面正在逐步形成，但混合所有制改革带来的股东利益取向多元化、经济利益最大化、企业文化多元化、价值诉求多元化等现实情况不容忽视。不同出资主体、不同文化背景的群体在混合所有制企业中相互影响，在市场选择、管理方式、处事作风、作业安排等一系列问题上，往往会持有不同的认知和态度，甚至可能出现矛盾和冲突，此外，更加市场化的薪酬机制、竞争机制、考核机制等客观因素，都会给混合所有制企业党建工作带来挑战。加强混合所有制企业党的建设，必须解决下列突出问题：

一是领导人员思想认识问题。有的混合所有制企业负责人甚至是党组织负责人对党建工作存在模糊认识或错误认识，片面强调企业经济属性而忽视企业政治属性，片面追求经济效益却忘记肩负的政治责任。这也导致有些党员对自身与企业的关系简单认定为"劳方和资方的雇佣关系"，容易导致出现身份认同下降、组织认同淡漠、模范作用弱化等现象。

二是党的组织体系建设问题。有的混合所有制企业组织机构仍然不健全，特别是部分基层企业由于党员人数较少、党员比例较低、员工流动性大等历史原因，成立党组织面临困难，即使成立党组织也难以保障党组织正常活动，距离"组织全覆盖、活动正常化"的标准存在差距，此外，有的企业还存在劳务派遣人员中的党员没有纳入党组织管理的现象。

三是党组织的职责权限问题。混合所有制企业中，国有资本、集体资本、非公有资本等交叉持股、相互融合，党组织如何在公司治理结构中真正落实法定地位，规范参与企业重大问题决策；如何在市场化选聘人才中，落实党管干部和党管人才原则；如何在企业领导干部身份多元情况下，健全权力运行监督机制等等，都需要在制度层面进一步明确。党组织职责权限不够明确，发挥领导作用就面临挑战。

四是党建工作保障措施问题。有的混合所有制企业党组织活动时间、经费、场所容易受经营活动的影响，在干部配备和使用上存在“经强党弱”“先经后党”现象，在岗位待遇上也存在“经厚党薄”“先经后党”的现象。党务干部积极性容易受挫，优秀党务干部选拔难、安心难，党组织作用发挥不充分。

五是基层组织活动创新问题。有的混合所有制企业党组织未能主动适应体制机制以及职工身份多元化带来的挑战，党组织活动与经营管理或多或少存在“两张皮”现象，特别是对党员的教育管理方式与党员真正需求存在差距，党组织凝聚力和向心力不足，党员身份意识和归属感不强，党性观念出现弱化现象。基层党组织战斗堡垒作用、党员的先锋模范作用未得到充分发挥，调动职工群众特别是青年职工积极性不足。

三、加强混合所有制企业党建工作的实现路径

混合所有制企业与传统国有企业相较，运营模式、管理方式、思维惯式都出现了新变化、新挑战，对党的建设提出了新的更高的要求，需要探索混合所有制企业党建工作新路径，才能全面完成企业改革发展和党建工作各项目标任务。

（一）坚决落实“四同步”原则，做到党组织全覆盖

党章规定“企业、农村、机关、学校、科研院所、街道社区、社会组织、人民解放军连队和其他基层单位，凡是有正式党员三人以上的，都应当成立党的基层组织。党的基层组织，根据工作需要和党员人数，经上级党组织批准，分别设立党的基层委员会、总支部委员会、支部委员会”。国有企业发展混合所有制经济，必须落实好“党的建设和国有企业改革同步谋划、党的组织及工作机构同步设置、党组织负责人及党务工作人员同步配备、党建工作同步开展，实现体制对接、机制对接、制度对接和工作对接”的要求。

一是要把建立党的组织、开展党的工作作为必要前提。树立“资本到哪里，党的作用就发挥到哪里”的鲜明导向，在公司章程中对设立党的组织、开展党建工作、设置党的工作机构等予以明确，做到哪里有党员哪里就有党的组织，哪里有党的组织哪里就有健全的组织生活和党的组织作用的充分发挥，确保党的领导、党的建设在国有企业改革中得到体现和加强，坚决防止以深化改革为名，在一片加强声中弱化党的领导、削弱党的建设。

二是要因地制宜、灵活设置党的组织。推进混合所有制改革过程中，应建立党建工作尽职调查机制，为混合所有制企业及时健全党的组织提供依据。新成立混合所有制企业，由上级党组织按照党员人数、经营规模和工作实际，决定成立党委、党总支或党支部，已有党组织的要及时调整党组织人员构成，确保上级国有企业党组织的领导地位。对于确因党员人数不足等历史原因暂无法成立党组织的混合所有制企业，经上级党组织批准，可以和临近单位的党员成立联合党支部。

（二）规范设置党的工作机构，配齐配强党务工作力量

《关于国有企业发展混合所有制经济的意见》中明确，“根据企业组织形式变化，同步

设置或调整党的组织，理顺党组织隶属关系，同步选配好党组织负责人，健全党的工作机构，配强党务工作者队伍”。混合所有制企业可根据企业规模、党员人数和员工规模，按照精简、高效、协调和有利于加强党的工作的原则，分类设置党的工作机构，配备党务工作人员，保证党的工作正常开展。

第一，设立党委的混合所有制企业，原则上至少有一个独立设置的党的工作部门，人员编制不低于其他职能部门平均职数，有条件的可以分别设立党委办公室、组织部、宣传部等党的工作部门。设立纪委的混合所有制企业，原则上应当独立设立纪检监察部门。

第二，设立党总支、党支部的混合所有制企业，可以根据企业规模、党员人数等实际情况，设立专职书记或副书记，党的工作部门可以与其他部门合署办公，但至少配备1名专职党务工作人员。

第三，工会、共青团组织工作部门可以独立设立，也可与党的工作部门合署办公。工会与党的工作部门合署办公的，须配备专职人员负责工会工作，按照规定建立企业职工代表大会制度。

第四、保证党务工作人员与经营管理人员同职级同待遇，选拔优秀党员担任党务干部，逐步建立党务工作人员与经营管理人员轮岗制度，保证党务工作人员的积极性。

（三）加强党务工作经费预算管理，保证党组织活动正常开展

《中共中央组织部、财政部、国务院国资委党委、国家税务总局关于国有企业党组织工作经费问题的通知》（组通字[2017]38号）明确要求，国有企业（包括国有独资、全资和国有资本绝对控股、相对控股企业）党组织工作经费主要通过纳入管理费用、党费留存等渠道予以解决。纳入管理费用的部分，一般按照企业上年度职工工资总额1%的比例安排，纳入年度预算。

第一，混合所有制企业党组织工作经费保障应在公司章程中予以明确。党组织工作计费通过纳入管理费用、党费留存等渠道予以解决，纳入管理费用部分按照上年度职工工资总额1%的比例纳入安排，保证党组织活动正常开展。

第二，结合企业党建工作实际，建立党的工作经费使用管理制度，严格审批支出，并坚持向基层和生产经营一线倾斜，确保党组织工作经费节约使用、用得其所、用出实效。

第三，加强党组织工作经费使用监督，党费的收缴、使用和管理严格按照党内有关规定执行，纳入管理费用得部分，要严格执行财务制度，接受纪检监察、财务、审计部门的监督。党组织工作经费收支情况定期向党员大会或党员代表大会报告，并在一定范围内进行公示。

（四）明确不同股权结构下党组织的职责定位，落实在公司法人治理结构中的法定地位

党章规定，“国有企业党委（党组）发挥领导作用，把方向、管大局、保落实，依照规定讨论和决定企业重大事项”。在国有资本绝对控股或相对控股、具有实际控制力的混合所有制企业的党组织职责定位应视同国有企业党组织。混合所有制企业作为独立法人单位，可根据企业规模、工作需要和党员人数，经上级党组织批准，成立党委、党总支、党支部，但是法人单位党组织都应发挥领导作用，不能因为党组织名称不同而发挥作用不同。法人单位党组织与

企业中设立的基层党总支、党支部职责定位应有所区别。

把方向，就是把好政治方向、改革方向、发展方向，坚决维护以习近平同志为核心的党中央权威，坚决贯彻落实党中央各项决策部署，自觉在思想上政治上行动上同党中央保持高度一致。

管大局，就是坚持在大局下行动，议大事、抓重点，发挥党“总揽全局、协调各方”的领导核心作用，处理好与其他法人治理主体之间的关系，建立有效融合的运转机制，把强党建作为实现保增长、快改革的重要保障。

保落实，就是坚持党管干部、党管人才原则，建强企业领导班子和职工队伍，把“管资本”为主和对人的监督结合起来，通过领导带党员、党员带群众的示范带动作用，确保把党和国家重大决策部署、国资委党委各项工作要求和企业的重大决策落到实处，真正把党组织的政治优势、组织优势内化为企业的竞争力、执行力、战斗力。

（五）规范党组织参与重大决策的程序，处理好党组织和其他治理主体的关系

借口建立现代企业制度否定或取消党的领导无疑是错误的，但把党组织直接作为企业生产经营的决策和指挥中心也不符合企业党组织功能定位。世界经合组织认为：“好的或有效的公司治理制度是具有国家特性的，它必须与本国的市场特征、制度环境以及社会传统相协调”。混合所有制企业在实际运行中，要处理好党组织和其他治理主体的关系，在公司章程中明确权责边界，做到无缝衔接，形成各司其职、各负其责、协调运转、有效制衡的公司治理机制。党组织要围绕“把方向、管大局、保落实”发挥领导作用。

第一、负责全面推进企业的政治建设、思想建设、组织建设、作风建设、纪律建设，把制度建设贯穿其中，深入推进反腐败斗争，讨论决定集团公司思想意识形态、党组织建设、干部队伍建设、党风廉政建设等党的建设重大事项。

第二、落实党组织研究讨论是董事会、经理层决策重大问题的前置程序，重大经营管理事项必须经党组织研究讨论后，再由董事会或经理层做出决定。充分发挥党“总揽全局、协调各方”的作用，处理好不同投资主体以及不同法人治理结构主体之间的关系，通过前置程序参与企业重大决策、重大项目安排和大额度资金运作等“三重一大”事项决策，重点从四个方面进行把关：符合党和国家的方针政策、重大部署，国资委关于改革发展的部署要求以及企业自身的战略规划；符合提高企业效益、增强企业竞争实力、实现国有资产保值增值要求；维护国家、社会公众利益和企业、职工的合法权益，促进企业和谐发展；决策程序和流程规范。

第三、处理好“党管干部、党管人才”原则和“落实和维护董事会依法行使选人用人权”之间的关系。严格规范落实干部选拔任用程序，对董事会或总经理提名的人选进行酝酿并提出意见建议，或者向董事会总经理推荐提名人选。履行好“确定用人标准、研究推荐人选、严格组织考察、完善评价体系、加强监督管理”的职责，重点做到“五管”、把好“五关”，即：管原则，把好导向关；管标准，把好资格关；管程序，把好规则关；管机制，把好政策关；管监督，把好调整关。既充分发挥党组织在选人用人上的把关定向职能，又要充分调动董事会、经理层依规选人和按需用人的主观能动性，从而实现党组织、董事会、经理层在选人用人上的融合和协调，形成合力，依法合规。

第四、落实“双向进入、交叉任职”领导体制，符合条件的党委成员可以通过法定程序进入董事会、监事会、经理层，董事会、监事会、经理层成员中符合条件的党员可以依照有关规定和程序进入党委。通过进入董事会和经理层的党组织成员，必须发表党组织意见，落实党组织决定，并将董事会和经理层决策情况及时向党委报告。

（六）有效加强党员教育，发挥党员模范带头作用

针对组织结构多样化、股东利益多元化、员工企业认同感差异化的现实情况，混合所有制企业党组织开展党员教育要创新工作方式方法，更加注重文化沟通，逐步构建企业基本价值观和行动指南，不断强化基本价值观的共识和认同。

一要规范党内组织生活，坚持和完善“三会一课”、组织生活会、民主评议党员、党员思想汇报等制度和做法，增强党员的归属感，提升党员的宗旨意识，解决党性观念淡化的倾向，发挥党员的骨干作用，成为工作核心和中坚力量，形成强大的感召力和凝聚力。

二要发挥党的思想政治工作优势，创新党员教育方法，组织大家喜闻乐见的党内活动，与生产经营管理、人力资源开发、企业精神培育、企业文化建设等工作结合起来，关心帮助服务党员，在思想上解惑，在精神上解忧，在文化上解渴，在心理上解压，特别是注重把年轻员工、骨干员工发展到队伍中来，增强队伍活力，使党组织真正成为团结群众的核心、教育党员的学校、攻坚克难的堡垒 。

三要整合企业的激励关怀资源，建立健全党员激励关怀的制度体系，形成激励关怀党员职业生涯发展、激励关怀青年党员成长、激励关怀困难党员生活的三个激励关怀机制，建立“人文关怀进支部、心理疏导到党员”的运作平台，营造良好的基层企业政治氛围。

四要培养挖掘发现身边先进党员典型，采取以点带面的方法，总结经验，宣传报道，在内部宣讲优秀党员的典型事迹，使全体党员在典型的带动下奋发工作，锐意进取。结合年度评奖情况，突出对党员付出的肯定，精神奖励与物质奖励相结合，同时，重要岗位任免时要优先考虑党员身份员工。

四、加强和改进混合所有制企业党建工作的思考

把混合所有制经济确立为基本经济制度的重要实现形式，这是基本经济制度理论的重大创新。当前，国有企业改革正处于攻坚阶段，仍面临许多深层次的矛盾和问题，深化国有企业改革依然任重道远 。混合所有制企业加强党的建设需要进一步加强探索和实践。

（一）增强“四个意识”，坚定“四个自信”，保证混合所有制改革发展的正确方向

国有企业发展混合所有制经济必须旗帜鲜明的讲政治，增强“四个意识”，坚定“四个自信”，以习近平新时代中国特色社会主义思想为指引，坚持党对国有企业的领导是重大政治原则，必须一以贯之；建立现代企业制度是国有企业改革的方向，也必须一以贯之，确保企业发展到哪里、国有资本流动到哪里，党的建设就跟进到哪里、党支部的战斗堡垒作用就体现在哪里。把坚持党的领导、加强党的建设作为混合所有制改革的必要前提，充分发挥党组织的领

导作用、基层党支部的战斗堡垒作用和党员的先锋模范作用，推动国有资本做强做优做大。

在企业改制重组协议和公司章程中，要明确党组织的机构设置、人员编制、活动方式和经费保障等内容。建立混合所有制企业后，要制定规范党组织发挥作用的规章制度。加强混合所有制企业党建工作，要着眼于新时代国有企业的地位与使命，坚持新时代党建工作的指导思想和基本原则，从巩固党的执政地位的高度充分认识党建工作的重要性，保证混合所有制改革的正确方向。

（二）强化文化融合，实现理念突破，增强混合所有制企业党建工作的凝聚力、向心力

混合所有制企业党组织要坚持用社会主义核心价值观体系引领企业文化建设，推进文化“融合”，使国有企业文化体系、民营企业文化模式、社会投资者文化因素等交相融合、取长补短，促进企业发展。通过企业文化有效融合，培养企业共同价值观念，赢得不同投资主体或不同文化背景人员的认可。通过组织开展丰富多彩的企业文化活动，塑造积极向上的企业精神，树立高尚的职业道德，促使企业文化内化于心、固化于制、外化于行。

混合所有制企业党组织要发挥思想政治工作优势，引导不同投资者和管理人员牢固树立全心全意依靠职工办企业的思想，注重人文关怀。针对利益分配方式、人员结构多样化的特点，深入研究多元利益主体下，员工的心理因素和职业行为变化，加强企业的民主管理，推动建立维护职工权益的磋商机制。要把职工群众团结在党组织周围，使得党建工作具有吸引力和生命力，形成推动企业健康发展的强大凝聚力。

（三）完善领导体制，理顺隶属关系，推进混合所有制企业党建工作开展

推进混合所有制改革，必须完善企业领导体制，理顺党组织和法人治理结构的关系，建立健全加强党的建设的规章制度，形成适应现代企业制度要求与党组织发挥作用相结合的组织形式。混合所有制企业党组织在完善的法人治理结构框架中履行好职责，发挥好作用，维护国有资本权益、维护国有股东代表权益、维护广大职工正当利益。

理顺党组织隶属关系，按照谁出资、谁负责、谁管理的原则，以资本关系为纽带确立党组织的隶属关系。国有控股企业党组织，由履行出资人职能的单位党组织管理；相互参股的国有企业党组织，由控股或相对控股的企业党组织负责管理；国有参股并参与企业管理的企业党组织，由投资方国有企业党组织负责管理。与出资人或控股方不在同一地区的混合所有制企业，一般应实行属地管理，根据党员人数、分布情况、所处地域，按照“便于党员教育管理、便于党员发挥作用和实际工作需要”的原则，合理确定隶属关系。

（四）强化组织建设，提升党务力量，夯实混合所有制企业党建工作基础

无论国有企业如何“混合”，党组织都要以基层组织建设和党员队伍建设为重点，配备专职党务工作人员，健全党组织机构，加强党建工作制度和体系建设，形成有效运行的工作机制，确保党建工作围绕中心、进入管理、创造价值。要推进学习型党组织建设，做好党员发展和教育、管理、监督、服务工作。要发挥纪委监督执纪问责的党内监督专责机构作用。同时，还要领导工会、共青团等群团组织，支持和带动群众组织发挥作用，不断增强党组织创造力、凝聚力、战斗力。

混合所有制企业党组织要不断强化自身建设。一要加强党组织书记队伍建设，选派理想信念过硬、工作能力过硬、思想作风过硬的优秀党员担任党组织书记，忠诚、干净、担当才能最大可能地赢得各方的认同支持。二要加强混合所有制企业党务工作者队伍建设，无论专职还是兼职党务人员，都要不断加强业务培训，提高自身素质，确保熟悉党的政策、掌握党务工作实务。三要改进党建工作方法，利用好信息化、网络化、新媒体等新手段，加强社会学、心理学等专业知识学习和应用，提升做人的工作的本领。

（五）紧扣改革主题，落实党建责任，保证混合所有制企业发展的良好氛围

混合所有制企业党建工作要聚焦改革发展大局，把好工作方向，拓展工作思路，找准与经营管理、安全生产、合资合作、市场开拓等方面的结合点，创造性开展工作，做到贯彻党的政策有行动，推进生产经营有作为，落实工作部署有成效，推进全面从严治党无死角，把国有企业的政治优势、党建优势、规范管理等融入混合所有制企业，增强企业的核心竞争力。

混合所有制企业面临更大的自主权，但绝不允许党的纪律放松，党员管理放宽。越是搞活经济就越要从严治党，抵制市场经济可能带来的负面效应、保持党的先进性。通过贯彻落实党的理论和路线方针政策来把准企业改革发展的正确方向；通过参与重大决策问题的研究讨论管住涉及国家宏观调控、国家发展战略、国家安全等重大经营管理事项的大局；通过党管干部、党管人才来建强企业领导班子和职工队伍，发挥基层党组织战斗堡垒作用和党员先锋模范作用，调动职工群众的积极性，来保障改革发展任务的具体落实。

党的十九大提出了"两个一百年"奋斗目标。国有企业改革发展必须与实现"两个一百年"奋斗目标同频共振，在新的历史时期，国有企业改革发展必须与实现"两个一百年"奋斗目标同频共振，与人民群众对美好生活的向往同向推进，这是国有企业必须肩负起的光荣使命和历史责任 。国有企业推进混合所有制改革过程中，要继续探索坚持党的领导、加强党的建设，不忘初心牢记使命，实现国有资产保值增值，推动国有资本做强做优做大，有效防止国有资产流失，在迈进新时代、开启新征程中发挥更大作用。

成果创造人：王延胜

【注释】

[1]中国共产党第十八届中央委员会第三次全体会议公报

[2]《坚持公有制为主体多种所有制经济共同发展》，2015年11月24日《人民日报》

[3]国资委主任肖亚庆解读十九大报告：深化国有企业改革，2017年11月

[4]肖亚庆：深化国企国资改革，做强做优做大国有企业，2017年06月16日《学习时报》

[5]习近平总书记在2016年全国国有企业党的建设工作会上的重要讲话

[6]习近平总书记在2016年全国国有企业党的建设工作会上的重要讲话

[7]习近平总书记在全国国有企业党的建设工作会上的重要讲话，2016年10月

[8]习近平总书记在全国国有企业党的建设工作会上的重要讲话，2016年10月

[9]肖亚庆：深化国企国资改革，做强做优做大国有企业，2017年06月16日《学习时报》

[10]肖亚庆解读十九大报告：深化国有企业改革，2017年11月

航天科工混合所有制企业党建核心能力建设探索与实践

中国航天科工集团有限公司

国有资本、集体资本、非公有资本等交叉持股、相互融合的混合所有制经济，是基本经济制度的重要实现形式，有利于国有资本放大功能、保值增值、提高竞争力。积极发展混合所有制经济是新形势下坚持公有制主体地位，增强国有经济活力、控制力、影响力的一个有效途径和必然选择。如何将混合所有制企业党组织的政治优势转化为发展优势是新形势下国有企业贯彻习近平新时代中国特色社会主义思想和党的十九大精神，落实全面从严治党主体责任，提升党建科学化水平的重要课题。中国航天科工集团公司（以下简称航天科工）积极推进混合所有制企业党建核心能力建设的实践与探索，履行央企责任，为军民融合发展、企业转型升级提供政治保证。

一、概述

（一）混合所有制企业

混合所有制是指国有资本、集体资本、民营资本、境外资本等进行交叉持股，相互融合形成的企业，是公有资本（国有资本和集体资本）与非公有制资本（民营资本、境外资本、个人资本）共同参股组成的新型企业形式，“公混公”和“民混民”都不是混合所有制企业。本文主要研究对象是航天科工及其所属单位代表的国有资本绝对控股、相对控股或持较大股份（第二、三位大股东）的混合所有制企业。

同时，对照国家统计局对国有企业的定义：一是纯国有企业（100%国家出资，包括国有独资企业、国有联营企业等等），二是国有绝对控股企业（国有资本50%或以上），三是国有相对控股企业，就是即使国有资本比例不足50%，但是相对高于企业中的其他经济成分所占比例的企业。以上三类都是国有企业。

综上，本文研究对象有“混合”和“国有”的双重属性，同时，在这类企业中，国有资本不论是在产权结构和业务控制力上都处于主导地位。因此，这类企业在“混合”的基础上，具有鲜明的“国有”属性应。

（二）党建核心能力

核心能力概念起源于企业管理，是指一个公司的主要能力，即该公司在竞争中处于优势地位的强项，是其他对手很难达到或无法具备一种能力。党建核心能力就是党组织区别于其他组织的作用、优势，国有企业的党建核心能力，就是党组织要发挥领导作用，把方向、管大局、保落实。构建模型图见图1。

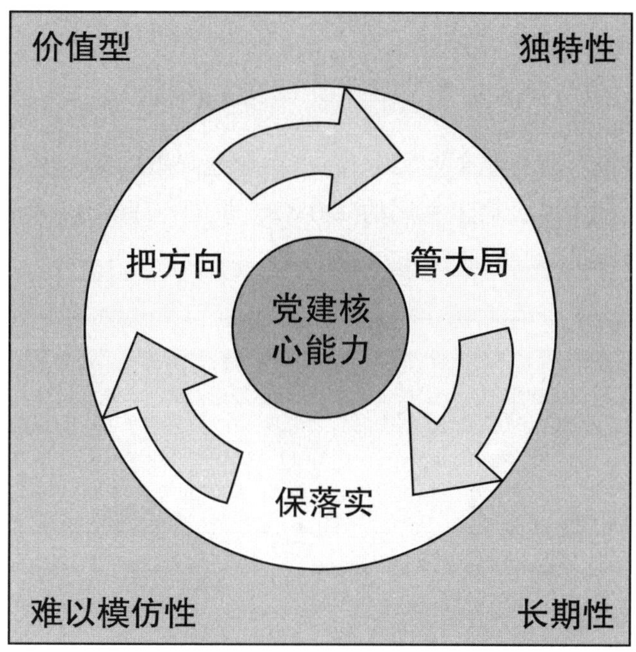

图1 党建核心能力建设模型图

把方向，就是要自觉在思想上政治上行动上同党中央保持一致，坚决贯彻党的理论和路线方针政策，确保坚持改革发展正确方向；管大局，就是要坚持在大局下行动，议大事、抓重点，加强集体领导、推进科学决策，推动企业全面履行经济责任、政治责任、社会责任；保落实，就是要管干部聚人才、建班子带队伍、抓基层打基础，领导群众组织并发挥其作用，凝心聚力完成企业中心工作，把党中央精神和上级部署不折不扣落到实处。

作为“国有”属性鲜明的混合所有制企业的党建核心能力，应该在具备国有企业核心能力共性的基础上，研究其个性。混合所有制企业党建核心能力与传统国有企业党建核心能力最大的不同就在于如何在多个性质的利益主体共存的公司治理中发挥好领导作用。党组织既要发挥好领导作用，也要尊重不同利益主体利益诉求，既要维护董事会对企业重大决策问题的决策权，又要保证党组织的意图在重大问题决策中得到体现，其具有四个特征：

一是价值性。混合所有制党建核心能力建设能通过政治、思想、组织优势的转化，为企业带来长期性的关键利益，为创造企业长期性的主动权。

二是独特性。混合所有制党建核心能力建设既区别于民营或外资企业管理优化，贯穿于决策监督执行、生产经营管理各个环节，又区别于传统国有企业的党建核心能力，必须统筹好多方不同性质利益主体的利益。

三是难以模仿。混合所有制党建核心能力的优势来源于把党的领导融入公司治理的各环节，把企业党组织内嵌到公司治理结构中的中国特色现代国有企业制度，需要特定的国情、企情以及执政资源，其他国家和其他类型的企业难以模仿，在企业发展中具有不可替代的作用。

四是长期性。建设中国特色现代国有企业制度，坚持党对混合所有制企业的领导，把加强党的领导和完善公司治理统一起来，既是过去长期实践的结论，也是今后要一以贯之的做法。

二、航天科工混合所有制企业及党建工作的基本情况

航天科工目前共有混合所有制企业320户，占企业总户数的50.47%，营业收入占航天科工营业收入的54.34%，利润占航天科工利润的58.03%，职工合计60160人，党员合计9816人，混合所有制企业党员人数占职工总数的16.32%。

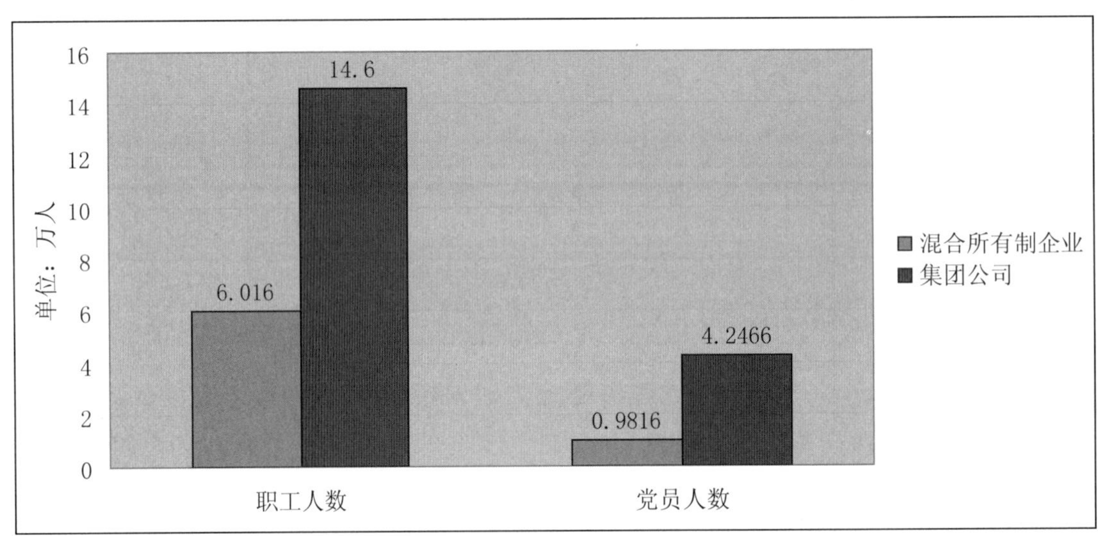

图2 混合所有制企业职工人数、党员人数情况

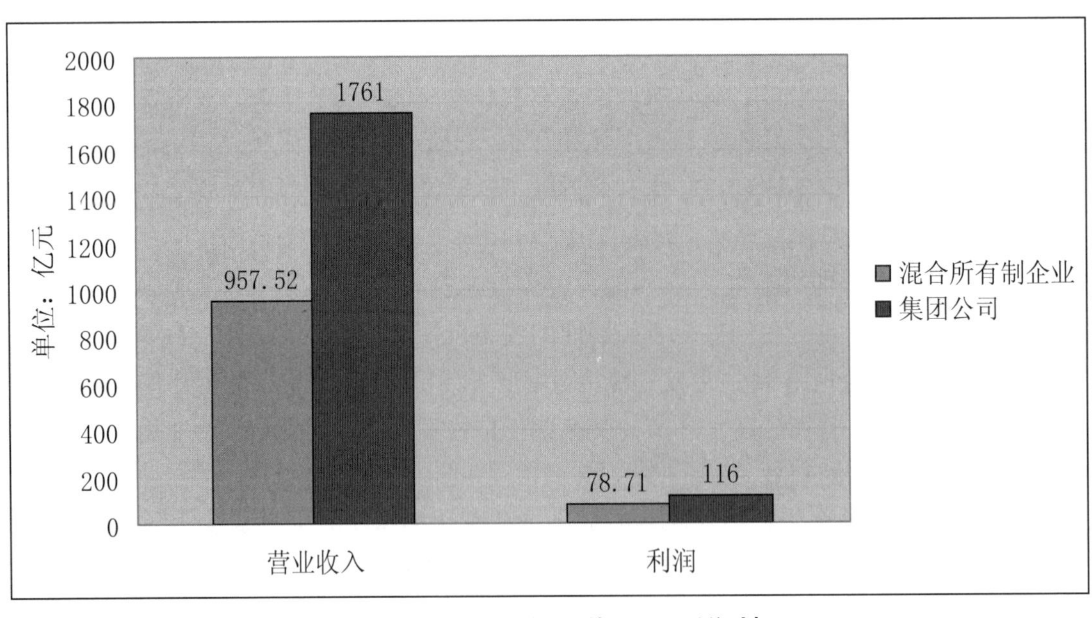

图3 混合所有制企业收入、利润情况

（一）航天科工混合所有制企业分布情况

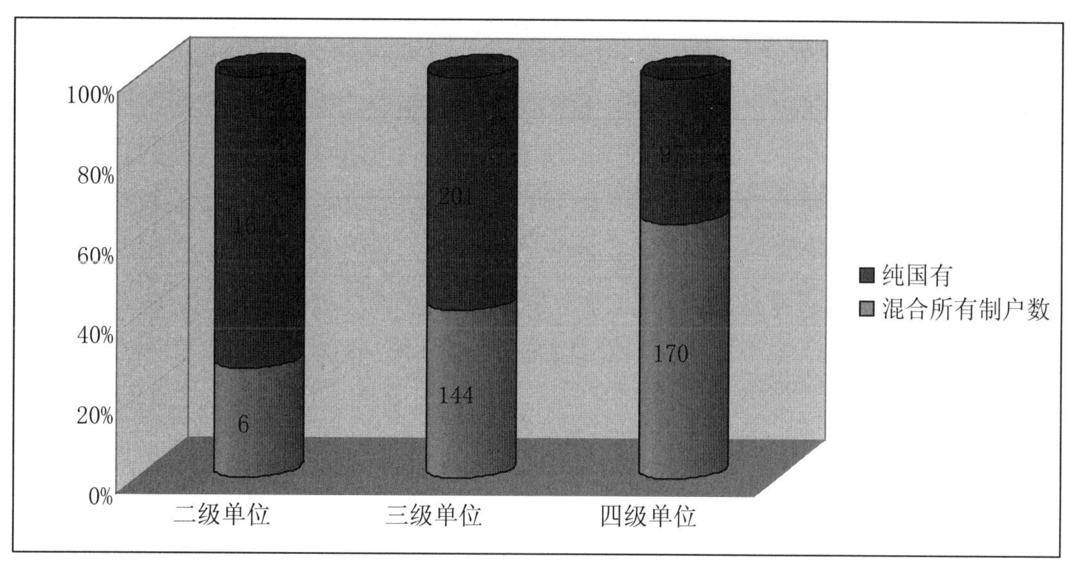

图4　混合所有制企业在各层级单位的占比

航天科工混合所有制企业绝大多数是三级以下单位。320户混合所有制企业中，二级单位6（22）户，三级单位144（345）户，四级单位170（267）户，分别占混合所有制企业总数的1.88%、45.00%、53.13%。这些单位中，177户企业建立了独立的党组织，其中，党委建制35家，总支建制18家，支部建制124家，分别占这类企业总数的19.77%、10.17%、70.06%；143家单位没有建立独立的党组织，其中，26户企业建立了联合党支部，27户企业党员人数在3人以上作为党小组归上级党组织管理，90户企业党员人数在3人以下，47户党员人数为0。

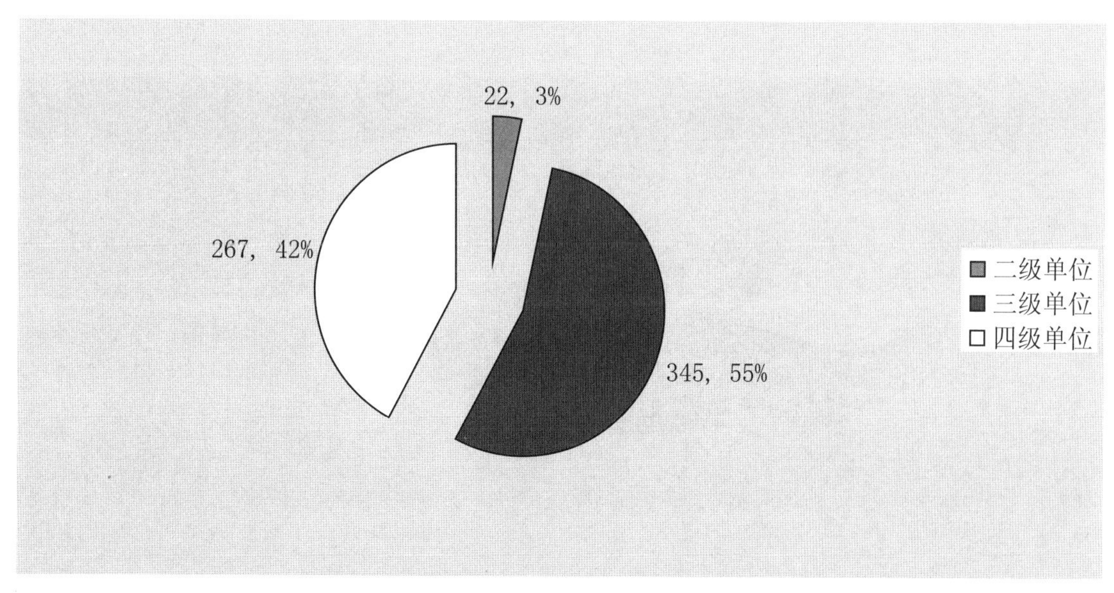

图5　混合所有制企业管理层级分布

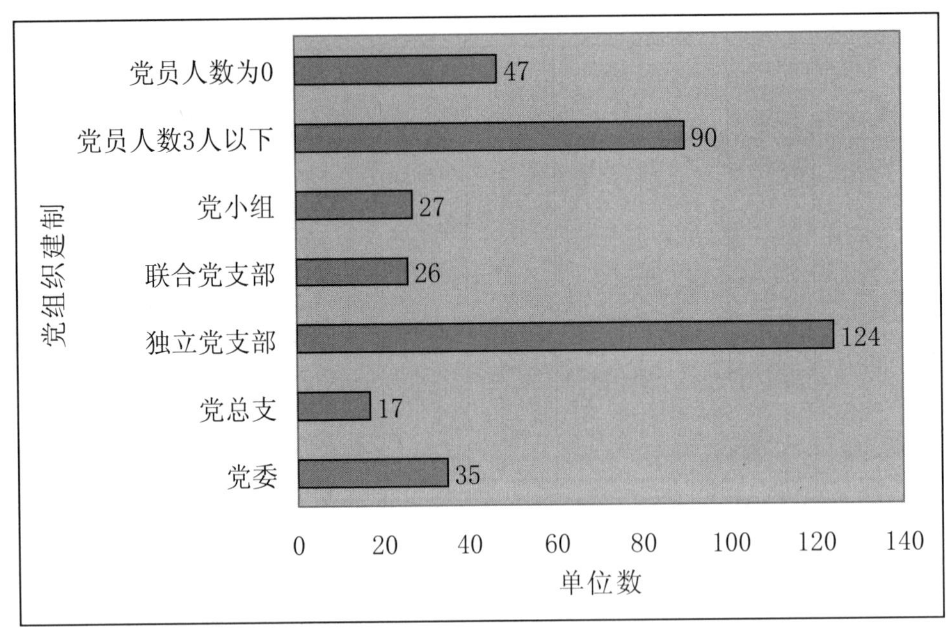

图6　混合所有制企业党组织建制分布

（二）航天科工混合所有制企业股权构成情况

从这类企业股权构成的所有制看，既有国有资本与民营资本合资的，国有资本与外资合资的，国有资本与自然人合资的，还有国有资本、民营资本、外资、自然人多方合资的。其中，国有资本与民营资本混合的企业189户，国有资本与外资混合的企业14户，国有资本与自然人混合的企业96户，国有资本、民营资本与外资等多方混合的企业21户，分别占这类企业总数的59.06%、4.38%、30.00%、6.56%。

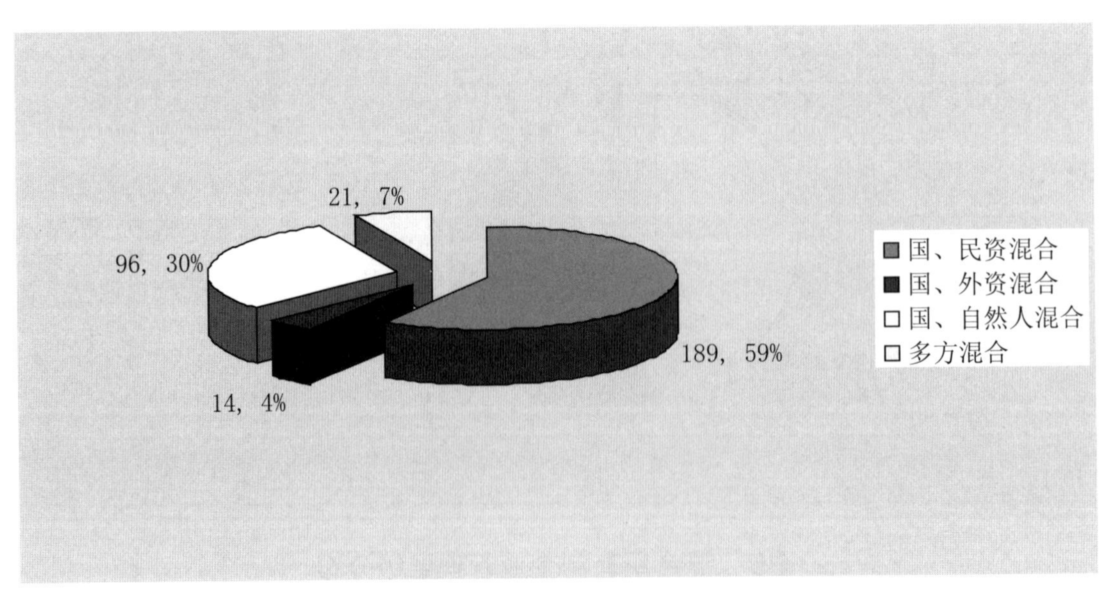

图7　混合所有制企业股权构成分布

（三）航天科工混合所有制企业成因

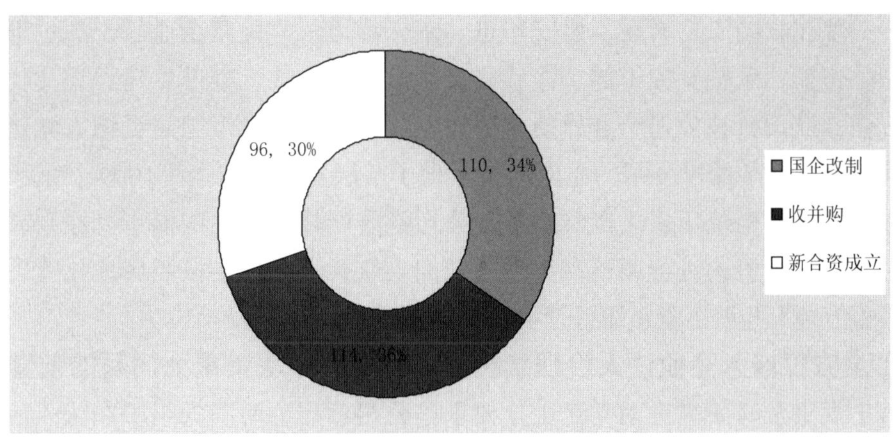

图8 混合所有制企业成因分布

根据对航天科工现有混合所有制企业的梳理，其成因大概分为国企改制（含引入投资、骨干持股、上市）、收并购、新成立等；第一类是在国企改制过程中形成的，共有110户，第二类是在收并购过程中形成的，共有114户，第三类是新合资成立的，共有96户，分别占到这类企业总数的34.38%、35.62%、30.00%。

基于对混合所有制企业概念的界定和多年实践，航天科工对混合所有制形成了三点共识：一是相关单位受委托行使国有资产管理职能，有责任、有义务执行好国资委、航天科工的系列要求，履行好对混合所有制企业的规范管理责任，通过有效的管理，坚决守好“防止国有资产流失”这条红线；二是航天与各资方间并不是简单的资产投资关系，而是通过资本纽带建立的战略合作关系和利益共同体，无论是国有资本还是其他资本的利益，都需要在事业发展的中实现；三是作为国有企业，混合所有制企业有责任和义务主动理解、接受国资管理要求，落实全面从严治党要求。

三、航天科工混合所有制企业加强党建核心能力建设的实践

航天科工混合所有制企业按照“两全三化”的思路，全级次推进“四个同步”、全方位嵌入企业法人治理结构、体系化落实党管干部党管人才、系统化融入企业经营生产中心、日常化加强党的建设，推进党建核心能力建设。

（一）全级次推进“四个同步”，确保党的领导在改革发展中不断加强和改善

航天科工在全级次推动“四个同步”，即党组织与行政组织同步建立或调整、党组织领导成员与法人治理结构领导成员同步调整、党务工作人员与企业经营管理人员同步配备、党的工作与企业生产经营同步谋划、部署、落实，将体制对接、机制对接、制度对接和工作对接落实到位。

混合所有制企业及上级党组织高度重视组织作用的发挥，秉承“哪里有职工群众，哪里就有党员；哪里有党员，哪里就有党的组织；哪里有党的组织，哪里就要有健全的组织生活

和党组织作用的充分发挥”的原则，同步开展党的工作。比如，航天科工组建航天精工、航天云网、航天发展等二级单位后，均及时成立了临时党委，并按要求完成了两委换届，成立正式党委；一院在收购海特天高、西安华迅、东方泰坦三家民营企业后，通过第一时间指导培训、组织全覆盖、派驻党务干部、体验式文化培训等方式，推进党建思想文化融合，落实从严治党责任；航天科技公司结合异地子公司设立，将基层党组织建设纳入党建年度重点工作，先后筹建、成立了四家公司的党支部，实现了基层党组织覆盖率100%；航天电器自2004年上市以来，组织架构经历多次调整变更，公司党委严格落实“四同步”原则，在行政组织变更的同时对党组织机构进行调整；智慧海派加入航天科工后，按照属地化管理要求在南昌市委组织部的指导下开展了党组织筹建事宜，正式建立了党委。

（二）全方位嵌入企业法人治理结构，落实党委会决策重大问题的前置程序

航天科工党组及时研究推动党建工作要求进公司章程，明确党组织在法人治理结构中的地位；三级以上党委建制混合所有制企业已将党组织研究讨论作为董事会、经理层决策重大问题的前置程序，规范“三重一大”决策事项，做到既不缺位，也不越位。调查中，大多数人认为，企业党组织参与“三重一大”决策很有必要。203户已经建立独立党组织的企业中，党组织班子成员共计677人，其中287人进入董事会，占党组织班子成员总数的42.46%，288人进入经理层，占党组织班子成员总数的42.60%，99户党组织主要负责人兼任董事长、总经理，占已建立独立党组织总户数的48.77%。

（三）体系化落实党管干部、党管人才，夯实企业发展的人才智力基础

航天科工混合所有制企业把坚持党管干部、党管人才原则和发挥市场机制作用相结合起来，落实董事会、经理层选人用人权，党组织在确定标准、规范程序、参与考察、推荐人选等方面发挥好把关作用，努力造就了一支“压不垮、打不烂、拒腐蚀，想干事、能干事、干成事”的党员干部队伍和一支符合企业发展需要的经营管理人才、专业技术人才、技能人才队伍。

武汉三江航天网络通信有限公司党总支中干任免（包括酝酿、推荐、考察监督等事宜）均采取集体决策的方式进行研究决定；江苏爱信诺党总支委员参与公司中层干部的酝酿、推荐、考核和聘用的全过程，党总支纪检委员每年与新任领导干部进行廉洁谈话；福道公司在公司“三重一大”决策制度中明确细化了上级党组织对公司经营班子任免审议推荐，各部门经理、副经理等中层管理干部任免须经公司党支部委员会审批，由公司进行聘任。

（四）系统化融入企业经营生产中心，实现政治优势向发展优势的转化

航天科工混合所有制企业坚持围绕中心开展党建工作，把党建工作融入企业经营的各个环节，避免党建工作自身的体内循环，把党建工作放在企业经营这个大系统中不断强化完善。航天精工党委聚焦改革发展中遇到的瓶颈问题和关键环节，创造性地提出了转型升级“双18条”，分别从两级领导班子建设和破解发展难题两个维度指明了航天精工转型升级之路；沈阳航天三菱公司党委始终坚持“精准定位、聚焦中心、创新引领”的工作方针，围绕企业中心工作，通过“劳模创新工作室”，为劳模传经授业提供舞台，通过评选“模范人物”在全公司弘扬正能量，设置“个人党员示范岗”47个，“集体党员示范岗”18个，覆盖生产一

线及管理岗位，充分发挥党员先锋模范作用，经营业绩连创新高；天宁包装公司组织党员开展“六争先”活动，即争做学习进取的榜样、岗位履责的标兵、遵章守纪的模范、创新创效的能手、团结协助的表率、甘于奉献的楷模。

（五）日常化加强党的建设，在润物无声中推动党组织自身建设取得实效

航天科工建立党委书记季度例会、党委纪委履行“两个责任”不力经济问责机制，进一步明确党组织管党治党责任，推动混合所有制企业注重结合企业实际，充分借鉴企业管理的优秀成果，围绕“人”这一企业的第一资源要素，将党的工作“落细、落小、落实”，着力加强自身建设；编发了《基层党支部工作手册》，向全系统党支部发放，指导基层党支部规范“三会一课”等制度，发挥党支部在党员教育管理中的主体作用。

一是党组织不断创新工作方式、活动载体，持续增强向心力和凝聚力。航天信息将党建工作纳入经营绩效考核，占10%权重，层层传递责任压力；沈阳航天三菱公司进一步深入推行“标准化党组织”建设，扎实推进党建贯标工作，将星级管理融入“六好支部”考核评价办法；航天长峰公司党委在设立董事会的5家子公司中，党委班子成员通过法定程序分别进入董事会、监事会和经理层任职，确保党委意见和管理意图在四级公司经营决策中得到体现；航天泰坦公司充分利用新媒体开展党建工作，及时将领导讲话解析、分析要点，学习等材料上传至公司党支部微信群，缩短工作距离、提升工作热情、互通学习情况。

二是结合实际开展党员发展和教育管理工作，重视激发党员先进性。沈阳中之杰流体控制系统有限公司对党员实行“四定”（定位、定时、定人、定量）管理；朝阳电源公司注重在业务骨干中发展党员，包括副总裁和总工程师在内的多名骨干提交了入党申请书，在企业员工中营造了“向党靠拢”的氛围；内蒙古金岗重工有限公司实施党支部、党员量化考核机制和全员承诺制度，强化了理想信念和宗旨意识。

三是部分单位建立了党务干部的考核激励机制。比如，贵州群建精密机械有限公司党支部书记基本上兼任行政部门负责人，按月考核发放津贴，经费由政工部统一发放、据实报销；江苏爱信诺党总支结合工作实际，修订《党务干部考核办法》，明确目标和要求，对考核合格的干部发放兼职津贴，对考核不合格的干部进行免职。

四、航天科工混合所有制企业党建核心能力建设存在的主要问题

混合所有制企业具有“三高、一低、一弱”的特征，即市场化程度高、产值利润贡献率高、人员流动率相对较高、党员比例相对较低、党建基础相对较弱。其党建核心能力建设经过探索，取得了一些成绩，但仍然存在一些问题：

（一）部分企业党建工作跟不上企业发展需要

由于市场化程度高、产权结构多元等原因导致企业经营规律和党的建设规律的不协调性在混合所有制企业更加突出，党建工作一定程度上的存在虚化、弱化现象。比如，对董事长、党委书记一肩挑的“双刃剑”作用认识还不够深，如何最大限度地发挥该模式的有利因素，规避其不利因素，还需进一步研究探索；部分单位对基层党组织建设工作抓得不够及时有力，对

基层组织分类指导、考核不够严格，尤其是一些三级、四级公司领导班子落实党建的主动意识、担当意识还有差距；少数党组织书记、行政负责人对党建工作重要性认识不足，党建工作责任制落实不到位，存在党建、经营工作“一手软、一手硬”的现象。

（二）党组织研究决策需要破解诸多难题

建立和完善“双向进入、交叉任职”的领导体制就是保证党组织领导作用发挥的有效途径。但这类企业党组织成员要进入法人治理结构需要得到各投资方认可，有的企业受经营管理者自身素质制约，进入党组织交叉任职难以实现。320户企业中，经理层人员1137人，380人进入党组织班子，进入比例为34.42%。

党委（总支）单位参与三重一大决策有制度依据，党支部参与企业决策缺乏制度依据，由此带来的党组织参与决策中存在一些问题：比如，党支部作为一级组织在企业重大决策中的作用、定位、职责尚不明确，党组织书记、委员如果是普通员工，参与企业决策会有较大难度；一些单位为联合党支部，党支部横跨不同的法人单位，参与法人单位的决策有较大障碍；有的单位党员人数少于3人或没有党员，没有成立相应的党组织，党组织发挥作用没有相应的组织基础。目前，党支部建制的企业户数占已建立党组织企业总户数的73.89%，因此，进一步明确法人单位党支部参与企业决策的制度依据已经成为混合所有制企业参与企业决策、强化党的领导的当务之急。

（三）“党的领导”与“市场化管理”关系需进一步理顺

航天科工混合所有制企业属于国混民的模式，“新三会”与“老三会”的制度冲突在混合所有制企业中不同程度地存在，这也是组织作用发挥和党管干部、党管人才要求落实存在困境的源头。由此，不可避免地存在着如何处理好“党的领导”与“市场化管理”关系的问题，其他股东在选派代表时，往往更多地看重人选的管理经验和专业技术背景，考虑政治品质和政治要求少，造成部分班子成员政治意识、群众意识不强，对党建工作不理解、不支持；同时，党纪严于国法，混合所有制企业一定程度上存在着“按法律要求办即可”，在落实党纪这一“加严的国法”的认识上还有差距。破解这些难题，还需从实际出发进一步探索实践。

（四）党组织影响力有待提升

目前，航天科工混合所有制企业已实现了较高的组织覆盖率，但是组织作用的发挥还有不少困难要克服。比如，这些企业大都党员比例小，整体党员比例为16.32%，有47户企业甚至没有党员；比如，有的领导干部，尤其是主要领导干部是非党员，这就在客观上造成党的活动覆盖面窄、影响力小；比如，有的单位职工缺乏组织概念，如何创新开展混合所有制企业党的建设，引导干部职工转变思想还需要更深入研究探索；比如，随着航天科工国际化步伐的加快，如何开展境外党建，对长期派驻海外员工中的党员如何实现有效管理需要积极探索；比如，部分单位的党员在地域上分散、流动性大，给党员管理、党员教育带来了不便，有时不能按期开展“三会一课”，党组织生活的作用还没能完全发挥出来，党员对党组织的认同感、归属感有待进一步加强。

（五）党建工作保障条件有待加

党务工作机构设置与上级要求、党建工作需要仍有较大差距。320户企业中，仅有29户企业设置了独立的党务工作机构，占这类企业总数的9.06%，130户企业配备了专职党务工作人员，专职党务工作人员总数271人，为职工总数的0.45%。党务工作者队伍建设欠账问题依然突出。混合所有制党务人员总体呈现出人数少、兼职多、流动大的特点，党务人员缺乏完善的职业规划设计，有的党务干部素质与从严治党新常态的要求还不相适应，有的甚至缺乏基本的组织建设、党员管理、群众工作知识。兼职人员如何通过考核激励提升其工作积极性方面还需要进一步探索。

五、航天科工加强混合所有制企业党建核心能力建设的对策与思考

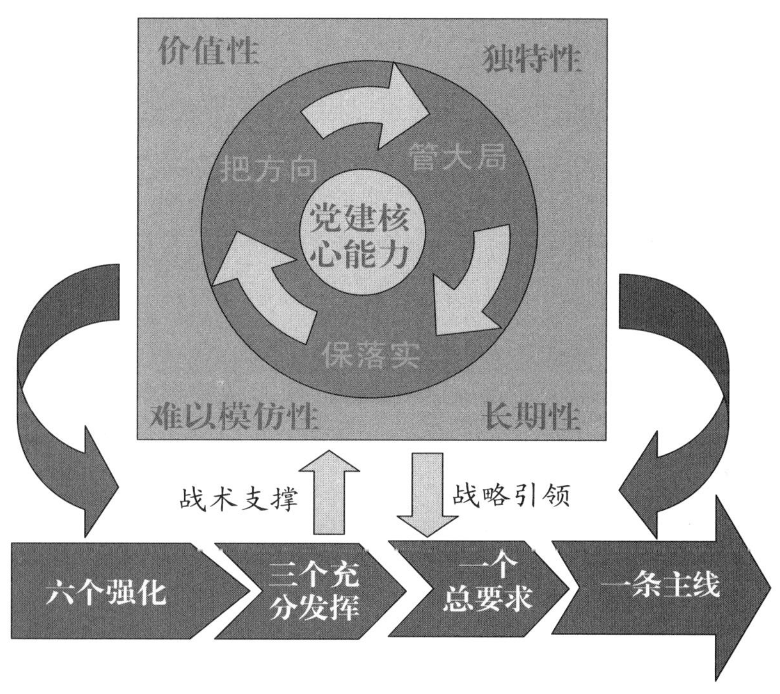

图9　航天科工混合所有制企业党建核心能力建设模型图

航天科工在探索实践中，将混合所有制企业党建核心能力建设（即把战略层面的“把方向、管大局、保落实”）在战术层面落实为：“1+1+3+6”（一条主线、一个总要求、三个充分发挥、六个强化）。建立的模型图见图9。

一条主线：以党要管党、全面从严治党，加强党对企业的领导，改善企业党建工作为主线。

一个总要求：全级次、全方位、系统化、体系化、日常化地加强党建工作。

三个充分发挥：充分发挥党委领导作用，充分发挥党支部战斗堡垒作用，充分发挥党员先锋模范作用。

六个强化：强化党的领导，强化决策参与，强化活力保障，强化责任落实，强化融合工作，强化基础能力。

具体来说，航天科工将从六个方面探索加强混合所有制企业党建核心能力建设：

（一）强化党的领导，进一步明确混合所有制企业党组织职责定位

1.将党建工作总体要求纳入企业章程。全面贯彻落实习近平新时代中国特色社会主义思想和党的十九大精神以及全国国有企业党的建设工作会议精神、全国组织工作会议精神，充分考虑混合所有制企业实际，将党建工作总体要求纳入企业章程：一是在公司中，根据《中国共产党章程》《中华人民共和国公司法》规定，设立中国共产党的组织，建立党的工作机构，配备足够数量的党务工作人员，保障党组织的工作经费。企业党组织发挥领导作用，把方向、管大局、保落实。二是董事会决定公司重大问题，应当事先听取公司党委的意见。"三重一大"等重大经营管理事项必须经党委研究讨论后，再由董事会或经理层做出决定。三是党委对董事会或总经理提名的人选进行酝酿并提出意见建议，或者向董事会、总经理推荐提名人选；会同董事会对拟任人选进行考察，集体研究提出意见建议。四是党组织工作和自身建设等，按照中国共产党章程等有关规定办理。

2.将坚持党的领导、开展党建工作作为改制或收购的必要前提。在今后改制或收购企业时，依据国家法律及相关要求将建立党组织及其工作机构、人员编制、经费预算等内容写入公司章程或相关协议，把坚持党的领导，加强党的建设作为改制、收购的必要前提，坚持和落实党的建设和国有企业改革同步谋划、党的组织及工作机构同步设置、党组织负责人及党务工作人员同步配备、党建工作同步开展，实现体制对接、机制对接、制度对接和工作对接，确保党的领导在企业改革发展中得到体现和加强。

（二）强化组织作用，议大事、抓重点，着力破除研究决策诸多障碍

1.建立与法人治理结构相适应的党组织。完善"双向进入、交叉任职"的领导体制，全面推动党组织书记、董事长由一人担任，班子成员党员在上级批复的党组织班子职数内原则上进入党组织班子；董事会决定公司重大问题，应当事先听取公司党委的意见，"三重一大"等重大经营管理事项必须经党委研究讨论后，再由董事会或经理层做出决定。

2.建立健全"一肩挑"人员的选用监督制约机制，做到"进入"就要尽责，"任职"就要履职。"一肩挑"意味着权力更大、责任更重，教育、监督必须紧随其后。要加强对"一肩挑"人员的党性教育、宗旨教育、警示教育，严明政治纪律和政治规矩，引导他们不断提高思想政治素质、增强党性修养，树立"进入"就要尽责，"任职"就要履职的意识，从思想深处拧紧螺丝；要突出监督重点，完善"三重一大"决策监督机制，突出工程招投标、改制重组、产权变更和交易等方面的监督，坚决改变内部无人监督、外部监督不到位的问题；要严格日常管理，落实谈心谈话制度，加强综合考核评价和提醒、函询、诫勉力度，防止小毛病演化成大问题。

3.对法人单位的支部职责与非法人单位的支部职责区别对待。法人单位的支部职责参照党委执行，在决策程序上，将支部研究讨论作为董事会、经理层决策重大问题的前置程序，重大经营管理事项须经支部研究讨论后，再由董事会或经理层做出决定。

4.推动法人单位建立独立党组织。有3人以上党员且为联合党支部、党小组的法人单位应尽快建立独立的党组织，并将其纳入党委书记例会点评范围，建立定期通报制度，督促尽快建立党组织，健全参与决策的主体，为企业党组织作用发挥提供组织基础。

5.大力消除空白单位。党员人数少于3人的单位，尤其是没有党员的单位，应明确党组织隶属关系，推进党员组织关系转入和党员发展工作，积极开展“双培养”工作，做好混合所有制企业领导班子成员尤其是主要负责人、业务骨干的培养发展工作，尽早具备成立党组织条件，同等条件下，在职务晋升方面优先考虑党员。

（三）强化活力保障，创新形式管干部聚人才、建班子带队伍

党委（总支）单位按相关要求落实党管干部、党管人才职责，对董事会或总经理提名的人选进行酝酿并提出意见建议，或者向董事会、总经理推荐提名人选，会同董事会对拟任人选进行考察，集体研究提出意见建议。独立党支部建制的企业建议参照党委在党管干部、党管人才方面的职责执行。

无独立党组织（联合党支部、党小组或者没有党员）的单位落实党管干部、党管人才的途径：一是落实党内法规和规范性文件备案工作，本单位干部、人才相关文件，报上级党组织审核备案；二是对重要干部任免由本单位党组织或党员向上级党组织提出建议，上级党组织在综合考量后，通过在法人治理结构中的控股地位体现党的领导。

（四）强化责任落实，全面推行党建量化考核与党组织书记述职

全面落实党建工作责任制，全面推行与班子薪酬挂钩的党建工作考核评价体系，实施基层党委向上级党组织报告党建工作，建立基层党组织书记抓党建工作述职评议制度，强化“抓好党建是最大政绩”的理念，认真落实全面从严治党主体责任，党委书记严格履行第一责任人的责任，重要工作亲自研究部署，努力成为“从严治党的书记”。纪委书记坚持原则，主动担当，带头履行好监督执纪专责。党委班子其他成员切实履行“一岗双责”，履行分管领域、分管部门从严治党责任，将党建工作与业务工作同部署、同落实、同检查、同考核、同奖惩，健全落实党建工作责任制，不断完善党委抓、书记抓、各有关部门抓，一级抓一级、层层抓落实的党建工作格局。

（五）强化融合工作，促使混合所有制企业“理解航天、融入航天、借力航天、助力航天”

混合所有制在体制机制、企业文化等多方面与航天企业不尽相同，不同性质资本共存的法人治理结构形成了多样化的利益诉求格局，如果不能很好融合，混合不但不能实现“1+1>2”，甚至有可能影响到航天自身的生存发展。融合工作要兼顾“稳”与“变”、“软”与“硬”的关系，把融合工作力度与企业的可承受度、职工群众的可接受度结合起来，统筹推进思想融合、机制融合、业务融合、资源融合、文化融合，使混合所有制企业“理解航天、融入航天、借力航天、助力航天”。

（六）强化基础能力，切实加强党建工作保障条件建设

加强党建工作力量，全级次专职党务工作人员不少于职工总数的1%；职工人数在500人以上的单位原则上单独设立党务工作机构，按照不低于本部部门平均编制数配备人员，合署办公的专职工作人员不少于本部人数的5%；按照上年度职工工资总额1%划拨党建工作经费；加强新形势下复合型高素质党务人才培养，建立党务工作人员和科研生产经营管理人员双向交流机制，创建有利于混合所有制企业党组织发挥作用的制度环境，落实党务干部的政治、经济待遇，打通党务工作者的职业发展通道；坚持开门搞党建，提升职工群众党建工作参与度，适应时代需求，创建党建新载体、新平台，提高职工群众认同度在企业党建工作和整体工作评价中的权重，增强职工群众认同感。

困难与机遇并存。优秀的党建经验常常脱胎于对困难的克服，解决问题的过程就是提高的过程，破解难题的能力更是党性的体现。航天科工在混合所有制企业党建核心能力建设中遇到的问题不是个性问题，而是国家在推进国企改革过程中遇到的普遍问题，具有很强的代表性。我们将持续推进实践探索，争取走出一条具有航天特色的混合所有制企业党建发展之路，服务国企改革发展，履行央企社会责任。

成果创造人：高红卫、李　跃、方向明、孙玉斌、李慧敏、李铁毅、郑晓军、刘新磊、杨　庆

提升科研设计院所基层党组织组织力，发挥党建价值创造力的实践与思考

天津水泥工业设计研究院有限公司党委

天津水泥工业设计研究院有限公司成立于1953年，是中国最早建立的主要大型国家骨干工业设计院之一。目前以EPC工程、装备制造和绿色环保领域新业务为主营业务。公司党委下设6个外埠制造公司党委、总部3个分党委、2个党总支、35个直属党支部。共有1615名党员，其中在职党员1102名，离退休党员513名，本部35岁以下党员已占到59%。近年来，公司深入学习习近平新时代中国特色社会主义思想，认真贯彻党的十八大、十九大以及全国国有企业党的建设工作会议精神，紧紧围绕中心任务和工作大局，着力提升党建工作在推动公司做强做优做大中的价值创造能力。

习近平总书记在党的十九大报告中指出，要以提升组织力为重点，突出政治功能，把基层党组织建设成为宣传党的主张、贯彻党的决定、领导基层治理、团结动员群众、推动改革发展的坚强战斗堡垒。这是党中央对党的基层组织建设的新部署、新目标、新定位、新举措，为全面加强基层党组织建设指明了方向，增添了动力。十九大以来，公司党委认真研究组织力的时代内涵，准确把握提升组织力的工作重点，努力探索通过提升组织力全面加强新时代党的基层组织建设的实践路径，进一步发挥基层党建工作价值创造力。

一、深刻理解基层党组织组织力的内涵要义

组织是以一定的权力为纽带、以一定的资源分割和配置为基础的人与人之间关系和联系的集合。有无组织力或组织力的强弱，对于任何一个组织来说，都是关系其生存与发展的大问题。对于国家来说，它关系到国家的兴衰；对于民族来说，它关系到民族的存亡；对于政党来说，它关系到政党建设的成败；对于行政机关来说，它关系到工作效率和成效；对于企业来说，它关系到企业的生产效率、经济效益和生死存亡。组织力的内涵很丰富，既包括组织设计的科学性、制度的完备程度等“硬”指标，也包括共同的价值观、组织目标的吸引力、组织满足成员心理、生理、社会需要以及成就需要和精神需要的程度等“软”指标。

基层党组织的组织力，主要指基层党组织为完成其承担的职责任务、实现党组织的工作目标而组织凝聚动员影响基层社会各方面力量的能力。我们研究认为，基层党组织的组织力主要由政治组织力和管理组织力组成。中国共产党是马克思主义政党，政治属性是其第一属性，政治组织力包含了组织精神力、组织凝聚力和组织领导力，在组织力建设中起着关键作用。同时作为一个组织，基层党组织还具备一定的管理组织力，主要包括组织结构力、组织管理力、

组织团队力、组织绩效力、组织变革力等。组织力是党组织凝聚力、创造力、战斗力的重要来源，对党的路线方针政策和工作部署在基层贯彻落实具有很大的影响。

二、准确把握提升基层党组织组织力的重要意义

党的基层组织是党在社会基层的工作基础和战斗堡垒，是党最坚实的力量支撑。提升党的基层组织组织力，使其充分发挥作用，对于新时代实现党的奋斗目标、坚持党的领导地位、推进党的建设新的伟大工程具有重大意义。

（一）是实现新时代党的奋斗目标的迫切要求

党的十九大报告提出了新时代中国特色社会主义发展两阶段的战略安排，充分彰显了中国共产党高度的历史担当和坚定的使命追求。为了顺利实现这一宏伟战略目标，必须在党的领导下，有效地组织和动员全国各族人民共同奋斗，形成推进中国特色社会主义事业的磅礴之力。党的基层组织广泛地分布在社会基层单位和组织中，是党团结、动员全国各族人民的基础力量。只有提升党的基层组织的组织力，才能更好地发挥其宣传、组织和动员广大人民群众的作用。

（二）是坚持新时代党的领导地位的内在需要

坚持中国共产党的领导，是我们取得革命、建设和改革成功的最根本保证。习近平新时代中国特色社会主义思想“明确中国特色社会主义最本质的特征是中国共产党领导，中国特色社会主义制度的最大优势是中国共产党领导”，这是对党的领导在中国特色社会主义中的重要地位和作用的深刻认识和科学总结，也是我们必须始终坚持的根本原则。坚持党的领导地位，离不开党的基层组织组织力的提升。首先，提升党的基层组织组织力，能够推动党的领导有效实现。中国共产党的领导主要通过制定正确的路线、方针、政策，并积极主动地宣传、动员、组织和引导人民群众自觉接受和执行自己的路线、方针、政策来实现。而党对广大人民群众的组织和动员，主要就是通过其基层组织来具体执行。其次，提升党的基层组织组织力，是改善党的领导的重要条件。要坚持党的领导，必须努力改善党的领导。改善党的领导，需要党对自身路线、方针、政策的贯彻执行情况有充分了解，并在此基础上不断调整和完善其具体内容及执行方法。而党的基层组织处于带动和组织广大人民群众贯彻执行党的路线、方针、政策的前哨阵地，具备掌握并反馈各地贯彻执行情况的良好条件。通过提升基层党组织的组织力，能够增强其获取并传导各方面信息的能力，从而使党的领导得到不断改善。

（三）是推进新时代党的建设新的伟大工程的有效经验

高度重视提升基层党组织的组织力，是中国共产党加强自身建设的优良传统和有效经验。党在成立后不久，就将党小组作为党的基层组织。至党的四大时，党支部被正式确定为党的基层组织。党的基层组织在此后得到不断发展壮大，推动了“大革命”时期革命运动的蓬勃发展。土地革命时期，党更加注重发挥基层党组织的作用。毛泽东同志于1927年领导了著名的“三湾改编”，将支部建在连上，班排设立党小组，开始确立党对军队的绝对领导。这一建党方法被各地的党组织广泛采用，使党的整体力量在较短的时间内得到了迅速发展。抗日战争时期，

党的基层组织通过充分发动群众支援、配合对敌斗争，使人民军队得以发展壮大，为取得抗日战争的胜利打下了坚实基础。解放战争时期，党又通过其基层组织充分发动群众，团结一切可以团结的力量，从而支持和保障了战争的最后胜利。社会主义建设时期，党充分发挥基层党组织动员群众的作用，有效地汇聚起建设社会主义的强大力量。党的十八大以来，习近平总书记明确提出，“必须扎实做好抓基层、打基础的工作，使每个基层党组织都成为坚强战斗堡垒”。新时代推进党的建设新的伟大工程，需要继续坚持这一优良传统和有效方式，进一步提升基层党组织的组织力，以强化党的力量，加强党的领导地位，实现新时代中国特色社会主义的各项战略目标。

三、切实把握提升基层党组织组织力的重点

党的力量来自组织。对基层党组织来说，组织力的基本指向就是把党员组织起来，通过党组织、党员把群众组织起来，夯实党的执政根基。提升基层党组织的组织力，需把握好几个重点。

（一）要强化政治功能

基层党组织不同于一般的组织，作为政治组织，政治属性是其根本属性，政治功能是其基本功能，不能忘记党章赋予基层党组织的基本任务，不能忘记从政治上思想上组织上引导教育党员和群众。突出政治功能，不是只讲基层党组织的政治属性，而是想事情干工作必须从完成党组织的政治使命出发，从政治上来考虑问题，推动工作。

（二）要突出纪律建设

“加强纪律性，革命无不胜。”党的十九大报告把纪律建设纳入新时代党的建设的总要求，是对党的建设的规律性总结。纪律建设在基层尤其重要，广大党员对党的纪律认真遵守和执行，是形成基层党组织组织力的根本，否则，没有纪律约束的基层党组织就是一盘散沙，何谈政治领导，何来组织凝聚力，更谈不上社会号召力。因此，加强组织力，必须加强基层党组织的纪律建设，严格要求每一名党员干部，以严明的纪律把单个党员的力量凝聚形成组织的力量，把基层党组织打造成坚强有力的战斗堡垒。

（三）要以党支部建设为重点

组织力是不同层次、不同领域基层党组织汇聚形成的整体力量。十九大党章专门增写一条，明确党支部地位和作用。提升组织力，要以党支部建设为着力点，把每一个党支部打造成基层党组织组织力的承接点、集合点、发力点；把各个领域各个系统各个层次的基层党支部打造成党在基层社会有影响力的节点，打造成党团结群众的核心、教育党员的学校、攻坚克难的堡垒。要将“点”串联起来，形成“线”，通过纵横交错的组织连接，织密基层战斗堡垒之网，真正实现党的组织和党的工作全覆盖，形成党组织的整体力量。

（四）要形成合力

提升组织力要坚持统筹推进原则，将各种力量协调运用好，形成组织合力。要以提升政治领导力为统领，严格党的政治纪律和政治规矩，坚决维护以习近平同志为核心的党中央权威

和集中统一领导，坚定不移将党的领导落实到基层。要以提升组织覆盖力为前提，做到党的基层组织全覆盖，在应建尽建的基础上，坚持做到有党组织的地方就有党的领导、党的活动、党的形象、党的声音、党的威信和党的力量。要以坚定广大党员理想信念宗旨为根基，以调动基层党员干部的积极性主动性创造性为着力点，提升基层党组织的组织凝聚力。要把解决思想问题同解决实际问题结合起来，以服务基层党员群众为切入点，以团结带领党员群众共同创造美好生活为愿景，使基层党组织真正成为群众的“主心骨”“领路人”，成为基层社会治理结构中不可或缺的核心力量。要认真执行和落实党的路线方针政策和各项工作部署，使群众享受到发展带来的实惠，把基层党组织的发展推动力转化为广大群众拥护党的领导、向党的奋斗目标自觉靠拢和前进的内生动力。要注意推动基层党组织和广大党员以自我革命的勇气、动真碰硬的劲头解决自身存在的问题，在革故鼎新、守正出奇中永葆生机活力。

四、天津水泥院提升基层组织力的探索和实践

（一）以提升政治组织力为统领，坚持和加强党的领导

提升组织精神力，用思想理念引领人。把党的政治建设摆在首位，坚持用习近平新时代中国特色社会主义思想武装头脑，巩固拓展“两学一做”学习教育常态化制度化成果，扎实开展好“不忘初心、牢记使命”主题教育。深化党的十九大精神的学习贯彻落实，各级党组织通过个人自学原文、集中专题学习、“砥砺奋进的五年”大型成就展参观学习、参与十九大精神竞赛答题活动等，在学懂弄通十九大精神上下功夫。举办4期十九大精神轮训班、广泛开展了十九大精神学以致用专题研讨400余场次，撰写心得体会500余篇，引导广大党员干部不断增强“四个意识”，坚定“四个自信”。以“井冈山精神”“延安精神”为主题组织开展3期中青年骨干理想信念教育培训班，不断激发广大党员干部干事创业的精气神。

提升组织凝聚力，让党组织思维步调一致。坚持把政治引领具体化、形象化，统一发放党徽党旗，统一定制党员身份桌牌，统一打造19个党员活动室，让党的标识感和庄重感凸显。在办公楼新建党建文化墙54块，新设十九大“小黑板”11幅，集中宣传展示38个基层党建工作品牌，增强了浓厚“党味”。结合中心工作宣贯公司党建要求、发展战略、任务目标，积极践行群众路线，深入挖掘一线典型故事和人物，展现基层员工风采，用企业文化影响熏陶职工爱岗敬业，着力为企业攻坚克难凝聚正能量，不断激发职工团结奋进的强大力量。讲述印尼BATURAJA项目部董其录先进事迹的故事荣获了国资委“一线故事”优秀作品奖。坚持党建带工建、带团建，每年组织开展趣味运动会、体育比赛、职工文艺汇演、户外健步走活动等，丰富职工业余生活，增强广大职工的凝聚力和向心力，有效提振了企业士气。建立完善青年员工职业生涯“双导航”人才培养机制，力促青年思想政治素质与岗位技能提升。每2周一期持续开展青年“六人谈”活动，贴近青年助成才，凝聚发展合力。

提升组织领导力，坚定不移把党的领导落实到基层。坚持加强党的领导与完善公司治理相统一，对包含公司总部在内的20个企业章程进行修改，积极探索混合制企业党建进章程工作。前置决策程序，对事关企业发展大局的重大问题形成意见建议，并及时准确地传递到董事

会、经营班子。全面推行基层党组织书记、部门负责人“一肩挑”，比例达90%，增强班子整体功能。始终把党建主体责任扛在肩、抓在手，坚持党建工作与中心任务同部署、同推进、同考核、同落实。推行党建目标管理，组织层层签订《履行“一岗双责”目标责任书》和《党建工作目标责任书》。强化党建KPI绩效考核，建立5大项18小项KPI考核指标，量化考核指标占比达70%，由支部自评、支部互评、党群部打分3个维度开展年度考核。考核结果与薪酬、评优、晋升等挂钩，确保各级党组织书记主动履职，聚焦主业。每年开展基层党建工作督查，把管党治党责任一级一级压紧压实、压力一层一层传导到位。

（二）以提升管理组织力为目标，融入中心提高价值创造力

提升组织结构力，推动党的组织和党的工作全面覆盖。结合企业改革，党建工作实现“四同步”。伴随公司深度整合，主营业务板块的系统协同性不足问题逐渐显现。公司党委通过分别设立设计中心、工程中心、专业化装备中心3个分党委，协助公司党委统筹管理各业务板块内的相关支部，进一步激发党组织活力，促进提升业务板块的总体管控能力，使三大业务链条上的各环节能够高效协同，发挥整体合力，为促进公司发展奠定坚实基础。抓实境外项目/公司党支部建设，及时成立和撤销项目党支部，健全海外党建工作组织体系，选齐配强党组织负责人，党支部书记均由党员项目经理或副经理担任，有力保障了公司国际化发展战略的顺利实施。

提升组织管理力，筑牢企业转型发展的坚固基石。大力实施基层党支部规范化建设，通过一个标准化实用手册、一个工作指南、一张任务清单表、一本标准化纪实簿，实现组织健全、制度完备、运行规范、档案齐全，增强党员对党组织的归属感，使党组织更有凝聚力、影响力。以“五星项目”创建为平台，以基层党建工作品牌创建为引领，引导党员勇当尖兵、建功立业，设立54个党员先锋岗，涌现出12　个五好党支部，党支部的战斗堡垒作用和党员的先锋模范作用得到充分发挥，新业务开拓稳步推进，年产3万吨土壤调理剂示范线项目成功投产并运行稳定。项目执行亮点纷呈，仅2018年上半年9个项目取得PAC、FAC证书，毛利率保持18%以上。装备产品持续优化提升，粉体公司以立式辊磨机获评我国第二批制造业单项冠军示范企业，彰显了公司在立式辊磨设备行业的领先地位。

提升组织团队力，增强党组织的战斗力和生命力。突出领导班子整体功能发挥，通过中心组学习、战略研讨会、民主生活会等形式，理清了发展思路，明确了发展目标，提升破解发展难题和改革创新能力。建立党委班子成员破解难题机制，班子成员分别牵头负责公司土壤调理剂业务发展、研发与产业激励机制研究等专项小组，着力破解企业发展难题。坚持从严要求，加强了干部教育管理监督。完善干部考核指标体系，更加侧重岗位胜任力考核，提升干部管理“大数据”的准确性。加强干部能力培训，举办5期专家讲座，培育素质过硬的“领头雁”。加强人才队伍建设工作，建立了112人平均年龄35岁的后备人才储备库。并通过深入走访调研12个生产部门、14个职能部门，进一步形成“立体化、个性化”干部档案，为后期干部资源配置提供有力支撑。目前，44名40岁左右的拔尖人才走上了各级行政技术领导岗位，其中11人已被提拔到公司新成立的设计中心助理岗位，为提高公司创新竞争力注入了新鲜血液。

提升组织绩效力，创造党建工作价值。坚持创新驱动，探索推行“党组织+”模式。如开展“党组织+科技创新”活动。选齐配强科研板块支部书记，带领多名高学历党员尖兵组成超强战斗力科研团队，典型成果不断涌现。近三年，公司获得专利授权近百项，近50个科研项目获得集团、行业及省部级科学技术奖项。公司被认定为国家技术创新示范企业、国家企业技术中心。开展“党组织+技术革新”活动。党组织发动党员带头攻坚克难，大力推进BIM技术在水泥工程行业的应用和推广，加快了公司从传统设计院的设计管理模式向现代的工程公司管理体系转型。在首届“中国企业改革发展优秀成果”评选中，公司申报的“BIM技术在协同设计和工程管理中创新应用”项目荣获二等奖。

提升组织变革力，纯净党风政风。以党委“主体责任”和纪委“监督责任”落实为主线，有效运用“第一种形态”，在公司营造“亲清”工作氛围。贯彻落实党风廉政建设责任制，公司党委与所属部门、公司、项目部签订党风廉政建设责任书，和关键岗位人员签订廉洁从业承诺书。量化党风廉政建设责任内容，推动履责过程“痕迹化”，召开所属制造公司落实责任情况专题汇报会，层层压实“两个责任”。采用异地交叉互查模式，开展制造公司内部巡察，加强对所属制造公司“一把手”监督。开展供应商廉洁满意度问卷调查，收回有效问卷450余份，摸清业务人员廉洁从业情况。组织开展工程项目廉洁风险梳理排查及防控工作，梳理风险点70余个，健全廉洁风险防控机制。每年组织开展廉政建设宣传教育月活动，筑牢拒腐防变的思想防线。

五、基层党组织在组织力提升方面存在问题及原因分析

从公司提升基层组织力度探索实践的总体情况来看，各级基层党组织在贯彻落实全面从严治党要求，加强组织力建设的整体推进上是好的，扎实有力、成效明显，但仍存在一些问题和不足。

（一）有党性意识淡化表象，缘于政治领导不到位，“政治功能”尚未切实发挥

如部分党员理想信念不够坚定，缺乏政治辨别力，组织纪律松懈，先锋模范观念淡化，宗旨意识淡薄等。究其原因，主要在于党员对马克思主义理论的学习不系统，不能正确把握精神实质；组织对党员经常性的、触及灵魂深处的政治引导教育明显不足；党员自豪感、荣誉感、使命感、责任感培育不到位。

（二）有党建主业观念虚化表象，缘于重视程度不够足，“堡垒”作用尚未充分体现

如部分基层党组织工作缺乏积极性、主动性，自我组织力弱化；个别基层党组织加强组织力建设时教条化，创新性灵活性明显不足不到位等。究其原因，主要在于一些组织负责人从内心深处轻视“看不见”的组织力建设，现有考核评价手段对组织力的考评过程又难于进行充分有效的量化考核，未能形成持续有效的动态管理机制。

（三）有理论武装表面化表象，缘于政治认识不到位，“战斗”成效难以充分展现

如缺乏系统深入学习，理论教育方式方法陈旧，现代化手段欠缺等。究其原因，主要在

于党员干部学习主观被动，难以将党的理论路线方针政策及时准确传递到群众当中，且客观上说教方式效果有折扣。

（四）有基层党组织弱化表象，缘于党的基础不夯实，“坚强”特质尚未全面体现

如有些党组织组织生活涣散、僵化；党内批评和自我批评不够，存在民主集中制贯彻执行落实不到位的现象。究其根本还是在基层党组织功能弱化，党的基础不夯实，坚强的战斗堡垒尚未完全建立。

六、进一步提升基层党组织组织力的对策思考

基层党组织是党的全部工作和战斗力的基础，在这个基础当中组织力的强弱是关键，关系到新时代能否建成更加坚强的战斗堡垒。在实践探索和问题原因分析的基础上，天津水泥院党委对进一步提升基层党组织组织力的对策进行了深入思考，认为要不断提升组织力、拓展组织建党的广度和深度，必须以“四个融合发力”为切入点，重点从政治功能发挥、堡垒作用提升、战斗成效增强、坚强特质体现等方面构建和推进。

（一）政治引导和党纪规范融合发力，突出“政治功能”，解决党性意识淡化问题

在新时代，基层党组织突出政治功能，关键在于领导核心和政治核心作用。一要明确政治方向。坚决维护习近平总书记党中央的核心、全党的核心地位，坚决维护以习近平同志为核心的党中央权威和集中统一领导，树牢“四个意识”，坚定“四个自信”。二要加强政治领导。牢牢把握，自觉加强和维护党的领导。积极“宣传党的主张”，增强党员、群众对党的价值认同，将政治教育在持续推进、持续向好、持续改进中加强，政治锤炼稳步提升，确保在政治上不迷失，自觉做好意识形态工作，做政治上的明白人。三要强化党纪规范。通过严明政治纪律和政治规矩，把牢思想之舵，校准思想之标，绷紧纪律之弦，推动各级党组织和党员干部始终自觉地在政治立场、政治方向、政治原则、政治道路上同党中央保持高度一致，确保全党令行禁止，确保党中央一锤定音、定于一尊的权威。

（二）加强领导和压实责任融合发力，突出“堡垒”作用，解决党建主业意识虚化问题

提升组织力，领导重视是关键。一要注重加强领导。把党的领导融入公司治理各环节，确保党组织在公司治理结构中的领导地位，充分发挥国有企业党委把方向、管大局、保落实的领导作用。各基层党组织要成立组织力提升领导机构。制订组织力提升工作任务计划，进一步提升基层党组织组织力的科学化水平。二要注重落实责任。强化各级党组织和党组织书记抓基层党建主体责任和党组织书记第一责任人责任，不断完善承诺、述职、评议、考核、问责的“五位一体”工作体系，全面推行各级党组织书记抓基层党建责任清单、问题清单、任务清单制度，压实党建责任，在责任落实中做到点上出彩，线上结果，面上开花，扎实推进。三要注重传导压力。探索逆向述评和反向测评等方式，建立基层党建季度督查和巡回督查等制度，加强

组织力的管理和考核，量化细化组织力考评的内容目标和责任清单，加大基层党组织的组织力在基层党建工作述职评议考核当中的权重，以集中督查、末位约谈、问责通报等措施，传导压力，推进责任落实，对组织力提升成果突出，成效明显的进行表彰奖励。

（三）思想提升和政治担当融合发力，突出“战斗”成效，解决理论武装表面化问题

组织力的提升，要持之以恒加强思想政治教育，引导党员干部坚定政治立场、提高政治觉悟，自觉在政治上思想上行动上同以习近平同志为核心的党中央保持高度一致。一要抓思想的提升。通过经常性教育和集中性教育相结合，持续深入推进“两学一做”学习教育常态化制度化，组织广大党员、干部深入学习习近平新时代中国特色社会主义思想，坚定理想信念，加强党性修养，确保党的基层组织用党的创新理论高度统一起来、巩固起来，用信仰的力量、组织的力量，汇聚起促进企业发展的强大力量。二要创新工作方式。依托信息化、智能化探索建立线上的交流平台、学习平台、智慧平台，实现党建交流即时化、党建教育在线化、党建管理智能化，线上线下联动，互动中共鸣共进，夯实基层党组织“战斗”根基。三要紧紧围绕推动发展这个核心要务。以“新发展理念”谋划基层党建工作，把党建工作主动融入企业工作大局，积极探索“贴得紧、行得通、效果实”的党建新模式，以“五好党支部”、“党员先锋岗”和“党建工作品牌”的持续深入创建为有效途径，确保组织工作更好地向中心任务聚焦、为全局工作聚力，突出“战斗”成效，为组织力提升提供坚强政治保证。

（四）核心带动与固本强基融合发力，突出“坚强”特质，解决好基层党组织弱化问题

提升组织力，要以抓铁有痕、踏石留印的功夫，把工作做细做实，引导党组织发挥组织力、凝聚力和带动力，切实成为职工群众的主心骨、带头人。一要严肃党的组织生活。严格执行“三会一课”、组织生活会、谈心谈话、对党员进行民主评议等党的组织生活基本制度，推广主题党日等有效做法，严肃认真开展批评和自我批评，坚守制度标准，压实制度责任，进一步增强各级党组织和广大党员落实制度的自觉性和主动性，通过党建工作述评考、公开评议等方式常念“紧箍咒”、勤拧“螺丝钉”，使“三会一课”真正成为党员锻炼党性、提高思想觉悟的“熔炉”，成为基层党组织提升组织力的重要载体。二要不断创新基层党组织活动方式。实施党员凝聚力工程，保障党员权益，注重激励关爱，给党员搭建发挥作用、展示风采的平台，引导党员亮身份、亮承诺、作示范，进一步增强仪式感、身份感、存在感。坚持党建带工建、团建，推动党建文化与企业文化有机融合，让党建工作融入企业发展各环节，多点推进，持续发力，把党的基层组织建成团结党员、凝聚群众的坚强战斗堡垒。三要加强基层党组织带头人队伍建设。要从源头抓起，按照新时代对高素质专业化干部的要求，突出政治标准，让忠诚干净担当的干部脱颖而出，让能力强、威信高的党员“挑大梁”。重视带头人队伍的培养，“一竿子插到底”，把教育培训落实到每一个支部书记身上。大力发现储备年轻干部，培养锻炼年轻干部。让广大干部愿干事、敢干事、干成事，为敢想的人“开绿灯”，为敢干的人“兜住底”，让党员领导干部打消顾虑，轻装上阵、开拓创新、勇闯敢拼，为公司改革发展奠定坚实的政治保证和组织保证。

下一步，天津水泥院党委将在中国建材集团党委的正确领导下，继续坚持以十九大精神和习近平总书记系列重要讲话精神为指引，将组织力的提升抓紧抓实抓好，着力把基层党组织建设成为党执政的坚强战斗堡垒，推动习近平新时代中国特色社会主义思想在公司的生动实践。

成果创造人：何卫红、赵　延、娄雪飞、祝　娇

“互联网+基层党建”的探索和实践

中国石油集团东方地球物理勘探有限责任公司

一、成果的提出

党的十八大以来，党中央把党要管党、从严治党提到前所未有的新高度，全面加强党的建设，并对加强国有企业党的建设提出了新的要求：坚持党的领导，发挥企业党组织的领导核心和政治核心作用；坚持建强国有企业基层党组织不放松，确保企业发展到哪里、党的建设就跟进到哪里、党支部的战斗堡垒作用就体现在哪里，为做强做优做大国有企业提供坚强组织保证。

当前，我国已成为拥有7.1亿网民的第一网络大国，进入了互联网时代。互联网正在成为基础设施、云计算成为公共服务、数据成为生产资料，并形成了一系列以“互联网+”为主要形式的新兴产业、商业、社会事业的新业态。互联网的迅猛发展不仅对我国经济、社会、政治带来了巨大变化，而且对人们的求知途径、思维方式、价值观念也产生了深刻影响。互联网时代的到来，是党建工作外部环境的最大变化，互联网带来的变化和影响，是党建工作面临的最大挑战，习近平总书记强调指出，“要高度重视信息化发展对党的建设的影响，做到网络发展到哪里党的工作就覆盖到哪里，充分运用信息技术改进党员教育管理、提高群众工作水平。”

东方地球物理公司信息技术中心是从事IT服务的高新技术企业，员工队伍平均年龄30岁。这些互联网时代的“原住民”常年从事IT业务，习惯用互联网的方式思考和解决问题，对党建工作有着强烈的创新需求，“互联网+”这种新业态也为加强和改善基层党建工作提供了借鉴。因此，从2015年开始，信息技术中心开始了“互联网+基层党建”的探索和实践。

二、“互联网+基层党建”相关理论认识

（一）“互联网+”

“互联网+”所对应的英文名称是“internet plus”，准确的翻译应该是互联网化，因此，“互联网+”不是简单地“相加”，而是指以互联网为主的一整套信息技术（包括移动互联网、云计算、大数据、物联网等配套技术）在经济、社会生活各部门的扩散、应用，不断释放出信息/数据流动性，产生反馈、互动，出现大量的化学反应式的创新和融合，从而形成更广泛的以互联网为基础设施和创新要素的经济社会发展新形态。

从互联网对人类社会的生产、生活和思维方式的影响来看，“互联网+”至少有以下主要特征：

1.互联互通。互联网跨时间、地域、组织边界、国家等连接一切人与物，形成互联互通的网络格局。

2.以信息为核心。信息/数据的传递和交换是互联网的本质特征，也是“互联网+”的核心。“互联网+”极大地释放出了信息/数据的流动性，促进信息/数据在跨组织、跨地域的广泛分享和使用。

3.以用户为中心。在互联网时代，无论是管理理念还是产品研发，都要求以用户为中心，这是互联网思维的核心思想。

4.去中心化、扁平化。互联网是去中心化的、分布式的一个网状结构，没有层级和中心，每一个交汇点都是平等的，每一个节点的增加都可以让已有的节点和网络的能量得到扩张。它的技术结构决定了互联网具有民主、平等、互动等内在特质。

5.平台化。“互联网+”的精髓是在于打造产业链上下游之间、企业和用户之间、随时随地沟通、分享、互助、共赢的平台，实现多主体共赢互利的生态圈。

6.开放性、互动性。互联网具有实时交互性、资源开放共享等特点。

“互联网+”的核心并不在于“互联网”，而是在于背后的“+”。互联网+能否成功，关键在于融合。只有结合互联网和传统行业的各自优势，才能激发出各自的力量，从而迸发出新的业态和新的创新。

（二）“互联网+基层党建”——党建工作新形态

基层党组织作为党的基层组织细胞，是党的全部工作和战斗力的基础，承担着政治引领、思想教育、组织带动、服务群众等工作职责。

结合对“互联网+”的理解和认识，认为，“互联网+基层党建”是用互联网思维思考和谋划基层党建工作，利用移动互联网、大数据、云计算、物联网等信息技术，拓展党建工作空间，丰富党建工作方式方法，拓宽交流沟通的渠道，提升基层党建工作科学化、信息化水平，推动基层党建工作形成网上网下有机融合、相互促进的党建工作新形态。

党建工作与互联网的碰撞和融合，会形成工作新形态，这种新主要表现在两个方面：

1.催生了运用互联网思维谋划党建工作的新理念。

互联网作为对人类经济社会产生巨大影响的通用目的技术，在发展过程中产生了互联网思维，它的核心理念包括用户思维、平台思维、跨界思维、大数据思维、极致思维等。互联网思维的本质特点，概括起来就是：“民主、开放、平等”。运用互联网思维就是按照互联网思维的核心理念要求，对市场、用户、产品、对企业价值观乃至整个生态链进行重新审视、思考和部署。

“每一项技术都是人类意愿的一种表达”，正如尼尔·波斯曼所说的那样：“每一种工具里都嵌入了意识形态偏向，也就是它用一种方式而不是另一种方式建构世界的倾向。”在进行基层党建工作中，不能把互联网仅仅看作是一种技术、手段或渠道，而是要树立开放、创新的党建工作新理念，把互联网看作是一种新思维、新媒体和新业态，有意识地运用互联网思维来审视、思考和部署的各项工作，发挥互联网的优势和特点，因势而谋、应势而动、顺势而为，创新和加强基层党建工作，构建网上网下相互促进影响、平等开放的党建工作新形态。

2.拓展了党建工作的新空间。

当前，以互联网基础设施、技术和网民为基础，以多终端联接的数据链路为传播手段，以各种数字化的应用、关系、实体为资源的新空间形态已经形成，现实空间中主体多元、利益诉求多样、思想观念多变通映射在网络空间中，形成了更为复杂的网络社会生态；同时，借助各种终端设备和软件，网络空间与现实空间多维连接，时时刻刻进行着资源交换和影响交互，逐渐形成一个双空间交联治理格局。

各级党组织要深刻认识网络空间对物理空间的交互影响，认识虚拟社会的各种思潮对现实社会意识形态的影响，把基层党建工作延伸到网络空间，主动抢占网络空间舆论制高点，发挥党组织的主导作用。这个空间如果党不去占领，就会被别的组织占领。要建立线上线下、双空间一体化协同推进的工作格局，实现党组织在虚拟空间和现实空间的双双在场，彰显地位，发挥作用。

（三）“互联网+基层党建”的工作思路：

经过多年的建设和发展，现实空间的党建工作已经形成组织严密、工作得力、活动丰富、成效显著的党建工作格局，但是在网络空间党建工作还是空白区，所以要形成网上网下相互融合、影响和促进的“互联网+基层党建”工作新形态，在坚持继续做好现实空间党建工作的同时，应该把着力点放在网络空间党建工作上，充分运用互联网的思维，发挥互联网的优势，创新工作新理念，拓展工作新空间，不断改进工作方式方法，丰富党建工作内容，拓宽沟通交流的渠道，努力做到：

组织入网——在网络空间开辟党组织的工作阵地（公众号、微博等），并探索把支部建在网上、建在群里、建在网络社区中，在网络上看到党组织的面孔。

舆论先导——利用网络新媒体属性，发挥网络信息海量、全范围、快速裂变等传播特性，把党的政策制度及时公布在网上，对热点、焦点事件第一时间主动发声，占领舆论宣传的制高点，引导舆论宣传的主流方向，在网络上发出党组织的声音。

活动在场——发挥互联网互联互通的特点，组织跨时间、地域的网上主题活动，不断创新活动内容和方式，提升基层党建工作效果，传播正能量，弘扬主旋律，在网络中显现党组织的身影。

交流在线——发挥互联网实时多方互动的特点，以开放建党的姿态，搭建纵横交错、内外互动的开放式交流讨论平台，畅通上下级党组织之间、党员与党组织之间、党员与党员之间、党内与党外的交流，在网络中彰显党组织的存在。

三、党建工作现状分析

为了加强工作的针对性，通过调查问卷、召开座谈会等形式，对信息技术中心“互联网+基层党建”的现状进行了调查和分析。

（一）基层党建工作出现了新的空白区。

近年来，中心通过及时调整党组织机构，选好配强党支部书记，建立党支部目标管理、党支部书记例会、党建考核体系，开展“创先争优”“两学一做”等主题教育，开展七一系列活动等活动，党建工作取得了一定的成效。但在网络空间里，除了个别支部通过建立QQ群进行通知发布外，党组织没有意识、有组织、有计划地在网络空间开展党建工作，基层党建工作在网络空间出现了新的空白区——网络空间。

（二）人员分散、流动性大，基层党建工作容易出现“盲区”

中心每年运作500多个项目，73%的党员常年在甲方现场工作，项目周期长短不一，人员分散，流动性大，部分党员同时参加多个项目，也有个别项目只有1–2名党员。党建活动不容易覆盖到每一名党员，党建活动存在一定的“盲区”。在调查中发现，有59%的党员认为工作地点分散是影响党支部活动的难点，排在所有问题和原因的第一位。

（三）信息传递的时效性和有效性受到衰减和延误

目前信息技术中心信息传递的主要方式是中心党委安排工作，传达给党总支（党支部），然后再逐级传达给各个党小组；传播渠道主要是会议落实、纸质文件、学习材料等，传播的层级比较多，传达过程比较长，不仅速度较慢，而且在传递过程中容易出现信息衰减和延误。而中心党员群众获取信息的渠道已经发成了变化，与互联网时代网络是人们获取信息的主要渠道一样，中心的广大党员也是习惯通过网络获取各种信息，特别是习惯用移动互联网——手机端随时随地利用碎片化时间来获取信息，不仅获取信息快捷，而且信息耗损也少。

（四）党组织开展活动的内容和形式单一，吸引力不强

目前，中心在开展党建工作中主要采取集中学习、观看视频、主题研讨等方式，开展支部活动，活动的形式和内容比较单一。在调查问卷中，62%的党员认为“组织生活枯燥、没有吸引力”，希望进一步创新党建工作载体和方式，多开展一些团队拓展、主题参观、理论学习主题研讨和参与公益活动等针对性强、形式活泼多样的活动。

（五）党员教育学习管理弹性不够，学习形式和内容需要创新

传统的党员教育学习由于受到种种限制，大多表现为在某一固定时期召集党员集中学习。党员教育管理缺乏弹性、不够便捷，学习内容和学习形式比较单一且固定，不利于提高党员学习教育的主动性与积极性。根据调查结果显示，最受党员喜爱的学习教育内容前五项依次是：时事要闻；科技前沿、业务知识；典型案例、经验交流；现代管理知识；党的理论知识或党务工作技能。当前在党员教育学习方面，66%的党员希望“打破集中学习的，实现随时随地的学习”，64%的党员希望“根据中心党员素质现状，丰富学习内容，确定一些必修课程和选修课程”“强化学习互动交流与分享”。83%的党支部委员希望能够“动态统计党员和党支部的学习情况、学习完成情况”。86%的党员希望能够建立“网上党校”，采取自助学习、网上答题、学分管理等形式，进一步丰富党建宣传教育载体，68%的党员认为这种党建教育管理方式“形式新颖，符合时代潮流”。

（六）员工对基层党建工作有新需求——互联网+基层党建

中心的员工从事IT业务，习惯用互联网的方式思考和解决问题，期盼党建工作与时俱进，顺应互联网时代发展要求，不断创新；同时，人员年轻、学历高，思维活跃、乐于尝试新事物，思想意识和行为方式多元化；希望在党组织活动内容和方式新颖丰富，富有时代特点，更加具有吸引力。在调查中，有98%的党员认为“互联网+基层党建”顺应时代要求，符合员工的工作生活习惯，对党建工作创新有期盼。

四、“互联网+基层党建”工作的探索途径和方式

课题组在实验中，结合中心党建工作的现状分析以及员工的意见和建议，围绕“互联网+基层党建”的思考和分析，从创新理念、搭建平台、建立信息管理系统、建立虚拟党支部、建立网上党校等具体工作入手，进行了探索和实践。

（一）创新理念，提升运用互联网思维谋划党建工作的意识和能力

互联网思维的精髓是用户至上、体验至上、服务至上、平台至上。主动适应互联网时代新变化，加强互联网方面的知识学习，深刻领会互联网思维的内涵，运用互联网思维，系统谋划党建工作，提高党建工作的能力和水平。习近平总书记在网络安全和信息化工作座谈会上所强调的那样，“善于运用网络了解民意、开展工作，是新形势下领导干部做好工作的基本功。各级干部特别是领导干部一定要不断提高这项本领”

1.加强培训。先后邀请外部知名专家进行了“互联网思维”和“互联网+党建”的专题培训，使广大党员了解了互联网思维的内涵以及对党建工作带来的挑战和机遇，并在思想层面达成了“运用互联网思维，创新基层党建工作”的共识。培训会之后，利用党支部书记例会，采取分组讨论的方式，围绕如何开展“互联网+基层党建”工作进行了深入的探讨，明确了工作思路和工作目标。

2.运用互联网思维，系统谋划党建工作。在学习互联网思维的基础上，中心党委树立“党员至上、用户至上”的理念，坚持党员和用户的需求导向，吸纳基层党员和员工参与，尊重基层的主体价值，问需于基层、问计于基层，了解基层所思、所需和所盼，和基层一起，群策群力，讨论制定了“信息技术中心党建工作三年规划”和年度工作计划，广大党员在参与中增强了对党建工作的认同感和归属感，将开展党建工作从“被动接受”到“主动参与”，增强了党建工作的主动性和开放性。

（二）搭建瑞飞党建云，主动抢占网络新空间，打造工作新阵地

借鉴互联网的平台思维，运用互联网O2O的理念，在学习借鉴全国党建云、中软党建云的基础上，在手机移动端搭建了瑞飞党建云平台，打造党建工作的工作平台、宣传平台、活动平台、学习平台、党建考评平台和数据分析平台，在建设过程中坚持全员参与、快速迭代的方式，边建设、边实验、边应用，取得了良好的效果。

瑞飞党建云是应用云计算、大数据和移动互联网等新一代信息技术，针对瑞飞党建工作实际而提出的“互联网+基层党建”解决方案。通过党建云的应用，逐步实现基层党建工作由传统向现代、由单边向互动、由被动向主动、由管理向服务转变，构建互联网时代的党建工作新生态。

瑞飞党建云的功能架构：

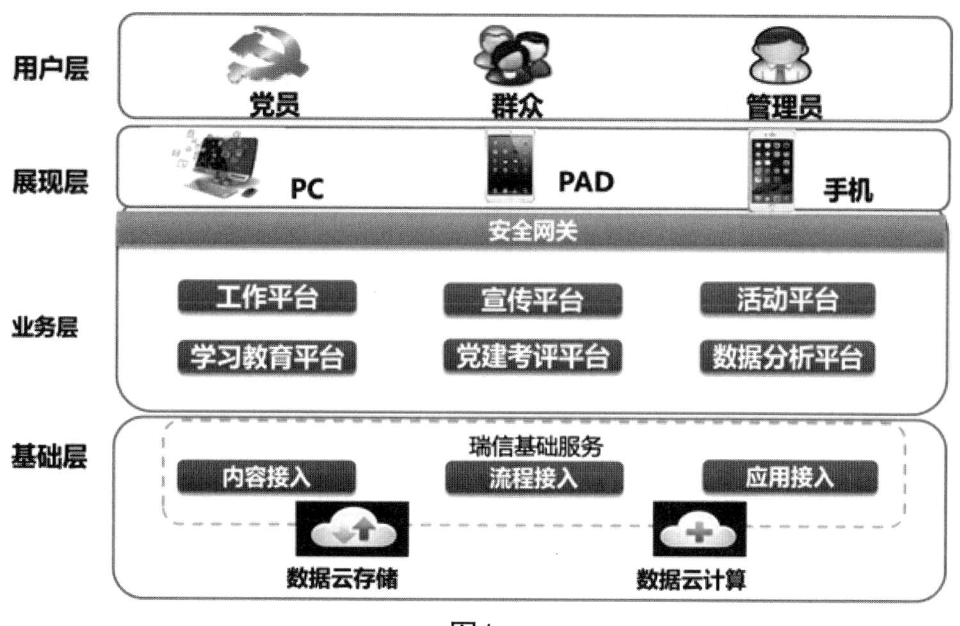

图1

瑞飞党建云主要包含两部分内容：首页新闻、底部导航菜单。其中首页新闻主要宣传党的路线方针政策、最新会议精神，强化阵地意识；底部导航菜单分为党务之窗、党建服务、互动社区三个功能模块，员工可以进行信息查询、业务办理、沟通交流、党课学习、参与问卷调查，已成为中心党建工作的工作平台、服务平台、沟通平台和学习平台，推动传统党建工作的转型升级。

如在今年开展的“两学一做”专题学习中，中心党委在瑞飞党建云开通了“两学一做”专题栏目，每周更新两期“两学一做”知识、先后推送“图解两学一做”、逐字逐句学党章、解读习近平总书记系列讲话精神等内容30多篇，视频、动画图片等思形式多样、图文并茂，内容丰富，广大党员浏览学习2936人次，方便了广大党员随时随地的浏览学习，提高了学习效果。不少党员高兴地说：“打开瑞信，不用东搜西找，就可以随时随地学习党章了，太方便了”。

目前，瑞飞党建云的关注人数已达1936人，日活跃用户数600多人，成为展示中心党建工作，促进党建工作沟通交流、共享学习提升的窗口和平台。

（三）建立党支部网上活动平台，把支部建在网上，把党员连在线上

结合中心项目点多面广、党员高度分散、流动性强、不便集中管理的实际特点，发挥网络的高效便捷优势，探索建立党支部网上活动平台，把支部建在网上，把党员连在线上，拓展党建工作空间，延伸基层党组织建设与开展工作的触角，实现党组织在现实空间和虚拟空间双双在场，彰显价值，发挥作用。

1.建立党支部网上活动平台。2016年3月，采取试点先行的方式，针对党员工作地点比较分散的海外业务党支部和工业自动化党支部进行了党支部网上活动平台的探索。海外业务党支部和工业自动化党支部先后分别在QQ、微信、瑞信上建立党支部网上活动平台，在网络上亮出组织架构、工作计划、晒出党员承诺、两学一做等活动动态，召开“空中党支部会议”，组织开展党员活动，广大党员可通过网络参加组织生活、交流汇报思想，参与支部工作，使广大流动党员有“家”可归，无论身处何时何地都能与党组织保持密切联系，参加组织生活，增强了党组织的凝聚力和感召力。

2.创新开展多样化组织活动。工业自动化和海外业务党支部在开展传统党建工作的基础上，发挥党支部网上活动平台开展工作高效便捷以及覆盖面广的优势，打破时间、空间和地域的限制，线上和线下相互结合，虚拟和现实空间互相补充，创新开展了形式多样的组织活动，扩大了活动覆盖面，丰富了活动内容，增强了活动效果。

如工业自动化党支部自建立党支部网上活动平台以来，先后利用QQ、微信、瑞信公众号，开展了如随手拍、为他点赞、幸福在哪里、身边榜样等行走自动化系列活动，集中展示作品538项，参与点赞人数4820人次；同时，采取线上线下相结合的方式，召开民主评议党员、党员责任区大讨论、两学一做专题讨论活动，参与党员238人次，北京、四川、山东、海外党员出席会议率达到96%。

表1 工业自动化党支部2015.2016年组织开展活动情况对比

序号	年度	活动阵地	活动内容	活动形式	展示作品	点赞人数
1	2015年度	网络空间	随手拍	图片	69	156
2			幸福在哪里	图片、征文	67	150
3			果实分享	照片	56	246
4			为他点赞	征文	45	500
合计					237	1588
5	2016年度	网络空间	联欢会AB面	照片、视频	78	679
6			家有萌宝	征文、照片	95	689
7			身边榜样	照片、视频	69	375
8			我是自动化人	征文、照片	85	2100
9			新闻速递	新闻、照片	79	298
10			我的得意之作	征文、照片	82	476
合计					488	3928

通过对比，可以看到，利用党支部网上活动平台开展活动，活动形式更加多样、活动内容更加丰富、参与范围更加广泛、参与活动人数增多，活动效果有了显著提升。

海外业务党支部先后组织开展了“两学一做”学习教育、“我是党员我承诺”、“我眼中的海外瑞飞人”等系列主题活动，尤其是“我眼中的海外瑞飞人”，通过视频和图片生动真实展现了在战火中选择坚守的陈远山、艰难开拓非洲市场的刘胜等10多名海外瑞飞人在异国他乡艰苦创业、无私奉献的先进事迹，参与点赞人数1200多人次，在中心引起了强烈的反响。

10月份，在总结试点工作的基础上，制订了《党支部网上建设工作指导书》，明确了党支部网上建设的组建原则、组建程序、功能定位、工作内容以及工作要求，规范党支部网上建设，拓展党建工作新空间，实现从支部“建到连上”向“建到网上”延伸，推动党建工作从传统向现代转变。

（四）建立党建工作平台，规范党建工作，提高工作效率

结合中心党建工作信息化程度偏低，工作效率不高，存在党建数据和信息孤岛的实际，在内部网站建立了中心党建管理系统，打造党建工作网络工作平台，进一步规范党建基础工作，实现资源信息共享，提高工作效率。

中心党建管理系统配备党委、党总支、党支部、党员、入党积极分子、普通员工等多种角色身份，涵盖组织管理、党员管理、组织发展、组织生活、网上党课等工作内容，做到党组织和党员相关信息数据一次录入、多方使用、资源共享，并可与个人身份识别系统相关联，用户通过系统登录，身份识别实现党建工作业务网上办理，使基层党组织和党员人人都有自己的“工作宝典”和工作台账，使党建工作一目了然，实现对党组织、党员的实时、动态、精确管理，提高工作效率，同时避免了信息和数据孤岛。

以党员组织发展为例，引入工作流模式，将党员发展流程分解为4大环节，19项业务流程，入党申请人可以通过党建系统登录个人账号，在平台上递交入党申请书，填写思想汇报；入党培养人再平台上对培养人进行评价、填写培养意见；党员教育在网上开展，依托“网上党校”，组织入党积极分子在线学习、考试，考试合格后确定为发展对象；特殊情况下各党支部在网上组织召开支部党员大会，通过“网上投票”进行网上票决；组织发展信息在网上公示，将入党流程及相关文字材料通过网上进行公示，随时接受党员群众对发展党员工作的投诉和举报，最终完成从一名申请人逐步发展为正式党员的全套流程，过程公开透明，内容规范标准，而且关键节点短信提醒和邮件提醒，实现入党流程在系统上的全程记录、全程公开和全程办理，确保了组织发展工作的严肃性和规范性，确保了党员发展的质量。

（五）拓宽信息交流渠道，打通内部墙，实现多方互动交流

发挥网络信息传播扁平化、便捷化的特点，通过发送通知、公告、邮件、短信提醒等多种便捷有效的沟通方式，实现一键式信息快速传递，构建起搭建内外互动、异地联动的开放式沟通交流平台，推动党建工作从单边向互动转变。

建立党务之窗。在“瑞飞党建云”上及时发布集团公司、东方公司、中心的会议精神、高层动态、重要活动信息，通过消息推送机制实现资讯实时推送，做到重大问题主动发声，重点信息主动推送，员工信息获取一键实现，上传下达一步到位，点赞评论及时互动，让广大用户第一时间了解党情、民情，抢占舆论宣传的制高点。

建立支部大厅，促进横向沟通交流。在瑞飞党建云的互动社区模块，建立支部大厅，集中了 29个基层党支部的公众号，打破各个党支部之间的信息壁垒，打通“支部墙”，促进信息共享交流，相互学习提升；打破党建工作内循环，员工可以随时随地了解关注党建工作信息，扩大党组织影响力；中心党委也可以集中了解各支部工作开展情况，促进中心党委与各基层党支部、基层各党支部之间、党内与党外之间的沟通交流。支部大厅运行半年来，29个基层党支部受到关注次数2000多人次。其中工业自动化党支部开展了“行走自动化”系列活动，活动特色突出；海南分公司党支部看到后，非常感兴趣，及时向工业自动化党支部学习请教，两个党支部在平台上结对子，相互学习，取长补短，促进了相互提升。

图2

建立领导开放日、书记信箱、党建论坛，促进平等沟通交流。其中在内部平台设立的“领导开放日”，每月开放一期，由中心领导轮流值班，员工以实名制提出问题，责任领导和员工进行及时互动，宣贯解读中心的政策制度，回答员工疑问，收集员工意见和建议；对于超出其工作职责范围以外的问题，将转给相关职能部室，一周内给予员工反馈。2016年，举办了11期，与员工互动交流341条，被点赞237次，分类解决员工提出的问题40多条，切实做到知员工情、解员工难、答员工疑、聚员工心，营造了平等、民主、开放、和谐的文化氛围。书记信箱是建立全员与书记联系的直通车，员工可以直接与书记进行瑞信对话或发送邮件反映问题，促进了下情上传、民意畅通；党建论坛收集全员关于中心工作的意见和建议，员工可就任一话题发起讨论，全员在中心范围内进行沟通交流，相互探讨解决，使员工的主人翁意识和主体价值得以尊重和体现。

（六）建立网上党校，实现党员自主学习，提高学习积极性，提升学习教育效果

顺应广大党员加强网上学习的呼声，建立了“网上党校”栏目，打破时空限制和地域，广大党员和入党积极分子可以随时随地进行浏览学习，实现教育学习常态化和学习效果显性化。

建立网上党校。“网上党校”有设置入党积极分子、党员和党务工作者课程列表，广大党员、入党积极分子和党务工作者可以通过登录PC端或手机端，自主选择学习内容、学习时间，创新学习模式，由传统的集中学习改为集中和分散相结合的学习方式，实现随时随地的党

务知识学习，推动党员教育学习常态化。同时，通过直观新颖、图文并茂的形式，调动党员干部参与培训的自觉性和积极性。网上党校还具备评价功能，针对网上党校的课程设置，广大党员可以发表评价，后续可以根据大家反馈的意见，不断优化完善网上党校课程设置，提升学习质量和效果。

实现网上考试。为了检验学习效果，网上党校设有网上考试栏目，党员、党务工作者、入党积极分子根据自身课程，选择网上考试，可以根据不同的角色权限自动生成考试试卷，支持在线考试，同时后台系统自动判分、进行学分排名，强化结果导向，使学习效果更加显性化。例如入党积极分子培训班，不必再集中培训，入党积极分子可以利用碎片化时间、自己登录系统学习、参加考试，考试合格后中心颁发党课学习合格证明，推动了党建工作更加务实高效。

五、价值评估

（一）在工作理念上有创新，提出了基层党建工作的新形态——“互联网+基层党建”

进一步加强和改进基层党建工作是多年来一直在探索和实践的课题，“互联网+基层党建”工作新形态的提出，使党建工作拓展到了网络新空间，形成了线上线下、网络空间和现实空间相互影响促进的党建工作新形态。这种形态既能充分发挥网络优势加强和改进党建工作，又符合社会发展进步的时代要求，其他的管理工作同样可以借鉴。目前，就在工会工作、纪检工作、人力资源管理、创新孵化等工作方面提出了“互联网+”的具体措施，并进行了初步探索。

（二）在内容载体上有创新，探索了在移动互联网建立基层党建工作主阵地的有效模式——“瑞飞党建云”

“瑞飞党建云”是部署在企业内部平台“瑞信”上的基层党建工作综合平台，不仅功能强大，使用简单便捷，而且搭建灵活，易于推广，目前正在按照“瑞飞党建云”的模式搭建“瑞飞工会云”“瑞飞纪检云”等工作平台，提升各项工作的效果和效率。

（三）形成了两项有形化的课题成果

一是建立了一套用户可参与的党建信息管理系统，党务工作更加高效和开放。二是制定了《党支部网上建设工作指导书》，规范网上基层党建。

“互联网+ 基层党建工作”是一个崭新的时代命题，的探索和实践才刚刚起步，由于时间短、水平有限，目前在理论学习思考和实践探索还不够深入，瑞飞党建云的党建工作考评、大数据分析统计等功能还没有实现，需要在以后的工作中继续思考和探索，不断丰富完善课题成果，创新工作方式方法，推动基层党建工作创新发展，创建互联网时代党建工作的新生态。

成果创造人：元红萍、韩丽敏、王碧玉